Ludwig Schlesinger

Geschichte Böhmens

Ludwig Schlesinger

Geschichte Böhmens

ISBN/EAN: 9783743329942

Hergestellt in Europa, USA, Kanada, Australien, Japan

Cover: Foto ©ninafisch / pixelio.de

Manufactured and distributed by brebook publishing software
(www.brebook.com)

Ludwig Schlesinger

Geschichte Böhmens

Geschichte Böhmens

von

Dr. Ludwig Schlesinger.

Zweite vermehrte und verbesserte Auflage.

Herausgegeben vom

Vereine für Geschichte der Deutschen in Böhmen.

Prag 1870.

Verlag des Vereins. — In Commission bei F. A. Brockhaus in Leipzig.

Druck von G. Ruh.

Vorwort zur erften Auflage.

Der Ausfchuß des Vereines für Gefchichte der Deutfchen in Böhmen hat in feiner Sitzung vom 11. Mai 1866 den Befchluß gefaßt, die Herausgabe einer populären Gefchichte Böhmens zu veranlaffen und dies= fällige Anträge an die nächfte Generalverfammlung zu bringen. Letztere billigte am 30. Mai 1866 die Vorlagen des Ausfchuffes und forderte mich auf, die Abfaffung des beabfichtigten Buches zu übernehmen.

Wenn ich mich diefer ehrenvollen Aufgabe mit Bereitwilligkeit unter= zog, fo war ich mir doch der großen Schwierigkeiten vollftändig bewußt, welche gerade der Bearbeitung eines derartigen Werkes entgegenftanden. Wer einigermaßen mit der böhmifchen Hiftoriographie vertraut ift, wird die Bemerkung gemacht haben, daß gelehrte wie nicht gelehrte Kompendien die Kulturverhältniffe durchwegs nur in höchft ftiefmütterlicher Weife be= handeln. Wenn diefe Einfeitigkeit in der Gefchichtfchreibung fich auch an= derweitig vorfindet, fo ift fie wenigftens in einfprachigen Reichen nur halb fo ungerecht, wie in Böhmen. Denn mit der Vernachläffigung der kultur= gefchichtlichen Momente verbindet fich dafelbft zugleich die vollftändige Unterdrückung der Gefchichte des deutfch-böhmifchen Stammes. Es bleibe hier ganz unerörtert, in wiefern und wie ftark dabei das nationale Par- teigetriebe mit im Spiele wirkt. Nur das fei erwähnt, daß die Deutfch= böhmen, der Rührigkeit der flawifchen Gefchichtfchreibung und der offi- ciellen tfchechifchen Landeshiftoriographie gegenüber, bis zur Gründung des genannten Vereines mit wenigen rühmlichen Ausnahmen fich felbft nur in geringem Maße um ihre Gefchichte und deren Bearbeitung gekümmert haben. Es lag natürlich in den Intentionen des Vereines, die erwähnte Einseitigkeit in dem zu bearbeitenden Buche zu vermeiden, wefswegen der Verfasser bei seiner Eintheilung in jeder Periode einen Abschnitt für die Kulturverhältnisse und einen zweiten für die Geschichte der Deutschböhmen aufgenommen hat. Da nach diesen beiden Richtungen hin, wie Fachmänner erkennen werden, theilweise von Grund aufgebaut werden mußte, so möge man gütigst etwaige Lücken entschuldigen und das gebotene als einen nothwendigen Anfang betrachten.

Weitere Eintheilungsgründe suchte ich aus dem Verhältnisse zu gewinnen, in welchem Böhmen zu Deutschland, und nachher zur österreichischen Monarchie stand. Dafs ich in dieser Beziehung, sowie in vielen andern Punkten, nicht zu denselben Resultaten gelangte, wie tschechische Historiker, darf man am allerwenigsten nationalen Antipathien zuschreiben. Obwohl ich der deutschböhmischen Sache mit warmem Herzen anhänge, bestrebte ich mich doch immer auch der andern Nation des Landes gerecht zu werden. Ich bedaure gerade in dieser Hinsicht jenen Beweisapparat weglassen zu müssen, welchen die populäre Form des Buches nicht gestattet.

Indem ich glaube, über die weitere Beschaffenheit des Buches Nichts mehr hinzufügen zu müssen, kann ich den Wunsch nicht unterdrücken, es möge dasselbe insbesondere von meinen deutschen Landesgenossen berücksichtigt werden. Wenn es ihre historische Stellung im Lande einigermaßen klärt, wenn hiedurch ihr nationales Bewusstsein, sowie ihre Liebe zum Vaterlande gehoben wird, so ist wenigstens Eine Absicht erreicht.

Zum Schlusse spreche ich dem löblichen Ausschusse des Vereines für Geschichte der Deutschen in Böhmen, welcher die Herausgabe und die würdige Ausstattung des Werkes ermöglichte, meinen verbindlichsten Dank aus.

Prag, am 1. December 1868.

L. Schlesinger.

Vorwort zur zweiten Auflage.

Da die erste Auflage dieses Handbuches bereits acht Wochen nach dem Erscheinen vergriffen war, forderte mich der Ausschuß des Vereines für Geschichte der Deutschen in Böhmen auf, eine zweite Ausgabe zu besorgen. So gerne ich diesem Auftrage nachkam, so schwer drückte mich die Besorgniß, in der so kurz bemessenen, durch die inzwischen eingetretene Uebernahme eines neuen Amtes ohnedies sehr in Anspruch genommenen Frist nicht alle jene Mängel beseitigen zu können, deren ich mir schon bei dem ersten Versuche wohl bewußt war. Ich hätte um so lieber in umfassender Weise die bessernde Hand angelegt, als ich mich durch die überaus freundliche Aufnahme der ersten Auflage insbesondere von Seiten meiner deutschen Landesgenossen, durch die allseitig wohlwollende und aufmunternde Kritik, durch eine specielle Anerkennung, welche mir meine Vaterstadt entgegenbrachte, und endlich durch eine Allerhöchste ehrenvolle Auszeichnung dazu angespornt fühlte. Namentlich würde ich freudig jenem Winke nachgekommen sein, welcher den weiteren Ausbau der neuesten Zeit als wünschenswerth erachtete, wie ich nicht minder gerne in den Abschnitten über die Kultur noch umfangreichere Ergänzungen angebracht hätte, als es wirklich geschah. Möge der gütige Leser mit den immerhin an vielen Orten vorgenommenen Verbesserungen und Vermehrungen dieselbe Nachsicht hegen, deren er mich bereits gewürdigt.

Gelegenheit zu Verbesserungen boten mir die inzwischen erschienenen einschlägigen Werke Ranke's, Gindely's, Wolf's, u. a., abgesehen von zerstreuten Aufsätzen und schriftlichen Mittheilungen wissenschaftlicher Freunde, denen hiemit mein verbindlichster Dank ausgesprochen wird.

Möge das Buch seine alten Freunde bewahren und immer neue gewinnen. Der schönste Lohn wird mir der Gedanke bleiben, wenn die ehrliche Forschung ein Scherflein dazu beigetragen hat, durch Vorführung der stolzen Vergangenheit das nationale Bewusstsein der Deutschböhmen in der Gegenwart zu kräftigen und ihre Thatkraft nicht bloß im heißen Kampfe sondern vielmehr noch in der Vollendung jener höheren Friedensmission zu stärken, wozu sie das Schicksal berufen hat.

Leitmeritz, am 13. März 1870.

Der Verfasser.

Inhalt.

Erstes Buch.

Zweites Buch.

Drittes Buch.

Viertes Buch.

Erstes Buch.

Die älteste Geschichte Böhmens bis zur Zeit Kaiser Karls des Großen.

(1002 v. Ch.   768 n. Ch.)

1.

Die Bojen.

Sieht man ab von den in neuerer Zeit angestellten, aber noch zu keinen sicheren Resultaten gediehenen Untersuchungen über die frühesten Bewohner ·useres Erd=theils, so eröffnet den Gang der historischen Ereignisse Mittel= und Westeuropas die in viele Jahrhunderte vor Christi Geburt versetzte Einwanderung der Kelten aus Asien. Der keltischen Wanderung folgte die germanische, dieser die slawische, gleichfalls von Asien her, in nicht genau bestimmter Zeit und aus unbekannten Ursachen. Böhmen, das Herz Europas genannt, konnte schon vermöge seiner geographischen Lage in der Mitte des Welttheils nicht unberührt bleiben von den großen Bewegungen der indoeuropäischen Völkerfamilie; es beherbergte nacheinander Kelten und Germanen in der älteren Zeit, Germanen und Slawen nebeneinander in den späteren Jahrhunderten. Die keltische Bevölkerung Böhmens, nach unserem Wissen auch die ersten Bewohner dieses Landes, gehörte dem weitverbreiteten Zweige der Bojen an, welche in Folge einer Rückwanderung keltischer Völker von Westen nach Osten in dieses und die benachbarten Länder gekommen sein mögen. Das Weltmeer setzte nämlich den unaufhaltsam gegen Westen stürmenden Kelten ein Ziel; der große Stamm der Gallier nahm das heutige Frankreich in Besitz, andere Zweige bevölkerten die britischen Inseln, die damals wahrscheinlicher Weise noch mit dem Festlande zusammenhiengen. Im Verlaufe der Zeit aber wurde den Kelten in Westeuropa ihre Heimath zu enge, und es erfolgte der Uebervölkerung wegen eine Rückströmung nach Mittel= und Osteuropa. Der römische Geschichtsschreiber Livius hat uns darüber folgende Sage aufbewahrt. Im sechsten Jahrhunderte v. Ch., erzählt er, wuchs im Lande der Kelten die Bevölkerung so stark an, daß der heimische Boden nicht mehr zum Unterhalte hinreichte. Daher befahl der König Ambigatus seinen Neffen Bellowes und Sigowes, sich mit einem Theile des Volkes anderswo gegen Sonnenaufgang neue Wohnsitze zu suchen. Bellowes drang mit seiner Schar durch die Alpenpässe in die gesegneten Fluren Oberitaliens, während Sigowes sich nach Osten wandte, den Rhein überschritt, im Donauthale strom-

1

abwärts zog und in dem holzreichen Berglande, von den Römern „hercynischer Wald" genannt, sich und seinem Volke eine neue Heimath gründete. — Die Bojen ließen sich ungefähr im vierten Jahrhunderte, wie wir von der Sage abweichend annehmen müssen, östlich von den Helvetiern zwischen dem Main und der Donau nieder und wurden erst in einer spätern Zeit von da in unser Vaterland gedrängt. Andere Stämme der in der Wanderung begriffenen Kelten waren die Tauriner, die sich in Salzburg, Steiermark und Kärnthen niederließen, die Skordister, welche wir in Kroatien und Slawonien antreffen, und die Ambronen, die an der Weichsel Wohnsitze suchten. Den äußersten Vorposten der Wanderung finden wir unter dem Namen der Gallier in Griechenland, das sie durch ihren Einfall in „panischen" Schrecken versetzten und dann noch einmal als „Galater" in Kleinasien.

Kriege gegen die Kimbern (114 v. Ch.) und Marko-mannen (80—70 v. Ch.)

Wie viele und welche Kämpfe die kriegerischen Bojen nach ihrer Niederlassung in Böhmen geführt, oder ob sie sich in dem gegen die Stürme der Außenwelt einigermaßen gesicherten Lande mehr ruhig verhalten haben, wissen wir nicht. Die Quellen berichten uns nur von folgenden kriegerischen Vorgängen. Im Jahre 114 v. Ch. wurden die Kimbern, ein germanischer Volksstamm, aus ihrer ursprünglichen Heimath, dem heutigen Dänemark, wie es hieß, durch ein gewaltiges Erdbeben verscheucht und zum Aufbruche in südlichere Gegenden gedrängt. Ihr Weg führte sie gegen den hercynischen Wald, wo es zu einem heftigen Zusammenprall mit den Bojen kam. Mit großer Tapferkeit wehrten die Kelten den Sturm der germanischen Scharen von ihrem Lande ab und zwangen dieselben, in einer anderen Richtung ihre Wanderung nach Süden fortzusetzen. - Mit minderem Glücke widerstanden die Bojen einem zweiten Stoße, der gegen sie gleichfalls von germanischer Seite geführt wurde. Zwischen 80—70 v. Ch. warfen sich ihre alten Dränger, die Markomannen, mit solcher Heftigkeit auf sie, daß alle, die nicht in die Gefangenschaft geriethen, über die Donau sich flüchten mußten. Seitdem hören wir von den Bojen in Böhmen Nichts mehr. Ihr Angedenken aber erhielt sich im Namen des Landes, das man nach ihnen „Bojenheim" oder „Böhmen" benannt hat.

Bojen in Gallien (58 v. Ch.)

Eine Abtheilung der Bojen findet sich zu Cäsars Zeiten (55 v. Ch.) in Verbindung mit den Helvetiern auf einem Zuge nach Gallien. Cäsar erlaubte den Aeduern, sie unter die Zahl ihrer Mitbürger aufzunehmen und ihnen Ländereien bei dem Zusammenflusse des Allier und der Loire einzuräumen. Zehn Jahre

Bojen an der Raab (43 v. Ch.)

darauf (48 v. Ch.) geriethen jene Bojen, welche im Gebiete der Raab und des Neusiedler Sees wohnten, mit den benachbarten Skordiskern in einen hartnäckigen Kampf, bei welchem sie in Kritasir, dem Fürsten der Taurister, einen Bundesgenossen fanden. Als aber Boerobistes, König von Dakien, dem heutigen Siebenbürgen, welcher über 200.000 wohlgerüstete Streiter gebot, den Skordiskern zu Hilfe eilte, wurden die Bojen völlig geschlagen. Sie verließen ihre argverwüstete Heimath, und noch lange hieß dieselbe die „Bojenwüste".

— 3 —

Uebereinstimmend werden die Bojen als einer der kampflustigsten Zweige der Kelten bezeichnet; im Uebrigen mögen sie die Eigenthümlichkeiten der stammverwandten Gallier getheilt haben, die uns von alten Geschichtschreibern also geschildert werden. Sie waren von hohem Wuchse, hatten eine weiße Haut, blaue Augen und blonde oder kastanienbraune Haare, denen sie durch Färben ein glänzendes Ansehen zu geben suchten. Sie ließen sich den vollen Bart wachsen, nur die Vornehmen rasierten sich mit Ausnahme des langen Schnurrbartes. Die Kelten waren von offenem, freien Charakter, gegen Fremde gastfrei, aber eitel und streitsüchtig; in ihren Empfindungen beweglich und von neuen Sachen eingenommen, faßten sie rasche Entschlüsse und sehnten den anderen Tag zurück, was sie am vorhergehenden mit Verachtung abgewiesen. Kriegslustig und abenteuersüchtig, sah man sie ungestüm beim Angriff, im Unglücke aber leicht entmuthigt. Die Sitte des Zweikampfes ist vielleicht von ihnen auf andere Völker übergegangen. Prächtig angethan, in glänzender Rüstung stellten sich die Entzweiten einander gegenüber, und nur der Tod des einen, wo nicht gar beider, endete den muthwilligen Streit. Eine Hose und ein bis zur Hälfte der Schenkel reichendes Hemd mit Aermeln bildete ihre Hauptbekleidung; überdies trugen sie einen Leibrock, der bei den Reichen prächtig, mit Gold und Silber gestickt war und am Halse mit einer metallenen Agraffe zusammengehalten wurde. Das niedrige Volk trug statt dessen ein Thierfell. Ihr Schmuck bestand in breiten Ohrringen, Armspangen, Armringen, ihrem Range nach von Gold oder von Kupfer, Halsbändern aus Bernstein und Ringen, die sie an den dritten Finger der Hand steckten. Als beliebtes Nahrungsmittel bei ihnen wird das Schweinefleisch, als Getränke Milch, Bier und Meth erwähnt. Ihre vorzüglichste Beschäftigung war der Ackerbau; jedoch auch in manchen Industriezweigen hatten sie eine gewisse Uebung erlangt. Die Bojen verstanden sich bereits auf die Bearbeitung der Metalle; die Zinngruben im Erzgebirge waren möglicher Weise bei ihnen schon im Betrieb. Die Kelten hatten goldene Münzen, etwas ausgehöhlt wie kleine Schüsselchen, mit sehr einfacher Verzierung, halben Ringen, Punkten u. dgl. Auch Silbermünzen keltischen Ursprungs, die schon einer Zeit höherer Ausbildung angehören, sind in Ungarn wie in Böhmen wiederholt gefunden worden. Nach Art der makedonischen Münzen ist auf der einen Seite ein Kopf, auf der anderen Seite ein Pferd mit oder ohne Reiter abgebildet; auf manchen kommt der Name bojischer Fürsten vor: Jantumarus, Ainorix, Atta, Biates u. a. Die Sprache der Kelten besaß trotz des großen Bilderreichthums eine gewisse Bündigkeit. Die Priester ihrer heidnischen Religion hießen Druiden; diese leiteten die Opfer, bewahrten den Schatz der religiösen Lehren und waren als Austheiler der Belohnungen und Strafen die Schiedsrichter fast aller öffentlichen und privaten Streitigkeiten. Der Hauptsatz ihres Glaubens war die Unsterblichkeit der Seele und deren Wanderung in andere Körper. Ihre Todten pflegten sie nicht zu beerdigen, sondern zu verbrennen.

1 *

2.
Die Markomannen.

Die Markomannen gehörten dem Völkerbunde der Sueven an, somit zum großen germanischen Volke, das sich zwischen der Donau, dem Rheine, der Weichsel und dem Meere ausbreitete. Ihr Name bedeutet so viel als „Gränzmänner", weil sie in vorderster Reihe auf der Gränze Germaniens standen und als Wächter und Vertheidiger desselben betrachtet wurden oder für solche sich hielten. Sie hatten die Gränzhut gegen die Kelten, besonders gegen die keltischen Stämme der Helvetier und der Bojen, welche zwischen dem Rheine und der Donau bis an den Main saßen, die Helvetier im Westen, die Bojen im Osten des von den Flüssen gebildeten Dreieckes. Gegen diese stürmten die Markomannen vom Norden heran und drängten die Helvetier zur Niederlassung zwischen dem Jura, dem Boden und Genfersee, während die Bojen genöthigt wurden, sich in das waldreiche Böhmen zu flüchten. Aber auch aus Böhmen hinaus, bis über die Donau hinüber, wurden späterhin die Bojen von den tapferen Gränzmännern getrieben, welche nicht dulden konnten, daß irgend ein, nicht zu ihrem Stamme gehöriges mächtiges Volk diesseits der Donau und des Rheins, den Gränzmarken der germanischen Heimath, seine Wohnsitze habe. (80— 70 v. Ch.) Noch besetzten die Sieger das eroberte böhmische Land nicht, sondern begnügten sich, dasselbe durch befreundete Völker bewachen zu lassen. Einer ihrer Könige, Ariovist, der vielleicht selbst am siegreichen Kampfe gegen die Bojen betheiligt war, unternahm einen Zug nach Gallien, wurde aber von Cäsar durch die blutige Schlacht an der Thur zurückgewiesen. (18. Sept. 62 v. Ch.) Cäsar leitete hierauf zwei Expeditionen gegen die Markomannen diesseits des Rheins, mehr um zu schrecken als zu erobern, da es nicht in seinen Plänen lag, sich in den germanischen Wäldern zu verlieren. Eines Sieges der Römer über die Markomannen wird erst unter Drusus gedacht; der Sieger verherrlichte seinen Ruhm durch ein Denkmal, welches er aus erbeuteten Waffen errichten ließ. (10 v. Ch.) Wahrscheinlich mußten die Markomannen die Oberherrschaft der Römer anerkennen und zur Verbürgung ihrer Treue Geisel stellen.

Unter den Geiseln, welche die Markomannen den Römern übergaben, befand sich ein Jüngling aus der markomannischen Königsfamilie mit dem Namen Marbod, d. i. „berühmter Gebieter". Der schlaue Kaiser Augustus, an dessen Hof der jugendliche Fürstensohn gelangte, hatte seine guten Gründe, wenn er, wie uns gleichzeitige Schriftsteller versichern, den talentvollen Germanen mit Gunstbezeugungen überhäufte. Sein Bestreben gieng dahin, den künftigen Beherrscher der Markomannen ganz in das kaiserliche Interesse zu ziehen und ihn mit seinem Volke für die römische Herrschaft auf die Dauer zu gewinnen. Der römische Imperator verrechnete sich theilweise in dem hochbegabten und außerordentlich ehrgeizigen Jüngling. Mit Begier nahm derselbe zwar römische Bildung in sich auf und suchte sich besonders mit der Kriegskunst der Weltbeherrscher vertraut zu machen, doch nicht, um römischer Unterthan zu werden, sondern um einstens fähig zu sein, sich und seinem Volke die Freiheit zu bewahren.

Kaum war Marbod in seine Heimath zurückgekehrt, so führte er die Marko- mannen, die ihn zum wirklichen „König" erhoben hatten, vom Main und Neckar in das bereits von seinen Vorfahren eroberte „Bojenheim", um in dieser gewaltigen Naturfestung sich besser vertheidigen zu können, als in der von den Römern bereits occupierten Mainlinie. (6? v. Chr.) Der junge König suchte jetzt nicht nur eine festere Vereinigung der seit Alters untereinander verbündeten suevischen Stämme herzu- stellen, sondern auch benachbarte nicht suevische Völkerschaften unter seine Herrschaft zu bringen, sei es durch Waffengewalt oder auf dem Wege freiwillig abgeschlossener Bündnisse. Bald gebot der unternehmende Markomanne nicht nur über das alte Bojenland, sondern über einen mächtigen Großstaat, der sich von der Donau bis an die Ostsee und von den Alpen bis an die Karpathen erstreckte. Zum gewaltigen Völkerbunde gehörten die Quaden in Mähren, die Ligier an der oberen Oder, die Silinger im Norden des Riesengebirges, die Hermunduren und b'e Longobarden an der mittleren Elbe, die Semnonen an der Lausitzer Neiße und Spree, die Burgunder an der mittleren Oder und Warthe, die Gothen an der unteren Weichsel.

Die immer weiter um sich greifende Macht der Römer, die ihre erobernden Waffen gegen Deutschland trugen, mochte die einzelnen germanischen Völkerschaften bewogen haben, dem großen Waffenbunde des Suevenkönigs, wie sich Marbod nannte, beizutreten. Aber auch die Römer unterschätzten keineswegs die Macht des weiten Markomannenreiches, und Tiberius, der Adoptivsohn des Kaisers Augustus, entwickelte nach seiner Rückkehr aus Niederdeutschland dem Senate in eindring- licher und überzeugender Rede die Gefahr, welche von Marbod drohe, die noch größer sei, als jene, mit welcher einst Pyrrhus und Antiochus die ewige Stadt geängstiget hätten. Da wurde der Krieg beschlossen und große Rüstungen vorge- nommen. Gegen 100.000 erprobte Krieger sollten unter der Führung des Tiberius Marbod's Reich im Süden angreifen, während der römische Statthalter der Rheinlande beauftragt wurde, vom Norden her den Feind zu überfallen. Wohl wäre es jetzt zwischen den Meistern der Kriegskunst und ihrem unterrichteten Schüler zu einem hartnäckigen Kampfe gekommen, hätte nicht die Gunst des Zufalles das drohende Kriegswetter vom Markomannenreiche abgelenkt. Als nämlich die Römer bereits aus ihrem befestigten Standlager Carnatum unterhalb Wien über die Donau setzen wollten, trafen Eilboten des Kaisers mit dem Befehle ein, den Marsch sogleich in entgegengesetzter Richtung nach Süden zu lenken, da in Ungarn und Dalmatien, damals römischen Provinzen, eine schon lang insgeheim angezettelte Verschwörung nunmehr zum verderblichen Ausbruch gekommen sei. Diese unerwartete Wendung der Dinge brachte unserm Marbod einen vortheilhaften

Marbod führt die Marko- mannen nach Böhmen (6 v. Chr.)

Marbods Völkerbund.

Marbod und die Römer.

Frieden mit den Römern; er nahm denselben um so lieber an, als es seinem Ehrgeize und seiner Herrschsucht doch bedenklich vorkam, sich im Kampfe mit den gewaltigen Weltbeherrschern zu messen. (6 n. Chr.) Den kriegerischen Stämmen Germaniens aber schien gerade jetzt der günstige Augenblick gekommen zu sein, ihren Erzfeinden, den stolzen Römern, welche mit der Niederwerfung der ungarischen Verschwörung hinlänglich genug beschäftigt waren, eine unheilvolle Niederlage bei zubringen. Marbod stand im Wendepunkte seines Lebens; er wünschte die bloße Abwehr, sein Völkerbund aber den Angriff. Da er zögerte, die lautgewordenen Wünsche der Nation zu befriedigen, sich vielmehr mit Absicht in aller Ruhe ver hielt, kam er nicht ohne Grund in den Verdacht eines Römerfreundes und ver scherzte sich rasch die Symphatien seiner freiheitsliebenden Völker, von denen die Markomannen sich immer noch als die alten Wehrmänner, nunmehr gegen römi schen Uebermuth, fühlten. Anderwärts jedoch lebte und wirkte bereits der wahre Erretter und Schützer der deutschen Freiheit.

Friede mit den Römern (6 n. Chr.)

Im Jahre 9 n. Chr., im selben Jahre, als Marbod müssig zusah, wie Tibe rius den ungarischen Aufstand niederschlug, vernichtete der Heldensohn der deutschen Nation, Hermann, der Cheruskerhäuptling, im Teutoburger Walde das stattliche Heer des römischen Feldherrn Varus in einer furchtbar blutigen Schlacht und er löste mit einem Male die Deutschen am Rheine vom schimpflichen Joche der Römer. Eine unbeschreibliche Angst ergriff damals Rom und seinen Kaiser vor der zu Tage getretenen urkräftigen Macht der Germanen. Und wohl wäre der Bestand des römischen Reiches schon in jener Zeit in Frage gestellt worden, wenn Hermanns, des Befreiers, große Entwürfe sich erfüllt hätten. Sein edler Geist nämlich hatte nichts Geringeres im Sinne, als die Gründung eines nationalen Einheitsstaates der Germanen. Noch auf dem Schlachtfelde im Teutoburger Walde dachte der sieg reiche Held an seine höhere Aufgabe und schickte das abgeschlagene Haupt des Quinc tilius Varus, der sich aus Verzweiflung in sein eigenes Schwert gestürzt hatte, dem Suevenkönig Marbod, um diesen zu bewegen, den Kampf gegen die Römer von nun an mit vereinten Kräften fortzuführen. Nord- und Süddeutschland, schon in dieser Zeit unheilvoll gespalten, sollte nach der Idee des hochsinnigen Hermann verschmolzen werden zu einem einzigen, großen und unbesiegbaren Reiche. Aber er hatte sich an den unrechten Mann gewendet. Dem Markomannenkönige Marbod galt die Befriedigung kleinlicher Herrschsucht viel mehr, als das gemeinsame Vaterland; er verschmähte den Antrag des norddeutschen Siegers, neigte sich im Gegentheil immer mehr den trügerischen Römern zu, deren Beherrscher er das Haupt des unglück lichen Varus zur ehrenvollen Bestattung übersandte. Damit hatte er aber auch den vollständigen Bruch mit Hermann und allen freiheitsliebenden Deutschen herbeigeführt.

Hermann, der Befreier Deutschlands. (9 n. Chr.)

Nachdem Marbod auch dem zweiten Verzweiflungskampfe Hermanns gegen die Römer unthätig zugesehen hatte, ergriff der Cheruskerfürst die Waffen gegen den unpatriotischen Markomannenkönig selbst. Sollten sich nämlich Hermanns Wünsche

Hermann und Marbod.

für die nationale Selbstständigkeit Deutschlands verwirklichen, so mußten die Römer über die Alpen zurückgetrieben werden, und nur Marbods Opposition bildete das Hinderniß dieses echt vaterländischen Planes. Zu dieser tiefer liegenden Ursache des Krieges kamen noch kleinere Veranlassungen. Unwillig über Marbods Freundschaft mit den Römern hatten sich die suevischen Longobarden und Semnonen vom großen markomannischen Völkerbunde losgesagt und waren auf die Seite der Cherusker getreten. Jngiomar dagegen, ein vornehmer Cherusker, der es demüthigend fand, unter der Führung seines Neffen Hermann zu kämpfen, gieng mit zahlreichem Heergefolge zu Marbod über. So kam es denn zwischen Deutschen das erste Mal zum Bürgerkriege, verderblich genug für die große Nation, erfreulich aber für die Römer, welche getreu ihrem Spruche, den Feind zu entzweien und alsdann zu herrschen, geheim geschürt haben mochten. Im Frühlinge des Jahres 17 n. Chr. rückten die begabtesten Heeresführer Deutschlands mit ihren Völkerschaaren einander gegenüber, und auf den Abhängen des Erzgebirges im heutigen Königreiche Sachsen rang in einer blutigen Schlacht der Süden mit dem Norden. Vom frühen Morgen bis gegen Abend kämpfte man beiderseits mit der größten Erbitterung, nicht im ungeregelten Anlaufe, sondern mit wohlgeübter Kunst des Krieges, wie sie Hermann und Marbod den Römern abgelernt hatten. Als die Nacht hereinbrach, konnte sich kein Theil des vollständigen Sieges erfreuen; auf beiden Seiten war nur die linke Flanke, wo die Feldherren persönlich kommandirten, siegreich gewesen. Als daher am andern Morgen die Schlacht erneuert werden sollte, sahen die Cherusker, wie Marbod sich auf die Anhöhen in seinem Rücken zurückzog und dem zweiten Waffengange auswich. Die Cherusker aber, welche das Schlachtfeld behaupteten, erklärte deshalb die öffentliche Meinung als die Sieger. Nunmehr zeigte sich auch, wie wenig Marbod die Gunst seiner Völker besaß; schaarenweise strömten dieselben zu dem Feinde hinüber, und mit Mühe rettete sich der Rest der treugebliebenen Markomannen in den Schutz der heimathlichen Berge. Auch die Römer, um deren treulose Freundschaft Marbod gebuhlt und das Vaterland verrathen hatte, brachten dem Unglücklichen statt der Hilfe nur höhnische Worte: „Da Marbod den Römern nicht gegen die Cherusker beigestanden, so habe er auch kein Recht, den gleichen Beistand von ihnen zu fordern," so lautete die bittere Antwort des Kaisers auf Marbods Bitte um Beistand.

Das Unglück brach nun im vollen Maße über den schuldbewußten Suevenkönig herein. Katuald, Fürst der Ostgothen, welcher einst aus dem Lande vertrieben worden war, benützte die Gelegenheit, um wohlfeile Rache an seinem ohnmächtigen Feinde zu nehmen. Er brach mit Kriegsschaaren in Böhmen ein, verstärkte sich durch unzufriedene Markomannen, drang siegreich im Lande vor und überrumpelte die Hauptstadt und königliche Burg, welche den reichen Schatz der Sueven barg. (19 n. Chr.) Von Allen verlassen, flüchtete sich Marbod zu den Römern, die in ihrer treulosen Weise das Unternehmen Katualds durch Drusus unterstützt hatten. Der ränkevolle Tiberius, der inzwischen Kaiser geworden war,

Schlacht am Erzgebirge (17 n. Chr.)

Marbods Ende (19 n. Chr.)

gewährte dem Heimathlosen eine Zufluchtsstätte in Ravenna, wo der einst so mächtige und vom Glanz umgebene König des gewaltigen Suevenbundes ruhmlos und vergessen noch achtzehn Jahre lebte, gedrückt durch das Bewußtsein des selbst verschuldeten Unglückes. Welch' Andenken der Verbannte aber bei seinen Landsleuten dabeim genoß, geht aus dem Umstande hervor, daß, so oft die Sueven unruhig zu werden begannen, die Römer nur mit seiner Rückkunft zu drohen brauchten, um die Unzufriedenen in Schranken zu halten.

Nachfolger des Marbod (19 – 90 n. Ch.)

Doch auch Katuald konnte sich nicht als Beherrscher von Böhmen behaupten. Da er wahrscheinlich in ähnliche Fehler, wie Marbod verfiel, so wurde er mit Hilfe des Hermundurenfürsten Bibillius verjagt und mußte gleichfalls bei den Römern ein Asyl suchen; er wurde ins narbonnesische Gallien verwiesen (21 n. Ch.). Bibillius jedoch mußte bald darauf dem Fürsten der Quaden, Vannius mit Namen, das Feld räumen, und auch dieser wurde 30 Jahre später durch seine Neffen Wangio und Sido verdrängt; ihm und den Seinigen wiesen die Römer Wohnsitze in Pannonien an. Das Reich theilten die genannten Neffen unter sich (51 n. Chr.); Sido herrschte 20 Jahre und hielt treu zu Rom. Nach seinem Tode (70 n. Chr.) ließen sich Markomannen und Quaden fremde Fürsten gefallen, wie sie eben die Römer einzusetzen beliebten.

Der Marko-mannenkrieg (166–180).

Von nun an wissen uns die Quellen nur Nothdürftiges von den Markomannen zu erzählen. Nach einer Notiz zum Jahre 90 n. Chr. fielen Markomannen und Quaden in diesem Jahre in Pannonien ein, besiegten die Legionen des Domitian und zwangen diesen feigen Kaiser zu einem für sie günstigen Friedensschluß. Erst im Jahre 165 treten die Markomannen wieder bedeutend in den Vordergrund durch heftige Kämpfe, die sie im Vereine mit anderen Völkern gegen die Römer an der Donau eröffneten. Die Geschichtschreiber nennen den vierzehnjährigen blutigen Krieg den Markomannen- oder deutschen Krieg. Die Bewegung, welche sich längs der Donau, vom Schwarzwalde bis zum schwarzen Meere erstreckte, hatte ihren Ursprung in dem Drucke, den slawische Völker auf die an der unteren Weichsel und Oder wohnenden germanischen Stämme ausübten. Diese drängten gegen Süden, und es erhob sich ein allgemeiner Sturm, heranbrausend wider die mit römischen Kastellen befestigte Donaulinie. Es schien, als ob sich der alte Völker- und Waffenbund der Sueven erneuen wollte; sicherlich hatte er sich durch Aufnahme frischer Elemente verstärkt. Neben den Markomannen und Quaden betheiligten sich am großen Kampfe noch die Hermunduren, Longobarden, Naristker, ferner die Vandalen, Alanen, Jazygen, Gothen, Bastarner und kleinere slawische Stämme. Rom erzitterte vor dem Kriegsorkan, der sich gegen das Reich erhob, mächtiger und gefährlicher, als einst in der Kimbern- und Teutonenzeit. Blutige Schlachten wurden geschlagen, viele Städte geplündert, mehr als ein römisches Heer vernichtet. Ueberall voran kämpften die tapferen Wehrmänner, deren altbewährter Kriegsruhm von Neuem aufleuchtete. Die Römer erlitten während dieser Kriege so empfindliche

Verluste, daß der Kaiser Marcus Aurelius seine sämmtlichen Pretiosen und die Reichskleinodien öffentlich verkaufen ließ, um die leeren Kriegskassen zu füllen, in das römische Heer aber bereits Sklaven eingereiht werden mußten. Auf seinem dritten Zuge gegen die Markomannen starb der Kaiser im Lager zu Vindobona, dem heutigen Wien (180). Den Krieg aber beendete erst sein Sohn und Nachfolger, der unfähige Kaiser Commodus, durch einen den Römern wenig Ehre verschaffenden Frieden; Deutsche erhielten nach ihrem Wunsche Wohnsitze im römischen Gebiete und mußten von Commodus in römische Kriegsdienste aufgenommen werden (180).

Nach dem Markomannenkriege kennt die Geschichte die Markomannen und Quaden noch durch zwei Jahrhunderte als Geißel der Nachbargegenden. Im dritten Jahrhunderte hausen sie am Nordufer der Donau bis gegen Wien und unternehmen verwüstende Einfälle ins römische Gebiet. Im vierten Jahrhunderte geschieht keinerlei Meldung mehr von etwaigen Kriegen der Markomannen; ihr Name selbst kommt immer seltener vor, bis er sich ganz verliert. Aber mit dem Namen ist keineswegs, wie man oft anzunehmen beliebte, auch das Volk verschwunden. Es scheint, als ob das Volk von „Boheim," nachdem sein markomannischer Name erloschen war, im Suchen nach einem neuen, sich zuerst unter dem Gesammtnamen der Thüringer und dann der Franken verlor, bis es endlich wieder einen selbständigen Einzelnamen „Bojuwaren, Baiern" mit einer festen Heimath annahm. Der neue Name erinnert an das alte Vaterland (das Baia Land, Land der Elbe), wo die Markomannen durch mehrere Jahrhunderte die Gränzen Deutschlands siegreich vertheidigten; die neue Heimath dehnte sich aus von den überstiegenen Waldhöhen an der Südwestseite der früheren Sitze und den Gipfeln des Fichtelgebirges bis an die Gletscher der Alpen, längs des Laufes der Donau vom Lech bis zur Enns. Bis in die Gegenwart herein ragt somit die Geschichte des ruhmreichen Volkes der Markomannen, die noch immer, freilich mit neuem Namen, „als Baiern" zu den besten und kräftigsten Stämmen des großen deutschen Vaterlandes zählen.

(Randnotiz: Die Markomannen setzen sich in Baiern fest.)

3.

Kulturverhältnisse der Markomannen.

Man kann wohl mit Recht annehmen, daß die Markomannen im Allgemeinen in denselben Kulturverhältnissen gelebt haben, wie die große Mutternation der Germanen, von deren inneren Zuständen uns der römische Geschichtschreiber Tacitus ein glänzendes Spiegelbild hinterlassen hat. Nicht genug kann der Römer die Schönheit und Größe, die Kraft und Kühnheit, die muthige Todesverachtung, so wie die geistige Begabung dieses Volkes rühmen. Das glänzende, feuersprühende blaue Auge, das goldgelbe, bei den Kindern noch milchweiße Haar, der riesenhafte Gliederbau bei beiden Geschlechtern unterschied schon äußerlich die alten Deutschen

(Randnotiz: Charakter. Sitten.)

von den südlichen Völkern und den Slawen. Mit ihrem ersten Auftreten wird ihr Kriegsmuth bewundert und gefürchtet, und die weltbeherrschenden Römer beginnen vor ihnen zu zittern. Neben der Tapferkeit jedoch preist der römische Geschicht= schreiber noch insbesondere ihre Liebe zur Freiheit und zum Vaterlande; er lobt die deutsche Treue und Gastfreundschaft, die seit den ältesten Zeiten im Sprich= worte lebte. Was den verkommenen Römern aber am meisten auffiel, das war die germanische Sittenreinheit und Keuschheit, die innige Gottesfurcht und die Achtung vor der Frau, die bei dem Deutschen im Gegensatze zu den andern Völkern des Alterthums eine dem Manne ebenbürtige Stellung einnahm. Neben dem Kriege war den Germanen die liebste Beschäftigung die Jagd, auf welcher im Kampfe mit dem Bär, dem Elenn, dem Ur oder Wisent des Mannes Kraft und Muth sich erprobten. Die Frauen besorgten die Hauswirthschaft und die friedlichen Gewerbe; Knechte und Sklaven bestellten das Feld.

Nahrung.

Die Nahrung der alten Deutschen war eine sehr einfache. Aepfel, frisches Wild, Fleisch der Hausthiere, Brot und Milch dienten als gewöhnliche Speisen. Zum Getränke hatten sie, wie die Kelten, Bier, Meth aus Honig und seit der Bekanntschaft mit den Römern auch Wein. Ueberraschend war den Römern die große Trinklust der Germanen, sowie die Häufigkeit und Länge der Gastmähler. Beim Trinkgelage nach der Jagd oder dem Kampfe priesen sie im Gesange die Thaten der gefallenen Helden und beriethen sich wohl auch über wichtige Angelegen= heiten; Beschlüsse aber wurden erst des andern Tages in voller Nüchternheit ge= faßt. Das Spiel mit Würfeln trieben sie leidenschaftlich; es kam vor, daß einer auf den letzten Wurf das Kostbarste, was er hatte, seine persönliche Freiheit, ein= setzte, und wenn er sie verlor, ruhig seinem Herrn als Sklave folgte.

Tracht, Waffen.

Die Kleidung war gleichfalls von großer Einfachheit. Ursprünglich trug man Thierfelle, später Hemden, Röcke und kurze Mäntel aus Linnen. Die Frauen, deren größter Schmuck das lange, üppige Haar war, halten weite, wallende selbst gewebte Linnengewänder, im Winter wohl auch Pelze. Die Männer trugen das Haar in Büscheln auf dem Scheitel gebunden, welche Sitte besonders bei den Sueven, also auch bei den Markomannen, vorkam: die Sachsen dagegen ließen das Haar ge schlicht auf die Brust herabfallen. Die Sklaven mußten sich ihr Haar scheeren; denn langes Haar und wahrscheinlich auch der Vollbart waren Abzeichen des freien Standes. Auf Schmuck hielten die alten Deutschen viel, wie uns Gräber funde anschaulich beweisen. Goldene Armringe, Fingerringe, Halsketten, Haarnadeln, Gürtel und Wehrgehänge werden häufig in aufgedeckten Grabhügeln gefunden.

Die Bewaffnung war ursprünglich wegen der Seltenheit des Eisens von geringer Manigfaltigkeit. Man bediente sich je nach dem Vermögen neben der stählernen auch der ehernen und steinernen Waffe; Schwerter waren Anfangs selten, allgemein dagegen Speere. Wenige trugen Panzer, Helme oder Pickelhauben. In den Kriegen mit Rom fanden die Germanen Gelegenheit, ihre Waffen und Ausrüstung zu ver-

beffern. Schild und Schwert waren in verschiedenen Zeiten von verschiedener Ge=
stalt und Größe. Den Ausschlag im Kampfe gab das Fußvolk; wohl hatte man
Reiterei, aber nur in geringer Anzahl.

Was die Standesverhältnisse anbelangt, so unterschied man Freie und Nicht= Standes-
verhältnisse.
freie. Wer einen festen, unverlierbaren Besitz hatte und wehrhaft erklärt worden
war, gehörte zu den Freien im vollen Sinne des Wortes. Dienstmannen, Leute
(Vasallen) waren diejenigen, welche von einem Allodbesitzer (Volleigenthümer) ein
Gut (Lehen) gegen Leistung bestimmter Dienste geliehen bekamen. Die Sueven
kannten Anfangs gar keine Ständeunterschiede, wohl aber Sklaven. Unter den Nicht=
freien gab es wenige Abstufungen; die tiefste bestand aus den leibeigenen Knechten,
wozu in der Regel nur Kriegsgefangene gemacht wurden. Der Name Sklave für
diese Knechte ist wahrscheinlich gleich mit Slawe, weil beim Einbruche der Germa=
nen in Mitteleuropa Slawen ihre ersten und gewöhnlichsten Kriegsgefangenen bil=
deten. — Solche Allodbesitzer, die neben hervorragenden persönlichen Eigenschaften
durch die Größe ihres Besitzes oder durch einen bedeutenden Anhang kleinerer Be=
sitzer eine hervorragende Macht besaßen, nannte man Edelinge; aus ihnen entstand
in der Folge der Adel.

Mehrere freie Familien bildeten zusammen eine Gemeinde oder Mark, mehrere Verfassung.
(Gerichtswesen.)
Marken einen Gau. An der Spitze eines Gaues stand ein freigewählter Richter,
der Graf, dem die Schöffen, welche das Urtheil schöpften, beigegeben waren. Reich=
ten gewöhnliche Beweise nicht aus, um eine Sache zur Klarheit zu bringen, so
entschied ein feierlicher Eid oder das Gottesurtheil. Letzteres bestand bei
freien Männern in einem Zweikampfe zu Roß oder zu Fuß, bei Unfreien und
Weibern in der Feuer= oder Wasserprobe. Der Angeklagte mußte in letzterem Falle
mit bloßen Füßen über eine glühende Pflugschar gehen oder ein glühendes Eisen
in der bloßen Hand tragen oder mit nackten Armen einen Stein aus einem mit
siedendem Wasser gefüllten Kessel herausholen u. dgl. Leibes= und Kerkerstrafe kam
nicht vor, Todesstrafe nur bei Verletzung der Ehre, namentlich wegen Landesver=
rath, Feigheit im Kriege, Ehebruch und Diebstahl. Dieselbe wurde im Namen der
Gottheit vollzogen. — Im Kriege wurde ein angesehener, tapferer, freier Mann
zum Anführer oder „Herzog" gewählt. Alle freien Männer bildeten die Volksver=
sammlung, die an einem geweihten Orte, unter freiem Himmel, gewöhnlich in der
Nacht zur Zeit des Neumondes abgehalten, und in welcher über die wichtigsten An=
gelegenheiten, namentlich über Krieg und Frieden, entschieden wurde.

Die religiösen Ansichten der alten Deutschen verrathen bei aller Sinnlichkeit Religion.
der Auffassung denn doch schon jene tiefe Versenkung der Gedanken und jene
Innigkeit des Gefühlslebens, die dem Deutschen als Grundzüge seines Charakters
zu allen Zeiten eigen geblieben sind. Die Götterlehre, die deutlich an den ari=
schen Ursprung erinnert, ist manigfaltig mit den verschiedenen Naturereignissen
verwoben, und die Götter selbst stellen zumeist Repräsentanten derselben dar.

Der oberste der Götter ist Wuotan (Odhin), der dem Germanen das Höchste, das er kennt den Sieg verleiht; er wählt durch seine „Walkyren," die be flügelten Schlachtjungfrauen, auf der Wahlstatt die Helden aus, die sein Mahl in der „Walhalla" theilen sollen. Wuotan ist auch der „Allvater," der Vater aller Menschen und Götter. Seine Schwester und Gattin ist Freya (Frigg, Hulda), die Göttermutter, die Göttin der Ehe, des häuslichen Herdes, des Wohlstandes und des Friedens. Wuotans Söhne sind Tiu und Donar (Thor). Ersterem, dem Gotte des Krieges, war der Dienstag, letzterem, dem Gotte des Donners, der Donnerstag geheiligt. Als Erdenmutter wurde Hertha verehrt, deren Dienst bei ihrem Heiligthume auf der Insel Rügen sich in ein geheimnißvolles Dunkel hüllte. Erschien sie in den einzelnen Ländern auf ihrem von Kühen gezogenen Wagen, so ruhten die Waffen, und Friede und Fröhlichkeit herrschten allenthalben. Ihr Sohn Fro ist der freundliche Sonnengott; dessen Schwester Freia, der Göttin des Mondes und der Liebe, war der Freitag geheiligt. Hela war die Göttin der Unterwelt; ihr Name mag sich in unserem Worte „Hölle" erhalten haben. Neben diesen und anderen Göttern verehrten die alten Deutschen noch eine Art von Halb göttern. Zu diesen gehören die drei Nornen (Schicksalsgöttinnen), die neckischen Zwerge, die bösen Stein-, Wasser- und Feuerriesen, die Schwarz- und Licht- elfen u. a. – Ihre Götter in menschlicher Gestalt nachzuahmen und in Mauern einzuschließen, hielten die Deutschen der Würde dieser hohen Wesen nicht an= gemessen. Sie hatten daher keine Tempel, sondern geweihte und heilige Haine, Wälder, Berge und Bäume. Der Götterdienst umfaßte verschiedene Gebräuche, an deren Spitze das Opfer stand; häufig waren Pferde, selten Menschenopfer, zu welch' letzteren gefangene Feinde oder schwere Missethäter auserkoren wurden. In den frühesten Zeiten verbrannte man die Leichen, später begrub man sie mit allerhand Gegenständen; mit dem Leichenbegängnisse war ein Leichenschmaus oder Leichentrunk verbunden. Die alten Deutschen glaubten an die Unsterblichkeit der Seele, sowie an eine Art Belohnung des Guten und Bestrafung des Bösen. Einen eigenen Priesterstand hatten die Germanen im Gegensatze zu den Kelten nicht. Die heiligen Handlungen vollzog das Familienhaupt oder der Stammes fürst; die einzigen Personen, die sonst ein höheres geistliches Ansehen genossen, waren die „weisen Frauen" und „Seherinnen."

Wenig und nur in unwesentlichen Dingen unterschieden sich die Kultur verhältnisse der Markomannen von denen der übrigen Deutschen. Tacitus macht aufmerksam auf die schon oben erwähnte absonderliche Haartracht der Sueven und fügt noch hinzu, daß die Vornehmen aus diesem Volke sich einer gelben Pomade bedienten und großen Werth auf den Haarschmuck im Kriege und in der Schlacht legten. Nach andern römischen Berichterstattern waren die Sueven unter allen Germanen am kriegslustigsten, wie die Bojen unter den Kelten. Sie waren in der frühesten Zeit vor dem Zusammenstoße mit Cäsar in hundert Kreise eingetheilt,

[Marginal note:] Eigenthümlich keiten der Marko mannen.

von denen jeder alle Jahre 1000 Mann für den Krieg und 1000 Mann für die friedlichen Beschäftigungen stellte. Daß die Sueven einen gemeinschaftlichen Acker= besitz hatten, wie Cäsar berichtet, wird von neueren Forschern bezweifelt. Sie verbrauchten übrigens wenig Getreide und tranken keinen Wein; Milchspeisen und Fleisch waren ihre gewöhnliche Nahrung. Dieses deutet mehr auf ein Nomadenvolk, als auf Ackerbauer. Von ihrer Kindheit an selbstständig, waren sie unerschrockene Jäger und gegen jede Unbill der Jahreszeiten unempfindlich. Sie badeten in den kalten Wässern ihrer Flüsse, bedeckten einen Theil ihres Körpers kaum mit spär= lichen Fellen, hatten wilde Sitten und eine wunderbare Kraft und Größe. Sie verachteten den Handel, sowie die fremden Pferde, die bei den Galliern so eifrig gesucht wurden. Die ihrigen waren, obgleich schwächlich und unförmlich, doch durch die große Uebung ausdauernd und unermüdlich. Die Sueven verschmähten den Gebrauch des Sattels; sie sprangen oft bei den Gefechten der Reiterei auf die Erde und kämpften zu Fuß; die Pferde waren darnach abgerichtet und blieben am Platze stehen. Der Glaube an die Lehre von der Unsterblichkeit der Seele flößte den Kriegern die kühnste Todesverachtung ein.

Eine Veränderung in den innern Verhältnissen der Markomannen wurde durch die Gründung der großen suevischen Waffengenossenschaft und insbesondere durch die Regierung Marbods herbeigeführt. Der suevische Völkerbund beruhte nicht nur auf gemeinsamen politischen Interessen, sondern er wurde um so geschlos= sener und kräftiger, als er eine weitere Basis in dem religiösen Glauben an ein gemeinschaftliches höchstes Wesen, verbunden mit einer gemeinsamen religiösen Feier, erlangte. Dieses höchste Wesen, die Bundesgottheit sämmtlicher suevischen Stämme, hatte seinen Sitz in einem heiligen Haine in der heutigen Lausitz bei den Sem= nonen, die als das älteste der suevischen Völker galten. Daselbst fanden zu be= stimmten Zeiten Festversammlungen statt, welche von allen Stämmen, die zum Suevenbunde gehörten, beschickt und unter feierlicher Opferung eines Menschen ab= gehalten wurden. Marbod war, als er an die Spitze des suevischen Völkervereines trat, nicht nur das politische, sondern auch das religiöse Bundeshaupt. Er wußte dem Volke der Markomannen sehr bald eine herrschende Stellung im Bunde zu verschaffen, so daß die anderen Bundesmitglieder nicht immer als gleichberechtigt mit ihnen angesehen wurden. Ebenso verstand es Marbod, die rein germanischen Einrichtungen des Reiches nach seinen römischen Ideen wesentlich umzuformen. Er wird als der erste genannt, der sich „König der Sueven" heißen ließ, und diesem Titel gemäß nach einer absoluten monarchischen Gewalt strebte. Nur durch straffe militärische Einrichtungen nach römischem Muster glaubte er dieses Ziel erreichen zu können. Die altgermanische Militärordnung des Heerbannes mit einem Herzoge an der Spitze wurden deswegen gänzlich umgestürzt und eine Armee aufgebracht, die jeden Augenblick schlagfertig dastand, und zwar unter des Königs persönlichem Oberkommando. Die wohlgeordneten Kriegsscharen blieben

Reformen
Marbods.

Römischer
Einfluß.

beisammen, übten sich täglich in römischer Kampfweise, wobei dem Könige wohl altgediente römische Soldaten behilflich gewesen sein mögen. Marbod umgab sich mit einer starken Leibwache, richtete einen glänzenden Hofstaat ein und wählte zur

Residenz die alte Stadt (?) der Bojen „Buiämum", deren Lage nicht genau bestimmt werden kann. Da sie klein und unansehnlich war, so berief er römische Künstler und Bauleute, die sie vergrößerten und mit neuen Anlagen zierten. Ueber der Stadt auf einem Hügel erhob sich stolz die Burg, in welcher der reiche Suevenschatz aufbewahrt wurde. Die Bojenstadt änderte ihren Namen nach dem ihres

Erneuerers in „Marobudum." Auch noch andere Städte (?) soll Marbod gegründet haben. Der Verkehr mit den Römern brachte viel römische Kaufleute mit fremden Artikeln des Luxus und der Kunst ins Land; auch jüdischer Kaufleute wird bereits unter den Markomannen gedacht.

4.
Die alten Tschechen.

Der gewaltige Sturm der germanischen Völkerwanderung hatte das morsche Staatsgebäude der geistig und physisch verkommenen Römer in einigen kräftigen Stößen zertrümmert, und neue Staaten mit gesunden Keimen und von frischeren Ideen durchdrungen, erwuchsen auf dem alten klassischen Boden mit jugendlicher Triebkraft. Die wilden Hunnen, welche zu dem fieberhaften Wogen und Drängen der germanischen Stämme den Anstoß gegeben hatten, erschöpften ihre Kräfte nach dem Tode Attilas und verschwanden rasch vom Schauplatz der Geschichte. Während nun im Westen Europas der unruhige Prozeß staatlicher Neubildungen vor sich gieng, besetzten den leer gewordenen Osten bis zu den Centralalpen und der Elbe und über diese hinaus die vielnamigen Stämme des zahlreichen Volkes der Slawen. Auch das alte Land der Bojen und Markomannen wurde von slawischen Stämmen bevölkert in nicht genau zu bestimmender Zeit, nach einer freilich nicht maßgebenden Notiz des Griechen Prokopius, noch bevor das fünfte Jahrhundert seinem Ende nahte. Laut einer späteren Volkssage hieß der Stammvater der slawischen Böhmen „Čech". Er sei, so heißt es, mit seinem Volke aus dem alten Charwatenlande, nördlich von den Karpathen, über drei Flüsse in dieses Land gekommen und habe zuerst am Georgsberg (Řip) Halt gemacht und von da aus die weithin sich erstreckenden Fluren des alten Bojenlandes überblickt.

Die Eingewanderten theilten sich in mehrere kleinere Stämme, die erst nach und nach zu einer einheitlichen Nation verschmolzen. Unter dem Erzgebirge im Gebiete des Egerflusses waren die Sitze der Sedlitzer (bei Karlsbad) und der Lutschauer im wiesenreichen Saatzer Kreise. An der Biela hatte sich der Stamm der Bieliner angesiedelt, dessen Name noch heute in der Stadt Bielin fortlebt; eine Sippe dieses Stammes bildeten die Stadizer, aus deren Mitte Přemysl abstammte. An der Elbe stromaufwärts traf man zuerst die Dietschaner (Tetschen), sodann die Lutomeritzer in der Gegend der heutigen Stadt Leitmeritz, die Pschower, am Zusammenflusse der Elbe und Moldau (Melnik) und die Lemuzen im Polzen=thale. Das weitere Elbufer bis aus Riesen= und Sudetengebirge bewohnten zwei große Charwatenstämme. Im Süden des Landes unterschied man die Dudleben in der Gegend des heutigen Budweis und die Netolitzer bei der gleichnamigen Stadt. Südlich vom Miesflusse wohnte ein mächtiger Stamm, der den Namen Popelwici getragen zu haben scheint: an der Mies wohnten die Mieser. Alle diese Stämme, deren Namen noch lange im Mittelalter fortlebten und sich theilweise jetzt noch in Städtenamen erhalten haben, wurden an Macht und Ansehen von den Tschechen übertroffen, die ihre Wohnsitze im Innern des Landes hatten vom Zusammenflusse der Moldau, Eger und Elbe in südwestlicher Richtung gegen das Flusgebiet der Mies. Allmählich ging der Name dieses vornehmsten Stammes, der in Prag seinen Mittelpunkt besaß, auf alle anderen in Böhmen wohnenden Slawen über.

Noch waren die Tschechen und die vielen anderen Zweige der Slawen in friedlicher Gruppirung begriffen, als abermals die Schleusen des völkergebärenden Asiens sich öffneten und ein neuer gewaltiger Sturm gegen Europa heranbrauste. Die Avaren-herrschaft. Das wilde Reitervolk der Avaren, von mongolischer Abkunft, gründete um die Mitte des sechsten Jahrhunderts in den ausgedehnten Weideplätzen Pannoniens ein Reich, das bald nach allen Richtungen hin Furcht und Schrecken verbreitete. Mit Unglück bestanden die angränzenden Slawen den Kampf gegen die herandrän=genden wilden Horden, und, wie einst germanische Stämme in schimpflicher Bot=mäßigkeit unter den Hunnen standen, so wurden jetzt Völker slawischer Abkunft in ähnliche schmachvolle Unterdrückung durch die Avaren gebracht. Die Avaren zwangen die Slawen, an ihren Raubzügen Theil zu nehmen, und stellten sie im Kampfe immer an die gefährlichsten Posten; sie schlugen in Friedenszeiten bei ihnen die Winterquartiere auf, mishandelten ihre Wirthe auf das Grausamste und forderten überdies noch alljährliche Abgaben. Wo ehedem des Attila hölzerne Burg sich erhob, zwischen der Donau und Theiß, da hatten die Avaren ihren Königssitz mit dem Hauptbollwerke des Reiches erbaut. Dasselbe bestand in einer kreisförmigen, aus Baumstämmen und Mauerwerk äußerst festgefügten Verschanzung, so groß, daß sie viele Ortschaften umfasste. Daselbst residierte der Chagan des gefürchteten Volkes, eine zweite Geißel Gottes; hier, als in einem sicheren Schlupfwinkel, wurde die reiche Beute der ergiebigen Plünderungszüge aufgespeichert. Neben dieser Hauptfestung hatten die Avaren noch andere kleinere, von den Franken „Ringe" genannte Vollwerke an verschiedenen Orten errichtet. Auch die Tschechen kamen unter das harte Joch der Avaren; auch sie mussten sich, wie so viele ihrer Stammesgenossen, dem blutigen Scepter des stolzen Bajan, so hieß der mächtigste Bajan der Chane, ohne Gnade und Barmherzigkeit beugen. Im alten Bydschower Kreise, auf der Herrschaft Stopidlno, trifft der Wanderer noch jetzt auf weithin sich erstreckende Erdwälle uralten Bestandes, die auffallend an jene Bollwerke erinnern, welche die Avaren zu errichten pflegten. Ist die Deutung eine richtige, dann hätte sich mitten im Tschechenlande ein Ring, eine Zwingburg der grausamen Gebieter, erhoben, die von hier aus nun so nachdrücklicher die Zuchtruthe über die Unterworfenen schwingen konnten.

Die allzugroße Zersplitterung der Slawen in so viele kleine Stämme, ihre innere Uneinigkeit und Stammeshader mochten wohl jeden Versuch, die drückende Fremdherrschaft abzuschütteln, vereiteln, bis im Anfange des siebenten Jahrhunderts einige glückliche Umstände zusammentrafen, die zur leichteren Erlangung der ersehnten Freiheit günstige Gelegenheit gewährten. Der über die West= und Südslawen mit unbeschränkter Macht gebietende, Deutschland und Konstantinopel stets bedrohende, gewaltige Chagan Bajan wurde im Jahre 603 vom Tode ereilt. Mit ihm erlosch der Glanz seines Volkes; Zwistigkeiten unter seinen Nachfolgern zerrütteten das große Reich, das allmählich in Ohnmacht verfiel. Da erhoben sich an allen Punkten die unterworfenen Slawen zum Abfalle. Tschechen, Mährer und die karantanischen Slawen in Norikum und Pannonien scharten sich zusammen zur Abschüttelung des so lange getragenen verhaßten Joches der Barbaren. Noch gebrach es an einem gemeinschaftlichen tüchtigen Anführer, der die verschiedenen Elemente unter einem Feldherrnstab zusammengefaßt hätte. Kleinliche Stammeseifersüchteleien schienen einen Einheimischen zu diesem hochwichtigen Amte nicht aufkommen zu lassen. Da wanderte — es war im Jahre 623 — ein Kaufmann, Namens Samo, ein geborener Franke, aus dem Senonagau in Begleitung von mehreren anderen Kaufleuten nach Böhmen, um daselbst Handelsgeschäfte zu treiben. Diesem deutschen Kaufmanne nun gelang es, was bisher nicht erreicht werden konnte, die zersplitterten slawischen Völkerschaften zu vereinigen zum gemeinschaftlichen Kampfe gegen die Avaren. In mehreren blutigen Schlachten, in denen Samo als Feldherr durch seine fast wunderbare Tapferkeit hervorragte, wurden die Feinde aufs Haupt geschlagen und ihrer Oberherrschaft für immer ein Ende gemacht. So bedeutend aber war das Ansehen des kühnen Anführers in den Freiheitskämpfen gewachsen, so allseitig hatte sich seine geistige Ueberlegenheit erprobt, daß die siegreichen Scharen der vereinigten Slawen ihn in gerechter Würdigung seiner Talente und Verdienste durch Verleihung der königlichen Würde auszeichneten. Auch im Frieden gebot somit der ehemalige Kaufherr aus dem Frankenlande über die Tschechen, die Mährer und die karantanischen Slawen. Böhmen war das Hauptland dieses ersten großslawischen Staates, die Burg Wyschehrad vielleicht die Residenz des gewaltigen Slawenkönigs, der bald seine Macht auch über andere Stämme erweiterte bis an die steierischen Alpen im Süden, die Karpathen im Osten und die Spree und Havel im Norden. So lange der weise Begründer des neuen Reiches lebte, nahm dieses nach allen Seiten hin eine Achtung gebietende Stellung ein, und die Avaren wagten es nicht mehr, gegen den gefürchteten Samo die Kämpfe zu erneuern. Als aber der fränkische König Dagobert von Westen her das Reich bedrohte, Kampf mit den Franken. wurde er bei Wogastisburg (unbekannt wo?) in einer dreitägigen Schlacht auf das Haupt geschlagen und mußte mit Verlust vieler Mannschaft und der Zelte die Flucht ergreifen (630). Samo, der durch diesen Sieg seine Herrschaft nur noch mehr befestigt hatte, unternahm von nun an öfters Einfälle in Thüringen und in die benachbarten fränkischen Gaue. Dervan, ein Fürst der Sorben, der bis jetzt unter fränkischer Herrschaft gestanden, mußte seine Oberhoheit anerkennen. Mit den Franken dauerten die Kämpfe Samo's fort, bis der von Dagobert zum Herzog von Thüringen eingesetzte Radulf (633) einerseits durch glückliche Kämpfe, anderseits durch ein friedliches Uebereinkommen mit den Slawen die Ruhe wieder herstellte. — Ueber die Regierung Samo's während der Friedenszeit haben wir nur die Eine Nachricht, die uns der fränkische Chronist Fredegar mittheilt: Samo habe 35 Jahre (627—662) glücklich regiert, er habe sich zwölf Frauen aus dem slawischen Stamme genommen und von diesen 22 Söhne und 15 Töchter erhalten.

Das beklagenswerthe Dunkel, das über der größeren Hälfte der Regierung Die Sagen geschichte nach Samo's Tode. des so hoch interessanten Samo schwebt, umhüllt auch einen weiten Zeitraum der böhmischen Geschichte, der nach dem Tode dieses Helden folgte. Spätere einheimische Geschichtschreiber und Dichter haben in Ermanglung lichtvollerer Quellen sich der Volkstraditionen bemächtigt und uns einen Sagenkreis in mehr oder weniger freier Bearbeitung hinterlassen, aus dem es schwer ist, das kleine Körnchen historischer Wahrheit herauszuschälen. Die ältesten derartigen Ueberlieferungen haben wir von dem würdigen Dechanten Cosmas, dem ersten böhmischen Chronisten, der im Beginne des XII. Jahrhunderts sein Geschichtswerk niederschrieb. Auf dessen Nachrichten uns fußend, könnten wir vielleicht Krok als Nachfolger Samos in Krok. Böhmen bezeichnen. Der Großstaat der Slawen war nach seines Gründers Tode zerfallen, und über die einzelnen Länder und in denselben finden sich wieder einzelne Herrscher. Es steht der Ansicht, daß Krok einer der 22 Söhne Samo's gewesen sei, kein wesentliches Bedenken entgegen; möglicher Weise fanden andere Söhne ein anderes Land zur Herrschaft. Krok hatte nach der Sage drei Töchter: Kazi, Teta und Libuscha, welch' letztere durch ihre Vermählung mit Přemysl die Gründerin einer neuen Dynastie wurde. Auf die hervorragende Bildung Kroks und seiner Töchter könnte immerhin die mit Samo in Verbindung zu bringende fränkische Verwandtschaft einen maßgebenden Einfluß genommen haben.

Da die fränkischen Chronisten aus der Zeit von 640 bis 791 Nichts zu Die Zeit von 640-791. erzählen wissen, so dürfte wohl mit Ausnahme von kleineren Avarenkämpfen und etwaigen inneren Streitigkeiten das Land einen längeren Frieden genossen haben. Wenigstens blieben die Tschechen von Seite ihrer gefährlichsten Feinde, von den Franken, während dieser Zeit unbehelligt. In der andauernden Friedensperiode scheinen sich auch die innern Verhältnisse immer mehr geordnet zu haben. Nach mit Glück durchfochtenen Freiheitskriegen tritt regelmäßig bei allen Völkern eine Periode erregteren gedeihlichen inneren Lebens ein. Auch damit stimmt die Sage. Krok mit dem goldenen Sitze auf dem Wyschehrad wird als Burgenerbauer bezeichnet, seine Tochter Libuscha legte den Grundstein zur stolzen Königsstadt. Vater und

Tochter fällen weise Rechtssprüche und nähren im Lande den Sinn für gute Sitte und Gerechtigkeit. Kazi, die älteste der wohlerzogenen Töchter Krok's, ist bewandert in den Heilkräften der Natur, Teta, die jüngere, dagegen erscheint als hehre

Priesterin der alten Götter. Przemysl selbst aber, den die Sage im Gewande eines schlichten Landmannes darstellt, der aber wahrscheinlicher Weise Häuptling der im Leitmeritzer Kreise seßhaften Lemuzen gewesen ist, zeigt sich mit Erfolg thätig in der Verwaltung und Gesetzgebung des Landes, das er wohlgeordnet seinen Nach-folgern hinterläßt. Seine Regierung bildete nach Cosmas den Höhepunkt der Blüthezeit der altböhmischen Geschichte. Jählings aber tritt hierauf der Verfall

des Reiches ein. Denn die sieben noch genannten sagenhaften Herzoge (?) Nezamysl, Mnata, Wojen, Unislav, Krezomysl, Neklan und Hostiwit erschlaffen nach Cosmas in sinnlichen Lüsten und versinken in die allerärgste Barbarei.

5.

Kulturverhältnisse der alten Tschechen.

Ueber die Sitten und Gebräuche der alten Slawen haben sich nur sparsame und zerstreute Nachrichten bei einigen griechischen Geschichtschreibern erhalten. Das Meiste davon wird wohl auch auf die Slawen in Böhmen anwendbar sein. Prokop von Cäsarea (um 562) erzählt: „Die Slawen und Anten stehen unter keinem Monarchen, sondern sie haben von alten Zeiten her eine demokratische Regierung; sie berathschlagen sich daher über ihr Interesse immer gemeinschaftlich. Aehnlich sind von jeher bei diesen beiden Barbarenvölkern fast die gesammten Sitten und Ansichten. Sie erkennen den Urheber des Blitzes für den einzigen Gott und alleinigen Herrn der Welt und opfern ihm Ochsen und andere Thiere; von dem Schicksale wissen sie Nichts, geschweige, daß sie ihm einige Gewalt über den Menschen zuschreiben sollten. Wenn ihnen aber auf dem Krankenbette oder dem Schlachtfelde der nahe Tod droht, so geloben sie Gott, wenn er sie beim Leben erhalte, ein Opfer zu schlachten. Wenn sie der Gefahr entgangen sind, so opfern sie, was sie versprochen haben, und glauben, daß ihnen dieses Opfer das Leben gerettet habe. Bei diesen Opfern wahrsagen sie auch. Sie wohnen in schlechten und zerstreuten Hütten und ziehen oft von einem Orte zum andern. Wenn sie in's Treffen gehen, so sind sie größtentheils zu Fuß und führen nur kleine Schilde und Wurfspieße. Einen Harnisch haben sie nicht an; einige haben auch weder ein Unter- noch ein Obergewand, sondern sie ziehen nur Hosen an, die bis zur Scham reichen. So bieten sie sich dem Feinde zur Schlacht dar. Beide Völker reden ein und dieselbe sehr barbarische Sprache. In der äußern Gestalt ist zwischen ihnen nicht der geringste Unterschied; denn sie sind durchgängig lang und stark von Gliedmaßen; ihre Haut ist nicht sehr weiß und ihr Haar nicht blond, doch auch nicht ganz schwarz, sondern röthlich. Ihre Speisen sind grob und schlecht zugerichtet, wie bei den Massageten; wie diese verbleiben sie ununterbrochen voll Schmutz. Boshaft jedoch oder tückisch sind sie durchaus nicht, sondern auch in der Einfachheit bewahren sie den hunnischen Charakter."

Ein vollständigeres Bild von den alten Slawen entwirft der Kaiser Mauritius (582—602). Er schildert sie als höchst einfache Naturmenschen, gutmüthig, ohne Bosheit und Arglist mit schlechten Wohnungen, wohl auch Ackerbau treibend. Er lobt ihre eheliche Treue, ihre ausgezeichnete Gastfreundschaft, ihre Milde gegen Fremde und Kriegsgefangene und ihre leidenschaftliche Liebe zum Gesange. „Am liebsten wohnen sie", berichtet Mauritius, „in schwer zugänglichen Wäldern und an ähnlichen Ufern der Flüsse, Sümpfe und Seen. An ihren Wohnungen lieben sie für unvorhergesehene Fälle mehrere Ausgänge anzubringen. Selbst das Nothwendigste halten sie gerne in unterirdischen Verstecken, äußerlich ganz arm, und nur von bloßer Beute lebend. In Engpässen und Gegenden, die viele Schlupfwinkel dar= bieten und überhaupt beschwerlich zum Fortkommen sind, kämpfen sie gerne, verschmähen aber auch nicht plötzliche Ausfälle und Kriegslisten. Bewaffnet ist jeder Slawe mit zwei Wurfspießen; einige haben auch Schilde, aber von so unförmlicher Größe, daß sie nur schwer von einem Orte zum andern getragen werden können. Ein hölzerner Bogen und vergiftete Pfeile sind ihre weitern Angriffswaffen . . . . Sie sollen keinen obersten Befehlshaber über sich dulden, sich aber oft wechselseitig tödtlich verfolgen. Geregelte Schlachtreihen und Massen= angriffe im offenen Felde kennen sie nicht; wollen sie angreifen, so erheben sie stehend den Schlachtenruf, und erst, wenn der Feind antwortet, rücken sie vor; unterläßt er dies, so geben sie sich weiter keine Mühe, ihn aufzusuchen, sondern ziehen sich in die Wälder zurück, weil sie es vorziehen, auf schwierigem Boden angegriffen zu werden . . . . Auf ihr gegebenes Wort darf man nicht viel bauen; Verträge gehen sie sehr schwer ein, sie sind leichter durch Schrecken als durch Geschenke im Gehorsam zu erhalten. Ursache hievon ist ihre stäte Uneinigkeit und Widersetzlichkeit; keiner will dem andern gehorchen."

Aus anderen Stellen und durch Vergleichung mit den uns schon genauer bekannten Verhältnissen späterer Zeit läßt sich das Kulturbild der alten Slawen immerhin ergänzen. Sie waren nicht viel weniger kriegerisch, als die Kelten und Germanen, mit denen sie sonst wegen der Verwandtschaft aller indoeuropäischen Völker manches Gemeinschaftliche besaßen. Sie führten theils ein unstätes Nomaden= leben, theils trieben sie auch Ackerbau. Monarchen hatten sie keine, wie sie überhaupt ursprünglich keinen Ständeunterschied gekannt zu haben scheinen. Ihre Verfassung nennt Prokopius eine „demokratische"; wir würden sie vielmehr eine patriarchalische

Verfassung.

2*

heißen, wie sie eben bei Völkern in der Kindheit vorkommt. Alle Blutsverwandten zusammen bildeten eine Sippe, die Hab und Gut gemeinschaftlich besaß und in einer oder mehreren Hütten beisammen wohnte. An der Spitze der Sippe stand ein Aeltester (Starost, Wladyke), der den gesammten Haushalt ordnete, die Streitigkeiten schlichtete, die Heiligthümer der Sippe bewahrte und den Göttern die Opfer darbrachte. Mehrere Sippen vereinigten sich zu einem Stamm, an dessen Spitze wieder ein Stammesältester (Woiwode, Leche) sich befand, der die Functionen eines gemeinsamen Anführers, Richters und Priesters versah. Ein Woiwode, der an der Spitze mehrerer Stämme stand, war der Fürst. Auch bei der Wahl der Fürsten hielt man sich an bestimmte Familien. Der Fürst nahm dem Volke gegenüber dieselbe Stellung ein, wie die Aeltesten in der Sippe und im Stamme. Allgemeine Landesangelegenheiten wurden in einer Versammlung der Stammesältesten berathen und entschieden, wodurch die Macht des Fürsten bedeutend beschränkt wurde, um so mehr, da die stolzen Stammeshäupter nach einer fortwährenden Machterweiterung strebten. Wuchs der Stamm zu größerer Volkszahl an, so pflegte er in mehrere Gaue (Zupen) getheilt zu werden, über welche die Fürsten oder Woiwoden als ihre Beamten oder Stellvertreter Unterwoiwoden (Zupane) einsetzten. Bei der Wahl der Stammesältesten berücksichtigte man in der Regel bestimmte Familien, die durch ihre Abstammung dem Aeltesten der vornehmsten Sippe am nächsten standen. Aus solchen bevorzugten Familien gieng der slawische Adel hervor. Eine Anzahl zusammengehöriger Stämme bildeten ein Volk. Die „Tschechen" waren ursprünglich nur ein Stamm der in Böhmen wohnenden Slawen, die, später zu einem Volke vereinigt, jenen Stammesnamen sich beilegten. Die Hauptburg des Volkes, wo die Heiligthümer verwahrt, wo die Volksversammlungen abgehalten wurden, und wo der Fürst seinen Sitz aufschlug, hieß gewöhnlich Wyschehrad (Hochburg). — Die freien Slawen hatten untereinander vollkommene Rechtsgleichheit; doch treffen wir bereits in den ältesten Zeiten auch den Stand der Hörigkeit und Leibeigenschaft. Leibeigen wurde man in Folge der Kriegsgefangenschaft oder aus Strafe für bestimmte Verbrechen. Uebrigens werden auch Fälle erzählt, daß Aeltern ihre eigenen Kinder als Sklaven verkauften. Für die freigelassenen Hörigen hatte man eine besondere Bezeichnung (ognistanin), welche soviel bedeutete, als der mit den Freien zum gemeinsamen Feuerherde Zugelassene. Auch die Frauen erfreuten sich einer achtbaren und ehrenvollen Stellung. Die Gesetze waren althergebrachte und standen im Ansehen eines göttlichen Ursprunges. Gottesurtheile, wie die Feuer- und Wasserprobe, finden wir auch bei den Slawen; fürchterlich war die allgemein und grausam beobachtete Sitte der Blutrache.

Religion.   Die Religion der alten Slawen bestand zunächst in der Verehrung der Naturkräfte, die man sich in Gestalt von höheren Wesen und zwar guten und bösen vorstellte. Die höchsten Götter waren Swaroh, der Gott des Lichtes, und Pernu, der Gott des Donners und des Blitzes. Weles war der Bewahrer der Heerden, Ziwa die Beschützerin der Feldfrüchte, Wesna die Göttin der Jugend. Morena, die Beherrscherin des Winters und des Todes, Striboh, der Gott des Sturmes, galten als böse Wesen. Als niedere Gottheiten wurden die Nymphen in den Quellen, Gewässern und Bäumen verehrt, sowie man sich denn in jedem Berg und Hain, in der Luft und Erde gute oder böse Geister dachte. Die Seele des Menschen wurde auch von den alten Slawen für unsterblich gehalten; sie flatterte, so war der Glaube, nachdem sie den Körper verlassen, auf Bäumen so lange umher, bis die Leiche verbrannt war. Neben der Verbrennung der Leichen kommt auch die Erdbestattung derselben vor. Den Verstorbenen gab man die Lieblingsgegenstände mit in's Grab; die Asche des Verbrannten wurde in Thongefäßen begraben. Es kam vor, daß sich Frauen freiwillig mit ihren verstorbenen Männern verbrennen ließen. Einen eigenen Priesterstand kannte man im Allgemeinen nicht; ebenso wenig gab es in den alten Zeiten Tempel. Die Opfer, in der Verbrennung von Thieren, insbesondere von Rindern bestehend, wurden von dem Aeltesten in der Familie oder des Stammes auf Anhöhen und Bergspitzen dargebracht. Als Hauptjahresfeste feierte man die Winter= und Sommersonnenwende und das eigentliche Frühlingsfest, welches durch nächtliche Spiele an den Gräbern der Todten begangen wurde.

Zweites Buch.

Das Herzogthum Böhmen in strenger Abhängigkeit vom deutschen Reiche.

(768–1197.)

I.

Böhmen unter den Karolingern und Konrad I.

(768–918.)

Karl der Große
(768–814).

Mit Dagobert, dem Zeitgenossen und Gegner Samos, war der letzte kräftige Frankenkönig aus dem Hause der Merowinger gestorben (638). Seine Nachfolger bieten ein trauriges Bild königlicher Schwäche und sittlicher Verkommenheit. Ihre Mißregierung würde den Bestand des fränkischen Reiches in Frage gestellt haben, wenn sich nicht aus dem Beamtenthum der Könige eine Macht herausgebildet hätte, die in Bevormundung der gesunkenen Herrscherfamilie der Monarchie Existenz und Gränzen gesichert haben würde. Diese „Hausmeiermacht", erblich geworden in dem kräftigen Geschlechte der Karolinger, beseitigte zuletzt das merowingische Puppenkönigthum auch dem Namen nach und pflanzte das Banner einer neuen Dynastie auf, welche, tief eingreifend in die Schicksale der Völker, der Zukunft neue Bahnen vorzeichnete. Karl Martell und Pipin der Kurze legten die Grundsteine zum großartigen Staatsgebäude, welches Karl der Große (768—814) in glorreicher Weise vollendete. Das im Jahre 800 von letzterem in's Leben gerufene christlich germanische Kaiserthum erfüllte als befruchtende Idee die politischen und socialen Verhältnisse Europa's mehrere Jahrhunderte hindurch in charakterisierender Weise. Karl der Große selbst schon beschrieb mit seinem tapfern Schwerte die Peripherie jenes mächtigen Länderkreises, in welchem unter dem Schutze geeinigter politischer Verhältnisse das Christenthum verbreitet und der Kulturstaat des Mittelalters begründet wurde. Am atlantischen Ocean, im Herzen Spaniens und Italiens, hoch oben an der Eider, waren die Marksteine des neuen Kaiserreiches eingerammt worden, das nun mit seiner gegen Osten sich kehrenden Expansivkraft auch Böhmens Selbstständigkeit für alle Zeiten auf das Empfindlichste berührte.

Karl der Große
bekämpft die
Avaren
(791–797).

Nach Besiegung der Sachsen, Thüringer und Baiern gränzte das fränkische Reich an slawische Völker. Die Obodriten im heutigen Mecklenburg, die Sorben im gegenwärtigen Königreiche Sachsen, traten mit Karl dem Großen in eine Art

Bundesgenossenschaft und halfen diesem in seinen vielen Kriegen, insbesondere gegen ihre Stammesgenossen, die slawischen Wilten zwischen der Elbe, der Oder und dem Pelt. Die besiegten Wilten wurden dem großen fränkischen Reiche als zinspflichtig einverleibt. Die böhmischen Slawen scheinen der Bundesgenossenschaft mit dem mächtigen Frankenkaiser schon vor dem Jahre 790 beigetreten zu sein, entweder, um eine Stütze gegen die Avaren zu haben, oder aus Furcht vor einer gewaltsamen Unterwerfung, wie sie die Wilten erdulden mußten. Im Jahre 791 rückte Karl d. G. mit drei gewaltigen Heeren gegen die Avaren, die die Ostgränze des fränkischen Reiches beunruhigt hatten und dem widerspänstigen Herzog Thassilo von Baiern Hilfe bringen wollten. Karl selbst zog am rechten Ufer der Donau stromabwärts, sein Sohn Pipin marschierte von Italien her gegen Pannonien, während aus dem Norden unter dem Grafen Theodorich und dem Kämmerer Meginfrid Sachsen, ripuarische Franken, Friesen und andere Scharen dem Donauthale auf der linken Seite sich näherten. Die Nordarmee nahm ihren Weg durch Böhmen, das bei dieser Gelegenheit zum ersten Male von den Chronisten des Mittelalters mit diesem Namen bezeichnet wird. Vielleicht verstärkten die Böhmen, die auch den Rückzug der Avarenbekämpfer durch ihr Land gestatteten, die Heere Karls d. G. gegen den gemeinschaftlichen Feind. — Karl mußte seine Züge gegen die Avaren Jahr für Jahr wiederholen, bis 803 ein Fürst der Avaren, Zodan genannt, mit zahlreichem Gefolge nach Regensburg kam, daselbst dem siegreichen Kaiser sein Land empfahl, die Huldigung darbrachte und Treue gelobte. Auch eine Menge von Slawen huldigten damals der Oberherrlichkeit des deutschen Kaisers; wahrscheinlich befanden sich unter denselben neben Mährern auch Böhmen. Aus dem eroberten avarischen Gebiete aber gründete Karl eine neue Markgrafschaft, die Ostmark, welche den Grund zum späteren Oesterreich bildete.

(margin: Zug durch Böhmen (791).)

Im Jahre 805 erschien der Chagan der Avaren, der in der Taufe den Namen Theodor angenommen hatte bei dem Kaiser und bat ihn um Hilfe gegen die Slawen, von denen sein Volk arg bedrängt wurde. Der Kaiser empfieng den Bittenden mit großer Huld und versprach ihm baldige Hilfe. Erst dem Nachfolger des noch im selben Jahre verstorbenen Theodor aber konnte Karl sein Wort einlösen. Der wohlgerüstete Kriegszug, der im Sommer 805 sich in Bewegung setzte, galt zunächst dem Lande Böhmen. Der Sohn des Kaisers, „König Karl," zog mit dem Hauptheere durch Ostfranken und gelangte durch das Egerthal in's Land. Die Sendgrafen Adolf und Werner, welche den Heerbann der Baiern und Schwaben beseßligten, rückten aus Baiern, wahrscheinlich auf dem alten Paßwege von Taus nach Böhmen, während ein dritter großer Heereshaufen, aus Franken, Sachsen und Slawen bestehend, nach Besiegung der Miltschanen über das Erzgebirge hereinbrach. Ein viertes Heer, dessen noch gedacht wird, segelte auf Schiffen die Elbe stromanfwärts, kam jedoch nur bis Magdeburg, scheint also mehr die Bestimmung gehabt zu haben, eine etwaige Unternehmung der Wilten zu Gunsten der Böhmen zu

(margin: Unterwerfung Böhmens durch Karl den Großen (805, 806).)

verhindern. In den Gegenden zwischen der Eger und Elbe trafen die drei Armeen zusammen, und nachdem König Karl eine große Heeresschau vorgenommen hatte, schritt man zur Belagerung des festen Kanburg (Kaaden?). Die Tschechen wichen der Uebermacht und jeder offenen Feldschlacht aus, zogen sich in die Gebirge und in unwegsame Gegenden zurück und ließen sich nur in kleinere Kämpfe ein, bei denen sie einen ihrer ersten Anführer verloren. Die Franken verwüsteten das Land durch vierzig Tage mit Feuer und Schwert, und erst, als beim heran= nahenden Winter Mangel an Lebensmitteln und Futter für die Pferde sich zeigte, wurde der Rückzug angetreten. Im nächsten Jahre (806) wiederholten die Feinde den Verwüstungskampf gegen Böhmen. Fast alle Slawen an der Ostgränze des Reiches hatten sich damals gegen die Franken erhoben. Karl, der Sohn, besiegte rasch die Sorben, tödtete ihren Fürsten Milidnoch und baute zwei Festungen zum Schutze des Reiches, eine an der Saale, die andere an der Elbe. Nach Böhmen aber mar= schierte der Heerbann aus Baiern, Alemannien und Burgund. Wie im vergan= genen Jahre wichen auch jetzt die Tschechen jeder größeren Schlacht aus, weßwegen die Franken das Land neuerdings verwüsteten und hierauf siegreich, ohne selbst viel Verlust erlitten zu haben, zurückkehrten. Seit dieser Zeit erhoben sich die geschreckten Böhmen nicht mehr zum Aufstande; sie erkannten willig die Oberherrschaft des deutschen Kaisers an und zahlten, als Zeichen ihrer Abhängigkeit, alljährlich an's frän= kische Reich einen Tribut von 120 fetten Rindern und 500 Mark Silber. Král hieß fortan in ihrer Sprache der König nach „Karl", dem Namen des gewaltigen Siegers. Zur Aufsicht über sie wurde die fränkische Mark auf dem Nordgau und die thüringische Mark an der Saale, Gera und Unstrut errichtet. Böhmen aber bildet seit dieser Zeit einen Bestandtheil Deutschlands, in dessen Kulturverband es durch Karl den Großen einbezogen wurde. Geographische und politische Verhältnisse knüpften diesen im Jahre 806 eingeleiteten Zusammenhang Böhmens mit Deutsch= land immer fester, wie sehr sich auch entgegengesetzte Bestrebungen geltend zu machen suchten. Die Politik der deutschen Kaiser, die Niederlassung der Magyaren in der Mitte slawischer Völker, die stäte Eifersüchtelei der einzelnen Stämme unter= einander, der Polen und Tschechen insbesondere, verhinderten die Konsolidierung der Westslawen in einem Großstaate an der Gränze Deutschlands. Die kleinen Stämme aber konnten für sich allein dem Andrängen des deutschen Reiches nicht widerstehen, und die Elbeslawen erlagen deßwegen bis zur Entnationalisierung. Die Geschichte Böhmens steht von jetzt in den innigsten Beziehungen zu der deutschen Reichshistorie. Die Grundzüge derselben bis ins XIII. Jahrhundert bestehen in den Bemühungen der böhmischen Herzoge, durch blutige Kämpfe das Abhängigkeitsverhältniß von Deutschland zu lockern oder aber durch innigen Anschluß an die deutschen Kaiser die eigene Existenz gegen innere und äußere Feinde zu schützen. Im Allgemeinen macht sich dabei das Gesetz geltend, daß bei einem kräftigen deutschen Kaiserthume Böhmen in strenger Abhängigkeit erhalten wird, und daß erst mit dem Verfalle

der deutschen Kaisermacht Böhmen sich zu einer gewissen Selbständigkeit empor-
arbeiten kann.

Das gewaltige Reich Karls des Großen zusammenzuhalten war sein talentloser und schwacher Sohn Ludwig der Frömmler (814—840) nicht im Stande. Schon im Jahre 817 wurde unter seinen Söhnen eine Theilung vorgenommen, in welcher dem jüngsten, Ludwig dem Deutschen, nebst den deutschen Ländern auch Böhmen und Mähren zugewiesen wurde. Nachdem noch zu Lebzeiten Ludwigs des Frömmlers mehrfache Aenderungen in der Ländervertheilung vor sich gegangen waren, wurde nach dessen Tode der berühmte Vertrag zu Verdun im Jahre 843 abgeschlossen. Derselbe sanktionierte die Dreitheilung der Monarchie Karls des Großen und schuf die Grundlagen zu der weiteren politischen Staatenbildung Europas. Während Lothar Italien, Karl der Kahle Frankreich als selbständiges Reich erlangte, kamen das eigentliche Deutschland und die slawischen Provinzen und somit auch Böhmen und Mähren unter die Regierung Ludwigs des Deutschen (840—876).

Mittlerweile war Böhmen von seinem Schwesterlande Mähren an politischer Bedeutung überflügelt worden; während in Böhmen noch mehrere Stammes-fürstenthümer neben einander bestanden, hatte sich Mähren bereits unter der Regierung Einer Familie zum Einheitsstaat emporgerungen. Die Mährer waren wie die Böhmen, dem fränkischen Reiche zinspflichtig, und zwar schon seit dem Jahre 803; in kirchlicher Beziehung wurde ihr Land zur Passauer Diöcese gerechnet. Unter der Regierung Ludwigs des Frömmlers jedoch benützte Mojmir, der erste mit Namen angeführte Fürst der Mährer, die gute Gelegenheit zum Abfalle von der fränkischen Herrschaft und gründete ein größeres slawisches Reich, das sich auch über die Slowakei bis an die Donau in Ungarn erstreckte. Gegen diese gefährliche Macht glaubte Ludwig der Deutsche zunächst seine Waffen kehren zu müssen; er drang 846 im August nach Mähren vor und setzte daselbst an die Stelle Mojmirs dessen Neffen Rastislaw als Haupt des Volkes ein. Da jedoch der neue Fürst durch das Streben, seine Macht zu erweitern und auch kirchlich unabhängig von Deutschland zu machen, den Argwohn Ludwigs des Deutschen erregte, so unternahm letzterer wiederholte Kriegszüge nach Mähren, ohne aber bestimmte Resultate zu erzielen. Rastislaw wurde erst durch Verrath seines Neffen Swatopluk, des bis-herigen Theilfürsten von Neutra, gestürzt, den Deutschen ausgeliefert, von diesen wegen wiederholten Treubruches zum Tode verurtheilt, dann aber begnadigt, ge-blendet und in ein Kloster gesteckt (870). Ueber Mähren wurden deutsche Statthalter, die Brüder Wilhelm und Engelschalk, die Markgrafen von Oesterreich, eingesetzt, Swatopluk aber, der Verräther, der selbst verdächtig erschien, wurde gefangen ge-nommen und fern von der Heimath in einen Kerker geworfen. Als sich jedoch jetzt das mährische Volk mit aller Macht gegen die Fremdherrschaft erhob, suchte Karl-mann, der Sohn Ludwigs des Deutschen, mit Swatopluks Hilfe die Ruhe wieder herzustellen; er schenkte diesem nicht nur die Freiheit, sondern stellte ihm sogar ein Heer zur Verfügung, damit er den Aufstand bezwinge. Kaum aber war der falsche Swatopluk mit der deutschen Kriegsschar in seiner Heimath angelangt, als er sich plötzlich mit Hilfe der heimlich aufgebotenen Mährer gegen die Deutschen selbst wandte und unter denselben ein beispielloses Blutbad anrichtete, in welchem auch die beiden Markgrafen Wilhelm und Engelschalk ihren Tod fanden (871). Vergeblich bemühte sich Ludwig Rache an dem treulosen Mährerfürsten zu nehmen; ein Zug Karlmanns gegen ihn (872) blieb erfolglos, und im darauf folgenden Jahre mußte sich dieser in seinen eigenen Ländern gegen einen Einbruch Swatopluks vertheidigen. Endlich fand der Krieg in einem Vertrage zu Forchheim sein Ende; unter dem Scheine fränkischer Oberhoheit und eines jährlichen Tributes sicherte sich der kühne Mährerfürst die Unabhängigkeit seines Reiches (874).

Kampf mit Böhmen (846—872).

Von Böhmens Geschichte während der Regierung Ludwigs des Frömmlers wissen wir so viel wie Nichts. Der von Karl dem Großen aufgezwungene Tribut mag wohl nicht gezahlt worden sein, weswegen Ludwig der Deutsche in derselben Zeit, als er Mähren bekämpfte, sich auch bemühte, Böhmen in sein altes Abhängigkeitsverhältnis von Deutschland zurückzuführen. Die Kriege mit Böhmen werden mit Unterbrechungen und mit abwechselndem Glücke die ganze Regierungszeit Ludwigs hindurch geführt. Im Jahre 845 kamen zu Ludwig nach Regensburg vierzehn böhmische Häuptlinge und ließen sich mit ihrem Gefolge taufen. Es ist mehr als wahrscheinlich, daß diese vierzehn „Dechen" bei ihrer Reise nach Deutschland neben dem religiösen Zwecke auch noch die Absicht verfolgten, den deutschen König für ihre Auflehnung gegen gewisse nach der Landesherrschaft strebende Fürsten zu gewinnen. Im Jahre 846 beginnen die Züge der Deutschen nach Böhmen, die vielfach mit dem mährischen Kriege in Verbindung stehen. Im genannten Jahre, sowie drei Jahre darauf 849 kämpften die Deutschen unglücklich; sie erlitten (849) unter dem bairischen Herzog Ernst und dem Markgrafen Thakulf eine solche Niederlage, daß ein gleichzeitiger Chronist geneigt ist, sie von dem Einflusse böser Geister abzuleiten. Abermals rüstete Ludwig gegen Böhmen im Jahre 872, im selben Jahre, als er einen großen Feldzug gegen Mähren unternahm. Unter der Anführung Luitprechts, des Erzbischofes von Mainz, drangen die Deutschen tief in das Land vor, wo fünf Stammesfürsten, Swatoslaw, Witislaw, Heriman, Spitimir und Moyslaw, (nach einer nicht ganz sichern Nachricht befand sich auch Boriwoj, der Stammesfürst der Tschechen, dabei) sich ihnen entgegenstellten, aber in die Flucht geschlagen und bis an die Moldau verfolgt wurden. Viele der Böhmen ertranken im Flusse, die andern aber suchten Schutz hinter den Wällen ihrer Burgen. Wir wissen nicht, ob durch diese Niederlage die böhmischen Slawen zur Erneuerung des alten Tributes gezwungen worden sind; wahrscheinlich suchten die einzelnen Stammesfürsten, insbesondere Boriwoj, der Abhängigkeit von Deutschland dadurch auszuweichen, daß sie sich immer enger an das kräftig aufstrebende großmährische Reich des Swatopluk anschlossen.

Zum zweiten Male schien sich unter Swatopluk, dem Großfürsten von
Mähren, ein bedeutender westslawischer Staat bilden zu wollen; sein Bestand versprach um so größere Dauer, als er sich auch in kirchlicher Beziehung von Deutschland abzusondern strebte. Die Slawenapostel Kyrillus und Methodius hatten schon
unter Rastislaw in Mähren für die Ausbreitung und Befestigung des Christenthums
auf's Eifrigste gewirkt, und nach Methodius Planen sollte sich daselbst ein eigenes
von den deutschen Bischöfen unabhängiges, unmittelbar unter dem Papste stehendes
slawisches Kirchenwesen entwickeln, das zugleich den politischen Staat wie ein fester
Kitt durchdränge. Swatopluk für seine Person faßte freilich mehr den mit
Waffengewalt und List errungenen Großstaat in's Auge, als etwa ein von slawischer Kultur und nationalem Leben getragenes Reich im Sinne des Methodius.
Er erreichte auch unter rücksichtsloser Anwendung aller Mittel seine gesteckten Ziele;
denn, als er starb, erstreckte sich das von ihm geschaffene Reich über folgende
Länder: das eigentliche Mähren, so ziemlich die heutige Markgrafschaft, Böhmen,
das Fürstenthum Neutra zwischen den Karpathen und der Donau, das slawische
Weichselland in unbekannter Ausdehnung, das Oderland, Pannonien bis zur
Drau, ja sogar die slawischen Stämme bis zur Elbe in der Gegend von
Magdeburg.

Auch die benachbarten böhmischen Slawen, die unter einzelnen Häuptlingen
ohne gemeinschaftliches Oberhaupt lebten, standen seit 874 unter der Herrschaft
des mächtigen Swatopluk. Es wird von einer Heirath desselben mit der Tochter
eines böhmischen Großen gesprochen; eben so wird erzählt, daß der Häuptling
Boriwoj von Mähren her das Christenthum angenommen habe und durch Methodius selbst getauft worden sei.

Dem energischen und rücksichtslos vorgehenden Swatopluk konnte es um so
leichter gelingen, ein gewaltiges Reich aufzubauen, als nach Ludwigs des Deutschen
Tode die Herrschaft über Deutschland von dem in jeder Beziehung verächtlichen Karl
dem Dicken (882—887) geführt wurde. Zum Scheine unterwarf sich ihm Swatopluk, indem er in Königstätten in der Ostmark eidlich gelobte, dem Kaiser die
Treue zu bewahren und bis zu dessen Lebensende nicht feindlich gegen das Reich
aufzutreten (884). Als aber im Jahre 887 Karl der Dicke auf der Reichs-
versammlung zu Tribur abgesetzt worden war, und auf Verlangen der deutschen
Nation sein Neffe, Arnulf von Kärnthen (887), den Thron bestieg, konnte ein
Kampf zwischen Deutschland und dem Slawenreiche Swatopluks nicht länger mehr
hintangehalten werden. Arnulf hatte in früheren Streitigkeiten noch als Herzog von
Kärnthen Swatopluks kühne Pläne durchschaut, aber auch zugleich seine Macht und
Tapferkeit gehörig würdigen gelernt. Da es sich ihm zunächst darum handelte, den
Hauptfeind Deutschlands, die vom Norden unausgesetzt heranstürmenden Normannen,
zu besiegen, um so die Hoffnungen seiner Thronerhebung zu erfüllen, so versöhnte
er sich vor der Hand mit Swatopluk. Auf einer Zusammenkunft in Regensburg

(888) oder zu Cunutesberg (890) übergab Arnulf dem mährischen Großfürsten jene Rechte, die Deutschland auf Böhmen hatte, „in aller Form", so daß dieses Land eine Zeit lang aus seinem tributären Verhältnisse zu Deutschland in ein suce ränes zu Mähren trat.

Tod Swatopluks (894). Nachdem Arnulf 891 den Frieden mit Swatopluk noch einmal erneuert hatte, zog er gegen die wilden Normannen und nöthigte diese durch die Vernichtungsschlacht bei Löwen (891), ihre Raubzüge nach Deutschland für alle Zeiten aufzugeben. Der hochberühmte Sieger von Löwen konnte jetzt auch an die Sicherung der Ostgränze seines Reiches denken, welche durch die Eroberungslust des mährischen Großfürsten immer augenscheinlicher bedroht wurde. Swatopluk wurde vor's Reichsgericht geladen, damit er die schuldige Unterthänigkeit gelobe und seinen sonstigen Verpflichtungen dem deutschen Könige gegenüber nachkomme; da er sich dagegen sträubte, wurde der Krieg eröffnet. Obwohl Arnulf mit den Bulgaren und Magyaren, die sich auf seine Veranlassung zum ersten Male in diesen Gegenden zeigten, verheerende Einfälle in das großmährische Reich machte, so führte doch erst der Tod des sich tapfer wehrenden Swatopluk die Entscheidung herbei. Das innerlich nicht eng genug verwachsene, durch bloße Waffengewalt zusammengehaltene Staatengebilde löste sich mit dem Tode des zwar kühnen und klugen, aber anderseits auch gewaltthätigen und von eigentlichem staatsmännischen Geiste nicht beseelten Gründers wieder auf.

Die böhmischen Slawen begeben sich freiwillig unter die deutsche Herrschaft (895, 897). Die allgemeinen Wirren, welche im mährischen Reiche nach des Großfürsten Tode eintraten, und besonders durch die Streitigkeiten der beiden nachgelassenen Söhne Mojmir und Swatopluk genährt wurden, benützten zuerst die böhmischen Slawen, um sich von der mährischen Herrschaft zu befreien. Viel erträglicher, als das drückende Joch der mährischen Stammesgenossen, erschien diesem Volke nach den gemachten Erfahrungen das milde Abhängigkeitsverhältniß von Deutschland. Deßwegen verfügten sich im Monat Juli 895 die einzelnen Stammesfürsten mit Spytihněw und Wratislaw, den Söhnen des verstorbenen Boŕiwoj, an der Spitze auf eine große Reichsversammlung nach Regensburg und gelobten alldort dem deutschen Könige Arnulf Treue und versicherten sie durch Handschlag. Arnulf nahm sie freundlich auf und bekümmerte sich wenig um die dagegen erhobene Einsprache Mojmirs. Wahrscheinlich wurden die Heimkehrenden von dem erbitterten Mojmir noch mehr als je bedrückt. Sie kamen daher im Herbste 897 von Neuem nach Deutschland, brachten Geschenke und baten um Hilfe gegen ihre mährischen Feinde, von denen sie, wie sie selbst bezeugten, auf das Härteste behandelt wurden. Der Kaiser empfing sie abermals freundlich, versprach Hilfe, entließ sie mit Geschenken und brachte, seinem Versprechen gemäß, einen Theil des Jahres 897 am Tauser Gränzsteige zu, bereit, den Böhmen im Nothfalle bewaffneten Beistand gegen Mojmir zu leisten.

Untergang des großmährischen Reiches (901, 905). Uebrigens waren die Tage des großmährischen Reiches selbst gezählt. Nach dem Tode des Kaisers Arnulf (899) erneuerten die Magyaren, deren „Loslassung" dem verstorbenen Kaiser so sehr zum Vorwurfe gemacht worden ist, ihre Einfälle, an denen zum Theil sich auch die böhmischen Slawen betheiligten, und im Jahre 904 oder 905 brach unter nicht näher zu bestimmenden Umständen das stolze Staatengebäude unter dem Anpralle der wilden ungarischen Horden zusammen. — Vergeblich suchten die Deutschen den nun auch gegen sie die Waffen kehrenden Magyaren Widerstand zu bieten; sie wurden wiederholt und am entschiedensten in der Hauptschlacht bei Presburg (907) besiegt. Ganz Mähren in seinem damaligen Umfange und die Ostmark bis an die Enns kam unter die Botmäßigkeit des asiatischen Reitervolkes.

In Deutschland regierte der letzte deutsche Karolinger, Ludwig das Kind, (899—911) dessen Ohnmacht namenlosen Jammer über das Reich verbreitete. Alljährlich wiederholten die Magyaren ihre Raubzüge, sengten und brannten, wüsteten und plünderten und verübten Gräuel der unerhörtesten Art. Auf Ludwig folgte Konrad der Franke, der seine Kräfte in inneren Streitigkeiten des Reiches erschöpfte. In Böhmen gieng um diese Zeit das wichtige Ereigniß der Gründung eines Einheitsstaates durch Spytihněw I. vor sich. Derselbe hatte bis jetzt, wie sein Vater Bořiwoj, nur über die um Prag wohnenden Slawen, die den Stammes-namen Tschechen führten, geherrscht und war mit den anderen Woiwoden des Landes, so lange Arnulf regierte, dem deutschen Reiche unterthänig geblieben. Als aber in Deutschland die schwache Regierung eines Kindes eintrat, bot sich eine günstige Gelegenheit zur inneren Sammlung der Kräfte, wozu namentlich die neu aufstre-bende furchtbare Macht der Magyaren dringend aufforderte. Deswegen mögen die einzelnen Stammesfürsten der Slawen in Böhmen freiwillig dem Spytihněw die oberste Gewalt im Lande übertragen haben, welche allerdings durch die manig-faltigsten Vorbehalte der Woiwoden sich allerhand Beschränkungen gefallen lassen mußten.

Nach Spytihněw's Tode i. J. 912 wurde, wie es heißt, durch allgemeine Zustimmung sein Bruder Wratislaw zum Nachfolger im Fürstenthume gewählt. Ruhmreich habe er, so erzählt die slawische Legende des heil. Wenzel, regiert und eine zweite Kirche in der Prager Burg dem heiligen Georg zu Ehren erbaut. Er starb um's Jahr 920. Mehr, als von ihm, erzählen die Quellen von seiner Familie.

Marginalien:
Köuig Ludwig das Kind (899—911).
König Konrad I. (911—918).
Herzog Spytihněw I. ver-einigt die Stam-mesfürstenthü-mer in Böhmen (912).
Herzog Wratislaw I. (912—920).

2.

Böhmen unter den Sachsenkaisern.

(918—1021.)

Wratislaw hinterließ aus seiner Ehe mit Drahomira, einer Fürstentochter des Stodorerstammes aus dem heidnischen Luticenlande, drei Söhne und vier Töchter; von letzteren wird uns mit Namen nur Přibislawa genannt, die wahrscheinlich die Gemahlin des Woiwoden der Charwaten im nordwestlichen Theile Böhmens

Marginalie: Drahomira.

gewefen ift. Die Söhne waren dem Alter nach Wenzel, Boleslaw und Spytihněw, alle drei noch im jugendlichen Alter, als der Vater vom Tode ereilt wurde; nur die beiden älteren haben Wichtigkeit für uns, da der jüngste muthmaßlich frühzeitig ftarb. Der Erstgeborene, Wenzel, ein kräftiger, hoffnungsvoller Knabe, genoß eine vortreffliche Erziehung. Noch fein Vater Wratiflaw fendete ihn nach Budeč, wo er in der lateinifchen Sprache unterwiefen wurde, während ihm feine fromme Groß- mutter Ludmila, die eigentliche Leiterin feiner Erziehung, die flawifche Kirchen- fprache lehrte. Der junge Prinz Wenzel lernte, wie der ältefte Bericht fagt, „gleich einem Pfarrer". Als Wratiflaw geftorben war, feßte man ihn zwar auf den väterlichen Thron, übergab aber die Regierung und die Vormundfchaft über die noch nicht herangewachfenen Söhne der Wittwe Drahomira. Diefer herrfch- füchtigen Frau wird der Mord ihrer Schwiegermutter Ludmila zugefchrieben, da fie eiferfüchtig auf ihre Beliebtheit im Volke gewefen fei. Wahrfcheinlich jedoch ift Ludmila als Opfer einer heidnifchen Verfchwörung des Adels gegen das

Ludmilas Er- mordung (15. Sept. 921).

immer mehr um fich greifende Chriftenthum gefallen. Tuña und Homoñ drangen mit einer Kriegerfchar in den Wittwenfiß Tetin, einer Burg bei Beraun, ein und erwürgten die greife Fürftin, wie die Volkfage erzählt, mit ihrem eigenen Schleier (15. Sept. 921). Der Priefter Paulus, der fich allein in ihrer Nähe befand, vermochte den Mord nicht zu hindern. Nicht lange jedoch genoffen die Mörder die Frucht ihrer Schandthat. Drahomira ward durch die allgemeine Volkftimme gezwungen, fie zu richten; Tuña flüchtete fich mit feinen Anverwandten aus dem Lande, Homoñ aber und feine Familie ward durch ein Blutgericht dem Tode überliefert. Ludmila's Leichnam fand eine würdige Ruheftätte in der St. Georgskirche bei der Prager Burg am Hradfchin, allwo fie noch jetzt als eine der vorzüglichften Heiligen des Landes verehrt wird. Obwohl Drahomira das Haus, wo ihre Schwiegermutter den Tod gefunden hatte, in eine dem Erzengel Michael ge- weihte Bafilika umbauen ließ, und obwohl fie anderweitig die „gotteswürdige Ge- mahlin" des Herzogs Wratiflaw genannt wird, fo konnte fie doch den gegen fie gerichteten Haß des Volkes nicht befchwichtigen und lebte fort in der Sage als wilde, furienhafte Heidin und blutige Verfolgerin des Chriftenthums.

In Deutfchland mühte fich fieben Jahre lang der edle und tapfere König Konrad vergeblich ab, das durch Stammeshader zerriffene Reich zur nationalen Einheit zu bringen. Auf feinem Todtenbette beftimmte er mit feltener Aufopferung der eigenen Familieninterreffen den Sachfenherzog Heinrich, feinen langjährigen Feind im Felde, zum Nachfolger, den er nach feiner Ueberzeugung für den einzigen hielt,

König Heinrich I. (918—936).

welcher das theuere Vaterland zur erwünfchten Einigkeit führen könne. Heinrich I. (918—936), der Vogelfteller genannt, täufchte des Verftorbenen Hoffnungen nicht. Er ift der ruhmreiche Wiederherfteller der Einheit Deutfchlands, der tapfere Be- fieger der Slawen und Ungarn, der Städtegründer und Beförderer der Kultur im Reiche geworden. Während unter Ludwig dem Kinde und Konrad dem Franken

Ohnmacht und innere Zerwürfnisse dem Reiche nicht gestatteten, die alten Rechte auf Böhmen zur Geltung zu bringen, stellte der Begründer der Sachsendynastie den von Karl dem Großen eingeleiteten Verband dieses Landes mit dem Reiche in glänzender und dauerhafter Weise wieder her.

Inzwischen hatte in Böhmen Herzog Wenzel nach Erreichung des gesetzlichen Alters die väterliche Herrschaft selbständig angetreten und seiner Regierung jene christlich-fromme Richtung gegeben, wie sie nach seiner Erziehung zu erwarten war (928). Vor Allem ließ sich Wenzel die Verbreitung des Christenthums angelegen sein. Neue Kirchen wurden errichtet, fremde Priester, namentlich bairische und alemannische, in's Land berufen, um das Evangelium zu verkündigen. Die wichtigste der neugegründeten Kirchen war die zu Ehren des heiligen Veit, des Patrons der Sachsen, in der Mitte der Prager Burg, in welcher der Arm des heiligen Veit, ein Geschenk Heinrich's I., aufbewahrt, und zu deren Einweihung der Bischof Tuto von Regensburg eingeladen wurde. Ein zahlreicher Klerus verrichtete bei der St. Veitskirche den Gottesdienst, wie sonst nur an bischöflichen Sitzen. — Wenzels religiöse Absichten bestimmten großentheils auch die politische Thätigkeit seiner Regierung. Die herbeigerufenen deutschen Missionäre knüpften das seit Alters bestehende kirchliche Verhältniß Böhmens zur Regensburger Diöcese nur noch fester, und Wenzel war nicht gesonnen, die Abhängigkeit von Deutschland auch in anderer Beziehung zu läugnen, als er von Heinrich I. daran erinnert wurde. Nachdem nämlich dieser mächtige König der Deutschen seine siegreichen Waffen über die Luticen, Glomatscher und Milltschauen, slawische Völker an der mittleren Elbe, verbreitet hatte, drang er im Jahre 929 in Böhmen ein und erschien mit dem Herzoge von Baiern, der zum ersten Male dem Sachsen Heeresfolge leistete, am Strande der Moldau vor Prag. Wenzel begab sich in's deutsche Lager, versprach dem König treu und gewärtig zu sein und hielt den Schwur sein Leben lang. Ebenso wurde die Zahlung des alten Zinses von 500 Mark Silber und 120 seiten Rindern alljährlich wieder aufgenommen. Böhmen sollte sich nach Wenzels Ideen in eine christliche Monarchie mit wohl organisiertem Kirchenwesen umgestalten; dazu bedurfte es, das sah er ein, des innigsten Anschlusses an Deutschland, mit dessen König und Bischöfen er deßhalb in immer freundschaftlichere Beziehungen zu treten suchte.

Aber einer Partei im Lande war nichts verhaßter, als das Christenthum und der deutsche Einfluß. Die theilweise dem Heidenthum noch ergebenen Vornehmen des Reiches waren empört über das nachgiebige Vorgehen ihres Herzoges, der die Unabhängigkeit des Landes und die Nationalität des Volkes nach ihrer Meinung aufopferte. Auch fürchteten die Stammesfürsten mit Grund, durch die vasallenartige Unterordnung ihres Herzogs unter dem deutschen Könige von ihren eigenen Rechten immer mehr zu verlieren. Es kam Anfangs zu einzelnen Aufständen, wie zur leicht beschwichtigten Empörung des Woiwoden Radslaw, der seinen

Sitz auf der Burg Zitomér bei Sadska hatte; endlich aber wurde eine allgemeine, Verderben bringende Verschwörung angezettelt. Schon früher hatten die Großen versucht, Uneinigkeit in der herzoglichen Familie zu säen. Wenzel hatte seine Mutter auf die Vorstellungen hin, als ob sie nach seinem Leben strebe, verbannt, aber baldigst, als er besser berichtet wurde, reuevoll wieder zurück gerufen. Nun suchte der unzufriedene Adel mit mehr Erfolg die Brüder zu entzweien. Sie setzten sich in's Einverständniß mit dem ehrgeizigen Boleslaw, welcher in der Isergegend, im Laude der Pschowanen selbständig ein Theilfürstenthum verwaltete und von Alt Bunzlau aus mit Strenge und Gewaltsamkeit regierte. Am 22. Sept. des Jahres 935 am Tage des heiligen Emmeran versammelten sich die Ver- schworenen und beriefen Boleslaw, der ehrgeizig genug war, um durch die Aussicht auf den winkenden Thron sich bald für den blutigen Plan gewinnen zu lassen. Der Verabredung gemäß, lud er seinen Bruder Wenzel ein, bei der üblichen Landesbereisung auch Alt Bunzlau zu besuchen, was der Herzog am 27. September that. Er ergötzte sich mit seinem Gefolge am Reiterspiel, sowie beim festlichen Gelage und ließ sich, ohne auf gewisse Warnungen zu achten, bereden, auch noch den andern Tag zu bleiben. In der Nacht kamen die Verschworenen mit Boleslaw bei Gnèwsa, einem der Ihrigen, zusammen und setzten fest, daß der Herzog

Wenzels Ermor- dung (28. Sept. 935).

Morgens, wenn er zur Frühmette gienge, erschlagen werden sollte. Wie nun Wenzel am Morgen mit seinem Kämmerer auf dem Wege zur Kirche aus dem Burgthor trat, da empfieng ihn Boleslaw. Vorüberschreitend sagte der Herzog, indem er sich zu seinem Bruder umwendete: „Das war uns ein guter Abend, Herr". Boleslaw aber, ohne darauf zu achten, nur erfüllt von der Begierde nach der Herrschaft, zog das Schwert und traf Wenzels Haupt mit den Worten: „So will ich dir gehorchen". „Was hast du vor?" rief der Herzog, stürzte sich auf ihn und warf ihn, weil er stärker war, zu Boden. „Bei Gott, Bruder" — begann Wenzel — da aber traf ihn in den Arm das Schwert des Verschworenen Tuga, der eilends herbeigekommen war. Der doppelt Verwundete flieht nun zur Kirche, da kommen zwei andere, Česta und Tyra, und versetzen ihm den Todes- streich; Gnèwsa durchbohrt den Sterbenden noch mit dem Schwerte. „In deine Hände, o Herr, empfehle ich meinen Geist", waren Wenzels letzte Worte. Viele Anhänger des erschlagenen Herzogs fanden, falls sie nicht durch die Flucht ent- ranuen, durch die Verschworenen ihren Tod; andere, namentlich Priester, wurden mißhandelt und gewaltsam beraubt. Seine Mutter Drahomira wurde von Boleslaw gerettet, indem dieser den Verschwörern, die ihn zum Morde derselben aufforderten, antwortete: „Meine Mutter wird uns nicht entkommen, wenn wir sie anderweitig verfolgen lassen." Er duldete es, daß diese den Leichnam ihres Erstgeborenen mit Thränen benetzte und mit Hilfe eines Priesters begrub; er ließ ihr dann Zeit zur Flucht in das Charwatenland, wo sie wahrscheinlich bei ihrer Tochter Pribislawa ihr drangvolles Leben beendete.

Charakter Wen-
zels des Heiligen

Herzog Wenzel war eine tief religiöse Natur, die für das Christenthum mit
Innigkeit und Begeisterung schwärmte und zu den Deutschen, als den Verkündern
desselben, sich herzlichst hingezogen fühlte. Er leuchtete durch sein eigenes Beispiel
in Reinheit der Sitten und Milde des Gemüthes Allen voran und schente sich
nicht, den Priestern am Altare zu dienen, Hostien zu backen und das dazu nöthige
Holz zu verkleinern. Er besuchte in der Nacht die Armen und Kranken, um im
Verborgenen Gutes zu thun und beim Adel kein Aufsehen zu erregen, der des
Herzogs Hinneigung zum Volke sowie zum Christenthume mit Mißmuth ansah.
Darum wurde er der Liebling des Volkes, das ihn bald nach seinem Tode „den
Heiligen" nannte und zum ersten Schutzpatron des Landes erhob. Seinen Gebeinen,
die der reuige Boleslaw in die St. Veitkirche übertragen ließ, wurde alsbald die
größte Verehrung erwiesen, und manigfaltige Wunder, die am Grabe des Märtyrers geschahen, werden aus den frühesten Zeiten erzählt. Die Böhmen riefen
seinen Namen in Schlachten und anderen Bedrängnissen häufig an und setzten sein
Bildniß auf Fahnen, Münzen und Siegel. Bis in die Gegenwart dauert seine
Verehrung fort; sein Helm, Schwert und Panzerhemd in der Domkirche werden
als theuere Reliquien des volksthümlichen Heiligen aufbewahrt. Es ist löblich, daß
die Nation ihre großen Männer im Gedächtnisse treulich bewahrt: aber es entbehrt jedes historischen Grundes und ist ein Mißbrauch der Geschichte zu nennen,
wenn man den Namen des heiligen Herzogs, welcher die innigsten Verbindungen
mit Deutschland und der deutschen Kultur angeknüpft hat, mit gewissen einseitigen
nationalen Bestrebungen der Gegenwart in Beziehung bringt.

Der Brudermörder Boleslaw I., dem Cosmas den Beinamen des Grausamen Herzog Bole-
slaw I.
(935—967.)
verlieh, folgte in der Regierung (935—967). Die Verschwörer von Alt-Bunzlau,
die nun ihre Hoffnungen auf eine national-heidnische Reaction rasch erfüllt zu sehen
glaubten, wurden bald auf die nüchternste Weise enttäuscht. Denn Boleslaw trat
theils freiwillig, theils gezwungen in die Fußstapfen seines gemordeten Bruders.
Freiwillig, sei es aus reuiger Ueberzeugung oder aus Berechnung, förderte er die
kirchliche Lehre und die Ausbreitung des Christenthums. Er ließ sich nicht verleiten, durch Ermordung seiner Mutter die Blutschuld zu häufen und so das Ansehen der herzoglichen Familie, wie der Adel es wünschte, im Volke herabzusetzen.
Strachkwas, „Schreckensmahl", nannte der Schuldbewußte seinen damals geborenen Sohn in Erinnerung an das entsetzliche Mahl, durch das sich Wenzel
bewegen ließ, noch eine Nacht auf der Burg zu bleiben, und Strachkwas wurde in
frommer Absicht dem Mönchstande gewidmet. So sehr befestigte Boleslaw das
Christenthum in der Przemyslidischen Familie, daß seine Tochter Dubrawka den
Polenherzog Mieislaw, dessen Gemahlin sie geworden, zur Annahme der Lehre des
Heiles bewog und somit den Böhmen das Verdienst errang, dem Nachbarstamme
der Polen das Evangelium zuerst verkündet zu haben (966). — Während auf diese
Art Boleslaw I. wider alles Erwarten dem Plane seines Bruders, das Land

3

kirchlich zu organisieren, treu blieb, suchte sich der tapfere Herzog in seinem politischen Verhältnisse zum deutschen Reiche anders zu stellen, als sein Vorgänger Wenzel. Er strebte nach vollständiger Unabhängigkeit vom Kaiser, verfolgte dieses Ziel mit zäher Ausdauer und konnte erst durch Waffengewalt dahin gebracht werden, die Oberherrschaft Deutschlands, wie seine Vorfahren, anzuerkennen.

Kaiser Otto I (936—973) unter wirft Boleslaw (950).

Heinrich I., der Vogelsteller, wurde vom Tode ereilt (936), noch bevor er die ruchlose, an dem ihm befreundeten Herzog Wenzel verübte Gewaltthat rächen konnte. Sein Sohn und Nachfolger, der König und Kaiser Otto der I. (936—973), gewaltiger und mächtiger noch als sein Vater, vollzog die ererbte Sühne, indem er die nächste Gelegenheit ergriff, um Böhmen mit Krieg zu überziehen. Wollte ja auch der widerspänstige Boleslaw den schuldigen Tribut nicht mehr entrichten und die Oberherrlichkeit des Kaisers nicht anerkennen. Der Krieg um die Freiheit Böhmens zog sich in die Länge und wurde von Boleslaw mit aller Tapferkeit und Schlauheit geführt. Als aber nach vierzehn Jahren der allgewaltige Otto der Große, der bereits sein Schwert nach allen Weltgegenden siegreich getragen hatte, persönlich mit großer Heeresmacht im Juli des Jahres 950 in Böhmen erschien und Boleslaw, wahrscheinlich in Bunzlau, enge einschloss, da mußte sich dieser ergeben. „Unter den Fahnen stehend", wie der Chronist meldet, „und des Königs Worte vernehmend und erwiedernd, erlangte er Verzeihung." Seitdem blieb Boleslaw dem deutschen Kaiser ergeben und treu, weil er sich überzeugt hatte, nur durch dessen kräftige Unterstützung gegen äußere und innere Feinde gesichert zu sein.

Boleslaw demü thigt den Adel.

Zu den inneren Feinden gehörten die vornehmen Standesfürsten, die alten Widersacher der Herzoge, die jetzt umsomehr grollten, weil Boleslaw dem deutschen Kaiser gehuldigt hatte. Die Spitze der einstigen Verschwörung gegen den heiligen Wenzel, gegen Christenthum und deutschen Einfluß, kehrte sich nun mit christlich-germanischer Hilfe gegen die ehemaligen Mitverschwornen. Boleslaw muß die Macht der trotzigen Wojwoden, wie aus Allem hervorgeht, für lange Zeit gebrochen haben. Der Chronist Cosmas hinterließ uns eine Sage, wie der starke Herzog den widerspänstigen Adel am Orte des Brudermordes gedemüthigt habe. Er befahl nämlich den versammelten Großen, ihm eine Stadt mit steinernen Mauern zu bauen; als sie sich weigerten, trat er auf einen Baumstamm, redete sie zornig an und schlug dem Angesehensten unter ihnen kurzweg den Kopf ab. Hierauf fügten sich alle und bauten dem Herzoge die Stadt Alt-Bunzlau mit ihren hohen Mauern.

Boleslaw unter stützt Otto im Kampfe gegen die Magyaren.

Wenn Boleslaw, wie sein Vorgänger, gute Freundschaft mit den Beherrschern Deutschlands hielt, so bewogen ihn dazu auch die Besorgnisse vor jenen Gefahren, die seinem Reiche von Seiten der kriegerischen Magyaren drohten. Diese hatten den slawischen Völkern bereits empfindlichen und unersetzlichen Schaden zugefügt: sie hatten den Untergang des großmährischen Reiches herbeigeführt und sich keilförmig zwischen den West- und Südslawen festgesetzt, so daß an eine Einigung derselben schon wegen geographischer Hindernisse nicht mehr zu denken war. Die sich jetzt eben bildende slavische Monarchie in Böhmen, die ihren kulturhistorischen Schwerpunkt in Deutschland fand, mußte sich auch in militärischer Hinsicht an's deutsche Reich anlehnen, sollte sie nicht eine leichte Beute des ersten besten Stoßes des heidnischen ungarischen Reitervolkes werden. Letzteres hatte zwar durch Heinrich I. im Jahre 933 einen Hauptschlag erhalten; allein es war der alte Erbfeind des Reiches geblieben und nahm unter Otto I. seine verderblichen Streif- und Raubzüge wieder auf. Im Juli des Jahres 955 drangen sie neuerdings in Baiern und Alemannien ein und belagerten die bischöfliche Stadt Augsburg am Lechfelde. Otto I. eilte zum Entsatze der sich tapfer wehrenden Stadt herbei und errang am 10. August auf dem Lechfelde den weltberühmten Sieg über die Magyaren. Seit dieser Zeit blieb Deutschland verschont von weiteren Angriffen des wilden Volkes, welches nunmehr Miene machte, durch ein friedliches Leben den Kulturvölkern Europas sich einzureihen. Auch unser Boleslaw I. hat seinen verdienstvollen Antheil am Siege der Civilisation über die Barbarei. Zur Entscheidungsschlacht auf dem Lechfelde sandte er eine Schar von 1000 auserlesenen Böhmen, die der Zufall bestimmte, den ersten kräftigen Anprall der Magyaren auszuhalten zu müssen; die meisten von ihnen starben tapfer kämpfend den ehrenvollen Tod auf dem Schlachtfelde. Herzog Boleslaw selbst aber hatte sich an der Gränze seines Landes mit einem Kriegsheere aufgestellt und erwartete allda einen Rest der Ungarn, die der blutigen Schlacht entkommen waren und durch Böhmen den Rückzug in die Heimath anzutreten suchten. Eine zweite vollständige Niederlage brachte Boleslaw dieser Abtheilung bei; Lehel, ihr Anführer, und zwei andere vornehme Feinde geriethen in die Gefangenschaft und wurden an Heinrich, den Herzog von Baiern, ausgeliefert.

Der wackere Böhmenherzog verstand es, die günstige Gelegenheit zu benützen *Boleslaw vergrößert sein Reich.* und die Niederlage der Ungarn auszubeuten. Er eroberte im fortgesetzten Kampfe das benachbarte Mähren und die Slowakei und schlug diese Länder zu seinem Reiche. Da er ferner auf nicht mehr genau zu bestimmende Weise auch den größeren Theil Schlesiens und das Land der Wislanen mit Krakau in seinen Besitz brachte, so bildeten unter ihm die böhmischen Länder immerhin einen ansehnlichen und hoffnungsvollen Staat, der in sich alle weiteren Keime der Fortentwicklung barg. Dieses Reich hinterließ Boleslaw, dem gleichzeitige Geschichtschreiber wegen seiner Machtentfaltung bereits den Königstitel verliehen, seinem gleichnamigen Sohne Boleslaw II., nachdem er selbst 967 am 17. Juli (?) das Zeitliche gesegnet hatte.

Auch Boleslaws II. oder des Frommen Regierungsthätigkeit (967—999) *Herzog Boleslaw II. (967—999).* drehte sich vornehmlich um die kirchliche Organisation des Landes und die Gestaltung des staatlichen Verhältnisses zum deutschen Reiche. Erstere gelangte zu einem wichtigen Abschluß durch die Stiftung eines besonderen böhmischen Bisthums in Prag im Jahre 973. Eine größere politische Selbständigkeit und die

Unabhängigkeit von Deutschland zu erringen, wie es auch Boleslaw II. anstrebte, konnte nicht durchgesetzt werden. Der große Otto I., der im Todesjahre Bole

Kaiser Otto II
(973 983).

slaws I. die römisch-deutsche Kaiserwürde an sein Haus gefesselt hatte, war 973 gestorben, und sein noch junger Sohn Otto II. (973 983) folgte ihm auf den Thron. Da bot sich günstige Gelegenheit für den böhmischen Herzog, die Bande, welche sein Land an's deutsche Reich knüpften, zu lockern. Sein Schwager Miecislaw von Polen kämpfte gegen die benachbarten deutschen Markgrafen und wurde von Boleslaw II. unterstützt. Wohl versöhnten sich beide Slawenfürsten mit Otto II. zu Quedlinburg (973), aber ihre Opposition gegen das Reich erstarkte bald zu einer für dasselbe höchst gefährlichen Verschwörung. Heinrich, der Herzog von Baiern, der Vetter des Kaisers, aus der zweiten Linie des Sachsenhauses, der unter dem bezeichnenden Namen „des Zänkers" bei den Geschichtschreibern vorkommt, strebte in seinem vermessenen Ehrgeize nach dem Throne seines Vetters und verband sich mit dem verschmitzten Bischofe von Freisingen und den Herzögen von Polen und Böhmen. Allein schon der erste Versuch, den Kaiser zu stürzen, mißlang; Heinrich wurde gefangen nach Ingelheim gebracht, nahm aber dort die Gelegenheit wahr, um nach Baiern zu entfliehen. Ein Zug des Kaisers gegen den ungetreuen Böhmenfürsten im Jahre 975 blieb wegen hartnäckigen Widerstandes erfolglos. Im Sommer des Jahres 977 drang Otto zum zweiten Male nach Böhmen vor und nöthigte, obwohl ein Theil seines Heeres bei Pilsen geschlagen

Boleslaw II.
unterwirft sich
dem Reiche
(977).

wurde, Boleslaw zum Frieden. Letzterer gelobte, sich fortan wieder als getreuer Lehnsmann dem Kaiser zu fügen, wenn dieser ihm verzeihen wolle; er versprach überdies, zum Zeichen seiner Unterwürfigkeit, sich in Person am Hofe des Kaisers zu stellen. Zu Ostern 978 fand er sich dem Versprechen gemäß am kaiserlichen Hofe zu Quedlinburg ein, ward ehrenvoll empfangen und reichlich beschenkt entlassen. Seitdem wahrte Boleslaw den Frieden mit dem Reiche, bis Otto II. im

Kaiser Otto III
(983—1002).

Jahre 983 gestorben war, und ein Kind, Otto III. (983—1002), den Thron von Deutschland bestieg.

Sein Kampf mit
Boleslaw II.

Heinrich der Zänker, der aus seiner Haft in Utrecht, wohin er zum zweiten Male ins Gefängniß gebracht worden war, jetzt entlassen wurde, nahm seine alten hochverrätherischen Pläne wieder auf. Boleslaw war auch dieses Mal sein Bundesgenosse. Dieser eilte mit Miecislaw von Polen und dem Fürsten der Obodriten nach Quedlinburg und huldigte daselbst dem ehrgeizigen Manne, der sich die Königswürde angemaßt hatte (Ostern 984). Doch Heinrich fand nicht einmal in Baiern jene Unterstützung, auf die er hoffte. Er mußte nach Böhmen fliehen, von wo aus er mit einem böhmischen Heere nach Sachsen bis in die Gegend von Oschatz zog, alldort auf ihm ergebene Männer stieß und mit diesen seinen Weg fortsetzte. Boleslaw aber ließ durch seinen Feldherrn auf dem Rückzuge aus Sachsen das von Otto I. gestiftete Meißen, ein Hauptbollwerk deutscher Herrschaft gegen die Slawen, besetzen, nahm dann in eigener Person dieses Bisthum in Besitz und gab vorläufig seinen

Widerstand auf. Zu Ostern 985 erschienen er und die beiden anderen Slawen-fürsten in Quedlinburg vor Otto III.; sie brachten ihre Huldigung und wurden mit Geschenken entlassen. Da aber Boleslaw das eroberte Bisthum Meißen nicht zurückgeben wollte, so brach der Streit mit Deutschland vom Neuen aus. Im Jahre 986 zog der junge König selbst zum ersten Male ins Feld an der Spitze eines sächsisch-thüringischen Heeres und drang nach Böhmen vor, wo er sich mit Mečislaw von Polen, seinem nunmehrigen Freunde und Bundesgenossen, vereinigte. Wohl wurde Böhmen verwüstet und, wie erzählt wird, 16 feste Burgen genommen und zerstört; aber erst im nächsten Jahre, als die Deutschen ihre Invasion wieder-holten, sah sich Boleslaw genöthigt, Frieden zu schließen. Otto nahm Meißen zurück und setzte über denselben den tüchtigen Markgrafen Eckhard; Mečislaw er-hielt für den geleisteten Beistand die schlesischen Gegenden am linken Oderufer.

Am schmerzlichsten für Boleslaw waren die Verluste der Länderbestandtheile, die er an den Herzog von Polen, seinen Schwager und ehemaligen Kampfgenossen hatte abtreten müssen. Er entschloß sich dieselben mit Waffengewalt zurück zu er-obern und verband sich zu diesem Zwecke mit den heidnischen Luticen, die ihm längst befreundet waren (989). Wohl zwang er nun auf seinem Zuge im Gaue „Selpuli" ein kleines deutsches Heer, das den Polen zu Hilfe gekommen war, die Waffen zu strecken, aber da die Polen die Friedensvermittlung durch Deutsche ab-wiesen, so mußte sich Boleslaw begnügen, die nahegelegenen Gegenden zu ver-wüsten; die schlesische Festung Nimptsch wurde erobert und deren Befehlshaber den Luticen zur Enthauptung überlassen (990).

In das Ende der Regierungszeit Boleslaws II. fällt das gräßliche Blutbad der Slawnike. Von der Burg Libitz an der Mündung der Cidlina in die Elbe herrschten über die weite Umgebung die Söhne des reichbegüterten Slawnik, So-bebor, den ältesten, an der Spitze. Sie bildeten das mächtigste Adelsgeschlecht des Landes und fügten sich nur unwillig der immer strammer gezogenen Gewalt des Herzoges. Daß Adalbert der Heilige, der Bruder Sobebors, wiederholt sein Bis-thum verließ, vermehrte den Zorn des ohnehin gegen die Familie der Slawnike eingenommenen Boleslaw. Im Jahre 995 schickte der Herzog seinen Sohn mit einem böhmischen Heere dem Kaiser Otto III. im Kampfe gegen die Obodriten zu Hilfe. Sobebor, der sich unter den Truppen befand, beklagte sich beim Kaiser über des Herzogs ungnädiges Verfahren gegen seine Familie und schloß, da dieses wohl ohne Folgen blieb, mit dem Polenherzoge Freundschaft und trat in dessen Dienste. Da ergrimmte das sonst so sanfte Gemüth des Herzoges über den Landesverräther, und fürchterliche Rache wurde an seiner Familie genommen. Bole-slaw achtete nicht mehr des Versprechens, die vier Brüder Sobebors bis zu dessen Rückkehr in Sicherheit zu lassen, sondern erschien plötzlich vor der Burg Libitz und griff dieselbe mit Uebermacht an (27. Sept. 995). Vergeblich war die tapfere Vertheidigung der Slawnike, vergeblich ihre Bitte um einen kurzen Waffenstillstand,

Boleslaws II.
Kampf mit Polen
(989, 990).

Untergang der
Slawnike
(28. Sept. 995).

um wenigstens das auf den folgenden Tag fallende St. Wenzelsfest in Ruhe begehen zu können. „Habt ihr den heiligen Wenzel für euch, so haben wir Boleslaw für uns," war die Antwort der siegesgewissen Belagerer. Da zogen sich die Slawnike mit ihren Angehörigen, jeden Widerstand aufgebend, in die Kirche zurück, um hier die letzte Rettung zu finden. Aber Boleslaw lockte sie unter dem Versprechen der Gnade wieder heraus und ließ alle Männer und Weiber, Greise und Kinder unbarmherzig niederhauen; nur der anwesende Priester wurde geschont. Bis zum 10. Oktober lagen die Leichen der Erschlagenen unbestattet da. An der blutigen That soll — es ist nicht verbürgt — das mächtige Geschlecht der Wrschowece, den Hauptantheil gehabt haben; wir finden sie wenigstens später im Besitze der Burg Libiz und der Erbschaft der Slawnike.

Ein Jahr vor der in jenen Zeiten allgemein gefürchteten Vollendung des ersten Jahrtausends n. Chr. starb Boleslaw II., dessen Leben in den letzten Tagen nur durch die Kunst des berühmten Thieddag, eines gelehrten Mönches von Corvey hingehalten werden konnte. (7. Febr. 999.) Der von den Chronisten prophezeite Untergang der Welt im Jahre 1000 wollte sich zwar nicht erfüllen, aber speciell für Böhmen brach eine Zeit unheilvoller, fast bis zum Untergang führender Zerrüttung ein.

Herzog
Boleslaw III.
(999—1002).

Boleslaw III., (999—1002) des zweiten Boleslaws unähnlicher Erstgeborener und Nachfolger, führte durch eine gräuelvolle Mißregierung das Land an den Abgrund des Verderbens. Gerade jetzt wäre ein kräftiger und weiser Regent für Böhmen nothwendig gewesen, da ringsum an den Gränzen in gefahrdrohender Weise neue Staatengebilde erstarkten. In Polen breitete Boleslaw Chrobri (der Tapfere) des Miecislaw und der Dubrawka Sohn, sein Reich von der Ostsee bis an die Donau aus und schmiedete immer kühnere Pläne, während andererseits in Ungarn durch Stephan den Heiligen der Grund zu einem mächtigen und politisch hervorragenden Staat gelegt wurde. Da blieb allerdings dem ohnmächtigen Herrscher von Böhmen, den die Quellen als feigen, mißtrauischen und geizigen Wütherich schildern, Nichts übrig, als sich mit seinem Lande ganz und gar an Deutschland zu überliefern, um wenigstens die Scheinexistenz zu retten. Als Boleslaw III., auch Rothhaar genannt, zur Regierung kam, suchte er zunächst seine beiden jüngeren Brüder, welche durch Theilfürstenthümer im Lande versorgt worden waren, unschädlich zu machen. Jaromir ließ er entmannen, den anderen, Udalrich, befahl er im Bade zu ersticken. Aber es gelang letzterem mit seinem Bruder und ihrer Mutter Emma aus dem Lande zu entkommen und bei Heinrich, dem Herzoge von Baiern, der 1002 deutscher König geworden, eine Zufluchtsstätte zu finden. Inzwischen

Eroberungen der
Polen.

hatte bereits der hochstrebende Polenherzog Boleslaw Chrobri, der von Polen aus einen großen Slawenstaat zu gründen gedachte, gleich nach Boleslaw's II. Tode einen Einfall in die böhmischen Länder gemacht, Krakau eingenommen und die von Rothhaar im Stich gelassene Besatzung schonungslos niedergemetzelt. Ebenso rasch wurde von den Polen Schlesien, Mähren und die Slowakei in Ungarn erobert, ohne daß der Böhmenherzog einen mannhaften Widerstand geleistet hätte. Die von Böhmen losgerissenen Länder wurden Polen einverleibt und ihre Eroberung durch Kaiser Otto III. gewissermaßen sanktioniert, indem dieser die Errichtung eines besonderen Erzbisthums in Gnesen gestattete, zur neuen Diöcese die böhmischen Erwerbungen schlug und somit dem Prager Bisthume entzog. Ein Böhme, Radim, oder Gaudentius, Bruder des heiligen Adalbert, wurde der erste polnische Erzbischof.

Je schwächer der Tyrann nach außen hin sich zeigte, desto willkürlicher und grausamer gestaltete sich sein Verfahren im Inneren, wo das gedrückte Volk schon längst der unwürdigen Herrschaft müde war. Es lag nahe, daß der alte, mit der Przemyslidischen Dynastie immer in Opposition lebende und von den vorigen kraftvollen Herrschern niedergehaltene Adel jetzt wieder die Empörung schürte. An der Spitze standen die Wrschowece, kürzlich noch die Freunde Boleslaw's, deren einer die Tochter des Herzogs zur Frau gehabt haben soll. Auch sie wandten sich, wie früher Sobebor der Slawnike, nach Polen um Hilfe und riefen den Prinzen Wladiwoj, den jüngsten Bruder Boleslaw Chrobri's, auf den von Rothhaar geschändeten Thron. Von Allen verlassen mußte letzterer aus dem Lande flüchten, als der Pole mit Heeresmacht in dasselbe einbrach (1002). Er begab sich Anfangs zum benachbarten Markgrafen, Heinrich von dem Nordgau, bei dem er aber nicht die erwünschte Aufnahme fand; denn derselbe ließ ihn wegen einer früheren Beleidigung ins Burgverließ setzen, schenkte ihm aber bald wieder die Freiheit, um den Polen einen Dienst zu erweisen. Da warf sich der landesflüchtige Herzog seinem eigenen Feinde, dem Boleslaw Chobri in die Arme. Diesem kam die Gelegenheit erwünscht, noch tiefer in die böhmischen Angelegenheiten sich einmischen zu können; darum bot er heuchlerisch dem Flüchtlinge freundlichen Schutz, ja er verhalf ihm sogar wieder zu seinem Throne.

In Böhmen sah man sich mittlerweile in dem neuen Herzoge Wladiwoj gründlich enttäuscht; "eine giftige Natter," sagt der Chronist Thietmar, "sei auf den Basilisken gefolgt." Wladiwoj war, wie Boleslaw Rothhaar, ein grausamer Tyrann und überdies ein leidenschaftlicher Trunkenbold, der nicht eine Stunde ohne Trunk auszuhalten vermochte. Indem erkannte er die dem nationalen Adel so sehr verhaßte Oberherrschaft Deutschlands über Böhmen an. Er begab sich persönlich zum deutschen König Heinrich II. nach Regensburg, wo er in Demuth die Huldigung darbrachte und den erflehten Schutz gegen die Przemysliden zugesichert bekam. Doch er bedurfte seiner nicht mehr; denn schon in dem ersten Monate des nächsten Jahres starb er, ohne von den Böhmen viel betrauert zu werden (1003).

Man rief zwar jetzt die beiden jüngeren Söhne Boleslaws II., Jaromir und Udalrich, in ihr Vaterland zurück und setzte den ersteren auf den erledigten Fürstenstuhl; aber nunmehr hielt es auch Boleslaw Chrobri an der Zeit, in die Verhältnisse Böhmens gewaltsam einzugreifen. Der mächtige Polenherzog zwang die Böhmen,

Boleslaw III. wird vertrieben (1002).

Wladiwoj, des polnischen Prinzen, Regierung (1002–1003).

Boleslaws III. Rückkehr und Grausamkeit (1003).

den verhaßten Rothhaar, der bei ihm Gastfreundschaft genossen, wieder als recht=
mäßigen Herzog anzuerkennen und nöthigte dessen jüngere Brüder zur abermaligen
Flucht nach Deutschland. Eine feierliche Versöhnung zwischen Fürsten und Volk
fand statt, und alles früher Geschehene und Verschuldete sollte vergessen sein.
Doch der unverbesserliche Herzog hatte in seinem Exile Nichts gelernt und Nichts
vergessen. Der alte blutige Haß gegen seine Feinde tobte jetzt mehr als je in
ihm, und er lechzte nach einer Gelegenheit, seine durch Unglück gesteigerte Rachsucht
an jenen zu befriedigen, die ihn einst gestürzt hatten. In der Fastnacht, der Zeit
des allgemeinen Vergnügens, lud er die Vornehmsten des Reiches zu sich, damit
sie Antheil nähmen an den Lustbarkeiten des Hofes. Unbewaffnet, nicht ahnend
die List des blutgierigen Herzoges, waren Alle erschienen, unter ihnen insbesondere
die Wrschowece. Als sich die Versammelten nach Herzenslust dem Vergnügen
hingaben, trat Rothhaar plötzlich in Begleitung einer bewaffneten Schar mitten
unter sie und durchbohrte mit eigener Hand seinen Schwiegersohn, der sich unter
den Gästen befand. Auf dieses Zeichen erfolgte ein gräuliches Gemetzel, in welchem
die meisten der anwesenden Großen einen elendiglichen Tod fanden (10. Febr. 1003).
Aerger als je flammte der Zorn des in seinen heiligsten Rechten der Gastfreund=
schaft verletzten Volkes auf; man sah keine Rettung mehr, als in Boleslaw Chrobri
selbst. An ihn wandten sich die Großen des Reiches um Hilfe.

Boleslaw
Chrobri von Bo
hmen nimmt Böh
men ein (1003).

Der Polenherzog aber hatte nur auf diesen Zeitpunkt gewartet, um an die
Verwirklichung seiner Pläne auf das schöne Böhmen zu schreiten. Hatte er doch
im Geiste Alles vorhergesehen, wie es kommen mußte, und war es doch nur schlau
berechnetes Spiel, daß er Rothhaar den Böhmen wieder aufdrängte, lediglich in
der Absicht, damit dieser Unmensch noch gründlicher sich verhaßt und für alle
Zeiten unmöglich mache; er konnte dann, so schloß er richtig, als Befreier und
Rächer der bedrückten Nation leicht die Herrschaft über dieselbe erlangen. Schleu=
nigst zog er mit einem Heere an die böhmische Gränze und lud Boleslaw III.
unter der Maske der Freundschaft zu sich. In der Nacht nach seiner Ankunft aber
ließ er den thörichten Tyrannen blenden und tief ins polnische Land auf eine
feste Burg abführen, wo der Elende noch bis zum Jahre 1037 sein unwürdiges
Dasein hinfristete. Chrobri zog im Triumphe und unter dem Jubel seiner Anhänger
in Prag ein und bestieg ohne Rücksicht auf die in Deutschland lebenden Premysliden
den böhmischen Fürstenstuhl (Febr. 1003). So sah der tapfere Polenherzog seine
kühnen Träume von einem slawischen Großstaate im Osten des deutschen Reiches
in Erfüllung gegangen, und vom freundlichen Böhmen aus, wo es ihm so wohl
gefiel, gedachte er das Scepter über die weiten Lande zu schwingen. Aber die
Lebensfähigkeit der neugegründeten polnisch böhmischen Monarchie sollte sich eben
so wenig erproben, wie einst der großslawische Staat Samos oder das groß=
mährische Reich Swatoplufs. Denn der Gründer hatte vergessen, daß der
benachbarte deutsche Kaiser, der sich nach damaligen Begriffen als Herrn der

Chriſtenheit anſah, nicht dulden konnte, daſs in ſeiner Nähe ein ſo mächtiges Reich entſtünde. Boleſlaw Chrobri mochte ferner nicht daran erinnert ſein, daſs das eroberte Böhmen in althergebrachter Abhängigkeit von Deutſchland ſtehe, und ſtolz wies er das Verlangen Heinrichs II. zurück, ihm die Huldigung für das erworbene Reichslehen darzubringen. Deſswegen kam es ſogleich zum großen Reichskriege gegen Polen.

Zunächſt beſiegte König Heinrich den Bundesgenoſſen des polniſchen Herzoges, den Markgrafen Heinrich von Nordgau, und zwang dieſen zur Flucht zu Chrobri. *Boleſlaw Chrobri wird aus Böhmen vertrieben (1004).* Dann aber gab er die mit Boleſlaw begonnenen und noch unentſchiedenen Kämpfe auf, um ſeine in Italien gefährdete Macht wieder herzuſtellen. Ruhmvoll und ſiegreich kehrte er aus dieſem Lande heim, und jetzt erſt wurde Boleſlaw durch einen mit kühner Feldherrnkunſt geführten Zug im Auguſt des Jahres 1004 aus Böhmen hinausgeworfen. Während nämlich Heinrich die Reichsarmee bei Merſeburg in Sachſen zuſammenzog und Schiffe bauen ließ, als ob er über die Elbe ſetzen und ſeinen Angriff gegen die älteren polniſchen Länder richten wollte, zog Boleſlaw zum Schutze derſelben eiligſt herbei. Die Deutſchen aber warfen ſich jetzt ganz unerwartet in raſcher Schwenkung gegen Süden, nahmen die Päſſe und eine Gränz- burg Böhmens und drangen, ehe es ſich Boleſlaw verſah, in das Herz des Landes vor. Hier wurden ſie mit offenen Armen empfangen; denn längſt war man der Fremdherrſchaft müde, und immermehr hatte die Přemyſlidiſche Partei durch ſolche ſich verſtärkt, welche der polniſche Uebermuth empfindlich kränkte. Brachten ja auch die Deutſchen den rechtmäßigen Landesherrn Jaromir zurück, um ihn auf den Thron ſeiner Väter zu ſetzen! Durch bairiſche Scharen verſtärkt, zog Heinrich gegen Saatz, das eine polniſche Beſatzung hatte. Die Einwohner des Ortes metzelten die Polen nieder und öffneten die Thore. Hierauf gieng's raſch gegen Prag, wo eine am Wyſchehrad befindliche polenfeindliche Partei mit den Deutſchen ſich verband. Die Burg am Hradſchin wurde überrumpelt und nach einem Ge- fechte auf der Burgbrücke genommen. Boleſlaw hatte kaum Zeit, um der Ge- fangenſchaft durch die Flucht zu entrinnen. Es dauerte nicht lange, und die Burgen und das Flachland waren von den Polen geſäubert.

Jaromir beſtieg den Thron ſeiner Väter, während Udalrich ſein früheres *Herzog Jaromir (1004—1012).* Theilfürſtenthum wieder einnahm. Gleich darauf erlebte Prag ein noch nicht ge- ſehenes Schauſpiel. Es hielt daſelbſt der deutſche König und ſpätere römiſche Kaiſer Heinrich II. mit ſeinen Fürſten, Grafen und Rittern den feſtlichſten Ein- zug und beſtätigte Jaromir in ſeiner Würde. Am Tage Mariä Geburt (8. Sept. 1004) wohnte er dem Gottesdienſte bei, und als in der Predigt der freiſinnige Biſchof Gottſchalk an den König ſich wandte und ihn flehentlich bat, er möge den Markgrafen Heinrich), der auf der Feſte Giebichenſtein gefangen ſaß, freigeben und in ſeine Würde wieder einſetzen, da gewährte unter Thränen Heinrich Verzeihung und vollzog die Bitte.

Heinrich II. setzte den Krieg mit Boleslaw fort, und zwar mit kurzen Unter=
brechungen bis 1013, in welchem Jahre der Friede geschlossen wurde; Boleslaw
Chrobri, der seine von Böhmen eroberten Länder Mähren, Schlesien und die Slo=
wakei, ebenso unter deutscher Oberhoheit das Lausitzer und Milzenerland behielt,
erschien am Pfingstfeste dieses Jahres zu Merseburg vor dem Kaiser und zog als
Schwertträger desselben vor ihm zur Kirche. In diesem langjährigen Polenkriege
stand Herzog Jaromir dem deutschen König wacker bei, leistete persönlich
an der Spitze einer Schar die dem Reichsoberhaupte schuldige Heeresfolge,
„an der Seite der deutschen Markgrafen und diesen gleichgestellt," wie Thietmar
berichtet.

Udalrich ent
thront Jaromir.
(1012).

Doch noch vor Beendigung des Polenkrieges wurde der milde und allzuschwache
Jaromir abermals enthront, und zwar dieses Mal durch seinen eigenen ungestü
men und ehrgeizigen Bruder Udalrich (1012). Flüchtig irrte der vom Unglück hart
Verfolgte umher, weder bei seinem Vetter, dem Polenherzoge, noch beim deutschen
Könige Hilfe findend. Letzterer ließ ihn sogar aus unbekannten Gründen in sichere
Haft nach Utrecht setzen und später an Udalrich ausliefern, der ihn auf ein fürst
liches Landschloß in Gewahrsam brachte. Udalrich der Thronräuber selbst aber
erschien am Pfingstfeste auf dem Reichstage zu Merseburg vor Heinrich und ließ
sich von diesem im Besitze seines Reiches bestätigen. Gegen seine Unterthanen be
nahm sich der neue Herzog grausam, da er sich auf dem unrechtmäßig erworbenen
Throne nie ganz sicher fühlte. Er schützte unter andern eine Verschwörung vor,
um sich einiger Vornehmen, die er als Freunde Jaromirs kannte, zu entledigen.

Chrobri's neue
Anschläge.

Boleslaw Chrobri von Polen gab seine alten Pläne von einer Vereinigung
der westslawischen Staaten nicht auf; nunmehr dachte er an eine Art festerer
Bundesgenossenschaft, welche die Tschechen und Polen auf Grundlage der gleichen
Abstammung gegen Deutschland schließen sollten. Sein eigener Sohn Mieislaw
gieng als Unterhändler in dieser Angelegenheit nach Böhmen. Allein all' dessen
Aufwand an Beredsamkeit scheiterte an der politischen Einsicht Udalrichs, der den
mächtigen und bereits vielfach erprobten Schutz des deutschen Reiches einer unsichern
Bundesgenossenschaft mit dem ehrgeizigen Polenfürsten vorzog. Gewaltthätig, wie
er war, nahm er wider alles Völkerrecht den polnischen Prinzen gefangen, ließ sein
Gefolge hinrichten und lieferte den Gefangenen erst auf wiederholten Befehl an
Heinrich von Deutschland aus; dieser schickte den unglücklichen Botschafter nach
längerer Verzögerung in seine Heimath zurück. Der Krieg Deutschlands mit Polen
brach noch einmal im Jahre 1015 aus und wurde bis zum Jahre 1018 fort

Friede von
Bautzen (1018).

geführt, ohne daß der in diesem Jahre abgeschlossene Friede zu Bautzen irgend
eine Besitzveränderung zur Folge gehabt hätte. Udalrich, der noch vor dem Kriege
sich am Hoflager des Kaisers zu Merseburg eingefunden hatte, um mit ihm das
Osterfest zu feiern, kämpfte im Polenkriege tapfer auf deutscher Seite und leistete
dem Kaiser wesentliche Dienste. — So schied sich Böhmen immer mehr aus den

eigentlichen slawischen Staaten aus und verwuchs immer enger mit den Interessen Deutschlands, nicht nur durch die politische und kulturhistorische Abhängigkeit, sondern auch durch die gemeinsam gefochtenen Kriege.

3.

Böhmen unter den fränkischen Kaisern und unter Lothar von Sachsen.

(1024—1137).

Im Jahre 1024 starb der deutsche Kaiser Heinrich II., der letzte aus dem Hause der Sachsen. Seine Regierung war für Böhmen von Entscheidung gewesen. Er hatte dieses Land von der Polenherrschaft befreit, die Přemysliden auf ihren Thron wieder eingesetzt und ihnen eine gleiche Stellung mit den übrigen Fürsten des deutschen Reiches eingeräumt; was Karl der Große vorbereitet, was Heinrich I. wieder aufgenommen und die Ottonen fortgesetzt, den vollkommenen Anschluß Böhmens an Deutschland, hatte er vollendet. Als man im deutschen Reiche zur Neuwahl des Königs schritt, wird auch der Beherrscher der Böhmen erwähnt, welcher mit den übrigen Herzogen und der hohen Geistlichkeit den Franken Konrad II. (1024 – 1039) auf den verwaisten Thron erhob. Das war die erste Anlage zu der in späteren Zeiten durch genaue Bestimmung festgesetzten Kurwürde Böhmens.

Kaiser Konrad II. (1024 – 1039).

Ein Jahr nach Heinrichs Tode starb auch dessen gefährlichster Feind Boleslaw Chobri, der in seinen letzten Regierungsjahren sich die Königskrone auf das Haupt gesetzt hatte (1025). Mit ihm verblich der Glanz der polnischen Herrschaft, und Streitigkeiten der nachgelassenen Söhne zerrütteten das Reich. Der älteste, Měčislaw, vertrieb seinen jüngeren Bruder Bezprem aus seinem Theilfürstenthume. Dieser wandte sich an den Oheim, den König Stephan von Ungarn, welcher zwar die Waffen gegen Měčislaw erhob, Mähren und die Slowakei im siegreichen Kampfe den Polen entriß, aber diese Länder, ohne Rücksicht auf Bezprems Ansprüche, der ungarischen Krone einverleibte. Aus diesen Vorgängen schien sich für Böhmen eine günstige Gelegenheit zu ergeben, einstige Bestandtheile des Reiches zurück zu erobern. Herzog Udalrich ergriff mit Eifer diesen Plan; der glückliche Vollzieher desselben jedoch war sein junger, talentvoller Sohn Břetislaw, der böhmische Achilles genannt, eine der glänzendsten Erscheinungen der vaterländischen Geschichte.

Innere Streitigkeiten in Polen.

Noch als Udalrich Theilfürst war, hatte er auf der Rückkehr von der Jagd in einem Dorfe am Brunnen die schöne Božena, wahrscheinlich die Tochter eines Wladyken, gesehen. Obgleich schon vermählt, entbrannte er in heftiger Liebe zu ihr, zog sie an seinen Hof und erhielt von ihr den Břetislaw. Als dieser herangewachsen war, sah er sich nach einer Braut um. „In dieser Zeit", erzählt uns Cosmas, „lebte im deutschen Reiche ein mächtiger Herr, der Markgraf Heinrich von Nordgau, in dessen Adern väterlicher Seits sogar königliches Blut rollte. Er hatte eine einzige Tochter, Judith, das schönste unter den Mädchen. Der gute Vater

Der böhmische Achilles.

und die besorgte Mutter übergaben sie, damit sie den Psalter lerne, dem Kloster zu Schweinfurt, einem durch Lage und Kunst sehr festen Orte. Doch welche Thürme, seien sie auch noch so hoch, und welche feste Mauern können den Liebenden fern halten! Bretislaw, der schönste der Jünglinge, der tapferste Held, hörte häufig und Vieles von der außerordentlichen Anmuth, von der Sittenreinheit und dem Edelsinn der genannten Jungfrau, so daß er seinen Geist von ihrem Bildnisse nicht abziehen konnte. Doch nicht beugen wollte er bittend den Nacken, männlich beschloß er zu handeln. Denn er bedachte den Stolz, welcher den Deutschen inne wohnte, und wie sie hochmüthig herunterblickten zu den Slawen und ihrer Sprache. Es wurden demnach den behendesten und den treuesten aus seinem Volke die Befehle gegeben, die besten und ausdauerndsten Rosse zu satteln; denn man müsse, so gab er vor, schnell zum Kaiser reiten und schnell wieder zurückkehren. Die Befehle werden vollzogen, doch des Herrn Absichten bleiben verborgen; nur wundern sich die Reisenden, daß sie nach einem siebentägigen Ritte im Klosterhofe zu Schwein- furt als Gäste halten, um Nachtherberge bitten und die Weisung bekommen, von der Herkunft des Herzogs zu schweigen und ihn als einen ihres Gleichen zu be- handeln. Es war ein Festtag und die heißersehnte Judith tritt aus der Pforte mit ihren Genossinnen, um in der Kirche zur Vesper zu läuten. Kaum sieht sie der kühnste aller Räuber, voll Freude vergißt er sich, und wie ein Wolf, der aus dem Hinterhalte hervorbricht, das Lamm raubt und mit der Beute davonjagt, um einen sicheren Schlupfwinkel zu finden, so flieht Bretislaw mit der geraubten Jung- frau. Da findet er das Thor mit einer Kette gesperrt, so dick wie ein Müller- tau: schnell zieht er sein gutes Schwert und zerhaut dieselbe gleich einem Halme. Noch wird bis zur Stunde der kräftige Hieb gezeigt." So weit der Chronist.

Unser Bretislaw nun war es, der von seinem Vater ausgesandt wurde, die Wirren im polnischen Reiche zu benützen und Mähren, das einstens zu Böhmen gehört hatte, zurückzuerobern. Mit Glanz vollendete der heldenmüthige Sohn seine Sendung; er trieb die Ungarn aus dem Lande hinaus, rückte im Jahre 1030 mit Kaiser Konrad II. sogar in das Magyarenland ein und führte einen Frieden her- bei, dem zu Folge Mähren in seinem heutigen Umfange zu Böhmen geschlagen wurde (1031). Sein Vater überließ ihm die Regierung über das eroberte Land unter böhmischer Oberhoheit. Hierher führte Bretislaw seine Braut, ließ sich mit ihr vermählen und erweckte im Lande ein neues Leben, anknüpfend an die histo- rischen und religiösen Erinnerungen desselben.

Der gewaltsame Udalrich aber gerieth bald am deutschen Hofe in Ungnade; es heißt, er habe Konrad II. Nachstellungen bereitet, und gewisse Anzeichen machen diese Nachricht nicht unwahrscheinlich. Als daher am 7. Juli 1032 der Kaiser in Merseburg einen Reichstag hielt und hier den gedemüthigten Polenherzog Mieclslaw mit seinem Herzogthume belehnte, wurde auch Udalrich vorgeladen. Der Böhme stellte sich nicht sogleich, sondern erschien erst etwas später am kaiserlichen Hoflager

Prinz Bretislaw
erobert Mähren
(1031).

Udalrich wird ab-
und wieder ein-
gesetzt († 1037).

zu Werben. Daselbst mag man ihn für schuldig gefunden haben; denn er wurde in eine entlegene Stadt in Gewahrsam gebracht und an seine Stelle zunächst sein Sohn Břetislaw gesetzt. Da aber dieser auf Empörung sann, zog der Sohn des Kaisers, Namens Heinrich, gegen Böhmen, und noch einmal gelangte der alte Jaromir auf den Thron. Doch der Unglückliche bewährte sich wieder als ohnmächtig und verderbenbringend für das Land. Als daher Konrad II. im Jahre 1034 das Osterfest feierte, wurde auf Verwendung einiger deutschen Großen Udalrich aus seiner Haft entlassen und unter der Bedingung nach Böhmen zurückgeführt, daß er sein Herzogthum mit Jaromir theile. Der wilde Udalrich aber achtete nicht der auferlegten Pflicht, sondern ließ in seinem Grimme den unglückseligen Bruder, wie man sagt auf den Rath der Wrschowece, blenden und den doppelt Verstümmelten auf die Burg Lysa bringen. Als er aber auch seinen Sohn Břetislaw aus Mähren verjagte, schickte Kaiser Konrad noch ein Mal den jungen Heinrich nach Böhmen, welcher den widerspänstigen Herzog zu Paaren trieb und Břetislaw wieder einsetzte. Bevor es noch zu weiteren Verwicklungen kam, starb der unbändige Udalrich eines bezeichnenden Todes: „An seiner Tafel sitzend erstickte er an Speis und Trank", meldet der Hildesheimer Annalist (9. Nov. 1037).

Břetislaw (1037—1055), bisher Fürst von Mähren, bestieg nun auch den Thron von Böhmen. Cosmas erzählt, der alte entmannte und geblendete Jaromir sei auf die Nachricht von dem Tode seines grausamen Bruders von Lysa nach Prag gekommen, um dem Verschiedenen die letzte Ehre zu erweisen. Da habe er den Körper des Todten, der ihn im Leben so hart verfolgt, mit Thränen benetzt, hierauf aber den Břetislaw an seiner Hand zu dem altehrwürdigen steinernen Fürsten= stuhle geführt, welcher in der Mitte der Prager Burg, da wo jetzt die Veitkirche steht, sich erhob. Dann stellte er ihm die vornehmsten Großen des Reiches vor, bezeichnete ihm diejenigen, denen er volles Vertrauen schenken könne, so dem Ge= schlechte der Municen und der Teptowicen; vor den Wrschowecen aber warnte er ihn als einem treulosen Geschlechte, den Erzfeinden der Premysliden, die allein Schuld wären an dem Unfrieden und dem Unglücke in der regierenden Familie. Nicht lange überlebte Jaromir diesen schönen Akt der Entsagung; Kochan, der erste der Wrschowecen, durch des alten Herzogs Rede bei Břetislaws Thronbesteigung auf's Heftigste erzürnt, ließ den vielgepeinigten Mann im Geheimen umbringen.

In Polen führte nach Mečislaws II. Tode (1034) dessen Wittwe Richenza, eine deutsche Fürstentochter, im Namen ihres unmündigen Sohnes Kazimir die Regierung. Die Polen jedoch waren unzufrieden mit der Regentschaft einer Deutschen, zumal diese ihre Landsleute allzu sehr begünstigte, und vertrieben sie sammt ihrem Sohne aus dem Lande. Es entstand ein allgemeiner Aufruhr im Reiche; besonders wütheten die Leibeigenen in der schrecklichsten Weise gegen den Adel und das noch nicht fest angenommene Christenthum. Als zu gleicher Zeit der Großfürst von Kiew gegen Majowien vordrang, glaubte der tapfere Břetislaw den günstigen Augenblick

Herzog
Břetislaw I.
(1037—1055).

Břetislaws Zug
nach Polen
(1039)

benützen zu müssen, um sein Reich auf Kosten des zerrütteten Polen zu erweitern, die böhmischen Waffen in dieses Land zu tragen, um zugleich Genugthuung zu erlangen für die einstige Occupation Böhmens durch Boleslaw Chrobri. Die waffenfähige Mannschaft des Landes wurde aufgeboten, der Baststrick gieng nach alter Sitte herum, Jeder, der zurückbleiben wollte, wurde mit dem Tode bedroht. Mit einem ansehnlichen Heere zog Bretislaw im raschen Siegeslaufe in das feindliche Land; „einem gewaltigen Sturmwetter gleich", sagt der Chronist, „tobt, wüthet er und wirft er Alles vor sich nieder." Die Stadt Krakau wurde genommen, geplündert und zerstört, während Odeez, südöstlich von Polen, sich freiwillig ergab. Die Ein=wohner brachten den Siegern die goldene Ruthe, das Zeichen der Unterwerfung, entgegen und wurden auf ihren Wunsch nach Böhmen versetzt, wo sie nach ihren eigenen Gesetzen sich ansiedeln sollten. Auch die Landeshauptstadt Gnesen, zwar stark befestigt, aber dünn bevölkert, überlieferte sich den Böhmen ohne Widerstand. Da fanden beim Plündern die wilden Krieger auch das Grabmal des heiligen Adalbert, ihres Landsmannes, dessen irdische Ueberreste schon längst der Zielpunkt frommer Wallfahrer geworden waren. Ungestüm verlangten die Böhmen in einer religiösen Anwandelung, die Gebeine des Märtyrers in ihr Vaterland übertragen zu dürfen, und nur die Ermahnungen des Prager Bischofs Severus, der bei dem Heere sich befand, hielten die Tobenden von gewaltsamen Schritten zurück. Erst als das Heer drei Tage durch Fasten und Beten Buße gethan und gelobt hatte, sich in der Zukunft all' der Sünden zu enthalten, deren eingewurzelter Bestand einst den heiligen Mann aus seiner Heimath verscheucht hatte, erst als die Krieger ver=sprochen hatten, die ihnen vom Bischofe und Fürsten verkündigten Gesetze getreulich zu halten, hob Severus den heiligen Leichnam unter großem Gepränge aus seinem unter dem Hochaltare befindlichen Grabe. Bald darauf wurde mit den geraubten Schätzen und dem größten Kleinode, den Reliquien des heiligen Adalbert, der Rück=zug nach Böhmen angetreten. Am 25. August hielt Bretislaw seinen feierlichen Einzug in Prag. Er selbst und der Bischof Severus trugen den Schrein mit Adalberts Körper; es folgten Aebte mit den Gebeinen fünf anderer Märtyrer, die kurz zuvor in Polen erschlagen worden waren, und hierauf Erzpriester mit den Reliquien des Gaudentius, eines Bruders des heiligen Adalbert und des ersten Erzbischofs von Gnesen. Zwölf Priester trugen ein großes goldenes Kreuz, ein Weihgeschenk Boleslaw Chrobris, drei Mal so schwer, wie der Schenker selbst gewesen. Drei Bilder, die bei dem Altare gestanden, unter welchem der heilige Adalbert geruht hatte, wurden von Anderen getragen; sie waren von massivem Golde, das größte fünf Ellen lang, zehn Spannen breit, mit Edel=steinen und Kryftallen mosaikartig ausgelegt. Darauf kamen mehr als hundert Wagen, beladen mit großen Glocken und mit Polens anderweitigen Schätzen. Den Schluß des Zuges bildete eine Anzahl vornehmer gefangener Polen mit gebundenen Händen und Ringen am Halse, unter ihnen der Ahnherr des Geschichtsschreibers Cosmas, der uns die Schilderung dieses Triumphzuges aufbewahrt hat.

Aber nicht ohne Mißton sollte der Jubel des Sieges verklingen! Es herrsch Bretislaw's I. Zwist mit der Kirche ten in jenen Zeiten über die Christen zwei oberste Mächte, der Papst und der Kaiser, der eine an der Spitze der geistlichen, der andere an der Spitze der weltlichen Dinge. Nichts in der Christenheit — anders konnte das Mittelalter nicht denken — durfte ohne Billigung dieser obersten zwei Gewalten vor sich gehen; vor dem Areopage dieser doppelspitzigen Großmacht Europas mußte auch der Potenzzug Bretislaws zur Verantwortung gezogen werden. Denn nicht ungestraft konnte es der Papst lassen, daß der Herzog von Böhmen räuberisch das Grabmal eines Heiligen geöffnet und dessen Gebeine mit anderen Kirchenschätzen nach Prag überführt habe. Hatte übrigens doch der Papst auch in Erfahrung gebracht, daß der Kirchenfrevler Sympathien für die slawische Liturgie verrathe, und schon deswegen mußte gegen ihn entschieden vorgegangen werden. Benedikt IX. berief eine Versammlung, in welcher von der Absetzung und Excommunication des Herzogs Bretislaw, sowie des Bischofes Severus die Rede war; allein Bretislaw wußte theils durch freiwilliges Schuldbekenntniß und Unterwerfung, theils durch Bestechung bei dem für dergleichen Mittel leicht zugänglichen Papste das drohende Ungewitter von seinem Haupte abzuwenden. Als einzige Sühne für seine Gewaltsamkeit in Kirchensachen wurde ihm die Gründung eines geistlichen Stiftes auferlegt; er kam dieser Verpflichtung durch Errichtung der noch heutzutage bestehenden Kollegiatkirche in Alt-Bunzlau nach.

Nicht so leichten Kaufes sollte Bretislaw die Gnade des weltlichen Beherrschers Kaiser Heinrich III. (1039—1056). der Christenheit, des römisch deutschen Kaisers, erlangen. Da hatte es der Böhmenfürst mit einem an Charakterfestigkeit ebenbürtigen, an Macht und Thatkraft aber weit überlegenen Manne zu thun. Denn nach Konrads Tode war in Deutschland der hochbegabte Heinrich III. (1039—1056) auf den Kaiserthron gestiegen, der Gründer einer deutschen Weltmonarchie, vergleichbar seinen berühmten Vorfahren Karl dem Großen und Otto I. Kaum hatte er die Zügel der Regierung mit starker Hand erfaßt, da rief er dem eben siegreich in Polen vordringenden Bretislaw ein kräftiges Halt zu. Der neue Versuch zur Gründung eines großen westslawischen Reiches widerstrebte ja ganz und gar den hochfliegenden Planen des jungen deutschen Königs, der überdies als Lehnsherr von Polen für Verletzung dieses Landes Genugthuung zu verlangen nicht unterlassen konnte. Im Spätherbst des Jahres 1039 rückte er, um seiner Aufforderung energischen Nachdruck zu verleihen, mit einem Heere gegen Böhmen vor. Der überraschte Bretislaw sandte schnell seinen neunjährigen Sohn Spytihněw als Geisel seiner Treue an Heinrich, mit dem Versprechen, selbst demnächst am Hofe des Königs zu erscheinen. Ernst war es ihm mit dieser Zusage aber nicht; denn als Heinrich sein Heer von Böhmens Gränzen zurückgezogen hatte, befestigte Bretislaw eiligst durch Verhaue die

Landesthore im Westen und dachte nicht weiter an die Reise nach Deutschland. Als ihn der Kaiser sodann aufforderte, die polnische Beute auszuliefern, antwortete er in trotziger Weise also: „Er wolle zwar den Tribut von jährlich 120 Rindern und 500 Mark Silbers, wie ihn König Pipin (soll heißen Karl) eingesetzt habe, zahlen, auch gelobe er treue Lehensfolge für die Zukunft, andere Forderungen aber weise er zurück." Nicht minder entschieden war die Entgegnung Heinrichs: „König Pipin habe nach Belieben verfahren können; wenn die Böhmen aber seinen eigenen Geboten nicht Folge leisten würden, so wolle er ihnen zeigen, wie viel gemalte Schilde er habe." Dieser deutlichen Erklärung folgte der Krieg auf dem Fuße.

Der erste Feldzug (1040) war keineswegs glücklich für die Deutschen. Zwar hatte vom Norden her ein deutsches Heer unter Anführung des Markgrafen Eckhard von Meißen und des Erzbischofes Bardo von Mainz von Dohna aus (bei Pirna) glücklich die Verschanzungen im Erzgebirge durchbrochen und war im Saatzer Kreise bis gegen Brüx vorgedrungen; zwar hatte der Zupan von Bilin Prkoš durch Verrath diesem Heere neue Vortheile verschafft: da langte am 1. September eine Botschaft des Königs an, welche den Rückzug gebot und zur Bewerkstelligung desselben eine abgeschlossene Waffenruhe verkündigte. Denn König Heinrich selbst, welcher durch den Paß von Neumark vorzudringen versucht hatte, war unversehens vom Feinde angegriffen und mit großem Verluste zurückgedrängt worden, weswegen er sich beeilte, vorläufig alle seine Truppen aus dem Lande zurück zu ziehen. Gegen die Rückgabe vieler deutscher Gefangenen bewilligte er dem Spytihněw die Freiheit und Abreise zu seinem Vater.

Wie aber hätte der mächtige, ehrgeizige Heinrich lange ertragen können, vom Böhmenherzog sich besiegt zu wissen! Schon im Sommer des nächsten Jahres wurde der Krieg wieder aufgenommen und dieses Mal Böhmen von drei Seiten angegriffen. Der König von Westen her, der Babenberger Luitpold von Süden, Eckhard auf seinem alten Wege von Norden. Des weiten Reiches große Heeresmassen waren aufgeboten worden, um den gefährlichen Gegner förmlich zu erdrücken. Nach siegreichen Gefechten gelang es Heinrich mit seiner Abtheilung in verwüstendem Zuge bis gegen Prag vorzudringen, wo er sich am 8. September mit der Nordarmee Eckhards vereinigte, während das südliche Heer in einer Gränzstadt stehen geblieben war. Noch verlor Břetislaw in seiner festen Burg Prag den Muth nicht, noch hoffte er sich bis zum Einbruch des Winters, wo die fremden Truppen wohl weichen mußten, halten zu können. Da riß Verrätherei unter seinen eigenen Leuten ein. Bischof Severus, der den Zorn seines Metropoliten Bardo von Mainz, der wieder bei den Feinden sich einfand, fürchtete, und unzufriedene Adelige stohlen in der Nacht in's deutsche Lager, um jeden Preis den Frieden verlangend. Es mußte sich Břetislaw in Folge dessen am 27. September zur Unterwerfung herbeilassen; er entsagte der Herrschaft über Polen, entließ die polnischen Gefangenen, erkannte die Oberhoheit des Kaisers an und erbot sich, die Verschanzungen im Böhmerwalde

[Marginalien:] Unglücklicher Zug gegen Böhmen. (1040).

Břetislaw wird von Heinrich III. unterworfen (1041).

niederzureißen. Zur Versicherung seiner Treue mußte er abermals seinen Sohn und andere Vornehme des Reiches als Geisel stellen. In der Mitte des Monates Oktober erschien er, wie er versprochen hatte, zu Regensburg vor dem Könige, warf sich vor diesem barfuß und im Büßergewande auf die Kniee, überlieferte ihm die herzogliche Fahne Böhmens und entrichtete den Tribut. Da bemitleideten ihn die anwesenden deutschen Fürsten und baten um Gnade; Heinrich übte sie über alles Erwarten. Er gab Bretislaw nicht nur sein Herzogthum Böhmen zurück, sondern ließ ihn auch im Besitze von Schlesien mit der Hauptstadt Breslau. — Schlesien blieb bis zum Jahre 1054 bei Böhmen. Dann überließ Bretislaw auch dieses Land dem Polenherzoge Kazimir gegen einen jährlichen Tribut von 500 Mark Silber und 30 Mark Gold. Der Polenzins (1054).

So hatte der deutsche Kaiser das alte Verhältniß Böhmens zum Reiche wieder hergestellt. Der böhmische Herzog Bretislaw verrichtete als getreuer Vasall von nun an alle ihm zukommenden Pflichten; er suchte in guter Freundschaft mit den Deutschen zu bleiben und unterstützte dieselben in ihren Kämpfen, insbesondere gegen die Ungarn, obwohl diese in den Jahren 1040 und 1041 seine eigenen Bundesgenossen gewesen waren.

Im Jahre 1054 traf Bretislaw die Bestimmung, daß Böhmen fortan ein ungetheiltes Fürstenthum sei; Herzog solle immer der Aelteste in der Familie werden, während die anderen Prinzen mit Theilfürstenthümern in Mähren zu ent-schädigen seien. — Mit Beginn des nächsten Jahres erkrankte er auf einer Reise nach Mähren in Chrudim und starb in dieser Stadt im noch nicht zurückgelegten fünfzigsten Lebensjahre (10. Jan. 1055). Seniorats-erbfolgegesetz (1054).

Nach dem Tode Bretislaws I. bestieg sein ältester Sohn Spytihněw II. (1055—1061) den herzoglichen Thron; die anderen Söhne wurden mit kleineren Herrschaften versorgt, so Wratislaw mit Olmütz, Konrad mit Znaim, Otto mit Brünn; Jaromir, der jüngste, bereitete sich für den geistlichen Stand vor. Spyti-hněws sechsjährige Regierung bietet ein wunderlich Gemisch von allerhand Gegen-sätzen, entsprechend dem wetterwendischen Charakter des Herzogs. Derselbe wird uns bald als sentselig und fromm, bald als grausam und ruchlos geschildert; der Chronist tadelt ihn ein Mal als irreligiös, das andere Mal preist er ihn als Be-schützer des Klerus. Seine Schwägerin läßt der Herzog so unmenschlich mißhan-deln, daß sie stirbt, und doch wird er wieder wegen seiner Milde der Vater der Wittwen und Waisen genannt. — Wie seine Vorfahren, mußte auch er die Ober-herrlichkeit des deutschen Reiches anerkennen; er zog nach Deutschland und brachte in Regensburg dem Kaiser seine Huldigung dar. Aber, obwohl von einer deutschen Mutter geboren und mit einer deutschen Frau, Ida von Wetin, in guter Ehe lebend, mochte er diese Nation doch nicht leiden, und sein erster Regierungsakt war die Erlassung eines Gesetzes, vermöge dessen binnen drei Tagen alle Deutschen, seien sie reich oder arm, selbst Gäste, das Land zu verlassen hätten. Der Herzog schöpfte Herzog Spyti-hněw II. (1055—1061). Vertreibung der Deutschen (1056).

seinen Deutschenhaß in der Gefangenschaft beim Kaiser, wo er einstens als Geisel gelebt und wohl manche unangenehme Erfahrungen gemacht haben mußte. Cosmas erzählt übrigens noch von einer persönlichen Feindschaft mit der deutschen Aebtissin des St. Georgsklosters, die das erste Opfer des Vertreibungsgesetzes wurde. Zur vollkommenen Durchführung desselben kam es jedoch nicht; wir treffen nach wie vor Deutsche im Lande; der Herzog ließ sein in der Uebereilung gegebenes Gesetz wahrscheinlich bald selbst fallen. Im Widerspruche zu demselben wenigstens handelte er, als er die slawischen Mönche aus dem Kloster Sazawa vertrieb und dort einen deutschen Abt und lateinischen Ritus einführte. Spytihněw starb schon im dreißigsten Jahre seines Lebens, worauf sein Bruder Wratislaw in der Regierung folgte.

Herzog
Wratislaw II.
(1061—1092).

Wratislaw II. (1061—1092) unterschied sich in Allem und Jedem von seinem Bruder, dem verstorbenen Herzoge. Dessen Oberherrschaft hatte er noch als Fürst von Olmütz nicht ertragen wollen, sowie er gegen ihn die Mutter Judith, welche in Folge des Vertreibungsgesetzes der Deutschen Böhmen verließ, in freundlichen Schutz genommen hatte. In Deutschland war der mächtigste der Frankenkaiser, Heinrich III., ein Jahr nach Spytihněws Thronbesteigung zur Ruhe gegangen, und

Kaiser
Heinrich IV.
(1056—1106).

sein Sohn Heinrich IV. (1056—1106), welcher das Scepter in die Hand nehmen sollte, war leider noch ein unmündiges Kind. Schlechte Erziehung brachten den sonst sehr talentvollen Jüngling in die grellsten Widersprüche und Kämpfe mit seiner Zeit, die ihn durch sein Mannes- und Greisenalter bis in's Grab geleiteten. Da gab es wenig Getreue, die fest am Kaiser hielten in den Tagen seines Unglückes, und unter den wenigen, die dem Vielgeprüften durch alle Zeiten wacker zur Seite standen, befand sich unser tüchtiger Herzog Wratislaw, den wir überhaupt zu den ausgezeichnetsten Beherrschern Böhmens zählen müssen. In seinen vielen Feldzügen, welche Heinrich IV. unternahm, im erbitterten Kampfe gegen die trotzigen Vasallen, so wie im heißen Investiturstreite mit dem gewaltigen Papste Hildebrand, stand ihm regelmäßig der Böhmenherzog als treuer Vasall und Bundesgenosse mit seinen gefürchteten Mannen bei. So zuerst im Jahre 1074, als Heinrich gegen die Sachsen focht und im darauffolgenden Jahre 1075, wo die Böhmen an der Unstrutschlacht unweit Langensalza auf Seite des Kaisers rühmlichen Antheil nahmen. Dann, als nach den Tagen der Erniedrigung zu Canossa der arg getäuschte Kaiser zurück nach Deutschland zog, um mit dem Gegenkönig Rudolf von Schwaben um die Krone zu fechten, da stand wieder Wratislaw mit Hilfsscharen in den Vorderreihen der Kaiserlichen. In der Schlacht bei Flarchheim, einem Dorfe unweit Mühlhausen, bedeckten 3000 tapfere Böhmen die Wahlstatt; ihr kühner Herzog selbst aber hatte sich Allen voran in das Kampfgetümmel gestürzt und des Gegenkönigs Leitfahne mit eigener Hand erbeutet (27. Jan. 1080). Im nächsten Jahre begleiteten den Kaiser auf seiner Römerfahrt 300 wohlbewaffnete Reisige aus Böhmen unter der Anführung Borìwojs, des jüngeren Sohnes Wratislaws, und des abenteuerlichen Wiprecht von Groitsch; als Rom am 2. Juni 1083 gestürmt wurde, waren die Böhmen mit unter den ersten auf den Mauern der Stadt, und nur neun von der Schar kehrten in ihr Vaterland zurück, um die tapferen Waffenthaten ihrer Genossen zu berichten. Der Herzog daheim züchtigte inzwischen im Auftrage des Kaisers den abtrünnig gewordenen Markgrafen Leopold den Schönen von Oesterreich und schlug ihn in der denkwürdigen Schlacht bei Mailberg, unfern der Thaya (12. Mai 1082) — der ersten blutigen Berührung der beiden später so innig vereinten Länder.

Nicht unbelohnt ließ der Kaiser die langjährige, treue Hilfeleistung des böhmischen Herzogs. Für seine glänzende Waffenthat in der Schlacht bei Flarchheim erlangte Wratislaw für sich und seine Nachfolger das Recht, sich nach mittelalterlicher Sitte das eroberte kostbare Beutestück bei Festen vortragen zu lassen. Ferner versprach ihm der Kaiser Meißen und die Lausitz, welche Länder dem treulosen Markgrafen Egbert weggenommen werden sollten; später sicherte der Kaiser dem Herzoge noch die Ostmark zu. Freilich gelangte Wratislaw nur in den Besitz der Oberlausitz und von Bautzen, wozu auch die jetzigen Gränzgebiete Böhmens bei Reichenberg und Rumburg und kleinere Bezirke von Meißen gehörten. Einige Theile dieser neuen Erwerbung übertrug Wratislaw dem mit seiner Tochter Jutta vermählten Wiprecht von Groitsch. Endlich gab Heinrich seinem treuen Waffengenossen, als höchsten Preis des Lohnes, die Auszeichnung des königlichen Namens und die Krone, und zwar nicht nur von Böhmen, sondern auch von Polen, welche beide Länder mit Zustimmung der deutschen Fürsten nunmehr ein böhmisches Königreich unter Wratislaw bilden sollten. Auf einer Synode zu Mainz Ende April 1086 überreichte der Kaiser unter Beistimmung der Reichsfürsten dem böhmischen Herzoge selbst die Königskrone und gab dem Erzbischofe von Trier, Egilbert, den Auftrag, den Akt der Krönung feierlichst in Prag vorzunehmen. Am 15. Juni 1086, am Tage des heiligen Veit, gieng in dessen Kirche am Hradschin unter lautem freudigen Zurufe der versammelten Fürsten die Salbung und Krönung des ersten Königs von Böhmen vor sich. Wratislaw und seine Gemahlin Swatawa erschienen in königlichen Gewändern, und als während der Hochmesse der Bischof die feierliche Handlung vollzog, rief das anwesende Volk: „Wratislaw, dem böhmischen und „polnischen" Könige dem erhabenen und friedfertigen, dem von Gott gekrönten, Leben, Heil und Sieg!"

Die Verstärkung des monarchischen Prinzips durch Wratislaw, sowie das Streben desselben, seine Souveränität auch über die zu Böhmen gehörigen mährischen Fürstenthümer auszubreiten, war weder dem einheimischen Adel, noch den einzelnen Mitgliedern der königlichen Familie erwünscht. Es gerieth darüber Wratislaw in unerquickliche Zwistigkeiten der Reihe nach mit der Wittwe seines Bruders, Ottos von Olmütz, mit dem zweiten Bruder, Konrad von Brünn, und dann mit seinem eigenen Sohne Bretislaw, welch' letzteren der unzufriedene Adel an die Spitze gestellt hatte. Da rührte der im Herzen tief gekränkte, aber nicht verzagte König die

Heinrich IV. lohnt Wratislaws Treue.

Wratislaw wird zum König gekrönt (15. Juni 1086).

Zwistigkeiten in der regierenden Familie.

4*

Waffen gegen fein eigen Blut. Olmütz wurde genommen, Ottos Kinder von da vertrieben und Konrad in Brünn auf's Engste eingeschlossen (1092). Uebermüthig geberdete sich bei dieser Gelegenheit Zderad, der bevorzugte Günstling des Königs, die Seele des jetzigen Krieges, indem er durch ein spöttisches Witzwort des Königs Sohn, welcher sich bei den Belagerern befand, zur Rache herausforderte. Einige Jahre vorher nämlich lag Prinz Bretislaw an der Gränze Böhmens auf der Wache gegen Sachsen. Erhitzt von einem Streifzuge zurückkehrend warf er sich unvorsichtiger Weise in den Fluß; da eilte unversehens der Feind herbei, und nur mit Mühe konnten die Böhmen ihren Anführer, den sie gewarnt hatten, aus den Händen der Gegner heraushauen. Jetzt bei der Belagerung von Brünn, als König Wratislaw den einzelnen Scharen ihre Stellungen anwies, meinte Zderad, man möchte doch den Prinzen mit seinen Zelten an die Ufer der vorbeifließenden Swutawa nach Herzenslust baden könnte. Der Spott des verhaßten Günstlings verwundete Bretislaw tief: er zog sich in sein Zelt zurück und enthielt sich von Speis und Trank. Seine Genossen aber drangen auf Rache. Am andern Morgen bat der Prinz den Zderad zu einer Unterredung, ritt dem herbeikommenden entgegen, empfieng ihn mit den heftigsten Vorwürfen, warf ihm hierauf den Fehdehandschuh in's Angesicht und sprengte davon. Auf dieses Zeichen erschienen plötzlich die Begleiter des Prinzen, hoben Zderad mit ihren Lanzen aus dem Sattel, warfen ihn zu Boden, durchbohrten ihn, und zerstampften den Körper des Unglücklichen mit den Hufen ihrer Rosse. Der König beweinte das traurige Ende seines Lieblings und ließ ihm an der Stelle des Mordes ein Denkmal setzen; die meisten im Lager aber freuten sich über das Schicksal des unbeliebten Günstlings. Bretislaw selbst war mit seinen Getreuen abgezogen und hatte sich hinter dem nächsten Hügel gelagert. Die in Feindschaft gerathenen Familienmitglieder suchte die edle und beherzte Hilburgis, die Gemahlin Konrads, zu versöhnen. Sie gieng in das Lager des Königs, warf sich ihm zu Füßen und bat ihn, das Land zu schonen und dem Bruder, wie dem Sohne großmüthig zu verzeihen. Wratislaw hob die Flehende gnädig auf, küßte sie und befahl ihr, Konrad und Bretislaw herbeizuholen. Als diese kamen, empfieng er sie mit dem Friedenskusse und sprach zum Sohne: „Hast Du recht gethan, so wird es zu Deinem Besten sein, war es aber unrecht, so wird Deine Sünde Dich strafen!"

Die Aussöhnung zwischen Vater und Sohn scheint nicht aufrichtig gewesen zu sein; denn wir sehen bald darauf den unruhigen Bretislaw mit 3000 Mann Aufständischer gegen Prag vorrücken, wo er am Rokytnicebach ein Lager aufschlägt, um neue Feindseligkeiten gegen den Vater zu eröffnen. Ursache zu dieser Empörung scheint vorzüglich das Senioratserbfolgegesetz gegeben zu haben, dem gemäß Konrad, als der Aelteste im Hause, die Nachfolgeschaft in Aussicht hatte. Durch die gütliche Vermittlung gerade dieses Konrads wurde die Einigkeit zwischen Vater und Sohn noch ein Mal bewerkstelligt. Aber nur auf kurze Zeit! Vom Neuen unzufrieden zog Bretislaw nach Ungarn, wo er und 2000 seiner Anhänger von König Ladislaus freundlich aufgenommen wurden.

Nicht lange Zeit darauf stürzte Wratislaw auf einer Jagd vom Pferde und starb in Folge dessen am 14. Januar 1092; er wurde unter allgemeinem Beileide des Volkes am Wyschehrad in der von ihm erbauten Collegiatkirche bestattet. *Wratislaws Charakter.*

Wratislaw war der erste König des Landes, und nach ihm regierten wieder Herzoge durch längere Zeit; wie mit seiner Namensauszeichnung, so überstrahlte er auch durch Tapferkeit und Staatsweisheit die meisten unter den böhmischen Fürsten. Der Chronist Cosmas, welcher gerade gegen ihn mit dem Lobe sehr sparsam ist, muß dennoch zugestehen, daß er der Liebling des Volkes war und auch bei den anderen Ständen Liebe und Ehrfurcht genoß. Ein Mönch des Klosters Pegau widmet ihm folgenden Nachruf: „Wratislaw war ein Regent, allen seinen Vor= fahren an Macht, Ansehen und Reichthum unvergleichbar, gefürchtet vom deutschen Kaiser und allen deutschen Fürsten und dennoch ein treuer Mitarbeiter am Reiche, bewährt als treuer Freund Heinrichs IV. in vielen Nöthen und daher von ihm nicht unverdient der erste aus seinem Volke mit dem Königstitel, mit Krone und Lanze ausgezeichnet." Für die Deutschböhmen erwarb sich König Wratislaw unsterbliche Verdienste, indem er ihre Niederlassung und Ausbreitung unterstützte und ihnen den ersten hochwichtigen Freiheitsbrief, nach eigenem Rechte leben zu dürfen, ertheilte (S. 94).

Konrad, der Aelteste des Hauses, folgte, wie es bestimmt war, in der Re= gierung, starb aber schon nach acht Monaten, ohne durch irgend eine erhebliche That sein Andenken befestigt zu haben (8. Sept. 1092). *Herzog Konrad (1092).*

Der Thron fiel nun an Bretislaw II. (1092—1100), der aus Ungarn heimgekehrt war und schon am 14. Sept. 1092 an der Seite des Ungarnkönigs seinen prunkvollen Einzug in Prag hielt. Gleich darauf verwickelte er sich in einen Krieg mit Polen, weil der König dieses Landes, Wladislaw I. Hermann, den alten für die Abtretung Schlesiens seit 1054 an Böhmen zahlbaren Zins nicht entrichtete. Verheerend drang das böhmische Kriegsvolk bis gegen Glogau vor und zwang den Feind zum Friedensschluß (1093). Wladislaw zahlte den rück= ständigen Tribut von zwei Jahren und gelobte seinen Verpflichtungen für die Zukunft regelmäßig nachzukommen; die Provinz Glatz wurde an den Sohn Wla= dislaws, Boleslaw Schiefmund, als böhmisches Lehen übergeben. Wohl brach der Krieg noch ein Mal aus; es wurde hartnäckig, aber entscheidungslos an der Neiße gekämpft, wo Bretislaw die Burg Kamenz erbaut hatte, bis es endlich im Jahre 1099 zum festen Frieden kam. Bretislaw ernannte in diesem Jahre, als er in Saatz das Weihnachtsfest in glänzender Weise feierte, den polnischen Prinzen Boleslaw zu seinem Schwertträger und wies ihm einen Theil des Tributes an, welchen Polen an Böhmen zu zahlen hatte. *Herzog Bretislaw II. (1092—1100).*

Bretislaw verletzte der erste das bestehende Erbfolgegesetz, indem er darauf bedacht war, nicht den Senior des Hauses — Udalrich, Sohn Konrads von

Brunn sondern seinen eigenen Bruder Bořiwoj zum Thronfolger zu ernennen. Er benutzte hiebei das Verhältnis zum deutschen Reiche, führte seinen Bruder nach Regensburg und bewog den deutschen Kaiser Heinrich IV., ihn mit der herzoglichen Fahne von Böhmen schon im voraus zu belehnen (1099). Als die mährischen Přemysliden Oppofition machten, wurden sie aus ihren Herrschaften vertrieben und Bořiwoj an ihre Stelle gesetzt.

Heinrich IV. belehnt Bořiwoj mit Böhmen (1099).

Ein Jahr darauf fiel der Herzog durch Meuchelmord. Um die Mitte des Decembers 1100 befand er sich zu Zbečno und jagte emsig in den weiten, wildreichen Waldungen von Bürglitz. Eben wollte er spät Abends am St. Thomastage (21. December) in seinen Hof zurückkehren, als ein Mann aus dem Hinterhalte hervorsprang und ihm den Jagdspieß in den Unterleib rannte. Zu spät kam die Hilfe, der Mörder war geflohen und wurde später todt, in fein eigenes Schwert gestürzt, gefunden. Er hieß Borek und soll von den Wrschowecen, mit denen sich Bretislaw während des Polenkrieges verfeindet hatte, gedungen worden fein. Der Herzog starb am anderen Tage und ward, von Allen tief betrauert, in der St. Veitkirche bestattet. Während seiner Regierung zeigten sich im Lande immer noch große Ueberreste des alten Heidenthums, gegen welche der Herzog mit großer Strenge vorgieng. Bretislaw war es auch, welcher die von seinem Vater nach Sazawa zurückgerufenen flawifchen Mönche vom Neuen vertrieb.

Ermordung Bretislaws II. (1100).

Am Weihnachtstage, welcher dem Tode Bretislaws folgte, bestieg der vom deutschen Kaiser bereits belehnte Bořiwoj II. (1100—1107) den Fürstenstuhl Böhmens. Es zeigte sich jetzt recht deutlich, in wie große Abhängigkeit Böhmen bereits vom deutschen Reiche gelangt war, und wie die größere Selbständigkeit des Landes unter Wratislaw II. doch nur an dessen ausgezeichnete Persönlichkeit geknüpft war. Gegen die Zwistigkeiten in ihrer eigenen Familie und gegen den eigennützigen zum Aufstande immer bereiten Adel wußten die Přemysliden keine andere Hilfe als die mit ihrer Unterwerfung gekaufte des deutschen Kaisers. Gegen Bořiwoj, welcher nur durch eine Verletzung der geltenden Senioratserbfolge den Thron erlangt hatte, wandte sich zur Verfechtung seines besseren Rechtes der Brünner Theilfürst Udalrich an Heinrich IV. Wohl ertheilte ihm dieser Böhmen als Lehen, mußte aber, selbst in die heftigsten Kämpfe verwickelt, seinen Schützling ohne alle thatsächliche Hilfe lassen. Vergebens rückte Udalrich bis Malin vor; sein Anhang war zu gering, er mußte sich begnügen, sein mährisches Theilfürstenthum zu behaupten (1101). Bořiwoj II. seinerseits erwarb sich die Gunst Heinrichs IV., da er in den Kämpfen, welche der unglückliche Vater in der letzten Zeit sogar gegen seinen eigenen Sohn zu führen hatte, mit böhmischen Scharen ihm Hilfe leistete. Als es aber zwischen Vater und Sohn zum Entscheidungskampfe am Regenfluffe kommen sollte, da ließ sich auch Bořiwoj verleiten, gleich seinem Schwager Leopold III., dem Markgrafen von Oesterreich, vom alten Kaiser, dessen Sonne ja untergieng, schmachvoll abzufallen (1105). Der Kaiser war besiegt, ohne

Herzog Bořiwoj II. (1100—1107).

die Schlacht geschlagen zu haben. Er flüchtete sich nach Böhmen, und Bořiwoj sühnte einen Theil seiner Schuld, indem er seinen von Allen verlassenen Wohlthäter mit Achtung empfieng und ihm zur Rückreise an den Rhein verhalf. Daselbst starb der gramgebeugte Kaiser im Jahre 1106, und sein unedler Sohn Heinrich V. folgte im Reiche nach.

Wie überhaupt, so war dieser Kaiser auch in seiner Politik dem böhmischen [Kaiser Heinrich V. (1106—1125).] Herzogthume gegenüber von steter Wandelbarkeit und ließ sich in seinem oberherrlichen Verhalten gegen dieses Land nur von den Interessen des Augenblicks leiten. Dem Herzoge Bořiwoj war ein neuer Feind entstanden in Swatopluk, dem Theilfürsten von Olmütz, welcher mit mehr Glück als Udalrich von Brünn nach dem Fürstenstuhle Böhmens strebte. Zwar mißlang sein erster Versuch, der in einem Anschlage auf Prag bestand (1105), dagegen glückte ein mit allerhand Verrätherei verbundener Einfall in Böhmen im Jahre 1107. Bořiwoj, welcher von den Seinigen im Stich gelassen wurde, floh über Polen nach Deutschland und bat Heinrich V. um Schutz. Dieser sammelte alsbald ein Heer und rief unter Androhung des Krieges Swatopluk an seinen Hof. Swatopluk gehorchte dem Befehle, wurde aber gleich bei seiner Ankunft ohne Weiteres in ein Gefängniß gebracht. Böhmen selbst kam jedoch nicht wieder in den Besitz Bořiwojs. Derselbe hatte nämlich versucht, über das Erzgebirge in sein Vaterland einzubrechen, ward aber daran gehindert durch eine geschickte Heeresaufstellung bei Kulm, welche Otto der Schwarze, der ernannte Stellvertreter Swatopluks, angeordnet hatte. Bořiwoj begab sich in Folge dessen nach Polen zu Boleslaw Schiefmund.

Inzwischen war es auch dem Swatopluk gelungen, vom Kaiser seine Freiheit [Herzog Swatopluk (1107—1109).] und die Regierung in Böhmen wieder zu erlangen. Aber nur einen hohen Preis hatte er den schwankenden Thron erkauft; 10.000 Mark Silber und die Heeresleistung in den Kriegen gegen Polen und Ungarn hatte er dem Kaiser versprechen müssen. Um das viele Geld zusammen zu bringen, wurden in Böhmen die Prälaten und der niedere Klerus, der Kaufmann und der Wechsler, kurzum Alle bis zum armen Zitherspieler herab besteuert. Der Bischof von Prag zahlte von den Einkünften seiner Kirche 70 Mark reinen Goldes und brachte durch Versetzen von fünf kostbaren Kirchenmänteln bei den Regensburger Juden 500 Mark Silber auf. Noch immer aber fehlten zur bedungenen Summe 3000 Mark, und Swatopluk mußte seinen Bruder Otto als Bürgen stellen. Da aber dieser der Haft entrann, und der Krieg mit Ungarn bevorstand, so erließ der Kaiser den Rest der Schuld und vertrat zum Zeichen der Versöhnung Pathenstelle bei dem neugeborenen Söhnlein des Böhmenfürsten.

Als der Krieg mit Ungarn im Jahre 1108 ausbrach, half der kriegerische [Krieg mit Ungarn (1108).] Swatopluk getreulich dem Kaiser, verheerte die ganze Gegend um Trentschin bis zur Mündung der Waag und vereinigte sich dann mit dem deutschen Heere, welches eben Preßburg belagerte. Da langte auf ein Mal die Nachricht ein, die

Polen wären über die Gränzen Böhmens hereingebrochen, hätten die dort als Wächter aufgestellten Feldherren Wacek und Mutina zum Weichen gebracht und verwüsteten nun das Land. Rasch verließ Swatopluk den Kaiser, um sein eigenes Reich zu schützen.

Auf dem Rückmarsche in die Heimath kam dem Herzoge eine geheime Botschaft von Wacek zu, es sei am Vordringen der Polen nur die Verrätherei des Mutina Schuld gewesen. Da dieser dem Geschlechte der Wrschowece angehörte, beschloß der ergrimmte Fürst den Untergang der verhaßten Familie, die ja immer gegen die regierende Dynastie konspiriert hatte. An der mährischen Gränze, auf der Burg Wratislaw bei Hohenmauth, versammelte Swatopluk am Morgen des 27. Oktober die Großen und Vornehmen des Reiches um sich; auch Mutina und seine zwei Söhne, ferner Uniflaw und Domaslaw, gleichfalls Sprößlinge des weitverzweigten Hauses der Wrschowece, waren eingetroffen. Plötzlich trat der Herzog unter sie und häufte in zorniger Rede Vorwürfe und Schmähungen auf die Wrschowece, welche vom Anbeginn ihres Geschlechtes und zu aller Zeit Verräther und Missethäter gewesen seien, so wie sie denn auch in jüngster Zeit sich abermals gegen die Premyfliden verschworen hätten. Lange und immer hitziger sprach er, dann gab er das Zeichen zur Rache und entfernte sich. Seine Anhänger aber warfen sich über die Unglücklichen des dem Untergange geweihten Stammes; Mutina empfieng mit Würde den Todesstoß; mit ihm verbluteten Uniflaw und Domaslaw, während die Söhne Mutinas verhaftet wurden. Dann eilten die morderfüllten Männer nach Libitz, wo Bozej seinen Sitz hatte. Eben war er mit Gattin und Kind beim Mittagmahle, als der Burgwächter meldete, daß ein Haufe Reiter ordnungslos in der Ebene heransprenge. „Laßt sie herein", sprach Bozej, „sie kommen aus dem ungarischen Kriege zurück und mögen mit Gottessegen Herberge finden." Als aber Krasa, einer der Ankömmlinge, die Thüre des Speisesaales aufriß und lärmend mit gezücktem Schwerte hereinstürzte, rief Bozejs Sohn: „Seid doch still, habt ihr den Auftrag, uns zu verhaften, so kann es ja in Ruhe geschehen." Aber schon sank er durchbohrt zu Boden, und im nächsten Augenblicke theilte der Vater das blutige Schicksal seines Sohnes. Die Burg wurde völlig ausgeplündert, selbst die Todten wurden ihrer Kleider beraubt und nackt in die Erde verscharrt. Das geschah auf derselben Burg Libitz, wo einst die mächtigen Slawnike ein ähnliches blutiges Ende genommen, wahrscheinlich nicht ohne Zuthun der Wrschowece; die Nemesis hatte so ihr Ziel erreicht. Im ganzen Lande wiederholten sich ähnliche Scenen; wer den Namen des Stammvaters Wrsch trug, erlag dem tödtlichen Eisen; denn das ganze Geschlecht sollte mit Stumpf und Stiel ausgerottet werden. An 3000 Glieder des unglücklichen Stammes, erzählt ein deutscher Chronist, seien damals ermordet worden. Auch der kleinen Söhne des Mutina wurde nicht länger geschont. „Es waren gut geartete Kinder von liebenswürdigem Benehmen und so schön, wie kein Künstler in Elfenbein und kein Maler auf der Wand sie zu bilden im Stande wäre," so

Untergang
der Wrschowece
(1108).

berichtet Cosmas als Augenzeuge. Er sah, wie die armen Kinder durch den Henker von der Mutter weggerissen und weinend und jammernd auf die Schlacht= bank geschleppt wurden. „Alle, die noch ein Herz hatten, flohen sich kreuzigend davon, um ein so gräßliches Schauspiel nicht mit ansehen zu müssen," fügt der Chronist mit Trauer und Abscheu hinzu.

Nicht lange darauf kam der Herzog selbst auf gewaltsame Weise um's Leben. Heinrich V. hatte seinen Zug nach Ungarn unverrichteter Sache aufgeben müssen und wandte sich jetzt gegen Boleslaw Schiefmund, welcher durch seinen Einfall in Böhmen des Kaisers mächtigsten Bundesgenossen vom kriegerischen Schauplatze ab= gelenkt hatte. Swatopluk fand sich bereitwillig mit seinen böhmischen Scharen auch beim polnischen Feldzuge ein, und die Verbündeten drangen siegreich bis Glogau vor. Als aber Boleslaw Schiefmund eiligst aus Pommern, wo er mit Glück gekämpft hatte, herannahte, sah sich das deutsche Heer genöthigt, den Rück= zug anzutreten. Da hielt eines Tages (21. Sept. 1109) der Herzog der Böhmen lange Berathungen mit dem Kaiser über die am folgenden Morgen v. rzunehmenden Maßregeln; erst spät Abends ritt er in sein Gezelte zurück. Unversehens hatte sich unter das Kriegsgefolge des Herzogs ein unbekannter Ritter gemischt; dieser drang plötzlich bis in die Nähe Swatopluks vor und warf ihm mit solcher Gewalt einen Wurfspieß zwischen die Schultern, daß er sogleich leblos zu Boden sank. Der Mörder, welcher sich rettete, war nach der Ansicht des Cosmas gedrungen worden von Johann, dem Sohne Tista's, dem einzigen Wrschowecen, der dem allgemeinen Blutbade entronnen sein soll. Ein anderer Chronist hat den Wiprecht von Groitsch als Urheber des Mordes im Verdachte.

Heer und Volk der Böhmen gerieth jetzt in gränzenlose Verwirrung. Ein Haufe der böhmischen Kriegsscharen brach noch in der Nacht auf, um eilends in die Heimath zurückzukehren. König Heinrich erschien selbst am andern Morgen im böhmischen Lager, trauerte bei der Leiche seines Gevatters und stellte den Krie= gern die freie Wahl des Nachfolgers anheim. Sie sprachen sich für den Bruder des Ermordeten, Otto von Olmütz, aus, der auch alsbald nach Prag reiste. An= dere aber von den Böhmen wollten Wladislaw, den Bruder Boriwojs II., zum Herzoge, und Boriwoj selbst suchte die allgemeine Verwirrung zu benützen, um wieder auf den Thron zu gelangen. Er kehrte nach Prag zurück und wurde da= selbst im Spätherbst des Jahres 1109 wirklich zum Herzoge ausgerufen. So kam es wieder zu entsetzlichen Kämpfen in der Premyslidischen Familie, bis der deutsche König das letzte Wort sprach. Heinrich zog ins Land der drei Herzoge und lud, nachdem Otto freiwillig auf seine Ansprüche verzichtet hatte, Boriwoj und Wladi= slaw zu sich nach Rokytzan. Daselbst wurde Boriwoj gleich nach seiner Ankunft in Ketten gelegt und dann als Gefangener auf die Feste Hammerstein am Rhein abgeführt; Wladislaw aber erhielt vom Könige die Anerkennung als rechtmäßiger

Ermordung Swatopluks (21. Sept. 1109).

Thronstreit in Böhmen (1109).

Herzog von Böhmen, nachdem er gelobt hatte, zur bevorstehenden Römerfahrt 300 wohlbewaffnete Krieger zu stellen (1110).

Die Regierung Wladislaws I. (1110—1117, 1120—1125) war voll von Un-ruhen und entsprach wenig seinem weichen Herzen und seiner milden Gesinnung. Boriwoj war wohl unschädlich in seiner Haft auf dem Hammerstein, und auch Otto der Schwarze, welcher neuerdings Streit anfieng, wurde gefangen genommen und auf die Burg Bürglitz gebracht, woselbst er drei Jahre saß. Aber unvermuthet trat nun Boleslaws jüngster Bruder, Namens Sobeslaw, an die Spitze der auf-ruhrerischen Partei und bewog den polnischen Fürsten Boleslaw Schiefmund, an dessen Hof er bis jetzt gelebt hatte, zu einem Einfalle in Böhmen. Die Feinde drangen ins Land vor und stellten sich an der Cidlina, in der Nähe von Chlumetz, nicht weit von der Mündung des Flüsschens in die Elbe, dem böhmischen Heere gegenüber; da aber keine von den streitenden Armeen den Angriff wagte, unterblieb die erwartete Schlacht. Die Polen zogen sich nach langem Zögern zurück und brachten, als die Böhmen sie verfolgen wollten, denselben am Fuße des Riesen-gebirges hinter Trautenau eine empfindliche Niederlage bei (1110). Darauf erfolgte eine Art von Damenfrieden, indem die Frauen der Betheiligten eine Versöhnung bewerkstelligten; Boleslaw Schiefmund heirathete Salome, eine Schwester der böh-mischen Fürstin Richsa, Sobeslaw erhielt als Theilfürstenthum die Provinz Saatz.

Neue Mißhelligkeiten verleideten dem nachgiebigen Wladislaw endlich so sehr die Regierung, daß er diese an den aus seiner Gefangenschaft zurückgekehrten Bo-riwoj abtrat und sich nur den Antheil jenseits der Elbe vorbehielt (1117). Doch auch diese edle Entsagung verhinderte nicht die Fortdauer des unerquicklichen Fa-milienzwistes, so daß es Wladislaw für gut fand, den Thron noch ein Mal an

sich zu ziehen (1120). Seine Brüder mußten in die Fremde wandern; Boriwoj starb in Ungarn im Jahre 1124. Sobeslaw aber kehrte in sein Vaterland zurück, als er vernahm, daß sein Bruder Wladislaw schwer krank darnieder liege. Der sterbende Herzog empfieng die letzten Tröstungen der Religion vom Bischofe Otto von Bamberg, dem Apostel Pommerns, der auf seiner Rückreise von Norddeutsch-land Prag berührt hatte. Dem frommen Manne und der alten Mutter des Herzogs gelang es, die Brüder zu versöhnen. Sobeslaw wurde zum Thronerben bestimmt, Otto aber, der sich noch immer Rechnung auf die Nachfolgschaft ge-macht hatte, zog grollend von Prag hinweg. Wladislaw starb am 12. April 1125 und wurde im Benediktinerkloster zu Kladrau beigesetzt.

Im selben Jahre, als Sobeslaw I. (1125—1140) den Fürstenstuhl Böhmens bestieg, fand auch in Deutschland ein verhängnißvoller Thronwechsel statt. Daselbst war das glanzvolle Haus der fränkischen Kaiser mit Heinrich V. erloschen, und

Lothar der Sachse erkämpfte sich die Regierung gegen die mit Macht emporstre-bende, jetzt aber noch zurückgedrängte Partei der Staufer (1125). Sobeslaw war ein entschlossener, nach Unabhängigkeit ringender Fürst, welcher gerne die Bande, die fein Herzogthum an's deutsche Reich fesselten, zerrissen hätte. Der Regierungswechsel in Deutschland einerseits, sowie andererseits der Umstand, daß Otto der Schwarze den neugewählten König um Hilfe für sich ersucht hatte, bestärkten Sobĕslaw in seinem Trotze, und als Lothar ihn sowohl, als auch Otto vor das Reichsgericht lud, damit er, der Oberlehnsherr, über das erledigte Lehen entscheide, blieb Sobĕslaw daheim und rüstete sich zum bevorstehenden Waffengange. Die Deutschen erschienen bald unter Lothar und dem neuen Prätendenten Otto im Lande, erlitten aber am Fuße des Erzgebirges bei Kulm, nach der Angabe der meisten Chronisten, eine Niederlage, in welcher Otto sein Leben verlor. Der Kaiser selbst schrieb den Mailändern, er habe einen Sieg erfochten, mit welcher Nachricht übrigens die nachfolgenden Ereignisse besser übereinstimmen. Es kam nämlich zum friedlichen Ausgleiche, indem Lothar den Sobĕslaw in seinem Herzogthume bestätigte, ihm die herzogliche Fahne überreichte und den Friedenskuß gab (1126). So lange Lothar lebte, leistete ihm Sobĕslaw auch die Heeresfolge in den Kämpfen gegen die Staufischen Brüder Konrad und Friedrich und stellte eine Anzahl Reisiger zu den Römerzügen. Als aber Lothar gestorben war, stand er nicht zu dessen Schwiegersohne, Heinrich dem Stolzen, sondern trat zur Gegenpartei über, welche Konrad den Staufer auf den Thron erhob (1137).

Im Innern hatte Sobĕslaw, wie so viele seiner Vorfahren, sowohl mit der eigenen Familie, als auch mit dem sich immer übermüthiger geberdenden Beamtenadel zu kämpfen. Nur die eisernste Strenge, Verhaftung einiger Anverwandten, Blendung des Prinzen Bretislaw, des Sohnes des Herzogs Bretislaw II., und die sofortige Hinrichtung zweier hochverrätherischer Brüder aus vornehmem Geschlechte konnten die Ruhe aufrecht erhalten. Um auch im Falle seines Absterbens erneuerten Thronstreitigkeiten vorzubeugen, bestrebte sich der Herzog mit Umgehung des allerdings schon oft verletzten Senioratsrechtes seinem erstgeborenen Sohne die Nachfolgeschaft zu sichern. Es gelang ihm, für den Prinzen Wladislaw, obwohl derselbe noch minderjährig war, vom König Konrad die Belehnung mit Böhmen zu erwirken, und eine Versammlung der Großen in Sadska erkannte ihn auf Betreiben des Herzoges als Thronerben an. Die eigentliche Willensmeinung des Adels aber kam zum Vorschein, als zwei Jahre darauf der Herzog auf einem Jagdschlosse bei der jetzigen Stadt Königinhof erkrankte und sich in die von ihm gegen die Polen erbaute Gränzburg Arnau bringen ließ. Da traten die falschen Adeligen des Reiches wieder zusammen und beriethen sich in geheimen und bald auch in öffentlichen Zusammenkünften auf dem Wyschehrad über die Besetzung des Thrones, unbekümmert um den Beschluß von Sadska. Naĕerat, der Wortführer, deutete klar genug an, was diese Herren von dem Fürstenthume dachten, indem er sprach: „Wir wollen lieber einen Herzog haben, der sich mehr nach unserem Willen richten soll, als wir nach dem seinigen." Und als Sobĕslaw am 14. Februar 1140 zu Arnau sein Leben beendet hatte, erhoben sie nicht Wladislaw, den Sohn Sobĕ-

Kaiser
Konrad III.
(1137—1152).

Widerstand des
Adels.

slaws, sondern den Sohn des ersten Wladislaw, welcher denselben Namen führte, auf den Fürstenstuhl.

Fürst Sobéslaw I. war bei seinem Volke sehr beliebt, und Cosmas nennt ihn den Vater des Vaterlandes. Gegen Außen entwickelte er Kraft und Selbstständigkeit; die Polen zwang er den rückständigen Tribut von zwölf Jahren nachzuzahlen, und die dadurch erlangte Summe von 6000 Mark Silber verwandte er zum Umbau der Prager Burg aus hartem Materiale nach italienischer Art.

4.
Böhmen unter den ersten Staufern.
(1137—1197.)

Herzog
Wladislaw II.
(1140—1173).

Der Adel irrte, wenn er meinte, in dem neugewählten Fürsten Wladislaw II. (1140—1173) ein gefügiges Werkzeug zu finden. Im Gegentheil, der junge Herzog wurde einer der thatkräftigsten und selbstständigsten Fürsten, die je auf dem Throne Böhmens saßen. In weiser Erkenntniß der Sachlage fügte er sich in das übliche Abhängigkeitsverhältniß von Deutschland und ließ sich noch im Jahre 1140 von Konrad III. belehnen; zugleich erhielt er des Kaisers Stiefschwester Gertrud, eine wirkliche Schwester Leopolds IV. von Oesterreich, zur Gemahlin. Schon nach zweijähriger Regierung sahen sich die Großen des Reiches so enttäuscht, daß sie, den großsprecherischen Naçerat an der Spitze, auf Umsturz der Dinge sannen und in die neue Verschwörung abermals Přemyslidische Familienmitglieder verwoben. Konrad von Znaim stellte sich als Gegenherzog auf und zog mit großer Waffenmacht gegen Böhmen, wo er am Berge Wysoka, westlich von Kuttenberg, mit den Scharen Wladislaws zusammenstieß. Schon drangen die rosenrothen Banner des letzteren siegreich voran, als Verräther unter seinen eigenen Truppen die Worte erschallen ließen: „Fliehe, wer fliehen kann!" Da entstand in der That eine allgemeine, rathlose Flucht; der verrathene Wladislaw eilte nach Prag, befestigte schnell die Burg, übergab sie seinem Bruder Theobald und seiner beherzten Gemahlin zur Vertheidigung und reiste dann nach Würzburg, um vom deutschen Könige Hilfeleistung zu erflehen. Konrad III. erfüllte des Böhmenherzogs Bitte, rückte mit einem Heere vor Prag und zog ungehindert in dasselbe ein, da die Mährer es für gut befunden hatten, das Land zu räumen, ohne eine Schlacht gegen die Deutschen gewagt zu haben (1142). Im nächstfolgenden Jahre drang Wladislaw nach Mähren vor, eroberte Znaim, Brünn und Olmütz, vertrieb die Theilfürsten und gab ihnen erst auf Verwendung des päpstlichen Legaten, des Kardinals Guido, ihre Landschaften zurück.

Wladislaws
Kreuzzug
(1147).

Wladislaws reger Geist begnügte sich nicht, sein Land gut zu verwalten und die Herrschaft in demselben zu behaupten, er interessirte sich auch für alle wichtigeren Fragen, welche damals das civilisirte Europa beschäftigten. Die Thätigkeit dieses Fürsten nach Außen hin ist somit keine geringe, sie erstreckt sich über die

Nachbarländer Böhmens und reicht bis Ungarn, Italien und Palästina. — Als im Jahre 1147 Konrad III. von Deutschland und Ludwig VII. von Frankreich, den feurigen Worten Bernhards von Clairvaux nachgebend, den zweiten Kreuzzug unternahmen, fand sich auch unser Wladislaw mit seinem Bruder Heinrich und Spytihněw, dem Sohne Boriwojs, sowie vielen Großen des Reiches ein, um Antheil zu nehmen an der Rückeroberung des gelobten Landes. Die ganze Expedition aber hatte ein klägliches Ende, und so, wie die deutschen Kreuzfahrer, erlitten auch die böhmischen in Kleinasien unsägliches Elend. Als sich Konrad in Folge dessen zur Rückkehr entschloß, begleitete ihn Wladislaw bis nach Konstantinopel und eilte von da über Kiew und Krakau in seine Heimath zurück. Die Abwesenheit des Herzoges hatte in Böhmen Soběslaw, der Sohn Soběslaws I., benützt, um sich der Herrschaft zu bemächtigen; Theobald aber, der Bruder des Herzoges, der die Reichsverweserschaft inzwischen führte, nahm den Anführer gefangen und ließ ihn in einen der Prager Thürme sperren. Wladislaw, welcher bei seiner Heimkehr den Aufstand bereits gedämpft fand, befahl den Urheber desselben auf die Burg Pfrimberg in die Gefangenschaft zu führen.

Im Jahre 1152 starb Konrad III. von Deutschland, und die Heldengestalt des Kaisers Friedrich Barbarossa faßte das Scepter des Reiches mit gewaltiger Faust. Des mächtigen Staufers glanzerfüllte Regierung (1152—1190) bestrahlte auch Wladislaws Herrschaft, so lange dieser gute Freundschaft hielt, mit Ruhm und Ansehen. Anfangs gab es Differenzen zwischen Böhmen und Deutschland. Barbarossa hatte Budissin den Böhmen entrissen und dem Markgrafen von Meißen verliehen; er hatte ferner dem Schwager Wladislaws, Heinrich Jasomirgott, den Besitz von Baiern abgesprochen und dasselbe Heinrich dem Löwen übergeben. Die Spannung vergrößerte sich, als Wladislaw sich weigerte, dem Kaiser zur Römerfahrt die schuldige Heeresfolge zu leisten, und Friedrich Rothbart dagegen den Prinzen Udalrich, welcher Ansprüche gegen Wladislaw erhob, ferner Spytihněw, den Sohn Boriwojs, und den aus seiner Haft in Pfrimberg entsprungenen Soběslaw an seinem Hofe ehrenvoll aufnahm (1154). Doch alle diese Zwistigkeiten wurden auf dem glänzenden Hoftage geschlichtet, welchen der Kaiser zu Pfingsten (1156) in Würzburg bei Gelegenheit seiner Vermählung mit Beatrix von Burgund abhielt. Unter den vielen Großen des Reiches, welche die Feier des Tages verherrlichten, befand sich auch Wladislaw von Böhmen mit seinem Bruder Theobald und in ihrem Gefolge der Prager Bischof Daniel und der Kanzler Gervasius, Probst von Wyschehrad. Der Böhmenfürst ging jetzt mit dem Kaiser einen geheimen Vertrag ein, dem zu Folge er versprach, sich mit aller Macht am nächsten Zuge nach Italien zur Demüthigung der Mailänder betheiligen zu wollen, wogegen Friedrich die Zurückgabe von Budissin und die Verleihung der Königskrone dem Herzoge zusicherte. Ehe es zum Mailänder Zug kam, wurde ein zweiter Reichstag in Regensburg am 6. Jannar 1158 abgehalten und daselbst alle näheren An

Kaiser Friedrich
Barbarossa
(1152—1190).

ordnungen und Maßregeln verabredet. Wladislaw, der sich wieder eingefunden hatte, erhielt jetzt thatsächlich aus den Händen des Kaisers am 11. Januar den goldenen

Reif und wurde nun allgemein als König von Böhmen begrüßt. Dieses Mal erhielt der Böhmenfürst die Krone auch für seine Nachfolger; der neue König, so heißt es in der Krönungsurkunde, erhalte die Krone wegen seiner Verdienste um das deutsche Reich und solle sich dieser Auszeichnung an jenen Tagen bedienen, an denen die Bischöfe und Erzbischöfe des Reiches den Kaiser zu krönen pflegten, nämlich zu Ostern, Pfingsten und Weihnachten, überdies an den Tagen der beiden Landes-heiligen, Wenzel und Adalbert. In derselben Urkunde wurde dem Böhmenkönige der seit hundert Jahren von Polen bezogene Tribut bestätigt.

Nun giengs nach Böhmen heimwärts im Freudenjubel, und mit allem nur erdenklichen Eifer betrieb der neue König die Rüstungen zum Zuge nach Italien. Da der Adel, insbesondere dessen bejahrte Glieder nur geringe Lust zeigten, den König in seinen Plänen, die er mit dem Kaiser verabredet, zu unterstützen, sprach dieser: „Er zwinge Niemanden zum Kriege; wer ihm folge, den werde er mit Ehren und Gütern reich bedenken, wer aber nicht wolle, der möge immerhin daheim bleiben und unter den Weibern seiner Ruhe und Bequemlichkeit pflegen." Des Königs Verheißungen und noch mehr sein Spott wirkten mit Zauberkraft. Alsbald hörte man von nichts Anderem sprechen, als vom Zuge nach Italien; die Straßen Prags wiederhallten von Gesängen über die Fahrt nach dem fernen Süden, und man frohlockte im voraus über die Demüthigung der stolzen Mailänder. Und nicht bloß der Adel, dessen Jugend namentlich in Begeisterung für die Waffenfahrt über die Alpen entflammte, rüstete sich, sondern auch der Landmann legte die Sense und den Pflug bei Seite und übte sich mit Schild und Lanze. So kam eine Anzahl von 10.000 stattlichen Kriegern zusammen, welche im Mai des Jahres 1158 unter Thränen der Ihrigen dem rosenrothen Banner ihres thatenlustigen Königs folgten und über die Tiroler Alpen in das Etschthal und da stromabwärts in die gesegneten Fluren Oberitaliens marschirten. Im Heere befanden sich auch Theo-bald, der Bruder des Königs, und der Prager Bischof Daniel mit dem Kapellane Vincenz. Bei Brescia, das mit Mailand verbündet war, erwartete Wladislaw den Kaiser, der nach zwei Wochen eintraf. Bange Furcht ergriff die Brescianer und sie flehten Wladislaw um Fürsprache beim Kaiser an; unter harten Bedin-gungen erhielten sie Verzeihung. Als jetzt auch die übrigen Hilfsschaaren aus Deutschland angekommen waren, rückte das kaiserliche Heer vorwärts bis zur rei-ßenden Abda, deren gerade ungewöhnlich hochgehende Wogen dem Weitermarsche ein bedeutendes Hinderniß entgegen setzten. Alle Brücken waren abgebrochen, nur bei Cassano stand noch ein Rest einer solchen; doch dabei wachte eine große Schar von Feinden. Hier bei dem Hauptübergangspunkte lagerte sich der Kaiser mit dem größten Theile der Armee, während Wladislaw mit seinen Böhmen tausend Schritte stromabwärts festen Posten faßte. „Gerade stärken sich," erzählt der Chronist

Vincenz, „die Böhmen durch ein Mahl, da sucht Odolen, der Sohn des Ztris, eine seichte Stelle, wo man übersetzen könne, mit noch zwei anderen Reitern; da er keine solche fand, treibt er beherzt sein Roß in den Fluß; nur einer von den Ge-fährten folgt ihm, der andere kehrt zurück. Die zwei Kühnen ergreift die reißende Fluth der Adda dergestalt, daß bald sie, bald die Rosse oben zu sein scheinen. Endlich gelangen sie an das jenseitige Ufer. Sobald dieses König Wladislaw er-fährt, springt er vom Mahle auf und läßt die Pauken schlagen zum Zeichen des Aufbruchs. Alle ergreifen die Waffen, und, indem er selbst vorauseilt, wirft sich die ganze böhmische Reiterei in die hochwogende Adda und gelangt mit einem ge-ringen Verluste hinüber. Der böhmische König stürzt nun sofort mit seinen Scharen auf die Feinde, umzingelt sie von allen Seiten, tödtet viele und nimmt eine große Menge gefangen. Das Siegesgeschrei der Böhmen mischt sich mit dem Wehklagen der Mailänder." — Die Kaiserlichen glaubten schon bei dem Anblick der daher sprengenden Reiterei, die Mailänder hätten Verstärkungen erhalten; als sie aber die böhmischen Pauken hörten und sahen, wie die wackeren Krieger Wla-dislaws Alles vor sich niederwarfen, erhoben sie ein lautes Freudengeschrei und wunderten sich, daß dieselben so glücklich und rasch über die reißende Adda gekommen waren. Mit Staunen nahmen sie dann wahr, wie der Böhmenkönig Anstalten traf, die Brücke über den Fluß wieder herzustellen, während sein Bruder Theobald die Feinde verfolgte. Viele Schlösser und Dörfer giengen in Flammen auf, aber die Nacht brach herein, ehe die Brücke vollendet war, obwohl man an beiden Ufern mit aller Anstrengung arbeitete. Als am andern Morgen (24. Juli) der Kampf sich erneuerte, wurde die Brücke vollendet, und der Kaiser konnte nunmehr den Böhmen Hilfe bringen; jedoch erst am 25. Juli waren so viele Brücken geschlagen, daß das ganze Heer gefahrlos über den Fluß ziehen konnte. Unaufhaltsam drang der Kaiser über Lodi gegen Mailand vor, um deſſen Mauern er am 5. August sein Heer in sieben Abtheilungen lagerte. Auch hier zeichneten sich die Böhmen, welche den dritten Haufen bildeten, durch große Tapferkeit aus. Als schon am 6. August die Mailänder einen Ausfall wagten und den Pfalzgrafen Ludwig hart be-drängten, eilten die Böhmen, durch Boten um Hilfe ersucht, rasch herbei; Wladi-slaw sprengt an ihrer Spitze, bringt die schon wankenden Reihen zum Stehen und durchbohrt mit eigener Hand den Mailändischen Fahnenträger Tazo de Mandello und den Vicegrafen Gerhard. Nach langem hitzigen Gefechte, als auch der Kaiser auf den Kampfplatz gekommen war, mußten die Mailänder der böhmischen Tapfer-keit weichen. „Die Nacht riß die Streitenden aus einander, sonst wären die Böhmen," versichert Vincenz, „mit den fliehenden Mailändern zugleich in die Stadt gedrungen." Die Mailänder aber bekamen eine gute Meinung von der Kriegs-tüchtigkeit der Böhmen und verstärkten namentlich gegen jene Richtung, wo Wla-dislaw mit seinem Heerhaufen stand, ihre Befestigungswerke. Als die zunehmende Noth jedoch die stolzen Städter endlich zwang, um Gnade und Frieden zu bitten, so erfuchten fie, wie die Bresciauer, den Böhmenkönig um Vermittelung bei dem Kaifer. Wladiflaw und fein Bifchof Daniel hatten nun in der That Berdienfte um den Abfchlufs des Friedens; der treue Berichterftatter und Augenzeuge diefer Vorgänge, der Prager Kapellan Bincenz, ift der Berfaffer des Friedens- und Gnadenbriefes, welcher den Mailändern ausgefertigt wurde. — Als dann am 8. September die gänzliche Demüthigung der Befiegten im öffentlichen Aufzuge der Erniedrigung erfolgt war, wurde die Berföhnung durch einen feierlichen Gottes-dienft befiegelt. Der Kaifer faß in feinem Zelte auf dem Throne, die Kaiferkrone auf dem Haupte, rings um ihn eine Menge deutfcher und italienifcher Fürften; da vor aller Augen befchenkte Barbaroffa Wladiflaw mit einer königlichen Krone von koftbarer Arbeit, welche er felbft als Gefchenk vom englifchen Könige erhalten hatte.

Bald darauf verfiel König Wladiflaw und fein würdiger Bifchof Daniel in eine fchwere Krankheit. Wladiflaw kehrte, fobald er genefen war, in fein Vater-land zurück. Der Kaifer hatte ihn noch perfönlich befucht und ihm von der Mai-länder Geldfchatzung 1000 Mark Silber gefchenkt; zugleich hatte er ihn gebeten, den in Sprachen und fonftigen diplomatifchen Kenntniffen erfahrenen Bifchof Daniel zurück zu laffen, in welche Bitte Wladiflaw nur ungern willigte. Bifchof Daniel begleitete mit feinem Kapellan Bincenz den Kaifer noch lange auf feinen manig-fachen Zügen in Italien, eben fo Theobald mit einer böhmifchen Kriegerfchar, bis im Jahre 1167 der Bifchof und der Fürft an der im kaiferlichen Heere ausge-brochenen Peft ftarben.

Wladiflaws Zug nach Ungarn (1164).

Noch einen Kriegszug in die Fremde unternahm der tapfere König Wladi-flaw, diefes Mal um Stephan III. von Ungarn im Thronftreite gegen Stephan IV. zu unterftützen. Mit einem Heere aus Freiwilligen und mit auf eigene Koften ge-worbenen Truppen ftürmte Wladiflaw, feiner italienifchen Waffenthaten eingedenk, gegen die griechifche Armee, deren Kaifer Emanuel, Stephan IV. unterftützte. Gräu-lich waren die Verwüftungen, welche die Böhmen auf diefem Zuge anrichteten; fie trieben indefs die Feinde fiegreich bis an die füdliche Gränze von Ungarn, dann über die Donau hinüber und eroberten das große Lager der Griechen mit koft-barer Beute. Kaifer Emanuel fah fich genöthigt, Frieden zu fchließen, dem zu Folge Stephan III. als König von Ungarn anerkannt wurde (1164).

Schmerzlich war es für König Wladiflaw, gegen Ende feines Lebens mit feinem alten Kampfgenoffen, Freunde und Oberlehensherrn, dem Kaifer Rothbart in Streitigkeiten zu gerathen. Die Haltung des Prager Domkapitels, das fich auf die Seite des Papftes Alexander III., des Erzfeindes des Kaifers, neigte, fowie die Wahl Adalberts, eines Sohnes Wladiflaws und Anhängers Alexanders III., zum Erzbifchof von Salzburg vollendeten den Rifs in der Freundfchaft der wacke-ren Männer, der nicht mehr, wenigftens nicht vollkommen mehr, ausgeglichen wurde.

Wladiflaw legt die Regierung nieder (1173). Wladiflaw, des Kämpfens und Streitens müde, ftellte 1170 mit dem Kaifer zwar eine leidliche Freundfchaft her, entfagte aber 1173 aus freiem Antriebe der

Krone Böhmens zu Gunsten seines ältesten Sohnes Friedrich. Unter den deutschen Prämonstratensermönchen des Klosters Strahow, das er selbst gegründet hatte, beschloß der Besieger der Mailänder und Griechen den Rest seines Lebens zu verbringen. Aber auch dieses war ihm vom Schicksale nicht gegönnt.

Friedrich Barbarossa war ein zu gewaltiger Herrscher, als daß er einen Re- Herzog Friedrich
(1173). gierungswechsel in Böhmen, der ohne seine besondere Einwilligung vor sich gieng, hätte dulden können. Deshalb rief er den alten Wladislaw und seinen Sohn Friedrich nach Nürnberg vor das Reichsgericht und befahl zugleich, den Sobéslaw, den man zum zweiten Male ins Gefängniß geworfen hatte, mit an den kaiserlichen Hof zu bringen. Herzog Friedrich mußte den gebieterischen Forderungen nachgeben, entließ Sobéslaw aus Pfrimberg und brachte ihn in allen Ehren nach Prag. Aber schon am andern Tage war der Unglücksprinz flüchtigen Fußes, um an den kaiserlichen Hof zu entkommen; die wahrscheinlich unbegründete Nachricht, die ihm in der Nacht zugekommen war, Friedrich wolle ihn blenden lassen, bewog ihn schleunig zu entweichen. Am Hoftage zu Ermendorf erklärte nun das Reichsoberhaupt die Wahl Friedrichs für ungiltig, und schaffte den Königstitel in Böhmen wieder ab; zum rechtmäßigen Herzoge wurde der viel geprüfte Sobéslaw ernannt und derselbe durch fünf Fahnen mit Böhmen belehnt (1173).

Mit großem Gepränge kehrte Herzog Sobéslaw in sein Vaterland zurück, Herzog
Sobéslaw II.
(1173—1178). wo er ohne allen Widerstand den Fürstenstuhl seiner Väter bestieg (1174). Friedrich blieb als Geisel am Hofe des Kaisers. Der alte Wladislaw aber, welcher es verschmähte, bei Sobéslaw das Gnadenbrot zu essen, gieng nach Merane in Thüringen, einem Landgut seiner Gemahlin Judith, und lebte daselbst in stiller Zurückgezogenheit nur noch vier Monate. Sobéslaw leistete dem Kaiser die schuldigen Waffendienste, ein Mal auf dessen Römerzuge durch eine Schar, die sein Bruder Udalrich führte, das andere Mal gegen den Herzog von Oesterreich, Heinrich Jasomirgott, der den vom Kaiser abgesetzten Erzbischof von Salzburg in Schutz nehmen wollte. Auf beiden Zügen, klagen die Chronisten, gaben sich die böhmischen Truppen rücksichtsloser Raub und Plünderungslust hin. Ein Theil des Kontingentes zum Römerzuge wurde deswegen von den Einwohnern der Gegenden, durch welche es marschierte, erschlagen; Sobéslaw selbst aber, der mit einem Heere von 60,000 Mann Oesterreich bis an die Donau entsetzlich verwüstet und auch Kirchen und Klöster nicht geschont hatte, wurde von dem Papste in den Bann gethan (1177). Des Kaisers Römerzug war nicht glücklich gewesen; die zerschmetternde Niederlage von Legnano (1176) zwang ihn zum wenig ruhmreichen Frieden von Venedig. Daselbst wurden auch die Angelegenheiten der Premyslidischen Familie geordnet. Der Papst willigte ein, daß Adalbert auf das Erzbisthum Salzburg verzichte, Barbarossa dagegen entsetzte den auch bei ihm mißliebig gewordenen Sobéslaw des Fürstenstuhles und belehnte den eben in Venedig anwesenden Friedrich mit Böhmen.

Der ungetreue Adel schlug sich sogleich zu den Feinden des entsetzten Sobéslaw und Friedrich konnte auf leichte Weise in den Besitz von Prag gelangen (1178). Sobeslaw, welcher sich auf die Burg Skala im Klattauer Kreise geflüchtet hatte, suchte von da aus den Thron zurück zu erobern; allein ein Anschlag auf die Prager Burg während Friedrichs Abwesenheit mißlang. Zwar besiegte hierauf Sobeslaw den heimgekehrten Friedrich am Lodeniger Bache, wurde aber in den Feldern, wo jetzt die obere Neustadt sich befindet, entscheidend geschlagen (1179). Er mußte nun sein Vaterland verlassen und starb in der Fremde schon im folgenden Jahre (1180). — Solch' böses Mißgeschick traf Sobeslaw unverdient. Er war ein Fürst von guten Eigenschaften, tapfer, milde, vielleicht nur zu sehr nachsichtig. Seine Gerechtigkeitsliebe und seine Hinneigung zum Volke trug ihm den Spottnamen des „Bauernfürsten" ein, womit ihn der unzufriedene Adel bezeichnete. Die Deutschböhmen verdanken ihm die Bestätigung und Erweiterung ihrer von seinem Großvater erhaltenen Freiheiten. (S. 94.)

Herzog Friedrich
(1178–1189).

Friedrich hatte sich jedoch bald die Mißgunst des Adels zugezogen, besonders durch Ausschreibung hoher Steuern, die er zur Aufbringung einer an Friedrich Barbarossa versprochenen Geldsumme benöthigte. Die Großen des Reiches benützten die zunehmende allgemeine Unzufriedenheit und beriefen Konrad Otto von Znaim zur Regierung (1182); Herzog Friedrich eilte Hilfe flehend zu seinem Beschützer, dem Kaiser, und dieser machte nun mit aller Energie seine Oberherrschaft über Böhmen geltend. Konrad Otto und die Vornehmsten des Landes wurden auf den Reichstag nach Regensburg gerufen. Als sie sich daselbst nach längerer Zögerung

Mähren wird
reichsunmittel-
bare Markgraf-
schaft (1182).

eingefunden hatten, erklärte Barbarossa das Land Mähren als eine von Böhmen unabhängige, reichsunmittelbare Markgrafschaft und belehnte mit derselben Konrad von Znaim; dem Herzoge Friedrich aber gab er Böhmen zurück. Da sich unter den böhmischen Baronen gegen diese Reichsbeschlüsse Widerspruch erhob, ließ der Kaiser eine Menge Henkerbeile in den Rathsaal bringen, welch' deutlicher Wink die Unzufriedenen zur Unterwerfung und friedlichen Heimkehr bewog (1182).

Doch nur zwei Jahre ertrug der widerspänstige Adel die aufgedrungene Herrschaft Friedrichs. Während dieser eben beim Kaiser in Mainz verweilte (1184), empörte er sich von Neuem und rief Wenzel, den Bruder Sobeslaws II., auf den böhmischen Fürstenstuhl. Allein Elisabeth, die Gemahlin Friedrichs, vertheidigte heldenmüthig die Burg von Prag, bis der Herzog aus Deutschland mit Kriegshilfe zurückkam. Da auch der Babenberger Leopold V. und der endlich als Erzbischof von Salzburg anerkannte Adalbert mit Hilfstruppen herbeieilten, mußte der Adel nachgeben und sich neuerdings unterwerfen. Was mit Wenzel geschah, ist unbekannt. Friedrich benützte in seiner Siegesfreude die nächste Zeit, um den neuen Markgrafen von Mähren, welcher an Wenzels Aufstand Antheil genommen hatte, zu bekämpfen und vielleicht wieder in das alte Verhältniß zu Böhmen zurück zu bringen. Er schickte seinen Bruder Přemysl gegen Konrad Otto, und bei Lodenitz im Znaimer Kreise kam es zur blutigheißen Schlacht, in welcher zuletzt die Böhmen,

wenn auch mit großen Verlusten, Sieger blieben (10. Dec. 1185). Es er=
folgte eine Zusammenkunft der kriegführenden Fürsten im Berauner Kreise, in dem
jetzigen Städtchen Knin. Wir kennen die Punkte, über die man sich hier ver=
einigte, nicht; nur so viel ist gewiß, daß die beiden Přemysliden seitdem gute
Freundschaft hielten, Konrad Otto aber selbständiger Markgraf von Mähren blieb.

Die nun eintretende Friedenszeit verscheuchten jedoch bald neue innere Un=
einigkeiten. Der Bischof von Prag, Heinrich Břetislaw, ein Přemyslide, Vetter
des Herzogs, fühlte sich in seinen Rechten gekränkt und suchte sich für sein
Bisthum eine größere Selbständigkeit zu verschaffen. Er pilgerte an den deutschen
Kaiserhof und fand Barbarossa ganz bereitwillig, auf seine Wünsche einzugehen.
Es wurde ihm vom Kaiser ein Brief mit Insiegel und goldener Kapsel ausgestellt,
und darin erklärt, daß der Bischof von Prag als deutscher Reichsfürst unabhängig
vom böhmischen Herzoge sei und unmittelbar unter der Gewalt des Kaisers stehe
(1187). — Herzog Friedrich starb bald darauf, als er eben Vorbereitungen traf,
mit Kaiser Rothbart in das heilige Land zu ziehen (25. März 1189).

Das Prager
Bisthum reichs-
unmittelbar
(1187).

In der Regierung folgte Konrad Otto von Znaim (1189—1191), bisher
Markgraf von Mähren, den der Kaiser nun auch mit Böhmen belehnte. Er sandte
zum dritten Kreuzzuge eine Schar Böhmen unter Anführung Theobalds II.,
eines Sohnes des uns bereits bekannten Theobald I.; aber sowie Kaiser Roth=
bart selbst im fremden Lande seinen Tod fand, so kehrte auch Theobald nicht mehr
in sein Vaterland zurück (1190).

Herzog
Konrad Otto
(1189—1191).

Wenn schon Friedrich Barbarossa das Herzogthum Böhmen in strenger Bot=
mäßigkeit gehalten hatte, so zog sein ihm auf dem deutschen Throne folgender
Sohn Heinrich VI. (1190—1197), welcher seinen Vater an Macht und Willens=
kraft wo möglich übertragte, die Fessel der Abhängigkeit noch straffer zusammen.
Der Glanz der absoluten Majestät, welcher beiden Staufenkaisern eigen war,
suchte im weiten Reiche die letzten Spuren jeder territorialen Selbständigkeit zu
verwischen. Willig mußten die böhmischen Herzoge gleich den andern den Winken
Barbarossas und Heinrichs VI. folgen. Konrad Otto zog auf Befehl des letzteren
mit Kriegsscharen nach Meißen, um bei dem dort ausgebrochenen Streite zwischen
dem Markgrafen und seinem Sohne einzuschreiten. Als er hierauf den Lehnsherrn
nach Italien begleitete und noch der Kaiserkrönung am 15. April 1191 beigewohnt
hatte, wurde er am 9. September desselben Jahres von einer furchtbaren Seuche,
die das Heer bei der Belagerung von Neapel ergriffen hatte, dahingerafft.

Kaiser
Heinrich VI.
(1190—1197).

Als die Trauerkunde vom Tode des Herzogs nach Böhmen gelangte, stellte
der Adel den Bruder Sobeslaws, mit Namen Wenzel II., an die Spitze der
Regierung. Allein Kaiser Heinrich nahm auf diese Wahl keine Rücksicht, sondern
übergab dem Bischofe Heinrich, welcher eigens zu diesem Zwecke nach Regensburg
gekommen war, die Lehnsfahnen von Böhmen für Přemysl Ottokar, den Sohn
Wladislaws, während er Mähren dessen Bruder Wladislaw Heinrich übertrug.

Herzog Wenzel II.
(1191—1192).

Herzog Přemysl
Ottokar I.
(1192—1193).

6000 Mark sollte der neue Herzog dem Kaiser entrichten, und der Bischof mußte für die pünktliche Zahlung persönliche Bürgschaft leisten. Wenzel II. war gezwungen, in die Fremde zu wandern, ward aber vom Markgrafen von Meißen gefangen genommen und verschwindet seitdem den Blicken des Forschers.

Herzog Heinrich
Bretislaw
(1193—1197).

Doch auch Premysl Ottokar saß nicht fest auf dem erworbenen Throne. Da er sich in Verbindungen mit reichsfeindlichen Elementen, wie z. B. mit Heinrich dem Löwen, einließ und die schuldige Summe von 6000 Mark in der bedungenen Frist nicht entrichtete, bezahlt der Kaiser dem Bischofe Heinrich Bretislaw, an seinen Hof zu kommen, um, wie er versprochen, Einlager zu leisten. Als der Herzog auch jetzt noch nicht Anstalten zur Zahlung traf, setzte ihn Heinrich VI. ab und belehnte den Bischof; welcher es verstanden hatte, sich in die kaiserliche Gunst zu setzen, mit den böhmischen Lehensfahnen, schenkte ihm den Rest der Schuld und sandte ihn mit glänzendem Geleite nach Prag. Im Jahre 1193 hielt Heinrich Bretislaw, Bischof und Herzog in Einer Person, seinen Einzug in Böhmen. Bei Zditz, unweit Beraun, traf er auf Premysl Ottokar, der mit einem Heere herbeigeeilt war, um ihm den Weg zu verlegen. Aber schmählich verließen die Großen des Landes ihren abgesetzten Herzog und liefen zum neuen bischöflichen Beherrscher über. Nach mehrmonatlicher Belagerung Prags rückte dieser am Ende des Jahres in die Hauptstadt ein, und mit Beginn des nächsten Jahres war durch Waffengewalt und Bannstrahl die letzte Spur der Herrschaft Premysl Ottokars beseitigt. Auch Mähren brachte der tapfere Bischof-Herzog unter seine Gewalt, indem er den Markgrafen Wladislaw stürzte und gefangen setzte. Hierauf zog er auf Geheiß des Kaisers gegen den Markgrafen von Meißen, um denselben wegen seiner Feindseligkeit wider das Reich zu züchtigen (1194). Auf die unerhörteste Weise wirthschafteten die böhmischen Schaaren im Feindeslande und schonten selbst die Kirchen und Klöster nicht. Den Bischof ergriff später darüber schamvolle Reue, so daß er in einer Versammlung von Geistlichen öffentlich seine Schuld bekannte und unter bitteren Zähren die Anwesenden ersuchte, für ihn zu beten. Als drei Jahre darauf der Herzog erkrankte, und der unzufriedene Adel Miene zum Aufstande machte, ließ sich der leidende Kirchen- und Landesfürst, um wenigstens in Ruhe sterben zu können, von Prag nach Eger bringen, wo er am 15. Juni 1197 verschied.

Herzog
Wladislaw III.
(1197).

Schon eine Woche darauf bestieg Wladislaw III., den die Großen noch bei Lebzeiten des verstorbenen Herzoges aus dem Gefängnisse befreit hatten, den Fürstenstuhl (22. Juni). Als aber auch Premysl Ottokar sich einfand, um seine Rechte auf die Regierung geltend zu machen, und zur selben Zeit der deutsche Kaiser Heinrich VI. mit Hinterlassung eines unmündigen Knaben gestorben war, schien ein neuer Bürgerkrieg für Böhmen im Anzuge zu sein. Da entsagte in edler Vaterlands- und Bruderliebe Wladislaw dem Herzogthume zu Gunsten Ottokars und begnügte sich mit der Regierung über die Markgrafschaft Mähren unter der Oberherrschaft Böhmens (6. Dec. 1197).

5.

Innere und Kulturverhältnisse.

(768—1197).

Das alte Böhmen umfaßte das Gebiet des heutigen Königreiches, jedoch mit Ausschluß des Egerlandes (wenigstens seit 973) und des sogenannten „Nieder=landes" d. i. der Rumburger, Reichenberger und Friedländer Gegend; hingegen gehörte zu Böhmen im X. Jahrhunderte der niederösterreichische Weitra-Bezirk. Die Landesgränze fiel so ziemlich mit der Gränze des oberen Stromgebietes der Elbe zusammen, und Cosmas rechnete wohl das Fichtelgebirge und das Weitra-gebiet, nicht aber „das Niederland" (das Reißegebiet) zu Böhmen, wenn er sagt: „Wie hoch die Lage von Böhmen, ersieht man aus dem bemerkenswerthen Umstande, daß kein auswärtiges Gewässer in das Land gelangt, während sämmtliche Flüsse, groß und klein, den verschiedenen Bergen entquellen, von der Elbe als dem Haupt-strome aufgenommen werden und in's nördliche Meer abfließen." Im XI. und XII. Jahrhunderte fiel das Gebiet von Böhmen mit dem des Prager Bisthums zusammen; es umfaßte auch die Glatzer Landschaft, während das Egerland und das Territorium von Weitra außerhalb der Landes= und Kirchengränze lagen. — Die Gränzwälder waren dicht bewachsen und die Regierung sorgte dafür, daß der Bestand der Forste unversehrt bleibe, indem sie diese als natürliche Schutzwehren auffaßte. Der Verkehr mit den Nachbarländern wurde durch Saumwege, welche durch die „Landesthore" oder „Landespforten" führten, vermittelt. Gränzwächter hüteten daselbst das Land und machten zu Kriegszeiten die Gränzsteige durch Verhaue und Erdwälle ungangbar. Die wichtigsten dieser Gränzpfade waren der Egerer Weg mit der Landespforte von Tepel, der Pfad von Taus, welcher die Verbindung mit Regensburg herstellte und dessen Bewachung durch besondere Privilegien den „Choden" anvertraut war; südlich vom Tauser Paß lief der sogenannte Günthersteig, welcher in der Richtung von Rinchnach gegen Hartmanitz durch den bekannten deutschen Eremiten Günther herge-stellt worden war. Der Prachatitzer Steig, auch der böhmische oder Passauer Weg ge-nannt, führte von Prachatitz über Wallern nach Itzstadt-Passau; er ist uralt und kommt noch im XVII. Jahrhundert als viel befahrener Handelsweg unter dem Namen des „goldenen Steiges" vor. Nach Linz leitete ein nicht minder wichtiger Saumweg aus dem südlichen Böhmen, welcher bei Hohenfurth über die Moldau setzte. Der Beheimsteg stellte die Verbindung mit Niederösterreich her; er mündete in Böhmen bei der Landespforte von Zagor in der Nähe von Gratzen an der Strobnitz. Bei Iglau stießen zwei aus dem Innern Böhmens kommende Steige zusammen, von denen der eine über die Sazawa bei Brod gieng und die Zollstätte in Habern hatte. Der polnische Steig mit der Landespforte von Nachod führte über Nachod bei Glatz vorbei in die Ebene von Polnisch-Schlesien. Ueber das Erzgebirge führten die Geiersberger Strasse oder der Chlumer Weg bei Graupen, ferner der Kraluper und der Kopister Steig; den letzteren vertheidigte die bei Brüx sich stolz erhebende Burg „Landeswarth".

Das Egerland gehörte nicht zu Böhmen, sondern seit Alters zum bairischen Nordgau und insbesondere zu jenem Gränzgebiete, welches unter dem Namen „Mark im Nordgau oder böhmische Nordmark" von eigenen Markgrafen, zuerst den Babenbergern, dann den Vohburgern, verwaltet wurde. Im Jahre 1149 ver= mählte sich Friedrich Barbarossa mit Adelheid von Vohburg, der Erbin Egers, trennte sich zwar (1153) wieder von ihr, blieb aber im Besitze ihrer Erbgüter, die er käuflich an sich gebracht hatte. Seit dem Jahre 1163 erscheint des Kaisers Vetter, Friedrich von Schwaben, durch kaiserliche Belehnung im Besitze der alten Nordmark. 1180 wurde dieselbe, welche vordem unter den Herzogen von Baiern gestanden, zum unmittelbaren Reichsland erhoben.

Die Herstellung des Einheitsstaates in Böhmen fällt erst in den Anfang des X. Jahrhunderts unter Herzog Spytihněw I. Die sieben sagenhaften Herzoge, sowie Přemysl waren nicht die Gebieter des ganzen Landes, sondern nur einzelner Stämme; Bořiwoj I. wird noch als Fürst von Prag oder des in der Mitte des Landes wohnenden Stammes der Tschechen erwähnt, welcher mit fünf andern Fürsten des Landes gegen die Deutschen zum Kampfe auszog. Von Spytihněw I. heißt es, daß er „der erste unter Gleichen" gewesen ist. Die Unterordnung der einzelnen Wladyken unter Einem Herzoge wurde durch die bedrohlichen äußeren Verhältnisse ein Gebot der Nothwendigkeit, scheint aber nicht immer auf friedlichem Wege vor sich gegangen zu sein. Das Widerstreben gegen ein einziges Oberhaupt im Lande setzte sich in den Feindseligkeiten des Adels gegen die Přemyslidische Dy= nastie fort, so lange diese regierte. Wenzel I. wurde das Opfer einer Adels= empörung und Boleslaw I. konnte sich nur durch die gewaltsame Demüthigung der vornehmen Großen auf dem Throne erhalten. Boleslaw II. vernichtete die Familie der Slawnike, das mächtigste unter den Adelsgeschlechtern, welches über einen Stamm der Chorwaten noch immer mit einer gewissen Selbständigkeit ge= herrscht hatte.

Nachdem die einzelnen Stammesherrschaften gebrochen waren, gestaltete sich die Macht des Herzoges zu einer ziemlich unbeschränkten. Er war oberster Richter, Gesetzgeber und Feldherr des Landes, insofern ihm nicht sein Verhältniß zum deutschen Reiche Beschränkungen auferlegte. Seine Einkünfte flossen aus den Fa= miliengütern der Přemysliden, welche durch die Einziehung der Herrschaften unter= worfener Adelsgeschlechter vermehrt worden waren, aus den Gauburgen und den dazu gehörigen Landgütern und den großen Forsten an der Gränze und dem Innern des Landes. Weitere Einnahmsquellen bildeten die Zölle, Mauthen, Marktgebühren, Bergwerke, Gerichtsstrafen und das Münzregale. Eine allgemeine jährliche Abgabe war die Friedenssteuer (mír); die Juden, welche auch in Böhmen als landesfürst= liche Kammerknechte galten, waren zu bestimmten Abgaben verpflichtet. Von Polen

her floß seit 1051 ein alljährlicher Zins von 30 Mark Gold und 500 Mark
Silber in den Staatssäckel. Wie lang dieser Zins gezahlt wurde, läßt sich nicht
erweisen; noch im Jahre 1158 erlangte König Wladislaw darüber vom Kaiser
Friedrich Barbarossa eine Bestätigung.

Ein bestimmtes Erbfolgegesetz gab es im böhmischen Herzogthume Anfangs
nicht. Der regierende Fürst deutete noch zu Lebzeiten den Nachfolger wohl an,
derselbe gieng aber meist aus der freien Wahl des Volkes hervor. In Folge dessen
entstanden frühzeitig die heftigsten Thronstreitigkeiten in der Přemyslidischen Familie,
die Herzog Břetislaw I. durch das Senioratserbfolgegesetz, das er erließ, zu beseitigen gedachte. Allein auch dieses Gesetz, nach welchem immer der Aelteste in
der Familie nachfolgen sollte, bewies sich als unpraktisch und rief nur neue Ver-
wirrungen hervor. Im zwölften Jahrhunderte bestrebten sich daher einzelne kräftige
Herzoge, wie Soběslaw I. und Wladislaw II., das Gesetz der Thronfolge nach der
Erstgeburt einzuführen; aber ihre Bemühungen scheiterten am heftigen Widerstande
des Adels, der in der Beilegung der Thronstreitigkeiten durch ein festes Erbfolgegesetz seinen Einfluß geschmälert sah. Erst in der nächsten Periode folgte der
älteste Sohn regelrecht auf den Vater. Wie natürlich wurden alle Bestimmungen
über die Nachfolge auf dem Throne durch das Verhältniß Böhmens zum deutschen
Reich wesentlich beeinflußt.

Thronfolge.

Jene Prinzen des Přemyslidischen Hauses, die nicht zur Regierung gelangten,
wurden in der Regel durch ein Theilfürstenthum entschädigt; der Landesfürst über-
wies solchen den Nutzgenuß und den Ertrag der landesfürstlichen Güter eines oder
mehrerer Gaue gewöhnlich auf Lebenszeit, behielt aber sich selbst die Regierungsgewalt über diese Landestheile vor. Beliebte Theilfürstenthümer in Böhmen waren
der Saatzer und der Grätzer (Königingrätz) Gau. — Seitdem Mähren durch den
tapferen Břetislaw I. den Polen entrissen worden war, wurde es von den Přemysliden
ganz oder in Theilen zur Ausstattung an einzelne Familienmitglieder übertragen.
Frühzeitig schied sich Mähren in das Brünner und Olmützer Theilfürstenthum;
seit dem Jahre 1092 zerfällt jedes dieser Fürstenthümer in je zwei kleinere Theile,
Olmütz in den Theil von Olmütz und Lundenburg (Břeczlaw), Brünn in den Theil
von Brünn und Znaim. In Mähren hielt sich das Bewußtsein der individuellen
Selbständigkeit des Landes im XI. und XII. Jahrhunderte immer aufrecht; die
Institution der Theilfürstenthümer trug dazu wesentlich bei, indem die einzelnen
Fürstenthümer in der Regel im Besitze der eingeführten Linie verblieben. Friedrich
Barbarossa erhob Mähren zu einer von Böhmen unabhängigen Markgrafschaft,
welche unmittelbar unter dem deutschen Reiche stehen sollte (1182). Konrad Otto
war der erste Markgraf von Mähren und blieb es auch trotz der Niederlage, welche
ihm die Böhmen bei Lodenitz beigebracht hatten, bis er Fürst von Böhmen wurde. Da
verzichtete er für seine Person auf das Markgrafenthum (1189). Erst später tritt

Theil-
fürstenthümer.

Mähren.

dieses Land in sein altes Verhältniß zu Böhmen zurück und wird seit 1197 dauernd mit demselben vereinigt.

Die Ländergebiete von Meißen, Budissin, Nischan und Zagost (im heutigen Königreiche Sachsen) kamen im XI. und XII. Jahrhunderte wiederholt an die Fürsten Böhmens. Wratislav II. erhielt sie zum Lohne für seine Heinrich IV. geleisteten Dienste; Nischan und Budissin überließ Wratislaw zwar seinem Schwiegersohne Wigbert als Heirathsgut, aber dessen Sohn Heinrich versprach (1128) dieses Besitzthum wieder an die Böhmenfürsten gelangen zu lassen. Sobeslaw II. erkaufte von Wigberts Wittwe mehrere Burgen um 700 Mark Silber. Kaiser Friedrich I. versprach Wladislaw II. in dem Besitze von Budissin zu bestätigen, seit welcher Zeit wir böhmische Kastellane auf dieser Burg treffen.

Eintheilung und Beamte des Landes. Das ganze Land wurde in Gaue (Zupen) eingetheilt, die von Burgen aus durch fürstliche Beamte ihre Verwaltung fanden. Der oberste Beamte war der Burggraf (Zupan), dem der Richter (Endaŕ, Zaudner) und der Kämmerer unterstanden, welch' letzterer die Eintreibung der landesfürstlichen Steuern besorgte. Daneben werden noch der Verwalter, welcher die fürstliche Oeconomie, der Jägermeister, der die Forste mit der Jagd überwachte und andere Unterbeamte erwähnt. Die Gaubeamten waren den Hofbeamten untergeordnet; letztere, der Oberstburggraf, der oberste Hofrichter, Oberstkämmerer, der Oberstjägermeister u. s. w. besaßen die oberste Leitung der Verwaltung und hatten ihren Sitz in Prag; ihre Namen, wie die damit verbundenen Wirkungskreise wechselten in den verschiedenen Zeitperioden. Doch muß bemerkt werden, daß es, strenge genommen, im XI. und XII. Jahrhunderte nur Hofwürden gab und eigentliche oberste Landesämter erst im XIII. Jahrhunderte aufkamen.

Verhältniß Böhmens zum deutschen Reiche. Von Entscheidung für Böhmens innere und äußere Entwicklung war sein Verhältniß zum deutschen Reiche. Die vielfältigen Einwirkungen dieses ersten Staates des Mittelalters auf das kleine Nachbarland bestimmten dessen politische Geschicke und socialen Zustände in maßgebender Weise. Durch Deutschlands mächtigen Einfluß wurde dem böhmischen Lande und dessen Volke der rein slawische Charakter allmählich entzogen und das Gepräge westeuropäischer Gesittung aufgedrückt. Der seiner Zeit allmächtige Arm der römisch-deutschen Kaiser brachte Böhmen in politische Abhängigkeit und nöthigte die Tschechen, in die christlich-germanische Kulturwelt einzutreten. Wie konnte es bei der gegebenen Sachlage auch anders kommen? Der verhältnißmäßig kleine Zweig der böhmischen Slawen trat einem viele Male überlegenen, fest konstituirten Reiche gegenüber, welches den Anspruch erhob, über die ganze Christenheit zu regieren. Die Versuche, einen größeren westslawischen Staat zu gründen, welcher Deutschland das Gleichgewicht zu halten im Stande gewesen wäre, mißlangen sämmtlich, gleichviel, ob sie von Böhmen, Polen oder Mähren ausgiengen. Während die Elbeslaven ihre Selbständigkeit und nach und nach ihre Nationalität gänzlich verloren, konnten sich Böhmen und Polen auf die Dauer zu Einem Staatengebilde nicht vereinigen; sie hinderten einander vielmehr in der kräftigen Erstarkung durch stäte Eifersüchtelei und fort= dauernde Anfeindung. Durch das Vordringen der Magyaren, die sich keilförmig zwischen den slavischen Völkern einrammten, wurde die Lage der Tschechen noch mehr isoliert, und das feindselige Auftreten der asiatischen Gäste trieb Böhmen unter Deutschlands Fahnen. So fiel naturgemäß der kleine Körper, der nirgends einen festen Haltpunkt fand, an den großen, von dem er ohnedies mehr als zur Hälfte umschlungen wurde.

Das staatsrechtliche Verhältniß, in welchem während dieser Periode Böhmen zum deutschen Reiche stand, kann nur mit dem Namen der Vasallität bezeichnet werden. _Staatsrechtliche Beziehungen zum deutschen Reiche._ Die deutschen Kaiser betrachteten Böhmen als Reichslehen, über das sie bei seiner Erledigung rechtlich verfügten. Allerdings war der böhmische Herzog ein unruhiger Vasall, und mancher suchte dem Kaiser das unbedingte Ein= und Absetzungsrecht streitig zu machen. Aber die politische Geschichte lehrte uns, wie Deutschlands Beherrscher willkürlich über die Krone Böhmens verfügten, wie sie Herzoge einsetzten, vertriebene Přemysliden auf den Thron zurückführten, andere absetzten und in Gefangenschaft brachten. Keiner der böhmischen Herzoge läugnete das Bestätigungsrecht, das dem deutschen Kaiser bei der Besetzung des böhmischen Fürstenstuhles gebührte. Die Herzoge zogen an den Hof des Kaisers, brachten Geschenke, huldigten in feierlicher Weise und leisteten den Eid der Treue; der Kaiser belehnte alsdann den Herzog durch feierliche Uebergabe Einer oder auch mehrerer Fahnen. „Wie die Sterne ihr Licht von der Sonne erhalten, so die Könige, damit sie herrschen können, von dem Kaiser." Das war mittelalterliche Anschauung und galt auch in Bezug auf das Verhältniß Böhmens zum deutschen Reiche; böhmischer Seits hat man dem Kaiser die Gelegenheit zur Durchführung dieses Satzes geradezu aufgenöthigt. Wir wollen hier nicht die in dem Abschnitte der politischen Geschichte dieser Periode genau verzeichneten Belehnungsakte wieder= holen. Wenn der Kaiser es gebot, so mußte der böhmische Landesfürst auf den Hoftagen erscheinen; nach Dalimil und Beneš von Waitmül hätte er das Recht gehabt, seine Ankunft durch Feuerflammen ankündigen, d. h. naheliegende Dörfer in Brand stecken zu dürfen. Durch Karl den Großen, der die Abhängigkeit Böhmens von Deutschland begründete, wurde den Tschechen der Jahrestribut von 120 fetten Ochsen und 500 Mark Silber auferlegt. Der Tribut wurde von den Kaisern strenge ein= gefordert und wahrscheinlich erst bei der Verleihung der Königswürde an Herzog Wra= tislaw II. aufgehoben. Statt des Tributes mußten seit dieser Zeit dem Kaiser bei seinem Römerzuge 300 böhmische Krieger gestellt werden, welcher Verpflichtung die böh= mischen Herzoge stäts gewissenhaft nachkamen. Die vielen oben erzählten Fälle, in welchen der Beherrscher Böhmens dem deutschen Kaiser in dessen Kämpfen Heeres= folge leistete, lassen dieselbe als seine Pflicht erscheinen. Nach einer Nachricht Thiet= mars wurde Herzog Udalrich wie ein Reichsfürst betrachtet; „er kämpft", sagt der

Chronist, „neben den deutschen Markgrafen und diesen gleichgestellt." Derselbe Herzog betheiligte sich, wie berichtet wird, nach dem Tode Heinrichs an der Wahl Konrads II. wie die andern deutschen Fürsten, in deren Reihe er „der letzte" genannt wird. In den eigentlichen Reichsfürstenstand scheinen die böhmischen Herzoge jedoch erst durch die Verleihung der Würde des Reichsschenkenamtes getreten zu sein. Wladislaw II. muß nach vielen Gründen als erster böhmischer Reichsmundschenk angesehen werden; er wird auch (1156) noch vor seiner Erhebung zum Könige als Reichsfürst angeführt. Als Reichsfürsten nahmen die böhmischen Beherrscher Antheil an den Reichstagen. Die Königswürde blieb in dieser Zeitperiode eine bloße persönliche Auszeichnung der beiden Herzoge Wratislaws II. und Wladislaws II. Unter Zustimmung der Reichsfürsten verlieh zuerst der römische Kaiser Heinrich IV. dem Herzoge Wratislaw II. die Krone mit der königlichen Würde als Entgelt für die dem Kaiser und dem Reiche geleisteten besonderen Dienste (1086). Aus ähnlichen Gründen erlangte Wladislaw II. durch Kaiser Friedrich Barbarossa die Königswürde (1158). Dies Mal sollte die Krone auch auf die nachfolgenden Fürsten übergehen, was jedoch der Kaiser später widerrief.

Die Mitra. Eine sonderbare Auszeichnung einzelner Herzoge war das Recht, die Mitra tragen zu dürfen. Dem Herzoge Spytihněw II. verlieh der Papst Nikolaus II. (1058—1061) diese Auszeichnung, und Papst Alexander II. (1061—1073) gestattete dem Wratislaw II. auf dessen Verlangen und als Zeichen der innigsten Zuneigung gleichfalls die Mitra, die sonst Laien nicht gebührte.

Der neue Adel. Einzelne Theile des großen Landgebietes gab der Fürst seinen Getreuen als Dienstlehen, Anfangs auf Lebzeiten, später erblich, doch nur in der geraden Nachkommenschaft und mit dem Heimfallsrecht an die Krone. Aus diesen Großgrundbesitzern und den höheren Gaubeamten, die ihre Würde nach und nach gleichfalls erblich zu machen verstanden, gieng ein neuer Beamten- oder Dienstadel hervor, der allmählich die älteren, vornehmen Geschlechter an Macht, Ansehen und Reichthum überragte. Dieser Adel, der ursprünglich die Stütze des Herzogthums bildete, wurde jedoch bald dessen gefährlichster Feind. Er benützte die fortwährenden Zwistigkeiten in der regierenden Familie, um durch die Schmälerung der herzoglichen Gewalt seine eigene Machtstellung zu vergrößern. Die Parteinahme bei Thronstreitigkeiten ließ er sich von den auf den Thron erhobenen Fürsten durch Verleihung großer Güter männiglich entlohnen; der Mangel eines Erbfolgegesetzes war dem Adel schon genehm, und die Feindseligkeiten unter den Mitgliedern der Dynastie half er getreulich schüren. Andere rissen in den Stürmen der Zeit auf gewaltsame Weise Krongüter an sich, so daß der Landbesitz des Fürsten, insbesondere die Gränzforste, allmählich in die Hände der Herren übergiengen. Nach und nach brachte es denn auch der neue Adel dahin, daß das auf seinen Gütern ansässige Volk weniger dem Gaubeamten, als seiner eigenen Gewalt unterstand; er schlichtete die Streitigkeiten seiner Unterthanen selbst und suchte sie den verschiedenen öffentlichen Pflichten und Abgaben, namentlich der allgemeinen Friedenssteuer zu entziehen. In der zweiten Hälfte des XII. Jahrhunderts waren die reichbegüterten Landesgroßen bereits so mächtig, daß sie von ihrem Besitze an ihre Mannen und Hofleute kleinere Dienstlehen vertheilen und eine bewaffnete Macht auf ihren Gütern unterhalten konnten. Weil sie letztere unter ihrer eigenen Fahne in's Feld führten, nannte man sie „Bannerherren", zum Unterschiede von andern Edelleuten, welche unter dem Banner des Gaugrafen oder des Fürsten auszogen; daraus ergab sich eine Scheidung des Adels in die „Herren" und die „Ritter", oder in einen höheren und niederen Adel. Je mehr es den Herren gelang, ihre Unterthanen dem Machtkreise der Gaubeamten zu entziehen, desto weniger unterordneten sie sich selbst für ihre Person derselben, sondern ließen sich im Verlaufe der Zeit nur von dem obersten Landgerichte belangen.

Dem regierenden Landesfürsten stand seit den ältesten Zeiten eine Art Landtag zur Seite, der ursprünglich nur aus den Geschlechtshäuptern, im XI. und XII. Jahrhunderte aber aus dem höheren und niederen Adel zusammengesetzt war. Handelte es sich um die Bischofswahl, so nahm auch der Klerus Antheil an der Berathung. Der Landtag, wenn wir diesen Rath so nennen dürfen, versammelte sich auf Aufforderung des Landesfürsten in Prag, auf dem Wyschehrad oder einer andern fürstlichen Burg; Gegenstände der Verhandlung waren Annahme der Inthronisierung des Landesfürsten, Wahl der Prager Bischöfe, Vornahme von Kriegszügen in fremde Länder, Annahme allgemein verbindlicher Gesetze, Rechtsprechung in gewissen Rechtsstreiten und Urtheilschöpfungen bei besonderen der Judicatur des Landtages vorbehaltenen Verbrechen. Die Verhandlungen waren oftmals stürmischer Natur, und je mächtiger der Adel wurde, desto oppositioneller trat er dem Herzoge in den Versammlungen entgegen, deren Beschlüsse er mitunter auch gar nicht beachtete. Als im Jahre 1067 durch den Tod des Bischofes Severus das Prager Bisthum erledigt war, schlug Herzog Wratislaw II. den Leitmeritzer Probst Lanzo, einen Deutschen, zum neuen Bischof vor. Da erhob sich in der Versammlung, die bei Dobenin im Königgrätzer Kreise abgehalten wurde, Kojata Wscheborowic zur heftigen Gegenrede: „Nein, nimmermehr werde ich zu solcher Wahl meine Zustimmung geben. Wie weise hat nicht dein Bruder gehandelt, der Herzog Spytihněw, gesegneten Andenkens, als er an Einem Tage alle Deutschen aus dem Lande jagte! Für wen hältst du dich, daß du dir die Macht anmaßest, diesem hungrigen Fremdlinge Ring und Stab zu geben. So wahr Kojata, Wschebors Sohn, lebt, sollst du und dein Bischof meiner Rache nicht entgehen!" Der Herzog mußte nachgeben, da Alle im Kreise murrten und mit den Waffen drohten. — Im Jahre 1138 wurde auf dem Landtage von Sadska von den Großen des Reiches der Sohn des regierenden Herzogs Soběslaw II. zum Nachfolger im Fürstenthume gewählt. Als aber der Herzog zwei Jahre darauf in Arnau erkrankte, kam der Adel auf dem Wyschehrad zusammen und der Wortführer Načerat sprach in folgenden schon oben angeführten

Landtag.

Worten das Programm der Versammlung aus: „Wir wollen einen Fürsten haben, der sich mehr nach unserem Willen richten soll, als wir nach dem seinigen."

Das Volk wird unfrei. Mit der Beschränkung der herzoglichen Gewalt und der immer kräftiger auf=strebenden Adelsherrschaft stand in inniger Verbindung die Zertrümmerung der altslawischen Familienverfassung. Schon mit dem Anstommen der Gauverfassung wurde dieselbe angegriffen, indem die einzelnen Beamten das Volk durch Abgaben und Roboten hart bedrückten und die Gaugrafen vielfach parteiliche Gerichtspflege aus=übten. Der reichgewordene Dienstadel suchte die auf seinen Gütern wohnenden Unter=thanen zwar immer mehr der landesfürstlichen Gewalt zu entziehen, hielt sie aber seiner=seits in strenger, oftmals grausamer Unterthänigkeit. Der Stand der freien Leute verschwand sichtlich, um so mehr, da manche Grundbesitzer, um den ewigen Placke=reien der Gaubeamten zu entgehen, sich freiwillig in die Unterthänigkeit und den Schutz einzelner mächtiger Großen begaben. So wurde die große Masse des Volkes allmählich unfrei. Die Unterthänigkeit hatte manigfache Abstufungen, vom Pächter an=gefangen bis zum Leibeigenen oder Sklaven. Zu letzteren wurden Kriegsgefangene, be=gnadigte Verbrecher, abgeurtheilte Schuldner u. a. gemacht. Noch bis ins zwölfte Jahrhundert hinein lassen sich sogar Spuren von Kinderkauf in Böhmen nachweisen.

Die polnische Kolonie. Eine Ausnahmsstellung nahmen im Lande die Deutschböhmen, die polnischen Kolonisten und die Israeliten ein. Während wir von den ersteren später ausführ=licher reden werden, sei hier bemerkt, dass die polnische Kolonie, welche 1039 von Bretislaw die Erlaubnis erhielt, sich in Böhmen auf landfürstlichem Wald=grunde niederzulassen, unter ihrem eigenen Richter und den mitgebrachten Gesetzen lebte. Man nannte sie Gdečané, von ihrer polnischen Stadt Gdeč (Gdiecz); ihre Wohnsitze waren vermuthlich im Westen von Prag an der Litawa oberhalb Beraun. Wahrscheinlich genossen sie auch die Freiheit von den üblichen Landespflichten. Wie lang sich diese Kolonie erhielt, ist nicht bekannt. Aus ihrer Mitte gieng Cosmas, der erste Chronist des Landes, und dessen Sohn Heinrich Zdik, einer der vorzüg=lichsten Bischöfe Mährens, hervor.

Israeliten. Israeliten gab es sicherlich im Lande schon unter den Markomannen. Im Přemyslidischen Staate galten sie wie an andern Orten nach der Theorie des Mit=telalters als Kammerknechte des Landesfürsten. Sie standen deswegen nicht unter der Gerichtsbarkeit der ordentlichen Gerichte, sondern hatten ihren eigenen Richter, welcher in der Synagoge das Recht sprach. Zum Jahre 1098 wird bereits eine besondere Judengemeinde in Prag mit Judenältesten an der Spitze erwähnt. Dem Fürsten zahlten die Israeliten einen nicht gerade niedrigen Zins, der überdies von Zeit zu Zeit willführlich erhöht wurde. (Gedrängt durch ihre ei=genthümlichen, vielfach unglücklichen Schicksale, beschäftigten sich die Juden in dieser Zeit ausschließlich mit dem Handel. Besonders einträglich und stark im Schwunge scheint der Menschenhandel gewesen zu sein, wodurch sich die Israeliten namentlich mit der Geistlichkeit verfeindeten. Bischof Adalbert kaufte, wie aus=

drücklich erwähnt wird, viele Gefangene und Sklaven von den Juden los, konnte aber mit seinen Mitteln nicht alle seine diesfälligen Wünsche befriedigen. Daß die Juden schon frühzeitig im Rufe des Besitzes großer Reichthümer standen und neidische Blicke auf sich zogen, deutet Cosmas zum Jahre 1090 an, wo die Fürstin Hilburgis zu ihrem Schwager, dem Herzoge Wratislaw, also spricht: „Nirgends kannst du dich besser bereichern oder verherrlichen, als in dem Burgflecken Prags oder der Gasse vom Wyschehrad. Dort gibt es Juden, voll Gold und Silber, wohlhabende Kaufleute von allen Nationen, reiche Münzer, einen Marktplatz, auf welchem überreiche Beute für deine Krieger in Ueberfluß vorhanden ist." — Aber= glaube, Fanatismus und Habsucht der großen Menge gaben auch in Böhmen Veranlassung zu einer langen Reihe von Judenverfolgungen. Als gegen Ende des XI. Jahrhunderts das christliche Europa zum ersten Kreuzzuge sich rüstete, eilte eine Menge ungeordneter Scharen dem geregelten Hauptheere Gottfrieds von Bouillon voran. Einige Haufen dieser gefürchteten Vorzügler drangen auch nach Böhmen und glaubten ihren Kreuzfahrerberuf mit dem gewaltsamen Taufen der Juden in Prag: beginnen zu müssen (1096). Viele der Juden, die sich nicht bekehren ließen, wurden erschlagen; die andern aber, welche, um ihr Leben zu retten, das Christenthum scheinbar angenommen hatten, kehrten alsbald nach dem Abzuge der wilden Kreuzfahrer zu dem Glauben ihrer Väter zurück. Jetzt aber brach ein Sturm des Prager Volkes über die Abtrünnigen herein, welche, um weiterem Ungemach zu entgehen, zur Flucht nach Polen oder Ungarn sich entschlossen. Kaum aber hörte dies der Herzog Břetislaw II., so befahl er seinem Kämmerer, den Juden ohne Unterschied all' ihr Hab und Gut einzuziehen. Der Kämmerer that, wie ihm befohlen ward, rief aber noch vorher die Judenältesten zu sich und kündete ihnen an: Sie sollten, da sie leer ins Land gekommen seien, auch leer aus dem Lande gehen! Hierauf drang bewaffnetes Volk in die Häuser der Juden und nahm Alles hinweg, was gefunden wurde; nur einiges Getreide ließ man zum Lebensbedarf zurück (1098). „So viel Geld, als damals den armen Juden ge= nommen wurde," bemerkt Cosmas, „haben selbst die Griechen nicht aus dem eroberten Troja hinweggetragen." — Bald aber erholten sich die betriebsamen Israeliten und gelangten wieder zu Ansehen und Reichthum. Unter Wladislaw I. treffen wir einen getauften Juden, Namens Jakob, sogar am Hofe, woselbst er außerordentlichen Einfluß besaß. Cosmas schildert den Jakob mit düstern Farben und erzählt, daß öfter der Teufel, der ihm gedient habe, in menschlicher Gestalt bei ihm ge= sehen wurde. In seiner Verblendung ließ Jakob, wie weiter erzählt wird, obwohl er selbst getauft war, einen christlichen Altar in der Synagoge, der daselbst wahrscheinlich 1096 erbaut worden war, niederreißen und die in demselben aufbewahrten Reliquien in eine Cloake werfen (1124). Als dies der Herzog erfuhr, befahl er den Günstling in den Kerker zu setzen und sein großes Vermögen einzuziehen. Um Jakob von der Todesstrafe loszukaufen, legten die Juden 3000 Pfund Silber und 100 Pfund

Gold zusammen, welches Geld der Herzog zur Befreiung aller chriftlichen Leibeigenen aus den Dienften der Juden verwendete. Die Judengemeinde felbft aber, durch die Schläge von 1096 und 1124 hart gefchädiget, konnte durch längere Zeit ihre gefchwächten Kräfte nicht erfeyen.

Wenn fchon durch die äußere geographifche Lage, fowie durch die politifchen Beziehungen die Gefchicke Böhmens mit denen von Deutfchland innigft verflochten wurden, fo gefchah diefes in einem eben fo großen Maße durch das gemeinfchaftliche und eng verwachfene Kirchenwefen. Die Art und Weife der Aufnahme des Chriftenthums bietet bei allen Böltern tiefe Einblicke in deren geiftiges Leben und kann als ficherer Gradmeffer der Kultur angefehen werden. Wir wollen deshalb an diefem Orte etwas ausführlicher fein. Die Verpflanzung des Chriftenthums nach Böhmen ift in der Hauptfache deutfches Verdienft. Der erfte Strahl der fegensvollen Lehre mag ins heimifche Land vielleicht fchon gegen Ende des vierten Jahrhunderts gedrungen fein, als Fritigil, die Königin der Markomannen, vom Mailänder Bifchof Ambrofius einen eigenen für fie verfaßten Katechismus erhalten hatte. Doch das fchwache Licht erlofch in den Stürmen der darauf folgenden drangvollen Zeiten. Von Neuem ftrahlt die Lehre des Heils erft im IX. Jahrhunderte auf, jetzt fchon voller und kräftiger, als früher und nicht mehr verdrängbar. Im Jahre 844 kamen 14 Häuptlinge aus Böhmen zu Ludwig dem Deutfchen nach Regensburg, um ihre Sehnfucht nach dem Chriftenthume durch die Annahme desfelben zu befriedigen. Der deutfche König empfieng fie gnädig und ließ fie am 7. Januar 845 fammt den mitgebrachten „Leuten" taufen. In derfelben Zeit hatte auch bereits in Mähren das Chriftenthum Wurzel gefaßt, indem allbort deutfche Miffionäre das Evangelium verkündeten.

Bedeutungsvoll für das Chriftenthum in Mähren geftaltete fich das Wirken der beiden griechifchen, aus Theffalonich ftammenden Brüder Konftantin (Kyrill) und Methudius. Diefelben giengen auf Befehl des byzantinifchen Kaifers, Michael III., im Jahre 863 zu den mährifchen Slawen, befeftigten dafelbft die von den Deutfchen eingeführte Chriftuslehre, wobei fie fich der flawifchen Sprache bedienten, und ftifteten nicht ohne Widerfpruch der Deutfchen ein eigenes mährifch-pannonifches Erzbisthum. Auch nach Böhmen, welches feit der Gründung des großmährifchen Reiches mehr mit diefem, als mit Deutfchland zufammenhieng, reichte die Miffionsthätigkeit der beiden Slawenapoftel, wenn auch nur in fchwachen Spuren und ohne nachhaltige Wirkung. Methudius fcheint um's Jahr 873 den böhmifchen Fürften Boriwoj getauft zu haben, den Gemahl der heiligen Ludmila, der Tochter des Fürften der Pfchower, der felbft möglicher Weife zu jenen Vierzehn gehörte, welche in Regensburg das Chriftenthum angenommen hatten. In Lewy Hradec unweit Prag bei Roftok, wurde, fo viel bekannt ift, die erfte chriftliche Kirche in Böhmen errichtet zu Ehren des heiligen Klemens, deffen Körper Kyrill aus dem Lande der Chazaren nach Rom gebracht hatte. Die zweite Kirche Böhmens foll die

Kirchliche Zuftände.

Kyrillus und Methudius.

der Jungfrau Maria in der Prager Burg gewesen sein, von der gegenwärtig keine Spur mehr vorhanden ist; mit einiger Wahrscheinlichkeit läßt sich annehmen, daß auch die Klemenskirchen auf dem Wyschehrad und in Gräz an der Elbe (Königingrätz) aus den ersten Zeiten des Cristenthums herrühren.

Seit der, wenn auch leisen Einwirkung der Slawenapostel auf Böhmen entspann sich ein kleiner Kampf des deutsch-lateinischen Ritus mit der slawisch-griechischen Liturgie, ein Kampf der Regensburger Diöcese, wohin Böhmen seit der Taufe der Vierzehn gerechnet wurde, mit dem mährisch-pannonischen Kirchenwesen. Der jähe Zusammensturz des großmährischen Reiches war in dieser Hinsicht von Entscheidung. Denn nach demselben kamen die böhmischen Fürsten Wratislaw und Spytihněw nach Regensburg und stellten nicht nur die politische, sondern auch die kirchliche Vereinigung mit Deutschland wider her (895). Obwohl die lateinische Liturgie frühzeitig das Uebergewicht errungen hatte, so gab die slawische ihre Versuche, im Lande sich festzusetzen, doch nicht auf. Wenzel der Heilige wurde gleichmäßig in dem lateinischen, wie in dem slawischen Ritus unterrichtet, neigte sich aber entschieden mehr dem ersteren zu. So auch die meisten seiner Nachfolger. Eine neue Stütze erhielt die slawische Liturgie an dem um 1031 unter Fürst Udalrich zu Sazawa gegründeten Benediktinerkloster, dessen erster Abt der in der slawischen Kirchenschule auf dem Wyschehrad erzogene Prokopins war. Spytihněw II. vertrieb die slawischen Mönche aus dem Kloster und führte lateinische Ordensgeistliche ein. Wratislaw II. rief zwar die nach Ungarn Ausgewanderten wieder zurück und leitete sogar Schritte ein, um vom Papste die Anerkennung der slawischen Liturgie zu erwirken, fand aber bei Gregor VII. kein geneigtes Gehör. Im Jahre 1097, unter Bretislaw II., mußten die slawischen Mönche das Sazawer Kloster abermals verlassen. Seitdem schwand der Gebrauch der slawischen Kirchensprache, bis Karl IV. das Slawenkloster Emaus in Prag stiftete.

Der eifrigste Verbreiter und Beförderer des Christenthums in Böhmen war Herzog Wenzel der Heilige. Er berief von Deutschland her eine große Anzahl Priester, deren segensvolles Wirken er auf alle Art, insbesondere durch seinen eigenen wahrhaft christlichen Lebenswandel unterstützte. Er neigte sich ganz und gar zum deutschen Kirchenwesen und gab dieser seiner Vorliebe dadurch den deutlichsten Ausdruck, daß er die von ihm gegründete Hauptkirche am Prager Schlosse dem heiligen Veit, dem Patrone der Sachsen, weihte. Auch Wenzels Bruder und Nachfolger Boleslaw I. erwarb sich um die Verbreitung und Befestigung der neuen Lehre große Verdienste; er wahrte strenge den Zusammenhang mit der Regensburger Diöcese und erzog in seiner Tochter Dubrawka die erste Glaubenspredigerin der Polen.

In das Jahr 973, in die Regierung des Herzogs Boleslaw II. fällt die so wichtige Gründung eines selbständigen Bisthums in Prag. In diesem Jahre leitete die Regensburger Diöcese, also auch Böhmen, der um's bairische Kirchenwesen so

Slawische Liturgie.

Die Verbreitung des Christenthums durch Deutsche.

Prager Bisthum.

hochverdiente und wegen seines echt christlichen Sinnes allgemein verehrte heilige Bischof Wolfgang. Auf Ansuchen des bairischen Herzoges Heinrich, eines Freundes Boleslaws II., ließ Kaiser Otto II. an Wolfgang eine Botschaft ergehen, er möge die Ausscheidung der Länder Boleslaws aus seiner Diöcese gestatten. Der fromme Bischof leistete nicht den geringsten Widerstand und setzte den Stiftungsbrief für das neue Prager Bisthum selbst auf. Auch der Papst gab seine Einwilligung hiezu, als ihm Boleslaw durch seine Schwester Milada, die Gründerin des Klosters bei St. Georg, die Bitte vortrug; nur die Bedingung stellte der heilige Vater, daß das neue Bisthum sich strenge nach der lateinischen Liturgie zu halten habe. Das Prager Bisthum wurde dem Mainzer Erzbisthum untergeordnet, als Entschädigung für die Verluste, die der Mainzer Metropolit kurz vorher durch die Stiftung der Erzdiöcese Magdeburg erlitten hatte. Die Wahl der Bischöfe stand dem Fürsten und dem am Landtage versammelten Adel und Klerus zu. Der Gewählte begab sich sodann an den römischen Kaiserhof, um die Investitur, die Belehnung mit Ring und Stab, aus den Händen des Kaisers zu empfangen; hierauf erfolgte die Ordination durch den Erzbischof von Mainz. Zum Bischofssitze wurde die Kirche des heiligen Veit auf der Prager Burg erhoben und als wesentliche Einkünfte dem Bischofe die Einhebung eines Zehnten, bestehend in Naturalgaben von Ackergründen, gestattet. Die neugegründete Prager Diöcese umfaßte alle Länder, über welche Boleslaw II. regierte: Böhmen, Mähren, die Slowakei, Schlesien und das Krakauer Gebiet. Schon im Jahre 1000 jedoch wurden jene Länder, welche Bole= slaw Chrobri dem böhmischen Fürsten Boleslaw Rothhaar entrissen hatte, zum neugegründeten Erzbisthum in Gnesen geschlagen, so daß die Prager Diöcese auf Böhmen sich beschränkte. Obwohl schon im X. Jahrhunderte eines mährischen Bischofes gedacht wird, so fällt die Gründung eines selbständigen Bisthums für Mähren in Olmütz doch erst in's XI. Jahrhundert, und selbst in diesem Jahr= hunderte wurde rechtlich Böhmen und Mähren als Ein Diöcesangebiet, als Gebiet des Prager Bischofes, aufgefaßt. Gegen Ende des XII. Jahrhunderts begann ein Streit über die Stellung des Prager Bischofes zum Herzoge, indem die deutschen Bischöfe die Ansicht zur Geltung brachten, daß der Prager Kirchenfürst nur dem Kaiser untergeordnet und als ein vom Landesherrn unabhängiger Reichsfürst zu betrachten sei. Friedrich Barbarossa schloß sich dieser Meinung an und ertheilte in der Absicht, die herzogliche Gewalt in Böhmen zu schwächen, dem Bischof Heinrich Bretislaw die Reichsunmittelbarkeit durch eine goldene Bulle; aber schon 1197 hörte deren Bedeutung auf, indem Bischof Daniel II. seine Reichsfürsten= würde niederlegte und dem Herzoge des Landes sich unterordnete.

Domkapitel und Dekanate. Durch die Munificenz der regierenden Familie und reicher Adeliger wurde die Zahl der Kirchen und der kirchlichen Anstalten im Lande nach und nach bedeutend vermehrt. Gegen Ende des XII. Jahrhunderts finden wir in Böhmen bereits sechs ordentlich eingerichtete Kapitel. Das wichtigste war natürlich das bei der Prager

Kathedralkirche, welches der gebildete Probst Martus, ein Deutscher von Geburt, zuerst in Ordnung brachte. Die andern befanden sich in Melnik, Bunzlau, Leitmeriz, Wyschehrad und Sadska. Die Prager Diöcese theilte sich in einzelne Dekanate ab, die ursprünglich mit den Gauen des Landes zusammenfielen. Ueber den Dekanen standen die Erzpriester oder Erzdiakonen, 13 an der Zahl, mit folgenden Residenzen: Prag, Kaurschim, Bechin, Bischofteiniz, Pilsen, Rokyzan, Saatz, Bilin, Leitmeritz, Raudnitz, Bunzlau, Zerčinewes und Grätz an der Elbe.

Erster Bischof von Prag wurde auf Wunsch Boleslaws II. ein Sachse, Namens Thietmar, der längst in Böhmen heimisch geworden war, große Beredsamkeit besaß und die slawische Sprache verstand. Nachdem er durch neun Jahre mit Erfolg als Seelenhirt gewirkt hatte, folgte im Bisthume der heilige Adalbert. Sein uns aus vortrefflichen Quellen bekanntes vielbewegtes Leben gewährt ein höchst anschauliches und lehrreiches Sittenbild der damaligen Zeit und wirft insbesondere grelle Streiflichter auf jenen Kampf, den im zehnten Jahrhunderte die christlich germanische Kultur mit dem heidnisch nationalen Elemente in Böhmen zu bestehen hatte. Wojtěch, so hieß Adalbert mit seinem slawischen Namen, war der schönste unter den zahlreichen Söhnen Slawniks, des mächtigen Herrn von Libitz. Als den hoffnungsvollen Knaben plötzlich eine Krankheit ergriff, legten ihn die frommen Aeltern auf den Altar der Kirche und weihten sein Leben der seligen Jungfrau Maria. Noch im väterlichen Hause lernte er den Psalter auswendig und wurde durch einen slawischen Lehrer in der Bibelkunde unterrichtet; hierauf aber schickten ihn die Aeltern „zur Ausbildung in den freien Künsten" in die jüngst für slawische Länder gegründete Metropole Magdeburg. Hier nahm der junge böhmische Edelmann den deutschen Namen Adalbert an und wurde durch neun Jahre mit strengster Zucht in deutsches Wissen und deutsches Leben eingeführt; in der Schule des Mauritiuskosters unter der Leitung des gelehrten Otrik eignete sich der sehr begabte Knabe die höchsten Kenntnisse der damaligen Zeit an, aber auch jenen frommen, vom wahren Christenthume schwärmerisch durchdrungenen Sinn, der sein ganzes Streben und Wirken durchwehte. Nur kurze Zeit ließ sich Adalbert, nachdem er dem Schulzwange entronnen war, von dem heiteren Leben seiner Standesgenossen fesseln. Am Todtenbette des Bischofs Thietmar von Prag, der in seiner letzten Stunde unter den heftigsten Gewissensbissen über seine Fehltritte verzweifelte, befiel ihn selbst eine große Angst über seine Sünden, so daß er sich in Büßerkleidung hüllte und betend nach allen Kirchen der Stadt zog. Als Thietmar geendet, wurde er zum Nachfolger im Bisthume gewählt; in Verona empfieng er am 3. Juni 983 vom Kaiser Otto II. die Belehnung mit Ring und Stab und am 29. Juni die Weihe von seinem Metropoliten Willigis, dem Erzbischofe von Mainz. Als armer Mönch kehrte Adalbert in sein Vaterland zurück; ein Hanfstrick diente ihm als Pferdezaum, und barfuß hielt er seinen Einzug in Prag. Wie bald aber erschrack der schwärmerische Mann, der mit den schönsten Entschlüssen und den herr-

Bischöfe von Prag.

Das Leben des heiligen Adalbert, ein Zittenbild.

lichsten Träumen sein hohes Amt angetreten, als er tiefere Blicke in den neuen Wirkungskreis gethan hatte. Wie wenig paßte der feine, milde und humane Kirchenfürst zu seiner rauhen und trotzigen Diöcese! Da gab es noch ein Stück starres Heidenthum; da fand er tiefgewurzelten Aberglauben und eine Menge mit Zähigkeit festgehaltener Mißbräuche. Der Adel huldigte noch der Vielweiberei; Verwandte heiratheten untereinander, und die Geistlichen hatten allenthalben ihre Frauen. Das Christenthum war noch lange nicht zur allseitigen innigen Aufnahme gelangt; die christlichen Feiertage wurden nicht beachtet, dafür heidnische Feste gefeiert; ja es wurde noch immer der abscheuliche Menschenhandel, insbesondere von jüdischen Kaufleuten, schwunghaft betrieben. Vergeblich trat der heilige Bischof mit christlicher Sanftmuth diesen Lastern entgegen; mit Zornesmuth und rücksichtsloser Energie die verirrten Kirchkinder zu belehren, widerstrebte der milden Sinnesart des frommen Seelenhirten. Vergeblich suchte er durch sein eigenes Beispiel zu wirken. Er lebte wie ein Mönch und übte sich in Fleischesabtödtung und Entsagung aller Genüsse; er besuchte die Kranken und Gefangenen, er speiste die Armen, schaffte Rath den Fremden, unterstützte Waisen und Wittwen und unterrichtete die Geistlichkeit. Aber nur ein kleinwinziger Erfolg krönte die übermenschlichen Mühen, und kein Wunder war es, wenn der fromme Mann sich nach einer Veränderung seiner Stellung sehnte. In seiner Verstimmung wandte sich der Edle nach Italien, um daselbst ganz nach seinem Sinne zu leben; er trat, nachdem er das Kloster Montecassino und den heiligen Nilus besucht hatte, mit Erlaubniß des Papstes in das Kloster des heiligen Bonifacius und Alexius zu Rom ein (990). Hier lebte Adalbert als der frömmste Mönch, bis er vom Papste den Auftrag erhielt, in sein Bisthum zurückzukehren. Boleslaw II., dem an der festen Begründung des Christenthums in Böhmen viel gelegen war, hatte den Papst dringend um Vermittlung bei Adalbert gebeten. Feierlich war in Prag der Empfang des heimkehrenden Bischofes, in dessen Seele neue Hoffnungen erwachten. Der Herzog erließ eine Verordnung, nach welcher Adalbert das Recht hatte, solche Ehen, die in zu nahem Verwandtschaftsgrade geschlossen waren, zu trennen; ferner räumte der Herzog dem Bischofe die Möglichkeit ein, neue Kirchen zu bauen und den Zehnt zu sammeln. In Brewnow (St. Margareth) wurde das erste Mönchskloster des Landes errichtet nach der Regel des heiligen Benedikt, nach welcher Adalbert selbst in Rom gelebt hatte (993). Trotz alledem mußte sich der Bischof baldigst von Neuem überzeugen, daß die Naturen seiner Kirchkinder immer noch unbändig genug waren, er aber am allerwenigsten geeignet sei, dieselben zu zähmen. Ein trauriger Vorfall führte zum abermaligen Bruche und entschied über Adalberts weiteres Verhalten. Eine vornehme Böhmin — man vermuthet aus dem Geschlechte der Wrschowece — wurde im Ehebruche mit einem Kleriker ertappt und sollte nach althergebrachter Sitte ihre Schuld mit dem Tode durch die Hand ihres eigenen Gatten büßen. Die Unglückliche floh zu Adalbert, der sie dem Schutze der Jungfrauen des St. Georgsklosters empfahl.

Aber die Angehörigen stürmten in wilder Wuth herbei, höhnten den Bischof, der die Sünderin der gerechten Strafe entziehe, und erzwangen die Auslieferung der Schuldigen. Sie endete unter dem Beile eines Sklaven, da ihr Mann es unter seiner Würde fand, sie zu tödten. Des frommen Bischofs empfindsames Gemüth war erschüttert; es bedurfte nicht erst des argen Zwistes, in welchen seine Familie mit dem Herzoge verfiel, um ihn wiederum in die Fremde zu treiben. Er verließ zum zweiten Male sein Bisthum und pilgerte, wohin sein Herz sich sehnte, in sein Kloster nach Rom zurück. Doch der Papst Gregor V., ein Deutscher, konnte mit Adalberts eigenwilliger Entfernung von seinem Amte eben so wenig einverstanden sein, wie der Erzbischof Willigis von Mainz, welchem der Bestand der christlichen Lehre in Böhmen unter deutschem Einflusse durch derartige Unordnungen bedroht erschien. Adalbert erhielt daher den Befehl, in seinen Kirchsprengel zurückzukehren, und dann erst, wenn man ihn daselbst nicht wünschte, könnte er — das war sein einziges Verlangen — als Glaubensprediger weiter ziehen. Mit Kaiser Otto III., dessen innigster Freund er geworden war, überstieg er die Alpen, betete dann in Frankreich an den Gräbern mehrerer Heiligen und stieß in Mainz wieder zum kaiserlichen Hoflager. Mittlerweile hatte Boleslaw II. den Streit mit Adalberts Familie durch das gräßliche Blutbad von Libitz beendigt, und der Herzog mochte die Ueberzeugung gewonnen haben, daß der in seinen Augen so eigensinnige Bischof doch nicht mehr der richtige Mann zur Verwaltung der Prager Diöcese sein dürfte. Als dessen ungeachtet Adalbert, dem Befehle des Papstes gemäß, bei den Böhmen anfragte, ob man seine Rückkunft wünsche, wurde ihm eine höhnische Antwort zu Theil. „Es begehre Niemand mehr nach dem Strafprediger", so ließ man ihm nach Polen sagen, wo er sich bereits bei Boleslaw Chrobri befand. Nichts war dem Bischofe willkommener, als die erlangte Freiheit. Nachdem er den Winter in Gnesen verlebt und vielfach zur Befestigung der christlichen Lehre in Polen beigetragen hatte, begab er sich im März des Jahres 997 zu den noch heidnischen Preußen an der Küste der Ostsee. War sich der glaubenseifrige Bischof der Gefahren bewusst, denen er entgegeneilte? Noch kein Missionär hatte das Preußenland betreten, Adalbert verstand die Sprache der zu Bekehrenden entweder gar nicht oder nur sehr wenig, und er kam von Polen her, dessen Beherrscher gerade mit der Unterwerfung der Ostseestämme beschäftigt waren und also gründlich gehasst wurden. Schon war er nach ziemlich fruchtlosen Fahrten auf der Rückreise zu den Lutken begriffen, da erreichte ihn sein tragisches Verhängniß. Ein heidnischer Priester, dessen Bruder von den Polen erschlagen worden war, überfiel ihn, als er eben mit einigen Gefährten auf einem Felde ausruhte, das den Heiden als heilig galt. Sieben Lanzenstiche endeten daselbst das Leben des merkwürdigen Mannes am 23. April 997. Den Leichnam des Märtyrers kaufte der Polenherzog um einen hohen Preis und ließ ihn feierlich in der Kirche seiner Hauptstadt Gnesen beisetzen. Die Ruhestätte des Heiligen aber, welche nach dem Glauben des Volkes allerhand Wunderzeichen verherrlichten, wurde alsbald das Ziel frommer Wallfahrer; schon im Jahre 1000 pilgerte der Freund des Verstorbenen, Kaiser Otto III., nach Gnesen und betete inbrünstig am Grabe des Unvergeßlichen.

Nachfolger Adalberts. Nach Adalbert sollte, wie erzählt wird, des Herzogs Boleslaw II. jüngerer Bruder „Schreckenomahl" oder „Christan", wie er als Mönch in Regensburg hieß, den bischöflichen Stuhl von Prag besteigen; allein, als er sich anschickte, in Mainz die Weihe zu empfangen, rührte ihn der Schlag. Nun wurde i. J. 998 Thiedagg, ein Mönch von Korvey, der sich als Heilkünstler um den Herzog verdient gemacht hatte, Bischof von Prag. Nach dessen zwanzigjähriger mühevoller Seelsorge erlangte das Bisthum Eckhard, ein Anverwandter Kaiser Heinrichs II., vorher Abt von Naumburg (1017—1023). Dessen Nachfolger waren zwei Benedittiner, Izzo, ein deutscher Edelmann (1023—1030) und Severus (1030—1067); letzterer ist derselbe, welcher mit Bretislaw I. im Jahre 1039 die Leiche des heiligen Adalbert von Gnesen nach Prag übertrug.

Mähren scheidet aus der Prager Diöcese. Unter Bischof Severus und mit seiner Zustimmung gieng die regelrechte Ausscheidung des Landes Mähren aus der Prager Diöcese vor sich. Der Prager Bischof wurde mit vielen Gütern entschädigt, darunter die Burg Podiwin in Mähren, welche lange nachher noch den Zankapfel zwischen den beiden Bischöfen bildete.

Gesetze gegen das Heidenthum. Daß noch immer die Bekehrung der Diöcese nicht vollständig vor sich gegangen war, und die allergröbsten Laster noch häufig vorkamen, beweisen unter andern des Bischofs Mühe, das wilde Kriegsvoll in Polen zu zähmen, sowie jene Verordnungen und Gesetze, welche damals der Herzog erließ. Zunächst wurde in denselben gegen das laxe eheliche Leben, das „wie bei den wilden Thieren gehalten wurde", sowie gegen die Vielweiberei und Unkeuschheit der Wittwen und Jungfrauen geeifert; die in dieser Hinsicht Schuldigen sollten nicht mehr wie früher zur Sklaverei, sondern zur Verbannung nach Ungarn verurtheilt werden. Bruder, Vater und Priestermörder und solche, die eine ungewöhnliche Blutschuld auf sich geladen, sollten, an Händen und am Leibe gebrandmarkt, gleichfalls aus dem Lande verbannt werden, damit sie, gleich Kain, ruhe- und heimathlos die Erde durchirrten. Die Errichter und Käufer von Schankhäusern, „welche die Wurzel alles Uebels und der Ausgangspunkt der Diebstähle, der Todtschläge, Ehebrüche und aller übrigen Sünden seien", werden, so bestimmte das neue Gesetz, ihres Haupthaares beraubt und öffentlich am Pfahle bis zur Ermüdung des Schergen gezüchtiget. Die Trinker selbst aber kamen in den Kerker, bis sie eine ziemlich hohe Geldsumme erlegt hätten. Märkte durften an den Tagen des Herrn in keinem Falle gehalten werden; knechtliche Arbeiten an Sonn- und Festtagen wurden mit einer Geldstrafe, ferner mit dem Verluste der Arbeit und Alles, dessen man sich zur Arbeit bediente, gebüßt. Diejenigen, welche nach heidnischem Brauche ihre Todten in Feldern und Wäldern begraben, zahlen dem Erzdiakon ein Rind, dem Herzoge aber eine Geldsumme (300 Denare); die Todten jedoch müssen auf den Begräbnißplatz der Gläubigen übertragen werden. – Bemerkenswerth ist noch, dass nach diesen herzoglichen Verordnun= gen für zweifelhafte Fälle zur Ermittelung des Schuldigen beim Morde und unordent= licher Ehe Gottesgerichte, wie die Feuer- und Wasserprobe, angestellt werden sollten.

Der Nachfolger des Bischofes Severus war Jaromir, der Sohn des Her= Bischof Gebhard (Jaromir). zoges Bretislaw I., ein junger Mann voll Derbheit und Lebenslust, der ungern in den geistlichen Stand getreten war. In Mainz erhielt er von Kaiser Heinrich IV. die Investitur und vom Mainzer Erzbischofe die Weihe, bei welcher Gelegenheit er seinen slawischen Namen mit dem deutschen „Gebhard" vertauschte (1068—1090). Der neue Bischof gerieth mit dem Olmützer Kirchenfürsten in Streitigkeiten, unter andern wegen der Burg Podiwin und ließ sich von seiner Leidenschaftlichkeit so weit hinreißen, dass er in die Wohnung seines Feindes eindrang und ihn aufs Aergste beschimpfte und mißhandelte. Die Angelegenheit kam bis zum Papste, der sofort seinen Legaten nach Böhmen sandte. Derselbe berief eine Synode zusam= men, auf welcher jedoch Gebhard, obgleich zwei Mal vorgeladen, nicht erschien. Daher wurde er von seiner Würde suspendiert und angewiesen nach Rom zu gehen, um sich beim Papste zu verantworten. Gregor VII. setzte ihn wieder in sein Bis= thum ein und entschied, als Jaromir noch ein Mal Streit anhub, dahin, dass die Güter, welche die Ursache der gegenseitigen Feindseligkeiten waren, unter den beiden Bischöfen gleichmäßig vertheilt werden sollten. (1075.) Als Kaiser Heinrich IV. im Jahre 1077 aus Italien zurückkehrte, berief er Bischof Jaromir nach Nürnberg und ernannte ihn zum deutschen Reichskanzler. Eine Zeit lang wurde jetzt wieder die mährische Diöcese mit der Prager vereinigt; da sich aber der heißblütige Geb= hard nunmehr mit seinem Bruder entzweite, ernannte letzterer seinen Hofkapellan zum Bischof von Olmütz und gab ihm auch die Burg Podiwin. Seit dieser Zeit blieb das mährische und böhmische Kirchenwesen für immer getrennt. Jaromir verließ im Aerger darüber Böhmen und begab sich nach Ungarn zu seinem Freunde Ladislaw dem Heiligen, allwo er sein vielbewegtes Leben beschloß.

Der achte Bischof von Prag war Cosmas (1091—1098), der zuvor das Bischof Cosmas. Dekanat in der Prager Hauptkirche bekleidet hatte; er wurde zu gleicher Zeit mit dem neugewählten Olmützer Bischof Andreas vom Kaiser in Mantua nach alter Sitte mit Ring und Stab belehnt. Noch immer war das Heidenthum in Böhmen nicht ausgerottet, und des Prager Bischofs Stellung blieb in dieser Hinsicht eine schwierige. Noch immer opferten Landleute den alten heidnischen Göttern, begruben Neue Erlässe gege das Heidenthum. ihre Todten in heiligen Hainen und hörten mehr auf die Aussprüche der Zauberer und Wahrsager, als auf die Lehren der christlichen Priester. Weite Pilgerfahrten unternahmen die Heiden bis zu den alten Heiligthümern der Nordslaven in Retra und Arkona, um daselbst die nationalen Götter, die in der Heimath keine Tempel mehr haben durften, zu verehren. Der Herzog musste mit seiner eigenen Gewalt der Kirche beispringen. So gab Bretislaw II. bald nach seinem Regierungs= antritte (1092) energische Weisungen zur Vernichtung des Heidenthums. Die alt=

heiligen Haine mußten niedergebrannt werden: die Zauberer und Wahrſager aber wurden aus dem Lande vertrieben. -- Nach Cosmas erlangte das Bisthum der bisherige Propſt in Bunzlau, Hermann von Maaſtrich, (1099--1122). Gerade in

Wormſer Konkordat.

dem Jahre, als dieſer ſtarb, wurde der gewaltige Inveſtiturſtreit, der länger als ein halbes Jahrhundert zwiſchen Kaiſer und Papſt gewüthet, durch das Wormſer Konkordat beendigt. In Böhmen kehrte man ſich nicht ſogleich an die Beſtim= mung desſelben, daß von nun an dem Kaiſer nur die Belehnung der Biſchöfe mit den Regalien zuſtehe, dem Papſte aber die Weihe und Beſtätigung vorbehalten ſei. Die beiden Nachfolger Hermanns im Bisthume, der Ausländer Meinhard aus Bamberg (1122--1134) und Johann I. (1134--1139), früherer Propſt von Wyſchehrad, wurden wie bisher durch den Landtag gewählt, vom deutſchen Kaiſer aber inveſtiert und vom Mainzer Erzbiſchofe geweiht.

Kirchliche Reformen.

Auf Biſchof Johann folgte Sylveſter, früher Abt von Sazawa. Da dieſer ſchon im nächſten Jahre 1140 reſignierte, wurde zum neuen Kirchenfürſten der Prager Dompropſt Otto (1140--1148) gewählt. Unter ihm erfuhren die Prager und die Olmützer Diöceſe bedeutende innere Reformen durch die Wirkſamkeit des päpſtlichen Legaten, Kardinal Guido, der im Jahre 1143 nach Prag kam, um die zerrütteten Verhältniſſe zu ordnen und jene vergeſſenen Verordnungen, die einſt ſchon der Geſandte Gregor's VII. erlaſſen, wieder zu Anſehen und zur Beobach= tung zu bringen. Er ſetzte es mit Hilfe Wladiſlaw's II. und deſſen Gemahlin durch, daß alle Geiſtlichen, welche Frauen beſaßen, ſich von denſelben trennen oder ihre Würde niederlegen mußten. Hohe geiſtliche Würdenträger, welche den eheloſen Stand nicht bewahren wollten, wurden ohne Weiteres ihres Amtes entſetzt, ſo z. B. die Dompröpſte von Prag und Wyſchehrad. Ferner verordnete der Legat die Ein= theilung der Diöceſe in einzelne Pfarrſprengel oder Kirchſpiele. Endlich, ſo befahl er, ſollte kein Kleriker mehr die Weihe, außer für eine beſtimmte Pfründe erhalten.

Die letzten Biſchöfe in dieſer Periode.

Biſchof Daniel I. (1148—1167), der auf Otto folgte, iſt uns als ſehr ge= ſchickter Diplomat bekannt, der in die damaligen politiſchen Händel im Auftrage ſeines Königs Wladiſlaw und des deutſchen Kaiſers Friedrich Barbaroſſa vielfach eingriff. Letzterem leiſtete er durch ſeine ſtaatsmänniſche Befähigung beſonders in Italien weſentliche Dienſte, bis er bei der Belagerung von Ankona von einer furcht= baren Peſt, die im Lager ausgebrochen war, dahin geraſſt wurde (1167). Seine zwei nächſten Nachfolger im Bisthume waren beide Anverwandte der Königin Judith: Gotpold aus Thüringen (1168), der noch vor ſeiner Weihe ſtarb, und der Sachſe Friedrich (1168--1179). Nachdem noch Biſchof Valentin aus Thürin= gen (1180—1182), der frühere Kapellan der Herzogin Eliſabeth, durch zwei Jahre das Bisthum geleitet hatte, folgte jener Heinrich Přetiſlaw (1182—1197), der zugleich Landesfürſt geweſen, und über deſſen Thätigkeit wir bereits oben berichtet haben. (S. 68).

Klöſter.

Die Kloſtergründungen in Böhmen giengen Anfangs von den Landesfürſten

und den Mitgliedern der königlichen Familie, später aber auch vom reichen Adel
aus. Zur Anlage von Klöstern wählte man wohl manchmal die Burgen, in der
Regel aber das flache Land. Was die Orden anbelangt, so folgten auf die Bene=
diktiner in der ersten Hälfte des XII. Jahrhunderts die Prämonstratenser und bald
darauf die Cistercienser. Die beiden ersten Klöster Böhmens sind die St. Georgs= **Benediktiner.**
abtei am Hradschin, wozu Milada (Maria), Schwester Boleslaws II., den Grund
gelegt hat (971), und das Benediktinerkloster zu Brewnow (St. Margareth),
dessen Gründer der heilige Adalbert gewesen ist (993). Im Jahre 999 wurde ein
drittes Kloster zu St. Johann auf der Insel (Ostrow), unweit des Einflusses der
Sazawa in die Moldau, von den Benediktinern ins Leben gerufen. An der Sa=
zawa entstand 1039 das demselben Orden gehörige berühmte Slawenkloster des
heiligen Prokop. Dazu kamen in diesem Zeitraum noch folgende Benediktiner=
klöster: Opatowitz an der Elbe bei Königingräz, ein Tochterstift von Brewnow,
(um 1086) durch Wratislaw II., Leitomischel bei der St. Klemenskirche auf der Burg
gleichen Namens, durch Bretislaw II. (1092—1100), Kladrau bei Mies, (1108) von
Swatopluk I. gegründet und (1115) von Wladislaw I. erweitert, Wilemow bei Caslau,
(um 1120) von dem deutschen Grafen Wilhelm, einem Verwandten der Fürstin Richsa
von Bohburg, Wladislaws I. zweiter Gemahlin, gestiftet, Postelberg (1121) unbe=
kannt durch wen, Seelau, westlich von Deutschbrod (1139), Podlaschitz im Chru=
dimer Kreise, durch einen Wladyken Wrbata mit Namen (1159) und das Frauen=
stift bei den warmen Quellen in Teplitz (1156) durch die Königin Judith ge=
gründet. — Mehrere Benediktinerstifte wurden in Prämonstratenserstifte umgewan= **Prämonstra=
telser**
delt, so Strahow vor der Burg Prag (1139), Leitomischl (1145) und Seelau
(1148). Selbständige Prämonstratenserstifte waren die Frauenklöster in Doxan
bei Leitmeritz, entstanden unter Wladislaw II. und seiner ersten Gemahlin Gertrud
von Oesterreich (1142—43), und Launiowitz bei Wlaschim, gegründet von einem
deutschen Ordensmanne, Namens Heinrich (1149). Als Mannsklöster der Prä=
monstratenser erhoben sich in dieser Zeit Mühlhausen, gegründet vom Herrn Georg
von Milewsk (1184) und Tepel, gestiftet vom Herrn Hroznata (1197). — Cister= **Cistercienser.**
cienserklöster wurden ins Leben gerufen zu Sedlec bei Kuttenberg durch einen Herrn
Miroslaw (1142), zu Plaß durch Wladislaw II. (1144), in Pomuk durch den=
selben (1153), in Münchengräz von einem Herrn von Ralsko aus Waldsteinischem
Geschlechte (1147) und zu Ossegg durch Slawko von Riesenburg (1199). — Zu **Johanniter.**
Wladislaws II. Zeiten (um 1156) wurden die Johanniter in Böhmen ansäßig;
sie hatten ihren Sitz in dem Burgvororte auf dem linken Moldauufer, wo noch
jetzt das Malthesenkloster sich befindet. Auf die Johanniter folgten die Brüder des
heiligen Grabes, die ihre vorzüglichste Ansiedelung bei der St. Peterskirche am **Grabesbrüder**
Zdaras besaßen (1190).

Die Macht des böhmischen Klerus wuchs im Verlauf der Zeiten, wie die **Macht des
Klerus.**
des Adels. Das Bisthum, die Klöster und Kapitel waren mit Gütern reichlich

dotiert, für welche die Geistlichkeit nach und nach gewisse Privilegien und Immuni-
nitäten zu erwerben wußte. Nach dem Vorgange des Adels trachtete der Klerus
die Gerichtsbarkeit über seine Unterthanen zu erlangen und sie überhaupt der Gewalt der Staatsbeamten zu entziehen. Da letztere gegen diese Bestrebungen auftraten
und auch bereits gegebene Befreiungen verletzten, so kam es häufig zu Streitigkeiten, die sich in dem Kampfe gipfelten, den der Bischof Heinrich Bretislaw mit
dem Herzog Friedrich führte. Auf Grundlage des freien Grundbesitzes nahm die
Geistlichkeit Antheil an den Landtagen. Am Hofe hatten die Geistlichen als Beichtväter, Kapellane, Kanzler und Notare einen großen Einfluß, wie sie denn überhaupt in der damaligen Zeit in dem alleinigen Besitze einer höheren Bildung sich
befanden. Sie pflegten deswegen allein Wissenschaft und Kunst und leiteten die
entstehenden Schulen an den Klöstern und Kapiteln.

6.

Die Deutschböhmen.

(768—1197).

Markomannische
Ueberreste.

Böhmen ist niemals in allen seinen Theilen von den Tschechen in Besitz
genommen worden. Die an sich nicht zahlreichen slawischen Stämme, die sich in's
Markomannenland wandten, ließen die Randgebirge und die sich tief in's Land erstreckenden Gränzwälder unbesetzt, indem sie sich mit der Occupation der fruchtbaren,
zum Ackerbau geeigneten Ebenen begnügten. Nur in den Flußthälern drangen die
Slawen stromaufwärts weiter vor und überschritten auf diesem Wege wohl auch
die natürlichen Gränzen des Landes. Es läßt sich mit der größten Wahrscheinlichkeit annehmen, daß Ueberreste germanischer Bevölkerung auf den Gebirgen zu-
rückblieben; schon die Analogie in andern Ländern spricht dafür. Insbesondere
haben die Markomannen, welche nach Baiern übersiedelten, den Böhmerwald nie
ganz aufgegeben, sondern als deutsches Gebiet erhalten. Ebenso verblieben auf
dem Erz- und Riesengebirge germanische Völkerreste sitzen, und das slawische Element verbreitete sich daselbst nur in einzelnen Thälern. Das auf diese Art nie
vollends erstorbene Deutschthum in Böhmen verstärkte sich im Laufe der Zeiten
aus vielerlei Gründen und wuchs aus kleinen Anfängen zur Achtung gebietenden
Nation im Lande heran, welche die genügende geistige und materielle Macht besitzt,
den Tschechen das Gleichgewicht zu halten.

Die Beziehungen
zu Deutschland
befördern das
Deutschthum in
Böhmen.

Abgesehen von etwaigen Rückflutungen markomannischer Bestandtheile, bildeten in dieser Periode zunächst die verschiedenartigen Beziehungen Böhmens zu Deutschland die mächtige Handhabe zur Befestigung und Vermehrung des deutschen Elementes, so wie zur Annahme deutscher Sitten, Gewohnheiten und Sprache Seitens
einzelner Theile der slawischen Bevölkerung. Uebrigens bewirkte schon der mechanische Druck des großen deutschen Reiches auf das kleine, isolierte tschechische Her-

zogthum die Einleitung zu jenem Germanisirungsprocesse, der, den großen unbeugsamen Gesetzen der Weltgeschichte folgend, bis in die Gegenwart fortdauert, der
allerdings oftmals in's Stocken gerieth, aber durch menschliche Macht in seiner
Entwicklung niemals gänzlich unterbrochen werden kann. Das Abhängigkeitsver=
hältniß Böhmens vom deutschen Reiche führte die Nothwendigkeit eines diploma=
tischen Verkehrs durch sich gleichmäßig wiederholende Gesandtschaften herbei; die
Anwesenheit des böhmischen Herzogs am Hoflager des deutschen Kaisers wurde
oftmals gefordert; Belehnungsacte, gemeinschaftliche Berathungen, die Pflicht der
Heeresleistungen führten den Herzog und seine Leute in immer größere Berührungen
mit dem deutschen Beherrscher und seinem Hofe. Böhmische Prinzen lebten manch=
mal längere Zeit in Deutschland oder machten wenigstens dahin größere Reisen;
vertriebene Premysliische Fürsten suchten zumeist auf deutschem Boden Zuflucht
und Hilfe. Borimojs II. Vorliebe für deutsche Gesittung, die er in seinem mehr=
jährigen Exile kennen gelernt hatte, war sattsam bekannt. Die deutschen Kaiser
aber rückten wiederholt in's Land, sei es zur friedlichen Vermittelung, oder,
mit den Waffen in der Hand, zur Wahrung der alten Reichsrechte.

Wurde durch diese engen politischen Beziehungen den vornehmeren Kreisen
Böhmens und namentlich dem Hofe unmerklich deutscher Geist übermittelt, ergab
sich durch dieses Verhältniß die Kenntniß deutscher Sprache und Sitten schon als
eine wünschenswerthe Sache, wenn nicht als Bedürfniß, so beförderten namentlich
die vielen Heirathen der Premysliden mit deutschen Prinzessinnen die allmähliche
Umgestaltung des Hofes in deutscher Weise und die Hinneigung der regierenden
Familie zu deutscher Kultur. Die deutschen Fürstinnen brachten ihr deutsches Ge=
folge und insbesondere ihre deutschen Hofkapellane mit in's Land und wirkten nach
Frauenart auf Gemahl und Kinder für ihre Nationalität. Von vielen Premysliden
läßt sich sagen, daß die deutsche Sprache ihre Muttersprache gewesen ist. So
hatte schon Boleslaw II. Emma von Burgund zur Gemahlin, und Bretislaw I.
führte bekanntlich die deutsche Judith aus dem Nonnenkloster von Schweinfurt zum
Altare. Des böhmischen Achilles und der deutschen Judith Sohn, Spytihněw II.,
vermählte sich mit Ida aus dem germanisierten Geschlechte der Wetin, während
Bretislaw II. Luitgarde, eine bairische Prinzessin, auf den Thron erhob. Die
Gemahlin Borimoj's II. war Gerbirg, die Schwester des Markgrafen Leopold des
Heiligen von Oesterreich, und als Swatopluks I. Frau wird Ida von Meißen
erwähnt. Die drei Töchter des Grafen Heinrich von Berg wurden regierende
Fürstinnen bei slawischen Völkern; Salome nahm der Polenfürst Boleslaw in
zweiter Ehe, die jüngste, Sophia, heirathete Otto II. von Olmütz und Richsa, die
Wohlthäterin des Klosters von Kladrau, ward die Gemahlin Wladislaws I. von
Böhmen. Der deutschen Richsa Sohn war der Herzog und König Wladislaw II.,
der selbst wieder zwei Mal deutsche Prinzessinnen zur Ehe nahm. Seine erste
Gemahlin war Gertrud, Tochter Leopolds III. von Oesterreich, Halbschwester des

Die deutschen
Fürstinnen
Böhmens.

römisch-deutschen Kaisers Konrad III., seine zweite Judith, Tochter des Landgrafen Ludwig von Thüringen, eine hochgebildete Frau, die Gründerin des Nonnenklosters in Teplitz und der ersten steinernen Brücke über die Moldau. Durch Vermählung mit Konrad Otto, der 1191 vor Neapel starb, kam Helicha, eine Wittelsbacherin, auf den böhmischen Fürstenthron; ihre Nachfolgerin, die erste Gemahlin Premysl Ottokars I., war ebenfalls eine Deutsche, Namens Adelheid von Meißen. Sie war die eilfte deutsche Prinzessin, die in Verlauf von zwei Jahrhunderten den Thron von Böhmen bestieg. Viele andere deutsche Frauen heiratheten Theilfürsten aus dem Premyslidischen Hause; von ihnen sei nur die herzhafte Hilburgis erwähnt, die als Wittwe Konrads von Brünn die Versöhnung des Königs Wratislaw mit seinem Sohne herbeizuführen verstand (S. 52).

Das deutsche Kirchenwesen.

Mehr noch, als durch die politischen Beziehungen, verpflanzte und verstärkte sich das Deutschthum in Böhmen während dieses Zeitraumes durch die von Deutschland aus geleitete Christianisierung des Landes. Die Kultur erobert schneller und andauernder als das schärfste Schwert. Nach kurzem Kampfe gegen den sla-wischen Ritus setzte sich deutsches Kirchenwesen in Böhmen vollständig fest, das bis zur Gründung des Prager Bisthums seinen Mittelpunkt in Regensburg hatte. Deutsche Priester, deutsche Missionäre in erster Reihe, wirkten seit dem heiligen Wenzel,für die Verbreitung des Evangeliums, gründeten Kirchen und Klöster, riefen Schulen in's Leben und weckten den Sinn für Kunst und Wissenschaft. Als Böhmen sein eigenes Bisthum erhielt, wurde dasselbe nicht von Deutschland ge-trennt, sondern dem Mainzer Erzbischofe untergeordnet. Unter den achtzehn Bi-schöfen dieser Periode stammte mit Sicherheit die Hälfte aus Deutschland, während von den anderen vermuthlich einige der Geburt, alle aber der Bildung nach diesem Lande angehörten. Einheimische nämlich, die sich zu höheren kirchlichen Aemtern vorbereiten oder überhaupt eine größere Bildung erlangen wollten, zogen meist nach Deutschland, wie schon Strachkvas und der heilige Adalbert. Allenthalben, am Hofe, an den Kapiteln, als Pröpste, Archidiakone und Pfarrer wirkten deutsche Priester; ein deutscher Hofkapellan, der die ausgebildetere Entwickelung der deut-schen Staaten kannte, war dem Fürsten schon wegen des diplomatischen Verkehrs geradezu ein Bedürfniß. Der Dompropst Markus († 1098), ein Deutscher von edler Geburt, stellte die Ordnung im Prager Domkapitel, welches in große Ver-wirrung gerathen war, wieder her und erwarb sich dadurch anerkannte Verdienste.

Klöster als Vorkämpfer des Deutschthums.

Hier muß noch ein Mal der Klöster gedacht werden, die in dieser Zeit wie gewaltige Mauerbrecher der deutschen Kultur Bahn bereiteten. Die meisten der geistlichen Stifter Böhmens wurden von deutschen Mönchen bevölkert und von deutschen Aebten geleitet. So hatte das Inselkloster Ostrow einen Mönch aus Niederaltaich in Baiern an der Spitze, während schwäbische Klosterleute aus Zwie-falten Kladrau bevölkerten. Fränkische Cisterzienser aus „Eborach" gründeten Pomuk, die Waldsassner Sedlec und Ossegg. Prämonstratenser aus Steinfeld am Rhein siedelten sich am Strahow, in Leitomischel und Seelau an; nach Plaß wanderten Mönche aus dem Kloster Langheim in Franken; Tochterkloster von Plaß ist München-grätz gewesen. Nach Doxan werden Prämonstratensernonnen aus Donewald in der Kölner Diöcese eingeführt; dieselben Nonnen gründen Launiowitz und Chotieschau. — Sieht man sich jetzt unsere Klöster mit ihrer blühenden Umgebung und oftmals recht romantischen Lage an, so steigt wohl manchmal der Gedanke auf, die alten Mönche seien doch kluge Leute gewesen, die es verstanden haben, bei der Wahl ihrer Niederlassung die schönsten Plätzchen im Lande ausfindig zu machen. Das war freilich in vielen Fällen nicht so. Gerade diese Fruchtbarkeit ist erst durch den angestrengtesten Fleiß und durch Jahre lange mühevolle Arbeit einer früher hier bestandenen Wüstenei abgerungen worden; gerade darauf beruht meistentheils der eigenthümliche Reiz der klösterlichen Landschaft, daß eine von Natur wilde und rauhe Gegend durch sorgsamen Anbau in einen lachenden Garten umgewandelt wurde, der zu den unvertilgbaren Spuren der romantischen Wildniß den anmuthig-sten Gegensatz bildet. Aber nicht allein mit der widerspänstigen Natur hatten die deutschen Mönche zu kämpfen, sondern die Landesbewohner selbst traten ihnen viel-fach feindselig entgegen und machten den frommen Brüdern ihre Ansiedelung hie und da zu einem sauren Stück Arbeit. Als der Abt Udalrich von Zwiefalten vom Herzoge Wladislaw angegangen wurde, durch eine Kolonie geeigneter Ordens-brüder, das Kloster Kladrau zu verstärken, so erhob sich in Zwiefalten großes Be-denken gegen das herzogliche Verlangen, weil „man die Wildheit des Volkes in Böhmen und seine fremde unbekannte Sprache scheute.“ Der dritte Abt von Kladrau Berthold († 1131) hatte nach dem Berichte der Zwiefaltner Annalen in der That „mit schweren Hindernissen unter dem wilden Volke zu kämpfen.“ Eine Kolonie der Waldsassner Mönche zog sich häufiger Raubanfälle wegen von Maschau, wo sie ursprünglich sich befand, nach Ossegg zurück. Doch der nie erkaltende Eifer der deutschen Klosterleute, der von Seiten der Regierung die aus-giebigste Unterstützung fand, überwand endlich alle sich darbietenden Schwierigkeiten und Hindernisse. Und dann wurden die Klöster nicht bloß die starken Festungen des siegreich vorruckenden Christenthums, sondern Musterwirthschaften für den Land-mann, Erziehungs- und Unterrichtsanstalten für die Jugend, Pflegestätten der Kunst und Wissenschaft, mit einem Worte Bollwerke der mittelalterlichen Kultur in jegli-chem Zweige.

Mit den Mönchen zogen in's Land herein viele Arbeiter und Handwerksleute, vor Allem aber der deutsche Bauer, der am gründlichsten die Beschaffenheit des Landes umgestaltete, der mit starkem Arme, besserem Pfluge und kräftigerem Ge-spanne auch den schwierigeren Boden für die Kultur eroberte und bald mit üppigen Saatfeldern bedeckte. Die deutschen Bauern wurden von den Klöstern zur Ur-barmachung ihrer großen Wälder herbeigezogen und riefen nach und nach eine große Menge blühender Dörfer in's Leben. Schon nach Boleslaws II. Tode siedelten sich

in einzelnen noch nicht bewohnten Gegenden des Böhmerwaldes kühne deutsche
Bauern oder auch Eremiten an, die jedoch nicht den Herzog von Böhmen, sondern
den Beherrscher Baierns oder den deutschen Kaiser als Oberherrn anerkannten.
Die Sage hat solche Besetzungen in der Erzählung von dem Erbauer der Burg
Pfrimberg bewahrt. Ausführliche und interessante, aber auch historisch festgestellte
Nachrichten über einen solchen Einsiedler finden wir in der Lebensbeschreibung des
berühmten Günther, eines deutschen Edelmannes aus thüringischem Geschlechte, der
1008 sich in der Gegend des schwarzen Regen niederließ. „Seine Thätigkeit, wie
er mit kühnem Muthe der Schreknisse der Waldeinsamkeit Herr wird, den Boden
mit den alten Stätten menschlicher Gesittung in Verbindung bringt, ihm kirchliche
Weihe und politische Abgränzung verleiht, ist ein sprechendes Bild der Verbreitung
deutscher Kolonisten in diesen Gränzlanden." Günther wurde seit der Gründung
von Rinchnach der Segen des weiten Gebirges in Böhmen und Baiern. So arm-
selig er auch mit seinen Brudern lebte, fanden doch alle Reisenden ohne Ausnahme
in seinem Klösterlein willkommene Herberge und sicheres Geleite. Er drang immer
tiefer ins Gebirge vor und gründete geistliche Zellen, so auch in Gutwasser (St.
Günther) in Böhmen, wo man bis heute sein heiliges Andenken feiert. Der unermüdliche Eremit war nicht nur der eifrigste Seelenhirt für die zerstreuten Bewohner im dichten Gebirge, der erfahrene Rathgeber der Fürsten (Udalrich's, Bretislaw's, Heinrich's III.), der Glaubensbote der Ungarn, sondern auch der Lehrmeister der Böhmerwäldler in manchem weltlichen Gewerbe. Baute er doch mit
unsäglicher Mühe den bald sehr belebten Güntherfteig (S. 69) und scheint er die
erste Anregung zu den Glashütten des Böhmerwaldes gegeben zu haben. — Nicht
ohne Einfluß für die Verbreitung deutscher Bevölkerung im westlichen Böhmen
blieb ferner die Gründung des Bisthums zu Bamberg durch Heinrich II. im Jahre
1007. Es wurde als Bestimmung der neuen Stiftung ausdrücklich hervorgehoben,
„das noch übrige Heidenthum der Slawen zu zerstören und den christlichen Namen
unter ihnen zu Ehren zu bringen". Seitdem drangen nach den östlichen Abhängen
des Fichtelgebirges in das Thal der Eger und von da südwärts deutsche Kolonisten in großer Zahl.

Das Egerland germanisierte sich überhaupt am frühesten. Es gehörte nicht
zu Böhmen, sondern zur Mark im Nordgau oder böhmischen Mark, die unter Verwaltung eigener Markgrafen stand, und wurde 1180 reichsunmittelbar. Bei der
Errichtung des Prager Bisthums kam es nicht zu diesem, sondern blieb bei der
Regensburger Diöcese. Mit der vollständigen Christianisierung wurden auch die
slawischen Elemente immer mehr verdrängt, namentlich durch die Bemühungen der
neugegründeten Klöster Reichenbach (1118) und Waldsassen (1132). Dieselben
riefen in ihre weitläufigen Besitzungen immer mehr deutsche Ansiedler, welche jene
vielen Ortschaften gründeten, deren Namen die Endsilbe „Reut" nicht ohne Erinnerung an die mühsamen Arbeiten der Kolonisten charakterisiert. Das slawische

Der Einsiedler Günther.

Bamberger Bisthum.

Das Egerland.

Heidenthum erhielt sich wohl am längsten im tieferen Fichtelgebirge; aber auch da selbst erlag es den Bemühungen der benachbarten Vögte von Plauen, von denen Heinrich der Aeltere vom Kaiser Friedrich II. die Gerichte von Asch und Selb erhielt und zwar aus dem ausdrücklich bemerkten Grunde, weil er ohne Gefahr von Gut und Blut im eigenen Gebiete und an den Gränzen der Regensburger Diöcese dem Heidenthume ein Ende gemacht hatte.

Handel und Verkehr hat zu allen Zeiten die einzelnen Nationen einander näher gebracht und die trennenden Unterschiede vielfach verwischt. Auch dabei lässt sich das Gesetz wahrnehmen, dass das größere, in der Kultur voraneilende Volk auf das kleinere, minder civilisierte Sprache, Sitten u. s. w. überträgt. Böhmen wurde in den ältesten Zeiten schon in das Handelsgebiet Deutschlands einbezogen, sowie die böhmische Industrie ein Kind der deutschen genannt werden muß. Wie mit den Markomannen die Römer Handel getrieben hatten, so setzen sich mit den Tschechen gleich nach ihrer Einwanderung in Böhmen die Franken und Baiern in lebhaften Verkehr. Der Unsicherheit der Zeiten wegen kamen die deutschen Kaufleute in großen Karawanen und wahrscheinlich mit bewaffnetem Gefolge in's Land; mit einem solchen Handelszuge reiste der Kaufmann Samo nach Böhmen und schwang sich daselbst zum mächtigen König der Slawen empor. Unter den Karolingern wurde der Handel Deutschlands nach Böhmen immer bedeutender, namentlich nachdem Karl der Große durch seine zwei Feldzüge Böhmen seinem Reiche unterthan gemacht hatte. In den Kapitularien des großen Kaisers werden eigene Bestimmungen über den Handel der Franken nach Böhmen getroffen. Salz, Arzneien, Spezereien, Manufakte und Waffen wurden eingeführt, Rohprodukte, insbesondere Vieh und Getreide, bildeten die Ausfuhrsartikel. Des Menschenhandels dieser Periode haben wir schon oben gedacht. Die Handelswege nach Deutschland fielen mit den bereits angeführten Saumsteigen zusammen, giengen aber vorzüglich über Linz nach Regensburg, auf der Elbe nach Magdeburg oder über Eger nach Franken. Passau, Linz und Mautern waren von den Tschechen gern besuchte Märkte; die ersten Marktplätze des Landes bildeten natürlich die Burgflecken von Prag und Wyschehrad. In ersterem bestand seit Alters, noch aus der Zeit der Boleslawe, der denkwürdige Kaufhof, genannt Teyn, dort, wo heutzutage das alte Ungelt sich befindet. In diesem Kaufhofe hatten die Fremden, d. h. zumeist die deutschen Kaufleute, ihre Niederlagen und machten daselbst ihre Verkäufe und Einkäufe im Großen. Im Teynhofe mußten diese Kaufleute auch wohnen, wenn sie nicht die besondere Bewilligung erhielten, sich anderswo aufhalten zu dürfen. Der Kaufhof hatte sein eigenes Krankenhaus und eine eigene Kapelle, aus welcher die jetzige Marienkirche vor dem Teyn hervorgegangen ist. Ein eigenes Gericht mit besonderem Richter, der in der lateinischen Urkunde „Richterius" genannt wird, schlichtete die Streitigkeiten der fremden Kaufleute. Die landesfürstliche Kammer bezog bedeutende Gefälle aus dem Kaufhofe, in welchem die fürstliche Wage und

(Marginalien:)
Handel und Gewerbe.

Der Kaufhof am Teyn.

das Eimermaß aufgestellt waren. Ein besonderer Hausmeister hatte die Obsorge über das Haus, wofür er bestimmte Gebühren bezog. Ausdrücklich genannte Waarengattungen, welche die auswärtigen Kausleute verhandelten, waren: Häringe, Hausen, Hechte, Karpfen, Pferde, Ochsen, Honig, Wachs, Wein, Salz, Häute, Tuch, Leinwand, Schleier, Fußsocken, Pfeffer. Die Verkäufe geschahen theils für Geld, theils mittelst Tausch für andere Waaren. — Daß übrigens auch bereits deutsche Handwerker sich im Lande ansäßig machten, geht unter andern daraus hervor, daß König Wratislaw auf sein Verlangen vom Erzbischof von Magdeburg einen deutschen Bäcker mit seinem Handwerkszeug erhielt (1087).

Reste Ansiedelun
gen der Deutschen
in Prag. Frühzeitig haben sich denn auch manche deutsche Kausleute in den Vorburgen von Prag dauernd angesiedelt, um den Handel nachdrücklicher betreiben zu können. Auf dem Wyschehrad so wie in der Vorburg unter dem Hradschin am linken und rechten Ufer der Moldau gab es überaus geräumige Marktplätze, von denen schon im Jahre 1039 gesprochen wird. Zwischen dem Prager und Wyschehrader Burgflecken befand sich ein für den samstägigen Markt bestimmter großer Platz, der jetzige Karlsplatz. Die oben (S. 77) mitgetheilte Ansprache der Hilburgis an den Herzog liefert hinlänglich Beweis von dem Reichthum der Kausleute am Wyschehrader Markt, die, insofern sie nicht Juden waren, wohl meistens der deutschen Nation angehört haben. Den Fürsten, welche aus derartigen Niederlassungen nur Nutzen schöpfen konnten, mußte daran liegen, daß die Ansiedelungen dauernd und nicht vereinzelt blieben. Das in unüberlegter Eile gegebene Gesetz des Herzogs Spytihněw vom Jahre 1055, nach welchem alle Deutschen aus Böhmen vertrieben werden sollten, ließ sich schon nicht mehr in voller Ausdehnung durchführen. Unter Spytihněws Bruder, Wratislaw II. (1061—1092), einem der ausgezeichnetsten Fürsten und dem ersten Könige des Landes, wurde den Deutschböhmen ihre Existenz im Lande gesetzlich anerkannt und gesichert. Er vermehrte die in Prag wohnenden Deutschen durch viele Einwanderer aus dem deutschen Reiche, die, wie ausdrücklich bemerkt wird, vom Herzoge eingeladen wurden, in's Land zu kommen und vereinigte dieselben in einer eigenen Gemeinde im Burgflecken am Porschitsch (Poříč).

Der erste
Freiheitsbrief der
Deutschböhmen. Dieser neuen Gemeinde gab der König ein besonderes Privilegium, das uns in der Bestätigung des Herzogs Soběslaw II. (1173—1178) erhalten ist und daher auch gewöhnlich das „Soběslawische Privilegium" genannt wird. Es enthält diese Urkunde die Fundamentalrechte der Deutschböhmen und verdient deswegen in seinen Einzelheiten angeführt zu werden. In dem denkwürdigen Freiheitsbriefe wird zunächst konstatiert, daß die Deutschen von den böhmischen Fürsten ausdrücklich eingeladen wurden, in das Land zu kommen, um sich daselbst unter vortheilhaften Bedingungen niederzulassen. Die vorsichtigen Deutschen, nicht etwa ziellose Abenteurer, die um jeden Preis nach Besitz und Gewinnst strebten, sondern meist bemittelte Leute oder mindestens geschickte Arbeiter, mögen sich wohl selber die Bedin-

gungen gestellt haben, unter welchen sie sich unter einem Volke, über welches damals keine besonders schmeichelhaften, mitunter fabulose Berichte in Deutschland cirkulierten, anzusiedeln gedachten. Vor Allem bestanden sie auf Wahrung ihrer Nationalität und ihrer Sprache, auf Beibehaltung ihrer volksthümlichen Rechte und Gewohnheiten und forderten Garantien für die persönliche Freiheit und Sicherheit. Die Regierung gewährte, was verlangt wurde, und was auch nicht mehr, als recht und billig war. Das Sobeslawische Privilegium sagt daher, daß die Deutschen, die im Prager Burgflecken wohnen, „die von den Tschechen der Nation nach sich scheiden, so auch von diesen in ihren Gesetzen und Gewohnheiten geschieden sein sollen", daß sie leben sollen „nach dem Gesetze und Rechte der Deutschen, das sie bereits seit der Regierung des Königs Wratislaw, des Großvaters Sobeslaw's, gehabt haben." In einem eigenen Absatze wird dann ausdrücklich betont, „daß die Deutschen freie Leute sind." Die Prager Deutschen wurden nicht als Fremdlinge oder Gäste, sondern als Einheimische angesehen; Böhmen war ihr zweites Vaterland, und nur, wenn es galt, dieses „ihr Vaterland" zu vertheidigen, waren sie verpflichtet, Heeresfolge zu leisten. Ja so viel Vertrauen schenkte der Herzog den Deutschen, daß er ihnen im Privilegium auftrug, seine Burg in Prag zu bewachen, wenn er außerhalb Böhmens auf einem Kriegszuge sich befinde. Von andern Kriegslasten, wie z. B. von Beherbergungen u. dgl., waren die Deutschen frei. — Die neue Gemeinde am Porschitsch erlangte die vollste Autonomie. Sie stand nicht unter der Gerichtsbarkeit des Burggrafenamtes, sondern konnte frei ihren eigenen „Richter" wählen, der nach herkömmlichem Brauche urtheilte. Nur über Diebstahl und Mord hatte sich der Fürst das Gericht vorbehalten. Wie die freie Wahl des Richters, so wurde der deutschen Gemeinde auch die freie Wahl ihres Pfarrers zur Kirche bei „St. Peter" am Porschitsch gestattet, ohne daß sich der Bischof einmischen durfte. „Kein Deutscher", heißt es weiter im Freiheitsbriefe, „darf verhaftet oder in den Kerker geworfen werden, wenn er Bürgen stellt oder ein eigenes Haus hat. In welcher Sache er aber strafbar oder schuldig sei, so solle seinen Kindern oder seiner Frau keinerlei Nachtheil und keinerlei Schande daraus erwachsen." Gestohlenes Gut durfte bei ihm nicht gesucht werden, „außer in Gegenwart seines deutschen Richters." Kam es zu einem Schwur, so legte ihn der Deutsche nur vor seiner Gemeindekirche bei St. Peter ab, außer es befahl es der Fürst anders. Und dabei — wenigstens bei der Ablegung des Eides zur Reinigung vom Verdachte des in deutschen Gesetzen stets so schwer verpönten Diebstahles (namentlich des Pferdediebstahles) — stand der Schwörende in einem Kreise, den er sich mit dem Schwerte auf der Erde gezogen hatte. Von der Anklage des Diebstahles im Hofe reinigte er sich durch sieben Eideshelfer. In den übrigen Punkten des Privilegiums wurden meist Bestimmungen aus dem Strafrechte gegeben und das Verhältniß der Deutschen zu den Tschechen, Juden und Wälschen in Klagesachen erörtert. Gehörte der Kläger den drei letztgenannten Nationen an, so mußte er seine Klage, wenn sie gegen einen Deutschen gerichtet war, beim Oberstkämmerer einbringen; dieser sandte alsdann einen Boten an den Richter der Deutschen, der selbst den Fall zu entscheiden hatte. War es noth wendig, daß durch einen Zeugenbeweis die Klage erhärtet werde, so mußten Tschechen, Juden und Wälsche zwei deutsche Zeugen und einen aus ihrem Volke stellen. War der Deutsche klagbar gegen einen aus der anderen Nation, so ent schieden die gewöhnlichen Gerichte; in Bezug auf die Zeugen herrschte ein analoges Verhältniß. Die Strafen in der deutschen Gemeinde waren entweder Geld oder Leibesstrafen; die ersteren, in Regensburger Mark ausgesetzt, kamen dem Säckel des Fürsten zu Gute. Den Todtschlag büßte man entweder mit 10 Mark oder mit dem Verluste der rechten Hand, außer es ordnete der Fürst eine andere Strafe an. Der „Friedensstörer" zahlte 10 Mark als Geldbuße. Auf den Diebstahl während der Nacht war der Strang, auf den Diebstahl bei Tage der Staupbesen auf öffentlichem Platze und die Verweisung aus der Stadt gesetzt, bei Strafe des Galgens, falls der ausgewiesene zurückkehrte. Wurden falsche Münzen oder Münzprägeisen im Hofe oder im Hause eines Deutschen entdeckt, so war der Eigenthümer des Hauses oder Hofes nicht strafbar, „etwa wegen der Böswilligen und Ruchlosen, welche dergleichen in Häuser und Höfe zu werfen pflegen." Traf man dagegen Münzen in einem Schrein an, so war der schuldig, dem der Schrein gehörte. Wenn im Hause eines Deutschen eine geheime Schänke gefunden werden sollte, so durfte allein der Eigenthümer des Hauses, aber nur in Gegenwart des deutschen Richters oder seines Boten verhaftet werden. Für einen Mord, der an einem solchen begangen worden war, der in der Nacht durch die Gassen der Deutschen ohne Fackel gieng, sollte die Gemeinde nicht verantwortlich sein. — Endlich wurde durch den Freiheitsbrief selbst die unbeschränkte Ausbreitung der deutschen Gemeinde im Prager Burgflecken vorbereitet. Denn in einem Abschnitte desselben war die außerordentlich wichtige Bestimmung enthalten, daß Einwanderer und Fremde, aus welchem Lande sie immer kämen, falls sie mit den Deutschen in der Gemeinde zu wohnen verlangten, auch alle Rechte und Gewohnheiten derselben genießen sollten.

Wachsthum der Gemeinde am Porschitsch.

So wurden die Deutschen in Böhmen schon im XI. Jahrhunderte auf aus= drücklichen Wunsch der Regierung als Landesangehörige betrachtet und mit großen Rechten und Freiheiten ausgestattet. Freundliche Einladungen und ehrenhafte An erbietungen nur konnten die Deutschen bewegen, ihr altes Vaterland zu verlassen und ein neues in Böhmen zunächst in der Porschitscher Gemeinde zu gründen. Die Kolonie blühte durch Handel und Betriebsamkeit rasch auf unter dem Schutze des Freiheitsbriefes und der andauernden Gunst der Przemysliden Fürsten. Es ist nicht ohne große Wahrscheinlichkeit anzunehmen, daß die harten Schläge, welche am Ende des XI. und zu Anfang des XII. Jahrhunderts der jüdischen Gemeinde in Prag versetzt wurden, der deutschen Ansiedelung förderlich geworden find. Die große Verarmung und theilweise Auswanderung der Israeliten beseitigte gefährliche Konkurrenten und raubte manchem einträglichen Handelszweige die starke und umsichtige Pflege, deren sich sofort die Deutschen mit Erfolg be= mächtigten. Die letztangeführte Bestimmung des Privilegiums ermöglichte eine schnelle Ausbreitung des deutschen Elementes im Prager Burgflecken und scheint häufig in Anwendung gekommen zu sein. Unter Borziwoj II. bereits hatte die deutsche Gemeinde die Uebermacht im Burgflecken, in dessen Mitte der Richter der Deutschen über Bürger und Gäste zu Gerichte saß (um 1101). Während unter König Wratislaw noch von Einer Gasse der Teutschen die Rede ist, wird unter seinem Enkel Sobeslaw schon von mehreren Gassen in der deutschen Gemeinde ge= sprochen, und allmählich wurde der enge Bezirk des Porschitsch von den neuen An= siedlern überschritten. Die Begünstigungen, welche die Ansiedelung am Porschitsch gewährte, waren eben so bedeutend, daß sich diese nicht nur durch fortwähren= den Zuzug aus Deutschland verstärkte, sondern sich auch slawische Bewohner des Landes bemühten, auf irgend eine Art in die deutsche Gemeinde aufgenommen zu werden. Es war für den in Unterthänigkeit schmachtenden Slawen zu verlockend, ein freier Mann zu werden, unter freisinnigen Gesetzen zu leben und namentlich den schweren Bedrückungen der Gaubeamten entrinnen zu können.

Und nicht nur für das Deutschthum an sich, sondern für die Entwicklung des Landes in kulturhistorischer und politischer Hinsicht überhaupt, wurde die neue deutsche Gemeinde von tief eingreifender Tragweite. Es wirkten die Kolonisten in ihrer Ausnahmsstellung wohlthätig und segensreich für das Land, indem sie zunächst Handel und Gewerbe, Wissenschaften und Künste einführten und rasch eine bisher in Böhmen noch nicht gekannte Blüthe und ungeahnten Wohlstand hervorzauberten. Aber dies nicht allein. Die deutschen Kolonisten brachten dem böhmischen Vater= lande zwei kostbare Geschenke der Civilisation, wodurch sie sich ein unvergängliches Denkmal in der Landesgeschichte für alle Zeiten aufgebaut haben. Der deutsche Einwanderer nämlich, der sich nur unter zugesicherter persönlicher Freiheit im Lande niederließ, schuf daselbst einen neuen Stand, das für das sociale und politische Leben so wichtige Bürgerthum; die Bürger aber riefen die freien Städte in's Leben, die Sitze des Handels, der Gewerbe, der Wissenschaften und Künste, die Bollwerke der freiheitlichen Entwicklung des Volkes im Mittelalter und in der Neuzeit. Schon in dieser Periode wurde das deutsche autonome Bürgerthum in Böhmen geschaffen; in der nächsten Periode aber erst finden wir das jetzt gelegte Samenkorn zum ge= waltigen Baume herangereift, dessen werthvolle Früchte, die zahlreichen freien deut= schen Städte mit ihrem wohlhabenden, mächtigen Bürgerthume den Glanz des Vaterlandes in seltener Weise verherrlichten.

Drittes Buch.

Das Königreich Böhmen erlangt eine größere Unabhängigkeit vom deutschen Reiche. Ausbreitung der deutschen Nation im Lande.
(1197—1306.)

I.

Böhmen unter den letzten Staufern.
(1197—1254.)

Thronstreit
in Deutschland
(1197—1208).

Der Glanz der deutschen Kaiserzeit hatte in den Regierungen Friedrich Barbarossas und Heinrichs VI. seinen Höhepunkt erreicht; die weiten Länderstrecken von der Rhone bis zur Leitha, von Sicilien bis zur Nord- und Ostsee, lagen huldigend zu den Füßen der allgewaltigen Kaiser, die auch von den nicht unterworfenen Fürsten als Beherrscher der Christenheit anerkannt wurden. Blendend war die Machtfülle, welche von der unbeschränkten Regierung des Kaiserthrones ausströmte; die Dauer dieser Größe aber war keineswegs verbürgt, weil die Kraft des Absolutismus, wie in allen Zeiten, auch damals nur in der Tüchtigkeit der denselben handhabenden Persönlichkeiten beruhte. Die Reichsfürsten, die Reichsstädte, die römische Kurie, welche alle die Staufische Alleinherrschaft mit Widerwillen ertrugen, warteten nur die erste schwache Regierung ab, um das große Reichsgebäude in Stücke zu zerschlagen. Das geschah nach dem Tode Heinrichs VI. (1197). Denn Friedrich, der Sohn dieses Kaisers, war noch ein minderjähriges Kind, und es stritten sich um den Thron in verderblichem Hader der Staufer Philipp von Schwaben und der Welfe Otto von Braunschweig. Der Mordstahl des Pfalzgrafen Otto von Wittelsbach beendigte zwar das Leben Philipps (1208), und der Welfe gelangte zur Alleinherrschaft. Doch dauerte diese nur kurze Zeit, und Philipp mußte allmählich dem jungen, heranreifenden Friedrich II. den Platz räumen. Der mächtige Flügelschlag dieses letzten tüchtigen Stauferkaisers aber erlahmte unter den wuchtigen Streichen des päpstlichen Bannstrahles und dem trotzigen Widerstande der republikanischen Bürger Italiens.

König Premysl
Ottokar I.
(1197—1230).

In diese Zeit fällt die Regierung Premysl Ottokars I. (1197—1230), eines politisch klugen Kopfes und Diplomaten ersten Ranges. Wer der Politik der freien Hand und dem Götzen des Erfolges huldiget, findet in Ottokars I. Regierung eine mustergiltige Verkörperung seiner Ideale. Mit richtiger Erkenntniß der gegebenen Verhältnisse, aber auch ohne alle Rücksicht auf die Mittel, benutzte dieser Fürst die in Deutschland eingetretenen Zerwürfnisse zu Gunsten der wieder zu erobernden Selbständigkeit Böhmens. In buntscheckiger Charakterlosigkeit schloß und löste er mit Freund und Feind Verträge und Bündnisse, je nachdem er Vortheil oder Schaden erblickte. Im Streite zwischen Philipp von Schwaben und Otto von Braunschweig nahm Ottokar I. zunächst für den Staufer Partei und unterstützte dessen Wahl und Krönung zum deutschen König. Natürlich that er dies nicht, ohne selbst einen Gewinn dabei zu erlangen. Philipp bestätigte die alten Rechte Böhmens und ertheilte Ottokar die erbliche Königswürde; an demselben Tage, an welchem Philipp in Mainz gekrönt wurde, setzte eben daselbst (oder zu Boppard) der Erzbischof von Tarantaise dem Böhmenfürsten die Krone auf's Haupt (15. August 1198). Doch nicht lange dauerte die Waffengenossenschaft des Freundstüden mit dem Staufer. Ottokar sprang 1203 auf die Welfische Seite über, aus keinem anderen Grunde, als weil Otto im Kaiserstreite augenblicklich bessere Aussichten hatte, und der gewaltige Papst Innocenz III., an dessen Freundschaft Ottokar viel lag, es so wünschte. Zum Lohne dafür wurde der Böhmenkönig in Merseburg von dem eben anwesenden Kardinal Guido am 24. August 1203 neuerdings gekrönt und Böhmen selbst vom Papste durch eine eigene Bulle für alle Zukunft in die Reihe der christlichen Königreiche aufgenommen (18. April 1204). Doch auch Otto sollte erfahren, daß er einem Undankbaren seine Gunst geschenkt habe. Kaum hatte sich nämlich im Verlaufe der weiteren Kämpfe das trügerische Kriegsglück auf die Seite Philipps geneigt, so entzog sich der durch einen Aufstand in Böhmen geängstigte Ottokar aalglatt seinen Verbindlichkeiten gegen Otto, um einen neuen Freundschaftsbund mit dem Staufer zu erheucheln (1204). Allerdings mußte der Böhme 7000 Mark Silber als Schadenersatz an Philipp entrichten und Geiseln stellen als Bürgschaft für die richtige Zahlung; aber das Bündniß sollte diesmal auch ein innigeres werden, da Philipp seine Tochter Kunigunde mit Ottokars Sohn, Wenzel, — beide noch Wiegenkinder — verlobte (1206). Zwei Jahre war nun Ottokar Staufisch gesinnt, bis am 12. Juni 1208 König Philipp zu Bamberg den meuchlerischen Schwertstreichen des Wittelsbachers erlag. Da jetzt der Papst und alle Reichsfürsten Otto IV. als rechtmäßigen König und Kaiser anerkannten, fügte sich auch Ottokar und erschien auf den Hoftagen zu Altenburg und Würzburg vor dem Welfen. Allein Ottos Tage der Macht waren gezählt, als er sich mit dem Papste verfeindete und in Folge dessen die Last des Bannstrahls zu tragen hatte (1210). Der wetterwendische Böhmenkönig war der erste Reichsfürst, welcher, dem Ansinnen des Papstes nachgebend, Otto von Braunschweig verließ und seine Blicke dem aufgehenden Gestirne des jungen Staufers Friedrich II. zuwandte. Mit Heeresmacht eilte er dem aus Italien heranziehenden Friedrich über die bairische Gränze entgegen, um ihm Freundschaft und Waffenbündniß an-

7*

Philipp von Schwaben (1197-1208).

Otto von Braunschweig (1204-1212).

Kaiser Friedrich II. (1212-1250).

zutragen. Dafür erntete der Meister in der Politik des Erfolges den glänzendsten Lohn in dem großen Freiheitsbriefe, den der neugewählte König Friedrich II. am 26. September 1212 zu Basel dem Königreiche Böhmen verlieh. Durch denselben wurde die Königswürde des böhmischen Fürsten bestätiget und diesem das Recht der Investitur des Landesbischofes verliehen. Die Verpflichtung des böhmischen Königs, auf dem deutschen Reichstage zu erscheinen, wurde beschränkt und die Heeresleistung beim Römerzuge um ein Beträchtliches herabgemindert.

Familien
verhältnisse. Auch die zarten Bande des eigenen Familienlebens zerriß Ottokar I. in der Verblendung seines übermäßigen Ehrgeizes. In früher Jugend schon hatte er sich mit Adelheid, der Tochter des Markgrafen Otto von Meißen, vermählt, und eine lange Reihe von Jahren lebte er mit ihr in liebevoller Ehe, welche mit einem Sohne und drei Töchtern gesegnet war. Als er aber Herzog und König von Böhmen wurde, verstieß er rücksichtslos das treue Weib und die Kinder, indem er eine Anverwandtschaft im vierten Grade vorschützte. Eine Königstochter sollte mit ihm, so wünschte es der Ehrgeizige, den Thron theilen, und er fand in Konstantia, einer Schwester des Königs Emmerich von Ungarn, seine zweite, ebenbürtige Gemahlin (1198). Adelheid suchte vergeblich ihre und ihrer Kinder Ehre vor dem Schiedsgerichte, das der König zum Scheine zusammengesetzt hatte, zu retten; barsch wurde sie durch Bewaffnete von der Thüre des Saales abgewiesen und nicht einmal in die Versammlung gelassen. Dann kehrte die Tiefgekränkte in ihre Heimath nach Meißen zurück und lebte bei ihrem Bruder, dem Markgrafen Dietrich. Dieser beschloß die Schande seiner Schwester zu rächen und klagte, aber lange fruchtlos, bei dem Kaiser und dem Papste. Erst als im Jahre 1212 Ottokar I. durch seinen Uebertritt zu Friedrich II. den Zorn Otto's von Braunschweig von Neuem gereizt hatte, berief dieser einen Reichstag nach Nürnberg, um Gericht über den treulosen Böhmenkönig zu halten und die Rechte der Kinder der verstoßenen Adelheid zu wahren. Ottokar wurde von den anwesenden Fürsten, unter denen sich auch böhmische Grafen, insbesondere der Oberstkämmerer Cernin, befanden, abgesetzt und Prinz Wratislaw, der Sohn Adelheids, durch Ueberreichung von sechs Fahnen feierlichst mit Böhmen belehnt. Jedoch Otto IV. besaß nicht mehr die Macht, um diesen Beschlüssen den gehörigen Nachdruck zu verleihen; fester als sonst saß in diesem Jahre Ottokar auf dem böhmischen Throne, dessen Rechte er bald darauf durch Friedrich's Privilegium außerordentlich vergrößerte. Adelheid war inzwischen gestorben. Es war ihr noch vergönnt gewesen, die eine ihrer Töchter Margareth, auch Dagmar genannt, ehrenvoll an Waldemar, den König von Dänemark, zu vermählen; dann hatte sie sich in das von ihr mitgestiftete Kreuzkloster bei Meißen zurückgezogen, woselbst sie am 1. Februar 1211 ihr Leben beschloß.

Innere Politik. Nachdem Ottokar I. durch die kluge Benützung der Zeitverhältnisse seinem Reiche Böhmen eine gesicherte Machtstellung und eine noch nicht gekannte Selbstständigkeit erworben hatte, suchte er nicht nur durch dauernden Anschluß an Kaiser

Friedrich II., sondern auch durch seine Politik im Innern, die erzielten Errungen=
schaften für sich und seine Nachkommen zu behaupten. Er kräftigte das monar=
chische Princip und sein königliches Ansehen, namentlich dem stolzen Landesadel
gegenüber und hielt dessen eigennützige Standesbestrebungen mit starker Hand
darnieder. Durch Begünstigung der deutschen Kolonisation schuf er sich einen kräf=
tigen Bundesgenossen im rasch erblühenden Bürgerstande, vergrößerte das Ein=
kommen der Krone und vermehrte den Wohlstand des Landes. Der Adel wagte
jetzt nicht mehr, Einsprache zu erheben, als Ottokar I. das Senioratserbfolgerecht
abschaffte und die Thronfolge nach dem Rechte der Erstgeburt einführte. Im
Jahre 1216 ließ er Wenzel, den ältesten Sohn von seiner zweiten Gemahlin,
obzwar er erst eilf Jahre alt war, von dem mährischen Markgrafen Wladislaw
und den böhmischen Adeligen voraus zu seinem Nachfolger wählen, welchen Vor=
gang Friedrich II. durch eine goldene Bulle sanktionierte. Nur die Theobalde (Die=
politize), die einzige noch blühende Nebenlinie der Premysliden, erhoben Wider=
spruch, sahen sich aber genöthigt, nach Schlesien auszuwandern, woselbst in nicht
langer Zeit darauf ihr Geschlecht erlosch.

Einen langwierigen Streit mit der kirchlichen Gewalt im Lande, deren Ver=
treter Bischof Andreas war, schlichtete Ottokar I. durch Nachgiebigkeit und Ver=
leihung bedeutender Privilegien an den Klerus. Die gleichzeitigen Chronisten
vergaßen über diesem Streit, alle anderen politischen Ereignisse aufzuzeichnen, so
daß uns die Geschichte Ottokars von 1217 bis zum Jahre 1228 ziemlich lücken=
haft aufbewahrt ist. Im Jahre 1222 starb Wladislaw, Ottokars Bruder, der
Markgraf von Mähren. Ohne auf die verwandten Theobalde Rücksicht zu nehmen,
ließ Ottokar das Land Mähren Anfangs in seinem eigenen Namen verwalten, ver=
lieh es aber dann seinem zweitgeborenen Sohne Wladislaw (1224) und nach dessen
baldigem Tode dem drittgeborenen Premysl (1226). Der erstgeborene Wenzel aber,
welcher bereits zum Nachfolger im Königthume erwählt worden war, und seit 1227
die Theilprovinz von Pilsen verwaltete, wurde im Jahre 1228 noch bei Lebzeiten
seines Vaters auf's Feierlichste zum Könige gekrönt.

Ottokar lebte noch bis zum 15. December 1230. In den letzten Jahren ^{Ottokars I. Ende. (1230).}
seiner Regierung betheiligte er sich nur an den bedeutenderen Staatsaktionen und
überließ die Besorgung minder wichtiger Angelegenheiten seinen Söhnen. Gegen
Ende seiner Regierungszeit entspann sich ein Streit mit dem Kaiser und den Ba=
benbergern. Agnes, die Tochter Ottokars, welche bereits mit Heinrich, dem Sohne
des Kaisers, verlobt war, wurde dem Vater wieder heimgeschickt, und der Sohn
des Kaisers vermählte sich mit einer Babenbergerin, der Tochter Leopolds VI.;
doch erst nach dem Tode des Königs kam der Kampf wegen dieser, der Premysli=
dischen Familie angethanen Schmach zum Ausbruche.

Wenzel I. (1230–1253) war 25 Jahre alt, als er selbständig die Leitung ^{König Wenzel I. (1230—1253).}
des Königreiches Böhmen übernahm. Dank der großen Regierungskunst seines

Vaters hatte das Reich ein bedeutendes Ansehen im Auslande erlangt, und ringsum standen die Nachbarn in freundschaftlichen Beziehungen zum Prager Hofe. Auch das gute Verhältniß der Premyßliden zu Kaiser Friedrich II., in das seit der empfindlichen Beleidigung der Prinzessin Agnes ein Riß gekommen war, schien sich allmählich wieder herstellen zu wollen. War ja doch Wenzel selbst mit einer Staufischen Prinzessin vermählt, und Kaiser Friedrich unterschätzte keineswegs die Vortheile, welche ihm die Bundesgenossenschaft des Böhmenkönigs in jenen stürmischen Zeiten gewähren konnte. Desowegen suchte er auch jene Differenzen auszugleichen, welche noch in Bezug auf das Erbtheil der Prinzessin Kunigunde stattfanden, und befriedigte Wenzel I. in gütlicher Weise, indem er ihm statt eines Landantheiles eine Summe von 10,000 Mark Silber auszahlte (1235).

Kampf mit
Friedrich dem
Streitbaren
(1230–1246).

Nur Eine kriegerische Frage hatte Ottokar I. seinem Sohne zur Lösung vererbt. Der Streit mit den Babenbergern, der wegen Agnes entstanden war, hatte sich kurz vor dem Tode Ottokars erneuert, da der Nachfolger Leopolds VI. von Oesterreich, Herzog Friedrich, durch eine dem ungarischen Hofe zugefügte Kränkung auch die anverwandten Premyßliden beleidigte. Friedrich, der Streitbare genannt, verstieß nämlich gleich nach dem Regierungsantritte seine Gemahlin Sophia, eine Schwester der zukünftigen ungarischen Königin und vermählte sich mit Agnes, Tochter des Herzogs Otto I. von Meran (1229). So war es wieder der an einer Frau verübte Frevel, welcher die Männer zum blutigen Kriege trieb. Drei Jahre hinter einander (1230, 31, 32) unternahm Wenzel, aufgemuntert von Konstantia, seiner ungarischen Mutter, verwüstende Einfälle in Oesterreich, das erste Mal noch bei Lebzeiten seines Vaters. Aber erst im Jahre 1233 kam es zu einem entscheidenden Schlage. Dem österreichischen Herzoge war es gelungen, Premyßl, den Markgrafen von Mähren und Bruder Wenzels, auf seine Seite zu ziehen und die starke Burg Böttau an der böhmisch-mährischen Gränze zur Uebergabe zu zwingen. Da rückte aber rasch ein böhmisches Kriegsheer heran, und der siegreiche Babenberger wurde zum Rückzuge und zur Nachgiebigkeit genöthigt. Die Oesterreicher behaupten, eine Krankheit Friedrichs des Streitbaren habe sie verhindert, die Böhmen zu besiegen; letztere aber schreiben die Flucht des an Zahl weit überlegenen feindlichen Heeres einer Kriegslist ihres Anführers zu. Herr Boček nämlich, Stammvater der Kunstädte, habe auf vielen Punkten zugleich böhmische Trommeln rühren lassen und so die Oesterreicher, die sich vom Feinde umringt glaubten, in Verwirrung gebracht. Wenzel I. züchtigte hierauf seinen Bruder Premyßl wegen dessen Treulosigkeit, eroberte Brünn, verwüstete das Land, befreite aber auf Fürbitte seiner Mutter den schuldigen Markgrafen von weiterer Strafe.

Wohl wurde jetzt der Friede zwischen Böhmen, Ungarn und Oesterreich wieder hergestellt, und sowohl Bela als auch Wenzel und sein Bruder Premyßl fanden sich im Jahre 1234 auf der glänzenden Hochzeit ein, welche Friedrich der Streitbare seiner Schwester Konstantia gab, die sich mit dem Markgrafen von Meißen vermählte. Aber bald genug fachte die Streitlust und der halsstörrische Sinn des unruhigen Friedrich von Oesterreich die Kriegsfackel von Neuem an. Mit dem Kaiser hatte sich der Babenberger schon zwei Jahre vorher verfeindet, da er sich weigerte „im knabenhaften Trotze", wie der Kaiser meinte, in Pordenone zum Empfange der Reichslehen zu erscheinen. Noch größer wurde die Spannung, als der österreichische Herzog sich mit seinem Schwager, dem deutschen Könige Heinrich, dem Sohne des Kaisers, in nähere Verbindungen setzte und diesen in seinen hochverrätherischen Plänen gegen seinen eigenen Vater unterstützte. Da kam der Kaiser aus Italien nach Deutschland, nahm seinen ungerathenen, widerspänstigen Sohn gefangen, entsetzte ihn seiner Würde und warf ihn in den Kerker, in welchem er bis zu seinem Lebensende (1242) schmachtete. Jetzt konnte wohl die böhmische Agnes das einst so bittere Verhängniß preisen, das ihr den schon Verlobten wieder entrissen hatte. Der Bundesgenosse und Schwager des Unglücklichen, Friedrich der Streitbare, wurde vom Kaiser drei Mal zur Verantwortung geladen, und da, er nicht erschien, in die Reichsacht erklärt (1236). Freudig übernahmen Wenzel von Böhmen und der Herzog Otto von Baiern die Vollstreckung der ausgesprochenen Acht; denn beide Fürsten hatten schon im vorigen Jahre in Verbindung mit Ungarn die Waffen gegen Friedrich den Streitbaren erhoben, vorzüglich aus dem Grunde, weil dieser gegen den 1235 auf den ungarischen Thron gelangten Bela IV. allerhand Umtriebe mißvergnügter ungarischer Edelleute unterstützte. Der Böhme, der Baier und andere Reichsfürsten bedrängten nun mit mächtigen Kriegsheeren den geächteten Herzog, der sich bald, weil auch von den Bewohnern seines eigenen Reiches verlassen, nur noch in Wiener-Neustadt behaupten konnte. Wien hatte den vereinigten böhmischen und bairischen Heeren die Thore geöffnet, und in dieser Stadt erschien nach kurzer Zeit der Kaiser selbst mit einem glänzenden Gefolge. Hier war es auch, wo eilf anwesende Fürsten, der König von Böhmen an der Spitze, des Kaisers herrlichen Sohn Konrad zum Könige von Deutschland wählten (1237).

Im letzt genannten Jahre befand sich des gewaltigen Stauferkaisers Macht im schwindelnden Höhepunkte. Wiederum war es die Riesenkraft der mittelalterlichen Kirche, welche den weltlichen Beherrscher der Christenheit in den todbringenden Ringkampf verstricken sollte. Wie gewöhnlich in den Kaiserstreiten suchte der Papst die Reichsfürsten auf seine Seite zu ziehen. Den König von Böhmen scheint er schon in den ersten Monaten des Jahres 1237 für sich gewonnen zu haben; bei den Unterhandlungen hatte sich besonders der Einfluß der Aebtissin Agnes bei St. Franziscus, der Schwester Wenzels, die als Muster der Frömmigkeit in hohem Ansehen bei der päpstlichen Kurie stand, geltend gemacht. Auf weiteres Andringen des Papstes beschloß Wenzel I., sich mit seinem Feinde, Friedrich dem Streitbaren von Oesterreich, zu versöhnen. Der Böhmenkönig befand sich gerade auf einem

Wenzel geht zur päpstlichen Partei. über.

Heereszuge nach Mähren, woselbst sein Bruder zum zweiten Male einen Aufstand gewagt hatte. Der mährische Premysl wurde besiegt und ihm zur Strafe nur die Gaue Olmütz und Troppau gelassen, während die Mutter Konstantia Brünn als nunmehrigen Wittwensitz erhielt.

Vertrag zu
Kunrowitz
(1237).

Da fand sich der Babenberger in Mähren ein und schloss mit Wenzel in der Benediktinerabtei zu Kunrowitz innige Bundesgenossenschaft; Wenzel versprach, Friedrich bei der Wiedereroberung seiner verlorenen Länder behilflich zu sein, wogegen sich Friedrich verpflichtete, jenem den ganzen Theil Oesterreichs auf dem linken Donauufer abzutreten und seine Nichte Gertrud mit Wenzels erstgeborenem Sohne Wladislaw zu vermählen (1237). Durch diesen Vertrag hatte Wenzel den Bruch mit seinem Kaiser, seinem Anverwandten und ehemaligen Freunde, ausgesprochen und sich zum willigen Werkzeuge des Papstes erniedrigt. So sehr waren schon die Chronisten jener Zeit von dieser Schwenkung der Politik des böhmischen Königs überrascht, dass sie den Grund seiner unerwarteten Feindseligkeiten gegen den Stanfer in gewissen Gränzstreitigkeiten suchten und von einem heftigen Wortwechsel der beiden Fürsten, der fast zu dem Aergsten geführt habe, zu erzählen wissen. — Die päpstlichen Pläne aber, in welche Wenzel immer tiefer hineingezogen wurde, zielten auf einen förmlichen Fürstenbund, auf die Absetzung Friedrichs II. und die Neuwahl eines deutschen Kaisers ab. Wenzel, welcher 1238 mit Friedrich dem Streitbaren die kaiserlichen Statthalter aus dessen Ländern vertrieben hatte, gelangte zur traurigen Ehre, von den verschworenen Reichsfürsten, dem Herzoge von Baiern, dem Landgrafen von Thüringen, dem Markgrafen von Meißen und den beiden Markgrafen von Brandenburg, zum Haupt des Bundes gewählt zu werden (1238). Als nun der Papst Gregor IX. seinen letzten Trumpf ausspielte, indem er den vernichtenden Bannstrahl gegen Friedrich II. schleuderte und die Fürsten zur Neuwahl eines Reichsoberhauptes aufforderte, da gerieth in der That die gewaltige Kaisermacht in bedenkliche Schwankungen (1239). Noch aber gab der geniale Stanfer die Schlacht nicht verloren; noch verstand er es, den gegen ihn heranbrausenden Gewittersturm zu beschwören und für einige Zeit wenigstens noch sich als Herr der Situation zu behaupten. In Italien bekämpfte er in eigener Person seine Feinde, in Deutschland ließ er durch seinen Sohn Konrad einen Reichstag nach Eger (1. Juni 1239) berufen, woselbst der feindliche Fürstenbund durch den Abfall des Thüringers und Meißners gesprengt wurde. Friedrich den Streitbaren aber gewann der Kaiser rasch für sich, indem er die Reichsacht aufhob, ihm seine Länder und Würden zurückgab und den Vertrag mit Böhmen wegen der Abtretung des linken Donauufers für nichtig erklärte. Die Wahl eines Gegenkaisers scheiterte trotz aller Bemühungen des Papstes, da sich Niemand fand, der sich in die Gefahren, welche mit dieser zweifelhaften Würde verbunden waren, stürzen wollte. Und unser König Wenzel? Auch er gab bald seine Opposition gegen Kaiser und Reich auf, sei es, dass er die Irrwege der Politik, in die er doch nur durch Verführung gerathen war, erkannte, oder dass ihn die schlechten Erfolge seiner

Partei in Mißstimmung verſetzt hatten. Gegen den Egerer Reichstag trotzte er noch von Elbogen aus; als aber die verrätheriſchen Fürſten zu Budiſſin wieder wegen der Wahl eines Kaiſers zuſammentraten, da fieng Wenzel ſchon zu ſchwanken an (1240). Er empfieng bereits die Boten des Kaiſers und ſchenkte ihren Worten *Wenzel wird wieder kaiſerlich (1240).* geneigtes Gehör, und bald darauf verſöhnte er ſich gänzlich mit ſeinem rechtmäßigen Reichsoberhaupte. Nur konnte er ſich nicht verſagen, gegen den wetterwendiſchen Friedrich von Oeſterreich einen Heereszug zu unternehmen; er brach noch 1240 in ſein Land ein, wurde aber von der Verfolgung der bereits errungenen Vortheile durch ein Ereigniß zurückgehalten, welches ganz Europa in unerhörten Schrecken verſetzte.

Zwei Erdtheile, Europa und Aſien, wurden in der erſten Hälfte des XIII. *Der Mongolenſturm (1215 - 1242).* Jahrhunderts in ihren Grundfeſten erſchüttert durch den Mongolenſturm, der mit der Macht und Schnelligkeit eines raſenden Wirbelwindes vom japaniſchen Meere bis zur Adria Alles ſich ihm entgegenſtellende mit Leichtigkeit darnieder ſchmetterte. Temudſchin hieß der gewaltige Anführer der Tataren, wie ſie ſich ſelbſt nannten, von dem die Propheten ſeines Volkes verkündeten, daß er zum Herrn der Welt beſtimmt ſei, weswegen man ihn „Dſchingis Chan" d. i. den größten Chan, nennen müſſe. Das himmliſche Reich der Chineſen konnte dem aus ſeinen Sitzen ſich erhebenden Nomadenvolke nicht widerſtehen trotz der ewigen Mauer, und die gewaltige Hauptſtadt Peking wurde im Sturme genommen (1215). Das weite Reich der Chowaresmier zwiſchen China, Indien und dem Kaspi-See wurde vom gewaltigen Anführer Temudſchin in Einem Feldzuge vernichtet, und bald klopfte eine Abtheilung der weltſtürmenden Beſieger Aſiens an die Thore von Europa. Vergeblich ſtellten ſich ihnen die Ruſſen an der Kalka (1224) entgegen; ſie erlagen im ungleichen Kampfe den zahlloſen Scharen der wilden aſiatiſchen Gäſte. Dieſe jedoch wandten ſich unerwartet trotz des Sieges wieder nach Oſten, um in Aſien neue Eroberungen zu machen. Aber im Jahre 1237 erſchienen ſie von Neuem unter Batu, einem Enkel Dſchingischans, welcher bei der Theilung des tatariſchen Reiches das Kapſchak, das ſind die Landſchaften am Ural und der Wolga, erhalten hatte. Er eroberte nach neuen Siegen Moskau, Wladimir und das „altehrwürdige" Kiew und vollendete die Unterwerfung der einzelnen ruſſiſchen Fürſtenthümer, die es verſäumt hatten, ihre Macht zu vereinigen und gemeinſam dem Feinde Widerſtand zu leiſten. — Immer näher an unſer Vaterland wälzte ſich die verderbenſchwangere Wolke des Tatarenheeres, von dem man behauptete, es bedecke zwanzig Tagereiſen in der Länge und fünfzehn in der Breite. Schreckliche Nachrichten liefen von Mund zu Mund über die unmenſchlichen Grauſamkeiten, welche die Barbaren verübten. Dieſe ungeſchlachten Geſtalten, mit kurzen, kleinen Körpern, breiten Geſichtern, blitzenden Augen und kreiſchenden Stimmen erſcheinen, ſo ſchreiben die Chroniſten, auf ihren unanſehnlichen, aber windesſchnellen Pferden immer in großen Schwärmen und ſenden dem überraſchten Feinde ihre todtbringenden Pfeile. Nichts iſt ihnen heilig, kein

Alter, kein Geschlecht: sie plündern, rauben, sengen und brennen ohne alle Scho=
nung und morden mit einer wahren Tigerlust. Ueberall, wo die Tataren hinziehen
wollten, schickten sie erst ihre Späher voraus, um die Länder auszukundschaften. Auch

Tatareneinzug in
Böhmen.

nach Böhmen kamen solche, ohne daß man damals im Lande ihre eigentliche Absicht
erkannte. Sie werden also beschrieben: „Absonderlich, ja gar wundersam waren die
Sitten dieser Leute. Sie hatten gar hohe Hüte, trugen kurz Gewand und giengen mit
langen Pilgerstöcken einher; an den Füßen waren sie mit Socken versehen. Wasser
tranken sie, indem sie sich vom Ufer in den Bach hineinlegten; um Brot baten
sie, wie Bettler, und dankten mit den Worten „Kartasbog", daher man sie auch
Kartasen benamste".

Heimkehr des
Frommen und
Wenzels I
Kampf gegen die
Tataren.

Jetzt wäre es an der Zeit gewesen, daß die beiden Schwerter der Christen=
heit, der Kaiser und der Papst, gemeinschaftlich ihre Spitzen gegen die herandrin=
genden Horden des Heidenthums gekehrt hätten; aber der jammervolle Hader der
geistlichen und weltlichen Macht überließ den Kampf um den Bestand der Civili=
sation den unmittelbar von den Tataren bedrohten Fürsten allein. Als wackerste
Kämpen gegen die wilden mongolischen Heerscharen stellten sich Herzog Heinrich
der Fromme von Breslau und sein Schwager König Wenzel von Böhmen. Batu,
der inzwischen Kleinpolen mit seinen Reiterhaufen überfluthet, Sandomierz und
Krakau eingeäschert hatte, sonderte jetzt sein Heer in drei Abtheilungen (1241).
Während er selbst mit der Hauptmacht durch die Karpathenpässe nach Ungarn vor=
drang, wandte sich ein zweiter Heerhaufe nördlich nach Großpolen, ein dritter aber
nach Schlesien in gerader Linie gegen Böhmen. Letzterer hatte bereits Breslau
verbrannt und zog nun, vereinigt mit dem anderen polnischen Hansen gegen Lieg=
nitz, wo Herzog Heinrich der Fromme sich den Barbaren muthig entgegenstellte.

Schlacht von
Wahlstatt
(9. April 1241).

Am 9. April 1241 kam es auf der Ebene von Wahlstatt zu einer Schlacht. Das
kleine Christenheer focht mit heldenmüthiger Tapferkeit, mußte aber endlich der
Uebermacht erliegen, und Herzog Heinrich selbst, sowie Boleslaw, einer der letzten
Prinzen aus der Przemyslidischen Linie der Theobalde, fanden in der Schlacht ihren
Tod. — Lange vorher, ehe noch die drohende Gefahr in so große Nähe gelangt
war, hatte Wenzel von Böhmen dieselbe in ihrer ganzen Furchtbarkeit ermessen und
sich eifrigst bemüht, dieselbe vom Herzen Europas kräftig abzuwehren. Er hatte
seine Nachbarn, den Herzog Otto von Baiern und den Landgrafen Heinrich von
Thüringen schriftlich zur schleunigsten Hilfeleistung ermahnt. Nachdem er sein eige=
nes Reich durch Anlegung von Verhauen an den Landesthoren und durch Befestigung
der Prager Burg, sowie vieler anderer offenen Orte hinlänglich gesichert hatte,
nahm er das Zeichen der Kreuzfahrt und zog mit einer bedeutenden Streitmacht
über Zittau dem Herzoge Heinrich dem Frommen zu Hilfe. Aber leider kam er
zu spät; die Schlacht von Wahlstatt war bereits geschlagen, und Wenzel blieb
Nichts übrig, als den Barbaren einen neuen Kampf anzubieten. Diese aber wichen
demselben aus, wandten sich mit ihrer ganzen Macht nach Südosten und suchten

auf anderen Wegen in Böhmen einzubrechen. Bis über Glatz hinaus gegen das polnische Landesthor bei Nachod drangen sie vor, ohne sich desselben bemächtigen zu können; es wird erzählt, daß vereinzelte kleine Scharen bis zum Städtchen Eipel gelangt, daselbst aber von den Einwohnern vernichtet worden seien.

Dagegen gelang es den Tataren, im Mai 1211 durch den Troppauer Gau nach Mähren vorzudringen, woselbst sie einen ganzen Monat lang auf die ärgste Weise hausten. Das Land wurde von einem Ende bis zum andern auf die schrecklichste Weise verwüstet, die Klöster von Hradisch und Raigern wurden niedergebrannt; es gab nur wenig feste Punkte, wo sich ein tapferes Christenhäuflein zu halten vermochte. Zu letzteren gehörte Olmütz, Brünn und Mährisch-Neustadt. König Wenzel, mit dem die Tataren den Kampf aufzunehmen nicht gewagt hatten, war mit seinem Heere einige Zeit an der Polengränze stehen geblieben, da möglicher Weise der Rückzug der Feinde nur eine Kriegslist sein konnte. Als aber der König von Böhmen von dem Einfalle der Feinde in Mähren und der Bedrängniß dieses Landes hörte, welches nach dem Tode des kinderlosen Przemysl (1239) wieder unmittelbar unter ihm stand, sandte er sogleich eine Abtheilung seiner Scharen ab und fand sich dann selbst mit neuer Verstärkung in der Markgrafschaft ein. Auch Friedrich der Streitbare von Oesterreich, mit dem Wenzel einen abermaligen Vertrag geschlossen, sowie die Verabredung in Bezug auf die Vermählung Wladislaws mit Gertrud erneuert hatte, traf mit Hilfstruppen in Mähren ein. Bei Olmütz kam es zum Zusammenstoß mit den Feinden, denen hier die erste empfindliche Niederlage durch die Christen beigebracht wurde. In alten Liedern wird die große Tapferkeit eines gewissen Jaroslaw besungen, der angeblich dem später so benamten Geschlechte der Sternberge angehörte: er habe, so heißt es, den Sieg entschieden und mit eigener Hand einen Anführer der Tataren im blutigen Zweikampfe erlegt. Eine Woche nach der Schlacht von Olmütz hatten die Tataren Mähren geräumt, um sich nach Ungarn zu wenden und daselbst mit ihrem Hauptheere zu verbinden. Was Ungarn, wo sich die wilden Asiaten dauernd niederzulassen gedachten, damals litt, übersteigt alles bis jetzt Gehörte. Die Einwohner wurden unter haarsträubender Grausamkeit hingeschlachtet, und der König nach Verlust einer Schlacht vertrieben; das Land selbst ward bald eine Wüste. Auch nach Oesterreich versuchten die Barbaren von Ungarn aus vorzudringen: allein als ihre Späher von einem Berge aus die vereinigte Macht des Böhmenkönigs, des Herzogs von Oesterreich und Kärnthen und anderer deutscher Fürsten merkten, gaben sie ihren Plan auf. Auch in Ungarn blieben sie nicht, wie sie anfangs beschlossen hatten, dauernd, sondern sie zogen, nachdem sie noch Kroatien und Dalmatien geplündert, plötzlich im Jahre 1242 wieder nach Asien zurück, wo Batu's Anwesenheit durch gewisse eingetretene Ereignisse nothwendig geworden war.

Das Bündniß Friedrichs des Streitbaren und Wenzels von Böhmen war nur durch die Tatarennoth zusammengehalten worden. Kaum hatten diese schlim-

Die Tataren in Mähren und Ungarn.

Wladislaw von Mähren erwirbt Oesterreich (1246,7).

nen Gaste den Rücken gewendet, so dachte der streitsüchtige Friedrich nicht mehr an die zugesicherten Versprechungen und suchte namentlich die Verlobung Gertruds mit Wladislaw zu hintertreiben. Der unerquickliche Streit zog sich bis ins Jahr 1216. Da mußte Friedrich endlich nachgeben, und im April wurde die Hochzeit des viele Male verlobten und immer wieder getrennten Paares gefeiert. Zwei Monate darauf fiel Friedrich der Streitbare in der Schlacht an der Leitha gegen die Ungarn, mit denen er neuerdings einen Krieg begonnen hatte. Er war der letzte männliche Babenberger, und seine beiden Herzogthümer wurden der Zankapfel der Nachbarn. Wladislaw, welcher von seinem Vater zum Markgrafen von Mähren erhoben worden war, nahm zunächst die Babenbergischen Länder als Erbschaft seiner Gemahlin in Anspruch, starb aber schon nach einem halben Jahre (1247).

Der Aufstand
Ottokars gegen
seinen Vater
Wenzel I.
(1248).

Mittlerweile hatte Wenzel I. seine äußere Politik abermals geändert, sich neuerdings vom Kaiser abgewendet und ganz auf die Seite der kirchlichen Partei geschlagen. War doch auch Friedrichs II. Stern im Untergehen, seitdem ihn das Concil von Lyon aufs Feierlichste noch einmal gebannt und dann abgesetzt hatte. Eine gewisse Gereiztheit mochte Wenzel in dieser seiner Wandelung, welche durch die heftigste Agitation der kirchlichen Partei betrieben wurde, bestärken; denn Friedrich II. war in den letzten Tagen Friedrichs des Babenbergers innigster Bundesgenosse geworden, und man hatte sogar Unterhandlungen über eine Vermählung des Kaisers mit der schönen Gertrud, der Braut Wladislaws, gepflogen. Ferner hatte der Kaiser nach dem Tode Friedrichs des Streitbaren die Besitznahme Oesterreichs und Steiermarks durch Wladislaw nicht anerkannt, sondern vielmehr diese Länder als erledigte Reichslehen bezeichnet und seine Statthalter zur Verwaltung derselben dahin gesendet. Der Papst Innocenz IV. dagegen erklärte die Rechte der Wittwe Gertrud, für welche die Kurie als zweiten Gemahl den kirchlich gesinnten Markgrafen Hermann von Baden ausersehen hatte, für die allein giltigen und forderte Wenzel I. (28. Jan. 1218) zu energischer Hilfeleistung und ausgiebiger Unterstützung der neuen Herzogin auf. Mit dem alternden Könige Wenzel hatte die kirchliche Partei ein leichtes Spiel. Er wurde in den letzten Jahren seines Lebens immer gleichgiltiger gegen alle Regierungsangelegenheiten und überließ sich auf seinen einsamen Schlössern ganz und gar den Vergnügungen der Jagd und der Liebe. Er wurde von der klerikalen Seite völlig ins Schlepptau genommen, ohne daß er selbst viel Thätigkeit entwickelte, wie es denn auch nicht wahr ist, daß er persönlich bei der Wahl Wilhelms von Holland sich betheiligte. Dabei verschwendete er ein Krongut um das andere und verschenkte sogar einzelne Gauburgen an seine Lieblinge, beispielsweise Bilin an Oger von Friedberg. Uebrigens wurden gerade durch dieses nachlässige Benehmen des Königs die Reste der Stanfischen Partei im Lande zur Sammlung und Verstärkung getrieben. Mit Unwillen sahen einige hohe Adelige die allzu große Willfährigkeit Wenzels gegen den Papst, andere Barone wieder ärgerten sich über die Verschleuderung der Krongüter, weil sie selbst

Nichts davon erhielten. Diese Stimmung konnte dem jungen Sohne Wenzels, Ottokar, der nach dem Tode seines Bruders zum Markgrafen von Mähren erhoben worden war, nicht unbekannt bleiben, und die dämonische Macht des verblendeten Ehrgeizes erweckte im Sohne den sündhaften Gedanken, den Vater zu entthronen. Unerquicklich, wie alle derartigen Kämpfe, ist auch der nunmehr ausbrechende Familienhaber, der nur dadurch eine höhere Bedeutung erlangt, weil in ihm die Losung der Welfen gegen die Ghibelinen galt. Im Juli 1248 stürmte der Ghibelinisch gesinnte Adel, Prinz Ottokar an der Spitze, die Burg und Stadt von Prag und drängte den unglücklichen Wenzel ins nördliche Böhmen, wo es bei Brüx zu einer offenen Feldschlacht kam. Wahrscheinlich mit Hilfe deutscher Truppen, welche Wilhelm von Holland auf Befehl des Papstes zu Hilfe geschickt hatte, nöthigte hier Wenzel die Böhmen und Mährer zum Rückzuge. Doch dauerte die Empörung fort, bis im November zu Prag ein Vertrag abgeschlossen wurde, dem zu Folge Vater und Sohn gemeinschaftlich die Regierung führen sollten.

Dem Papste Innocenz IV. wurde bald Angst, daß die Stausische Partei in Böhmen nach und nach das volle Uebergewicht erlange. Er entband daher den König Wenzel aller seiner durch Eid übernommenen Verpflichtungen gegen seinen Sohn und belegte letzteren mit dem Banne. Dadurch aufgemuntert, rüstete Wenzel, der Gelegenheit suchte, sich an den Aufständischen zu rächen, von Neuem. Er begab sich nach Mähren, verband sich daselbst mit Bruno, dem staatsklugen Bischofe von Olmütz, sowie mit den Welfisch gesinnten Herren Oesterreichs und führte mit der Raschheit seiner früheren Jugend einen gelungenen Feldzug durch. Während nämlich die Oesterreicher Znaim nahmen, zog er selbst nach Böhmen, verstärkte sich in Leitmeritz mit neuen Truppen und rückte gegen Prag vor. Iglauer Bergleute unter Wenzels Scharen setzten sich bei der Belagerung und Einnahme des Prager Schlosses ein Denkmal deutscher Tapferkeit. Zur vollständigen Eroberung der Stadt Prag jedoch verhalf dem Könige der Uebertritt des Prager Bischofes Nikolaus, der es bis jetzt mit Ottokar gehalten hatte. Im August bereits hielt Wenzel seinen Einzug in die Hauptstadt; die Bischöfe von Böhmen und Mähren selbst leiteten den festlichen Empfang des Königs. Ottokar und seine Anhänger, welche durch die unerwartete Schnelligkeit des alten Königs überrascht worden waren, gaben bald ihre Sache als verloren auf. Die meisten Barone huldigten noch im Laufe des August dem Könige in der demüthigsten Weise. Ottokar selbst aber, verlassen von allen Freunden, fand eine Zuflucht bei seinem Kämmerer, der ihm gegen die Befehle seiner Aeltern und Verwandten auf einer einsamen Burg Herberge gewährte. Hier, oder wie andere wollen, im engen Gewahrsam auf der Burg Teyřow, wohin Wenzel seinen Sohn gefangen gesetzt hätte, mochte der hochstrebende Prinz mit Ruhe der Erwägung der politischen Sachlage sich hingeben. Er kam zur Erkenntniß, daß er, um seine Herrschergelüste befriedigen zu können, der sinkenden Partei der Staufer entsagen und zur kirchlichen Fahne überspringen müsse, welche, aller menschlichen Voraussicht nach, in der abendländischen Christenheit das Uebergewicht behaupten werde. Deswegen sehnte sich der Sohn mit seinem Vater ernstlich aus, und beide richteten nunmehr die Pläne ihrer Politik auf die Erwerbung Oesterreichs, das die inzwischen einge-tretenen Ereignisse in einen herren- und ordnungslosen Zustand gebracht hatten.

Erwerbung Oesterreichs durch Ottokar II. 125?.

Hermann von Baden, der nach Wladislaws Tode sich als Herrn von Oester-reich betrachtete, aber niemals festen Fuß in diesem Herzogthume fassen konnte, starb unerwartet am 4. October 1250. Das Erbrecht seines Sohnes, der sich Friedrich von Oesterreich nannte, wurde von Niemanden anerkannt. Somit gewannen die Pläne Böhmens, beziehungsweise Ottokars, des jungen Markgrafen von Mähren, auf Oesterreich immer gewissere Aussicht, zumal letzterer ganz auf die päpstliche Seite übertreten war. Dazu kam noch der Todesfall des Kaisers Friedrich II.

König Konrad IV. 1250 12 4?.

Ende 1250, in Folge dessen sein ohnmächtiger Statthalter aus den österreichi-schen Ländern sich entfernen mußte. Konrad IV., der Sohn und Nachfolger Fried-richs II., schob zwar als Stausischen Kandidaten für das erledigte Babenbergische Erbe Otto, den mit dem Banne beladenen Herzog von Baiern, vor, aber Ottokar und sein Vater Wenzel rückten gegen ihn in's Feld, verwüsteten alles Land bis an den Kamb und schreckten vorläufig die Gegner zurück (1251). Im Juni erschien der König Konrad selbst am Kamb und bot seine Vermittelung an; aber die bei-den Fürsten von Böhmen verweigerten, den König auch nur zu sehen. In Oester-reich übrigens gestaltete sich die Stimmung für die Premysliden immer besser. Schon vorher hatte sich Ottokar mit einflußreichen Geschlechtern, wie dem der Kuenringe und Lichtensteiner, in's Einverständniß gesetzt, und jetzt gewann er denn auch die mächtigen Kirchenfürsten von Salzburg und Passau für sich. Mit Hilfe letzterer zog er gegen Oesterreich; schon an der südlichen Gränze von Böhmen erklärte er sich zum Herzoge dieses Landes und ließ sich sofort huldigen (21. Nov. 1251). Die Städte Oesterreichs, die der langen Anarchie müde waren, befreundeten sich bald mit dem neuen Herzoge, und selbst Wien öffnete ihm bereitwillig die Thore (6. Dec.). Um seiner Eroberung gewissermaßen den Anstrich einer rechtlichen Er-werbung zu verleihen, entschloß sich der junge Ottokar, ein angehender Zwanziger, die Babenbergerin Margaretha, die 46 Jahre alte Wittwe Heinrichs VII., zur Gemah-lin zu nehmen. Sie brachte ihm nebst einem bedeutenden Allodialbesitz auch jene Urkunden mit, auf welche die Babenbergerinnen ihre Rechte auf Oesterreich als ein Weiberlehen stützen (11. Febr. 1252).

Streit um Steiermark (1253).

Auch in Steiermark, das seit langer Zeit mit Oesterreich verbunden war, neigte sich eine Partei mit dem Bischofe von Salzburg, den Trauensteinern und dem Dichter Ulrich von Lichtenstein an der Spitze, zur Herrschaft der Premysliden. Dietmar von Weißeneck mit der Mehrzahl des Adels dagegen wünschte einen be-sonderen Herzog und richtete sein Augenmerk auf Heinrich, den Sohn Ottos von Baiern, Eidam des Königes von Ungarn. Der König von Ungarn, Bela IV., aber trat als dritter Bewerber um die Steiermark selbst auf, da ihm Gertrud, nach ihrer dritten Vermählung mit seinem Enkel Roman, einem Sohne des Fürsten Daniel von Halitsch, ihre Ansprüche auf die Babenbergischen Länder abgetreten hatte. Es kam deswegen zu einem erbitterten Kampfe zwischen Böhmen und Ungarn, der an allen Punkten, in Steiermark, Oesterreich, Mähren und Schlesien entbrannte. Das Kriegsglück bethörte bald den einen, bald den andern; noch lange würde wohl der Kampf gewährt haben, wenn sich nicht der Papst, dem dieser Streit seiner eigenen Bundesgenossen höchst ungelegen kam, in's Mittel gelegt und fried= liche Unterhandlungen eingeleitet hätte (1253).

Zur selben Zeit starb König Wenzel I. (22. Sept. 1253) zu Potschapel, als er eben in den Wäldern jenseits Beraun das edle Waidwerk mit aller Lust betrieb. Seine Leiche wurde in der Prager Kirche zu St. Franz, wo Wenzels Schwester Agnes Aebtissin war, feierlich beigesetzt. Er war ein tapferer Mann, der jedoch das von seinem Vater gebahnte Geleise der Klugheitspolitik nicht verließ. Mit den ernsten Regierungsgeschäften verband er gerne die Freuden des Lebens. Jagd, Turniere, glänzende Hoffeste und allerlei Lustbarkeiten ergötzten den König, der übrigens auch Sinn für Künste und Wissenschaften besaß. Auf der Jagd stieß er sich einmal das eine Auge an einem spitzigen Ast aus, weswegen er der Einäugige genannt wurde. Seiner Bildung nach war er durch und durch deutsch; in welcher Weise er die deutsche Nation schirmte und förderte, werden wir bei einer späteren Gelegenheit näher beleuchten. Als Eigenthümlichkeit mag von ihm noch angeführt sein, daß er den Klang der Glocken nicht vertragen konnte, weswegen man überall, wohin er kam, das Läuten unterlassen mußte.

Tod Wenzels I.
(1253).

2.

Přemysl Ottokar II., das deutsche Interregnum und Rudolph von Habsburg.

(1253—1278).

Stürmisch, wechselvoll und glänzend war die Laufbahn Ottokars II., ruhm= voll aber unglücklich beschloß der König sein Leben auf dem Schlachtfelde als Opfer seiner schwindelnd hohen Politik. Ein tragischer Reiz, der des Helden Person um= hüllt, fesselte noch Alle, die seine Geschichte erkannten, wenn auch die Meinungen über seinen Charakter selbst verschiedenartig sind. Im Traumgesichte zeigte sich seiner Staufischen Mutter Kunigunde des Sohnes zukünftiges Schicksal noch vor seiner Geburt; es habe ihr geträumt, so erzählt man sich, sie werde einen Wolf gebären, der die benachbarten Länder unterwerfen, aber von der Tatze eines Löwen end= lich würde überwunden werden. Ottokar war bei seiner Thronbesteigung Gebieter über Böhmen, Mähren, die Oberlausitz und über Ober= und Niederösterreich; im Verlauf seiner Regierung erwarb er noch die Steiermark, Kärnthen und Porde= none und baute so eine deutschslawische Monarchie auf, die nothwendiger Weise

König Ottokar II.
(1253—1278).

das deutsche Reich zum Kampfe herausforderte. — Mit Ungarn machte Ottokar alsbald durch Vermittlung des Papstes Frieden, wodurch er wenigstens einen Theil der Steiermark gewann, während er den andern Theil Belas erstgeborenem Sohne Stephan überließ. Die Gränze zwischen den beiderseitigen Besitzungen bildeten dem Vertrage gemäß die Wasserscheide der Mur, der Semmering und die westlich von diesem gelegenen Berge. Den abgetretenen Theil der Steiermark pflegte man von nun an immer zu Oesterreich zu rechnen (1254).

Auf Wunsch des Papstes nahm Ottokar bald nach diesem Friedensschlusse das Kreuz, um nach Samland zu ziehen und daselbst dem deutschen Ritterorden in der Eroberung und Christianisierung dieses Landes behiflich zu sein. Im Spätherbste des Jahres 1254 sammelten sich die Ritter aus Böhmen und Oesterreich in großer Zahl, so daß das christliche Heer auf 60.000 Mann geschätzt wurde. Doch die Erfolge des Zuges waren nur gering; die Erzählungen selbst über die Einzelnheiten der Kämpfe und der Heldenthaten der Christen gegen die Preußen erweisen sich als unhaltbar. Im Februar 1255 war Ottokar schon wieder auf dem Rückwege in Troppau. Neuerdings kamen Aufforderungen des Papstes nach Böhmen zu einer zweiten Kreuzfahrt, da sich in Samland die Gefahren für das Christenthum nur noch vermehrt hätten; der Minorit Bartholomäus hielt allenthalben eifrige Predigten in Böhmen, zur wiederholten Kreuzfahrt aufmunternd. Aber den Geist des Königs beschäftigten jetzt politische Fragen ernsterer Natur, von deren Lösung die Erfüllung seiner hochstrebenden Plane abhieng.

Wir hatten schon wiederholt Gelegenheit, darauf hinzuweisen, daß es den böhmischen Fürsten nur dann gelang, eine gewisse Selbständigkeit und Machtfülle zu entfalten, wenn das deutsche Reich in Ohnmacht darniederlag. Seit dem Tode des Kaisers Heinrich VI. mußten sich die letzten Staufer im Verzweiflungskampfe mit dem Papstthume ab, ohne auf andere Interessen des Reiches denken zu können. Da war es ein Leichtes für Ottokar I. und Wenzel I. gewesen, das böhmische Reich zu befestigen und allmählich von Deutschland abzulösen, nun so mehr, als sie sich eng der kirchlichen Partei angeschlossen hatten und an die Spitze der antistaufischen Fraktion der Reichsfürsten getreten waren. Einer noch günstigeren Konstellation der politischen Verhältnisse in dieser Hinsicht erfreute sich Ottokar II. zu Anfang seiner Regierung. Konrad IV. war 1254 in Italien gestorben; weder ihn, noch seinen Gegner Wilhelm von Holland hatte Ottokar in irgend einer Weise als Reichsoberhaupt respektiert. Als Wilhelm im Januar des Jahres 1256 von den Friesen erschlagen worden war, und der Papst die Erhebung Konradins, des letzten Sprößlings der Staufer, auf den deutschen Thron verhinderte, stand derselbe verwaist, und die unglückselige Zeit des sogenannten Interregnums oder Zwischenreiches begann Deutschlands Mark zu verzehren. Wohl schritt man wieder zur Königswahl, ja man wählte sogar zwei Reichshäupter, einen Engländer, Richard von Kornwallis und einen Spanier, Alphons von Kastilien. Aber die beiden Ausländer vermochten keinen festen Boden in Deutschland zu gewinnen, und in der That war die Zeit, wie der Dichter sagt, eine „kaiserlose" und verderbliche. Um so weniger wurde Ottokar von Böhmen in der Ausführung seiner kühnen Projekte gehindert, und dieselben gewannen immer mehr Gestalt und Farbe. Die Verwirrung der Reichsangelegenheiten kam dem Böhmen ganz erwünscht, und er trug zur Fortdauer derselben nicht wenig bei. Ihn selbst zum deutschen König zu wählen, wie noch vielfach berichtet wird, hatten die Reichsfürsten sicherlich nicht die Absicht. Die Reise des Erzbischofs von Köln nach Prag im Juli 1256 verfolgte nur den Zweck, die Zustimmung Ottokars zur Wahl Richards von England einzuholen. Aber der Böhmenfürst sprach sich nicht entschieden aus, da er abzuwarten gedachte, welcher von den Thronbewerbern ihm nützlicher oder, besser gesagt, ungefährlicher sein werde. Stellte es sich doch in der That heraus, daß Ottokar mit dem englischen, wie später mit dem spanischen Könige Unterhandlungen gepflogen und beiden Kandidaten Zusagen gemacht hat. Des Großvaters Schaukelpolitik ward vom Enkel mit vollem Eifer wieder aufgenommen; während der erstere die Wiederherstellung des böhmischen Reiches durchgeführt hatte, dachte letzterer an den kühnen Aufbau eines böhmisch österreichischen Großstaates.

Händel mit den Wittelsbachern in Baiern, in denen Ottokar den Kürzeren zog, und Streitigkeiten wegen der Neuwahl eines Erzbischofes von Salzburg riefen eine Spannung zwischen dem böhmischen und bairischen Hofe hervor, die alsbald zum Kriege führen sollte. Noch vorher aber brach ein Kampf mit Ungarn aus. Die Steiermärker waren höchst unzufrieden mit der Regierung des ungarischen Stephan und seines Vaters Bela IV., und der Adel des Landes verschwor sich heimlich zum Abfalle. Obwohl Stephan nach der Vertreibung seines Statthalters selbst in Steiermark erschien und die Gemüther durch Milde zu besänftigen suchte, setzten die steirischen Landesherren im Winter vom Jahre 1259 auf 1260 ihre Zusammenkünfte und Berathungen fort und blickten auf Ottokar als den zukünftigen Beherrscher. Dieser kam bereitwillig ihren Wünschen entgegen. Nachdem er in Mähren zum Schutze dieses Landes auf einem inselartig von der March umgebenen Platze Marchegg mit Stadtrecht gegründet hatte, beschloß er den Steirern, die inzwischen ihr Land in kurzer Zeit fast ganz von den Ungarn gesäubert hatten, mit Heeresmacht zu Hilfe zu eilen. Aber der Widerstand des böhmischen Adels, der sein altes Recht geltend machte, gegen seinen Willen nicht über die Landesgränzen ziehen zu müssen, bewog Ottokar zunächst zu einem Waffenstillstande bis zum 24. Juni. Beide Parteien benützten auf's Emsigste die Waffenruhe zu Rüstungen und zur Herbeiziehung ihrer Bundesgenossen. Ottokar vereinigte seine Truppen mit denen der Markgrafen von Brandenburg und Meißen, sowie einiger schlesischen Fürsten und drang mit seinem Heere, das man auf 100.000 Mann schätzte, gegen den Feind vor. Bei Staatz erlitten die Böhmen durch einen unvorhergesehenen Ueberfall der Ungarn eine Schlappe. Rasch beeilte sich Ottokar, den

Einverleibung der Steiermark (1260).

militärisch wichtigen Winkel zwischen der Donau und der March zu erreichen und schlug daselbst gegenüber von Hainburg sein Lager auf. Die Ungarn hatten sich auf der andern Seite der March in zahlloser Menge eingefunden. Daniel, König der Ruthenen, Boleslaw, Großfürst von Krakau, und Herzog Leschet von Lusicin waren von Bela gewonnen worden und nahmen persönlich Antheil am Kampfe. Auf 140,000 Mann wird das Heer der Ungarn geschätzt. Vierzehn Tage lagerten beide Armeen einander gegenüber in gespannter Erwartung. Ottokar forderte endlich seinen Gegner zur Schlacht im freien Felde auf; er würde sich gerne zurückziehen, damit die Ungarn ungehindert über die March gehen könnten, oder aber sollten die Ungarn auf ihrer Seite Platz für die Deutschen machen. Bela, der das erstere wählte, setzte über den Fluß, griff aber die Feinde, die sich zurückgezogen hatten, früher an, als es verabredet war, und eröffnete so die Schlacht, die nach dem Dorfe Kroissenbrunn genannt wird (12. Juli 1260). Lebhaft schildern alte Chronisten die Vorgänge des merkwürdigen Kampfes. Bela selbst hielt sich fern vom Kampfe: von einem Hügel jenseits der March sah er mit etwa zehn Knechten und einem Herrn, Heinrich dem Preißler, dem Kampfe zu. „Seht dort", so sprach der Preißler, „die Oesterreicher, sie reiten den Steirern zu Hilfe. Die dort sind die Brandenburger. Die aber dort so schnell hertreten, das sind die Sachsen, die werden heute noch manches Fell ausklopfen!" „Und wer sind jene dort?" fragte Bela. „Das sind die Polen auf ihren kleinen Rossen. Seht ihr das kohlschwarze Banner mit weißem Adler flattern? Aber welch' neuer Lärm der Heerpauken? Ha, das ist König Ottokar, der den Staub aufwirbelt, das ist ein Glanz von Decken und Helmen, wie das Eis auf dem Semmering, wenn vier Sonnen sich in ihm spiegeln! Dort ist der König selbst. Ich erkenne die Fahnen, die Prachtdecken seiner Leibrosse. Dietrich Sperzmann schwingt das Banner des weißen im breitrothen Sammt gewirkten böhmischen Löwen. Dort flattert auch der weißrothe mährische Adler!" — Mit großer Tapferkeit wurde an dem schwülen Sommertage von beiden Seiten gekämpft. „Dichter als die Schneeflocken im Winter flogen die humanischen Pfeile. Nicht aus tausend Ziegenhäuten möchte man die Pfeilschnüre wieder machen, die da krachten!" sagt der Chronist. Thatsächlich waren die Ungarn in wenig Stunden geschlagen und verließen in wilder Flucht den Kampfplatz. „Sag mir", fragt Bela den Preißler: „Was ist denn die ungeheure Staubwolke, die sich heranwälzt über alles Gras und Laub?" „Das ist euer Volk, Herr, ihr habt den Sieg verloren", war die Antwort. Bela und sein Sohn flohen auf schnellen Rossen gegen den Plattensee, jeder in einer anderen Richtung, so daß beide mehrere Tage hindurch von einander keine Kunde hatten. Das ungarische Heer war ganz zersprengt worden; 14,000 Mann büßten ihr Leben im Flusse ein, da sie im gewaltigen Staube des heißen Julitages die Furthen verfehlten. Ottokar verfolgte die geschlagenen Feinde nach Ungarn, bis Bela um Frieden bat. Ungarn trat in demselben die Steiermark an Ottokar ab, und zur

Befestigung des friedlichen Uebereinkommens wurde eine Heirath zwischen Belas gleichnamigem zweitgeborenen Sohne und der Tochter des Markgrafen von Bran=denburg, einer Nichte Ottokars, verabredet. Die Hochzeit wurde im Jahre 1264 mit außerordentlichem Pompe gefeiert. Ottokar selbst erfüllte ein in der Schlacht gethanes Gelübde durch die Gründung des Cisterzienserklosters „Goldenkron". Er selbst aber ward seit dieser Zeit im Osten und Westen als großer Kriegsheld be=wundert. Die Tataren nannten ihn den „Eisernen", und ihr Chan schickte eine Gesandtschaft mit seltsamen Geschenken nach Prag, um den König zu versichern, daß er ihn wie seinen Bruder liebe. Im Abendlande aber hieß er wegen seines Reichthums und des Glanzes seiner Erscheinung nur „der goldene König".

Die Sorge um die Erhaltung der Dynastie auf dem Throne durch einen legitimen Leibeserben muß eine der heftigsten Qualen der Gewaltigen dieser Erde sein. Wie viele Ungerechtigkeiten wurden nicht aus diesem Beweggrunde schon be=gangen. Am wenigsten genau mit den heiligsten Gefühlen nahm es das sonst als so fromm gepriesene Mittelalter! Ottokar hatte zwar einen natürlichen Sohn, mit Namen Nikolaus, welchen jedoch der Papst bei aller Freundschaft für den Böhmen=könig nicht als Nachfolger in der Regierung anerkennen mochte; von der ält=lichen Margaretha aber konnte man schon keine Nachkommen mehr erwarten. Da=gegen erlangte Ottokar die kirchliche Dispens zur Lösung des Bandes, das ihn mit der Babenbergerin verknüpfte; als Vorwand zu diesem Schritte, den der Böhmenkönig schon 1256 in Aussicht genommen, diente ein Gelübde der Ehelosig=keit, das Margaretha vor Jahren in Trier abgelegt haben sollte. Mit Ergebung und Selbstverläugnung verließ die fromme Dulderin ihren Gemahl (Oct. 1261), und begab sich nach Krems, wo man ihr einen kleinen Hofhalt anwies. Daselbst lebte sie noch sechs Jahre, als Wohlthäterin und Mutter der Armen in der ganzen Gegend hochverehrt. Noch in dem Monate, als Margaretha von ihrem Gemahle schied, vermählte sich dieser zum zweiten Male mit Kunigunde, einer Tochter des russischen Fürsten Rastislaw, der mit seinem Vater von den Tataren aus Kiew vertrieben, in Ungarn eine Zuflucht gefunden hatte und mit Belas Tochter, Anna, verheiratet war. Jetzt beeilte sich Ottokar auch seine Krönung unter großer Feier=lichkeit nach althergebrachter Sitte vorzunehmen. Der Erzbischof Werner von Mainz setzte dem Könige und der neuen Königin die Krone auf; die Anwesenheit vieler Bischöfe, Aebte, eines großen Theiles des Adels und mehrerer auswärtiger Fürsten verherrlichte das Fest (25. Dec.).

Im nächsten Jahre gab Ottokar seine schwankende Stellung zu den beiden Gegenkaisern Deutschlands auf und schloß sich endgiltig dem Richard von Korn=wallis an. Er hatte nämlich erkannt, daß der Engländer niemals eine ernste großdeutsche Politik verfolgen könnte, er selbst somit von dieser Seite für die Ausfüh=rung seiner böhmisch-österreichischen Großmachtspläne keinerlei Hinderniß zu besorgen hätte. Am 9. August 1262 verlieh Richard dem Böhmenkönige nicht bloß die

Ehescheidung. zweite Heirath (1261).

Krönung (1261).

Belehnung (1262).

erblichen Länder seiner Vorfahren, sondern auch die dem Reiche heimgefallenen Herzogthümer Oesterreich und Steiermark. Aber dabei ist wohl zu merken, daß der ganze Vorgang der Belehnung, wie die Form der darüber ausgestellten Urkunde das neue Verhältniß Ottokars zum Reiche mehr zu dem eines Bündnisses, als dem der Vasallität gestaltete.

Salzburger Kirchenstreit (1265). Mittlerweile hatte der Salzburger Kirchenstreit fortgedauert und den König von Böhmen in einen neuen Krieg mit Baiern verwickelt. Der Ottokar II. so freundlich gesinnte Papst übertrug demselben die genaue Untersuchung der Ansprüche der beiden Kandidaten des Erzbisthums. Ottokar sprach sich zu Gunsten seines Verwandten, Philipps von Kärnthen, aus, während Herzog Heinrich von Baiern, der sich als Vogt des Erzstiftes betrachtete, die Partei Ulrichs von Seckau ergriff. Da sich aber keiner von beiden behaupten konnte, so erklärte der Papst den Salzburger Stuhl für erledigt und ernannte den Herzog Wladislaw von Schlesien, einen Vetter Ottokars, zum Erzbischof (Nov. 1265). Als gleich darauf der Bischof von Passau starb, erhob der Papst den Domherrn Peter von Breslau, der die Studien des jungen Wladislaw geleitet hatte, auf diesen erledigten Bischofssitz. So saßen zwei entschiedene Anhänger Ottokars auf Bischofsstühlen, über die sonst der bairische Herzog als Vogt verfügt hatte; ja der Papst Klemens IV. erließ ein Schreiben an den König von Böhmen, er möge sich ganz als Vogt von Salzburg betrachten und den Herzog von Baiern zur Herausgabe der Salzburgischen Kirchengüter verhalten.

Krieg mit Baiern (1266—1267). Es mußte zum ernsten Waffengange zwischen den Premysliden und den Wittelsbachern kommen. Giengen die beiden Häuser doch überhaupt in ihren Bestrebungen weit auseinander und verfochten sie ja vornehmlich in der deutschen Kaiserfrage entgegengesetzte Ansichten! Die Wittelsbacher setzten sich eben jetzt für den letzten Staufer Konradin, den Sohn Konrads IV., ein und bemühten sich, Richards von Kornwallis Regierung, deren eifrigster Anhänger Ottokar war, zu stürzen. Uebrigens nahm der ausbrechende Kampf keine großen Dimensionen an und beschränkte sich mehr auf Verheerungen und Brandlegungen in den gegenseitigen Ländern. Ottokar zog 1266 von seinem Lager in Taus gegen Regensburg, während gleichzeitig der Bischof von Olmütz gegen die niederbairischen Länder vorrückte. Wohl nahmen die Böhmen einige feste Plätze, und Ottokar zog in Regensburg siegreich ein, jedoch er, sowie der Bischof von Olmütz, mußten in Kürze den Rückzug wieder antreten. Die Baiern ihrerseits hatten sich indessen mit einem kurzen Einfall in Oesterreich begnügt. Ohne eigentlichen Friedensschluß ließ man zuletzt vom Kriege ab (1267). Die Feindseligkeiten zwischen den Höfen von Prag und Landshut dauerten freilich fort, obwohl sich der Papst alle Mühe gab, eine Versöhnung herbeizuführen.

Die Erwerbung Egers wird vorbereitet (1266). Vor dem Ausbruche des Krieges mit Baiern traf Ottokar die einleitenden Vorkehrungen zur Einverleibung Egers unter die Landeshoheit von Böhmen. Diese

Stadt mit ihrem Gebiete war durch Heirath von dem Markgrafen von Vohburg an den Kaiser Friedrich Barbarossa gelangt, und derselbe hatte sie zur freien Reichsstadt erhoben (1179). Richard von Kornwallis ernannte hierauf den Böhmenkönig zum Verwalter der Reichsgüter während seiner Abwesenheit aus Deutschland, und Ottokar bestätigte kraft dieser Würde am 1. Mai 1266, als er sich zu Eger befand, die Reichsfreiheiten der Bürger und versprach seinen Schutz gegen die zu fürchtenden Ansprüche Konradins. Ferner eröffnete er den Egerern die Handelswege durch sein ganzes Reich und verlieh ihnen Mauth und Zollfreiheit. So wurde durch Ottokar der Grund zur gänzlichen Einverleibung des Egerlandes gelegt.

Um einem Wunsche des Papstes nachzukommen, rüstete sich Ottokar zu einer zweiten großen Heeresfahrt gegen die heidnischen Lithauer und zog Anfangs December 1267 durch Schlesien und Polen in das Ordensland der deutschen Ritter. Bei Thorn setzten die Kreuzfahrer über die Weichsel; Ottokar selbst eilte nach Kulm, wo er eine Fehde zwischen dem Orden und Mestuin, Herzog von Pommern, beilegte. Das war übrigens auch der ganze Erfolg des Zuges. Denn als bei dem warmen, regnerischen Winter das Eis auf der Weichsel zu schmelzen anfieng, und das am rechten Ufer des Flusses stehende Heer in Gefahr zu gerathen drohte, abgeschnitten zu werden, gab Ottokar den Befehl zur schleunigsten Rückkehr. *(Zweiter Kreuzzug gegen Lithauen (1267).)*

Immer mehr verwirklichte der König von Böhmen seine Träume vom Aufbau einer östlichen Großmacht in Europa. Die Ohnmacht des deutschen Reiches dauerte fort, der letzte Staufer und Friedrich von Baden fielen unter dem Beile des Henkers in Neapel (1268). Die Kirche hatte den Premysliden längst zu ihrem Lieblingssohne erklärt, und ein seltenes Glück unterstützte den ehrgeizigen König im Ländererwerb. Durch Bernhard von Sponheim, den Herzog von Kärnthen, war das böhmische Regentenhaus mit dem kärnthnischen in Verwandtschaft gerathen, da Bernhard mit Jutta, der Tochter Ottokars I., sich vermählt hatte. Aus der Ehe gieng ein Sohn hervor, der nach dem Tode seines Vaters (1256) als Ulrich III. in der Regierung folgte. Da dessen Ehe mit Agnes, der Tochter Gertruds von Babenberg, kinderlos blieb, so ernannte er durch einen Vertrag zu Podiebrad den Böhmenkönig zu seinem Erben (4. Dec. 1268). Als Ulrich am 27. Oktober 1269 gestorben war, nahm Ottokar sofort von Kärnthen Besitz. Allein jetzt suchte Philipp, der Bruder Ulrichs, welcher uns aus dem Salzburger Kirchenstreite bekannt ist, seine Ansprüche auf Kärnthen geltend zu machen. Er war früher mit Hilfe Ottokars zum Patriarchen von Aquileja ernannt worden, hatte sich daselbst jedoch nicht behaupten können. Aber auch seine Bemühungen um Kärnthen scheiterten, als Ottokar in diesem Lande erschien, und er musste froh sein, dass ihm ein Leibgedinge in Krems angewiesen wurde. Mit Kärnthen brachte damals Ottokar auch Pordenone an sein Reich. *(Erwerbung von Kärnthen (1269).)*

Während dieser Vorgänge wurde Ottokar zu einem Feldzuge gegen Ste- *(Krieg mit Ungarn (1270, 1271).)*

phan V., der in Ungarn zur Alleinregierung gekommen war, genöthigt. Innere Verwicklungen bewogen den ungarischen König, seine Magnaren nach Außen zu beschäftigen. Er verband sich mit Philipp, dem einstigen Erzbischofe von Salzburg, und dachte zunächst an die Eroberung der Steiermark. Als Vorwand zum Kriege mit Böhmen wurde die Flucht der Schwester Stephans, Agnes, mit einem Theile des ungarischen Kronschatzes zu Ottokar II. benutzt. Ottokar war schnell mit seinem Heere, das er wegen der kärnthnischen Angelegenheiten gesammelt hatte, an die Donau vorgerückt und hatte sein Hauptquartier bei Hainburg aufgeschlagen, während Stephan bei Presburg lagerte. Unerwarteter Weise kam es hier auf Anregung Ottokars, der vor Allem Ordnung in Kärnthen herzustellen wünschte, zu einer Zusammenkunft beider Fürsten auf einer Donauinsel und zu einem Waffenstillstande auf zwei Jahre. Während nun Ottokar seinen Zwecken in Kärnthen nachgieng, brach Stephan den auf der Donauinsel geschlossenen Frieden, fiel mit seinen kumanischen Horden in Oesterreich ein und drang unter den schauderhaftesten Verwüstungen bis vor die Thore Wiens. Der Böhmenkönig eilte rasch herbei; da er den Semmeringpaß von den Ungarn verlegt fand, faßte er einen kühnen Entschluß und zog mitten im Winter über Bruck und Mariazell nach Vilienfeld. Im März 1271 war Ottokar bereits in Brünn, und bald darauf stand er wohlgerüstet an der March, mit einem Heere, in welchem sich der Herzog von Braunschweig, schlesische und brandenburgische Ritter und ein ganzer Belagerungspark von „Katzen", „Mangen", „Ruthen" und „Trümmerern" befand. Siegreich drang der König nach Ungarn vor, schlug Brücken über die Donau und Waag und nahm Presburg, Altenburg, Tyrnau und andere feste Plätze ein. Am 21. Mai kam es zur Haupt-

schlacht auf der Ebene zwischen der Leitha und Rabnitz; die Ungarn wurden zwar Anfangs bis an die Rabnitz gedrängt, aber da brachen plötzlich die tapferen Brüder Peter und Mathäus von Chak mit Reservetruppen hervor und warfen die böhmischen Schaaren siegreich zurück. Noch war aber der Krieg nicht beendigt. Mangel an Lebensmitteln oder, wie Andere behaupten, die Folgen der nicht glücklich bestandenen Schlacht, zwangen den Böhmenkönig sich zurückzuziehen und sein Heer zu entlassen. Die Ungarn dagegen brachen neuerdings mit 30.000 Mann verwüstend in Niederösterreich ein, während zu gleicher Zeit der Herzog Heinrich von Baiern in Oberösterreich unter großen Verheerungen bis Wels vordrang — der letzte verzweifelte Versuch des Wittelbachers, das Uebergewicht der Ottokarischen Monarchie zu brechen. Bevor noch Ottokar mit seinen Rüstungen fertig war, kam es durch die Vermittlung der beiderseitigen Bischöfe zum Frieden mit Ungarn. Der Vertrag wurde von Stephan selbst am 3. Juli in Presburg, von Ottokar am 14. Juli zu Prag ratificiert. Stephan erkannte urkundlich Ottokar als Herrn von Kärnthen, Krain und Pordenone an und gab seine Verbindung mit Philipp auf; seine Schwester Agnes bekam ihre Güter nicht zurück, sollte aber im Besitze der Kleinode bleiben. Im Uebrigen wurden die gegenseitigen Reichsgränzen wieder hergestellt. Der Herzog von Baiern, der auf ein Mal ganz isoliert war, gab von nun an seine feindselige Politik gegen den Premysliden auf, schloß vielmehr mit diesem ein Bündniß, wie es hieß, „gegen alle Welt" (1273).

Noch ein Mal brach der Krieg mit Ungarn in hellen Flammen aus, als König Stephan V. im August 1273 gestorben war und gegen dessen erst zehnjährigen Sohn sich Bela, der Bruder der Königin Kunigunde von Böhmen, erhob. Als letzterer durch den Grafen Heinrich von Güssing auf der Haseninsel bei Ofen ermordet worden war, brach Ottokar mit 60.000 Mann im Juli 1273 gegen die March auf, Ullrich von Dürrenholz mit den Kärnthnern voran. Im ersten Zusammentreffen mit den Ungarn fiel der tapfere Dürrenholz; König Ottokar selbst drang eilends vorwärts, überbrückte die Donau bei Räthenstein und nahm in Kurzem Oedenburg, Raab und Theben. Die Ungarn verhielten sich ruhig hinter der Raab und Waag, ohne diese Linien zu überschreiten. Neun Wochen dauerte bereits der Krieg, und das Land, soweit es die Böhmen genommen, bot Nichts mehr an Lebensmitteln: überdies lief die Dienstzeit einiger Herren in Ottokars Heere ab, so daß dieser den Krieg, wie es scheint, ohne Friedensschluß beendigte. Er gab die weitere Fortsetzung des Kampfes auf, da im Westen Europas Gefahren aufstiegen, die seine volle Aufmerksamkeit und Thätigkeit in Anspruch zu nehmen geeignet waren.

Am 2. April 1272 war Richard von Kornwallis gestorben, und die deutschen Fürsten bereiteten eine neue Königswahl vor. Der Erzbischof Engelbert von Köln gieng nach Prag, um persönlich des mächtigen Premysliden Ansicht einzuholen. Zweifelsohne mag der Böhmenkönig jetzt im Geiste seine eigene Wahl zum Nachfolger Karls des Großen erwogen haben, und des Papstes Beihilfe wäre er wohl bei diesem Vorhaben sicher gewesen: aber schwerlich dachten die Deutschen selbst an die Erhebung des Slawen auf ihren Thron, und insbesondere widerstrebte derselben der Wittelsbacher Ludwig von Baiern. Als am anberaumten Tage der entscheidende Wahlgang vorgenommen wurde, vereinigte alle Stimmen der schlichte schwäbische Graf, Rudolph von Habsburg, auf sich (29. Sept. 1273). Der Widerspruch der Gesandten Ottokars blieb unbeachtet. Selbst der Papst Gregor IX. verließ jetzt die Partei des Böhmen und begrüßte Rudolph von Habsburg als römischen König (26. Sept. 1274).

Mit dem Grafen von Habsburg hatte wieder ein Mann den Thron von Deutschland bestiegen, wie ihn diejenigen, die es noch mit dem Reiche ehrlich meinten, nur wünschen konnten. Das war wieder ein König von alter deutscher Kraft und Energie, ausgerüstet mit Feldherrntalent und staatsmännischer Begabung, aber auch gerechten Sinnes und mild vom Herzen. Und wahrlich, dem deutschen Reiche that ein solcher Herr wohl Noth, wie selten! Abgesehen von den tausend Zerwürfnissen im Inneren hatte sich unter Ottokars Scepter eine Großmacht im Osten des Reiches erhoben, gleich einem drohenden Gespenste, das seine Arme

Neuer Krieg mit den Ungarn (1273).

Wahl Rudolphs von Habsburg (1273).

Rudolphs Rechtsverfahren gegen Ottokar (1274/5).

begierig nur deutsches Land und Volk erstreckte. Wohl waren ähnliche Gefahren dem Reiche schon mehrere Male entgegen getreten, aber noch niemals hatte der böhmische Vasall über so umfassende Kräfte und so zahlreiche Hilfsquellen geboten, wie jetzt. Systematisch hatte dessen Vater und Großvater seit Beginn des Jahrhunderts jeden Stein, der sich vom zerbröckelnden deutschen Reiche ablöste, zum Aufbau einer stolzen böhmischen Monarchie zusammengetragen; mit all' der umfassenden Macht, die ihr zu Gebote stand, hatte die Kirche die hochfliegenden Pläne der Premysliden unterstützt und für den immer tieferen Verfall des deutschen Reiches weidlich gesorgt. Wie nahe war Ottokar II. während des Interregnums der Erfüllung seiner kühnsten Träume nicht bereits gekommen! — Niemand begriff die Gefahren, welche das Reich umtobten und zu verschlingen drohten, besser als Rudolph von Habsburg. Niemand erkannte so rasch und klar die Hauptaufgabe seines Lebens, die in nichts Geringerem bestand, als in der Rettung des dem Untergange nahen Reiches. Der Kampf auf Leben und Tod mit dem gewaltigen Böhmenfürsten mußte zunächst gewagt werden: von der Lösung dieser brennendsten Frage hieng alles Weitere ab. Deßhalb leitete Rudolph, nachdem er sich in Hagenau mit den Kirchenfürsten von Salzburg, Passau und Regensburg verständigt hatte, gleich auf seinem ersten Reichstage zu Nürnberg (19. Nov. 1274) das Rechtsverfahren gegen Ottokar ein. Er legte den versammelten Fürsten die Frage vor, wer nach altem Rechte Richter sei, wenn der König gegen einen Fürsten Klage erhebe in Dingen, welche kaiserliche oder dem Fiskus angehörige Güter oder Unbilden betreffen, die dem Reiche oder dem Könige zugefügt worden sind. Einmüthig erklärten die Fürsten, daß nach alter Gewohnheit in allen diesen Fällen dem Pfalzgrafen bei Rhein das Richteramt zustehe. Dieser bestieg nun den Richterstuhl und entschied, daß der deutsche König von allen Gütern, welche Friedrich II. vor seiner Excommunikation besessen hatte, sowie von sonstigen heimgefallenen oder gewaltsam okkupierten Reichsgütern Besitz ergreifen möge, sowie daß jeder Vasall, der binnen Jahr und Tag nicht „muthet", d. i. sein Lehen durch den König bestätigen läßt, desselben verlustig sei. Sogleich wurde das Urtheil auf Böhmen in Anwendung gebracht und Ottokar beschieden, längstens bis zum 23. Januar 1275 vor dem Gerichte des Pfalzgrafen zu Würzburg sich zu stellen. Ottokar kam der Vorladung nicht nach, sondern suchte durch regen diplomatischen Verkehr den Papst und die Welfische Partei in Italien für seine Sache zu gewinnen: aber er sah sich in seinen Hoffnungen getäuscht, da die Kurie (2. Mai 1275) unumwunden erklärte, daß Rudolph nicht verhindert werden könne, zu fordern, was des Rechtes sei. Keinen andern Ausweg erblickend, entschloß sich jetzt der Böhmenfürst, der abermaligen Citation vor den Reichstag, der am 15. Mai in Augsburg zusammengetreten war, nachzukommen; allerdings war nicht der Gedanke an Nachgiebigkeit in der Hauptfrage Ottokars Motiv zur Beschickung des Reichstages, sondern ihm handelte es sich zunächst nur darum, Zeit zu gewinnen. Sein Ver-

treter in Augsburg, der Bischof Bernhard von Seckau, erklärte deßhalb, dem
eigentlichen Verhandlungsgegenstande ausweichend, die Wahl Rudolphs für ungiltig, indem er namentlich die Berechtigung des Herzogs von Baiern, die Kurstimme zu führen, bestritt. Da man so nicht zum Ziele gelangte, schickte Rudolph,
wie wahrscheinlich schon auf dem Reichstage beschlossen worden war, den Burggrafen
Friedrich von Nürnberg nach Böhmen mit dem Auftrage, von Ottokar die Herausgabe von Oesterreich, Steiermark, Kärnthen und Krain zu verlangen. Würde der
Böhmenkönig darauf eingehen, so wäre die Versöhnung mit Rudolph ein Leichtes,
im andern Falle aber durfte man sich im Reiche noch sehr bestimmt daran erinnern,
daß auch über Böhmen und Mähren dem deutschen Könige ein oberlehensherrliches
Recht zustände. Da Ottokar, wie zu erwarten war, mit mannlichem Trotze dem
gestellten Ansinnen entgegentrat, so sprach Rudolph über ihn die Reichsacht aus
und eröffnete den Krieg (Juni 1276).

Im Allgemeinen standen für Ottokar die Angelegenheiten bereits jetzt ziemlich
schlimm. In Oesterreich wankte die Treue vieler seiner Anhänger, die Steirer Erster Krieg
mit Rudolph
(1276).
gaben offen ihre Unzufriedenheit mit der Böhmenherrschaft kund, und der neue
Landeshauptmann Milota von Diediz steigerte durch sein strenges Auftreten nur
noch den Unwillen. Auch in Kärnthen, ja sogar im Stammlande Böhmen begann
das Verhalten des störrischen Adels immer mehr Bedenken einzuflößen. Durch rastlose Unterhandlungen war es Rudolph gelungen, alle Nachbarn des Böhmenkönigs
als Bundesgenossen zu gewinnen, seinen Feind aber gänzlich zu isolieren. Nach dem
vom Erzbischofe von Salzburg entworfenen Kriegsplane sollte der Burggraf von
Nürnberg die Gränzburgen und Pässe Böhmens besetzen, während der König selbst
mit dem Pfalzgrafen Ludwig über Eger in Böhmen einbrechen wollte. Kärnthen,
Krain und Steiermark wurden dem Grafen Meinhard von Tirol als Operations-
terrain übergeben, zum Einbruche in Oberösterreich aber wurden Rudolphs ältester
Sohn und der Erzbischof von Salzburg, der eifrigste und gefährlichste Feind
Ottokars, bestimmt. Ueberdies hatte sich der Ungarnkönig verpflichtet, mit seinen
Reiterscharen Niederösterreich zu überschwemmen und, wo möglich, durch Mähren
nach Böhmen vorzudringen. Man sieht, mit einem engmaschigen Netze war der
kriegsgewaltige Böhmenkönig umstrickt worden, das nur wieder durch diplomatische
Schachzüge hätte gelöst, nicht aber mit dem schärfsten Schwerte getrennt werden
können. Ottokar, der richtig fühlte, daß von Westen her der Hauptangriff drohte,
lagerte sich in den Gegenden von Taus, Tepel und Eger, um die Landesthore zu
vertheidigen. Rudolph war inzwischen bis Nürnberg vorgerückt; als er aber hier
nur schwachen Zuzug fand, gelangte er zur Einsicht, daß es doch nicht gerathen
sei, den Löwen in seiner Höhle anzugreifen. Rasch änderte er somit den Kriegs-
plan und beschloß, geradezu die Donaustraße abwärts in das Herz von Oesterreich vorzudringen. Aus Kärnthen und Steiermark liefen überdies günstige Nachrichten ein, und der Herzog Heinrich von Baiern, auf den vielleicht Ottokar noch

rechnete, nahm, durch Unterhandlungen schon längst mürbe gemacht, jetzt Rudolphs Tochter Katharina für seinen Sohn Otto zur Braut und ließ das Donauthal frei. Am 15. September war Rudolph an der Isar, am 24. in Passau und am 17. Oktober stand er bereits vor Wien, welche Stadt unter ihrem Bürgermeister Paltram den ersten Widerstand leistete. Jetzt erkannte Ottokar, daß er überlistet worden sei: er gab aber die Sache noch nicht verloren, sondern rückte in Eilmärschen durch Wälder und unwegsame Gegenden auf den Kriegsschauplatz, wo er sich auf dem linken Ufer der Donau bei Drosenburg lagerte. Wien, Klosterneuburg und Grätz, wo sich seine Anhänger hielten, boten immer noch günstige Stützpunkte. Als aber Milota Grätz räumen mußte, Klosterneuburg durch List in die Gewalt des Pfalz= grafen gerieth und ungarische Scharen an der Gränze Oesterreichs sich zeigten, ja als im eigenen Heere eine bedeutliche Stimmung Platz griff, da gab sich der Löwe gefangen und streckte die noch nicht versuchten Waffen.

Unter harten Bedingungen wurde dem Böhmenkönig der Friede diktiert. Er mußte allen Ansprüchen auf Oesterreich, Steiermark, Kärnthen, Krain, der win= dischen Mark, Eger und Pordenone entsagen, wogegen er von der Reichsacht be= freit und für sich und seine Kinder mit Böhmen und Mähren belehnt werden sollte. Ferner wurde eine Wechselheirath zwischen der Habsburgischen und Pře= myslidischen Familie verabredet, so zwar, daß Ottokars einziger Sohn mit einer der Töchter Rudolphs und Rudolphs Sohn Hartmann mit Ottokars Tochter sich vermählten sollte; als Heirathsgut wollte Rudolph seiner Tochter das Land Oester= reich im Norden der Donau mit Ausnahme der Städte Krems und Stein und der Krone Böhmen pfandweise überlassen; Ottokar dagegen trat als Heirathsgut seiner Tochter alles ab, was er in Oesterreich als Eigen oder Lehen besaß. Endlich wurde im Frieden die Stadt Wien mit ihrem Bürgermeister begnadigt und Un= garn mit in den Vertrag aufgenommen. Als der Schiedsspruch von beiden Seiten genehmigt worden war, erschien König Ottokar vor Rudolph im Lager vor Wien, brachte die Huldigung, und empfieng vom römischen Könige unter den gewöhn= lichen Formalitäten die Belehnung mit Böhmen und Mähren, sowie den dazu ge= hörigen Gebieten (25. Nov. 1276). Am 26. November wurden die Verträge von den beiden Königen gezeichnet und beschworen. Ottokar eilte noch am selben Tage nach Korneuburg, während Rudolph seinen Einzug in Wien vorbereitete und nach= her in feierlicher Weise von der Stadt Besitz ergriff. — Uebrigens blieben noch manche Fragen im Wiener Frieden ungelöst: die Konferenzen der beiderseitigen Gesandten dauerten fort, und es kam ein neuer Vertrag zu Stande, der vielfach von dem früheren abwich. In demselben war von der Abtretung Oesterreichs im Norden der Donau nicht mehr die Rede, sondern als andere Mitgift der Tochter Rudolphs wurde jetzt das Egerland bezeichnet; ebenso wurde der Heirath Hart= manns, des Sohnes Rudolphs, mit einer Tochter Ottokars nicht mehr gedacht. Ferner wurde noch bestimmt, daß in den Friedensvertrag alle einstigen Helfer

und Diener des einen, wie des andern Königs, aufgenommen werden sollten
(6. Mai 1277).

Doch nur kurzsichtige Politiker konnten in dem abgeschlossenen Frieden (Garantien einer dauerhaften Ruhe erblicken. War ja schon der Nachvertrag vom Mai
wegen manigfacher Differenzen entstanden, und auch in diesem konnte keine allseitig
befriedigende Lösung gefunden werden, so daß eine Art Vertrauenskommission als
ständiges Schiedsgericht die Vollmacht erhielt, bis zum nächsten Michaelstage alle
noch auftauchenden Beschwerden zu schlichten. Welche menschliche Macht ist aber
im Stande, die klaffenden Gegensätze zu vermitteln, die zwischen zwei Fürsten bestehen, die in denselben Ländern die Herrschaft anstreben? Welcher Vertrag konnte
dem gebeugten Ottokar den Stachel des Ehrgeizes entziehen und der süßen Hoffnung auf Rache und Wiederherstellung seiner Großmacht berauben! Am empfind-
lichsten mußte Ottokar der Umstand berühren, daß Rudolph kraft seiner Oberlehensherrlichkeit und, zudem noch gestützt auf den Maivertrag, darauf bestand, der
Böhmenkönig müsse jenen böhmischen Adeligen, welche im ersten Kriege als ungetreu
sich gezeigt hatten, insbesondere aber den Wittowiecen volle Amnestie ertheilen.
In seinem eigenen Lande sollte er nicht mehr Herr sein, und doch durfte er es
nicht sein, schon nicht als Vasall des Reiches, als welcher er erst jüngst das Knie
vor Rudolph gebeugt hatte. Am 12. September 1277 schienen die Verhältnisse
noch nicht den Charakter eines Kriegsfalles annehmen zu wollen; denn da fand
sich Rudolphs Erstgeborener, Albrecht, in Prag ein, und Ottokar versprach, die
Pflichten eines Reichsfürsten in Zukunft zu erfüllen, König Rudolph auf dem Römerzuge zu begleiten und die Reichstage zu besuchen. Und doch kam es bald darauf
zum Bruche. Rudolph war zum Papste in ein gespanntes Verhältniß gerathen,
die deutschen Reichsfürsten erblickten mit Unmuth, wie gewöhnlich, die steigende
Macht ihres Königs, in den neugewonnenen Ländern gab es eine Menge Unzu-
friedener, Paltram der Wiener Bürgermeister an der Spitze — Rudolph bedurfte
mehr, als je, des Friedens. Ottokar aber, der seine Kräfte gesammelt und der
Bundesgenossenschaft Leos von Galizien, des Markgrafen von Meißen, der Fürsten
von Schlesien, Polen, Sachsen und Brandenburg, so wie Heinrichs von Baiern
sich versichert hatte, glaubte gerade jetzt loszuschlagen zu müssen, sonst kehre der
günstige Augenblick wohl nicht wieder. Am 27. Juni 1278 verließ er mit dem
Hauptheere Prag; das Volk und der Klerus begleitete den König und sein aus-
ziehendes Heer in großer Procession bis vor die Thore der Stadt. In Brünn erwartete man den Zuzug der Bundesgenossen. Da jedoch derselbe zu lange auf sich
warten ließ, überschritt Ottokar die Gränze von Oesterreich, hielt sich aber mit der
Belagerung von Drosendorf und Laa unnöthiger Weise zu lange auf und verschaffte
so seinem Gegner das Kostbarste, dessen er bedurfte, nämlich Zeit. Rudolph benützte diese zur Beendigung seiner Ausrüstung, sowie zur Heranziehung der Ungarn,
seiner ausgiebigsten Bundesgenossen. Die letzteren giengen am 10. August bei

Presburg über die Donau, während Rudolph mit seinem Heere am 11. bei Hainburg über den Fluß setzte und bei dem von Ottokar erbauten Marchegg ein Lager
aufschlug. Ottokar stand mit dem Kerne seiner Armee noch bei Zistersdorf, nur
einzelne Abtheilungen streiften bereits über das Marchfeld bis gegen Stillfried.
Stromaufwärts an beiden Ufern der March zogen die verbündeten Deutschen und
Ungarn, bis am 22. Aug. König Ladislaus den Strom überbrückte und mit Rudolphs Heere sich vereinigte. Die gesammte Armee drang immer nördlicher gegen
Dürnkrut und nahm eine Stellung zwischen diesem Orte und Stillfried auf den
an den Fluß sich lehnenden Hügeln. Ottokar hatte sich seinerseits in der Ebene
zwischen Dürnkrut und Jedenspeigen gelagert. Am St. Rufustage (26. Aug.), an
einem Freitage, früh kam es zum entscheidenden Kampfe auf dem zwischen beiden
Heeren sich ausbreitenden Kruterfelde. In sechs Heerhaufen ordnete Ottokar seine
Schaaren und ließ sie in ausgedehnter, halbbogenförmiger Schlachtlinie gegen den
von den Hügeln herabsteigenden Feind vorrücken, offenbar in der Absicht, ihn auf
beiden Seiten zu überflügeln. Während er selbst im Centrum der Schlachtreihe
über die schweren böhmischen Reiter und die sächsischen und thüringischen Kerutrup-
pen befehligte, stand Milota von Diediz mit der Nachhut im Rücken des Heeres,
um dort Hilfe zu bringen, wo etwa die Linie durchbrochen werden sollte. König
Rudolph hatte vier Heerhaufen, zwei aus deutschen, zwei aus ungarischen Truppen
gebildet und dieselben in schiefer Schlachtordnung aufgestellt, so daß der linke Flügel
am weitesten gegen das böhmische Heer vorgeschoben war. Die Deutschen bildeten
die beiden Flanken, die Ungarn das Centrum: als Nachhut stand auf den Anhöhen
im Süden Ulrich von Kapeller mit schwerer Reiterei. Während Rudolph seine Haupt-
kraft in den linken Flügel verlegte, schon wegen der Deckung der Rückzugslinie,
wurde zuerst seine rechte Seite, wo er in eigener Person befehligte, angegriffen, im
harten Kampfe zum Weichen gebracht und von den Feinden überflügelt. Glücklicher
waren die Kaiserlichen auf ihrem starken linken Flügel, wo der Burggraf Friedrich
von Nürnberg die Sturmfahne führte und, von der flankierenden ungarischen Reiterei unterstützt, die gegenüberstehenden böhmischen und bairischen Heerhaufen im
stäten siegreichen Kampfe zurückwarf. Immer weiter wurden die Böhmen hier überflügelt und gegen die March zu von der Seite her gedrückt. Die Schlachtordnung
wurde so allmählich geändert: durch das Weichen Rudolphs und das Vordringen
des Burggrafen von Nürnberg hatte sich die nördliche Richtung der Böhmen in
eine ostwestliche gedreht. So wogte denn das Schlachtgetümmel unentschieden hin
und her; weichend und wieder vordringend kämpften die erbitterten Krieger, die Kaiserlichen sich immer enger aneinander schließend, die Böhmen aber gehindert durch
das sich im Süden verengende Kruterfeld und belästiget von den gegen sie gekehrten
Strahlen der brennenden Sonne. „Christus" war das Feldgeschrei der Reichstruppen, in das auch die heidnischen Kumanen einstimmten, „Prag" erscholl's von
Seite der Böhmen, deren Heldenfürst, in vollem königlichen Schmucke prangend,

im Vordertreffen kühn den Seinigen voranstürmte. König Rudolph auf dem rechten Flügel wäre fast erlegen; ein thüringischer Reiter, der ihn erkannte, rannte ihn mit der Lanze zu Boden, und nur durch die größte Tapferkeit der Umgebung konnte er gerettet werden. Es war klar, daß die Nachhut jetzt entscheidend eingreifen mußte. Wie der Sturmwind stürzte sich Kapeller mit seinem frischen, nicht erschöpften Reiterhaufen von den Anhöhen herab auf die vorwärts dringenden polnischen und mährischen Truppen und mähte Alles vor sich nieder. Die Feinde kamen zum Stehen, so daß Rudolf Zeit gewann, seinen rechten Flügel in Ordnung zu bringen und zum neuen Kampfe zu führen. Alles kam jetzt auf die Haltung Milotas und der Nachhut der Böhmen an. Doch Milota war treulos genug und gab, anstatt dem halb geschlagenen rechten Flügel der Seinigen beizuspringen, wie Kapeller im Reichsheere, vielmehr das Zeichen zur unheilvollen Flucht. „Sie fliehen", wiederhallte es von allen Seiten im wilden Geschrei, und keine Gewalt der Erde vermochte der rath losen Verwirrung des Böhmenheeres Halt zu gebieten. Die durchbrochenen Scharen wurden von den Kumanen aufs Entsetzlichste niedergemetzelt oder in die March getrieben. Die Niederlage der Böhmen war eine vollständige, der Sieg des Habsburgers einer der glänzendsten des ganzen Mittelalters. Und Ottokar? Von den Seinigen abgeschnitten, stürzte sich der heldenmüthige Premyslide mitten unter die Feinde, den Tod auf dem ehrenvollen Platze des Schlachtfeldes suchend, da ihm das Leben Nichts mehr versprach. Schwer verwundet stürzt er vom Pferde und, seiner schon nicht mehr mächtig, sitzt er als Gefangener eines Edlen auf der Erde, des Helmes entblößt, um frei athmen zu können. Daselbst wird er aber von einigen Landherren aus den Herzogthümern überfallen und verblutend an siebenzehn Wunden haucht er sein tapferes Leben aus. Gemeine Soldaten beraubten ihn seiner Kleider und seiner Waffen, und die untergehende Sonne beschien die gräßlich verstümmelte, entblößte Königsleiche. Man brachte den todten Helden zuerst nach Wien, wo er zur Sicherstellung der Person längere Zeit öffentlich zur Schau gestellt wurde. Hierauf führte man ihn nach Prag, wo er im Chor der neuen Kathedrale feierlich beigesetzt wurde.

Ottokar II. nimmt unstreitig in der Reihe der Premyslidischen Fürsten den hervorragendsten Platz ein. Ueber seine glänzende Geistesbegabung, seine Milde und Gerechtigkeit, seinen Mannesmuth in offener Feldschlacht, aber auch über seine Gottesfurcht und Frömmigkeit stimmen alle Quellen ohne Ausnahme überein. Bekannt war die Prachtliebe und Freigebigkeit des Königs, unvergessen blieb sein prunkender Hof und der Glanz der an demselben abgehaltenen Spiele und Feste. In seiner äußeren Politik lenkte den König der hohe Flug des Ehrgeizes, den er von seiner Mutter als Eigenthümlichkeit des Staufischen Hauses ererbt hatte. Da es aber der böhmische Löwe wagte, die vom deutschen Adler beherrschten Räume zu durchkreuzen, mußte er erliegen. In der inneren Verwaltung verstand es der thatkräftige König, den Uebermuth des Adels niederzuhalten, weswegen er bei diesem Stande nicht besonders beliebt war. Desto mehr wurde er vom deutschen Bürgerthume, überhaupt von den Deutschböhmen geachtet und geschätzt. Er war es ja vorzüglich, wie wir später noch näher ausführen werden, der die deutsche Kolonisation im Lande in großartiger Weise betrieben und das Städte- und Berg- wesen, den Handel und die Gewerbe zur herrlichen Blüthe gebracht. Wenn auch der Adel nicht trauerte, alle Edlen beklagten in tiefem Schmerze den Tod des tragisch gefallenen Helden. Die Stelle eines schönen Gedichtes jener Zeit gibt der großen Trauer kräftigen Ausdruck: „Wehe, Wehe, Milde und Ehre weinen um den König aus dem Böhmerlande. Auch über den Tod. Muß man nicht den König suchen und seine Spenderhand? Erhebt die Klage über König Ottokar; mein Herrgott ja, er ist erschlagen. Nie sah man seinen Edelsinn zage werden, er war ein Schild in seinen Tagen über alle Christenheit! Den Kumanen und den Heiden war er ein Löwe, ein Edelaar an Güte. Der herrliche König ist todt! Der Böhmenkönig ist nun erlegen, drob weinet Augen Jammerthränen! Wer wird der Wittwen und Waisen pflegen? Der König fiel recht als ein Held, der nach Ruhme stritt."

3.

Wenzel II. und Wenzel III.

(1278—1306).

König Wenzel II.
(1278—1306).

In Böhmen war durch den Tod des Königs eine gränzenlose Verwirrung hervorgerufen worden. Das deutsche Bürgerthum und der Klerus trauerten auf- richtig um den gefallenen Freund, während der Adel freudig aufathmete, des stren- gen Gebieters ledig zu sein, und den unbewachten Augenblick benützte, um die unvertheidigten Krongüter an sich zu reißen. Die Königin-Wittwe Kunigunde, ein eitles und vergnügungssüchtiges Weib, hielt ruhig glänzenden Hof in Prag und vergaß bald den Verlust des hohen Gemahles in den Armen ihres Liebhabers, des Rosenbergers Zawisch von Falkenstein. Nach der Regierung oder der Vormund- schaft über den jungen Wenzel strebten die verschiedenartigsten Elemente, der natio- nale Adel, die Königin, Markgraf Otto von Brandenburg und Herzog Heinrich IV. von Breslau, beide letztere Verwandte Wenzels, des Sohnes Ottokars, des einzigen rechtmäßigen, aber erst siebenjährigen Erben der Krone. Es that Noth, daß König Rudolph mit seiner Autorität für den Přemysliden eintrat, indem er mit seinem sieg-

Sedletzer Vertrag
(1278).

reichen Heere über Mähren nach Böhmen vordrang und im Sedletzer Vertrage (1278) folgende Bestimmungen traf: Die vormundschaftliche Regierung für Wenzel II. solle in den nächsten fünf Jahren Markgraf Otto der Lange von Brandenburg führen, während Rudolph selbst auf eben so lange Zeit sich die Verwaltung von Mähren vorbehielt, und Heinrich von Breslau das Gebiet von Glatz zum lebens- länglichen Genusse bekam. Zugleich wurde Wenzel II. mit Rudolphs Tochter Jutta und Rudolphs Sohn mit Wenzels II. Schwester Agnes verlobt, und schon im December darauf die Hochzeit feierlichst in Iglau abgehalten, obgleich keines der vermählten Kinder älter als zehn Jahre war.

Als der neue Reichsverweser, Markgraf Otto der Lange, mit seinen Branden- Die Statthalter-
schaft des Mark-
grafen Otto von
Brandenburg
(1278—1283). burgern in's Land kam, fand er nur bei den deutschen Bürgern freundliche Auf- nahme. Das Volk zürnte ihm als Ausländer, der Adel grollte, weil er mit aller Energie die Zurückgabe der geraubten Krongüter betrieb; die Königin aber mit Zawisch von Fallenstein haßten den angeblichen Eindringling, der ihre geheimsten Pläne erkannte und durchkreuzte. Während Otto auf der Prager Burg sich einrichtete, entwürdigte Kunigunde durch ein lustiges Leben in glänzender Umgebung das Trauer- jahr. Ja sie strebte mit ihrem ehrgeizigen Liebhaber so offen nach der Regierung, daß der gleichzeitige Geschichtschreiber, der Mönch von Fürstenfeld, sie geradezu anklagt, sie habe, um ihre Pläne besser durchführen zu können, versucht, den eigenen Sohn durch Gift zu beseitigen. Konnte da der Reichsverweser und Vormund des jungen Königs noch ruhig zusehen? Mit seiner gewohnten Energie griff er rasch in die Verhältnisse ein, bemächtigte sich mit Hilfe der deutschen Bürgerschaft der Stadt Prag und ließ in der Nacht am 25. Januar 1279 die leichtsinnige Königinwittwe, so wie seinen Mündel in eiliger Fahrt auf die feste Burg Bösig bringen und allda strenge bewachen. Doch die listige Frau fand bald Gelegenheit zu entspringen; sie begab sich nach Troppau, wo sie ihr altes lockeres Leben wieder aufnahm und nun- mehr sich öffentlich mit ihrem Liebhaber Zawisch, dem Erzfeinde und Hauptverräther ihres gefallenen Mannes, vermählte. Ihren Sohn, den die flüchtige Mutter auf dem Bösig zurückließ, brachte dann Otto von Brandenburg, um ihn dem Einflusse des unruhigen Adels zu entziehen, in's Ausland. Die Behandlung und Erziehung, die daselbst der Vormund seinem Mündel angedeihen ließ, muß doch nicht so barba- risch gewesen sein, als oftmals behauptet worden ist; denn aus dem Prinzen wurde ein milder, gelehrter und thatkräftiger König, der auch in der späteren Zeit mit seinem angeblichen Jugendpeiniger in ganz freundschaftlichen Beziehungen verblieb.

Als gegen Ende des Jahres 1279 Otto der Lange wichtiger Gründe wegen in Bürgerkrieg
(1279—1280). seine Heimath zurückgekehrt war, nachdem er zuvor als seinen Stellvertreter den Bischof Eberhard von Brandenburg eingesetzt hatte, entstand eine fürchterliche Verwirrung im Lande. Der unzufriedene Adel benützte die Gelegenheit, um die brandenburgische Fremd- herrschaft abzuschütteln und zugleich das deutsche Bürgerthum mit Einem Schlage zu vernichten. Es wurde jetzt zum ersten Male ein blutiger Racenkampf im Lande her- aufbeschworen, indem der Adel die tschechische Landbevölkerung gegen die „Fremden" oder „Deutschen" mit allem Eifer aufstachelte und hetzte. Ein Krieg Aller gegen Alle entstand, und insbesondere wütheten jetzt jene Scharen, die seit dem großen Kriege gegen Rudolph von Habsburg entlassen worden waren. Der deutsche König selbst, dem wahrscheinlich bange wurde um die Herrschaft seines Schwiegersohnes, schritt endlich selbst zur Beilegung des jammervollen Streites ein (1280). Otto von

Brandenburg eilte nach Böhmen zurück und berief einen Landtag, der von Weihnachten bis zum neuen Jahre dauerte. Otto wurde neuerdings als Vormund des
jungen Königs anerkannt und ihm noch ein Mal der Eid der Treue und des
Gehorsams geleistet. Die stellvertretende Regierung in seiner Abwesenheit sollten
der Bischof Tobias von Bechyn und der Oberstkämmerer Diepold von Riesenburg
führen; König Wenzel selbst aber, so wurde bestimmt, kehrt am 1. Mai in sein
Vaterland zurück, allwo er unter der Aufsicht des Bischofs Tobias, einiger böhmischer
und brandenburgischer Herren, sowie mehrerer Prager Bürger seinen Sitz auf dem
Hradschin aufschlagen sollte. Dem Markgrafen Otto seien bis dahin 15.000 Mark
Silber zu entrichten, während die Königin Kunigunde 1200 Mark jährlicher Einkünfte
zugesichert erhielt. Endlich sollten alle ausländischen Deutschen, „welche nach Böhmen
gekommen waren des Beutemachens wegen", binnen drei Tagen das Land verlassen.

Die Unglücksjahre
(1281, 1282).   Noch aber gelangte das Land nicht zur gewünschten Ruhe. König Wenzel kam
nicht, wie Markgraf Otto versprochen, nach Böhmen, und der Adel wurde durch
die Beschlüsse eines neuen Landtages zu immer größerer Opposition getrieben. Denn
er mußte sich eidlich verpflichten, alle jene Güter an die Krone zurückzugeben, die
einst in Ottokars II. Händen gewesen und nach dessen Tode unrechtmäßiger Weise
von ihm in Besitz genommen worden waren; ebenso mußten alle, den Kirchen und
Privatpersonen weggenommenen Besitzungen zurückgestellt und alle seit Ottokars
Tode errichteten Befestigungen geschleift werden. Zu den Drangsalen der inneren
Kämpfe kamen noch äußere Unglücksfälle aller Art. Anhaltende Regengüsse und
in Folge dessen eintretende Ueberschwemmungen richteten großen Schaden an, und
bereits im Jahre 1281 stieg die Theuerung auf eine solche bedenkliche Höhe, daß
man für einzelne Gegenstände das Fünfundzwanzigfache ihres früheren Preises zahlen
mußte. Im nächstfolgenden Jahre (1282) aber erreichte die allgemeine Noth den
höchsten Gipfel. Hunger und Seuchen wütheten unter den Menschen, und es werden
von den Chronisten Erscheinungen berichtet, vor denen unser Gefühl zurückschaudert.
Die Menschen verzehrten im Hungerwahnsinne nicht nur die eckelhaftesten Gegenstände, sie wütheten sogar gegen ihr eigenes Geschlecht, nahmen Verbrecher von
den Galgen herab und ermordeten ihre eigenen Anverwandten, um den rasenden
Hunger zu stillen.

Zug Rudolf
von Falkenstein.   Mit dem Herbste des Jahres 1282 begann das Elend allmählich aus dem
Lande zu schwinden, und eine reichliche Ernte machte der gräßlichen Hungersnoth
ein Ende. Die Leute aßen sich wieder satt und konnten den Winter überdauern.
Als sich im nächsten Jahre 1283 die Natur im Frühjahre verjüngte, kehrte der
heißersehnte König Wenzel aus der Ferne in seine Heimath zurück und wurde mit
gränzenlosem Jubel empfangen. Markgraf Otto, dessen fünfjährige Statthalterschaft vorüber war, hatte seinen Mündel entlassen gegen das Versprechen von
30.000 Mark Silber, wofür ihm acht böhmische Städte und Schlösser verpfändet
werden mußten. Mit dem jungen Wenzel, der erst 12 Jahre alt war, kehrten

nach) Prag auch) seine Mutter Kunigunde und deren Gemahl Zawisch von Falken=
stein zurück. Jetzt, meinte das Ehepaar, sei der richtige Zeitpunkt gekommen zur
Erfüllung seiner Regierungsgelüste, denen einst Otto von Brandenburg so energisch
entgegengetreten war. Dem genialen Falkenstein, den Zeitgenossen wegen seiner
allseitigen Begabung für einen Zauberer hielten, war es ein Leichtes, die Regie=
rung allmählich ganz an sich zu ziehen. Seinen Stiefsohn, den König, beschäftigte
er mit eitlen Spielereien, sich selbst aber und seine Genossen setzte er in den Besitz
der einträglichen und wichtigsten Aemter des Landes und geberdete sich förmlich
als König von Böhmen. Selbst nachdem Kunigunde gestorben war (1285), behaup=
tete er seine Stellung, schlug eine Empörung der ihm feindlich gesinnten Landherren
nieder und begann, auch die Zukunft in's Auge fassend und des Königs Jugend
ausbeutend, seinen Privatbesitz durch Aneignung von Krongütern zu verstärken. So
ließ er sich von Wenzel, den er durch seine Persönlichkeit ganz gefesselt hielt, die
Städte Politschka und Landskron und das Schloß Landsberg mit ausgedehnten
Besitzungen an der mährischen Gränze abtreten. Es war in der That das Endziel
der Bestrebungen des mächtigen Falkensteiners nicht abzusehen. Ob nicht der maß=
los ehrgeizige Zawisch, der in seinem Geschlechte der Rosenberge, dem begütertsten
des Landes, Rückhalt genug besaß, den Gedanken erwogen haben mag, seine Tyran=
nis mit gänzlicher Beseitigung der Premysliden in eine dauernde Herrschaft seiner
Familie zu verwandeln? Mit gewohntem Scharfblicke erkannte der deutsche
König Rudolph von Habsburg die drohenden Gefahren, die seinen Schwiegersohn
Wenzel von Böhmen umschwebten. Energisch, wie es auch nothwendig war, griff
er jetzt in die böhmischen Verhältnisse ein. Der allgewaltige Rosenberg mußte
vom Hofe weichen; nur unter dieser Bedingung gestattete Rudolph, daß seine
Tochter Jutta zu dem ihr 1278 angetrauten Gemahl nach Prag zog (1287).
Grollend schied der entlassene Falkenstein aus der Residenz und begab sich auf sein
Schloß Fürstenburg an der mährischen Gränze, neue ehrgeizige und hochverräthe=
rische Pläne schmiedend. War es wirklich seine Absicht, die ihm gehörigen, weithin
sich erstreckenden Güter zu einem selbständigen, von der Krone Böhmens ganz
unabhängigen Fürstenthume zu vereinigen, oder sann er noch immer auf die Erwer=
bung der Krone Böhmens selbst? Er knüpfte mit gekrönten Häuptern neue Ver=
bindungen an, so mit König Ladislaw von Ungarn und dem Herzog Heinrich von
Breslau, die beide mit Wenzel von Böhmen in keiner guten Freundschaft standen;
selbst eine große Partei des Adels im Lande wußte er sich zu verschaffen. Der
Ungarnkönig gab ihm seine Schwester, die Prinzessin Judith, zur Gemahlin,
und mit königlichem Pompe wurde die Hochzeit in Stuhlweißenburg gefeiert (1287).
König Wenzel hatte alle Ursache, auf seiner Hut zu sein, und als er nach einem
Jahre die Einladung von Falkenstein bekam, an die böhmisch=ungarische Gränze zu
reisen, um bei dessen neugeborenem Söhnlein Pathenstelle zu vertreten, erkannte
darin der Hof eine Falle, in die der König gelockt werden sollte. Es wurde

beſchloſſen, den gefährlichen Gegner in ſeiner eigenen Schlinge zu fangen. Wenzel, ſo antwortete man ihm, werde zur Tauſe kommen, nur müſſe Falkenſtein ihn ſelbſt in Prag abholen. Als Zawiſch in der That an den Hof kam, wurde der Sorgloſe alsbald feſtgenommen und in den Thurm an dem Hauptthore der Prager Burg — ſpäter der weiße Thurm genannt - in feſtes Gewahrſam gebracht. Nicht eher ſollte er ſeine Freiheit wieder erlangen, bis er alle jene Krongüter, die er unrecht mäßig an ſich gezogen, dem Könige wieder zurückgegeben habe. Trotzig verwei gerte er aber, dieſer Bedingung nachzukommen und blieb lieber in ſeinem Gefäng niſſe, wo er, wie es heißt, ſich die langen Kerkerſtunden durch die edle Kunſt der Poeſie zu verkürzen ſuchte.

Falkenſteins Tod (1290). Aber jetzt zeigte ſich erſt, wie weit verbreitet der Anhang des Falkenſtein im Lande war. Nicht nur die zahlreichen Roſenberge und die übrigen Zweige der Wit lowice, ſondern auch viele andere adelige Familieen erhoben ſich mit den Waſſen in der Hand, um ihren Häuptling zu retten. Auch die ansländiſchen Freunde des Gefangenen, der König von Ungarn und der Herzog von Breslau, unterſtützten die große Adelsempörung, welche ſich ſchon mit dem Gedanken trug, den Breslauer Herzog, welcher eben Großfürſt von Krakau geworden, auch zum Könige von Böh men zu erheben. Wenzel ſeinerſeits fand Unterſtützung von ſeinem Schwiegervater, dem deutſchen Könige, welcher ſeinen jüngſten Sohn Rudolph, den Gemahl der Agnes, der Schweſter Wenzels, mit einem Kriegsheere nach Böhmen ſandte (1290). Doch dieſer hoffnungsvolle Prinz ſtarb zum allgemeinen Leidweſen mitten in den Feſtlichkeiten, die ſeine Ankunft verherrlichten. Aber auch die Gegner büßten durch den Tod mächtige Bundesgenoſſen ein; in kurzer Zeit hintereinander langten die Nachrichten an, Heinrich IV. von Breslau ſei geſtorben, Ladiſlaw von Ungarn aber ſei von ſeinen eigenen Leuten erſchlagen worden. Als auch jetzt noch die Anhänger Falkenſteins dem Könige auf ihren feſten Schlöſſern trotzten, ſchritt Wenzel, wie man ſagt, auf den Rath ſeines Schwiegervaters zu einer Liſt. Gefeſſelt wurde der unglückliche Zawiſch von Burg zu Burg geſchleppt und den Vertheidigern derſelben mit der Hinrichtung des Gefangenen gedroht, falls ſie ſich nicht ergeben würden. Nachdem ſo mehrere feſte Punkte bereits gewonnen worden waren, gelangten die Königlichen auch zur Burg Frauenberg in der Nähe von Budweis, wo Witek, der Bruder Falkenſteins, gebot. Witek weigerte ſich hartnäckig, die Burg zu über geben; er glaubte nicht, daß man Wahrheit machen werde mit der bekannten Drohung. Als auch Zawiſch ſich nicht bewegen ließ, die Belagerten um Mitleid zu bitten, ritt Wenzel, der ſelbſt in's Lager gekommen war, davon, nachdem er dem Herzoge Nikolaus von Troppau die Vollmacht gegeben, mit Zawiſch zu ver fahren, wie ihm beliebe. Nur kurze Friſt geſtattete dieſer ſeinem alten Feinde, damit er ſich auf ſein letztes Stündlein vorbereite. Dann fiel das Haupt des Unglücklichen durch ein ſcharfes Fallbrett im Angeſichte ſeiner Verwandten in der Burg (24. Aug. 1290). Sein Leichnam wurde im Roſenbergiſchen Stifte Hohen=

furth in allen Ehren bestattet. Damit war denn auch der Widerstand des Adels bezwungen, und Friede kehrte endlich in das von den ewigen Kämpfen zerfleischte Land zurück. Der Bau des Klosters Königsaal, den Wenzel in Folge eines Gelübdes für die glückliche Besiegung der Fallensteinischen Verschwörung anbefahl, eröffnete eine neue Periode des Glückes und Glanzes.

Das polnische Reich der Piasten war in Ermangelung eines fest beobachteten Thronfolgegesetzes und durch fortwährende Theilungen allmählich in eine Menge schwacher Herzogthümer zersplittert worden, die, unter sich uneinig, die fortdauernde Einmischung des Auslandes veranlaßten. Seit der Schlacht von Dürnkrut war Böhmen in allen seinen Gränzen fest geschraubt worden, nur noch gegen Polen zu konnte an eine Erweiterung derselben gedacht werden. Ohne viel Kämpfen und Blutvergießen verstand es König Wenzel, an eben diesem Punkte die Marken seines Reiches vorwärts zu schieben und einzelne Theile von Polen, ja sogar die polnische Königskrone selbst zu erwerben. Heftige Kämpfe waren nach dem Tode Leschets, des Großfürsten von Krakau, ausgebrochen (1288), bis Heinrich IV. von Breslau des Großfürstenstuhls sich bemächtigte. Schon im nächsten Jahre, als noch der Breslauer Heinrich Großfürst von Krakau war, hatte sich der oberschlesische Fürst Kazimir von Oppeln freiwillig unter die Lehnsherrschaft Wenzels von Böhmen gestellt, damit ihm dieser gegen seine Brüder, die Fürsten von Beuthen, Ratibor und Teschen, Hilfe verschaffe (1289). Als Heinrich IV. gestorben war (1290), sollte sein Herzogthum, kraft eines noch zu Zeiten Ottokars II. geschlossenen Vertrages, den auch Rudolph von Habsburg als Lehensherr von Breslau bestätiget hatte, an Wenzel fallen; allein es kam ihm Herzog Heinrich von Glogau, den Heinrich IV. von Breslau in seinem Testament zum Erben eingesetzt hatte, zuvor. Wenzel konnte nur Glatz erlangen, das Heinrich IV. auf Lebenszeit besessen hatte. Um das erledigte Großfürstenthum von Krakau aber fanden sich wie gewöhnlich eine Menge Bewerber ein. Die mächtigsten waren Wladislaw der Ellenlange (Lokietek) von Sieradz und Premysl von Großpolen. Grifina aber, die Wittwe Leschets, behauptete, ihr Gemahl habe ihr vor seinem Tode nicht ohne Zustimmung des Adels seine Fürstenthümer vererbt, und sie wünsche jetzt, diese ihrem Neffen, Wenzel von Böhmen, zu vermachen. Wenzel kam dem in Folge dessen an ihn ergangenen Rufe der Krakauer nach und schickte 1291 den staatsklugen Bischof Tobias von Bechyn mit einem Heere nach Polen voraus. Inzwischen huldigten auch die Herzoge von Teschen und Oppeln (Jan. 1291) und Premysl von Ratibor (1292) dem Könige von Böhmen als ihrem Oberlehnsherrn, so daß ganz Oberschlesien die Oberhoheit der Krone Böhmens anerkannte. Als dann der Böhmenkönig nach Krakau eilte, wurde er mit großer Freude begrüßt und ihm als Herzog von Krakau und Sandomir gehuldigt. Wladislaw der Ellenlange und sein Bruder, die allein noch Widerstand leisteten, wurden gefangen genommen und genöthigt, den Vasalleneid zu schwören (1292).

Marginal note: Erwerbung von Oberschlesien und Krakau (1288—1292).

Wenzel wird
König von Polen
(1300).

Mittlerweile hatte sich Premyst von Großpolen, der an den vorigen Kämpfen keinen Antheil genommen, durch die Erwerbung von Pommern verstärkt und glaubte nun an die Ausführung seiner Lieblingsidee, einer Vereinigung von ganz Polen unter Einem Könige, schreiten zu können. Mit Bewilligung des Papstes Bonifacius VIII. legte er sich 1295 den Königstitel bei und verband sich mit Wladislaw dem Ellenlangen und anderen Fürsten, um Wenzel aus seinen polnischen Herzogthümern zu vertreiben. Bevor es aber zum Kampfe kam, starb Premyst eines gewaltsamen Todes (1296). Wegen der Beerbung seiner hinter-lassenen Ländereien entspann sich unter den verschiedenen Piasten ein langwieriger Streit, so daß nach vier Jahren der Adel des Haders müde wurde und König Wenzel zu Hilfe rief. Derselbe zog im Sommer des Jahres 1300 über Kalisch nach Gnesen, ließ sich daselbst vom Erzbischofe die neue Königskrone auf's Haupt setzen und überwand rasch alle widerspänstigen Fürsten. Wladislaw der Ellenlange, der sich nicht beugen wollte, wurde zur Flucht in's Ausland genöthiget. Auch Pommern gehörte zur Herrschaft Wenzels; der Fürst der Insel Rügen, Namens Wislaw, der sich einen Theil dieses Landes anmaßte, wurde mit Waffengewalt aus demselben vertrieben. Mit der Krone hatten die polnischen Adeligen dem Böhmenkönige zu-gleich die Hand der Tochter Premysls angeboten. Wenzel, dessen erste Gemahlin bereits gestorben war, ließ Elisabeth, so hieß die piastische Prinzessin, die bis jetzt am brandenburgischen Hofe erzogen worden war, nach Prag bringen und übergab sie, da sie erst 14 Jahre alt war, seiner Tante Grifina noch auf drei Jahre zur Erziehung.

König Wenzel II. stand zum deutschen Reiche in den besten Beziehungen, so lange sein Schwiegervater Rudolph von Habsburg daselbst regierte. Der deutsche König unterstützte ihn mit Rath und That gegen seine inneren und äußeren Feinde, gegen den Brandenburger, sowie gegen Zawisch und den unzufriedenen Adel. Im Jahre 1289 versprach er als Heirathsgut seiner Tochter das Egerland an Böh-men pfandweise abzutreten; den zwischen Baiern und Böhmen unter Ottokar II. geführten Streit in Bezug auf das Reichsmundschenkenamt und die Kurwürde ent-schied Rudolph dahin, daß beide Würden dem Böhmenfürsten zugesprochen wurden. So freundschaftlich Wenzels Verhältniß zu seinem Schwiegervater alle Zeit war, so wenig konnte er sich mit seinem Schwager, dem hartherzigen und hochfahrenden österreichischen Herzoge Albrecht, dem einzigen am Leben gebliebenen Sohne Ru-dolphs, vertragen. Als es sich daher nach dem Tode des letzteren (15. Juli 1291) um die Neuwahl eines deutschen Königs handelte, war der böhmische Wahlfürst der eifrigste Gegner des Habsburgers, der ihn jüngst noch mehr durch seine Unnach-giebigkeit im Streite um die Aussteuer seiner Gemahlin erzürnt hatte. Wenzel II.

Adolph v. Nassau
(1292–1298).

betrieb daher mit allem Eifer die Wahl des Gegenkandidaten, des Grafen Adolph von Nassau, der in der That am 5. Mai 1292 zum deutschen Könige erhoben wurde. Adolph belehnte Wenzel sofort mit dessen Reichslehen durch eine Botschaft und verlobte seinen Sohn mit einer böhmischen Prinzessin. Wenzel erbot sich, seiner Tochter 10.000 Mark als Heirathsgut zu zahlen, wofür ihm der deutsche König das Pleißner Land und die Städte Altenburg, Chemnitz und Zwickau, sowie die Stadt und Burg von Eger verpfändete. Auch machte ihm Adolf durch den Aachner Vertrag (30. Juni 1292) Hoffnungen auf die österreichischen Länder und auf Meißen. Allein der neue römische König konnte zu keinem rechten Ansehen gelangen. Die Fürsten hatten ihn bei der Wahl dem Habsburger vorgezogen, weil er fast keine, der andere aber eine allzu große Hausmacht besaß. Wie aber Adolph nur Miene machte, sich von dem lästigen Einflusse der Fürsten mit Hilfe des Bürgerthums zu befreien, so sannen jene auch bereits auf seinen Sturz. Unser König Wenzel, der von Haus aus nicht sehr festen Charakters war, ließ sich immer mehr für seinen Schwager Albrecht und dessen Pläne auf die deutsche Königskrone gewinnen. Als er im Juni 1297 durch den Erzbischof Gerhard von Mainz feierlich zum Könige von Böhmen gekrönt wurde, veranstaltete er ein Fest, dessen Pracht und Aufwand nach den Versicherungen der Zeitgenossen an das Un-glaubliche gränzte. Während dann das Volk in Genüssen jeder Art schwelgte, und der Jubel der Menge die Lüfte erfüllte, beriethen sich die anwesenden Kurfürsten von Mainz, Böhmen, Sachsen und Brandenburg mit Albrecht von Oesterreich über die Entsetzung Adolphs von Nassau. Man kam wohl zu keinem Entschlusse, schien aber doch die Aggressivpolitik des Herzogs von Oesterreich gegen den König zu billigen. Auch auf einer andern Zusammenkunft Albrechts mit einigen Kurfürsten in Laaden (17. Aug. 1297) kam es noch zu keinen urkundlichen Abmachungen, und erst in einer Versammlung der Fürsten zu Wien (12. Febr. 1298) wurde die Sache endgiltig berathen. Wenzel erlangte daselbst die Zusicherung von Eger, Meißen und den Burgen Floß und Parkstein, sowie des Städtleins Weiden in der Oberpfalz, welche Erwerbungen vom Reiche nur gegen 50.000 Mark wieder eingelöst werden sollten. Ferner sollte der zukünftige Beherrscher von Deutschland allen seinen lehnsherrlichen Rechten auf Böhmen entsagen und dieses Land somit aus dem alten Reichsverbande scheiden.

Nachdem die Fürsten König Adolph abgesetzt hatten, wurde am 2. Juli in der Schlacht bei Göllheim der Thronstreit zwischen dem Nassauer und dem Habsburger durch die Waffen entschieden. Ueber die Leiche seines Feindes stieg Albrecht auf den Thron, den sein Vater friedlicher erworben hatte; am 28. Juli ließ er sich in Frankfurt wählen und am 24. August zu Aachen feierlich zum deutschen Könige krönen. Wenzel wurde zum Generalstatthalter des römischen Reiches für Meißen, die Lausitz und das Pleißnerland ernannt. Als nach einigen Wochen die Gemahlin Albrechts, Elisabeth auf dem Reichstage zu Nürnberg gekrönt wurde (16. Nov.), verrichtete Wenzel persönlich sein Amt als Reichsmundschenk. Stadt und Schloß Pirna wurden mit Bewilligung Albrechts schon in diesem Jahre, Saida und Vorschenstein im Jahre 1300 dem böhmischen Reiche einverleibt. Allein König

*Albrecht I.
von Oesterreich
(1298—1308).*

Albrecht pflegte nur so lange gute Freundschaft zu halten, als es für seine sehr selbstsüchtigen Pläne nothwendig erschien. Die guten Beziehungen Deutschlands zu Böhmen litten bald durch die einander nicht zusagenden Charaktere Albrechts und Wenzels und wurden noch mehr getrübt durch die im Jahre 1300 bewerkstelligte Verbindung der polnischen und böhmischen Krone. Als hierauf mit den beiden Kronen auch noch die ungarische vereinigt werden sollte, da fuhr der mißtrauische deutsche Kaiser mit seinem scharfen Schwerte dazwischen. In Ungarn war nämlich der Mannesstamm des alten Arpadenhauses mit Andreas III. im Jahre 1301 erloschen, und der Papst Bonifacius hatte seinen Schützling Karl Robert von Anjou, der von weiblicher Seite mit den Arpaden verwandt war, den Ungarn zum neuen König gewissermaßen aufgedrungen. Ein großer Theil der Magnaten, die ihr freies Wahlrecht sichern wollten, schickten daher eine Botschaft an den böhmischen König und trugen diesem, der gleichfalls in weiblicher Linie von einem Arpaden abstammte, die St. Stephanskrone an. Wenzel II. lehnte diese zwar für seine Person ab, bestimmte aber die ihm ergebene Partei, seinen zwölfjährigen Sohn Wenzel zum Könige zu wählen. Dieses geschah auch. Wenzel der jüngere wurde in Stuhlweißenburg gekrönt und als König Ladislaus V. in die Hauptstadt Ofen eingeführt (1301).

Krieg mit
Albrecht I.
(1304).

Gleiche Interessen vereinigten die sonst einander bekämpfenden ersten Mächte der Christenheit, den Papst und den Kaiser, gegen den böhmischen König. Der Papst war schon durch Wenzels eigenmächtige Krönung in Polen verletzt worden; jetzt durchkreuzte Wenzel auch die Bevormundspolitik der Kurie in Ungarn. Der Böhmenkönig bekam aus Rom, wo Wladislaw der Ellenlange sicherlich geschürt haben mag, ein päpstliches Schreiben mit heftigen Vorwürfen, warum er in Bezug auf Ungarn den Schiedsspruch der Kurie nicht abgewartet habe; wegen Polen aber möge er dem angemaßten Titel entsagen, und habe er ja Ansprüche auf diese Krone, so solle er sie dem päpstlichen Stuhle zur Untersuchung vorlegen. Wenzel wies die ihm gestellten Zumuthungen ganz einfach zurück. Inzwischen trat auch Albrecht mit energischen Forderungen auf. Wenzel solle Polen, Ungarn, Eger und Meißen abtreten und die Silberbergwerke Böhmens auf sechs Jahre dem Kaiser übergeben oder 80,000 Mark zahlen. Bei aller Nachgiebigkeit konnte Wenzel solch' unerhörtem Verlangen nicht willfahren, und der Krieg war unvermeidlich. Wenzel holte zuvor seinen Sohn mit der Stephanskrone aus Ungarn ab, zog dann Verstärkungen aus Polen an sich und rückte dem Kaiser, der schon bis Kuttenberg vorgedrungen war, entgegen (1304). Da Albrecht nicht im Stande war, diese Stadt zu erobern wegen des heldenmüthigen Widerstandes der deutschen Bürgerschaft derselben, und da überdies mit der kalten Witterung Mangel an Lebensmitteln und Krankheiten im Heere ausbrachen, so zog er im Oktober aus Böhmen nach Oesterreich zurück und entließ daselbst sein Heer. Als im nächsten Jahre der Krieg erneuert werden sollte, starb König Wenzel am Zehrfieber im noch nicht vollendeten viernunddreißigsten Jahre (21. Juni 1305). Im geliebten Kloster Königsaal fand er unter tiefer Trauer der Unterthanen die ersehnte Ruhestätte.

Wenzel II. war ein körperlich schwächliches Männchen, das durch frühzeitigen und allzu großen Sinnengenuß seine Lebenskraft geschädigt hatte. Seine Sinnesart war weichherzig und reizbar, so daß der Chronist verzeichnet, er habe sich beim Gewitter hinter einem Reliquienkasten verkrochen und sei beim Anblicke einer Katze ohnmächtig geworden. Am Hofe liebte er Glanz und Prunk, wie sein Vater; gegen die Unterthanen war er außerordentlich wohlwollend und freigebig. An geistiger Begabung für die Regierungsangelegenheiten fehlte es ihm keineswegs; besonders hatte er das einem jeden Regenten zu wünschende Talent, sich die geeignetsten Rathgeber beizugesellen. In der äußeren Politik ähnelt er Ottokar I., indem er mit berechneter Wankelmüthigkeit die günstigen Verhältnisse zum ausgedehnten Ländererwerb in schlauer Weise benützte. Der Aufbau seines böhmisch-polnischen Reiches war naturgemäßer, als die österreichisch-böhmische Monarchie seines Vaters. Die Länder selbst aber erfreuten sich unter seiner Regierung eines seltenen Wohlstandes. In Böhmen blühten Handel, Gewerbe und vor allem der Bergbau; das Münzwesen wurde dauernd geordnet, weise Gesetze nach allen Richtungen erlassen und nur der Widerstand des Adels verhinderte es, daß nicht schon unter ihm eine Universität errichtet und ein allgemeines Landesgesetzbuch herausgegeben wurde. Auch in Polen stellte Wenzels weise Regierung Recht und Ordnung wieder her; zu den dauernden Denkmalen, welche seine Herrschaft daselbst bezeichnen, gehört die Befestigung von Krakau, die Gründung der Stadt Neu-Sandez, mit Magdeburgischem Rechte und die Einführung des neuen böhmischen Münzfußes. In Bezug auf die Deutschböhmen blieb auch dieser Przemyslide der Politik seines Hauses getreu, und wir werden Gelegenheit finden, nach dieser Richtung seine Verdienste noch genauer zu würdigen.

Der einzige, erst sechzehnjährige Sohn des verstorbenen Königs folgte als Wenzel III. auf dem Throne. Jugendlicher Leichtsinn kennzeichnet die gezählten Tage seiner Regierung. In Ungarn, zu dessen König er ja erhoben worden war, lernte er mit den Magnaten das wüste Leben kennen, das er in Prag mit der liederlichen Jugend des böhmischen Adels fortsetzte. Würfelspiel, Trinkgelage, nächtliches Herumschwärmen in den Gassen Prags und Ausschweifungen aller Art entwürdigten das königliche Ansehen und lähmten seine nicht unbedeutenden Geistesgaben. Die loseren Junker aber, die den König umgaben, benützten dessen Leichtsinn auf die schamloseste Weise, um allerhand Vergünstigungen, Krongüter und Aemter zu erlangen; sie scheuten sich nicht dergleichen Verschreibungen vom Könige zu erbitten, wenn dessen Geist sich im Trunke bereits verdüstert hatte. Beim Antritt seiner Regierung nannte sich Wenzel König von Böhmen, Polen und Ungarn. Die Ansprüche auf Ungarn aber gab er bald zu Gunsten des Herzoges Otto von Niederbaiern auf und überlieferte demselben die Reichsinsignien dieses Landes. Mit der Entsagung auf Ungarn löste er zugleich ein Ehegelübde, das ihn an eine ungarische Prinzessin gebunden hatte, und vermählte sich mit der schönen Viola, der Tochter des Herzoges Mieschek von Teschen. Mit Albrecht I. von Deutschland, der mit einem Heere an der westlichen Gränze von Böhmen stand, schloß er den Frieden von Prag; er verzichtete in demselben auf das Egerland, soweit nicht einzelne Burgen von Böhmen gekauft waren, und versprach, auch Meißen dem Reiche zurückzustellen, die Markgrafen von Brandenburg aber, denen Meißen verpfändet war, mit Pomerellen zu entschädigen (1305). In Polen gewannen durch die Unthätigkeit Wenzels die Bestrebungen Wladislaws des Ellenlangen immer mehr Erfolg und die böhmischen Statthalter daselbst geriethen in eine höchst gefährliche Lage. Endlich ermannte sich Wenzel aus seinem Taumel und entschloß sich, für seine Rechte in Polen mit den Waffen einzustehen. Man erzählt, der ehrwürdige Abt von Königsaal, der innige Freund des verstorbenen Königs, habe durch seine eindringlichen Vorstellungen den Leichtsinn Wenzels gebrochen, eben als dieser am Jahrestage des Todes seines Vaters nach Königsaal gekommen war, um am Grabe des Verstorbenen seine Andacht zu verrichten. Mit Eifer wurde nun in Böhmen zum Polenzuge gerüstet; als Sammelplatz des Heeres war Olmütz bestimmt. In diese Stadt begab sich auch Anfangs August 1306 der junge König und wohnte im Hause des dortigen Domdechants. Am 4. August hatte er eben seine Mittagsruhe gehalten und verfügte sich hierauf aus seinem Zimmer in einen offenen Gang, um sich abzukühlen. Da überfiel ihn plötzlich ein Menschelmörder und erlegte ihn mit drei gut gezielten Dolchstichen. Ein Mann, in welchem man einen Thüringer, Namens Konrad von Botenstein erkennen wollte, wurde, da er mit einem blutgetränkten Messer aus dem Hause hervorstürzte, von den Wachen für den Mörder gehalten und augenblicklich in Stücke zerhauen. Es blieb bis zur Stunde unerforscht, welche Veranlassung den Mörder zur scheußlichen That getrieben hat. Bei einem polnischen Chronisten finden wir die Ansicht vertreten, es habe der böhmische Adel selbst den abscheulichen Mord veranlaßt. Die Ermordung Wenzels III. wurde um so verhängnißvoller, als er der letzte männliche Sproße des Przemyslidischen Hauses war und mit ihm die erste und einzige nationale Dynastie, die den böhmischen Fürstenstuhl seit einem halben Jahrtausend inne gehabt hatte, erlosch.

4.

Innere und Kulturverhältnisse.

(1197—1306).

Gränzen. Nebenländer. Die Gränzen Böhmens blieben im Allgemeinen so ziemlich gleich und weichen in keiner Periode sehr ab von den durch die Natur gezogenen Marklinien. In großen Freiheitsbriefe, welchen Kaiser Friedrich II. Ottokar I. ertheilte, wurde bestimmt, daß alle Gränzbezirke, die dem Lande Böhmen entfremdet worden waren, wieder an dasselbe zurückfallen sollten (1212). In zwei goldenen Bullen ertheilte ferner der Kaiser damals dem böhmischen Könige mehrere Schlösser in der Oberpfalz und Meißen, so Floß, Dohna, Schwarzenberg, Lichtenstein, Milin, Reichenbach und andere. Adolph von Nassau verpfändete an Wenzel das Pleißner Land und die Städte Altenburg, Chemnitz und Zwickau. Unter diesem Fürsten wurde mit Bewilligung Albrechts Stadt und Schloß Pirna, ferner Saida und Borschenstein dem böhmischen Reiche einverleibt; überdies wurde Wenzel Generalstatthalter für Meißen, in der Lausitz und dem Pleißner Lande. Unter Ottokar II. kam das Eger land zu Böhmen, mußte aber unter Wenzel III. neuerdings an das deutsche Reich abgetreten werden. Auch das Markgrafenthum Meißen trennte sich unter diesem Fürsten von Böhmen mit Ausnahme von Pirna und des Pleißnerlandes. Der Glatzer Gau fiel durch den Sedletzer Vertrag an Heinrich von Breslau, kam aber nach dessen Tode wieder an die Krone zurück. Unter Ottokar II. wurde Böh men der Mittelpunkt eines Großstaates, der jedoch bald, wie wir gesehen haben, wieder zusammenbrach; Ottokar II. führte den Titel: Von Gottes Gnaden König von Böhmen, Herzog von Oesterreich, Steiermark und Kärnthen, Markgraf von Mähren, Herr von Krain, der windischen Mark, Eger und Pordenone. Wenzel II. gewann einen gleich mächtigen Länderkreis, wie sein Vater, durch die Erwerbung der Kronen von Polen und Ungarn; aber letztere konnte eben auch nicht für die Dauer behauptet werden. Dagegen war die Unterordnung Oberschlesiens, dessen Fürsten Vasallen der böhmischen Krone geworden, eine bleibende Machtvergrößerung des böhmischen Reiches. — Mähren hatte Wladislaw III. von Přemysl Ottokar I. im Jahre 1197 erhalten und zwar unter dem Titel einer Markgrafschaft; allein der Markgraf durfte keine Ansprüche auf die 1182 von Friedrich Barbarossa aus gesprochene Reichsunmittelbarkeit Mährens erheben, sondern mußte den König von Böhmen als seinen Oberherrn anerkennen. Staatsrechtlich stand seitdem der Mark graf von Mähren nur mittelbar durch seinen Lehnsherrn, den König von Böhmen, mit dem deutschen Reiche in Verbindung. Als Wladislaw gestorben war (1222), vergab Ottokar Mähren nicht an die verwandten Theobalde, sondern verwaltete es eine Zeit lang für sich, ernannte dann seinen zweiten Sohn Wladislaw zum Mark grafen (1224), nach dessen Ableben (1226) er abermals selbst die Verwaltung führte. Nur die Lundenburger Provinz bekam die Königin Konstantia als Witt thum. Im Jahre 1228, als Wenzel I. zum König von Böhmen gekrönt wurde, erlangte dessen Bruder Přemysl das Markgrafenthum von Mähren. Da letzterer sich gegen seinen Bruder wiederholt feindselig benahm, so wurde ihm ein Theil des Landes entzogen, und er behielt bloß Olmütz und Troppau; Brünn bekam Konstantia, Lundenburg, das letztere abtrat, erlangte Ulrich, ein Schwestersohn Wenzels, Sohn des Herzogs von Kärnthen. Als Přemysl gestorben war (1239), fiel das Markgrafenthum an König Wenzel zurück; dieser ertheilte es (1246) seinem Sohne Wladislaw und nach dessen Tode dem zweiten Sohne, Ottokar II. Als

dieser König geworden, verwaltete er Mähren selbst, das überhaupt in dieser Pe=
riode keinen eigenen Markgrafen mehr erlangte. Rudolphs fünfjährige Verwaltung
brachte Mähren eine Zeit lang an die Habsburger.

Verhältnis zum
deutschen Reiche. Mit dem deutschen Reiche blieb Böhmen im Lehensverbande, wenn auch die
tüchtigen Fürsten dieser Periode, gestützt auf ihre eigene große Macht und wenig
behindert vom sinkenden deutschen Reiche, vielfach selbständiger sich bewegten.
Ottokar I. erlangte durch seine bekannte Schaukelpolitik von den deutschen Herrschern
das erbliche Königthum, das auch die römische Kurie bestätigte, und das jetzt dauernd
bei Böhmen verblieb. Bestimmend für die weiteren Beziehungen zu Deutschland
wurde das von Kaiser Friedrich II. an Ottokar I. am 26. Sept. 1212 verliehene
Privilegium in folgenden drei Punkten: 1. Statt der 300 Mann zur Römerfahrt
konnten auch 300 Mark Silber erlegt werden; 2. der böhmische König habe nur
jene Hoftage zu besuchen, die in Bamberg, Nürnberg oder Merseburg abgehalten
wurden; 3. erhielt der König das Recht der Investitur der Landesbischöfe. —
Wenn auch der mit dem Königstitel gezierte und durch Macht und Reichthum
ausgezeichnete Beherrscher Böhmens weithin Ruhm und Ansehen genoß, so konnte
er das Verhältniß der Abhängigkeit vom deutschen Reiche doch nicht vollkommen
abstreifen. Der schlaue Ottokar I. selbst wurde, kurz bevor er das Friedericianische
Privilegium erhielt, erinnert, daß er Vasall des Reiches sei. Es entsetzte ihn
nämlich Otto IV. durch ein Reichsgericht in Nürnberg in aller Form und belehnte
den Prinzen Wratislaw durch Ueberreichung von sechs Fahnen mit Böhmen. Konnte
auch Otto diesem seinem Beschlusse keine Geltung verschaffen, so war doch die
Form gewahrt. Ottokar II. respektierte das Abhängigkeitsverhältniß Böhmens
und Mährens vom Reiche in so lange nicht, bis er durch Waffengewalt dazu
gezwungen worden war. Als dieser Fürst die Aufforderung erhielt, die eingezogenen
Länder Oesterreich u. s. w. herauszugeben, wurde er durch den Burggrafen Friedrich,
den Botschafter des deutschen Königs, auch darauf aufmerksam gemacht, wie man
sich im Reiche noch sehr bestimmt daran erinnere, daß dem deutschen Könige auch
über Böhmen und Mähren ein oberlehensherrliches Recht zustände, und daß
Ottokar auch diese Länder verwirken könnte, wenn er in dem Trotze gegen die
neue Gewalt Deutschlands verharre. Ottokar II. aber hatte noch weniger Grund
als Ottokar I., sich vor solchen Drohungen zu fürchten; das Recht habe eben nur
dann einen Werth, wenn man auch die Gewalt habe, es durchzuführen, so argu-
mentirte der mächtige Premyslide dem armen Habsburger gegenüber. Wider alles
Erwarten aber hatte Rudolph die Gewalt oder das Glück, seinen Gegner auf den
Rechtsstandpunkt zurückführen zu können. Wenn auch jene Erzählung vom ge=
brochenen Zelte zu den Geschichtsfabeln gehört, so ist doch nachgewiesen, daß
Ottokar am 26. Nov. 1276 mit glänzendem Gefolge im Lager vor Wien bei König
Rudolph erschien, um als Vasall des heiligen römischen Reiches seine Pflicht gegen
dessen Oberhaupt zu erfüllen. Der Gewaltige beugte hier in Gegenwart sämmt-

licher Reichsfürsten seine Knie vor dem auf dem Throne sitzenden Rudolph, schwur ihm den Huldigungseid und empfieng aus seinen Händen die Belehnung mit dem Königreiche Böhmen und der Markgrafschaft Mähren. König Rudolph wahrte sich seine Oberherrschaft über Böhmen auch fernerhin. Nach dem Tode Ottokars (1278) setzte er den Markgrafen von Brandenburg als Landesverweser auf fünf Jahre in Böhmen ein, während er Mähren für dieselbe Zeit zur eigenen Verwaltung behielt; hierauf übergab er seinem Schwiegersohne Wenzel II. die Reichslehen und bestätigte ihm das erbliche Reichsschenkenamt und die Kurwürde. Selbst der schwache Adolph von Nassau bestätigte Wenzel im Besitze der Reichslehen, nur mit der Begünstigung, dass Wenzel nicht persönlich zu erscheinen hatte. Als Albrecht I. von Oesterreich um jeden Preis die Stimmen der Kurfürsten zu erlangen suchte, machte er sich anheischig, die Böhmenkönige der Verpflichtungen, die Hoftage, Parlamente u. s. w. zu besuchen, zu entbinden (1298). Als sich aber Wenzel II. später ungefügig zeigte, erklärte er ihn in die Reichsacht, welche er bei Wenzel III., der nachgiebiger war, wieder auf-hob. Als dieser letzte Premyslide gestorben war, betrachtete man in Deutschland allgemein Böhmen als erledigtes Reichslehen.

Der böhmische König war Reichsfürst, der die Belehnung empfieng und die Huldigung darbrachte, der die Reichstage besuchte, am Römerzuge Antheil nahm und, wenn er widerspänstig war, in die Reichsacht erklärt wurde. Das Kurrecht Böhmens stammte schon aus der früheren Periode und wurde jetzt fortwährend ausgeübt. Premysl Ottokar I. betheiligte sich bei der Wahl Philipps von Schwaben (1199), und Kaiser Friedrich II. bezeichnet denselben König als seinen Wähler (1211). Wenzel I. war unter denjenigen Fürsten, welche die Wahl Wilhelms von Holland nachträglich ergänzten (1248). Unter Ottokar II. entstand ein Streit um das Kurrecht zwischen Böhmen und Baiern, den die Fürsten zu Gunsten Baierns aus politischen, keinesfalls aber aus Rechtsgründen entschieden; denn alle letzteren sprachen für Ottokar. Auf dem Reichstage in Augsburg (1275) kam diese Ange-legenheit noch ein Mal zur Verhandlung; man stimmte darin überein, dass die beiden Brüder von Baiern eine gemeinschaftliche Stimme auf Grund des bairischen Herzogthums im Kurkollegium führen sollten, wobei man aber die Frage, ob diese Stimme als die siebente oder die achte, also ob Böhmen ausgeschieden sei oder nicht, unerledigt ließ. Selbst der Sachsenspiegel räumte dem Böhmenkönige das Wahlrecht ein, wenn derselbe deutscher Abkunft wäre, was bei Ottokar II. von mütterlicher Seite der Fall war. Auch die römische Kurie hatte in mehreren er-lassenen Urkunden Böhmens Wahlrecht anerkannt, und überdies war Ottokars Stimme bei den vorhergehenden Wahlen gezählt worden. Rudolph von Habsburg war nicht gewillt, das Kurrecht Böhmens länger in Zweifel zu ziehen, als Wenzel II., sein Schwiegersohn, auf den Thron von Böhmen gelangte. Im Jahre 1285 ließ er sich von Böhmen einen Willebrief zu Schenkungen für Basel ausstellen, und auf dem Tage in Eger befahl er, über die Kurfrage eine Rechtsentscheidung zu

Kurrecht.

treffen. Der Ausspruch lautete dahin, dass das Kurrecht, Böhmens seit den ältesten Zeiten feststehe, was denn auch der König bestätigte (1289, 1290 in Erfurt). Wenzel II. übte sein Kurrecht in ordnungsmäßiger Weise aus; er erscheint als der einflussreichste Kurfürst bei der Wahl Adolphs von Nassau und Albrechts von Oesterreich. Mit der Kurwürde besaß der böhmische Reichsfürst auch das Mund-

Pincernat. schenkenamt (Pincernat), das im XIII. Jahrhunderte gleichfalls, aber vergeblich, von Baiern streitig gemacht wurde. Das Pincernat bildete gewissermaßen die Basis des Wahlrechtes. Der Sachsenspiegel und andere Quellen sprechen dieses Amt Böhmen bedingungslos zu; Rudolph bestätigte es zu Erfurt 1290, als er das Kurrecht wiederholt sanktionierte. Wenzel II. war Mundschenk bei der Krönung der deutschen Königin Elisabeth, der Gemahlin Albrechts, und für den Umstand, dass im Jahre 1273 Böhmen das Schenkenamt des Reiches wirklich besaß, ist nunmehr auch der chronikalische Beweis geliefert.

Königthum. Die Königswürde, welche die Herzoge Wratislaw II. und Wladislaw II. besaßen, war nur eine persönliche Auszeichnung dieser Fürsten. Erst im XIII. Jahrhunderte wurde das Herzogthum dauernd in ein Königreich umgewandelt. Premysl Ottokar I. erhielt im Jahre 1198 vom deutschen Könige Philipp die Krone, ebenso von Otto IV. im Jahre 1203. Die feierliche Anerkennung der Königswürde Seitens des apostolischen Stuhles geschah im nächsten Jahre durch Innocenz III. (19. Ap. 1204). Seitdem wich das Königthum nicht mehr von den Fürsten Böhmens. Der

Krönung. feierliche Akt der Krönung wurde in der St. Veitskirche unter großartigem Prunke durch den Erzbischof von Mainz als Metropoliten von Böhmen vollzogen, welcher als Krönungsgeschenk 100 Mark feinsten Goldes erhielt. Siegfried, Erzbischof von Mainz, krönte Wenzel I. (1228) und ließ sich bei dieser Gelegenheit urkundlich bestätigen, dass nur ihm und seinen Nachfolgern das Krönungsrecht gebühre. Ottokar II. musste seine Krönung aufschieben bis 1261, da der damalige Erzbischof von Mainz im Kirchenbanne und später in Gefangenschaft sich befand, und dessen Nachfolger Werner von Eppenstein lange auf die Bestätigung seiner Würde durch den Papst warten musste. Gerhard von Mainz krönte 1297 Wenzel II.; da auch er im Interdikte sich befand, so enthob ihn der Papst auf inständiges Bitten Wenzels für den Tag der Krönung der Kirchenstrafe. Seit der Krönung in der Veitskirche fiel die alte Sitte der Einführung auf den steinernen Fürstenstuhl im

Erbfolge. Hofe der Burg weg. — Was die Erbfolge anbelangt, so haben die einsichtsvollen Premysliden des XII. Jahrhunderts bereits nach der Einführung des Primogeniturerbfolgerechtes gerungen. Dasselbe wurde aber erst in dieser Periode durch den praktischen Ottokar I. erlangt. Dieser König ernannte nämlich noch zu Lebzeiten seinen Sohn Wenzel zum Nachfolger und bewog den Kaiser durch eine eigene Urkunde, dessen Thronfolge anzuerkennen und zu bekräftigen (26. Juli 1216). Zur größeren Sicherheit ließ der König noch vor dem Tode seinen Sohn Wenzel auch feierlichst krönen. Seitdem folgte in gerader Linie auf Wenzel I.: Premysl

Ottokar II., Wenzel II. und Wenzel III. Es ist klar, dafs die in Gebrauch gekommene Primogenitureerbfolge eine große Wohlthat für das Land wurde und nicht wenig dazu beitrug, den Glanz der Geschichte dieses Zeitraumes zu begründen. Mit der Aufhebung des Wahlreichs und des ohnedies nicht befolgten Seniorates waren jene unglückseligen Streitigkeiten beseitigt, die in der früheren Zeit das Land zerrüttet hatten; der monarchische Charakter des Reiches gestaltete sich fester, und dem Adel wurde durch die Vermeidung der Successionskriege eine gefährliche Handhabe entrissen, die Macht der Krone zu schmälern.

Weit und breit war der böhmische Hof zur Zeit der letzten Premysliden wegen seines Reichthumes, Aufwandes und Glanzes berühmt. Sprache, Sitten, Spiele, Vergnügungen und Tracht entlehnte man immer mehr aus Deutschland, so dafs der Charakter des Hoflebens allmählich ein ganz deutscher geworden war. Die Könige hatten sich einen eigenen Hofstaat eingerichtet. Neben dem Marschalt, Truchsefs, Mundschent, Küchenmeister, Hofmeister, Kammermeister, Jägermeister finden wir noch eine Menge Hofbeamten, von denen jeder wieder eine ganze Schar Diener beschäftigte. Auch Hofärzte, ein königl. Apotheker, ein königl. Hofschneider, königl. Barbier u. dgl. werden erwähnt. Die Königin hatte gleichfalls ihren besonderen Hofstaat aus Hofbeamten mit denselben Titeln und Verrichtungen, wie der König. Ihr Gefolge war glänzend und zeichnete sich durch eine Menge von Edelfräulein aus den besten Familien des Landes aus. Jeder König bestimmte seiner Gemahlin ein gewisses „Leibgedinge", das von ihren Beamten verwaltet wurde und einst ihr Wittwensitz werden sollte. Seit Wenzel II. kommen gewisse Städte als sogenannte Leibgedingstädte auf. Wenzel I. liebte Luxus in Waffen und Kleidern, war ein großer Freund ritterlicher Waffenspiele und reicher Gelage und huldigte leidenschaftlich dem edlen Waidwerke. Er verwandte bedeutende Summen auf die Veranstaltung prächtiger Turniere und großartiger Jagdzüge, ergötzte sich gerne am sinnigen Liede des fahrenden Sängers, wie am räthselhaften Schauspiele des Gauklers. Der deutsche Ritter Oger von Friedberg war der Leiter aller dieser Vergnügungen am königlichen Hofe. Nicht minder prunkvoll gestaltete sich das Hofleben Ottokars II. und Wenzels II. Der Königsaaler Chronist findet nicht Worte genug, um die splendide Freigebigkeit Ottokars II. gegen ihn besuchende fremde Fürsten, sowie gegen sein Hofgesinde zu schildern. Pures Gold und Silber, Reitpferde, Ringe und prächtige Kleidungsstücke waren die gewöhnlichen Geschenke. Besonders wurden die Krönungsfeierlichkeiten und die Hochzeitsfeste am Hofe mit unerhörtem Aufwande begangen. Als Ottokar II. gekrönt worden war, wurden alle Krönungsgäste und das herbeiströmende Volk durch zwei Tage mit königlicher Freigebigkeit bewirthet und zu diesem Zwecke auf den Feldern zwischen Buben, Bubentsch und Holeschowitz viele Holzgebäude mit geräumigen und reichgeschmückten Sälen errichtet. — Noch weit glänzender werden uns die Krönungsfeierlichkeiten unter Wenzel II. geschildert (1297). Lange vorher wurden schon die Vorbereitungen getroffen, nach allen Seiten die Einladungen geschickt und im Lande die Kaufleute mit den nöthigen Aufträgen betraut. Achtundzwanzig fürstliche Personen geistlichen und weltlichen Standes fanden sich ein, und nicht weniger als 191.000 Pferden wurde aus den königlichen Vorräthen das Futter gereicht. Die Stadt faßte die zusammenströmende Menschenmenge nicht mehr, die Gassen verengten sich und wurden immer wieder von neuen Schaaren vollgefüllt; rings vor den Thoren waren die Felder mit Zelten bedeckt, worin die Ritter mit ihrem Gefolge lagerten. Der Werth der Königskrone, welche Wenzels Haupt schmückte, wurde auf 2000 Mark Silber geschätzt. Das Krönungskleid war aus goldenen Schuppen zusammengesetzt, und eine jede Schuppe glänzte von fünf Edelsteinen; über 4000 Mark Silber war der Preis dieses kostbaren Gewandes. Aber das Auserlesenste bildeten die Ringe, das Leibgeschmeide, der Gürtel und der Hut des Königs, Alles so überaus reich, daß es Niemand wagte, den Werth anzugeben. Nach der Krönung folgte die königliche Tafel. Für die vornehmen Gäste war auf den Wiesen am Moldaustrande, wo jetzt Smichow steht, ein großer Palast errichtet, aus Holz gezimmert, aber doch fest gebaut und mit eisernen Klammern zusammengehalten. Theuere Stoffe verschiedener Gattung und von bunter Farbe, durchwirkt mit Zierrathen aus Gold, Silber und Edelsteinen, schmückten des Palastes äußere und innere Wände. Hier wurde großartig getafelt, innen die Fürsten, außen die andern unzähligen Gäste. 6000 Mark Silber kostete das kunstvoll gearbeitete Tischgeräth, 800 schwere Mark brauchte man allein an Eiern und 24 Mark Prager Gewicht für Eis zur Abkühlung des Weines. Die Stadt selbst war an diesen Tagen festlich geschmückt mit rothen Tüchern, die an den Häusern hiengen; in der Nacht aber waren die Häuser mit vielen Lichtern illuminiert. Auf dem geräumigen „Neuen Markte" waren Brunnen erbaut, aus denen Wein floß, so daß jeder nach Belieben daraus schöpfen konnte. Das Volk ergötzte sich den ganzen Tag hindurch mit Vergnügungen aller Art; das bunte Gewühl erfüllte alle Gassen, in denen überall etwas anderes zu sehen war. Die Herren und Ritter erfreuten sich am Waffenspiele, das Volk aber belustigte sich am Tanze, hier auf tschechische und dort auf deutsche Weise. Manchmal sah man auch einen Wettkampf mit der Faust oder ein Preislaufen mit entblößten Körpern. Trommeln und Trompeten, Geigen und Dudelsäcke, Pfeifen und andere Instrumente klangen durcheinander. Gymnastiker und Gaukler lockten eine Menge Zuschauer an; der eine sang, der andere deklamierte, der dritte machte künstliche Sprünge und ein vierter lief auf den Händen. Aber auch mancher Diebstahl, bemerkt noch der Königsaaler Chronist, sei bei diesem Feste vorgekommen, worauf er mit seinem gewohnten „Amen" die interessante Beschreibung schließt.

Hochzeit-feft (1261).

Großartig waren die Hochzeitsfeste, die die Přemysliden zu geben beliebten. Unvergeßlich für alle Theilnehmer blieb die Vermählungsfeierlichkeit, die Ottokar II. seiner Nichte Kunigunde von Brandenburg und dem ungarischen Prinzen Bela

1264 veranstaltete. So großes Aufsehen erregten schon die Vorbereitungen, daß einige Fürsten Europas Gesandte nach Wien schickten, um sich von der Wahrheit der Gerüchte zu überzeugen. Nach Fischament, unterhalb Wiens, wo das Fest abgehalten werden sollte, wurden Lebensmittel und Wein in unglaublicher Menge geschafft. Wenn die Bewohner von zwei Ländern, erzählt ein Dichter jener Zeit, sich satt getrunken hätten, so würden sie die Fülle nicht bezwungen haben. Fünf Futterhaufen wurden aufgeschobert, ein jeder so hoch wie der höchste Kirchthurm; Mastvieh allerlei Art bedeckte die Donauinsel und die nahe gelegene Heide. Brot wurde von 1000 Muth Weizen gebacken, und „Hühner gab es so viel, daß auch dann nicht mehr hätten sein können, wenn alle Meisen und Sperlinge in Oesterreich und Mähren Hühner gewesen wären." Nicht nach dem wirklichen Bedarf sollte man rechnen, sondern daß vierfacher Ueberfluß vorhanden wäre, so hatte es der König befohlen. Für mehr als 20.000 Mark Silber hatte Ottokar Tücher, Zeuge und Juwelen in fremden Ländern kaufen lassen und selbst in eigener Person die Pläne zu den Gezelten und ihren Verzierungen entworfen. Als nun die Zeit des Festes herannahte, wurde über die Donau eine Brücke gezimmert, so breit, daß zehn Reiter bequem neben einander reiten konnten. Viele Tausend Neugieriger waren zusammengeströmt, und wohl eine Meile im Umkreise war ein jeder Halm niedergetreten. Auf den Wiesen befanden sich Tische, vierzehn für die Fürsten, alle mit Sammt, Pattelin, und Pliat bedeckt und mit den köstlichsten Speisen besetzt. Da kam nun früh am Vermählungsfeste zuerst Ottokar herangezogen in seiner Pracht und Herrlichkeit, umgeben von polnischen Herzogen und deutschen Markgrafen und Grafen und den vornehmsten Edlen seiner Länder. Alle waren mit kostbaren Gewändern angethan; auch die vornehmen Frauen und Fräulein erschienen im höchsten Schmucke. Die Braut aber überstrahlte alle Andern an Pracht. Sie trug ein Kleid von Tyrant mit arabischem Golde verziert, dessen Glanz das Auge erblinden machte. Auf dem blondgelockten Haupte ruhte ein Schapel, kostbarer als die Krone des Königs von England, und eine Spange schmückte den Busen, für die man Länder hätte kaufen können. Ueber dem Kleide wallte ein Mantel herab, mit Gold geschmückt, mit Hermelin gefüttert, mit Perlen und Edelsteinen besetzt und am Halse mit Zobel verbrämt. Die Ungarn waren in Scharlach und Hermelin erschienen; viele trugen Kragen von Marderpelz über den Koller. Den Deutschen fielen besonders die Bärte auf, in welche die Ungarn nach tatarischer Sitte Perlen und Edelsteine geflochten hatten. „Hätten sie", meint der Reimchronist, „diesen Schmuck am Marchfelde gehabt, ihnen wären wohl die Kinnladen mit sammt den Bärten ausgezogen worden." Auch die weißen Hemden, die aus den engen Röcken „wie Rehböcke" hervorsprangen, wurden von den Deutschen neugierig betrachtet. Nach der Messe wurde die Ehe von den Bischöfen geweiht. Dann setzten sich die Festtheilnehmer an die lange Tafel zum Mahle und speisten auf Gold und Silber bei lärmender Musik. Inzwischen begann das große Turnier, welches das glänzende

— 144 —

Feſt beendigte. Nicht alle Ritter waren zum „Bohurd" zugelaſſen worden, da ſich zu viele meldeten; die Auserwählten erhielten jeder einen mit Zindel überzogenen, in Böhmens Farben, weiß und roth, halbierten Hut zum Abzeichen. Noch bei keines Kaiſers oder Königs Hochzeit ſei ein ſolches Feſt geſehen worden, ſagen ſchon die Zeitgenoſſen. — Wenige Monate darauf feierte Ottokar ein neues prachtvolles Feſt bei Gelegenheit der Taufe ſeiner erſtgeborenen Tochter. Drei Biſchöfe, der Adel von Böhmen, Mähren und Schleſien waren dazu geladen worden. Zwei Tage lang währte die Feſtlichkeit im Prager Schloſſe, wo der König ſeine Gäſte auf's freigebigſte bewirthete.

Landesverwaltung. Der Adel und die Geiſtlichkeit wußten ſich immer mehr durch allerlei Immunitäten, ſowie durch die Patrimonialgerichtsbarkeit der Machtſphäre der Gaubeamten zu entziehen: insgleichen wurden die auf den Gütern der großen Grundbeſitzer anſäſſigen Unterhauen der eigentlichen landesfürſtlichen Gewalt immer mehr entfremdet und in ein neues Verhältniß zum Gutsherrn geführt. Durch dieſen Umſtand, ſowie durch das mächtig aufſtrebende Städteweſen mußte die alte Gauverfaſſung des Landes gänzlich gebrochen werden und allmählich einer neuen Kreiseintheilung weichen. Unter Wenzel II. zählte man 29 Kreisgerichte, während in der älteſten Zeit 56 Gaue erwähnt wurden. Ottokar II. erbante an geeigneten Punkten gegen den widerſpänſtigen Adel feſte Burgen; die auf denſelben reſidirenden königlichen Burggrafen aber unterſchieden ſich bedeutend von den alten Gaugrafen, indem ſie keine andere Gewalt beſaßen, als über das Kreisgeſinde und über die Unterthanen auf den zu der Burg gehörigen Krongütern. Uebrigens wurden auf dem Lande in jedem Kreiſe noch eigene „Rechtspfleger" vom Könige angeſtellt. Die Hofämter wurden jetzt erſt eigentliche Landesämter. Der oberſte *Oberſtkämmerer.* Kämmerer nahm den erſten Platz im Landesgerichte ein und verwaltete die Güter und Einkünfte der Krone. Er erſcheint in der zweiten Hälfte des XIII. Jahrhunderts als der erſte Beamte bei der inneren Verwaltung des Königreiches, und *Unterkämmerer.* nur hohe Adelige konnten zu dieſer Würde gelangen. Der Unterkämmerer war urſprünglich ein dem oberſten Kämmerer zur Unterſtützung in der Finanzverwaltung beigegebener, untergeordneter Beamte. Mit dem Aufkommen der freien Städte aber wurde der Wirkungskreis des Unterkämmerers unter Ottokar II. genau begränzt. Er vertrat alle königlichen Rechte den Städten gegenüber und verwaltete insbeſondere die aus den Städten fließenden Einkünfte, ſowie auch jene, welche der Krone aus ihrem Verhältniſſe zur Geiſtlichkeit zukamen. Seitdem war höchſt wahrſcheinlich die Stellung des Unterkämmerers eine ſelbſtändige und vom oberſten *Landrichter.* Kämmerer unabhängige geworden. Der oberſte Richter leitete das Gerichtsverfahren, der oberſte Landſchreiber das Schriftweſen bei demſelben; die beiden mit dem Oberſtkämmerer und den Landesſchöſſen, den Beiſitzern, die das Urtheil *Oberſter Burggraf.* fällten, bildeten das Landesgericht. Der Burggraf von Prag führte die Beſchlüſſe des Gerichtes, ſo weit ſich dieſe auf den Schuldigen bezogen, aus, ſaß aber den

Gerichten im XIII. Jahrhunderte noch nicht regelmäßig bei; sonst hatte er dieselbe Amtsgewalt über den Prager Kreis, wie ein anderer Kreisburggraf. Ueber die Diener und Hofleute des Königs wurde wahrscheinlich von Ottolar II. nach dem Beispiele der deutschen Vehengerichte ein eigenes Hofgericht gegründet. Der Vorsteher desselben hieß Hofrichter, weswegen der oberste Richter seit dem immer Landrichter genannt wurde. Der Leiter der königlichen Kanzlei war der Hofkanzler, dessen Amt seit Wenzel I. fast ununterbrochen mit der Wischehrader Probstei verbunden war. Dem Kanzler zur Seite standen mehrere Hofschreiber, „königliche Kapelläne", von denen einer oder zwei Protonotare genannt wurden. — Auch Mähren hatte seine eigenen Hofämter. Oesterreich, Steiermark und Kärnthen wurden unter Ottolar II. durch Generalcapitäne, Polen unter Wenzel II. durch eigene Landeshauptleute verwaltet.

(Randnotizen: Hofrichter. Kanzler.)

Wenzel II. machte den Versuch, in seinem Reiche ein allgemeines Landesgesetzbuch einzuführen. Es wurde zur Redaktion desselben der Rechtsgelehrte Gozius Urbevetanus aus Italien herbeigerufen; allein die Ausführung dieser höchst lobenswerthen Reform scheiterte am Widerspruche der hohen Adeligen und insbesondere des Landesgerichtes, das eine Beschränkung seiner Autonomie befürchtete. Wenzel konnte nur einen Kodex von Bergwerksgesetzen erlassen, wogegen das Landesgericht Nichts einwenden durfte, weil das Bergwerkswesen nicht in seine Kompetenz gehörte. Auch im Münzwesen führte der weise König Wenzel II. eine höchst wohlthätige Verbesserung ein. Die Geldprägung war als Regale dem Fürsten vorbehalten, und Niemand als der Landesherr durfte dieses Recht ausüben. Man rechnete in den verschiedenen Zeiten nach verschiedenen „Marken": im Verkehre kamen die Denare vor. Zu Cosmas Zeiten wurden aus einer Mark Silber 200 Denare geprägt. Durch häufige Veränderung und Verschlechterung der Münzen suchten die böhmischen Fürsten, wie auch andere Regenten des Mittelalters, ihre Finanzen aufzubessern, schadeten aber dadurch dem Volkswohle auf das Empfindlichste und führten eine höchst nachtheilige Unsicherheit des Privateigenthums herbei. Wenzel II. steuerte dieser Unsitte durch seine Münzreform. Er führte die Prager Groschen ein, deren innerer Werth dem nominellen entsprach, und welche nicht mehr gewechselt werden durften. 60 Stück solcher Groschen giengen auf die Prager (schwere) und 48 auf die polnische (leichte) Mark; 12 Pfennige machten einen Groschen. Im Jahre 1300 erschienen zuerst die neuen Münzen, zu deren Prägung erfahrene Künstler aus Florenz berufen worden waren; sehr bald erfreuten sich die böhmischen Groschen allgemeiner Beliebtheit nicht nur in Böhmen, sondern auch im Auslande.

(Randnotizen: Gesetzgebung. Münzreform.)

Die Landtage bestanden im XIII. Jahrhunderte nur aus dem Adel in seinen zwei Klassen, dem Herren- und Ritterstande; zumeist wurden sie zur Zeit der großen Gerichtsitzung in die Prager Burg einberufen. Ihre Macht hatte sich mit dem Wachsen der königlichen Gewalt, der Einführung des erblichen Königthums

(Randnotiz: Landtag, Landtafel.)

und dem Aufkommen des Bürgerthums bedeutend verringert. Der Bürgerstand hatte jetzt noch keine regelmäßige Stimme im Landtage, strebte aber darnach, eine solche allmählich zu erringen. — In diesen Zeitraum, vielleicht unter Ottokar II., fällt auch die Gründung der Landtafel. Man trug nämlich alle gerichtlichen Akte, Urtheilssprüche, Klagen, Güterverkäufe, Abtretungen u. s. w. in gewisse Register ein, die für das ganze Land Geltung hatten; später wurden auch die Landtagsschlüsse in den Landestafeln niedergeschrieben. Es ist klar, daß diese Bücher für alle öffentlichen und Privat-Rechtsverhältnisse einen unschätzbaren Werth besaßen, und es ist sehr zu bedauern, daß die alte Landtafel im Jahre 1511 durch einen Brand bis auf einige Reste zerstört worden ist.

Landessiegel, Wappen. Urkunden, welche öffentliche Staatsangelegenheiten betrafen, wurde das Landessiegel als einziges Bekräftigungszeichen von Alters her bis in die neuere Zeit beigefügt. Das Siegel trug das Bild und den Namen des heiligen Wenzel. Das Personalsiegel des Königs ist zu unterscheiden von dem Landessiegel; es trug in der älteren Zeit gleichfalls das Bildniß des heiligen Wenzel. Wenzel I. hatte auf seinem Personalsiegel sein eigenes Bild mit Scepter und Reichsapfel. — Das ursprüngliche Bild auf dem Schilde Böhmens soll ein schwarzer Adler im weißen Felde gewesen sein, welches Abzeichen bis in die Zeiten des heiligen Wenzel versetzt wird. Zum ersten Mal erscheint, so viel bekannt ist, das Bild des Adlers auf dem Schilde des heiligen Wenzel im Landessiegel aus König Premysl Ottokars I. Zeiten. Der weiße, doppeltgeschwänzte Löwe im rothen Schilde kam unter Premysl Ottokar II. in Uebung; dieser König führte denselben als Markgraf von Mähren in seinem Personalsiegel.

Adel. Der Adel verlor durch den allmählichen Verfall der Gauverfassung, sowie durch die Verstärkung des monarchischen Prinzips an Einfluß und Macht und fand in dem neugegründeten Bürgerthume einen ebenbürtigen Gegner, der die Krone im Kampfe gegen die Aristokratie mit großem Erfolge unterstützte. Ueber das Volk, das auf seinen Gütern saß, hatte dagegen der Adel seine Macht vielfach vergrößert und dasselbe in eine immer größere Abhängigkeit zu bringen gewußt. Dem Könige gegenüber, dessen Souveränität der Adel schon nicht mehr zu erschüttern im Stande war, suchte er durch Gewinnung großer Landgüter, namentlich durch Aneignung von Krongütern, insbesondere während der Brandenburger Periode und unter Wenzels III. schwacher Regierung, seine Feudalmacht zu verstärken. Ein weiteres Bestreben des Adels gieng dahin, in den alleinigen Besitz der wichtigsten und einflußreichsten Landes- und Hofämter zu gelangen. Daher hatte das Königthum immer noch die heftigsten Kämpfe gegen die begehrliche Aristokratie zu führen. Gegen Ottokar II. erhob sich der Adel zum gefährlichsten Aufstande, da ja gerade dieser König die vollkommene Landeshoheit, ein starkes Königthum und einen kräftigen Bürgerstand, gegründet hatte. Ottokar mußte 1265 die Burgen und Raubnester der Barone zerstören; die gedemüthigten Geschlechter aber erhoben sich

später von Neuem und halfen durch ihre Opposition zum Sturze ihres größten
Königs und zum Zusammenbruche des böhmischen Großstaates. Den jungen Wenzel II.
mußte gegen die Sonderbestrebungen des Adels, namentlich gegen die hochverrätherischen
Pläne der Falkensteinischen Partei, der deutsche König Rudolph in Schutz nehmen.
Wenzel III. verschenkte in seinem Leichtsinne allzu viel Krongüter an den jungen Adel,
bis er durch den Königsaaler Abt auf seine Verblendung aufmerksam gemacht wurde. Er
habe dann, erzählt man sich, eine Anzahl Töpfe der Reihe nach vor sich hingestellt, habe
den einzelnen Töpfen die Namen derjenigen Herren gegeben, die ihm so viele unver-
diente Belohnungen abgelockt hatten, habe sie heftig angesprochen und hierauf alle zu
Boden geworfen. Den König hinderte sein rascher Tod, dieses symbolische Verfahren
in die Wirklichkeit zu übertragen. Die Scheidung des Adels in den Herren- und Ritterstand trat immer entschiedener hervor und beruhte zumeist auf dem größeren Besitze, auf
der Bekleidung höherer Staatsämter und endlich der Abstammung. Was die Sitten,
Gebräuche, Tracht, ja selbst die Sprache anbelangt, so hat sich der Adel in diesem
Zeitraume, dem Beispiele des Hofes folgend, in dem Maße germanisiert, daß er
auch seine alten slawischen Namen mit deutschen vertauschte, die in der Regel dem
Namen der neuerbauten Burgen entlehnt wurden (S. 159).

Das Volk war unfrei und wurde von den Junkern geknechtet, welche die Feudal- *Volk.*
herrschaft zu immer größerer Blüthe brachten. Der Bauer slawischer Nationalität befand
sich in der Hörigkeit und stand unter der Gerichtsbarkeit des Adels und des Klerus,
oder wenn er auf königlichen Gütern saß, unter der des Burggrafen. Er unterschied sich wesentlich von dem deutschen Bauernstande, der sich in dieser Periode
immer mehr ausbreitete, und nur unter emphyteutischem Rechte angesiedelt wurde
(S. 161). Die Freisassen — freie nicht adelige Grundbesitzer — verschwanden
immer mehr, und im nächsten Jahrhundert ist nur noch ein einziges Freisassendorf
bekannt. Das Volk lebte in Dörfern oder sogenannten Burgorten. Neben dem
Ackerbaue war die Pferdezucht in großem Schwunge; in den steppenartigen Gegen-
den von Pardubitz, wo später sich große Teiche vorfinden, tummelten mächtige
Heerden von Pferden unter eigenen Pferdehütern herum. Drückend waren für die
Unterthanen die sogenannte „Gesammtbürgschaft" und die Staatsfrohnen. Zu den
Staatsfrohnen gehörten das Bauen oder Verbessern der Burgen, der Brücken
und Straßen, das Anlegen von Gräben, Verschanzungen und Verhauen in den
Wäldern zur Vertheidigung des Landes, das Wachen in den Burgen und die
Versorgung derselben mit Lebensmitteln. Ferner rechnete man zu diesen allgemeinen Lasten gewisse Abgaben an Naturalien bei verschiedenen Gelegenheiten, die Zu-
fuhren für den Bedarf des Kriegsheeres, die Beherbergung des Fürsten mit seinem
Hofe, der fürstlichen Beamten und ihrer Diener auf Reisen und Kriegszügen, ja
auch bei Jagden, bei welch' letzteren die Verpflegung der Jäger und Hundewächter,
sowie der Jagdhunde gefordert wurde. Daß es bei allen diesen Gelegenheiten
nicht an groben Ueberschreitungen der Gebietenden und den lästigsten Plackereien

des Volkes fehlte, ist leicht einzusehen. Durch die Niederlassung der deutschen Bauern und durch die Gründung der freien deutschen Dörfer wurde auch die flawische Landbevölkerung allmählich aus ihren drückenden Verhältnissen befreit (S. 164).

Die Israeliten. Die Israeliten in Prag erholten sich allmählich von ihren Unglücksfällen und werden zum Jahre 1219 wieder als rüstige Steuerzahler erwähnt; auch entstanden bereits neben der Prager Judengemeinde neue Judengemeinden in den königlichen Städten im Lande. Das Schicksal dieses Volkes im Mittelalter aber war fast nur so lange ein günstiges, bis es sich wieder etwas Erkleckliches erworben hatte. In den letzten Jahren der Regierung Wenzels I. kam eine wilde Schar deutscher Kreuzfahrer ins Land, welche vorgaben, kraft päpstlicher Privilegien Geld von den Juden fordern zu können. Da sich aber letztere weigerten, dem ungerechten Verlangen zu willfahren, und wie man sagt, vom König unterstützt, bewaffneten Widerstand leisteten, so kam es zu einem blutigen Zusammenstoß, in welchem 200 Kreuzfahrer getödtet wurden. Nicht lange darauf im Jahre 1252 ereignete es sich, daß ein böhmischer Herr Namens Zdeslaw einer Jüdin Gewalt anthat, dafür aber von ihrem racheglühenden Manne erwürgt wurde. Das war jedoch das Signal zu einem neuen Sturme gegen die Juden. Die vornehme Verwandtschaft des Zdeslaw drang mit anderem Volke in die Judenstadt, und viele von den Israeliten mußten ihr Leben lassen. König Wenzel gerieth darüber in gerechten Zorn und beschloß die Schuldigen blutig zu bestrafen. Die Freunde Zdeslaws aber hatten sich aus dem Lande geflüchtet; sie konnten erst dann Gnade erlangen, als sie sich mit den Israeliten friedlich verglichen hatten. Im Jahre 1256 kamen Geißlerscharen nach Böhmen, die viele Juden als Feinde Christi tödteten. Wie Wenzel I., so war auch sein Sohn Ottokar II. den Juden wohlgesinnt aus dem einfachen Grunde, weil dieselben dem Lande und der Regierung doch nur großen Nutzen verschafften. Um sie gegen weitere ungerechtfertigte Angriffe Seitens der Christen zu schützen und ihnen die Selbständigkeit ihrer eigenen Gemeinde zu sichern, gab ihnen der König das berühmte Judenprivilegium vom Jahre 1268. Durch diesen Freiheitsbrief wurde der Israelite vor dem Gesetze dem Christen einigermaßen gleich gestellt und gegen ungerechte Klagen, namentlich wegen Tödtung von Christenkindern, in Schutz genommen. Verwundung und Todtschlag eines Juden durch einen Christen sollte strenge bestraft werden, ebenso jeder Frevel gegen die alten religiösen Gepflogenheiten und Einrichtungen der Israeliten. Ein eigener Judenrichter, welcher in der Judenschule oder Synagoge Recht sprach, wurde im Privilegium ausdrücklich bestätiget, und nur für ganz außergewöhnliche Fälle behielt sich der König die Gerichtsbarkeit selbst vor.

Kirche. Der Klerus gewann im XIII. Jahrhunderte außerordentlich an Macht und Bedeutung, indem sich die kirchlichen Anstalten fortwährend durch Schenkungen vermehrten, die reichen Besitzthümer vergrößerten und der Geistlichkeit allerhand Immunitäten und Befreiungen von Seite der Fürsten gewährt wurden. Insbesondere erlangte die Geistlichkeit durch das große Privilegium, welches Ottokar I. am 10. März 1222 mit Einwilligung des Adels erließ, ausgedehnte Freiheiten. Durch dasselbe wurden die Klöster und Kollegiatkirchen der Zuständigkeit zu den Kreisgerichten entzogen und unmittelbar unter das Landesgericht gestellt. Gewisse Verpflichtungen, namentlich die der Gesammtbürgschaft für ein in der Gemeinde begangenes Verbrechen, wurden aufgehoben oder gemildert, Mißbräuche, wie die lästige Einquartierung des Adels bei der Geistlichkeit abgeschafft und eine schnelle Entscheidung bei den Streitigkeiten der höheren Geistlichkeit versprochen.

Das Prager Bisthum, welches durch das Privilegium vom 2. Juli 1221 noch Prager Bisthum. größere Freiheiten erhielt (S. 150), war in seine alten Beziehungen zum Landesfürsten zurückgetreten, und kam in ein noch engeres Verhältniß zum Könige, seit Přemysl Ottokar I. durch das Fridericianische Privilegium das Recht der Investitur, das bisher die deutschen Kaiser ausübten, erlangt hatte. In kirchlicher Beziehung blieb aber der Prager Bischof dem Erzbischofe von Mainz untergeordnet. Letzterer bestätigte den gewählten Bischof, hatte das Visitationsrecht der untergebenen Diöcese und entschied in wichtigeren Streitsachen nach den Kirchengesetzen. Die Wahl der Bischöfe, die früher auf den Landtagen vorgenommen worden war, fiel seit 1221 ausschließlich dem Domkapitel zu, welches allerdings den Vorschlag des Königs zu berücksichtigen hatte. Die Besitzungen des Prager Bisthums wuchsen durch Schenkungen Seitens der Fürsten immer mehr an; auch sorgten die Bischöfe selbst, durch Käufe, vortheilhaften Tausch und gute Verwaltung ihre Reichthümer zu vergrößern. Zur Verwaltung des bedeutenden Besitzes, der sich über das ganze Land vertheilte, hatte der Bischof eine Menge von Beamten, welche dieselben Titel, wie die Hofbeamten, führten. Wir finden bischöfliche Burggrafen auf den einzelnen Gütern, einen Kanzler, Schatzmeister, einen eigenen bischöflichen Hofrichter u. s. w. erwähnt. Der „bischöfliche Official" war der Richter in allen Streitigkeiten, die zum geistlichen Rechte gehörten. Zum Einkommen des Bischofes muß auch der Zehent aus der Diöcese gerechnet werden. Es fehlte im XIII. Jahrhunderte nicht an eifrigen Bestrebungen, das Prager Bisthum in ein Erzbisthum zu verwandeln, welches Ziel schon Břetislaw II. verfolgt hatte. Den nach politischer Selbstständigkeit ringenden Přemysliden mußte eine freie, unmittelbar unter dem Papste stehende Erzdiöcese als wichtiges Förderungsmittel ihrer Pläne erscheinen. Andererseits war es natürlich, daß die deutschen Kaiser und die Mainzer Erzbischöfe der vollständigen Unabhängigkeit der böhmischen Kirche mit aller Anstrengung entgegen arbeiteten. Přemysl Ottokar I. setzte sich wegen der Errichtung eines Erzbisthums mit dem Mainzer Bischof Siegfried von Eppenstein, so wie mit dem Papste Innocenz III. in Unterhandlungen, und letzterer war nicht abgeneigt, auf die Wünsche des Böhmenkönigs einzugehen. Aber die Schwierigkeiten des Mainzer Kirchenfürsten, die Wandelbarkeit des Königs in seiner äußeren Politik und endlich dessen großer Kirchenstreit mit dem Bischofe Andreas II. verhinderten eine weitere Annäherung zur Realifierung des Projektes. Der Gedanke aber wurde nicht fallen gelassen, sondern mit allem Eifer von Ottokar II. wieder aufgenommen; dieser verwendete sich beim Papste Klemens IV. für die Errichtung einer Erzdiöcese in Olmütz und hatte auch bereits den künftigen Erzbischof in Bruno von Olmütz erkoren. Aber Klemens IV. erhob diesmal Schwierigkeiten. Er schrieb an Ottokar, er könne seinen Wünschen wegen allerhand Hindernissen nicht nachkommen; aber, fährt er ermunternd fort, der Böhmenkönig möge in seinem Eifer nicht erkalten, gegen die Ungläubigen zu kämpfen, und wenn er so viel erobert haben werde, als zur Gründung einer Metropole nothwendig erscheine, so werde man diese nach den gerechten Wünschen Ottokars besetzen. Allerdings ein schlechter Trost!

Prager Bischöfe. Der erste Bischof dieser Zeitperiode war Daniel II. (1197—1214), früher fürstlicher Kaplan, Namens Milik, ein schwacher Kirchenfürst, der sich ganz unter Přemysl Ottokar I. beugte und wiederholt des Leichtsinns, der Verschwendung und der Wollust angeklagt wurde. Zu seinem Nachfolger wurde der Prager Dompropst und des Königs oberster Kanzler, Andreas, aus der edlen Familie der Guttensteine gewählt (1215—1224). Der neue Bischof war ein Mann von strengen Sitten und großer Willenskraft, der Alles daran setzte, die unter seinen Vorgängern eingerissenen Misbräuche abzuschaffen, namentlich aber die vielfach verletzten Rechte und Immunitäten des Bisthums in vollem Umfange wieder herzustellen. Es kam deshalb zum hartnäckigen Streite mit Ottokar I., der lange nicht nachgab, dem über Böhmen deswegen verhängten Interdikte trotzte (1217), endlich aber doch, als der Papst mit seiner ganzen Autorität sich in's Mittel legte, zum Vertrage vom 2. Juli 1221 sich bewegen ließ. Nach demselben wurde dem Bischofe das Einsetzungsrecht der Geistlichen — unbeschadet dem Patronatsrechte der Privaten — ferner der Zehent aus dem ganzen Lande, die Gerichtsbarkeit über alle Geistlichen für Böhmen und den eigenen Unterthanen, sowie die Befreiung der letzteren von den Landesroboten zugestanden. Auch die Burg Podiwin sammt Zugehör wurde jetzt dem Bisthume von Prag zurückgestellt. Aehnliche, allerdings nicht so weitgehende Freiheiten gewährte Přemysl ein Jahr darauf der sämmtlichen Geistlichkeit im Lande (1222), wie schon erwähnt worden ist. Da jedoch die Zwistigkeiten bald von Neuem ausbrachen, und Bischof Andreas für seine persönliche Sicherheit zu fürchten begann, so zog er sich nach Rom zurück, wo er 1224 starb. — Peregrinus, Propst von Melnik (1224—25), welcher jetzt — wahrscheinlich schon vom Domkapitel — zum Bischof erhoben wurde, dankte jedoch bald wieder ab, da der Papst seine Wahl für nichtig erklärte. Er gehörte zu jenen Domherren, die Andreas abgesetzt hatte, soll aus dem Geschlechte der Wartenberge gewesen sein und Pilgram gegründet haben. — Der nachfolgende, vom Papste anerkannte Bischof Budilow (1225—26) starb schon am 10. Juli 1226, und der Prager Domscholastikus folgte als Johann II. (1227—1236) im Bisthume. Unter ihm wurde wahrscheinlich der langwierige Streit der Kirche mit Ottokar I. durch den Legaten Simon, der 1229 nach Böhmen gekommen war, beigelegt. Bischof Bernhard (1236—40), der Nachfolger des frommen Johann, stammte aus der edlen Familie der Kaplirsch von Sulewitz und war wie sein Vorgänger früher Domscholastikus gewesen. In seine kurze Regierung fallen große Bereicherungen der geistlichen Institute des Landes. Der folgende Kirchenfürst, der Prager Domherr Nikolaus von Riesenburg (1241—1258), hatte einen schweren Stand in den Streitigkeiten des Königs Wenzel I. mit dem Papste wegen der Neubesetzung des Olmützer Bisthums. Der Papst sprach das Interdikt über Böhmen aus und suspendierte den Bischof (1246). Doch mit der Versöhnung des Königs und der römischen Kurie fiel das Interdikt, und Bischof Nikolaus wurde in seine Würde wieder eingesetzt. Im Streite Wenzels mit seinem Sohne stand Nikolaus Anfangs auf Seite des letzteren, wurde aber durch die Autorität des Papstes genöthigt, des Vaters Partei zu ergreifen. Unter ihm kam die erste Häresie in Böhmen vor, indem Geißlerscharen im Lande umherzogen, sich öffentlich geißelten und behaupteten, ein Brief Christi befehle die Geißelung statt der Sakramente (1256). Desshalb ordnete der Papst Alexander IV. für die böhmischen Länder ein förmliches Inquisitionsverfahren an, wodurch es gelang, die neue Sekte auszurotten (1257). — Das Domkapitel wählte nach dem Tode des Nikolaus den bisherigen Domscholastikus Johann III. von Drazic (1258—1278), welcher der erste gewesen sein soll, dem die Könige den Fürstentitel zuerkannten. Seine Regierungsthätigkeit erstreckte sich auf innere Reformen und Abschaffung von Mißbräuchen, wurde aber eine sehr schwierige, als Ottokar II. mit der römischen Kurie in Differenzen gerieth und seine Bischöfe zu dem eidlichen Versprechen nöthigte, weder päpstlichen noch kaiserlichen Befehlen, die seine Person betrafen, zu gehorchen. — Als Johann III. im selben Jahre, wie Ottokar aus dem Leben geschieden war, setzte Bischof Tobias die Leitung der Diöcese fort (1278—1296). Er hatte während der brandenburgischen Okkupation um sein Bisthum und die andern kirchlichen Anstalten des Landes nicht geringe Sorgen auszustehen. Nach dem Jahre 1281 kam Tobias zu hohen Ehren und großem politischen Einflusse und erlangte für sein Bisthum nicht nur die verlorenen Güter zurück, sondern konnte auch noch neue dazu erwerben. Als der „Papstzehnt", den die Kirchen nach Rom zur Hilfeleistung für das heilige Land entrichten sollten, unter ihm aufkam, und der Bischof sich dagegen sträubte, wurde er mit dem Interdikte belegt, um dessen Behebung er sich durch eine eigene Gesandtschaft in Rom bewerben musste. Sein Nachfolger, der greise Bischof Gregor (1296—1301) aus dem Geschlechte der Hase von Waldeck, entwickelte trotz seines hohen Alters bis zu seinem Tode als Volksprediger in seiner Kathedrale eine außerordentliche Thätigkeit.

Das Prager Domkapitel kam zu größerer Bedeutung durch den raschen Aufschwung der Diöcese. Es bestand in dieser Zeit aus einem Propste, einem Dechanten

Domkapitel.

und einer nicht immer gleichen Anzahl (25—29) von Domherren, welche alle mit reichen Pfründen ausgestattet waren. Das Domkapitel wählte nunmehr unbestritten den Bischof und die neuen in das Kapitel aufzunehmenden Mitglieder; allerdings mußte dabei der Wille des regierenden Fürsten und des Papstes berücksichtigt werden. Nebst dem Propste und Dechanten werden als besondere Würdenträger des Domkapitels noch angeführt der Scholastikus als Vorsteher der Schulen, der Kustos, der die oberste Aufsicht über das Kirchengeräth hatte, der Schatzwächter oder Bewahrer des Kirchenschatzes, der Sakrist und der Kantor. Ueberdies wurden die Archidiakonate mit Gliedern des Domkapitels besetzt. — Zu der Domkirche gehörten nebst den Domherren eine große Anzahl von Priestern, gemeinhin der Klerus genannt, worunter wieder die Vikäre, Stellvertreter einzelner Würden, die Altar- und Wochenpriester hervorgehoben werden. Seit dem Ende des XII. Jahrhunderts lockerte sich das Zusammenleben in den Kapiteln immer mehr und mehr, und die beweibten Mitglieder richteten sich ihren eigenen Haushalt ein. Zu Anfang des XIII. Jahrhunderts verzehrten die Kanoniker insgesammt das Einkommen ihrer Pfründe außerhalb des Kapitelhauses, welches selbst fast leer stand.

Klöster. Die bereits bestehenden Klöster verstärkten sich durch vielfache Schenkungen der regierenden Fürsten und des reichen Adels, sowie durch die verständige und praktische Verwaltung ihres ausgedehnten Länderbesitzes. Mit dem Verfalle der alten Gauverfassung erlangten die Klöster die volle Gerichtsbarkeit über ihre Unterthanen und nahmen in dieser Hinsicht eine gesicherte autonome Stellung ein. In der anarchischen Zeit der Brandenburger Herrschaft litten die Klöster außerordentlich, erholten sich aber rasch wieder und gediehen bald zur herrlichsten Blüthe. Die

Benediktiner. Benediktiner von Brewnow gründeten im XIII. Jahrhunderte Ordenskolonien in Politz (seit 1213) und zu Brannau, während die Prämonstratenser seit 1200 keine neuen

Prämonstratenser. Ordenshäuser mehr in Böhmen stifteten. (Generalabt der Prämonstratenser war der Abt des allgemeinen Mutterstiftes von Premontré, die engere Aufsicht über die böhmischen Prämonstratenser übte der Abt von Steinfeld, zu dessen Cirearie (Sprengel) Böhmen gehörte. Einer ansehnlichen Vermehrung durch stattliche Neustiftungen erfreuten sich die

Cisterzienser. Cisterzienser, die wegen ihrer strengen Regel und wegen des Pflichteifers ihrer Mitglieder das größte Vertrauen der Könige und des Volkes erworben hatten. Die Päpste und die böhmischen Könige beschenkten diesen Orden mit mancherlei Freiheiten und Privilegien und begünstigten die Gründung neuer Ordenshäuser. Die böhmischen und mährischen Cisterzienser bildeten eine Vikarie für sich; die Oberleitung gieng aber immer noch von Cisterzium aus, dem Stammkloster aller Cisterzienser. Von Sedletz wurde in dieser Periode Skalitz, unweit Kaurim, gestiftet durch den Kanzler Dietrich von Angelweil (1257), und das blühende Kloster Königsaal, die Lieblingsschöpfung Wenzels II., bevölkert (1292). Plaß entsandte Kolonien nach Welehrad und Königsthron in Mähren und nach Heiligenkreuz in Oesterreich; Nepomuk hatte ein Tochterstift in Saar (1252) hart an der Gränze zwischen Böhmen und Mähren ins

Leben gerufen. Im südlichen Böhmen erhoben sich die stattlichen Klöster Hohenfurth, durch Peter Wok von Rosenberg (1259), und Goldenkron, durch Ottokar II. gegründet (1263). Als Cisterziensernonnenklöster sind zu erwähnen Frauenthal bei Deutschbrod, welches im Jahre 1265 zwei Schwestern Utta, Wittwe des Kuno von Chowau, und Ludmila stifteten und das als böhmisches Stift aufzufassende, von Wenzel I. und seiner Gemahlin Kunigunde 1234 in der Oberlausitz gegründete Marienthal. Von dem Kloster Sezemice, gleichfalls für Cisterzienserinnen, haben wir nur ganz ungewisse Nachrichten aus dieser Zeit. — Die Johanniter breiteten sich gleichfalls in Böhmen immer mehr aus und hatten zahlreiche Ordenshäuser oder Kommenden im Lande. Die böhmischen Johanniter gehörten zur „deutschen Zunge" und waren dem Großbaillif derselben untergeordnet; über Böhmen, Mähren, Schlesien und Oesterreich führte ein dem Meister der „deutschen Zunge" untergebener Präceptor als „Groß- und Grandprior" die engere Leitung. Letzterer hatte seinen Sitz Anfangs zu Prag im Hospiz an der Brücke, später (nach 1272) in Stralonitz. — Dem Orden der Grabesbrüder zu Zdaras in Prag schenkte ihr Gründer Kojata bei seinem Ableben die Stadt Brüx mit allem Zugehör und andere Besitzungen. Die Landesfürsten nahmen aber Brüx für sich in Anspruch und Ottokar II. gab dem Orden für alle Zeiten das Patronatsrecht in dieser Stadt. Die einzige weibliche Kolonie dieses Ordens in Schwatz bei Teplitz wurde von Wrati slawa, der edlen Wittwe des Kojata, gegründet, und in dieselbe traten viele fromme Töchter aus den edelsten Familien des Landes.

Im Verlaufe des XIII. Jahrhunderts setzten sich unter eifriger Mitwirkung und Begünstigung der regierenden Könige in Böhmen eine Menge neuer kirchlicher Orden fest, die nicht minder einflußreich auf die inneren Verhältnisse des Landes wirkten, als die bereits bestehenden. Unter König Wenzels I. Regierung kamen die Templer ins Land und gründeten rasch eine Menge Kommenden, unter denen die in Prag bei St. Laurenz oder Jerusalem seit 1249 erscheint. Die böhmischen Templer gehörten zu dem Großpräceptorate von „Alemannien und Slawien" und hatten seit 1240 einen diesem untergeordneten eigenen Landesprior. Zu großer Macht und hohem Ansehen gelangte in Böhmen ferner der deutsche Ritterorden. Wir treffen deutsche Ritter zuerst in der deutschen Gemeinde am Porschitsch an der Kirche bei St. Peter, wohin sie wahrscheinlich durch die Deutschen selbst gerufen worden waren (1217). Ihre Niederlassung und weitere Verbreitung wurde durch den Umstand begünstigt, daß der damalige Hochmeister des Ordens, Hermann von Salza, mit Přemysl Ottokar I. näher befreundet war. Dieser König, sowie Wenzel I. und Ottokar II., nahmen den Orden in ihren besonderen Schutz und verliehen ihm bedeutende Privilegien. Unter den vielen im Lande zerstreuten Kommenden des Ordens ragte besonders Kommotau hervor, das später der Sitz des Landeskomthurs wurde und unter der Regierung des Ordens zu einer blühenden Stadt emporwuchs. Die böhmische Ordensprovinz bildete eine sogenannte Kammerballei, d. h. sie war nicht

dem Deutschmeister (dem Landesmeister der Balleien von Deutschland) untergeord=
net, sondern befand sich unter der unmittelbaren Gewalt des Hochmeisters des
Ordens. — Neben den genannten drei geistlichen Ritterorden, die ihren ersten Ur=
sprung im heiligen Lande zu Zeiten der Kreuzzüge genommen und wie über die
ganze Christenheit, so auch nach Böhmen ihre Kolonien gesendet hatten, treffen wir
daselbst noch einen vierten ähnlichen, der aber im heimischen Boden wurzelte, von
da sich zwar über die Nachbarländer ausbreitete, aber immer in Böhmen bis auf
die Gegenwart seinen Mittelpunkt und seine oberste Leitung hatte. Es ist dies der

Kreuzherren. Orden der Spitalbrüder vom heiligen Franziskus oder der Kreuzherren mit dem
rothen Sterne. Die Ordenstradition läßt den Ursprung der Kreuzherren dem
Oriente entstammen, wo sie als „Bethlehemiten" nach der Regel des heiligen
Augustin gelebt hätten und nach Verlust des heiligen Landes über Aquitanien nach
Böhmen gezogen wären. Historisch beglaubigt wurde der Orden gegründet durch die
Prinzessin Agnes, die Tochter Ottokars I., welche zuerst bei ihrem Kloster zum
heiligen Franziscus, dann bei St. Peter am Porschitsch ein Spital mit einer
damals üblichen Bruderschaft errichtete (1233). Durch Vereinigung dieser Stif=
tung mit anderen Spitälern und Bruderschaften schuf sie einen neuen Mönchsor=
den, welcher auf ihr Ansuchen vom Papste Gregor IX. die Regel des heiligen
Augustin erhielt (1237). Im Jahre 1252 siedelte sich der neue Orden in der
Altstadt am Fuße der Brücke an, woselbst er sich noch jetzt befindet; im selben
Jahre verlieh der Prager Bischof Nikolaus im Auftrage des Papstes den Ordens=
mitgliedern einen rothen Stern mit einem Kreuze am Mantel und an der Kappe
als äußeres Abzeichen. Bald breiteten sich die Kreuzherren auch über Mähren,
Schlesien und Polen aus, blieben aber unter der einheitlichen Leitung des Vor=
stehers des Prager Ordenshauses, welcher den Titel eines Großmeisters führte.
Ihr vornehmlicher Zweck war Schutz der Armen und Pflege der Kranken; zu ihren
Privilegien gehörte das Recht, Waffen tragen zu können.

In großartigem Maße, namentlich von der Kanzel und durch den Beichtstuhl
Bettelorden. wirkten die sogenannten Bettelorden, welche bald nach ihrer Gründung im Süden
Europas auch in Böhmen auftauchten und in Kurzem unerhörte Verbreitung fan=
Dominikaner. den. Schon im Jahre 1226 kamen die Dominikaner nach Böhmen, wo sie zuerst
in Prag beim Kirchlein St. Klemens am Porschitsch, seit 1232 aber bei St. Kle=
mens an der Brücke sich ansiedelten. Bald erhoben sich auch in den Ortschaften
auf dem Lande Dominikanerklöster; so in Leitmeritz (1236), Turnau (1250), Laun
(1253), Nimburg (1257), Gabel (1250?), Budweis (1253—70), Klattau (?),
Pilsen (?), Königgrätz (1250?), Pisek (1280?) und Aussig (?). Dominikanernonnen-
klöster entstanden 1293 am Anjezd in Prag bei St. Anna und in Königgrätz, letz=
teres vermuthlich von Elisabeth, der Wittwe Wenzels II., gegründet. Die erste
Franziskaner. Kolonie der Franziskaner wurde durch Wenzel I. im Jahre 1232 nach Prag berufen
und daselbst bei der St. Barbarakapelle, dann aber bei dem neuerbauten Kloster

St. Jakob angesiedelt. Auf Veranlassung der frommen Agnes entstanden bald darauf bei St. Franz (später bei St. Klara und St. Agnes) ein Jungfrauen- (Klarissinnen) und ein Männerkloster, beide nach der Regel des heiligen Franz. Die Brüder bei St. Franz hielten sich an die Lebensweise der Observanten, während die Mönche von St. Jakob zu den Konventualen gehörten, die man später Minoriten nannte. Noch im XIII. Jahrhundert wurden im Lande mehrere Franziskanerklöster hervorgerufen, so in Leitmeritz (1235?), Königgratz (1240?), Mies (1253?), Bechin (1281), Jungbunzlau (1293), Pilsen (1263?), Kaaden (1240?), Brüx (1240), Zittau (1268?). Ein zweites Klarissinnenkloster wurde noch zu Lebzeiten der heil. Agnes in Teinitz (Jungfern-Teinitz) durch das Geschlecht der Herren von Zierotin errichtet. — Die Dominikaner und die Franziskaner Böhmens waren ursprünglich der „polnischen Provinz" zugetheilt, bildeten aber seit 1301 mit ihren mährischen Brüdern eine eigene böhmisch-mährische Provinz. Der Provinz stand ein Provinzial, den einzelnen Klöstern Priore oder Guardiane vor; die höchste Leitung aber der verschiedenen Bettelorden hatten die Ordensgenerale in Rom.

Die Chorherren der Cyriaten kamen durch Přemysl Ottokar II. 1256 nach Prag an die Kreuzkirche am Moldanufer; noch im XIII. Jahrhundert gründeten sie Priorate in Pardubitz und Orül. — Der Augustiner-Eremiten-Orden hatte in Böhmen seine ersten Niederlassungen in Steckau auf Konsperg im Klattauer Kreise, St. Benigna bei Neudorf im Berauner Kreise (1262) und Schopla bei Melnik (1263). Wenzel II. übergab den Augustinern 1285 die St. Thomaskirche nebst einem Hause in Prag und gründete noch in Gemeinschaft mit seiner Gemahlin Jutta das Augustinerkloster in der königlichen Stadt Taus im Jahre 1288. — Die älteste Ansiedlung der weißen Magdalenitinnen besitzen wir in Dobřan bei Pilsen (1259), dann in Prag (1282) in der Nähe der St. Galluskirche, von wo sie aber später wegen der allzu großen Nähe der Franziskanermönche auf die Kleinseite übersiedeln mußten. Im Jahre 1283 übergab König Wenzel II. das Kloster Zahras bei Brüx den Magdalenitinnen mit mannigfachen Schenkungen und Einkünften.

Es läßt sich denken, daß die vielen geistlichen Stiftungen und Klöster das sociale Leben wie anderwärts auch in Böhmen mannigfach beeinflußten und umgestalteten. Das Christenthum herrschte nun unangefochten und siegreich im Lande, und das religiöse Leben des Volkes nahm zu an Regsamkeit und Innerlichkeit. Adel und Volk betheiligten sich ausgiebig durch Schenkungen und persönlichen Eintritt an der Blüthe der Klöster. Diese wirkten rührig auch für Kunst und Wissenschaft, Krankenpflege, Seelsorge, Jugendbildung, Landwirthschaft u. s. w. Nicht zu unterschätzen ist ferner der politische Einfluß, den die geschlossenen Mönchsorden ausübten, deren einzelne Klöster starke Festungen des Papstthumes bildeten, und im Kampfe der weltlichen und geistlichen Gewalt der letzteren einen mächtigen Rückhalt gewährten. Nicht verschwiegen darf werden, daß es aber auch schon in diesem

Zeiträume nicht an traurigen Ausschreitungen des religiösen Fanatismus fehlte, wie andererseits in der Gehässigkeit der einzelnen Orden untereinander, namentlich der Dominikaner und Franziskaner, sich keinesfalls das wahre Christenthum und die wahre christliche Liebe in ihrer vollen Reinheit abspiegelte. Wie die einzelnen Klöster auch in dieser Periode fortfuhren, das Deutschthum im Lande zu immer größerer Geltung zu bringen, werden wir später näher auszuführen nicht unterlassen.

Geistlichkeit, Schulen.

Mit dem Christenthume führte die Geistlichkeit auch anderweitige westeuropäische Bildung in's Land. Insbesondere wandten die frommen Mönche ihre Aufmerksamkeit der Jugend zu, deren Erziehung und Unterricht sie in den von ihnen gegründeten Schulen leiteten. Als frühester Schule Böhmens wird der zu Budeč gedacht, wo der heilige Wenzel unterrichtet wurde. Bei jeder Kollegiatkirche, jedem Kloster und endlich auch bei den Pfarreien der Städte treffen wir in der ältesten Zeit bereits eigene Schulen; es zeichneten sich in dieser Hinsicht die Klosterschule der Benediktiner in Břewnow und die der Prämonstratenser am Strahow vor allen aus. Im XIII. Jahrhunderte zeigten sich vornehmlich die Dominikaner und die Benediktiner für Gründung neuer Schulen thätig; ihre Lektoren waren Lehrer, die in der Theologie und in den freien Künsten unterrichteten. Eine besondere Blüthe entfaltete die Schule am Prager Domkapitel, die unmittelbar unter des Domscholastikus Pflege stand und namentlich unter Bischof Johann II. (1226—36) zu hohem Ansehen gelangte. Wohl litt dieselbe durch den 1248 eintretenden Kampf Ottokars II. mit seinem Vater, erhob sich aber unter des ersteren Regierung zu neuem Glanze und wurde damals auch von Studierenden aus den deutschen Ländern Ottokars und selbst von bairischen Jünglingen besucht. Es war die Schule ein sogenanntes Theilstudium, in welchem die Gegenstände der artistischen Fakultät oder die freien Künste gelehrt wurden; um's Jahr 1271 werden als berühmte Lehrer der Grammatik und Logik die Magister Dito und Bohumil erwähnt, während Magister Gregor, der spätere Bischof, über gewisse Schriften des Aristoteles Vorlesungen hielt. Da aber diejenigen, welche sich eine höhere theologische, eine medicinische oder juristische Bildung erwerben wollten, an die Generalstudien (Universitäten) in's Ausland pilgern mußten, faßte Wenzel II. den Plan, auch für Böhmen ein solches Generalstudium in's Leben zu rufen. Allein dieses außerordentlich wichtige Unternehmen scheiterte, sowie die Herausgabe eines allgemeinen Gesetzbuches, an dem hartnäckigsten Widerstande des Adels, der in der Gründung einer derartigen Hochschule eine allzu große Verstärkung der Macht des Klerus befürchtete. — Eine eigenthümliche Stellung nahmen in jener Zeit die Stadtschulen ein, die von den deutschen Bürgern zur Bewahrung ihrer Sprache und Nationalität gegründet wurden.

Kunstanfänge.

Die spärlichen Kunstanfänge dieser Zeit tragen zumeist den religiösen Charakter an sich). Aus dem XI. Jahrhunderte wird als Maler und Bildhauer der Abt

Božeriech) in Sazawa genannt; aus demselben Jahrhunderte soll der mit schönen Miniaturen geschmückte Wyschehrader Kodex stammen. Im XIII. Jahrhunderte illustrierte der Miniaturenmaler Bohusch die sogenannte Jaromierscher Bibel (im böhm. Museum) und Welislaw die St. Wenzelslegende (in der Lobkowitzischen Bibliothek). — Für Musik sollen die Slawen seit den ältesten Zeiten große Vorliebe besessen haben. Als heidnische Sänger werden Lumir und Zaboj gepriesen. Mit der Einführung des Christenthums verpflanzten sich nach Böhmen die lateinische Kirchenmusik, römische Lieder und Melodien. Eine gewisse Berühmtheit erlangten das Adalbertslied, das nach Cosmas bei der Einführung des Bischofs Thietmar gesungen wurde (973) und das St. Wenzelslied, das aus dem XIII. Jahrhunderte stammt.

5.

Die Deutschböhmen.

(1197—1306.)

Allgemeines.

Das Deutschthum Böhmens erblüht im XIII. Jahrhunderte zu außerordentlicher Machtfülle und beginnt mit seinen materiellen Kräften wie mit seiner geistigen Ueberlegenheit allmählich die Zustände des Landes in entschiedener Weise umzugestalten. Es durchdringt alle Schichten der Bevölkerung, beherrscht den Premyslidischen Hof und den einheimischen Adel, gründet und bevölkert die freien königlichen Städte wie die unabhängigen Dörfer, gebietet im Handel und Gewerbe, im Bergbau und in der Industrie und lenkt durch seine Geistlichkeit und Klöster nicht nur das religiös-kirchliche Leben, sondern auch die Schule, die Wissenschaft und die Kunst. Die Deutschböhmen, die bis jetzt nur in schwachen Ueberresten und vereinzelten Ansiedelungen vertreten waren, setzen sich nunmehr durch die großartig in Schwung gebrachte Kolonisation in zusammenhängenden Massen fest, okkupieren durch ihre Geschicklichkeit und zähe Arbeitskraft weite Strecken des Landes und ziehen einen immer engeren Gürtel um die Landesgenossen slawischer Zunge, deren Gebiet sie durch die vielen oasenartig in der Mitte des Landes gegründeten Städtekolonien siebartig durchbrechen. In politischer Beziehung beglückt der Deutschböhme sein neues Vaterland mit den kostbaren Geschenken des freien Bürgerthums und ringt im Vereine mit der ihm gewogenen Regierung gegen den alle freiheitliche Bewegung unterdrückenden Feudaladel des Mittelalters. Wenn das XIII. Jahrhundert zu den glänzendsten der Geschichte Böhmens gerechnet wird, so muß den Deutschböhmen der Ruhm zugestanden werden, an dem Wohlstande, dem Glanze und der Verherrlichung ihres Vaterlandes in vorderster Reihe mitgewirkt zu haben.

Der deutsche Hof der letzten Premysliden.

Der Hof und das Residenzleben in Prag nahm unter den letzten Premysliden einen ausgeprägt deutschen Charakter an. Die deutsche Sprache, deutsche Sitten, deutsche Tracht, deutsche Spiele und Vergnügungen fanden immer mehr Anerken-

nung und Verbreitung. Wohl waren die böhmischen Fürsten in politischer Hinsicht etwas selbständiger geworden, aber sie blieben dessenungeachtet deutsche
Reichsfürsten und Reichsmundschenke, die sich an der Wahl der Kaiser, an den
deutschen Hoftagen und an deutschen Kriegen fortwährend betheiligten. Der diplo
matische Verkehr des böhmischen Königs mit dem deutschen Hofe und einzelnen
deutschen Fürsten wurde nun vieles reger, und noch immer führten die Přemysliden
zumeist Frauen aus deutschem Geblüte als Gemahlinnen heim. So war Ottokar I.
mit Adelheid von Meißen, Wenzel I. mit Kunigunde der Stauferin, Ottokar II.
mit Margarethe von Babenberg und Wenzel II. mit Jutta, der Habsburgischen
Prinzessin, vermählt. Ottokar I. beförderte mit großem Eifer die deutsche Kolonisation, die hohe Wichtigkeit derselben nicht einen Augenblick verkennend. König
Wenzel I., vermählt mit der edlen Kunigunde, war durch und durch deutsch. Er
liebte die deutsche Sprache, die Künste und Wissenschaften der Deutschen, hatte an
seinem Hofe den deutschen Dichter Reinmar von Zweter, und versuchte sich selbst,
als echter deutscher Ritter, im lieblichen Minnegesang. An seinem glänzenden
Hofe fanden sich viele deutsche Edelleute ein; daselbst wurde nach deutscher Weise
das edle Turnierspiel mit Leidenschaft gepflegt, und die einheimischen Ritter übten
sich eifrig in den Vergnügungen des Tjost und Bohurd. Der deutsche Ritter
Oger von Friedberg, ein bevorzugter Liebling und Rathgeber des Königs, war der
Vergnügungsmeister am Hofe und leitete die Spiele, die Turniere und die großartigen Hofjagden. In gleicher Weise begünstigte Wenzel die Ansiedelung der
deutschen Ordensleute, die Einwanderung der deutschen Bürger und Bauern. –
In König Ottokar II. erhielt sich seines Vaters Vorliebe für das Deutschthum; in
ihm lebte seiner deutschen Mutter Sinnesart und Natur. Keiner der Přemysliden
erkannte die Wichtigkeit der deutschen Kolonisation so klar und betrieb dieselbe in so
großartigem Maßstabe, wie dieser Fürst. Darum beklagen sich über ihn in
bitterem Tone die einheimischen Chronisten: „Er habe die Tschechen zu Gunsten
der Fremdlinge vertrieben", „er habe die Seinigen hintangesetzt, und habe sogar
angefangen, sie zu verachten". Neplach, der Opatowitzer Mönch, erzählt das Er-
schreckliche, Ottokar habe den Meißnern und Thüringern das Versprechen gegeben,
ihnen Böhmen zum ewigen Besitze zu schenken, falls er über Rudolph von Habsburg siege; der tschechische Reimchronist Dalimil aber gibt den Gesinnungen seiner
Genossen in jenen Stellen den deutlichsten Ausdruck, wo er den tragischen Tod
des Heldenkönigs in lustigen Versen bejubelt, weil er eben ein Deutschenfreund
gewesen. Fortwährend wiederholt sich in der böhmischen Historiographie die Ansicht, daß Ottokar nur wegen seiner Freundlichkeit mit den Deutschen zu
Grunde gegangen sei. Die Regierung des Markgrafen von Brandenburg war den
Deutschen insbesondere wegen der vielen Zuzüge, die aus dem Mutterlande herbei-
kamen, günstig. Der Chronist sagt, die Zahl der damaligen Einwanderer habe
die „Zahl der Mücken übertroffen", und es hätte den Anschein gehabt, als ob das

Reich ganz deutsch werden sollte. Wenzel II. war deutsch erzogen, hatte eine deutsche Gemahlin, die wackre Jutta, die Tochter Rudolphs von Habsburg, und ließ sich vom deutschen Könige, so lange dieser lebte, willig rathen. Er schätzte die guten Eigenschaften und Vorzüge der deutschen Nation und liebte die deutsche Sprache. Der Königsaaler Chronist bewahrte uns in dieser Hinsicht einen immerhin erwähnenswerthen Zug aus des Königs Leben auf. Als sich nämlich Wenzel im Jahre 1300 in Gnesen befand, um die polnische Königskrone zu empfangen, hielt ein gewisser Bischof Johann in seiner Anwesenheit eine prächtige lateinische Predigt. Peter, der Erzbischof von Gnesen, bekannt als wüthender Deutschenfeind, der unter andern die Deutschen immer nur „Hundsköpfe" zu nennen pflegte, äußerte zum Könige: „Jener hat ganz ausgezeichnet gepredigt, wenn er nur nicht gerade ein Hundskopf und ein Deutscher wäre." Der König aber, dem diese Rede sehr mißfiel, erwiederte dem Deutschenhasser: „Wenn er so etwas sagen könne, habe er eine noch bösere Zunge, als ein Hund, da die Zunge der Hunde nur Heil bringe, die seinige aber beiße und das Gift der Verleumdung ausströme." An Wenzels Hofe befanden sich fast nur deutsche Rathgeber, so der Meißner Propst Bernhard von Kamenz, der Tempelritter Berthold von Geppenstein aus Schwaben, Dietrich Abt von Waldsassen, Arnold, Bischof von Bamberg und später Peter Aichspalter, der nachmalige Kirchenfürst von Basel und Mainz. Propst Bernhard verwaltete durch viele Jahre das Land, während der Templer Berthold wegen seiner neuen und nützlichen Reform besonders gerühmt wird. Die meisten Verdienste aber, und zwar namentlich um die Einrichtungen am Hofe, der immer mehr nach dem Muster deutscher Hofhaltungen umgestaltet wurde, erwarb sich Arnold von Bamberg, welcher eigens zu diesem Zwecke auf Anrathen Dietrichs von Waldsassen berufen worden war. Arnold, so erzählte der Königsaaler Chronist, eilte aus seinem Bisthum nach Böhmen, begleitet von einer Menge Kapellänen und Rittern. Am Prager Hofe wurde er gar bald der einflußreichste Rathgeber des Königs, die eigentliche Seele der Regierung, so daß es ihm ein Leichtes war, die Seinigen mit wichtigen Aemtern, über die er ja mit Allmacht schaltete und waltete, in erster Reihe zu bedenken. In den Burgen, in den Städten, bei Hof und bei Gerichte saßen, mit einträglichen Würden ausgestattet, die Anhänger des Bischofes. Der König richtete sich ganz nach dem Willen desselben und ernannte auf seinen Wunsch den einen zum Burggrafen, den andern zum Marschall, wieder einen andern zum Kämmerer, Hofrichter u. s. w. Ja so weit gieng Wenzel in seinem Vertrauen, daß er seine eigene Dienerschaft bis zum Küchenmeister und Kammerdiener herab nach Arnolds Vorschlag wählte.

Es ist ganz natürlich, daß der Adel dem germanisierenden Einflusse des Hofes sich nicht entziehen konnte; er ergötzte sich in der Residenz an den glänzenden Spielen und Turnieren, trug deutsche Ritterstracht, übte sich in der deutschen Sprache, sowie in der Galanterie und dem Minnedienst nach deutscher Ritterart. Die ein-

Der Adel.

zelnen Adeligen ließen sich besonders nach dem Mongoleneinfall eine Menge fester Burgen auf Bergvorsprüngen und Felsen errichten, beriefen hiezu deutsche Bau meister und gaben diesen Burgen in der Regel deutsche Namen. Nach und nach übergiengen diese deutschen Burgnamen auf die Besitzer selbst als deren Familien= namen, wodurch die älteren slawischen Benennungen allmählich verdrängt wur= den und in Vergessenheit geriethen. So entstanden noch in den vierziger Jahren des XIII. Jahrhunderts die adeligen Namen der Löwenberge, Rosenberge, Stern= berge, der Riesenburge und Lichtenburge, und etwas später tauchten die Namen Schwamberg, Riesenberg, Waldel, Wartenberg, Waldstein, Falkenstein u. a. auf. Zudem bemerken wir, daß bereits in dieser Zeit ausländische, rein deutsche oder wenigstens frühzeitig germanisierte Adelsfamilien Besitzungen in Böhmen erlangt haben, so die von Schönburg, Seeberg, Biberstein, Neuburg, Klingenberg u. a. Wenn auf diese Art der böhmische Adel seines slawischen Charakters sich immer mehr entkleidete, so stellte er sich doch in den heftigsten Widerspruch zu der von den Königen so begünstigten deutschen Kolonisation. Nicht Antipathie gegen das deutsche Element an sich war es, welche die Feindseligkeit des Adels gegen die neuen An= siedler hervorrief, sondern die Eifersucht auf den neuen sich bildenden freien Bür= gerstand, der ihnen allmählich zum ebenbürtigen Stande heranwuchs und überdies die kräftigste Stütze der Krone abgab. Wohl leuchtete auch dem Adel der Nutzen ein, der ihm aus der Ansiedelung der deutschen Bauern und der deutschen Indu= strie auf seinem Besitze entspringen mußte, und es finden sich Beispiele, daß einzelne Herren ihre Güter mit Kolonisten bevölkerten: aber im Ganzen und Großen milderte dies nur sehr wenig den principiellen schroffen Gegensatz, der hier wie allerorts zwischen einem freien Volke und dem Feudaladel zu Tage trat.

Klerus. Der Klerus Böhmens war auch in diesem Zeitraume zum großen Theile deutsch, wenn nicht seiner Abstammung nach, so wenigstens durch seine Bildung. Wohl hörte mit der vollständigen Christianisierung der böhmischen Diöcese die Einwande= rung der bairischen und allemannischen Missionäre allmählich auf, wohl finden wir auch in der Leitung des Bisthums, in dem Domkapitel u. s. w. immer mehr Ein= heimische, aber denn doch alle mehr oder weniger durchdrungen vom lateinisch= germanischen Geiste. Uebrigens bleibt die Zahl deutscher Priester immerhin noch eine erkleckliche. Die Hofkapelläne gehören durchwegs dieser Nation an, und unter den Mitgliedern der Kapitel finden sich noch immer der Mehrzahl nach deutsche Namen. Die Oberaufsicht über das gesammte Kirchenwesen Böhmens stand dem Erzbischofe von Mainz zu, der die Könige krönte, die böhmische Diöcese durch bestimmte Vi= sitationsreisen zu beaufsichtigen hatte, und vor dessen Richterstuhle die kirchlichen Klöster. Streitigkeiten entschieden werden mußten. — Die Klöster erhielten viel länger ihren rein deutschen Charakter als das Weltpriesterthum Böhmens; die bereits bestehenden und die neugegründeten, von den Przemysliden so sehr begünstigten Mönchsorden wirkten namentlich in diesem Zeitraume mit außerordentlichem Erfolge für die

Ausbreitung deutscher Bevölkerung und Kultur. Die jüngſt geſtifteten Ciſterzienſer-
klöſter, die geiſtlichen Ritterorden, und ſelbſt die Bettelorden zählten zumeiſt deutſche
Mitglieder: ihre Schulen, die mitgebrachten Handwerker, ihre regen Verbindungen
mit dem Auslande konnten nicht ohne Einfluß auf ihre Umgebung im Lande
bleiben. Es wurden in jener Zeit ſchon Klagen laut, daß die Ordensgeneräle der
minderen Brüder in die Klöſter von Böhmen und Polen viel mehr Deutſche ſen-
deten, als nöthig war, geborene Slawen dagegen, die in den Orden getreten waren,
in fremde Länder verſchoben, und daß nur Deutſche zu Vorſtehern der hieſigen
Klöſter eingeſetzt wurden. Während die Bettelmönche durch ihr vorzügliches Predigen und durch ihren Eifer im Beichtſtuhle, insbeſondere in den Städten, das Deutſchthum pflegten und unterſtützten, koloniſierten die mit großen Gütern ausgeſtatteten
Klöſter auf dem Lande ruhig und ununterbrochen und verwandelten ihre weiten
dunklen Wälder allmählich in herrliche Auen und Fluren durch die zähe Arbeitskraft der herbeigerufenen deutſchen Bauern.

Die Anlage deutſcher Dörfer in Böhmen mit einem freien Bauernſtande Deutſche Dörfer.
bildet eine der intereſſanteſten und folgenreichſten Erſcheinungen der Geſchichte dieſes
Landes. Es betheiligten ſich in erſter Reihe an dieſer Koloniſation die Klöſter
und die Landesfürſten ſelbſt. Wollte ein Grundherr ein neues deutſches Dorf anlegen, ſo mußte er zunächſt die Genehmigung des Landesfürſten einholen. Hatte
er dieſes Privilegium erlangt, ſo ſchloß er mit einem oder mehreren Koloniſten
einen Vertrag, nach welchem er ſich verpflichtete, das Stück Landes von gemeſſener
oder nur geſchätzter Hufenzahl den Anſiedlern überlaſſen zu wollen. Zu dieſem
Behufe wurden die Gränzen beſtimmt oder „vermarkt"; Steine, Erdhaufen, Mal-
bäume, Bäche u. ſ. w. dienten als Flurſcheiden. In der erſten Zeit der Anſiedelungen begnügte ſich der Grundherr nur mit einer Nutznießung, die aus den jährlichen Abgaben beſtand; ſpäter werden auch bereits Kaufgelder für die überlaſſenen
Gründe gefordert. Gewöhnlich ſtand die Anſiedelung unter der Leitung eines beſtimmten Anführers, welcher mit dem Grundherrn den Vertrag für die ganze Kolonie abſchloß. In demſelben verpflichtete ſich der Unternehmer, die ihm überge-
bene Hufenzahl mit Bauern zu beſetzen, den Zins und Zehnt einzuſammeln und
abzuliefern, an Gerichtstagen den Grundherrn und ſein Gefolge mit einer Mahlzeit zu bewirthen und als Vaſall des Obergerichtsherrn dem Landesherrn Lehn-
dienſte zu leiſten. Dafür erhielt er ein freies, erbliches, theilbares Eigenthum, ein
Freiſchulzengut, welches aus einer beſtimmten Anzahl von Hufen oder aus einem
beſtimmten Antheile ſämmtlicher Bauerngüter des Dorfes beſtand und meiſt noch
mit gewiſſen Nebennutzungen, z. B. der Schenk- und Schmiede-Gerechtigkeit, einer
Fleiſch- und Brotbank u. ſ. w. ausgeſtattet war. Mit dem Gute des Unterneh-
mers waren als höchſte Auszeichnungen zugleich das Amt des Schultheißen, der Vor-
ſitz im Dorfgerichte, die polizeiliche Aufſicht im Orte und der dritte Theil der
Strafgelder verbunden. Ferner war in dem Vertrage beſtimmt, daß die ſich

11

niederlassenden Bauern als persönlich freie Leute ihre Hufen erb= und eigenthüm=
lich als Erbzinsgüter besitzen und auch mit Bewilligung des Grundherrn verkau=
fen oder verpfänden könnten. Der jährliche Zins betrug von einer Hufe gemeinig=
lich eine viertel, selten eine halbe Mark Silber. Für den ersten Anfang wurden
Freijahre gewährt, deren Zahl sich nach der Beschaffenheit des Bodens richtete;
war erst ein Wald auszuroden, so wurden 3—16, war das Land schon urbar,
1—4 Freijahre festgesetzt. — Den Zehnt an die Geistlichkeit hatten auch die deut=
schen Bauernkolonien zu zahlen; es war seit dem XIII. Jahrhundert wahrscheinlich
schon für jede Hufe ein gewisses Maß Getreide festgesetzt, bestehend aus einer
gleichen Metzenanzahl von drei oder vier Getreidearten, zuweilen auch noch Erbsen,
selten Honig oder Schmalz. Die Lage der nach „deutschem Rechte" angesiedelten
Bauern unterschied sich also von dem Verhältnisse der unter slawischem Rechte
lebenden wesentlich dadurch, daß die ersteren keine hörigen und unterthänigen
Leute oder keine Erbpächter wie die letztern waren, sondern als freie Eigenthümer
(emphytentische Besitzer) unter bestimmter Erbzinspflicht ihren Grund und Boden
bewirthschafteten. Die nach deutschem Rechte angelegten Dörfer waren ferner unab=
hängig von den Gaubeamten und befreit von allen Lasten der Gesammtbürgschaft
und der Staatsfrohnen. Sie hatten ihre eigenen „Schulzen", welche die niedere
Gerichtsbarkeit ausübten und waren in Bezug auf die Kriminalgerichtsbarkeit auf
die Magistrate der nächstliegenden Städte angewiesen. Aeußerlich machten sich die
deutschen Dörfer durch ihre lang gestreckte, gewöhnlich an einem Bache sich hinzie=
hende Lage bemerklich, während die Slawen mehr gesellig, näher aneinander in der
Runde bauten. Die Klöster gingen im Eifer, durch deutsche Ansiedelungen ihren
Gütern einen höheren Reinertrag abzugewinnen, allen Andern voran. Ihre weit ausge=
dehnten Wälder und Heidegegenden boten die günstigste Gelegenheit zu frischen An=
siedelungen; ihre vielfachen Verbindungen mit den deutschen Mutterklöstern ver=
schafften ihnen die Kenntniß auswanderungslustiger und geeigneter Kolonisten.
Unter dem milden Krummstabe konnten sich die neuen Ansiedler ihr Leben behag=
lich einrichten, und der rasch erblühende Wohlstand der deutschen Dörfer lockte
immer mehr Genossen zur Niederlassung an. Martin, der Abt von Brewnow,
führte in den Politzer Bezirk zur besseren Ausbeutung des Landes deutsche Kolo=
nisten ein und überließ denselben in der gewöhnlichen emphytentischen Weise die
bestimmte Anzahl der Huben. Schon 1255 wurde durch Vergrößerung des Dorfes
Breznitz das deutsche Dorf „Märzdorf" gegründet; in gleicher Weise entstand im
selben Jahre Bertholdsdorf (Barzdorf) aus dem tschechischen Dorfe Bozanow.
Eben in diesem Jahre gab der Abt einem deutschen Edelmann so viel Wald, als
zur Anlegung eines neuen Dorfes nöthig war, auf welche Weise die Ortschaft
„Waltersdorf (Weckersdorf)" entstanden ist. Derselbe Abt verlieh dem Erbgerichte
oder der Schölzerei des schon früher gegründeten Dorfes Hauptmannsdorf (Hait=
folksdorf) das erste Privilegium. Inzugleichen haben wir urkundliche Beweise von

deutscher Kolonisation des Klosters Kladrau seit der Mitte des XIII. Jahrhunderts und ebenso des Klosters Wilemow, dessen Abt Jaroslaw sich namentlich durch die Verwüstung seines Gutes in der Zeit nach Ottokars II. Tode zur Herbeiziehung deutscher Kolonisten bewogen fand. Auch die Prämonstratenser beeilten sich, durch die Ansiedelung der fleißigen Deutschen ihre Güter werthvoller und einträglicher zu machen. So besaßen die Strahower Mönche die emphyteutisch ausgesetzten Dörfer Groß- und Kleinherrendorf bei Prag, Schönbrunn (Bratřitz) im Taborer Kreise, Heinrichsdorf (?), eine Anzahl Dörfer in dem Landstriche an dem linken Ufer der Moldau hinter Krummau, etwa in der Mitte des Weges zwischen dieser Burg und Rosenberg, die wahrscheinlich im Laufe des XIII. oder XIV. Jahrhunderts angelegt worden waren. Die Tepler Prämonstratenser zogen besonders unter Abt Gerhard und seinen Nachfolgern (seit der Mitte des XIII. Jahrhunderts) in die Gegend von Tepel, Sandau und Lichtenstadt fleißige deutsche Ansiedler, durch welche alsbald in den öden Waldstrecken eine Menge wohlhabender Ortschaften, deren Namen meist auf „reut" oder „grün" endigen, gegründet wurden. Die Seelauer Mönche erwarben im Jahre 1233 die Besitzungen des deutschen Ordens in und bei Humpoletz, in deren mächtige Waldstrecken Abt Ambrosius (um 1250) deutsche Kolonisten einführte, so daß die Gegend alsbald zu einer deutschen Sprachinsel inmitten slawischen Landes sich umgestaltete. Die weit sich ausdehnenden Waldungen an der mährischen Gränze wurden gelichtet durch deutsche Ansiedler, welche eine fünfjährige Abgabenfreiheit genossen und nach fünf Jahren zu einem Getreidezehnt und erst im zehnten Jahre zu einer Geldleistung verpflichtet waren. Die Cisterzienser jener Zeit gehören insgleichen zu den vorzüglichsten Pflegern deutscher Bauernansiedelungen. Weniger treten die in bereits bevölkerten Gegenden gegründeten Klöster wie Sedletz und Königsaal hervor; dagegen waren die an den Gränzen liegenden, wie Ossegg, Plaß, Saar, insbesondere aber Hohenfurth und Goldenkron überaus eifrig in der Kolonisation. Die Hohenfurther lichteten die ihnen von ihren Gründern zugewiesenen großen Waldstrecken im Quellgebiete der Moldau und legten daselbst eine Menge deutscher Dörfer an, die meist die Endsilbe „schlag" führen und dadurch deutlich an ihren Ursprung mahnen. Das Kloster Goldenkron wurde von seinem Gründer und Wohlthäter dem Könige Ottokar II. mit dem Gute Boletitz dotiert, das an „der deutschen" Gränze vom Gränzbezirke bis Prachatitz sich erstreckte. Auf Fürsprache Ottokars schenkte dann 1268 der edle Herzog von Klingenberg dem Kloster 22 Dörfer und 1275 noch 8 weitere; auch Bawor von Bawarow gab dem Kloster 8 seiner Dorfschaften. Das Gränzgebiet bei Prachatitz aber bevölkerten die Mönche mit zumeist deutschen Insassen und deutschen Dörfern. — Das Beispiel der Klöster blieb nicht ohne Nachahmung. Andere Großgrundbesitzer mußten bald die gewaltigen Vortheile erkennen, welche durch eine ausgiebigere und bessere Bebauung des Bodens dem Eigenthümer erwuchsen. So kolonisierte das Wyschehrader Kapitel seine von Přemysl Ottokar I.

11*

erhaltenen Länderstrecken zwischen dem jetzigen Zahrabla und Humpoletz im Časlauer Kreise. Es schloß zu diesem Zwecke einen Vertrag mit Heinrich, dem Münzmeister in Humpoletz (1252), welcher sich verpflichtete, in die bezeichnete Gegend deutsche Ansiedler zu bringen und Dörfer anzulegen. Die Angesiedelten sollten natürlich unter emphyteutischem Rechte leben und die Vertheilung der Huben so vorgenommen werden, wie in den benachbarten deutschen Ortschaften des Klosters Seelau. Dafür sollte der Leiter der Ansiedelung die siebente und achte Hube in jedem Dorfe als Lehen vom Kapitel erhalten. So mögen in jener Gegend auch die jetzt ganz in Vergessenheit gerathenen Dörfer „Schönfeld" und „Lichtenfeld" entstanden sein. — Wie natürlich, mußte auch der Adel den Nutzen der deutschen Ansiedelungen bald begreifen, und er begann solche allmählich auch in seine Güter einzuführen. Die Gegend um Krummau besetzten die Herren von Rosenberg, um Glatz die Herren von Lämberg; in das Reichenauer Gebirge berief Hermann von Draholetz, in die Landeskroner Gegend des Genannten Bruder Wilhelm, deutsche Ansiedler. Die Kolonisation von Reichenberg und Friedland fällt in die Zeit Wenzels II. durch die Herren von Biberstein. — Wenn den Adeligen aber doch „das deutsche Recht" der Bauern nicht recht zusagte, weil sie dadurch genöthigt waren, einige ihrer Vorrechte aufzugeben, so konnte der Landesfürst selbst nur den reichsten Gewinn erzielen, wenn er in die großen Besitzungen der Krone, vor Allem in die sich weit ausdehnenden Gränzwälder, deutsche Landleute einführte. Zum Jahre 1196 kommt der Name „Neudorf" in dem Theilfürstenthume Saatz vor; Wenzel I. ließ nach Dalimil das Dorf Stadiz mit Deutschen besetzen. Am großartigsten betrieb Ottokar II. die Kolonisation der Krongüter. Unter ihm wurden in dem Elbogner, Trautenauer und Glatzer Gau, ferner im mährischen Gesenke Deutsche in Masse angesiedelt, und diese eroberten die genannten Bezirke dem Deutschthume für alle Zeiten. Nach Ottokars Tode in den unglücklichen Jahren bis zu Wenzels II. selbständiger Regierung schwand die Bevölkerung im Lande derart, daß der König schon aus diesem Grunde an die deutsche Kolonisation dachte und diese denn auch in der eifrigsten Weise betrieb.

Folgen.

Die deutschen Dorfansiedelungen bewirkten zunächst auf dem Gebiete der Landwirthschaft, dann aber auch in socialer Beziehung eine segensreiche Umwälzung. Der deutsche, wegen seines Fleißes berühmte Bauer rief für die damalige Zeit wahre Musterwirthschaften in's Leben. Da er mit dem schweren Pfluge arbeitete, nicht mit dem leichten Hacken, wie der slawische Bauer, so konnte er auch in den schwersten Boden tiefer eindrücken und denselben vollständiger wenden, während der Slawe nur den leichten Boden seicht durchzufurchen und weniger zu wenden vermochte. Daher ist es erklärlich, daß die Slawen nur die Gegenden mit leichtem Boden aufsuchten und alle Landstriche mit bündigem Boden als Weideland liegen ließen. Wie weit die deutschen Ansiedler in der Bodenkultur voraus waren, erkennt man am besten an dem Landwirthschaftsbetrieb der königlichen Städte. Wir treffen in den Fluren derselben bereits den Anbau von Gemüse, Hopfen, Waid und Wein — Gewächse, deren Anbau schon eine sorgfältigere Bodenbearbeitung und eine unermüdliche Pflege, kurzum eine rationellere Landwirthschaft verlangen. Allmählich aber konnte dem slawischen Bauer die größere Regsamkeit, sowie die vielfachen Verbesserungen im Ackerbau unter den benachbarten Deutschen nicht verborgen bleiben, und Strebsame unter ihnen suchten das Gesehene auch bald zu ihrem Vortheile auszubeuten. Am wichtigsten und wünschenswerthesten aber mußte dem unter allerhand Lasten des Gaues und Staates lebenden einheimischen Landmanne die freie und vielfach unabhängige Stellung der deutschen Dörfer erscheinen. Daher entstand bald unter den slawischen Bauern ein Drängen nach königlichen Privilegien, wie sie die Deutschen besaßen, oder nach Aussetzung ihrer Dörfer in emphyteutischer Weise. Da auch die Grundherren durch diesen Vorgang nur gewinnen konnten, so vollzog sich die von den Bauern angestrebte Umänderung ihrer Lage ziemlich rasch, so daß binnen einem Jahrhundert die meisten böhmischen Dörfer nach deutschem Rechte ausgesetzt erscheinen. „Lhota", die so häufig vorkommende slawische Ortsbenennung, bedeutet nichts anderes, als ein nach deutschem Rechte ausgesetztes Dorf.

Die Geschichte der Slawen kennt weder ein eigentliches Städtewesen noch ein freies Bürgerthum; beide Errungenschaften der fortgeschrittenen Civilisation verdanken die slawischen Völker ihren deutschen Nachbarn oder vielmehr den von dieser Nation nach Osten ausgeschickten Sendboten der Bildung und Kultur. Wenn man in Böhmen von Städten vor der deutschen Einwanderung spricht, so kann man darunter nur die Burgvororte, Dörfer am Fuße einer Burg oder befestigte Ortschaften verstehen, die zu Sammelplätzen der Krieger dienten, deren Bewohner aber keine staatsrechtliche Scheidung von der Landbevölkerung, keine Trennung der Rechtspflege, mit Einem Worte, keine Spur eines eigentlichen städtischen Lebens kannten.

Der erste Grund zu einem städtischen Gemeinwesen in Böhmen ist durch den Wratislawischen oder Sobêslawischen Freiheitsbrief (S. 91) im Prager Burgflecken Porschitsch gelegt worden. Wir haben bereits gesehen, wie diese deutsche Niederlassung, begünstigt durch ihre Gerechtsame und durch die Gunst der Fürsten, schon im XII. Jahrhunderte zu bedeutender Blüthe und zu immer größerer Ausdehnung und Macht gelangt war. Unter dem Schutze der letzten Přemysliden vollendete sich der eingeleitete Proceß, und es entwickelte sich aus der Anfangs so kleinen Kaufmannskolonie bei St. Peter die mächtige Stadt „Prag", die somit nicht nur der Macht, sondern auch der Zeit nach die erste Stadt des Landes genannt zu werden verdient. Bereits unter Přemysl Ottokar I., welcher den Sobêslawischen Freiheitsbrief bestätigte, hatte sich die deutsche Gemeinde über die Gründe der heutigen Altstadt Prags ausgebreitet, sei es durch Kauf oder durch Verleihung vom Könige. Die St. Peterskirche bildete schon nicht mehr den Mittelpunkt der erweiterten Gemeinde; man hatte dieselbe dem deutschen Ritterorden überlassen, und die reichen

Städtewesen.

Prag.

deutschen Kaufherren errichteten auf dem geräumigen Boden der Altstadt neben ihren stattlichen Häusern auch neue prachtvolle Kirchen, unter welchen als ansehn= lichste die zum heil. Nikolaus erscheint. Wie natürlich galten auch für die neuer= worbenen Gründe die alten Gerechtsame und Freiheiten. Gerade unter Přemysl Ottokar I.

mögen denn auch immer mehr slawische Bewohner des Burgfleckens getrachtet haben, auf irgend eine Weise in die deutsche Gemeinde aufgenommen zu werden, um die vortheilhafteste Stellung eines freien Bürgers zu erlangen. Selbst= verständlich begünstigte und beschützte auch Wenzel I. die deutsche Gemeinde; er be= stätigte ihr gleich in den ersten Jahren den Fundamentalfreiheitsbrief und vermehrte

Vermehrung der deutschen Freiheiten.

denselben durch folgende höchst wichtige Punkte: 1. „Die Deutschen sollen alle gekauften, verpfändeten oder von dem Fürsten geschenkten Güter, die sie drei Jahre und drei Tage inne haben, frei ohne irgend ein Hinderniß und in Ruhe besitzen. 2. Niemand solle in die Häuser und Straßen der Deutschen, in welche Schuld sie auch verfallen seien, weder im Burgflecken, noch in den Dörfern mit freventlicher Kühnheit einzubrechen wagen, oder aber gewaltsame Hand an dieselben zu legen versuchen, sondern bloß Burgen stellen und vor Uns oder Unserem Kämmerer er= scheinen. 3. Die Steuer, welche „mir" (Friedensseuer) genannt wird und andere Auflagen, die die Einwohner des Landes zu entrichten haben, sowie die Nachther= bergen, die ihnen vom Anfange an geschenkt waren, sehen wir ihnen für alle Zeiten nach." Es geht aus diesen Bestimmungen hervor, wie mächtig schon das Deutsch= thum in Prag geworden, und wie es bereits in den umliegenden Dörfern der Hauptstadt Besitzungen an sich gebracht hatte. Wenzel wahrt feierlich diesen Besitz, so wie das Hausrecht gegen gewisse Ausschreitungen, die wohl vorgekommen sein mögen. Wenzel will überhaupt die Rechte und Freiheiten der Deutschen auf's Strengste beobachtet wissen, wenn er am Schlusse seines Privilegiums sagt: „Wer aber vielleicht Unsere Begnadigung zu verletzen wagen und die genannten Deutschen in ihren bewilligten Rechten angreifen sollte, der soll des Verbrechens der verletzten königlichen Majestät schuldig erkannt und bestraft werden, und überdies soll ihn der ewige Fluch des allmächtigen Gottes treffen, gleichwie Dathan und Abiram." — Fortwährender Zuzug aus dem Mutterlande und Aufnahme einheimischer Ele= mente verstärkte alsbald die deutsche Gemeinde der Altstadt derart, daß noch unter Wenzel I. in dem Prager Burgflecken eine neue städtische Ansiedelung begründet werden konnte, welche wahrscheinlich die Gegend des jetzigen Obstmarktes, der

Neustadt bei St. Gallus.

Rittergasse und des Kohlmarktes umfaßte. Es war dies die sogenannte „Neustadt bei St. Gallus", zu deren Gründung der königliche Münzmeister Eberhard mit einigen Mitbürgern die Bewilligung sowie den vollen Genuß städtischer Freiheiten erlangt hatte. Indem König Wenzel diese Neustadt bei St. Gallus mit der Alt= stadt durch eine Mauer, welche von der Moldau bis wieder zur Moldau im Halbbogen gezogen wurde, befestigte, vollendete er die vollkommene Umgestaltung des Prager Burgfleckens am rechten Moldauufer in die eigentliche „Prager Stadt."

Die Bürger der Stadt, meist Kaufleute, genossen allseitig hohes Ansehen, was unter Anderm auch aus dem Umstande zu ersehen ist, daß unter Wenzel I., wie bereits theilweise schon unter Přemysl Ottokar I., die deutschen Namen derselben in Urkunden als Zeugen neben hochgestellten weltlichen und geistlichen Personen erscheinen. Der erste uns dem Namen nach bekannte Richter der Deutschen in Prag ist „Sissrid", der zum Jahre 1234 erwähnt wird. Ottokar II., der größte Beschirmer der Deutschen Böhmens, schenkte dem Gedeihen der Prager Stadt seine vollste Aufmerksamkeit. Er bestätigte nicht nur die alten Freiheiten und Begnadigungen, die die Deutschen von seinen Vorgängern erhalten hatten, im Allgemeinen (26. Nov. 1274), sondern in einer eigenen Urkunde noch insbesondere das Privilegium der Neustadt bei St. Gallus. Da sich aber auch die letzt genannte Stadt als unzureichend für den von ihm in jeder Weise unterstützten Andrang deutscher Bürger erwies, gründete er auf dem linken Ufer der Moldau eine neue königliche Stadt, „die neue Stadt unter der Prager Burg" oder „die kleinere Die kleinere Stadt. Stadt" genannt und befestigte sie von drei Seiten mit Mauern und Gräben, während sie von der vierten Seite durch das Schloß geschützt wurde. Die allda bis jetzt sefshaften unterthänigen Eingeborenen mußten auf Befehl Ottokars den Platz räumen und bekamen wahrscheinlich irgendwo anders Wohnsitze angewiesen, was die Chronisten dem großen Könige sehr übel vermerkten. Die Baugründe aber übergiengen in das freie Eigenthum der eingeladenen deutschen Kolonisten. Mächtig zu großem Wohlstand und Reichthum wuchs die so von der Regierung begünstigte Bürgerschaft der Prager Städte heran. Unter dem Markgrafen von Brandenburg bildeten sie dessen Bundesgenossen und erfreuten sich seines Schutzes eben so sehr, wie der Begünstigungen Wenzels II., zu dessen Aufsehern eine Zeit lang einige Prager Bürger gehörten. Schon unter Wenzel I. scheint sich die Gemeinde bei St. Gallus mit der Altstädter zu einer Einzigen verbunden zu haben. Das alte Privilegium Sobéslaws wurde dahin umgeändert, dass des Richters Gewalt sich auch auf Diebstahl und Mord erstreckte, seine Ernennung aber vom Könige ausgieng. Allmählich entwickelte sich in der Altstadt ein eigenes Recht, „das Prager Recht" genannt, als dessen Basis das Sobéslawische Privilegium angesehen Prager Recht. werden muß, während man auf der Kleinseite sich ausschlüßlich des Magdeburger Rechtes bediente. Neben dem Richter treten uns bereits Schöffen und ein vollständig geordnetes, autonomes Gemeindewesen entgegen. Gewisse mächtige Patricierfamilien, die durch Reichthum und Ansehen hervorragten, bildeten sich schon in dieser Zeit; als die mächtigsten werden genannt: Tausenmark, Friedinger, Stuck, vom Thurme, vom Steine, von den Hähnen, Tafelrunge, Gennaher, Watzinger, Pusch, Wölfel, Wolfram, Kornbuhel, Rotzaner u. a. Wenzel II. ließ sich die Hebung des Prager Gemeindewesens sehr angelegen sein, er sorgte für die Aufrechthaltung der inneren Ordnung durch Einsetzung eines besonderen Gerichtes, das zugleich über billige Preise der Lebensmittel und anderer Bedürfnisse zu wachen hatte. Als in der Nacht des 4. April 1291 die Stadt durch eine wüthende Feuersbrunst zum großen Theile in Asche gelegt worden war, gewährte der mildthätige König den Bürgern auf mehrere Jahre hinaus Steuerfreiheit und that alles Mögliche, daß die Stadt wieder aufgebaut wurde und zu ihrem alten Wohlstande gelangte. Und in der That, die Stadt blühte rasch wieder auf und erreichte im folgenden Jahrhunderte einen seltenen Glanz.

Wie in den Prager Burgflecken wurden auch sehr bald auf dem Lande in den einzelnen Vrorten königlicher Schlösser deutsche Städte in's Leben gerufen, und überall bewährten sich die berufenen deutschen Kolonisten, befördert durch ihr deutsches Recht und die ihnen gestattete Autonomie, als wahrhaftige Pioniere des freien Bürgerthums. Noch unter Premysl Ottokar I. läßt die Gründung von Grätz an der Elbe und von Kladrau nachweisen; unter Wenzel I. erscheinen als neuge= gründete Städte: Budyn, Kommotau, Leitmeritz, Saatz und unter Ottokar II., dem Städtegründer, bestehen: Aussig, Beraun, Brüx, Budweis, Caslau, Chrudim, Hohenmauth, Hirschberg, Kaaden, Kaurschim, Kolin, Kuttenberg, Melnik, Mies, Nimburg, Pilsen, Politz, Politschka und Taus. Bald werden auch Kaun, Leito= mischel, Rakonitz, Jaromirsch, Wodnian erwähnt. Alle diese Städte, welche seit Ottokar II. unter dem Namen königlicher Städte vorkommen, erhielten ihre beson= deren Freiheitsbriefe, wodurch ihnen die bürgerliche Selbständigkeit und Unabhän= gigkeit von den Gaubeamten gewahrt wurde. Sie erfreuten sich einer vollkommenen Autonomie, verfügten frei über ihr Gemeindevermögen, übten die Ortspolizei und die richterliche Gewalt in allen Angelegenheiten um Gut, Ehre und Leben aus; sie gaben sich selbst geeignete Verordnungen, schrieben Steuern zur Bestreitung der Gemeindepflichten aus und hielten eine bewaffnete Macht für ihre Dienste. Die Städte hatten das sogenannte „Meilenrecht," vermöge dessen eine Meile im Umkreise des Ortes die Ausübung jedes städtischen Gewerbes verboten war. Als wichtiges politisches Recht der Städte erscheint die allmählich eroberte Vertretung im Land= tage. Daß auch der Adel auf seinen Gütern Städteansiedelungen zu begünstigen begann, beweist unter Anderem die Errichtung von Deutschbrod durch die mäch= tigen Herren von Lichtenburg in der Mitte des XIII. Jahrhunderts.

Nur der König hatte die Obergewalt über die Städte; er gab ihnen Gesetze, ordnete die Streitigkeiten zwischen ihnen und anderen Einwohnern, legte Steuern auf und verlangte die Leistung von Kriegsdiensten. Die Leitung in den inneren Angelegenheiten, sowie die Gerichtsbarkeit der Stadtgemeinde, führte der Stadtrath mit dem Stadtrichter an der Spitze. Die Mitglieder des Stadtrathes, welche Geschworene oder Schöffen hießen, wurden vom Könige eingesetzt und in der Regel alljährlich erneuert. Zur Berathung sehr wichtiger Angelegenheiten verstärkten sich die Schöffen noch durch die Angesehensten der „Aeltesten" der Gemeinde. Die Städte richteten sich entweder strenge nach dem „Magdeburger Rechte", das auch die Neustadt auf der Kleinseite angenommen hatte, oder nach dem „Prager Rechte",

Landstädte.

Innere Organi= sation der Städte.

deſſen allererſter Urſprung in dem Sobeſlawiſchen Privilegium zu ſuchen iſt, und das ſich nach und nach in der Prager Altſtadt auf Baſis deutſcher Rechtsgewohn= heiten fortentwickelte. Der Gedanke an die Erbauung eines eigenen Rathhauſes kam in Prag im Jahre 1296 auf, als die Schöffen mit den Aelteſten der Gemeinde ſich verſammelt hatten von wegen der Schande, die ihre Stadt ſowohl von den Edelleuten, als auch Bürgern anderer Städte des Landes, welche nach Prag kamen, davon hatte, daſs ſie nicht, wie andere Städte, ein Rathhaus beſitze. Der wich= tigſte unter den von der Stadt angeſtellten Beamten war der Stadtſchreiber, welcher die nöthigen Schriftſtücke abfaſste und mit der Führung der Rechnungen über Ein- nahme und Ausgabe der Gemeinde beſchäftigt war. Zur Einhebung der ſtädtiſchen und königlichen Steuern erwählte man in Prag und wahrſcheinlich auch in anderen Städten ſogenannte „Loſunger"; im Jahre 1296 wird von dieſen Loſungern ausdrücklich erwähnt, daſs ſie in der Kirche des heiligen Nikolaus auf ein Kreuz ſchwören muſsten, ſich treu in ihrem Amte zu verhalten. Seit Ottokar II. vertrat den Städten gegenüber der ſogenannte „Unterkämmerer" alle königlichen Rechte; nament= lich überwachte er die richtige Einzahlung der verſchiedenen Abgaben. Von ihm wurden ferner meiſtens die Verſammlungen der Städte geleitet, die gewählten Magiſtrate beſtätiget und bei Berufungen an den König das Gericht gehalten.

Der Vorgang bei der Gründung einer neuen Stadt oder der Umwandelung eines Burgfleckens in eine ſolche unterſchied ſich nicht ſehr von der Art und Weiſe der Errichtung der deutſchen Dörfer. Zunächſt beſtimmte eine königliche Kommiſſion den Ort der künftigen Stadt und ſteckte eine gewiſſe Landfläche, 100 bis 120 Huben und darüber, aus, welche den Grundbeſitz der Anſiedler bilden ſollten. Hierauf gab der König einem Unternehmer unter Zuſicherung des königlichen Schutzes und beſonderer Freiheiten die Vollmacht, Anſiedler herbeizuziehen und die Stadt nach den vorgeſchriebenen Verordnungen binnen einer beſtimmten Friſt zu errichten. Für eine Hube Acker zahlte der Anſiedler bereits 10 Mark, wobei jedoch lange Zahlungstermine bewilligt wurden; an jährlichen Abgaben wurden nach Ablauf der Freijahre für die Hube gemeiniglich Eine Mark Geldzins oder Geſchoſs an die königliche Kammer entrichtet. Die ſogenannten „Schoſsgründe" gehörten natürlich auch zur Gerichtsbarkeit der Stadt. Die ſtädtiſche Anſiedelung erhielt vom Könige je nach dem abgeſchloſſenen Vertrage einen beſtimmten Antheil an den Regalien, dem Gerichte, Kramſtellen und dem Mühlenrechte u. a. Genaue Vorſchriften herrſchten über die Befeſtigungsart der Städte; in der Regel hatte man ſich die Mauerwerke von Kolin als Muſter zu nehmen. Dieſe waren 20 Ellen hoch und hatten feſte Thore, über welchen ſich drei Thürme erhoben; die Mauer umzog ein tiefer, 20 Ellen breiter Graben, der von beiden Seiten um= mauert war. Es wurde ſtrenge darüber gewacht, daſs die Stadtmauern immer in gutem Zuſtande ſich befanden; die Auslagen dafür muſste die Gemeinde ſelbſt beſtreiten. Das weſentlichſte Erforderniſs der Stadt war ein gewöhnlich in Form

Gründungsart.

eines Rechteckes angelegter Marktplatz, auch „Ring" genannt. Derselbe bildete den Mittelpunkt der Ansiedelung; in seine vier Ecken mündeten die Hauptstraßen, die nicht den Ring durchschneiden, sondern an seinen Seiten hinlaufen sollten. Das große Kaufhaus befand sich auf dem Markte; es diente aber nicht bloß als Niederlage für seinere Waaren, sondern auch für Versammlung der Schöffen und zur Ab= haltung wichtiger Feste der Bürgerschaft. Neben diesem Kauf- und Rathhause bildete die Marktkirche das wichtigste Gebäude der Stadt. Die Bürger ver= wendeten viel auf den herrlichen Bau ihres Gotteshauses und suchten die Klöster- und Stiftskirchen an Glanz und Pracht zu überflügeln. Reiche Stiftungen und Dotationen vornehmer Patriciergeschlechter zur Verherrlichung der Stadtkirchen werden bereits aus früheren Zeiten erwähnt.

Leibgedingstädte. Ein jeder König setzte seiner Gemahlin ein bestimmtes Leibgedinge aus, das im Falle seines früheren Todes ihr Wittthum bildete. Auch die Einkünfte von den neuen Städten waren bald ein beliebtes Ausgedinge; die betreffenden Städte selbst nannte man königliche Leibgedingstädte. So erhielt Kunigunde, Gemahlin Ottokars II., unter anderen die Stadt Melnik, Elisabeth, die zweite Gemahlin Wenzels II., erhielt von Rudolph von Oesterreich Grätz an der Elbe (Königin= grätz), Hohenmauth, Chrudim und einige andere königliche Städte.

Handel. Der eigentliche Städter trieb die Landwirthschaft nur nebenbei; er widmete seine Zeit und Kraft viel lieber dem Handel und den Gewerben. War ja doch aus einer Kaufmannskolonie die Stadt Prag hervorgegangen, und auch die stolzen Altstädter Bürger trieben vorzugsweise Handel, wie ihre Vorfahren am Porschitsch, wenn auch in erweitertem Maßstabe und mit weitaus größeren Mitteln. Der reiche Prager Patricier war Großhändler, der weitläufige Geschäftsverbindungen besaß, aus fernen Ländern seine Waaren im Großen bezog und im Großen wieder verhandelte. Diese Großhändler zogen mit ihren Dienern selbst auf die Reise, um den Ein- und Verkauf zu besorgen; sie führten bereits eine ausgedehnte Handelskorrespondenz und hielten sich hiezu eigene Schreiber. Manchmal trieben sie auch den Kleinhandel; in der Regel überließen sie aber denselben den „Krä= mern", Apothekern, Eisenhändlern, Salzhändlern u. s. w. Häufig erwähnt finden wir die Gewandschneider (Tuchschneider), welche Tücher aller Art und andere Zeuge auf die Elle oder in „Säumen" und in „Stücken" zum Verkaufe brachten. Lebhaft war der Verkehr mit Deutschland, Flandern, den Niederlanden, dann nach Polen, Rußland und Ungarn; mit den erstgenannten Ländern stand der deutsche Kaufmann in Böhmen in genauer Beziehung durch seine Abstammung; er holte aus dieser seiner ursprünglichen Heimath und später auch aus Venedig jene Artikel, die er für den einheimischen Bedarf brauchte oder auch in die östlichen Länder zu schaffen hatte. Die Bürger in den Landstädten betrieben nur seltener den Großhandel, sondern sorgten für die Verbreitung der Kaufmannswaaren und der gewerblichen Erzeugnisse unter dem Landvolke. Ihre Hauptabsatzquellen waren die „Jahrmärkte", womit eine jede Stadt privilegiert war, und deren Abhaltung in der Regel eine große Menge kauflustiger Landleute herbeilockte. Die Anlage eines geräumigen Marktplatzes (Ringes), dessen Ausdehnung uns manchmal gegenwärtig lächeln macht, sowie der Bau von Lauben (Tuchlauben), Fleisch- und Brotbänken waren deshalb wesentliche Erfordernisse für die Blüthe einer Stadt, und es wurde schon bei der Gründung derselben darauf weise Rücksicht genommen. Bedeutungsvoll bleibt, daß die fremden Kaufleute sich immer in eine Genossenschaft, eine enge Einigung, „Gilde", zusammenscharten und als solche vom Landesfürsten privilegiert, den Grund zu einem fest abgeschlossenen Gemeindewesen legten. Als die wichtigsten Handelsartikel werden uns im Beginne des XIV. Jahrhunderts zunächst die Produkte der Landwirthschaft angeführt. Getreide erzeugte das Land immer in Genüge; daneben werden auch Handelspflanzen erwähnt, besonders Hopfen, dessen vorzüglichste Kultur schon damals der Saazer Kreis betrieb. Wein kultivierte die Leitmeritzer Gegend bereits seit dem XI. Jahrhunderte, während Eger vorzüglichen Meth lieferte. Die Viehzucht brachte in hinreichendem Maße allerhand Vierfüßler und Geflügel in den Handel. Unter den Fischen waren Karpfen und Hechte die wichtigsten einheimischen Gattungen; Häringe und Hausen wurden dagegen in großer Masse auf der Elbe aus dem Auslande eingeführt und in Tonnen, „Lagen" oder „Maisen" verkauft. Leitmeritz und Melnik waren für den Fischhandel wichtige Niederlagsorte und hiezu mit eigenen Privilegien ausgestattet. Salz bezog Böhmen auf der Wasserstraße der Elbe aus dem Meißnischen und aus Sachsen, besonders aus den Salzwerken von Hall; der Verkauf desselben wurde in sogenannten „Schedel" und „Stranna" bewerkstelligt. Südfrüchte und Gewürzsorten, in jener Zeit mehr als jetzt verbraucht, holte man aus Venedig; Safran wurde von Regensburger Kaufleuten in großen Ladungen ein geführt. In großer Blüthe stand der Tuchhandel. Den weitaus vorzüglichsten Ruf behaupteten die feinen flandrischen Tücher, insbesondere aus Gent, Tournay, Ypern, Popring, Löwen, Brüssel und Mecheln. Auch die Aachner Tuchwaaren in grüner, blauer, rother und schwarzgrauer Farbe waren beliebt; die polnischen und einheimischen, meist grauen Tücher waren von geringerer Feinheit und deswegen auch viel wohlfeiler. Leinwand erzeugte das Inland; daneben kamen aber auch bairische und wälsche Sorten in den Handel. Einträglich war ferner der Handel mit Wachs, Talg, Oel, mit Metallen und anderen Mineralien, rauhen Waaren, Wolle, Flachs und Hanf. Im Uebermaße lieferten die böhmischen Wälder, die jetzt vielfach ausgerodet wurden, Brenn- und Bauholz, sowie Holzkohle, ein damals beliebtes und häufiges Brennmaterial. Unter den ausländischen Weinen fanden großen Absatz die wälschen (Rivoli, Bozen), ferner elsasser, fränkische und österreichische Sorten; besondere Beliebtheit hatte eine Weingattung, die unter dem scherzhaften Namen „Schabernack" vorkommt, deren Erzeugungsort nicht recht bekannt ist.

Schon die Klöster hatten durch Herbeiziehung von geschickten Handwerkern für die Hebung der Gewerbe Manches gethan; allein einen höheren Aufschwung nahm das gewerbliche Leben doch erst in den neugegründeten Städten. Der eingewanderte Handwerker war ein freier Mann, nicht bedrückt durch die Lasten des Herrendienstes und Hofrechtes, wie in den Städten an der Donau und am Rhein. Er betrieb sein Gewerbe, wie er es in seiner Heimath erlernt hatte, nur mit dem Vortheile, daß er sich hier nicht erst durch heiße Kämpfe das volle Bürgerrecht erwerben mußte, wie in seinem ursprünglichen Vaterlande. Er schuf im Lande Industriezweige und überflügelte in den bereits bestehenden mit seiner größeren Geschicklichkeit, sowie auch durch sein größeres Betriebskapital die Einheimischen. Die letzteren „unterthänige", auch Hofhandwerker genannt, bestanden zwar fort; aber da sie Nichts zu den städtischen Lasten beitrugen, so genossen sie auch keine besonderen Rechte. Allmählich erst erlangten sie den Zutritt zu den „Innungen", „Zünften" und „Bruderschaften", welche die freien bürgerlichen Gewerbsleute, wie sich mit Sicherheit annehmen läßt, bereits im XIII. Jahrhunderte bildeten. Das Meilenrecht und andere Privilegien schützte die Städteindustrie gegen gefährliche Konkurrenz auf dem Lande: die häufig abgehaltenen Märkte boten den Landbewohnern Gelegenheit zum Kaufe der nothwendigen Bedürfnisse aus der gewerblichen Industrie. Die Fleischer, Bäcker und Zeltner (Kuchenbäcker) sorgten für die Herbeischaffung der gewöhnlichsten Lebensmittel und legten dieselben in den Brot- und Fleischbänken zum Verkaufe auf. Die böhmischen Bräuer verstanden es schon in dieser Zeit aus dem Saazer Hopfen mit Hilfe der „Mälzer" ein gutes Getränke zu bereiten und stellten auch schon Extrasorten zu Gebote, so das (im XIV. Jahrhundert erwähnte) Märzbier (märzisch bier) der Prager. Schneider (auch Frauenschneider), Schuster, Kürschner, Hutmacher, Wagner, Töpfer, Kannengießer, Wachszieher, Lohgärber, Schmiede, Riemer, Sattler, Binder u. s. w. bedienten das friedliche Publikum mit ihren Erzeugnissen; Sporner, Helmer, Plattner, Schildmacher oder Buckler und Bogenschmiede standen dem Krieger zu Befehl. Den Baulustigen stellten sich Kalkbrenner, Ziegler, Zimmerleute, Steinmetzer (zugleich Baumeister) zur Verfügung. Ferner werden noch erwähnt als eigene Erwerbszweige die Maler, Bader, Barbiere, Fuhrleute, Wirthe und Schänker, welche letztere sich in Wein-, Bier- und Methschänker gliederten. Von großer Anzahl und Wichtigkeit waren die Tuchmacher, deren geschickteste aus Flandern, besonders durch Ottokar II. berufen worden waren, die in allen größeren Städten sich niederließen, besonders in Nimburg, in der Braunauer und Friedländer Gegend. Die Prager Goldschmiede, welche namentlich goldene und silberne Kannen und Becher, aber auch kostbare Gurte mit Juwelen verfertigten, waren unter Ottokar II. in hohem Ansehen. Dieser König gab ihnen das Recht zum Prüfen des Silbers, sowie zum Einschmelzen der zur Auswechslung bestimmten Pfennige. Da die Goldschmiede zu diesem Zwecke vier aus ihrer Mitte zu wählen hatten, da ferner bestimmt war, daß die dafür bezogenen Gebühren allen Prager Goldschmieden gemeinschaftlich zukommen sollten, so läßt sich auf eine Innung dieses Gewerbes in jener Zeit bereits zurückschließen. Durch den Zutritt der Handwerker zur Gilde oder Genossenschaft der Kaufleute wurde das städtische Leben in seinem vollen Umfange erst begründet; durch die Aufnahme des freien Gewerbestandes erweiterte sich die ursprünglich kleine Handelsfaktorei zur mächtigen Stadtgemeinde.

Die Přemysliden unterließen nicht, durch allerhand Verordnungen und Be- Maßregeln der
Regierung. günstigungen Handel und Gewerbe im Lande zu schützen und zu heben. Sie ertheilten Mauth- und Zollfreiheiten, verliehen das Stapelrecht, errichteten Waarenniederlagen, setzten beeidete Messer (Hopfenmesser, Salzmesser, Leinwandmesser) und Unterkäufer ein und säuberten die Handelswege und Straßen durch energisches Vorgehen gegen die nicht seltenen Wegelagerer und Räuber. Auch sichere Fahrt und Reise im Auslande suchten die einsichtigen Könige ihren Kaufleuten zu verschaffen, und mit ihrem königlichen Worte traten sie ein, falls ein böhmischer Handelsmann in der Fremde zu Schaden kam. So schrieb Ottokar II. an Rudolph von Habsburg: „Ich mache Euch zu wissen, daß einige böhmische Kaufleute in Kärnthen aller ihrer Güter sind beraubt worden. Ich flehe Eure königliche Güte an, Anstalt zu treffen, daß das Geraubte wieder zurückgestellt werde, auch gnädigst zu befehlen, daß alle Kaufleute meiner Länder und auch meine Abgesandten an den römischen Hof sicher mit ihren Begleitern und Gütern durch jene Länder reisen können." Von großer Wichtigkeit war die von dem eben erwähnten Könige im Jahre 1268 eingeleitete Maß- und Gewichtsreform, nach welcher bestimmte, allgemein giltige Normen in Maß und Gewicht eingeführt und dieselben mit dem Stempel des Königs bezeichnet wurden. Ein gleiches gilt von der schon oben (S. 145) berührten Münzreform.

Bis zu den Zeiten Wenzel II. waren die sogenannten Pfennige (Denare) Münzen. von Gold oder Silber das gewöhnliche Geld; auf einen goldenen Pfennig rechnete man 6 silberne, ein silberner besaß im Jahre 1267 etwa den Werth von 8 kr. ö. W. Die Verschlechterung und Entwerthung des umlaufenden Geldes schädigte Handel und Wandel in empfindlicher Weise, daher eine Reform dringend verlangt wurde. Nachdem Wenzel bereits 1286 und 1287 eigene Münzstätten in Böhmen und Mähren mit genauer Instruktion gegründet hatte, berief er drei Münzer aus Florenz, welche im Jahre 1300 zweierlei silberne Pfennige prägten, die schweren oder großen Pfennige, auch Prager Groschen und die kleineren, schlechthin Pfennige oder Heller genannt. Von den Prager Groschen giengen 60 (ein Schock) auf die Mark reinen Silbers; ein Prager Groschen enthielt wieder 12 Pfennige oder Heller. Da ein Schock Prager Groschen gleich einer Mark war, rechnete man auch nach Vierdungen, Lothen und Schillingen, und zwar so, daß ein Schock vier Vierdungen oder 16 Lothen oder 20 Schillingen gleich kam. Seit 1303 fing man an, aus einer Mark 64 Groschen zu prägen, weswegen auch das Schock gewöhnlich zu 64, der

Vierdung zu 16, das Loth zu 4 und der Schilling zu 3½ Groschen gerechnet wurde. Neben der schweren oder reinen Mark wurde auch die leichte Mark, auf welche 56 Groschen giengen, in der Rechnung angewendet. Die Mark königlicher Zahl scheint immer nach 60 Groschen berechnet worden zu sein, obwohl man aus dieser reinen Mark 64 Groschen prägte. Die neuen Münzen Wenzels erlangten bald eine allgemeine Beliebtheit nicht nur in Böhmen, sondern auch im Auslande; die kaufmännische Welt aber war mit Einem Male durch die ihrem Kurse entsprechende Geldsorte von allen Schwankungen und Unsicherheiten, die die früheren Münzwechsel und Münzverschlechterungen mit sich gebracht hatten, befreit.

Bergbau. Seit alten Zeiten wird Böhmen wegen seines Reichthums an jenen Schätzen gepriesen, die im Schoße der Erde verborgen liegen. Die Goldwäschereien bei Eule, Bergreichenstein und andern Orten scheinen frühzeitig bestanden zu haben; der eigentlich bergmännische Betrieb auf edle Metalle ist erst seit dem XIII. Jahrhunderte nachweisbar und bleibt ein unbestrittenes Verdienst deutschen Fleißes und deutscher Unternehmungslust. Die Premysliden, die das Städtewesen aus Deutschland nach Böhmen verpflanzt hatten, ließen den von den Staufern im Reiche mit Vorliebe und reichem Gewinnste betriebenen Bergbau nicht unbeachtet. Sie verschrieben deutsche Bergknappen und deutsche Bergbeamte, um auf methodische Weise die gold- und silberreichen Gänge des Landes auszubeuten. So entstanden die Silberbergwerte von Kuttenberg, Deutschbrod und Mies. Die Entdeckung edler Metalle in der Kuttenberger Gegend fällt in die Zeit Přemysl Ottokars I. Dessen Nachfolger, Wenzel I., der für das Bergwesen außerordentlich besorgt war, gründete das Jglauer Bergrecht, das für alle seine Bergstädte zum Muster dienen sollte (1249—51). Unter ihm wurde Kuttenberg zur Stadt erhoben; sie blühte rasch empor und wurde nicht mit Unrecht das Kleinod der böhmischen Krone genannt. Das größte Verdienst um die vorzügliche Einrichtung dieses Bergwerkes erwarb sich der auch in anderer Beziehung hochverdiente Deutschböhme Eberhard, der wegen seiner großen Kenntnisse zum Münzmeister des Königreiches bestellt worden war. Noch Ottokar II. ertheilte demselben die Erlaubniß, „in der prächtigen Stadt" Häuser zu bauen, weil er und seine Freunde das Meiste zur Begründung derselben beigetragen hätte. Die Kriege Ottokars schädigten den Bestand des Bergwerkes empfindlich, da Knappschaft und Pferde in's Feld ziehen mußten. Wie erfreulich bereits unter König Wenzel II. Kuttenberg wieder aufblühte, geht aus dessen auf diese Stadt sich beziehenden Worten hervor: „Mit zum Himmel aufgehobenen Händen wollen wir Gott danken, der uns auch hierin beglückt hat, daß während fast in allen Königreichen der Welt der Bergsegen vertrocknet ist, das einzig fruchtbare Böhmen zu unser Zeit mit seinem Gold und Silber uns erquickt." Der König gab dieser Stadt im Jahre 1300 eine Bergordnung, deren lateinischer Text selbst eine Menge deutscher Bergmannsausdrücke enthält. In Deutschbrod betrieben die Herren von Lichtenburg seit der ersten Hälfte des XIII.

Jahrhunderts ergiebigen Bergbau auf Silber. Auch hier sind es deutsche Knappen und deutsche Beamte gewesen, welche das kostbare Metall aus der Tiefe der Erde heraufholten. Zum Jahre 1258 werden als Gewerke „Dietrich Freiberger" und „Gernoth der Schwarze", zu 1281 „Schüttwein", „Hennig" und „Sutmans" erwähnt; die Zechen, die ihnen verliehen worden, tragen durchwegs deutsche Namen, wie „Sägerberg", „Ueberschar", „Hartwigsberg", „Breitbartsberg", „Schübler-berg", „Hochhalde", „Gottesgab" u. s. w. 1278 erhielt Deutschbrod eine Berg-ordnung sammt den Stadtrechten; als Stadt- und Bergrichter wird „Weruher", als „Urbarier" (zugleich für ganz Böhmen) „Chlum" und „Siegfried" angeführt. Der Silberbau in Mies findet sich schon für das Jahr 1186 beglaubigt; in Austi (Alttabor) treffen wir unter Ottokar II. deutsche Bergleute aus Iglau, die auf Silber bauen. Gold wird während der Premyslidenzeit vorzugsweise in Eule ge-funden. Der Domherr Franz erzählt, daß dem Könige Wenzel I. ein Bergmann aus Eule, Namens „Sloiger", ein 10 Mark schweres Stück Gold gebracht hatte. Auch hier müssen Deutsche zuerst bergmännisch gegraben haben, wie aus den später vorkommenden deutschen Namen der Gänge und Zechen ersichtlich ist. — Uralt mag der Zinnbau im Erzgebirge gewesen sein. Im XIII. Jahrhunderte werden bereits folgende Orte und Bergwerke erwähnt: „Schönfeld, Schlaggenwald, Lauter-bach und Graupen".

Wie hätte in einem Lande, wo so viele Deutsche sich niederließen, wo Hof, Deutsche Dichter. Adel und Bürgerthum deutsche Sitte pflegten, nicht auch das deutsche Lied er-klingen sollen? Wohin der deutsche Bauer und Handwerker, der deutsche Mönch und Kaufmann gezogen, dorthin fand auch der „fahrende Sänger" seinen Weg und ließ seinen herrlichen Gesang ertönen von Minne und Freundschaft, von Treue und Sehnsucht und von Allem, was das menschliche Herz bewegt. Die Premy-sliden liebten die deutsche Dichtkunst und boten dem wandernden Sänger freund-liche Aufnahme an ihrem gastlichen Hofe. König Wenzel I. wird selbst als Minne-sänger bezeichnet; an seinem Hofe lebte Reimar von Zweter, der sich, wie er singt, „Böhmen auserkoren, mehr um des Herrn, als um des Landes willen." Das Residenzleben Ottokars II. verschönerte der Dichter Ulrich von Türlin aus Kärn-then durch seine Gesänge zur selben Zeit beiläufig, als Friedrich von Sonnenburg, der wandernde Sänger, auf seinen Fahrten auch nach Böhmen gelangte. Am Hofe Wenzels II. lebte und dichtete Ulrich von Eschenbach; unter der Regierung desselben Königs schrieb Heinrich von Freiberg im Auftrage des böhmischen Herrn Raimund von Lichtenburg eine Fortsetzung zu Gottfried von Strasburgs Tristan und Isolde. Der Stadt Eger gebührt der Ruhm, die ältesten Dichter des Landes zu ihren Mitbürgern zu zählen; aus ihr stammten die beiden Spervogel (der ältere um 1130, der jüngere um 1170), die namentlich im Spruche und Liede sich auszeichneten.

Obwohl sich in den Urkunden und Chroniken nur dürftige Andeutungen Abstammung
der deutschen
Kolonisten. über die Herkunft der deutschen Kolonisatoren Böhmens im Mittelalter erhalten haben, so lassen sich doch einige Behauptungen mit Sicherheit aufstellen. Die Klöster mögen in ihre Güter wohl in der Regel Leute aus ihrer eigenen Heimath d. h. aus der Gegend ihres Mutterklosters herangezogen haben. Die Prämonstratenser deuten in dieser Hinsicht auf die Rheinlande, wo sich das Vorder-kloster Steinfeld befand, die Cisterzienser aber mehr nach Franken. Bei der durch die Regierung selbst in so ausgedehnter und systematischer Weise betriebenen An-siedelung deutscher Einwanderer wurden in erster Reihe die Niederlande in's Auge gefasst. Aus den niederrheinischen Ländern strömten im XII. und XIII. Jahrhun-derte eine Menge rühriger Kaufleute, Handwerker und Bauern nach Osten, um die weiten Länderstrecken von Mecklenburg bis Ungarn und Siebenbürgen mit deutschen Kolonien zu übersäen. Sie erscheinen unter verschiedenen Namen als Holländer, Seeländer, Flandrer, Flaminger und Flammänder. Flandrer heißen auch ursprünglich die Siebenbürger Sachsen und dieser Name kommt in Schlesien, Mähren und Böhmen am häufigsten vor. In den engen Gränzen dieser nieder-deutschen Landstrecken hatte sich im Verlauf der Jahrhunderte die Bevölkerung stark vermehrt, und furchtbare Ueberfluthungen des Meeres im XII. Jahrhundert ver-kleinerten den karg zugemessenen Boden und verscheuchten die Bewohner. Helmold, der Pfarrer zu Bosau, der Zeitgenosse Heinrichs des Löwen, gibt ausführliche Nachrichten über die Kolonisation der Holländer im Nordosten von Deutschland und fügt dann hinzu: „Aber auch das südliche Elbenfer begannen zu derselben Zeit die holländischen Gäste zu bewohnen: von der Stadt Soltwedel an, alles Sumpfland und alles Ackerland, das Balsemerland und das Marscinerland, viele Städte und Flecken, bis zum Böhmerwald hin, nahmen die Holländer in Besitz".

„Von den Gränzen des Oceans herbeigerufen", sagt Helmold weiter, „sind starke und zahllose Völker gekommen und haben das Gebiet der Slawen bezogen und Städte und Kirchen gebaut und haben zugenommen an Reichthum über alle Berechnung hinaus." — Die Bauern in den fränkischen Rheinländern machten sich aus andern Gründen als denen der Uebervölkerung und Ueberschwemmung auf die Wanderschaft. Diese mag vorzüglich der Druck, den ihre kleinen Herren auf sie ausübten, und gegen den sie durch die schwache Königsgewalt nicht mehr geschützt werden konnten, zum leichten Scheiden aus der Heimath bewogen haben. „Durch die Habsucht und die Räubereien der Mächtigen werden die Armen und Landleute unterdrückt und vor ungerechte Richter geschleppt. Dieser sündhafte Frevel hat viele gezwungen, ihr Erbtheil zu verkaufen und in fremde Länder auszuwandern", lautet die Stelle eines Chronisten aus dem Ende des XII. Jahrhunderts, aus welcher zugleich hervorgeht, dass selbst die auswandernden Bauern nicht immer mittellose Leute gewesen sind. — Wenn Uebervölkerung, Elementarereignisse oder allzuharte Bedrückung durch den Adel die ländliche Bevölkerung in den nieder rheinischen Ländern zur Auswanderung veranlassten, so war wohl beim reichen Städter und dem spekulierenden Kaufmanne der lockende Gewinn, die Aussicht

auf beſſere Verwerthung ſeiner angehäuften Kapitalien die erſte Urſache zur Gründung von Handelsfaktoreien in den fremden Ländern. Die deutſche Koloniſation in
den ſlawiſchen Ländern wurde aber erſt möglich gemacht durch die große Bereitwilligkeit der einzelnen Fürſten, welche die Einwanderer unter den günſtigſten Bedingungen in ihre Länder aufnahmen, ja ſie ſogar in den meiſten Fällen hiezu
direkt einluden. Es thaten dies die holſteiniſchen Herzoge, es that es Heinrich der
Löwe, Albrecht der Bär, die Piaſten in Polen und Schleſien, die Arpaden in
Ungarn und Siebenbürgen und die Premyſliden in Böhmen. Somit ſteht feſt,
daß ein großer Theil der Einwanderer des XII. und XIII. Jahrhunderts in
Böhmen Niederländer geweſen ſind. Die Rechtsbräuche, die Eigenthümlichkeiten in
der Sprache, die Benennung der Wertzeuge der Handwerter (beſonders der Tuchmacher, die geradezu Flandrer genannt werden), der lebhafte Handelsverkehr der
böhmiſchen Kaufherren mit den Niederlanden, die ausdrückliche Erwähnung der
Abſtammung einzelner Bürger aus Ypern und andern Nachbarſtädten liefern die
weiteren Beweiſe. Neben dem niederländiſchen Elemente betheiligte ſich an der
Koloniſation Böhmens noch vorzüglich das fränkiſche, und wenn wir eine nähere
Scheidung anführen ſollten, ſo würden wir das erſtere mehr als das Städte
gründende, das letztere als dasjenige bezeichnen, welches vornehmlich die deutſchen
Dorfanſiedelungen betrieb. Wie natürlich, laſſen ſich in dieſer Hinſicht keine ſo
genauen Gränzen ziehen, unſomehr, als es an hinreichendem verläſſlichen Quellen-
materiale mangelt. Daß neben Franken und Niederländern auch andere deutſche
Stämme, wenn auch mehr ſporadiſch, vertreten vorkommen, verſteht ſich von ſelbſt.
So werden beiſpielsweiſe unter den Kaufleuten Prags im Anfange des XIV.
Jahrhunderts auch Schwaben und Baiern, geborene Regensburger, Ingolſtädter,
Straubinger, Hamburger, Augsburger, Straßburger, Elſäſſer u. ſ. w. erwähnt.
Dem Namen und der Rechtskenntniß nach zu ſchließen, ſtammte ein Theil der Grün-
der von Leitmeritz aus Magdeburg.

Die Premyſliden ließen ſich bei Berufung der Deutſchen ſowohl von volks-
wirthſchaftlichen als auch von politiſchen Gründen leiten. Die beſſere und allge-
meinere Bebauung des Landes, Hebung der Gewerbe, der Induſtrie und des Handels wurden in erſter Reihe von der deutſchen Koloniſation erwartet, und man
gab ſich in dieſer Beziehung auch gar keiner trügeriſchen Hoffnung hin. Ferner
mochten die Fürſten durchaus nicht die financiellen Vortheile unterſchätzen, die der
Krone insbeſondere aus den neuen Anſiedelungen erwuchſen. Die Einkünfte der
böhmiſchen Landesfürſten waren eben in der älteren Zeit keine abſonderlich großen;
von dem trotzigen Adel und der armen Landbevölkerung konnten auch für allgemeine Zwecke nur ſpärliche Geldſummen eingetrieben werden, und die Herzoge
ſahen ſich zumeiſt auf den Ertrag der allerdings weit ausgedehnten, aber allzu-
wenig ausgenutzten Krongüter angewieſen. Wie ganz anders aber geſtaltet ſich die
Finanzlage der Fürſten mit der Einwanderung der deutſchen Bürger und Bauern.

(Marginalie:) Urſachen und Folgen der deutſchen
Koloniſation.

Jede neugegründete Stadt wurde eine wahre Goldgrube für den Staatssäckel. Schon der Ankauf des Grund und Bodens warf ein hübsches Sümmchen ab; dann erkaufte sich der Bürger gerne um baares Geld die vollständige Selbstverwaltung und die eigene Handhabung der Gerichtsbarkeit; er ließ es sich viel kosten, um neue Privilegien der Autonomie zu erwerben oder wenigstens die Bestätigung der alten zu erlangen; er steuerte bei, um sich gute, unveränderte Münze zu sichern oder um dem Landherrn die Mittel zu gewähren, die Handelszüge auf den Straßen und Saumsteigen zu schirmen und der Räuberei das Handwerk zu legen. Wie einträglich wurde nicht ferner der blühende Handel der rührigen Kaufleute für den Fürsten, abgesehen davon, daß die für die Bequemlichkeit des Regenten und dessen Hofhalt früher aus weiter Ferne geholten Artikel nun in unmittelbarer Nähe zu kaufen waren oder auch als Geschenk der reichen Kaufherren an den Hof gelangten. Zoll und Schoß, Mauthen und andere Abgaben füllten die fürstliche Schatzkammer in einem bis dahin nicht gekannten Maße. Dann waren es vor allen andern die Deutschen, welche die Bergwerke auf edle Metalle in Betrieb setzten, deren glänzende Ausbeute dem böhmischen König sehr bald im Auslande den Ruf des reichsten Fürsten verschaffte. Verhältnismäßig gleich große finanzielle Vortheile, wie der Bürgerstand, gewährten dem Landesfürsten die deutschen Bauernansiedelungen. Die großen Gränzwälder wurden parcelliert, an einzelne Unternehmer verkauft und somit augenblicklich eine Summe baren Geldes gewonnen; durch die ausbedungenen jährlichen Abgaben aber wurde auch für die Zukunft ein regelmäßiges Einkommen an königlichen Kammerzinsen angebahnt. Unberechenbar blieb natürlich der durch die Hebung der Volkswirthschaft überhaupt erzielte Gewinn.

Zu den financiellen traten gewichtige politische Gründe, welche die Przemysliden zu so eifriger Pflege der deutschen Kolonisation trieben. In Böhmen hatte seit Alters der Landesfürst einen harten Stand gegenüber dem einheimischen Adel, welcher in seinen selbstsüchtigen Bestrebungen konsequent auf die Schwächung der Krone hinarbeitete. Das unter den Slawniken und Wrschowecen angerichtete Blutbad kennzeichnet den grimmigen Streit zwischen dem Herzog und Adel, welch letzterer, wenn auch gedemüthiget, seine Pläne immer wieder von Neuem aufnahm. Jeder Herzog und später jeder König mußte mehr oder weniger eine Zeit lang die Waffen gegen die Aristokratie tragen, und der kurzsichtigste Regent mußte allmählich zur Ueberzeugung gelangen, daß seine Machtstellung nur durch die Gewinnung eines kräftigen Bundesgenossen im Lande selbst gesichert werden könne. Die Hilfe des deutschen Kaisers immer und immer wieder in Anspruch zu nehmen, ließ sich mit dem Streben nach äußerer Unabhängigkeit nicht gut vereinigen, und nur ungerne und nur, um sich vor innerer Knechtschaft zu bewahren, griffen die kräftigeren Przemysliden zu diesem Mittel. Gab es aber nicht etwa im einheimischen Volke selbst Elemente, aus denen ein dem Adel im Kampfe gewachsener Stand sich

hätte entwickeln können? Die Přemysliden verneinten diese Frage. Das einheimi=
sche Volk war arm, unfrei, abhängig vom Adel und von diesem gezwungen, für
seine eigene Sklaverei zu' kämpfen. Die Heranbildung einer freien Bevölkerung aus
diesen Kreisen beanspruchte, wenn sie überhaupt möglich war, unter den günstigsten
Verhältnissen, eine allzu lange Zeit, auf welche die Přemysliden nicht warten konn=
ten. Daher nahmen diese ihre Zuflucht zur deutschen Kolonisation, welche sich ja
auch noch aus anderen Gründen dringend empfahl. Vielleicht mochte König Wratislaw I., der zuerst das deutsche Bürgerthum einführte, die Bedeutung desselben
im Kampfe Kaiser Heinrichs IV. gegen den Adel erkannt haben; vielleicht mochte
dieser einsichtsvolle König, der gegen seine Junter dieselbe Stellung einnahm, wie
der Kaiser gegen die Herzoge, zur Porschitscher Ansiedelung gerade durch die Bemerkung angeregt worden sein, daß Heinrich IV. lediglich im Bürgerstande die
treuesten Bundes- und Kampfgenossen gefunden hatte. Gewiß ist, daß das deutsche Bürgerthum, als es einmal festen Fuß in Böhmen gefaßt hatte, auch hier,
wie anderwärts, Front machte gegen den feudalen Adel und dessen Bestrebungen
und somit von selbst der willkommene und treue Bundesgenosse des Königthums
wurde. So hat sich die Ansiedelung der Deutschen auch als glückliche politische
Maßregel bewährt und dem Königthume die besten Früchte getragen. Das Geld
der deutschen Kaufherren gewährte die Mittel zum Kriegführen, die mit Wall und
Graben befestigten Städte boten dem Könige günstigere militärische Bollwerke, als
dem Adel seine Burgen, und die deutschen Bürger und Bauern verstanden es
trefflich, die Waffen zu führen, namentlich, wenn es galt, die mit der königlichen
Macht in inniger Verbindung stehende eigene Freiheit zu vertheidigen. Im Frieden
aber untergruben die nach immer größerer Autonomie strebenden Deutschen die
Grafschaftsverfassung des Landes, die bis jetzt die Grundlage der Macht des feudalen Adels gebildet hatte.

Aus spärlichen Anfängen, unter manigfachen Schwierigkeiten errangen sich so
die Deutschböhmen während der Přemyslidenzeit eine feste Stellung im Lande,
nicht als geduldete Gäste, sondern als wohlberechtigte und vielfach privilegierte
Landesangehörige, die ihrem böhmischen Vaterlande die einst gewährte Gastfreund=
schaft mit reichlichen Zinsen zurückzahlten. Einen neuen Zweig hatte der gewaltige
Stamm der deutschen Nation getrieben in den Deutschböhmen an den Marken des
Reiches, dort, wo vordem die alten Markomannen als „Wehrmänner" die Nation
gegen römische Angriffe zu schützen hatten. Aber es war nicht etwa die Mission
des neuen deutschen Völkleins im Slawenlande, mit den Waffen in der Hand die
andere Nation in engere Schranken zu weisen. Nicht mit bluttriefender Lanze
und lodernder Brandfackel, sondern mit den Segnungen der christlichen Religion
und mit der Leuchte der Wissenschaft und Kunst erschienen der deutsche Mönch und
der deutsche Bürger im slawischen Lande; nicht Verwüstungen und Sklaverei, wie
sie die Stürme von Osten den Völkern Europas schickten, sondern die köstlichen

Schluß.

12*

Früchte der Industrie und des Handels, vor allen andern aber die goldene Freiheit führte der germanische Kolonist vom Norden und Westen nach Böhmen. Ihm verdankt das Land seine frühzeitige Kultur und den Eintritt in den Verband westeuropäischer Gesittung, ihm verdankt die tschechische Bevölkerung den Ruhm, die fortgeschrittenste Nation unter den Slawen zu sein, ihm verdankt die böhmische Krone die Verstärkung des monarchischen Prinzips, das Volk selbst aber eine wohlthätige Selbstverwaltung und Antheil am politischen Leben neben dem Adel, dessen ständische Alleinherrschaft der deutsche Bürger gebrochen hat!

Viertes Buch.

Böhmen unter deutschen Fürsten während des vierzehnten Jahrhunderts.

(1306—1400.)

1.

Rudolph von Oesterreich, Heinrich von Kärnthen und Johann von Luxemburg.

(1306—1346).

Als das uralte Haus der Přemysliden, dessen Ursprung sich in dunkler ^{Wahlbewegung} Sagengeschichte verliert, mit der schändlichen Ermordung Wenzels III. im Mannesstamme erloschen war, machten sich verschiedenartige Ansichten geltend, wer den verwaisten Fürstenstuhl Böhmens besteigen sollte. Es wurden zunächst Stimmen laut, welche das Erbrecht der Frauen, die dem Geschlechte Přemysls angehörten, zur Berücksichtigung empfahlen, andere aber bestritten das Recht der weiblichen Erbfolge, und entdeckten, dass jene Kaiserurkunden, welche man vorzeigte, kraft deren nach Aussterben des Mannsstammes den Töchtern des Přemyslidenhauses die Thronfolge zukommen sollte, bloße Fälschungen seien. Uebrigens war es auch schwierig zu entscheiden, welche von den Frauen das meiste Anrecht auf den Thron habe, ob Elisabeth von Polen, die Wittwe Wenzels II., oder Viola von Teschen, die Wittwe Wenzels III., oder aber eine von den vier hinterlassenen Töchtern Wenzels II. Von den letzteren schien am meisten Aussichten die älteste mit Namen Anna zu besitzen, deren Gemahl, der Herzog Heinrich von Kärnthen, von Wenzel III. vor seinem Zuge nach Polen als Landesverweser eingesetzt worden war; die übrigen Schwestern Elisabeth, Margareth und Agnes standen noch in zarter Jugend, die älteste Elisabeth war erst 14 Jahre alt. Die Mehrheit der böhmischen Großen beanspruchte das Recht der freien Wahl, und es trat aus diesem Grunde ein Landtag zu Prag am 22. August zusammen. Die Wahlversammlung, an welcher auch Städteabgeordnete, also Deutschböhmen, Antheil nahmen, wurde aber entschieden beeinflusst durch das energische Auftreten des deutschen Königs Albrecht I. Derselbe erklärte Böhmen und Mähren als erledigtes Reichslehen und gab deutlich den Wunsch zu erkennen, seinen Sohn Rudolph mit den erledigten Ländern zu belehnen.

Um seinem Wunsche den gehörigen Nachdruck zu verleihen, rüstete er ein Heer, marschierte mit demselben in das Innere Böhmens und schlug bei Saar ein Lager; von Südost her aber zog sein Sohn Rudolph und näherte sich mit Kriegsscharen bis vor die Mauern der Haupt- und Wahlstadt. Bei solchen Vorkehrungen schwanden die Aussichten Heinrichs von Kärnthen immer mehr, und er reiste heimlich mit seiner Gemahlin nach Tirol ab. Die Böhmen aber, theils eingeschüchtert durch das kriegerische Auftreten der Oesterreicher, theils gewonnen durch allerhand Geschenke und Versprechungen, erklärten sich schlüßlich für die Wahl des jungen Rudolph von Habsburg und huldigten demselben, nachdem er von seinem Vater feierlichst belehnt worden war. Ja die Stände Böhmens und Mährens ließen sich durch Albrecht sogar bewegen, eidlich und mit Brief und Siegel zu versprechen, dem Habsburgischen Hause auch im Falle des Absterbens Rudolphs die Krone von Böhmen zu erhalten. Freilich sollte es ganz anders kommen!

König Rudolph (1306—1307).

König Rudolph vermählte sich am 16. Oktober 1306 mit Elisabeth, der Wittwe Wenzels II. und vermehrte dadurch seine Anhänger im Lande. Seine Regierung versprach eine glückliche zu werden: denn er war ein Mann von vortrefflichen Anlagen, edel und einsichtig und hatte den ernstlichen Willen, die Wohlfahrt seiner Unterthanen, die durch die früheren Kriege und die Verschwendung seines Vorgängers hart gelitten hatten, wieder herzustellen. Seine größte Sorgfalt widmete er dem Finanzwesen des Reiches. Er ordnete mit Eifer die Einnahmen des Urbars von Kuttenberg, zahlte die übernommenen Schulden der Krone und fing das eingeführte Sparsystem zuerst bei sich selbst an. Leider starb der hoffnungsvolle Regent schon im neunten Monate nach seiner Wahl in einem Alter von 26 Jahren, noch bevor man die Früchte seiner Thätigkeit erblicken konnte (4. Juli 1307). Er war gegen einige widerspänstige Adelige zum Kampfe ausgezogen und belagerte eben Horaždowitz, als er von der Ruhr dahingerafft wurde. Sein ehrenvolles Sparen hatte ihm Feinde gemacht. Die Hofleute nannten ihn der frugalen Mahlzeiten wegen spottweise „den Breikönig", Prager Kaufleute aber gaben ihm den Namen eines „Waarenprovisors", weil er Getreide, Wein, Oel und andere Artikel aus erster Hand von Oesterreich her bezog. Wenn diese den frühzeitigen Tod ihres Königs gerade nicht sehr bedauerten, so that dies um so weniger der nationale Adel. Derselbe hatte es Rudolph übel vermerkt, daß er sich fremde Räthe hielt und das Ausland allzu sehr berücksichtigte. Der Ritter Dalimil, in dessen Liedern sich getreulich die Ansichten der Unzufriedenen abspiegeln, fordert die Böhmen geradezu auf, den Verstorbenen nicht etwa zu beklagen. Viele gab's auch, die sich jetzt unter den wieder eintretenden anarchischen Verhältnissen am wohlsten befanden. So Wilhelm Hase (Zajic) von Waldeck, der die Burg Bürglitz eroberte und sich des Klosters Königsaal bemächtigte, allwo seine wilden Scharen sich nicht scheuten, am Grabmale Wenzels II., eines der besten der Přemysliden, die rohesten Scherze zu verüben.

Heinrich
von Kärnthen
(1307—1310).

Stürmisch) waren die Vorgänge bei der Neuwahl des Königs, an die man endlich doch denken mußte. Der nationale Adel sträubte sich mit aller Gewalt gegen einen Ausländer oder Oesterreicher, uneingedenk des Versprechens, das er kürzlich dem Könige Albrecht gegeben hatte. Als der Oberstlandmarschall Tobias von Bechin, die Treue seines Wortes wahrend, für Friedrich den Schönen, den Bruder des verstorbenen Königs, stimmte und dessen wohlbegründete Ansprüche auf den Thron warm und beredt vertheidigte, rief ihm die andere Partei in drohender Weise zu, er möge aufhören, Ausländer und Feinde zur Herrschaft über die eigenen Landsleute zu berufen. Er aber antwortete spottend: „Wenn Ihr durchaus einen Eingeborenen zum Könige haben wollt, so gehet nur hin nach Stadiß, unter den dortigen Bauern findet Ihr vielleicht einen alten Verwandten des erloschenen Königsstammes; führt ihn her und setzt ihn auf den Thron Eueres Reiches." Da ergrimmte über diese Worte Ulrich von Lichtenburg und rannte dem alten Manne das Schwert in den Leib; zugleich tödtete sein Neffe, Hynek Kruschina von Lichtenburg, den Neffen des ermordeten Oberstlandmarschalls. Die blutbefleckte Versammlung aber rief: „Wir wollen nicht die Oesterreicher, wir wollen zu dem alten Geschlechte unserer Könige zurückkehren!" Sie dachten dabei wohl an die aus dem Premyslidischen Geschlechte entsprossene Anna, die Gemahlin Heinrichs von Kärnthen. — Auch die deutsche Bürgerschaft, die immer mehr mit ihrem Einflusse in politischer Beziehung hervortrat, war damals in sich gespalten und uneinig in der Frage über die Thronfolge; auch unter ihnen theilten sich die Stimmen zwischen Friedrich dem Schönen und Heinrich von Kärnthen. Der reiche Patricier Wolfram, das Haupt der österreichischen Partei, schwebte auf dem obigen blutigen Landtage, dem er als Bürgerabgeordneter beiwohnte, in der größten Lebensgefahr. Denn kaum hatten die wüthenden Lichtenburger die beiden Bechine gewaltsam zum Schweigen gebracht, da erhob sich allseitig das Geschrei: „Wo ist Wolfram, wo ist er?" Vergeblich rief und suchte man, Wolfram war glücklich entronnen. Statt seiner büßte ein anderer angesehener Bürger, Hiltmar Friedinger, die treue Anhänglichkeit an's Habsburgische Haus. Der Mann wurde von einer Schar kärnthnisch gesinnter Bürger, welche die Stadt zum Schauplatze blutiger Kämpfe gemacht hatten, ergriffen und auf der Gasse in der Nähe der Jakobskirche getödtet.

Kampf
mit Albrecht
(1307).

Es scheint, daß mit Hilfe dieser kärnthnischen Partei im Lager der Bürger die Wahl Heinrichs von Kärnthen, die am 15. August 1307 vor sich gieng, durchgesetzt worden ist. Die Mährer dagegen blieben ihren geschworenen Eiden treu und erkannten Friedrich den Schönen als rechtmäßigen Thronfolger an. Die Böhmen, welche vom neuen Könige eine feste und energische Führung der Staatszügel erwarteten, sahen sich bald enttäuscht. Heinrich war ein talentloser, schwacher und bequemer, ganz und gar unselbständiger Mann, unter dessen dreijähriger Herrschaft das Königreich in maßloses Unglück gestürzt werden sollte. Zunächst wurde das Land einen Krieg in mit König Albrecht verwickelt, da dieser fest entschlossen war, die Rechte des deutschen Reiches, sowie die seiner Familie auf Böhmen zur Geltung zu bringen. Er erklärte Heinrich von Kärnthen in die Reichsacht, ließ durch seine Bundesgenossen das Herzogthum Kärnthen beunruhigen und zog selbst mit einem Kriegsheere über Eger nach Böhmen, wo er sich mit seinem Sohne Friedrich, der ebenfalls mit Truppen in's Land eingerückt war, vereinigte. Jedoch Albrecht hatte mit seinen Feldzügen nach Böhmen nie einen glücklichen Erfolg. Diesesmal mußte er sich nach vergeblicher Belagerung von Kolin und Kuttenberg begnügen, die Leibgedingstädte der Wittwe Rudolphs, Grätz an der Elbe, Jaromirsch), Chrudim und Politschka, zu besetzen. Hierauf zog er mit Friedrich und der Wittwe Elisabeth aus dem Lande, mit dem Vorsatze, das nächste Jahr den Feldzug zu erneuern. Allein den Plänen des deutschen Königs wurde bereits am 1. Mai des Jahres 1308 durch den Mordstahl des Johann Parricida ein Ziel gesetzt; der gewaltige Mann starb im Angesichte des Stammschlosses der Habsburger, erschlagen durch die Hand seines eigenen Neffen. Friedrich der Schöne entsagte seinen Absichten auf Böhmen, wogegen ihm Heinrich eine Kriegsentschädigung versprach und einige mährische Städte verpfändete.

Kampf der Teutschböhmen mit dem Reudaladel (1308 ff).

Wohl war so auf unerwartete Weise von Böhmen die äußere Gefahr abge= lenkt, um so heftiger aber entbrannte jetzt im Innern der grenelvolle Bürgerkrieg. Der feudale Adel hatte gleich bei der Begründung des deutschen Bürgerthums dasselbe als seinen natürlichen Feind anerkannt und demselben Urfehde geschworen. Die meisten der Přemyslidischen Fürsten standen in diesem Ständekampfe auf Seite des Bürgerthums, weil ja zwischen der Krone und dem Adel seit den älte= sten Zeiten angeerbte Feindschaft herrschte. So lange König und Bürger vereint gegen die Junker kämpften, war ihnen der Sieg gewiß; dieser Sieg bedeutete aber zugleich den Sieg des freiheitlichen Fortschrittes über die feudale Reaction; der Sieg bedeutete die Ordnung, den Wohlstand und das Glück des Landes. Anders gestaltete sich die Sachlage unter Heinrich von Kärnthen, der in seiner unentschlossenen und unklugen Weise den Bund mit dem Bürgerthume aufgab, dafür aber keineswegs die Unterstützung des Adels gewann. Das Bürgerthum selbst aber war bereits zu solcher Macht herangewachsen, daß es auch ohne Bei= stand der Krone den historischen Kampf mit dem Feudaladel fortsetzen konnte und zwar jetzt in noch viel größeren Dimensionen und mit ausgeprägterem Programm, als früher. Es entstand ein großer Städtekampf in Böhmen, wie wir ähnliche in späterer Zeit in Deutschland entbrennen sehen. Und nicht bloß um Abwehr der junkerlichen Gelüste handelte es sich damals, sondern es verbanden sich die Bürger von Prag und Kuttenberg zum gemeinsamen Kampfe, als dessen letztes Ziel die politische Gleichberechtigung des Bürgerthums mit dem Adel hingestellt wurde. Die hervorragendsten Führer des Städtebundes waren Jakob Wölfels Sohn und Nikolaus Taufentmarł aus Prag, Peregrinus Pusch) und das reiche

Geschlecht der Rutharte aus Kuttenberg. Um so schnell als möglich zum Ziele zu gelangen, scheuten die kühnen Bürgersleute auch vor Gewalt nicht zurück und nahmen unversehens die Häuptlinge des Adels gefangen. Die Kuttenberger über= rumpelten den königlichen Unterkämmerer Heinrich von Lipa, Johann von Warten= berg und Johann von Klingenberg in Sedletz, während die Prager am selben Tage Peter, den Oberstkanzler des Reiches, Raimund von Lichtenburg und Hynek von Duba in ihre Gewalt brachten. Des Königs Unfähigkeit trat bei diesem Konflikte der Bürger mit dem Adel sofort an den Tag. Da er sich nicht entschließen konnte, bei einer Partei fest zu verharren, ebenso wenig eine von ihm ungeschickt eingeleitete Vermittelung gelang, wurde er ganz in den Hintergrund gedrängt, und die feind= lichen Parteien kämpften und unterhandelten miteinander, ohne sich weiter um den König zu bekümmern. — Die Adeligen, denen es sich zunächst nur um die Freilassung ihrer Anführer aus der Burg Libitz handelte, wohin die Bürger die Gefangenen gebracht hatten, gaben vorläufig nach und erreichten ihr Ziel durch lockende Ver= sprechungen von Heirathen zwischen adeligen und bürgerlichen Kindern und durch anderweitige Vorspiegelungen. Ja sie giengen sogar im Mai 1309 einen Vertrag mit den Bürgern ein, dem zu Folge fünf und zwanzig böhmische Herren sich ver= bürgten, daß künftighin die Bürgerschaft bei der Königswahl, sowie bei allen all= gemeinen Landesangelegenheiten eine entscheidende Stimme besitzen sollte. Fünfzehn gute Schlösser übergaben die Barone den Bürgern als Pfand für die Einhaltung der Vertragspunkte, wogegen letztere die Gefangenen aus ihrem Gewahrsam ent= ließen.

Allein die Versöhnung war nur eine scheinbare und von der adeligen Seite keineswegs aufrichtig gemeinte. Kaum hatten die stolzen Barone ihre kühnen Häupt= linge wieder gewonnen, so sannen sie auf Rache an dem siegreichen Bürgerthume. In letzterem zeigte sich wieder mehr als zuvor, die alte Parteiung zwischen öster= reichisch und kärnthnisch Gesinnten. Der Adel half nicht wenig zur Erweiterung der bestehenden Kluft, indem er sich den Oesterreichern anschloß, an deren Spitze noch immer Wolfram stand. Mit Hilfe derselben wurde unversehens Prag und Kuttenberg überrumpelt, beide Städte besetzt und die Anführer der bürgerlichen Gegenpartei, die Wölfline, Tausenmarl, die Rutharte und andere verjagt. Vom Maivertrage war natürlich keine Rede weiter, und die Verlobung der adeligen und bürgerlichen Kinder wurde rückgängig gemacht. — Nachdem auf diese Art das reiche, kühn aufstrebende Bürgerthum mit Gewalt niedergeworfen worden war, ge= dachte der Adel die angestrebte Alleinherrschaft zu vollenden und suchte sich der Person des Scheinkönigs zu bemächtigen. Eine einfache List führte zum Ziele. Man lockte Heinrich von Kärnthen unter Vorspiegelung eines großen Festes aus der Burg, besetzte dieselbe sogleich mit ergebenen Kriegsscharen und internierte den König selbst mit seinem Gefolge in einer Wohnung in der Stadt.

Jetzt kam der König allerdings zur richtigen Erkenntniß der Sachlage; aber

Sieg des Adels.

Die Meißner in Böhmen (1309).

anstatt sich mit den Bürgern zu verbinden, die alle durch den junkerlichen Uebermuth verletzt worden waren, wandte er sich an Friedrich, Markgrafen von Meißen,
damit ihm dieser mit Truppen zu Hilfe eile. Welch' verfehltes Mittel! Zwar vereinigte sich die in der Verbannung lebende Bürgerfraktion der Wölfline u. a. mit
den heranziehenden Meißnern, und Prag wurde in der ersten Ueberraschung eingenommen, aber um so verhaßter hatte sich der König bei der österreichischen Bürgerpartei durch die Herbeiziehung der Meißner gemacht. Wolfram, ihr Anführer, vertheidigte sich im befestigten Kreuzherrenspitale, und dieses, sowie die Burg, gelangten erst wieder in Besitz des Kärnthners, als der Herzog Otto von Baiern und
der Graf Eberhard von Würtemberg mit neuen Hilfstruppen nach Prag kamen.
Diese beiden Fürsten brachten wohl auch einen Vergleich zwischen König, Adel und
Bürgerthum zu Stande, durch welchen für einige Zeit die Ruhe wieder hergestellt
wurde. Aber eben nur für einige Zeit. Einem Punkte des Vertrages zuwider, ließ
König Heinrich nach Entfernung der fremden Fürsten die Prager Burg mit Meißner
Kriegsscharen besetzen, wodurch er von Neuem den schrecklichen Brügerkrieg an-
fachte. Da entstand eine Zeit der Verwirrung, des Jammers und Elendes, und
wie einst bei der brandenburgischen Invasion entwickelte sich ein Kampf Aller gegen
Alle. Die Meißner Soldaten requirierten nach Kriegsbrauch unter allerhand Ausschreitungen, und der Adel vom Lande trat ihnen bewaffnet entgegen; andere Barone überfielen die königlichen Güter, Schlösser und Dörfer und wetteiferten im
Plündern mit den Fremden. Die Stadt Prag selbst wurde der Schauplatz fortwährend Händel und Reibereien, bei denen Blutvergießen schon keine Seltenheit
mehr war. „Alle Sicherheit war gewichen", sagt der Königsaaler Chronist, „ein
Nachbar traute dem andern nicht mehr, der Hausherr nicht dem Kriegsmanne, ein
Bruder nicht dem andern. Alle miteinander waren von einer unheimlichen Furcht
ergriffen, keiner gieng mehr unbewaffnet auf der Gasse, auf dem Platze, ja nicht
einmal in seinem eigenen Hause herum. Man trug Schild und Schwert bei sich,
um immer zum Kampfe bereit zu sein." „So sah ich denn selbst", erzählt der
Mönch als Augenzeuge weiter, „daß Einer, der zwei Röcke hatte, den einen ver-
kaufte, und sich dafür ein Schwert erwarb. Die Pflugschar wurde zum Säbel, die
Sense zum Schwerte gemacht."

Neue Bündnisse
des Königs. Immer mehr verfiel so die Regierung des Kärnthners, der seinerseits rath-
los, wie gewöhnlich, war und sogar in materielle Noth gerieth, so daß die Meißner
von ihren auf den Streifzügen erbeuteten Nahrungsmitteln einen Antheil in die
Hofküche liefern mußten. Auf die Länge der Zeit konnten derartige Zustände nicht
andauern. Die Bürger, deren friedliche Gewerbe, Handel und Industrie ganz darnieder lagen, kamen immer mehr zu der Ueberzeugung, daß die Wiederherstellung
der erwünschten Ruhe von Heinrich von Kärnthen nicht erwartet werden kann. Die
Zahl der Königsgetreuen in diesem Stande nahm mit jedem Tage ab. Was nützte
es, wenn auch jetzt der Herzog von Baiern ein Häuflein Hilfstruppen sandte, und

von Kärnthen unter der Anführung des tapfern Heinrich von Aufenstein ziemlich starke Heereshaufen herbeirückten? Was konnte dem Könige endlich ein Trutz- und Schutzbündniß frommen das er mit Friedrich, dem Markgrafen von Meißen, abschloß, dem zu Folge dieser gelobte, seine ganze Macht zur Unterjochung Böhmens anzubieten, während Heinrich versprach, dem Markgrafen bis zur Erlegung der aufgewandten Kosten die vier Städte Leitmeritz, Brüx, Laun und Melnik als Unterpfand zu geben, ihn während seiner Abwesenheit zum Beherrscher des Königreiches und sogar zu seinem Nachfolger zu ernennen, wenn er etwa ohne Erben sterben sollte. Tagtäglich wuchs doch die Bedrängniß Heinrichs, sowie die Requisitionen und mit ihnen die Unzufriedenheit Aller sich mehrte.

Während der König in der Burg den Bund mit dem Markgrafen von Meißen schloß, sammelten sich in der Stadt seine Feinde aus allen Ständen am 29. Juni 1310 zu einer Berathung, welcher auch die Prinzessin Elisabeth beigezogen wurde. Nach wenigen Debatten einigten sich Adel, Klerus und Bürgerthum, an Heinrich VII. von Deutschland eine Botschaft zu schicken, um von ihm seinen Sohn Johann zum Könige von Böhmen zu erbitten. Die Deputation, aus zwölf Personen bestehend, worunter sich sechs Bürger befanden, langte schon am 12. Juli in Frankfurt an und wurde vom Kaiser freundlichst empfangen. Der Sprecher der Botschaft, der Abt von Königsaal, schilderte in beredter Weise die jammervolle Lage des Königreiches Böhmen und flehte den Kaiser und das Reich an, den vorgebrachten Beschwerden abzuhelfen. Der Kaiser versprach dieses zu thun und setzte sofort ein Reichsgericht zusammen, welches noch vor Ende Juli den Rechtsspruch fällte. Der Sohn Meinhards, so lautete das Urtheil, hat jedes Recht auf die Krone Böhmens verloren, und da er die Investitur seines Herzogthums nicht in der gesetzlichen Frist nachgesucht habe, sei er auch nicht mehr als Herzog zu betrachten; die böhmischen und kärnthnischen Stände aber seien des ihm geleisteten Eides der Treue und des Gehorsams entbunden. Am andern Tage erklärte Heinrich feierlich in einer Versammlung der Reichsfürsten, daß er sich auf wiederholtes Bitten der böhmischen Gesandten entschlossen habe, seinen Sohn Johann den Böhmen zum Könige zu geben und mit der Prinzessin Elisabeth zu vermählen. Die Abgesandten Böhmens gelobten die Zustimmung im Namen der Elisabeth, und über die Verhandlungen und Beschlüsse wurden hierauf die erforderlichen Urkunden ausgestellt. Am 31. August belehnte der Kaiser seinen Sohn in feierlicher Weise vor der Kathedralkirche zu Speier mit dem Königreiche Böhmen. Am andern Tage wurde die Hochzeit Johanns mit Elisabeth, welche durch die Botschafter eingeholt worden war, mit aller Pracht und Herrlichkeit abgehalten.

Die allgemeine Freude wurde jedoch durch allerlei ungünstige Nachrichten getrübt, die jetzt aus Böhmen einlangten. Daselbst hatte sich die Partei Heinrichs von Kärnthen mit Hilfe des Markgrafen von Meißen neuerdings gestärkt und die

Heinrich von Kärnthen wird abgesetzt, Johann von Luxemburg mit Böhmen belehnt (1310).

Johanns Zug gegen Heinrich von Kärnthen (1310).

beiden Städte Kuttenberg und Prag wieder in ihren Besitz gebracht. Die Bürger=
partei der Rutharte in Kuttenberg und die Gebrüder „von dem Thurme" in
Prag waren den Kärnthnern behilflich gewesen und erlangten wieder die alte
Herrschaft in den Städten. Selbst Burger Wolfram liebäugelte mit den Kärnthnern,
obwohl er sich anderseits es auch mit dem Luxemburger nicht zu verderben suchte
und desswegen seinen Sohn der an Johann abgegangenen Gesandtschaft beigesellt
hatte. Johann selbst musste unter diesen Umständen vorbereitet sein, das ihm
zugesprochene Königreich nicht so leichten Kaufes zu erlangen. Sein Vater rüstete
ihm ein Heer aus und gab ihm den Erzbischof Peter von Mainz, früheren Kanzler
Wenzels II., und den Grafen Berthold von Henneberg als seine eigenen Bevoll=
mächtigten und Rathgeber mit auf den Zug nach Böhmen. Im Oktober langten
die Luxemburger mit dem jungen Könige in Eger an; am 1. November setzten sie
über den Fluss Eger bei Redisfort, von wo aus sie über Budyn nicht unmittelbar
gegen Prag, sondern vorerst gegen Kuttenberg ihren Marsch lenkten. Diese Stadt,
welche von Heinrich von Aufenstein vertheidigt wurde, konnte jedoch trotz aller
Anstrengung nicht genommen werden, und Johann musste, als der Winter sich mit
einer grimmigen Kälte ankündigte, die Belagerung aufheben. Er zog zunächst
gegen das wohlbefestigte Kolin; aber auch die Bürger dieser Stadt hielten noch
treu an ihrem alten Könige und wollten von einer Uebergabe nichts wissen. Sie
antworteten dem zur Kapitulation auffordernden Erzbischofe von Mainz, „sie
würden sich ganz nach dem Beispiele der Prager richten." Johann gab daher
den Befehl, gegen die Hauptstadt vorzurücken. Da auch die Prager Bürger mit
der kärnthnischen und meißnischen Besatzung herzhaften Widerstand leisteten, zog
sich die Belagerung in die Länge zum großen Leidwesen der Luxemburger, die in
dem kalten Winter viel Ungemach auszustehen hatten. Endlich gelang es durch
List, sich mit dem luxemburgisch gesinnten Theile der Bürgerschaft in der Stadt
in's Einverständnise zu setzen und einen Hauptsturm an einem gewissen Tage zu
verabreden. Die dicke Glocke von St. Tein gab das Signal zum Angriff für die
Belagerer und ihre Freunde in der Stadt. Die Meißner, welche auf diese Art
in die Mitte genommen wurden, konnten sich nicht länger behaupten und flüchteten
in die feste Burg auf dem Hradschin. Johann aber zog mit den Seinigen in
die Stadt und der laute Ruf der Kriegsscharen: „Friede, Friede, Friede!" wieder=
hallte in aller Herz und Mund. Da Heinrich von Kärnthen nach einigen vergeb=
lichen Unterhandlungen mit Johann von Luxemburg seine Sache für verloren er=
achten musste, floh er am 9. December gegen Mitternacht aus der Stadt, so dass
bereits am 10. December die Luxemburger auch den Hradschin besetzen konnten.
So hatte sich die gränzenlose Wankelmüthigkeit und die unverzeihliche Schwäche
des Kärnthners gerächt. Anstatt, getreu der Regierungspolitik der Przemysliden,
an der Spitze des Bürgerthums die Adelsbewegung im ersten Anlaufe niederzu=
werfen, schwankte der kurzsichtige König von einem verderblichen Entschlusse zum

andern, bis er endlich, vom Strudel der allgemeinen Revolution ergriffen, schimpflich in derselben untergieng.

Mit freudigen Hoffnungen blickte das Volk auf die beginnende Regierung des jungen Luxemburgers, und die allgemeine Sehnsucht nach dem Frieden vermehrte mit jedem Tage seine Anhänger. Wenn nur nicht die Herzenswünsche der Bevölkerung gar so gräßlich enttäuscht worden wären! Die erste Zeit der Herrschaft Johanns von Luxemburg ist die beste, weil der Erzbischof von Mainz, der aus Wenzels II. Zeiten her als Wyschehrader Propst und oberster Kanzler mit den Landesangelegenheiten gründlich vertraut war, als erster vom Kaiser selbst bevollmächtigter Rathgeber des Königs die Zügel der Regentschaft mit kluger und starker Hand leitete. Bald nach dem siegreichen Einzuge in Prag hielt Johann zum Weihnachtsfeste einen Landtag, auf welchem alle von Heinrich von Kärnthen getroffenen Verfügungen für ungiltig erklärt, den Deutschen aber ihre alten Privilegien wieder bestätiget wurden. Bereitwillig brachten der Adel, der Klerus und das Bürgerthum dem Könige die Huldigung dar und baten ihn, er möge sich baldigst auch durch die feierliche Krönung in sein hohes Amt einführen lassen. Der Erzbischof von Mainz erhob zwar manigfache Schwierigkeiten, gab aber zuletzt den immer dringenderen Bitten der Versammlung nach und bestimmte den 7. Februar 1311 als den Tag der hochwichtigen Feier. Die Krönung wurde zur festgesetzten Zeit mit großem Glanze und unter endlosem Jubel des zahlreich versammelten Volkes vorgenommen. Der Erzbischof von Mainz vollzog nach altem Herkommen den feierlichen Akt, setzte dem König und der Königin die Krone auf und las das Hochamt. Das Volk aber jubelte und frohlockte, wie der Chronist berichtet, sang und sprang, ja weinte sogar vor Freude. Die deutsche Sprache überwog bei weitem die tschechische, als die Deutschen ihre deutschen Lieder ertönen ließen. Nach der Krönung ritt der König und die Königin auf herrlichen Zeltern unter einem auf Stangen getragenen glänzenden Baldachin aus der Prager Burg in die Altstadt, begleitet von der großen Menge des Volkes. Unter Trompeten und Posaunenschall, unter Trommelwirbel und Geigenklang langte der imposante Zug beim Kloster der Minoriten zu St. Jakob an. Daselbst war im Refektorium das Krönungsmahl aufgestellt, da wegen der kalten Winterszeit dasselbe im Freien nicht abgehalten werden konnte.

Nach einer Verständigung mit Friedrich dem Schönen von Oesterreich konnte Johann auch in Mähren die Huldigung der Stände entgegennehmen (Mai 1311). Hierauf begab er sich in's deutsche Reich, um daselbst seinen Verpflichtungen als Reichsvikär, wozu ihn sein Vater ernannt hatte, nachzukommen. Unbesorgt konnte er daselbst verweilen: denn in Böhmen herrschte mit Weisheit und Kraft der Erzbischof von Mainz. Zwar hatte sich dieser 1312 in sein eigenes Reich dringender Angelegenheiten wegen zurückbegeben, und es war der Graf Berthold von Henneberg zum Statthalter oder Landeshauptmann ernannt worden; als aber Kaiser

König Johann von Luxemburg (1310—1346).

Krönung (1311).

Die deutschen Statthalter (1311—15).

Heinrich VII. mit Tod abgegangen war (24. August 1313) und sein Sohn Johann sich selbst alle Mühe gab, den Kaiserthron zu gewinnen, bewog er den Erzbischof von Mainz von Neuem im Vereine mit dem Grafen von Henneberg die Verwaltung des Königreiches Böhmen zu übernehmen. Während man in bürgerlichen Kreisen das einsichtsvolle und entschiedene Verfahren der deutschen Regierungsmänner, welche die Ordnung des Landes sicherten, und den Wohlstand des Volkes beförderten, in freudiger Weise anerkannte, bildete sich bei einem Theile des einheimischen Adels eine immer größere Unzufriedenheit mit den bestehenden Verhältnissen. Mit scheelen Augen sahen nämlich die Barone, wie sich das ihnen so verhaßte Bürgerthum unter der guten Verwaltung des Erzbischofes allmählich wieder erhole; unerträglich fanden sie ferner die deutschen Beamten nicht nur wegen ihrer Abstammung, sondern vorzüglich weil sie zum Nutzen der Staatskasse alle unrechtmäßig vom Adel erworbenen Krongüter zurückforderten und solche Forderungen an die Krone, deren Rechtlichkeit nicht nachweisbar war, ohne Weiteres zurückwiesen. Als daher in Böhmen bekannt wurde, daß nicht der König Johann, sondern Ludwig der Baier auf den deutschen Thron gelangt sei, versammelten sich die unzufriedenen Adeligen in geheimen Zusammenkünften und erwogen alle Mittel, wie sie die verhaßten Deutschen aus dem Lande treiben könnten. Da sie einsehen mußten, daß man auf geradem Wege eben so wenig wie durch Gewalt zum Ziele gelangen werde, nahmen sie ihre Zuflucht zu unedler List, Verläumdung und Schmeichelei. Sie erzählten dem jungen, unerfahrenen König, als er jetzt nach Böhmen zurückgekehrt war, allerhand erlogene Geschichten über schlechte Finanzverwaltung, Veruntreuung der Staatsgelder durch die deutschen Beamten und erdichteten und ersanden um so kühner, als der Erzbischof von Mainz seit der Kaiserwahl in Deutschland sich befand und somit die Verläumder nicht augenblicklich entlarven konnte. Da König Johann nicht sofort auf die ehrabschneiderischen Einflüsterungen ein Gewicht legte, so sah sich der Adel genöthigt, noch derber aufzutragen, ja auch mitunter Drohungen einzumischen. Das letzte Mittel verfing sogleich beim König. Um nicht das Schicksal seines Vorgängers zu erleiden, um der ihm vorgespiegelten allgemeinen Revolution vorzubeugen, opferte er in einem unglücklichen Augenblicke seine getreuen und unschuldigen deutschen Minister. Es fielen der Graf Berthold von Henneberg, Ulrich Landgraf von Leuchtenberg und Diether Kastell, ein Schwabe, welcher das Amt eines Statthalters in Mähren bekleidet hatte; an ihre Stelle rückten die Führer der Gegenpartei, Heinrich von Lipa, als Oberstlandmarschall in Böhmen und Johann von Wartenberg als oberster Regent in Mähren (15. April 1315).

Die tschechischen Statthalter (1415).

Ohne Verzug traten die eigentlichen Absichten der Umsturzpartei, welche jetzt an das Ruder gekommen war, hervor. Während die deutschen Minister das Kronvermögen in sparsamer Weise zusammengehalten und von den verlorenen Staatsgütern so viel als möglich zu retten gesucht hatten, änderten die neuen Verwalter

dieſes Syſtem, deſſen Spitze ja zum großen Theile gegen ſie gerichtet war. in radikaler Weiſe. Heinrich von Lipa verfügte willkührlich über die Staatseinkünfte,
bereicherte ſich ſelbſt am meiſten und übertraf den König bei öffentlichen Aufzügen
an Glanz und Reichthum. Die Kuttenberger Silberbergwerke hatten unter der Verwaltung des Grafen von Henneberg 500 bis 600 Mark wöchentlich in die königliche Kaſſe geliefert; jetzt unter Heinrich von Lipa floſſen dem Staatsſchatze kaum
noch 16 Mark in der Woche zu. Ja es traten Zeiten ein, in denen der König und
ſein Hof am Rothwendigſten darbte, während der Oberſtlandmarſchall im Ueber-
fluſſe ſchwelgte. Auch der Herr von Wartenberg wirthſchaftete in Mähren nicht
beſſer und benützte ſeine Stellung zu allerhand Erpreſſungen und Ungerechtigkeiten.
Der Ausbruch der allgemeinen Entrüſtung über das üble Gebahren der königlichen
Statthalter wurde noch hintangehalten durch einen Feldzug, den der König mit
Heinrich von Lipa gegen den Grafen Mathäus von Trentſchin, welcher von Oberungarn aus Mähren beunruhigte, unternahm (Mai 1315). Nach der Rückkehr aus
dieſem kurzen Kriege, in welchem der verwegene Graf von Trentſchin in die gehö
rigen Schranken zurückgewieſen worden war, beſchleunigte Heinrich von Lipa durch
die größte Vermeſſenheit ſeinen eigenen Fall. Der Oberſtlandmarſchall, welcher
ſchon ſeit längerer Zeit in einem ſehr vertrauten Verhältniſſe zur Königin Eliſabeth, der Wittwe Wenzel's II. und Rudolph's I., ſtand, gieng jetzt in ſeiner An-
maßung ſo weit, Agnes, die Tochter Eliſabeths, ohne Vorwiſſen des Königs mit
dem Herzoge von Jauer zu vermählen und dieſem die Stadt Grätz bei dieſer Gelegenheit zu verpfänden. Gereizt durch dieſe Keckheit und gedrängt durch einige
treugeſinnte Barone ließ ſich endlich der König zu energiſchen Schritten bewegen.
Auf ſeinem Befehl wurde am 26. Oktober der hochverrätheriſche Oberſtlandmarſchall im Prager Schloſſe durch Wilhelm von Waldeck, genannt der Haſe, gefangen genommen, auf das Schloß Angerbach (im Rakonitzer Kreiſe) gebracht und
daſelbſt in enges Gewahrſam geſetzt. Waldeck ſelbſt wurde Nachfolger in den
Aemtern des geſtürzten Heinrich von Lipa.

Die Genoſſen des gefangen gehaltenen Lipa waren über deſſen Fall ganz Adelsempörung bis zum Aus-
außer ſich. Sie griffen augenblicklich zu den Waſſen, um den König durch Ent- gleiche vom 12. April 1316.
faltung einer großen Streitmacht zur Nachgiebigkeit zu zwingen. Johann von
Wartenberg und Wilhelm von Landſtein ſtanden an der Spitze der Erhebung,
welche bei Böhmiſchbrod ihr Hauptquartier aufſchlug. Andere Adelige dagegen,
wie Wilhelm von Waldeck, Peter von Roſenberg, Tobias von Bechin, ſowie die
Bürger, nahmen für den König Partei. Die Prager ſetzten ihre Stadt in vollen
Vertheidigungszuſtand, und in derſelben ſammelten ſich die Streitkräfte der treu
und königlich Geſinnten in großer Menge. Die Bürger der Leibgedingſtädte der
verwittweten Königin, Mauth, Politſchka und Jaromirſch hielten die Treue für
den König höher, als für die in die Verſchwörung verwickelte Königin und übergaben ihre Orte dem heranrückenden Johann ohne einen Schwertſtreich. Im

Frühlings 1316 eroberte der König mit Hilfe der Prager Bürger das Schloß Budyn, das Hauptbollwerk der Rebellen, von wo aus dieselben die benachbarten Güter des Königs und der getreuen Herren verwüstet hatten. Einen weiteren schwer zu beklagenden Verlust erlitten die Empörer bei Kosteletz am Adlerflusse, allwo Johann von Wartenberg durch eine Wurfmaschine im Angesichte derart verwundet wurde, daß er bald darnach seinen Geist aufgab. Die Lage des Königs gestaltete sich im Kampfe immer günstiger, zumal auf sein Bitten bereits im März die beiden Erzbischöfe von Mainz und Trier mit Kriegsscharen zu Hilfe herbeigezogen waren. Anstatt aber den Aufruhr mit aller Gewalt niederzuwerfen, ließ sich der König in seiner Friedensliebe unkluger Weise in Unterhandlungen mit den Empörern ein, welche am 12. April durch einen schiedsrichterlichen Spruch der beiden Erzbischöfe ihren Abschluß fanden. Dem zu Folge wurde Heinrich von Lipa freigegeben, wogegen sechs Adelige aus seiner Partei sich als Geisel stellen und neun Schlösser als Bürgschaft übergeben sollten, bis es auch in Bezug auf die streitigen Krongüter zu einem vollkommenen Ausgleiche gekommen wäre. Würde ein solcher nicht stattfinden, so müßte Heinrich von Lipa wieder in seine Haft zurückkehren. Ueber diese Versöhnung herrschte großer Jubel im Lande, der sich noch mehr steigerte, als am 14. Mai die Königin den langersehnten Thronfolger, den spätern Karl IV., gebar.

Neue Adelserhebung (1317).

Aber bald darauf erhob sich von Neuem das drohende Gespenst der Revolution, heraufbeschworen von der aufrührerischen Adelsfraktion, die vor Erreichung ihrer letzten Ziele nicht zu rasten gedachte. Diese treulosen Herren organisierten sich unter ihrem wiedergewonnenen Häuptlinge fester als je und bekümmerten sich nicht im Geringsten um die Erfüllung der am 12. April eingegangenen Vertragsbedingungen. Ihnen war es ganz recht, daß jetzt der leichtsinnige König mit seinem Vetter, dem Erzbischofe von Trier, aus dem Lande zog, um Ludwig dem Baier gegen Friedrich den Schönen beizustehen. Dem würdigen Erzbischofe von Mainz aber, der auf Verlangen aller Barone des Reiches zum Landeshauptmann von Böhmen ernannt worden war, verbitterten sie seine Stellung auf jede mögliche Art, indem sie sich allen seinen Anordnungen widersetzten und neuerdings jene abgeschmackten Verleumdungen von Unterschlagung der Staatsgelder ausstreuten. Der ehrenfeste Kirchenfürst, der vergeblich alle Mittel der Milde und Versöhnlichkeit anwendete, empfand schlüßlich einen solchen Ekel an seinem Amte, daß er das Land verließ und nach Deutschland zog, wohin ihn ohnedies Ludwig der Baier berufen hatte (8. April 1317). Bei seiner Abreise aus Prag legte er die Regierung in die Hände der Königin Elisabeth, die aber auch nicht im Stande war, die immer weiter um sich greifende Gährung zu beschwichtigen. Als sie gar auswärtige Hilfstruppen in's Land zu ziehen begann, brach der Bürgerkrieg von Neuem in hellen Flammen aus, und die Königin suchte sich den Gräueln desselben durch die Entfernung von Prag nach Elbogen zu entziehen. Von hier aus schickte sie Boten an den König Johann mit der dringenden Bitte, sobald als möglich in seine Heimath zurückzukehren. Die Aufständischen aber verstärkten sich nunmehr mit jedem Tage und brachten auch Theile der Bürgerschaft und des Klerus auf ihre Seite. Ein Landtag wurde auf den St. Johannistag nach St. Klemens in der Altstadt einberufen und auf demselben beschlossen, den ganzen Streit durch die Wahl von vier Schiedsrichtern, deren Ausspruch von unumstößlicher Giltigkeit sein sollte, auf gütliche Weise beizulegen. Man schickte an den König in Luxemburg und an die Königin in Elbogen Botschafter, um ihnen den Landtagsbeschluß mitzutheilen; allein beide weigerten sich, mit den aufrührerischen Unterthanen über die Beschlüsse eines verfassungswidrigen Landtages auch nur zu unterhandeln.

Endlich am 12. November traf der langerwartete König bei seiner Gemahlin in Elbogen ein. Er reiste sofort mit Elisabeth nach Prag, wo das Königspaar am 13. November anlangte. Ueber des Königs Ankunft freute sich die ganze Bevölkerung, und der treugesinnte Theil des Adels, sowie die Bürgerschaft stellten dem Könige ihre Dienste zur Verfügung. Aber unwirsch wies Johann, den absolutes Mißtrauen gegen alle Böhmen erfaßt hatte, jedwede Anerbietung zurück, fest entschlossen, mit einer Handvoll Leute, die er aus Deutschland mitgebracht hatte, den Aufstand niederzuschlagen. Schon sechs Tage nach seiner Ankunft, mitten im Winter, eröffnete er seinen abenteuerlichen Feldzug mit nur 300 Helmen. Ein Angriff auf die Brandeiser Brücke mißlang, dagegen eroberte er die von den Feinden besetzte Burg Tetetz und zwang Zdeslaw von Sternberg zur friedlichen Unterwerfung. Hierauf zog er gegen Wilhelm von Landstein, dann über die Budweiser Linie nach Mähren, um den auch hier ausgebrochenen Aufruhr zu dämpfen. Vergebliches Mühen, vergebliches Kämpfen! Der unglückselige Bürgerkrieg nahm immer größere Dimensionen an, und es war sein Ende der furchtbaren Zeit abzusehen. Zum größten Elende des Volkes brachte das Jahr 1317 eine vollständige Mißernte, und es traten zu den Leiden des Krieges auch noch dessen Schwestern, die Hungersnoth und die Seuche. Es ist haarsträubend, in den Chroniken die Drangsale und den allgemeinen Jammer zu lesen, welcher unser Vaterland in jener Zeit ergriffen hatte. Gieng doch der Hunger so weit, daß die Menschen einander abjagten, schlachteten und verzehrten. Die aufrührerischen Junker aber, die das schlechteste Mittel nicht scheuten, um ihre Zwecke zu erreichen, streuten sorgfältig das Gerücht aus, daß der König allein Schuld trage an all' dem Jammer, weil er alle Friedensanträge des Adels zurückweise; ja der König gehe sogar mit dem Plane um, alle Tschechen aus dem Lande zu vertreiben und durch deutsche Ansiedler zu ersetzen. In aufgeregten Zeiten werden die plumpsten Erfindungen geglaubt. So auch damals. Das getäuschte Volk wandte sich immer mehr ab vom rechtmäßigen Beherrscher und fing an jenen zu verwünschen, dem es kurz vorher begeistert zugejubelt hatte.

Die Umsturzpartei gieng aber noch weiter. Die aufständischen Barone erwogen

Allgemeine Verwirrung (1317).

13

bereits den Gedanken, den König abzusetzen und einen andern auf den böhmischen Thron zu berufen. Sie traten in Unterhandlungen mit den Habsburgern, die bekanntlich damals zu den Luxemburgern in den feindseligsten Beziehungen standen. Heinrich von Lipa und sechs andere Barone zogen gegen Wien, um mit Friedrich dem Schönen und seinen Brüdern ein Schutz und Trutzbündniß gegen den eigenen König abzuschließen (27. Dec. 1317). Heinrich von Lipa und die andern sechs Barone erklärten für sich und ihre Parteigenossen, Friedrich den Schönen als rechtmäßigen König von Rom anerkennen, ihm und den übrigen Herzogen von Oesterreich dienen und denselben ihre Burgen überliefern zu wollen. Käme mit König Johann kein Vergleich zu Stande, so sollten die böhmischen Landherren entweder den Herzog von Kärnthen oder einen österreichischen Herzog zum König von Böhmen und Polen wählen, und den Gewählten solle dann Friedrich als römischer König bestätigen. Die Oesterreicher dagegen versprachen, den Böhmen Kriegsscharen zur Verfügung zu stellen. Auf der festen Burg Klingenberg kamen nachher die böhmischen Landherren zusammen und verschworen sich, gemeinsamen Widerstand zu leisten und lieber zu sterben, „als sich aus dem Vaterlande vertreiben zu lassen", woran übrigens Niemand dachte (2. Febr. 1318). Hierauf knüpften sie zum Scheine Friedensunterhandlungen mit Johann an, stellten aber derartige unannehmbare Bedingungen, daß der König alle Beziehungen abbrach und von Brünn nach Prag eilte, um den Kampf weiter fortzusetzen. Er berichtete Ludwig dem Baier über den Bund der Adeligen mit Friedrich dem Schönen, durch welchen die deutsche Königskrone des Baiern nicht minder in Frage gestellt würde, als der Thron des Luxemburgers in Böhmen.

Ludwig, der die ganze Gefahr der Sachlage erkannte, suchte durch einen friedlichen Vergleich den langen Hader zu beseitigen. Er kam nach Böhmen und bewog den König sowie den Adel, am nächsten Ostertage einen Landtag in Taus abzuhalten. Demüthigend für den König waren die Beschlüsse, welche auf diesem Landtage von den übermüthigen Junkern gefaßt wurden, und denen er sich theils aus Furcht, theils aus Leichtsinn fügte. Er mußte alle Landherren, die sich gegen ihn empört hatten, wieder in Gnaden aufnehmen, den Häuptling der Verräther, Heinrich von Lipa, zum Unterkämmerer und Wilhelm von Waldeck zum Marschall des Reiches ernennen. Ferner mußte sich der König eidlich verpflichten, alle Rheinländer und Gäste aus dem Königreiche zu entfernen, und unter Schwur versprechen, keinen Ausländer zu irgend einem Amte zu befördern, sondern in allen Fällen sich nur des Rathes der Böhmen zu bedienen. Ueber die Herausgabe der geraubten Krongüter, den eigentlichen Streitpunkt, wurde Nichts bestimmt; selbstverständlich verblieben die Herren im Besitze derselben (1318).

Nur dem gränzenlosen Leichtsinne des Königs war es möglich, sich mit Ruhe in die neue Sachlage zu fügen, ja unmittelbar nach dem Tauser Vertrage mit den Herren von Rosenberg im südlichen Böhmen durch drei Wochen der Jagd und andern Unterhaltungen sich hinzugeben. Die siegreichen Junker aber richteten jetzt die Verwaltung des Reiches ganz nach ihrem Belieben ein. Heinrich von Lipa zog nach Prag, schickte Heinrich, den treuen Kanzler des Königs, auf das Schloß Bürglitz in's Gefängniß und war nur darauf bedacht, die letzte Schranke, die sich seinen Gelüsten nach absoluter Herrschergewalt entgegenstellte, niederzureißen. Die wackere Königin Elisabeth, die nicht sogleich, wie ihr Gemahl, die Tanser Demüthigung verschmerzen konnte, und von der man fürchtete, sie würde des Königs Mannesehre aufregen, um die Würde der Krone wieder herzustellen, mußte unschädlich gemacht werden. Heinrich von Lipa hatte überdies noch die Nebenabsicht, sich an der Königin für die einstige Zurückweisung zu rächen und seiner Liebhaberin, der Königin-Wittwe Elisabeth, einer Erzfeindin ihrer Stieftochter, einen Gefallen zu erweisen. „Nicht mehr", so sprachen die ehrlosen und in Verleumdungen erfinderischen Edelleute zum König, „dürfe er sich von einem Weibe regieren lassen, deren Sache es sei, zu nähen und zu spinnen. Sie, die Königin, habe die Unruhe über das Königreich gebracht, und jetzt sinne sie sogar auf Verrath, indem sie im Einverständnisse mit mehreren Herren ihn vom Throne stoßen und ihren ältesten Sohn zum Könige ausrufen lassen wolle." Sollte man es glauben, daß Johann diese nichtswürdigen Ohrenbläsereien beachten würde? Wuthentbrannt ritt der leicht Bethörte mit bewaffnetem Gefolge sogleich nach Elbogen, wo sich zur Zeit die Königin mit ihren Kindern befand, und befahl der ganz überraschten Elisabeth sofort nach Melnik zu übersiedeln. Die Kinder aber trennte er von der Mutter und hielt, was fast unglaublich klingt, den kleinen dreijährigen Wenzel mit seinen Wärterinnen durch zwei Monate in einem finstern Thurme der Burg Elbogen gefangen. — Seit dieser Zeit überließ sich der ganz umgewandelte König den erwachsenen Leidenschaften der sinnlichen Natur in gröblicher Weise. Die wackern Barone in seiner Umgebung beförderten mit Vergnügen den neuen, bodenlos liederlichen Lebenswandel des jungen Johann und lenkten ihn immer mehr ab von den ernsten Geschäften der Regierung. Die traurigen Zeiten Wenzels III. wiederholten sich. Der König spielte leidenschaftlich mit leichtfertigen Gesellen Würfel, theilte dabei, wie ein gemeiner Mann, Schimpfworte aus, die er auch ohne Erröthen von den Spielgenossen entgegennahm. Er erschien bei verdächtigen Zusammenkünften, betheiligte sich an nächtlichen Trinkgelagen und versank, die eheliche Treue vielfach verletzend, im Sumpfe schnöder Gelüste.

Während der König durch sein ungebundenes Leben sich im In- und Auslande nur verächtlich machte, und Heinrich von Lipa den Besitz der vollen Staatsgewalt in seiner bekannten Weise mißbrauchte, bildete sich unter der Bürgerschaft eine heftige Opposition gegen die bestehenden Verhältnisse. Dieser Stand mußte nämlich mit dem Klerus die Kosten für die tollen Verschwendungen des Hofes aufbringen und wurde durch Anwendung von allerhand Gewaltsamkeiten zu immer neuen Zahlungen gepreßt. War es ein Wunder, wenn die Bürger, die immer

Widerstand der Bürger (1319).

13*

treu zum Throne gestanden hatten, jetzt den üblen Zustand des Landes und dessen Ursachen in reifliche Erwägung zogen und auf Abhilfe sannen? Löblich war es von ihnen, daß sie alle alten Feindschaften und jedweden Familienhader untereinander vergaßen und sich mit Rücksicht auf das allgemeine Wohl allerseits versöhnten. Dann beschlossen sie, es solle keine Empörung gegen den König vorgenommen, sondern demselben nur Vorstellungen über die trostlose Lage des Landes gemacht werden. Ihren echt vaterländischen Bestrebungen neigten sich auch einige Herren aus dem Adelstande und selbstverständlich auch die tiefgekränkte Königin, zu welch' letztere von den Prager Bürgern eingeladen wurde, von Melnik in die Hauptstadt zu übersiedeln. Heinrich von Lipa sorgte dafür, daß dem Könige, der sich eben in Brünn befand, von diesen Vorgängen ganz entstellte Nachrichten überbracht wurden und forderte ihn auf, schleunigst „die Rebellion" niederzuwerfen. Schon am 8. Juli 1319 stand König Johann vor Prag, und die in seinem Lager befindlichen Barone, Nikolaus von Troppau und Heinrich von Lipa an der Spitze, drängten den leicht erreg= baren, blutige Rache an den Bürgern zu nehmen. Aber die Prager vertheidigten trotz neuer innerer Uneinigkeit ihre Stadt tapfer gegen alle Angriffe, und Wilhelm der Hase, sowie Peter von Rosenberg, leisteten ihnen erfolgreichen Beistand. Der König schloß daher am 18. Juli einen Vertrag mit den Bürgern, in welchen auch die Königin aufgenommen wurde, mit welcher Johann wenigstens eine schein= bare Versöhnung feierte. Der Versuch der Bürger aber, den König in ehrenhaf= tere Bahnen zu lenken, war mißlungen; denn Johann verharrte in seinem ver= derblichen Lebenswandel und bedrückte und quälte die Bürger, wenn möglich noch mehr, als zuvor.

Seitdem duldete es den König nicht mehr eine längere Zeit in seinem König= reiche. Er hatte dessen Vergnügungen hinlänglich ausgekostet und fand auch keinen weiteren Gefallen an dem sich dahin schleppenden Kämpfen mit seinen Unterthanen. Sein abentenerlicher Sinn trieb ihn hinaus in die Welt, in deren einzelne Händel zu mischen ihm neuen Reiz gewährte, und deren großartigere Unterhandlungen seinen bereits verwöhnten Geschmack noch litzeln konnten. Zunächst bot sich in der Nach= barschaft eine Gelegenheit zur Veränderung und zum Kampf.

Erwerbung eines Theiles der Lausitz (1319).

Im August 1319 starb der fromme und friedliebende Markgraf Waldemar von Brandenburg. Da er keine Erben hinterließ, so kam es über die Nachfolge= schaft in seinen Ländern zu einem heftigen Streite, an dem sich auch unser König Johann betheiligte. Er erhob nämlich Ansprüche auf jenen Theil der Lausitz, welcher unter Ottokar II. als Heirathsgut der böhmischen Prinzessin Beatrix an den Markgrafen Otto von Brandenburg gekommen war. Nach einem kurzen Feld= zuge gegen den Herzog Heinrich von Jauer kam es im Lager zu Delsnitz zu einem Vergleiche, kraft dessen Heinrich allen seinen Ansprüchen auf die Mark Budissin, die Niederlausitz und das Land Lebus nebst der Stadt Frankfurt an der Oder zu

Gunsten Johanns entsagte, dafür aber Görlitz mit Lauban erblich und Zittau als Pfand erhielt (22. Sept. 1319).

Nicht lange hielt sich Johann nach seiner Rückkehr aus der Lausitz in Prag auf. Eines Abends, am 28. December 1319, ritt er heimlich mit nur wenig Gefolge fort in die Rheinlande und von da in die Grafschaft Luxemburg und kehrte erst am 9. Februar 1321 wieder nach Böhmen zurück. Die Zeit seiner Abwesenheit genoß das Land unter der Verwaltung Heinrichs von Lipa in gedeihlicher Ruhe, und eine reiche Ernte beglückte das durch Krieg und Noth so schwer heimgesuchte Volk. Aber schon am 23. Juni 1321 machte sich der unruhige König wieder auf die Reise in sein Geburtsland, wo es ihm, wie er selbst sagte, besser gefiel, als in seinem Königreiche. Ueber ein Jahr verweilte der König in der Ferne; erst im Juli 1322 ließ er sich wieder in Böhmen blicken, aber auch nur auf ganz kurze Zeit. Denn er mußte seinem alten Bundesgenossen Ludwig dem Baier, der im heißen Kampfe von Friedrich dem Schönen bedrängt wurde, zu Hilfe eilen. Er raffte einige Heerhaufen zusammen, vereinigte sich mit den Baiern und leitete am St. Wenzelstag 1322 in eigener Person die Schlacht bei Mühldorf in welcher die Oesterreicher auf's Haupt geschlagen wurden. Als Belohnung für seine ausgiebige Hilfeleistung erhielt Johann von Ludwig dem Baier am 4. Oktober zu Regensburg, nebst andern Zusicherungen, auch die Stadt und das Land von Eger zu Pfand, seit welcher Zeit dieses Gebiet für immer bei Böhmen blieb. Im Triumphe zog dann der König nach Böhmen, mit sich im Gefolge den in der Schlacht bei Mühldorf gefangenen Herzog Heinrich von Oesterreich führend. Sein diesmaliger Einzug in Prag (18. Okt.) wurde von dem Volke mit großer Begeisterung aufgenommen. Allein sein Aufenthalt in Böhmen war wieder nur von kurzer Dauer. Nachdem er den österreichischen Herzog auf das Schloß Bürglitz in festes Gewahrsam gebracht hatte, begab er sich am 11. November neuerdings in seine Grafschaft Luxemburg. Von hier pilgerte er nach Südfrankreich zu dem berühmten Gnadenbilde der allerseligsten Jungfrau in Roc Amadour, woselbst er mit seinem Freunde und Schwager Karl IV., dem Könige von Frankreich, zusammentraf. Dann machte er einen Abstecher nach Paris und erfreute sich an den daselbst abgehaltenen glänzenden Turnieren und anderen ritterlichen Vergnügungen. Ehe man sich's versah, langte Johann wieder in Luxemburg und bald darauf in Böhmen an, wo er am 25. Juli 1323 seinen Einzug in Prag hielt.

Nach der Schlacht bei Mühldorf begann die warme Freundschaft zwischen Johann von Böhmen und Ludwig dem Baier allmählich zu erkalten. Letzterer wollte von einigen dem Böhmenkönige gemachten Versprechungen Nichts mehr wissen und verlieh namentlich die Mark Brandenburg, mit welcher er Johann zu belehnen das Wort gegeben hatte, seinem eigenen ältesten Sohne Ludwig. Eine andere Beleidigung wurde Johann zugefügt, indem man seine bereits mit dem Markgrafen von Meißen verlobte Tochter Jutta, die sich schon ein Jahr in

Johanns Reisen (1319—22).

Schlacht bei Mühldorf (1322).

Neue Reisen (1322—23).

Verhältniß zu Baiern und Oesterreich (1323).

Meißen aufgehalten hatte, wieder heimschickte und der Markgraf sich mit Mechthild, der Tochter Ludwig des Baiern, vermählte. Noch mehr wurde Johann verstimmt, als Ludwig dem Markgrafen erlaubte, die an Böhmen verpfändeten Städte Altenburg, Zwickau und Chemnitz an sich zu lösen. Je gespannter somit die Beziehungen des Luxemburgers zu dem Wittelsbacher sich gestalteten, desto freundschaftlicher bildete sich das Verhältniß zu den Habsburgern. Der in Böhmen gefangen gehaltene Herzog Heinrich war um Weihnachten 1322 aus der Burg Bürglitz entlassen worden, um bei seinen Brüdern für die Annahme eines Vergleiches zu wirken, kehrte aber, seinem Worte getreu, wieder in die Haft zurück, da seine Brüder ihre Zustimmung versagten. Als dann Johann aus Frankreich zurückgekehrt war, betrieb er rasch die Aussöhnung mit den österreichischen Herzogen, die denn auch durch Vermittelung des ungarischen Königs Karl in Göding an der March zu Stande kam (18. Sept. 1323). Heinrich wurde in Freiheit gesetzt, die Habsburger dagegen gaben Znaim und die andern ihnen verpfändeten Orte Mährens heraus, entsagten allen Ansprüchen auf diese Markgrafschaft und auf Böhmen, lieferten die Urkunden, auf welche sie ihre Forderungen stützten, aus und versprachen überdies 9000 Mark Silber zu zahlen, wofür sie einstweilen einige Städte verpfändeten.

Neue Fahrten
(1323 25).

Von Göding gieng's heimwärts nach Prag und von da schon am 26. Okt. wieder in die Grafschaft Luxemburg. Kaum aber hörte Johann, daß der König von Frankreich einen Kriegszug gegen Tolosa unternehme, war er gleich auf dem Kriegsschauplatze und half mit bei der Einnahme dieser Stadt. Eben nach Luxemburg zurückgekehrt, trieb's ihn neuerdings nach Paris, um der Todtenfeier seiner (25. März 1324) verstorbenen Schwester, der Königin Maria, beizuwohnen. Dann fehdete er mit rheinischen Bischöfen, in eigenem und fremdem Interesse unermüdlich kämpfend, belagernd und vermittelnd. Zu gleicher Zeit leitete er durch Botschafter eine vollkommene Versöhnung mit seinem früheren Gegenkönige, dem Herzoge Heinrich von Kärnthen, ein und unterließ nicht, auf den zwischen dem Papste und König Ludwig dem Baier ausbrechenden Streit ein aufmerksames Auge zu haben, um sein Interesse dabei verfolgen zu können. Er neigte sich immer mehr auf die Seite des Papstes Johann XXII., da er ja Grund zur Verstimmung gegen Ludwig den Baier besaß, und der Papst ihm andrerseits sein Wohlwollen dadurch bewies, daß er ihm gestattete, von der gesammten Geistlichkeit Böhmens, Mährens und der Grafschaft Luxemburg einen Zehent von allen Einkünften auf drei Jahre einzuheben (1325).

Erwerbung
von Schlesien
(1327 29).

Nachdem Johann im nächsten Jahre 1326 den bewilligten Zehent für drei Jahre auf einmal eingehoben hatte, schrieb er noch eine neue Steuer aus, um einen Kriegszug nach Polen unternehmen zu können. Zu diesem Lande hatte man die Rechte Böhmens auf den polnischen Thron lange nicht mehr beachtet, und es herrschte daselbst seit 1320 Wladislaw der Ellenlange als allgemein anerkannter König. Der Zug Johanns (1327) gieng über Olmütz, und schon rückten die böhmischen Scharen gegen Krakau vor, da erschien auf einmal eine Botschaft Karls von Ungarn, des Schwiegervaters Wladislaws, welche mit Ungarns Einmischung zu Gunsten der Polen drohte, falls Johann seine Feindseligkeiten nicht einstelle. Sofort gab Johann seinen Plan auf, schloß ein Bündniß mit Ungarn und verlobte seine jüngste Tochter mit dem ungarischen Kronprinzen Ladislaus. — Indessen sollte Johann nicht ohne reichen Gewinn seinen polnischen Feldzug angetreten haben; erreichte er auch nicht das vorgesteckte Ziel, so kam ihm doch von anderer Seite beträchtliche Entschädigung. Mit dem Aussterben der Přemysliden hatte auch die Lehenshoheit Böhmens über Oberschlesien wieder aufgehört. Die Piastischen Herzoge daselbst aber waren nicht im Stande, sich zwischen den beiden mächtigen Staaten, Böhmen und Polen für die Dauer aufrecht zu erhalten. Da ihre Länder, mehr noch als Böhmen, bereits im XIII. Jahrhunderte germanisiert worden waren, und die Fürsten selbst sich ganz und gar deutscher Sitte und Bildung zuneigten, entschlossen sie sich freiwillig, wieder unter Böhmens Herrschaft sich zu stellen, woselbst ja ein mächtiges deutsches Königshaus regierte, das im Nothfalle gegen Polen erfolgreiche Hilfe leisten konnte. Es erschienen daher im Februar 1327 die Herzoge Wladislaw von Kosel-Beuthen, Lesko von Ratibor, Kazimir von Teschen, Johann von Auschwitz und Boleslaw von Falkenberg vor Johann, um ihm als Oberlehensherrn die Huldigung darzubringen; im April stellte sich auch Boleslaw von Oppeln ein und empfieng sein Herzogthum vom Könige als Lehen der böhmischen Krone. Noch im selben Jahre wurde auch ein Theil Niederschlesiens in das Verhältniß der Vasallität von Böhmen gebracht. Der kinderlose Herzog Heinrich VI. von Breslau, der von seinem gewaltthätigen Bruder Boleslaw III. von Brieg und Liegnitz fortwährend bedroht wurde, bat Johann um Schutz und setzte denselben als Erben seines Landes ein; Johann gewährte ihm den lebenslänglichen Besitz desselben, wies ihm 1000 Mark jährlich aus der königlichen Kammer an und trat ihm noch die Grafschaft Glatz zum Nutzgenusse ab. Bald darauf folgten weitere Erwerbungen in Niederschlesien. Johann hatte dem Papste einen Kreuzzug nach Palästina gelobt; statt desselben unternahm er im December 1328 einen Zug nach Preußen zur Unterstützung des deutschen Ritterordens gegen die heidnischen Lithauer. Johann kämpfte glücklich und zwang sogar den Herzog Wenzel von Mazowien, sich mit seinem Gebiete der Krone Böhmens als Vasall zu unterwerfen. Da aber vernahm er, daß sein Freund, der Herzog Heinrich von Breslau, von andern schlesischen Fürsten hart bedrängt werde. Rasch eilte er zu Hilfe und zwang sämmtliche Gegner Heinrichs, die Oberherrschaft Böhmens anzuerkennen. Es huldigten ihm nacheinander Johann, Herzog von Steinau, Boleslaw III. von Liegnitz und Brieg, Heinrich IV. von Sagan, Konrad von Oels und Přemek von Glogan. Zuletzt schloß Heinrich von Jauer gleichfalls Frieden mit Johann, so zwar, daß nun auch der Görlitzer Theil der Oberlausitz an Böhmen gelangte (1329).

Verhältniß zu Heinrich von Kärnthen (1330).

Während auf diese Art der tapfere Johann die Krone Böhmens um eine herrliche Provinz vergrößerte, nebenher seine Ausflüge keineswegs unterließ, so im Jahre 1328 der feierlichen Krönung Philipps VI. von Frankreich in Rheims bei wohnte, eröffneten sich im Süden des Reiches frische Aussichten zu neuem Länder-erwerbe. Die mit großem Eifer betriebene Aussöhnung mit Heinrich von Kärnthen war gelungen, und wenn auch die Schwester und die Base Johann's sich wei-gerten, den alten Wittwer Heinrich zu heirathen, so gestattete doch letzterer eine Verlobung zwischen seiner Tochter Margareth und dem Prinzen Johann, dem zweiten Sohne des böhmischen Königs. Der Prinz war schon im Jahre 1327 nach Tirol gebracht worden, um nach der damaligen Sitte am Hofe seiner künf-tigen Gemahlin erzogen zu werden; im Jahre 1330 kam der Vater Johann selbst nach Innsbruck, und die Hochzeit der Kinder wurde unter großen Festlichkeiten begangen. Gleichzeitig wurden über die künftige Erbfolge genaue Bestimmungen getroffen. Da nämlich Heinrich von Kärnthen keine Söhne besaß, so hatte ihm Kaiser Ludwig wiederholt das Vorrecht ertheilt, nicht nur alle Eigengüter als Weiberlehen, sondern auch die Reichslehen auf seine Töchter, Brüderstöchter und deren Männer vererben zu können. Das letztere geschah jetzt, und König Johann ward von Heinrich zum Vormund seiner Töchter ernannt, falls diese beim Tode ihres Vaters noch nicht volljährig sein sollten. Aller Berechnung nach und den weiteren Besprechungen zu Folge war zu erwarten, daß das Luxemburgische Haus auch in den Besitz von Kärnthen und Tirol kommen werde.

Erwerbung von Oberitalien (1330.)

Eine Gelegenheit zum ritterlichen Kampfe und Streite ließ der thatenlustige Johann von Luxemburg niemals unbenutzt vorübergehen, insbesondere wenn der Gewinn an Land als Preis der Mühe lockte. Eben als er jetzt nach den Hoch-zeitsfeierlichkeiten eine Reise in's Etschthal unternahm, und sich gerade in Trient aufhielt, kamen Botschafter der Stadt Brescia zu ihm und baten um Hilfe gegen die Angriffe des Herrn Mastino della Scala, wofür sie ihm die lebenslängliche Herrschaft über die Stadt versprachen. Ohne weiteres gieng der streitbare Johann auf das Ansinnen der Brescianer ein, schreckte den Herrn Mastino della Scala durch bloße Drohungen von weiteren Feindseligkeiten zurück und hielt bereits am 31. December 1330 unter ungeheuerem Jubel der Bevölkerung in Brescia seinen Einzug. Da andere Städte der Lombardei in ähnlicher Bedrängniß wie Brescia sich befanden, und sie lange schon des Kampfes müde waren, so öffneten sie bereit-willig dem Frieden verheißenden Böhmenkönige ihre Thore und erkannten seine Oberherrschaft an. Es waren kaum zwei Monate vergangen, und Johann hatte ohne viele Mühe das Land vom Gardasee bis über die Sesia, von den Alpen bis zu den Apenninen, ja bis zum Mittelmeere in seine Gewalt gebracht. Selbst der mächtige Azzo Visconti von Mailand huldigte ihm und nannte sich selbst nur einen „königlichen Statthalter".

Inzwischen zog sich über dem Haupte des im fernen Süden weilenden Luxem-

burgers ein schweres Ungewitter zusammen, dessen Ausbruch alle glücklichen Errungenschaften in Schlesien und Polen, ja sogar den Bestand der böhmischen Monarchie in Frage zu stellen drohte. Das freundschaftliche Verhältniß Johanns zu
den Habsburgern hatte sich bald wieder gelöst, und Johann hatte im Jahre 1328
einen Streit Ungarns mit Oesterreich benützt, um einen Fehdezug gegen seinen
alten Gegner, Friedrich den Schönen, zu unternehmen, der allerdings ohne wesentliche Folgen verlaufen war. Die Habsburger Herzoge hatten sich ihrerseits allmählich
mit Ludwig dem Baier ausgesöhnt, und bald nach dem Tode Friedrich des Schönen
(13. Juni 1330) wurde durch Vermittelung des Königs Johann selbst der Friede
von Hagenau abgeschlossen, dem zu Folge die Oesterreicher Ludwig als König und
Kaiser in seiner Herrschaft in Deutschland und Italien anerkannten (6. Aug. 1330).
Habsburger und Wittelsbacher schlossen sich nun um so enger aneinander, als sie
durch die überraschenden Fortschritte des unermüdlichen Luxemburgers ihre eigenen
Interessen gefährdet sahen. Mit Mißgunst blickte der Baier auf die guten Aussichten, die sich dem Luxemburger Hause in Tirol und Kärnthen eröffnet hatten,
und entschieden mißbilligte der Kaiser auf dem Reichstage zu Nürnberg (31. April
1331) die Eroberungen Johanns in Oberitalien. Die Habsburger aber fühlten
sich in ihren gerechten Ansprüchen auf die Nachfolgeschaft in Kärnthen beeinträchtigt,
und in Uebereinstimmung mit dem Kaiser brachte Herzog Otto der Fröhliche ein
mächtiges Bündniß gegen Böhmen zusammen, dem auch die Könige von Ungarn
und Polen beitraten. Auf der andern Seite erhob sich gegen Johann König Robert
von Neapel, welchen der Papst in dem Streite mit Ludwig zu seinem Statthalter
in ganz Italien ernannt hatte. Entschiedenheit und Schnelligkeit im Handeln waren
zu allen Zeiten vorzügliche Eigenschaften Johanns sowohl auf dem Kriegsschauplatze, wie auf dem Schachbrette der Diplomatie. Bewunderungswürdig leicht zerstörte er jetzt durch einige gelungene Züge den gewaltigen Bund der Gegner. Er
eilte über die Berge nach Norden, traf den Kaiser in Regensburg und brachte
diesen durch kluge Unterhandlungen bald auf seine Seite, indem er ihm namentlich
versprach, die italienischen Besitzungen nur im Namen des Kaisers verwalten zu
wollen. Dann zwang er durch einen Einfall in Polen den Polenkönig Wladislaw
zum Waffenstillstande und stand bald darauf im südlichen Mähren, um die Gränze
gegen die Oesterreicher und Ungarn zu decken (Okt. 1331). Die feindliche Konföderation war so theilweise gesprengt, und Johann war bereits so sicher gegen weitere
Gefahr, daß er noch im December eine Lustfahrt nach Paris unternahm und
die Fortsetzung des Kampfes mit Oesterreich dem böhmisch-mährischen Adel überließ. Derselbe verlor zwar eine Schlacht bei Mailberg, erlangte aber einen Frieden
gegen die Herausgabe der vor neun Jahren an Böhmen verpfändeten Städte:
Weitra, Eggenburg und Zaa (13. Juli 1332). Mit den oberitalienischen Eroberungen aber konnte man freilich sagen: wie gewonnen, so zerronnen! Johann hatte
zur Verwaltung derselben seinen Sohn Karl zurückgelassen, den jedoch eine gefähr-

liche Opposition der einzelnen Signoren in die bedenklichste Lage versetzte. Zwar siegte der junge Prinz in der heißen Schlacht von San Felice (25. Nov. 1332), aber seine Macht schwand wegen zu geringer Unterstützung von Seiten des Vaters tagtäglich, und auch Johann, als er im Februar 1333 selbst nach Italien kam, war nicht mehr im Stande, das Verlorene zurückzugewinnen. Um wenigstens noch einigen Nutzen aus Italien zu schöpfen, hob Johann so viel Steuern ein, als er vermochte, und zog sich dann über die Alpen zurück, stillschweigend verzichtend auf seine lombardischen Eroberungen.

Innere Lage Böhmens. Während König Johann, einem fahrenden Ritter gleich, halb Europa von einem Ende zum andern durchwanderte, allerorts mit großer Tapferkeit kämpfte und mit scharfsinnigem Talte unterhandelte, oder wenigstens mit seltener Bravour turnierte, gestaltete sich die innere Lage des Königreiches Böhmen von Tag zu Tag trübseliger, und die Unterthanen verwünschten die rastlose Unruhe ihres Oberhauptes, von dem das Sprichwort aufkam, „ohne ihn könne, wie ohne Gott, in der Welt Nichts mehr geschehen". Denn das arme Volk allein hatte die Lasten der vielen Feldzüge und den Aufwand der Vergnügungsfahrten und Schwelgereien des Königs zu tragen. Kam er doch nur nach Prag, um durch die drückendsten Gelderpressungen seine Kasse zu füllen; dann war er plötzlich wieder verschwunden und „ritt oder flog vielmehr", wie der Chronist sagt, „in die Fremde, man wußte nicht, wohin und zu welchem Zwecke". In der Heimath aber überließ er die Verwaltung sogenannten Hauptleuten gegen Zahlung bestimmter Geldsummen, Anfangs dem Heinrich von Lipa und dessen Söhnen und dann Leuten ähnlichen Schlages. Diese betrachteten ihr Amt als eine Art Pacht und strebten nur nebst dem an den König abzuliefernden Schillinge noch ein hübsches Sümmchen für den eigenen Säckel herauszuschlagen. Es ist natürlich, daß bei einem solchen Gebahren die größten Ungerechtigkeiten, besonders gegen den Klerus und die Bürgerschaft verübt, aber auch die Landbevölkerung durch den Mangel einer jeden ordentlichen Gerichtsbarkeit auf das Willführlichste bedrückt wurde. Es entstand eine allgemeine Verwirrung im Lande, so daß nur noch das Recht des Stärkeren galt, und der Schwache nirgends mehr Schutz und Zuflucht erlangen konnte. Allerlei Privatfehden entstanden unter den einzelnen Landherren, Räuberbanden rotteten sich zusammen und plünderten die offenen Ortschaften, ganze Dörfer wurden niedergebrannt und deren Einwohner in's Elend getrieben. Mit dem Verfalle des Landes sank naturgemäß das Ansehen der Krone selbst. Nachdem Städte, Klöster und Juden schon nicht mehr steuerfähig waren, nachdem das Prägen schlechter Münzen und andere Finanzmittel sich erschöpft hatten, ja bereits die Güter des Bisthums in Angriff genommen worden waren, wurden die noch wenigen Krongüter verschleudert und verpfändet. Ja man behauptet, Johann habe sogar die alte Königskrone nebst andern Reichskleinodien verkauft. Die durch eine Feuersbrunst zerstörte Königsburg auf dem Hradschin lag in Ruinen, und Niemand dachte an den Aufbau derselben;

Johann wohnte, wenn er nach Prag kam, in einem Bürgerhause, das gegenwärtig „zum Stuppart" genannt wird.

Das traurige Schicksal ihres Vaterlandes theilte in noch höherem Grade die unglückliche Königin Elisabeth, die wackere Tochter aus dem Hause Přemysls. Mit tiefer Trauer mußte sie erblicken, wie durch den Leichtsinn ihres Gemahls das Elend von Tausenden Unschuldiger herbeigeführt wurde; mit blutendem Herzen sah sie, wie Johann die heiligsten Familienbande in schnöden Ausschweifungen verletzte, ja sich in unerlaubter Liebe sogar zu ihrer Erzfeindin, der Königin Wittwe, ihrer Stiefmutter Elisabeth, wandte. Die Versöhnung vom Jahre 1319 war nur eine scheinbare gewesen oder dauerte wenigstens nur kurze Zeit. Die alten Verleumder der Königin, durch deren Sinn für Rechtlichkeit vielfach gestört, ruhten nicht eher, bis sie durch wiederholte Anschwärzungen Johann in die bitterste Wuth gegen sie versetzt hatten. Aus banger Furcht vor einer Gewaltthat flüchtete die Hartgeprüfte kurz vor der Schlacht bei Mühldorf nach Niederbaiern zum Herzoge Heinrich, mit welchem ihre erste Tochter Margareth verlobt war. Den siebenjährigen Prinzen Wenzel aber nahm der König aus seinem Vaterlande weg und brachte ihn nach Paris, damit er daselbst erzogen werde (1323). Zwei Jahre darauf erst konnte die Königin aus ihrem Exile zurückkehren, nachdem sie Johann von der völligen Haltlosigkeit aller gegen sie vorgebrachten Anklagen überzeugt hatte (1325). Vernachlässiget von ihrem Gemahle blieb sie jedoch bis an das Ende ihres Lebens. Sie verbrachte die einsamen Tage in Prag oder Melnik mit der Ausübung von frommen und wohlthätigen Werken und wurde die wahre Mutter der Armen und der Trost der Kranken. In Melnik gründete sie ein Armenspital, in Prag am Aujezd ein Nonnenkloster. So suchte sie ihr eigenes und des Vaterlandes unglückliches Loos in stiller Thätigkeit zu lindern, bis sie 1330 im 39. Lebensjahre vom Tode dahin gerafft wurde. Die Trauer des Volkes war groß und allgemein. Peter von Königssaal, der Geschichtschreiber, der die Königin von Jugend auf gekannt, und dessen Kloster sie in besondern Schutz genommen hatte, schrieb mit zitternder Hand die Todesnachricht nieder und gibt unter den herzzerreißendsten Klagen dem gemeinsamen Schmerze den lebhaftesten Ausdruck.

Nachdem König Johann im Jahre 1333 unverrichteter Sache aus Italien hatte weichen müssen, zog er nicht nach Böhmen, sondern in sein Stammland Luxemburg, fehdete daselbst nach Herzenslust mit den Gränznachbarn und turnierte zur Abwechslung in Frankreich, ganz in gewohnter Weise. Nach Böhmen sandte er seinen Sohn Karl und übertrug ihm mit dem Titel eines Markgrafen von Mähren die Verwaltung dieses Landes, sowie des Königreiches Böhmen. In welchem Zustande der Prinz diese Länder übernahm, schildert er uns selbst am besten, indem er in seiner Biographie folgende Bemerkung macht: „Als ich nach Böhmen kam, traf ich weder Vater noch Mutter, weder Bruder noch Schwester, noch sonst einen Bekannten. Auch die tschechische Sprache hatte ich gänzlich vergessen, obwohl ich sie nachher wieder lernte, so daß ich sie sprach und verstand, wie ein anderer Tscheche . . . . Das Königreich fand ich in einem solchen beklagenswerthen Zustande, daß es nicht ein Schloß gab, welches frei und nicht mit allen königlichen Gütern verpfändet gewesen wäre, so daß ich meine Herberge, wie ein Bürger in den Häusern der Städte aufschlagen mußte . . . Die Barone waren zum großen Theile Tyrannen geworden und fürchteten den König nicht, wie es sich ziemte, weil sie das Königreich unter sich vertheilt hatten." Es muß dem jungen verständigen Karl nachgerühmt werden, daß er sich in den zwei Jahren seiner dicomaligen Statthalterschaft auf das Glänzendste bewährt hat. Er führte vor allem Andern eine bessere Finanzwirthschaft ein, und obwohl auch er, wie die früheren Landeshauptleute, seinem Vater bedeutende Summen nachschicken mußte, so verstand er es doch durch anderweitige Sparsamkeit, nach und nach sechs verpfändete Burgen in Böhmen und in Mähren einzulösen. Dann sorgte er für eine bessere Gerichtspflege, bereiste in eigener Person das offene Land und die Städte, trat dem Räuberwesen entgegen und half manchem Uebelstande sogleich ab. Auch den Bau eines neuen königlichen Palastes in der Prager Burg begann er und nahm sich hiebei die königliche Residenz in Paris zum Muster. Kaum zeigten sich aber die wohlthätigen Folgen der neuen weisen Staatsverwaltung, so wurde diese auch schon durch abermalige Stürme in bedauerlicher Weise unterbrochen.

Als nämlich im Jahre 1335 Heinrich von Kärnthen gestorben war, verband sich, früheren Verabredungen gemäß, Ludwig der Baier mit den Herzogen von Oesterreich, um die beabsichtigte Besitznahme der erledigten Erbschaft Seitens des Luxemburgischen Prinzen Johann, des Gemahls der Margaretha Maultasch, zu verhindern und vielmehr selbst die Länder mit den Habsburgern zu theilen. Bereits am 2. Mai belehnte der Kaiser die österreichischen Herzoge zu Linz nicht nur mit Kärnthen, sondern auch mit dem südlichen Theile von Tirol, während er das übrige Tirol seinen Söhnen zu übergeben gedachte. Johann befand sich um diese Zeit in Paris, woselbst er sich am Anfang des Jahres zum zweiten Male mit Beatrix, der Tochter des Herzogs von Bourbon, vermählt hatte. Es war zur Hochzeitsfeier ein glänzendes Turnier abgehalten worden, an dem sich wie natürlich auch er selbst betheiligte, aber dabei derartig verunglückte, daß er, an einer Wunde leidend, durch einige Wochen das Bett hüten mußte. Der König kam daher erst am 30. Juli nach Prag, nachdem bereits die österreichischen Herzoge von Kärnthen und Krain festen Besitz genommen hatten. Um wenigstens Tirol zu retten, wurden nun die eifrigsten Rüstungen vorgenommen. Zuvor aber suchte sich Johann noch den Rücken zu decken und söhnte sich mit den Herrschern von Polen und Ungarn auf einer Zusammenkunft in Wyschehrad bei Gran vollkommen aus (Nov. 1335).

Er verzichtete auf alle seine Ansprüche auf Polen, sowie auf den Zins, den die Polen seit Bretislaw I. zu zahlen verpflichtet waren, und legte den Titel eines Königs dieses Reiches, den er bis jetzt noch geführt hatte, für immer ab. Der

König Kazimir von Polen aber erkannte die böhmische Oberlehensherrlichkeit über ganz Schlesien und das Fürstenthum Mazowien nebst Plock an und wendete Nichts dagegen ein, daß auch Bolek II. von Münsterberg zum Vasall der böhmischen Krone gemacht und das durch den Tod Heinrichs VI. erledigte Herzogthum Breslau dem Königreiche Böhmen unmittelbar einverleibt wurde. Karl von Ungarn schloß mit Johann von Luxemburg ein Schutz- und Trutzbündniß gegen Jedermann, ausgenommen die Könige von Polen und Neapel. Hierauf unternahm Johann (1336) verheerende Einfälle nach Oesterreich und Baiern, verwüstete allenthalben die Lande mit Feuer und Schwert und erzielte endlich einen Friedensschluß, Friede zu Enns
(9. Okt. 1336). der am 9. Oktober zu Enns abgeschlossen wurde. Johann verzichtete auf Kärnthen und Krain, die Herzoge von Oesterreich aber auf Tirol, das im Besitze der Margaretha Maultasch und ihres Gemahles Johann verblieb. Vergeblich waren die Bemühungen des letzteren und seines Bruders Karl, die dem Frieden von Enns nicht beitreten wollten, das verlorene Kärnthen zurückzuerobern.

Karls Statthalterschaft in Böhmen hatte übrigens zum Leidwesen aller Wohl- Kreuzzug nach
Preußen (1337). gesinnten schon ein Ende genommen. Das ordnungsgemäße Verfahren in Finanz- und Justiz-Angelegenheiten, welches nämlich Prinz Karl mit großer Strenge durchzuführen gedachte, war den Junkern, die sich unter anarchischen Verhältnissen am wohlsten befanden, längst unbequem geworden. Ihn zu beseitigen, griffen sie zu einem bereits erprobten Mittel. Sowie sie einst durch niederträchtige Verläumdungen die Königin bei Johann in ganz unbegründeten Verdacht gebracht hatten, so redeten sie jetzt dem leichtgläubigen Könige von der großen Popularität des Prinzen, von seinem Ehrgeize u. dgl. so lange vor, bis er wirklich glaubte, Karl wolle ihn um den Thron bringen. Der Prinz mußte auf Befehl seines Vaters nach Tirol gehen, um dort seinem schwerbedrängten Bruder beizustehen (1336). Nach dem Frieden von Enns kehrte er wieder zurück und unternahm mit seinem Vater im Winter 1337 einen Kreuzzug nach Preußen. Jeder kriegerische Erfolg jedoch auf demselben wurde durch das beständige Regenwetter vereitelt, und König Johann selbst von einem heftigen Augenleiden befallen. Aerzte, die er zu Rathe zog, machten das Uebel noch schlimmer. Ein Franzose, der den König in Breslau unglücklich behandelte, wurde auf Befehl des jähzornigen Patienten in einen Sack gesteckt und in der Oder ersäuft. Durch die Kunst eines herbeigerufenen arabischen Arztes erblindete der König auf dem linken Auge vollends; den Araber schützte nur sein Sicherheitsbrief, den er sich vorsichtiger Weise hatte ausstellen lassen, vor dem Schicksale des Franzosen. Im Jahre 1340 verlor der König sein zweites Auge, Johanns
Erblindung
(1340). trotzdem er die berühmtesten Aerzte von Montpellier zu Rathe gezogen hatte. Man kann nicht behaupten, daß König Johann durch die völlige Erblindung an seiner fieberhaften Unruhe und ewigen Beweglichkeit etwas verloren hätte. Im Jahre 1337 brach er von Prag abermals in seine Grafschaft Luxemburg auf, überließ Anfangs einem Landeshauptmann, später aber wieder seinem Sohne Karl die Landesverweserschaft über Böhmen und Mähren (1338). Als Johann im Jahre 1341 nach Böhmen zurückgekehrt war, berief er einen Landtag der Prälaten, Herren, Ritter und königlichen Städte und ließ seinen Sohn als alleinigen und wahren Erben des Königreiches anerkennen.

Neuer Kampf um Tirol 1341 42.
Im selben Jahre wurde der junge Luxemburger Johann Heinrich von seiner eigenen Gemahlin Margaretha Maultasch und dem Landesadel aus Tirol vertrieben, angeblich wegen seines rohen Charakters, und weil nach Versicherung der Margareth das Land niemals von diesem Fürsten einen Thronerben erwarten könne. Ohne vorangegangene Ehescheidung und ohne Dispens vermählte sich am 10. Februar 1342 Herzogin Margaretha mit ihrem Anverwandten, dem Markgrafen Ludwig von Brandenburg, einem Sohne des Kaisers, und letzterer belehnte am andern Tage das neue Paar nicht nur mit Tirol, sondern auch mit Kärnthen. So hatte der Wittelsbacher nach langem Mühen sich auch in Tirol festgesetzt, mit einem Schlage aber die Luxemburger und die Habsburger — diese als Besitzer von Kärnthen, auf das Empfindlichste verletzt. Die auch in ihrer Familienehre gekränkten Luxemburger arbeiteten nun unermüdlich am Sturze des Kaisers und suchten zunächst mit Albrecht II. von Oesterreich, der Weise oder auch der Lahme genannt, ein inniges Bündniß herzustellen. Allein der vorsichtige Herzog Albrecht gieng nur theilweise auf die Wünsche der Luxemburger ein, trotzdem mit ihm Karl und dann Johann — der Blinde mit dem Lahmen in Wien eifrigst unterhandelten. Dagegen fanden die böhmischen Fürsten in dem neuen thatkräftigen Papste Klemens VI., dem früheren Lehrer Karls, einen willfährigen und mächtigen Bundesgenossen gegen den Kaiser. Auch einige Kurfürsten wurden gewonnen, und in Avignon, wohin sich König Johann und Prinz Karl zum Papste begeben hatten, sprach man bereits von der Nothwendigkeit der Absetzung Ludwig des Baiern (1344). Nachdem der Kaiser vergeblich versucht hatte, durch Einzelunterhandlungen mit Johann und dessen Söhnen, sowie später durch Nachgiebigkeit dem Papste gegenüber, den gegen ihn heranziehenden Sturm zu beschwören, stiftete er selbst ein gewaltiges Bündniß, dessen Spitze sich vornehmlich gegen die Luxemburger richtete. Im Januar 1345 hatten Johann und Karl auf den Wunsch des Papstes wieder einen Zug nach Lithauen unternommen, der jedoch, wie der frühere, keine Resultate erzielte. Auf der Rückkehr durch Polen wurde Prinz Karl auf Befehl Kazimirs von Polen in Kalisch plötzlich gefangen genommen; es gelang ihm aber durch List zu entkommen. Da eilte Johann, der schon wieder in Luxemburg war, herbei und unternahm einen Rachezug zunächst gegen den Herzog Bolko von Schweidnitz, der am Verrathe gegen die Böhmen sich betheiligt und einen gefangenen böhmischen Ritter im Thurme durch Hunger hatte umkommen lassen. Sein Gebiet wurde zehn Wochen lang verwüstet, bis er selbst um Waffenstillstand bat. Kaum war der Böhmenkönig mit seinem Heere nach Prag zurückgekehrt, so erhielt er in einer Woche nicht weniger als sechs Fehdebriefe, die deutlichste Kundgebung des Bundes, den der

Kaiser zum Verderben der Luxemburger zusammengebracht hatte. Es kündeten den Krieg Kaiser Ludwig, die Könige von Polen und Ungarn, der Herzog von Schweidnitz, der Markgraf von Meißen und auch der Herzog von Oesterreich. Jetzt wurde dem sonst so unerschrockenen Johann denn doch die Sachlage bedenklich), und er stellte dem Kaiser Friedensanträge. Als aber diese kurz zurückgewiesen wurden, da ermannte er sich und sprach, wie sein Sohn selbst berichtet: „In Gottes Namen! Je mehr Feinde, desto mehr Beute, und ich schwöre beim Herrn Jesus Christus, den ersten, der mich angreift, so zu verderben, daß alle übrigen abgeschreckt werden sollen." Johann hielt Wort. Als Kazimir von Polen den Angriff wagte, fiel er mit einem rasch gesammelten Heere über ihn her, warf ihn mit großem Verluste nach Krakau zurück, belagerte diese Stadt und verwüstete die Umgebung. Kazimir machte dem Böhmenkönige den sonderbaren Vorschlag, die Sache durch einen persönlichen Zweikampf in einem Zimmer zu beendigen. Johann war nicht der Mann, der eine solche Herausforderung abwies, aber das stellte er als Bedingung hin, daß mit gleichen Waffen gekämpft werde, und sich deshalb vorher der Polenkönig seine Augen ausstechen lassen solle. -- Es kam zu einem Waffenstillstande, der später durch Vermittelung des Papstes in einen festen Frieden sich umwandelte, in welchen alle Feinde Böhmens mit Ausnahme des Kaisers aufgenommen wurden (1345).

Nachdem Johann auch jetzt, wie vor vierzehn Jahren, durch rasch entschlossenes Handeln den Bund der Gegner gesprengt hatte, richtete er seine ganze Thätigkeit auf den schon vorbereiteten Sturz des Kaisers und die Erwerbung der deutschen Krone für sein eigenes Haus. Markgraf Karl, der als Nachfolger Ludwig des Baiern ausersehen war, reiste im April 1346 nach Avignon, einigte sich mit dem Papste Klemens VI. über die weiteren Maßregeln und machte allerdings dem Papste die unerhörtesten Koncessionen. Dafür wurde auch seine Wahl auf's Eifrigste betrieben und Ludwig neuerdings gebannt und abgesetzt. Am 11. Juli traten die Kurfürsten in Rense zusammen, Johann von Böhmen unter ihnen, und wählten Karl, den Markgrafen von Mähren, zum römischen Könige.

Karls Wahl zum röm. Könige (11. Juli 1346).

Ein neuer und zwar gewaltiger Kampf stand den Luxemburgern bevor mit dem Kaiser und seinem Anhange, dessen Ausbruch jedoch unser König Johann nicht mehr erleben sollte. Ein anderer bereits in hellen Flammen lodernder Krieg zwischen Frankreich und England lockte den ewig kampflustigen Johann mit seinem Sohne Karl in das ferne westliche Europa, seinem Freunde, dem französischen Könige, zu Hilfe. Nachdem sich Johann mit seinen böhmischen und luxemburgischen Reitern bei Grandvilliers vor dem Feinde rühmlichst hervorgethan hatte, kam es bei Crecy mit den Engländern am 26. August 1346 zur verhängnisvollen Schlacht. Als der heiße Kampf eine schlimme Wendung für die Franzosen genommen hatte, da ließ sich Johann nicht mehr länger zurückhalten und verlangte in's Getümmel. „Wie viel Uhr ist es, und wie steht es mit unserm Feinde?" frug er den Ritter

Johanns Tod (26. Aug. 1346).

Mönch von Basel. „König", erwiederte der Ritter, „der Tag neigt sich gegen Abend, wir haben die Sonne im Angesichte, die Unserigen sind den Wurfspießen der feindlichen Bogenschützen bloßgestellt und ohne Rettung verloren. Die Schlacht hat einmal begonnen, es ist keine Hilfe mehr." Darauf entgegnete der König: „Schöner Herr, ich bitte euch bei der Treue, die ihr mir schuldig seid, führet mich so weit in die Schlacht, daß ich einen Schwertschlag thun kann." Als ihm alle Ritter in der Umgebung zuredeten, er solle sich doch nicht der Todesgefahr aussetzen, sprach er: „Das wird, will's Gott, nicht geschehen, daß Böhmens König aus der Schlacht fliehe. Wisset und glaubet, ich will heute entweder helden- haft und ritterlich siegen oder, vom rühmlichen Tode ereilt, wie ein König fallen und sterben. Führet mich also dahin, wo der größte Kampf tobt, aber meinen Sohn Karl schützet mit Sorgfalt! Gott der Herr sei mit uns!" Zwei Ritter, Heinrich der Mönch von Basel und Heinrich von Klingenberg aus Böhmen, nah- men jetzt den blinden König in die Mitte, banden sein Roß an die ihrigen und stürzten mit dem Losungsworte „Prag" in das wilde Getümmel der Feinde. Rechts und links fielen die tapfern Krieger, bis auch der reckenhafte König, aus mehreren Wunden blutend, entkräftet vom Pferde sank und seine heldenmüthige Seele aushauchte.

Die Unruhe des todten Königs. Es war eine eigenthümliche Fügung des Schicksals, daß der im Leben rast- los von einem Orte zum andern eilende Böhmenkönig auch nach seinem Tode keine dauernde Ruhestätte finden konnte. Markgraf Karl, welcher in der Schlacht bei Crecy mitgefochten und geblutet hatte, brachte die Leiche seines Vaters nach dessen letzten Willensäußerung in die Münsterabtei nach Luxemburg und setzte ihm ein herrliches Grabmal. Als im Jahre 1543, während des Krieges Karls V. mit den Franzosen, nebst dem Stammschlosse der Luxemburger auch die herrliche Münster- abtei eingeäschert wurde, übertrug man die unversehrt gebliebene Leiche zu den Franziskanern in der Oberstadt. Inzwischen erbauten sich die Benediktiner von Münster ein neues Kloster mit Namen Neumünster und verlangten von den Franzis- tanern die irdische Hülle des Königs zurück. In der That fand die feierliche Ver- setzung der Gebeine im Jahre 1618 nach Neumünster statt. Im Jahre 1684 brannte die Neumünster-Abtei ab, und die theuren Ueberreste des Königs konnten nur mit Mühe gerettet werden. Sie ruhten nun mehrere Jahre in dem Refu- gium der Oberstadt, bis sie wieder in die neuerbaute Münsterabtei übertragen wurden. Die französische Revolution mit ihren Schrecken störte auch unsern König in seiner Grabesruhe. Luxemburg wurde von den Scharen des Konvents belagert, die Einnahme der Stadt war zweifellos: da übergab der letzte Abt von Münster die Gebeine Johanns, um sie vor Entweihung durch die rohen Soldaten zu schützen, Peter Britzem, einem Schmiede der Abtei. Derselbe brachte seinen Schatz in die Wohnung des Bäckers Adam Bastien und bewahrte ihn sorgfältig unter dem Dache in einer Grotte auf, welche in dem anliegenden Felsen ausgehauen war

(1794). Da ruhte der König 4 Jahre, bis der Bäckermeister kurz vor seinem Tode das Geheimniß dem damaligen Vorsteher der Gemeinde Luxemburg anvertraute. Dessen Schwiegervater Boch holte die Königsleiche mit Einwilligung des Pfarrers von Münster aus dem Bäckerhause und brachte sie nach Siebenbrunn. Der junge Boch-Buschmann übersiedelte von da nach Metlach, und stellte sie daselbst in seinem naturhistorischen Kabinete neben anderen Raritäten auf (1809). Im Jahre 1833 sah an diesem unwürdigen Orte der Kronprinz von Preußen, der spätere König Friedrich Wilhelm IV., die Gebeine des „armen Königs". Er beschloß, für eine würdige Ruhestätte des Helden zu sorgen, und nachdem er die Herausgabe der irdischen Hülle von Boch erlangt hatte, ließ er sie zu Castell an der Saar feierlich und mit kirchlicher Einsegnung bestatten, im Jahre 1838 am selben Tage und zur selben Stunde, als der König vor 492 Jahren bei Crecy seinen Tod gefunden. Da ruht nun der Held bis zum heutigen Tage, aber immer noch droht ihm neue Störung im oftmals unterbrochenen Schlafe, da ihn die Luxemburger zurückbegehren in ihre Stadt und noch im Jahre 1844 deßwegen in Unterhandlungen mit Preußen standen. Wir unsrerseits möchten den Luxemburgern einen fruchtbareren Gegenstand ihres Patriotismus wünschen und sie bitten, dem armen Könige, auf den auch wir Ansprüche machen könnten, von nun an die wohlverdiente ewige Ruhe zu gönnen.

2.

Kaiser Karl IV.

(1346—1378).

Wenn die mächtigeren Premysliden durch ihr weises und planmäßiges Regierungssystem dem böhmischen Reiche eine hervorragende Stellung unter den deutschen Reichsländern verschafft haben, wenn durch die kühne Politik Ottokars II. Böhmens Machtstellung die aller Nachbarstaaten eine Zeit lang in hohem Grade überflügelt hat, wenn König Johanns unermüdliche kriegerische und diplomatische Thätigkeit die Behauptung herbeiführte, es könne in Europa ohne den Böhmenkönig nichts Wichtiges vorgenommen werden: so wurde doch erst durch die Regierung Karls IV. unser Vaterland durch längere Zeit an die Spitze des mitteleuropäischen Staatensystems gestellt. Die Ursachen dieser Erscheinung liegen ebenso sehr in der eigenthümlichen Persönlichkeit Karls, als in dem gleichzeitigen Zusammentreffen günstiger Umstände und dem Zwange der politischen Verhältnisse selbst. Zunächst war es von maßgebender Bedeutung, daß die böhmische Königskrone mit der deutschen Kaiserkrone durch Karl IV. in Einer Hand vereinigt wurde und auf diese Art die böhmischen Länder die Hausmacht der deutschen Kaiser bildeten, wie kurz vorher Baiern bei den Wittelsbachern und vor- und nachher die österreichischen Länder bei den Habsburgern. Ueberdies trugen noch andere Umstände dazu

14

bei, die Aufmerksamkeit der damaligen Politiker einige Zeit hindurch mehr nach dem Osten Europas zu lenken, als es bisher der Fall war. Durch die langwierigen Kämpfe der Kaiser mit den Päpsten hatte sich nicht nur der deutsche Einfluß in Italien fast ganz verwischt, sondern es war das Ansehen des Kaisers auch in Deutschland durch die immer unabhängigere Stellung der einzelnen Fürsten wesentlich verringert worden, und es konnte nicht mehr von einer weltgebieterischen Macht des römisch-deutschen Kaisers geredet werden. Die Thätigkeit der beiden großen Kulturvölker im Westen Europas wurde durch den mehr als hundertjährigen englisch-französischen Krieg vollauf in Anspruch genommen. Während dieser Kampf im Westen sich zumeist nur auf die beiden betheiligten Mächte beschränkte, zog von Asien her gegen den Osten Europas ein Ungewitter, das nicht nur das altersschwache Byzanz, sondern den gesammten gebildeten Welttheil in besorgte Aufregung zu setzen geeignet war. Es erschien das siegreiche Vordringen der Osmanen um so bedenklicher, als die kräftige Herrschaft der Anjou's in Ungarn eben in blutige Händel mit Neapel verwickelt worden, das Haus der Piasten in Polen aber dem Aussterben nahe war.

Kampf um
die deutsche Krone.
(1346–1349).

In diese Zeit fällt die Schlacht von Crecy und die Besteigung des böhmischen Thrones durch Karl, den Sohn Johanns, der uns wegen seiner einsichtigen Verwaltung Böhmens noch zu Lebzeiten des Vaters in gutem Andenken steht. Karl kehrte nach der unglücklichen Schlacht, in welcher er wacker mitgekämpft und sich ehrenvolle Wunden geholt hatte, nicht sogleich nach Böhmen zurück, sondern eilte nach Deutschland, um seine bereits am 11. Juli 1346 in Rense stattgehabte Wahl zum deutschen Könige auch durch die Krönung zu besiegeln. Allerdings konnte diese nicht in der alten Krönungsstadt Aachen vorgenommen werden, sondern erfolgte am 26. November zu Bonn in Gegenwart von zumeist geistlichen Fürsten, so daß es nahe lag, den Gekrönten als „Pfaffenkönig" zu bezeichnen. Nachdem Karl hierauf nach kurzem Aufenthalte in Böhmen vergeblich versucht hatte, den Wittelsbachern Tirol zu entreißen, begab er sich wieder nach Böhmen und ließ sich daselbst sammt seiner Gemahlin Blanka unter feierlichen Ceremonien krönen (2. Sept. 1347). Nunmehr mußte er sich zum Kampfe vorbereiten mit seinem mächtigen Gegenkaiser Ludwig dem Baier, der ebenso wenig Willens war, dem Luxemburger, wie einst dem Habsburger den Thron von Deutschland zu überlassen. Karl suchte einem etwaigen Angriffe durch einen Einfall in Baiern zuvorzukommen, sammelte ein großes Heer und war eben im Begriffe, durch den Tauser Paß in Feindes Land einzubrechen, als die Nachricht anlangte, Ludwig der Baier sei am 11. Oct. 1347 auf der Bärenjagd unweit München an einem Schlagflusse gestorben. Der Tod des Hauptes der Gegenpartei war ein unberechenbarer Gewinn für Karl, der im ausbrechenden Kaiserstreite keinesfalls alle Bedingungen eines gesicherten Erfolges für sich hatte. Wohl suchten die Wittelsbacher dem Luxemburger einen neuen Gegenkönig entgegen zu stellen. Jedoch sowohl der König Eduard III. von England, als auch der Markgraf von Meißen bezeigten keine Lust, die Wahl anzunehmen. Günther von Schwarzburg aber, der sich nicht weigerte, nach der angebotenen Krone zu greifen, war wohl ein tapferer Haudegen, aber mit solch' geringer Macht ausgerüstet, daß Karl nur einen leichten Kampf mit ihm zu bestehen hatte. Ueberdies war durch den Brünner Vertrag der Luxemburger bereits mit dem Habsburger ausgesöhnt, indem Karl die Huldigung als Kaiser empfieng und dem Herzoge die österreichischen Freiheitsbriefe bestätigte. Zugleich wurde eine Hochzeit zwischen Rudolph, dem jungen Herzoge von Oesterreich, und Katharina, der zweitgebornen Tochter Karls, beschlossen (5. Juni 1348). Dann zersplitterte Karl die Macht der gegnerischen Wittelsbacher, indem er einem betrügerischen Müller, der sich für den verstorbenen Markgrafen Waldemar von Brandenburg ausgab, als solchen anerkannte und selbst am 4. März 1349 Anna, die Tochter des Kurfürsten Rudolph von der Pfalz, heirathete. Der Schwiegervater gieng jetzt auf die Seite des Königs über, so daß auch Ludwig von Brandenburg sich entschloß, jeden weiteren Widerstand aufzugeben. Da inzwischen der falsche Wald mar entlarvt worden war, belehnte Karl den Wittelsbacher Ludwig mit Brandenburg und empfieng von ihm nebst der Huldigung auch die Krone und die übrigen Reichsinsignien, die bis jetzt im Besitze der Wittelsbacher sich befunden hatten. Als dann Günther von Schwarzburg am 12. Juni 1349 an Gift gestorben war, nahm Karl in Aachen auch von seinen früheren Feinden die Huldigung entgegen, zog mit der Krone in die Marienkirche und ließ seine Gemahlin Anna zur Königin krönen (25. Juli 1349).

So hatte Karl nicht durch kühne Feldzüge, sondern mehr durch die Gunst des Schicksals, sowie durch seine die kleinsten Mittel nicht außer Acht lassende Klugheit, die Einheit im deutschen Reiche hergestellt. „Er besaß," so sagt sein ausführlichster Biograph der neuern Zeit, „die Kunst, durch seine einnehmende Art, durch seine am rechten Orte angewandte Beredtsamkeit, durch das kluge Nachgeben, wo er nicht durchdringen konnte, und wo alle diese Mittel fruchtlos waren, durch Großmuth und Geschenke, die Herzen der Fürsten zu gewinnen. Mit Hilfe dieser Waffen bezwang er einen Gegenkönig, eine Menge Empörer und Feinde. Er verschaffte dem Reiche so viel Beruhigung, als man nur damals hoffen durfte."

Nachdem Karl wieder in Prag eingetroffen, und daselbst seine Gemahlin Anna auch zur böhmischen Königin feierlichst gekrönt worden war (1. Nov. 1349), schlichtete er die alten Streitigkeiten wegen Tirol, welche das treulose Vorgehen der Margaretha Maultasch zwischen den Luxemburgern und Wittelsbachern hervorgerufen hatte. Johann Heinrich, der Bruder Karls, entsagte nunmehr allen seinen Ansprüchen auf Tirol, wogegen ihm und seinen Nachkommen die Markgrafschaft Mähren unter der Oberhoheit Böhmens zugesprochen wurde (26. Dec. 1349). Die auf diese Art gestiftete Secundogeniturlinie des Hauses Luxemburg erlosch schon im Jahre 1411. Im Besitze des Fürstenthums von Troppau verblieb Nikolaus

(Randnotiz:) Tirol. Mähren.

11*

der Jüngere, Enkel Ottokars II., durch dessen natürlichen Sohn Nikolaus den Aelteren, während das Bisthum Olmütz, wie bisher, unter der unmittelbaren Gewalt des böhmischen Königs stehen sollte.

Nachdem im nächstfolgenden Jahre (1350) die deutschen Reichsinsignien in feierlichster Procession auf den Wyschehrad und dann in die St. Wenzelskapelle (später nach Karlstein) übertragen worden waren, störten böhmische Adelige, namentlich die Rosenberge, den Landfrieden durch eine blutige Fehde, Anfangs mit österreichischen Baronen und dann mit dem Burggrafen Wilhelm von Landstein (1351). Karl zog gegen die Rosenberge aus, nahm einige feste Schlösser derselben, zerstörte sie und stellte so den Frieden wieder her (1352). – Friedliche Ländererwerbungen nahmen zunächst des Königs Thätigkeit in Anspruch. Seine zweite Gemahlin Anna von der Pfalz starb im Jahre 1353, und Karl lenkte seine Aufmerksamkeit auf Anna, die Erbtochter von Schweidnitz und Jauer, den einzigen noch nicht zu Böhmen gehörigen schlesischen Herzogthümern. Schon im Mai 1353 fand die Vermählung statt, und es wurde ein Vertrag mit Polen geschlossen, dem zu Folge Karl der Lehensherrlichkeit über die Herzogthümer Plock und Mazowien entsagte, dagegen aber Beuthen und Kreuzberg, sowie die Anwartschaft auf Schweidnitz und Jauer erhielt. Noch im selben Jahre wurde die Gränze Böhmens im Westen in nennenswerther Weise vergrößert. Durch Kauf erwarb Karl von den Erben seines Schwiegervaters ansehnliche Länderstrecken in der Oberpfalz, so daß, die bereits von Rudolph noch bei dessen Lebzeiten erworbenen Städte mit eingerechnet, jetzt die Gränzen Böhmens bis an die Thore von Nürnberg reichten.

Die Kaiserkrone nach althergebrachter Weise zu erlangen und so an die Spitze der christlichen Fürsten zu treten, hielt Karl für eine nicht zu verabsäumende Aufgabe. Aber ihm war die römische Krone nur noch eine Auszeichnung, welche zwar den Namen des ersten christlichen Fürsten, keinesfalls aber die Gewalt über die gesammte christliche Welt und insbesondere über Italien im Sinne der alten Stauferkaiser verschaffte. Karls praktischer Sinn neigte sich zu einer nüchternen Auffassung der Kaiseridee, die übrigens durch die thatsächlichen Verhältnisse, sowie durch die Eide, die er dem Papste Klemens VI. im Jahre 1346 geleistet hatte, vielfach bedingt wurde. Als daher im Jahre 1350 der schwärmerischen Cola di Rienzi, „der Volkstribun von Rom", nach Prag kam und Karl aufforderte, er möge die alte Kaiserzeit in ihrer vollen Macht und Herrlichkeit wiederherstellen, so hielt er den begeisterten Volkstribun, trotzdem er Empfehlungsbriefe vom berühmten Dichter Petrarka mitgebracht hatte, für einen Wahnwitzigen und lieferte ihn dem Papste aus. Der Römerfahrt Karls fehlte von vornherein die hohe Idee der alten Kaiserzeit, und demgemäß fiel sie auch kläglich genug aus. Noch hatte Karl den Landfrieden in Deutschland und den schweizerischen Waldstädten zu befestigen (1353), beerdigte dann seinen Großoheim Balduin von Trier (24. Jan. 1354), ließ seine Gemahlin Anna als römische Königin in Aachen krönen (9. Feb.) und erhob sein

Stammland Luxemburg, in welchem sein Stiefbruder Wenzel regierte, zum deutschen Herzogthume (20. März). Dann erst zog der deutsche und böhmische König mit zahlreichem Gefolge über die Alpen. Die Mailänder öffneten bereitwilligst die Thore ihrer Stadt, und Karl empfieng am 6. Januar 1355 als lombardischer König die eiserne Krone. Die Kaiserkrönung selbst am 5. April 1355 zeigte den Unterschied zwischen sonst und jetzt im grellsten Lichte. Nicht der Papst, der ja seit Langem in Avignon residierte, selbst nicht einmal drei Kardinäle, wie dies bei Heinrich VII. der Fall war, sondern ein Einziger krönte den Enkel und dessen Gemahlin Anna im alten Kaiserorte zu St. Peter. Ehe dann das Krönungsmahl noch zu Ende war, musse der Kaiser mit seinem Gefolge, wie er's einst (1346) geschworen hatte, die Stadt verlassen, um vor den Mauern Roms bei San Lorenzo die erste Kaisernacht zuzubringen. In aller Bescheidenheit trat Karl den Rückzug in seine Heimath an, und wie sorgfältig er auch jeden feindlichen Zusammenstoß mit den Parteien Italiens zu vermeiden suchte, in Siena, wie in Pisa musste er erfahren, wie wenig das Kaiserthum der Macht nach wieder hergestellt sei. In Pisa zettelte der Stimmführer der Ghibelinen, Francesco Gambacorta, eine Verschwörung an. In der Nacht vom 20. auf den 21. Mai brach in dem Stadthause, wo Kaiser Karl mit seiner Gemahlin wohnte, Feuer aus, welches so plötzlich um sich griff, dass der Kaiser und die Kaiserin nur mit großer Lebensgefahr in das benachbarte Haus sich retten konnten. In derselben Nacht noch erhob sich ein Tumult und allenthalben ertönte der Ruf: „Es lebe das Volk! Nieder mit dem Kaiser!" Karl IV., so hieß es, wolle die Pisaner an ihre Erzfeinde, die Florentiner, verkaufen, und er habe deswegen das Waffenmagazin des Rathhauses in Brand gesteckt. Die Pisaner griffen zu den Waffen, und die Lage des Kaisers wurde eine um so bedenklichere, als der größere Theil der deutschen und böhmischen Mannschaft im entferntesten Stadttheile, jenseits des Arno, seine Quartiere genommen hatte. Doch auf den ersten Lärm eilten einige Reiterzüge herbei, erkämpften sich tapfer den Uebergang über die Brücke und griffen den Rebellenhaufen am Marktplatze an. Die treulosen Italiener erlagen im blutigen Kampfe, und die Kaiserlichen bekamen die Brüder Gambacorta in ihre Gewalt. Auf der Folter bekannten sie, die Verschwörer hätten den Plan gehabt, das kaiserliche Paar sammt dem Gefolge in jener Nacht zu ermorden. Der Kaiser hielt strenges Gericht, befahl die drei Brüder am offenen Marktplatze zu enthaupten (26. Mai) und eilte dann schleunigst über die Alpen. Der Einzug des gekrönten deutschen Kaisers in Böhmen war ein ansehnlich feierlicher. Als er sich der Hauptstadt näherte, zog der Klerus, der Adel und die Bürgerschaft festlich bis Beraun entgegen und führte ihn unter allgemeinem Glockengeläute in Prag ein. Endloser Jubel des Volkes ertönte über den Landesvater, der jetzt vier Kronen auf seinem Haupte vereinigte und der Erste unter Böhmens Beherrschern war, welcher die höchste weltliche Würde im christlichen Europa bekleidete. Die römische Krone gehört auf die böhmische, sagte man, und beide blieben bis zum Jahre 1137 und dann wieder von 1557, bis auf unsere Zeiten innigst verbunden. Es bedarf wohl kaum der Erwähnung, daß unser Vaterland, so lange dessen Beherrscher römisch deutsche Kaiser waren, an Ansehen, Macht und Glanz außerordentlich gewann, und daß insbesondere die Hauptstadt Prag, so lange sie Residenzstadt und somit Mittelpunkt des deutschen Reiches blieb, einen ungewohnten Aufschwung nahm und sich in herrlicher Blüthe entfaltete.

Landtag 1355.   Noch im Jahre der Kaiserkrönung suchte Karl durch eigene Staasgrund gesetze sowohl in Böhmen als in Deutschland vielfach eingerissenen Mißbräuchen abzuhelfen und eine allgemeine Ordnung herzustellen. Er berief zuerst einen Generallandtag der böhmischen Krone, auf welchem sich nebst den Ständen Böhmens, Mährens, Schlesiens und der Lausitz auch der Markgraf Johann Heinrich von Mähren und viele schlesische Herzoge einfanden. Nachdem noch einmal die völlige Einverleibung der Nebenländer Böhmens und zwar mit kaiserlicher Autorität erklärt worden war, legte Karl den Entwurf eines Gesetzbuches vor (Majestas Karolina), das bestimmt war, dem Lande für die Zukunft eine gesicherte Verfassung zu ge= wahren und ähnlichen anarchischen Zuständen, wie sie unter Johann und Heinrich von Karnthen vorgenommen waren, vorzubeugen. Allein, wie unter Wenzel II. der Adel mit aller Gewalt sich geweigert hatte, eine geschriebene, allgemeingiltige Landesordnung anzunehmen, so scheiterte auch jetzt zum großen Schaden des Landes die Einführung gesicherter Rechtszustände am Widerstande der Junker, die aus bekannten Gründen unter anarchischen Verhältnissen sich am wohlsten fühlten. Nur auf einige Verbesserungen im Gerichtswesen gieng der Adel ein, die Majestas Karolina aber mußte Karl am 6. Oktober wieder zurückziehen, und sie blieb an sich bis auf den heutigen Tag ein bloßer Entwurf.

Goldene Bulle (1356).   Bereitwilliger nahmen die deutschen Fürsten die Gesetzesvorschläge Karls IV. auf den Reichstagen zu Nürnberg und Metz (1355, 1356) an, so daß ein allge meingiltiges Reichsgesetz erlassen werden konnte, das unter dem Namen der golde= nen Bulle bekannt ist. Wenn wir das Verdienstliche dieses Gesetzbuches in Beziehung auf die Bestimmungen über die Wahlordnung des deutschen Königs und über die Wahrung des Landfriedens anerkennen, so müssen wir doch anderseits tief beklagen, daß gerade durch die goldene Bulle sowohl die freiheitliche, als auch die einheit liche Entwickelung Deutschlands in empfindlicher Weise gestört worden ist. Während nämlich das neue Gesetz den Städten das Recht der freien Vereinigung gänzlich entzog, erlangten die Kurfürsten eine um so größere Macht in ihren Territorien, die sich von der eines Souverains schon wenig mehr unterschied. Die Reformen in der goldenen Bulle begünstigten die höheren Stände und nicht das Volk, umge kehrt, wie in der Majestas Karolina, und wenn letztere für Böhmen eine große Wohlthat hätte werden können, so bleibt die erstere immerhin ein sehr zweifelhaf tes Geschenk für das deutsche Reich. Ueber die Bestimmungen der goldenen Bulle in Bezug auf das Verhältniß Böhmens zum Reiche werden wir an einer andern Stelle berichten.

Durch die goldene Bulle schuf sich Kaiser Karl eine Menge Feinde, unter denen die mächtigsten die Herzoge von Baiern und Oesterreich und Papst Innocenz VI. waren. Ludwig, der Sohn des Kaisers Ludwig, hatte nämlich die Mark Brandenburg seinen Brüdern Ludwig dem Römer und Otto gegen deren Besitz in Baiern abgetreten, verlor aber hiedurch die nach der goldenen Bulle an das Land gebundene Kurwürde. Er glaubte mit Recht oder Unrecht, die Bestimmung sei speciell von dem Kaiser gegen ihn in das Gesetz gebracht worden und begann mit mehreren andern Fürsten geheime Pläne zu besprechen, die zuletzt auf die Absetzung Karls und die Wahl eines neuen deutschen Königs abzielten. Rudolph IV. von Oesterreich, der Nachfolger Albrechts II. von Oesterreich, ein höchst ehrgeiziger Fürst, der nach völliger Unabhängigkeit vom Reiche strebte und zu diesem Zwecke eine Menge der weitgehendsten Freiheitsbriefe seiner Länder hatte fälschen lassen, stellte sich unter die Gegner des Kaisers, da dieser nicht Willens war, alle diese neuen Privilegien zu bestätigen. Der Papst Innocenz VI., der durch die goldene Bulle seinen allerdings nur angemaßten Einfluß auf die deutsche Königswahl verkümmert sah, grollte dem Kaiser und war mit den geheimen Verabredungen der Fürsten ganz einverstanden. Allein gerade ihn wußte Karl bald vom Bündnisse der Gegner abzulenken. Er trat nämlich auf dem Reichstage zu Mainz im März 1359, auf welchem der Papst einen Zehent von allen geistlichen Einkünften in Deutschland verlangte, energisch für eine Reform des Klerus ein, schützte aber andererseits durch eine von Prag (13. Oct. 1359) erlassenen Bulle Personen und Güter der Geistlichen gegen jedwede Willkür der weltlichen Behörden. Auch die Anschläge der baierischen Herzoge verstand Karl wenigstens zeitweilig zu zerstreuen. Er brachte nämlich mit Rudolph IV. von Oesterreich, dem Gemahle seiner Tochter Katharina, eine Versöhnung zu Tyrnau zu Stande, wobei König Ludwig I. von Ungarn die Vermittlerrolle spielte (17. Mai 1360). Da jedoch im Tyrnauer Vertrage keine Entscheidung in der Hauptfrage über die Giltigkeit der gefälschten Privilegien getroffen worden war, so begann Rudolph seine Umtriebe gegen den Kaiser bald von Neuem. Karl beschloß nunmehr entschieden gegen seine Feinde aufzutreten. Er schickte gegen die Grafen von Würtemberg, die Verbündeten Rudolphs, die sich überdies durch ihre Gewaltthätigkeiten gegen die benachbarten Reichsstädte allgemein verhaßt gemacht hatten, ein böhmisches Heer in's Feld. Dasselbe verband sich mit einigen Reichstruppen, eroberte rasch mehrere feindliche Orte und schlug die Gegner in der hitzigen Schlacht bei Schorndorf (Aug. 1360). Karl gewährte den widerspänstigen würtembergischen Grafen einen milden Frieden und nahm auch Rudolph von Oesterreich wieder in Gnaden auf, nachdem letzterer zu Eßlingen (5. Sept. 1360) versprochen hatte, alle seine angemaßten Titel und Rechte niederzulegen. Als aber Rudolph dessenungeachtet fort

Fürstenbündniß gegen Karl IV. (1359 1362).

fuhr, kaiserliche und königliche Insignien zu tragen, als „Herzog von Schwaben" sich zu geberden und sich weigerte, einer in Folge dessen an ihn ergangenen Vor-ladung des Kaisers nach Nürnberg nachzukommen, drohte ein ernstlicher Krieg zwischen Schwiegervater und Schwiegersohn auszubrechen. Noch wurde derselbe hintangehalten durch den Frieden von Budweis (14. Juni 1361), in welchem Rudolph, der sich in Feindseligkeiten mit dem Patriarchen von Aquileja verwickelt hatte, auf die Durchführung seiner auf falschen Urkunden fußenden Pläne ver-zichtete. Niemals wurden Verträge leichter geschlossen und gebrochen, als in den trenlosen Zeiten des XIV. Jahrhunderts, welchem in der That aller Rechts-sinn abgegangen war. Mehrere Umstände trieben den Herzog Rudolph neuerdings zum Bruche mit dem Kaiser. Die Hoffnung des letzteren auf einen Thron-erben wurde endlich am 26. Febr. 1361 durch die Geburt des Prinzen Wenzel erfüllt, damit aber auch des Habsburgischen Schwiegersohnes Aussichten auf die Nachfolge im Kaiserthume wesentlich verschlechtert. Zudem starb am 17. Sept. 1361 Ludwig der Brandenburger, und es folgte ihm Meinhard in der Regierung Ober-baierns und Tirols. Da letzterer ein schwächlicher Jüngling war und noch dazu des Lebens Freuden in vollen Zügen genoß, so zogen sowohl die Luxemburger als auch die Habsburger die Frage über die Erbschaft von Tirol in reifliche Erwä-gung, und beide Häuser trafen ihre entsprechenden Vorbereitungen. Zu eben dieser Zeit trat ein Zerwürfniß zwischen Kaiser Karl und dem Könige Ludwig von Un-garn ein, welch' letzterer eine schimpfliche Aeußerung Karls über seine Person nur mit Blut zu sühnen erklärte. Dies benützte sofort der schlaue Rudolph von Oester-reich und schloß am 31. Dec. 1361 mit dem Ungarnkönig ein Bündniß gegen den Kaiser, dem auch Meinhard von Tirol, der Erzbischof von Salzburg und der Bischof von Passau beitraten. Der Kaiser antwortete auf das Bündniß der Gegner mit einem Kurfürstentage zu Nürnberg (13. März 1362), auf welchem die Fürsten von Böhmen, von Mainz, Trier, der Pfalz und von Sachsen die Erklärung ab-gaben, nach dem Tode Karls keinen der Habsburgischen Brüder zum römischen König wählen zu wollen. Ueberdies wurden die bittersten Klagen über die Um-triebe Rudolphs erhoben und beschlossen, den falschen Herzog vor das Reichsgericht zur Verantwortung zu laden. Der jetzt ausbrechende Krieg nahm keinesfalls jene große Dimensionen an, wie man nach der Menge der Betheiligten hätte schließen sollen. Die Fürsten zogen es vor, einander durch diplomatische Verhandlungen zu überlisten, anstatt mit dem Schwerte in der Faust zu besiegen. Wohl sammelten sich im Sommer 1362 ungarische, polnische und österreichische Truppen an der Gränze von Mähren, während die bairischen Herzoge wegen innerer Zerwürfnisse gar nicht zur Thätigkeit gelangten; allein der ganze Feldzug beschränkte sich auf einige Streifzüge ungarischer Truppen nach Mähren.

Erbvertrag mit Brandenburg (1363).

Als bald darauf Meinhard von Tirol gestorben war (13. Jan. 1363), und Rudolph von Oesterreich durch sein schnelles und entschiedenes Vorgehen die Herr-

schaft über Tirol mit Einwilligung der Margaretha Maultasch, sowie der Landes-
stände, gewonnen hatte, änderte sich auch die ganze so verwickelte Sachlage. Die
Wittelsbacher zürnten dem Habsburger wegen der Erwerbung von Tirol, zerspal-
teten sich aber selbst wieder untereinander wegen der Erbschaft der durch Mein-
hards-Tod erledigten bairischen Landestheile. Da Stephan von Niederbaiern dieselben für sich allein in Anspruch nahm, so schlossen im Grolle darüber die brandenburger Wittelsbacher, Ludwig und Otto, einen Vertrag mit Karl (18. März
1363) kraft dessen die Markgrafen erklärten, Brandenburg solle nach ihrem Tode,
wenn sie keine Kinder hinterließen, an die Krone von Böhmen fallen, der Knabe
Wenzel schon jetzt den Titel eines Markgrafen führen und die Huldigung empfangen. Markgraf Otto verlobte sich mit des Kaisers fünfjähriger Tochter Elisabeth, welcher die Herzogthümer Schweidnitz und Jauer verschrieben wurden, während die Markgrafschaft Niederlausitz an Böhmen fallen sollte, und vorläufig Herzog
Bolek damit belehnt wurde.

Auch mit seinem andern Feinde gelangte Karl zum friedlichen Ausgleiche. Erbverträge mit
Oesterreich und
Ungarn (1364).
Da seine dritte Gemahlin Anna im Jahre 1362 gestorben war, gedachte er sich
zum vierten Male mit der Tochter Herzog Boguslaws V. von Pommern, einer
Enkelin Kazimirs von Polen, zu vermählen. Die Hochzeit wurde in Krakau (Dec.
1363) festlich begangen, und die bei dieser Gelegenheit stattfindende Zusammenkunft
des Kaisers mit dem Polen- und Ungarnkönige führte zur allmählichen Versöhnung der Gegner. Durch Vermittelung Kazimirs von Polen trat im Februar 1364
ein großer Friedenskongreß zusammen, an welchem sich der Kaiser mit seinem
Sohne Wenzel, König Ludwig von Ungarn, die Herzoge von Oesterreich, der
päpstliche Legat und eine Menge von Bischöfen, Fürsten und Herren betheiligten.
Katharina, die verständige Tochter Karls IV., bildete die Seele der Unterhandlungen, welche zur allgemeinen Befriedigung ausfielen. Der Kaiser schloß Frieden
mit Ludwig von Ungarn und Rudolph von Oesterreich und belehnte den letzteren
mit Tirol. Dann verband sich (10. Feb.) das Luxemburgische und Habsburgische
Haus zu einer denkwürdigen Erbeinigung, die für die Zukunft von Wichtigkeit
werden sollte. Wenn nämlich, so wurde bestimmt, Karl IV., sein Sohn Wenzel
und sein Bruder Johann von Mähren und deren Nachkommen männlichen und
weiblichen Geschlechtes ohne eheliche Leibeserben mit Tode abgiengen, so sollten die
böhmischen Länder an die Herzoge von Oesterreich und deren Nachkommen männlichen und weiblichen Geschlechtes fallen; umgekehrt treten die Luxemburger in die
Erbschaft der österreichischen Länder, falls alle männlichen und weiblichen Nachkommen der Herzoge von Habsburg und deren Schwester Margareth aussterben
sollten. Auch mit Ungarn schloß Karl eine ähnliche Erbeinigung, und da mit diesem
Reiche die Habsburger bereits früher durch einen Erbvertrag verknüpft waren, so
war in der That zum ersten Male die Idee einer großen östlichen Monarchie
deutscher, magharischer und slawischer Völker ausgesprochen worden, eine Idee, die

nicht, wie viele andere, spurlos verfinken sollte, sondern in Fleisch und Blut über= zugehen bestimmt war. Die Stände Böhmens bestätigten die abgeschlossene Erbei= nigung, und Markgraf Johann heirathete die Habsburgerin Margaretha, die Wittwe des Herzogs Meinhard.

Reise nach
Avignon (1365). Um die Zerwürfnisse zu schlichten, welche seit dem Erlasse der goldenen Bulle mit dem päpstlichen Stuhle eingetreten waren, sowie um den Papst zur Rückkehr nach Rom aus seiner abhängigen Stellung in Frankreich zu bewegen, unternahm Karl im Jahre 1365 eine Reise nach Avignon. Papst Urban V. kam den Absichten des Kaisers freundschaftlichst entgegen, und es wurden trotz des Widerstandes des fast ganz französischen Kardinalskollegiums Verabredungen wegen der Zurückfüh= rung der Kurie nach Italien getroffen. In freudiger Stimmung darüber beschloß der Kaiser gelegentlich seiner Anwesenheit in Südfrankreich die alte Oberhoheit Deutschlands über das arelatische Reich, so weit es möglich war, wieder herzu= stellen und ließ sich nach empfangener Huldigung der Bischöfe und Herren der Provence durch den Erzbischof von Arles die Krone von Arelat auf das Haupt setzen, welche seit Friedrich I. kein deutscher Kaiser getragen hatte. Im Triumphe kehrte Karl nach Böhmen zurück, woselbst ihm der Klerus, der Adel und eine große Menge des Volkes von Prag bis auf den weißen Berg entgegeneilte (28. Aug. 1365). Manigfaltige Geschäfte, die Karl in Böhmen und Deutschland zur Behand= lung vorfand, verhinderten ihn, noch vor dem Papste nach Italien zu ziehen, wie es verabredet war.

Zug nach Italien
(1368. 69). Urban V. verließ am 30. April 1367 Avignon und traf am 16. Oktober unter dem Jubel der Bevölkerung in Rom ein. Erst im nächsten Jahre zog Karl über die Alpen, zwang Galeazzo Visconti, den Hauptfeind des Papstes, zum Frieden, und eilte dann von Viterbo, wo er den Papst traf, nach Rom. Er fügte sich daselbst ganz den Wünschen Urbans, hielt demselben den Stegreif und führte das Pferd am Zügel von der Engelskirche bis nach St. Peter, somit weiter, als es die früheren Kaiser zu thun pflegten. Dafür krönte Urban seine Gemahlin am 1. November 1368 in feierlicher Weise zur Kaiserin. Die Einigkeit der weltlichen und geistlichen Macht war allerdings nach langem Streite wiederhergestellt, ein Schauspiel, das, wie Boccaccio, der weltberühmte Prosaiker, sagt, „die Väter nicht gesehen hatten und die Zeitgenossen nicht zu hoffen wagten“. War aber auch der alte Glanz und die alte Herrlichkeit der Kaiser wieder errungen? Darnach dürfte wohl Karl selbst nicht gestrebt haben, da es sich ihm zumeist nur um Erfüllung der Form gehandelt hatte. Auf der Rückreise hatte der Kaiser manigfache Strei= tigkeiten und Kämpfe mit den widerspänstigen Italienern zu bestehen, die für ihn nicht immer ganz glücklich ausfielen (1369). Selbst der Hauptzweck der ganzen Unter= nehmung, die Befestigung des Papstes in seinem alten Sitze zu Rom, wurde in= sofern nicht erzielt, da schon im Jahre 1370 Papst Urban sich wieder nach Avignon zurückzog, wie es die französischen Kardinäle gewünscht und prophezeit hatten.

Ju Oesterreich war bereits am 27. Juli 1365 Herzog Rudolph IV., der Erwerbung von Schweidnitz, Jauer und der Niederlausitz (1369).
Schwiegersohn des Kaisers, gestorben, und es hatten seine Brüder Albrecht III.
und Leopold III. die Regierung übernommen. Noch zu Lebzeiten Rudolphs war
eine Feindschaft zwischen Oesterreich und Ungarn ausgebrochen, die auch nach
seinem Tode fortdauerte und erst durch Vermittelung Karls IV. nach dessen Rück=
kehr von Avignon beseitigt wurde. Es hatten in Folge dessen die Habsburger und
die Anjou's die früher abgeschlossene Erbeinigung aufgelöst, dagegen die ersteren
mit Karl von Luxemburg den Erbvertrag vom Jahre 1364 unter Zustimmung
der beiderseitigen Länder erneuert (1366). — Drei Jahre nach dem Tode des
Schwiegersohnes Rudolph starb Karls Schwiegervater, der Herzog Bolel von
Schweidnitz und Jauer (28. Juli 1368), und Karl schritt nun vermöge des frü
heren Uebereinkommens zur Vereinigung der Fürstenthümer Schweidnitz und Jauer,
sowie der Niederlausitz mit der Krone von Böhmen (1369). — Wenn der Kaiser
bei diesem Länderzuwachse schon auf Schwierigkeiten der Nachbarfürsten gestoßen
war, so sollte die gleichfalls in Aussicht stehende Erwerbung der Mark Branden Erwerbung von Brandenburg (1373).
burg nicht ohne Widerstand vor sich gehen. In diesem Lande war nach dem Tode
seines Bruders, Ludwig des Römers, Markgraf Otto zur alleinigen Regierung
gekommen. Obwohl derselbe seit 1366 mit Karls Tochter Katharina, der Wittwe
des Rudolph von Oesterreich, vermählt war, strebte er doch die einstige Erbver
brüderung mit Böhmen zu vernichten. Er versöhnte sich mit seinem Bruder
Stephan von Niederbaiern, dessen Sohn Friedrich er als Erben von Brandenburg
ausersah, und fand in seinen Absichten nicht nur an seinen Verwandten, sondern
auch im Könige von Ungarn und Kazimir von Polen bereitwillige Unterstützung.
So organisierte sich ein Bundniß, welches zunächst den Heimfall der Mark
Brandenburg an Böhmen zu verhindern suchte, in weitere Aussicht aber überhaupt
die Schwächung oder vielleicht den Sturz des beneideten Hauses Luxemburg nahm.
Wiederum waren es glückliche Zufälle, welche die gar nicht zu unterschätzende Ge
fahr, die sich über dem Haupte Karls aufthürmte, zerstreuten. Ehe es nämlich
noch zum Ausbruche des Konfliktes kam, verschied König Kazimir von Polen (5.
Nov. 1370), dessen Todesfall das feindliche Bundniß sofort um zwei gewichtige
Theilnehmer schwächte. Denn nicht genug, daß das verwaiste Polen unthätig
blieb, sondern es wurde jetzt die Thätigkeit des Königs von Ungarn, welcher zum
Erben Polens eingesetzt worden war, vollauf in Anspruch genommen und von der
brandenburgischen Frage abgelenkt. Nicht minder günstig war es für Karl, daß
noch im selben Jahre der Papst Urban V., der in der letzten Zeit zum Kaiser
wieder in ein gespanntes Verhältniß getreten war, mit Tod abgieng, und Gregor XI.,
ein besonderer Freund Karls, auf dem päpstlichen Stuhle folgte. Ferner hatte es
Karl verstanden, den Herzog Albrecht von Baiern durch Familienbande an sich zu
fesseln, indem er den jungen König Wenzel mit des Herzogs Tochter vermählte
(29. Sept.) und die junge Königin schon am 17. November 1370 zu Prag feierlichst

trauen ließ. So konnte Karl es wohl wagen, den Krieg gegen Otto von Branden-
burg, der in der That die Erbeinigung mit Böhmen gebrochen und seinen Neffen
Friedrich am 15. Mai 1371 in der Mark hatte huldigen lassen, zu eröffnen.
Karl rückte in die Mark ein, aber schon nach zweimonatlichem Kampfe kam es zu einem
Waffenstillstande, den Karl mit Otto und dessen Bundesgenossen auf anderthalb
Jahre schloß (Okt. 1371). Vergeblich suchte der Papst Gregor XI. die Zeit des
Waffenstillstandes zur Herbeiführung eines allgemeinen Friedens zu benützen. Nach
Ablauf der Waffenruhe fiel Karl neuerdings in Brandenburg ein, nahm mehrere
feste Plätze im Sturme und nöthigte endlich Otto und Friedrich zur Nachgiebigkeit.
Am 15. August 1373 wurde ein Vertrag geschlossen, in welchem die Wittelsbacher
die Mark Brandenburg an die Luxemburger abtraten, wogegen sie nebst einer be-
deutenden Geldentschädigung mehrere oberpfälzische Schlösser und Städte erhielten.
Am 29. Juni des nächsten Jahres bestätigte Karl als Kaiser die Vereinigung der
Mark in Böhmen und war bis an das Ende seines Lebens mit großer Sorgfalt
darauf bedacht, diese seine jüngste Erwerbung aus dem bisherigen Verfalle zur
Wohlfart und Blüthe zu bringen.

Wahl Wenzels
zum deutschen
Könige (1376).
Je glücklicher sich die Politik des Kaisers in seinen manigfaltigen Plänen
bewährte, je mehr Glieder er dem imposanten Länderkomplexe seiner Hausmacht
einfügte, desto schwerere Sorgen umdüsterten sein Gemüth, daß nicht der mühsam
aufgeführte Bau seiner Familie entfremdet und in den Händen anderer Uneingeweihter
wieder zertrümmert würde. Daher ließ er sich's viel Mühe, Zeit und Geld kosten,
die einzelnen Kurfürsten zu bewegen, noch bei seinen Lebzeiten seinen Sohn Wenzel
zum römischen Könige zu wählen. Schwere Opfer mußten allerdings gebracht
werden; aber der Kaiser hatte die Befriedigung, auch diese Lieblingsidee seines
Alters erfüllt zu sehen. Am 10. Juni 1376 erfolgte zu Frankfurt einstimmig
die Wahl des jugendlichen Wenzel, und bald darauf am 6. Juli wurde die Krönung des Gewählten und seiner Gemahlin Johanna zu Aachen in feierlicher Weise
vorgenommen. Wenn sich der Kaiser bei dieser Wahl über die Verpfändung
gegen seine eigene goldene Bulle, sowie über die neue Verminderung der Königs-
macht durch manigfache Zugeständnisse hinaussetzte, so hat er sicherlich nicht geahnt,
daß gerade Nichts geeigneter war, das Werk, welches er aufgeführt, Stück für
Stück zu zerstören, als die Erhebung Wenzels auf den deutschen Thron.

Zug nach Lübeck
(1375).
Noch haben wir zweier Züge zu gedenken, die Karl am Schlusse seiner Regierung unternommen hat. Um Niederdeutschland in nähere Verbindung zum Reiche zu
bringen und zugleich handelspolitische Interessen zu verfolgen, begab er sich, noch
ehe er Wenzels Wahl durchgesetzt hatte, in eigener Person mit seiner Gemahlin
und glänzendem Gefolge nach der mächtigen Hansastadt Lübeck (1375). Die reichen
Lübecker Bürger bereiteten ihrem Kaiser und ihrer Kaiserin einen prächtigen Einzug.
Vor den Majestäten her wurden die Schlüssel der Stadt, über ihnen ein goldener
Baldachin getragen, während Herzog Albert von Sachsen mit dem Schwerte, Mark-

graf Otto mit dem Scepter und der Erzbischof von Köln mit dem Apfel erschienen. Frauen und Jungfrauen in ihren schönsten Kleidern bildeten von einem Thore zum anderen den Reigen, zwischen welchem das Kaiserpaar hindurch zog. Die versammelte Geistlichkeit bot den hohen Gästen das Kreuz zum Küssen an und geleitete sie dann in die Hauptkirche in feierlicher Prozession. Am Abende aber strahlte die Stadt von Lichtern, als wäre es heller Tag. Wie dann der Kaiser die Bürgermeister „als Herren" begrüßte, und dieselben diese Auszeichnung ablehnten, berief sich Karl auf die alten Kaiserregister, denen zu Folge Lübeck gleich Rom, Venedig, Florenz und Pisa als eine der fünf größten Städte des Reiches seine Bürgermeister in den kaiserlichen Rath senden könnte. Durch zehn Tage verweilte der Kaiser in der Stadt, und wenn er auch die Leitung der Hansa nicht erlangte, so ward doch die Zusammengehörigkeit weitentfernter Reichsglieder dargethan. Die Lübecker aber waren stolz auf den Besuch ihres Kaisers und vermauerten das Thor, durch welches er seinen Einzug genommen, damit kein anderer seinen Fuß über diese Schwelle setze.

Im Winter von 1377 auf 78 entschloß sich Karl trotz seiner immer mehr zunehmenden Gebrechlichkeit zur Reise nach Paris, wohin einst sein Vater so oft geritten, und wo er selbst die Tage seiner Jugend verlebt hatte. Wohl mag es den alten Kaiser gedrängt haben, die Orte, wo er sich als Knabe umhergetummelt hatte, noch einmal zu sehen; wohl mochte er auch die Absicht haben, den römischen König Wenzel, der ihn auf der Reise begleitete, seinem Neffen, dem französischen Könige zu empfehlen, aber es dürften wohl noch wichtigere Beweggründe den Kaiser zu dieser seiner letzten Reise veranlaßt haben. Mußte es doch Frankreich sehr verdrossen haben, daß die Uebersiedelung des Papstes nach Rom endlich erfolgt war, und sicherlich war Karl seinerseits tief bekümmert, als er die Anzeichen des herannahenden unglückseligen Schismas bemerkte. Die Aussöhnung mit Frankreich wurde erzielt, dem Schisma aber nicht vorgebeugt.

Reise nach Paris (1377/8).

Nicht lange nach seiner Rückkehr von dieser Reise ergriff den Kaiser ein schleichendes Fieber, dem er am 29. November 1378 im 63. Lebensjahre erlag. Allgemein war die Trauer über den Hingeschiedenen, prachtvoll die Leichenfeier und die Beisetzung des Todten in der königlichen Gruft zu St. Veit. Mehreremal störte man den Kaiser in seiner Ruhe und einmal, — wahrscheinlich als der Platz für den Rudolphinischen Sarkophag ausgemittelt wurde (1612), scheint man ziemlich sorglos mit den kaiserlichen Ueberresten umgegangen zu sein. Denn als am 14. Juni 1824 auf Befehl und in Gegenwart des Kaisers Franz I. die Gruft eröffnet wurde, fand man Karls Leiche in einem rohen Holzsarge, auf welchem mit Rothstift der Inhalt angegeben war. Eine Kiste mit zerstreuten Gebeinen bildete die Unterlage derselben; sieben andere Särge standen in der Umgebung; darunter befand sich einer mit den Ueberresten von Karls Gemahlinnen und Söhnen, sowie der prachtvolle, zinnerne Sarkophag Kaiser Rudolphs II.

Karls IV. Tod (1378)

Kaiser Karl IV. war, wie uns der italienische Geschichtschreiber Villani nach eigener Beobachtung berichtet, von mittler, gedrungener Gestalt, sein Rücken etwas gebogen, Kopf und Hals vorhängend. Das Gesicht war breit und strahlte ungemeine Milde aus; die großen Augen, Bart und Haupthaar hatten schwarze Farbe, der Vorderkopf wurde frühzeitig kahl und erhöhte die völlig flache Stirne. Eine mäßig lange Nase und eine starke Unterlippe kennzeichneten weiter das Antlitz des Kaisers, das mehr einen slawischen als „fränkischen" Charakter an sich trug. Für gewöhnlich liebte Karl eine große Einfachheit in der Kleidung, bei öffentlichen Anlässen hielt er sich nach Art und Sitte der Franzosen, für welches Volk er seit seiner Jugend eine gewisse Vorliebe besaß. Eine seiner Gewohnheiten war, die Hände stets mit Holzschnitzen zu beschäftigen, was er selbst bei Audienzen nicht unterließ; er blickte dabei selten den Personen gerade ins Auge, schien zerstreut zu sein, verhörte aber doch keine Sylbe und erwiederte dann mit großer Sachkenntniß.

3.
Wenzels erste Regierungsjahre.
(1378 — 1400.)

Karls Testament. Man hat Karl IV. mit Recht den Vorwurf gemacht, daß er die mit so vielen Mühen zusammengebrachte imposante Luxemburgische Hausmacht durch seine eigenen letztwilligen Anordnungen wieder in lose Stücke zerschlagen hat, wodurch er wenigstens mit der ihm oftmals unterlegten Absicht in Widerspruch gerieth, als habe er nach dem Beispiele der französischen Könige durch immer größere Vermehrung der Hausmacht ein centralisiertes Deutschland schaffen wollen. Die Theilung der Länder Karls gieng auf folgende Weise vor sich: Böhmen, Schlesien, Budissin und Lauban von der obern Lausitz, einige Theile der Unterlausitz nebst dem Anrechte auf das Herzogthum Luxemburg und der Grafschaft Chimey erhielt Wenzel, der erstgeborene. Die von den Wittelsbachern erlangte Mark Brandenburg bekam der zweitgeborene, Sigmund, während der dritte Sohn Karls, Johann, Stadt und Land Görlitz und in Gemeinschaft mit Wenzel die Niederlausitz übernahm. In Mähren regierten nach dem Tode des Markgrafen Johann Heinrich, des Bruders Karls IV. († 1375), seine Söhne Jost, Johann Sobéslaw und Prokop. Luxemburg und Chimey blieben Karls drittem Bruder Wenzel, bis derselbe am 8. December 1383 gestorben war. Somit gab es fünf Luxemburgische Linien, eine böhmische, kurbrandenburgische, mährische, oberlausitzische und herzoglich Luxemburgische, über die allerdings Wenzel als Haupt der Familie die Oberlehensherrlichkeit besaß. Wenzel verband überdies mit der böhmischen Krone die deutsche Königskrone; beide hatte er schon zu Lebzeiten seines Vaters erlangt. An ihm bewährte sich aber der Satz schlagend, daß es leichter sei, zu erwerben, als zu erhalten.

Wenzel stand im achtzehnten Lebensjahre, als er ohne den geringsten Widerſpruch die Regierung über die Erbſchaft ſeines Vaters antrat. Seine Erziehung war eine ſehr gute geweſen; er hatte ſich emſig mit den Wiſſenſchaften beſchäftigt und war frühzeitig den Regierungsangelegenheiten beigezogen worden. Er offenbarte dabei eine lobenswerthe Thätigkeit, verrieth viel natürlichen Verſtand, zeigte großen Eifer für Gerechtigkeit und Wahrheit, war offenherzig und milde, ſo daß die gute Meinung, die er bei ſeinem Vater ſowohl, als auch bei dem Volke beſaß, eine immerhin begründete war und eine glückliche Regierung hoffen ließ. In gewöhnlichen Zeitläuften und auf ſichern Grundlagen hingeſtellt, hätte wohl Wenzel ſeinen Poſten auch in genügender Weiſe ausgefüllt. Aber ſo glänzend nach Außen die Erbſchaft Karls IV. ausſah, ſo morſch und wurmſtichig war doch das ganze Gebäude im Innern. Karl hatte die Throne von Deutſchland und Böhmen in einem gebrechlichen Zuſtande übernommen; mit genialer Schöpferkraft einen neuen, feſtgefügten und ſoliden Bau zu zimmern, hatte er nicht verſtanden, wohl auch niemals angeſtrebt; dafür war es ihm bei ſeiner großen Klugheit und Umſicht gelungen, die ſchadhaften Stellen am alten Hauſe, ſo gut es gieng, auszubeſſern, da und dort zu ſtützen und zu leimen und überdies das ganze Flickwerk noch mit einem recht hübſchen Aufputz zu übertünchen. So hatte er das lecke Schifflein über dem Waſſer erhalten, ſo lang er lebte; aber eine zweite Generation überdauerte es nicht mehr, zumal die Wogen immer höher ſtiegen, und die Stürme von allen Seiten heranbrausten.

Wenzel ſtand beim Antritte ſeiner Regierung vor zwei Fragen der ſchwierigſten Löſung. Das Unkraut des päpſtlichen Schisma wucherte in ſchönſter Blüthe, und die unheimliche Kluft zwiſchen freiem Bürgerthume und feudalem Adel hatte ſich in Deutſchland, ſowie in Böhmen zu unüberſteiglicher Breite erweitert. Wenzel erkannte nach dem Vorgange ſeines Vaters Urban VI. als rechtmäßigen Papſt an, zögerte aber, meiſt aus Scheu vor Frankreich, denſelben durch einen Römerzug, ſowie durch die Kaiſerkrönung in nachdrücklicher Weiſe zu unterſtützen. Da die franzöſiſchen Könige Karl V. und Karl VI. für Urban's Gegner ſich ausſprachen, ſo währte das unglückſelige Schisma in einer doppelten Papſtreihe fort; einerſeits Urban VI. († 1389), Bonifacius IX. († 1404), Innocenz VII. (1406) und Gregor XII., der 1415 freiwillig abdankte, andrerſeits Klemens VII. († 1394) und Benedikt XIII., welcher 1417 abgeſetzt wurde. Ohne nachhaltige Folgen vergieng der Frankfurter Reichstag (1379), auf welchem Wenzel ſich bemühte, die Rechtmäßigkeit des römiſchen Papſtes Urban darzuthun und zur Vertheidigung derſelben einen engen Fürſtenbund, in welchem König Ludwig von Ungarn und Polen die erſte Stelle einnahm, begründete. Vergeblich war dieſe Reiſe des Markgrafen Jodok nach Frankreich; er brachte zwar aus Paris die Verſicherung der alten Freundſchaft, aber keinesfalls ein Zugeſtändniß im Punkte des Schismas zurück.

Wenn ſich Wenzel ſo ganz umſonſt abmühte, die ärgerliche Kirchenſpaltung zu beſeitigen, ſo vermochte er noch weniger, dem zunächſt in Deutſchland ausbre-

Verſuch das Schisma beizulegen (1379).

Versuche, den
Landfrieden in
Teutschland
herzustellen
(1383 - 89).
chenden Ständekampfe zwischen Bürgerthum und Adel vorzubeugen. Trotz der goldenen Bulle einigten sich die freien Reichsstädter, um in Ermangelung einer andern Hilfe dem Uebermuthe der Junker und Raubritter selbst kräftig entgegentreten zu können. Was nützte es Wenzel, dass er wiederholt auf den Reichstagen zu Nürnberg (1383), Heidelberg (1384) und Mergentheim (1387) zu vermitteln suchte und den allgemeinen Landfrieden verkünden liess; das Uebel an der Wurzel zu fassen, die gänzlich gelockerte Reichsverfassung wiederherzustellen, und vor allem Andern seine eigene königliche Machtvollkommenheit zum alten Ansehen zu bringen, das vermochte er nicht. Daher befehdeten, unbekümmert um Kaiser und Reich, die Rittergesellschaften die Städtebündnisse, daher setzten die österreichischen Herzoge gegen die schweizer Eidgenossen ihre Kämpfe fort, worin sie allerdings blutige Niederlagen bei Sempach (1386) und Näfels (1388) erlitten. Gleichzeitig verheerte Südwestdeutschland der grosse Städtekrieg, worin jedoch die Städter unterlagen, indem die schwäbischen Verbündeten vom Grafen Eberhard dem Greiner von Würtemberg bei Döffingen, die rheinischen aber vom Pfalzgrafen Ruprecht bei Worms geschlagen wurde (1389). Nun berief Wenzel noch einen Reichstag nach Eger (1389), auf welchem abermals ein Landfrieden auf 6 Jahre beschlossen wurde, der insofern eine festere Grundlage besass, als die erschöpften Städte selbst sich den Todesstosse versetzten und dem Rechte der freien Einigung entsagten. So war Wenzel in den grossen Staatsfehler seines Vaters verfallen, die Macht der Landherren zu befestigen, die des Bürgerthums und seine eigene, des Kaisers, zu untergraben, zum bejammernswerthen Nachtheile der Freiheit, Einheit und Machtstellung des deutschen Reiches.

Wenzels
sittlicher Verfall.
Konnte man König Wenzel bis zu dieser Zeit bei allen Missgriffen wenigstens nicht guten Willen und eifrige Thätigkeit absprechen, so gieng seit dem Egerer Frieden eine gänzliche Umwandlung mit ihm vor. Die deutsche Krone schien ihm nach den vielen, aber resultatlosen Mühen für alle Zeiten verleidet zu sein, wessegen er sich nur sehr wenig mehr um dieselbe kümmerte. Aber auch seine Erbländer vernachlässigte er immer mehr und mehr, so dass man ihn mit dem Beinamen „des Faulen" bezeichnete. Seine leicht erregbare Natur verirrte sich jetzt im leidenschaftlichen Ausbruche oftmals zu verabscheuungswürdigen Handlungen, ohne dass dabei seine guten Anlagen gänzlich untergegangen wären. Aber gerade dieses gewisse rathlose Schwanken, in das Wenzel allmählich verfiel, brachte ihn und das Land in's gründliche Verderben. Wenn Wenzel jetzt hintereinander mit dem Klerus, dem Adel und seiner eigenen Familie in langwierige und unerquickliche Streitigkeiten gerieth, so kann man nicht behaupten, dass das Unrecht immer auf seiner Seite war; dagegen zog er in der Regel entweder durch leidenschaftliches Aufbrausen oder durch zaghaften Wankelmuth den Kürzeren.

Streit mit
dem Erzbischofe
Jenstein
(1384, 1393).
Nach dem Tode des Johann von Wlaschim war auf den erzbischöflichen Stuhl von Prag dessen Neffe Johann Jenstein gelangt, ein zwar strengsittlicher,

aber äußerst leidenschaftlicher Mann, der insbesondere mit Hartnäckigkeit für seine weltliche Macht und erzbischöfliche Würde eiferte (1379). Da er sich bald mit seinem, bald mit dem Wyschehrader Kapitel, bald wieder mit der Universität und dann wieder mit dem Leitomischler Bischof Johann Soběslaw herumstritt, so konnte es nicht fehlen, daß er bei der nächsten Gelegenheit auch mit dem Könige, der ohnedies dem höheren Klerus nicht gewogen war, in unerquicklichen Hader gerieth. Den ersten Anlaß zur Feindschaft bot eine Wehr in der Elbe, welche der königliche Hofmarschall Ignaz Czuch von Záfada auf seinen Gütern anlegen ließ, die aber Jenstein als angeblich zu der erzbischöflichen Herrschaft von Raudnitz gehörig, niederreißen ließ. Da dieses der Erzbischof eigenmächtig gethan, ohne den gewöhnlichen Rechtsweg eingeschlagen zu haben, ergrimmte König Wenzel im heftigen Jähzorn, rief den Jenstein zu sich nach Karlstein und hielt ihn daselbst mehrere Tage gefangen; seinem Hofmarschall aber erlaubte er, sich an den erzbischöflichen Gütern selbst eine Genugthuung zu verschaffen. Der Erzbischof verlor seitdem die Würde eines Oberstkanzlers, in welche der Propst von Lebus, bisher Unterkämmerer, Namens Johann vorrückte (1384). Neun Jahre darauf kam es zu einem heftigeren Ausbruch des durch den Erzbischof vielfach gereizten königlichen Grolles. Sigmund Huller, der Unterkämmerer von Böhmen, ließ zwei noch nicht ausgeweihte Theologen wegen grober Verbrechen verhaften und trotz des Protestes des Erzbischofs, welcher über die Gefangenen die Gerichtsbarkeit beanspruchte, hinrichten (1393). Selbiger Unterkämmerer erregte den Zorn des Kirchenfürsten noch mehr und wurde sogar in den Bann gelegt, als er erzbischöfliche Leute in der Gefangennahme einiger getaufter Juden, die zu ihrer alten Religion zurückgekehrt waren, verhinderte, da er als Unterkämmerer die Kammerknechte der Krone zu schützen hatte. War schon über die Bannung seines Unterkämmerers der König wenig erbaut, so gerieth er in immer größere Aufregung, weil der Erzbischof gar keine Miene machte, ein von ihm vorbereitetes Jubelfest in irgend einer Weise zu unterstützen. — Zu eben dieser Zeit gedachte der König ein neues Bisthum in Kladrau zu gründen, wahrscheinlich um seinen Kanzler, Bischof Johann, der zu seinem Bisthum Kamin nicht gelangen konnte, damit auszustatten. Das Benediktinerkloster von Kladrau sollte nach dem Tode des alten Abtes Racek aufgelöst und die Klostergüter zur Dotation des neuen Bisthums verwendet werden. Der geizige Erzbischof Jenstein, der um keinen Preis eine Schmälerung seiner Diöcese zulassen wollte, sann auf Mittel, die Ausführung dieses Planes zu hintertreiben. Kaum hatte er vom Tode des Abtes Racek gehört, so ließ er sofort einen neuen Abt wählen und durch seinen Generalvikar, Johann von Pomuk, im Amte bestätigen. Der Zorn des Königs, der sich zur Zeit in Bettlern befand, war unbeschreiblich, als man ihm die Kunde von dem schlimmen Streiche des Erzbischofes hinterbrachte. Nur schwer ließ er sich befänftigen und zu einer persönlichen Zusammenkunft in Prag bereden. Sobald er aber bei dieser Zusammenkunft im Kloster der Johanniter an der Brücke auf der Prager Kleinseite den verhaßten Erzbischof mit seinem Gefolge erblickte, erfaßte ihn die ganze Gewalt seines Jähzorns, und er befahl auf der Stelle, den Jenstein, dessen Generalvikär Johann von Pomuk, den Official Nikolaus Puchnik und den Prager Domherrn Wenzel, Propst von Meißen, gefangen zu nehmen. Während es dem Erzbischof gelang, durch die Flucht zu entschlüpfen, wurden die übrigen in das Kapitelhaus gebracht, woselbst der König ein strenges Verhör vornahm, wer dem Erzbischof zu dessen Maßregeln gerathen und verleitet habe. Der Domdechant muß dem König beißend geantwortet haben; denn dieser gerieth außer sich, schlug ihn mit dem Degenknopf auf's Haupt, daß das Blut kam, und ließ ihn im Hause des Prager Burggrafen gefangen setzen. Den Puchnik, Pomuk, den Domherrn Wenzel und den Hofmeister des Erzbischofs, Něpr von Naupow, befahl er zuerst in's Altstädter Rathhaus und dann in das Richterhaus zu führen. Něpr und Propst Wenzel wurden nachgiebig und unterzeichneten eine Urkunde, in der sie sich eidlich verpflichteten, es nicht mehr mit dem Erzbischofe halten zu wollen. Puchnik und Pomuk aber wurden auf die Folter gebracht, bis durch deren Qualen geängstigt auch der erstere seinen Widerstand aufgab. Nur der Generalvikar blieb unerschütterlich, weßwegen er, nachdem er alle Torturen überstanden hatte und nicht mehr zu leben in der Lage war, an Händen und Füßen gebunden, mit gespreiztem Munde, Nachts in die Moldau geworfen wurde (20. März 1393). Der Streit mit dem Erzbischofe war damit keineswegs beendigt. Alle Versöhnungsversuche scheiterten an den leidenschaftlichen Charakteren des Königs, wie des Erzbischofes. Letzterer begab sich endlich nach Rom, um daselbst seine Beschwerden vorzubringen. Da er aber von seinem eigenen Kapitel im Stich gelassen wurde, und der Papst das gute Einverständniß zwischen der Kurie und dem böhmischen Könige nicht stören wollte, mußte Jenstein, ohne etwas ausgerichtet zu haben, wieder in seine Heimath zurückkehren, allwo er nach einiger Zeit seine Würde freiwillig niederlegte.

Aenderungen in der Luxemburgischen Familie.

Inzwischen waren mannigfache Veränderungen in den Familienverhältnissen der Luxemburger vor sich gegangen. Schon im Jahre 1372 und später wieder 1379 war von den Luxemburgern und Ludwig von Ungarn eine Heirath zwischen Maria, der älteren Tochter Ludwigs, und dem jungen Sigmund besprochen worden, dem gemäß der Luxemburger in den Königreichen Ungarn und Polen als Erbe folgen sollte. Als 1382 Ludwig gestorben war, trennten sich jedoch die Polen von Ungarn, indem sie Jagello, den Gemahl der Hedwig, der jüngeren Tochter Ludwigs, als ihren König anerkannten. Sigmund dagegen, welcher seine Vermählung mit Maria erst im Jahre 1385 durchsetzte, wurde im Antritte der Regierung Ungarns durch die fortgesetzten Ränke seiner Schwiegermutter verhindert. Auch ein Zug seines Bruders, des Königs Wenzel, (1386) nach Ungarn änderte nur wenig in der Sachlage; erst nach dem Tode der Elisabeth gelangte Sigmund in den Besitz des ungarischen Thrones, nachdem er 1387 feierlich zu Stuhlweißenburg gekrönt worden war. Da Sigmund sowohl vor seiner Krönung als auch nach derselben im Kampfe gegen die nunmehr sich erhebende Adelsfraktion viel Geld benöthigte, so trat er gegen gewisse Summen die Mark Brandenburg an Jobst, den Markgrafen von Mähren, ab (1388). Die Abtretung bezog sich nominell auch auf den jüngsten Bruder Prokop; der mittlere Bruder, Johann Soběslaw, der seit 1380 das Bisthum von Leitomischel inne hatte, gelangte 1387 auf den Patriarchenstuhl von Aquileja, und ihm verschrieb zur selben Zeit König Wenzel aus unbekannten Gründen auch das Herzogthum Luxemburg. Böhmen selbst erfreute sich einer Vergrößerung durch den Heimfall von Schweidnitz und Jauer, als die Wittwe des Herzogs Bolek im Jahre 1392 gestorben war.

Da König Wenzel seine erste Gemahlin Johanna, Tochter des baierischen Herzogs Albrecht, durch den Tod verloren hatte (31. Dec. 1386), schritt er zu einer zweiten Heirath, und zwar wieder mit einer bairischen Prinzessin Sophia, der Tochter des Herzogs Johann von München. Es kann nicht behauptet werden, daß die verschiedenen Luxemburger im Sinne Karls IV. verträglich und einträchtig ein Ziel verfolgt und, um das Familienhaupt Wenzel geschart, gemeinsam den Glanz des Hauses aufrecht zu erhalten bestrebt waren. Im Gegentheil, ein jeder gieng seinen eigennützigen, kleinen Sonderinteressen nach, und alle benützten selbst= süchtig die schlimmen Verhältnisse, in welche König Wenzel gerathen war, um auf dessen Kosten und in Verbindung mit dessen Feinden den eigenen Ehrgeiz zu befrie= digen. So entstand der unerquicklichste aller Kämpfe, der Kampf der Familien= mitglieder untereinander.

Wenzels leidenschaftliche Neigung zur Jagd, zum Trunke und andern sinn= lichen Vergnügungen, die Ausbrüche seines Jähzorns und oft ganz unkönigliche Extravaganzen verringerten zwar sein Ansehen im Auslande und bei den höheren Ständen des Landes, entzogen ihm aber namentlich in den ersten Jahren seiner Regierung keineswegs die Liebe des eigentlichen Volkes. Denn der König war trotz aller Ausschreitungen gutmüthig, sparsam, gerecht und leutselig, was das Volk immerhin zu schätzen verstand. Er hielt die Finanzen in guter Ordnung, drückte die Unterthanen nicht durch hohe Steuern und erkundigte sich in eigener Person um die gemeine Handhabung der Gesetze und Ausübung der Gerechtigkeit. Er wohnte nicht im Hradschiner Schlosse, sondern in verschiedenen Häusern der Stadt (Königshof in der Altstadt und am Zdaraz) und pflegte oftmals verkleidet den niedersten Klassen des Volkes sich zu nähern, um selbst die Vollstreckung seiner Befehle zu überwachen und gewisse Mängel zu beseitigen. Als vertraute Rath= geber gesellte sich Wenzel keineswegs hohe Adelige bei, sondern tüchtige Männer aus dem niederen Adel oder auch aus der Bürgerschaft, mit denen er gleichfalls, so weit es möglich war, die Hof= und Landesämter zu besetzen trachtete. Daß der König auf diese Art sich im Herrenstande einen unerbittlichen Feind schuf, braucht wohl nicht erst gesagt zu werden. Auch das konnte bei der Charakter=

Ableverschwö= rung gegen Wenzel (1393—97).

15*

schwache Wenzels vorausgesetzt werden, daß er nicht im Stande sein würde, im ausbrechenden Kampfe mit dem Adel als Sieger hervorzugehen, zumal sich seine eigenen Verwandten mit den Herren gegen das rechtmäßige Oberhaupt verbanden.

Wenzels Lage war ähnlich der seines Großvaters Johann, dem er auch vielfach in Bezug auf den Charakter gleich kam; nur hatte Johann nicht das Mißgeschick gehabt, von seiner eigenen Familie bekämpft zu werden, da ihm der Vater sowohl, wie der Onkel und der Sohn hilfreich zur Seite gestanden waren. Der feudale Adel hielt sich vorläufig mit Ausnahme des Marquart von Wartenberg, dessen Empörung jedoch siegreich niedergeschlagen wurde (1388), ruhig, bis Wenzel durch seinen Konflikt mit Jenstein den Klerus gegen sich aufgebracht hatte. Jetzt aber rottete sich, wie unter König Johann, ein Herrenbund zusammen, an dessen Spitze Heinrich von Rosenberg gestellt wurde. Hinter den Schlagworten, „Ordnung und Gerechtigkeit im Lande aufrecht zu erhalten", bargen sich die alten eigennützigen Absichten der hohen Aristokraten. Beschränkung der durch Kaiser Karl IV. wieder zu einiger Kraft gelangten Krone, ausschlüsslicher Besitz der höchsten Landesämter, insbesondere Schwächung des verhassten Bürgerthums und Verdrängung desselben aus seinen politischen Rechten, — das waren die Wünsche des Adels unter dem blinden, wie unter dem trägen Luxemburger. Das in der Přemyslidenzeit mit Vorliebe vom böhmischen Adel in seinen Aufständen oftmals benützte Mittel, die Mitglieder der regierenden Familie gegen den Landesfürsten zur Verschwörung zu reizen, bot sich jetzt von selbst dar. Hatten doch schon am 18. December 1393 zu Znaim König Sigmund, Markgraf Jodok, Herzog Albrecht von Oesterreich und Markgraf Wilhelm von Meißen ein Schutz- und Trutzbündniß abgeschlossen, dessen Spitze nur gegen König Wenzel gerichtet sein und nur dessen Beseitigung von der Regierung beabsichtigen konnte. Markgraf Jodok, ein außerordentlich ränkevoller und ehrgeiziger Mann, ließ es sich angelegen sein, die Fühlung des Fürstenbundes mit dem Herrenverein zu unterhalten. Nachdem einige heuchlerische Versuche Sigmunds, Wenzel gütlich zu den gewünschten Koncessionen zu bewegen, mißlungen waren, schritten die Herren zu unedler List und gemeiner Gewalt. Als Wenzel eben von seiner Lieblingsburg Bettlern nach Prag reiste und unterwegs im Königshofe bei Beraun einkehrte, nahmen ihn eine Schar entschlossener Junker, Jodok von Mähren und Heinrich von Rosenberg an der Spitze, gefangen (8. Mai 1391), führten ihn im Triumphe auf die Burg nach Prag und erklärten Jodok zum Hauptmann (Starosten) des Landes. Jetzt aber erhoben sich in gerechter Entrüstung über die unwürdige Behandlung ihres Königs die der Krone allzeit getreu ergebenen deutschen Bürger, weil sie die auch gegen sie gerichteten Pläne der Barone, ihrer Erbfeinde, durchblickt hatten. Die Prager griffen zu den Waffen, sammelten fleißig Truppen in und außerhalb der Stadt und setzten sich mit den treugebliebenen Burggrafen der königlichen Schlösser, sowie mit Herzog Johann von Görlitz, der seinem Bruder noch ergeben war, in

Herrenbund.

Wenzels Gefangennahme und Befreiung (1391).

Verbindung. Letzterer eilte nach Böhmen, erließ von Kuttenberg ein Manifest an das Volk, in welchem er die hochverrätherischen Absichten des Herrenbundes bloß-legte, sammelte die von allen Seiten ihm zuströmenden Scharen und rückte gegen Ende Juni zur Freude der Prager in die Hauptstadt ein. Die Herren aber, die für ihre Sicherheit zwar zu fürchten begannen, den König aber doch auch nicht freilassen wollten, schleppten diesen mit Gewalt von Prag weg, führten ihn von Burg zu Burg bis nach Oesterreich auf das Schloss Wildberg, und übergaben ihn daselbst dem Herrn von Stahremberg zur Bewachung (5. Juli). Da aber Johann von Görlitz mit seinem Heere den Baronen scharf zusetzte, und überdies aus Deutschland Reichstruppen zur Erlösung des deutschen Königs einrückten, so mussten die Herren den König endlich freilassen und dem Herzoge Johann übergeben, der ihn mit großem Geleite und unter allgemeinem Freudenjubel in die treugebliebene Stadt Budweis einführte (1. Aug. 1394). Allein hiemit war keineswegs der unglückselige Hader beendigt. König Wenzel hatte bei seiner Freilassung den Baronen versprochen, die eigentlichen Streitfragen durch Schiedsrichter entscheiden zu lassen, zögerte aber mit der Ernennung derselben, so lange er konnte. Deßwegen empörte sich der Herrenbund von Neuem, schloss mit den österreichischen Herzogen und dem Markgrafen von Meißen abermals ein enges Bündniss auf sieben Jahre, und bald darauf kamen die aufrührerischen Junker in größerer Anzahl, als zuvor, in Wittingau zur Unterwerfung und Besiegelung eines neuen Bundesbriefes zusammen (10. Jan. 1395). Wenzel gelang es, durch Unter- Erneuerter
Herrenbund
(1395). handlungen seine Feinde auf lange Zeit hinzuhalten. Als aber diese immer heftiger drängten, und endlich auch Johann von Görlitz abfiel und in seine Heimath zurückkehrte, allwo er plötzlich starb (1. März 1396), gieng der König auf die gleißnerischen Anerbietungen Sigmunds, ihn zum Vermittler zu nehmen, ein und bestellte diesen, sowie den Markgrafen Jodok als Schiedsrichter in der streitigen Angelegenheit (19. März 1396). Der Spruch der beiden Schiedsrichter fiel, wie voraus-zusehen war, nicht zu Gunsten Wenzels aus (2. April 1396). Ihm zu Folge musste der König seine Rathgeber aus Mitgliedern des Herrenbundes wählen, Heinrich von Rosenberg zum obersten Burggrafen ernennen und dulden, dass Jodok von Mähren einen entscheidenden Einfluss in der böhmischen Regierung nahm. Wenzel fand zwar bald die Lage, in welche er gerathen war, ganz unerträglich, besaß aber nicht die Kraft, die getreuen Bürger aufzurufen und mit ihrer Hilfe das adelige Joch abzuschütteln. Einmal nahm er Anlauf zu einer etwas energischen Handlung, indem er Jodok mit einigen Baronen verhaften ließ (31. Mai); allein er wagte es nicht, zum Aeußersten zu schreiten, sondern gab den Gefangenen ihre Freiheit wieder. Je thatenloser und wankelmüthiger sich Wenzel zeigte, um so kühner und entschlossener traten die übermüthigen Junker auf. Als am Pfingst-montage (11. Juni 1397) sich die Räthe des Königs auf dem Karlstein ver-sammelten, darunter auch einige, denen Wenzel aus früheren Zeiten gewogen war, wurden letztere in ein Kabinet gelockt und unbarmherzig niedergemetzelt.

Während die letzterwähnte Gewaltthat neue Verwirrung in Böhmen hervorrief, nahmen auch die Angelegenheiten des deutschen Reiches eine für Wenzel immer ungünstigere Wendung. Zu den vielen anderen Beschwerden, welche die Reichsfürsten gegen den König vorbrachten, gesellte sich nunmehr auch die, daß er ohne ihre Befragung gegen eine Geldsumme den Johann Galeazzo Visconti zum Herzoge von Mailand erhoben habe. Die Unzufriedenen scharten sich wieder um einen Wittelsbacher, Ruprecht von der Pfalz, genannt Klem, und gedachten diesen auf den Thron von Deutschland zu setzen. Da raffte sich Wenzel einigermaßen wieder auf, verjagte den befehlshaberischen Jodok aus Böhmen und nahm Prokop von Mähren als Rathgeber. Dann eilte er nach Deutschland, suchte daselbst manigfache Streitigkeiten zu beschwichtigen und verkündete auf einem Reichstage in Frankfurt einen allgemeinen Landfrieden (6. Jan. 1398). Bald darauf begab er sich nach Frankreich, um mit König Karl VI. Verabredungen über die endliche Behebung des unglückseligen Schisma zu treffen. In Rheims fand die Zusammenkunft der beiden gekrönten Häupter statt (März 1398), und man verpflichtete sich gegenseitig in einem Kompromisse, die beiden Gegenpäpste durch gütliche Vorstellungen zur Abdankung bewegen zu wollen. Wenzel gerieth hiedurch mit Bonifaz IX., der ihm bis jetzt freundlich gesinnt war, wie natürlich in ein gespanntes Verhältnis, was ihm um so schädlicher wurde, als der Papst auf Anregung des Erzbischofes von Mainz nun auch für seine in Deutschland bereits vielfach besprochene Absetzung zu arbeiten begann.

Es wäre sonderbar gewesen, wenn die Herren in Böhmen des Königs Verlegenheit nicht benutzt hätten, um eine neue Verschwörung, insbesondere zur Vertreibung des mißliebigen Prokop, anzuzetteln. Jodok und Sigmund schürten fleißig, und immerhin mag auch Ruprecht von der Pfalz seine Hand mit im Spiele gehabt haben.. So arbeiteten die Herrenbündler im Vereine mit den rheinischen Fürsten Deutschlands am Untergange ihres Königs. Als dann Sigmund und Jodok aber zur Einsicht gekommen waren, daß die Deutschen nicht nur ihren Bruder, sondern überhaupt das Luxemburgische Haus vom Throne ausschließen wollten, und sie sich deswegen Wenzel wieder zu nähern suchten, war es schon zu spät. Denn bereits wagten es die Kurfürsten, den Erzbischof von Mainz an der Spitze, König Wenzel vor ihr Gericht zu laden, und als er nicht erschien, setzten sie ihn in einer Versammlung zu Oberlahnstein „als einen unnützen, versäumten, unachtbaren Entgliederer und unwürdigen Handhaber des heiligen Reiches" ab (20. Aug. 1400). Am nächsten Tage wurde Ruprecht von der Pfalz auf den Königsstuhl zu Rense erhoben.

Damit hörte Böhmen wieder auf, das Centrum des deutschen Reiches zu bilden, und der Schwerpunkt desselben schien sich von der Moldau an den Rhein zurückverlegen zu wollen. Das Luxemburgische Haus aber, welches zu Beginn des XIV. Jahrhunderts den böhmischen Thron erworben und in der Mitte dieses

Jahrhunderts durch die Vereinigung der böhmischen und römischen Krone auf dem Haupte Karls IV. im schönsten Glanze gestrahlt hatte, stand am Anfange des XV. Säculums an der Schwelle seines Unterganges. Denn auch das Schicksal Sigmunds, des Königs von Ungarn, gestaltete sich mit jedem Tage ungünstiger, und schon nach einem Jahre erblicken wir ihn in der Gefangenschaft der magyarischen Magnaten. Wenn er auch wieder befreit wurde, wenn er selbst wieder mit der böhmischen Krone die römische vereinigte, so war er doch nicht im Stande, auch nur annäherungsweise die glänzenden Zeiten seines Vaters Karl zu erneuern. Besonders aber verfällt unser Vaterland mit der Absetzung Wenzels in das beklagenswertheste Mißgeschick. Da Böhmen nicht mehr das erste Land des deutschen Reiches bildete, letzteres aber auch nicht die Kraft besaß, die in diesem Reichsgebiete aufsteigenden Stürme niederzuschlagen, fiel es ganz und gar dem eigennützigen Treiben des Feudaladels anheim und wurde schlüßlich die Beute einer fanatischen national-religiösen Bewegung.

4.

Innere und Kulturverhältnisse.

(1306—1400.)

Das Ländergebiet der böhmischen Krone wuchs unter den Luxemburgern, namentlich durch die Erwerbungen Karls IV., zu einer ansehnlichen Großmacht Mitteleuropas heran. Zwar wurden die unter den Premysliden gewonnenen Anrechte auf Polen und Ungarn wieder aufgegeben, dagegen aber andere innigere, im vasallitischen Verhältnisse stehende Annexionen in weitem Kreise durchgeführt. Das Königreich Böhmen, welches die Kurwürde im deutschen Reiche und die Oberlehnsherrlichkeit über alle Neben- und Kronländer besaß, zählte unter Karl IV. einen Flächeninhalt von 950 Quadratmeilen, 100 wohlerbaute, mit Mauern umgebene Städte, 300 Marktflecken, 260 feste Schlösser, 30.360 Dörfer und vereinzelte Gehöfte und 170 Klöster. Unter Johann und Karl kamen durch Kauf an Böhmen die Stadt und das Gebiet von Eger in Folge Pfandrechtes vom kaiserlichen Reichsgute (1321—22), sowie die oberpfälzischen Schösser Parkstein, Karlswald und die Stadt Weiden (1360) im Tauschwege, ferner eine Menge von Gütern, Schlössern und Städten in der Oberpfalz (Wildenfels, Schelnberg u. a.), in Franken (Rothenberg, Jphofen, Erlangen), in der Niederlausitz (Spremberg), in der Oberlausitz (Hoyerswerda), im Voigtlande (Hirschberg, Reichenbach) und im Meißnischen (Stolberg u. a.). — Nicht minder zahlreich waren die auswärtigen Lehen der Krone Böhmen, nämlich solche Allodien, welche lehnbar gemacht worden waren und dafür den Schutz des Kaisers genossen. Dergleichen Erwerbungen befanden sich namentlich in Meißen (Königstein, Voigtsberg, Dröse, Dohna, Borna, Wildenfels u. a.), in Franken (Bleistein, Reichenstein, Stierberg, Pegnitz, Heideck, Guttenberg, Wertheim, u. s. w.), in Schwaben, ja sogar im Mecklenburgischen

Ländergebiet der böhmischen Krone.

(Parchim, Plauen und Penzlin). Dieſe Ländermaſſe war anſehnlich und wenn auch meiſt durchbrochen, ſo doch an manchen Punkten zuſammenhängend, ſo daſs beiſpielsweiſe der König von Böhmen den Reichstag von Nürnberg auf eigenem Gebiete beſuchen konnte.

Egerland.   Das Egerland, einſt altdeutſcher Reichsboden als Hausgut der Vohburger Grafen und der Stauſiſchen Kaiſer, dehnte ſich im XII. Jahrhunderte weſtlich bis zur Mark Nabburg, öſtlich bis an die tſchechiſche Sprachgränze aus und erſtreckte ſich über die Bezirke von Weiden, Thierſtein, Aſch und Elbogen. Mit dem Untergange der Stauſer verfiel das Ländchen in einen weſtlichen (oberpfälziſchen oder oberfränkiſchen) und einen öſtlichen Theil, welch letzterer unter Johann von Luxemburg an Böhmen fiel. Doch bewahrte das böhmiſche Egerland durch Jahrhunderte bis in die Zeiten der Kaiſerin Maria Thereſia ſeine autonome Stellung, beſaß ſein eigenes freies Gemeinweſen, ſein eigenes Recht und eine ſelbſtändige Verfaſſung. Es verhielt ſich Eger und Elbogen zu Böhmen, etwa ſo wie Vorarlberg zu Tirol.

Markgrafschaft Mähren.   Die Markgrafſchaft Mähren, welche von Kaiſer Heinrich VII. an die öſterreichiſchen Herzoge verpfändet, von Johann von Luxemburg 1311 wieder zurückgewonnen worden war, wurde unter letzterem durch eigene Statthalter, ſeit 1333 durch den „Markgrafen Karl", wenn auch mit Unterbrechungen, verwaltet. Als letzterer König von Böhmen geworden war, belehnte er 1349 ſeinen Bruder Johann Heinrich mit der Markgrafſchaft, und zwar auch für deſſen Nachkommen; nur das Bisthum Olmütz und das Herzogthum Troppau blieben unmittelbare Lehen der Krone Böhmen. Im Jahre 1355 beſtätigte Karl dieſe Belehnung als Kaiſer und beſtimmte, im Falle ſein direkter Stamm in männlicher Linie ausſtürbe, den Markgrafen Johann und deſſen Nachkommen zum Erben des böhmiſchen Thrones. Als Johann 1375 geſtorben war, folgte ihm ſein erſtgeborner Sohn Jodok nach, und derſelbe wurde am 9. Januar 1376 von König Wenzel mit der Markgrafſchaft belehnt. Prokop, der Bruder Jodoks, erhielt als Afterlehen Znaim, Iglau, Neuſtadt und Schloſs Tepenetz, welche nach ſeinem Tode (1405) an Jodok zurückfielen; bei dieſer Gelegenheit erkannte Prokop die alte Kronunmittelbarkeit der Gebiete von Olmütz und Troppau an, woraus zugleich erhellt, daſs Troppau und Ratibor zu Mähren und nicht zu Schleſien gerechnet wurden.

Schleſien.   Schleſiens Erwerbung wurde bekanntlich ſchon durch die letzten Přemyſliden angebahnt und unter Johann von Luxemburg faſt vollſtändig vollzogen. Im vierzehnten Jahrhunderte rechnete man 18 Fürſtenthümer in Schleſien, und zwar in Niederſchleſien: Breslau, Liegnitz, Brieg, Schweidnitz, Jauer, Münſterberg, Glogau, Oels, Steinau und Sagan, in Oberſchleſien: Oppeln, Strelitz, Falkenberg, Toſt, Beuthen, Koſel, Auſchwitz und Teſchen. Die zuletzt an Böhmen gekommenen Herzogthümer waren Schweidnitz und Jauer (ſeit 1353 anwartſchaftlich).

Mazovien und Plock wurden von Karl 1353 als zu Polen gehörig aufgegeben. Polen entsagte durch den bekannten Vertrag von 1335 seinen Ansprüchen auf die schlesischen Fürstenthümer, und Kaiser Karl IV. konnte auf dem Landtage von 1355 bereits ganz Schlesien seiner geliebten Krone Böhmen auf ewige Zeiten einverleiben. Den Piastischen Fürsten Schlesiens, nunmehrigen Vasallen Böhmens, verblieb die gesammte innere Regierung und Verwaltung ihrer Herzogthümer; nur hatten sie dem böhmischen Könige zu steuern, im Kriege Heeresfolge zu leisten und ihre Schlösser offen zu halten. Unter die unmittelbare Regierung Böhmens gelangten die schlesischen Herzogthümer erst allmählich nach dem Aussterben der einzelnen Piastischen Geschlechter. Solche heimgefallene Herzogthümer wurden entweder wieder an die angränzenden Fürsten verlehnt oder durch böhmische Landvögte verwaltet, sowie beispielsweise König Wenzel 1389 der verwittweten Herzogin von Schweidnitz einen Hauptmann zur Seite setzte.

Die Oberlausitz, welche schon in alter Zeit zu Böhmen gehört hatte, seit 1234 aber mit Brandenburg verbunden worden war, wurde von König Johann wieder an die böhmische Krone gebracht. Der böhmische Landvogt, insgemein „Hauptmann zu Budissin und Görlitz" genannt, vergab die Lehen an Ritterschaft und Städte, entschied die Streitigkeiten und hatte die Landesversammlungen wegen der königlichen Steuer anzuordnen. Den eigentlichen Städten standen Unterhauptleute vor. Kaiser Karl IV. inkorporierte im Jahre 1355 den Budissiner und Görlitzer Kreis auf ewige Zeiten dem Königreiche Böhmen und vermachte durch die Theilungsurkunde vom Jahre 1377 Görlitz sammt Land dem Herzoge Johann als ein besonderes Fürstenthum. Nach Johanns Tode (1396) trat Jodok von Mähren die Erbschaft über die hinterlassenen, also auch die lausitzischen Gebiete an. Die Niederlausitz war nach dem Aussterben der Anhaltiner Linie (1324) an die Wittelsbachischen Markgrafen von Brandenburg gekommen, die sie jedoch bald wieder an Meißen verpfändeten. Karl IV. erlangte 1353 das Wiedereinlösungsrecht, wovon er 1363 auch Gebrauch machte, den Herzog von Schweidnitz und Jauer damit belehnte, nach dessen Tode aber sie mit Böhmen vereinigte (1369). Nach Karls Tode regierten nacheinander seine Söhne Johann von Görlitz und Wenzel in der Niederlausitz, hierauf Jodok von Mähren bis zu seinem Tode (1411).

Die Erwerbung der Mark Brandenburg durch Karl IV. haben wir oben ausführlich erzählt. Am 1. Oktober 1373 belehnte der Kaiser seine Söhne mit den Marken, am 29. Juni 1374 verleibte er dieselben Böhmen völlig ein und verwaltete sie bis zu seinem Tode in eigener Person mit besonderer Vorliebe. Nach seiner letztwilligen Verfügung kam Brandenburg und zwar die Alt-, Mittel- und Uckermark, die Priegnitz nebst Lebus an seinen zweitgebornen Sohn Sigmund, der auch die Neumark, welche muthmaßlich dem jüngsten Sohne Johann bestimmt war, durch 10 Jahre behielt. Im Jahre 1383 aber verpfändete er Theile der Mark an die mährischen Vetter, von denen Jodok nach und nach in den vollen

Besitz von Brandenburg zu gelangen wußte. Nur die Neumark war 1388 an Herzog Johann gekommen.

Oberpfalz.

Unter den vielen zerstreuten, meist nicht zusammenhangenden Lehen, die Karl an sich gebracht hatte, bildete die Oberpfalz eine kompakte Masse; Karl hatte sie all mählich fast ganz erworben und im Jahre 1355 Böhmen inkorporiert. Sie wurde auch die „böhmische Pfalz" genannt und von einem Landvogt verwaltet, der vermuthlich seinen Sitz in Eger hatte. Auch aber die vielen Besitzungen in Franken wurde ein böhmischer Landhauptmann gesetzt, der vielleicht von Sulzbach aus regierte. Die Stammgrafschaft der Familie, Luxemburg, wurde 1310 von Johann testamentarisch seinem letztgeborenen Sohne Wenzel vermacht. Karl IV. erhob sie 1354 zum Herzogthume, und dasselbe gelangte nach dem Tode Herzog Wenzels an den jungen König Wenzel (1383). 1397 kam das Herzogthum pfand weise an Jodok, 1406 durch den Gemahl der Tochter Herzogs Johann von Görlitz an das burgundische Haus. Unter Johann, Wenzel und Jodok wurde Luxemburg nach altem Herkommen durch Seneschalle verwaltet.

Franken.
Luxemburg

Verhältniß zum deutschen Reiche.

Wie die Fürsten der Nebenländer der böhmischen Krone den böhmischen König als ihren Lehnsherrn anerkannten, so stand letzterer selbst wieder im vasallitischen Verhältnisse zum deutschen Reiche. Nach dem Aussterben des Přemyslidischen Hauses betrachtete der deutsche König Albrecht Böhmen als erledigtes Reichslehen und belehnte seinen Sohn Rudolph in feierlicher Weise mit diesem Lande. Dessen Nach folger, Heinrich von Kärnthen, wurde vom deutschen Reiche nicht anerkannt. Albrecht erklärte ihn in die Reichsacht, und Heinrich VII. ließ ihn durch ein Reichsgericht absetzen. Ueber seinen Proceß, sowie über die Belehnung Johanns von Luxem burg mit Böhmen hat uns der Königsaaler Abt ausführliche Nachrichten hinter lassen. Als am 13. Juli im Jahre 1310 die böhmische Botschaft den Kaiser vor einem feierlichen Reichsgerichte bat, er möge ihren vielen Beschwerden abhelfen, erwiederte er, das römische Reich habe es immer als Pflicht erachtet, die beleidigte Unschuld zu rächen und die ungerecht Verfolgten zu beschützen. Beim Erlöschen des Mannesstammes sei Böhmen dem heiligen römischen Reiche anheimgefallen, und nach den Gesetzen dieses Reiches und der Meinung der Rechtsgelehrten stehe dasselbe ihm zur Verfügung. Heinrich, Meinhards, des ehemaligen Herzogs von Kärnthen Sohn, diesen Eindringling, welcher des Unglücks so viel über das Land gebracht, könne er nicht länger regieren lassen, weil derselbe schon unter seinem Vorgänger, dem Könige Albrecht, Feindseligkeiten gegen das römische Reich be gonnen habe und heute noch in denselben mit Hartnäckigkeit verharre. Die Kosten, welche das heilige Reich verwendet habe, den Widerspänstigen zu unterwerfen, übersteigen schon die Summe von 10.000 Pfund. Nachdem Heinrich die an wesenden Fürsten noch aufgefordert hatte, sich mit ihm zu berathen, auf welche Art und Weise dem zerrütteten Königreiche Böhmen wieder aufgeholfen werden könnte, fand Ende Juli eine zweite Gerichtssitzung statt. Der Rechtsspruch der

Fürsten, welcher öffentlich verkündet wurde, lautete auf Absetzung des Kärnthners.
„Dem Sohne Meinhards sei jedes Recht auf die Krone Böhmens abgesprochen, und da er die Investitur seines Herzogthums Kärnthen nicht in der gesetzlichen Frist nachgesucht habe, sei er auch nicht mehr als Herzog dieses Landes zu betrachten; er sei aller Rechte eines Fürsten beraubt, und daher seien alle ihm von den böhmischen und kärnthnischen Ständen geleisteten Eide der Treue und des Gehorsams nichtig und ungiltig." Am 31. August ertheilte Kaiser Heinrich zu Speier in Anwesenheit vieler Reichsfürsten und unter glänzenden Feierlichkeiten seinem Sohne Johann das Königreich Böhmen als Lehen. Vor der Kathedralkirche waren ein hoher Thron für den Kaiser und Sitze für die Fürsten aufgerichtet. Daselbst erwartete Heinrich im königlichen Ornate, das Reichscepter in der Hand und die goldene Krone auf dem Haupte, seinen geliebten Sohn. Waffengeklirr und rauschendes Getümmel verkündeten den herannahenden Zug, in welchem Johann aus einer glänzenden Ritterschar hoch und stattlich hervorragte; zu seiner Rechten flatterten etwa fünfzig rothe Fahnen, in deren Mitte der weiße böhmische Löwe prangte. Sobald der Sohn vor dem Vater angelangt war, stieg er vom Rosse, knicte nieder vor den Stufen des Thrones und nach Leistung des gewöhnlichen Lehenseides empfieng er mit den Rechten, den Titel und Namen eines Königs für sich und seine Nachkommen, die Investitur mit Böhmen und dessen Kronländern. Langsam setzte sich der Zug wieder in Bewegung und die Freude und das Jauchzen der Zuschauer kannte keine Gränzen. — Ludwig der Baier stellte dem böhmischen Könige Johann von Luxemburg am 1. December 1314 ein reichhaltiges Privilegium aus. Er versprach, alle seine Besitzungen als Reichslehen in Schutz zu nehmen, ihn gemäß der Privilegien, welche die römischen Kaiser dem Könige Johann oder dessen Vorgängern gewährt hatten, weder zu einem Reichstage noch zu einer Heerfahrt diesseits oder jenseits der Berge aufzufordern, bestätigte seine Unterthanen im Genusse aller Freiheiten und gelobte, sie nie vor das Reichsgericht zu fordern, so lange Johann selbst das Recht nicht verweigere. Ferner verpflichtete sich Ludwig, die österreichischen Herzoge zur Herausgabe jener Urkunden zu bewegen, kraft welcher diese ein Recht auf Böhmen und dessen Nebenländer zu beanspruchen glaubten u. s. w.

Kaiser Karl IV. war mit Sorgfalt darauf bedacht, die Verbindung zwischen Böhmen und Deutschland immer inniger zu gestalten. Er nannte sein Königreich Böhmen das vortreffliche Glied des heiligen römischen Reiches und bestätigte als König 1348 und als Kaiser 1355 alle Privilegien, Vorrechte, Gerechtsame und Freiheiten desselben. Durch die goldene Bulle vom Jahre 1356 fixierte er das Verhältniß des böhmischen Kurfürsten zum Reiche in genauer Weise. Der Kurfürst von Böhmen, der sonst die letzte Stelle unter den Wählern eingenommen, sollte nach Artikel 4 dieses Grundgesetzes wegen seiner königlichen Würde nunmehr unter den weltlichen Kurfürsten der erste sein, er sollte als Erzmundschenk des Reiches

Bestimmungen der goldenen Bulle. Kurrecht.

dem Könige den ersten Becher reichen, aber nicht gehalten sein, seinen Dienst mit der Krone auf dem Haupte zu verrichten. Bei öffentlichen Aufzügen folgte nach Artikel 22 der böhmische König unmittelbar dem Kaiser und hinter dem Könige erst die Kaiserin mit ihrem Gefolge. Im Jahre 1356, sogleich nach der Verkündigung der goldenen Bulle zu Metz, vertrat Herzog Wenzel von Luxemburg die Person des Königs und Kurfürsten von Böhmen und reichte dem Kaiser als Erzmundschenk den ersten Trunk, nachdem er selbst vorher gekostet. Bei den Reichshöfen sollte, so bestimmte Artikel 5, der König von Böhmen, so lange sie dauerten, in allen Alten und Handlungen allen andern Königen, welchen Vorzug oder Würde diese auch immer besäßen, aus welcher Ursache sie auch immer erschienen wären, unveränderlich vorgehen. Im Artikel 7 verordnete Karl, dass beim Tode des böhmischen Königs (wie auch bei den andern Kurfürsten) der erstgeborene rechtmäßige Sohn und in Abgang dessen der nächste Verwandte in der Kur nachzufolgen habe. Wäre der Erbe minderjährig, so sollte der nächste Verwandte Vormund sein, bis der Minderjährige das achtzehnte Jahr erreicht habe. Derselbe Artikel gewährte dem böhmischen Kurfürstenthume vor den andern ein wesentliches Vorrecht. Denn während in demselben verordnet wurde, dass beim Aussterben eines kurfürstlichen Stammes das Kurfürstenthum an den Kaiser falle, der es mit einem andern Fürsten zu besetzen habe, wurde den böhmischen Reichsständen allein das freie Wahlrecht des Königs vorbehalten, im Falle die Linie ausstürbe. Der Artikel 8 der goldenen Bulle, der sich nur auf Böhmen bezieht, verordnete, dass kein Einwohner des böhmischen Reiches, weßen Standes er immer sein möge, außerhalb desselben vor eine oder die andere Obrigkeit gezogen, sondern nur vor das Gericht des böhmischen Königs und dessen Hofrichter berufen werden könnte. Im 9. und 10. erlangte der König von Böhmen mit den andern Kurfürsten das Recht der Bergwerke, Juden, Zölle, das Münz- und freie Kaufrecht. Im Artikel 24 wurde das Verbrechen gegen die Sicherheit eines kurfürstlichen Lebens behandelt, im 25. Artikel die Untheilbarkeit der Länder der weltlichen Kurfürsten ausgesprochen. Als eine besondere Berücksichtigung der slawischen Reichsbewohner mag angeführt werden, dass der Kaiser im letzten Artikel der Bulle den Kurfürsten befahl, sie möchten ihre Söhne oder vermuthliche Erben nicht bloß in der deutschen, sondern vom siebenten bis zum vierzehnten Jahre auch in der lateinischen, italienischen und slawischen Sprache unterrichten lassen.— Karl IV. genügten die in der goldenen Bulle aufgenommenen Punkte über Böhmens Kurrecht noch nicht, sondern er ließ sich am 8. December 1356 noch überdies von einem jeden Kurfürsten besondere Versicherungsbriefe ausstellen. In denselben bezeugten die Fürsten, dass Böhmen seit undenklichen Zeiten das Recht besitze, bei der Wahl des römischen Königs seine Stimme abzugeben, dass ferner dem böhmischen Könige die Verwaltung des Mundschenkenamtes gebühre, und er dasselbe bei öffentlichen Tafeln der Kaiser stehend oder sitzend, mit der königlichen Krone auf dem Haupte oder ohne Krone, wie er es für gut befände, ausüben könne. Weiter bekannten die Fürsten in ihren Briefen, daß der böhmische König zu der bevorstehenden Wahl durch eine ordentliche Gesandtschaft eingeladen werden sollte, daß er aber nicht verbunden wäre, persönlich zu erscheinen, sondern Abgeordnete und Bevollmächtigte abschicken könnte. Karl IV. übte sein Kurrecht selbst bei Gelegenheit der Wahl seines Sohnes Wenzel im Jahre 1376 und schrieb darüber dem Papste: „Wir als des heiligen römischen Reiches Erzschenk und Kur= fürst und alle die übrigen geistlichen und weltlichen Kurfürsten haben Unsern erst= gebornen Sohn Wenzeslaus einmüthig und ohne Widerrede zum römischen König und zukünftigen Kaiser gewählt."

Durch die Vereinigung der böhmischen und der deutschen Krone war jetzt Die deutschen Reichsinsignien in Böhmen. Böhmen das erste Reichsland geworden. Karl IV. bemühte sich, sobald als möglich, die Reichsinsignien in sein Erbland zu bringen. Nachdem er den Tag vernommen hatte, an welchem die Abgeordneten mit den Heiligthümern des deutschen Reiches der Stadt Prag sich näherten, gieng er mit dem Erzbischofe, der ganzen Klerisei und den anwesenden Fürsten, dem vornehmsten Adel und unzähligem Volke zum Empfange derselben bis vor die Thore entgegen (21. März 1350). Unter vielem Gepränge ließ er sie dann in feierlicher Procession auf den Wysche= hrad bringen, allwo sie dem Volke während der Osterfeiertage gezeigt wurden. Nach Ostern fand die Ueberführung der Kleinodien in die Wenzelskapelle bei St. Veit statt und später, als der Bau des Karlstein beendigt war, wurden sie in diese Burg übertragen. Doch mußten sie nebst anderen Reliquien jährlich ein= mal nach Prag gebracht und jedesmal am Freitage nach dem Sonntage Quasi= modo dem Volke in der Frohnleichnamskirche der Neustadt öffentlich ausgestellt werden. Dieser Tag wurde nach und nach ein allgemeines Kirchenfest in Böhmen mit eigener Bezeichnung im Kalender (den svátosti), zu welchem natürlich aus allen Ländern der Christenheit Tausende von Wallfahrern herbeiströmten. Papst Innocenz IV. bewilligte denjenigen, welche die Heiligthümer anschauen würden, einen Ablaß der Sünden.

Fragen wir, ob der Zusammenhang Böhmens mit Deutschland für ersteres Vortheile der Beziehungen zu Deutschland. von Vortheil gewesen ist, so müssen wir gerade für diese Periode ein entschiedenes Ja zur Antwort geben. Wie hätte Böhmen jemals einen solchen Glanz und eine solche Machtstellung entwickeln können, wenn es nicht eine Zeit lang das Glück gehabt hätte, Mittelpunkt des deutschen Reiches zu sein? Nur als deutschem Kaiser war es Karl IV. möglich, Schlesien, die Lausitz und Brandenburg für die böhmische Krone zu behaupten, und auch nur dadurch konnte Prag nach des Chronisten Dießenhoven Ausdruck zu einer Stadt erblühen, wie einst Rom und Konstantinopel gewesen. Daher bildete sich allmählich der Grundsatz, die römische Kaiserkrone gehöre auf die böhmische, wie es einst geheißen hatte, sie gehöre auf die lombardische. Wenn die Böhmen ehemals zu den Franken= und Schwabenkaisern ziehen mußten, um ihren Vasallenpflichten zu genügen, so standen sie jetzt unmittelbar die ersten neben dem Kaiserthrone, deſſen Strahlen auch ihren eigenen Glanz erhöhten. Genoſs nicht Böhmen in nächſter Reihe die Früchte der großen Stiftungen Karls? Und wie hat Karl ſelbſt wieder ſein Lieblingsland Böhmen vor allen andern Reichsländern be günſtigt und es in der That zum erſten Kurfürſtenthum erhoben? Das konnte nicht der böhmiſche König Karl I., ſondern nur der deutſche Kaiſer Karl IV. thun, der ſich dadurch gerade bei ſeinen eigenen Stammesgenoſſen im Reiche den Namen eines Stiefvaters zugezogen. Aus der Vereinigung Böhmens mit Deutſchland ſchöpfte doch nur immer Böhmen den größeren Vortheil. Die Karolinger führten das Land in den chriſtlich germaniſchen Kulturſtaat ein, die Sachſen begünſtigten die Entwicklung des einheitlichen Herzogthums, die Franken und Stauſer ſchenkten die Königskrone, und die Luxemburger pflanzten mitten in Lande den erſten Thron der Chriſtenheit, den Kaiſerthron, auf. Was boten die Böhmen als Entgelt? Anerkennung der Oberherrlichkeit des Reiches, anfänglich einen kleinen Tribut, dann geringfügige Vaſallenpflichten. War der Preis der Abhängigkeit überhaupt in Rechnung zu ziehen, wenn Tauſend unüberſteigliche Hinderniſſe die Bildung eines unabhängigen Staates rein illuſoriſch machten?

Königthum. Das durch die Bundesgenoſſenſchaft mit dem Bürgerthum ſo ſehr gekräftigte Königthum der Přemyſliden hatte bereits durch Wenzels III. unwürdiges Auftreten an Macht und Anſehen bedeutend verloren. Rudolphs kurze Regierung konnte den Verfall nicht anfhalten, der unter der Herrſchaft Heinrichs von Kärnthen in der kläglichſten Weiſe eintrat. Unter dem ohnmächtigen Kärnthner büßte die Krone den letzten Reſt von Gewalt und Achtung ein, bis die allgemeine Anarchie den Puppen- könig beſeitigte. Während der Luxemburger Periode hatte die königliche Gewalt mehrfache Wandelungen zu beſtehen. Die erſten Regierungsjahre Johanns ſchienen das Anſehen der tief herabgekommenen Krone reſtaurieren zu wollen, allein der Tauſer Vertrag inaugurierte eine neue Periode des Verfalles. Kaiſer Karl muſs als Wiederherſteller des kräftigen böhmiſchen Königthums bezeichnet werden; er wies den Adel in die ihm gebührenden Schranken zurück, er brachte die verlorenen Güter wieder an die Krone und verlieh dem Königthume eine ungeahnte Machtfülle durch die vielen und mächtigen Vaſallen, die er demſelben zuführte. Unter König Wenzel erneuern ſich die Zeiten ſeines Großvaters Johann oder Heinrichs von Kärnthen; neue Anarchie, neue Adelstyrannis begräbt all den Glanz und die Herrlichkeit, die noch vor Kurzem die böhmiſche Krone unter Karl IV. umgeben hatte. Nach dem Ausſterben der Přemyſliden ſchien das Königthum in Böhmen nicht mehr erblich werden zu wollen, bis Karl IV. wiederholt die Erblichkeit der Krone in ſeiner Familie feierlich ausſprach, und von den Ständen nicht nur formell, ſondern auch materiell durch die Wahl Wenzels bei ſeinen Lebzeiten anerkennen ließ, wie denn auch er ſelbſt noch zu Lebzeiten ſeines Vaters Johann als Nachfolger im Reiche anerkannt worden war. Durch den abgeſchloſſenen Erbvertrag mit Oeſterreich (1364) war sogar bereits für den Fall des Aussterbens der Luxemburgischen Linie eine Vorkehrung im Puncte der Erbfolge getroffen.

Die Basis der materiellen Macht des Königthums bildeten seit Alters die Krongüter, auf deren Aneignung die eigennützigen Bestrebungen des Adels konsequent gerichtet waren. In den wirrevollen Zeiten Heinrichs von Kärnthen und Johanns von Luxemburg war dem Adel die Besitzergreifung der weiten Krongüter fast vollständig gelungen, und der Tauser Vertrag, welcher den langwierigen Krongüterkampf des Königs Johann gegen den Adel beendet hatte, ließ letzteren im Besitze seiner Beute. Was Johann an Gütern noch übrig geblieben war, gelangte baldigst in Folge seiner Verschwendung durch oftmals spottbillige Verpfändung in die Hände der adeligen Herren; hatte dieser Herrscher doch auch andere Einkommens quellen der Krone sich nicht geschewt zu verkaufen oder zu verpfänden. Das auf diese Art in financieller Beziehung ganz lahm gelegte Königthum wieder aufzurichten, unternahm Karl als Markgraf von Mähren, noch bevor er König von Böhmen geworden war. Während seiner zweijährigen Verwaltung von 1333—1335 gelang es ihm durch eine haushälterische Finanzwirthschaft, zehn Burgen in Böhmen und sechs in Mähren wieder auszulösen, und als er seit 1338 beständiger Mitregent seines Vaters geworden war, fuhr er in seinem löblichen Beginnen fort, so daß ihm nach seinem wirklichen Regierungsantritte in dieser Hinsicht nur noch wenig mehr zu thun übrig blieb. Nach der vollständigen Wiedereinziehung der königlichen Güter ergab sich ein Landbesitz, der, wenn er auch nicht mehr die weite Ausdehnung der früheren Zeiten besaß, doch immerhin noch ansehnlich genannt werden muß. Von der beträchtlichen Anzahl der Schlösser, welche mit mehr oder weniger Landgut ausgestattet waren, nennen wir Prag, Wyschehrad, Brüx, Kolin, Melnik, Pilsen, Pisek, Tachau, Taus, Zittau u. a. Weit ausgedehnt waren die königlichen Forste von Bürglitz (1334 eingelöst), Klingenberg, Bösig bei Melnik, Pfrimberg im Böhmerwalde, Elbogen, Glatz, Fürstenberg und Lichtenburg (die beiden letzteren an der mährischen Gränze), Frauenberg und Protiwin im Süden des Landes. Kaiser Karl, der mühsam genug das Königsgut wieder erworben hatte, gedachte durch gewisse Bestimmungen seiner Majestas Karolina ähnlichen Verschleuderungen der Krongüter, wie sie besonders unter seinem Vater vorgekommen waren, vorzubeugen. Allein gerade dies war ein Umstand mehr, welcher den ländersüchtigen Adel bewog, das erwähnte Gesetzbuch zu verwerfen. Zu Zeiten Wenzels bemerkt man neuerdings die Bestrebungen des Adels, die Krongüter vollständig an sich reißen zu wollen.

Erst durch die feierliche Krönung, glaubte das Mittelalter, werde der Fürst in seine Würde ordentlich eingeführt. Die Krönungen der Luxemburger wurden mit großem Gepränge, wie gewöhnlich, im St. Veitsdome vorgenommen. Seitdem das Land selbst einen Erzbischof besaß, vollzog dieser und nicht mehr der Mainzer Erzbischof, wie bisher, den heiligen Akt. Die erste durch den Prager Erzbischof

vollzogene Krönung war die Karls IV. Da dieselbe vom Könige als eine Art
Musterkrönung hingestellt worden ist, indem er befahl, daß alle seine Nachfolger
auf dieselbe Art und mit demselben Gepränge gekrönt werden sollten, so wollen
wir sie der Hauptsache nach schildern. Es war ein wohlgegliedertes Programm
entworfen worden, und dessen einzelne Punkte wurden genau beobachtet. Am Tage
vor der Feierlichkeit (1. Sept. 1347) versammelten sich die Bischöfe, Herzoge, Fürsten, Barone und alle Vornehmen des Reiches, traten vor den römischen König
und baten ihn, er möge sich zum Könige von Böhmen krönen lassen und zugleich
die Verordnung des Papstes Klemens VI. bestätigen, vermöge welcher ihm der
Erzbischof von Prag die Krone aufsetzen und ihn zum Könige salben sollte. Karl
willigte in die Bitte, bestätigte dem Erzbischofe von Prag durch einen Majestätsbrief sein neues Recht und verrichtete noch am selben Tage seine Andacht am
Wyschehrad und in der Schloßkirche. Am andern Morgen zogen der Erzbischof
mit seinen beiden Suffraganen, den Bischöfen von Olmütz und Leitomischel und
mit anderen Prälaten in vollem Ornate unter Vortragung des Kreuzes und des
Schwertes des heiligen Wenzel von der Hauptkirche zum Schlosse, allwo sich bereits
beim Könige die höchsten Würdenträger versammelt hatten. Karl lag auf dem
Paradebette; um ihn standen der Landeskämmerer, der Landesrichter, der Landes-
marschall, der Lehenrichter und der Burggraf von Prag und der vornehmste böhmische Adel. Nachdem der Erzbischof den König durch den Gebrauch des Weih-
wassers und Weihrauches eingesegnet hatte, hub er ihn auf und übergab ihn den
beiden Bischöfen, die ihn am Arme zur Kirche geleiteten. Vor dem Zuge einher
schritt der Landeskämmerer mit dem Stabe, dann folgten die Landesofficiere mit
der Krone, dem Scepter, Reichsapfel und Schwerte; eine große Menge des Adels
und der Klerisei und viel Volk beendigten die Procession, welche unter dem Geläute
aller Glocken und dem Gesange heiliger Lieder der Kirche nahte. Daselbst wurden
die Reichsinsignien auf den Hochaltar des heiligen Veit gelegt, während der König
auf einen eigens errichteten Thron und neben ihm die Bischöfe und Herren sich
niederließen. Nach Verrichtung verschiedener Gebete wurden zwei kurze Predigten, eine an die geistlichen, die andere an die weltlichen Personen, abgehalten.
Dann stand der Erzbischof auf und sprach zum Könige mit lauter Stimme:
„Willst Du die heilige Religion, welche wir von christlichen Männern erhalten
haben, aufrecht halten und sie mit den Werken der Gerechtigkeit ausüben?"
Karl antwortete: „Das will Ich." Dann frug der Erzbischof weiter: „Willst Du
das Dir von Gott verliehene Königreich nach der Gerechtigkeit Deiner Väter
verwalten und vertheidigen?" Der König antwortete: „Ich verspreche, Alles
dieses treulich zu thun, sowie Mich Gott mit seiner Kraft stärken, und Mich alle
Meine Getreuen mit ihrer Hilfe unterstützen werden!" Nun wandte sich der
Erzbischof zum Volke und rief: „Wollt Ihr den Fürsten Karl für Euer Oberhaupt und Euern König anerkennen und Ihm allen Gehorsam leisten?" Die

gesammte Geistlichkeit, der Adel und das Volk erwiederten unter lautem Jubel: „Gerne, Gerne, Gerne!" Hierauf knieten die Bischöfe nieder am Altare und verrichteten zuerst ein stilles Gebet; dann stimmte der Erzbischof die Litanei zu allen Heiligen an, in welcher auch folgender sehr bezeichnender Passus vorkam: „Herr, wir bitten dich, erhöre uns, daß Er zu der Kaiserwürde gelangen möchte." Jetzt nahm das Hochamt seinen Anfang. Während die Epistel gelesen und auf dem Chore gesungen wurde, brachten zwei Aebte das Oel in einem Kelche und überreichten es dem Erzbischofe; dieser nahm es und salbte den König am Kopfe, an der Brust und an den Schultern, wobei er sprach: „Ich salbe Dich zum Könige mit dem heiligen Oele im Namen des Vaters und des Sohnes und des heiligen Geistes. Der Friede sei mit Dir." Der König antwortete: „Und mit Deinem Geiste." Dann segnete der Erzbischof das königliche Gewand ein, legte es dem Könige an und salbte ihm die Hände; er überreichte ihm den königlichen Mantel umgürtete ihn mit dem Schwerte, steckte ihm den Ring an den Finger, gab ihm Scepter und Reichsapfel in die Hand und setzte ihm endlich die herbeigebrachte Krone auf das Haupt. Alles dieses wurde begleitet von passenden Gebeten. Der nunmehr gekrönte König aber begab sich vom Altare auf den Thron und gab vor dem ganzen Volke folgende Erklärung ab: „Ich bekenne und verspreche vor Gott und seinen Engeln, jetzt und in künftigen Zeiten, die heilige Schrift, die Gerechtigkeit und den Frieden der heiligen Kirche Gottes und Meiner Unterthanen nach Möglichkeit und Gewissen zu handhaben und auszuüben, bei der Verwaltung des Königreichs Meine Getreuen zu Rathe zu ziehen, den Bischöfen und Kirchen Gottes alle gebührende Ehrerbietung zu erzeigen, und was den Kirchen, die ihnen anvertraut sind, von Kaisern und Königen gegeben worden, zu erhalten. Ich gelobe auch, daß Ich den Aebten, Herren, Rittern und Wladyken mit Achtung begegnen wolle, so wie Mir solches Meine Getreuen anrathen werden." — Nach= dem auch die Königin gekrönt worden war, wurde die Messe fortgesetzt. Bei den Worten des Evangeliums: „Gebet dem Kaiser, was des Kaisers ist und Gott, was Gottes ist", nahmen der König und die Königin die Kronen vom Haupte und küßten das Evangelienbuch, das ihnen der Erzbischof darreichte. Nach dem Offertorium giengen König und Königin zum Opfer, wobei ihnen die Kronen und das blanke Schwert vorgetragen wurden. Der König opferte ein weißes Brod, eine Kanne Wein und ein Stück Gold, die Königin desgleichen. Nach beendigter Messe kniete das königliche Paar abermals vor dem Altare, und beide empfiengen den Leib und das Blut Christi aus den Händen des Erzbischofes.

Die alte Königskrone war unter Johann von Luxemburg, man weiß nicht recht wie, verloren gegangen, daher Karl noch als Markgraf eine neue anfertigen ließ. Er verordnete, daß diese Krone sowohl bei der Krönung, als auch bei anderen feierlichen Gelegenheiten in Prag und dessen Vorstädten von dem Könige getragen werde; für gewöhnlich solle sie in der Schloßkirche, in der Kapelle des

Die Krone Karls IV. und das Schlagwort „St. Wenzels- krone."

heiligen Wenzel, und zwar zumeist auf dem Haupte desselben, aufbewahrt werden. Papst Klemens bestätigte durch eine eigene Bulle auf den Wunsch Karls diese Verordnung und bedrohte denjenigen mit der Strafe des Kirchenbannes, der die neue Krone wo anderohin verwende, vertausche oder verpfände (6. März 1346). Warum Karl als Aufbewahrungsort die St. Wenzelskapelle und das Haupt des Heiligen auserjah, darüber wird uns Folgendes berichtet, was wir jedoch nicht als historisch wahr verbürgen können. Karl habe nämlich in seiner Abwesenheit die Sorge für die Anfertigung der Krone seiner Gemahlin übertragen, nachdem er zuvor die geschicktesten Künstler nach Prag berufen und das hiezu nöthige Gold zurückgelassen hatte. Als aber wider Erwarten das Gold nicht ausreichte, habe seine Gemahlin den Abgang von jener Krone zu ersetzen gesucht, welche wahrschein licher Weise Herzog Sobĕslaw I. dem Grabe des heiligen Wenzel verehrt hatte. Karl sei, als er davon gehört habe, trostlos gewesen und habe auf Anrathen des Erzbischofes Ernst obige Verordnung getroffen, um gewissermaßen den heiligen Wenzel der Krone nicht beraubt zu haben. — Will man etwa aus diesem Grunde, wie man es in unserer Zeit zu thun beliebt, die vorhandene böhmische Königskrone Karls IV. St. Wenzelskrone nennen, so läßt sich dagegen wohl nur sagen, Karl selbst habe von dieser Benennung, wie aus allen seinen Urkunden hervorgeht, nichts gewußt. Bringt man aber mit dem erfundenen Schlagworte „St. Wenzelskrone" gewisse bestehende oder auch fingierte staatsrechtliche Verhältnisse Böhmens in Ver- bindung, so muß dagegen im Interesse der historischen Wahrheit entschieden pro- testiert werden, weil auch nicht ein einziger Anhaltspunkt dafür ermittelt werden kann. Wohl aber wurde die „böhmische Krone" (corona Bohemica) abstrakt gefaßt und als „vorzügliches Glied des römischen Reiches" bezeichnet.

Die gegenwärtige, aus den Zeiten Karls IV. stammende Königskrone besteht aus dem feinsten Golde und enthält vier große Lilien, welche durch Quinten rund zusammengefügt und mit vier im Scheitelpunkte zusammenlaufenden Goldreifen ver- sehen sind. Die Spitze ziert ein goldenes Kreuz, welches mit Edelsteinen geschmückt, in der Mitte aber durchbrochen ist und in diesem Raume ein kleines, aus einem Saphir geschnittenes Kruzifix enthält, das wieder einen Theil von der Dornen= krone Christi birgt. Die Lilien sind aus Edelsteinen zusammengesetzt, die Kappe besteht aus rothgeblümtem Goldstoffe. Die Gesammtzahl der Juwelen der Krone beläuft sich auf 111, darunter 17 Rubine, 30 Balaße, 25 Smaragde, 15 Sa phire, 4 Luchssaphire und 20 Perlen. Der Stil der Krone, der Schliff und die Faßung der Steine sind alterthümlich und paßen ganz in die Zeit Karls IV. Karl setzte drei Kronbewahrer ein, und zwar den Dechant des Domkapitels und zwei Domherren, welche drei eingeborene Böhmen sein mußten. Sie hatten die Ver pflichtung, sofort nach der Krönung die Krone, Scepter und Reichsapfel sammt den anderen Kleinodien in die St. Wenzelskapelle zu bringen, die Krone an gewissen Tagen auf das Haupt des heiligen Herzoges zu setzen und bei bevorstehender

Krönung wieder auszuliefern. Für seine Mühewaltung sollte ein jeder der Kron=
bewahrer vom neugekrönten Könige 300 Schock böhmischer Groschen erhalten, dieses
Geld aber zu nichts Anderem verwenden, als zum Baue der Schloßkirche.

Die Sigille Johanns tragen das Wappen von Böhmen und Luxemburg und Sigill, Wappen.
bis zum Jahre 1335 auch das von Polen. Trotz seiner Vorliebe für Formsachen
änderte Karl an dem Herkömmlichen in Bezug auf Wappen, Münzen, Sigille fast
Nichts. Seine Sigille halten sich an die der früheren Kaiser. Die großen Prager
Groschen, die Karl prägen ließ, tragen den Löwen, die Krone und die lateinische
Inschrift: „Karl I., von Gottes Gnaden König von Böhmen."

In Bezug auf die eigentliche Landesverwaltung tritt die unter den letzten Landes-
verwaltung.
Premysliden bereits eingeleitete Trennung des Landes in zwei große Rechtssprengel
immer schärfer hervor. Man unterscheidet eine eigentliche Hofregierung, die un=
mittelbar vom Könige ausgieng, und eine Landesregierung mit dem obersten Landrechte zu Prag an der Spitze, eine Scheidung, welche durch die deutsche Koloni=
sation und durch die von Deutschland her sich geltend machenden Lehnsverhältnisse
nothwendig geworden war. Unter der königlichen Hofregierung standen demgemäß
die nach deutscher Art organisirten Bezirke Eger, Elbogen, Zittau, Trautenau und
die Grafschaft Glatz, die zerstreut liegenden königlichen Städte mit ihren freien,
meist deutschen Bürgern, die königlichen Burgen und deren Lehen. Königliche Beamte leiteten in diesen Landestheilen die eigentlichen politischen und militärischen
Angelegenheiten, während in Hinsicht auf die Gerichtspflege und inneren Gemeindeangelegenheiten namentlich die königlichen Städte eine große, durch besondere Frei=
heiten und Privilegien geschützte Autonomie genossen. Der König verfügte aus
eigener Machtvollkommenheit über die militärischen und bis zu einem gewissen
Grade auch über die financiellen Hilfsmittel, hauptsächlich durch die sehr im
Schwunge stehende Verpfändung dieser ihm unmittelbar untergebenen Unterthanen;
auch die Kirchen= und Klostergüter wurden in dieser Hinsicht als königliche Kammergüter angesehen. Da unter den Luxemburgern bis auf Wenzel immer mehr
königliche Städte errichtet wurden, da ferner die Zahl der königlichen Lehen theils
durch Heimfall, theils durch freiwillige Uebertragung von Allodialbesitzungen Seitens vieler Barone, welche dadurch von den Gaugerichten sich emancipirten, fortwährend zunahm, so vergrößerte sich der Wirkungskreis der königlichen Hofregierung und somit auch die Macht des Königthums immer mehr und mehr. — Das
zweite Rechtsgebiet war der Sprengel der königlichen Landesregierung, welcher
unter dem obersten Landrechte in Prag und den alten in der Zahl allerdings schon
sehr verringerten Gauämtern stand. Eine strenge Trennung zwischen Justiz und Administration fand nicht statt, und im Ganzen verfuhr man nach den überlieferten Ge-
wohnheitsrechten. Die ordentlichen Sitzungen des obersten Landrechtes waren
ursprünglich mit den ordentlichen Landtagen verbunden, welche Vereinigung sich aber
im XIV. Jahrhunderte bereits zu lockern begann. — Das bereits im XIII. Jahr-

hundert entstandene Institut der „Rechtspfleger" (justiciarii poprawce) hatte an fange nur der Adel inne. Erst Wenzel IV. ließ auch die Städte zu, zuerst Pil sen, später Leitmeritz (1384) u. a.

Land Hof- und Kreistage.

Ueber den Charakter der Landtage in diesem Zeitraume, über deren Zusammenstellung und Kompetenz bleibt Vieles noch aufzuhellen übrig, was um so schwieriger ist, als eben in neuerer Zeit die Formen selbst noch nicht genug fest und klar sich entwickelt hatten. Im Allgemeinen kann man die ordentlichen, regelmäßig in den vier Quatemberzeiten abgehaltenen und die gebotenen Landtage unterscheiden. Die ordentlichen oder gemeinen Landtage, welche zugleich ordentliche Gerichtstage waren, beschäftigten sich nur mit Fragen, welche in den Wirkungskreis des obersten Landrechtes gehörten und wurden in Folge dessen von Städten, Stiftern und königlichen Vasallen nicht besucht. Die gebotenen Landtage erstreckten sich entweder bloß auf die Stände des Landes Böhmen, oder es nahmen auch die andern Kronländer an denselben Antheil. Die erste Art der Landtage, welche von königlichen Städten, Klöstern, königlichen Lehensleuten, aber auch von den Herren und Rittern besucht wurden, verhandelte zumeist über die Bewilligung und Einhebung der allgemeinen Landessteuer. Nahmen auch die anderen Kronländer am Landtage (Reichstage) Antheil, so handelte es sich um Thronfolge, Länderabtretung, Aussteuer der königlichen Prinzessinnen u. s. w.; in welcher Form sich die anderen Kronländer an solchen Landtagen betheiligten, ist nicht klar. Auch gab es gebotene Landtage, zu welchen nicht die Städte, Stifter und Vasallen, sondern nur freie Grundbesitzer, Barone, Ritter und Edelleute einberufen wurden, und zwar in Fällen, wo ohnehin die unter der königlichen Hofregierung stehenden Stände zur Dienstleistung verpflichtet waren (militärische Angelegenheiten). - Neben den Landtagen gab es noch sogenannte Hoftage, die der König einberief, um gewisse Entschließungen und Befehle den Versammelten mitzutheilen, und Kreistage, welche zur Aufrechthaltung des Landfriedens einberufen wurden.

Landtafel. Lehentafel. Staatsarchiv.

Die ersten Anfänge der Landtafel, die sich an das oberste Landesgericht anlehnte, dürften mit großer Wahrscheinlichkeit in die Regierungszeit Ottokars II. zu setzen sein. Die weitere Entwicklung dieses merkwürdigen Rechtsinstitutes fällt in die Luxemburgische Periode, seit welcher Zeit die Landtafel den Inbegriff des urkundlichen Rechtes und die Basis des Besitzstandes von Böhmen bildete. Die Kaufverträge, Schuldverschreibungen, Cessionen, Testamente, sowie die Gerechtsame der Stände und Korporationen wurden in dieselbe einverleibt, und ebenso die Erkenntnisse des Landrechtes und der Landtage, später „Landtagsschlüsse" in ihre verschiedenen Bücher eingetragen. Mit der größeren Entwickelung des Lehenswesens im XIV. Jahrhunderte entstand neben der Landtafel auch eine eigene böhmische Lehentafel, welche die Rechte und Pflichten der Kronvasallen enthielt und die betreffenden Grundbücher führte. Der Aufbewahrungsort der Land- und Lehentafel befand sich in der unmittelbaren Nähe des königlichen Palastes auf dem Hradschin, am Sitze des Landrechtes. — Zu beiden Landesarchiven kam unter Karl IV. noch ein allgemeines Staatsarchiv (1348), das auf der Burg Karlstein verwahrt und durch einen besondern Archivar überwacht wurde. Dasselbe umfaßte alle Original-urkunden über die Erwerbungen der Krone Böhmen und über das Staats- und öffentliche Recht im Allgemeinen.

Unter den Landesbeamten nahm im Range seit Alters der Oberstlandkäm-merer den ersten Rang ein. Er war zuerst die oberste Spitze der Verwaltung des Landes; da er ursprünglich die Finanzen des Königs zu besorgen hatte, eine reich-liche Quelle für dieselben aber das Gerichtswesen war, so erlangte er jetzt mit Uebergabe des Finanzdepartements an andere Beamte die Justizadministration als vorzüglichen Wirkungskreis. In Abwesenheit des Königs führte er bei dem großen Landrechte, sowie bei den ordentlichen Landtagen den Vorsitz und hatte die oberste Leitung über die „Kämmerlinge" des Landrechtes. Der Oberstburggraf gewann einen immer größeren Einfluß auf die Regierung, indem unter seinen Befehlen die gesammte militärische und polizeiliche Gewalt des Königs stand, und er somit die eigentliche Exekutivgewalt in seinen Händen hatte, was beispielsweise bei schwachen Königen von großer Bedeutung war. Die Leitung der eigentlichen Ge-richtsverhandlungen, die Aufsicht über die Befolgung der alten Rechtsformen, Ver-theilung der Verrichtungen unter den Gerichtsbeisitzern u. s. w. hatte der Oberst landrichter, während der Oberstlandschreiber für die richtige Aufzeichnung und Vor-lesung der Gerichtsakten zu sorgen hatte. Die genannten, sowie der Oberstlehenrich ter, welcher die oberste Leitung des Hoflehengerichtes besaß, waren Landesbeamte, während der Oberstlandhofmeister, der Oberstlandmarschall, der oberste Kanzler, der Landesunterkämmerer, der Oberstmünzmeister u. a. zugleich als Hof- und Landesbeamte angesehen wurden. Bloße Hofbeamte waren der königliche Oberst kämmerer (Kammermeister), der Obersttruchseß, Oberstmundschenk, Hofmeister, Landmarschall, Oberstjägermeister u. s. w., wozu dann noch der besondere Hofstaat der Königin kam. Das Oberstkanzleramt war bis auf Karl IV. immer mit der Wyschehrader Propstei verbunden. Als aber unter letzterem die deutsche Reichs kanzlei nach Prag wanderte, so verschmolz allmählich die deutsche und böhmische Kanzlei, so zwar, daß wenigstens seit König Wenzel der deutsche Reichskanzler auch die böhmischen Geschäfte versah. Dem Wyschehrader Propste verblieben aber nebst dem Titel auch die reichen Einkünfte eines böhmischen Kanzlers, so daß dieser glän zende Posten sehr häufig zur Versorgung an arme hochadelige Herren vergeben wurde.

Die alte Gaueintheilung des Landes war unter Johann von Luxemburg ganz in Verfall gerathen, so daß Karl IV. zur besseren Handhabung des allge meinen Landfriedens eine neue und zwar eine Kreiseintheilung vornahm. Die Zahl der neuen Kreise, mit eigenen Kreisgerichten und je zwei Kreishauptleuten, wird verschiedentlich angegeben: wir bleiben bei der Zahl dreizehn mit folgenden Mittel punkten: Bechin, Bunzlau, Chrudim, Časlau, Elbogen, Kaurschim, Königingrätz,

Landes- und
Hofbeamte.

Landes
eintheilung.

Leitmeritz, Pilsen, Pisek, Prachin, Saatz und Schlan. Die durch Erzbischof Ernest (um 1345) geregelte kirchliche Eintheilung des Landes unterschied zehn Archidiako=nate, von denen ein jedes mehr oder weniger Dekanate enthielt. Die Archidiakonate waren: Prag, Kaurschim, Bechin, Saatz, Leitmeritz, Bilin, Jungbunzlau, Pilsen, Horschow und Königingrätz.

Adel.   Der Adel verhielt sich in dieser Zeitperiode dem Königthum gegenüber in steter Opposition. Die Schwächung desselben und die eigene Bereicherung glaubte er durch die Besitzergreifung der weitläufigen Krongüter erlangen zu können. Durch Wenzels III. Leichtsinn waren der Krone bereits mehrere Domänen verloren gegangen. Die anarchischen Verhältnisse unter Heinrich von Kärnthen und der Alleinregierung Johanns von Luxemburg boten den eigennützigen Baronen Gelegen=heit, ihre weitgehendsten Wünsche zu befriedigen. Sie scheuten allerdings kein Mittel, auch das des Hochverrathes, die Verbindung mit auswärtigen Herrschern, nicht, um zum Ziele zu gelangen. Bereits im Jahre 1318 standen sie an demselben, indem durch den Tauser Vertrag die vollständige Adelsherrschaft garantiert, und sämmtliche Krongüter, deren sich die Barone bemächtigt hatten, in ihren Händen blieben. Der kleine, noch der Krone gehörige Theil wurde im weitern Verlaufe in Folge der Verschwendung Johanns gleichfalls ihre Beute. Ganz anders gestal=tete sich jedoch die Sachlage unter dem sparsamen Karl IV. Derselbe löste be=kanntlich noch als Kronprinz ein Gut um das andere wieder ein und rettete als König, was überhaupt noch zu retten war. Als er aber noch weiter gehen und durch eine gesetzliche Bestimmung einer leichtsinnigen Verschleuderung des Kron=vermögens für die Zukunft vorbeugen wollte, da erhob der Adel den heftigsten Widerspruch und verwarf den Gesetzesvorschlag. Wie Karl IV., so war auch Wenzel bei allen seinen schlechten Eigenschaften doch sehr haushälterisch und führte eine gute Finanzwirthschaft. Der Adel ersah sich daher ein anderes Feld seiner Bestrebungen aus, indem er in den alleinigen Besitz der höchsten Staats=ämter zu kommen trachtete, neue Verschwörungen gegen das Königthum anzettelte und denn auch in der That König Wenzel zu der gewünschten Koncession zu zwin=gen wusste. — Im erwähnten Kampfe tritt die bereits scharf durchgeführte Trennung zwischen hohem und niederem Adel, zwischen Herren und Ritterstand hervor, indem letzterer eben auch von den hohen Staatswürden ausgeschlossen wurde. — Wie gegen das Königthum, so verharrte der Adel auch gegen das Bürgerthum in alter Feind=schaft. Unter Heinrich von Kärnthen waren die heftigsten Kämpfe geführt worden, in denen endlich das Bürgerthum unterlag. Die Schwächung der Krone unter Johann konnte dem Bürgerthume natürlich nicht günstig sein, noch weniger der Ausschluss von den höheren Staatsämtern unter Wenzel dem Faulen. Indem der Adel immer mehr die Principien des Feudalwesens durchzuführen suchte, beengte er zwar das freie Bürgerthum und brachte das Volk in seine Botmäßig keit, schlug sich aber auch selbst in engere Fesseln der Abhängigkeit vom Königthume.

Kaiser Karl, der selbst den Feudalismus beförderte und gar nicht daran dachte, die unter seinem Vater zu Grunde gegangene Grafschaftsverfassung des Landes zu erneuern, brachte eine Menge Barone in's Lehensverhältniß zur Krone durch Aufnahme der freiwillig übertragenen Besitzungen. Der König gewährte zwar den neuen Vasallen die Richtergewalt über ihre sämmtlichen Unterthanen (Patrimonial-gerichtsbarkeit), verpflichtete sie aber selbst zu neuen vasallitischen Lasten, insbesondere in militärischer Beziehung. Gegen Ueberschreitungen des Adels trat Karl IV. mit besonderer Strenge und unerbittlicher Gerechtigkeit auf.

Die Lage des tschechischen Volkes verbesserte sich im XIV. Jahrhunderte wesentlich, indem seine Dörfer nach dem Vorgange der Deutschen auf emphyteutische Art angesetzt wurden. Das Verhältniß der Bauern war dadurch ein viel günstigeres geworden. Sie leisteten jetzt ihrem Grundherrn halbjährig zu Galli und zu Georgi bestimmte Zinsungen an Geld, Getreide, Hühnern, Eiern u. dgl., während andere eine bestimmte Anzahl Tage (meist 6 bis 12 im ganzen Jahre) im Felde oder Walde Frohndienste verrichteten. Dazu kamen noch allgemein übliche Ehrengeschenke, welche bei bestimmten Gelegenheiten dem Grundherrn dargebracht wurden. — Während unter Heinrich von Kärnthen und Johann von Luxemburg durch die allgemeine Anarchie das Volk unendlich viel gelitten hatte, erfreute sich dasselbe unter Kaiser Karl und König Wenzel eines besondern Schutzes dieser Herrscher; namentlich war es Wenzel, der wegen seiner Vorliebe für die unteren Volksklassen der erklärte Liebling derselben geworden war. Wenn durch den Untergang der Gauverfassung das Volk einestheils Nutzen schöpfte, so verlor es doch wieder an Freiheit durch das sich fester einnistende Feudalwesen. Wir bemerkten schon, wie durch Karl IV. dem Adel die Patrimonialgerichtsbarkeit über seine Unterthanen gewährt worden war. An diese Patrimonialgerichtsbarkeit knüpften sich nach und nach eine Menge lästiger Verbindlichkeiten, die sich nicht mehr abschütteln ließen, wohl aber leicht vermehrt werden konnten. Daß übrigens Willkührlichkeiten des Adels gegen das Volk noch häufig vorkamen, und daß vielfach die gröbste Leibeigenschaft in Uebung war, geht aus mehreren Bestimmungen der Majestas Karolina hervor. Mußte doch Karl ausdrücklich dem Volke das vielfach angefochtene Recht der Klage gegen die Grundobrigkeit wahren. Ja lauteten doch gewisse Paragraphe (85 flg.) der Majestas dahin, daß kein Herr seinem oder einem andern Manne die Augen ausstechen, die Nase abschneiden oder die Hand oder den Fuß abhauen dürfe, widrigen Falles ihm die königliche Gnade entzogen, und er bestraft werden solle.

Schon Wenzel II. gieng mit der Absicht um, ein allgemeines Landesgesetzbuch zu schaffen, konnte aber wegen des heftigen Widerstandes des Adels nicht durchdringen. Karl IV. nahm den löblichen patriotischen Plan wieder auf, scheiterte aber gleichfalls mit demselben an der Opposition der Barone. Karl IV. wollte in seinem Gesetzbuche nicht bloß neue Bestimmungen treffen zur Verhinderung allerhand eingeschlichener Mißbrauche, sondern es sollten in demselben zugleich die alten, zum Theile geschriebenen, zum Theile ungeschriebenen Gewohnheitsrechte niedergelegt werden. Sein Gesetz= entwurf zerfällt in zwei Theile, wovon der eine (Majestas Carolina) vorzüglich materielles, der andere die „Landesordnung" (ordo judicii terrae) formales Recht enthält. Beide wurden dem Landtage im März 1348 vorgelegt, aber nicht an= genommen, und Karl erklärte sie auf dem Landtage vom 6. Ott. 1355 ausdrück lich für unverbindlich. Es hatten sich aber von beiden Rechtsbüchern Abschrif= ten erhalten, und da im Laufe der Zeit die Ungiltigkeitserklärung derselben in Vergessenheit gerieth, so wurden allmählich diese beiden Rechtsbücher theilweise als wirklich bestehende Gesetze betrachtet und angewendet. Die Gründe, warum sich der Adel der Annahme der Gesetzbücher widersetzte, liegen nahe. Zunächst hatte er nicht Lust, seinem Bestreben, die Güter, Schlösser und Regalien der Krone an sich zu reißen, zu entsagen, wie es verlangt wurde. Auch der Abschnitt 14 behagte nicht, da in demselben gegen die Sucht, fremde Güter an sich zu bringen und königliche Verleihungsurkunden zu erschleichen über Güter, welche dem Könige noch nicht heimgefallen waren, ein Verbot erlassen wurde. Anstößig war insgleichen Paragraph 15, der den Unterthanen untersagte, sich auf irgend eine Art der Landesherrlichkeit zu entziehen. Damit sollte verhin dert werden, daß irgend ein Adeliger sein Gut einem fremden Herrscher als Lehen übertrage und dann den Schutz seines Lehensherrn, sogar gegen den König von Böh= men, beanspruchen könnte. Daß im 37. Kapitel gewisse Verfügungen über das Leben der verwittweten Königin getroffen wurden, sollte wahrscheinlich Vorgänge, wie sie die Königin Wittwe Ottokars II. und Wenzels II. hervorgerufen hatten verhindern; auch das konnte der Adel nicht billigen, da er ja eben in den verwitt weten Fürstinnen in der Regel Werkzeuge gegen die regierenden Könige gefunden hatte. Endlich waren die Bestimmungen zum Schutze des Volkes gegen Grausam= keiten, Verstümmelungen u. dgl. ein Stein des Anstoßes.

Steuern.   Die ordentlichen Steuern, die von Jahr zu Jahr eingehoben wurden und die eigentlichen Einkünfte des Landesfürsten nebst den Bergwerken und Krongütern bildeten, waren Zoll und Mauthgefälle, Gerichts=, und Marktgelder, Judensteuer und insbesondere der Tribut (die Friedenssteuer). Die Höhe des Tributes, welcher seit Alters mit abwechselnden Namen eingeführt gewesen und auch in dieser Periode fortdauerte, richtete sich nach dem Ertrage des Gutes oder nach dem Maßstabe der Ansäßigkeit eines jeden einzelnen Hauswirthes. Als im Jahre 1325 diese Steuer durch König Johann mit der äußersten Strenge eingetrieben wurde, belief sie sich auf 95.000 Mark; seit dieser Zeit erscheint dieselbe unter dem Namen der Berna oder Kontribution. Es war zu derselben sowohl der Bürger als der Bauer verpflichtet, und die Steuererpressungen zu König Johanns Zeiten beruhten zu meist auf der Einforderung der wahrscheinlich willkührlich hochberechneten Berna. Unter Johann waren später die Steuern, Zölle, überhaupt alle königlichen Ein kunfte auf Jahre hinaus verpachtet oder verpfändet; die Eintreibung war in Folge deffen eine noch viel härtere und graufamere. Ueber das Verhältniß diefer allgemeinen Landessteuer zum Befitze haben wir aus dem XIV. Jahrhunderte die Andeutung, daß in Mähren, und dasselbe galt wohl auch für Böhmen, im Jahre 1327 von einer Hube 16 böhmifche Grofchen gefteuert wurden, während im Beginne des XV. Jahrhunderts das Klofter Brewnow von einer Hube bei Weitem mehr an königlicher Berna, nämlich eine Mark, abführen mufste. Nebft den angeführten ordentlichen Steuern wurden von Zeit zu Zeit in dringenden Nothfällen auch noch außerordentliche eingefordert. So mufste die Geiftlichkeit 1326 an König Johann den zehnten Theil der reinen Einkünfte von allen geiftlichen Pfründen entrichten, was fich unter Wenzel dem Faulen im Jahre 1387 wiederholte. Während unter Premyfl Ottokar I. eine Art von Kopffteuer aufgetaucht war, wird im Jahre 1375 der Berna als einer Vermögensfteuer gedacht, welche auf Befehl Karls IV. ein jeder nach feinem abgefchätzten Vermögen entrichten mufste. Karl verlangte, fo lautet eine allerdings nicht ganz verbürgte Nachricht, daß ein jeder Infaffe des Königreiches, fowohl die Herren als die Bürger und Bauern von jeder Mark Silbers ihres Vermögens einen Prager Grofchen erlegen follten; wer fein beweglich oder unbeweglich Gut nicht ehrlich angebe, deffen Gut, Haus oder Hof folle abgefchätzt, bezahlt und an die königliche Kammer gefchlagen werden. Die Einnahme der landesfürftlichen Gefälle ward in jedem Bezirke durch gefliffentlich beftellte Steuereinnehmer beforgt. Unter Karl IV., unter Wenzel und Sigmund gefchah die Einnahme in 61 Städten, in welche die nächftgelegenen Herrfchaften die Steuer abzuliefern hatten.

Die Lage der Israeliten geftaltete fich unter Johann von Luxemburg zu einer fehr ungünftigen, da ja fie insbefondere als reiche Geldmänner von dem verfchwenderifchen Könige als geeignete Objekte der Brandfchatzung auserfehen wurden. Nachdem er im Jahre 1339 auf eine Anzeige hin in der Judenfynagoge zu Prag durch Nachgrabung 2000 Mark Gold und Silber entdeckt und fich angeeignet hatte, befahl er am 3. Juni, fämmtliche Israeliten in Prag und im ganzen Königreiche gefangen zu nehmen und gab fie nur gegen ein hohes Löfegeld wieder frei. Mehr als durch die wohl noch öfter vorkommenden Gelderpreffungen wurden die Juden in ihren Intereffen durch fich wiederholende graufame Verfolgungen, die ihren Grund zumeift in mittelalterlichem Aberglauben hatten, gefchädigt. So trat bereits im Jahre 1338 eine große Judenverfolgung in Böhmen, namentlich in Prag ein, weil fich die Nachricht verbreitete, die Juden in Kaurfchim hätten den Leib des Herrn gemartert. Gegen die im Jahre 1349 in ganz Deutfchland wüthende Judenverfolgungen trat Kaifer Karl mit allen Mitteln der Milde und Strenge auf. Deffenungeachtet erlitten die Juden viel Schaden und diesmal auch in den Landftädten Böhmens. So vollführte das durch einen Franziskanermönch fanatifierte Volk in Eger im Jahre 1350 einen entfetzlichen Maffenmord der Juden, welch' verabſchennngswürdige That noch heute durch die ſogenannte Mordgaſſe der genannten Stadt in Erinnerung ſteht. König Wenzel, der vielfach als großer Freund der Juden gerühmt wird, konnte den furchtbaren Aufruhr gegen dieſe Nation im Jahre 1389 nicht aufhalten. Während der König ſich im genannten Jahre zu Eger befand, wurde in Prag ein Prieſter, der das Sakrament des Altars zu einem erkrankten Chriſten in der Judenſtadt trug, daſelbſt mit Steinwürfen empfangen und zur Rückkehr ge zwungen. Zwar wurden die Frevler zur wohlverdienten Abſtrafung verhaftet, aber das wüthende Volk ſelbſt, welches von den Prieſtern am Oſterſonntage (18. April) zur Rache aufgefordert worden war, konnte nicht länger zurückgehalten werden. Es rottete ſich zuſammen, bewaffnete ſich mit Steinen, Spießen und Lanzen, drang unter der Anführung eines gewiſſen Jeſchko in die Judenſtadt ein, ſteckte die Häu ſer in Brand und ermordete alle Joraeliten, die den Flammen entrinnen wollten. An 3000 Juden ſollen damals elendiglich um's Leben gekommen ſein; nur ſehr wenige, meiſt Frauen und Kinder, blieben verſchont, und dieſe mußten getauft werden um ſie der Wuth des raſenden Pöbels zu entreißen. Wir haben keine Nachricht, daß Wenzel nach ſeiner Rückkehr aus Eger die verübte Miſſethat etwa beſtraft hätte. Er befahl nur, das aus der Judenſtadt geraubte Gold und Silber auf den Rathhäuſern niederzulegen und als verfallenes Kammergut dem Könige auszuliefern. Im Uebrigen war den Joraeliten die Regierung Karls IV. ſowohl, als die ſeines Sohnes Wenzel eine förderliche. Kaiſer Karl überſiedelte ſie im Jahre 1318, als er die Neuſtadt gründete, aus dem ſogenannten Judengarten in die gegenwärtige Judenſtadt, beſtätigte ihnen 1356 die alten Ottokariſchen Freiheiten und Gerecht ſame durch eine goldene Bulle und legte auf die Uebertretung derſelben eine Strafe von 50 Mark Goldes. Die Regierung Wenzels lobten die Joraeliten hauptſächlich deßwegen, weil dieſer Fürſt ſeine bekannte Gerechtigkeitsliebe auch ihnen gegenüber walt.n ließ und insbeſondere ſeinen Beamten auftrug, den Juden bei Ein treibung von Schulden behilflich zu ſein. Den Egerer Juden, die ſchon von Kai ſer Karl begünſtigt worden waren, ertheilte Wenzel das Recht, von keinem andern Richter, als dem königlichen in Eger, geladen werden zu dürfen (1379) und bezog ſie in den Schirmbrief der Egerer Bürger ein, vermöge deſſen dieſe weder im Reiche noch in Böhmen bedrückt werden ſollten (1391). Den Prager Juden be ſtätigte er (1410) den Beſitz ihres Friedhofes, ſowie der daran gelegenen Orte. Sonſt aber blieb auch Wenzel der mittelalterlichen Anſicht getreu, daß das Privat eigenthum der Juden dem Landesherrn gehöre, wie aus ſeinem Befehle von 1389 für Böhmen und dem Judendekrete von 1390 für Deutſchland hervorgeht.

Kirche. Biſchof
Johann IV.
(1301—1343).

Den größten Theil der erſten Hälfte des XIV. Jahnnderts leitete Biſchof Johann von Draſic, ein Mann von Geiſt und Herz, Willenskraft und vielſeitiger Bildung, das Kirchenweſen Böhmens. Er verſtand es mit vielem Geſchicke in den wirrenvollen Zeiten die Intreſſen ſeiner Diöceſe zu wahren. Wenn er auch die durch König Johann vorgenommene Schädigung des Kirchenvermögens nicht ver hindern konnte, so wußte er doch wieder durch Kauf und Tausch, sowie durch gute Verwaltung die erzbischöflichen Güter, zu arrondieren und einträglicher zu machen. In der bischöflichen Stadt Raudnitz stiftete er ein Kloster der Augustinerherren mit herrlicher gothischer Kirche, gründete ein Armenspital und errichtete daselbst eine steinerne Brücke über die Elbe, von welcher sich ein schadhafter Pfeiler bis jetzt erhalten hat. In Prag baute er das abgebrannte Kollegialstift St. Aegid von Neuem auf, gründete ein Priorat der Cyriaken in Neubenatek und verlieh mehreren Ortschaften bischöflicher Güter besondere Stadtrechte. Der Bischof trat eifrig für die Kirchenzucht ein und bekämpfte anftauchende Häresien bereits in der Diöcesansynode vom Jahre 1301, sowie durch ein 1315 errichtetes beständiges Inquisitionsgericht. Seit 1312 treffen wir an seiner Seite einen bleibenden Suffragan und Weihbischof in der Person seines Bruders, des Minoriten Pribislaw von Drazic. Die Opposition der Franziskanerbrüder, sowie die Feindseligkeit des von ihm abgesetzten Propstes von Leitmeritz, Namens Heinrich, verbitterten dem Bischofe seine ohnedies schwierige Stellung. Letzterer verklagte ihn bei der päpstlichen Kurie in Avignon wegen Beschützung der Ketzer, wegen Simonie und anderer Verbrechen. Durch eilf Jahre führte der Bischof seinen Proceß, bis er siegreich durchdrang. Während dieser Zeit (1318—1329) hielt er sich selbst in Avignon auf, und Administratoren aus der Mitte des Domkapitels verwalteten die Diöcese.

Das wichtigste Ereigniß dieser Periode auf kirchlichem Gebiete war die Erhebung des Prager Bisthums zu einem Erzbisthume. Errichtung des Prager Erzbisthums (1344). Die Emancipation Böhmens von Deutschland in geistlicher Beziehung, welche seit langer Zeit vergeblich angestrebt worden war, erlangte Karl, als er noch Markgraf war und mit seinem Vater beim Papste Klemens VI. in Avignon sich wegen seines Konfliktes mit Ludwig dem Baier aufhielt, auf ziemlich leichte Weise. Der Papst hatte eben Ursache, den Luxemburgern alle Freundschaft zu erweisen, während er aus demselben Grunde dem Erzbischofe von Mainz, der zum Kaiser Ludwig hielt, zürnte. Daher erließ er am 30. April 1344 eine Bulle, durch welche der Prager Bischof Ernest und dessen Nachfolger von der Gerichtsbarkeit der Erzbischöfe von Mainz befreit und das Prager Bisthum selbst zu einem Erzbisthume erhoben wurde. Als Suffraganate des neuen Erzbisthums wurden das Bisthum zu Olmütz und das neu zu begründende von Leitomischel bestimmt. Am selben Tage bestätigte der Papst den von Karl überreichten Stiftungsbrief der Mansionäre, und am 5. Mai erfloß eine weitere päpstliche Bulle, welche dem neuen Erzbischofe von Prag und seinen Nachfolgern das Recht, die Könige von Böhmen zu krönen und zu salben, übertrug.

Die neue Erzdiöcese hatte eine ansehnliche Ausdehnung. Ganz Böhmen in seinem alten Umfange, Glatz, Zittau, Königstein und Mehringen (in Meißen) mit eingerechnet, dagegen das Egerer (zu Regensburg) und das Nieder=Land (zu Meißen) ausgenommen, gehörten in die kirchliche Leitung des Prager Erzbischofes, der ferner einzelne Gebiete an den Leitomischler Bischof abtrat. Die Erzdiöcese

wurde in 10 Archidiakonate (S. 246) und 51 Dekanate eingetheilt. Die Archi
diakonate wurden gewöhnlich von Mitgliedern des Prager Domkapitels bekleidet,
während die Dekanatsämter von den Erzbischofen durch einzelne Pfarrer bestellt
wurden. Die Zahl sämmtlicher Pfarreien der Erzdiöcese belief sich am Ende des
XIV. Jahrhunderts auf mehr als zwei Tausend. Die Macht des Erzbischofes war
eine immerhin große, obwohl es ihm nie gelang, gleich deutschen Kirchenfürsten,
reichsunmittelbar zu werden. Zu den Einkünften des Erzbisthums gehörten in
Böhmen 17 große Herrschaften, dann Kojetein in Mähren, Lühe in Baiern und
eine Menge kleinerer Güter. An 600 Dörfer, 11 größere Städte und mehrere
Burgen besaß der Erzbischof, der nebst seinem alten Hause am Prager Schlosse
noch einen besondern Bischofshof unweit der Brücke auf der Kleinseite als Residenz
inne hatte, im Sommer sich aber zumeist in Raudnitz aufhielt.

Ernest von Pardubitz war seit dem Ableben des alten Johanns IV. von
Drazic (5. Jan. 1343) Kirchenfürst von Böhmen. Am 21. Nov. 1344 wurde
seine Erhebung zum Erzbischofe in feierlicher Weise begangen. In Gegenwart des
Königs, der Prinzen, mehrerer Herzoge, des Klerus und des Adels wurden die
päpstlichen Bullen vorgelesen, worauf zwei vom Papste hiezu beauftragte Bi
schöfe dem Primas von Böhmen das Pallium übergaben und den gewöhnlichen
Eid an der Stelle des Papstes abnahmen. Hierauf wurde der bisherige Prä
monstratenserabt von Klosterbruck zum ersten Bischofe von Leitomischel ernannt und
mit dem Bischofe von Olmütz als Suffragan vorgestellt. Der große Festzug begab
sich alsdann aus dem alten Dome zum Bauplatze für einen neuen, und König
Johann, Markgraf Karl, Prinz Johann und Erzbischof Ernest stiegen daselbst in
die Tiefe, um gemeinschaftlich den Grundstein zur neuen erzbischöflichen Kathedrale
zu legen.

Erzbischof Ernest, von Pardubitz genannt, (geboren auf der Burg Hostin bei
Anwal 25. März 1297) war ein Mann von großer Gelehrsamkeit und tadel
losem Lebenswandel. Man sagte von ihm, er sei so fein in seinem Benehmen,
als wäre er in Athen geboren, und so muthvoll und tapfer, als wäre er zum
Kriegshelden bestimmt. Unter seiner Leitung gelangte das böhmische Kirchenwesen
zu schönster Blüthe, und ganz mit Recht hat die Gegenwart die Bedeutung dieses
Mannes für unser Vaterland durch Aufstellung eines Denkmales bei Anwal ge
würdigt. Zunächst widmete Ernest seine volle Aufmerksamkeit der inneren Re
form seiner Metropole. Auf einer großen 1349 in Prag abgehaltenen Provin
cialsynode ließ er feierlich die nach ihm benannten Ernestinischen Statuten verkün
den, welche hinfort das Gesetzbuch der Prager Erzdiöcese bildeten und sich vor
nehmlich über das eingerissene Laster der Simonie, über Hebung der Kirchenzucht,
besonders des Lebenswandels der Geistlichkeit und des Volkes, Ordnung des Got
tesdienstes und über Bestimmungen bei kirchlichen Streitigkeiten erstreckte. Weitere
Synodalverordnungen erfolgten 1353, 1355 und 1361. Zur Ueberwachung der

Zucht des Klerus setzte der Erzbischof besondere Korrektoren ein, welche im Namen des Oberhirten gegen die Hauptgebrechen der Kleriker, als Besuch der Schenken, Würfelspiel, Vernachlässigung der Tonsur und geistlichen Kleidung und Hintansetzung der priesterlichen Keuschheit, durch Ermahnungen, Belohnungen und Strafen einzuschreiten hatten. Neben den Korrektoren wurden wieder ordentliche Diöcesaninquisitoren eingesetzt, welche verpflichtet waren, über die Reinhaltung des Glaubens zu wachen. In der Diöcesanverwaltung unterstützten den Erzbischof in der Regel zwei sogenannte Generalvikare und nebstdem mehrere Officiale. Kraft kaiserlichen Privilegiums ernannte endlich Ernest öffentliche Notare die allerorts in Böhmen und in Deutschland Verträge, Testamente und andere öffentliche Urkunden zu verfassen hatten, mit der Bedingung, von Kirchen, Spitälern, Wittwen und Waisen keine Entlohnung zu nehmen. Die Generalvikare besorgten unter Anderm auch nebst zugetheilten Notaren die Führung der „Errichtungs- und Bestätigungsbücher", zweier höchst wichtiger Institute, deren Gründung wir der Sorgsamkeit des verdienten Kirchenfürsten Ernest verdanken. Die Errichtungsbücher (libri erectionum) bildeten in Folge kaiserlichen Privilegiums die geistliche Landtafel Böhmens, indem sie seit dem Jahre 1358 alle Schenkungen von Kirchen und Kapellen, alle Stiftungen von Messen und Messpriestern, alle Errichtungen von Pfarrkirchen und Klöstern enthalten und in Streitsachen unbedingten Glauben finden sollten. Die Bestätigungsbücher (libri confirmationum) ergänzten gewissermaßen die erstern, da sie das genaue Verzeichniß aller Präsentationen und Ernennungen zu den kirchlichen Beneficien enthielten.

Erzbischof Ernest war ferner unermüdlich thätig, um alle eingerostete Mißbräuche, sowie neu auftauchende Ketzereien auszurotten. Er setzte es mit vieler Mühe durch, dass endlich die Gottesgerichte, die Feuer- und Wasserprobe, sowie das Losen vor Gericht beseitigt wurden und trat andrerseits entschieden gegen die Flagellanten, sowie gegen die sogenannten „apostolischen Brüder und Schwestern" auf. Verewigt hat sich ferner der große Kirchenfürst durch seine frommen Stiftungen, sowie durch die gute Verwaltung der erzbischöflichen Güter. So gründete er Stifter der Regularchorherren des hl. Augustin in Glatz, Sadska, Rokyzan und Jaromirsch, erbaute Hospitäler in Böhmischbrod, Pribram und Liban, errichtete eine Kapelle im Dome, förderte den Dombau selbst durch Geldbeiträge und vermachte Stiftungen an die Universität für arme Kleriker; andrerseits erwarb er für das Erzbisthum die halbe Herrschaft Rosenthal, verbesserte die verfallenen Burgen auf den erzbischöflichen Gütern und erbaute in Bischofteinitz, Böhmischbrod und Raudnitz neue Stadtmauern.

Als der im In- und Auslande beim Volke und Klerus gleich beliebte, in Rom hochangesehene, seinem Könige und Kaiser innigst befreundete Erzbischof Ernest am 30. Juni 1364 auf seiner Burg in Raudnitz gestorben war, wählte das Domkapitel zum Nachfolger den bisherigen Olmützer Bischof Johann Oetko von Wlaschim,

Erzbischof Johann Oeto (1364—1380).

einen ehemaligen Jugendgefährten und guten Vertrauten des Kaisers. Schon im ersten Jahre seiner Regierung erlangte der neue Erzbischof für sich und seine Nachfolger die auszeichnende Würde eines Legaten des heiligen Stuhles für die Prager Metropole und für die Nachbardiöcesen Bamberg, Meißen und Regensburg (28. Mai 1365). Gleich seinem ruhmreichen Vorgänger war auch Johann Ocko beflissen, durch regelmäßige Synoden die kirchliche Ordnung aufrecht zu erhalten und durch sogenannte Generalkonsistorien den vielen Klagen über Bedrückung der Kirchen und Geistlichen durch den Adel gerecht zu werden. Die meisten auf uns gekommenen Synodalstatuten (1365, 1366, 1374, 1377) stammen von diesem Erzbischofe. Als interessant erwähnen wir das im Statute vom Jahre 1366 sich vorfindende Verbot gegen die Sitte, in der Mitte der Fastenzeit ein Bild des Todes unter Sprüchen und Liedern herumzutragen und endlich in den Fluß zu versenken, und den 1377 ergangenen Befehl, alle Freitage in der Sterbestunde Christi in allen Kirchen ein Gebetzeichen mit einer größeren Glocke zu geben. Auch durch fromme Stiftungen, wie durch die Gründung eines Hospitals für kranke Kleriker (1375) und der St. Erhardskapelle im Dome (1379) zeichnete sich Johann Ocko aus, insgleichen durch eine fleißige Verwaltung der erzbischöflichen Güter, die er zu vergrößern und zu verschönern nicht verabsäumte. Nachdem der verdiente Erzbischof und Legat noch die Würde eines Kardinalpriesters der Basilika der zwölf Apostel erlangt hatte (1378), verschied er am 14. Jan. 1380 und fand in der von ihm gegründeten Erhardskapelle eine würdige Ruhestätte.

Erzbisch. Jenstein (1380—96) und Wolfram (1396—1402).

Sein Nachfolger war Johann von Jenstein, der zwar ein Münster religiöser Demuth und mönchischer Abtödtung war, aber allzu hartnäckig und leidenschaftlich die weltliche Macht der Kirche vertheidigte und deßwegen in die bedauerlichsten Konflikte mit König Wenzel gerieth. Da er in diesem Streite auch beim Papste keine Hilfe fand, so legte er die erzbischöfliche Würde nieder (2. April 1396), begab sich im folgenden Jahre nach Rom, wo er, zum Patriarchen von Alexandria befördert, am 16. Juni 1400 starb. Zum Prager Erzbischof war noch von ihm selbst sein Schwestersohn Wolfram von Skworec, gewesener Kanzler des Herzogs Johann von Görlitz, installiert worden. Der neue Kirchenfürst gab keinen Anlaß zu weiteren Reibungen, da er sich von allen Geschäften ziemlich ferne hielt.

Gründung des Bisthums Leitomischel (1344.)

Die Gründung des Bisthums Leitomischel erfolgte gleichzeitig mit der Errichtung des Prager Erzbisthums (1344). Das letztere trat durch einen Vergleich vom 4. Nov. 1350 der neuen Diöcese die Dekanate Chrudim, Hohenmauth, Politschka und Landskron ab, während der Bischof von Olmütz durch den Vergleich vom 5. Febr. 1350 dreißig Pfarreien des damaligen Schönberger Dekanates nebst dem Benediktinerkloster Klösterle bei Schönberg dem jungen Bisthume überließ. Karl IV. eximierte die bischöflichen Güter von den Landesgerichten und befreite die Stadt Leitomischel von der Landessteuer, damit selbe sich mit ordentlichen Mauern befestige. Unter den dieser Periode angehörigen Bischöfen (Johann I., Johann von

Neumarkt, Nikolaus, Albert von Sternberg, Peter (Gelyto) zeichneten sich alle durch fromme Stiftungen, Johann von Neumarkt, von welchem ein kunstvolles mit den schönsten Miniaturen geschmücktes Reisebrevier im böhmischen Museum aufbewahrt wird, überdies noch durch große Gelehrsamkeit aus.

Die Zahl der Mitglieder des Prager Domkapitels war seit dem Anfange des XIII. Jahrhunderts bedeutend gewachsen, und es werden im XIV. Jahrhunderte zum Jahre 1381 fünfundfünfzig gleichzeitige Domherren erwähnt. Von diesen waren jedoch nicht alle mit Pfründen versehen; denn die Anzahl der letzteren beschränkte sich noch im Jahre 1327 auf sechsundzwanzig und stieg durch die Stiftung des Bischofes Johann IV. und des Kaisers Karl IV. auf vierunddreißig. Der Mißbrauch, dafs Domherren oder auch andere geistliche Würdenträger zwei Dignitäten in Einer Person vereinigten, führte den Befehl des Papstes Urban V. (1. Juli 1366) herbei, in Folge dessen fernerhin Niemand selbst zwei Pfründen inne haben dürfe, nur jene Fälle ausgenommen, wenn irgend eine Stelle einer andern kanonisch unirt sei. Die Besetzung der Domherrenstellen gieng schon seit 1200 nicht mehr durch freie Wahl vor sich, sondern war ganz in die Hände des Papstes gelangt, indem letzterer regelmäßig durch dringende Empfehlungsschreiben die vakante Stelle für seinen Kandidaten in Anspruch nahm. Erst im Jahre 1414 wurde die alte Wahlfreiheit, freilich in sehr beschränkter Weise, erneuert, als Papst Martin V. dem jeweiligen Papste nur das Recht vorbehielt, höchstens zwei Drittel aller Stellen zu besetzen. Hatte somit das Domkapitel nicht das freie Ergänzungsrecht, so konnte es ungehindert in der Ausscheidung unwürdiger und pflichtvergessener Mitglieder vorgehen. So wurde beispielsweise im Jahre 1360 sogar der Domdechant Hinko Klug seiner Stelle entsetzt, weil er sich für den schismatischen Papst erklärt hatte. — Durch ein päpstliches Privilegium vom 30. Nov. 1364 erlangten die Prager Kanoniker die Auszeichnung, in Gegenwart des Erzbischofes und des Kaisers der Rochete und der weißen Inful sich bedienen zu dürfen, und im Jahre 1390 wurde ihnen durch Papst Bonifaz IX. der Gebrauch goldgestickter und mit Edelsteinen besetzter Mitren gestattet. Dafs drei Domherren, und zwar der Dekan, der Kustos und der Sakristan zu Hütern der böhmischen Krone ernannt worden waren, haben wir schon oben erwähnt.

Seit dem Jahre 1343 bestand neben dem Domkapitel in Prag das von Kaiser Karl IV. gestiftete Kollegium der vierundzwanzig Mansionäre, eine Art niederes Kapitel, welches zwölf Priester, sechs Diakonen und sechs Subdiakonen zählte, in dem „Präcentor" einen eigenen Vorsteher besaß, im Ganzen aber unter der Oberaufsicht des Domdechants stand. Auch ein Kollegium der Psalteristen, aus vierundzwanzig Mitgliedern bestehend, war durch eine besondere Stiftung in's Leben gerufen worden. Da überdies Pönitentiare (Beichtpriester), je ein Tumbarius und Subtumbarius (Grabwächter) bei den Gräbern des heiligen Wenzel und des heiligen Adalbert, und eine Menge Altarpriester im Dome fungierten, so ergab sich

(Randnote: Domkapitel.)

(Randnote: Domklerus.)

eine Anzahl von Geiſtlichen an der Prager Kathedrale, die wohl den Glanz des Erzbiſthums zu erhöhen im Stande war, aber auch andrerſeits erſchlaffenden Müſſiggang und in Folge deſſen gar manche Unzukömmlichkeiten nach ſich zog.

Kollegiatſtifte. Das Kollegiatſtift Wyſchehrad, das unter der unmittelbaren Obedienz des Papſtes ſtand, behauptete auch in der Luxemburgiſchen Periode ſein hohes Anſehen. Durch die ſteigende Gunſt der Fürſten und durch hervorragende Perſönlichkeiten in ſeiner Mitte gewann es immer mehr an Glanz, der nur durch den Umſtand einigermaßen verdunkelt wurde, daſs ſeit Karl IV., wie wir ſchon oben angedeutet haben, die Kanzlerwürde des Propſtes mehr ein bloßer Titel geworden war. Als andere Kollegiatſtifte blühten das alte Bunzlau, Sadska, bei welchem ſeit 1358 die urkundliche Erwähnung eines Dechants geſchieht, das Kollegiatſtift der St. Georgskirche, das dem dortigen Jungfrauenſtifte untergeordnet war, das Kollegiatſtift bei St. Agidius (ſeit 1238), das Kapitel der Allerheiligenkirche auf der Prager Burg, als deren Regenerator Markgraf Karl erſcheint (1342) und das 1366 dem Karlskollegium einverleibt wurde, endlich Biſchofteiniz, Lipniz, (ſeit 1357), nur von kurzer Dauer, und Karlſtein (1357). Daneben ſind nicht zu vergeſſen die mächtigen Propſteien von Leitmeriz und Melnik und das bei dem neuen Biſthume in Leitomiſchel ſich bildende Kapitel.

Klöſter Die für fromme Stiftungen ſo eingenommene Zeit der Luxemburger muſſte auch den Klöſtern zu Gute kommen; König, Adel und Bürgerthum wetteiferten mit einander in reichlichen Beſchenkungen der bereits beſtehenden Klöſter und in *Benediktiner.* ſplendiden Dotierungen neuer Stifter. Unter den neugegründeten Benediktinerklöſtern ragte am meiſten das ſlawiſche Benediktinerſtift St. Hieronymus oder Emaus in Prag hervor. Kaiſer Karl IV. hatte zur Gründung dieſes Kloſters, deſſen Mitglieder ſich der ſlawiſchen Sprache und der glagolitiſchen Schrift bedienen ſollten, bereits am 9. Mai 1346 die Bewilligung des Papſtes Klemens VI. erhalten. Wohl hatten der Kaiſer und der Papſt mit der Errichtung dieſes Kloſters die Hoffnung verknüpft, die ſchismatiſchen Slawen der Nachbarſchaft für die römiſche Kirche wieder zu gewinnen. Die Einweihung des nach der Regel des heiligen Benedikt geſtifteten Kloſters, deſſen erſte Bevölkerung Mönche aus Dalmatien, Kroatien und Bosnien bildeten, gieng am Oſtermontage 1372 vor ſich, woher auch der Name Emauskloſter und die Sitte des bis auf die Gegenwart gefeierten Emausfeſtes am Oſtermontage ſtammt. Der Papſt und der Kaiſer ſtatteten die Neuſtiftung mit koſtbaren Privilegien und Schenkungen aus. Zu letzteren gehörte auch das von Karl IV. dem Kloſter gewidmete Bruchſtück eines Evangelienbuches in kyrilliſchen Lettern und ein glagolitiſches Pontifikalbuch zum Gebrauche beim feierlichen Gottesdienſte. Auf eigenthümlichem Wege gelangten dieſe beiden Manuſkripte im Verlaufe der Zeit in die Rheimſer Municipalbibliothek, allwo ſie 1835 entdeckt und 1846 von B. Hanka im Drucke veröffentlicht wurden. — Andere Benediktinerſtiftungen dieſes Zeitraumes waren das Jungfrauenkloſter „zu Gottes Barmher zigkeit", auch Heiligenkloster genannt, in der Altstadt Prag, 1346 gestiftet durch den frommen Bürger Nikolaus Rolitzauer und das von Karl IV. 1354 in's Leben gerufene Kloster St. Ambros in Podskal, das zweifelsohne zu Gunsten der in Prag wohnenden Lombarden nach Mailändischer Art eingerichtet wurde.

Wie die Prämonstratenser schon im vorigen Zeitraum keine Neustiftungen mehr anlegten, so die Cisterzienser von dieser Periode an. Beide Orden aber gediehen in ihren alten Klöstern, von den Luxemburgern, namentlich von Karl IV., gefördert, in herrlicher Blüthe. An den Generalabt von Cisterz brachte Karl IV. 1348 die Bitte ein, die Klöster der Cisterzienser in Böhmen anzuweisen, bei der Aufnahme der Novizen nicht mehr, wie bisher, die Eingeborenen auszuschließen.

Unter den geistlichen Ritterorden hatten, wie anderwärts, auch in Böhmen die reichen Tempelherren den kürzesten Bestand, da bekanntlich am 6. Mai 1312 Papst Klemens V. auf Drängen des habsüchtigen französischen Königs, Philipp des Schönen, die Auflösung dieses Ordens aussprach. Obwohl durch eine päpstliche Bulle vom 16. Mai 1312 das Vermögen der Templer dem Zwecke der Kreuzzüge vorbehalten bleiben und deswegen dem Johanniterorden übergeben werden sollte, so brachte in Böhmen König Johann nach dem Beispiele des französischen und des geldbedürftigen englischen Königs mehr als 20 Templerburgen an die königliche Kammer, während andere Güter an die letzten Inhaber derselben und nur ein gewisser Rest, darunter das ehemalige Haupthaus der Templer bei St. Laurenz (schon 1313 wieder an die Nonnen von St. Anna am Anjezd veräußert) an die Johanniter übergieng. — Die Johanniter, seit 1310 von ihrer Hauptniederlassung, der Insel Rhodus, auch Rhodiser genannt, vermehrten durch die eben erwähnte Erbschaft aus dem Vermögen der Templer, sowie auf andere Art, fortwährend ihre Besitzungen in Böhmen und erlangten, wie schon von den früheren Beherrschern, so auch von Johann und Karl IV., wichtige Privilegien in Bezug auf die Gerichtsbarkeit über ihre Unterthanen u. dgl. Man unterschied wie überall, so auch in Böhmen allerlei Arten von Johanniterkommenden (Meister-, Gerechtigkeits- und Gnadenkommenden), die alle an die Ordenskasse in Rhodus den fünften Theil ihres Einkommens für den heiligen Krieg abzuliefern hatten. Als hervorragende Johanniterpräceptoren Böhmens verdienen erwähnt zu werden: Heinrich von Rinthusen, der später Großmeister des Ordens wurde, und Berthold Graf von Henneberg, der bekanntlich mit Peter von Mainz als Bevollmächtigter Kaiser Heinrichs VII. dem jungen Könige Johann als Rathgeber zur Seite stand.

Die seit 1233 hervortretende besondere Kammerballei des deutschen Ritterordens in Böhmen, welche nebst diesem Lande auch Mähren und das heutige österreichisch Schlesien umfaßte, zählte etwa 29 Kommenden, eine Menge von Pfarrtirchen mit ausgedehnten Gütern und bereits von den Przemysliden verliehenen Privilegien. Nach Eger (das deutsche Haus daselbst gehörte zur Ballei von Thüringen) kamen sie im Jahre 1258, indem der unglückliche Konradin, der letzte Staufer,

Prämonstratenser und Cisterzienser.

Templer.

Johanniter.

Deutsche Ritter.

17

ihnen das ihm gehörige Patronat der Kirche in Eger übertrug. Sie blieben bis zur Reformation im Besitze aller Pfarrkirchen des Egerlandes und des Ascher Gebietes, Liebenstein ausgenommen. Andere hervorragende Kommenden waren in Prag, Kommotau (Sitz des Landeskomthurs, bald zur blühenden Stadt sich erhebend), Miletin, Neuhaus, Königgrätz, Deutschbrod, Klösterle u. s. w. — Der ritterliche Orden der Kreuzherren mit dem rothen Sterne erwarb eine Menge von Kommenden, Hospitälern und Seelsorgspfründen im Lande, und sein Ansehen war im Jahre 1381 bereits so hoch gestiegen, daß der Großmeister des Ordens nach der Aussage des Kardinals Pileus sogar die vierte Stelle nach der Majestät einnahm. Die Privilegien des Ordens waren so zahlreich wie seine Besitzungen. Schon unter den Premysliden hatten sie die Exemption von fremder Gerichtsbarkeit, Mauth und Zollfreiheit und das Recht erlangt, Waffen zu tragen; Wenzel I. hatte ihnen das Privilegium verliehen, einen Zoll bei der Brücke von jedem Fußgänger und jedem Zugthiere, ferner gewisse Gebühren von den Weinschenkern Prags und einiger Dörfer einheben zu dürfen gegen die Verpflichtung, alle Reparaturen der Brücke zu besorgen. König Johann erweiterte die Brückeneinkünfte der Kreuzherren im Jahre 1332 noch durch das Recht, von jeder die Brücke passierenden Braut, von jeder darüber geführten Judenleiche und von jedem Uebersiedelungstransporte 72 Heller Zoll abfordern zu können. Durch die Erbauung der steinernen Brücke unter Karl IV. scheint dieses Einkommen aufgehört zu haben. Dagegen bestätigte genannter Kaiser 1350 dem Orden das Privilegium, auf allen seinen Gütern das Jagd- und Propinationsrecht auszuüben.

Am beliebtesten unter den Bettelorden waren die Franziskaner, die sich auch in dieser Zeit immer weitere Ausbreitung verschafften. So gründete der Dompropst Tobias II. von Beneschau in seiner Vaterstadt um 1320 ein Observantenkloster, während die Gebrüder Ulrich, Peter, Jodok und Johann von Rosenberg im Jahre 1357 das Kloster Maria Verkündigung in Krummau stifteten. Ferner erscheinen in dieser Zeit in ihrem Bestande urkundlich nachgewiesen die Franziskanerklöster zu Neubidschow, Hohenmauth, Taus, Caslau und Saaz, deren Gründungszeit uns nicht genau bekannt ist. Zu den beiden bereits im vorigen Zeitraum gegründeten Klarissinenklöstern bei St. Franz in Prag und in Jungferneinitz tritt jetzt ein drittes in Krummau, das im Jahre 1361 die frommen Frauen Agnes (Gemahlin Jodoks von Rosenberg) und Anna (Gemahlin Heinrichs von Lipa) errichteten. Die Weltgeistlichkeit war auf die Bettelmönche wegen deren Popularität beim Volke und deren großen päpstlichen Privilegien von jeher eifersüchtig. Auch wurden die Pfarrer von den Mönchen an wissenschaftlicher Bildung und religiösem Eifer weitaus überragt, und letztere scheuten sich nicht, den weltlichen Klerus wegen seines thatsächlichen Sittenverfalles heftig anzugreifen. Als durch das Koncil von Vienne 1311 die Rechte der mindern Brüder einigermaßen beschränkt worden waren, begannen die Weltgeistlichen von der Kanzel gegen ihre

Feinde zu eifern und stellten unter Andern, viel weiter, als das Wiener Koncilium gehend, die Behauptung auf, dafs eine bei den Franziskanern abgelegte Beichte ungiltig sei. Da Bischof Johann IV. nicht dagegen einschritt, so führten die Franziskaner Beschwerde beim päpstlichen Hofe, und einige Kardinäle richteten tadelnde Zuschriften an den Prager Bischof (1315). Im Jahre 1331 entbrannte der Konflikt von Neuem. Zwei Minoriten von St. Jakob, welche sich den jüngsten verkündeten Verboten des Bischofes widersetzten, wurden auf dessen Befehl ergriffen und als Rebellen in's Gefängnifs geworfen. Drei Jahre darauf brach der fortglimmende Streit der Weltgeistlichkeit mit den Bettelorden abermals aus und führte Scenen wahrhaft skandalöser Art herbei. Da die Minoriten einem vom Papste erlassenen Befehl, den vierten Theil von den Einkünften bei Begräbnissen an die Ortsgeistlichkeit abzuliefern, nicht nachkommen wollten, so versammelten die Prager Pfarrer (21. Juli 1334) ihre Beichtkinder in zwei Altstädter Kirchen und verkündigten, was der Papst verordnet, und wie die Bettelmönche sich weigerten, demselben nachzukommen. Hierauf wurden die Kerzen ausgelöscht, alle Glocken geläutet, und einige Priester verlasen mit erhobener Stimme im Namen des apostolischen Stuhles den Bannspruch gegen die widerspänstigen Ordensleute, mit denen von nun an Gemeinschaft zu pflegen den Gläubigen bei Strafe des Bannes verboten sei. Plötzlich aber wurde die feierliche Handlung der Bannlegung auf die profanste Weise unterbrochen. Die Bettelmönche, welche von dem ganzen Vorgange wohl unterrichtet waren, drangen mit ihren Anhängern und mit einer Menge Volkes durch die Pforten der Kirchen herein und ergiengen sich im übersprudelnden Zorne in die heftigsten Schmähreden gegen die Weltpriester. Diese, so riefen sie, seien keine Priester, sondern Verführer des Volkes, Seelenverderber, dem Banne verfallene Ehebrecher, Würfelspieler, Trunkenbolde und Lasterhafte andrer Art, die in der Finsternifs einherwandeln, während sie allein mit dem Lichte voranschreiten. Als die Mendikanten nunmehr von den Schimpfreden zur That schritten, sich durch die Volksmenge drängten und den Priestern, die den Bannspruch veröffentlichten, die Schriften aus den Händen rissen, da konnte auch das versammelte Volk nicht mehr an sich halten. Es entstand ein gräslicher Tumult, indem die einen für die Weltpriester, die andern für die Mönche Partei nahmen. Die Anhänger der letzteren, welche mit Stechmessern und Schwertern versehen waren, drangen auf ihre Widersacher ein, stachen, warfen mit Steinen oder schlugen mit den Fäusten drein. Männer und Weiber betheiligten sich an dieser blutigen Rauferei, junge Männer kämpften mit Greisen, Tschechen mit Deutschen, Weltpriester und Bettelmönche wurden im Blute herumgezerrt, wenn es ihnen nicht gelang, mit bedeckten Tonsuren das Weite zu erreichen. Endlich nach langem Handgemenge giengen Kleriker und Laien bestürzten Geistes auseinander, und wo zwei zusammentrafen, schreibt Peter von Zittau, der als Augenzeuge die obige Scene noch viel ausführlicher schildert, sprach man nur von dem Kampfe der

Geistlichkeit unter einander. Seitdem lebten Pfarrer und Mönche in geschworener Urfehde; allsonntäglich donnerten sie gegen einander von der Kanzel herab und schleuderten gegenseitig Bannstrahl auf Bannstrahl. Erst um Nikolai des Jahres nahm der Streit, der allgemeines Aergerniß erregte, ein Ende, indem beide Parteien ein Schiedsgericht wählten, das die ganze Angelegenheit wieder an den päpstlichen Stuhl brachte. Wir wissen nicht, wie vom letzteren die Streitfrage entschieden wurde, aber im Ganzen scheinen die Bettelmönche den Kürzeren gezogen zu haben. Wenigstens nahm ihnen Bischof Johann, der immer auf Seite der Weltpriester gestanden war, das Recht, an Sonntagen in der Kathedralkirche predigen zu dürfen; ein Theil des Volkes aber, unangenehm berührt von den häßlichen Streitigkeiten oder aufgehetzt von der Pfarrgeistlichkeit, spendete, wenigstens zeitweilig, geringere Almosen.

Dominikaner. Neue Dominikanerklöster wurden in dieser Periode nicht gegründet, obwohl dieser Orden namentlich durch seine Predigerthätigkeit, sowie durch seinen Eifer bei der Inquisition, sich manigfache Verdienste um die Kirche erwarb. — Dagegen ge

Augustiner. wannen die frommen Augustiner Eremiten einige neue Ordenshäuser. Die Mönche von St. Thomas in Prag brachten, freilich mit großen Schwierigkeiten, unter Karls IV. Regierung die Errichtung eines Filialklosters in Schüttenhofen zu Stande, während der mächtige Landeshauptmann Hinko Berka von Leipa im Jahre 1340 das Augustinerkloster St. Wenzel in Weißwasser gründete. Die 1342 von Bohuslaw von Schwamberg in die Stadt Neumarkt gezogene Augustinerkolonie gieng bald darauf wieder ein; dagegen erfreute sich das vom Leitomischler Bischof Johann II. in seiner Residenzstadt 1356 in's Leben gerufene Stift, sowie das von Albert von Kolowrat gegründete Ordenshaus bei Ročow (1373), eines glücklichen Gedeihens. Das Frauenkloster der Eremitinnen St. Katharina auf der obern Neustadt stiftete Kaiser Karl IV. 1355 in Folg der glücklich in Pisa überstandenen Lebensgefahr.

Cyriaten. Die Cyriaken oder auch Kreuzherren mit dem rothen Herzen (polnische Kreuzherren) genannt, deren Generalprior seit 1340 im Prager Ordenshause residirte, erlangten kurz vor diesem Jahre durch Stiftung des Prager Bischofs Johann IV. eine dritte Kolonie in Neubenatek. — Durch Stiftung des Launer Stadtrichters

Magdalenitinnen. Vero entstand 1331 ein neues Kloster der weißen Magdalenitinnen in der Stadt Laun. Wohl zu unterscheiden von den Jungfrauenklöstern der Magdalenitinnen ist das vom Sittenprediger Militsch 1372 zu Prag ins Leben gerufene Bußhaus für gefallene Mädchen in der Bartholomäusgasse, bei „Jerusalem" genannt (früher der Freudenplatz „Venedig"), das jedoch nur bis 1374 bestand.

Augustiner-Chorherren. Die Chorherren des heiligen Augustin (Lateranenser) kamen durch den Bischof Johann IV., der sie während seines Aufenthaltes in Avignon kennen gelernt hatte, nach Böhmen. Es stiftete der Bischof selbst in seiner Stadt Raudnitz 1332 das erste Kloster der neuen Kanoniker und stattete es reichlich mit Gütern und Kirchen aus; schon um's Jahr 1349 hatte Erzbischof Ernest aus dem Raudnitzer Kloster Kolonien nach Jaromirsch, Rokytzan und Glatz kommen lassen. Karl IV. errichtete das zweite Hauptstift der Augustinerchorherren an dem von ihm erbauten Karls= hofe in der Neustadt Prags 1351, von wo aus baldigst Filialpropsteien im Burg= flecken Böjig und in Lissa gegründet wurden. Im Verlaufe dieses Jahrhunderts traten noch drei neue Klöster der Augustinerchorherren in's Leben, und zwar zu Sadska durch Erzbischof Ernest (1362), zu Wittingau durch die Stiftung der Herren Rosen= berg (1367) und zu Landstron durch den Leitomischeler Bischof Peter Gelito (1371).

Der strenge Orden der Karthäuser fand im Jahre 1341 seinen Eingang in Böhmen, indem König Johann mit seinem Sohne Karl diesen Mönchen, die sie in Frankreich achten gelernt hatten, eine Karthause „Maria Garten" bei Smichow in der Nähe von Prag erbauten. Die zweite Karthause Böhmens gründete der Leitomischeler Bischof Albert von Sternberg im Jahre 1376 in der Nähe seines Lustschlosses Trzek bei Leitomischel und nannte sie „Dornbusch Mariens." — Kaiser Karl IV., der Böhmen gerne in jeder Beziehung zum Mittelpunkte der christlichen Welt gemacht hätte, versäumte nicht, einen jeden berühmteren religiösen Orden in dieses Land zu ziehen. So berief er denn auch die Karmeliten 1347 nach Prag, gab ihnen ein Ordenshaus vor dem Gallithore und gründete bald darauf im Jahre 1351 ein zweites Karmelitenkloster in Tachau. Derselbe Kaiser stiftete im Jahre 1360 das erste Servitenkloster Böhmens in Slup am Botičbache unterhalb des Wyschehrads und bereitete den Cölestinern eine Niederlassung am Oibin bei Zittau im Jahre 1369.

Als erster Art der Häresien, die in Böhmen sich vorfand, haben wir der Geißler oder Flagellanten gedacht, die im Jahre 1256 und später wieder 1348 im Lande auftauchten. Waren die exaltierten Geißlerscharen eine mehr vereinzelte und vorübergehende Erscheinung, so setzte sich die Waldenserhäresie in Böhmen während des XIV. Jahrhunderts in weiteren Kreisen und mit viel größerer Zähig= keit fest. Die Waldenser kamen von Deutschland in das südliche Böhmen schon vor dem Jahre 1315 und traten allda unter dem Namen „Brüder und Schwestern des freien Geistes und der freiwilligen Armuth" auf, während ihnen das Volk wegen ihrer unterirdischen Verstecke die Bezeichnung „Grubenheimer" (Jamnity) gab. Sie verwarfen die oberste Gewalt des Papstes, schafften einige Sakramente, wie das der Ehe und des Altars, ab, tauften sich selbst zum zweiten Male, beichteten einander die Sünden und hielten in verborgenen Schlupfwinkeln ihre sonderbaren Predigten und Andachten, angeblich verbunden mit schändlichen Ausschweifungen. Sie sollen in Böhmen einen eigenen Erzbischof und sieben Bischöfe, je Einen für 300 der Ge= meinschaft Angehörige, gehabt haben. Bald traten die Grubenheimer sogar in agres= siver Weise gegen die Andersgläubigen auf und plünderten, vorgeblich, um die apostolische Armuth zu verbreiten, die Güter der reichen Grundherren. Ulrich von Neuhaus sah sich in Folge dessen veranlaßt, beim Papste Hilfe zu suchen und

Marginal notes:

Karthäuser.

Karmeliten.

Serviten.

Cölestiner.

Häresien in Böhmen.

Grubenheimer.

erhielt auch von diesem eine Kreuzbulle gegen die Ketzer. Die Grubenheimer erlangten im Jahre 1318 eine gewisse Verstärkung in den sogenannten „Dulcinia nern" die sich in ihren Grundlehren von den ersteren nicht wesentlich unterschieden.

Inquisition Der Kirche wirksamstes Gegengift gegen die Ketzerei bildete die „heilige" Inquisition mit ihren Autodaséen. Nach der Verordnung des Wiener Koncils wurde in Böhmen, wie in anderen Ländern, im Jahre 1315 ein eigenes Inquisitionstribunal zu Prag im Kloster bei St. Klemens errichtet. Der erste Inquisitor trat eifrig und energisch genug auf, indem er bereits 1318 vierzehn waldensische Ketzer dem Arme der weltlichen Gerechtigkeit, das ist dem Tode auf dem Scheiterhaufen, überlieferte. Später fanden sich päpstliche (apostolische) Inquisitoren ein, bis im Jahre 1342 das eingegangene ständige Inquisitionsgericht wieder hergestellt wurde und vom Markgrafen Karl einige Häuser mit der Kirche St. Johann am Geländer erhielt. Karl war zu diesem Schritte wahrscheinlich durch die Ermordung des schlesischen Inquisitors Johann Schwentfeld im St. Klemenskloster bewogen worden; er bestimmte zur Bezahlung der Häuser das zu konfiscierende Vermögen der Ketzer, sowie denn seitdem die Vermögenseinziehung die gewöhnliche Strafe der Häretiker in Böhmen gewesen zu sein scheint.

Schule. Der Geistlichkeit kann das große Verdienst nicht abgesprochen werden, das schwere Lehrmeisteramt bei Erwachsenen und Kindern während des Mittelalters besorgt zu haben. Die Zeitläufte brachten es so mit sich; sie brachten es auch mit sich, daß der Klerus nicht immer nach unseren Ideen die Massen der Erwachsenen lenkte und nach unserem Sinne den Schulscepter schwang. Mit der kirchen freundlichen Richtung unter den Luxemburgern und den beständigen Neugründungen von Klöstern und Pfarreien stand im innigen Zusammenhange die Vermehrung der untern Schulen des Landes. Es besaßen fast alle Klöster ihre Schulen, in welchen nicht bloß die Kleriker herangebildet wurden, sondern deren Pforten sich auch anderen „externen" Jünglingen öffneten. Die Mönche erzogen die Knaben, die Nonnen die Mädchen, freilich zumeist nur der höheren Stände. Manche Klosterschulen gelangten zu besonderem Ruhme, so neben den schon erwähnten Strahow und Brewnow — Doxan, die Schule der Fürstentöchter, die Benediktinerschule zu Braunau, wo Ernest von Pardubitz lernte, ehe er die Prager Domschule besuchte, Nepomuk unter der ausgezeichneten Leitung des späteren Olmützer Bischofs Robert, u. a. Wie die Ordenshäuser der einzelnen Klöster, so besaßen auch die einzelnen Kollegiatkapitel ihre Schulen, und es ragte unter diesen besonders die Prager Domschule hervor. Von den durch die deutschen Bürger errichteten Stadtschulen werden wir an einem anderen Orte sprechen; hier seien nur noch die immer mehr aufkommenden Pfarrschulen erwähnt. Dieselben begannen bereits hie und da den Charakter von Patronats- und Gemeindeschulen anzunehmen, je nachdem der Grundherr oder die Gemeinde um den Bestand derselben sich kümmerte. Mit der Gründung der Prager Universität hob sich auch das untere Schulwesen, weil eine

Menge geeigneter Lehrkräfte in den Bakkalauren, selbst wohl auch in den Magistern und Doktoren sich heranbildete, und die Universität die oberste Leitung des Schulwesens in die Hand bekam. Daß übrigens der eigentliche Volksschullehrer der damaligen Zeit in seiner materiellen Lage vor dem gegenwärtigen Nichts voraus hatte, dürfen wir ohne ausdrückliche Versicherung der Quellen immerhin annehmen, und wenn es gestattet ist, aus den Verhältnissen des benachbarten Deutschlands auf die einheimischen Zustände zu schließen, so mag wohl in den meisten Fällen der geistige Bildner der heranwachsenden Generation nebst seiner schweren Schulbürde auch noch die Aemter eines Gemeindeschreibers, Flurschützen, Meßners, Nachtwächters und Büttels versehen haben. Sucht doch erst die allerneueste Zeit den Lehrer aus jener Knechtschaft zu reißen, welche ihn zwang, solche seines Standes ganz unwürdige Dienste zu verrichten.

Kaiser Karl IV. suchte sein geliebtes Böhmen nicht nur zum politischen und kirchlichen Vorlande des deutschen Reiches umzubilden, sondern es sollte nach seinem Plane hieher auch der Brennpunkt des wissenschaftlichen Gesamtlebens der von ihm beherrschten Länder fallen. Diesem Bestreben entsprang die Gründung der Prager Universität, deren Entstehung jetzt nicht, wie einst unter Wenzel II., der Adel zu verhindern im Stande war. Karl IV. erlangte bereits am 26. Jan. 1347 von Papst Klemens VI. durch eine päpstliche Bulle die Erlaubniß, ein Generalstudium zu Prag zu eröffnen mit all' den Rechten und Privilegien, die andere Generalstudien besitzen, welches die üblichen Vorlesungen abhalten und akademische Grade, giltig für alle Länder der Christenheit, ertheilen könne. Am 7. April 1348 bestätigte Karl, nachdem der Landtag seine Zustimmung ertheilt hatte, als König von Böhmen und am 14. Jan. 1349 als Oberhaupt des deutschen Reiches die neue Stiftung, welcher dieselben Freiheiten zugesichert wurden, wie sie Bologna und Paris, die zwei berühmtesten Generalstudien der damaligen Zeit, genossen. Insgleichen wurde die Stiftung reichlich dotiert und ausgezeichnete Gelehrte berufen, welche ihre Vorlesungen in den verschiedenen Zweigen der Wissenschaften sofort eröffneten. Die junge Universität, die erste deutsche Anstalt dieser Art, gedieh mit überraschender Schnelligkeit zu herrlicher Blüthe. Der Zudrang der Studierenden, die nun nicht mehr über den Rhein oder die Alpen zu wandern brauchten, um ihre wissenschaftliche Ausbildung zu vollenden, war außerordentlich, insbesondere aus Deutschland. Erzbischof Ernest von Pardubitz, welcher für sich und seine Nachfolger zum Kanzler, d. i. obersten Vorstand des Generalstudiums durch den Papst ernannt worden war, schenkte dem jungen Institute sein volles Wohlwollen, bewilligte zur Dotierung desselben die Einhebung einer Kontribution der Landesgeistlichkeit und gab demselben im Jahre 1360 eine zweckmäßige innere Organisation. Demgemäß und kraft der päpstlichen, kaiserlichen und königlichen Privilegien bildeten die Lehrenden und Lernenden eine große Gemeinschaft oder Universität mit der vollständigsten Autonomie. Die Korporation besaß ihre eigene

Universität zu Prag.

Gerichtsbarkeit und war somit ausgenommen von allen Gerichten des Landes und der Stadt; sie gab sich selbst Gesetze und leitete ihre Verwaltung durch den alle halbe Jahre von sämmtlichen Mitgliedern der Hochschule gewählten Rektor und dessen Rath. Die Wahl des Rektors gieng nach Nationen vor sich, deren man, wie in Paris, vier unterschied: Die baierische Nation umfaßte nebst Baiern, Franken, Schwaben, Oesterreich, Kärnthen, Krain, Tirol das übrige Süddeutschland mit der Schweiz und dem westlichen Theile von Norddeutschland, die sächsische erstreckte sich über Niedersachsen, Brandenburg, Anhalt, Holstein, Mecklenburg, Pommern, Braunschweig, Oldenburg, Dänemark, Schweden, Finnland und Liefland, die polnische war für Polen, Schlesien, Lausitz, Meißen, Thüringen und Preußen, die böhmische endlich für Böhmen, Mähren und die ungrischen Länder bestimmt. — Schon von Anbeginn war die Prager Universität in die vier gewöhnlichen Fakultäten abgetheilt, und zwar in die theologische, juridische, medicinische und artistische (philosophische). Jede Fakultät bildete eine für sich abgeschlossene Körperschaft mit eigener Verwaltung und einem eigenen Vorstande, welcher Dekan genannt wurde. Die Mitglieder einer Fakultät gliederten sich in Studenten, Baccalauren, Magister oder Doktoren. Beide letzten Grade waren in Prag einander gleich, nur daß der Ausdruck „Magister" bei der theologischen und artistischen, „Doktor" bei den zwei anderen Fakultäten gebräuchlich war. Eigene von der Fakultät ernannte Examinatoren bestimmten durch strenge Prüfungen, ob der Studierende Baccalaureus oder Magister werden könne; im bejahenden Falle ertheilte der Kanzler oder dessen Stellvertreter durch den feierlichen Promotionsakt die wirkliche Würde. Mit der Magisterwürde war das Recht des Lehrens an der Fakultät, mit dem Baccalaureat dasselbe Recht, jedoch nur in bestimmten Fächern und nach bereits bewährtem Wirken verbunden. Die Schüler (Scholaren) hatten in der Wahl der Fächer und Lehrer, sowie über die Zeit des Aufenthaltes frei zu entscheiden; nur diejenigen, welche sich zur Erreichung einer akademischen Würde vorbereiteten, waren an bestimmte Lehrgegenstände, sowie an die öffentliche Disputation gebunden. Durch ein Statut vom Jahre 1385 war bestimmt worden, daß die Studierenden ohne Dispens nirgend anderswo wohnen sollten, als bei einem Magister oder Baccalaureus. Letztere hielten sich deßwegen sogenannte „Bursen", in welchen die Schüler beisammen in Wohnung und Kost standen. Da es im Anfange noch kein bestimmtes Universitätsgebäude gab, und der Professor selbst für einen geeigneten Platz zu seinen Vorlesungen sorgen mußte, so trug er in den Bursen vor, sowohl für seine, als auch für fremde Schüler. Magister, die Klostergehörige waren, darunter stäts Dominikaner, Augustiner, Karmeliten, Minoriten, lasen in ihrem Ordenshause; ein besonderer Lehrer der Theologie, der vom Domkapitel unterhalten werden mußte, docierte an der St. Veitskirche. — Mit der Universität in innigster Beziehung standen die sogenannten Kollegien, d. h. Genossenschaften von Magistern, die vermöge einer Stiftung in einem besonderen

Hause gemeinschaftlich verpflegt wurden und dafür verpflichtet waren, an irgend einer Fakultät Vorlesungen zu halten. Die Mitglieder eines solchen Kollegiums führten eine Art von Mönchsleben; sie mußten, so lange sie im Kollegium waren, unverheirathet bleiben, aßen gemeinschaftlich und wurden durch einen frei gewählten Propst geleitet. Das älteste und größte Kollegium war das Karlskollegium, von Karl IV. in dem Hause, das bisher dem Juden Lazarus gehört, 1366 nur für zwölf Mitglieder gegründet; zur selben Zeit stiftete der genannte Kaiser das Kollegium bei Allerheiligen und brachte es mit dem Karlskollegium durch die Bestimmung in nahen Zusammenhang, daß die erledigten Domherrenpfründen bei der Kapelle zu Allerheiligen immer dem ältesten Magister des Karlskollegiums verliehen werden sollten. Als sich im Jahre 1372 die Juristen von den übrigen drei Fakultäten trennten und ihren eigenen Rektor wählten (bis 1418), schenkte ihnen Karl ein eigenes Haus in der Zeltnergasse, worin die Juristenuniversität ihren Sitz aufschlug (1373). Um dieselbe Zeit erhielten auch die Mediciner ein eigenes Kollegium in der Karpfengasse (damals Valentinsgasse). Unter König Wenzel wurde auf dem jetzigen Obstmarkte das Wenzelskollegium und (um 1399 bis 1405) ein eigenes Kollegium für die tschechische Nation gegründet. Wenzel überließ ferner dem Karlskollegium gegen das Haus des Lazarus tauschweise das viel stattlichere des ehemaligen königlichen Münzmeisters Johann Rothlöw (das heutige Karolinum), in welches das Kollegium 1386 übersiedelte, und in welchem von nun an bis auf die Gegenwart auch die feierlichen Akte der Universität vorgenommen wurden.

Der Besuch der Prager Universität war ein glänzender. Aus all' den oben genannten Ländern der vier Nationen strömten Schüler in großer Anzahl herbei, deren Ziffer zwischen 1372 bis 1389 nach einer nicht zu hoch gegriffenen Bestimmung bis auf 11.000 gestiegen sein mag. In der Artistenfakultät, die so stark besucht war, als die andern drei zusammen genommen, wurden vom Jahre 1367 bis 1408 nicht weniger als 844 Magister und 3823 Bakkalauren kreiert, wovon auf die Zeit von 1380—1389 die meisten, nämlich 1579 Bakkalauren und 332 Magister fallen. An dieser Fakultät werden in der Zeit von 1380—1389 73 vortragende Magister, von 1366—1409 aber zusammen 234 erwähnt. Häufig finden wir unter den Studierenden bereits Männer gereifteren Alters, besonders aus dem geistlichen Stande, sowie denn die Universität überhaupt im Anfange einen ganz geistlichen Charakter hatte. Die Juristenmatrik vom Jahre 1372 bis 1408 nennt unter den Studenten ihrer Fakultät 1 Bischof, 1 Abt, 9 Erzdechante, 23 Dompröpste, 4 Dechante, 209 Domherren, 187 Pfarrer, 25 Ordens und 78 Weltgeistliche niedern Ranges. Neben den Geistlichen besuchten namentlich Adelige und reiche Bürgerssöhne die Universität; ärmere Studenten fristeten ihr Leben im Dienste der Reichern fort oder erwarben sich durch Singen, Betteln u. dgl. ihren dürftigen Unterhalt. Da die Studierenden mit ansehnlichen Privilegien versehen waren, die nicht immer mit dem Interesse der Stadtbewohner harmo

nierten, da ferner das Zusammenströmen so vieler fremdartiger Elemente an und
für sich die Gegensätze schärfte, so kam es zu häufigen Konflikten und Schlägereien
zwischen Studenten und Stadtbewohnern, so daß wiederholt diesbezügliche Bestim=
mungen und Verordnungen erlassen werden mußten. Daß die Studierenden auch
damals schon im Trunke, im Spiele und Schuldenmachen Bedeutendes zu leisten
im Stande waren, darüber haben sich gleichfalls interessante Nachweise erhalten.

Der Nationalität nach war in diesem Zeitraum die Universität, sowohl was
die Studierenden, als auch die Professoren anbelangt, überwiegend deutsch, worüber
wir uns später verbreiten werden.

Literatur. Das wissenschaftliche Leben des Landes gewann in der neugegründeten und
rasch aufblühenden Hochschule den geeignetsten Sammelpunkt, während bisher immer
noch die Klöster als alleinige Pflanzstätten der Wissenschaften und Gelehrsamkeit
angesehen werden mußten. Da die Universität eine Weltanstalt war, so war der Zu=
fluß berühmter Intelligenzen aus fremden Ländern, insbesondere aus Deutschland,
ein zahlreicher, und die wohlthätigen Folgen davon erstreckten sich doch zunächst auf
Böhmen selbst, dessen Bewohnern der Besuch der Anstalt am bequemsten war. In
Kaiser Karl IV. fanden die Männer der Wissenschaft übrigens einen der eifrigsten
Gönner und Beschützer. Er galt selbst als einer der größten Gelehrten seiner Zeit,
sprach und schrieb deutsch, tschechisch, lateinisch, französisch und italienisch mit großer
Geläufigkeit, stand mit Männern wie Petrarca, Boccaccio und anderen in näherer
Beziehung und war als Schriftsteller im historischen, politischen und theologischen
Fache rühmlichst thätig. Er liebte die Naturwissenschaften, vorzüglich die Botanik
und befreite den ersten botanischen Garten Deutschlands, der zu Prag dem Hof=
apotheker Angelus de Florentia gehörte, von allen Steuern und Abgaben (1360).
Während er selbst in seiner Autobiographie uns eine höchst interessante Geschichts=
quelle jener Zeit hinterlassen hat, versäumte er nicht, auch andere zum Studium
der vaterländischen Geschichte aufzumuntern. Auf seine Anregung schrieb der Prager
Domherr Franz, der Sonntagsprediger bei St. Veit, eine Chronik (bis 1353), die
allerdings nur den Königsaaler Mönch plündert und das Geplünderte in tschechisch=
nationaler Weise verarbeitet. Auch der Abt von Opatowitz, Neplach mit Namen
(† 1370), Johannes von Marignola aus Florenz (um 1362), der Prager Dom=
herr Benesch von Waitmül († 1375) und Pultawa von Radenin (um 1374)
verfaßten auf Karls Aufforderung böhmische Geschichtsannalen. Diese Karolinischen
Historiker, die zumeist wenig Talent in ihren Schriften verrathen, übertraf bei wei
tem an Geist und Gründlichkeit ihr Vorgänger Peter von Zittau, Abt zu Königs=
saal (1294—1338), dessen bis zum Jahre 1338 reichendes Zeitbuch, namentlich
für die Geschichte Johanns von Lyxemburg, von unschätzbarem Werthe ist. Der
tschechische Reimchronist, „Dalimil" genannt, der die Schicksale seines Volkes seit
der Einwanderung bis zum Jahre 1314 mit den heftigsten Ausfällen gegen die
Deutschen besang, kann nur mit der größten Vorsicht als Geschichtsquelle benützt

werden; einen etwas größeren wissenschaftlichen Werth besitzen die „Weltchronik" des Laurenz von Březowa und die „Martinianische römische Chronik" des Beneš von Horšowitz, eine Nachahmung der Strasburger Chronik Jakob Twingers von Königshofen. — In den andern Zweigen der Literatur haben sich in dieser Zeit namentlich verdient gemacht die gelehrten Prager Erzbischöfe Ernest von Pardubitz und Johann von Jenstein, sowie die Leitomischler Bischöfe Johann von Neumarkt (diplomatische Briefe, Reisebrevier) und Albert von Sternberg. Ferner verdienen erwähnt zu werden der Wyschehrader Dechant Wilhelm von Hasenburg († 1340), der eine für die damalige Zeit ansehnliche Bibliothek von 114 Bänden besaß, die nach seinem Tode von Karl IV. gekauft und der Universität geschenkt wurde, Adalbert Ranconis de Ericino, Zögling der Pariser Universität, Militsch von Kremsier, der Ritter Thomas von Štitný (theologische Werte), der Oberstlandrichter Andreas von Duba (juridische Werte), Zigismund Albicus aus Mähren, Leibarzt König Wenzels, die Philosophen Jenko von Prag, Dietherus von Widera, Wollier aus Frankreich, Mathias von Janow und viele Universitätsprofessoren. Die tschechische Poesie beschränkte sich zumeist auf Nachahmungen und Uebersetzungen der Fremden; als bester Dichter dieser Zeit wird Smil Flaschka von Pardubitz genannt.

Wie in den Wissenschaften, so machten sich auch in der Kunst ausländischer, namentlich französischer und deutscher Einfluß und Geschmack geltend. Ein Franzose baute die Raudnitzer Brücke (1634 zerstört durch eine Kanonade Bauers) sowie die Kirche und das Kloster der Augustinerchorherren in dieser Stadt. Am reichsten an neuen Baudenkmalen ist die Zeitperiode des kunstsinnigen und freigebigen Kaisers Karl IV. Unter ihm erhoben sich die schon erwähnten zahlreichen Klöster mit ihren prachtvollen Gotteshäusern, von denen sich die Kirche bei Maria Schnee durch ihre Höhe, die Marienkirche auf dem Karlshofe durch ihren eigenthümlichen gothischen Styl, sowie durch das großartige sternförmige Kuppelgewölbe auszeichnen. Beide werden in jeder Beziehung übertroffen von dem herrlichen Dome bei St. Veit, zu dessen Erbauung in seiner gegenwärtigen Gestalt in kühner Gothik Karl bereits am 21. Nov. 1344 den Grund legte. Mathias von Arras und später Peter Arler aus Schwäbisch Gmünd und sein Sohn Johann, ausgezeichnete Meister der Gothik, leiteten (im Jahre 1372 wurde die so reich geschmückte St. Wenzelskapelle und ein Jahr vorher das berühmte Mosaikgemälde an der Außenseite fertig) den großartigen Bau, der, obwohl unter König Wenzel bis zum Jahre 1419 fortgesetzt, dennoch nicht vollendet wurde, und dessen Ausbau erst unsere Zeit wieder aufnahm. Peter Arler baute zu gleicher Zeit die stattliche steinerne Brücke über die Moldau in Prag (1357), den hohen Chor der Bartholomäuskirche in Kolin und wahrscheinlich den Untertheil des herrlichen Chores der St. Barbarakirche in Kuttenberg. Von den Bauwerken Karls erwähnen wir noch den Umbau der Burg auf dem Hradschin nach dem Muster des alten Louvre, der französischen Residenz in Paris, seit 1333 die

Baukunst.

Gründung der Prager Neustadt, des Hradschins und der Burg Karlstein. Schloß Karlstein, das im Jahre 1357 vollendet wurde und sich bis auf die Gegenwart in ziemlich gutem Zustande erhalten hat, gehört zu den eigenthümlichsten Bauwerken Böhmens. In einer hübschen Gegend unweit Prag an der Beraun gelegen, sollte es zugleich eine starke Festung und Landsitz der Könige, sowie eine Art Heiligthum des Landes bilden. Es wurden daselbst die Reichskleinodien, das Staatsarchiv und viele kostbare Reliquien aufbewahrt. Die Hauptzierde der aus vielen Gebäuden und mehreren Kirchen und Kapellen bestehenden, in Halbmondform errichteten Burg, einer kleinen Bergstadt vergleichbar, bildete die in der Mitte eines fünfstöckigen Thurmes situierte Kreuzkapelle. Die Wände derselben waren vergoldet und mit Jaspisen, Achaten, Amethysten, Chrysolithen, Topasen und hie und da mit noch edleren Steinen ausgelegt, ja auch die Fenster bestanden aus durchsichtigen, in vergoldetem Blei gefaßten böhmischen Steinen. 1330 Kerzen erleuchteten den inneren Raum, dessen vorderer Theil mit Schildern von gediegenem Gold und Silber geschmückt war. Auf dem prachtvollen Hauptaltare befand sich unter dreifachem Verschlusse die Reichskrone, unter dem Altare in einem verborgenen Gewölbe lagen die übrigen Kleinodien und die Privilegien des Landes, während in kostbaren Reliquienschreinen die von Karl mit großer Vorliebe gesammelten heiligen Schätze verwahrt wurden. — Als Karl IV. einmal die Baulust angeregt hatte, erhoben sich in allen Theilen des Landes großartige Bauwerke. In Prag entstanden noch die St. Annakirche, die Kirche von Appolinare, die zu Maria Schnee und die Hallenkirche des Emauser Benediktinerklosters mit dem schönsten und geräumigsten Kreuzgange des Landes; prachtvoll ist die heilige Geistkirche in Königgräß mit ihrem schmalen Mittelschiffe, die gleichfalls in dieses Zeitalter gehört.

Malerei.   Burg Karlstein, die auch von Mathias von Arras, wenigstens in den ersten Anfängen, erbaut worden sein soll, macht uns zugleich bekannt mit der damals in Böhmen ausgeübten Malerkunst, die aber eben so wenig wie die Architektur etwas specifisch Böhmisches oder gar Tschechisches bot. Die reichen Denkmäler alter Malerei, die die Burg schmückten, stammten von Thomas von Mutina, einem Italiener, von Meister Theoderich, einem Prager Bürger wahrscheinlich deutscher Herkunft, und von Niklas Wurmser aus Straßburg. Die drei Männer repräsentieren in ihren Werken der Reihe nach die lombardische, byzantinische und deutsche Richtung der damaligen Kunst. Thomas und Theoderich lieferten Tafelgemälde, Wurmser bekleidete die Wände mit einer eigenen Art von Freskobildern. Andere vorzügliche Werke der Malerei, und zwar auf Goldgrund gemalte Bilder aus der Karolinischen Zeit von zumeist unbekannten Künstlern finden sich in der Teinkirche zu Prag, in der Wyschehrader St. Peter und Paulkirche, in der Piaristenkirche zu Budweis, im Hohenfurther Stifte, im Magdalenenkirchlein bei Wittingau, in den Schloßkapellen zu Krummau, Zbirow u. a. Orten, während von Freskomalerei aus dem XIV. Jahrhunderte noch der Emauser Klostergang und das Dorfkirchlein zu Libisch an der Elbe interessante Ueberreste aufweisen. Höchst bemerkenswerthe Ueberreste kunstvoller Tafelmalerei von Theoderich von Prag und seiner Schule finden sich noch in der von Prager Bürgern gestifteten Kirche zu Mühlhausen am Neckar. Die erwähnten Malerwerke im südlichen Böhmen, namentlich die Tafelbilder von Hohenfurth, sowie die Wandmalereien von Neuhaus, Budweis, Hohenfurth und Pisek u. a. deuten auf ein reiches Kunstleben des XIV. Jahrhunderts hin, das seine vorzüglichsten Gönner in dem mächtigen Hause der Rosenberge fand, die im Süden des Landes bereits im XIII. Jahrhunderte eine Blüthe der Architektur, im XIV. Jahrhunderte aber der Malerei hervorgerufen haben. Von der Glasmalerei und Mosaik dieser Periode haben sich nur geringe Spuren erhalten und zwar von ersterer in der Hauptkirche zu Kolin und Pilsen, von letzterer an der Außenseite des Prager Doms. Viel zahlreicher dagegen sind die werthvollen Ueberreste der mit großer Vollkommenheit betriebenen Miniaturen. Von hohem Werthe ist in dieser Beziehung das Passionale der Aebtissin Kunigunde, der Tochter Přemysl Ottokars II. aus dem Jahre 1312, das in der Prager Universität bibliothek aufbewahrt wird; die Miniaturen in demselben stammen von Benesch, einem Chorherrn bei St. Georg. Wir erwähnen noch das Missale des Erzbischofs Očko von Wlaschim (Domkirche) von unbekannter Hand, das Pontifikale für den Leitomischler Bischof Albert von Sternberg von Meister Hodik (Strahöwer Bibliothek), das schon früher erwähnte Reisebuch des Leitomischler Bischofs Johann und das lateinische Gebetbuch des Erzbischofs Ernest von Pardubitz, beide letzteren (im böhmischen Museum) von dem vortrefflichen Miniaturmaler Zbyschek von Trotina.

Unter den Bildhauerarbeiten der Luxemburgischen Zeit stehen oben an die Werke Peter Arlers, des Architekten und seiner Gehilfen, zu denen die Steinfigur des heiligen Wenzel und die 21 Portraitbüsten berühmter Zeitgenossen (darunter die Mitglieder der königlichen Familie) im St. Veitsdome gehören. In diese Zeit fallen noch die Grabmale der Přemyslidischen Fürsten in der Veitskirche, das Grabmal der heiligen Ludmila in der Georgskirche und die Marienstatuen in der Hauptkirche zu Pilsen und der Neuhauser Propsteikirche. Als vorzügliches Werk der Kunstgießerei dieser Zeit hat sich bis jetzt die bronzene, zwischen dem Dome und dem Schlosse stehende Reiterstatue des heiligen Georg mit dem Lindwurme erhalten, ein Meisterwerk des Martin und Georg Klussenbach (Klussenberg?) (1373). Von andern plastischen Kunstwerken heben wir nur noch hervor die vielen Kostbarkeiten des Prager Domschatzes und anderer Kirchen, den Stab der Aebtissin Kunigunde, eine herrliche Goldschmiedearbeit aus dem Anfange des XIV. Jahrhunderts und die drei trefflichen Holzschnitzereien in der Teinkirche.

Während wir über den Aufschwung des Handels, der Gewerbe und der Industrie in dieser Zeit an anderer Stelle berichten werden, wollen wir hier noch der Landwirthschaft in einigen Zeilen gedenken. Der Ackerbau, der unter der unruhigen Zeit Heinrichs von Kärnthen und der ersten Regierungsjahre Johanns von

[Marginalien: Sculptur. / Landwirthschaft.]

Luxemburg arg darniederlag, so daß Mangel an den gewöhnlichen Nahrungs=
mitteln eintrat, erhob sich rasch wieder unter der friedlichen Zeit Johanns und
seiner Nachfolger, besonders unter dem Schutze der Regierung Kaiser Karls IV. Auch
der tschechische Bauer, in Folge der Kolonisation der Deutschen frei geworden, wurde
durch deren Vorbild und Konkurrenz zu größerer Leistungsfähigkeit angeeifert. Der
Handel machte die Artikel des Landmannes preiswürdiger, eigene Getreideniederlagen,
große Viehmärkte (z. B. auf der Neustadt in Prag) beförderten unter Karl IV.
den Absatz der Erzeugnisse der Landwirthschaft und Viehzucht. Theils aus mili=
tärischen Gründen, theils um Theuerungen vorzubeugen, gebot Karl (1362) den
königlichen Städten und Klöstern die Errichtung von besonderen Getreidemagazinen,
in welchen theils auf städtische, theils auf kaiserliche Kosten bestimmte Vorräthe
zur Verfügung für den König aufbewahrt werden mußten. — Der Anbau des
Landes wurde mit jedem Jahre allgemeiner, bei den Städten machte sich die Gar=
tenwirthschaft immer bemerkbarer. Fremde Obstgattungen und Pflanzen, besonders
aus Italien und Frankreich, fanden zumeist durch die Mönche ihren Eingang und
allmähliche Verbreitung im Lande. So werden im XIV. Jahrhunderte bereits
Aprikosen und Pfirsiche erwähnt, im selben Jahrhunderte werden von England her
einige neue Kohlarten eingeführt, und Kaiser Karl selbst, der den botanischen Gar=
ten in Prag privilegierte und den Hopfenbau erweiterte, um den Ansprüchen der
sich vermehrenden Bräuereien, die gutes Bier erzeugten, zu genügen, versuchte bei
Prag den Anbau von Waid. — Besonders aber trachtete der genannte Kaiser den
Weinbau des Landes auf alle mögliche Art zu heben und zu veredeln. Er führte
edlere Reben aus Burgund und den Rheingegenden ein und munterte durch Ver=
leihung ansehnlicher Begünstigungen zur Anlage von Weinbergen auf. Zahlreiche
Weingärten wurden namentlich auf den Hügeln in der Umgegend von Prag ange=
legt; Karl verlieh denselben ein eigenes Statut mit besonderer Gerichtsbarkeit, er=
richtete ein Weinbergamt, welches dem Altstädter Stadtrathe zugetheilt wurde, der
auch den Weinbergmeister zu ernennen hatte. Auch Orte auf dem Lande wurden
zum Weinbau angehalten, so Melnik, Leitmeritz, Aussig, Brüx, Laun und andere;
dieselben erhielten gleichfalls eigene Statute, von denen sich einige noch erhalten
haben. Nach diesen wurde den Weinbergen Steuerfreiheit auf Jahre hinaus ver=
liehen und allerlei Bestimmungen über die Größe der Gärten, über Maße u. s. w.
getroffen. Zum weitern Schutze des Weinbaues verbot Karl wiederholt (1370 und
1373) die Einfuhr aller fremden Weine mit Ausnahme der italienischen und setzte
auf die an Weinbergen verübten Frevel verschärfte Strafen. Jede Beschädigung,
die bei Tage geschah, sollte der Missethäter mit dem Verluste der rechten Hand
büßen, wovon er sich durch Erlag von 20 Schock Groschen befreien konnte; der
nächtliche Frevler aber sollte mit dem Tode und der Einziehung der Güter des Thä=
ters zu Gunsten des Beschädigten bestraft werden. Wer einen Schädiger der Wein=

Weinbau.

gärten auf frischer That tödten würde, sollte von jeder Strafe frei sein, wenn er nur zwei Heller zur Beerdigung auf den Todten lege. Die Forstwirthschaft fand in der Majestas Karolina mehrere schützende Be= stimmungen. Forst- und Teichwirthschaft. Strenge Strafen wurden auf den Waldfrevel gesetzt; gewisse Wälder sollten erhalten bleiben, es sollte kein anderes als dürres, vom Winde gebrochenes Holz verkauft und ohne Bewilligung des Königs kein Holz außerhalb des Landes verführt werden. Auch die Teichwirthschaft wurde durch Kaiser Karl IV. gehoben, indem auf seinen Befehl auf allen seinen Höfen Teiche angelegt werden sollten; die durch die häufigen Klöster mehr als sonst nothwendig gewordenen Fastenspeisen führ= ten gleichfalls zur Vermehrung der Teiche und Fischbehälter. Ausgedehnt scheint der Gewinn von Honig gewesen zu sein, aus dem die Egerer vorzüglichen Meth bereiteten. Es läßt sich annehmen, daß Karl, der 1350 den Nürnberger Zeidlern ihre Rechte und Gewohnheiten bestätigte, auch die böhmische Zeidlerei unterstützt haben mag. Den Egerern wenigstens stellte Karl ein Privilegium aus (1348), in welchem er ihnen das Recht gab, Jemanden zu ernennen, der über alle im Eger= lande befindlichen Förster oder Zeidler bei Streitigkeiten Richter sein solle.

Schon unter Heinrich von Kärnthen wurde das ritterliche Leben mit den Ver= Sitten. gnügungen des Hofes, so weit es die anarchischen Verhältnisse zuließen, wohl ge= pflegt. Die Kärnthner sollen damals das Würfelspiel nach Böhmen gebracht haben. Der Spruchdichter Peter von Suchenwirt bezeichnet Heinrichs von Kärnthen Hof als einen höchst lebendigen. Noch fröhlicher wurde es unter den Luxemburgern. Wir haben über keinen Luxemburger einen so getreuen und ausführlichen Berichterstatter als über König Johann, dessen Leben und Zeit uns der Königsaaler Mönch in der anschaulichsten Weise schildert. Der König kam nur in das Land, um seinen leeren Säckel zu füllen, und die meisten schriftlichen Ver= handlungen bewegten sich um die Geldfrage. Die Ausgaben Johanns bezogen sich vorzugsweise auf Krieg und kriegerische Unternehmungen, auf den Bau von Bur= gen, den Ankauf von Pferden, Unterhalt und Schadenersatz für Ritter im Dienste des Königs, endlich auf die Bezahlung von Turnierschulden. Die Königin war für ihren Haushalt auf einige Einkünfte aus dem Kuttenberger Bergzehnt beschränkt, so daß sie sich bei besonderen Ausgaben an die Liebe der Unterthanen wenden mußte, um freiwillige Geschenke zu erbitten. Nach Kindtaufen, Hochzeiten in der königlichen Familie wurden die Ceremonienmeister, Festsänger und Künstler, welche dabei thätig waren, im Lande herumgeschickt, um Geschenke einzusammeln. Die Notare bekamen die herkömmlichen Belohnungen von den Städten, denen sie die Geburt eines Prinzen anzeigten. Der Hof übte verschiedenartige Protektionen aus; der König bat selbst für seine oder seiner Familie Dienerschaft um Präben= den. Die königliche Familie trat häufig vermittelnd, versöhnend, fürbittend auf, so für Geistliche bei ihrem Kapitel, für Klöster bei der bischöflichen Kurie, für die Minoriten sogar bei dem Papste. Die Schwiegertochter bat den König, von ihr das Bußgeld anzunehmen, zu welchem ihr Hofweber verurtheilt worden war. Die Hoflieferanten erfuhren besondere Begünstigungen, die königlichen Domestiken erlangten bei Reisen Schutzbriefe; einem Italiener ertheilte der König das Recht, im ganzen Lande gegen seine Schuldner mit Beschlag und Verhaft zu verfahren. — Des Königs Vorliebe für ritterliche Spiele und Turniere war bekannt; im Auslande war er als fertigster und glänzendster Spielkämpe berühmt. In Böhmen selbst aber mißglückten Johann mehreremal seine derartigen Unternehmungen. Um sich bei der Nachwelt großen Ruhm zu verschaffen, ließ er sich von seinen schweizerischen Genossen verleiten, ein glänzendes Turnierspiel, eine große „Tafelrunde Arthurs" zu verkündigen (1319). An alle Fürsten, Grafen und Herren Deutschlands ergiengen dringende Einladungen, großartige Anstalten wurden in dem Thiergarten bei Prag getroffen, und unter Andern ein mächtiges hölzernes Gerüste errichtet, um die zahlreichen Zuschauer aufzunehmen. Schwere Summen Goldes wurden zur Bestreitung des unerhörten Aufwandes von den Bürgern und dem Klerus erpreßt. Endlich kam der mit allseitiger Spannung erwartete Augenblick des Festes, wozu der Tag des heiligen Johannes des Täufers bestimmt war. Aber siehe da, der König erlebte ein glänzendes Fiasko, denn nur sehr wenig Gäste aus dem Auslande hatten sich eingefunden, und Johann erntete für all' den unsinnigen Aufwand nur noch Spott, in welchen unser Königsaaler Chronist mit einstimmt, indem er seine Sprüchlein vom Kreisen der Berge und der Geburt der Maus, vom Sprudeln der Quelle und dem Bade des Schweines u. dgl. vorbringt. Ein andermal (21. Feb. 1321) kam der König noch übler weg. Er veranstaltete wieder ein Kampfspiel auf dem Altstädter Ringe, wozu die Meisten aus dem Adel eingeladen worden waren. Im Kampfe aber fiel Johann vom Rosse, wälzte sich im Kothe und wurde dergestalt von den Hufen des Pferdes getreten, daß er halbtodt und ganz entstellt vom Platze weggetragen werden mußte. Einige jammerten über das Schicksal des Königs, andere aber lachten laut auf, Beweis genug, wie sehr bereits des Königs Ansehen gesunken war.

Mode. Interessant ist, was uns der Königsaaler Chronist in einem eigenen Kapitel über die Veränderung in den Gebräuchen, Sitten und insbesondere der Tracht, also über die Mode des Volkes während der Regierung Johanns erzählt. In dieser Zeit, sagt er, begann in Böhmen und den angränzenden Ländern eine merkwürdige Neuerung in Kleidern, Gewohnheiten und Sitten. Nach Art der Barbaren schoren sich die Männer nicht mehr den Bart, sondern trugen ihn lang, sie verläugneten ganz die männliche Würde und legten sich die Haare zurecht, ganz wie die Frauen; einige wieder rollten sich das Haar, gleich wie ein Wollspinner, in die Runde und ließen es bis über die Ohren herabhängen, während es andere mit dem Brenneisen bearbeiteten, damit es sich kräusle und über die Schultern zierlich herabwalle. Die alte Form der Mützen war ganz außer Gebrauch gekommen. Der Gesang in verschiedenen Stimmen, im Halbton und in der Quint, der einstens nur von vollkommenen Musikern geübt worden war, erschallte jetzt allenthalben auf dem Tanzplatze und auf der Gasse von Laien und Pharisäern. Auch in verschiedenartigen Sprachen unterhält man sich gegenwärtig, fährt der Chronist fort. In den Kleidern aber herrscht eine solche Verschiedenheit und Formlosigkeit, wie sie eben die ziellose Phantasie der Einzelnen erfand, und Jeder hält sich für den glücklicheren, wenn er eine neue Mode ausgedacht. Am meisten erblickt man kurze und enge Gewänder mit irgend einem am Elbogen herabhängenden Schwänzchen, das wie ein Eselsohr herumflattert. Lange, oben zugespitzte, verschiedenfärbige Hüte werden in den Städten getragen, den Landmann am Acker aber sieht man in einer weiten und langen Kapuze. Stiefel und Hosen drücken Füße und Schenkel auf's Engste zum Verwundern und Lachen der Alten und Weisen. Die Geistlichen tragen am Scheitel ganz kleine Tonsuren, die sie mit den Haaren zu bedecken suchen; an der Seite aber schleppen sie große Schwerter und Stechmesser. Im Gegensatze dazu sieht man selten einen Laien, der nicht zur Zierde einen Rosenkranz (?) am Gurte trüge. So eingefleischt waren die neuen Moden, dass derjenige, der sich darüber aufhielt, verfolgt wurde, sowie denn ein Kuttenberger, der sich über die Neuerungen lustig gemacht hatte, deswegen erschlagen worden ist. — Die Modesucht dauerte auch in späterer Zeit fort, und von den Zeiten unter Kaiser Karl IV. erzählt Benesch von Waitmül zum Jahre 1367: „Gegenwärtig eignen sich die Böhmen nach der Sitte der Affen, welche alles nachahmen, was sie an den Menschen bemerken, die schlechten und tadelnswerthen Sitten anderer Länder an. Was die Kleidung anbelangt, halten sie sich nicht mehr an den Gebrauch der Vorältern, sondern tragen sogar schändliche Gewänder, die unsittlich erscheinen und so enge sind, dass man in ihnen kaum athmen kann. Die Männer tragen um die Brust große seidene Wülste, als ob sie Weiberbrüste hätten, den Leib aber schnüren sie so zusammen, dass sie den Windhunden gleichen. Die hintern Theile der Beinkleider werden mit Bändern so fest zusammengepresst, dass man sich kaum langsam bewegen kann: Auch die Mützen trägt man ganz klein, so dass vier aus einer Elle geschnitten werden können. Doch besitzen sie eine Art von Verbrämung, welche um den Hals geschlungen wird und den Halsbändern gleicht, wie sie die Bauernhunde haben, um gegen den Biss der Wölfe gesichert zu sein. Die Schuhe sind mit ungeheuer langen Schnäbeln oder Nasen versehen, so dass man nur unsicher auftreten kann. Deswegen geschah es, dass etliche junge Böhmen, welche in diesem Jahre gegen den sächsischen Ritter von Wodrow zu Felde zogen, in dem Augenblicke, als sie von den Pferden absaßen und der Kampfsitte gemäß zu Fuß kämpfen wollten, vom Feinde gefangen genommen und getödtet wurden, weil sie durch ihre engen Kleider und langen Schnabelschuhe in der freien Bewegung gehindert waren." Dem Verfasser sind namentlich die langen Schnäbel an den Schuhen ein Gräuel. Zum Jahre 1372 erzählt er, wie durch einen Blitzstrahl dem Burggrafen Albrecht von Slawětin sammt seiner Frau auf der Burg Koschtial bei Leitmeritz die Schnäbel gleichzeitig abgeschlagen wurden, ohne die Perfonen zu beschädigen. „Aber", fügt er entrüstet hinzu, „die Leute ließen sich nicht stören, sondern sie trugen nachher fast noch kürzere Kleider und noch längere Schnabelschuhe, als zuvor".

5.
Die Deutschböhmen.
(1306—1400.)

Rückblick. Bei einem Rückblicke auf die Zeit der Přemysliden wird sich uns mit Klarheit ergeben, dass das deutsche Element Böhmens zu jenen wichtigen Kräften gehörte, welche das Triebrad der inneren Geschichte Böhmens neben Fürstenthum und Adel in Bewegung gesetzt haben. Ohne den deutschen Klerus und die deutsche Bürgerschaft hätte sich die böhmische Geschichte in ziemlicher Einförmigkeit abgewickelt, wie ja überhaupt im Mittelalter die nach Osten ziehenden deutschen Kolonisten es waren, welche in das gleichmäßig sich wiederholende Einerlei slawischen Völkerlebens Lebendigkeit und Manigfaltigkeit brachten. Karl der Große stellte den Zusammenhang Böhmens mit Deutschland durch Eroberung fest, und die nachfolgenden deutschen Kaiser wahrten den politischen Verband beider Länder mit aller Energie. Die geographische Lage Böhmens, die Niederlassung der Magyaren in Ungarn und andere äußere und innere Verhältnisse brachten das Land in immer nähere Berührung mit dem deutschen Reiche, aber wahrhaft und im Detail wurden die Slawen in Böhmen erst durch die deutschen Einwanderer in das mitteleuropäische Kultursystem eingeführt. Der christlich-germanische Geist durchdringt in der Přemysliden-Zeit bereits vollkommen die Geschichte des Landes. Fürst und Adel nehmen Sprache, Sitten und Gewohnheiten der Deutschen an, die tschechischen Burgmannen suchen in den Verband der deutschen Bürgerschaft aufgenommen zu werden, und der slawische Landmann strebt nach dem unabhängigen Verhältnisse, in welchem der deutschböhmische Bauer sich längst befand. Die deutschen Missionäre befestigen das Christenthum, die deutschen Mönche treten hier, wie überall im früheren Mittelalter, dem Volke als Lehrmeister in wissenschaftlicher, religiöser, gewerblicher und landwirthschaftlicher Beziehung entgegen. Die Bürger aber aus dem Reiche gründen die Städte, rufen Handel, Gewerbe und Industrie in's Leben und fördern Schulwesen, Wissenschaften und Künste; diese wahrhaftigen Pioniere der Civilisation vollziehen nicht nur eine volkswirthschaftliche Revolution, sondern sie gründen auch einen neuen autonomen Stand im Lande, der es erst der großen Menge des Volkes möglich macht, neben Fürsten und Adel an dem politischen Leben des Reiches Theil zu nehmen. In der Přemyslidischen Zeit finden wir den neuen oder dritten Stand im festen Bunde mit der Krone, von welcher er ausnehmend begünstigt und in seiner Entwicklung auf das Gedeihlichste gefördert wird. Nicht die Bürger allein aber ziehen Nutzen aus dieser Bundesgenossenschaft, die Krone selbst wird erst durch dieselbe in die Möglichkeit versetzt, den Kampf gegen den mächtigen, ewig widerspänstigen Adel siegreich durchzuführen. So ist die genaue Erfassung des wechselseitigen Verhältnisses der Deutschböhmen zur Krone und zum Adel eine nothwendige Bedingung des Verständnisses der böhmischen Geschichte, gerade so sehr, wie die Würdigung der landwirthschaftlichen Umwälzung, welche die deutschen Einwanderer hervorgerufen haben.

Was zunächst den böhmischen Hof im XIV. Jahrhunderte anbelangt, so ist es gar keine Frage, dass er vollkommen deutsch gewesen ist, wie es ja auch schon bei den letzten Přemysliden der Fall war. Der Habsburger, der Kärnthner und die drei Luxemburger, welche den böhmischen Thron im genannten Säkulum inne hatten, waren deutscher Abstammung, ihre Umgebung gehörte zum großen Theile der deutschen Nation an, und die deutsche Sprache war am Hofe die herrschende. Als im Jahre 1334 Markgraf Karl seine Gemahlin Blanka, die nur französisch sprach, nach Prag brachte, lernte diese, um sich verständigen zu können, nicht tschechisch, sondern deutsch, da, wie Peter von Zittau bemerkt, der Hof und die Städte sich dieser Sprache bedienten. Außer Blanka haben wir noch eine französische Fürstin Böhmens in dieser Periode, nämlich Johanns zweite Gemahlin Beatrix; die anderen Königinnen hatten nicht erst nothwendig, deutsch zu lernen, weder die beiden Přemyslidinnen Anna, die Gemahlin Heinrichs von Kärnthen, und Elisabeth, die Gemahlin Johanns, noch die drei Frauen, die Karl nach Blanka nahm, die pfälzische und die schlesische Anna, sowie die pommerische Elisabeth, noch endlich die zwei baierischen Prinzessinnen Johanna und Sophie, welche König Wenzel ehelichte. Auch deutsche Urkunden treten immer häufiger neben lateinischen auf, tschechische machen sich erst unter König Wenzel bemerkbar. Vor Karl IV. haben wir nur deutsche und lateinische Urkunden. Mit der Verschmelzung des böhmischen Königthums und des deutschen Kaiserthums musste, wie natürlich, der deutsche Charakter der Prager Residenz noch entschiedener hervortreten. Deutsche Fürsten treffen wir fortwährend am Prager Hoflager, woselbst sie sich eigene Häuser erbauten, allhier lange Zeit in eigener Person verweilten oder doch ihre Gesandtschaften hielten.

Wiewohl die böhmischen Fürsten des XIV. Jahrhunderts durchwegs geborene Deutsche waren, so gestaltete sich ihr persönliches Verhalten den Deutschböhmen gegenüber doch nicht so innig, wie das der letzten Přemysliden. Der Habsburger Rudolph war auch bei den deutschen Kaufleuten nicht beliebt wegen seiner über= mäßigen Sparsamkeit, während Heinrich von Kärnthen und Johann von Luxem= burg in ihrer maßlosen Schwäche und durch ihren gränzenlosen Leichtsinn die In= teressen der Deutschböhmen so gut verletzten, wie die der Tschechen. Von König Johann streute allerdings der Adel das falsche Gerücht aus, er wolle alle Tschechen aus dem Lande vertreiben lassen, und man könnte daraus den Schluss ziehen, Johann habe besonders die deutsche Nation geliebt. Doch ist jenes Gerede des Adels eben ganz nichtig gewesen, und Johann liebte die Deutschen wohl nur inso= fern mehr, als sie reicher waren und höhere Steuern zahlen konnten, oder weil er

18*

in Deutschland mehr Belustigungen fand, als bei den Tschechen: noch höher als die Deutschen schätzte bekanntlich der König die Franzosen, deren Hauptstadt seinen Lieblingsaufenthaltsort bildete. Karl IV. befliß sich einer zur Schau getragenen Objektivität in nationalen Fragen, die Niemandem mehr zu Gute kam, als dem Adel. Die Errichtung des Slawenklosters in Emaus, die Bestimmung der goldenen Bulle, daß die Söhne der Kurfürsten slawisch lernen sollten u. dgl., erscheinen mehr als eine Koletterie mit der tschechischen Nation, denn als auf großen Erfolg berechnete Entschlüsse. König Wenzel neigte Anfangs zum deutschen Bürgerthume, wurde aber später ganz und gar von der national tschechischen Partei fortgerissen. Aus diesen Andeutungen ist es erklärlich, daß das Deutschthum in Böhmen während des XIV. Jahrhunderts nicht diejenigen großartigen Fortschritte machte, welche nach den andern so günstigen Vorbedingungen hätten erwartet werden können.

Adel. Die wankende Haltung der deutschen Fürsten benützte nämlich der Adel Böhmens in der erfolgreichsten Weise für die Hebung seiner Standesinteressen. Weil sich nun diese mit der stäten Verstärkung des deutschen Elementes allerdings nicht gut vereinigen ließen, so blieb der Adel, obwohl er seiner Bildung und Sprache, den Gewohnheiten und Sitten nach sich bereits in den vorigen Perioden germanisiert hatte, doch der Erzfeind des freien deutschen Bürgerthums, das mit ihm an Reichthum, Macht und politischen Rechten längst zu wetteifern begonnen hatte. Wir haben ausführlich genug jene langwierigen Kämpfe geschildert, welche Adel und Bürgerthum unter Heinrich von Kärnthen mit einander führten. Die Bürger stellten als Ziel des Kampfes vollkommene Gleichberechtigung mit dem Adel bei der Wahl des Königs und bei allen öffentlichen Landesangelegenheiten auf und erlangten denn auch im Mai 1309 durch einen besonderen Vertrag die gewünschten Rechte. Allein der Adel hatte nur wegen seiner höchst bedrängten Lage dem Bürgerthume nachgegeben; kaum war er wieder zu Kräften gelangt, so nahm er seine Versprechungen zurück und warf rasch hintereinander sowohl das Bürgerthum als auch das Königthum nieder und pflanzte die reine Junkerherrschaft auf. Der Sieg des Adels war nur dadurch möglich geworden, daß der König das traditionelle Bündniß mit den Bürgern aufgegeben, und letztere, einer gemeinschaftlichen Spitze beraubt, nun auch untereinander in Zerwürfnisse gerathen waren. Unter Johann von Luxemburg gestalteten sich die Verhältnisse für das Bürgerthum nicht viel günstiger. Nur die ersten Regierungsjahre, während welcher die deutschen Rathgeber das Land verwalteten, stellten das Bürgerthum zufrieden; in der späteren Zeit gelang es dem Adel, seine bereits unter Heinrich von Kärnthen gewonnene Stellung wieder einzunehmen und den dritten Stand immer mehr in den Hintergrund zu drücken. Die Beschlüsse des Tauser Landtages (1318) besiegelten nicht nur die vollkommene Niederlage des Königthums, sondern auch die des deutschböhmischen Elementes. Denn auf letzteres war es hauptsächlich mit abgesehen, wenn jetzt der König auf Drängen des Adels eidlich sich verpflichtete, alle

Rheinländer und Gäste aus dem Königreiche zu entfernen und keinen Ausländer mehr zu irgend einem Amte gelangen zu lassen. War dieser Schlag zwar nicht unmittelbar gegen das seit Alters einheimische Deutschthum gerichtet, so sollte doch damit für die Zukunft eine jedwede Verstärkung desselben aus dem Mutterlande möglichst beschränkt werden. Aehnliche Bestimmungen über die Ausschließung der Ausländer von den Aemtern enthalten auch die Schriftstücke, welche man als Wahl-Kapitulation Johanns und Karls IV. bezeichnet, von denen allerdings wenig= stens die erstere alle Zeichen der Unechtheit an sich trägt. Wie sehr sich der Adel bemühte, das Bürgerthum von allen höheren Aemtern auszuschließen, geht am Deutlichsten aus dem Kampfe hervor, welchen König Wenzel deswegen mit der Aristokratie zu führen hatte.

Während die Weltgeistlichkeit in der Luxemburgischen Zeit sich immer mehr aus tschechischen Kreisen rekrutierte, bewahrten die meisten Ordenshäuser ihren vor= wiegend deutschen Charakter, wovon etwa nur das Emauser Slawenkloster eine hervorstechende Ausnahme bildete. Die Emancipation der böhmischen Kirche vom Mainzer Metropoliten durch die Gründung eines selbständigen Erzbisthums in Prag löste den einst so innigen Verband Böhmens mit Deutschland in kirchlicher Beziehung auf, was natürlich auf die Besetzung höherer und niederer Würden im geistlichen Stande nicht ohne Einfluß blieb. Dagegen zogen die Klöster immer noch ihre Mitglieder vielfach aus dem Auslande, und bezeichnend in dieser Hinsicht ist es, daß Karl für die Cisterzienser beim Papste um die Begünstigung ersuchte, auch Einheimische als Novizen aufnehmen zu dürfen. Der Gegensatz zwischen der Pfarr= und Ordensgeistlichkeit, der sich hie und da zeigte, scheint schon theilweise nationale Ursachen gehabt zu haben; besonders mag dies in dem zum blutigen Kampfe ausartenden Streite der Bettelorden mit der Prager Weltgeistlichkeit der Fall gewesen sein (S. 259). Für das Deutschthum wirkten die reicheren Klöster auch in dieser Periode durch fortgesetzte Kolonisation auf ihren Gütern, wenn auch nicht mehr in dem ausgedehnten Maßstabe, wie im XIII. Jahrhunderte.

Am Ansehnlichsten repräsentierte sich das Deutschthum Böhmens in dieser Zeit in den zahlreichen und mächtigen Städten, die in allen Punkten des Landes als Wahrzeichen deutschen Fleißes und deutscher Freiheit sich erhoben, während die Menge des deutschen Landvolkes in zusammenhängender Masse gürtelartig, wie noch gegenwärtig, die slawische Bevölkerung umschloß. Die Städte, sowie einzelne Bauernkolonien und Klösteransiedelungen bildeten ferner häufig deutsche Oasen in= mitten des tschechischen Volkes, die jedoch früher oder später von der Mehrheit der slawischen Nachbarn absorbiert wurden. Die Anlage von Dörfern nach deut= schem Rechte dauerte fort; so kauften im Jahre 1341 die Brüder Meinhard und Wenzel von Rokytzan, reiche Prager Bürger, 49 Huben in dem Lipaner Walde zwischen Nimburg und Lysa zur Errichtung emphyteutischer Dörfer. Die Ossegger Cisterzienser kolonisierten im XIV. Jahrhunderte ihre noch brach liegenden Gründe

Klerus.

Bürger und Bauern.

in umfassender Weise. Abt Ludwig gründete 1326 im großen Walde „Schemnitz" das Dorf Schönau nach emphytentischem Rechte, und Abt Konrad setzte 1335 nach demselben Rechte das Dorf Potscherad aus. Nachdem König Johann im Jahre 1341 dem Kloster ausdrücklich die Erlaubniß verliehen hatte, Dörfer, Höfe und sonstiges Besitzthum mit emphytentischem Rechte gründen und aussetzen zu dürfen, erfolgten rasch neue Stiftungen im Klosterbezirke. So wurden namentlich 1342 Swinschitz, 1343 Rostow, Odolitz, Lazan und Thynz nach deutschem Rechte aus= gesetzt. Abt Bohuslaw von Klabrau übergab 1334 sieben Bürgern der Stadt Klabrau das Landgut Ossye in Erbzins. Abt Ratzla von Klabrau verlieh den in Wirbitz gelegenen Schloßhof sammt zwei Huben Acker dem Ulrich von Wirbitz in emphytentischen Besitz u. f. w.

Prag. Im Centrum des Landes entfaltete die Haupt- und Residenzstadt Prag unter den Luxemburgern eine seltene Blüthe und bildete das Hauptbollwerk des deutsch= böhmischen Bürgerthums. Wesentlich eine deutsche Schöpfung, bewahrte die Stadt im XIV. Jahrhunderte vollständig ihren deutschen Charakter, wetteifernd an Reich= thum, Glanz und Pracht mit den größten Städten des übrigen Deutschland. Prags deutscher Charakter in dieser Periode kann durch eine Menge urkundlicher und chronikalischer Zeugnisse nachgewiesen werden; wir erwähnen zum Ueberfluß, daß Karl IV. der Stadt deutsche Privilegien ausstellte, daß der Königsaaler Abt, der Ritter Benesch von Horschowitz und andere Chronisten oftmals das Vorwie= gen der deutschen Sprache in Prag betonen und Benesch unter Anderm behauptet, „daß Jedermann zu Prag und in andern Städten Böhmens seine Kinder deutsch lernen läßt." Nach Karls Idee sollte Prag der Mittelpunkt des heiligen römi= schen Reiches werden, und die herrlichen Baudenkmale, die Universität und andere Schöpfungen verdankt die Stadt dieser Absicht des Kaisers. Noch unter Johanns Regierung war Prag erweitert worden durch die Gründung des Städtchens Hrad= schan auf dem Berge vor dem großen Thore der Prager Burg. Die Errichtung eines großen Rathhauses, Pflasterung der Straßen und Gassenkehrung ist gleich= falls König Johann zu danken. Der Zufluß der fremden Kaufleute, Künstler und Handwerker, die Ankunft der zahlreichen Meister und Jünger der Wissenschaft zur neuen Hochschule, das Zusammenströmen so vieler Ritter, Grafen und Fürsten am Hoflager des Kaisers mußten den Raum der Stadt sehr bald als viel zu enge *Neustadt.* erscheinen lassen: Karl IV. vergrößerte daher dieselbe durch einen neuen Theil, „Neustadt" genannt, und beschenkte sie mit allen Freiheiten, Vorrechten, Begnabi= gungen, Gesetzen, Gewohnheiten und Würden, deren die alte Stadt genoß (1348). Er entwarf selbst den Plan zur neuen Stadt, maß Gassen aus, bestimmte die öffentlichen Plätze und wies die Stellen für jedes Stadtthor an. Innerhalb zwei Jahren war die neue Stadtmauer, welche vom Porschitsch an der Moldau bis wieder zur Moldau am Wyschehrad gieng, fertig, die Stadt selbst aber bald dar= auf mit schönen Häusern angefüllt und von einer wohlhabenden Bevölkerung

bewohnt. Doch vermochte die Neustadt den großen Glanz der Altstadt nicht, ɩ
verdunkeln. Diese blieb die erste Stadt des Landes, ihre Patricier vertraten in
den Landesangelegenheiten mit den Kuttenbergern den dritten Stand, die Altstädter
Kaufherren herrschten im Reiche des Handels und der Industrie.

Solche altangesessene Geschlechter, die sich durch große Reichthümer auszeich= **Bürger-**
neten, und aus deren Mitte die höchsten Aemter und Würden der Stadt besetzt **geschlechter.**
wurden, werden in den Urkunden und Chroniken oftmals erwähnt. Weitverzweigt
war die Patricierfamilie der Wolfline oder Wölfel oder auch „die vom Thurme"
genannt. Ein Wolflin lebte schon zu Zeiten Ottokars II.; Jakob, einer von seinen
fünf Söhnen, war der Anführer der kärnthnischen Partei zur Zeit König Heinrichs,
und dessen Nachkommen erhoben ihr Geschlecht unter König Johann zu immer
größerem Glanze. Zu bedeutendem Ansehen insbesondere gelangte Frenzlin, der
Sohn Jakobs. Er nannte sich Burggraf von Pfrimburg, das ihm Johann ver=
pfändet hatte, und besaß mehrere Landgüter in Böhmen; er stand in hoher Gunst
des Königs Johann, dem er große Geldsummen verschaffte, und bekleidete eine Zeit
lang das Unterkämmeramt des Königreiches. Von Nikolaus, dem vierten Sohne
des alten Wolflin, der gewöhnlich Nikolaus vom Thurme genannt wird, stammt als
Enkel Johann ab, der sich dem Priesterstande widmete, wahrscheinlich jener Johann
von Nepomuk, der als Generalvikar des Erzbischofes Jenstein unter König Wenzel
das traurige Ende nahm und gegenwärtig als Landespatron so hohe Verehrung
genießt. Die mächtigen Gegner der Wolfline bildeten während der großen Bürger=
spaltungen im Anfange des XIV. Jahrhunderts die „Wolframe", genannt nach
Wolfram, dem Sohne des Prager Bürgers Meinhard von Eger. Wolfram ist
uns bekannt geworden als eifriger und gewaltiger Streiter gegen Heinrich von
Kärnthen; er und seine Anverwandten bekleideten das Richteramt und Schöppen=
stellen in der Altstadt zu wiederholten Malen und übten das Patronatsrecht bei
der Pfarrkirche von St. Nikolaus aus, während die Wolfline das Patronatsrecht
bei der Kirche des heiligen Gallus besaßen. Andere mächtige Geschlechter waren die
„Stucke", die „Friedinger", deren einer Namens Hillmar 1307 als Opfer seiner
österreichischen Gesinnung fiel (S. 183), die „Rockzaner", die Herren „vom Steine",
von welchen Eberlin als Gesandter an Heinrich VII. wiederholt erwähnt wird.
Mit Eberlin vom Steine tritt als Botschafter an Heinrich VII. nach Italien
Friedrich „von den Hähnen" auf (1312), dessen Familie gleichfalls zu den angesehenen
der Stadt gehörte. Andere mächtige Geschlechter bildeten die Kornbuhel, auch „die
von Eger" genannt, die Taselrunge, die Gennaher, reiche Geldmänner, die viele
Kapitalien ausliehen, die „Pušche", welche letztere in Prag und Kuttenberg an=
sässig waren, die „Tausentmark", „Watzinger", „Wigolais", „Lemberfiller",
„Hopfner", „Goldner", „Rechzer", „Klementer", „Posenbache", „Rost", „Roth=
löw" u. a. Rothlöw gehörte zu den reichsten Bürgern Prags. Im Jahre 1355
rüstete er auf seine Kosten 120 berittene Männer aus, alle mit gleichen Waffen=

roden und trefflich geharnischt, und gesellte sie der Mannschaft zu, die von der Stadt Prag dem Kaiser nach Italien nachgesandt wurde. Von dem Reichthume Rothlöws erzählt Aeneas Sylvius folgende Anecdote. Kaiser Karl hatte von diesem reichen Kaufmanne eine Summe von 100.000 Goldgulden geliehen und dem Gläubiger darüber einen Empfangschein ausgestellt. Am andern Tage lud Rothlöw den Monarchen zum Gastmahle. Als die Mahlzeit zu Ende gieng, erschien eine verdeckte Schüssel, die vor Karl hingestellt wurde und die Neugier der Anwesenden nicht wenig beschäftigte. Die Ueberraschung war groß, als man die Schüssel öffnete und als Inhalt derselben den quittierten Empfangschein der großen Geldsumme erblickte.

Prager Stadtrecht. Auch das innere Gemeindewesen der Prager Altstadt ergibt sich als das entwickeltste und selbständigste im Lande, so daß viele andere Städte sich dasselbe zum Muster nahmen. Während die Kleinseitner sich ganz nach dem Magdeburger Rechte hielten, bildete sich bei den Altstädtern ein eigenes Recht auf Grundlagen des alten, von Johann neuerdings bestätigten Sobéslawischen Privilegiums, sowie durch Sammlung alter deutscher, von den Ansiedlern mitgebrachter Rechtsgewohnheiten heraus. Die Schöffen verfaßten auf Grund und im Geiste der hergebrachten deutschen Rechtsgewohnheiten neue Statuten, die niedergeschrieben und seit 1327 in das „Stadtbuch" eingetragen wurden. Wie weit ein auf Befehl Johanns 1341 begonnener Versuch, daß „ein geschrieben Recht gemacht und gedichtet werde", gediehen sein mag, ist uns nicht näher bekannt. Nach dem Urtheile eines genauen Kenners steht das Prager Stadtrecht in der Mitte zwischen den beiden Hauptfamilien deutscher Stadtrechte, der nördlichen und der süddeutschen Gruppe, mit größerer Hinneigung zum Schwäbischen, und es lassen sich bei aller sonstigen Selbständigkeit die Einflüsse des Magdeburger, Iglauer, Brünner, sowie des Nürnberger, Regensburger, Bamberger und Augsburger Rechtes nachweisen. Der Richter und die Schöffen bildeten den Vorstand der Stadtgemeinde, und zwar als Stadtgericht, indem sie die Gerichtsbarkeit über Gut und Blut ausübten, und als Stadtrath, indem sie die Verwaltung der Gemeinde besorgten. Der Richter wurde bereits seit dem vorigen Jahrhunderte nicht mehr nach dem Sobéslawischen Privilegium gewählt, sondern vom Könige eingesetzt, wogegen sich der Kreis seiner Kompetenz bedeutend erweiterte. Auch die Geschworenen, deren Zahl im XIV. Jahrhunderte wechselte (24, 12), wurden vom Könige ernannt; ein ausführliches Statut aus der ersten Hälfte des XIV. Jahrhunderts setzte genau ihre Rechte und Pflichten sowohl beim Rathe, als auch beim Stadtgerichte fest. Die Gemeindeältesten oder Rathsverwandten bildeten eine Art weiteren Ausschuß neben dem engeren Rathe der Schöppen, obwohl sie noch nicht als ein für sich abgeschlossenes Kollegium erscheinen. In Sachen der allergrößten Wichtigkeit, so über die Art der Bürgerbewaffnung, sind die Satzungen als Ergebniß der Berathung der ganzen Gemeinde bezeichnet. In der ersten Hälfte des XIV. Jahrhunderts kommt auch bereits die Einrichtung des

Bürgermeisteramtes zum Vorscheine. Der Bürgermeister war ursprünglich höchst wahrscheinlich irgend ein Schöffe, der die Stelle des Richters in gewissen außergerichtlichen Angelegenheiten, sowie im Vorsitze bei den Rathsversammlungen vertrat. Während im Anfange des Jahrhunderts sich die Richter und Schöffenstellen gewöhnlich im Besitze der reichen, angesehenen Geschlechter befanden, traten mit dem Ende desselben bereits auch zahlreiche Handwerker in diese Würden, wodurch sich das demokratische und nationale Element im Stadtrathe und Stadtgerichte bemerkbarer machte. Da die Geschäfte des Stadtschreibers, des wichtigsten Stadtbeamten, sich durch Eine Kraft nicht mehr bewältigen ließen, so wurden ihm ein und später mehrere Gesellen oder Gehilfen beigegeben. Im städtischen Dienste standen ferner die Büttel, welche die Verordnungen der Schöffen verkündeten und die Leute vor Gericht luden, die Frohnboten (Gerichtsdiener und Schergen der Schöffen und des Richters), die Thurm- oder Thorwächter und der Henker oder Züchtiger. Ferner gab es sogenannte Losunger, welche die Gemeindesteuern einsammelten, bestimmte Aufseher über die Kaufleute, Wein und Bierschröter, Stadt-Wäger und Messer, Untertäufer (Untertaufsel, Mäkler) u. dgl. — Das Bürgerrecht war nicht so leicht zu erlangen und besonders wurde dem Fremden gegenüber große Vorsicht gebraucht. Letzterer mußte bei Bewerbung um die Aufnahme in den Bürgerstand ein Zeugniß über sein Wohlverhalten beibringen, den Bürgereid schwören und zwei Bürgen stellen, daß er drei Jahre und Tage mit der Stadt gut und übel leiden wolle. Als Bürger genoß er alle die Freiheiten der autonomen Stadt, so das Recht des städtischen Erbanfalles und die Testirungsfreiheit. Nur der Bürger konnte Gewerbe treiben und zu den städtischen Aemtern gelangen; Hauptbürgerpflichten waren Zahlung der Losungen und Leistung von Kriegsdiensten. Nebst den eigentlichen Bürgern unterschied man noch Insassen, die bleibend in der Stadt verweilten und wohl rücksichtlich der Pflichten, aber nicht in Hinsicht auf die Rechte den Bürgern gleich standen, und Gäste, die zwar keine Losungen zahlten, dafür auch in manchen Rechten beschränkt waren und nach einem eigenen Gastrechte lebten.

Jede Stadt zahlte ihre Abgaben dem Könige als Gesammtheit; die Regierung Finanzverwaltung. bestimmte die Summe, der Stadtrath repartierte das Ganze erst auf die einzelnen Bürger. Die Hauptsteuer war die Königssteuer oder Berna; daneben gab es sogenannte Hilfsgelder, so wie sich die Könige auch noch bei manchen Städten häufig Erb- und Grundzins von gewissen Hofplätzen, weiter einen Antheil an den Gerichtsfällen, Grundzinse von Fleischbänken, Brot- und Schuhbänken, ferner das Ungeld, Hebungen vom Kaufhause, Brücken- und Kaufzölle, Münzgelder u. s. w. vorbehielten. Viele der ursprünglich dem Könige zufließenden Einnahmsquellen kamen im Verlaufe der Zeit an einzelne Bürger oder an die Stadt selbst auf verschiedenartige Weise. Zur direkten Steuer gehörte die „Losung", welcher jedes städtische Vermögen unterlag; von einem Pflug Acker wurden 40 Groschen, von einem Schock Zins 4 Groschen, von einem Schock fahrender Habe 1 Groschen entrichtet. Die

„Losunger", welche aus den Schöffen der Gemeinde gewählt und anfänglich mit 5 Schock, später nicht mehr besoldet wurden, sammelten die Steuer und trieben die Rückstände durch Pfändung ein. Wer die Stadtsteuer nicht zahlte, verlor das Bürgerrecht und konnte es nicht mehr erlangen. Unter den indirekten Steuern war in Prag das Ungeld von Wichtigkeit, eine Abgabe, die sich im Mittelalter auch anderwärts sehr häufig vorfand. Es wurde diese Abgabe von verschiedenen Waaren, insbesondere von Tüchern, Krämerwaaren, Fellen, Hölzern, von Eßwaaren, von Salz, Hopfen, Honig und Vieh, je nach dem Werthe der Waaren, sowohl vom Verkäufer als Käufer gefordert, jedoch nur dann, wenn der Werth der Waare mehr als eine Mark betrug. Steuerbefreiungen kamen wenig vor und trafen die Stadt als Gesammtheit: dagegen finden sich häufige Darlehen, die dem Könige gemacht wurden, sowie Verpfändungen der Städte vor. Ein eigenes Statut handelte von den städtischen Botschaften, welche an den König giengen. Jeder Gesandte sollte mit drei Knechten und vier Pferden ausreiten und erhielt für sich und seine Leute von der Stadt wöchentlich 4 Schock, wenn die Botschaft innerhalb des Landes blieb, und 5 Schock, wenn sie außer Landes gieng; in letzterem Falle, wenn der König sich am Rhein oder in Wälschland aufhielt, konnte die Zahl der Reisigen und Pferde auch vermindert werden. Das Organ, welches die Interessen der Regierung den Städten gegenüber vertrat, und welchem die Städte in vielen Beziehungen untergeordnet waren, bildete das Unterkämmereramt.

Kriegs verfassung.

Daß die Städte mit ihren Mauern und Thürmen eine gewichtige militärische Bedeutung besaßen, daß die Bürger mit den Waffen wohl umzugehen verstanden und in Kriegszeiten als tapfere Streiter für ihr Recht, insbesondere gegen die Anmaßungen des Adels, einzustehen wußten, haben wir schon hinlänglich kennen gelernt. Nach dem Prager Stadtrecht war der Bürger zur Stadt- und zur Landwehr verpflichtet, und der Rath hatte auch in dieser Hinsicht die oberste Leitung der Gemeinde. Die Bürger hatten die Mauern und Thore ihrer Stadt zu vertheidigen: einzelnen Gewerben und Künsten war die Bewahrung besonderer Stadttheile übertragen. Wegen der Heerfahrt außerhalb des Landes war die Stadt in vier Viertel eingetheilt, welche noch im XVI. Jahrhunderte eine gewisse Bedeutung hatten. Fiel auf zwei dieser Viertel das Loos, so mußte sich jeder Bürger, der arme und der reiche, bewaffnen, um Heeresfolge zu leisten: Ausnahmen fanden nur selten und lediglich triftiger Gründe wegen, z. B. Krankheits halber, statt: es konnte sich alsdann der Betreffende vertreten lassen. Die Heerfahrt unternahmen die Bürger auf eigene Kosten, dagegen blieben sie frei von den Losungen, welche die Daheimbleibenden trugen. Zwei Hauptleute führten die Bürgerschar an, von denen einer aus den Schöffen, der andere aus der Gemeinde gewählt wurde; zur Aushilfe gab ihnen die Stadt wöchentlich 100 Schock Groschen. Ueber die Stärke der Kriegsmacht der Städte und speciell Prags haben wir nur geringe Andeutungen. Als Karl IV. seinen Römerzug antrat, treffen wir z. B. 2000 Prager Bürger als Geleite der Königin.

Das Privatrecht, welches eine große Aengstlichkeit in seinen Bestimmungen verräth, befand sich noch in der Kindheit und hatte von dem römischen Rechte nachweisbar noch Nichts recipiert. Das mehr entwickelte Strafrecht bewegte sich in engherziger Kasuistik und huldigte zumeist durch Rohheit der Strafen der Abschreckungstheorie. Manigfaltige Strafen finden sich gegen Heimsuchung, Entführung, Nothzucht, Sammlung und Friedensbruch. Interessant sind die Verbote des Kleiderluxus und des Festgesindes, die zahlreichen Ordnungen wegen Waffentragens, die strenge Untersagung des Spieles u. dgl. Das Verfahren erfreute sich einer großen Einfachheit und Schnelligkeit; die Oeffentlichkeit und Mündlichkeit der Verhandlungen und die Berichtigung der Bürger, als Richter und Schöffen das Recht zu finden und zu sprechen, ersetzte so manche Mängel, die jenes mittelalterliche Rechtswesen besaß.

Die Verfassung der Landstädte glich mehr oder weniger dem Gemeindewesen der Hauptstadt, nur daß sich in dieser Hinsicht zwei Gruppen unterscheiden lassen, von denen die eine sich nach dem Altstädter Rechte hielt, während die andere das Magdeburger Recht angenommen hatte. Schon Přemysl Ottokar bestimmte, daß die Einwohner der Stadt Hirschberg (Bunzlauer Kreis) die Rechte und Freiheiten der Stadt Prag genießen sollten, welche auch andere Städte und Städtchen im Königreiche Böhmen besäßen (1264). Ein ähnliches Privilegium ertheilte Karl IV. der von ihm begründeten Neustadt Prags. Im XIV. Jahrhunderte nahmen immer mehr Städte das Prager Recht an, so Horazdowitz und das Städtchen Waczlawicz (Waclawitz, jetzt Dorf im Berauner Kreise), welch' letzteres 1342 das Prager Recht erhielt, Nassaberg (Chrudimer Kreis), Chrudim und Nimburg, die um 1360, Prachatitz und Pisek, die um 1383 nach dem Mutterrechte der Hauptstadt sich einrichteten. Es wurde schon bemerkt, daß für diejenigen Städte, welche Prager Recht besaßen, der Schöffenhof in Prag als Appellationshof galt, von welchem sie in zweifelhaften Fällen Belehrung zu holen hatten. Das Magdeburger Stadtrecht hatten die Kleinseitner Bürger wohl bald nach Gründung ihrer Stadt angenommen; nach demselben Rechte waren die Städte Brüx, Kommotau, Aussig, Raudnitz, Leipa u. a. eingerichtet. Diese holten sich bei verschiedenen Gelegenheiten ihre Rechtsbelehrungen in Magdeburg, der Mutterstadt ihrer Verfassung. Die höchste Berufung vom Stadtgericht gieng natürlich an den König, der ohne Rücksicht auf das gebräuchliche Stadtrecht das Urtheil modificieren konnte. Ein großes Ansehen erwarb sich frühzeitig der nach Magdeburger Recht eingerichtete Schöffenhof in Leitmeritz, an welchen durch lange Zeit benachbarte und entferntere Städte ihre Anfragen richteten. Im nordwestlichen Böhmen nahmen viele Orte das Egerer Recht an, das selbst wieder an dem Nürnberger ein Vorbild gefunden hatte.

Der höchste königliche Beamte über die Städte war der Unterkämmerer, zu

Privat und Strafrecht.

Landstädte.

dessen Würde unter der Regierung Johanns auch bereits Männer aus dem Bür=
gerstande gelangten, so Kreuzlin, Jakobs Sohn, aus der Familie der Wolfline. In
der späteren Regierung des genannten Fürsten finden wir einen besonderen Hof=
richter der königlichen Städte erwähnt, ein Hilfsbeamter des Unterkämmerers für
den Zweig der oberrichterlichen Gewalt. Der Hofrichter scheint immer aus dem
bürgerlichen Stande genommen worden zu sein; als erster Bekannter wird ein
Prager Bürger gleichfalls Namens Kreuzlin genannt.

Nicht alle Städte waren freie königliche Städte, die unmittelbar dem Könige,
beziehungsweise dem Unterkämmerer, untergeordnet waren. Die sogenannten unterthänigen Städte und Märkte hatten als Obrigkeiten die geistlichen und weltlichen
Gutsbesitzer, denen sie bestimmte Abgaben von den Gründen, Häusern, Gewerben,
sowie Markt- und Schankgelder entrichten mußten. Ihre Stellung war nur inso=
fern eine bevorzugte, als sie auf Bitte ihrer Obrigkeiten vom König die Erlaubniß
erhielten, um ihre Ansiedelungen Mauern und Gräben zu ziehen, Jahr- und
Wochenmärkte abzuhalten und eigene Geschworene und Richter zu wählen, die je=
doch einen beschränkten, meist nur polizeiliche Befugnisse einschließenden Wirkungs=
kreis besaßen. In den Städten wurden unter Karl und dessen Söhnen Wenzel
und Sigmund auch die Steuern der benachbarten Herrschaften eingesammelt. Ein
aufbewahrtes Verzeichniß dieser Steuerorte gibt uns so ziemlich die Namen der
damaligen bedeutenden Städte. Nach zehn Kreisen geordnet werden folgende Na=
men genannt. Im Kaurschimer Kreise: Altstadt Prag, Böhmischbrod, Neukolin,
Kaurschim, Blaschim, Beneschau; im Pilsner Kreise: Neupilsen, Klattau, Taus,
Mies; im Leitmeritzer Kreise: Leitmeritz, Leipa, Melnik; im Königgrätzer Kreise:
Chrudim, Hohenmauth; im Prachiner Kreise: Kamnitz, Bšesnitz, Schüttenhofen,
Horaždowitz, Strakonitz, Netolitz; im Schlauer Kreise: die kleinere Stadt Prag,
Schlan, Raudnitz, Welwarn; im Bunzlauer Kreise: Nimburg, Benatek, Jung=
bunzlau Münchengrätz, Sobotka, Turnau, Gabel, Bilin; im Saatzer Kreise: Laun,
Saatz, Maschau, Kaaden, Brüx, Aussig an der Elbe; im Caslauer Kreise: Caslau,
Čechtitz, Humpoletz, Teutschbrod: im Bechiner Kreise: Neweklau, Seltschan, Kras=
nahora, Mühlhausen, Pisek, Moldautein, Budweis, Wessely, Neuhaus, Patzau,
Aussig an der Lužnitz und Miltschin.

Handel. Die Städte bildeten den fruchtbaren Boden, auf welchem Handel und Indu=
strie, Kunst und Wissenschaft zu herrlicher Entwicklung gelangten. Die Landwirth=
schaft wurde nebenbei betrieben und unter den Zweigen derselben vornehmlich der
Weinbau gepflegt. Der reiche Bürger in einer größeren Stadt war Kaufmann,
der ärmere Krämer oder Handwerker. Die kleine Kaufmannskolonie vom Poršitsch
hatte die mächtige Handelsstadt Prag hervorgerufen, die in der Zeit Karls IV.
sich unter die ersten Handelsplätze Teutschlands zählen konnte und die weitläufig=
sten Handelsverbindungen mit Teutschland, Italien, Oesterreich, Polen und Ruß=
land besaß. Die Altstadt, welche auch nach der Gründung der Neustadt den Cen=

tralpunkt des kaufmännischen und gewerblichen Lebens bildete, bot in friedlichen Zeiten den Anblick eines beständigen großen Jahrmarktes. Auf allen öffentlichen Plätzen, am Ringe, in den breiteren Straßen, vor einzelnen Kirchen und in den Klosterhöfen boten die Handelsleute in ihren Geschäftslokalen, in Hütten und Krambuden, in den Lauben oder auf Karren und Tischen ihre Waaren feil; die engeren Gassen mit den zahlreichen Häuservorsprüngen hinderten vielfach den lebhaften Verkehr. Einzelnen Waarengattungen waren besondere Geschäftsplätze angewiesen. Vor dem Rathhause standen die Hurdler mit ihren Borten, auf dem Ringe vor des „Reisenkittels Hause" pflanzten sich die Südfrüchtenhändler auf. In den Kotzen saßen die Handelsleute mit Leinwand; auf dem Podskal befand sich der Holzmarkt, und eigens bestimmt waren ein Vieh-, Obst-, Fisch- und Kohlenmarkt, ein Tandel-markt und ein Lederhaus. Eng beisammen wegen der polizeilichen Aufsicht waren die verschiedenen Bänke aneinandergereiht, so die Brot-, Fleisch-, Wein-, Bier-, Leder- und Schuhbänke. Auf den günstigsten Punkten hatten die städtischen Kauf-leute, die Laubenherren, in ihren gewölbten Bogengängen ihre reichhaltigen Waaren-lager ausgestellt. Am Eifrigsten wurde im alten Teinhofe, dem Kaufhause der Fremden, gehandelt; daselbst berührten sich die verschiedensten Nationalitäten, Deutsche, Italiener, Franzosen, Lützelburger und Kärnthner im lebhaftesten nach eigenen Satzungen geregelten Geschäftsverkehr. Unter den Landstädten ragten durch starken Handel und rege Industrie besonders hervor: Aussig, Brür, Budweis, Caslau, Eger, Hohenmanth, Jaromirsch, Raaden, Königgräß, Kuttenberg, Laun, Leitmeriß, Melnik, Pilsen, Prachatiß. Wer die großen jetzt öden und mit Gras bewachsenen Marktplätze oder Ringe und die langen, jetzt freilich immer mehr ver-schwindenden Laubengänge einzelner dieser Städte sieht, wird nur zu lebhaft an den längstverschwundenen Wohlstand und Reichthum erinnert.

Die einzelnen Regierungen dieser Periode erließen zahlreiche Verordnungen, **Maßregeln der Regierung.** um den Handel und die Gewerbe, deren Blüthe ja der Staatskasse große Vor-theile brachte, zu befördern. Wohl war die unruhige Zeit Heinrichs von Kärnthen, sowie die Kriegsjahre Johanns nicht günstig für die Verkehrsverhältnisse, wie denn diese auch durch die vielen fortbestehenden und willkührlich vermehrten Mauthen, Zölle und insbesondere durch den Straßenzwang und durch die Stapelrechte ein-zelner Städte, gestört wurden. Nach dem Stapelrecht der Prager mußte jeder fremde Kaufmann seine Waare im Teinhofe ablagern; wenn er die Ballen oder Kisten öffnete, mußte er auch verkaufen; wollte er sie jedoch nur über Prag weiter be-fördern, so mußte er zur Bestimmung des Zolles genau den Werth angeben. Höchst drückend für den Handel und die Gewerbe waren mehrere Maßnahmen Johanns, um Geld zu gewinnen, so seine Münzverschlechterung und das drückende Ungeld, das 1336 von allen königlichen Städten und Marktflecken und ein anderes vom Jahre 1339, das von Tüchern, Krämerwaaren und Gebräuen eingehoben wurde. Johann begünstigte andrerseits die Nürnberger und die lombardischen Tuchhändler

durch förderliche Privilegien, regelte das Mauth- und Zollwesen und richtete hauptsächlich sein Augenmerk auf den Prager Teinhof, der eine Art Hauptzollamt des
Landes bildete. Er suchte dem Wucher und dem Betruge im Handel durch Preistarife
und andere Verordnungen vorzubeugen, drang auf Richtigkeit der Maße und Gewichte
und bestätigte den Zünften ihre Ordnungen. — Sein Sohn, Kaiser Karl, gieng noch
weiter. Der unter seinem Vater überhand genommenen Unsicherheit der Straßen und
der Ausplünderung der Handelskarawanen durch allerhand Wegelagerer und Raubritter wurde ein Ende gemacht durch Zerstörung der Raubnester und andere energische
Maßregeln. Karl gab sich nicht zufrieden, die bestehenden Verkehrswege gesichert zu
haben, er suchte das noch so einförmige Straßennetz Böhmens zu erweitern und
gestattete den Städten für angelegte Straßen und Brücken eine Mauth zu erheben;
er schritt ferner zur Regulierung der größeren Flüsse, namentlich der Elbe, in der
heutigen böhmisch-sächsischen Schweiz, befahl die Moldauwehren zwischen Prag und
Budweis mit eigenen, 20 Ellen breiten Thoren zu versehen zur ungehinderten
Durchfahrt für die Schiffe und schaffte alle willkührlichen Flußzölle ab. Den
böhmischen Städten schenkte er allerhand Handelsprivilegien, Jahrmarkts- und
Stapelrechte; so erhielt Saatz das Recht, einen Marktzoll von Salz zu erheben,
Melnik erhielt ein Privilegium zur Verführung von Salz und anderen Artikeln
auf der Elbe, Pisek zur Errichtung einer eigenen Marktstätte. Den Egerer Kaufleuten ertheilte der Kaiser neben anderen Handelsvortheilen Zoll- und Mauthfreiheit
in allen seinen Ländern, den Leitmeritzern wurde ihre Niederlage von Getreide,
Salz u. s. w. bestätigt, ein Jahrmarkt und freier Getreidehandel auf der Elbe
verliehen, die Brüxer erhielten Stapelrecht, Pferdezoll, einen Jahrmarkt u. s. w.
Stapelgerechtigkeit erlangten noch von Karl Budweis, Bergreichenstein, Bischofteinitz; Marktgerechtigkeiten Pilsen, Kaaden, Horaždiowitz u. a. Karl suchte auch
in der Handelswelt sein Böhmen an die Spitze des Reiches zu bringen. Die
böhmischen Kaufleute sollten in Deutschland, solch Recht erhielten sie, in allen
Städten und Städtchen freien Handel treiben dürfen, frei von jedem Zoll und
jeder Mauth. Ein mit den Venetianern abgeschlossener Handelsvertrag, die Erbauung eines eigenen Hauses in Rom zur Aufnahme böhmischer Kaufleute, die
merkwürdige Reise nach Lübeck, der Entwurf, den Hansahandel durch Böhmen zu
leiten, die Idee, die Moldau mit der Donau durch einen Kanal zu verbinden,
um den Handel Oesterreichs, Ungarns und des südöstlichen Europas mit Deutschland auf der Wasserstraße zu begründen, verrathen genugsam des Kaisers Eifer
auch in handelspolitischer Beziehung. Um fremde Kaufleute zum emsigen Han-
delsbetrieb in Böhmen zu bewegen, opferte Karl manches einträgliche Recht. So
durften die Venetianer und Genuesen ihre Waaren an Fremde und Einheimische
verkaufen, sowie selbst allerhand Produkte einkaufen ohne Rücksicht auf das bestehende Stapelrecht; den polnischen und schlesischen Kaufleuten gewährte er freie
Durchfuhr durch Böhmen, wogegen er nicht unterließ, dasselbe Recht den böhmi-

schen Handelsherren für Polen und Rußland zu erwirken. Großartig war der Handel, den einzelne deutsche Städte unter dem Schutze des Kaisers nach Böhmen trieben, so namentlich Köln, Nürnberg, Augsburg, welche letztere Stadt besonders durch den Verschleiß seiner Tücher und indischer Gewürze bekannt war. — Unter König Wenzels ersten Regierungsjahren dauerten die glücklichen Verhältnisse, wie sie sich unter seinem Vater gestaltet hatten, fort; Wenzel gab verschiedenen Städten neue Privilegien, sorgte für die Sicherheit der Straßen und soll es so weit gebracht haben, daß innerhalb seiner ersten zehn Regierungsjahre kein auf die Straße gebrachter Schatz angegriffen und gestohlen wurde. Wir wissen, daß sich der König um strenge Gerichtspflege sehr bekümmerte; er trat gegen säumige Schuldner so gut auf, als gegen Bäcker und Fleischer, wenn sie nicht preiswürdige Waaren feil boten. Die Blüthe der Prager Universität beförderte in indirekter Weise den Handel, indem die studierenden Söhne fremder Kaufherrn zugleich des Vaters Geschäfte in der Stadt leiteten. Doch tauchte unter Wenzel wieder der leidige Straßenzwang auf, der unter Karl vielfach gemildert worden war. Beispielsweise mußten alle aus Sachsen kommenden Frachtwagen die Zittauer Straße einhalten, während für den Verkehr von Prag nach Pilsen, zwischen Nepomuk, Tachau und Tepel die Straße über Mies befahren werden mußte u. s. w. Daß der spätere Verlauf der Regierung Wenzels, der den Landfrieden weder im deutschen Reiche noch in Böhmen aufrecht zu erhalten im Stande war, dem Handel nicht günstig sein konnte, ist wohl klar.

Ueber die verschiedenen im Handel vorkommenden Waaren geben uns das von Johann der Stadt Pirna verliehene Privilegium der Stapelgerechtigkeit, so wie der von Karl IV. bestimmte Zolltarif für Zittau hinreichende Auskunft. Im ersteren werden erwähnt: Balken, Sparren, Bretter, Rauschenkel, Stuckschindeln, Becherholz, Sand-, Schiefer- und Schleifsteine, Honig (von Böhmen, Bautzen, Dresden), Zinn, Blei, Kupfer, Rinds- und Pferdehäute (aus Böhmen und anderswoher), Bockshäute, Schaffelle, Ziegenfelle, feine Tücher, böhmische Tücher, rheinisches und Boppardisches Tuch, Bauern- oder Landtuch, französische, ungarische, österreichische und elsaissische Weine, Salz, Häringe, Hasenfelle, Fuchsbälge, Marderfelle, Sensen und Degenklingen, Stahl, Zwiebeln, Knoblauch, Schnittlauchsamen und Rübsaat. Im Zittauer Zolltarife kommen folgende Artikel, die weg- oder durchgeführt wurden, vor: Flachs, Zwiebeln, Wachs, Kirschen, Pflaumen, Schindeln, Spießhefte von Eibenholz, Stahl, Schwefel, Röthe, Seife, Rauchwerk, Kreide, rheinischer, mährischer, ungarischer, österreichischer, böhmischer Wein, Muskateller, Rheinfall- oder Klaretwein und Branntwein, Zittauer Bier, Korn, Gerste, Waizen, Hopfen, Hirse, Möhren- und Kohlsamen, Grütze, Graupen, Rüben, dürre Fische, Lachs, Papier, Schaffelle, Fuchs- und Zobelbälge, Leinwand, Sensen, Stroh, Schaubhüte, Butter, böhmischer Käse, Pferde, Ochsen, Schafe.

Auch die Gewerbe und die Industrie erlebten im XIV. Jahrhunderte ihr goldenes Zeitalter; die Anzahl der Industriezweige vermehrte sich durch immer neue, die bereits bestehenden aber nahmen einen seltenen Aufschwung. Allen voran gieng die Tuchmacherei. Dieselbe hob sich insbesondere durch ausländische Meister und Arbeiter, die sich im Lande niedergelassen hatten, und zwar in dem Maße, daß uns noch aus der Regierungszeit Johanns berichtet wird, es hätten die Prager Gewandschneider schon nicht mehr ihr Tuch von den Ausländern ge nommen, sondern von den Zittauern und Friedländern. Deutsche auf den Gebirgen (Riesengebirge), welche sich vornehmlich mit Wollespinnen für die Tuchmacher be= schäftigten, werden in derselben Zeit als weit verbreitet erwähnt. Für den Bedarf der vaterländischen Tuchmacherei bestanden schon in der ersten Hälfte des XIV. Jahr= hunderts Tuchwalken in Prag, Königgrätz, Pilsen und Kuttenberg. Die Regierung Johanns und Karls IV. unterstützte die heimische Tuchfabrikation auf alle Weise; Johann erließ 1336 strenge Verordnungen gegen die Pfuscherei in diesem Gewerbe, Karl gab Befehle in Bezug auf gleiches Maß der Tücher und richtiges Gewicht der Wolle. Unter König Wenzel war die Fabrikation der böhmischen Wolltücher bereits so vorzüglicher Art, daß man damit ausgebreiteten Handel treiben konnte. Die Tuchmacher verbreiteten sich immer mehr; in starker Zahl finden wir sie in Prag, Eger, Königgrätz, Braunau, Friedland, Rumburg, Reichenau und Reichen berg, in welch' letzterer Stadt 1410 bereits Spuren einer Tuchmacherzunft vor kommen. Die Kunstweberei rief Karl durch geschickte Leute, die er aus dem Oriente holte, in's Leben. Diese Morgenländer webten in Prag Teppiche, Tapeten und andere Artikel, nach persischer Art, mit Gold und Silber durchwirkt. Sie wohnten am Laurentinsplatze, Anfangs nur in wollenen Zelten, dann aber in Häusern: der vorzüglichste unter ihnen war ein gewisser Kara, den sie zum Zunftmeister erwählt hatten, und der sich ein großes Vermögen erwarb, so daß nachher seine Kinder, die christlich erzogen worden waren, zu den ansehnlichsten Stellen gelangten. Wichtig war die Färberei und Papiererzeugung; zur Anlegung von Papiermühlen wurden unter Kaiser Karl Italiener herbeigerufen; eine der ältesten Papiermühlen war die bei Eger. Schöne Zinnwaaren erzeugten zu eben dieser Zeit insbesondere Venetianer und Lombarden, welche im Lande mit ihren Waaren hausierten; im Teinhofe befand sich eine der Stadt gehörige Schmelzhütte, in welcher verschiedene Gegenstände aus Zinn, namentlich Schüsseln, Teller und Löffel gegossen wurden. Stark vertreten waren die Harnischmacher und Waffen= schmiede, die gemeinschaftlich in den Stadtthürmen von Prag wohnten und diese gewissermaßen zu bewachen hatten. Die besten und festesten Oefen lieferten Prag und Böhmischleipa; in der Erzeugung von Wachskerzen thaten sich hervor die Städte Prag, Kuttenberg, Königgrätz, Schlan, Budweis, Pilsen, Taus und Tabor. Nürnberger Lebzeltner wanderten nach Prag von Nürnberg bereits unter Johann ein und verbreiteten später ihr Gewerbe auch in andern Städten, nament lich in Nachod und Trautenau; im Jahre 1350 erhielt in Prag ein Bürsten=

binder Namens Herrmann, gleichfalls aus Nürnberg, das Bürgerrecht, sowie die Freiheit, sein Handwerk daselbst ausüben zu dürfen. Die Bierbrauerei Böhmens gedieh bei der vorzüglichen Gerste und dem ausgezeichneten Hopfen des Landes immer mehr; sie bildete ein Monopol der königlichen Städte und gehörte zu den vorzüglichsten Nahrungszweigen derselben. Die Könige, der Adel und die Klöster pflegten die Kunstgärtnerei, das Volk die Bereitung der vorzüglichen Leinwand. Von nachhaltiger Bedeutung wurde die böhmische Glasindustrie, die gegen Ende des XIV. Jahrhunderts bereits ziemlich im Schwunge gewesen zu sein scheint. Die Glaser, sowie die Goldschmiede betrachteten sich mehr als Künstler, denn als Handwerker; kostbare Arbeiten lieferten in der That schon seit früheren Zeiten die Prager Goldschmiede.

Frühzeitig vereinigte der Geist der Association die Kaufleute, Kunstgewerbe und Handwerker zu eigenen Gilden, Innungen und Zünften. Die Goldschmiede- zunft Prags, welche aus alter Zeit datiert, erreichte unter Karl IV. ihre höchste Blüthe; genannter Kaiser ließ den Zunftältesten derselben auf sein Schloß kommen und überreichte ihm die Inful und Bischofshaube des heiligen Eligius, eines ehe maligen Goldschmiedes, Kleinodien der Prager Goldschmiede bis auf den heutigen Tag. Im XIV. Jahrhunderte traten die verschiedenen Genossenschaften immer mächtiger auf, und ihre Zunftartikel erhielten die Bestätigung der Könige. Die Prager Schneider erhielten ein Privilegium bereits im Jahre 1318, das 1341 erweitert wurde, und mehr auf den Nutzen des Publikums als den der Schneider be dacht war. Im Jahre 1324 machten sich die Köhler von Kuttenberg zünftig und erhielten hiezu ein Privilegium von König Johann. Von der Malerinnung, zu welcher Künstler verschiedener Gattung gehörten, war bereits die Rede; sie hatte mehr den Charakter einer religiösen Bruderschaft, eine derartige wir auch bei den Schneidern Prags treffen. Unter den Handwerkszünften werden vor den andern immer die Tuchmacher und Tuchhändler (auch die Gewandschneider) genannt. Bei einzelnen Handwerken erscheinen geschworene Vormeister, welche von den Schöffen gewählt und alljährlich bestätigt wurden. Außer den Vormeistern treffen wir so= genannte Beschauer, namentlich bei den Tuchmachern. Schneidern, Fischern und Müllern; letztere erhielten ein eigenes Mühlenrecht, indem der Prager Magistrat mehrere Landmüller in Eid nahm und durch diese Geschworenen alle Streitigkeiten, vorzüglich im Gebiete der Hydrotechnik, entscheiden ließ. Die Zunftsatzungen er streckten sich auf Maß und Gewicht, auf Verhinderung gewerbswidriger Erzeugnisse, Maßregeln gegen die Pfuscherei, Schlichtung von Streitigkeiten innerhalb der Ge nossenschaft, auf das Meisterrecht und Erwerbung desselben durch das Meister= stück u. s. w. Zum Gewerbebetriebe war das Bürgerrecht erforderlich; doch machten sich bereits Spuren einer Uebertragung des Meisterrechts auf Meistersöhne, sowie eines gewissen Vorranges der Männer von Meisterstöchtern bemerkbar. Kaiser Karl begünstigte die Begründung von Zünften und beschenkte die einzelnen mit

Wappen und Fahnen. So befahl er den Seifensiedern eine Innung zu bilden, gleich den übrigen Gewerben; auf seine Anregung bildeten die Schleifer und Steinhauer eine Innung bei der St. Wenzelskapelle; den Messerschmieden und Goldarbeitern verlieh er besondere Wappen. Bald erschienen die verschiedenen Genossenschaften auch bei öffentlichen Aufzügen, unter Vortragung der einzelnen Zunftfahnen als geschlossene Korporationen. Es bildete sich in der spätern Zeit eine eigene Ordnung, wie die einzelnen Gewerbe bei feierlichen Processionen aufeinander zu folgen hatten; angeblich aus dem Jahre 1357 hat sich bei einem allerdings nicht sehr glaubwürdigen Chronisten eine derartige Processionsordnung erhalten; sie mag vielleicht in eine spätere Zeit fallen, sei aber angeführt, weil aus ihr die Manigfaltigkeit der damaligen Gewerbe, die wohl der Chronist nicht gefälscht hat, erkannt werden kann. Voran schritten die Fleischhauer mit einer rothen Fahne, hinter ihnen die Goldarbeiter, Maler und Schilderer mit einer blauen Fahne; unter einer grünen Fahne scharten sich hierauf die Plattner mit den Rüstungsschmieden, Nadlern, Helmschmieden, Spornern, Wagnern, Sattlern, Zinngießern, Zaumverfertigern, Riemern, Gürtlern, Schmieden, Beutlern, Taschnern, Schwertfegern, Bognern und Schlossern. Es folgten mit einer rothen Fahne die Kürschner und mit ihnen die Weißgärber, Handschuhmacher und Lederfärber; die Schneider mit den Tuchscheerern und Waltern vereinigten sich unter einer blauen Fahne, die Messerschmiede mit den Klingenmachern, Scheerenmachern und Schleifern desgleichen; dann kam die zahlreiche Zunft der Schuhmacher mit einer himmelblauen Fahne, hierauf die Mälzer mit den Bierbrauern und Fuhrleuten unter einer weißen und die Bäcker nebst den Müllern mit einer rothen Fahne. Den Schluß bildeten die Binder, die Tuchmacher, die Bader und die Krämer.

Bergbau. In den Wirren unter Rudolph von Oesterreich und Heinrich von Kärnthen lag der böhmische Bergbau vollkommen darnieder. Die deutschen Bergleute griffen zu den Waffen, um ihre alten Rechte und die Autonomie des Bürgerstandes gegen den Adel zu vertheidigen. Kuttenberg, die zweitmächtigste Stadt des Landes, leitete mit Prag den allgemeinen Aufstand, dessen Einzelheiten bereits erzählt worden sind. Der ewig geldbedürftige Johann von Luxemburg hegte aus nahe liegenden Gründen eine besondere Vorliebe für die Gold- und Silberbergwerke seines Königreiches und verlieh Kuttenberg, Bergreichenstein und Deutschbrod neue Gnadenbriefe. Während sich Deutschbrod, das unter Heinrich von Kärnthen gänzlich verarmt war, nicht mehr erholen konnte, erreichte Bergreichenstein unter Johann seine höchste Blüthe. Auch Kuttenberg steigerte seine Ausbeute und lieferte 500 bis 600 Mark in der Woche, so lange es gut verwaltet wurde. Eule zeigte sich gleichfalls unter König Johann ziemlich ergiebig, und schöne Münzen wurden aus dem Euler Golde geprägt. Auf Gold und Zinn grub das Stift Tepel, das von Johann mit einer eigenen Bergfreiheit ausgerüstet worden war. — Daß Kaiser Karl IV. bei seiner bekannten Sorgsamkeit um die Finanzen auch auf die böhmi-

ſchen Bergwerke ein aufmerkſames Auge gerichtet haben wird, läſſt ſich denken.
Das Kloſter Tepel erhielt von ihm eine Bergfreiheit auf das Eiſenwerk bei
Lichtenſtadt (1350); Kuttenberg erlangte zur Beſtätigung ſeiner alten Gerecht-
ſame noch neue Privilegien (1371). Im Erzgebirge gedieh der Zinnbau, und
Schönfeld ſcheint daſelbſt einen alle in der Umgebung liegenden Werke beherr-
ſchenden Schöppenſtuhl gehabt zu haben; von dem Reichthume der bei Preßnitz
eröffneten Silberbergwerke ſpricht Kaiſer Karl ſelbſt. Den höchſten Ruhm
erlangten unter dieſem Fürſten die Goldwerke von Eule. Wenn auch die Angaben
über die Ausbeute der dortigen Zechen vielfach übertrieben erſcheinen, und die
Erzählung vom „Schleiergang“, den der Prager Bürger Rothlöw betrieb, manches
Fabelhafte an ſich hat, ſo kann doch in der Hauptſache an dem großen Reichthume
der Goldadern von Eule nicht gezweifelt werden. — Auch in König Wenzels erſten
Regierungsjahren blieben die Bergwerke des Landes in gutem Betriebe. Wenzel
beſtätigte die alten Freiheiten der einzelnen Bergſtädte und erließ zu Bettlern einen
Majeſtätsbrief (1392), durch welchen die perſönliche Freiheit der Bergleute und
deren Güter in weitgehender Weiſe geſchützt wurden. Der Obermünzmeiſter von
Kuttenberg erſcheint in dieſer Urkunde als Haupt aller Bergwerke des Königreiches. — Daſs unter den Luxemburgern der böhmiſche Bergbau faſt ausſchlüſſ-
lich von Deutſchen betrieben worden iſt, geht unter Andern aus den zum großen
Theile deutſchlautenden Namen der Bergleute, der Beamten, der Gewerke, Gänge
und Zechen hervor. Die vornehmſten Bergverſtändigen unter Karl IV., zugleich
Münzmeiſter des Königreiches, hießen „Enderlein“ und „Johann Rothlöw.“

Eine gleichmäßige gute Münze iſt für den Handel und die Induſtrie ein
nothwendiges Bedürfniſs. Die durch Wenzel II. eingeführte Münzordnung wurde
namentlich von dem ſtäts geldbedürftigen Johann nicht mehr beachtet, und die beliebten
Prager Groſchen verloren durch die von ihm vorgenommene Münzverſchlechterung
ihr altes Anſehen; das Uebel dauerte auch unter Karl IV. fort, ſo daſs die
Kaufleute zu ſeiner Zeit für die feine Mark ſogar 60 Groſchen laufender Münze
verlangten. Um dieſem traurigen Zuſtande ein Ende zu machen, ſchritt Karl noch
im letzten Jahre ſeines Lebens zu einer abermaligen Münzreform. Auf dem Landtage
vom 2. Nov. 1378 wurden Beſtimmungen getroffen, die theilweiſe bis in's XVI.
Jahrhundert als Münzgrundgeſetz galten. Laut desſelben durfte zu 100 Mark
feinen Silbers nicht mehr als 12 Mark Kupfer zugeſetzt und jede Mark
ſollte zu 70 Groſchen oder 840 Hellern ausgeprägt werden. Ferner wurden
zwei Münzwardeine, ein königlicher und ein ſtädtiſcher eingeſetzt, welche über den
richtigen Gehalt der ausgeprägten Münzen zu wachen und vor deren Ausgabe Schrot
und Korn genau zu unterſuchen hatten, falls ſie nicht wie Falſchmünzer ihr Leben
einbüßen wollten. Das vornehmſte Münzhaus Böhmens war der von Wenzel II. gegründete „wälſche Hof“ in Kuttenberg; in dieſer Stadt hatte auch der Münzmeiſter,
dem alle Bergleute und Münzverwandte des Königreiches untergeordnet waren, ſeinen

Münze.

19*

Sitz. Es werden jedoch auch andere Münzorte erwähnt. So ertheilte Karl IV.

den Egerern 1349 das Recht, Heller zu prägen, und daß zu des genannten Kaisers Zeiten ein Münzhaus in der Altstadt Prag sich befand, geht aus der 1360 ausgestellten Urkunde hervor, kraft welcher den Breslauern das Recht eingeräumt wurde, die Dukaten nach dem Schrot und Korn jener Goldmünzen zu prägen, welche in der Altstadt Prag geschlagen wurden. Unter der Regierung Wenzels wurde noch immer nach Dukaten, ferner nach Groschen und Hellern gerechnet. An die Münzordnung seines Vaters hielt sich Wenzel nicht lange; bereits 1369 traf er die Verordnung, daß nicht mehr, als 80 Prager Groschen auf die feine Mark gehen sollten, und 1407 bestimmte er 96 Stück solcher Groschen auf die feine Mark. Die Münzen waren nach letzterem Erlasse bereits stark legiert, und zwar enthielten die Groschen beiläufig zehnlöthiges, die Heller aber nur siebenlöthiges Silber.

Deutsche Künstler.

Deutsche Kunst und deutsche Wissenschaft haben noch immer am meisten das Zeitalter Karls IV. verherrlicht. Es unterliegt wohl keinem Zweifel, daß die Mehrzahl der ausübenden Künstler Böhmens unter Karl der deutschen Nation angehörten. Ueber die deutsche Abkunft Theoderichs von Prag können wenig stichhaltige Bedenken erhoben werden, über die des Niklas Wurmser von Straßburg gar keine. Die kunstverständigen Bildner der Georgsstatue vor dem Dome, die Gebrüder Martin und Georg von Klussenbach gehörten der deutschen Nation an, sowie die berühmte Künstlerfamilie der Arler, deren Haupt Meister Peter aus Schwäbisch Gmünd, als Erbauer des Doms, der Brücke und anderer Kunstwerke, sich auszeichnete. Peter Arler, der sich eines nicht unbedeutenden Wohlstandes erfreute, war Baumeister des Kaisers; er besaß auf dem Hradschin zwei Häuser und gehörte von 1360 bis 1368 zu den Rathsherren dieser Stadt. Aus seiner Ehe mit Agnes von Bor giengen mehrere Söhne hervor, die alle den Stand des Vaters wählten, mit Ausnahme des Niklas, der ein Geistlicher wurde. Wenzel und Johann, Arlers jüngere Söhne, arbeiteten unter der Leitung ihres Vaters in der Prager Dombauhütte, während ein dritter Sohn (Peter oder Paul) wahrscheinlich der Baumeister der Dorotheenkirche in Breslau geworden ist. Es wird ferner ein Bruder des Dombaumeisters, Namens Michael genannt, der Steinmetz war und auch auf dem Hradschin ein Haus besaß, und ein Schwiegersohn Peters, ebenfalls ein Steinmetz, der am Prager Dome mitarbeitete. Nach dem Tode Peters verschwindet die Familie aus Prag, die Söhne des Meisters aber, Johann und Wenzel, treffen wir wieder unter dem Namen „Innherrn aus Prag" beim Straßburger Dombau (1404—1418) und Wenzel überdies als Dombaumeister in Regensburg (1409

Deutsche Literatur.

—1425). — Als Denkmale deutschböhmischer Literatur dieser Zeit mögen der deutsche Dalimil und der deutsche Pulkawa angeführt werden. An die Stelle deutscher Minnesänger treten in diesem Jahrhunderte die Meistersänger, die auch in Böhmen, vor Allem in Prag, in der bekannten Weise die deutsche Dichtkunst pflegten. Kaiser Karl IV. gab den Meistersängern 1376 einen Freibrief und das Wappenrecht. Das

— 293 —

Interesse für die deutsche Literatur war überhaupt in der Luxemburgischen Zeit in Böhmen ein ziemlich reges. Ernst von Pardubitz, der Kanzler des Kaisers, machte auf die Schönheit der Gedichte Frauenlobs aufmerksam und verglich einmal Margareth Maultasch mit der Krimhild des Nibelungenliedes. Nebenbei mag noch der erst jüngsthin bekanntgewordenen Thatsache erwähnt werden, dafs Kaiser Karl IV. eifrige Sorge dafür trug, dafs ein ihm sehr beliebtes Werk des heil. Augustin in die deutsche Sprache übertragen wurde.

In Böhmen, dem edlen Gliede und dem vornehmsten weltlichen Kurfürsten-thume des deutschen Reiches, erhob sich die erste deutsche Hochschule, deren vor-zugsweise deutscher Charakter nur von Unwissenden bestritten werden kann. Wenn nicht die Gründungsurkunde, die keine bloße Landesanstalt in Aussicht nahm, schon den Ausschlag gäbe, so würde uns die Nationalität der Professoren und Stu-dierenden hinlänglich Aufschlufs ertheilen über den nationalen Charakter der Pra-ger Universität bei ihrer Stiftung. Unter den 66 Dekanen, welche die philoso-phische Fakultät von 1368 bis 1400 besaß, waren 54 Deutsche und nur 12 ge-borene Böhmen. Tomek, dem gründlichen Historiographen dieses wissenschaftlichen In-stitutes folgend, wollen wir die Namen der ersten Lehrer, wie sie die Quellen bieten, anführen. Urkundlich erscheinen am frühesten 1367 Magister Heinrich von Raue-ten als Vicerektor, 1372 Nikolaus von Kolberg als Rektor der ungetheilten Karo-linischen Universität, und Mag. Johann Wessal (1374), mit Mag. Friedmann (1376), als die frühesterwähnten Rektoren der drei Fakultätenuniversität und nach ihnen im XIV. Jahrhunderte meist deutsche Namen. Bei den theologischen Fakultät wer-den erwähnt: Heinrich von Oyta (1372), Herrmann von Winterswig (1379), Johann Marienwerder aus dem Orden der deutschen Kreuzritter, Nikolaus von Gubin, Mathäus von Krokow, Breslauer Domherr und später Bischof von Worms (alle zwischen 1380—1389), ferner Konrad Soltow, einer der berühm-testen Kenner und Erklärer des Petrus Lombardus, und der Magister der freien Künste Dietmar von Swerte, welche beide (1387, 1386) nach Heidelberg berufen wurden, von wo Soltow nach Werden zum Bisthume gelangte. Als juridische Professoren erscheinen in den Quellen: Wilhelm Delau von Hamburg (1373), Ludwig Thalhem (1376), Kunesch von Trebowal, Kanonikus von Prag (1376), Magister Nikolaus (1382), Bohuslaw von Olmütz (1385), Johann von Dulmen (1382), Georg von Bor u. s. w. Der erste Rektor der Juristen-Universität war Johann Graf von Pernstein, der erste Vicerektor Gerhard Visbek von Osnabrück. Unter den Medicinern treten hervor: Balthasar von Taus, Doktor Walter, der in der Teinschule vortrug, Heinrich von Bremen († 1392) und Doktor Albik, Leibarzt Wenzels IV. und nachheriger Erzbischof von Prag. Von den zahlreichen Professoren der philosophischen Fakultät nennen wir noch einmal den 1368 zum ersten Dekan gewählten Heinrich von Rauexen oder von Eimbek, Domherr von Mainz, und den Dekan Mathias von Liegnitz, unter welchen (1390) eine Revi-

Teutsche Professoren und Studenten.

fion der Statuten vorgenommen wurde, ferner den Schriftsteller Magister Johann Stelefeld von Eisenach. — Wie von den Professoren, so gehörte auch von den Studierenden weitaus der größte Theil der deutschen Nation an. Von den vier Nationen, in welche die Universität sich eintheilte, waren die bairische und sächsische rein deutsch, die polnische war viel mehr deutsch als slawisch, und selbst unter der böhmischen Nation befanden sich Deutschböhmen, Deutsche aus Mähren, Ungarn und Siebenbürgen. Das eminente Uebergewicht der Deutschen tritt noch klarer hervor, wenn man bedenkt, daß die sächsische Nation unter allen die stärkste war, daß sie in der Juristenuniversität von 1372—1389 mehr als ein Drittheil und zwischen 1390 und 1408 beinahe die Hälfte aller Mitglieder der Universität zählte. Die böhmische Nation war in diesem Jahrhunderte die allerschwächste, sie nahm in der Zeit von 1372—1389 bloß ein Sechstel der Mitgliederzahl ein und hob sich gegen Ende des Jahrhundertes nur bis auf ein Fünftel. Zieht man von der böhmischen Nation noch die Deutschen, ferner die Ungarn und andere Nationa- litäten, die sich in derselben befanden, ab, so muß sich eine sehr kleine Anzahl von Tschechen ergeben haben, die an der Prager Universität damals studierten.

Die Deutschböhmen erkannten frühzeitig den hohen Werth guter Schulen, nicht nur für die allgemeine Bildung der heranwachsenden Jugend, sondern auch für die Erhaltung der Muttersprache und der deutschen Nationalität inmitten einer anderssprachigen Nation. Da die vorhandenen Kloster- oder Domschulen ihnen in keinerlei Weise genügen konnten, so gründeten sie aus eigenen Mitteln ihre beson- deren Stadt- oder Bürgerschulen. Es mag die Errichtung solcher freier deutscher · Schulen meist schon bei Gründung der einzelnen Städte vor sich gegangen sein: wenigstens wissen wir, daß die Bürger, welche die Neustadt bei St. Gallus stifte- ten, von Premysl Ottokar II. die Erlaubniß erhielten, auch eine Schule gründen zu dürfen, und in der betreffenden Urkunde wird auf bereits bestehende Schulen in andern Städten des Königreiches hingewiesen. Die deutschen Bürger richteten ihre Schule nach dem Muster jener Stadtschulen ein, welche bereits in jener Zeit in Deutschland blühten. Allmählich und besonders im XIV. Jahrhunderte setzten diese freien Bürgerschulen sogar die Klosterschulen in Schatten, so daß diese mehr zu bloßen Volksschulen herabsanken. Wir können wohl annehmen, daß damals schon die später sich vorfindende Einrichtung galt, der gemäß an der Spitze der Schule ein Rektor stand, an dessen Seite der zweite Lehrer „Kantor" und zuwei- len ein dritter und vierter „Tertius" und „Quartus" und wohl auch noch mehrere Gehilfen, „Kollaboratores" thätig waren. Die Gründung der Prager Univer- sität wirkte, wie überhaupt auf das niedere Schulwesen, so insbesondere auf die Stadtschulen, förderlich, da die zahlreichen Baklalauren, Magister u. s. w., gerne einen zeitweiligen Dienst an einer höheren Mittelschule annahmen.

So hatte denn im XIV. Jahrhunderte das Deutschthum in Böhmen sowohl in politischer, als auch in socialer Beziehung seinen Höhepunkt erreicht. Man kann nicht sagen, dass es in dieser Periode die Regierung gewesen ist, welche dem deutschen Elemente zu immer größerer Kraft und Blüthe verholfen hat. Die Zeiten der Massenkolonisation, der großen Städtegründungen und Bauernansiedelungen waren vorüber. Die Luxemburger verhielten sich dem Deutschthume gegenüber ziemlich passiv, wenn nicht geradezu feindlich, was deutlich eine Zeit lang unter Johanns Regierung hervortrat und sich in dem nächsten Zeitraume noch schärfer zeigen wird. Doch das unter den Přemysliden festgewurzelte Deutschthum vermochte eben schon auf eigenen Füßen zu stehen und konnte sich der Unterstützung der Regierung bereits entschlagen. Dasselbe beschäftigte sich mehr mit der Sammlung und Hebung der bereits vorhandenen Kräfte, als mit der Herbeiziehung neuer verwandter Elemente aus dem großen Mutterlande. Deutschland gewährte die so wichtige moralische Hilfe genugsam; denn zu keiner andern Zeit war Böhmen mit dem römisch-deutschen Reiche so innig verbunden, als in diesem Jahrhunderte, wo es als Vorland des Kaiserreiches vielfach angesehen wurde. Die Deutschböhmen selbst bildeten eine nationale Gränzmark gegen die slawischen Nachbarn, und es musste von demselben dieser kräftige Vorposten des Deutschthums immerhin in Rechnung gezogen werden. Schon musste selbst von slawischer Seite anerkannt werden, dass nicht etwa in Böhmen bloß viele Deutsche leben, sondern dass das Land von zwei Nationen, der slawischen und der deutschen, bewohnt werde, dass in den Städten die deutsche Bevölkerung vorherrsche, und dass ein ziemlich breiter Gränzgürtel des Landes von Deutschböhmen kompakt angefüllt sei. Vor der Hand sollte das friedliche Zusammenleben der beiden Völker nicht in auffallender Weise gestört werden, obwohl gewisse, wenn auch unerhebliche Zänkereien den bestehenden Gegensatz bald hier, bald dort, bemerklich machten. Es war die Frage, ob die Kluft, welche die beiden Völker von einander trennte, sich verengern oder erweitern, ob die Gegensätze sich milde ausgleichen oder vielmehr schärfer zuspitzen würden. Aufmerksame Beobachter konnten allerdings Symptome wahrnehmen, welche für den letzteren Fall sprachen, und die immer deutlicher redeten, je mehr man sich dem Ende des Jahrhunderts näherte.

Es kann nicht behauptet werden, dass die Verschiedenartigkeit in den Charakteren des deutschen und des tschechischen Volkes geradezu einen Racenkampf zur nothwendigen Folge hätte haben müssen. Wenn ein solcher nachmals ausgebrochen ist, dann hat man die Ursachen vornehmlich in dem Treiben einzelner fanatischer Eiferer und in dem hinterlistigen Benehmen des selbstsüchtigen Adels zu suchen.

Fünftes Buch.

Die national-religiöse Revolution der Tschechen. Ungünstige Lage der Deutschböhmen.

(1400—1526.)

1.

König Wenzels letzte Regierungsjahre. Beginn der Revolution.

(1400—1419.)

Allgemeines.

Man kann die Schwelle des XV. Jahrhunderts nicht überschreiten, ohne sich des jähen Gegensatzes bewußt zu werden, in welchem dieses Säkulum zu dem unmittelbar vorangehenden steht. Wer wird noch zaudern, in der Regierung Kaiser Karls IV. die Glanzperiode der böhmischen Geschichte zu erblicken, wer wird dagegen selbst bei der oberflächlichsten Beobachtung nicht den tiefen Verfall bemerken, dem unser Vaterland unter der unglückseligen Regierung König Wenzels entgegen eilte. Wohl war es ein an sich verfehlter Plan Karls IV., Böhmen an die Spitze des deutschen Reiches drängen zu wollen; aber schon durch die angestellten Versuche gewann das Land in hervorragender Weise. Das Staatsschiff der böhmischen Krone, mächtig gebaut und buntbewimpelt segelte niemals stolzer und maje stätischer einher, als auf dem glatten Meeresspiegel, den der „Vater des Vater landes" bereitet hatte; als aber Wenzel der Faule das Ruder mit beklagenswerthem Ungeschick in die Hand nahm und baldigst wieder ganz und gar aus der Hand legte, ergriffen die im Innern aufgewühlten Meereswogen das steuerlose Schiff und zermalm ten es im rasenden Wirbel zum elendiglichen Wrack. Fragt man nach den Ursachen dieser überraschenden Umwandelung, so wird man sie nicht allein in der allmäh lich in dumpfe Apathie übergehenden Trägheit des Königs zu suchen haben, sondern auch noch andere Faktoren in Betracht ziehen müssen.

Wenzels Feinde 1400 ff.

Als durch die Absetzung Wenzels und die Wahl Ruprechts von der Pfalz neben dem kirchlichen Schisma auch ein politisches geschaffen worden war, schien wenigstens unter den Mitgliedern der Luxemburgischen Familie wieder eine Eini gung vor sich gehen zu wollen. Denn durch die Uebertragung der deutschen Kaiser würde auf das Haus der Wittelsbacher fühlten sich Jodok und Sigmund eben so gut betroffen, als Wenzel, und alle drei suchten auf einer Zusammenkunft in Kuttenberg Mitte Okt. 1400 ein einheitliches Vorgehen in dieser Frage zu erzielen. Allein die Unterhandlungen scheiterten an dem unedlen Verlangen Sigmunds, für seine Hilfeleistung nicht nur durch die Abtretung Schlesiens und der Lausitz, sondern auch durch die Mitregentschaft in Böhmen entschädigt zu werden; in gerechtem Zorne über die maßlosen Forderungen seines Bruders verließ Wenzel sogleich die Stadt, ohne auch nur Abschied von Sigmund genommen zu haben. Die neue Uneinigkeit in der Luxemburgischen Familie benützte Wenzels Gegenkönig Ruprecht von der Pfalz, indem er sich mit Jodok, dem böhmischen Herrenbunde, dem Markgrafen von Meißen und den Bischöfen von Bamberg und Würzburg verständigte und selbst den Krieg an der baierischen Gränze eröffnete, während Jodok mit dem Herrenbunde von der einen und der Markgraf von Meißen von der anderen Seite gegen Prag vordrangen (1401). Was blieb da dem hartbedrängten, ganz verlassenen Wenzel übrig, als einen Vertrag einzugehen, der neuerdings seine königliche Gewalt illusorisch machte (12. Aug. 1401). Er mußte nämlich die Einsetzung eines Regentschaftsrathes bewilligen, in dessen Mitte der Erzbischof Wolfram und die Häupter der Herrenbündler sich befanden, und überdies dem Markgrafen Jodok die Lausitz auf dessen Lebenszeit abtreten. Wenn wir in dem so eben gegen König Wenzel durchgeführten Gewaltstreiche die Betheiligung Sigmunds vermissen, so hat dies seinen einfachen Erklärungsgrund in der Gefangenschaft, in welche der Ungarnkönig durch seine eigenen Magnaten gebracht worden war. König Wenzel, der in seiner Kurzsichtigkeit noch immer nicht erkannt hatte, daß sein gefährlichster Feind der ränkevolle Sigmund sei, bemühte sich nicht wenig, diesen aus seiner Haft zu befreien und mit seiner Hilfe den lästigen Regentschaftsrath zu stürzen. Wie bald aber sollten ihm die Augen geöffnet werden! Als Sigmund in der That nach achtzehn Wochen die Freiheit wieder erlangt hatte, kam er nach Böhmen, beseitigte den adeligen Beirath und übernahm mit Einwilligung Wenzels selbst die Mitregentschaft. Hierauf gab er sich den Anschein, als ob er seinen Bruder nach Italien zur Kaiserkrönung geleiten wollte, ließ ihn aber plötzlich im Königshofe der Altstadt Prag verhaften (6. März 1402), auf die Burg am Hradschin bringen und daselbst scharf bewachen. Auch Prokop, der Markgraf von Mähren, welcher für König Wenzel die Waffen erhoben hatte, wurde hinterlistiger Weise gefangen genommen, und am 29. Juni wurden die beiden Gefangenen von ihren verrätherischen Verwandten von Prag weg nach Schauenberg und dann nach Wien geführt. Den Gedanken, seinen Bruder zur Kaiserkrönung zu geleiten, ließ Sigmund nunmehr ganz fallen, umsomehr, da er gehört hatte, daß in Böhmen, wo Johann der Eiserne, Bischof von Leitomischel, die Landesverwaltung führte, ein Aufstand ausgebrochen sei. Nachdem er Wenzel den österreichischen Herzogen zur Bewachung übergeben und den Markgrafen Prokop in Preßburg festgesetzt hatte, zog er eiligst nach Böhmen zurück, um den Aufruhr zu dämpfen. Die wackeren

Wenzels zweite Gefangennahme (1402 f).

Bürger Kuttenbergs beschützten getreulich den großen Schatz Wenzels und hatten sich an die Spitze aller jener gestellt, die mit der schändlichen Behandlung ihres rechtmäßigen Königs unzufrieden waren. Gegen sie warf sich Sigmund mit seiner Hauptmacht und zwang sie im Anfang des Jahres 1403 zur schimpflichen Kapitulation. Die vornehmsten Bürger der Stadt mußten vor dem Sieger im Lager zu Kolin erscheinen und dort im Kothe, auf den Knien liegend, um Gnade bitten. Der Aufstand schien hiemit beendigt zu sein, und Sigmund konnte nach mehrmonatlicher Gewaltherrschaft aus Böhmen wieder nach Ungarn zurückkehren, um der daselbst immer größere Ausdehnung gewinnenden Insurrektion zu Gunsten des Königs von Neapel entgegen zu treten. Inzwischen war es aber auch König Wenzel gelungen, die Flucht zu ergreifen und von Wien nach Böhmen zurückzukehren,

allwo er fast von allen Parteien mit Jubel empfangen wurde. Wenzel raffte sich jetzt zu einiger Energie empor. Er führte einen Ausgleich mit Jodok von Mähren herbei, schloß in Breslau ein Bündniß mit Wladislaw Jagello von Polen und wußte auch den österreichischen Herzog Wilhelm nach dem Tode Albrechts IV. auf seine Seite zu bringen (1404). Letzterer hatte im Vereine mit Sigmund in Mähren gegen Jodok und Wenzel nicht glücklich gekämpft, und immer günstiger schienen sich die Aussichten König Wenzels zu gestalten, da auch des deutschen Gegenkönigs Ruprecht Machtstellung durch den von einigen deutschen Fürsten abgeschlossenen Marbacher Bund (11. Sept. 1405) wesentlich erschüttert worden war. Doch was kann einem Könige die vortheilhafteste Wendung der äußeren Politik frommen, wenn er nicht im Stande ist, die Revolution und den Bürgerkrieg im Innern hintanzuhalten?

König Wenzel bewegte sich schon längst auf der dünnen Deckschichte eines kochenden Vulkans, dessen Flammen von ihm in unbegreiflicher Verblendung statt gelöscht, nur geschürt wurden, bis die furchtbare Explosion Königthum und Bürgerthum, Civilisation und Kultur auf lange Zeit hinaus verschlang. Die nationalreligiöse Revolution Böhmens im XV. Jahrhunderte gehört nur theilweise zu jenen Bewegungen, welche unaufschiebbare, von den betreffenden Machthabern nicht gutwillig zugestandene Forderungen der Zeit mit Gewalt zu erzwingen suchen, sie ist mehr das Produkt eines mit religiösem Fanatismus verquickten Nationalhasses, und hatte nichts Anderes, als entsetzliche Verwüstung, im Gefolge. Wenzels unverzeihliche Nachlässigkeit ließ den ungezügelten Leidenschaften Spielraum weit über die Gebühr, wodurch allein erklärlich wird, daß in diesem Lande die hußitische Bewegung solch' große Dimensionen annehmen konnte.

Bereits im XIV. Jahrhunderte erregten der große Reichthum der Kirche, die übermäßig große Anzahl müssig gehender Priester, der Verkauf geistlicher Aemter und die daraus entspringende sittliche Entartung des Klerus die gerechte Entrüstung aller wohldenkenden Männer. Es war dieses nicht etwa bloß in Böhmen, sondern auch anderwärts der Fall, und Kaiser Karl IV. sprach öffentlich die

Nothwendigkeit einer Reform im Kirchenwesen aus. Um die Sittenzucht der Geistlichkeit in Böhmen zu verbessern, berief Karl von Oesterreich den ausgezeichneten Redner Konrad Waldhauser, der in Prag als Prediger bei St. Gallus und dann als Pfarrer an der Teinkirche durch seinen sittenreinen Lebenswandel sowohl, wie durch seine glaubenseifrigen und ungeschminkten Reden eine mächtige Bewegung der Gemüther hervorrief (1360). Waldhauser, der seine Predigten deutsch hielt, fand bald einen Genossen in dem Prager Domherrn und Vicekanzler Johann Militsch von Kremsier, der seinen Aemtern entsagte und als tschechischer Sittenprediger mehr auf die niederen Volkskreise zu wirken suchte (1363). Die Opposition der hart angegriffenen Welt- und Klostergeistlichkeit gegen die kühnen Missionäre blieb nicht aus, und Militsch, welcher in seinen überschwänglichen Reden das Herannahen des Antichrists verkündete, wurde von den Bettelmönchen der Ketzerei verdächtigt, weswegen er zweimal vor dem päpstlichen Stuhle seine Vertheidigung führen mußte. Das zweite Mal war er nach Avignon gegangen, woselbst er aber erkrankte und bald darauf starb (1374). In König Wenzels wirrevollen Zeiten mehrte sich die Zahl der feurigen Kanzelredner, von denen schon mancher nicht mehr ausschließlich das ungefährliche Gebiet der Moral pflegte, sondern bereits bedenkliche Exkursionen auf den schlüpfrigen Boden des Dogma's wagte. Zu letzteren gehörte Mathias von Janow, Prager Domherr und Pönitentiar an der Prager Domkirche († 1394), welcher wegen einiger anstößiger Sätze vor den erzbischöflichen Stuhl zur Verantwortung gezogen wurde, sich aber demüthig dem geforderten Widerrufe unterwarf. An historischer Bedeutung werden die Genannten weitaus von Magister Johann Hus von Husinetz und Hieronymus von Prag überragt. Ersterer wurde 1369 (?) im Marktflecken Husinetz im Prachiner Kreise geboren, studierte an der Prager Universität, erlangte das Baccalaureat der freien Künste sowohl, wie das der Theologie, und wurde 1396 Magister der philosophischen Fakultät. 1398 trat er als öffentlicher Lehrer an der Universität auf und gelangte 1401 zur Würde eines Dekans an der Artisten-Fakultät, und 1402 zum Rektorate der Universität; nebenbei bekleidete er das Predigeramt an der Bethlehemskapelle in der Altstadt Prag und die Beichtvaterstelle bei der Königin Sophia, der Gemahlin König Wenzels. Hieronymus von Prag, auch „Faulfisch" genannt, der aus einer adeligen Familie Prags stammte, führte ein ziemlich unstätes Leben, trieb sich auf verschiedenen Universitäten des Auslandes umher, wurde Magister in Paris, unternahm einen Zug nach Palästina und kehrte, erfüllt mit allerhand fremdartigen Ideen, in seine Heimath zurück. Die beiden hochbegabten Männer, verbunden durch innige Freundschaft, schlossen sich in ihren Lehren dem englischen Reformator Wiklef an, dessen Schriften sie eifrigst studierten und mit Vorliebe in ihren Vorlesungen besprachen. Da jedoch bereits im Jahre 1382 auf einer Provincial-Synode in London die Lehrmeinungen des Wiklef, die sich vorzüglich über die Lehre vom Altarssakramente, von der Messe, der Beichte, über

Waldhauser.

Militsch.

Janow.

Hus und Hieronymus.

das Vermögen der Geistlichkeit u. a. erstreckten, als letzerisch erklärt worden waren, so mußte es in Prag zwischen den Anhängern der Wikless'schen Säße und den streng am Kirchendogma haltenden Geistlichen und Professoren zum harten Kampfe und Zwiespalt kommen. Die Bewegung, die sich unter Waldhauser und Militsch lediglich dem allgemeinen Sittenverderbnisse entgegengestellt hatte, mit unmerkbarer und, wenn merklicher, so doch gleich widernsener (von Janow) Abweichung vom Dogma, verließ immer mehr diese ursprüngliche Richtung und nahm allmählich den schärfer ausgeprägten Charakter der „Häresie" an.

Aber auch diese Umwandlung würde nicht jene inhaltsschweren Folgen her vorgerufen haben, wenn nicht mit der religiösen Frage die nationale in's Spiel gezogen worden wäre. Gerade dadurch unterscheidet sich die böhmische Revolution des XV. Jahrhunderts von ähnlichen Umwälzungen in andern Ländern, daß sie in zwei Gegensätzen, zwischen „Gläubigen" und „Ketzern" und zwischen Deutschen und Tschechen ausgiebige Nahrung fand, ja daß der nationale Zwiespalt die religiösen Differenzen nach und nach ganz in den Hintergrund drängte. Wir haben im vorigen Buche bereits wiederholt der Stellung der Deutschen zu den Tschechen im Lande gedacht. Wir haben erörtert, wie die Deutschen in den von ihnen gegrün deten Städten unter eigenen Vorrechten autonome Gemeinden bildeten, deren Blüthe und Reichthum nicht wenig geeignet waren, den Neid der andersprachigen Nation zu erwecken. Ebenso wurde hinreichend besprochen, wie der Adel einen fortwähren den Kampf gegen das freie Bürgerthum führte und in demselben das tschechische Volk auf seine Seite zu ziehen suchte. Daß auf diese Weise das friedliche Ein verständniß, in welchem die beiden Nationalitäten neben einander im Lande lebten, immer mehr getrübt und die Stimmen einzelner Chronisten, die von „Fremdlingen" und „lästigen Einwanderern" sprachen, mit immer größerem Wohl gefallen vernommen wurden, ist selbstverständlich. Am schroffsten gestaltete sich der Nationalitätenzwist an der Prager Hochschule, wo bekanntlich die Deut schen die entschiedene Majorität über die Tschechen besaßen. Letztere konnten es nicht vertragen, daß die Deutschen laut des Stiftungsbriefes und vermöge ihrer zahlreicheren Betheiligung zum großen Theile die Leitung der Weltanstalt in ihren Händen hatten, daß ferner so viele deutsche Doktoren und Magister mit guten Stiftungen und fetten Pfründen im Lande ausgestattet wurden. Daher gab es an der Universität seit dem Beginne der Regierung Wenzels fortwährend Reibun gen zwischen der tschechischen Nation und den drei anderen, wobei die Tschechen mit solchem Eifer vorgiengen und auch Gewaltthätigkeiten nicht scheuten, daß sie bereits im Jahre 1390 in den ausschlüsslichen Besitz der vorzüglichen Kollegiaturen gelangt waren. — Die dadurch erstarkte tschechische Nation setzte den Kampf mit den Deutschen rührig fort, ein Kampf, der mit dem Auftauchen der Wikless'schen Schriften in den religiösen Meinungsdifferenzen neuen Zündstoff fand. Denn während die tschechischen Magister, mit Johann Hus an der Spitze, den Lehren

Nationale Gegensätze.

Streit wegen der Wikless'schen Säße 1403—5).

des englischen Reformators sich anschlossen, erklärten die deutschen Professoren, den Charakter der Universität als Bollwerk kanonischer Strenggläubigkeit wahrend, dieselben nach dem Vorgange des Londoner Synodalbeschlusses von 1382 für ketzerisch und Magister Johann Hübner aus Schlesien fügte zu den 24 bereits in London verdammten Sätzen Wikleß noch 21 andere hinzu. Auf Anregung des Prager Domkapitels, welches nach dem Tode des Erzbischofs Wolfram die Verwaltung der Diöcese selbst leitete, wurde jetzt durch den Rektor Walther Haraffer aus der bairischen Nation die ganze Universität in das Karolinum berufen, um über die 45 Wikleff'schen Artikel ein endgiltiges Urtheil zu fällen (28. Mai 1403). Nach hitziger Debatte in dieser Versammlung wurde durch Stimmenmehrheit der Beschluß gefaßt, daß kein Mitglied der Universität irgend einen jener 45 Artikel öffentlich oder insgeheim verbreiten dürfe, wenn es nicht in die Strafe des gebrochenen Gehorsams oder des Meineides verfallen wolle. Hus selbst jedoch kümmerte sich wenig um den alle Universitätsmitglieder bindenden Beschluß; er predigte in der alten Weise vor dem immer zahlreicher zuströmenden Volke, auf dessen Gunst und die der national gesinnten Hofpartei sich stützend. Der inzwischen zum Erzbischofe erwählte Zbynko von Hasenburg war wohl ein gutmüthiger, tapferer Haudegen, aber nichts weniger als ein Bibelkundiger oder Schriftgelehrter; sagt man doch von ihm, daß er erst als Erzbischof die Kenntniß des Alphabetes sich angeeignet habe. Deßwegen beachtete der Kirchenfürst auch sehr wenig die dogmatischen Streitigkeiten und Haarspaltereien der Prager Universitätsprofessoren, deren Verständniß ihm vollkommen abgieng; er zog es vor, im Auftrage des Königs gefährliche Raubritter zu befehden und andere Friedensstörer zu züchtigen. Nicht so harmlos sahen die Prager Domherren die immer mehr um sich greifende religiöse Bewegung an. Ihren eifrigen Bemühungen gelang es, eine Mahnung des Papstes Innocenz VII. an ihren Metropoliten zu erwirken, in Folge dessen Zbynko ein greifen mußte und in einem Synodalbeschlusse vom Jahre 1406 das Lehren und Besprechen der Wikleff'schen Sätze auf das Strengste untersagte. Da jedoch der Erzbischof gegen die Uebertreter seines Gebotes nachlässig verfuhr, Hus selbst aber, der nicht aufhörte, im Wikleff'schen Sinne zu streiten und zu predigen, jetzt wie zuvor beim Hofe und Erzbischofe eine beliebte Persönlichkeit blieb, so war durch den Synodalbeschluß eigentlich so viel wie Nichts geschehen, und die Ereignisse nahmen ihren ungestörten Verlauf bis zum Jahre 1408.

Noch immer dauerte das unglückselige Doppelschisma in der obersten Leitung der Christenheit fort, und wie König Wenzel und Ruprecht um das römische Königthum sich stritten, so haderten zwei Päpste um den Besitz des Stuhles des heiligen Petrus. Auf Bonifaz IX. war 1404 Innocenz VII., auf diesen 1406 Gregor XII. in Rom gefolgt, und weder letzterer noch Benedikt von Avignon waren zu bewegen, der päpstlichen Würde zu entsagen. In Folge dessen dachten die Kardinalskollegien beider Päpste daran, auf einem Koncilium, das in Pisa am

Verbot
der Wikleff'schen
Bücher durch den
Erzbischof
(1408).

25. März 1409 abgehalten werden sollte, endlich die Einheit der Kirche durch einen Machtspruch wieder herzustellen, und ersuchten die weltlichen Fürsten, bis dahin beiden Päpsten die Obedienz zu verweigern. König Wenzel, der von der allgemeinen Kirchenversammlung auch seine Anerkennung als römischer König hoffte, trachtete jetzt sein Land von dem bereits allgemein verbreiteten Geruche der Ketzerei zu reinigen. Es wurde daher an der Universität eine Versammlung der böhmischen Nation einberufen, damit auch sie, wie die anderen drei Nationen, den Wikle[f]'schen Lehrmeinungen entsage (20. Mai 1408). In der That faßten die zahlreich versammelten Magister, Doctoren und Studenten den Beschluß, daß unter Strafe der Ausschließung kein Mitglied der böhmischen Nation einen von den 45 verdammten Artikeln lehren oder vertheidigen dürfe. Aber die Versammlung, mit Huß an der Spitze, trieb eine seltsame Spiegelfechterei und brach ihrem Beschlusse sogleich die Spitze ab, als sie demselben folgende Klausel beifügte: „Jene Artikel zu lehren, sei nur verboten, falls man sie im ketzerischen, irrigen oder Aergerniß erregenden Sinne auffasse". Hiedurch, sowie durch leidenschaftliche Parteinahme für einige der Ketzerei beschuldigte Mitglieder der sogenannten Reformpartei verfeindete sich Huß und sein Anhang allmählich mit dem Erzbischofe, der seinerseits nun mit mehr Energie gegen die Wiklef'sche Häresie aufzutreten beschloß. Nachdem er in der Synode vom 17. Juli dem Wunsche des Königs gemäß öffentlich erklärt hatte, daß die Diöcese rein von aller Ketzerei sei, befahl er, zur Hintanhaltung weiterer Irrgläubigkeit, Allen, welche im Besitze von Wiklef'schen Büchern sich befänden, dieselben im erzbischöflichen Palaste zu einer genauen Prüfung abzugeben und verordnete zugleich, daß alle Seelsorger das Volk über die Lehre von der Transsubstantiation in gehöriger Weise aufklären sollten. Wenn man glaubte, durch diese Erlässe die Wiklef'sche Partei gänzlich unterdrückt zu haben, so irrte man sich sehr: es dauerte nicht lange und diese erreichte die vollkommene Herrschaft im Lande.

Tschechisirung der Universität (1409). Da König Wenzel vor Allem daran lag, die Gunst des Koncils von Pisa zu erwerben, so bemühte er sich, dem Wunsche desselben entsprechend, sein Land und vor Allem die Universität von der Obedienz Gregors XII. abspänstig zu machen. Wie nun diese Angelegenheit im December 1408 an der Universität zur Sprache kam, so zeigte sich sogleich der alte nationale Zwiespalt. Während nämlich die Mehrheit der tschechischen Nation auf den Willen des Königs bereitwilligst einging, verharrten die drei andern Nationen in unverbrüchlicher Treue an Papst Gregor. Die Unzufriedenheit König Wenzels mit diesem Resultate wußte die nationale Partei vortrefflich auszubeuten, indem sie dem Könige so lange zusetzte, bis er durch einen Machtspruch die glänzende Weltanstalt selbst zertrümmerte. Durch ein in Kuttenberg erlassenes Decret vom 18. Januar 1409 verordnete er, daß fortan in allen Angelegenheiten des Generalstudiums, in dem Universitätsrathe, bei Gerichten, Prüfungen, Beamtenwahlen und überhaupt bei allen Gelegenheiten der böhmischen Nation drei Stimmen eingeräumt werden sollten, während sich die andern drei Nationen mit einer einzigen Stimme zu begnügen hätten. Vergeblich protestirten die Deutschen gegen den königlichen Erlaß, der sich ja gegen das Gründungsstatut, sowie gegen das thatsächliche Stimmenverhältniß der Anstalt in greller Weise verfündigte; vergeblich stellten sie den auch für unsere Zeit sehr be= achtenswerthen Antrag, die Universität in eine deutsche und eine tschechische abzuson= dern. Die nationale Umgebung des Königs, besonders der Rathgeber Nikolaus von Lobkowitz sorgte dafür, daß das verhängnißvolle Dekret nicht rückgängig ge= macht wurde. Da schwuren die Deutschen insgesammt, auf ihren verbrieften Rechten zu bestehen, und wenn man diese nicht achte, sammt und sonders das Prager Generalstudium zu verlassen. Als es um Georgi zur Neuwahl des Rektors und der Dekane kam, und die Tschechen im Sinne des königlichen Dekretes vorgehen wollten, weigerte sich der alte Rektor Henning Baltenhagen aus der sächsischen Nation, die Insignien seiner Gewalt auszuliefern und führte mit dem Dekane der Artistenfakultät Albert Warrentrappe von Münster aus der bairischen Nation sein Amt fort. Da berief am 9. Mai 1409 der König eine Versammlung der Ma gister aller vier Nationen in's Karlskollegium, und in demselben erschien als könig- licher Kommissär Herr Nikolaus von Lobkowitz mit sämmtlichen Schössen der Prager Altstadt und einem ansehnlichen Gefolge Bewaffneter. Als noch immer die Deutschen nicht gutwillig von ihrem Rechte abstehen wollten, nöthigte Herr Nikolaus von Lobkowitz den alten Baltenhagen, das Rektorsiegel, die Matrikel, die Schlüssel zur Universitätslade und die Kleinodien der Artistenfakultät auszuliefern, und ernannte im Namen des Königs einen neuen Rektor und einen neuen Dekan der philosophischen Fakultät. Die Deutschen hatten nunmehr alle Mittel des Widerstandes erschöpft; noch einmal protestirten sie, natürlich umsonst, und dann blieb ihnen Nichts mehr übrig, als treu dem geleisteten Eide die Anstalt zu ver- lassen, um sich nicht von einer fanatisch-tschechischen Minorität tyrannisiren zu lassen. In den nächsten Tagen zogen sie hinweg, die Meister und Jünger der Wissenschaft zu Fuß, zu Pferde und zu Wagen in langen geschlossenen Reihen, um anderswo ein Asyl der freien Wissenschaft zu suchen. An einem Tage wander- ten mehr als 2000 Studenten aus; im Ganzen wird die Zahl der Fortziehenden auf mehr als 6000 (nach andern sogar 20.000) geschätzt. In Leipzig, Erfurt und anderen Orten fanden die Vertriebenen gastliche Aufnahme, und während die Säle der Prager Universität nachmals so verödeten, daß man die Räume der Aristotelischen und Platonischen Lektionen niederriß, blühte insbesondere Leipzig als neue und bald weithin berühmte Hochschule auf.

Nunmehr konnte die tschechische Partei jubiliren, und ihr Anführer Hus ver- fündete laut von der Kanzel herab den glänzenden Sieg der Nation. „Kinder, gelobet sei der Allmächtige, daß wir die Deutschen ausgeschlossen haben, daß wir erlangt haben, für was wir unsere Kräfte einsetzten, und daß der Sieg unser ist", so predigte der Apostel der Nation. Zugleich unterließ er nicht, seinen Bundes=

Abzug der Deutschen (1409).

Hus triumphiert (1409).

genossen, der feudalen Partei, den geziemenden Dank abzustatten; denn nur durch die Koalition des tschechischen revolutionären mit dem feudalen reactionären Elemente waren die Deutschen geschlagen worden. „Lasset uns insbesondere", sprach Hus weiter, „unsern Dank aussprechen dem Herrn Nillas von Loblowitz, dass dieser die Er hörung unserer Bitten beim Könige bewirkt hat." Hus wurde im Herbste 1409 als man zum ersten Male nach der neuen Stimmenvertheilung wählte, Rector der Universität. Seine Anhänger begrüßten ihn emphatisch als Magister in Jsrael, ja als Mittler zwischen Gott und der tschechischen Nation; sein Ehrgeiz war befriedigt, die Universität aber zertrümmert.

Koncil zu Pisa 1409

Die Kirchenversammlung zu Pisa eröffnete, wie angesagt worden war, am 25. März 1409 ihre Sitzungen. Dieselbe hatte sich zwei wichtige Aufgaben gestellt, erstens das bereits so lange währende Schisma zu beseitigen und zweitens eine allgemein gewünschte Reform der Kirche in Haupt und Gliedern durchzuführen. Allein weder die eine, noch die andere Aufgabe fand ihre glückliche Lösung. Zwar erklärten am 5. Juni die Kardinäle die beiden schismatischen Päpste Gregor XII. und Benedikt XIII. für abgesetzt und erhoben am 26. d. M. mit Einhelligkeit den Kardinal Erzbischof von Mailand unter dem Namen Alexander V. auf den päpstlichen Stuhl; da aber sowohl Benedikt XIII. als Gregor XII. sich nicht zur Abdankung bewegen ließen, und einzelne Länder diese Päpste auch fortan anerkannten, so war das Schisma nur vergrößert, und die Christenheit erlebte das seltsame Schauspiel, drei Päpste zugleich auf dem Stuhle St. Petri zu sehen. Die Frage einer innern Reform der Kirche aber, die das Koncil mehrfach in Anregung brachte, wurde von dem neugewählten Papste Alexander V. selbst auf eine weitere, im Jahre 1412 abzuhaltende Kirchenversammlung vertagt, und so das Pisaner Koncil bereits am 7. Aug. 1409, man kann sagen, fast resultatlos geschlossen.

Verbrennung der Wiklef'schen Schriften. Hus wird gebannt 1410.

Die Kardinäle in Pisa, so wie der neugewählte Papst Alexander V. hatten sich für den römischen König Wenzel erklärt, und es musste diesem bittern Verdruss bereiten, dass der Erzbischof Zbynko und die höhere Geistlichkeit nach langem Zögern erst von Gregor XII. abfielen und Alexander V. anerkannten. Die hie durch sich mehrende Spannung zwischen dem höheren Klerus und dem königlichen Hofe benützte die Partei des Hus auf's Emsigste, um durch immer kühnere Pre digten über das beliebte Thema der Verderbtheit des Klerus das Volk von Neuem aufzureizen. Es war d.ßwegen zwischen Hus und dem Erzbischofe zum vollstän digen Zerwürfnis gekommen, ja es hatten beide einander bereits bei der römischen Kurie verklagt; Hus zog indessen ganz gegen seine Erwartung im Streite den Kürzeren, da der Papst den Erzbischof durch eine eigene Bulle vom 20. Dec. 1409 ermächtigte, die Ketzerei in Böhmen mit Stumpf und Stiel auszurotten. Auf Grund dieser päpstlichen Vollmacht schritt der Erzbischof zu ganz entschiedenen Maßregeln. Er erneuerte den Befehl, die Schriften Wiklef's auszuliefern, ließ dieselben abermals durch eine Doktorenkommission untersuchen und verdammen, verbot jedwedes Predigen in Kapellen und anderen Orten außerhalb der Stifts= und Pfarrkirchen und befahl die Wikkef'schen Bücher dem Feuer zu überliefern (16. Juni 1410). Ungeachtet die Universität gegen letzteren Beschluß sofort Protest erhob, und Hus selbst an den neuen Papst Johann XXIII., den Nachfolger Ale= xanders V., appellierte, wurden doch nach einem Monat im Hofe des erzbischöf= lichen Hauses unter Absingung des Te Deum und bei allgemeinem Glockengeläute über 200 eingelieferte Wikkef'sche Schriften verbrannt (16. Juli) und zwei Tage darauf Hus mit seinen Freunden feierlichst in den Kirchenbann gelegt.

Aus den Flammen, welche die Werke des englischen Reformators verzehrten, stieg das schreckliche Gespenst des wildesten Aufruhrs empor. Jetzt hatte die fana= tische Menge, welche gierig den leidenschaftlichen, zügelloser als je lautenden Predig= ten in der Bethlehemskirche lauschte, einen äußern Anhaltspunkt gefunden, dem es tumultuarische Gassenscenen und rohe Excesse entgegenstellen zu müssen glaubte. Allenthalben sang man Spott- und Schimpflieder, schmähte und mißhandelte öffent= lich die Priester, hinderte den Erzbischof durch offenen Aufruhr seine Funktionen in der Kirche zu erfüllen, während inzwischen die gebannten Häupter der Revolution in den letzten Julitagen die Wikkef'schen Schriften in öffentlichen Disputationen an der Universität zu vertheidigen suchten. König Wenzel, der dem wilden Treiben der revolutionären Partei lange genug ruhig zugesehen hatte, schritt wenigstens jetzt durch strenge Befehle gegen den Aufruhr ein; allein andrerseits bedachte er sich nicht, in die glühende Gährung neuen Brennstoff zu schütten. Den Erzbischof, dem er ohnedies nicht hold war, begann er gründlich zu hassen, als derselbe durch sein energisches Vorgehen gegen die husitische Partei dem vom Könige so gerne verheim= lichten Bestand der Ketzerei in Böhmen laut verkündete. Deßwegen befahl er jetzt, daß der Kirchenfürst allen jenen, deren Bücher er ohne ihre Einwilligung verbrannt habe, Schadenersatz gewähre, und, als dies nicht geschah, belegte er die Güter Zbynko's und der höheren Geistlichkeit mit Beschlag und verwandte sich selbst beim päpstlichen Hof für Hus und seine Partei. Allein der Papst und der Erzbischof waren noch Eines Sinnes; der erstere erließ eine Vorladung an Hus, sich persön= lich vor das Gericht in Rom zu stellen, letzterer aber verhängte über die Stadt, in welcher die Gesetze der Kirche mit Füßen getreten und die Diener derselben insultiert wurden, das Interdikt (März 1411).

Während sich also die Wolken des Unheils über dem Königreiche Böhmen immer dichter zusammenballten, gestaltete sich die so verwickelte und gefahrvolle Sachlage der äußern Politik für König Wenzel etwas günstiger. Als der Gegen= könig Ruprecht von der Pfalz am 18. Mai 1410 gestorben war, theilten sich zwar die deutschen Fürsten in zwei Parteien und wählten Sigmund von Ungarn sowohl, als auch Jodok von Mähren zum römischen Könige, so daß im Grunde genommen neben drei Päpsten eine Trias von römischen Königen in den drei Luxem-

König Wenzels Auftreten gegen den Erzbischof. Prag kommt in das Interdikt (1411).

Sigmunds Versöhnung mit Wenzel (1411).

burgern entſtand. Allein Jodok von Mähren, welcher verſprochen hatte, ſich bei Lebzeiten Wenzels nicht römiſchen König nennen und König Wenzel allein die Kaiſerwürde zugeſtehen zu wollen, ſtarb ſchon am 17. Jan. 1411, und zwiſchen den letzten männlichen Sproſſen des Luxemburgiſchen Hauſes, zwiſchen Wenzel und Sigmund, fand eine endgiltige Einigung ſtatt. Von den erledigten Ländern Jodoks erhielt Wenzel Mähren und die Niederlauſitz, während Brandenburg an Sigmund fiel, von dieſem jedoch noch im ſelben Jahre an Friedrich von Hohenzollern, den Markgrafen von Nürnberg und Ahnherrn des gegenwärtigen Beherrſchers des norddeutſchen Bundes, verpfändet wurde. Das Stammherzogthum Luxemburg blieb als Lehen der böhmiſchen Krone dem Herzoge Anton von Brabant, dem Gemahle Eliſabeths, der Tochter Johanns von Görlitz, überlaſſen. Ende Juni 1411 kam es zur vollkommenen Ausſöhnung zwiſchen Wenzel und Sigmund auch in Bezug auf die deutſche Kaiſerkrone. Wenzel verſprach ſeinem Bruder die Stimme für das römiſche Königthum zu geben, während Sigmund ſich verpflichtete, bei Lebzeiten ſeines Bruders nicht nach der Kaiſerkrone zu ſtreben, vielmehr Alles aufzubieten, damit Wenzel Kaiſer werde, ihn im Beſitze der Reichskleinodien, ſowie der Länder Böhmen, Luxemburg, Schweidnitz, Jauer, Görlitz, Mähren, Bautzen und der Lauſitz zu vertheidigen und die Reichseinkünfte mit ihm zu theilen. Bald darauf wurde Sigmund zum zweiten Male, und zwar einſtimmig zum römiſchen König gewählt (21. Juli 1411). Der neue König erkannte ſofort für Ungarn und die deutſchen Länder Johann XXIII. als rechtmäßigen Papſt an und ſuchte all' ſeinen Einfluſs geltend zu machen, um durch ein allgemeines Koncil auf deutſcher Erde eine Einheit in das dreifach geſpaltene Papſtthum zu bringen und die Häreſie in Böhmen zu beſeitigen.

Sigmund römiſcher König 1411.

Der Ausgleich der Luxemburgiſchen Brüder hatte Bemühungen zur Folge, auch eine Ausſöhnung zwiſchen Wenzel und dem Erzbiſchof, zwiſchen dieſem und Magiſter Hus und ſeiner Partei herbeizuführen. Der nachgiebige Zbynko gieng am 6. Juli 1411 auf einen Kompromiſs ein, demgemäß er der huſitiſchen Fraktion die größten Zugeſtändniſſe machte, das Interdikt aufhob und ſich erbot, dem Papſte in einem Schreiben zu melden, daſs er von Ketzereien und Irrthümern in Böhmen Nichts wiſſe. Dagegen gab Wenzel dem Erzbiſchofe beſtimmte Verſicherungen namentlich in Bezug auf ſtrenge Beſtrafung der Ketzerei, Herausgabe der Kirchenbeneficien u. ſ. w. Da jedoch der König ſeine Zuſagen nicht zu halten ſchien, ſo weigerte ſich auch der Erzbiſchof, das erwähnte Schreiben an den Papſt zu ſenden; er richtete vielmehr von Leitomiſchel aus an Wenzel einen Brief voll bitterer Klagen und begab ſich dann nach Ungarn, um bei König Sigmund Schutz zu ſuchen. Allein unterwegs in Mähren wurde er von einer ſchweren Krankheit ergriffen; er erreichte kaum Preſsburg, als er am 28. September 1411 ſtarb. Der „Hingeſchiedene, an Jahren noch ſattſam jung, aber ehrwürdig durch die Unbeſcholtenheit ſeines Wandels", wurde auch von ſeinen Gegnern betrauert, da ihm Niemand die

Erzbiſchof Zbynko's Verhalten und Tod (1411).

Hochachtung versagen konnte; wenn man ihm ja einen Vorwurf hätte machen wollen, so wäre es seine mangelhafte wissenschaftliche Bildung und seine allzu große Nachgiebigkeit gewesen.

Der neue Erzbischof, Magister Albik von Mährisch-Neustadt, ein bereits alter Mann, hatte sich zwar als praktischer Arzt, sowie durch seine medicinischen Schriften einen Namen gemacht, besaß aber für sein hohes Kirchenamt in dieser schwierigen Zeit weder die nöthigen Kenntnisse noch die wünschenswerthe Selbständigkeit und Kraft. Der husitischen Partei war seine Wahl ganz genehm, da er unter allen Umständen ein gefügiges Werkzeug des Königs blieb. Uebrigens war er ein Lebemann und liebte ein Sprüchlein, das sicherlich auch dem Könige wohl gefiel: „Es gibt keinen Trank außer Wein, keine Speise außer Fleisch und keine Freude, als das Weib."

Erzbischof Albik
(1411 2).

Es bedarf wohl keiner ausdrücklichen Versicherung, daß der neue Erzbischof nicht etwa durch allzugroßen Eifer die religiösen Neuerer zu ferneren unüberlegten Schritten gereizt habe. Im Gegentheil, die nun einmal in Fluß gerathene Bewegung, der sich kein Hinderniß mehr in den Weg stellte, schwoll in immer größeren Dimensionen an, um bald Alles in den gefährlichen Strudel mit sich fortzureißen. Hus war nicht gesonnen, von den eingeschlagenen Bahnen abzulenken; er hatte das Gift der Popularität schon zu sehr gekostet, und mußte, um sich dieselbe zu erhalten, in immer grelleren Farben auftragen. Wenn er bis jetzt vorwiegend noch rücksichtsloser Sittenprediger war und wiederholt seine orthodoxe Katholicität betheuerte, so mußten ihn doch die Konsequenzen seiner Ansichten alsbald zum gänzlichen Abfall von der Kirche drängen. Er begann jetzt mit mehr Heftigkeit als je, nicht nur gegen Mißbräuche aller Art zu donnern, sondern wandte sich in seinen Predigten gegen den Grundpfeiler der Kirche, indem er die oberste Gewalt des Papstes zu erschüttern suchte. Es kann nicht geläugnet werden, daß die Resultatlosigkeit des Konciliums zu Pisa allgemeine Verstimmung erregt hatte, und daß die in der That höchst unwürdige Regierung des Papstes Johann jeden Gutgesinnten empörte. Hus selbst wurde nur noch mehr aufgemuntert, die Verfassung der Kirche in ihren Wesen anzugreifen. Die günstigste Gelegenheit zum Sturmlauf gegen die päpstliche Autorität bot Johann XXIII. in dem Kreuzzuge, den er gegen seinen Bedränger, den König Ladislaw von Apulien, der den abgesetzten Gregor in Schutz nahm, predigen ließ. Um das nothwendige Geld für den Feldzug zu gewinnen, ließ er für alle Zahlende einen Ablaß verkünden und schickte aus diesem Grunde in die einzelnen Länder besondere Kommissäre (1412). Im Monate Mai erschien in Prag der Dechant von Passau mit den Ablaßbullen als päpstlicher Legat, und weder der Erzbischof noch König Wenzel legten seiner Mission irgend ein Hinderniß in den Weg. Obwol auch die theologische Fakultät beschloß, die päpstlichen Bullen anzunehmen, so widersetzten sich Hus und Hieronymus denselben mit aller Leidenschaftlichkeit, erklärten sie in einer stürmischen Disputation an der Universität

Der Ablaßstreit
(1412).

20*

für falsch, und Magister Hus regte das Volk durch seine Predigten in der Bethlehemskirche in der gefährlichsten Weise auf, daß es kein Geld dazu beisteure,
damit Christenblut fließe. Die Stimmung des Volkes und namentlich der Stu-
dentenschaft wurde in Folge der fortgesetzten Hetzereien durch Hus und seine Freunde
eine immer gefahrdrohendere, und Wok von Waldstein, ein Günstling des Königs,
mit Hieronymus und andern Magistern waren bereits so kühn, einen satyrischen
Aufzug durch die Straßen Prags, als Parodie auf die frühere Verbrennung der
Wiклеf'schen Bücher, zu veranstalten. Liederliche Frauenzimmer, denen Ablaßbullen um den Hals hiengen, welche dann unter dem Galgen verbrannt wurden,
spielten dabei die Hauptrollen. Jetzt schien dem König doch einigermaßen bange
zu werden, und er erließ den Befehl, daß eine jede fernere Aufreizung und Widersetzlichkeit gegen den Papst mit dem Tode bestraft werden sollte. Als dessenungeachtet
drei junge Leute aus dem Handwerkerstande an einem Sonntage im Juli in drei
verschiedenen Kirchen den Ablaßpredigern öffentlich in's Gesicht erklärten, der Ablaß
sei Nichts, als eitel Lug und Trug, da walteten die Altstädter Schöppen ihres
Amtes, ließen die Kirchenfrevler gefangen nehmen und am „Brückel," weil man wegen
des Gedränges nicht weiter kam, hinrichten. Eine große Menschenmenge hatte sich
bei dieser Gelegenheit angesammelt: die Leichname der Jünglinge wurden in weiße
Tücher gehüllt und wie glorreiche Märtyrer unter lauten Lobgesängen nach Bethlehem getragen und daselbst bestattet (11. Juli 1412).

Deutschfeindlicher Charakter der Bewegung. Man glaube nicht, daß die Bewegung mit Vertreibung der deutschen
Professoren und Studenten aus Prag ihren nationalen Charakter verloren hatte.
Die Stadt Prag war den bessern Elementen nach immer noch deutsch, sowie auch
der Altstädter Stadtrath zum großen Theil der deutschen Nation angehörte. Für
das niedere Volk selbst blieb die ganze Erhebung eine mehr deutschfeindliche, als
antikatholische. Der große Haufe kümmerte sich sehr wenig um die weitläufigen
theologischen Auseinandersetzungen, die er nicht verstand; bei ihm haftete nur der
Eine Gedanke, daß an allem Unglück die Deutschen Schuld seien. Diesen Satz
hatten sie oft genug in Hus' Predigten gehört, auch nach der Vertreibung der
Deutschen von der Universität. Denn, so erzählte Hus wiederholt dem Volke, die
„ausgezogenen Deutschen" seien es, welche aus Verdruß über den Verlust der drei
Stimmen ihn und das Land an allen Orten in Verruf bringen, die „Deutschen"
allein betrieben seine Citation noch Rom, ja, die „Deutschen" und die Prälaten
nur ständen der evangelischen Wahrheit Christi entgegen, und lediglich auf deren
Macht könnten sich die Widersacher jener Wahrheit stützen. Erinnert man sich
obendrein, daß die Deutschen die besitzende Klasse in Prag bildeten, deren Wohlstand
seit jeher vom tschechischen Pöbel beneidet wurde, so erklärt sich die ultrahussitische
Gesinnung des letzteren leicht, die natürlich mit den dogmatischen Spitzfindigkeiten
der Führer nichts gemein hatte, sondern vielmehr einen gewissen kommunistischen
Anstrich gewann. Die Prager Bürger ihrerseits mit ihrem deutschen Magistrate

erkannten frühzeitig den nationalen und socialen Charakter der Bewegung und fühlten sich in Folge dessen von Hus und seinen Anhängern zurückgestoßen, obwohl sie deren Predigten über Sittenbesserung u. dgl. nur billigen konnten. Der Alt= städter Magistrat verhielt sich übrigens lange Zeit den einzelnen Ausschreitungen der husitischen Partei gegenüber ziemlich passiv, bis zu dem Augenblicke, als der König die Todesstrafe auf weitere Aufreizungen gesetzt hatte. Als er dann die Hinrichtung der drei Störenfriede der Ablaßpredigten vollziehen ließ, so hatte er nur das klare Gesetz befolgt, erregte aber selbstverständlich dadurch den bittersten Groll unter der husitischen Partei. Weitere Nahrung erlangte der nationale Hader durch die Bemühungen des Magistrates, nach höherm Auftrage die Predigten bei St. Bethlehem zu verhindern und die Kapelle selbst niederzureißen.

Nachdem nämlich wiederholte Versuche, die immer steigende Bewegung der Gemüther durch einen gütlichen Ausgleich zu beschwichtigen, an der störrischen Hart= näckigkeit der husitischen Partei gescheitert waren, wandte sich ein großer Theil der Prager Geistlichkeit mit manigfachen Klagen an die römische Kurie, und Papst Jo= hann XXIII., der von den religiösen Eiferern als Antichrist geschmäht worden war, zögerte nicht, mit den schärfsten Maßregeln, die ihm zu Gebote standen, gegen Hus vorzugehen. Er schleuderte den Bannstrahl gegen den „Verächter aller kirchlichen Anordnungen" und befahl, die Bethlehemkirche der Erde gleich zu machen, auf daß die Ketzer in ihr nicht länger „ihre Höhle" haben könnten. Auf dieses versam= melten sich die Prager Deutschen mit Zustimmung des Magistrates am Kirchweih= feste (2. Oct.) und drangen, mit Waffen versehen, unter der Anführung eines gewissen Bernhart Chotel gegen Bethlehem vor, wo eben Hus vor einer großen Volksmenge predigte. Um aber kein Blutbad in der Kirche anzurichten, zogen sie unverrichteter Sache wieder ab und beschlossen auf dem Rathhause die von Rom befohlene Zerstörung der Bethlehemskapelle, wozu es jedoch, wahrscheinlich des Widerstandes des Volkes wegen, nicht kam. Als dagegen dem Befehle des Papstes gemäß nunmehr jedweder Gottesdienst in Prag eingestellt, kein Sakrament gespendet und kein Begräbniß mehr abgehalten wurde, gab endlich der saumselige König dem Magister Hus die Weisung, die Stadt zu verlassen, welchem Befehle der Gebannte nachzukommen für gut hielt (Dec. 1412).

Gegen Ende des ereignißvollen Jahres 1412 legte Erzbischof Albik seine Würde, die ihm längst unerquicklich geworden war, nieder, und es folgte ihm zu= nächst als Administrator des Erzbisthums der Olmützer Bischof Konrad von Vechta, ein Westphale von Geburt, der sich seit langer Zeit der vorzüglichen Gunst des Königs erfreute. Der neue Kirchenfürst gieng mit Eifer an die vom Könige abermals gewünschten Versuche, den verderblichen Zwist der Geistlichkeit gütlich beizulegen. Allein auch seine Bemühungen hatten nicht den erwarteten Erfolg. Die im Februar 1413 in Prag abgehaltene Synode führte durchaus zu keiner Eini= gung, sondern legte nur deutlich den tiefen Riß an den Tag, welcher bereits auch

Marginal notes:
Hus wird gebannt und verläßt Prag (Dec. 1412).

Vergebliche Aus= gleichsversuche (1413).

zwischen den einzelnen Gliedern der tschechischen Nation bestand. Als auch eine vom Könige eingesetzte Kommission von vier Mitgliedern den gewünschten Ausgleich nicht erzielen konnte, gerieth Wenzel in gewohnten Jähzorn und verwies vier tschechische Professoren der Theologie als angebliche Gegner des Ausgleiches und Nährer des Streites für immer aus dem Lande. Diese vier Professoren fielen als Opfer ihres katholischen Standpunktes; zwei davon, Stephan von Paletsch und Stanislaw von Znaim, waren ehemalige Freunde des Hus, mochten diesem aber nicht auf den abschüssigen Boden dogmatischer Zweifel folgen.

Tschechisirung des Prager Stadtrathes (Okt. 1413). König Wenzel, der ganz unter dem Einflusse seiner husitisch gesinnten Umgebung stand, ließ sich von derselben bald darauf zu weiteren Maßregeln gegen die katholische Partei verleiten. Da man ihm vorgespiegelt haben mag, daß auch der Prager Stadtrath, welcher zumeist aus Deutschen zusammengesetzt war, der Wiederherstellung des Friedens hinderlich sei, so gab er über dessen Zusammensetzung ein neues Gesetz heraus, das von der nationalen Partei mit Jubel begrüßt wurde (21. Okt. 1413). Nach demselben sollten dem Könige alljährlich 25 Deutsche und 25 Tschechen vorgeschlagen werden, von denen er je 9 aus jeder Nation als Rathsherren bestätigen wolle. Es ist einleuchtend, daß dieser Erlaß, der scheinbar dem Principe der Gleichberechtigung huldigte, nur auf eine Vergewaltigung der deutschen Mehrheit der Prager Bürgerschaft abzielte. Die nationale Bewegung überflügelte eben bereits die religiöse. War es doch schon auch auf dem Lande zum blutigen Zusammenstoße des deutschen und tschechischen Elementes gekommen, wie der von einigen in diese Zeit versetzte Kampf der deutschen Bergknappen von Kuttenberg mit den Einwohnern von Malin beweist. Auch die in ein gewisses Dunkel gehüllte Hinrichtung des Johann Ortel und des Tuchhändlers Cenek auf dem Prager Rathhause (2. Nov.) mag ihre Hauptursache in dem Drängen der tschechisch husitischen Fraktion gehabt haben; wenigstens weiß man, daß besonders Johann Ortel durch mehrere Jahre einer der einflußreichsten Vertreter der deutsch-katholischen Partei im Prager Stadtrathe gewesen ist.

Hus' Auten auf dem Lande. Mit der Verbannung des Magister Hus aus Prag hatte man dem Heerde der Revolution nur eine größere Ausdehnung verliehen. Der exilierte Häuptling der Bewegung wiederholte in seinem Reformationseifer auf dem Lande ungehindert die Angriffe gegen Kirche und Deutschthum, und es war ihm ein Leichtes, die ungebildeten Massen des zusammenströmenden Landvolkes durch seine zumeist unter freiem Himmel gehaltenen Predigten in die heftigste Gährung zu versetzen. Anfangs hielt er seine fanatisierenden Standreden in der Gegend des Städtchens Austi im Bechiner Kreise, wo er im Schlosse Kozi Hrádek wohnte, und später im Bürglitzer Bezirke, allwo ihm Herr Heinrech von Lazan, ein Günstling des Königs, auf dem Schlosse Kralowec willkommene Herberge bot. Dabei unterließ er nicht, die Fühlung mit seinen Prager Freunden aufrecht zu erhalten und stellte sich zu diesem Behufe mehrere Male intognito in der Hauptstadt ein. Ueberdies entwickelte Hus um diese Zeit eine fruchtbare literarische Thätigkeit, indem er in lateinischen und tschechischen Abhandlungen wider seine gelehrten Gegner in scharfer Weise polemisierte und seine eigenen Lehrmeinungen in immer klarerer Weise fixierte. Von den kirchlichen Satzungen wich er nunmehr entschieden ab in der Lehre von der Rechtfertigung, sowie durch die Erklärung der heiligen Schrift als alleiniger Glaubensquelle und durch die Verwerfung des Primats als Mittel und Einheitspunkt der streitenden Kirche. Wenn Hus auch als Schriftsteller seine Lehren immer größern Kreisen zugänglich machte, so bleibt ihm dabei selbst von seinen Gegnern das Verdienst unbestritten, durch seine Werke die Entwickelung der tschechischen Sprache wesentlich gefordert zu haben.

In Folge der Bemühungen des römischen Königs Sigmund trat endlich auf deutschem Boden zu Konstanz jenes Koncilium zusammen, welches die in Pisa unerledigt gebliebenen Aufgaben zur Lösung bringen sollte. Hus vor dem Koncil in Konstanz (1414 5). Nie hatte die Christenheit eine so stattliche Versammlung gesehen, als die, welche jetzt an den Ufern des Bodensees sich zusammenscharte, um über die Beilegung des papstlichen Schismas, über Reform der Kirche an Haupt und Gliedern, sowie über Unterdrückung der Wiklef'schen und husitischen Lehren berathen und beschließen sollte. König Sigmund forderte Hus auf, sich persönlich in Konstanz einzufinden, damit hier sein Proceß vor dem Forum der allgemeinen Kirchenversammlung entschieden werde. Zu seiner Sicherheit gab er ihm einen Geleitsbrief, während König Wenzel drei böhmische Herren, Johann von Chlum, Wenzel von Duba und Heinrich von Latzenbock beauftragte, den Magister auf seiner Reise zu schützen und in allem Nothwendigen behilflich zu sein. Hus traf am 3. Nov. in Konstanz ein und genoß Anfangs vollkommene Freiheit in allen seinen Handlungen. Da er aber, obwohl er gebannt war, fortfuhr, in seiner Wohnung Messe zu lesen und sich nicht enthalten konnte, gegen Jedermann ganz unverholen seine religiösen Ansichten auszusprechen, da sich ferner das Gerücht von einem Fluchtversuch verbreitete, wir wissen nicht, aus welchem Grunde, so wurde er gegen Ende des Monates auf Befehl des Koncils verhaftet und in ein Gefängniß gebracht. Es sei gleich jetzt bemerkt, daß sowohl bei der Verhaftung als auch bei der späteren Verurtheilung des Hus die Kirchenversammlung den königlichen Geleitsbrief gänzlich ignorierte, indem sie von der Ansicht ausgieng, daß die weltliche Macht nicht im Stande sei, einen den Kirchenstrafen verfallenen Priester in Schutz und Schirm zu nehmen. Der Proceß des Angeklagten selbst wurde von dem Koncilium mit aller Umständlichkeit und unter Beobachtung der gebräuchlichen Rechtsformen geführt. Mehr als zweihundert Zeugenaussagen wurden über seine Aussprüche und Thaten vernommen; zu seinen gefährlichsten Gegnern gehörten einige Böhmen, insbesondere Stephan von Paletsch, Michael, Pfarrer von St. Adalbert, genannt de Causis, und der Bischof Johann der Eiserne von Leitomischel. Die vorgebrachten Anklagen beschränkten sich nicht bloß auf das Gebiet des Glaubens, sondern waren namentlich auch auf den beharrlichen Ungehorsam gerichtet, den Hus seinen kirchlichen Obern entgegengesetzt hatte. Einige seiner Lehren wurden für irrthümlich und Aergerniß erregend, andere aber für häretisch erklärt. Ueberdies aber wurde er beschuldigt, daß er den Bann und das päpstliche Gericht verachtet, daß er die Prager und Böhmen zum Aufruhr gereizt habe, so daß er Urheber von Mord und Todtschlag geworden sei; er habe sich ferner des Betrugs und des schnöden Mißbrauchs seines Amtes bedient, um Wilkef'schen Sätzen Eingang bei seinen Zuhörern zu verschaffen, und endlich habe er sich offenkundiger Lüge schuldig gemacht, indem er frühere Behauptungen, welche er vor Zeugen ausgesprochen, nun abläugne, ohne die Zeugen, welche bei ihrer Aussage verharrten, der Unwahrheit überweisen zu können.

Hus' Verbrennung (6. Juli 1415).

Das Urtheil, daß Hus ein Ketzer sei, stand bei allen Kirchenvätern fest, und er konnte sich von dieser Beschuldigung auch nicht in den ihm gestatteten öffentlichen Vertheidigungsreden reinigen. Nach den Anschauungen des Mittelalters gab es im vorliegenden Falle nur zwei Wege, die eingeschlagen werden konnten; entweder mußte Hus seine als ketzerisch bezeichneten Lehren öffentlich widerrufen, oder er verfiel nach den bestehenden Gesetzen als Ketzer der Todesstrafe durch Feuer. Da Hus sich entschieden weigerte, die ziemlich mild abgefaßte Abschwörungsformel anzunehmen, und erklärte, lieber sterben, als das mit dem Munde läugnen zu wollen, woran er im Herzen festhalte, so wurde über ihn am 6. Juli 1415 in der fünfzehnten Generalsession des Koncils in der Kathedralkirche feierlichst das Urtheil gefällt. Der Verurtheilte wurde unter dem vorgeschriebenen Ceremoniel seiner Priesterwürde entkleidet, und ihm eine lange pyramidenförmige Papiermütze, auf welcher drei Teufel abgebildet waren, die an einer armen Sünderseele zerrten, auf das Haupt gesetzt. Darauf sprachen die Bischöfe zu ihm: „Die Kirche hat nun Nichts mehr mit dir zu schaffen, sie übergibt deinen Leib dem weltlichen Arm, deine Seele aber dem Teufel." Dann übernahm auf des Königs Befehl der Pfalzgraf Ludwig den Unglücklichen und überlieferte ihn dem Konstanzer Stadtmagistrate mit den Worten: „Nehmet hin den Johann Hus, der nach dem Urtheil des Königs, Unsers allergnädigsten Herrn, und nach Unserm eigenen Befehl als Ketzer verbrannt werden soll." Während noch das Koncilium forttagte, ward nach des Schwabenspiegels Bestimmung das Urtheil vollzogen. Stadtwächter führten Hus auf die Richtstätte vor der Stadt gegen Gottlieben zu, allwo bereits der Scheiterhaufen errichtet war. Festen Schrittes, ohne Aeußerung von Furcht oder Reue, Psalmen singend und betend, schritt der Unglückliche zum Tode; den Beichtvater wies er zurück, weil dieser an die Absolution die Abschwörung der Irrlehren knüpfte. Nachdem er noch gebetet und zum Allbarmherzigen gefleht hatte, allen seinen Feinden Verzeihung zu ertheilen, ergriffen ihn die Wächter und banden ihn mit einer Kette an den Pfahl, so daß er Anfangs mit dem Gesicht gegen Osten, dann aber, weil man dies für unpassend hielt, gegen Westen gerichtet war. Noch einmal, im letzten Augenblicke, forderte der vom König gesandte Reichsmarschall

Graf von Pappenheim ihn auf, zu widerrufen, um so sein Leben und seine Seele zu retten. Er aber antwortete unerschüttert, daß er mit Freuden seine Lehre mit dem Tode besiegeln wolle. Da zündete der Henker den Holzstoß an, und die Flammen schlugen von allen Seiten über ihn zusammen. In Kurzem war's geschehen. Noch hörte man aus dem Rauche und Feuer heraus die Stimme des Sterbenden, wie er bis zum letzten Athemzuge Hymnen zum ewigen Richter emporsang, vor dem er in kurzer Zeit stehen sollte. Seine Asche wurde sorgfältig gesammelt und in den Rhein geworfen; alle seine Kleidungsstücke und Habseligkeiten wurden verbrannt, damit seine Freunde und Anhänger nicht die Ueberreste ihres Lehrers als Reliquien sammeln und verehren möchten.

Magister Hus starb wie ein Held mit wahrhaftigem Mannesmuthe für seine Ueberzeugung; sein Tod erwarb ihm den Ruhm eines Märtyrers bei seinen Anhängern, verschaffte ihm die Achtung und Bewunderung selbst seiner religiösen Gegner und kann auch diejenigen mit ihm versöhnen, die seine nationalen Uebergriffe entschieden mißbilligen müssen. Die Konstanzer Kirchenversammlung erscheint, abgesehen von einigen tumultuarischen Scenen, vom Standpunkte der finsteren Anschauungen des Mittelalters vorwurfsfrei; die Kirchenväter verfuhren streng nach den kanonischen Gesetzen und verurtheilten in Hus nur den verstockten und hartnäckigen Ketzer; sie boten ihm wiederholt Gelegenheit zur Rettung und baten selbst noch bei seiner Ueberlieferung an den weltlichen Arm, ihn nicht zu tödten. Dagegen bleibt die Hinrichtung des böhmischen Priesters, man kann sagen, was man will, und den Geleitsbrief auffassen, wie man will, ein ewiger Schandflecken für Sigmund, der seinem königlichen Worte und Versprechen in schmählicher Weise untreu wurde, und weder die Absolution des Koncils noch die Erwägung, er werde durch Widerspänstigkeit gegen die Kirchenversammlung das weitere Reformwerk derselben hindern, können das Brandmal auslöschen, welches sich der römische König durch seine Wortbrüchigkeit für alle Zeiten aufgedrückt hat.

Volksbewegungen gleichen den eiligst wachsenden Lawinen, die, wenn sie nicht im Keime erstickt werden, zu verderbenschwangeren Ungeheuern anschwellend, alles Entgegenstehende daniederschmettern, bis sie in sich selbst zerschellen. Das Koncil von Konstanz griff viel zu spät in das bereits rasch dahinsausende Rad der böhmischen Revolution ein, und die Verbrennung des Magister Hus hemmte den Schnelllauf der Bewegung ebenso wenig, wie die andern Verfügungen der Kirchenversammlung. Die Freunde und Jünger des Meisters setzten das begonnene Werk mit aller Rührigkeit fort, und der Same, den Hus in seinen Feuerreden von der Bethlehemskirche aus unter die Handwerker und von Kozi Hradek und Krakowec unter die Bauern gestreut, begann nunmehr in üppiger Blüthe sich zu entfalten. Noch während der Haft des Hus in Konstanz stellte Magister Jakob von Mies die Lehre auf, daß das Altarsakrament unter beiden Gestalten empfangen werden müsse, und Priester in der Gegend von Austi an der Luznitz unweit Kozi Hradek, dem zweiten Brennpunkte der Empörung, erklärten in ihren Predigten Alles für verwerflich, was mit der heiligen Schrift im Widerspruche zu stehen schien. Die Nachricht von der Hinrichtung des geliebten Lehrers, den man nicht verfehlte, „als unschuldiges Lämmlein und heiligen Märtyrer" mit einem gewissen Mythus zu umhüllen, spannte die Erregung auf das Höchste, und während die niederen Massen die katholischen Priester von ihren Pfarreien gewaltsam vertrieben und husitisch Gesinnte dafür einsetzten, andere wieder die Güter des verhaßten Bischofs von Leitomischel zerstörten, scharten sich eine Menge Edelleute zusammen und protestierten in einer leidenschaftlich gehaltenen Beschwerdeschrift gegen den Vorgang des Koncils, das sich nur vom Hasse gegen die Tschechen und die tschechische Zunge

hätte bestimmen lassen. Es entstand dann am 5. September ein husitischer Herren= bund, der das Konstanzer Koncil für nichtig und in Glaubenssachen das Prager Generalstudium zum Schiedsrichter erklärte. Ihm gegenüber verbanden sich die katholischen Herren, und die Spaltung war somit in allen Ständen, im Volke, Bürgerthume, Klerus und Adel, zur Vollendung gediehen.

Ohnmächtig prallten an den geschlossenen Reihen der Husiten jetzt alle Maß= regeln des Konstanzer Koncils ab. Was nützte die Vorladung des Jakob von Mies, des Erfinders des Utraquismus, was die Citation jener 452 Herrenbünd= ler, — sie wurde nicht beachtet. Was frommte ferner die Verbrennung des vor= eilig nach Konstanz gekommenen Hieronymus von Prag, der Anfangs widerrufen hatte, dann aber auf seinen Irrlehren beharrte? Was kümmerte die Tschechen die Erklärung der Kirchenversammlung, daß die Prager Universität aller ihrer Rechte verlustig sei, war ja doch längst der stolze Bau Karls IV. in Trümmer geschla= gen worden. Was kümmerte sie auch das vom Erzbischofe Konrad auf Befehl des Koncils verhängte Interdikt über Prag, — man befolgte es doch in keiner Kirche, außer im Dome zu St. Veit. Wenn auch der Erzbischof keine Promotionen an der Universität zuließ, so fuhren die husitischen Magister derselben doch fort, alle anderen Funktionen zu verrichten, und als vom Herrenbunde aufgestelltes Schieds= gericht erklärten dieselben Magister die Kommunion unter beiden Gestalten als nachgerade nothwendig für das Seelenheil (10. März 1417). Da der Erzbischof nur katholisch Gesinnten die Priesterweihe ertheilte, so maßte sich der Weißbischof Hermann, der Generalvikär des Erzbischofs, an, die utraquistischen Geistlichen in Lipnitz, einem Schlosse des Cenĕk von Wartenberg im Caslauer Kreise, auszuwei= hen. Die husitischen Herren selbst vertrieben weiters alle jene Priester, welche nicht unter beiden Gestalten kommunicieren wollten, und das Generalstudium erklärte Hus als heiligen Märtyrer, dessen Andenken am 6. Juli gefeiert werden sollte.

In dem vom Hauptkörper losgelösten Stücke liegt allemal die Neigung zu weiterer Spaltung. Es gilt dies insbesondere von religiösen Neuerungen. Anders war der Husitismus der Prager Professoren, anders der der Bauern von Austi. Während letztere in radikaler Weise Alles verwarfen, was ihnen nicht in der heiligen Schrift begründet erschien, während sie also als Sakramente nur die Taufe und das Abendmahl anerkannten, die Lehre vom Fegefeuer, das Gebet zu den Heiligen und für die Verstorbenen, das Fasten, die Ordensregeln u. dgl. entschiedeneden mißbilligten, sprach sich das Prager Generalstudium gegen diese Neuerungen wiederholt aus, indem es an dem Grundsatze festhielt, daß hinsichtlich solcher Fragen, über welche die heilige Schrift nichts Bestimmtes aussage, der althergebrachte Kirchenbrauch als Gesetz zu gelten habe. Somit war der Grund gelegt zu den später sich streng von einander unterscheidenden Parteien der gemäßigten Praer oder Kalixtiner (Kelchner) und der radikalen Taboriten, so genannt von der in der Gegend von Austi erbauten Stadt Tabor.

Inzwischen neigte sich das Koncilium von Konstanz seinem Ende zu, nach dem es am 22. April 1418 seine letzte Generalsitzung abgehalten hatte. Glücklicher Weise hatte es nach Beseitigung der drei Gegenpäpste und durch die einmüthige Wahl Martins V. wenigstens das unglückliche Schisma behoben; dagegen unterblieb auch jetzt wieder die allgemeine, so nothwendige Kirchenreform. Papst Martin begnügte sich, mit den einzelnen Nationen eigene Konkordate abzuschließen und verschob die Einführung von Verbesserungen in der Kirche abermals auf eine späterhin in Pavia abzuhaltende Kirchenversammlung. In Bezug auf die böhmischen Unruhen hielt er die Bestimmungen des Koncils vollkommen aufrecht, befahl die Wiedereinführung der von ihren Pfarreien vertriebenen Priester und erinnerte König Wenzel, die Rechte der römischen Kirche in seinem Reiche zu wahren, widrigen Falles das ketzerische Böhmen durch einen Kreuzzug zum Gehorsame gebracht werden sollte. König Wenzel gerieth namentlich durch letztere Drohung in nicht geringe Verlegenheit. War er doch durch seine hußitische Umgebung bis jetzt noch immer in dem Wahne erhalten worden, daß sein Land gut katholisch sei, und hatte er und insbesondere seine Gemahlin Sophia den Neuerungen doch allen möglichen Vorschub geleistet. Die Schuppen fielen ihm allmählich von den Augen, und er begann in andere Bahnen einzulenken, zumal jetzt auch sein Bruder Sigmund, einem dem Papste geleisteten Versprechen gemäß, mit ernsthaften Vorstellungen in ihn drang. Also schritt Wenzel im Februar 1419 zu Maßregeln, die den Intentionen seines Bruders und des Papstes entsprachen, indem er zunächst den unermüdlichen Eiferer Johann Jesenitz aus Prag verbannte und den Befehl erließ, alle vertriebenen katholischen Pfarrer wieder in ihre Aemter einzusetzen.

Als Wenzels neueste Verfügungen zur Durchführung kamen, und die wieder eingeführten Priester in Allem und Jedem dem Ultraquismus entgegentraten, suchte sich die Unzufriedenheit der Hußiten durch Volksaufläufe Luft zu verschaffen, und Wenzel war genöthigt, wenigstens drei Kirchen in Prag den Ultraquisten zu überlassen. Das genügte jedoch den Hußiten nicht, und sie trachteten auf gewaltsamem Wege neue Koncessionen zu erlangen. Am 18. Juni 1419 stürmten sie die Niklaskirche auf der Altstadt; es floß dabei Blut, sowie denn von nun an der Kampf

König Wenzels Schwenkung (1419).

Straßentumulte (1419).

zwischen den beiden Parteien bereits auf Leben und Tod geführt wurde. Da die drei den Utraquisten bewilligten Kirchen zu enge wurden, so erfüllte man die Gassen mit tumultuarischen Processionen, deren Leitung zumeist ein ungestümer,

Johann von Selau.

fanatischer Prämonstratensermönch, Namens Johann, der aus seinem Kloster See lau entlaufen war, besorgte. Dem wilden Parteikampfe führte die husitische Umgebung des Königs selbst sehr bald ihre politischen und militärischen Organisato

Zizka.

ren zu. Der weitaus bedeutendste war Johann Zizka von Troenow, ein ernster, schweigsamer Mann, stammend aus niederem Landadel und nur gering begütert in der Gegend von Budweis. Er stand schon im vorgerückten Alter, als er in den Vordergrund der Ereignisse trat: man erkannte sogleich in ihm den im Waffen handwerk wohl erfahrenen, in Sturm und Wetter abgehärteten Kriegsmann. Seine Gesichtszüge waren düster, wozu der Mangel des einen Auges nicht wenig beitrug: sein Geist war kein gewöhnlicher, sein militärisches Talent ein höchst seltenes; in seiner Seele glühte religiöser Fanatismus und leidenschaftlicher Haß gegen die

Nikolaus von Hus.

Feinde seines Vaterlandes. Neben Zizka machte sich bemerkbar Nikolaus von Pistna, königlicher Burggraf auf Hus und Prachatitz, gewöhnlich Nikolaus von Hus genannt, früher am königlichen Hofe, jetzt einer der rührigsten Agitatoren und kühnsten Volksredner. Er stellte sich eines Tages an die Spitze eines großen Volkshaufens und bat auf der Gasse in der Nähe der Kirche bei St. Apollonia König Wenzel, er möge den Utraquisten eine größere Anzahl von Kirchen gewähren. Der kühne Bittsteller wurde zwar sogleich vom erzürnten König auf das Land verwiesen, aber er fand daselbst ein noch fruchtbareres Feld für seine wühlerische Thätigkeit.

Volks- versammlungen.

Das aufgeregte Landvolk berücksichtigte weder die Beschlüsse des Koncils noch die Befehle des Königs Wenzel. Es besuchte nicht mehr jene Kirchen, in welchen nur unter Einer Gestalt kommuniciert wurde, sondern versammelte sich zum Gottesdienste in großen Massen unter freiem Himmel, am liebsten auf Bergen, denen man biblische Namen, wie Oreb, Tabor, Zion u. a. verliehen hatte. Hier wurde von utraquistischen Priestern das Abendmahl unter beiden Gestalten verabfolgt, hier wurden die aufrührerischen Predigten gehalten, die, angeblich auf das ursprüngliche Christenthum zurückgehend, einen eigenthümlichen kommunistischen Anstrich besaßen. Der aus Prag verbannte Nikolaus von Hus, für ein derartiges Treiben wie geschaffen, war in den Bechiner Kreis gegangen, und wurde die Seele der dortigen Volksversammlungen. Nicht weit von Bechin, zwischen dieser Stadt, Bernatitz und der heutigen Kreisstadt Tabor, bildete eine geräumige Hochebene, von den Husiten Tabor genannt, einen beliebten Sammelplatz

Demonstration auf dem Tabor (22. Juli 1419).

der Volksmassen, und Nikolaus von Hus beschloß, daselbst eine große imposanierende Demonstration in's Werk zu setzen. Mit Hilfe der aus Austi auf Befehl des Königs vertriebenen Priester wurde am 22. Juli 1419 auf dem Tabor eine Massenversammlung abgehalten, zu welcher mehr als 42.000 (?) Menschen von fern und nah, selbst aus Mähren herbeiströmten. Der ganze Tag hindurch wurde mit gottesdienstlichen Handlungen verbracht; die Priester predigten, die Gläubigen, „Brüder" und „Schwestern", wie man sich nannte, beteten, beichteten und nahmen das Abendmahl unter beiden Gestalten. Während die Menge in erregter Phantasie den religiösen Festlichkeiten sich hingab, beriethen die Führer über die Mittel, König Wenzel durch irgend einen Gewaltakt einzuschüchtern; das Gerücht nennt als Ziel des Nikolaus von Hus einen Angriff auf Wenzelstein, den zeitweiligen Aufenthalt des Königs, und wohl auch die Verjagung des Königs und des Erzbischofs.

Ehe sich noch die Folgen der Verabredungen auf der Massenversammlung in Der Neustädter Fenstersturz (30. Juli 1419). Tabor zeigten, versetzte eine scheußliche Bluttat auch minder ängstliche Gemüther in Furcht und Schrecken. Die hussitische Partei in Prag grollte vor Allem dem Neustädter Magistrate, da dieser bei seiner jüngsten Erneuerung vorzugsweise aus gut katholischen Elementen zusammengesetzt war; man lauerte nur auf eine Gelegenheit, um etwas gegen die verhassten Rathsherren zu unternehmen. Acht Tage nach der Taborer Demonstration, am 30. Juli, an einem Sonntage, führte der berüchtigte Johann von Seelau eine feierliche Procession durch die Straßen bis zur St. Stephanskirche, welche, da man sie gesperrt fand, erbrochen und durch grobe Excesse entheiligt wurde. Hierauf zog der wilde Haufe, Johann von Seelau, den Kelch tragend, an der Spitze, zum Neustädter Rathhause und verlangte stürmisch von den Rathsherren die Herausgabe aller jener, die wegen religiöser Uebergriffe verhaftet worden waren. Da der Rath sich weigerte, auf die Wünsche der Volksmenge einzugehen, und es auf einmal hieß, ein Stein sei vom Rathhause auf den Priester, welcher den Kelch trug, geworfen worden, ließ sich der fanatisierte Haufe nimmer länger halten, sondern stürmte in wilder Raserei das Rathhaus, tödtete einen Rathsherrn in der Folterkammer und warf den Unterrichter Niklas, den Bürgermeister Podwinsky, drei Rathsherren und sechs Gerichtsdiener durch die Fenster auf die Straße hinunter, allwo die wüthenden Volksscharen die unglücklichen Schlachtopfer mit den Spießen auffiengen. Ebenso wenig, als die Taborer Versammlung ein bloßes unschuldiges, idyllisches Fest gewesen ist, ebenso wenig war der Neustädter Fenstersturz ein unvorhergesehener, dem Augenblicke entsprungener Gewaltakt der Rache. Es war das Attentat wohl überlegt und vorher berechnet; dafür bürgt unter Andern der Umstand, daß die rasende Menge von jenem schweigsamen Žižka angeführt worden ist, in dem zwar schon lange der Racheburst loderte, der aber erst mit diesem Gewaltstreiche sein blutiges Spiel begann.

Als König Wenzel, der eben auf seinem nach ihm benannten Schlosse Wenzel- Wenzels Tod (16. Aug. 1419). stein bei Kunratitz sich befand, von dem grausamen Tode der Neustädter Rathsherren vernahm, schäumte in ihm die zornige Wuth so sehr, daß ihn ein Schlaganfall lähmte. Er war nun gründlich geheilt von jeder Neigung zum Hussitismus,

den er mit Stumpf und Stiel auszurotten beschloß. Mißtrauisch gegen seine Umgebung und seine Gemahlin, wünschte er unablässig seinen Bruder Sigmund herbei,
dessen Warnungen er so oft in den Wind geschlagen hatte. Noch ehe aber der
heiß Ersehnte kam, rührte den kranken König der Schlag von Neuem und tödtete
ihn am 19. August 1419. Eine wunderliche, aus den manigfachsten Gegensätzen

zusammengestellte Natur hatte ausgetobt, ein ursprünglich gut gearteter, aber gänzlich verkommener Charakter, der sein Leben in niedriger Stellung eben so gut verlebt hätte, als auf dem Throne, auf welchem er in vierzigjähriger Regierung leider
nicht allein sein Geschick, sondern auch das ganzer Länder und Völker mit namen-
losem Elend erfüllte. Der Sohn des ruhigen und maßvollen Kaiser Karl war
beherrscht von den unbändigsten Leidenschaften, die seinen klaren Verstand umdüsterten und ihn in die Fessel einer selbstsüchtigen Umgebung schlugen; die selbstverschul-
deten Unglücksfälle verbitterten das reizbare Gemüth mit jedem Tage mehr und ver-
senkten den von der eigenen Familie, vom Adel und von der nationalreligiösen Partei
hintergangenen König in eine schauerliche Apathie, aus welcher er nur erwachte,
um neue Mißgriffe zu begehen. Die Deutschen im Reiche nannten ihn den Faulen;
die Deutschböhmen hätten mehr Grund gehabt, ihn den Abtrünnigen oder Verführten zu nennen. Denn unter seiner Regierung wurde die tschechisch-nationale Agitation unmittelbar vom Throne aus befördert; er, der Sprosse des deutschen Luxemburgischen Geschlechtes, bot die Hand zur Tschechisirung der Universität, der Pfarreien
und des Prager Magistrates, er legte den Grund zur Tschechisirung der Städte
und zur völligen Besiegung des deutschen Bürgerthums durch die rohen Horden
der Husiten, er ermöglichte die späterhin erfolgte Ausrottung bürgerlicher Freiheit
und Autonomie durch den Feudaladel.

2.

König Sigmund und der Husitenkrieg.

(1419—1437).

Der rechtmäßige Nachfolger König Wenzels war sein Bruder Sigmund, der
letzte männliche Sprosse des Hauses Luxemburg. König Sigmund bildete eine prachtvolle äußere Erscheinung; sein hoher, majestätischer Wuchs, sein schönes, von blonden
Locken umwalltes Antlitz, seine angeborene Leutseligkeit und sein geselliger, heiterer
Sinn, waren wohl im Stande, bezaubernd auf die Umgebung zu wirken und machten ihn zum erklärten Liebling des zarten Geschlechtes. Mit diesen Eigenschaften
verband der Reichbegabte einen scharfen, durchdringenden Verstand, eine die Verhältnisse wohl benützende Klugheit, große Kenntnisse in Wissenschaften und Sprachen
und eine glänzende Rednergabe. Und doch war er kein ganzer Mann und noch
weniger ein tüchtiger Herrscher, wie ihn das sturmbewegte Zeitalter erforderte.
Wissen wir doch bereits aus dem Verhalten seinem Bruder Wenzel gegenüber,

daß die niedrigste Selbstsucht sein Gemüth beherrschte, und haben wir bereits
verzeichnet, wie schnöde er das dem Magister Hus gegebene Mannes- und Königs-
wort gebrochen. Ueberdies war er hoffärtig, wankelmüthig und unentschlossen,
neigte allzu sehr zur Sinnlichkeit und Verschwendung und galt als Meister in der
verächtlichen Kunst der Verstellung.

Hochlodernde Feuersäulen, die aus zerstörten Klöstern emporstiegen, leuchteten König Wenzel in's Grab, und mit wildem Aufruhre wurde die neue Regierung begrüßt. Denn kaum verbreitete sich die Nachricht von dem Tode Wenzels,
so stürmten in Prag und einigen Landstädten die erregten Volkshaufen Klöster und
Pfarreien, plünderten und zerstörten dieselben und vertrieben die Priester und
Mönche. Panischer Schrecken ergriff die höhere Geistlichkeit, sowie die deutschen
Bürger; die Aengstlichsten suchten vom Schauplatze der ausbrechenden Revolution
zu entrinnen. Der Wunsch aller friedlich Gesinnten gieng auf die baldige Ankunft
des Königs, und der eben zusammentretende Landtag gab diesem Wunsche auch
genügenden Ausdruck. Allein Sigmund, welcher noch vorher einen vorbereiteten
Feldzug gegen die Türken zu vollenden gedachte, ernannte inzwischen die verwit-
wete Königin Sophia zur Regentin und gab ihr als ersten Rathgeber den Herrn
Čenek von Wartenberg. Wenn die gemäßigten Utraquisten mit dieser ihnen geneig-
ten Regentschaft zufrieden waren, so konnte der eigentlichen Taboritenpartei bereits
keine Koncession mehr genügen. Ihre letzten Ziele ließen sich eben mit der monarchischen Verfassung des Landes nicht mehr vereinigen; ihre allerdings ziemlich
nebelhaften Pläne steuerten auf einen urchristlichen Staat mit verschwommenen
kommunistischen und republikanischen Ideen los. Greifbarere und faßlichere Aufgaben für das Landvolk, aus welchem sich die taboritische Partei vorzugsweise retru-
ierte, waren Opposition gegen König Sigmund und vollkommene Unterdrückung
der Katholiken und Deutschen im Lande. In den an die Tagesordnung kommenden Bergversammlungen bearbeiteten die Führer der Massen, Nikolaus von Hus
und Žižka von Trocnow, diese Ideen destruktiver Natur und hetzten so die Menge
zum blutigen Bürgerkriege.

Um in den Besitz der Hauptstadt Prag, wo die gemäßigte oder kalixtinische
Partei mit den Katholiken die Oberhand hatte, zu gelangen, beschlossen die Taboriten am 29. Sept. auf einer großen Versammlung „bei den Kreuzen", vier
Stunden von Prag, am Wege nach Beneschau, die nächste Zusammenkunft am
10. Nov. in der Hauptstadt selbst, und zwar diesmal mit Waffen versehen, abzuhalten. Schon vor dem 10. Nov. führte Žižka eine Art Vorhut von 4000 Land-
leuten nach Prag, allwo sie getreulich bei der neuerlichen Kirchen- und Kloster-
plünderung mithalfen. Da die Königin mit der gemäßigten Partei es an der Zeit
fand, kriegerische Vorkehrungen gegen die in der Stadt sich befindlichen Haufen
der wilden Taboriten, welche sich fortwährend durch Zuzügler für den 10. Nov.
verstärkten, zu treffen, so schlugen letztere am .. Nov. zum eigentlichen Kampfe

Regentschaft der Königin Sophia 1419).

Die Novembber-kämpfe (1419).

loß, der in den Gaffen Prags mit der größten Erbitterung durch mehrere Tage geführt wurde, bis es am 13. Nov. zu einem Ausgleiche kam. Demgemäß wollte die königliche Partei die Kommunion unter beiden Gestalten im ganzen Lande schützen; die Gegner aber versprachen, von weiteren vandalischen Angriffen auf Kirchen und Klöster abzulaffen. Die eigentliche Revolutionspartei, welcher mit dem geschlossenen Vergleiche nicht im Geringsten gedient war, verließ unwillig mit Žižka an der Spitze die Stadt und marschierte gegen Pilsen ab. Da Žižka sich hier nicht halten konnte, zog er dann auf den Lagerplatz von Tabor, den Ort der spätern Stadt Tabor (nicht zu verwechseln mit dem einstigen Platze der Volksversammlung), welcher von nun an den militärischen Mittelpunkt der aufrührerischen Schaaren bildete.

Sigmunds
Maßregeln
(1420)

Mittlerweile war König Sigmund auf die Nachricht von den Prager Novemberkämpfen dem Lande Böhmen näher gekommen und verweilte im Monate December in Brünn. Anstatt direkt auf Böhmen loszugehen, wo sich die Insurrektion immer nur noch auf einige Kreise beschränkte, ließ er sich zwar in Brünn von den allda erscheinenden böhmischen Ständen huldigen, vertrödelte aber die kostbare Zeit durch allerhand Erlässe aus der Ferne, die mehr aufregten, als be schwichtigten. Sophia, welche sich der schwierigen Situation nicht mehr gewachsen fühlte, legte die Regierung nieder, die Ceněk von Wartenberg mit noch zwei Andern fortzuführen beauftragt wurde. Die Leidenschaften entflammten auf's Heftigste,

Die Kreuzbulle
(März 1420).

als man vernahm, daß auf Sigmunds Wunsch der Papst am 1. März 1420 eine Bulle erlassen habe, in welcher die ganze Christenheit aufgerufen wurde zur Vertilgung der Wiklefiten, Husiten und anderen Ketzer, daß Sigmund diese Bulle auf dem Breslauer Reichstage feierlich publiciert (17. März) und daselbst einen Prager Bürger, der husitisch gesinnt war, einer schauerlichen Todesstrafe überliefert habe. Ebenso sehr erbitterte die Taboriten, daß die Deutschen im Lande neuen Muth faßten und nicht mehr Willens waren, ohne weitern Widerstand sich hinschlachten zu laffen. Insbesondere begannen die Kuttenberger Deutschen strenges Recht der Wiedervergeltung zu üben, indem sie alle Husiten, deren sie habhaft werden konnten, ohne Barmherzigkeit in die tiefen Abgründe der verlassenen Silberschächte stürzten.

Die militärische
Organisation der
Taboriten.

Im Bechiner Kreise auf einer hohen Landzunge, welche rings von Schluchten umgeben ist und nur auf einer Seite mit dem Lande zusammenhängt, hatte Žižka seinen festen Waffenplatz in der noch jetzt bestehenden Stadt Tabor errichtet. In dieses wohl verschanzte Lager waren von weit und breit die entschlossensten Husiten herbeigeeilt, um unter der vortrefflichen Leitung Žižka's sich in den Waffen zu üben und ihren religiösen Ansichten gemäß zu leben. In den übertriebensten Anschauungen schwärmten die Taboriten, als ob das Ende der Welt und der Tag der allgemeinen Vergeltung bald eintreten, Christus aber selbst vom Himmel herabsteigen und einen neuen paradiesischen Zustand der Dinge herbeiführen werde. Sie lebten als

„Brüder" und „Schwestern" in einer Gemeinschaft, wie die Priester von Austi einst gelehrt, bedienten sich beim Gottesdienste der tschechischen Sprache und verwarfen alle alten Kirchenbräuche. Jede Pracht, jede Zierde, jede Aeußerung einer Kunst wurde verschmäht; die Priester legten die Meßgewänder ab und spendeten beide Gestalten im einfachen Hausrocke. Das Gefährlichste aber an dieser extremen Schwärmerei war der trotzige Fanatismus ihrer Bekenner, die Gut und Blut für dieselbe einzusetzen, ihre Gegner aber mit der Wurzel auszurotten gedachten. Die Taboriten organisierten sich aus diesem Grunde militärisch, mit vier Hauptleuten an der Spitze, unter denen natürlich Žižka das höchste Ansehen genoß. Mit großem Geschicke und eigenthümlicher Erfindungsgabe schuf Žižka aus dem ungefügigen Materiale roher Bauernhorden vortreffliche, stets schlagfertige Truppen. Mit geringen Mitteln, wie sie eben die Verhältnisse nicht besser boten, wurde die Ausrüstung besorgt; ein Dreschflegel, eine Keule, wo möglich mit Eisen beschlagen, ein gewöhnlicher Spieß bildeten die gefährlichen Waffen der taboritischen Soldaten; die rasch erkannte Wichtigkeit der neu auftauchenden Pulverwaffen führte zur Annahme derselben Seitens der Husiten in größerem Maße, als es bei ihren Feinden geschah. Die lange Reihe der Gepäckwagen aber verwandelte Žižka in eine leicht bewegliche Schanzenmauer, welche mit überraschender Pünktlichkeit die ungewöhnlichen, wohl eingeübten Manöver der Husiten unterstützte oder verdeckte. In der christlichen Gemeinschaft, welche die Taboriten bildeten, wurzelte die stramme Disciplin des neuartigen Heeres, in dem religiösen Fanatismus und dem nationalen Hasse gegen die Deutschen die tollkühne Tapferkeit, leider aber auch der unerhörteste Vandalismus.

Nachdem im Breslauer Manifeste der Kreuzzug wider Böhmen verkündet worden war, warteten die Husiten nicht erst den Angriff des Königs ab, sondern eröffneten den blutigen Kampf in ihrer eigenthümlichen Weise. Auch die gemäßigten Kalixtiner in Prag kündigten König Sigmund den Gehorsam, und der treulose Landesverweser Čeněk von Wartenberg mit vielen Adeligen riefen zum bewaffneten Widerstande auf, während sie zugleich heimlich Boten nach Krakau sandten, um dem Könige von Polen die böhmische Krone anzubieten. Die Taboriten aber begannen ihre Zerstörungsarbeit, wie Mordbrenner, indem sie zunächst die Klöster Mühlhausen, dann Nepomut und Goldenkron erstürmten, in Brand steckten, alle Kunstdenkmale zertrümmerten, die wehrlosen Mönche aber unbarmherzig niedermetzelten. Zur selben Zeit eroberte Žižka Rabi, das Schloss des Herrn von Riesenberg, wobei unter andern Greuelthaten auch sieben Priester dem Flammentode Preis gegeben wurden. Wie die Taboriten, verfuhren auch die Orebiten, ein husitischer Heerhause, der auf dem Berge „Oreb" bei Hohenbruck im Königgrätzer Kreise seinen Waffenplatz besaß. Sie zogen sengend und brennend gegen die Hauptstadt, um den Pragern in der Belagerung des Wyschehrad, den die Königlichen inne hatten, behilflich zu sein. Feuer und Blut bezeichneten ihre Bahnen; Kloster

Ausbruch des Krieges (April, Mai 1420).

Münchengrätz, das am Wege lag, gieng in Flammen auf. Am 2. Mai 1420 trafen sie unter der Anführung des Kruschina von Lichtenburg und des Pfarrers Ambros von Königgrätz in Prag ein und wurden hier mit großem Jubel empfangen.

Langsam rückte indessen gegen Ende April die Hauptmacht Sigmunds über Glatz nach Böhmen vor, nahm die Stadt Königgrätz und lagerte sich in Kuttenberg. Die Lage der Husiten gestaltete sich ungünstig genug. Čenět von Wartenberg, der empfindlich beleidigt worden war, weil die Prager Städte den Kruschina von Lichtenburg zum obersten Befehlshaber erwählt hatten, wurde nunmehr seiner Partei treulos und spielte das Schloß Hradschin den Königlichen in die Hände. Vergeblich suchten die Prager es im Sturme wieder zu gewinnen; es gelang ihnen eben so wenig, wie der wiederholte Angriff auf den festen Wyschehrad einen Erfolg hatte. Als dann nach Zerstörung mehrerer Kirchen und Klöster (Strahow, St. Thomas, Mutter Gottes an der Brücke), sowie der Kleinseite, die Crediten Prag verlassen hatten, weil sie an der Haltbarkeit der Stadt verzweifelten, suchten die Prager mit dem Könige im Ausgleichswege sich auszusöhnen. Aber die vom Könige geforderte Auslieferung aller Waffen wurde von ihnen zurückgewiesen; lieber wollten sie sich mit den gefürchteten Taboriten verbünden, als um diesen Preis den Frieden gewinnen. Die Männer von Tabor blieben denn auf den Hilferuf der Prager auch nicht aus; am 20. Mai langten 9000 Streiter unter der Führung Žižkas in der Stadt an, und drei Tage darauf traf weitere Hilfe aus den Gegenden von Saatz, Laun und Schlan ein. Auf dieses marschierte König Sigmund mit seinem Heere auf Prag los, schwenkte aber plötzlich gegen Altbunzlau ab und zog über Melnik nach Leitmeritz, von da nach Schlan und Bürglitz und schlug endlich bei Königsaal ein Lager auf, um daselbst die deutschen Hilfstruppen zu erwarten. Diese langten Mitte Juni in Böhmen an und begannen am 30. Juni die Belagerung von Prag, an welchem Tage Sigmund seinen feierlichen Einzug auf dem Hradschin hielt.

Die vereinigten Kreuztruppen, deren Zahl sich auf 100.000 Mann belief, lagerten in einer langen Linie vom Hradschin bis Buben und Holeschowitz; in ihrer Mitte befanden sich die drei geistlichen Kurfürsten, die Kurfürsten von Brandenburg und der Pfalz, Herzog Albrecht V. von Oesterreich, der zukünftige Schwiegersohn Sigmunds, und eine Menge anderer angesehener Fürsten und Herren. Ihnen gegenüber hatten sich die Prager wohlverschanzt, und Žižka mit seinen begeisterten Taboriten hatte den im Osten der Stadt liegenden Witkowberg befestigt, um hier die Verbindung mit dem Lande aufrecht zu halten. Auf den 14. Juli, einen Sonntag, wurde der allgemeine Angriff auf die Stadt anberaumt: vom Wyschehrad sollte die Neustadt, vom Hradschin die Kleinseite berannt werden, während ein anderes Korps vom Spittelfelde (dem jetzigen Karolinenthal) gegen die Altstadt rücken und eine letzte Abtheilung den Witkowberg stürmen sollte. Es ist

Erste Kreuzzug gegen Böhmen (Jan., Juli 1420).

Kampf auf dem Žižkaberge (14. Juli 1420).

nicht klar, warum dieser an sich ganz gute Plan in seiner Ausführung scheiterte; Mangel an einheitlicher Leitung, Unterschätzung der Gegner, Uneinigkeit der Deutschen mit den in ihrem Heere befindlichen Böhmen mögen immerhin zu den in der That höchst ungünstigen Erfolgen dieses Feldzuges beigetragen haben. Es scheint, als ob auch gar kein rechter Ernst bei den Deutschen vorhanden gewesen wäre; denn als die Meißner und Thüringer, die gegen den Witkow stürmten, von den Taboriten mit großem Verluste zurückgeworfen worden waren, gab man sogleich den Kampf auf, und Sigmund meinte vielleicht doch noch im Friedenswege eine Aussöhnung bewerkstelligen zu können (14. Juli).

Es waren nämlich im Beginne des Monates Juli sämmtliche Parteien der Husiten über ihre Forderungen schlüssig geworden und hatten dieselben in den sogenannten vier Prager Artikeln als Basis weiterer Unterhandlungen formuliert. Diese wichtigen Artikel lauteten: 1. Solle das Wort Gottes im Königreiche Böhmen frei und ohne Hinderniß von christlichen Priestern verkündigt und gepredigt werden; 2. solle das hl. Sakrament des Leibes und Blutes Christi unter beiderlei Gestalten, des Blutes und des Weines, allen getreuen Christen, denen keine Todsünde im Wege stehe, frei gereicht werden; 3. da viele Priester und Mönche in weltlicher Weise über vieles irdische Gut herrschen, gegen Christi Gebot und zum Abbruche ihres geistlichen Amtes, sowie zum großen Nachtheile der weltlichen Stände: solle solchen Priestern diese ordnungswidrige Herrschaft genommen und eingestellt werden, damit sie gemäß der heiligen Schrift musterhaft leben und zum Wandel Christi und der Apostel angeleitet werden mögen; 4. sollen alle Todsünden und besonders die öffentlichen, sowie andere dem göttlichen Gesetze zuwiderlaufende Anordnungen von jenen, deren Amt es ist, ordnungsgemäß und verständig eingestellt und gestraft und das üble und falsche Gerücht von diesem Lande beseitigt und so des Königreiches wie der böhmischen Nation Gemeinwohl befördert werden. — Trotz der Bemühungen der utraquistischen Herren scheiterten auch jetzt die Unterhandlungen. Sigmund ließ sich am 28. Juli feierlichst im Dome zum Könige krönen, dann vermochte er das durch Mangel an Lebensmitteln und Krankheiten viel geplagte Kreuzheer nicht mehr beisammen zu halten, und dasselbe zog am 30. Juli bereits von Prag ab.

Die Prager vollendeten nun die Tschechisirung ihrer Stadt, indem sie die Deutschen aus Prag verwiesen und sowohl die Häuser, als auch die in der Umgebung von Prag liegenden Güter zu Gunsten des Gemeindesäckels einzogen. Hiedurch nicht wenig gekräftigt, glaubten sie ihre unheimlichen Gäste, die Taboriten, leicht entbehren zu können, und da diese mit jedem Tage ihre wilde Raub- und Plünderungswuth steigerten, so wurde ihnen jede fernere Gemeinschaft gekündigt. Žižka wandte sich mit seinen wilden Banden in's südliche Böhmen, eroberte Wodnian, Prachatitz, Lomnitz, Neubistritz, Schweinitz und Bor und schlug am 12. Okt.

Die Prager Artikel (1420).

Žižta im südlichen Böhmen (1420).

bei Horaždiowitz den sich ihm entgegenstellenden Ulrich von Rosenberg mit anderen Herren. Die Prager selbst aber wandten sich mit aller Macht gegen den Wyschehrad und zwangen die Besatzung desselben, einen Waffenstillstand einzugehen. Um dieses feste Kastell vor gänzlicher Uebergabe zu retten, eilte König Sigmund mit großentheils mährischen Hilfstruppen herbei und lieferte den Pragern vor den Thoren des Wyschehrad auf den Feldern von Pankratz eine blutige Schlacht. (1. Nov.)

Schlacht bei Pankratz 1. Nov 1420.

Auch dieses Mal blieben die Prager Sieger; Sigmund zog sich gegen Kuttenberg zurück, der Wyschehrad mußte übergeben werden, und als die Prager einrückten, um die gegen die Stadt gerichteten Mauern zu schleifen, zerstörten sie auch die kostbaren historischen Denkmale alter glänzender Zeitperioden, wie den altehrwürdigen Königspalast und die prachtvollen Kirchen des Wyschehrad.

Zizka im Westen u. Norden Böhmens 1421.

Mit der Niederlage des königlichen Heeres bei Pankratz begann eine Zeit der greuelvollsten Scenen, über deren Einzelheiten wir gerne hinwegeilen. In wilden regellosen Kampfe brennen und sengen die Taboriten auf ihren Kreuz- und Querzügen, morden ohne Unterschied des Alters und Geschlechtes, zerstören die Stätten der Kultur, vernichten die Denkmale der Geschichte und Kunst aus schöneren Zeiten und erfreuen sich an dem Wehgeschrei verbrennender Greise und Weiber, das aus den rauchenden Trümmern untergehender Dörfer und Städte zum Himmel emporsteigt. Die katholischen Herren und die deutschen Städter wehrten sich verzweifelt ihres Lebens, und es ist wohl erklärlich, wenn sie im Uebermaße des Schmerzes und in sattsam gereizter Rachelust ohne Gnade und Barmherzigkeit mit jenen Husiten verfuhren, die sie in ihre Gewalt gebracht hatten. Nachdem Zizka das südliche Böhmen mit Feuer und Schwert unterworfen und Ulrich von Rosenberg zu einem dreimonatlichen Waffenstillstande gezwungen hatte, führte er im Januar 1421 seine bluttriefenden Scharen in den Westen des Landes, um zunächst den Pilsner Kreis unter die Herrschaft des Morgensterns und Dreschflegels zu bringen. Nach der Besetzung von Chotieschau und Kladrau gelang es dem Taboritenhäuptlinge, den Bohuslaw von Schwamberg in seinem festen Schlosse zu umzingeln und gefangen zu nehmen.) Als er hierauf die Belagerung von Tachau eröffnete, hörte er, daß König Sigmund mit einem Heere herannahe. Rasch verstärkte er sich durch Streiter von Tabor und aus Prag, eilte Sigmund entgegen und drängte ihn mit geschickter Taktik aus Böhmen hinaus. Um die Mitte Februar wurde die Belagerung von Pilsen begonnen und die Pilsner nach vier Wochen zu einem Waffenstillstande bewogen, in welchem sie Duldung des Utraquismus versprachen. Entsetzen erfaßte den deutschen Norden Böhmens, als auch hieher die „Racheengel" von Tabor ihre Schritte lenkten. Die Einnahme der erzdeutschen Stadt Kommotau am Palmsonntage (16. März) 1421 hat sich bis in die Gegenwart in furchtbaren Angedenken erhalten: von den unglücklichen Einwohnern wurden nur so viel am Leben gelassen, als hinreichend waren zur Beerdigung der hingeschlachteten Mitbürger. Die Unmenschlichkeit der Husiten in Kommotau schreckte andere Städte von weiterem Widerstande ab. So ergaben sich freiwillig Maschau, Kaun und Schlan, als Žižka seinen Rückweg nach Prag antrat. In Prag gönnten sich die Sieger nur kurze Rast. Bereits am 1. April wurde Beraun unter großem Blutvergießen genommen, während Melnik ohne Widerstand kapitulierte.

Nikolaus von Hus, der sich mit den Pragern und wohl auch mit Žižka in der letzten Zeit überworfen hatte, war am 24. Dec. 1420 in Folge eines Sturzes vom Pferde gestorben. Ob er wohl den Gedanken, selbst König von Böhmen zu werden, gehegt haben mag? Wenigstens war er entschieden gegen die Bemühungen aufgetreten, einen Polen auf den Thron von Böhmen zu berufen. Mit seinem Tode verlor die weitgehendste Partei der Taboriten ihr Haupt, und vielleicht gerade desswegen wurden jetzt von überspannten Schwärmern die übertriebensten Ideen zur Geltung gebracht. Die Prophezeihungen von dem Ende der Welt und dem neu zu erstehenden Paradiese, nachdem mit Hilfe der „rächenden" Taboriten volle Strenge auf der sündigen Erde gewaltet haben würde, fanden immer mehr Anhänger, und die Masse pries den bevorstehenden Kommunismus. Denn in der neuen Periode werde es, so lehrte man, keinen Unterschied mehr geben, es werden keine Priester und keine Laien, keine Obrigkeiten und Unterthanen sein, das Eigenthum werde aufhören, der Ehestand zwischen Mann und Weib werde nicht bestehen, sondern Alles werde Allen gemeinschaftlich sein. Was von kirchlichen Gebräuchen sich noch erhalten hatte, wurde jetzt rücksichtslos abgeschafft und jene Gegenstände, die Anderen zur Verehrung dienten, verhöhnt und verspottet, Monstranzen und andere heilige Gefäße zerschlagen. Selbst das Sakrament des Altars verlor seine höhere Bedeutung; es sei nichts Anderes, als eine geweihte Speise, seine Anbetung sei Aberglaube und Götzendienst, und zum Zeichen der Werthlosigkeit der heiligen Hostien wurden dieselben auf die Erde geworfen und mit Füßen getreten. Anhänger dieser extremen Anschauungen, unter denen sich insbesondere ein junger mährischer Priester, Namens Hauska, hervorthat, nannte man Pikarditen, weil man sie mit einer Anzahl französischer also genannter Schwärmer, die 1418 nach Böhmen gekommen waren, in Zusammenhang brachte. Die neue Zweigsekte wurde von der Mehrzahl der alten Taboriten auf's Heftigste verfolgt und im Frühjahre 1421 eine Menge Pikarditen gezwungen, Tabor zu verlassen. In rasender Wuth darüber, begannen die Vertriebenen als wahrhaftige Rachegeister sich zu geberden, indem sie durch Raub, Mord und Brand das sündige Sodoma zu vertilgen meinten. Um den gehofften paradiesischen Zustand zu verwirklichen, legten einige in ihrem Wahnsinne alle ihre Kleider weg und liefen „als Adamiten" ganz nackt in den Wäldern umher; dabei verwarfen sie Himmel und Hölle, läugneten die Gottheit und den Teufel und huldigten pantheistischen Anschauungen. Am meisten störten den Taboritenhäuptling Žižka die neuen Ausartungen in seinen Plänen, und er beschloß mit gewohnter Energie, kurzen Proceß

(Randnotiz:) Pikarditen, Adamiten (1421).

zu machen. Die Abtrünnigen wurden mit blutigem Kriege überzogen, zersprengt, gefangen genommen und fünfzig, die nicht ablassen wollten von ihren Lehren, bei dem Dorfe Klokot verbrannt. So weit war es gekommen, daß dieselben Männer, welche in wilde Wuth über die Verbrennung des Hus gerathen waren, jene aus ihrer Mitte dem Feuertode überlieferten, welche die äußersten Konsequenzen der neuen Lehren gezogen hatten.

Die Prager setzten inzwischen die gewaltsame Husitisierung des Landes fort. Unter großen Greueln wurde Böhmischbrod eingenommen; Kaurschim, Nimburg, Kolin und Caslau ergaben sich freiwillig. Die Klöster Silber-Skalitz, Sedletz und Opatowitz giengen in Flammen auf, während das Sazawer, Wilimower und Dobrawitzer Kloster zwar von den Husiten besetzt, aber noch geschont wurde. Selbst Kuttenberg, das feste Bollwerk der Katholiken und Deutschen, mußte sich ergeben, und Gnade flehend zogen die Bürger den Pragern bis zum Kloster Sedletz entgegen (25. April 1421). Nur wenig Orte wagten überhaupt noch Widerstand zu leisten. So kapitulierten die festen königlichen Schlösser Zleb und Lichtenburg und die Stadt Chrudim; ihrem Beispiele folgten Hohenmauth und Leitomischel, nachdem die Klöster von Pardubitz, Sezemitz und Podlažitz vernichtet worden waren. Als Politschka von Žižka, der schon bei Chrudim zu den Pragern gestoßen war, mit Gewalt genommen worden war, wurden die angränzenden Mährer durch eine gegen sie gerichtete Schwenkung eingeschüchtert. Das nächste Ziel fanatischer Zerstörungslust war Joromirsch, damals die bedeutendste deutsche Stadt des Königgrätzer Kreises; sie ergab sich nach den ersten Stürmen, ihre Einwohner aber wurden trotz des gewährten freien Abzuges theils verbrannt, theils in die Elbe geworfen. Stadt Königinhof kapitulierte, während Trautenau Widerstand leistete, dafür aber eingeäschert wurde. Die siegreichen Scharen drangen nun gegen Leitmeritz, das im Bewußtsein des fruchtlosen Widerstandes um Frieden ansuchte (29. Mai).

Kurze Zeit war verflossen, und der größte Theil des aus tausend Wunden blutenden Landes beugte sich der dämonischen Gewalt des blinden Häuptlings von Tabor. Jeder Widerstand gegen den Kelch wurde unbarmherzig mit Blut oder Feuer erstickt, der utraquistisch gesinnte Adel näherte sich immer mehr den Pragern, der Prager Erzbischof selbst sprang zur utraquistischen Partei über, erkannte die vier Artikel an und weihte Priester aus, welche das Abendmahl unter beiden Gestalten spendeten. Die deutschen Städte waren mit wenig Ausnahmen erobert worden, und systematisch wurde von den Husiten ihre Tschechisierung betrieben. Diejenigen von den Einwohnern, welche die vier Artikel nicht anerkennen wollten, mußten in einer bestimmten Frist auswandern, über die Zurückgebliebenen aber wurden von den Pragern, welche sich dieses königliche Recht anmaßten, Schöppen und Hauptleute eingesetzt. Wiewohl in dem Vorgehen den Katholiken und Deutschen gegenüber die Taboriten und Prager so ziemlich übereinstimmten, so zeigte sich doch von Zeit zu Zeit die tiefe Kluft, welche bereits zwischen beiden Parteien gähnte. Die Taboriten hatten sich in Nikolaus von Pilgram ihren eigenen Bischof gewählt, der sofort begann, gegen alles kanonische Recht Priester auszuweihen. In Prag selbst vertrat die taboritische Partei am eifrigsten Johann von Seelau, der Liebling der niederen Volksklassen, die er durch seine tolldreisten Reden zu ködern verstand. Ja Johann stürzte kurz nach dem Časlauer Landtage mit Hilfe seiner Anhänger den Magistrat der alten und neuen Stadt, vereinigte beide Gemeinden zu Einer und setzte zuerst vier Hauptleute und dann dreißig Schöffen, die sich gefügig zeigten, ein. Er selbst aber ließ sich nebst Jakob von Mies zum obersten Vorsteher der Geistlichkeit Prags wählen, in welcher Eigenschaft er für Verbreitung seiner taboritischen Lehren Gelegenheit genug fand.

Die mit den mährischen Ständen verabredete Idee der Husiten, Anfangs Juni (1421) einen gemeinschaftlichen Landtag zu Časlau zur Wiederherstellung der allgemeinen Ruhe abzuhalten, kam in der angegebenen Zeit zur wirklichen Ausführung. Die zahlreich versammelten Böhmen und Mährer beschlossen am 7. Juni, fest an den vier Prager Artikeln zu halten und zur weiteren Ordnung der kirchlichen Angelegenheiten nächstens eine Synode der gesammten Geistlichkeit nach Prag zu berufen. Zu demselben Landtagsbeschlusse erklärten die Böhmen, den ungarischen König Sigmund nicht mehr als den ihrigen anerkennen zu wollen und setzten eine provisorische Regierung von zwanzig Männern ein, von denen fünf aus dem Herren-, fünf aus dem Ritterstande, vier aus der Prager Gemeinde, zwei aus der Taboritengemeinde und vier aus den übrigen Städten und Gemeinden sein sollten. Geringere Uebereinstimmung als auf dem Časlauer Landtage herrschte unter den Husiten auf der Prager Synode, die am 4. Juli im Karolinum ihre Sitzungen eröffnete. Denn die taboritische Partei versagte den Beschlüssen der Synode, welche den Ansichten der Prager Partei entsprachen, ihre Zustimmung, und die Versammlung gieng ohne ein besonderes Resultat wieder auseinander.

König Sigmund, der während dieser Zeit mit den Türken, welche die Gränzen Ungarns beunruhigten, zu kämpfen hatte, konnte gegen den Fortschritt der böhmischen Revolution Nichts unternehmen. Die deutschen Reichsfürsten dagegen versammelten sich im April 1421 in Nürnberg und im Mai in Wesel, um über einen abermaligen Kreuzzug gegen die böhmischen Ketzer zu berathen. In letzterer Stadt, wohin sich auch König Sigmund begeben hatte, wurde der zweite Feldzug gegen die Husiten beschlossen. Das Vorspiel zum großen Kampfe eröffneten die Schlesier, welche noch während des Časlauer Landtages unter großen Verheerungen in Böhmen einfielen und von der deutschen Stadt Braunau aus gegen den aufgebotenen Landsturm des Königgrätzer Kreises mit zweifelhaftem Glücke operierten. Entschieden günstiger, als die Schlesier, kämpften im westlichen Böhmen die Meißner. Hier hatten die Husiten nach dem Časlauer Landtage die Klöster von Doxan, Teplitz und Ossegg, sowie die Städte Dux und Bilin unterworfen und

Marginal notes:

Časlauer Landtag (Juni 1421).

Prager Synode (Juli 1421).

Zweiter Kreuzzug (1421 2).

schickten sich eben an, das feste königliche Schloß von Brur, Landeswart, zu er

Schlacht bei Brursturmen. (5. Aug. 1421). stürmen. Da rückte Friedrich der Streitbare, der Markgraf von Meißen, zum Entsatze heran, warf sich mit aller Macht auf die Husiten und schlug diese im ersten heftigen Anprall in wilde, schimpfliche Flucht (5. Aug. 1421). Ein Ausfall der Brürer Bürger und der Burgbesatzung vollendete die Niederlage des Feindes.

Der tapferen Heldenthat der Meißner und Brürer Gegenbild bietet das tägliche Schauspiel, welches im nächsten Monate der Zug des großen Reichsheeres gegen Böhmen gewährte. Denn als derselbe nicht einmal die sich allerdings tapfer wehrende Stadt Saatz zu erobern im Stande war und der gewöhnliche Hader unter den kurfürstlichen Führern ausbrach, als ferner König Sigmund trotz der Verabredung mit seinem Heere nicht herannahte, dafür aber der inzwischen vor Rabi ganz erblindete Zizka mit seinen Scharen gegen Saatz aufbrach, zerstreute sich das Kreuzheer in unbegreiflicher Planlosigkeit. Zu spät traf König Sigmund in Böhmen ein. Wohl hatte er mit Leichtigkeit Mähren gewonnen, und die mährischen Stände hatten auf einem Landtage in Brünn (10. Nov.) den Prager Arti-

Schlacht bei Teutschbrod (6. Jan. 1422). keln abgeschworen: aber in Böhmen blieb auch diesmal die husitische Partei siegreich. Denn Zizka eilte von Saatz aus über Prag den Königlichen bei Kuttenberg entgegen, schlug sich durch das feindliche Heer, das ihn am Berge Kank einge- schlossen, mit großer Kühnheit, raffte in aller Eile den Landsturm der Gegenden von Gitschin und Turnau zusammen und siegte entscheidend bei Habern und Deutschbrod (8. Jan. 1422).

Innere Parteiungen (1422). Nur gegen die äußere gemeinschaftliche Gefahr standen die Husiten wie Ein Mann mit ausgezeichneter Schlagfertigkeit da, ihre inneren Verhältnisse dagegen boten das Bild jämmerlicher, mit jedem Tage sich mehrender Zerrissenheit. Pikar- diten und Adamiten tauchten wiederholt auf, trotzdem mit unerbittlicher Strenge gegen sie verfahren wurde, und nebst vielen anderen auch die Gebeine des Martin Hauska (Loquis) auf Befehl Zizkas im Scheiterhaufen verkohlten. Die Prager sonderten sich immer mehr von den Taboriten ab, während die utraquistische Adel

Johann von Seelau Tod (9. März 1422). Miene machte, beiden Parteien den Rücken zu kehren. In der Hauptstadt trieb der gefährliche Agitator Johann von Seelau sein Unwesen, indem er den Stadt rath terrorisierte, eine Erneuerung desselben durch die aufgestachelten Volkshaufen erzwang und den Johann Hwězda von Wicemilitz zum obersten Hauptmann der Stadt ernannte. Um den taboritischen und pikarditischen Neuerungen größeren Ein gang zu verschaffen, ließ sich der exaltierte Mönch zum obersten Vorsteher der Geistlichkeit ernennen und gesellte sich zum Scheine noch drei abhängige Gesin- nungsgenossen als Amtskollegen bei. Schonungslos verfolgte er seine Widersacher, so wie er denn unter Andern den Stadtrath zur schändlichen Hinrichtung des Jo- hann Sadlo von Kostelez, eines Hauptes der aristokratischen Partei, verführte. Der Adel sowohl als die besonnenere Bürgerpartei wandten sich mit Abscheu von dem rücksichtslosen Treiben der Seelauischen Koterie weg, aber erst nach der

Schlacht von Habern und Deutschbrod wagten sie es, offen mit ihrer Opposition hervorzutreten. Sie setzten es durch, daß einem Schiedsrichter die Frage zur Entscheidung vorgelegt wurde, ob noch ferner die Oligarchie des Johann von Seelau und seiner Anhänger in Prag herrschen solle. Die Schiedsrichter erklärten sich für das Gegentheil, ordneten eine neue Zusammensetzung des Stadtrathes der alten und neuen Stadt an und ernannten zum obersten Hauptmann der Prager Städte den Haschek Ostrowsky von Waldstein (Febr. 1422). Damit war die Macht des Priesters Johann gebrochen, und sein Stern war im Erbleichen. Da er sich aber immer noch der Gunst der niederen Volksklassen erfreute, so schritt der Stadtrath zu erbärmlicher That. Er lockte den gewaltigen Volksagitator durch List in das Altstädter Rathhaus und ließ ihn mit zwölf seiner Anhänger enthaupten (9. März 1422). Furchtbar war die Rache, welche der Pöbel an den Feinden seines ermordeten Lieblings nahm. Das Rathhaus wurde gestürmt und die Schöffen, die man erwischte, kurzweg niedergehauen. Vergeblich rückte Haschek von Waldstein mit bewaffneten Leuten gegen den erzürnten Pöbel, der die Häuser der Rathsherren und Magister plünderte, Bibliotheken zerstörte und die verhaßten Priester mißhandelte. Eine allgemeine Judenhetze schloß den Tag des Greuels, von dem ein Bericht erzählt: „An diesem Tage war der Schaden in Prag größer, denn der, als König Sigmund die Stadt umlagerte mit einer Macht von mehr als hunderttausend Mann". Am anderen Tage (10. März) wurden neun Schöffen gewählt, die sammt und sonders der Partei des Johann von Seelau angehörten. Der junge Rath eröffnete eine Periode der zügellosesten Ochlokratie und ließ am ersten Tage seiner Wirksamkeit fünf gefangene Schöffen aus der früheren Zeit enthaupten, die mißliebigen Priester und Magister aber nach Hohenbruck bei Königgrätz in Gefangenschaft abführen.

Da die Utraquisten in ihren Unterhandlungen mit dem Polenkönige Wladislaw unglücklich waren, indem dieser die angebotene Krone Böhmens verschmähte, so hatten sie sich noch vor dem zweiten Kreuzzuge auf einer Versammlung in Kuttenberg an Witold, den Großfürsten von Lithauen, gewandt, um denselben zur Besteigung des böhmischen Thrones zu bewegen. Witold gieng nach langem Zögern und nur unter der Bedingung auf die Wünsche der Böhmen ein, wenn diese in den Schoß der allgemeinen Kirche zurückkehren und in Gehorsam dem Papste sich unterwerfen würden. Er ernannte vorläufig seinen Neffen Sigmund Korybut zum Landesverweser von Böhmen, und dieser traf bereits am 16. Mai 1422 mit seinem Kriegsvolke in Prag ein. Seine Regentschaft, die den Frieden verhieß, wurde nicht nur von den gemäßigteren Husiten, sondern auch von Zizka anerkannt; allein nur zu bald sollten diejenigen enttäuscht werden, welche von dem Lithauer die vollkommene Wiederherstellung der Ruhe erwarteten. Es war schon eine schlechte Vorbedeutung, daß Korybut die von den Königlichen besetzte Burg Karlstein trotz aller Anstrengung nicht erobern konnte. Zur selben Zeit erhob sich

Sigmund Korybut (1422).

in Prag die Partei des Johann von Seelau, welche gegen Korybut wegen der Absetzung des Seelau'schen Stadtrathes ergrimmt war, zum gefährlichen Aufruhr und setzte sich in Verbindung mit einem Theile der Taboriten, welche sich unter Hwězda von Wicemilitz und Pohuslaw von Schwamberg von Žižka losgesagt hatten, seitdem dieser die Regierung des lithauischen Prinzen anerkannte. Die Meuterei konnte nur durch Gewalt und Hinrichtungen erdrückt werden, und die junge Friedensregierung befleckte sich sofort mit Blut. Noch ehe das Jahr übrigens zu Ende gieng, mußte Korybut aus dem Lande weichen. Denn sein Oheim Witold, der durch Verhandlungen mit König Sigmund gänzlich umgestimmt worden war, sandte selbst Boten nach Prag und befahl dem Neffen in seine Heimath zurückzukehren. Am 24. December 1422 zog Prinz Korybut aus Prag weg, mit dem Bewußtsein, trotz des besten Willens Nichts zur Beruhigung des Landes beigetragen zu haben. Nicht einmal Karlstein hatte er nehmen können, sondern mit der Besatzung einen Waffenstillstand auf ein Jahr schließen müssen.

Kampf der Herren und Prager gegen die Taboriten (1423).

Der Abzug des Prinzen Korybut aus Böhmen gab die Losung zum Kampfe zwischen den Pragern und den utraquistischen Herren einerseits und der taboritischen Brüderschaft andererseits. Die Annäherung der ersteren an die katholische und königliche Partei erbitterte letztere auf's Heftigste, und selbst Žižka wandte sich wieder von den gemäßigten Utraquisten zur extremen Taboritenfraktion. Zum gegenseitigen Hasse der Parteien mag wohl auch der Umstand beigetragen haben, daß die utraquistischen Herren seit Korybuts Regierung im Besitze der höchsten Aemter sich befanden und dieselben jetzt niederzulegen nicht gesonnen waren. Bei Horschitz auf dem Gotthardberge kämpften Böhmen gegen Böhmen in blutigheißer Schlacht (20. April 1423); Žižka blieb Sieger gegen die Herren, während eine andere Abtheilung der Taboriten das Schloß Křizenec bei Wožitz mit Erfolg gegen die Prager vertheidigte. Zwar fand am 24. Juni zu Konopischt eine Versöhnung der sich bekämpfenden Parteien statt, allein Jedermann wußte, daß unter dieser Versöhnung nur eine Art Waffenstillstand zu verstehen war.

Dritter Kreuzzug (1422/3).

Die Bemühungen des Papstes, das ketzerische Böhmen durch einen neuen Kreuzzug zu pacificieren, waren keinesfalls eingeschlafen. Im Juli des vorigen Jahres (1422) schon war auf dem zahlreich besuchten Reichstage von Nürnberg unter dem Vorsitze des Königs Sigmund nicht nur ein Kriegszug zur Befreiung des eben von Korybut belagerten Karlstein beschlossen worden, sondern man hatte sich auch dahin geeinigt, ein Söldnerheer aufzubringen und bis zur gänzlichen Vertilgung der Ketzer zu erhalten. Wenn nur die schönen Beschlüsse durch die Ausführung nicht gar zu sehr zu Schanden gemacht worden wären! Litten die früheren Kreuzheere durch die Uneinigkeit vieler Anführer, so war wohl jetzt ein einziger Feldherr in dem Markgrafen Friedrich von Brandenburg an die Spitze der Expedition gestellt worden, allein dieser hatte wieder keine Truppen, da die lässigen Reichsstände es verabsäumten, ihre Kontingente zu stellen. Mit dem kleinen Heere brach er wohl im Oktober 1422 über den Böhmerwald gegen Tachau in's Land herein und drang bis Brüx vor, wo er sich mit dem Markgrafen von Meißen berieth, dann aber wieder gegen Tachau zurückmarschierte. Die ganze Diversion scheint nur den Waffenstillstand wegen Karlstein herbeigeführt zu haben. — Da von den deutschen Fürsten, die untereinander abermals in langwierigen Hader sich verwickelt hatten, vorderhand keine weitere Kriegsthätigkeit zu erwarten war, so begann König Sigmund eifrige Unterhandlungen mit König Wladislaw von Polen und Großfürst Witold von Litthauen. Weil diese auch vom Papste und von ihrem eigenen Landesklerus bearbeitet wurden, so erklärten sie an einem Kreuzzug gegen die Ketzer Antheil zu nehmen und trafen hiezu im Frühjahre 1423 durch allerlei Rüstungen die nothwendigen Anstalten. Doch auch diese Vorbereitungen verrannen im Sande, da die Betheiligung der deutschen Reichsstände nicht ermöglicht werden konnte.

Fernere Kämpfe der Prager gegen die Taboriten. (1423 4).

Dass die Konopischter Versöhnung auf unsicheren Grundlagen beruhte, sollte der sofortige Ausbruch neuer Spaltungen der Husiten untereinander beweisen. Denn während ein Theil derselben unter Anführung des Dionys Borschek von Miletin Mitte Juli 1423 einen verwüstenden Einfall in Mähren machte, blieb Žižka in Böhmen und verband sich sogleich mit den Königgrätzern, als diese dem ebengenannten Borschek, ihrem Burggrafen, den Gehorsam kündigten. Borschek eilte auf diese Nachricht aus Mähren zurück, erlitt aber am 4. August durch Žižka bei dem Hofe Strachow in der Nähe von Königgrätz eine empfindliche Niederlage. Mit den siegberauschten Taboriten warf sich Žižka nach Časlau, schlug die Prager, welche diese Stadt belagerten, zurück und trug hierauf den Schrecken seines Namens nach Mähren und Ungarn, in welch' letzterem Lande er bis über Thrnau vordrang. Noch größer wurde die Kluft zwischen den Pragern und den Taboriten, als erstere mit der Partei Sigmunds auf einem Landtage in Prag (16. Okt.) über eine allgemeine Aussöhnung zu unterhandeln begannen. Obwohl dieselbe misslang, entflammte doch Žižka in wildem Hasse gegen die Friedfertigen. Verwüstend durchzog er die Güter der feindlichen utraquistischen Herren, und als die Prager gegen ihn in's Feld rückten, schlug er sie in der mörderischen Schlacht bei Maleschau (7. Juni 1424).

Korybuts Rückkehr (1424).

Wohl mit Leichtigkeit hätte man nunmehr die Husiten, die sich untereinander zerfleischten, besiegen können, wenn man nur zu einer einzigen kräftigen Expedition gegen sie gelangt wäre. Jedoch jetzt galt es die Frage, auf welcher Seite die Uneinigkeit größer war. Die Kurfürsten mochten auf einer Versammlung in Bingen (17. Jan. 1424) von König Sigmund Nichts mehr wissen, und wenn auch Wladislaw von Polen und Witold von Litthauen auf einer persönlichen Zusammenkunft mit Sigmund von Böhmen abermals den Krieg erklärten, so waren doch beide Fürsten nicht im Stande, ihren Anverwandten Sigmund Korybut, den sein Ehrgeiz nach Prag zurückdrängte, von der Reise dorthin zurückzuhalten, noch weniger aber ein bedeutendes Heer in's Feld zu stellen. Prinz Korybut traf in der That am 29. Juni in Prag ein und wurde daselbst als höchster Leiter der politischen Angelegenheiten anerkannt. Žižka aber, der sich immer mehr in den Hintergrund gedrückt sah, war nicht im Geringsten mit dieser neuesten Wendung der Dinge einverstanden. Kein Stein der treulosen Hauptstadt soll auf dem andern bleiben, schwur er, rückte gegen dieselbe vor und lagerte sich bei Lieben. Es ist unklar, wie jetzt im verhängnisvollen Augenblicke dem gräßlichsten Kampfe vorgebeugt worden ist. Sei es, daß die alten Taboriten sich scheuten, die Hauptstadt ihres Landes zu zertrümmern, sei es, daß die dazu bestimmten Abgesandten des Fürsten Korybut, an deren Spitze der beredte Prediger am Tein, Johann von Rokytzan stand, den rachedürstenden Žižka zu besänftigen wußten, oder daß die Nachricht von den glücklichen Fortschritten der Königlichen in Mähren die Vereinigung bewirkte: es wurde im September auf dem Spittelfelde ein Friede abgeschlossen und ein gemeinschaftlicher Kriegszug nach Mähren verabredet.

Žižkas Tod
(11. Okt. 1424). Am 4. Oktober 1423 hatte König Sigmund seinem Schwiegersohn Albrecht von Oesterreich in Ofen die Markgrafschaft Mähren zum Lehen gegeben und ihn zugleich zum Erben der böhmischen Krone nach seinem Tode eingesetzt. Da der österreichische Herzog in Besitzergreifung der Markgrafschaft mit Glück vorgieng, so suchten ihm nach dem Liebner Frieden die Husiten mit vereinter Gewalt entgegen zu treten. Sie waren nahe an der mährischen Gränze angelangt, als sie ein unersetzlicher Verlust traf. Bei Belagerung der Burg Přibislau nämlich erkrankte Žižka an Pestbeulen und starb am 11. Okt. 1424, nachdem er noch seine Umgebung ermahnt hatte, „voll Gottesfurcht fest und getreu die göttliche Wahrheit zu schirmen um der ewigen Vergeltung willen". Der Leichnam des Verschiedenen wurde Anfangs in Königgrätz und später in der Pfarrkirche zu St. Peter und Paul in Časlau bestattet. Es erübrigt wenig mehr zu sagen über den berühmten Taboritenhäuptling, der seinen gefürchteten Namen mit blutigem Griffel in die Annalen der Geschichte eingegraben hat. Sein Feldherrntalent kann nicht bestritten werden, eben so wenig, wie sein ungetheilter Eifer für die Lehre des Magisters Hus. Wohl neigte er sich im Innern mehr zu den gemäßigten Anschauungen der Prager Utraquisten, in Praxis aber stand er als Geißel Gottes an der Spitze der wilden taboritischen „Racheengel", um alle Andersgläubigen mit Feuer und Schwert zu bekehren. Umsichtig und scharfsinnig als kühner Lenker der rasselnden Wagenburg war Žižka verschwommen in seinen politischen Ansichten, und die Verfolgung seiner unklaren republikanischen Anschauungen verrieth deutlich genug den Mangel eines jeden staatsmännischen Talentes. Mit Hus und andern religiösen Eiferern theilte er einen leidenschaftlichen Haß gegen die Deutschen, die er fast mehr als solche, denn als Katholiken verfolgte. Das Gesammtbild des husitischen Häuptlings trägt keineswegs den Stempel eines großen Mannes an sich, und sollte deshalb nicht mit Vorliebe zum Nationalhelden, am allerwenigsten aber zum Träger menschlicher Ideale emporgeschraubt werden. Die Tschechen haben doch noch andere Männer in ihrer Geschichte, die großartigere Eigenschaften besitzen, die weniger unduldsam in Religion und Nationalität sich zeigten, und an denen nicht der hundertste Theil des Jammers und unschuldig vergossenen Blutes klebt, das der blinde Heeresführer seinen Leidenschaften geopfert. Ob nicht etwa das äußerliche Merkmal der Erblindung auf beiden Augen dazu beigetragen hat, den erkünstelten Nimbus der dämonischen Gestalt zu erhöhen?

Während die Husiten ihren Feldzug nach Mähren fortsetzten, wurden in Böh-men abermalige Versuche zur Versöhnung angestellt, und zwar nicht nur zwischen den Utraquisten und Katholiken auf einem Landtage zu Ihitz, sondern auch zwischen den Pragern und Taboriten durch ein Religionsgespräch in der Prager Burg. Allein jeder Ausgleich scheiterte an der Hartnäckigkeit der einzelnen Parteien, welche nach Zizka's Tode noch um eine neue vermehrt worden waren. Ein Theil der Taboriten nämlich glaubte durch den Tod des geliebten Anführers ohne Vater zu sein und nannte sich Waisen; sie gründeten unter eigenen Hauptleuten eine besondere Brüderschaft und neigten sich, wie Zizka, in den meisten religiösen Fragen den Pragern zu. Eine große Zahl der Taboriten aber blieb den alten Grundsätzen getreu und war entschlossen, den Kampf gegen die Ungläubigen in der begonnenen Weise fortzu-setzen. Tabor blieb ihr militärischer Stützpunkt, als Anführer erscheinen zuerst Hwězda von Wicemilitz und späterhin Prokop Holy, das ist der Geschorene, so geheißen wegen seiner Platte, die den früheren Mönch kennzeichnete. Die andern Landstädte theilten sie mit den Waisen, die sich als vorzüglichsten Waffenplatz Königgrätz ausersehen hatten. Den Waisen schlossen sich jetzt auch größtentheils die Horebiten unter Kruschina von Lichtenburg an. Baldigst waren die Parteien, die sich nicht versöhnen konnten, wieder gegen einander in den Waffen. Anfangs 1425 zogen die Prager, welche durch Gewalt eine Einigung herbeiführen wollten, unter Fürst Korybut gegen die vereinigten Taboriten und Waisen, ohne etwas ausrichten zu können. Unter vielem Blutvergießen wurde gekämpft bis zum 18. Oktober 1425, an welchem Tage im Lager von Wožitz ein Friede zu Stande kam.

Die geeinigten Husiten zogen nach dem Wožitzer Frieden kreuz und quer nach allen Richtungen, überall plündernd und verwüstend. Albrecht von Oesterreich, der mit dem Könige Sigmund in Mähren eingebrochen war, wurde aus diesem Lande wieder vertrieben und Retz in Oesterreich von den Husiten eingenommen. Im Frühjahr 1426 wurde Mähren durch einen abermaligen Einfall heimgesucht und gleich darauf das nördliche Böhmen mit Krieg überzogen, allwo Weißwasser, Leipa, Trebnitz, Teplitz, Graupen und Dux in die Hände der Kelchner fielen. An ein gemeinschaftliches Auftreten Deutschland's gegen den immer gräßlicher auftre-tenden Husitismus war schon nicht mehr zu denken, so viel sich auch König Sig-mund Mühe gab. Die im Februar zu Wien und im Mai zu Nürnberg abge-haltenen Reichstage erfreuten sich keiner zahlreichen Theilnahme, und die daselbst

Die Waisen und andere Parteien.

Friede von Wožitz (1425).

Schlacht bei Aussig (16. Juni 1426).

gefaßten Beschlüffe eines perpetuellen Krieges gegen das ketzerische Böhmen erwarteten vergeblich die Ausführung. Nur Albrecht von Oesterreich, der Schwiegersohn des Königs und Friedrich der Streitbare, der Markgraf von Meißen, der kürzlich von Sigmund Sachsen erhalten hatte, zeigten ernstlichen Willen zum Kampfe. Des letzteren Gemahlin Katharina wurde noch, während ihr Gemahl am Nürnberger Tage weilte, wiederholt von den Bewohnern der Stadt Aussig, die an Sachsen mit Brüx verpfändet worden war, angegangen, Hilfe zu bringen gegen Jakaubek von Wřesowitz, welcher der Stadt durch enge Belagerung hart zusetzte. Unverzüglich sammelte die herzhafte Fürstin ein Heer, das unter der Anführung des Herrn Bosso von Witthum zum Entsatze von Aussig nach Böhmen eilte. Aber auch die Husiten sammelten ihre Streitkräfte und erwarteten unter Sigmund Korybut und Prokop dem Kahlen auf der Anhöhe beim Dorfe Predlitz, Bihany genannt, den Angriff der Meißner. So kam es am 16. Juni zur blutigheißen Schlacht, in welcher nach langen Ringen, die Deutschen trotz ihrer Uebermacht weichen mußten. Die Verluste in dem mörderischen Kampfe waren auf beiden Seiten groß; die Husiten aber bewährten ihren alten Schlachtenruhm, und das fremde Heer war so viel, wie vernichtet. Am andern Tage fiel Aussig; die Stadt gieng in Flammen auf und lag durch drei Jahre wüste.

Weitere Kriegsereignisse (1426 f).

Nach der Schlacht bei Aussig war es insbesondere der hussitische Bandenführer Jakaubek von Wřesowitz, der seine Macht im Bielathale durch „kleinen Kampf" befestigte und Bilin, Teplitz, und andere Orte nahm. In Mähren aber mußte Herzog Albrecht von Oesterreich die Belagerung Lundenburgs aufgeben, als Prokop der Kahle gegen ihn heranrückte (19. Nov.) Anfangs 1427 drangen Taboriten und Waisen nach Oesterreich vor und errangen einen blutigen Sieg bei Zwettel (13. März). In Böhmen aber fiel das wichtige Mies in ihre Hände. Selbst der mächtige Herr Ulrich von Rosenberg konnte nicht umhin, einen Waffenstillstand mit den Taboriten trotz aller Gegenbemühungen König Sigmunds abzuschließen.

Magister Přibram.

Wie das bluttriefende Schwert keine Ruhe fand, ebenso dauerte der Hader in der Theorie fort. Wiederum war ein Magister, Namens Johann Přibram, aufgestanden, der sich in seinen Lehren mehr als ein anderer dem Katholicismus näherte und bald die nach Ruhe sich Sehnenden auf seiner Seite hatte. Er behielt zwar das Abendmahl unter beiden Gestalten bei, erklärte sich aber gegen die meisten Glaubenssätze Wiklefs und der Taboriten, predigte für die Rückkehr unter den Gehorsam des Papstes und verwarf die Besitznahme geistlicher Güter durch Laien. Obwohl Přibram von Johann von Rokytzan, Jakob von Mies und anderen eifrigst befehdet wurde, so wuchs doch sein Anhang, und selbst Prinz Korybut neigte sich seiner Lehre zu. Dieser Fürst hatte nämlich bereits die Ueberzeugung gewonnen, daß er oder seine Verwandten eher in Besitz der böhmischen Krone gelangen würden, wenn eine Aussöhnung der Böhmen mit dem Papste zu Stande käme, als wenn der Krieg in seiner Furchtbarkeit fortwüthe. Er schickte beßwegen heimlich an Martin V. eine Botschaft, damit dieser das Einigungswerk befördere. Zum Unglück aber wurde Korybut's Plan verrathen, und Rokytzan predigte am Gründonnerstage (17. April) Rache und Sturm gegen Korybut und Pribram. Das aufgeregte Volk erhob sich sofort gegen den Königshof, allwo Korybut residierte, nahm den Prinzen gefangen und führte ihn verkappt auf's Hradschiner Schloß, von wo er später auf Schloß Waldstein im Bunzlauer Kreise gebracht wurde. Johann Pribram aber und die gleichgesinnten Magister und Priester, die gleichfalls in Gefangenschaft gerathen waren, wurden von Prag ausgewiesen (1427).

Korybut gefangen (1427)

In Deutschland hatte die Niederlage der Meißner bei Aussig gewaltigen Schrecken erzeugt, und viele Städte, selbst in weiterer Ferne, trafen Vertheidigungsmaßregeln in der Furcht vor einem Einbruche der Husiten. Ein Streifzug, den im Mai Protop der Große und Prokupek (der kleine Prokop) in die Lausitz und nach Schlesien unternahmen, verwandelte die bangen Ahnungen in die grausamste Wirklichkeit. Ausgeplünderte Dörfer, die Brandstätten der eingeäscherten Städte Lauban und Goldberg in Schlesien kennzeichneten den Marsch der Husiten in Deutschland, während zur selben Zeit ihre Bundesgenossen in Böhmen die festen Schlösser Rothberg an der Aupa und Zleb bei Časlau zerstörten. So kam der Monat Juli heran, bis sich die Fürsten in Deutschland wieder zu einem gemeinsamen Schritte ermannten. Mühe genug hatte sich allerdings der Gesandte des Papstes Kardinal Heinrich von Winchester geben müssen, ehe er auf einem Reichstage in Frankfurt den Beschluß eines neuen Kreuzzuges gegen Böhmen erwirkte. Die Expedition unter der Führung des Markgrafen von Brandenburg und unter Beisein des Kardinals und mehrerer deutschen Fürsten erlitt jedoch dasselbe klägliche Schicksal, wie die früheren. Kaum hörten die Husiten, daß die deutschen Feldtruppen die Stadt Mies belagerten, so zogen sie alle ihre Streitkräfte zusammen und eilten zum Entsatze herbei. Die Kreuzfahrer aber wendeten sich auf diese Nachricht sogleich über Tachau nach dem Böhmerwald zurück und verließen, verfolgt von den Feinden, unter bedeutenden Verlusten das Land (Aug. 1427). Die unmittelbare Folge der schmählichen Flucht des Kreuzheeres bei Mies war die Einnahme von Tachau und ein Waffenstillstand, den die noch immer nicht bezwungenen Pilsner mit den Husiten eingehen mußten. Nachhaltiger noch wirkten die immer entschiedener sich zeigende Abneigung der Deutschen gegen weitere Bekämpfung der Ketzer und der siegesgewisse Muth der letzteren, durch welchen sie sehr bald in die Nachbarländer zu verwüstenden „Rachezügen" getrieben wurden.

Vierter Kreuzzug (1427).

Nachdem nämlich einige utraquistische Adelige ihren Versuch, den Prinzen Korybut aus der Gefangenschaft zu befreien, mit dem Verluste der Freiheit oder auch des Lebens gebüßt hatten, Korybut selbst aber von den Pragern über die

Raubzüge in die Nachbarländer (1427 s).

Landesgränze gebracht worden war (9. Sept. 1427), marschierten am 11. Sept. die Sieger von Mies und Tachau unter Protop dem Großen in Prag ein. Kolin mit seinen festen Mauern und Thürmen war der nächste Zielpunkt der nicht lange rastenden Scharen. Als auch diese Stadt, freilich erst nach dreimonatlicher Bela= gerung, kapituliert hatte (16. Dec.), eröffnete Protop jene schrecklichen Raubzüge in die Nachbarländer Böhmens, deren trauriges Angedenken sich noch in vielen Gegenden bis auf den heutigen Tag erhalten hat. Ein bestimmter Sinn und Plan ist in diesen blutigen und jammerreichen Streifereien nicht zu erkennen, außer man wollte der kampfgewohnten und plünderungssüchtigen Soldateska, die im Vaterlande sattsam aufgearbeitet hatte, immer neue Beschäftigung gewähren. Die Führer kon ten wohl nicht ernstlich an eine vollkommene Besiegung der benachbarten Völker denken, die fanatisierte Menge aber befriedigte es, als auserwähltes Volk „die Moa= biter, Amalekiter u. s. w. mit der Schärfe des Schwertes zu züchtigen" und die Schätze der Ungläubigen als heilige Beute in die Heimath zu schleppen. Die Ge= schichte anderer Länder mag die Gräuel alle aufzeichnen, die Böhmens Namen im Auslande schändeten, wir beschränken uns auf das Allerallgemeinste. Noch der Monat December erblickte die arghausenden Scharen der Taboriten in Mähren und Ungarn, von wo aus im Beginne des Jahres 1428 Schlesien mit einem großen Zuge heimgesucht wurde. Bei Neiße und bei Liegnitz wehrten sich vergeb= lich der Bischof von Breslau und einige schlesische Fürsten; ihre Länder wurden verwüstet, Dörfer und Städte, selbst die Vorstädte von Breslau niedergebrannt. Im Mai verließen die Plünderer, reich beladen mit Beute, Schlesien; ein Theil wandte sich durch Mähren nach Oesterreich und gelangte raubend bis vor Wien, während eine andere Schar das benachbarte Baiern durch eine Razzia schreckte. Im Juli koncentrierten die Husiten ihre Macht wieder im Innern des Landes, um zwei noch nicht bewältigte feste Schlösser zu nehmen. Protop der Große mit sei= nen Taboriten belagerte Schloß und Stadt Bechin und zwang beide zur Kapitula= tion Die Waisen aber unter Priester Protupec und Johann von Kralowic be= rannten Schloß Lichtenburg im Caslauer Kreise. Die Königlichen darinnen wehrten sich tapfer durch volle fünf Vierteljahre. Da während dieser Zeit unter den Belagerern Mangel an Nahrungsmitteln ausbrach, so schickten sie eine Abthei= lung bis ins Zittauer Gebiet, um zu requirieren. Eben wollten sie, mit großer Beute beladen, zurückkehren, als sie bei Machendorf zwischen Kratzau und Reichen= berg von den vereinigten Zittauern und Görlitzern angegriffen wurden und eine empfindliche Schlappe erlitten. (11. Nov.) Dies schreckte die Waisen nicht ab, im December desselben Jahres einen Zug über Glatz nach Schlesien anzutreten; verge= bens wehrte sich gegen die Vandalen der Fürst Johann von Münsterberg, der letzte seines Namens, er verlor Schlacht und Leben zu gleicher Zeit (27. Dec. 1428).

Aus gleichzeitigen Berichte (1429).

Wenn die grimmigen Taboriten und Waisen nicht zu ruhen gedachten, als bis das letzte Haus im Lande verbrannt und die Nachbarstaaten rings im Kreise

in eine weite Wüstenei verwandelt sein würden, so nahm die gemäßigte Prager
Partei und insbesondere der ultraquistische Adel den Gedanken an eine Wieder=
herstellung der Ruhe und an eine Versöhnung mit dem rechtmäßigen Könige
Sigmund immer wieder auf. Eben tagte letzterer in Preßburg mit Albrecht von
Oesterreich und andern deutschen Fürsten, um über die schwierige Lage der Dinge
zu berathen. Dorthin begaben sich Anfangs April 1429 mehrere böhmische Große,
mit Meinhard von Neuhaus an der Spitze, und selbst Prokop der Kahle ließ sich
bewegen, gegen Bürgschaft für die Sicherheit seiner Person daselbst einzutreffen.
Allein trotz des freundlichen Entgegenkommens des Königs mißelangen die ein=
geleiteten Friedensverhandlungen. Die Böhmen wollten von einem in Vorschlag
gebrachten allgemeinen Waffenstillstande bis zu dem in zwei Jahren in Basel ab=
zuhaltenden Koncil, welches die Streitigkeiten endgiltig ordnen sollte, Nichts wissen
und verlangten dagegen einen Landtag in Prag. Der Landtag trat wirklich am
23. Mai im Karolinum zusammen und formulierte einige Punkte als Basis des
Ausgleiches: aber auf diese konnte wiederum Sigmund von seinem Standpunkte
aus nicht eingehen, so daß man die Unterhandlungen als gescheitert betrach=
ten mußte.

Die Ausgleichsversuche bildeten nichts Anderes, als kleine Ruhepausen, in denen
nicht bloß die Gegensätze zwischen den beiden Hauptparteien, sondern auch die
Differenzen unter den husitischen Fraktionen, hauptsächlich zwischen den Pragern
und Taboriten selbst an Schärfe gewannen. In der Stadt Prag, wo seit längerer
Zeit zwischen der Alt- und Neustadt, namentlich wegen des durch Einziehung der
geistlichen Güter angehäuften Gemeindevermögens großer Zwiespalt herrschte, brach
dieser im September 1429 mit erneuter Heftigkeit aus und führte zu blutigen
Kämpfen unter den Bürgern. Die Altstädter, seit jeher gemäßigte Utraquisten, ver=
sperrten den taboritisch gesinnten Neustädtern die Gassen und umgekehrt; hin und her
wurde aus Feldstücken und mit Feuerpfeilen geschossen, großer Schaden angerichtet
und mehrere Menschen getödtet. Endlich versöhnte man sich durch einen schieds=
richterlichen Spruch, um, wie es ausdrücklich in demselben hieß, gemeinschaftlich
zum Kriege gegen die Deutschen auszuziehen (25. Sept.).

Auf das Letztere ließ man nicht lange warten. Prager, Taboriten und
Waisen im Vereine zogen noch vor Ablauf des Monates September aus zur Ver=
heerung der Lausitz, womit sie bereits gegen Martini gründlich fertig waren.
Kaum gönnten sich die Sieger Zeit, die zusammen geraubten Schätze in die
Heimath zu bringen, wo sich eben durch einen Vertrag Schloß Lichtenburg ergeben
hatte. Sie eilten Mitte December mit ungewöhnlich zahlreichen Streitkräften in die
Markgrafschaft Meißen und mordeten, brannten und plünderten daselbst in alter
Weise, vielleicht nur noch systematischer, als bisher. Streifzüge von Leipzig nach
Thüringen und Franken vermehrten die husitischen Greuel und steigerten den
Schrecken vor denselben in's Unglaubliche. Vor der mächtigen Reichsstadt Nürn=

berg nahm das Wüthen ein Ende. Daselbst wurde am 6. Febr. 1430 durch die
Vermittelung des Markgrafen Friedrich von Brandenburg ein Friede abgeschlossen,
demgemäß die Deutschen große Geldsummen zahlten und den Husiten ein in
Nürnberg abzuhaltendes Religionsgespräch zusicherten. Unermeßlich war die Beute,
welche die heimziehenden Schaaren mit sich schleppten; es brachen fast die Wagen,
vor denen bis an vierzehn Pferde vorgespannt waren, unter der Last des Geraubten.
Auf dem Rückwege wurde Eger nach Verbrennung seiner Vorstädte gezwungen,
eine Geldsumme zu zahlen und dem Nürnberger Vertrage beizutreten. Da das
Nürnberger Religionsgespräch nicht zu Stande kam, so wurden die Raubzüge fortgesetzt, und zwar diesmal wieder nach Schlesien, Ungarn und Mähren; man leistete fast nirgends mehr Widerstand, nur an der mährisch österreichischen Gränze
und bei Tyrnau in Ungarn wurde im offenen Felde gekämpft, und in letzterer
Schlacht gelang es den Husiten nur mit außerordentlichem Verluste, einen Sieg
zu erringen (Mai 1430). Nachdem im Juli die festen Plätze Horschowitz und
Liebstein in Böhmen bezwungen, die Pilsner Gegend verwüstet worden war und
Prokop der Große noch einmal Schlesien in Schrecken gesetzt hatte, trat eine
gewisse Wendung der Dinge ein.

Fünfter Kreuzzug (1431).   Schon gleich nach den Friedensunterhandlungen in Preßburg waren in
Deutschland Vorbereitungen zu einem neuen Feldzuge gegen Böhmen getroffen
worden; allein die deutschen Fürsten fanden in ihrer bekannten Saumseligkeit bald
einen Vorwand, den beschlossenen Krieg bis auf Weiteres zu vertagen. Es war
nämlich der Kardinal Heinrich von Winchester, der einen Zuzug aus England versprochen hatte, mit 5000 Mann eben auf dem Wege nach Deutschland, als er
von seinem Könige den Befehl erhielt, seinen Marsch sofort nach Frankreich zu
lenken, weil daselbst in dem großen Kriege zwischen den Engländern und den Franzosen durch das wunderbare Auftreten der Jungfrau von Orleans das Kriegsglück
der Engländer sich plötzlich gewendet hatte. Ungern folgte der Kardinal dem Gebote seines Souverains, gerne aber standen die deutschen Fürsten aus diesem
Grunde vom Feldzuge gegen die Husiten ab. Man war in Deutschland schon
lange des unnützen Blutvergießens müde geworden, und immer lauter wurden die
Stimmen, welche einen gütlichen Ausgleich des religiösen Haders verlangten. Auch
maßgebende Autoritäten des Auslandes, wie die Pariser Universität, forderten die
Einberufung des allgemein gewünschten Koncils in Basel. Nur der Papst Martin V.
ließ nicht von der Idee ab, die ketzerischen Böhmen mit Waffengewalt zu unterwerfen und stemmte sich so lange als möglich gegen die Einberufung der Kirchenversammlung. Als er diese aber nicht mehr hintertreiben konnte, so schickte er den
Kardinal Julian Cesarini nach Deutschland, damit er das unvermeidliche Koncil
im päpstlichen Sinne leite. Deßwegen aber gab der Papst seine kriegerische Stimmung durchaus nicht auf. Mehr Sorgfalt, als dem Koncile, sollte der Kardinal
dem neuen Feldzuge widmen, so lauteten die Verhaltungsbefehle, die er dem Legaten

vor feiner Reife nach Deutſchland eingeprägt hatte. Dann ſuchte er den lithaui=
ſchen Großfürſten und den König von Polen für den Kreuzzug gegen Böhmen zu
bearbeiten, was jedoch wegen des Todes Witolds und der in Folge deſſen ein=
tretenden Verwicklungen nicht gelang. Dagegen war König Sigmund leicht für
die Pläne der Kurie zu gewinnen. Am 9. Febr. 1431 trat unter ſeinem Vorſitze
der glänzend beſuchte Reichstag von Nürnberg zuſammen und beſchloſs, die ganze
Reichsmacht zu einer neuen Heeresfahrt nach Böhmen anzubieten. Kardinal Julian,
der auf dem Reichstage eifrigſt für den Krieg gewirkt hatte, predigte das Kreuz
in den Gauen Deutſchlands, während die Fürſten ſich zu rüſten verſprachen. Das
Basler Koncil aber, das noch zu keiner ernſtlichen Thätigkeit gekommen war, ſollte
vorläufig die Friedensverhandlungen mit den Böhmen von der Tagesordnung ſetzen.
So billigte es auch Papſt Eugen IV., der inzwiſchen auf Martin V. gefolgt war.

Zur ſelben Zeit, als die deutſchen Fürſten in Nürnberg den Kreuzzug gegen
Böhmen beſchloſſen, tagten die Utraquiſten in Kuttenberg und wählten eine neue
Landesregentſchaft, beſtehend aus zwölf Perſonen verſchiedenen Standes. Am 1. Mai
wurde auf einem von der neuen Regierung einberufenen Landtage zu Prag mit
den Geſandten Sigmunds, die daſelbſt eingetroffen waren, ein Tag in Eger ver=
abredet, auf welchem durch die Abgeordneten der verſchiedenen Parteien eine Ver=
ſöhnung eingeleitet werden ſollte. König Sigmund ſelbſt kam zur Verſammlung
nach Eger, woſelbſt ſich viele deutſche Fürſten und die Geſandten des Basler
Koncils und der Böhmen einfanden (26. Mai). Allein auch die nunmehr eintre=
tenden Unterhandlungen verliefen reſultatlos, da die Utraquiſten ſich hartnäckig
weigerten, das Basler Koncil als die oberſte Entſcheidungsbehörde für alle ſtrei=
tigen Fälle anzuerkennen. So wurde denn die Entſcheidung abermals auf die
blutigen Würfel des Krieges geſtellt. Von drei Seiten brachen die Deutſchen
Anfangs Auguſt in Böhmen ein. Von Weſten her rückte das mächtige Hauptheer
gegen Tachau, während von Norden die Meißner über Oſſegg gegen Saatz zogen,
und der Herzog Albrecht von Oeſterreich in Mähren einfiel. Kläglich war das
Ende der ganzen Expedition. Denn als die ſtarke Weſtarmee unter dem Mark
grafen von Brandenburg von dem Herannahen der zuſammengezogenen Streitkräfte
der Huſiten nur vernahm, wich ſie, von paniſcher Furcht ergriffen, ſchmählich
gegen den Paſs von Taus zurück. Hier aber wurde ſie in der größten Unordnung
von dem verfolgenden Feinde ereilt und erlitt eine vollkommene Niederlage (14.
Aug.) Da ſich auf die Nachricht hievon auch die meißniſche Nordarmee zurückzog,
und Herzog Albrecht von Oeſterreich, von Protop dem Großen gedrängt, die
Donaulinie zu gewinnen ſuchte, ſo war auch der fünfte Kreuzzug ſo gut, wie
misklungen.

Die römiſche Kurie war nunmehr auch zu der Ueberzeugung gelangt, daſs Koncilium von
es beſſer ſei, im Friedenswege mit den Huſiten zu unterhandeln, als dieſelben mit $^{Basel\ (1431).}$
Waffengewalt zum Gehorſam zurückführen zu wollen. Kardinal Julian, der mit

eigenen Augen den jämmerlichen Ausgang des fünften Kreuzzuges beobachtet hatte, machte die heftigsten Anstrengungen, das früher vernachlässigte Koncil von Basel in Fluß zu bringen und das Ansehen desselben bei allen Parteien zu kräftigen. Bald nachdem er im September in Basel eingetroffen war, veranlaßte er ein freundliches Schreiben an die Böhmen, in welchem diese eingeladen wurden, mit der Kirchenversammlung in Unterhandlungen zu treten. Das zuvorkommende Send schreiben der Basler Kirchenväter verfehlte durchaus nicht seine Wirkung. Denn auch in Böhmen war die Friedenspartei bereits die überwiegend stärkere, und etwaige Zweifelhafte folgten entschieden der größeren Strömung, um so mehr, da sowohl die Taboriten, als auch die Waisen, die ersteren in Oesterreich bei Waid hofen (14. Okt.) und letztere in Ungarn bei Ban (9.—18. Nov.) empfindliche Schlappen erlitten hatten. Während die Prager, der utraquistische Adel und selbst die Waisen ihre Bereitwilligkeit kund gaben, mit den Baslern zu unterhandeln, erklärten sich allein die Taboriten dagegen, indem sie in einem „an das deutsche Volk" gerichteten Manifeste des Papstes und des Koncils Autorität als nichtig hin stellten. Neuerdings wütheten innere Zwistigkeiten, und es hätte leicht wieder zu blutigen Kämpfen, namentlich zwischen den Taboriten und Waisen, kommen können, wenn es nicht gelungen wäre, auf einem Landtage in Prag alle Parteien zu ver söhnen. Daselbst wurde im Februar 1432 der gemeinsame Beschluß gefaßt, eine Gesandtschaft nach Eger zu schicken, welche mit den Baslern über die Art und Weise berathen sollte, wie auf dem Koncile mit den Böhmen zu unterhandeln sei.

Die Verhandlungen in Eger waren schwieriger Natur, und es kostete viele Kämpfe und Vermittlungen, bis sich die Abgeordneten beider Parteien im Mai über eilf Punkte vereinigt hatten, welche gewissermaßen den endgiltigen Berathungen zu Basel als Grundlage dienen sollten.

Man kann es den Utraquisten nicht verargen, daß sie in ihren Verhand lungen mit dem Basler Koncile mit der allergrößten Vorsicht auftraten und beson ders im Punkte der Geleitsbriefe, welche ihre Abgesandten erhalten sollten, ein tiefes Mißtrauen beobachteten. Sie wählten zwar auf einem Landtage zu Kutten berg (31. Aug. bis 6. Sept.) die große Gesandtschaft, die nach Basel gehen sollte, schickten aber vorerst zwei Männer dahin, damit diese die Stimmung der Kirchen väter ausforschen, überhaupt über die ganze Sachlage eine Art Recognoscierung anstellen sollten. Auf einen von den Baslern gewünschten Abschluß eines allge meinen Waffenstillstandes gieng der Kuttenberger Landtag nicht ein, da die Tabo riten und Waisen von ihren schrecklichen Streifzügen nicht ablassen wollten. Waren sie doch noch während der Egerer Unterhandlungen wieder über die Landesgränze gezogen und hatten in Brandenburg bis über Berlin, später in Ungarn und Schle sien auf die entsetzlichste Weise geplündert und gemordet, und jetzt im Oktober nach dem Kuttenberger Tage wurden wiederholt Raubzüge in das benachbarte österrei chische Gebiet unternommen. Wollten die Husiten durch das fortgesetzte Kämpfen

Egerer
Vereinbarung
(1432).

Kuttenberger
Landtag
(1432).

vielleicht eine Preſſion auf das Koncil ausüben, um dies zu immer größerer Nachgiebigkeit zu zwingen? Inzwiſchen waren die zwei böhmiſchen Kundſchafter aus Baſel zurückgekehrt, und da ſie nur Günſtiges berichteten und namentlich verſicherten, daß keinerlei Hinterliſt von den Kirchenvätern zu erwarten ſei, begab ſich die große Geſandtſchaft unter der Leitung Prokop des Kahlen ſelbſt auf die Reiſe. In Deutſchland ſowohl auf der Durchreiſe, als auch in Baſel, wo die Böhmen am 4. Jan. 1433 eintrafen, wurden ſie freundlich und liebevoll aufge= nommen, und vertrauensvoll ſah man von beiden Seiten den Unterhandlungen entgegen. Allein wie gewöhnlich bei theologiſchen Streitigkeiten eine gegenſeitige Ueberzeugung nicht zu Stande kommt, ſo auch hier. Je tiefer auf die betreffenden Fragen eingegangen wurde, deſto ſchärfer ſpitzten|ſich die Gegenſätze zu; es mochte noch ſo viel Scharfſinn und bibliſche Gelehrſamkeit entwickelt werden, immer hartnäckiger behaupteten Katholiken und Huſiten ihren von Anfang eingenomme= nen Poſten. Die Huſiten, beſonders Magiſter Rokytzan und Peter Payne, der Engländer, vertheidigten mit vieler Beredtſamkeit die vier Prager Artikel, an denen ſie ſowohl in den öffentlichen Verſammlungen, als auch in einem engeren Ausſchuſſe, der der leichteren Verſtändigung wegen gewählt wurde, mit der größten Zähigkeit feſthielten. Ein ganzes Vierteljahr ſchon wurde debattiert, ohne daß eine Vereinigung erzielt worden wäre, da machte das Koncil endlich eine Konceſſion in Bezug auf das Abendmahl unter beiden Geſtalten. Auf dieſes einſeitige Zuge= ſtändniß aber glaubten die Huſiten nicht eingehen zu dürfen, ſondern verwieſen auf einen Landtag in Prag, der allein bevollmächtigt ſei, darüber in Berathung zu treten.

Da das Koncilium aufrichtig eine Verſöhnung wünſchte, ſo geſellte es den am 14. April in ihre Heimath zurückkehrenden Böhmen zehn Abgeordnete bei, welche mit dem Prager Landtage zu unterhandeln bevollmächtigt wurden. Als auf demſelben die Baſler Geſandten die Geneigtheit der Kirchenverſammlung, die bei= den Geſtalten zu bewilligen, verkündeten, war die gemäßigte Partei des Landtages, beſonders der utraquiſtiſche Adel, höchlich erfreut; nur forderte man auch für Mähren und Polen dieſelbe Begünſtigung und eine beſtimmte Formulierung der Konceſſion. Einem abermals in Anregung gebrachten Waffenſtillſtande aber trat beſonders Prokop der Große entgegen, wie denn die Huſiten auch während dieſer Verhandlungen und nach denſelben die Kämpfe an mehreren Punkten fortſetzten. So wurde im Frühjahre 1433 in Ungarn geplündert und namentlich die Zipſer Geſpanſchaft verheert, im Sommer in Preußen gegen die deutſchen Ritter gekämpft und in Böhmen ſelbſt Pilſen, das Bollwerk des Katholicismus, wenn auch ver= geblich, belagert. Inzwiſchen wurde in Baſel mit einer neuerdings dahingekomme= nen böhmiſchen Geſandtſchaft unterhandelt, jedoch ohne Reſultat, da das Koncil ſeine Vorſchläge nur mehr dem böhmiſchen Landtage vorlegen wollte. So trat denn der berühmte Martinilandtag in Prag zuſammen, und die Geſandten der

(Marginal notes:)

Böhmiſche Geſandtſchaft in Baſel (1433).

Die Kompaktaten (30. Nov. 1433).

Basler Kirchenversammlung erklärten, daß das Koncil die vier Prager Artikel nur mit geringen Einschränkungen anzunehmen Willens wäre; die Mehrheit des Landtags gieng auf diese modificierten Artikel ein und erklärte ihren Beitritt durch Handschlag am 30. Nov. 1433. Die Vergleichspunkte aber, auch Kompaktaten genannt, lauteten: 1. Das Abendmahl wird in Böhmen und Mähren Jedem, der es verlangt, unter beiden Gestalten gereicht; jedoch haben die Priester dabei den Unterricht zu ertheilen, daß es ebenso gut und vollständig unter Einer Gestalt empfangen werden könne; 2. öffentliche Verbrechen und Laster der Geistlichen sollen nach dem göttlichen Gesetze und den Ordnungen der Kirchenväter soviel als möglich entfernt und bestraft werden, und zwar von den gewöhnlichen Obrigkeiten, jedoch mit Zuziehung von Geistlichen bei der gerichtlichen Entscheidung; 3. das Wort Gottes soll frei und ungehindert gepredigt werden von den dazu nach den hierarchischen Einrichtungen verordneten Geistlichen; 4. die Geistlichen sollen keine weltliche Herrschaft führen, sondern die Güter der Kirche nur treu verwalten; die weltlichen Personen dürfen aber dieselben sich nicht anmaßen, noch sie gebrauchen, ohne einen Kirchenraub zu begehen. — Aber noch einmal erhob sich der unheimliche Dämon des Haders. Im Verlaufe der weiteren Unterhandlungen über die endgiltige Annahme der Kompaktaten sprach Johann Pribram mit allem Eifer für die unbedingte Annahme derselben, während Rokytzan Bedenken trug und auf jene Schwierigkeiten aufmerksam machte, welche aus den Vergleichspunkten in der Zukunft entspringen würden. Die Anhänger Rokytzans überstimmten nach erregten Debatten schlüßlich die des Pribram, und die Basler Gesandtschaft verließ am 14. Jan. 1434 unverrichteter Sache die Stadt Prag.

Der utraquistische
Herrenbund
(1433/4).

Wenn der Martinilandtag auch nicht das ihm gesteckte Ziel unmittelbar erreichte, so führte er doch die verwickelten Angelegenheiten der Entscheidung immer näher. Der Adel Böhmens, der sich seit Jahren zur politischen Unthätigkeit verurtheilt sah, raffte sich jetzt zu energischer Thatkraft auf und suchte zunächst um jeden Preis den Frieden zu gewinnen. Er bildete einen engeren Bund unter Meinhard von Neuhaus und setzte während der Anwesenheit der Basler Gesandten einen Landtagsbeschluß durch, in Folge dessen eine provisorische Regierung, bestehend in einem Landesverweser und einem Rathe aus zwölf Personen, eingesetzt wurde (1. Dec. 1433). Zum Landesverweser wurde Alexius von Riesenburg gewählt, ein Werkzeug des Adels, der Nichts dagegen hatte, als sich im April 1434 der Herrenbund zur Wiederherstellung des Friedens und der Ordnung im Lande öffentlich organisierte. Mit den Basler Kompaktaten hatten sich die Herren einverstanden erklärt und dies den Gesandten in Prag noch mitgetheilt; dafür sicherte das Koncilium den Herren seine Hilfe und insbesondere Geldbeiträge zu. Wenn der Adel als Zweck des Bundes die Wiederherstellung des Friedens im Lande erklärte, so hatte er allerdings noch als weiteres Ziel die Erneuerung seiner eigenen ständischen Macht im Auge. Da aber die demokratisch-taboritische Partei weder die Basler Kompaktaten anerkennen und noch viel weniger den Aufbau einer Aristokratie begünstigen wollte, so mußte es zum schweren Waffengang unter den Utraquisten selbst kommen. Mit dem utraquistischen Herrenbunde giengen auch die Prager Altstädter und viele katholische Edelleute, darunter der mächtige und schlaue Ulrich von Rosenberg. König Sigmund, der seit dem 31. Mai 1433 die römisch-deutsche Kaiserkrone trug, schöpfte aus der eingetretenen Wendung der Sachlage neue Hoffnungen.

Der Stern der Bruderschaft von Tabor war im Untergange begriffen. Blutigroth, wie sein erster Schimmer, leuchteten seine letzten Strahlen. Die Hauptmacht der Taboriten und Waisen lagerte unter Prokop dem Großen seit Juli des abgelaufenen Jahres (1433) vor Pilsen; die Stadt wehrte sich gegen alle Angriffe mit der größten Heldenmüthigkeit, so daß die Belagerer es schlüßlich durch enge Umzingelung auf eine Aushungerung derselben abgesehen hatten. Mehr aber noch, als die eingeschlossenen Katholiken, litt das Belagerungsheer durch den bald eintretenden Mangel an Lebensmitteln. Da die nächste Umgebung schon längst rein ausgeplündert worden war, so mußten weite Streifzüge unternommen werden, um frischen Proviant herbeizuführen. Bereits zeigte sich unter den Scharen der wilden Hussiten, die zu nicht gewohnter Unthätigkeit verurtheilt waren, eine gefährliche Mißstimmung, und die gelockerte Manneszucht führte bald zu den gröblichsten Excessen im eigenen Lager. Im September unternahm der Hauptmann Johann Pardus von Horka einen weiten Streifzug nach Baiern, um Lebensmittel zu requirieren. Schon war er mit vieler Beute auf dem Rückzuge begriffen, als er am 21. Sept. von den Baiern unter Hynek Pflug bei dem Dorfe Hiltersried angegriffen und seine Schar ohne Barmherzigkeit zusammengemetzelt wurde. Mit Noth war der Anführer Pardus in's Pilsner Lager entkommen, wo ihn aber noch Entsetzlicheres erwartete. Die durch die erlittene Schmach zu wilder Zügellosigkeit entfesselten Hussiten stürzten sich auf ihn, banden ihn und wollten ihn zum Tode verurtheilen. Da trat Prokop der Große dazwischen, um den Unglücklichen zu schützen. Aber schon achtete man des einst so gefürchteten Feldherrn nicht mehr; ein Hussite, Namens Tvaroh, ergriff einen Stuhl und schlug dem Prokop derart fürchterlich in's Gesicht, daß das Blut darniederrieselte. Dann hielten ihn die Meuterer in Haft, bis sich ihr Ingrimm gelegt hatte. Prokop gieng, als er wieder in Freiheit gesetzt worden war, nach Prag, angeblich, um sich seine Wunde heilen zu lassen, vielleicht aber, um sich zur Ruhe zu begeben. An seine Stelle trat der Waisenhauptmann Johann Capek von San, der jüngst mit seinen Scharen bei Pilsen eingetroffen war.

Die im Taboritenheere eingerissene Demoralisation kam Niemandem erwünschter, als dem Herrenbunde. Im März und April 1434 erließ derselbe ein Manifest an alle Stände des Landes, in welchem ein Jeder zur Wiederherstellung des allgemeinen Landfriedens aufgefordert wurde. An die Rotten der Taboriten

Meuterei im Hussitenlager (1433).

Schlacht bei Lipan (30. Mai 1434).

und Waisen gieng die Weisung, sie möchten sich auflösen, wenn sie nicht wie Feinde des Vaterlandes behandelt werden wollten. Hierauf wurde beschlossen, ein großes Heer zusammenzuziehen, als dessen Sammelort der Hügel Katschin (Neuhof) in der Nähe von Kuttenberg ausersehen wurde. Dahin lud man auch diejenigen von den Brüdern ein, welche gesonnen wären, bei den Herren Dienste zu nehmen. Diese aber wiesen den Antrag entrüstet zurück und scharten sich zum letzten Verzweiflungskampfe. Anfangs Mai entbrannte der blutige Streit zuerst in Prag, wo die Herren mit Hilfe der Altstädter die Neustadt einnahmen. Prokop der Kahle, in dem bei dieser Begebenheit die alte Kriegslust wieder erwacht war, trat neuerdings an die Spitze seiner alten Waffengenossen, befahl die Aufhebung der Belagerung von Pilsen und zog gegen Kunratitz, um hier den Feinden im offenen Felde zu begegnen. Diese aber warteten noch auf neuen Zuzug, und als sie sich durch denselben hinlänglich gekräftigt fühlten, eilten sie Prokop nach, der sich inzwischen in die Gegend von Kolin gewendet hatte. Hier in der Ebene zwischen dieser Stadt, Kaurschim und Planian, vorzüglich in der Nähe der Dörfer Lipan und Hřib kam es am 30. Mai, an einem Sonntage, zur mörderischen Entscheidungsschlacht. Die Herren, unter der obersten Anführung des Dionys Borschek von Miletin, zählten 25.000 Bewaffnete, die Taboriten und Waisen nur 18.000; beide Heere führten ihre Wagenburgen mit sich und hatten hinter denselben feste Position gefasst. Durch eine einfache Kriegslist sicherten sich die Herren den Erfolg. Da die Feinde aus ihrer Wagenburg nicht hervorzulocken waren, so ließen sie ihr Heer scheinbar in Verwirrung gerathen und die Flucht ergreifen. „Sie fliehen, sie fliehen", jubelten da die Taboriten und rasselten auf ihren Wagen den Flüchtigen nach, sprangen herab und wollten eben auf die Verfolgten einhauen. Da aber war's um sie selber geschehen. Denn jetzt schwenkte die Armee der Herren rechtsum und stellte sich kampfbereit den Verfolgern entgegen, während in demselben Augenblicke von der Flanke her Ulrich von Rosenberg mit seiner leichten Reiterei gegen die Taboriten losstürmte und sie von ihren eigenen Wagen abschnitt. Die Brüder, von beiden Seiten eingeklemmt, waren rettungslos verloren, und es galt nur noch das Leben so theuer als möglich zu verkaufen. Ein furchtbares Gemetzel, mehr ein Morden, als ein Kämpfen, vernichtete die Hauptmacht der Taboriten und Waisen; an 13.000 von ihnen bedeckten das Schlachtfeld, darunter ihre Haupthelden, Prokop der Große und Prokop der Kleine; nur wenige geriethen in die Gefangenschaft, noch weniger retteten sich, wie Johann Čapek von San, der mit einer kleinen Schar nach Kolin zu entrinnen wusste.

Unterhandlungen mit dem Kaiser und dem Koncile (1434 5).

Ausgerungen war der gewaltige Streit, der Böhmen in seinen innersten Grundlagen erschüttert hatte. Ausgetobt hatte der rasende Wettersturm der Revolution, und nur hie und da war noch ein fernes Nachrollen des sich verziehenden Donners vernehmbar. Im Strudel der aufgeregten Elemente waren die Häupter der Empörung selbst zu Grunde gegangen, und es bauten im Lande auf den

Trümmern der Vergangenheit ganz andere Faktoren ihre Herrschaft auf, als jene, welche den Umsturz herbeigeführt hatten. Die Aristokratie des Landes gieng mit raschen Schritten daran, eine Periode der Restauration einzuleiten. Am 24. Juni 1434 wurde ein Landtag abgehalten, auf welchem nebst dem böhmischen Adel auch die mährischen Stände und viele der vor Kurzem noch mit den Waisen verbündeten Städte vertreten waren. Der Landtag verkündigte einen allgemeinen Landfrieden zwischen allen Utraquisten und einen einjährigen Waffenstillstand mit der römisch-katholischen Partei. Zur Ueberwachung des beschlossenen Landfriedens wurden Kreishauptleute bestellt, welche aus der Mitte der Kreisstände gewählt werden sollten. Ferner beschloss man, mit König Sigmund in Unterhandlungen zu treten und bedeutete desswegen den anwesenden Gesandten desselben, es möge Se. Majestät nicht verabsäumen, am 15. Aug. nach Regensburg zu einer Unterredung zu kommen. Wohl trat in Regensburg eine Versammlung zusammen, aber sie gieng resultatlos auseinander; denn weder der Kaiser, noch die anwesenden Deputierten des Basler Koncils konnten auf die Forderung der böhmischen Gesandten eingehen, dass die Kommunion unter beiden Gestalten in Böhmen und Mähren ohne Unterschied für Alle eingeführt werde. Daher kam zu Galli in Prag ein neuer Landtag zusammen, welcher nach eingehenden Berathungen dem Koncile folgende Propositionen machte. Es solle ein Verzeichniss aller Kirchen angelegt und genau ermittelt werden, in welchen man zur Zeit unter Einer und in welchen man unter zwei Gestalten kommuniciere; nach diesem Befunde sollten die Kirchen für die Zukunft in katholische und utraquistische eingetheilt werden. Ferner sollten die jeweiligen Erzbischöfe und Bischöfe des Landes vom Landtage und der Geistlichkeit gewählt und vom Könige bestätiget, kirchliche Beneficien in Böhmen und Mähren keinem Ausländer verliehen und endlich kein Eingeborner vor auswärtige geistliche Gerichte belangt werden. Auf einem darauf folgenden — dem Valentinslandtage (14. Febr. 1435, im März erst abgehalten) — wurden mehrere Artikel verfasst, von deren Annahme man die Anerkennung des Königthums Sigmunds abhängig machte.

Kaiser Sigmund erkannte auf der nächsten Zusammenkunft, welche Anfangs Juli in Brünn abgehalten wurde, die Artikel des Valentinslandtages an, über die Vorschläge des Gallitages aber wurde nicht verhandelt. Denn die Basler Gesandten machten zwar einige kleine Koncessionen, wie z. B. in Bezug auf die Weihe utraquistischer Priester, gaben aber dann die bestimmte Erklärung ab, dass das Koncil keine andere Basis der Unterhandlungen anerkenne, als die Kompaktaten, wie sie am 30. Nov. 1433 formuliert worden waren. Schon wollten die Böhmen, darüber unwillig, in ihre Heimath zurückkehren, als sie noch durch Sigmund beschwichtigt wurden, indem dieser ihnen eine Verschreibung ausstellte, der zu Folge er die Propositionen des Gallilandtages gut hiess und zugleich versprach, mit allem Eifer für die Bewilligung derselben durch das Koncil zu wirken (6. Juli 1435). Da sich dessenungeachtet die Böhmen und Basler noch nicht verständigten, trat

Fortsetzung der Unterhandlungen (1435 6).

im September zu Prag der Landtag (Matthäi Landtag) zur neuen Berathschlagung zusammen. Im Vertrauen auf des Kaisers Verschreibung beschloß dieser Land tag, die Kompaktaten anzunehmen und wählte zu gleicher Zeit als neuen Erzbischof den Magister Johann von Rokytzan. Im December setzten böhmische Gesandte mit dem Kaiser und den Basler Gesandten die Verhandlungen in Stuhlweißen burg fort. Diesmal waren aber die Basler schwierig, weil sie von der Verschrei bung Sigmunds gehört hatten; sie drohten mit der Abbrechung aller Unterhand lungen, wenn nicht jene Verschreibung Sigmunds zurückgenommen würde; der Kaiser sah keinen andern Ausweg und erklärte — freilich unedel genug — den Basler Abgeordneten, „daß er sich in die Angelegenheiten des Glaubens und der Kirche nicht mischen werde", was allerdings einem Widerrufe der Verschreibung gleich kam (8. Jan. 1436). Noch handelte es sich um die Anerkennung der Wahl des Erzbischofs Rokytzan; der Kaiser meinte, er habe nichts dagegen, die Böhmen könnten auch „einen Esel wählen", er habe die erzbischöfliche Würde nicht zu ver leihen. Die Basler dagegen verweigerten die Bestätigung nicht nur jetzt, sondern auch auf dem letzten diesfälligen Landtage, welcher im Juni 1436 in Iglau ab gehalten wurde. Sie erklärten, vom Koncile keine Vollmacht erlangt zu haben; es solle vorläufig Philibert von Contances das Prager Erzbisthum administrieren. Da war der Landtag wieder nahe daran, auseinanderzugehen, wenn nicht Kaiser Sigmund und sein Schwiegersohn die böhmischen Abgeordneten durch das Ver sprechen besänftiget hätten, für die Bestätigung des Rokytzan Alles aufbieten zu

Annahme
der Kompaktaten
(5. Juli 1436).

wollen. Nun erkannten am 5. Juli 1436 bei einer großen Feier auf dem Iglauer Marktplatze die Böhmen laut und öffentlich die Kompaktaten an und schwuren der Kirche, mit welcher sie sich wieder vereinigt hatten, Gehorsam. Die Basler Gesandten aber verkündeten die Auflösung des Kirchenbannes, der so lange auf Böhmen ge lastet, und befahlen sämmtlichen Fürsten und Völkern der Christenheit, mit den Böhmen und Mährern, die in den Schoß der Kirche zurückgekehrt seien, in wahrem christlichen Frieden zu leben und sie niemals wegen der Kommunion unter beiden Gestalten zu schmähen. Der Kaiser stellte am 20. Juli einen großen Majestäts brief aus, in welchem allgemeine Amnestie, Bestätigung der alten Landesfreiheiten und überdies Gewährung der meisten Postulate des Valentinlandtages ausgespro chen waren. Dagegen erkannten ihn die Stände als ihren rechtmäßigen König an, und der bisherige Landesverweser Alex von Riesenburg legte die Regentschaft in seine Hände nieder.

Folgen.

So war denn auch formell der langjährige Hader geschlichtet und die Ver söhnung mit der Kirche, sowie mit dem angestammten Königshause der Luxem burger bewerkstelliget. Winzig klein erscheinen die errungenen Resultate, welche die Utraquisten aufweisen konnten, in Anbetracht des furchtbaren Krieges, der durch siebzehn Jahre in Böhmen und den Nachbarländern gewüthet hatte. Die Städte und Klöster ragten als bloße Ruinenhaufen in die Höhe, die Dörfer waren in

Flammen aufgegangen, und es gab faſt kein Stückchen Landes, das nicht mit Blut getränkt worden wäre. Handel, Induſtrie, Gewerbe, Landwirthſchaft, Kunſt und Wiſſenſchaft, eine jede edlere Beſchäftigung der Menſchen war unterbrochen, und die Erzeugniſſe und Denkmale derſelben aus den früheren glücklicheren Zeiten in ſyſtematiſcher Weiſe zerſtört worden. Einen großen Theil der Einwohner hatte der mörderiſche Morgenſtern, die gierige Flamme, Hunger oder Peſt dahingerafft, Viele waren ausgewandert, die meiſten der Uebriggebliebenen eigneten ſich in ihrer Verwilderung nicht mehr zum Beginne eines friedlichen Lebens. Und was hatte man für alle dieſe großen Opfer eingehandelt? Dreifach war die huſitiſche Re-volution, national, religiös und ſocial; die Deutſchböhmen ſollten vernichtet, der Katholicismus zerſchmettert und die Verfaſſung in eine neue, rein demokratiſche umgewandelt werden. Am eheſten wurden die nationalen Beſtrebungen erreicht; die deutſche Univerſität und die deutſchen Städte mit Prag an der Spitze erlagen der Tſchechiſierung; freilich hatte man damit noch nicht für alle Zukunft das deutſchböhmiſche Element ausgerottet. Minder glücklich waren die religiöſen Er-rungenſchaften; für das äußere Zeichen des Kelches ordnete man ſich der ſo lange perhorrescierten Autorität der Kirche unter, abgeſehen davon, daß man im Aus-lande die Kompaktaten immer nur als eine vorübergehende Maßregel der Zeit betrachtete. Und endlich hatte nicht gerade die ſociale Bewegung das Gegentheil von dem hervorgerufen, was beabſichtigt worden war? Zwar war die Macht des Königthums ſichtlich geſchwächt worden, dafür aber wuchs die des Adels gewaltig empor, und der Bauer ſelbſt, der den Krieg geführt und von Freiheit und Gleich-heit geträumt hatte, wurde alsbald in die drückendſten Feſſel ſchmählicher Knecht-ſchaft geſchmiedet.

Donnerſtag am 23. Aug. 1436 hielt Kaiſer Sigmund mit der Kaiſerin Barbara und vielem anſehnlichen Gefolge ſeinen prachtvollen Einzug in Prag. Es war ihm vom Schickſale nicht beſchieden, noch lange Jahre über Böhmen zu regieren. Seine Thätigkeit drehte ſich in dieſer Zeit vorzüglich um die möglichſte Reſtaurierung der alten Verhältniſſe und die Niederdrückung der letzten Zuckungen des Huſitenkrieges, die von der taboritiſchen Partei ausgiengen. Was die religiöſe Spaltung anbelangt, ſo ſchrieb Kaiſer Sigmund dem Utraquismus keine Lebens-fähigkeit zu, daher er ſich in vorhinein nicht auf denſelben zu ſtützen ſuchte; er ſchloß ſich vielmehr der katholiſchen Partei an, und nur um ſich nicht ganz mit den Utraquiſten zu verfeinden, begünſtigte er die allerzahmſte Fraktion derſelben, nämlich Johann Přibram mit ſeinen Anhängern. Männer, welche der letzteren Richtung angehörten, wurden von ihm in den Prager Stadtrath berufen oder mit den oberſten Landesämtern betraut; Meinhard von Neuhaus ſelbſt erlangte die Würde des oberſten Burggrafen von Prag. Im Uebrigen aber arbeitete er ohne viele Gewiſſensſkrupel auch gegen ſeine Zuſicherungen und Verſprechungen auf eine vollſtändige Wiedereinführung des Katholicismus hin. Vertriebene Prieſter, Mönche

Reſtauration (1436/7).

und Nonnen wurden zurückgerufen, aufgehobene Klöster wiederhergestellt, das Domkapitel bei St. Veit reaktiviert und daselbst der katholische Gottesdienst mit allen
Ceremonien eingerichtet. Die Stelle eines Erzbischofs aber versah nicht Rokytzan,
der erwähnte Utraquistenbischof, sondern der katholische Philibert von Contances.
Gegen diese Maßregeln eiferte besonders der gekränkte Magister Rokytzan, und
zwar in solch' erbitterter Weise, daß es zur argen Feindschaft zwischen ihm und
dem Könige kam und er zuletzt Prag verlassen mußte. Zur Wiederherstellung der
politischen Ordnung ordnete Sigmund am 1. Jan. des Jahres 1437 einen Landtag an: derselbe traf eine Entscheidung in dem Streite, welcher zwischen dem
Herren und Ritterstande wegen der Besetzung des Landesgerichtes herrschte, und
bewilligte dem Könige eine allgemeine Landessteuer und zwar die halbjährige
Summe aller Gaben und Steuern, welche die Unterthanen im ganzen Königreiche
ihren Herren zu entrichten schuldig waren. Der Umstand, daß Sigmund diese
beträchtliche Steuer nicht im Sinne der eifrigen Utraquisten verwendete, daß er
ferner das neue Landesgericht, welches am 28. Jan. nach achtzehn Jahren seine erste
Sitzung hielt, halb mit Katholiken, halb mit Anhängern des Johann Přibram
besetzte, steigerte die Mißstimmung, die gegen den König herrschte, noch mehr.
Dieselbe legte sich keineswegs, obwohl endlich das Koncil die Kompaktaten bestätigte
und am 11. März auch der Papst den Ausgleich belobte, und obwohl Sigmund
den Utraquisten als geistliche Landesbehörde einen Administrator mit einem aus
Prager Pfarrern bestehenden Konsistorium bewilligte. Als der Kaiser sich im Juli
auf den Reichstag nach Eger verfügte, um mit den Deutschen über die Schlichtung des Streites, welcher zwischen Papst und Koncil ausgebrochen war, zu berathen, wurde die Gährung unter den Utraquisten geradezu bedenklicher Art.

Taboritische Um-
triebe (1436–7). Die Gefahr einer neuen Empörung vermehrte sich durch die taboritischen
Umtriebe. Die Taboriten hatten auch nach der Schlacht bei Lipan den Widerstand
nicht aufgegeben, wenn auch ihre zersprengten Haufen nichts Entscheidendes mehr
durchführen konnten. Im Februar 1435 kämpften sie mit Ulrich von Rosenberg
und verbrannten dessen Stadt Sobeslau; dagegen mußten sie die festen Punkte
Pomnitz bei Wittingau und Ostromeč an der Mündung der Sazawa in die Moldau den Utraquisten ausliefern. Als Kaiser Sigmund nach dem Iglauer Landtage
die Regierung in Böhmen wieder übernommen hatte, trachtete er auch die Taboriten zur Ruhe zu bringen. Er schloß mit ihnen am 18. Nov. 1436 einen Vertrag, demgemäß sie sich in religiösen Angelegenheiten dem Ausspruche von vier
gewählten Schiedsrichtern zu unterwerfen versprachen. Sigmund schenkte ferner
der Stadt Tabor einen großen Grundbesitz und gab ihr die Rechte und Privilegien einer königlichen Stadt. Der Priester Bedřich von Strážnitz, einer der ersten
Taboritenhäuptlinge, bekam die Stadt Kolin sammt Gebiet, Jakob von Wřesowitz
nebst andern die Stadt Kommotau und die Teplitzer Klostergüter als Pfand.
Viele im Waffenhandwerke ergraute Brüder nahm der Kaiser später in Sold und

führte sie unter Anführung des Giskra von Brandeis nach Ungarn gegen die Türken. Diejenigen Taboriten aber, welche von einer Versöhnung mit dem Könige Nichts wissen wollten, schaarten sich unter Johann Rohač von Duba und lagerten sich auf der Burg „Sion", die ihr Anführer hinter Maleschau erbaut hatte. Ein anderer Theil von Widerspänstigen hielt sich in der Stadt Königgrätz unter der Leitung des fanatischen Priesters Ambrosius, bis dieser aus der Stadt vertrieben wurde. — Wie nun jetzt der Kaiser am Egerer Reichstage verweilte, gewannen auch die Taboriten neuen Muth, und eine Vereinigung derselben mit den unzufrie= denen Ultraquisten war zu befürchten. Daher eilte Sigmund rasch nach Prag und gab Befehl, die Burg Sion, deren Belagerung von den Königlichen bisher nur saumselig betrieben worden war, um jeden Preis zu nehmen. Am 6. Sept. 1437 gelang der Sturm, die Burg fiel, und Rohač mit 52 seiner Leute wurde gefangen genommen. Um ein Exempel zu statuieren, befahl der Kaiser die Hinrichtung der Gefangenen durch den Strang. Am Altstädter Ringe wurden sie alle 53 aufgehängt, Rohač am höchsten Galgen an einer goldenen Kette, im Herrenschmucke mit gol= denem Gurte (9. Sept.). Diese Strenge reizte mehr, als sie abschreckte. Als am 30. Sept. ein Landtag nach Prag einberufen wurde, erschien auf demselben auch Borschek von Miletin, der sich als Vertreter einiger Kreise im östlichen Böhmen ge= berdete, und führte die heftigsten Anklagen gegen den Kaiser. Andere Rädelsführer, wie Johann Hartwig von Rausinow, Chwal von Řičan, Bedřich von Strašnitz, Johann Pardus von Horka, Johann Kolda von Žampach — sagten sich vom Gehorsame gegen den Kaiser los und schürten offene Empörung.

So stand der Kaiser am Abende seines Lebens neuerdings den bedenklichsten Verwickelungen gegenüber. Die Gefahren, die den siebenzigjährigen Greis um= schwebten, wurden noch von einer Seite vermehrt, von der er sie nicht erwartet hatte. Noch als er auf dem Reichstage zu Eger weilte, zettelte die herrschsüchtige Kaiserin Barbara, welche allen Lastern der Ausschweifung fröhnte, eine weitver= zweigte Verschwörung gegen ihren eigenen Gemahl und dessen Schwiegersohn und präsumtiven Nachfolger, den Herzog Albrecht von Oesterreich, an. Die wollüstige Frau, welche den Tag nicht erwarten konnte, an welchem der alte Kaiser sein Haupt zur Ruhe legen werde, gieng mit den rebellischen Husiten einen Bund ein, welcher eine gewaltsame Thronentsetzung des Kaisers und eine Vernichtung der Habsburgischen Rechte auf den böhmischen Thron bezweckte. Nach ihrem Plane wollte sich die 45jährige Frau, wie man erzählte, mit dem polnischen Könige Wladislaw, der kaum das Knabenalter verlassen hatte, vermählen. Dieser sollte mit den Kronen von Polen und Böhmen — durch die Hilfe der Grafen von Cilly auch die von Ungarn vereinigen, und auf diese Art ein großes slawisch= magyarisches Reich mit einer eigenen husitischen Kirche geschaffen werden. Dem Kaiser blieben diese schändlichen Umtriebe nicht verborgen, und er beschloß, ihnen mit aller Energie entgegenzutreten. Trotzdem er eben gefährlich erkrankt war, und

Verschwörung der Kaiserin Barbara (1437).

ihm eine große Zehe des „Höllenbrandes" wegen abgenommen werden mußte, gab
er plötzlich den Befehl zur Abreise aus dem Lande, wo ihn Rebellion und Ver
rath umspannen. Am 11. Nov. früh Morgens sah man einen eigenthümlichen
Zug durch die Straßen Prags gegen das Thor sich bewegen, das nach Znaim
führte. In der prächtigen Hofsänfte saß in kaiserlichen Gewändern Sigmund mit
wallendem Barte, einen frischen Lorbeerkranz auf dem greisen Haupte; ihn be
gleitete seine Gemahlin Barbara von Cilly und viele böhmische, ungarische und
mährische Herren. Dem Volke, das nicht wissen sollte, um was es sich handelte,
wurde gesagt, der Kaiser wolle eine bloße Luftveränderung vornehmen. Als der
Zug aber in Znaim angelangt war, woselbst auch des Kaisers Tochter Elisabeth
mit ihrem Gemahle Albrecht von Oesterreich eintraf, da offenbarte sich Sigmunds
wahre Absicht. Gleich in der ersten Nacht ließ er seine Gemahlin verhaften und
bewachen; dann forderte er die böhmischen und ungarischen Herren auf, seinen
Eidam als Nachfolger anzuerkennen. Und als diese es ihm versprochen hatten, be
reitete er sich auf seinen Tod vor, dessen Nähe er bereits fühlte. Mit dem kaiser
lichen Ornate angethan, die Krone auf dem Haupte, hörte er die heilige Messe,
dann aber ließ er sich das Sterbegewand anlegen, und in demselben entschlief er,

Sigmunds Tod
9. Sept. 1437).

auf dem Throne sitzend, Abends am 9. Dec. 1437. — Mit Sigmund endigte
der Mannesstamm der Luxemburger, welcher dem deutschen Reiche drei Kaiser und
Böhmen vier Könige gegeben. Die Luxemburger waren kein großes Regentenge
schlecht, aber sie waren nicht ohne Ideen, und König Wenzel ausgenommen, be
saßen sie einen seltenen Trieb zur rastlosen Thätigkeit. Was von früheren Königen
Böhmens vergeblich erstrebt worden war, die Vereinigung deutscher, böhmischer
und ungarischer Länder, das bahnten sie wirksam an. Ob dies für Deutschland
vom Heile gewesen, ist die große Frage; gewiß ist, daß die Luxemburger schlechte
deutsche Kaiser waren, daß unter ihnen das Reich in jämmerlicher Zerrissenheit
und schmachvoller Ohnmacht dahin siechte. Die Aufrechterhaltung der Form galt
den Luxemburgern viel mehr, als die Bewahrung und Kräftigung des Inhaltes.
Ihre Politik hatte weder in Deutschland noch in Böhmen eine nationale Richtung,
und Wenzel sowohl als Sigmund erkannten wohl kaum im Husitenkriege den
großen nationalen Gegensatz, und wenn sie ihn erkannten, so achteten sie ihn als
Deutsche viel zu wenig. Kaiser Karl war vielleicht aus Berechnung nicht deutsch
genug, Wenzel aus Apathie, Johann und Sigmund aus Leichtsinn. Darin lag der
größte Fehler der Luxemburger, sowohl als Beherrscher Deutschlands, wie auch
als Könige von Böhmen. Es wiederholte sich derselbe Fehler mehrere Male bei
jenem Geschlechte, das jetzt als einzig berechtigter Erbe der Luxemburger, der An
jous und der Přemysliden, die deutsche Kaiserkrone mit der böhmischen vereini
gen sollte.

3.

Die Könige Albrecht, Ladislaus und Georg Podiebrad.

(1438—1471.)

Der Erbvertrag, den am 10. Febr. 1364 die Luxemburger und Habsburger Albrechts Wahl und Krönung (1438). abgeschlossen hatten, und welcher späterhin erneuert worden war, kam nach dem Tode des letzten Luxemburgers zu Gunsten Albrechts von Oesterreich zur Ausführung. Albrecht war kraft dieses Vertrages der rechtmäßige Erbe Böhmens und Ungarns, auch wenn er nicht der Schwiegersohn des verstorbenen Königs gewesen wäre. Die Ungarn erhoben keinen weitern Anstand und krönten schon am 1. Jan. 1438 den Habsburger zu Stuhlweißenburg zum Könige. Auch die deutschen Kurfürsten wählten Albrecht am 18. März in Frankfurt zum römischen Könige, und seither ist diese Würde vom Hause Habsburg nicht mehr getrennt worden. In Böhmen aber war der Sinn für Recht und Gerechtigkeit in der langen Revolution so ziemlich abhanden gekommen, so daß die alten Erbverträge von Vielen nicht im Geringsten respettiert wurden, und Albrecht während seiner ganzen, allerdings sehr kurzen Regierungszeit um Anerkennung seiner Rechte zu kämpfen hatte. Ueberdies war eine Partei der Utraquisten in offener Empörung begriffen, und diese stemmte sich mit aller Gewalt gegen die Wahl eines Nichtslawen und Nichthusiten, sondern lenkte vielmehr ihre Aufmerksamkeit auf einen polnischen Fürsten. Nur die Katholiken und die gemäßigten Utraquisten unter Meinhard von Neuhaus hiengen an dem Oesterreicher. Als am 26. Dec. 1437 der Wahllandtag zusammentrat, und der noch von Sigmund bestellte und von Albrecht bevollmächtigte Gesandte Kaspar Schlick auf demselben zur Wahl Albrechts aufforderte, sonderten sich sogleich die Parteien in eine österreichische und in eine tschechisch nationale. Da die Oesterreicher bei dem Wahlgange selbst das Uebergewicht hatten, liefen die andern erzürnt davon; trotz mancher Unterhandlungen blieben die Parteien verfeindet, und Bedřich von Stražnitz, der Häuptling der Taboriten, so wie später auch Ptaček von Pirkstein, der Anführer der eifrigen Utraquisten, traten mit Wladislaw von Polen in's Einverständniß, um dessen Bruder Kazimir auf den böhmischen Thron zu erheben. Inzwischen kam Herzog Albrecht nach Iglau und wurde daselbst nach Ausstellung einer Art Wahlkapitulation, in welcher er unter andern die Kompaktaten anerkannte, von der loyalen Partei zum Könige ausgerufen. Dann führte ihn seine Partei nach Prag, woselbst unter großen Feierlichkeiten die Krönung vorgenommen wurde (29. Juni 1438).

Kaum waren die Krönungsfestlichkeiten beendet, so mußte der neue König das Albrechts Kämpfe (1438-9). Schwert ziehen, um den eben bestiegenen Thron zu vertheidigen. 4000 Polen waren nach Böhmen eingerückt, hatten sich mit den böhmischen Rebellen unter Ptaček und Bedřich verbunden und bei Tabor ein festes Lager bezogen. Eiligst raffte König Albrecht deutsche, ungarische und österreichische Hilfstruppen zusammen und rückte den Feinden entgegen. Bei Tabor, dem alten Bollwerke der Husiten, begann im August ein hartnäckiger Kampf, der aber, da es zu keiner Hauptschlacht kam, und keine Entscheidung herbeiführte, trotzdem er fünf Wochen dauerte. Im September schickten die Schlesier die Botschaft an Albrecht, er möge ihnen gegen die Polen, die ihr Land bedrohten, Beistand leisten. Daher gab der König die fruchtlose Stellung bei Tabor auf, gieng nach Prag und marschierte nach einiger Zögerung, und nachdem er Ullrich von Cilly zum Landesverweser in Böhmen ernannt hatte, über Zittau und Görlitz nach Breslau, woselbst er am 18. Nov. seinen feierlichen Einzug hielt. Wladislaw von Polen, der Oberschlesien bereits in seine Gewalt ge-bracht hatte, zog sich jetzt wieder zurück; König Albrecht selbst aber verweilte den Winter über mit seinem Hofe in Breslau. Hier kam es im Januar 1439 namentlich durch Vermittlung des Papstes Eugen IV. und des Basler Koncils zu Friedens-unterhandlungen, welche wenigstens einen Waffenstillstand bis Johanni 1439 her beiführten. Auch die Böhmen, deren Parteien die nach dem Abzuge Albrechts eintre tende Anarchie zu Einzelnkämpfen an allen Orten benützten, wurden bewogen, dem Waffenstillstande beizutreten. Auf einer spätern Zusammenkunft von Botschaftern des böhmischen und polnischen Königs in Lublau wurde der Waffenstillstand bis Michaeli verlängert. Die Hauptursache zur Waffenruhe war die Gefahr, welche der Christenheit, zunächst den Ungarn, von Seite der Türken drohte. Schon bis Temeswar waren im Juni türkische Reiterscharen vorgedrungen, und im August fiel die wichtige Festung Semendria in ihre Hände. König Albrecht, der sich selbst auf den Kriegsschauplatz begeben hatte, machte mit den prahlerischen, aber höchst säumigen ungarischen Ständen die traurigsten Erfahrungen. Allzu spät brachten sie ein kleines Heer auf die Beine, und dieses zeigte im entscheidendsten Augenblicke nur verächtliche Muthlosigkeit. Denn als König Albrecht an der untern Donau bei Tüdörev den Strom überschreiten und die Osmanen an-greifen wollte, zerstreuten sich die Ungarn und riefen in voller Angst: „der Wolf, der Wolf," die ungarische Losung zur allgemeinen Flucht. Von heftigem Zorne und bitterm Schmerze ergriffen wendete sich der König in sein Stammland zurück; aber er sollte es nicht wieder sehen. Die Strapazen des Krieges, die Sumpfluft und der allzuhäufige Melonengenuß hatten ihn krank gemacht, und am 27. Oktober

Albrechts Tod (27. Okt. 1439).

bereits erlag der kräftige Mann dem Lagerfieber im zweiundvierzigsten Jahre seines Lebens. Allenthalben herrschte lautes Wehklagen, als man den Tod des Königs vernahm. Denn er war mit vielen guten Eigenschaften ausgerüstet, und nicht ohne Grund hatte man von seiner Regierung das Beste gehofft. Aeneas Sylvius, sein Zeitgenosse, sagt von ihm: „Er war ein frommer Fürst, ausgezeichnet durch leut-seliges Wesen und Gerechtigkeit, kühn und tapfer im Kriege." Daß der Verstor-bene ein guter Deutscher war, hatte ihm weder die Gunst der Ungarn, noch der Ultra-Tschechen verschafft; doch mußten auch sie seine Tüchtigkeit anerkennen. Ein tschechischer Chronist meint: „Er war gut, obschon ein Deutscher, kühn und mildherzig". Die Deutschen beklagten ihn ohne Rücksicht, und eine alte Chronik schreibt: „Er ward also sehr betrauert von Edlen und Gemeinen, von Reichen und Armen, wie kein König seit Christus beklaget ward".

In Böhmen dauerten auch nach dem vorzeitigen Tode König Albrechts die revolutionären Zustände fort, und es bedurfte noch einer langen Zeit, ehe man allgemein wieder in die gesetzlichen Bahnen einlenkte. Albrecht hatte zwar keinen männlichen Erben, sondern nur zwei Töchter hinterlassen; da sich aber bei seinem Tode die Königin Elisabeth in gesegneten Umständen befand, so war abzuwarten, ob sie einen Prinzen gebären würde oder nicht. Im ersten Falle war der Prinz der rechtmäßige Nachfolger seines Vaters in den Königreichen Böhmen und Ungarn, sowie im Herzogthume Oesterreich. Die nächsten Erbfolgerechte besaßen die beiden andern Habsburgischen Linien in Steiermark und Tyrol und zuvörderst Herzog Friedrich von Steiermark, der bereits von den deutschen Kurfürsten als Nachfolger Albrechts im Kaiserthume auserfehen war. In Ungarn hatte eine starke Partei ihr Augenmerk auf Polen gerichtet und den dortigen König Wladislaw als den Ihrigen ausgerufen, auch nachdem die Königin am 22. Feb. 1444 eines gesunden Knaben entbunden worden war. In Böhmen herrschten verschiedene Ansichten in Bezug auf die Erbfolge, je nach der Angehörigkeit zu dieser oder jener Partei. Die eifrigen Utraquisten unter der Anführung Ptaceks forderten ein Wahlkönigthum, während die Katholiken unter Ulrich von Rosenberg im Verein mit den gemäßigten Utraquisten unter Meinhard von Neuhaus die Habsburgischen Rechte anzuerkennen gesonnen waren. Auf dem Landtage, der im Mai zusammentrat, wußten die Anhänger des Ptacek beinahe die einstimmige Wahl Albrechts, des Herzogs von Baiern, durchzusetzen. Allein dieser ließ sich durch Kaiser Friedrich, sowie durch den heimlichen Rath Ulrichs von Rosenberg zur Ablehnung der Krone bewegen, indem er sagte, „nicht ihm, sondern dem nachgeborenen Ladislaus gebühre von Rechts wegen die Krone, die er nicht wider Fug und Recht auf sein Haupt setzen lassen wolle." Nun leitete man mit Elisabeth, sowie mit Kaiser Friedrich Unterhandlungen ein, die jedoch zu keinem rechten Ziele führen wollten. Als die Königin Elisabeth am 19. Dec. 1442 gestorben war, trug die Partei des Ptacek die böhmische Krone dem Kaiser selbst an. Da aber auch dieser die ihm zugedachte Ehre zurückwies, so wurde auf einem Landtage zu Prag der Beschluß gefaßt, zu Michaeli (29. Sept. 1443) eine Gesandtschaft nach Wien zu schicken, welche den Kaiser auffordern sollte, mit Ladislaus, den man als König anerkenne, nach Prag zu übersiedeln und daselbst die Regentschaft zu führen, unter denselben Bedingungen, wie König Sigmund und Albrecht. Aber Friedrich gieng auf Anrathen Ulrichs von Rosenberg auf diesen Antrag gleichfalls nicht ein, sondern erklärte, die Stände sollten für die einstweilige Verwaltung des Königreiches selbst sorgen, was eben so viel bedeutete, als Fortbestand der Anarchie in Böhmen. Aber gerade dies wünschte Ulrich von Rosenberg, der mächtigste Landherr in Böhmen, der als eifrigster Bekämpfer der Hufiten im Lande zu großen Reichthümern, im Auslande aber zu mächtigem Ansehen gelangt war. Gleich nach dem Tode Albrechts hatte seine Partei mit der des Ptaček durch den sogenannten „Sühnbrief" Frieden geschlossen (29. Jan. 1440), und bestimmt, daß die Ordnung im Lande bis zur Wahl eines Königs durch Kreishauptleute in den einzelnen Kreisen aufrecht erhalten werden sollte. Es war bei dem ausgeprägten Parteigetriebe nicht anders denkbar, als daß auch die einzelnen Kreishauptleute wieder der einen oder der andern Fraktion angehörten. Da nun aber Ulrich von Rosenberg und Meinhard von Neuhaus die größten Grundbesitzer waren, so kam auch jetzt die politische Gewalt über den größten Theil des Landes in ihre Hände. Prag befand sich in der Gewalt des Herrn Meinhard von Neuhaus, weil dieser als letzterer Burggraf noch die Burg besetzt hielt. Nur in den östlichen Kreisen Kaurschim, Caslau, Chrudim und Königgrätz herrschte die Partei des Ptaček, der selbst zum Oberhauptmann der vier vereinigten Kreise gewählt worden war. Allein es zeigte sich bald, daß diese Einrichtung nicht im Stande war, den Landfrieden aufrecht zu erhalten. Aller Orten entbrannten nun Kämpfe, Fehden und Scharmützel zwischen den einzelnen Herren und Ständen. Gerade aber der Mächtigste behielt in dieser anarchischen Zeit des Faustrechtes die Oberhand, weswegen sich eben Ulrich von Rosenberg nicht sonderlich für eine Aenderung der Lage anstrengte.

Religiöse Unter-
handlungen
(1439—1442).

Religiöse Schwierigkeiten vergrößerten die unbehagliche Stimmung, in welcher sich die eifrigen Utraquisten befanden. Schon im Juni 1439 hatte die Pest, welche dieses Jahr in Böhmen auf das Entsetzlichste wüthete, auch den Bischof Philibert, der das Prager Bisthum verwaltete, dahingerafft; der verstorbene Bischof war den Utraquisten eine beliebte Persönlichkeit gewesen, da er die Kompaktaten beobachtet und auch utraquistische Priester ausgeweiht hatte. Im nächsten September erlag derselben Epidemie Christian von Prachatitz, der erste Administrator des Prager utraquistischen Konsistoriums. Die Ernennung eines Erzbischofs von Prag, sowie die von den Utraquisten schon so lange betriebene Vervollständigung der Kompaktaten verzögerte sich vornehmlich wegen des Streites, der zwischen dem Koncile und dem Papste Eugen ausgebrochen war. Als endlich das Koncil den Papst als solchen nicht mehr anerkennen wollte und Felix V. auf den Stuhl Petri erhoben hatte, wurde von diesem auch das Prager Erzbisthum durch Nikolaus von der Leiter besetzt. Allein weder dieser, noch die nach dem Tode des Administrators Christian von Prachatitz gewählten Johann von Přibram und Protop von Pilsen, konnten sich bei den eifrigen Utraquisten Ansehen verschaffen. Diese ernannten vielmehr auf einer Versammlung in Caslau im August (1441) den Johann von Rokytzan zum ersten Vorstand der geistlichen Angelegenheiten und hielten mit diesem an der Spitze eine Synode in Kuttenberg, auf welcher unter andern auch über die Ausrottung der taboritischen Lehrmeinungen berathen wurde (Okt. 1441). Auf dem Prager Landtage im Jahre 1444 wurden die Ansichten der taboritischen Sekte endgiltig verworfen, und seit dieser Zeit konnte sich dieselbe fast nur noch in der Stadt Tabor erhalten. Die Anerkennung Rokhzans zum Erzbischofe aber konnten die Ultraquisten trotz der langwierigsten Unterhandlungen ebenso wenig erlangen, als die Bervoll= ständigung der Kompaktaten. Weder der Papst Eugen, noch sein Nachfolger Ni= kolaus V. erwiesen sich in diesen Fragen nachgiebig, und auch die Reise des Kardinals Carvajal nach Prag führte zu keinem Ausgleiche (1448).

Schneller dagegen gediehen die politischen Angelegenheiten zu einer gewissen Reise. Am 27. August 1444 starb Ptaček von Pirkstein, das Haupt der eifrigen Ultraquisten, und an seine Stelle rückte Georg von Podiebrad, ein Mann von der größten Bedeutung. Er war im Jahre 1420 geboren, somit erst 24 Jahre alt, als er in den Vordergrund des historischen Schauplatzes trat. Sein Vater war jener Viktorin von Kunstadt aus dem böhmisch-mährischen Geschlechte der Boček, der in der Schlacht vor dem Wyschehrad im Jahre 1420 siegreich gegen König Sigmund gekämpft hatte. Aeneas Sylvius schildert den jungen Podiebrad „von kurzem Wuchs, massivem Körperbau, weißer Hautfarbe mit blitzenden Augen, gefälligen Manieren angesteckt zwar vom Husitismus, aber übrigens rechtschaffen und edel (?);" er rühmt seine „vielseitige Erfahrung, den durchdringenden Scharfblick, die unglaubliche Betriebsamkeit, die rastlose Sorge und den unermüdlichen, aller Künste des Krieges mächtigen Geist." Georg betrieb Anfangs gütliche Unter= handlungen mit dem Papste und Kaiser; als aber diese regelmäßig an den Gegen= bemühungen der Partei Rosenberg=Neuhaus scheiterten, war er entschlossen, seine Partei zur herrschenden und durch einen kühnen Handstreich sich selbst zum ersten Manne des Landes zu machen. Rüstungen wurden vorgenommen, und auf einer gehei= men Besprechung zu Kuttenberg wurden die weiteren Pläne verabredet. Es handelte sich für die Partei Podiebrads um den Besitz der Hauptstadt Prag, allwo der alte rüde Meinhard von Neuhaus als Oberstburggraf, Hans von Kolowrat als Haupt= mann der drei Städte und die beiden Bürgermeister der Alt= und Neustadt die Herrschaft ausübten. Mit großer Schlauheit fädelte der Podiebrader seine Pläne ein, so daß er selbst den sonst so klugen Ulrich von Rosenberg über seine Ab= sichten zu täuschen wußte. So irre wurde Rosenberg geleitet, daß er auf Zuthun Georgs von Podiebrad in eben dem Augenblicke als Gesandter zum Kaiser reiste, als die Verschworenen loszuschlagen gedachten. Gegen Ende August stand Georg von Podiebrad mit seinem Heere in der Gegend von Kuttenberg. Am 1. Sep= tember näherte er sich der Hauptstadt auf anderthalb Meilen und kündigte den Pragern die Fehde an. In der Nacht vom 2. auf den 3. September, ehe noch der Morgen dämmerte, griff er den Wyschehrad und die Neustadt beim Karlshof an und drang, da fast kein Widerstand geleistet wurde, in die Stadt, wo ihn seine Anhänger unter großem Jubel auf das Altstädter Rathhaus geleiteten. „Die Prager rannten damals", erzählt eine zeitgenössische Chronik, „vor Furcht und Schrecken außer sich durcheinander, sprangen und stürzten über einander hinweg, wie die Böcke, und ein jeder vermeinte, daß er tausend Geharnischte auf der

*Georg von Podie-
brad überrumpelt
Prag
(3. Sept. 1448).*

23*

Ferse habe; denn ohne Unterlaß und mit lautem und erschreckendem Rufen schrien die Podiebrader: „Hurrah, Kunstadt, hurrah Kunstadt."

Der Handstreich war über alle Erwartungen gelungen; Georg von Podiebrad befand sich im ungestörten Besitze der Hauptstadt, Meinhard von Neuhaus war in seine Hände gefallen und wurde als Gefangener nach Podiebrad abgeführt; die beiden Bürgermeister von der Partei des Neuhaus irrten auf der Flucht herum und wurden durch gefügige Anhänger Georgs ersetzt. Auch in kirchlicher Beziehung pflanzte der Utraquismus seine siegreiche Fahne auf; denn unter dem Schutze Podiebrads kehrte Magister Johann Rokytzan in die Hauptstadt zurück, besorgte von Neuem seine Pfarre am Tein, und als Magister Johann von Přibram am 20. December 1449 gestorben war, wurde er zum obersten Vorstand des utraquistischen Konsistoriums gewählt. Noch aber gab die Gegenpartei das Spiel nicht verloren. Der überlistete Ulrich von Rosenberg rüstete Truppen und sammelte Bundesgenossen zum bevorstehenden Kampfe. Zuerst schlug Ulrich von Neuhaus los, der Sohn des Meinhard, und verband sich sogar mit Taboritenscharen, um seinem Vater die Freiheit zu erkämpfen. Podiebrad gab zwar nach und entließ Meinhard aus der Gefangenschaft, aber Gram und Aerger hatten am Lebensmarke des Greises in seiner Haft gezehrt, und er starb schon am dritten Tage nach seiner Befreiung in Řičan auf dem Wege von Podiebrad nach Karlstein (3. Febr. 1449). Die Podiebrader hätten ihn vergiftet, so meinten die Gegner derselben, die sich jetzt gegen den verhaßten Feind immer enger verbanden. Sie kamen in Stratonitz am 6. Februar zusammen und vereinigten sich urkundlich zu einem festen Bunde, an dessen Spitze Ulrich von Rosenberg trat. Abermals entbrannte der heftige Bürgerkrieg an mehreren Punkten des Landes. Die zwei sich bekämpfenden Waffengenossenschaften von Podiebrad und Stratonitz fanden Verstärkung im Auslande: die Stratonitzer bei Friedrich, Markgrafen von Meißen, die Podiebrader bei Friedrich, dem Markgrafen von Brandenburg. Der Kampf wechselte mit Waffenruhen und Unterhandlungen, die keinen Erfolg aufwiesen, bis endlich auf der Burg Wilstein am 11. Juni 1450 ein neuer Waffenstillstand abgeschlossen und Schiedsrichter ernannt wurden, die durch ihren Ausspruch in Pilgram am 3. August endlich eine Versöhnung herbeiführten. Friede sollte nach demselben herrschen unter allen Parteien des Landes, und auf einem Landtage in Prag zu St. Katharina sollten alle weiteren Streitfragen zur Lösung kommen.

Auf dem betreffenden Landtage, der von Katharina 1450 bis zum 6. Jan. 1451 seine Berathungen hielt, wurde beschlossen noch einmal den Kaiser durch eine Gesandtschaft anzugehen, den Prinzen Ladislaus nach Böhmen zu bringen. Allein der Kaiser verharrte der Botschaft gegenüber in seiner alten Methode, indem er allerlei Ausflüchte nahm und zuletzt die weiteren Verhandlungen auf einen neuen Landtag verschob. Derselbe trat im Juli in Beneschau zusammen, und Aeneas Sylvius Piccolomini, der spätere Papst Pius II., diesmal der Gesandte des Kaisers, brachte

von demfelben folgende Botſchaft: „Da Vadiſlaus ſeines zarten Alters wegen noch
nicht regieren könne, möchten die Stände, die beinahe ſchon 12 Jahre ohne ihn
ausgehalten hätten, ſich ein wenig gedulden, ſie möchten warten bis Vadiſlaus
das geſetzliche Alter erreicht haben würde." Bei Gelegenheit dieſes Vandtages
traf Aeneas Sylvius auch mit Georg von Podiebrad zuſammen, führte mit dieſem
ein längeres Geſpräch über die Kompattaten, über Rolytzan und Anderes. Der
Botſchafter wollte den mächtigen Podiebrad bewegen, dem Ultraquismus untreu zu
werden. Aber Georg benahm ſich äußerſt zurückhaltend und wortkarg, und mit
heuchleriſcher Beſcheidenheit kennzeichnete er ſeine ſchlangenartige Klugheit, wenn er
zum Schluſſe ſagte: „Mein Verſtand reicht nicht tief, ich fürchte zu irren, traue
weder mir, noch verlaſſe ich mich zu ſehr auf unſere Prieſter." Mit der kaiſerlichen
Botſchaft war die Beneſchauer Verſammlung natürlich nicht befriedigt, und da man
vernahm, daſs Friedrich ſich zu einer Römerfahrt vorbereite, ſo ſchickte man wie=
der Geſandte an ihn, er möge doch während ſeiner Abweſenheit das Land nicht
ohne Regierung laſſen. Da erklärte er, was die utraquiſtiſche Parte´ ſchon lange
wünſchte, den Georg von Podiebrad zum Verwalter des Königreiches, eine Ernen=
nung, die der nächſte böhmiſche Vandtag am 27. April 1452 in der feierlichſten
Weiſe beſtätigte. So hatte ſich der ehrgeizige Mann zum Landesverweſer mit
faſt königlicher Macht emporgeſchwungen; der nächſte Schritt zum Throne ſelbſt
erſchien ihm nicht mehr als ein Ding der Unmöglichkeit.

Georg
wird Gubernator
(1452).

In dem erwähnten Zwiegeſpräche des Aeneas Sylvius mit Georg von Po=
diebrad hatte erſterer die Erklärung abgegeben, daſs die römiſche Kurie nie und
nimmer den Magiſter Rolytzan als böhmiſchen Erzbiſchof anerkennen werde. Sylvius
hatte mit Sachkenntniſs geſprochen. Rolytzan konnte ſich noch ſo große Mühe
geben, ſeine Wahl fand beim Papſt Nikolaus V. durchaus nicht die erwünſchte
Sanktionierung. Dieſer ſchickte vielmehr zu Beginn des Jahres 1451 den vom
Baſler Koncil her bekannten Kardinal Nikolaus Cuſa, Biſchof von Brixen, nach
Deutſchland, mit dem Auftrage, zugleich auch mit den Böhmen wegen ihrer voll=
ſtändigen Rückkehr zum Gehorſame der Kirche zu unterhandeln. Seine Bemühun=
gen aber durchkreuzte ein anderer Geſandte des Papſtes, der ſchwärmeriſche Buß=
und Kreuzprediger Johann Capiſtran, ein Franziskanermönch, der auf ſeinem Wege
nach Ungarn auch Böhmen berührte, um daſelbſt, wie er an den Biſchof von Gurk
ſchrieb, „jene abſcheulichen Ketzereien auszurotten, von denen faſt das ganze Land
vergiftet ſei." Der Mönch bildete eine eigenthümliche Erſcheinung. Er war ſchon
65 Jahre alt, ein kleines, ausgetrocknetes Männchen, kahlköpfig mit grauem Barte
und röthlichem Geſichte mit langen, bis an die Knie reichenden Armen, rührig
und geſchäftig in ſeinen Bewegungen und in allem Thun. Er predigte lateiniſch
zwei bis drei Stunden lang, und ein Dolmetſcher aus dem Orden wiederholte
dem Volke die Rede in der Landesſprache. Mit ſüdlichem Feuer und mit einer
faſt marktſchreieriſchen Beweglichkeit agierte er mit Händen und Füßen, und die

Nikolaus v. Cuſa
und
Johann Capiſtran
(1451|2).

Menge sah mehr auf ihn, als sie auf den Dolmetscher hörte. Er war im Herbste 1451 unter dem Schutze Rosenbergs von Krummau nach Pilsen gegangen, befand sich um Neujahr 1452 in Eger und wanderte unter dem Schutze der Herzoge von Sachsen in deren Land und von da im März; nach Brüx, allwo er sich bis zum Juni aufhielt. Seine heftigen Predigten, die er gegen die Utraquisten, auch insbesondere gegen den „Erzketzer" Rokytzan losließ, waren durchaus nicht geeignet, die ohnedies verbitterten Gemüther zu besänftigen. Georg von Podiebrad, dem von Aeneas Sylvius der italienische Mönch als Gewissensrath anempfohlen war, verweigerte ihm den Zutritt nach Prag, indem er ihm einen geforderten Geleitsbrief in diese Stadt rundweg abschlug. Capistrans Mission in Böhmen war misslungen, und Nikolaus von Cusa hatte nach ihm einen um so schwierigeren Stand, als er im Juni 1452 mit utraquistischen Abgeordneten in Regensburg zusammentraf. Da sich diese Unterhandlungen gleichfalls zerschlugen, so trat ein Theil der Utraquisten mit der griechischen Kirche in Konstantinopel in Beziehungen, um vielleicht durch den Anschluß an diese Kirche aus dem langwierigen Zwiespalte herauszukommen und endlich einen geweihten Erzbischof zu erlangen.

Podiebrad liegt über Rosenberg (1452).

Mittlerweile rückte der böhmische Gubernator seinen hochgesteckten Zielen immer näher. Dem fein berechnenden Manne, der bereits alle andern Parteiführer im Lande weitaus verdunkelte und auch die Massen durch seinen fürstlichen Hofhalt zu blenden verstand, war jetzt wenig mehr an der Auslieferung des königlichen Knaben gelegen, da er auch ohne diesen der erste im Königreiche sein konnte. Um so eifriger nahm Ulrich von Rosenberg diesen Plan auf. Dieser hatte mit seiner Partei und einigen taboritisch gesinnten Städten die Wahl seines Feindes zum Gubernator des Reiches nicht anerkannt und sann auf Mittel, den immer höher steigenden Georg zu stürzen. Er meinte, eine gute Gelegenheit sei soeben gekommen. König Friedrich hatte im Herbste des vorigen Jahres seinen Römerzug angetreten und den jungen Ladislaus mit auf die Reise genommen. Während seiner Abwesenheit empörten sich die österreichischen Stände, die mit seiner vormundschaftlichen Regierung unzufrieden waren und bekämpften den von ihm eingesetzten Statthalter. Als Friedrich nach seiner Kaiserkrönung im Juni 1452 zurückgekehrt war, verlangten die Aufständischen mit aller Gewalt die Entlassung des Prinzen Ladislaus, und da er sich hartnäckig weigerte, belagerten ihn die Stände unter Ulrich Eizinger in Wiener-Neustadt. Mit den unzufriedenen Oesterreichern setzten sich nun nicht nur der Graf Ulrich von Cilly und die Ungarn, sondern auch Rosenberg in Verbindung. Letzterer, welcher durch den Kampf für die Selbstständigkeit des jungen Ladislaus sich diesen für die Zukunft zu verpflichten glaubte, schickte seinen Sohn Heinrich mit Waffenhilfe nach Oesterreich. Georg von Podiebrad, der mit scharfen Augen die Pläne seines Widersachers durchblickte, schlug sich nun auf die Seite des hartbedrängten Kaisers und versprach die von demselben verlangte Unterstützung mit großer Bereitwilligkeit. Der Schlaue gieng jedoch nicht, wie der Kaiser hoffte, mit seinem

Heere direkt nach Oesterreich zum Entsaße von Wiener-Neustadt, sondern dachte zuerst für sich die günstige Gelegenheit auszubeuten. Noch waren zwei Parteien im Lande, die taboritische und die Rosenbergische, die seine Oberherrschaft nicht anerkannten, und diese zur Botmäßigkeit zu zwingen, schien dem Podiebrad nüß= licher zu sein, als den Kaiser aus seiner Bedrängniß zu retten, aus deren Fort= dauer er ja selbst seinen Vortheil zu ziehen gedachte. Der Süden Böhmens war so ziemlich von den Rosenbergischen Truppen entblößt, der junge Rosenberg ab= wesend, und der alte Ulrich war schwach und thatenunlustig geworden. Somit zog Georg erst gegen Tabor, das einst für uneinnehmbar galt, jetzt aber bald den Muth verlor und sich am 1. Sept. ergab. Georg, dem an der religiösen Einheit Fall Tabors
(1452). des Landes soviel, wie an der politischen lag, versetzte der taboritischen Sekte den Todesstoß. Die Taboriten mußten allen ihren Eigenthümlichkeiten entsagen und dem Utraquismus huldigen; ihre Priester aber, die sich widersetzten, darunter die greisen Niklas Biskupec und Wenzel Koranda, wurden gefangen genommen und in die Kerker nach Lititz und Podiebrad geschleppt, allwo sie bis zu ihrem Tode saßen. Nach dem Siege über die letzten Taboriten eilte Podiebrad zur Bekäm= pfung der katholisch Rosenbergischen Partei. Frauenberg ergab sich bald, und die Stadt Budweis, wohin sich Ulrich von Rosenberg geflüchtet hatte, war wegen Mangel an Streitkräften nicht im Stande, eine lange Belagerung auszuhalten. Ulrich von Rosenberg und die Herren vom Strakonißer Bunde mußten sich mit den Budweisern und Pilsnern dem Gubernator, den sie bis jetzt nicht anerkannt hatten, unterwerfen. — Georg gedachte nunmehr, nachdem er seine eigene Sache besorgt hatte, dem Kaiser zu Hilfe eilen; allein als er aus Oesterreich die Nach= richt erhielt, daß Friedrich mit den Belagerern kapituliert und diesen den jungen Ladislaus ausgeliefert habe, glaubte er seines Versprechens gänzlich entledigt zu sein, zwang noch die Piseker mit den Klattauern, Taußern und Schüttenhofern, dann die Saaßer und Launer zur Anerkennung seiner Oberherrschaft und zog am 30. Sept. siegreich triumphierend nach Prag zurück.

Wenn es des Herrn Georg ernstliche Absicht war, dem Kaiser in seiner Unterhandlungen
mit Ladislaus
(1452/3). Noth beizuspringen, warum that er es nicht, auch nachdem der junge Ladislaus durch Ulrich von Cilly nach Wien gebracht worden war? Im Gegentheil, die neue Wendung der Dinge paßte erst recht in seine Pläne. War ja doch die Rosenbergi= sche Partei niedergeschlagen und konnte nicht mehr gefürchtet werden, daß ein An= derer, als er, im Namen des unmündigen Knaben das Scepter schwingen werde. Er berief einen Landtag zu St. Galli (16. Okt. 1452) nach Prag und ließ den jungen Prinzen zwar nicht als erblichen, so doch als gewählten König anerkennen, falls derselbe die Kompaktaten bewillige und den Rokyßan zum Erzbischof erhebe. Als hierauf zu Martini in Wien eine Versammlung der österreichischen, ungari= schen und böhmischen Stände abgehalten wurde, verabredete man, daß Ladislaus nach Anerkennung der Bedingungen vom Gallitage am 24. Aug. 1453 in Prag gekrönt werden sollte. Nachdem sich Herr Georg in Znaim mit dem Grafen Cilly verständiget hatte (26. April 1453), gieng er nach Wien, um selbst den jungen Ladislaus zu begrüßen. Drei Tage blieb er da und wich dem Könige keinen Augenblick von der Seite, so daß er ihn ganz für sich gewann und „Vater" von ihm genannt wurde. Den Böhmen brachte Georg von dieser Reise die gewünschten Verschreibungen und Bewilligungen Seitens des Königs, für sich selbst aber trug der Schlaue die Bestätigung als Gubernator auf weitere sechs Jahre heim. Die Reise des jungen Ladislaus nach Böhmen verzögerte sich noch durch einige Monate. Die Einflüsterungen und Rathschläge seiner Wiener Umgebung, sowie einiger böhmischer Edelleute werden als Grund für den Aufschub der Krönung angeführt. Einem der letzteren, dem Herrn Johann von Smiřitz, einem Gegner Podiebrads, kam sein Rathschlag theuer zu stehen. Sein diesbezüglicher Brief gerieth durch den Grafen von Cilly in des Gubernators Hände, und höchlichst aufgebracht, las dieser ihn in der Ständeversammlung vor: „Was hat der Schreiber dieses Briefes verdient?" frug er dann mit grimmigem Nachdrucke die Anwesenden. „Den Tod, den Tod," wiederhallte es von allen Seiten. Da wandte sich Herr Georg an den anwesenden Smiřitz noch einmal mit derselben Frage, und dieser antwortete in seiner Bestürzung: „Den Tod." Einen Tag nur gewährte man dem Unglücklichen Frist, um sich auf sein letztes Stündlein vorzubereiten; dann fiel sein Haupt auf der Blutbühne der Altstadt unter dem Beile des Henkers. (7. Sept.)

Ladislaus'
Krönung (1453).

Anfangs Oktober 1453 kam Ladislaus nach Iglau, allwo ihn die böhmischen Stände einholten und nach Prag zur Krönung geleiteten. Dem Alter nach war der König noch ein Knabe, aber erstaunlich früh gereift war sein Geist und Körper. Sein Wuchs war schlank, das holde Antlitz mit den zartweißen, feingerötheten Wangen und funkelnden Augen umrahmte goldiges, weichgelocktes Haar. Der Prinz war überaus artig und freundlich, und Jedermann erstaunte über die Klugheit des Wunderknaben. Künste und Wissenschaften liebte er in ungewöhnlicher Weise; dabei war er sittenrein und fromm und hing mit großem Eifer am katholischen Glauben. Sein Charakter war noch nicht zu selbstständiger Festigkeit entwickelt; die Leidenschule, die er durchgemacht, hatte wohl seine Erfahrung vergrößert, ihn aber auch zur Verstellung geneigt gemacht. Die Stellung des Königsknaben war eine ungemein schwierige; den Herrscherpflichten über drei theilweise noch in Gährung begriffene Länder zu genügen, hätte es eines gereiften Mannes Kraft und Zähigkeit bedurft. — Mittwoch am 24. Oktober zog der Habsburger in die alte Krönungsstadt Prag ein, und am Sonntag darauf wurde unter den gewöhnlichen Feierlichkeiten im St. Veitsdome in Anwesenheit der böhmischen, mährischen, schlesischen und lausitzischen Stände die Krönung vorgenommen. Der Jubel bei diesem freudenvollen Ereignisse war übrigens nur bei den Katholiken und Deutschen ungetheilt; (bloß die von Capistran aufgereizten Breslauer wollten nicht zur

Eidesleistung in die Ketzerstadt kommen). Die eifrigen Utraquisten aber nahmen es dem Könige nicht wenig übel, dass er streng katholisch war und nicht den Rokyzan, sondern den Olmützer Bischof den Krönungsakt vollziehen ließ. Bald nach der Georgs Zeitung Krönung entwickelte Georg von Podiebrad eine ungemeine Rührigkeit, um die königliche Gewalt zum alten kräftigen Ansehen zu bringen. Natürlich that er dies ganz in seinem eigenen persönlichen Interesse, da er ja noch durch einige Jahre faktischer Beherrscher des Königreiches blieb, und er sicherlich auch jenen Zeitpunkt in's Auge faßte, in welchem sein Gubernium aufhören sollte. Im Monate November wurde ein großer Landtag einberufen und auf demselben in erster Reihe eine außerordentliche Steuer für den König bewilligt und in ausgiebiger Weise für die Wiedereinlösung der Krongüter Sorge getragen. Dann war der Gubernator durch weitere Beschlüsse auf eine genaue Revision der in große Verwirrung gerathenen Besitzverhältnisse bedacht, sorgte für Wiederherstellung der Ruhe und Sicherheit im Lande, für Erneuerung des Landesgerichtes, Wiedererweckung der Industrie u. dgl. Den jungen Ladislaus beherrschte der kluge Landesverweser vollständig; er machte sich zu seinem Hofmeister, blieb ihm immer zur Seite, begleitete ihn auch in die katholischen Kirchen und schlief mit ihm in einem Zimmer. Allmählich suchte er den lenksamen Knaben auch in das nationale Lager hinüberzuführen. Die Deutschen wurden von ihm entfernt, und junge tschechische Edelleute in die Gesellschaft des Königs gebracht, der nicht eher aus dem Lande gehen sollte, als bis er das Tschechische, boshaft fügt Sylvins hinzu „und das Biertrinken,“ würde vollkommen erlernt haben. Dabei vergaß Herr Georg nicht, auch an die Zukunft zu denken und für alle Fälle zu sorgen, indem er sich mit des Königs Bewilligung in den pfandweisen Besitz von Glatz, dem Fürstenthume Münsterberg in Schlesien, den Burgen Potenstein und Albrechtic und wahrscheinlich auch der Stadt Kolin in Böhmen setzte. Ladislaus verschrieb dem Podiebrader nicht nur die nöthigen Pfandsummen, sondern gab ihm noch einige Tausend Schock auf Verbesserung der Güter. In Bezug auf die religiöse Frage beobachtete Georg eine berechnete und gewandte Haltung; er trat keineswegs zum Katholicismus über trotz der erneuerten Ermahnungen des Aeneas Sylvius und des Capistran, benahm sich aber auch im Utraquismus ziemlich lau, so dass er auf einem Landtag deswegen von dem alten Mokrowansky in der stürmischsten Weise angegriffen wurde.

Am 29. Mai im Jahre 1453, also im ersten Regierungsjahre des Königs Zeitengesahr (1453). Ladislaus erstürmten die Türken das feste Konstantinopel, erschlugen den letzten Paläologen und errichteten auf den Trümmern des oströmischen Reiches einen Staat unter der Aegide des Halbmondes, der durch mehrere Jahrhunderte die benachbarten christlichen Länder in Angst und Schrecken versetzte. Der Papst Nikolaus V. war der erste, welcher die große Gefahr, die der Christenheit drohte, in ihrem vollen Umfange begriff, und mit allem Eifer suchte er die christlichen Völker zu einem gemeinschaftlichen Feldzuge gegen die Feinde des Kreuzes zu be-

wegen. Der Kaiser berief in Folge deſſen zwei Reichstage hintereinander nach
Regensburg und Frankfurt, um über Mittel und Wege zum heiligen Kampfe zu
berathen. König Vadiſlaus, deſſen Erbland Ungarn zunächſt der Türkengefahr
Preis gegeben war, erbot ſich auf den Rath ſeines böhmiſchen Landesverweſers
40.000 Mann in's Feld zu ſtellen, und die deutſchen Reichsfürſten verſprachen
ebenfalls ihre Kontingente in Bereitſchaft zu halten. Auf einer Zuſammenkunft
in Wiener-Neuſtadt ſollte unter dem Vorſitze des Kaiſers der letzte Beſchluſs in
dieſer Angelegenheit gefaſſt werden. Auch König Vadiſlaus beſchickte dieſe Ver
ſammlung. Zuvor verweilte er Anfangs September in Breslau, wo er vergeblich
den Gemahl ſeiner Schweſter Eliſabeth, den König Kazimir von Polen, der eben
mit den preußiſchen Rittern im Kampf begriffen war, erwartete. Er ließ ſich von
den Breslauern huldigen, ſchloſs mit den ſächſiſchen Fürſten wegen eines Streites
um einige Burgen, Städte und Güter, die früher zu Böhmen gehörten, einen
Waffenſtillſtand, begab ſich dann nach Wien, allwo er von den Bewohnern am
16. Febr. 1455 in der feierlichſten Weiſe empfangen wurde. Sein unzertrenn-
licher Begleiter auf dieſer Fahrt war Herr Georg von Podiebrad, der mit aller
Eiferſucht eines mißtrauiſchen Hofmeiſters jeden Schritt ſeines Zöglings überwachte. Von Wien gieng der Gubernator zum großen Reichstage nach Wiener-

Reichstag von Wienerneuſtadt (1455). Neuſtadt, allwo er im Namen ſeines Königs erklärte, mit der ganzen Streitmacht
Böhmens in's Feld rücken zu wollen, falls man ihm den Frieden mit den benach-
barten Völkern ſichere. Allein da der Kaiſer nur ſehr wenig Eifer für den Kreuzzug
entwickelte, die deutſchen Fürſten aber wieder mit einander in Uneinigkeit gerathen
waren, ſo wurde der Türkenzug auf das nächſte Jahr hinausgeſchoben.

Vadiſlaus in Oeſterreich und Ungarn (1455—1457). Ein ganzes Jahr hielt König Vadiſlaus glänzenden Hof in Wien, ergeben
den Ratſchlägen des ehrgeizigen Grafen von Cilly, vorzüglich beſchäftigt durch die
Streitigkeiten mit dem Kaiſer und mit Johann Hunyadi, dem Gubernator von
Ungarn. Im Februar 1456 begab er ſich mit dem Grafen von Cilly nach Ofen,
woſelbſt auch Johann Hunyadi mit zahlreicher Begleitung eintraf. Sie täuſchten
ſich über die Nähe der Türkengefahr; denn während ſie den Beginn des künftigen
Feldzuges für die Zeit nach der Ernte verabredeten, traf die Schreckenskunde ein,
daſs Sultan Mohamed II. mit einem ungeheuern Heere gegen Belgrad heran-
ſtürme, um dieſen Schlüſſel von Ungarn zu erobern. Da waren der heldenmüthige
Hunyadi und der gottbegeiſterte Capiſtran die Retter in der großen Noth. Ewig
denkwürdig bleibt die glänzende Vertheidigung der wichtigen Feſtung Belgrad
durch dieſe Männer; faſt auf wunderbare Weiſe erfocht das Chriſtenheer einen
der herrlichſten Siege über die Ungläubigen (Juli 1456). Beide Männer aber
lebten nicht lange mehr im Glanze ihrer Heldenthaten, ſondern erlagen bald darauf
der im Lager ausbrechenden Krankheit. König Vadiſlaus, der von Oeſterreich,
wohin er geeilt war, um Truppen zuſammenzuraffen, jetzt nach Ungarn zurückkehrte,
übte böſen Undank am Sohne des verblichenen Hunyadi. Vadiſlaus Hunyadi,

der sich zwar durch den Mord des Grafen Cilly, seines alten Familienfeindes mit einer Blutschuld beladen hatte, hätte nicht verdient, durch das Henkerbeil zu sterben, wie es der König aubefahl, nachdem er sein Opfer in heuchlerischer Weise nach Ofen gelockt hatte (16. März 1457). Da erhoben sich die Magyaren zum allgemeinen Aufstand, und der junge König rettete seine Freiheit nur durch die Flucht nach Wien, wohin er den zweiten Sohn des alten Hunyadi als Geisel mitnahm.

Ganz wie ein König regierte während dieser Zeit Herr Georg von Podie-*Georg in Böhmen* brad in Böhmen. Da der Breslauer Waffenstillstand mit den sächsischen Fürsten *(1455—7).* abgelaufen war, so suchte er die Streitigkeiten mit denselben durch die Waffen zu beendigen. Er warf sich mit Heeresmacht gegen die Stadt Brüx, die in den Händen der Sachsen sich befand, nahm sie am 8. Sept. 1455 ein und zwang, nicht sehr bekümmert um seines Königs gegentheiligen Willen, auch die Burg dieser Stadt, Namens Landeswart, zur Uebergabe (11. März 1456). Dann zog er gegen Kolda von Zampach, der sich gegen das Landrecht aufgelehn- und einige Erbgüter Georgs, Nachod und Riesenburg, in Besitz genommen hatte. An Einem Tage wurden des Friedenstörers Burgen umzingelt, später genommen und zerstört, der alte Kolda selbst aber zur Flucht nach Polen gezwungen (1457). Minder glücklich war der Landesverweser in den Unterhandlungen mit dem römischen Stuhle, auf welchem nach dem Tode Nikolaus V. (1455) der mildgesinnte Ka- lixtus III. gefolgt war. Der von Podiebrad gewünschte religiöse Ausgleich wurde auch jetzt nicht herbeigeführt, da der Papst mehr auf die Rathschläge des Capistran und des Aeneas Sylvius, als auf die Anträge der Böhmen hörte.

Das intime Verhältniß zwischen König Ladislaus und seinem böhmischen *Ladislaus' Tod* *(23. Nov. 1457).* Landesverweser hatte sich einigermaßen getrübt. Dem König war der Kampf des Herrn Georg mit den sächsischen Herzogen unlieb gewesen, Georg selbst aber sah mit Unwillen die neuen Streitigkeiten, in welche sich Ladislaus wegen der Cilly'schen Erbschaft mit dem Kaiser verwickelte. Noch verdrießlicher machte den eifersüchtigen Gubernator der Einfluß, den in Wien ein neuer Rathgeber, Konrad Holzer, früherer Bürgermeister von Wien, auf den jungen König gewonnen hatte. Er setzte daher alle Hebel in Bewegung, um eine Aenderung der Sachlage herbeizu- führen. Mit Hilfe Eizingers wurde ein Friede zwischen Ladislaus und dem Kaiser vermittelt und an der Beseitigung des allmächtigen Holzer mit aller Macht ge- arbeitet. Dann drang Georg in den König so lange, theils mit Bitten, theils mit Drohungen, bis dieser sich entschloß, wieder nach Böhmen zu ziehen, in Prag Hof zu halten, um daselbst sein Beilager mit der erwählten Braut Magdalena, Tochter Karls VII. von Frankreich, zu feiern (29. Sept. 1457). Eine glänzende Gesandtschaft gieng aus Böhmen nach Frankreich, um die zukünftige Königin ab- zuholen; aber ehe noch diese eintraf, hatte den Bräutigam der Tod in seine eisigen Arme aufgenommen. Am 21. Nov. zeigten sich beim König, so erzählt ein Bericht, zwei Beulen als unheimliche Vorboten einer pestartigen Krankheit. Aus unzeitiger Scham verheimlichte Ladislaus den Aerzten seinen Zustand und leitete noch am nächsten Morgen mit Ueberwindung der Schmerzen eine Gerichtssitzung. In der Nacht aber kam die Krankheit zum vollen Ausbruch; alle angewandten Mittel nützten Nichts mehr, und der kaum achtzehnjährige König hauchte unter frommen Gebeten, und indem er herzliche Worte an Herrn Georg richtete, seinen Geist aus (23. Nov.). Man möchte gern an diesen Bericht glauben, wenn er nur nicht allzustark in Zweifel gezogen würde durch gut unterrichtete Zeitgenossen, welche mit entschiedener Bestimmtheit von einer stattgefundenen Vergiftung erzählten.

Den alten Erbeinigungen zu Folge hatten die Habsburger nach dem Tode des jungen Ladislaus das meiste Anrecht auf den erledigten böhmischen Thron; der Kaiser Friedrich, die Spitze der Habsburgischen Familie, meldete wohl auch seine Ansprüche, allein er verabsäumte es seiner Gewohnheit gemäß ganz und gar, durch ein energisches Auftreten seinen Forderungen Nachdruck zu verleihen. Als Thronkandidaten traten ferner die beiden Schwäger des verstorbenen Königs auf, Kazimir von Polen und Wilhelm von Sachsen, ja auf dem Prager Quatemberlandtage vom 14. Dec. 1457 erhoben sich auch Stimmen für den baierischen Herzog Albrecht, sowie für den gleichnamigen Markgrafen von Brandenburg aus dem Hause Hohenzollern. Die böhmischen Stände, welche mit Hintansetzung der Habsburgischen Erbrechte in der Wahl freie Hand behalten wollten, verschoben dieselbe bis auf den Februar des nächsten Jahres. Für Herrn Georg hatte jetzt die entscheidende Stunde, auf die er schon längst gelauert, geschlagen. Sie traf ihn vollkommen vorbereitet. Wenigstens war er jetzt wie immer der kluge, kalt berechnende Mann, mit eisenfester Energie, der freilich nur des hohen Zieles willen diesmal seine Seelenkräfte auf das Aeußerste anspannte. Der aus der Husitenzeit noch immer forttönende Nachhall der nationalen und religiösen Erregung gab den Ausschlag. „Ein Landeskind, ein Tscheche, ein Utraquist mußte König werden, damit der Druck der Deutschen und der Katholiken ein Ende nehme." So riefen die Agitatoren des Podiebrad, an deren Spitze der fanatische Rokyzan und der gewandte Zdeněk Kostka von Postupitz standen. Auch unter den Katholiken wurde auf's Eifrigste gewühlt; unter ihnen entwickelte die meiste Thätigkeit Zdeněk von Sternberg, ein Jugendfreund des Gubernators. Schwankende Naturen bearbeitete man durch Ertheilung oder Versprechung hoher Ehrenstellen, und auch des Geldes wurde nicht geschont bei solchen, die dafür zugänglich waren. Der Aufschub der Wahl war dem Podiebrad eben so günstig, wie ein zweiter gleich zu berührender Umstand. Der junge Mathias Korvinus, den König Ladislaus als Staatsgefangenen nach Prag gebracht hatte, befand sich jetzt in seiner Gewalt. Er behandelte den Magyaren mit zuvorkommender Freundlichkeit und suchte ihn durch die Verlobung mit seiner neunjährigen Tochter dauernd an sein Haus zu fesseln. Denn Georg erkannte mit gewohntem Scharfblicke, daß in Ungarn niemand Anderer den verwaisten Thron besteigen würde, als sein Gefangener. Er täuschte sich nicht. Die Kunde von der Wahl des jungen Hunyadi traf baldigst in Böhmen ein, und Georg führte den neuen König aus seiner Gefangenschaft bis nach Straßnitz in Mähren, allwo er ihn den ungarischen Magnaten übergab (Feb. 1458). Das Beispiel der Ungarn zündete in Böhmen, und die Stimmen, die sich noch für die alten Erbverträge gegen die freie Wahl erklärt hatten, mußten Angesichts der ungarischen Vorgänge verstummen. Wenn die Ungarn einen König aus der Mitte des Volkes gewählt hatten, warum sollten es nicht auch die Böhmen, die überdies eine so lange blutige Revolution für die nationale Freiheit durchgekämpft? Unter dem Eindrucke dieser Argumentation schritt der Landtag am 2. März 1458 im Altstädter Rathhause zum wichtigen Wahlacte, nachdem noch ein neuer Thronbe= werber in der Person des jüngeren Sohnes des französischen Königs aufgestanden war. Zdenèk von Sternberg hielt die Umfrage bei den ständischen Wählern, und alle entschieden sich für Herrn Georg von Podiebrad; da beugte Sternberg zuerst sein Knie zur Huldigung seines alten Freundes, und alle Versammelten folgten seinem Beispiele. Von draußen aber erscholl das laute Rufen der Volksmenge: „Es lebe Georg, König von Böhmen!"

Wahl
(2. März 1458).

Fürsten, welche sich durch ihre eigene persönliche Tüchtigkeit auf den Thron geschwungen haben, haben selbstverständlich in ihrer Regierung mit viel größeren Schwierigkeiten zu kämpfen, als Geburtsthronfolger. Die unruhigen Zeiten einer= seits, in denen ihre Erhebung nur möglich ist, die stäte Opposition der am histori= schen Rechte hängenden Partei, sowie die Eifersucht der früher dem Fürsten gleich= gestellten Stände bereiten den Usurpatoren unausgesetzte Gefahren. Bei Georg von Podiebrad kam noch die religiöse Frage hinzu. Dieselbe bildete sogleich bei der Krönung einen Stein des Anstosses. In Ermangelung eines geweihten Prager oder Olmützer Kirchenfürsten vollzogen die feierliche Krönung die von Mathias Korvinus gesandten Bischöfe von Raab und von Waitzen. Dieselben bestanden aber darauf, daß noch vor der heiligen Handlung sich Georg eidlich verpflichte, dem Papste, wie andere katholische Könige, Gehorsam zu leisten, den katholischen Glauben zu beschützen, für die Ausrottung aller Sekten und Ketzereien in Böhmen zu sorgen und das Volk zur Einheit, zum Ritus und Kultus der römischen Kirche zurückzuführen. Wenn Georg diese ganz katholisch klingende Eidesformel auf das Evangelium beschwor, so that er es nur, um die so heiß ersehnte Krone baldigst empfangen zu können, ohne die Folge seines Schwures zu bedenken. Diese Kon= cession an die Katholiken brachte ihn aber nicht nur mit den Utraquisten in Feind= schaft, sondern auch mit der römischen Kirche, da diese aus der Eidesformel ganz andere Konsequenzen zog, als Herr Georg, der nach der am 7. Mai vollzogenen Krönung wieder stark utraquistisch gestimmt schien.

Krönung
(7. Mai 1458)

In den Nebenländern Böhmens, in der Lausitz, in Mähren und Schlesien wurde die Erhebung Georgs von Podiebrad zum König nicht sofort anerkannt.

Befestigung der
Herrschaft
(1458/9).

Georg mußte mit Waffengewalt einschreiten, um die Widerspänstigen, welche von Erzherzog Albrecht von Oesterreich und Wilhelm von Sachsen unterstützt wurden, zum Gehorsam zu bringen. Die Iglauer ergaben sich nach hartnäckigem Widerstande unter den Mährern zuletzt (Nov. 1458), die Breslauer aber huldigten gar erst am 13. Januar 1460. Auf einer Donauinsel bei Wien traf Georg gelegentlich seines Einfalls in Oesterreich mit dem Kaiser zusammen und verhandelte mit ihm durch einige Tage (25. Sept. bis 3. Oct.). Durch des Kaisers Vermittlung, der für seine Person selbst keine Forderungen auf Böhmen erhob, entsagten sein Bruder Albrecht und sein Vetter Sigmund gleichfalls ihren Ansprüchen. Alter Hader und wechselseitige Eifersucht der deutschen Fürsten untereinander, namentlich der Häuser Brandenburg und Baiern, machten König Georg zu einem gesuchten Bundesgenossen und beförderten nicht wenig das Ansehen seiner neuen Herrschaft. Herzog Wilhelm von Sachsen versöhnte sich durch Vermittlung des Markgrafen von Brandenburg Anspach mit Georg und entsagte auf einer Zusammenkunft in Eger seinen Ansprüchen auf Böhmen (April 1459). Auf derselben Konferenz wurden die alten Streitigkeiten mit den sächsischen Fürsten dahin ausgeglichen, daß letztere die verpfändeten Städte Brüx, Ossegg und Dux auslieferten, während Georg die Stadt Pirna nebst der Umgebung an Sachsen abtrat und die zerstreuten böhmischen Besitzungen in Meißen und Thüringen an die sächsischen Fürsten als Lehen überließ. Die neue Freundschaft sollte noch durch engere Bande befestigt werden, indem König Georg seinen Sohn Hynek sowohl, als auch seine Tochter Zdenka, mit Kindern der sächsischen Familie verlobte, ersteren mit Katharina, der Tochter des Herzogs Wilhelm, letztere mit dem Sohne des Kurfürsten Friedrich, Namens Albrecht. Zur selben Zeit schloß König Georg mit Friedrich von der Pfalz ein Bündniß.

Belehnung (1459). Auch der Kaiser, der auf der Wiener Zusammenkunft das Podiebradische Königthum noch nicht vollkommen anerkannt hatte, zögerte jetzt nicht länger, es zu thun, weil er des Podiebraders Hilfe bei einem neuen Projekte zu gewinnen glaubte. Eine mächtige Partei in Ungarn nämlich war mit dem jungen König Mathias Anfangs 1459 in derartige Feindschaft gerathen, daß sie einen Gegenkönig zu wählen beschlossen; König Georg, an den sie sich zuerst wegen der Erhebung seines Sohnes Heinrich zum ungarischen König wandten, glaubte aus allerhand Ursachen diesen Antrag ablehnen zu müssen; mit viel größerer Bereitwilligkeit gieng Kaiser Friedrich auf das Ansinnen der unzufriedenen Magyaren ein, nahm die in Güßing vorgenommene Wahl an, und schrieb sich seitdem „König von Ungarn" (4. März 1459). Um sich bei der weiteren Betreibung seiner ungewissen Pläne der Unterstützung des Böhmenkönigs zu versichern, traf er mit demselben am 30. Juli in Brünn zusammen, bestätigte am 31. Juli die Rechte und Freiheiten des Königreiches Böhmen und belehnte Herrn Georg von Podiebrad mit diesem Reiche in feierlicher Weise. Ferner verlieh der Kaiser in Brünn dem Viktorin, dem Sohne des böhmischen Königs, der von seinem Vater die Fürstenthümer Münsterberg und Troppau erhalten hatte, die Würde eines Reichsfürsten. Dagegen gelobte Georg dem Kaiser, seine Kriegsmacht am St. Jakobstage 1460 gegen Mathias zu stellen (5. Aug.) und ihm durch Gewalt oder durch Unterhandlungen zur Herrschaft in Ungarn zu verhelfen (6. Aug.). Allein des Kaisers Gunstbezengungen und seine eigenen Versprechungen konnten den schlauen Georg doch nicht zur thatsächlichen Hilfeleistung gegen Mathias Korvinus bewegen. Er mochte sich nämlich doch nicht mit dem Magyarenkönig verfeinden, noch viel weniger aber mit der römischen Kurie, welche mit dem neuen Papst Pius II. in dem ungarischen Thronstreite auf Seite des Mathias stand. So glaubte Georg am Klügsten zu verfahren, wenn er sich in aller Ruhe verhalte oder höchstens den Vermittler spiele. Vom Kaiser hatte er erlangt, was er gewollt, der Papst selbst aber mühte sich durch allerhand Ermahnungsbriefe an die Schlesier und Lausitzer ab, um deren noch in Widerspänstigkeit verharrende Länder zur Huldigung des Böhmenkönigs zu bewegen.

Wer von der Leidenschaft eines solchen unbändigen Ehrgeizes erfasst ist, wie Herr Georg von Podiebrad, bleibt auf der Stufenleiter menschlicher Würden nicht ruhig stehen, wenn er noch eine Sprosse über sich bemerkt. Der Böhmenkönig, noch vor kurzem ein einfacher Edelmann, strebte nach der höchsten weltlichen Würde in der Christenheit, nach der römisch deutschen Kaiserthume, das ja auch seine Habsburgischen und Luxemburgischen Vorfahren in Böhmen besessen hatten. Thatsache war es, dass das Reich mit der Regierung des schlaffen Kaisers Friedrich nicht zufrieden sein konnte, dass allerhand Parteien und Streitigkeiten unter den Fürsten herrschten, die die Ohnmacht des Ganzen wie der Einzelnen beförderten. „Gott sei es geklagt, das ganze Reich ist von allen Seiten so erschüttert und zerrissen, dass es nirgends mehr zusammenhält", so klagte Dr. Martin Meier aus Heidelberg, ein schlauer und gewandter Diplomat, der eben im Dienst des böhmischen Königs sich befand. „Warum sollte nicht er mit starker Hand des Reiches Leiter werden, warum nicht wieder die römische Krone auf der böhmischen ihren Sitz nehmen", so träumte Herr Georg, und besagter Dr. Meier stimmte mit diesen geheimen Entwürfen vollkommen überein. Beide fädelten den Plan mit großem Geschicke ein. Friedrich III. sollte nicht abgesetzt werden; er sollte den kaiserlichen Namen beibehalten, Georg aber römischer König werden. Mit mehreren deutschen Fürsten stand König Georg bereits in den innigsten Beziehungen, mit den andern wurden ähnliche Verbindungen angeknüpft. Um Herzog Ludwig von Baiern zu gewinnen, gestattete er ihm den weiteren Besitz der böhmischen Kronlehen in seinem Lande (18. Sept. 1459) und vermählte im nächsten Jahre seine Tochter mit Ludwigs Sohne Georg. Auch der mächtige Albrecht von Brandenburg sollte gefesselt werden, und es wurde aus diesem Grunde Albrechts Tochter Ursula mit Georgs Sohne Heinrich verlobt (1460). Ferner rechnete man auf die Beihilfe des abgesetzten Mainzer

Georgs Bestrebungen, die Kaiserkrone zu erlangen (1459—61).

Erzbischofes Diether, des Königs von Ungarn, des Schwiegersohnes Georgs, mit dem neue Freundschaftsverträge geschlossen wurden, und des Polenkönigs Kazimir, mit welchem sich der Böhmenkönig ausgesöhnt hatte. In dem großen Streite zwischen der baierischen und brandenburgischen Partei suchte sich Georg neutral zu verhalten, um die lohnende Vermittlerrolle spielen zu können, während der rastlose Dr. Maier allerorten wühlte und für den Plan seines Herrn nicht ohne Erfolg arbeitete, ja sogar eine Reise nach Mailand unternahm, um mit dem Usurpator Franz Sforza zu unterhandeln. Immer näher rückte Georg seinem Ziele, und schon waren ihm einige Wählerstimmen sicher; auch Erzbischof Diether von Mainz war bereit, den Böhmen zum römischen König zu wählen, doch sollte der König, so wurde im Vertrage bestimmt, einen versiegelten Brief geben, daß er, sobald er römischer König sei, sich ganz zum katholischen Glauben wenden wolle. Nur der wackere, ehrliche Markgraf von Brandenburg mochte trotz aller Ueberredungskünste des Böhmen sich nicht in eine Verschwörung gegen seinen Herrn und Kaiser einlassen. Ja, so meinte der ehrenfeste Mann, wenn ihm König Georg auch nur einen fingerlangen Zettel vom Kaiser zeige, worin dieser ihm befehle, dahin (für Georg) zu arbeiten, bei Kurfürsten oder anderswo, so wolle er es mit allem Fleiße thun. Auf einem Fürstentag in Eger sollte endlich das Projekt Georgs seinem Ziele zugeführt werden. Trotz des Verbotes des Kaisers, der wahrscheinlich bereits Mißtrauen hegte, fanden sich im Februar 1461 die mächtigsten Fürsten und viele andere Abgesandte in Eger ein. Martin Meier bot alle seine Beredsamkeit auf, um die Pläne seines Herrn zur Durchführung zu bringen; er ließ kein Mittel unversucht und wies unter andern auch darauf hin, daß Georg allein der richtige Mann zur nachdrücklichen Leitung des bevorstehenden Türkenkrieges sei. Allein alle Mühen scheiterten an dem Widerstande der beiden Brandenburger, des Kurfürsten und insbesondere des Markgrafen, die sich mit aller Entschiedenheit gegen die böhmischen Umtriebe aussprachen. Albrecht·Achilles, „Deutschlands Fuchs," wie den tapferen und schlauen Brandenburger seine Feinde zu nennen pflegten, zögerte jetzt nicht länger, sondern unterrichtete sofort den in Gratz weilenden Kaiser in „großem Geheim" von Georg's verrätherischen Plänen und Entwürfen. Auf einem bald darauf abgehaltenen Tage in Nürnberg konnten die böhmischen Gesandten aus dem Benehmen der Fürsten deutlich entnehmen, daß das Spiel ihres Herrn gänzlich verloren sei.

Folgen.   König Georg hatte sich bei seinen Bemühungen um die deutsche Kaiserkrone keinesfalls als ein lauterer Charakter gezeigt. Das heimliche Machinieren gegen seinen obersten Lehensherrn, dem er Treue geschworen, die Erklärung, die er dem Diether von Mainz gegeben, beweisen uns, daß Herr Georg weder ein ehrlicher Vasall, noch ein aufrichtiger Utraquist gewesen ist. Und was soll man zu jenem Aktenstücke sagen, das die Instruktionen einer Botschaft enthält, die Georg an den Papst schicken wollte, nachdem er eingesehen, daß er mit Hilfe des Diether von Mainz nicht zum Ziele gelangen könne? Georg, der jetzt auf einmal mit Hilfe der Kirche die Kaiserkrone gewinnen wollte, verspricht derselben, er wolle ganz nach dem Gefallen des Papstes handeln, das Kreuz gegen die Türken nehmen und alle gegen Rom gerichtete Bestrebungen der Kurfürsten unterdrücken; er wolle auch in Böhmen die Wünsche des Papstes erfüllen, öffentlich demselben die Obe= dienz leisten, und einen Erzbischof in Prag ernennen, damit ohne Blutvergießen eine Einigkeit des Glaubens in Böhmen hergestellt werde. — Die Unehrlich= keit in der Politik erwies sich diesmal aber auch als unklug. Die Feindschaft des Kaisers und der brandenburgischen Partei in Deutschland, den bald ausbrechenden Zwiespalt mit Rom und die größte Unzufriedenheit der Utraquisten hat Georg in frevlem Spiele um die Krone wach gerufen. In Böhmen eiferte Rokyzan gegen des Königs verderblichen Plan in aufregenden Predigten. „Was helfe es den Tsche= chen, wenn ihr König ein Deutscher werde", so murrten die eifrigen Utraquisten, die nicht ohne Grund für ihre Religion und Nationalität in Besorgniß geriethen. Georg mußte einlenken, und um den allgemeinen Unmuth der Husiten zu beseitige, bekannte er sich in feierlicher Weise auf einem Landtage am 15. Mai 1461 zu den Kompaktaten.

Wie natürlich hörten mit dem Mißlingen der Pläne auf das Kaiserthum bei König Georg auch die eifrigen Bemühungen auf, unter den Parteien Deutsch= lands zu vermitteln. Er schlug sich jetzt im Gegentheil ganz auf die Seite der baierischen Fürsten, denen der Kaiser den Reichskrieg erklärt hatte, und schickte böhmische Truppen nach Franken, Thüringen und in die Niederlausitz zur Bekämpfung der Brandenburger, der Vollstrecker des Reichskrieges. Nach längeren Kämpfen und einem Waffenstillstande wurde endlich zwischen König Georg und dem Kur= fürsten Friedrich ein Friede zu Guben geschlossen, in Folge dessen König Georg die Vogtei Lausitz (Niederlausitz) um 10.000 Schock böhmischer Groschen zurück= kaufte, dem Kurfürsten aber jene Herrschaften, die dieser dort an sich gebracht hatte, als böhmische Lehen ließ (5. Juni 1462). Niederlausitz an Böhmen (1462).

Wenn nationale Geschichtschreiber wiederholt beklagen, daß die selbständige Entwickelung des böhmischen Staates unter Andern auch durch den mißvollen Umstand beeinträchtigt worden sei, daß die talentvollen Beherrscher des Landes immer starke und kräftige Zeitgenossen auf dem Throne von Deutschland besaßen, so paßt dies auf die Zeit Georgs von Podiebrad nicht. Schwächer und leichtsin= niger wurde das Scepter des heiligen römischen Kaisers wohl seltener gehandhabt, als durch den trägen apathischen Friedrich III., und gerade dieser kaiserlichen Ohn= macht verdankt der böhmische Usurpator zum großen Theile seine Erfolge. Anderer= seits kann nicht in Abrede gestellt werden, daß der verschlagene Utraquist in eini= gen zeitgenössischen Fürsten ganz ebenbürtige Gegner fand, die nicht unterließen, seine ehrgeizigen Entwürfe mit vielem Geschicke zu durchkreuzen. So war es der vaterländisch gesinnte Markgraf von Brandenburg, welcher Friedrich III. das Kai= serthum bewahrt und Georgs diesfällige gefährliche Pläne gründlich zerstört hatte. Zwiespalt mit Rom (1462).

Ein zweiter Mann, der dem Utraquisten König mit scharfen Blicken in die Karten schaute, und dessen verstrecktem Spiele mit energischen Maßregeln begegnete, war Papst Pius II. Aeneas Sylvius aus dem Geschlechte der Piccolomini, vorher ge= schätzter Diplomat am kaiserlichen Hofe, gehörte zu den begabtesten Päpsten aller Zeiten, und wurde nicht minder gepriesen wegen seiner ausgezeichneten schriftstelleri= schen Arbeiten, die insbesondere auf die böhmischen Verhältnisse belehrende Streif- lichter werfen. Georgs Ansinnen, mit ihm gegen den Kaiser zu intriguiren, wies er mit Entschiedenheit zurück und war vielmehr entschlossen, mit allen Mitteln „den Ketzerkönig" zur Erfüllung der in religiöser Beziehung gemachten Versprechun= gen zu verhalten. Zunächst forderte er, daß Georg durch eine Gesandtschaft in Rom in feierlicher Weise seine Obedienz bekenne. Nach längerem Zögern kam Georg diesem Wunsche des Papstes nach. Als aber seine Gesandten, wie ihnen Georg aufgetragen hatte, von Pius II. die Bestätigung der Kompaktaten forderten, da erklärte der Papst in öffentlicher Konsistorialsitzung am 31. März 1462 kraft seiner Machtvollkommenheit die Kompaktaten, „weil nicht gehalten sei, was sie enthielten", für aufgehoben und jeden, der ihnen ferner anhängen würde, für ver= dammt. Fantins de Valle, Georgs bisheriger Bevollmächtigter in Rom, brachte als Gesandter des Papstes dessen ungünstigen Ausspruch nach Prag und verkündete denselben auf einem außerordentlichen Hoftage den versammelten Ständen (13. Aug.). Als er in langer Rede den König und die Königin aufforderte, das hl. Abendmahl nunmehr bei St. Wenzel auf dem Prager Schlosse zu nehmen, die ketzerischen Priester aber zu verjagen, erhob sich im ganzen Volke ein Murren des Unwillens gegen den Legaten. Dessenungeachtet erschien dieser des andern Tages wieder in der Versammlung, wo er sich in seiner Eigenschaft als königlicher Sachwalter vertheidigen sollte. Ueber seine Verantwortung aber gerieth König Georg in einen solchen Zorn, daß er sein Schwert zog und ausrief: „Kaum, daß ich mich enthalte, dich auf der Stelle zu durchbohren". Fantin antwortete: „Ich kann mir nichts Ehrenvolleres wünschen, als von deiner Hand zu sterben". Der kühne Legat, gegen dessen Untreue in königlichen Angelegenheiten man schriftliche Beweise vorlegte, wurde, sowie Prokop von Rabstein der römischen Gesandtschaft, in's Gefängniß geworfen. Zu dieser Demonstration gegen den Papst fügte Georg eine zweite hinzu. Alle Priester des Landes, utraquistische und katholische, wurden auf den 16. Sept. nach Prag berufen, und als ihrer am bezeichneten Tage 714 versammelt waren, trat der König unter sie, forderte sie alle auf, sich nur an die Kompaktaten zu halten und ja Nichts zur Befreiung des gefangenen Legaten zu unternehmen. Die hart angelassenen Katholiken fürchteten Unheil; ihr früherer Bischof Jobst von Breslau und Zdenek von Sternberg hatten schon vor der Ver- sammlung Prag verlassen.

Dieser Vorfall, sowie die Verletzung des Völkerrechtes durch die Gefangen= nahme des päpstlichen Gesandten, beleidigte den Papst auf's Tödtlichste, und er=

regte auch an andern Orten gerechten Unwillen. Es nützte dem Könige Georg Nichts, daß er bei ruhiger Ueberlegung im Oktober sowohl den Fantin, als auch den Rabstein aus der Haft entließ, — der Papst setzte nunmehr alle Hebel in Bewegung, um dem verhaßten Ketzerkönige Schwierigkeiten zu bereiten. Den Breslauern befahl er, noch mit der Huldigung zu warten, „weil ja der König nicht in den Schooß der Kirche zurückgekehrt sei, sondern die verdammte Lehre halte und in seinem Reiche zu halten begünstige." Hieronymus Laudus, ein päpstlicher Legat, erschien in der Stadt und ermahnte von da die Schlesier und Lausitzer, sowie die Katholiken in Böhmen und Mähren zum Abfalle von dem Ketzer „Girzik." Gefährlich in der That wurde die wachsende Bewegung für König Georg, als ein Bürgerkrieg in einem andern Lande ihn wenigstens vorläufig aus der Verlegenheit befreite.

In Niederösterreich rebellierten die Stände abermals gegen den Kaiser und wurden vom Erzherzoge Albrecht von Oesterreich kräftig unterstützt. Friedrich III., *Georg rettet den Kaiser und wird belohnt (1462).* der sich mit Weib und Kind in der Hofburg befand, wurde von den Wienern eingeschlossen, belagert, und der erregte Pöbel schien das Aergste unternehmen zu wollen. Nirgends her kam Hilfe dem harrenden Kaiser in seiner peinlichen Noth; vergeblich mahnte und warb Markgraf Albrecht auf dem Regensburger Tage. Nur Georg von Podiebrad hielt sich „als Kurfürst des Reiches verpflichtet, den Kaiser, seinen Herrn, nichts Unwürdiges leiden zu lassen." Sofort schickte er seinen Sohn Viktorin zu Hilfe, und bald darauf folgte er selbst mit großer Kriegsmacht. Die erschreckten Aufständischen wichen zurück, und Erzherzog Albrecht sah sich genöthigt, mit seinem Bruder, dem Kaiser, der frei von Wien abzog, einen versöhnlichen Vertrag zu schließen (2. Dec. 1462). Groß war der Lohn, den Georg für seine rettende That vom dankbaren Kaiser erntete. Derselbe gab die alten Erbeinigungsurkunden, die Böhmen und Oesterreich betrafen, heraus und entsagte somit gänzlich allen seinen Ansprüchen auf den böhmischen Thron; dann änderte er das Fridericianische Privilegium dahin ab, daß der Böhmenkönig zu den Römerzügen nicht mehr 300 Bewaffnete zu stellen oder 300 Mark Ablösung zu zahlen habe, sondern bloß zur Hälfte dieser Leistung von nun an verpflichtet sei. Ferner erhob der Kaiser auch die beiden jüngeren Prinzen Georgs, Heinrich und Hynek, in den Reichsfürstenstand und verordnete, daß nach seinem Tode König Georg Vormund seines Sohnes Maximilian werden, ja sogar Oesterreich erben sollte, im Falle Maximilian vor erlangter Großjährigkeit sterben würde.

Georg war ein Politiker des Augenblicks; den Kaiser, den er noch vor Kur *Georgs Kampf mit Pius II. und Paul II. (1463 4).* zem zu stürzen gesucht hatte, rettete er jetzt aus großer Gefahr, natürlich nicht ohne seinen eigenen Vortheil dabei erlangt zu haben. Abgesehen von den Begünstigungen, die ihm Friedrich gewährte, hatte er diesen im Kampfe gegen den Papst halb und halb auf seine Seite gezogen und zugleich die feindlich gesinnten deutschen Fürsten, namentlich Albrecht von Brandenburg mit sich ausgesöhnt. Er konnte wieder die beliebte Vermittlerrolle übernehmen und auf einer Versammlung in Prag brachte er wirklich einen zufriedenstellenden Ausgleich zwischen den sich befehdenden Parteien Deutschlands zu Stande (23. Aug. 1463). Nur der Papst verharrte mit all seiner Zähigkeit auf dem Kampfplatze. Auf die Fürsprache des Kaisers für Georg antwortete er: „Er wolle die Procesſe gegen den König auf unbestimmte Zeit einstellen, müsse ihn aber als von der Kirche getrennt, somit kirchlich todt anſehen." Unterdeſſen aber ſammelte er Kraft zu weiteren Schlägen gegen ſeinen Widerſacher. Derſelbe mußte um ſo mehr geſtürzt werden, als er wieder in der deutſchen Frage eine hervorragende Stellung einnahm, indem er an der Spitze der ſogenannten Reformpartei ſtand, und weil er den Papſt durch die Einberufung eines allgemeinen Koncils zu ſchrecken ſuchte. Pius II. knüpfte daher nähere Beziehungen mit dem König von Ungarn an, der durch den Tod ſeiner Gemahlin Katharina, der Tochter Georgs (Febr. 1464), freie Hand gegen ſeinen Schwiegervater erlangt hatte. Insgeheim unterhandelte ferner der Papſt mit Kazimir von Polen und eröffnete dieſem die Ausſicht auf die böhmiſche Krone, während die brandenburgiſchen Markgrafen durch Schleſien und die Lauſitz gewonnen werden ſollten. Die Breslauer wurden in ihrem Widerſtande beſtärkt, und ſchon entwickelte ſich auch anderweitige Oppoſition gegen Georg, ſo in Mähren, wo der Landsherr Hynek von Lichtenburg die Fahne des Aufruhrs erhob. Endlich wurde der letzte Trumpf von der Kirche ausgeſpielt. Am 15. Juni ließ der Papſt in feierlicher Weiſe eine Bulle verkündigen, in welcher der Böhmenkönig der Ketzerei angeklagt und zum perſönlichen Erſcheinen in Rom binnen 180 Tagen aufgefordert wurde. Doch die Hand erlahmte, ehe noch der von ihr ausgegangene Streich den Gegner erreicht hatte. Pius II. ſtarb ſchon am 15. Auguſt zu Ancona; ſeinen Bullen aber verſperrte der friedliebende Kaiſer den Zugang in die betreffenden Länder. Indeſſen frohlockte König Georg zu früh über den Untergang ſeines Feindes. Der Venetianer Peter Barbo, der unter dem Namen Paul II. den päpſtlichen Stuhl beſtieg, ein eiſenfeſter Charakter, führte mit voller Streitbarkeit den von ſeinem Vorgänger ererbten Kampf fort. Ein neuer Legat zog durch das Reich nach Breslau, überall gegen den Ketzerkönig predigend und ſchürend. Die ſächſiſchen Herzoge wurden gemahnt, alle Gemeinſchaft mit dem Ketzer aufzugeben, und Markgraf Albrecht aufgefordert, die Verlobung ſeiner Tochter Urſula mit Heinrich von Münſterberg zu widerrufen. Georg ſeinerſeits aber ließ den feſten Zornſtein in Mähren, ein Schloß der anſtändiſchen Lichtenburger, berennen.

Georg
wird gebannt
(Aug. 1465).

Als er denſelben endlich trotz der Abmahnungen des Legaten genommen hatte, da ſchien dem heiligen Stuhl die Zeit gekommen zu ſein, „die faulen Glieder, die den Leib vergiften, mit dem Eiſen des Bannes abzuſchneiden." Am 6. Aug. 1465 wurde Georg von Podiebrad, „der Sohn des Verderbens", ſammt ſeinem Anhange von den Kardinälen in den Bann gelegt, alle Unterthanen des Eides der Treue und des Gehorſams entbunden, und jeder Dienſt, jede Steuer,

jede Zahlung von Zins oder Rente aufgehoben, „bis so lange dem Reiche ein
chriftlicher König würde gesetzt." Der muthige Georg mochte wohl unter der
Wucht des Blitzstrahls aus der kirchlichen Rüstkammer erzittern; denn er suchte
jetzt die Versöhnung und glaubte diese durch das Versprechen zu finden, nicht
weiter um Bestätigung der Kompaktaten anfuchen zu wollen. Allein es war um=
fonst. Vergeblich trachteten deutsche Fürsten, Markgraf Achilles voran, beim
Papste zu vermitteln. Dieser blieb unerschütterlich in seinem Beginnen und gedachte
nicht eher zu raften, bis er den Gegner würde vollkommen zerschmettert haben.

Während von Außen unaufhaltsam die Stürme gegen König Georg heran=
brausten, begann zu seinem Schrecken auch der Boden im Königreiche Böhmen
unter ihm zu wanken. Die katholischen Herren des Landes fühlten sich durch
Georgs achselträgerisches Benehmen in religiöser Beziehung verletzt, während andere
den autokratischen Sinn des Königs nicht vertragen wollten. Der sämmtliche hohe
Adel aber grollte dem kräftigen Regimente Podiebrads, der, gestützt auf den Ritter=
und Bürgerstand, den Herren nicht gestattete, auf Kosten der Krongüter ihre eigene
Macht zu vergrößern. Den Unzufriedenen kam des Königs Bruch mit der Kurie
gelegen, und in wiederholten Zusammenkünften organisierten sie sich unter der
Anführung Zdeněks von Sternberg, des ehemaligen Freundes Georgs. Im Sep=
tember 1465 überreichte der Herrenbund dem Prager Landtage eine Beschwerde=
schrift, in welcher dem Könige vorgeworfen wurde, dass er auf den Rath der
Barone nicht höre, dass er schon zweimal eine allgemeine Steuer ausgeschrieben
habe, dass er heimgefallene Lehen an sich zöge, statt sie nach Recht und Billig=
keit wieder zu vergeben; ferner habe der König im Sinne, die Brüderrotte gegen
die Breslauer in Sold zu nehmen, er lasse sich von Rokytzan unaufhörlich gegen
die Katholiken hetzen, obwohl er geschworen habe, sie bei ihren Rechten, Freiheiten
und Gebräuchen zu belassen. „Des Königs Vorfahren auf dem Throne", so
lautet der Schluss der Klageschrift, „wären Ausländer gewesen und hätten doch
die Freiheit der Stände nicht gemindert; sie bäten desshalb, er als geborener
Böhme möge desgleichen thun und des Landes Freiheiten lieber erweitern, als
schmälern." Georg war in der schlimmen Lage, mit den Aufrührerischen noch
freundlich unterhandeln zu müssen. Allein obwohl er sich bereit erklärte, am nächsten
Landtage offen über die Beschwerden verhandeln zu lassen, so standen die Herren
von ihrer Verschwörung doch nicht ab, sondern schlossen am 28. Nov. zu Grün=
berg einen förmlichen Bund, setzten einen Bundesbrief auf und schickten Beschwerde=
schriften an den Kaiser und andere Fürsten. Die Revolution im Lande griff
immer weiter, und bereits erhob sich das altkatholische Pilsen zum Aufstande, so
dass der König mit Waffengewalt eingreifen musste.

Die Grünberger Herrenbündler, welche mit dem Papste, dem Kaiser und
dem polnischen Könige Verbindungen angeknüpft hatten, wollten am liebsten den
letzteren zum böhmischen Könige erheben. Da derselbe jedoch nicht Lust bezeigte,

[Marginalien rechts:]
Grünberger
Herrenbund
(Nov. 1465).

Kreuzzug wider
König Georg
(1466/7).

sich mit Georg zu verfeinden, so richtete man alle Hoffnungen auf den ehrgeizigen Mathias Korvinus, der bereits am 2. Okt. 1465 dem Papste versichert hatte: „Mathias und sein Ungarenvolk ist immer bereit, Dir zu dienen, gelte es nun gegen die Böhmen oder gegen die Türken." Im Herbste des nächsten Jahres 1466 rückte derselbe mit großer Heeresmacht bis an die mährische Gränze vor, mußte aber wegen eines Einfalles der Türken in Siebenbürgen eiligst wieder nach Ungarn zurückkehren. Unterdessen aber entbrannte der Krieg auch auf der andern Seite. Am 23. Dec. erneuerte der Papst den Bannfluch gegen Georg, den „Ketzer und Ketzervertheidiger, den Meineidigen und Kirchenräuber", erklärte ihn und seine Nachkommen aller fürstlichen Würden und Titel für unwürdig und ver= lustig und forderte die Christenheit auf zum neuen Kreuzzuge wider Böhmen. Der Grünberger Herrenbund sagte sich los von allem Gehorsame gegen den König und ernannte Zdenk von Sternberg zum obersten Hauptmanne, insolange nicht ein neuer König eingesetzt sei. Auch in Mähren, Schlesien und in der Lausitz erhoben sich die Stände, aufgeregt durch den päpstlichen Legaten, und insbesondere in den bei= den Lausitzen verlor die Partei Georgs fast allen Boden. Es schien die fürchter= liche Zeit der Husitenkriege wieder zurückkehren zu wollen. In Deutschland nahmen viele das Kreuz, und es bildeten sich einzelne Rittergesellschaften, wie die „des Einhorns", zum blutigen Kampfe gegen die Ketzer. Mit Muth und Geistesge= genwart stellte sich Georg von Podiebrad den Gefahren, die ihn umwogten, entgegen. Er befahl, die festen Schlösser der Herrenbündler zu berennen, an Einem Tage mehrere zugleich, und bald ergaben sich die meisten, so Raudnitz, Helfenburg (Hrádek), Kosteletz an der Sazawa, Freiburg u. a. Zu gleicher Zeit marschierte sein Sohn Viktorin nach Schlesien und schlug das Heer der Breslauer in einer Schlacht bei Frankenstein (16. Juni 1467). Diese Vortheile des Feindes dräng= ten den Papst zu neuen Maßregeln, die er im Einverständnisse mit dem Kaiser traf, der von Zdenk über Georgs frühere unredliche Pläne wohl Manches er= fahren haben mag. Am Nürnberger Reichstage im Juli 1467, auf welchem vornehmlich über einen Türkenzug unterhandelt werden sollte, forderte der Kaiser im Namen des Papstes die versammelten Fürsten auf, vorerst einen Kriegszug gegen den Böhmenkönig zu unternehmen. Allein der Vorschlag fand kein geneigtes Gehör, und namentlich Albrecht von Brandenburg wies auf die Gefahr hin, welche in dem Vorgehen des Papstes für alle Fürsten liege. „Man dürfe der Kurie", bemerkte dieser ganz richtig, „durchaus nicht gestatten, über die deutschen Fürsten= thümer nach Belieben zu verfügen, so wie es Paul II. mit dem ersten Kurfürsten= thume des Reiches gethan habe." Auch der König von Polen gieng nicht auf die Pläne des Papstes ein und wollte bloß in Güte vermitteln. „Er könne nicht glauben", meinte er zum päpstlichen Legaten, „daß ein gesalbter und gekrönter König möge abgesetzt werden." Georgs Lage verbesserte sich so mit jedem Tage. Der Herrenbund war halb und halb niedergeworfen und zum Waffenstillstande

gezwungen worden; eine Schar fanatischer Kreuzfahrer aber, die von Baiern aus
in Böhmen einbrach, wurde bei Neuern, einem Dorfe unweit Klattau, blutig zurückgeworfen (22. Sept. 1467).

Papst Paul II. bot jetzt allenthalben die böhmische Krone feil. Als die Kampf mit Ma-
thias Korvinus
(1467 ff).
Unterhandlungen von Kazimir von Polen zu keinem Ziele führten, wandte er sich
an Friedrich von Brandenburg; allein auch dieser lehnte ab auf den Rath seines
Bruders, welcher meinte, der ganze Vorschlag sei nicht ehrlich, sondern nur ein
„Trugnis"; gar abenteuerlich war der Plan, den burgundischen Herzog Karl mit der
römischen Krone für den Kampf gegen Böhmen zu gewinnen. Der sicherste und
kräftigste Helfershelfer blieb Mathias von Ungarn. Nur wollte man ihm nicht
den Besitz von Böhmen versprechen, weil sowohl der Herrenbund als auch der
Kaiser einen so mächtigen Böhmenkönig fürchteten. Da aber Gefahr im Ver-
zuge war, und König Georg bereits den Krieg durch einen Einfall seines Sohnes
Viktorin in Oesterreich eröffnet hatte (Dec. 1467), so versprach der Kaiser dem
Mathias nebst Anderm auch die römische Krone. Der Ungarnkönig ließ nicht
lange auf Hilfe warten. Am 31. März 1468 sandte er von Tyrnau aus den
Absagebrief an Georg, worauf er mit einem großen Heere, worunter viele böhmische Söldner, in Oesterreich einbrach und den böhmischen Prinzen Viktorin bei
Steieregg über die Donau zurückwarf. Da eilte der Vater Georg mit viel Kriegsvolk herbei und traf seinen Gegner auf dem blutgetränkten Marchfelde. Zaudernd
standen die beiden Usurpatoren einander gegenüber, einer den andern scheuend und
ein jeder den nahen Ausgang vermeidend. „Podiebrad fürchtete das Glück des
jungen Helden und die rasche ungarische Reiterei, Mathias dagegen die Erfahrung
des alten Heerführers und das im Kampfe geübte hussitische Kriegsvolk", sagt
der ungarische Chronist Bonsinus. Nach einem erfolglosen Zwiegespräche mit
Mathias Korvinus wandte sich Georg wieder nach Böhmen. Sein verwegener, aber
weniger erfahrener Sohn Viktorin blieb auf dem Kriegsschauplatze und vertheidigte
mit großer Tapferkeit die Stadt Trebitsch. Als er dieselbe gegen die erbitterten
Stürme der Ungarn nicht länger halten konnte, zog er sich in die Klosterburg
zurück und erwartete hier Hilfe aus Böhmen. Da diese aber nur langsam nahte,
und Hunger und Krankheiten seine Lage unhaltbar machten, schlug er sich mit
Mühseit durch's ungarische Lager, und wandte sich gegen Böhmen (5. Juni).
Siegreich drang Mathias in Mähren vor; Brünn und Olmütz ergaben sich frei-
willig, Ungarisch-Brod wurde mit Gewalt genommen und die Feste Hradisch
belagert. Fast ganz Mähren huldigte dem Ungarnkönige, welcher Zdenek von
Sternberg zum Statthalter des Landes ernannte. Auch auf andern Seiten ge-
staltete sich die Sachlage für Georg von Podiebrad immer ungünstiger. Zdeneks
Sohn, Namens Johann, brach von Iglau her in's südliche Böhmen ein, eroberte
Moldautein und Wodnian, zwang den mächtigen Johann von Rosenberg zum
Frieden und nöthigte die Bürger von Budweis, dem Herrenbunde beizutreten. In

der Lausitz fiel der letzte Punkt der Königlichen, Hoyerswerda, dem Feinde in die Hände, und in Schlesien mußte sich Frankenstein ergeben. Gegen diese Verluste bot nur geringen Ersatz die Kapitulation von Konopischt, dem Hauptschlosse Zdenks von Sternberg, oder die Schlappe, welche ein Haufe Kreuzfahrer aus Schlesien und der Lausitz bei Turnau erlitten (Juni).

Mathias Korvinus, der sich gegen das Ende des Jahres 1468 zurückgezogen halte, brach im Januar 1469 neuerdings in Mähren ein, allwo das Schloß Spielberg bei Brünn in seine Hände fiel (12. Febr. 1469). Nicht lange darauf überschritt er die Gränze Böhmens und drang über Leitomischl und Hohenmauth gegen Chrudim vor. Das Ziel des Marsches war das reiche Kuttenberg; allein bei Wilemow gerieth Mathias in eine gefährliche Falle. König Georg, der in Eilmärschen zum Schutze Kuttenbergs herbeigezogen war, umzingelte die ungarische Reiterei zwischen Bergen und Waldungen und ließ jeden Ausgang durch Verhaue absperren, so daß Mathias mit seinem Heere verloren schien. Der Ungarnkönig verlegte sich in dieser Noth auf Unterhandlungen, und unbegreiflicher Weise gieng Georg darauf ein. Im Dorfe Auhrow, wo die beiden Könige sich trafen, wurde ein Waffenstillstand abgeschlossen, und Mathias verpflichtete sich durch Handschlag, eine Versöhnung zwischen Georg und dem Papste auf Grundlage der Kompaktaten zu betreiben (27. Febr.). Allein der verschmitzte Ungarnkönig hielt sein Wort nicht. Obwohl der Auhrower Waffenstillstand in einer späteren Zusammenkunft der Könige bei Olmütz (April) verlängert wurde, so huldigte Mathias doch der Ansicht des päpstlichen Legaten, Laurenz Roverella, daß man mit den Ketzern keinen Frieden schließen dürfe. Die Herrenbündler, mit einem Sternberg an der Spitze, kamen schon am 12. April insgeheim überein, Mathias zum Könige von Böhmen auszurufen, und am 3. Mai wurde unter Beistimmung der versammelten Herren, Prälaten und Städteboten in der Domkirche von Olmütz laut und öffentlich die Neuwahl verkündet. Mathias freute sich über die Wahl, leistete den gewöhnlichen Eid auf das Evangelium und nahm die Huldigung der Barone entgegen. Noch in demselben Monate erfolgte seine Huldigung in Breslau.

Den König von Böhmen, der so gerne Andere zu täuschen liebte, hatte die Nemesis ereilt; er war von dem noch schlaueren Magyaren, der noch vor Kurzem in seiner Gewalt sich befand, schmachvoll hintergangen worden. Wider ihn, den gehaßten Gegenkönig, mußte der Krieg auf Leben und Tod geführt werden, und um sich in demselben einen günstigen Erfolg zu sichern, brachte Georg die schwersten Opfer. Um des Polenkönigs Bundesgenossenschaft zu gewinnen, entsagte er einer seiner Lieblingsideen, eine Familiendynastie zu gründen und schlug als seinen Nachfolger den jungen polnischen Prinzen Wladislaw vor. Der böhmische Landtag und Kazimir von Polen stimmten dem Plane zu, und in der Aussicht auf polnische Hilfe wurde alsbald der Kampf begonnen. Das Glück lächelte den Waffen der Ultraquisten. In Böhmen mußte sich der Rest der Herrenbündler ergeben, und

Mathias wird zum böhmischen Könige gewählt (1469).

Fortsetzung des Kampfes (1469—70).

wenn auch der tollkühne Prinz Viktorin vom Ungarnkönige gefangen genommen wurde (27. Juli), so gab dies weiter keinen Ausschlag. Prinz Heinrich kämpfte nämlich andererseits mit Glück gegen die Lausitzer und Schlesier, warf sich dann rasch gegen Mathias, der eben Hradisch in Mähren belagerte und schlug ihn unter den Mauern dieser Stadt (2. Nov.), so dass sich die Ungarn in ihre Heimath zurückziehen mussten. Nach kurzer Waffenruhe, während des Winters, erneuerte sich im Frühjahre 1470 der Kampf. Derselbe bestand zum großen Theile in der Verwüstung der gegenseitigen Länder. Georg und seine Feldherren kriegten in Mähren und Schlesien; Mathias dagegen verwüstete im August einen großen Landstrich Böhmens von Hohenmauth bis Kolin. Der Krieg wurde immer langwieriger, und es war kein rechtes Ende abzusehen; unmuthig darüber forderte Georg seinen Gegner zum Zweikampfe heraus, um so den langen Streit zu beendigen. Freilich kam es nicht dazu, aber die allgemeine Stimmung forderte den Frieden; riefen doch sogar die Breslauer, die hartnäckigsten Feinde Georgs, nach Ruhe. König Mathias, dessen Kriegsglück in jüngster Zeit sich nicht bewährt hatte, wünschte gleichfalls den Frieden und schickte deshalb eine Botschaft nach Prag. Er unterhandelte aus guten Gründen um Waffenruhe; denn in Ungarn waren die Stände schwierig geworden, und Kaiser Friedrich neigte sich immer mehr zu Georg, der ihm weniger gefährlich schien, als der mächtige Mathias. Auch die römische Kurie verlor allmählich vom Feuereifer gegen die Ketzer, und die deutschen Fürsten widerstrebten dem Plane des Korvinus, die römische Krone auf die böhmische zu setzen.

In Polna, wo die Mächte im Spätherbste 1470 zusammentraten, machte Mathias den Vorschlag, es solle Georg ihn, den Ungarn, zum Thronfolger von Böhmen ernennen, wogegen er den Prinzen Viktorin frei lassen, Mähren als Herzogthum übergeben und auch die Nachfolge in Böhmen zusichern wolle, im Falle er ohne männliche Erben sterbe. König Georg legte diese Anträge im Februar 1471 dem böhmischen Landtage vor, und schon wollten die Stände darauf eingehen, als die polnischen Gesandten erschienen und eine Erneuerung des Vertrages mit König Kazimir durchsetzten und überdies eine Vermittelung zwischen Georg und dem Papste anboten.

Friedens-unterhandlungen (1470-1).

Der Papst, der zur Versöhnung geneigt schien, traf bereits auch seine Einleitungen zu einem Ausgleichsversuche mit Böhmen; aber ehe noch dieselben in Fluss kamen, starb König Georg von Podiebrad am 22. März 1471 in Folge der Wassersucht und einer monströsen Absonderung der Galle. König Georg war bei dem tschechischen Volke beliebt, weil er, ein nationaler König, aus der Mitte des Volkes gewählt war, gute Ordnung im Lande hielt und sich den niederen Ständen, namentlich dem Bürgerthume zuneigte. Georg besaß keine geringen Regentengaben, die auch im Auslande alle Anerkennung fanden. Herr Ctibor von Cimburg sagt von ihm: „Er war den Stolzen ein Gegner, den Untergebenen ein Beschützer, den Ungehorsamen ein Bändiger; er war ein Verächter der Schmeichelei,

Georgs Tod und Charakter (1471).

treu seinen Getreuen, freigebig gegen seine Diener, unermüdlich in der Arbeit." Ein Prager Kanonikus bezeugt, „er habe sich bezüglich des andern Geschlechtes un= beschollen benommen und habe die Sitte gehabt, jedesmal nach der Tafel Audien= zen auch dem Aermsten zu ertheilen, der zu ihm Gerechtigkeit halber um Hilfe kam." Andere rühmen mit Recht seine große Klugheit und nennen ihn den „klüg= sten Mann", oder „den natürlichen Weisen ohne schriftliche Schärfung des Sinnes." Ob Georg auch den hohen staatsmännischen Blick und die edle Seelengröße besaß, von der manche Geschichtschreiber erzählen, um einen reinen und tadellosreien Na= tional-Helden zu gewinnen? Wir bezweifeln es. Der unbändigste Ehrgeiz führte den Herrn von Podiebrad zur Usurpation und leitete jedwede Handlung in seiner Regierung. Als Erbe der Revolution, suchte er deren Spuren so viel als mög= lich zu vertilgen, um im sicheren Besitze der heißgeliebten Krone zu verbleiben. Nach Außen hin wurde aus eben diesem Grunde doppelzüngige Politik getrieben und auch das schlechteste Mittel gewählt, wenn es nur Vortheil versprach. Nicht besser zeigte sich Georg in religiöser Beziehung; er befriedigte in dieser Hinsicht weder den Papst, noch die eifrigen Utraquisten und machte beiden Versprechungen, die er nicht hielt. An diesem wankelmüthigen, listig falschen Benehmen, das der König übrigens mit mehreren Fürsten des XV. Jahrhunderts theilte, scheiterte seine Regierung. Der Utraquistenbischof wird häufig als der böse Rathgeber des Königs hingestellt. Als Rokyzan, der einen Monat vor dem Könige starb, erkrankt war, soll ihn Georg mit einem Besuche bedacht haben. Rokyzan habe jetzt noch dem Könige abgerathen, mit Rom zu unterhandeln, Georg aber geantwortet: „Meister, du hast nun lange genug gemeistert, jetzt überlasse das mir. Hätte ich deinen Rathschlägen nicht gefolgt, so wäre ich ein ruhmvoller König, und die armen Böh= men würden jetzt nicht vor Hunger sterben." Ob die Worte gesprochen wurden oder nicht, so ist doch das gewiß, daß eine aufrichtige Versöhnung mit der Kurie sowohl dem Könige als dem Volke nützlicher gewesen wäre, als das ewige Hadern um eitler Formen willen, wodurch das Land an den Abgrund des Verderbens gebracht, der König aber verhindert wurde, eine neue nationale Dynastie zu begründen.

4.

Die beiden Jagellonen Wladislaw und Ludwig.

(1471—1526.)

König Wladislaw
(1471—1516).

Als nach dem Tode Georgs von Podiebrad der Wahllandtag zu Kuttenberg zusammentrat, strengte sich der Herrenbund gewaltig an, um die Wahl des un= garischen Königs auch Seitens der utraquistischen Partei durchzusetzen. Allein die letztere vereinigte sich am 27. Mai 1471 in der Wahl des fünfzehnjährigen Jagellonenprinzen Wladislaw, der ja bereits zu Georgs Lebzeiten als dessen Nach=

folger auserfehen worden war. Wladislaw nahm die auf ihn gefallene Wahl bereitwillig an und versprach in der Wahlkapitulation, die Kompaktaten zu handhaben, einen beiden Parteien angenehmen Erzbischof zu bestellen, allen Ständen ihre Freiheiten zu bestätigen, Nichts vom Königreiche Böhmen zu veräußern und keinem Ausländer ein Staatsamt zu ertheilen; ferner erklärte er, für die Lossprechung des verstorbenen Königs und seiner Familie vom Bannfluche Sorge tragen und sich alle Mühe geben zu wollen, mit den deutschen Fürsten und Kurfürsten in Frieden zu leben. Prachtvoll war der Einzug des neuen Königs in Prag: unter Andern empfiengen ihn auch die Doktoren und Professoren der Universität, überreichten ihm eine kostbare und kunstvoll geschriebene Pergamentbibel und forderten ihn auf, fleißig in derselben zu lesen und nach ihrer Anleitung das Böhmenvolk zu beherrschen. Die feierliche Krönung vollzogen am 22. Aug. zwei polnische Bischöfe, da es noch immer keinen Prager Erzbischof gab, der Olmützer Bischof aber zur Partei des Ungarnkönigs gehörte.

Als Mathias Korvinus vom Resultate des Kuttenberger Wahllandtages gehört hatte, unternahm er sofort einen Rachezug nach Böhmen, mußte aber bald unverrichteter Sache zurückkehren (1471). Dagegen hatten auch die Feldzüge Hyneks von Waldstein nach Mähren und eines polnischen Heeres nach Ungarn keinen Erfolg aufzuweisen, nur daß sie Mathias zu einem neuen Einfalle in Böhmen reizten. Er nahm diesmal Pardubitz, Kolin und Nimburg und drang unter großen Verwüstungen mit seinen schnellen Husaren bis in die Nähe von Prag vor (1472). Der tapfere Widerstand des obersten Burggrafen Johann von Janowitz hinderte die weiteren Fortschritte der Ungarn; die immer größere Türkengefahr aber, die dem Christenthume drohte, bewog den Papst Sixtus IV., den Nachfolger Pauls II., zwischen Böhmen und Ungarn einen Frieden herzustellen, welche Bemühungen wenigstens zum Abschlusse eines Waffenstillstandes auf dritthalb Jahre führten (1473). Kaum aber hatte Mathias Korvinus im nächsten Jahre die Türken siegreich zurückgeschlagen, so achtete er nicht mehr des abgeschlossenen Vertrages, sondern brach nach Mähren und Schlesien auf und verstärkte daselbst die Besatzungen in den ihm treu ergebenen Städten. Wohl zog jetzt sowohl Wladislaw von Böhmen, als auch Kazimir von Polen gegen Mathias, um die Nebenländer Böhmens den Ungarn zu entreißen; sie trafen den Feind bei Breslau und umzingelten ihn, verstanden aber keinen weitern Vortheil zu ziehen, als einen abermaligen Waffenstillstand auf drei Jahre (1475).

Kaiser Friedrich, der sich schon bei König Georgs Zeiten immer mehr von Mathias Korvinus entfernt hatte, schloß sich nunmehr ganz an den böhmischen und polnischen König an und weigerte sich nicht, den ersteren mit dem Reichslande Böhmen zu belehnen. Wladislaw zog mit glänzendem Gefolge nach Wien und empfieng daselbst am 10. Juni 1477 nach der gewöhnlichen Sitte durch Darreichung der Fahnen die Belehnung. Voll Zorn über das Geschehene brauste

Kampf mit Mathias Korvinus (1471—5).

Friedrich belehnt Wladislaw und Mathias (1477).

König Mathias auf, da ja er im Vereine mit dem Papste wiederholt den Kaiser um die Belehnung mit Böhmen gebeten hatte. Er rückte mit großer Kriegsmacht in Niederösterreich ein, bemächtigte sich in kurzer Zeit des ganzen Landes und zwang den in die Enge getriebenen Kaiser, auch ihm das böhmische Lehen zu ertheilen (Dec. 1477). Im nächsten Jahre kam es zwischen Mathias und Wladislaw zum endgiltigen Frieden durch die Verträge von Ofen und Olmütz. Wladislaw mußte den Titel eines Königs von Böhmen auch dem Mathias zugestehen und diesem überdies Mähren, Schlesien und die Lausitz auf dessen Lebenszeit abtreten, erhielt jedoch das Recht, die genannten Länder nach dem Tode des Mathias gegen 400.000 ungarische Dukaten wieder einlösen zu können (1478).

Nachdem im Jahre 1479 die früheren Anhänger des Mathias in Böhmen dem Könige Wladislaw sich unterworfen hatten, schien der Friede im Reiche voll kommen hergestellt zu sein. Aber sofort entbrannte der religiöse Hader, der Fluch des Landes seit Beginn des Jahrhunderts. Noch immer waren die unseligen Kompaltaten nicht bestätigt, und die Utraquisten begannen über den Mangel geweihter Priestern heftig zu klagen. Die Eifrigen von ihnen wollten sich geradezu einen Bischof wählen, der mit Leichtigkeit diesem Uebelstande abhelfen könnte, Andere aber verdammten diesen Schritt, weil er zum vollkommenen Abfall von der Kirche führe. Es entstand eine neue Spaltung in eifrige und gemäßigte Utraquisten. Der König, der sich zu den letzteren neigte und aus deren Mitte den Magistrat von Prag besetzte, erregte dadurch bereits Mißtrauen im Volke, das sich noch mehr steigerte, als er einige utraquistische Priester wegen ihres allzu heftigen Eifers gefangen setzen ließ (1480). Vorläufig blieb noch Ruhe, da der König die Gefangenen wieder frei ließ, und sich ein italienischer Bischof, Augustinus Sanctuariensis von Mirandola fand, welcher utraquistischen Klerikern die Priesterweihe ertheilte. Nun forderten aber die Katholiken vom Könige, er möge des Bischofs ungesetzliches Treiben untersagen, während die utraquistischen Herren mit Herrn Johann von Zinnburg an der Spitze ein enges Bündniß zur Vertheidigung ihrer Rechte abschlossen. Als so die Stimmung eine immer gereiztere wurde, gedachte der Stadtrath sich seiner heftigen Gegner auf eine gewaltsame Weise zu entledigen. Allein der Anschlag wurde verrathen, ehe er noch zur Ausführung kam, und ein furchtbarer Sturm brach am 24. Sept. 1483 in der Stadt los. Die Sturmglocken wurden gezogen, und wüthende Pöbelhaufen stürmten das Altstädter Rathhaus, woselbst einige der verhaßten Schöffen sogleich ermordet, andere aber zur Hinrichtung verurtheilt wurden. Noch ärger verfuhren die rasenden Horden auf der Neustadt. Dort warfen sie zwei Rathsherren aus dem Fenster herunter, enthaupteten andere neun und marterten die übrigen auf's Entsetzlichste. Hierauf stürmten und plünderten sie die Katholikenkirchen und Klöster, mißhandelten unschuldige Mönche und beschimpften wehrlose Nonnen auf schandbare Art. Auch auf der Kleinseite wurde von den Utraquisten das Rathhaus gestürmt und mancherlei Gränel verübt. Zum Schlusse

Friedensverträge (1478).

Spaltung der Utraquisten (1479—84).

Pöbelexceß in Prag (24. Sept. 1483).

vereinigte sich alles zu einer beliebten Judenhetze. Der gutherzige König, der während dieser Gräuelscenen sich nicht in Prag befand, weinte, als er davon hörte, war aber schwach genug, nach manigfachen Unterhandlungen den Uebelthätern die Strafen nachzusehen. Darum wurde der Pöbel auch immer frecher, und es erkühnte sich einer (wenn übrigens das, was erzählt wird, wahr ist), „auf den hergelaufenen Polaken" zielend, den Bogen zu spannen (1484).

Im nächsten Jahre 1485 söhnten sich auf einem Landtage zu Kuttenberg (März) die streitenden Religionsparteien aus. Durch einen Vertrag wurde festgesetzt, daß die Kompaktaten, so wie die Verschreibung Kaiser Sigmunds gehalten werden sollte, so zwar, daß die Kirchen, in welchen bei Beginn der Regierung Wladislaws unter beiden Gestalten kommuniciert worden sei, utraquistisch bleiben müßten, wenn auch der Patron andern Glaubens wäre; ein Gleiches gelte für die katholischen Kirchen. Durch diesen Vergleich ermuthigt, suchte die utraquistische Partei abermalige Unterhandlungen mit der römischen Kurie wegen endlicher Bestätigung der Kompaktaten anzuknüpfen, allein ohne den geringsten Erfolg. Mit ihrer zähen Hartnäckigkeit erreichte die Kurie in der Kompaktatenfrage schlüßlich doch das gewünschte Ziel. Der Utraquismus wurde allmählich seiner Auflösung entgegengetrieben. Nach dem Tode des Bischofs Augustin Santuariensis weihte zwar der Titularbischof von Sidon, Philipp von Novavilla die utraquistischen Priesteramtscandidaten. Aber nach dessen baldigem Ableben trat wieder Mangel an geweihten Priestern ein, und zur Hebung der Kirchenzucht trug es sicherlich nicht bei, wenn husitische Kleriker nach Italien reisten und sich dort von irgend einem Bischofe weihen ließen, sehr oft unter dem Versprechen, die Kommunion nur unter Einer Gestalt spenden zu wollen. Viele Unwürdige schlichen sich so unter die utraquistische Geistlichkeit ein, da man eben nur froh sein mußte, einen „Geweihten" zu haben. Der eintretenden Demoralisation der utraquistischen Priesterschaft konnte von der gebrechlichen Oberleitung, dem Administrator mit dem Konsistorium, in keiner Weise gesteuert werden, und der vom Papste nicht anerkannte, von seinen Seelsorgern schlecht bediente Utraquismus gieng dem sichtlichen Verfalle entgegen.

Um so mächtiger entfaltete sich dagegen die Sekte der böhmischen Brüder, in deren Schooß die eifrigen Utraquisten ihre Zuflucht suchten. Noch unter Ladislaus Regierung hatte sich diese neue religiöse Genossenschaft aus den Resten des ersterbenden Taboritenthums gebildet. Georg von Podiebrad trat ihrer Ausbreitung mit großer Strenge entgegen und ließ den ersten Häuptling, einen Edelmann Namens Gregor, gefangen setzen und auf die Folter spannen (1461). Allein in geheimen Versammlungen lebte die Sekte trotz aller Verfolgungen fort und erstarkte durch neue Beitritte aus Böhmen und Mähren derart, daß bereits im Jahre 1467 im Dorfe Lhota bei Reichenau Sendboten von fünfzig Gemeinden zusammentreten konnten, um die „Brüderunion" zu organisieren. In ihren Lehrmeinungen und im Ceremoniell wichen sie wenig von den alten Taboriten ab, nur verwarfen sie jedes Ge-

(Randnotiz:) Verfall des Utraquismus.

(Randnotiz:) Die Brüderunion.

wallmittel zur Ausbreitung und Vertheidigung ihrer Lehre. Sie wählten sich Priester und Bischöfe, welche mit einem Rathe „der Aeltesten" die Leitung der Genossenschaft zu führen hatten. Die strenge Kirchenordnung der Brüderunion und Sittenreinheit der Brüder waren Vorzüge der neuen Genossenschaft, welche ihr trotz aller Verbote immer neue Anhänge zuführten, zumal der morsche Utraquismus in vollkommener Zersetzung begriffen war. Die Regierung des Königs Wladislaw, der in religiösen Dingen Duldsamkeit übte, gestaltete sich für die Brüder zu einer günstigen. Am Ende des Jahrhunderts zählte man in Böhmen bereits zwischen drei und vier hundert Brüdergemeinden, die sich besonders auf den Königgrätzer, Bunz-lauer und Chrudimer Kreis vertheilten. Jungbunzlau wurde zum Vorort der Union erhoben, und Bruder Lukas nahm nach dem Tode Gregors die hervorragendste Stellung unter den Brüdern ein.

Schwäche des Königs Wladislaw.

König Wladislaw war jung, schwach, geistig wenig begabt, ohne alle Willens-kraft und von einer Gutmüthigkeit, die Jedweder misbrauchte. Der König „Schon gut" (Král dobře) hieß er im Volksmunde, weil er halb aus Güte, halb aus Trägheit Alles gut hieß, was ihn nicht gerade in seiner Bequemlichkeit störte. Wenn der böhmische Adel die ausgesprochene Ohnmacht des Königs nicht zu seinem Nutzen ausgebeutet hätte, wäre es ein Wunder gewesen. Der Bürger und Ritter-stand, der unter Georg von Podiebrad an Macht und Ansehen gestiegen war, mußte nach der Traditionspolitik des Adels eben so sehr geschwächt werden, wie die Krone selbst, deren alte Rechte der Podiebrader so viel als möglich wieder hergestellt hatte. Der Kampf mit der Krone, der sich vornehmlich um die Kron-güter drehte, war für den Adel ein leichtes Spiel. Schon bei seinem Regierungs-antritte hatte der König, der keine Bitte abschlagen konnte, viel Krongut an seine Anhänger verschenkt; nach dem Olmützer Frieden bekamen auch die Herren der andern Partei ihren entsprechenden Theil, so daß dem Könige selbst fast Nichts blieb. Schwieriger war der Streit gegen die mit den Städtern vereinig-ten Ritter, und denselben wurde durch einen Schiedsspruch des Königs im Jahre 1487 ein bestimmtes Recht auf gewisse Landesämter zugesichert. Die Ritter waren jetzt treulos genug, in Bundesgenossenschaft mit den Herren gegen die Städte sich zu wenden und zur Schwächung des Bürgerstandes einen erbitterten Kampf im Lande heraufzubeschwören, der sich über die Regierungszeit des schwa-chen Wladislaw hinauszog. Böhmen schmachtete sehr bald unter der Herrschaft des selbstsüchtigen Adels, welcher König, Bürgerthum und Volk in gleicher Weise knechtete. Als vollends im Jahre 1490 nach dem Tode des Mathias Korvinus Wladislaw auf den ungarischen Thron berufen wurde, und dieser seinen Sitz von Prag nach Ofen verlegte, hatten die Junker vollkommen freie Hand, die strammste Aristokratie in Böhmen herzustellen. Der Krone wurden die letzten Rechte mit Leichtigkeit genommen, das Landvolk wurde in immer ärgere Leibeigenschaft ge-bracht und mit den Bürgern um deren Rechte und Privilegien auf das Erbitterste gekämpft. Durch ein auf dem Landtage im Jahre 1500 beschlossenes Gesetzbuch, „die Wladislawische Landesordnung", suchte der Adel für alle Zukunft seine Vortheile zu sanktionieren, des Bürgerstandes Autonomie aber ganz und gar zu zertrümmern. Wohl kam im Jahre 1502 der König nach Prag, konnte aber den Ständekrieg nicht dämpfen, da er bald dieser, bald jener Partei Recht gab und seinem Schiedsspruche den gehörigen Nachdruck zu verleihen nicht im Stande war. Städte und Adel rotteten sich nach des Königs Abreise in Bündnissen zusammen und befehdeten einander auf Straßen, in Märkten und Burgen.

Nach seiner Rückkehr aus Böhmen vermählte sich König Wladislaw mit Anna de Foix, der Base Ludwigs XII. von Frankreich (1502). Anna und Ludwig hießen die Kinder aus dieser Ehe, welche beide auf den böhmischen Thron gelangen sollten. Ludwig wurde von den böhmischen und ungarischen Ständen als Nachfolger seines Vaters in der frühesten Kindheit anerkannt, und er war kaum drei Jahre alt, als sein Vater mit ihm nach Prag eilte, um ihn daselbst in feierlicher Weise krönen zu lassen (1509). Bischof Thurzo von Olmütz vollzog den heiligen Akt (11. März), der König selbst aber stellte für seinen Sohn die weitgehendste Kapitulation aus. Man erzählt sich, die kleine Prinzessin Anna habe geweint, als sie nicht, wie ihr Brüderchen, mit einer Krone geschmückt wurde, und Wladislaw habe, um sie zu beschwichtigen, auch ihr die Krone aufgesetzt. Die Stände aber beschlossen, die Thronfolge der Prinzessin zuzusichern, falls der junge König ohne männliche Leibeserben sterbe, wogegen Wladislaw das Versprechen ablegte, seine Tochter nur mit Zustimmung der Böhmen zu verloben und zu vermählen. Im Streite zwischen den Städtern und dem Adel entschied jetzt Wladislaw wieder zu Gunsten des letzteren. Die große Erbitterung der Bürger steigerte sich noch durch folgenden Vorfall. Als nämlich nach der Krönung allerhand Festlichkeiten, Turniere, Tanzbelustigungen und Prunkgelage mit einander abwechselten, geriethen auf der Kleinseite ungarische Männer aus dem Gefolge des Königs mit Leuten aus dem Prager Volke in ein blutiges Handgemenge, in welchem sechszehn Ungarn getödtet wurden. Der König verfiel in ungewöhnlichen Grimm und befahl, die böhmischen Rädelsführer auf die grausamste Weise zu bestrafen. Nach unmenschlichen Martern auf der Folter wurden fünf von den Unglücklichen geköpft, zwei bei lebendigem Leibe geschunden und über ihnen am Pflocke die abgezogene Haut aufgehangen, einer geviertheilt und die zerstückelten Glieder an den Thoren und nächst dem Kleinseitner Brückenthurme auf Pfähle gespießt.

Nachdem König Wladislaw noch am 11. Jan. 1510 in einem Majestätsbriefe für sich und seine Nachkommen versprochen hatte, keine zur böhmischen Krone gehörigen Fürstenthümer, Gebiete, Schlösser u. s. w. ohne Einwilligung des Landtages zu veräußern, verließ er nach einjährigem Aufenthalte das Land, um nach Ungarn zurückzukehren. In Böhmen aber befestigte der Adel seine Alleinherrschaft immer mehr, und der von ihm auf die Bürger ausgeübte tyrannische Druck wurde nachgerade unerträglich. Die Städte verstärkten daher ihr Bündniß und wählten den Herzog Bartholomäus von Münsterberg, einen Enkel Georgs von Podiebrad, zum Protektor. Durch dessen Bemühungen schien endlich der König von den unlauteren Bestrebungen des Adels überzeugt worden zu sein, und als die böhmischen Stände dem Könige nach Ungarn in dem daselbst ausgebrochenen Bauernkriege ein bedeutendes Hilfsheer sandten, bemühte sich Wladislaw, im Streite des Adels und der Städte für letztere einen günstigeren Ausgleich herbeizuführen (1514). Er erwies sich seitdem den Bürgern geneigter und suchte denselben seine Dankbarkeit durch Ertheilung von allerhand Freiheiten zu zeigen. Freilich gieng Wladislaw in diesen Gnadenbezeigungen in seiner Weise manchmal so weit, daß die eigene Macht, die Gewalt der Krone, darunter litt, wie er denn z. B. den Pragern das Recht gestattete, sich in Abwesenheit des Königs ihre Schöffen ohne dessen Zustimmung selbst einzusetzen.

Wechselheirath zwischen dem Habsburgischen und Jagellonischen Hause (1515).

Der Streit der Bürger und der Adeligen dauerte jedoch fort, und Wladislaw sollte eine Einigung der Stände auch nicht mehr erleben. Dagegen hatte der König noch die Freude, kurz vor seinem Tode seine beiden Kinder auf die vortheilhafteste Art mit Sprößlingen des mächtigen Habsburgischen Hauses zu verloben. Nach dem Tode Kaiser Friedrichs III. (1493) regierte über die österreichischen Länder, welche jetzt alle vereinigt wurden, des Verstorbenen Sohn Maximilian, der von den deutschen Fürsten auch zum Kaiser erhoben worden war. Maximilians Sohn, Philipp der Schöne, war vermählt mit Johanna, der Erbin von Arragonien und Kastilien. Philipp starb frühzeitig mit Hinterlassung dreier Kinder Karl, Ferdinand und Maria. König Wladislaw, der mit seinem mächtigen Nachbar Maximilian stets guten Frieden zu halten suchte, traf mit diesem im Juli 1515 in Wien zusammen, woselbst sich auch Wladislaws Bruder Sigmund, König von Polen, einfand. Hier schlossen die drei Monarchen ein Bündniß gegen die Türken, und Maximilian verabredete mit Wladislaw die für die Zukunft so wichtige Wechselheirath seiner Enkel und Kinder Wladislaws. Der Habsburgische Prinz Ferdinand wurde mit der Jagellonischen Anna, und Ludwig, der Erbe von Böhmen und Ungarn, mit Maria, der Schwester Ferdinands, verlobt. Anna, so wurde weiter verabredet, sollte die nächste Erbin der Länder ihres

Wladislaws Tod (1516).

Bruders sein, falls dieser ohne männliche Erben sterben würde. — Im nächsten Jahre starb König Wladislaw (13. März 1516), nachdem er kurz vor seinem Tode den Kaiser Maximilian und den König von Polen zu Vormündern seines erst zehnjährigen Sohnes Ludwig eingesetzt hatte. Wladislaw, „König Schongut", war aus innerer Ohnmacht ein wahrer Friedensfürst, den das Mißgeschick auf zwei mächtige Throne in einer Zeit setzte, welche eines energischen und hochbegabten Mannes bedurft hätte; seine 45jährige Regierung über Böhmen war in politischer Beziehung eine ruhmlose und vielfach unglückselige; wir können uns aber wenigstens zur Hälfte mit ihm aussöhnen, wenn wir an einem andern Orte seine Verdienste um die Kunst, deren eifriger Förderer er gewesen, werden in Erwägung ziehen.

Bald nach dem Tode Wladislaws traten die böhmischen Stände auf einem Landtage in Benešchau zusammen und genehmigten die vom verstorbenen Könige eingesetzte Vormundschaft, nur daß sie derselben keinen Einfluß auf die innere Regierung des Landes gestatten wollten. Dieselbe sollten die höchsten Landes= beamten führen, mit Leo von Rožmital, dem obersten Burggrafen, an der Spitze; ihnen wurden sogenannte Regenten beigesellt, welche durch Wahl aus der Mitte der Stände hervorgiengen. Die reinste Aristokratie machte sich so im Lande breit zum größten Schaden der Krone und des Bürgerstandes. Die Krone war bereits mit einer Schuld von vier Millionen Schock Groschen belastet, und der Umstand, daß gerade die Hauptgläubiger die Landesbeamten selbst waren, mußte um so nachtheiliger für das Königthum wirken. Den Streit mit den Städten beendigten die Feudalen jetzt so ziemlich nach ihrem Geschmacke in kurzer Zeit. Am Dienstage nach dem St. Wenzelsfeste 1517 versammelten sich die Stände im Prager Schlosse und brachten am 24. Ott. den sogenannten St. Wenzelsvertrag zu Stande. Dem zu Folge verloren die Bürger das ausschlüßliche Recht, Bier zu brauen, wogegen ihnen einige andere früher bestrittene Rechte, z. B. die dritte Stimme auf den Landtage, zugestanden wurden. Die Städter mußten diesen Ausgleich, durch welchen sie einen ihrer größten materiellen Vortheile aus der Hand gaben, um sich nur andere wohlerworbene Rechte zu sichern, als einen faulen betrachten, um so mehr, da die aristokratische Landesregierung andauerte und einzelne Feudale fortfuhren, nach Art der Raubritter Stadt und Land zu schädigen. Die Prager suchten sich in dieser unsichern Zeit dadurch zu kräftigen, daß sie eine Vereinigung der alten und neuen Stadt unter einem einzigen Stadtrathe bewerkstelligten. Die Altstädter Thore wurden ausgehoben, die Mauern zwischen der Alt= und Neustadt nieder= gerissen, die Gräben ausgefüllt und der geschickte Redner und Rechtsanwalt Jo= hann Pašchek von Wrat zum ersten Primator der vereinigten Gemeinden erhoben.

Die parteiische Interimsregierung der Adeligen war nicht im Stande, auch nur im Entferntesten die Ruhe im Lande aufrecht zu erhalten, wenn sie es auch gewollt hätte. Blutige Fehden zwischen den beutelustigen Junkern und den reichen Städtern dauerten fort, und letztere rüsteten im Jahre 1520 ein großes Heer aus, um einige der schlimmsten Raubnester zu zerstören. Am Aergsten kam der König dabei weg, da ihm weder Herren noch Ritter, am allerwenigsten die Städter eine Abgabe nach Ungarn schickten, es mochten noch so viele Sendboten von den ein= dringlichsten Aufforderungen von dort anlangen. Um die allgemeine Anarchie und die heillose Verwirrung der Gemüther zu vollenden, trafen eben jetzt in Böhmen die ersten Verkündiger der jüngst aufgetauchten Lehre Luthers ein und warfen unter die genügsam zersplitterte Bevölkerung einen neuen Zunder zum ohnedies noch glimmenden religiösen Zwiespalt.

König Ludwig (1516—1526).

Wenzelsvertrag (1517).

Luthers Lehre in Böhmen.

Unter solchen Umständen sehnten sich alle Friedliebenden nach der Ankunft des Königs, die leider von einem Jahre zum andern hinausgeschoben wurde. Die Ungarn wollten den König niemals gern aus dem Lande reisen lassen, jetzt aber um so mehr nicht, als das Reich durch die Angriffe Solimans, des größten aller Sultane, in die äußerste Gefahr gerathen war. Aber auch die Anwesenheit des jungen Königs auf dem Kriegsschauplatze konnte nicht verhindern, daß Belgrad, die wichtigste Donaufestung und der Schlüssel zu Ungarn, trotz aller Tapferkeit der Magyaren in die Hände der Türken fiel (Aug. 1521). Nicht lange nach diesem unglücklichen Ereignisse erklärte sich Ludwig als volljährig, vollzog die heißersehnte Hochzeit mit Maria der Habsburgerin (Jan. 152_) und trat sofort mit ihr die Krönungsreise nach Böhmen an. Mit noch nie gesehener Pracht wurde das jugendliche Paar in Prag empfangen, allwo es bereits am 28. März seinen glänzenden Einzug hielt. In der Domkirche leistete der König den feierlichen Eid auf die Wahrung der Rechte und Freiheiten des Königreiches, worauf die Königin nach altem Ceremoniell gekrönt wurde. Als sich vor der Krönung ein lauter Streit zwischen den Herren und Rittern entspann, weil ein jeder dieser Stände auf die Ehre Anspruch erhob, der Königin die Insignien vorzutragen, legte sich der König ins Mittel, ergriff Scepter und Reichsapfel und schritt mit der Krone auf dem Haupte seiner Gemahlin voran. Im Uebrigen verrieth der König während seiner einjährigen Anwesenheit im Lande einen ziemlich scharfen Blick für die vorhandenen Mängel, so wie für die Ursachen derselben. Um einen Theil der Kronschulden zu tilgen, ließ er sich auf einem Landtage eine allgemeine Steuer bewilligen und trachtete die verpfändeten Krongüter zurück zu erlangen. Die eigennützigen Landesbeamten wurden ihrer Würden entsetzt und Fürst Karl von Münsterberg zum Landesverweser während der Abwesenheit des Königs, Johann von Wartenberg zum Oberstburggrafen ernannt. Nach dem Beispiele der Premysliden und Georgs von Podiebrad gedachte sich Ludwig weniger auf den Feudal-Adel als auf den Bürgerstand zu stützen. Letzteren zeichnete er vielfach aus und erwies ihm wohlwollenden Schutz. Er erschien mit seiner Gemahlin auf dem Altstädter Rathhause bei einem glänzenden Gastmahle, das die Bürger dem jungen Königspaare gaben und gewann rasch seine Wirthe durch ungeheuchelte Freundlichkeit und Herablassung. Nachdem Ludwig noch den Rath der vereinigten Gemeinden Prags erneuert und Herrn Johann Hlawsa von Libojslaw als Primas statt des bisherigen Paschek bestätigt hatte, kehrte er nach Ungarn zurück, um den Kampf mit den Türken aufzunehmen, wozu ihm auf dem oben erwähnten Landtage ein allgemeines Landaufgebot in Böhmen bewilligt worden war.

Mehr als hundert Jahre bereits dauerten in Böhmen die unerquicklichen Religionsstreitigkeiten, und schon waren die Geister des langen Zwiespaltes satt und müde. Da goß die gewaltige deutsche Reformation frisches Oel in's erlöschende Feuer, und von Neuem loderten die Flammen des konfessionellen Haders in die Höhe. Diesmal wurden auch die Deutschböhmen in ihrer dem Katholicismus bis jetzt fest bewahrten Treue wankend und giengen theilweise zur Lehre ihres großen reformierenden Landsmannes in Wittenberg über. Unter den Städten war Kaaden die erste, welche der Reformation sich anschloß. Da auch viele von den Utraquisten dem Protestantismus sich zugewandt hatten, so traf es sich, daß die vom Könige Ludwig vor seiner Abreise eingesetzten Landesbeamten und Städteräthe fast durch=wegs der neuen Lehre zugethan waren. Als in Prag zwischen den einzelnen Re=ligionsparteien Reibungen ohne Ende stattfanden, so verwies der Stadtrath einige der hitzigsten Utraquistenpriester aus der Stadt (23. Juli 1523). Dann wurde im Jahre 1524 das Konsistorium mit lutherisch Gesinnten besetzt, und Gallus Cahera, der Pfarrer der Teinkirche, damals einer der größten Schwärmer für die deutsche Reformation, zum Administrator erwählt. Unter den Utraquisten befeh=deten sich seitdem zwei gegen einander mit Haß erfüllte Parteien, die katholisie=renden und lutheranisierenden Utraquisten, eine neue Zerstörung des alten Husi=tismus, dem schon die Brüderunion einen großen Theil der innern Lebenskraft entzogen hatte. Dem Könige Ludwig in Ungarn, der wegen de. immer näher rückenden Türkengefahr alle Ursache hatte, zum Papste in freundschaftlichen Be=ziehungen zu verharren, verursachte die schnelle Ausbreitung der Lehre Luthers in seinen Ländern große Verlegenheiten. Er erließ zunächst einige scharfe Edikte gegen den Protestantismus in Ungarn, allwo derselbe gleichfalls festen Fuß zu fassen begann, und verhehlte den Böhmen keineswegs seine Mißbilligung über die Vor=gänge in Prag. Deßwegen faßte die Partei der katholisierenden Utraquisten wieder neuen Muth, und als es im März 1524 zur Neuwahl des Stadtrathes kam, setzte sie ihre Kandidaten durch, und Paschek, ihr Häuptling, wurde abermals Primas der vereinigten Städte. Die an's Ruder gelangte Partei trachtete sofort ihren Sieg zur gänzlichen Unterdrückung der Gegner zu benützen. Primator Paschek gab auf das bloße Gerücht hin, als hätten sich die Lutheraner zur Ermordung der vor=nehmsten Altutraquisten verschworen, den Befehl, die Hervorragendsten jener Partei darunter den frühern Primas Hlawsa, in Haft zu nehmen (9. Aug. 1524) und obwohl sich bei einer gerichtlichen Untersuchung ihre Unschuld herausstellte, so wur=den sie dennoch aus der Stadt verbannt. Bedauerlich war, daß der König diese Vorgänge, über die er schlecht und nur von einer Partei unterrichtet war, gut hieß. Dadurch gewann Paschek mit seinen Anhängern die Dreistigkeit zu weiteren Gewaltmaßregeln. Durch Gemeindebeschluß wurden gewisse Religions=artikel abgefaßt, auf die jeder Bürger bei Strafe der Ausweisung schwören mußte. Der Gemeinderath organisierte sich zum terrorisierenden Sicherheitsaus=schusse, und Paschek schaltete und waltete, wie ein Diktator. Die strengsten Er=lässe wurden gegen die „Brüder" und Lutheraner erlassen, viele derselben in den Kerker geworfen, gemartert und Tausende aus der Stadt verbannt. Am Ver=ächtlichsten benahm sich dabei der Pfarrer der Teinkirche, Gallus Cahera, der

25*

einst in heißem Eifer für Luthers Lehre - geglüht, jetzt aber, den Mantel nach dem Winde hängend, nicht genug Worte fand, um den deutschen Reformator zu verunglimpfen.

Landtag
(25. Jan. 1525). Die Reaktion im Prager Stadtrathe führte auch den Sturz der Landes= beamten, die König Ludwig bei seiner Abreise eingesetzt hatte, herbei. Leo von Rozmital, der nach der Verdrängung des Wartenbergers wieder in sein altes Amt als Oberstburggraf trat, war ganz der Mann und Gesinnungsgenosse des gewalt= thätigen Paschek. Beide verbanden sich auf's Engste zur gemeinschaftlichen Ver= folgung ihrer Feinde. Sie beriefen einen Landtag nach Prag, an welchem sich die Stände von Einer und beiden Gestalten betheiligten und troß des Protestes der Lutheraner den Beschluß faßten, neuerdings mit der römischen Kurie wegen Bestätigung der Kompaktaten in Unterhandlung zu treten (25. Jan. 1525). Eine Deputation, an deren Spiße Leo von Rozmital, Paschek und Cahera standen, verfügte sich nach Ofen, um mit dem daselbst weilenden päpstlichen Legaten Cam= peggio die Verhandlungen zur Einigung und Versöhnung anzuknüpfen. Allein da der päpstliche Stuhl unbedingte Ergebenheit und Widerruf verlangte, die Ultraqui= sten aber dagegen sich stemmten, kam es auch diesmal nicht zur Anerkennung der Kompaktaten, der wahrhaftigen Seeschlange des Husitismus.

Paschek und
Rozmital's
Uebermuth. Indessen waren dem Könige durch Hlawsa und seine Leidensgefährten die Augen geöffnet worden über das ungezügelte und gesetzwidrige Gebaren des Herrn Paschek und seiner Genossen. Er befahl sofort die aus der Stadt Verbannten wieder in dieselbe aufzunehmen und in ihre Rechte einzusetzen. Allein bereits von einer solchen maßlosen Verwegenheit war der kleine Diktator Paschek besessen, daß er sich weigerte, der Verordnung seines Königs nachzukommen, und als aus Ofen Trohbriefe anlangten, entblödete sich der arglistige Primator nicht, die Mähre zu verbreiten, der König habe ihm in Ofen mündlich die Versicherung gegeben, er wünsche Alles im alten Zustande zu erhalten, und man möge sich an schriftliche Depeschen, die scheinbar das Gegentheil anordneten, nicht kehren. Wohl verwahrte sich Ludwig gegen dieses lügenhafte Gerede, allein Paschek blieb widersetzlich und mit ihm die obersten Landesbeamten, die dem Könige zum Spotte ihre Amtsge= walt mit der frechsten Willkür mißbrauchten. So wollte Leo von Rozmital in einem Privatstreite mit dem Herrn von Rosenberg seine Macht als Oberstburggraf widerrechtlich zur Geltung bringen, weswegen sich alle Unzufriedenen um Rosen= berg scharten, und das unglückselige Land neuerdings in zwei feindliche Heerlager getheilt und vom schrecklichen Bürgerkriege zerfleischt wurde.

Türkenkrieg
(1526). In dieser unheilvollen Zeit, als die Böhmen das Schwert gegen einander zückten, und in Ungarn endloser Parteihader jede einheitliche und kräftige That ver= hinderte, traf die Schreckensbotschaft ein, daß der allgewaltige Sultan Soliman im April mit zahllosen Türkenscharen von Konstantinopel zum Rachezuge nach Ungarn aufgebrochen sei. Mit Angst und Bangen blickte der junge König über

feine zerrütteten Erbländer hinaus, um Hilfe in der ärgsten Noth von anders woher zu erlangen. Aber Kaiser Karls V. starke Hand fesselte der Kampf mit den Franzosen, des deutschen Reiches Macht erschöpfte sich im ausgebrochenen Religionsstreite, und selbst vom polnischen Oheim, König Sigmund, konnte Ludwig nur geringen Beistand hoffen. Was aber bedeuteten die wenigen Söldnerhaufen, die Papst Klemens VII. und Ferdinand von Oesterreich sandten, was waren die paar Kriegsrotten, die nach langem Zögern die Böhmen ihrem Könige zu Hilfe schickten, gegenüber den unermeßlichen Heeressäulen der Türken, welche im Juli das wichtige Peterwardein nahmen und im August fünf Tage brauchten, um über die Donau zu setzen! Mit 28.000 Mann und 80 Geschützen stand König Ludwig in der Ebene bei Mohacs, und nur der tollkühne Uebermuth und die unbegreifliche Verblendung der Magyaren konnten ihm rathen, mit diesem Häuflein den Streit mit Soliman zu wagen, der über eine Armee von 300.000 Mann und 300 Geschützen gebot. Als am 29. Aug. Nachmittags um 3 Uhr der ungleiche Kampf begann, war's in anderthalb Stunden geschehen. Das Christenheer wurde überflügelt, keilförmig zusammengedrängt und förmlich erdrückt. Nur wenige entkamen durch die Flucht, 20.000 ungarische „Blutzeugen", wie der Bischof von Großwardein prophezeit hatte, bedeckten das Schlachtfeld. Der König, der tapfer kämpfend eine Wunde erhalten hatte, wurde von seinen Getreuen, dem Schlesier Cettritz und dem Polen Trepka, vom Schlachtplatze aus dem Getümmel herausgezogen. Sie sprengten in der Richtung gegen Fünfkirchen davon. Als aber Ludwig über den sumpfigen Bach Csellye setzen wollte, überschlug sich das Pferd am steilen Gegenufer und begrub den König im Schlamme. Cettritz wollte ihn herausziehen, aber die verfolgenden Türken verscheuchten ihn. Erst nach Abzug der Türken fand man die Königsleiche bereits begraben am Schlachtfelde; man übertrug sie nach Stuhlweißenburg und bereitete ihr daselbst eine würdige Ruhestätte. — An dem einundzwanzigjährigen Jagellonen gieng allzu früh ein hoffnungsvolles Leben verloren. Seinem Vater glich der hochbegabte Jüngling an Herzensgüte, überragte ihn aber weitaus an Talent und Willenskraft, und mit Recht konnte man eine feste und glückliche Regierung von ihm erwarten, wenn er zum Manne herangreift wäre. Sein Geheimschreiber Massaro schreibt von ihm: „Seine Majestät der König ist ein sehr schöner Fürst und von großem Wuchse, im Alter von siebzehn Jahren und ist von solcher Güte und Milde, daß man es gar nicht sagen kann." Bezeichnender noch ist das Urtheil des venetianischen Gesandten Francesco Guidoto, welcher der Republik im Jahre 1525 also berichtet: „Der durchlauchtigste König Ludwig ist von schlankem, hohen Wuchse, größer an Person, als seine Jahre erwarten ließen und von schönem Körper; von Gesicht ist er nicht so schön, angenehmen Auges, die Nase, Lippen und die andern Gesichtszüge etwas stark. Er ist kräftig gebaut, zu jeder Anstrengung bereit, besonders zu Waffenübungen im Freien und zu Hause und fürchtet weder Hitze noch Kälte. Er ergötzt sich am Bogen-

Margin notes:

Schlacht bei Mohacs (29. Aug. 1526).

Ludwigs Tod und Charakter.

schießen, Ballschlagen, mit Gewehren und anderen Sachen, die er alle in Angriff nimmt. Sobald ihm Muße vergönnt ist, erfreut er sich an der Musik, besonders an instrumentaler. Er hat gute Anlagen, ist höflich gegen Jedermann, fährt nie zu Wagen, ist immer fröhlich, freigebig, geschickt zu jedem Unterrichte. Er ergötzt sich auch an Handarbeiten, z. B. an Schnitzereien und anderen. Er spricht un= garisch, tschechisch, polnisch, lateinisch, deutsch, versteht und spricht auch einige Worte italienisch. Seine Majestät liebt Alle, wünscht Niemandem Böses; er könnte auch Niemand beleidigen. Er verlangt nichts Fremdes, könnte Niemandem „nein" sagen, ist gütig, sanft, hört jeden Tag die Messe und alle Festtage die Predigt und das Hochamt."

5.
Innere und Kulturverhältnisse.
(1400—1526).

Ländergebiet. Der Bestand der mit Böhmen in Verbindung stehenden Länder änderte sich wesentlich im Verlaufe des XV. Jahrhunderts, und im Vergleiche zur Karolinischen Monarchie wurde ungleich mehr verloren, als gewonnen. König Wenzel büßte an **Oberpfalz.** seinen Gegenkönig Ruprecht die Oberpfalz (auch böhmische Pfalz) schon im Jahre 1401 ein, obwohl er noch einige Jahre über dieses Land, sowie über Franken durch Einsetzung von Landeshauptleuten eine scheinbare Herrschaft behauptete. Das **Luxemburg.** Herzogthum Luxemburg gelangte sammt den Brabant-Limburger Nebenländern 1406 durch den Gemahl der Prinzessin Elisabeth von Görlitz an das Haus Bur= gund. Vergeblich bemühte sich König Ladislaus nach dem Tode der Elisabeth (1451) um die Wiedergewinnung des Luxemburgischen Stammlandes, das bei Burgund **Brandenburg.** blieb. Brandenburg veräußerte König Sigmund im Jahre 1415 an den Burg= grafen Friedrich VI. von Nürnberg aus dem Hause der Hohenzollern, formell allerdings unter Vorbehalt der Wiedereinlösung, faktisch aber für alle ewigen Zei= **Meißen.** ten. Die böhmischen Besitzungen in Meißen waren seit König Wenzels Entthro= nung fast in Vergessenheit gerathen. Georg von Podiebrad forderte dieselben, im Ganzen 63 Städte und Schlösser, zurück, und es kam zum Kriege (1453). Im Egerer Vergleich (April 1459) wurden diese Besitzungen an die Herzoge von Sachsen als sogenannte böhmische Hauptlehen überlassen, wogegen Brüx mit dem Schlosse Landeswart, Dux und Riesenberg der Krone Böhmen zurückgestellt wurden. Durch die Abtretung von Königstein, Pirna und der Umgebung wurden die Grän= zen Böhmens elbaufwärts gerückt und eine Erweiterung des Landes daselbst, wie König Wratislaw vor vier hundert Jahren durch die Erwerbung von Pirna beabsichtigt hatte, aufgegeben. Einzelne sächsische Gebiete, die Lande der Fürsten von Schwarz= burg, die Schönburgischen Herrschaften, kleinere Gebiete in Franken und Schwaben standen auch jetzt noch im Lehensverbande mit Böhmen. Während die Oberlausitz bei der Krone Böhmen verblieb, gelangte die Niederlausitz seit 1441 fast ganz in den Besitz der Brandenburgischen Fürsten, bis sie vom Kurfürsten Friedrich mit Ausnahme weniger in Brandenburgischem Lehensbesitze befindlichen Herrschaften an Georg von Podiebrad wieder ausgeliefert wurde (1462). Die beiden Lausitzen hatten ihre selbständige Verfassung mit eigenen ständischen Versammlungen; königliche Landeshauptleute führten die oberste Leitung und wahrten die Rechte des böhmischen Königs.

Die Markgrafschaft Mähren bildete ein sogenanntes Kronland Böhmens, jedoch mit getrennter Verwaltung, mit eigenen Ständen und Landtagen. Durch den Olmützer Frieden (1478) kam Mähren, mit Schlesien und der Lausitz, in den Besitz des ungarischen Königs Mathias, fiel aber nach dessen Tode wieder an Böhmen zurück (1490). Das Fürstenthum Olmütz behauptete auch während dieser Zeit seine alte Kronunmittelbarkeit. Troppau, das man immer zu Mähren rechnete, wurde 1487 aufs Neue einverleibt.

Schlesien hatte sich seit dem Tode des Königs Ladislaus von Böhmen losgerissen und wurde erst wieder durch Wladislaw II. im Jahre 1490 gewonnen. Es bestanden in Schlesien sechszehn eigene Herzogthümer, von denen jedes seine besonderen Stände hatte; vereinigt wurden sie durch Fürsten- und allgemeine Ständetage, sowie durch das oberste Landrecht. In ihrer Stellung der Hoheit des böhmischen Königs gegenüber nahmen die einzelnen Herzogthümer einen verschiedenen Rang ein. Einige, wie Breslau, Schweidnitz, Jauer und Großglogau (seit Mathias) standen unmittelbar unter dem Könige und wurden durch königliche Hauptleute verwaltet. In anderen herrschten eigene Fürsten, zum Theil noch aus dem alten einheimischen herzoglichen Geschlechte, wie in Liegnitz mit Brieg und Wohlau, Oppeln mit Ratibor, Teschen u. s. w. Diese Fürsten waren Vasallen der böhmischen Krone, so auch der Herzog Georg von Sachsen als Beherrscher von Sagan, der Kurfürst von Brandenburg als Pfandbesitzer von Crossen, die Nachkommen Georgs von Podiebrad als Herren von Münsterberg und Oels. Eine dritte Gruppe endlich bildeten die vier schlesischen Standesherrschaften, Wartenberg, Pleß, Trachenberg und Militsch als Eigenthum eben so vieler freien Dynasten, welchen eine gemeinschaftliche Stimme auf dem Fürstentage zustand. Seit Albrechts Tode wurden die Stände Schlesiens und Mährens nicht mehr zur Wahl des böhmischen Königs berufen, weswegen große Mißhelligkeiten entstanden, die nicht am Wenigsten die Schlesier zum späteren Abfall verleiteten.

Je mehr sich das römisch-deutsche Reich in einzelne Fürstenthümer zerbröckelte, je unabhängiger die Reichsfürsten ihre Sonderherrschaften gestalteten, in je größere Ohnmacht somit die alte Kaisergewalt versank, desto mehr mußte auch das Band, welches Böhmen mit Deutschland seit Alters verknüpfte, gelockert werden. Böhmen blieb zwar ein Bestandtheil des römischen Reiches deutscher Nation, und Niemand machte ihm den Rang des ersten Kurfürstenthums des Reiches streitig. Aber wenn die Wittelsbacher, die sächsischen und brandenburgischen Fürsten stolz ihr Haupt gegen die centrale Kaisergewalt erhoben und sich mit immer mehr Erfolg eine fast souveräne Territorialgewalt gründeten, konnte es da den böhmischen Königen nicht eben so leicht werden, die hierlands noch stärker als anderswo hervortretenden Sondergelüste zu befriedigen? So lange das böhmische Königthum mit dem rö= mischen in Einer Hand vereinigt war, nämlich unter Wenzel, Sigmund und Albrecht II., kamen natürlich diese Bestrebungen von Seite der Fürsten nicht zum Ausdrucke. Als aber Georg von Podiebrad zur Regierung gelangte, wurde das Ziel der Reichsunabhängigkeit mit um so größerem Eifer verfolgt. Das er= wachte nationale Bewußtsein der Tschechen trat hinzu, und die Husitenkriege hatten nur zu deutlich die Schwäche des Reiches dem abtrünnigen Gliede gegenüber dar= gelegt. War etwa Kaiser Friedrich III. der geeignete Mann, welcher, wie einst die Sachsen, Franken oder Staufer, die Oberherrlichkeit des deutschen Reiches über den Böhmenfürsten hätten zur Geltung bringen können? Aber troß alledem niemals die Verhältnisse günstiger waren, so konnte sich selbst der mächtige Po= diebrader nicht gänzlich aus dem deutschen Reichsverbande losreißen, ja er strebte sogar, wie seine Vorgänger, an die Spiße desselben zu gelangen. Wenn er auch nicht im Stande war, auf seine böhmische Krone die römische zu setzen, so gefiel er sich doch in dem Besiße der ersten Kurwürde des Reiches. Es erforderten es immer noch die Rechtsanschauungen jener Zeit, daß der Erbe der husitischen Re= volution als Vasall zum deutschen Kaiser gieng, um von diesem die Belehnung mit dem Königreiche Böhmen zu erhalten. So leichtsinnig auch Kaiser Friedrich sonst war, das Recht des Reiches auf Böhmen suchte er wenigstens formell zu wahren. Bereits beim Tode des Königs Ladislaus erklärte er Böhmen als ver= fallenes Reichslehen, auch schon deßwegen, weil sich der leßte Beherrscher des= selben der Belehnung nicht unterzogen hatte. Die Belehnung Georgs von Podiebrad, die der Kaiser aus Dankbarkeit gegen den Böhmenfürsten am 31. Juli 1459 in Brünn unter Anwesenheit von vielen Vornehmen Böhmens und Mährens vor= nahm, war außerordentlich feierlich. Georg selbst schrieb an demselben Tage noch an die Prager: „Der Kaiser verlieh und überreichte uns unsere Regalien mit Feierlichkeit in Gegenwart von geistlichen und weltlichen Fürsten, Grafen und Herren aus verschiedenen Ländern des heiligen Reiches, im Glanze kaiserlicher Majestät auf dem Ringe öffentlich mit großer Liebe und Willigkeit; und nachdem er mit Allem fertig war, zeigte und stellte er uns zu seiner Rechten als den rechten und unzweifelhaften König von Böhmen und vornehmlichsten Kurfürsten der ganzen Menge vor. Und so haben wir uns mit Sr. Majestät verbündet, daß dieses Bündniß, so Gott will, bis an unsern Tod dauern wird."

Privilegium Friedrichs III. Im Uebrigen bestätigte Friedrich III. alle Rechte und Freiheiten des König= reiches und fügte zu den vorhandenen Privilegien am 5. Dec. 1462 noch ein weiteres hinzu. In demselben bestimmte er, daß Böhmen fortan nicht mehr 300

Bewaffnete oder 300 Mark Silber zum Römerzuge zu stellen habe, sondern bloß 150 Bewaffnete und 150 Mark; ferner solle der böhmische König nur zu den Hoftagen, welche in Nürnberg oder Bamberg gehalten würden, verpflichtet sein zu erscheinen. Reise der König zu Belehnung, so solle er sicheres Geleite haben, ebenso auf der Rückreise; die Fahnen aber, womit er die Belehnung vom Kaiser empfange, dürfen nicht mehr wie sonst zerrissen werden. Die Belehnung selbst solle in Orten, nahe an der Gränze des Königreiches, vorgenommen werden, wenigstens dürfen diese Orte nicht weiter als 10 bis 15 Meilen von demselben entfernt sein. Endlich verbot der Kaiser in dem Diplome allen römischen, kaiserlichen und königlichen Hauptleuten etwas anzuordnen, was den Freiheiten und Privilegien der Könige in Böhmen nachtheilig wäre. — Wie wichtig man den Belehnungsakt in jener Zeit immer noch hielt, beweisen ferner die dringenden Bitten, welche der ungarische König Mathias deßwegen an den Kaiser richtete. Aber auch Wladislaw bewarb sich um die Belehnung, begab sich deßwegen nach Wien und empfieng auf dem üblichen Wege vom Kaiser das Reichslehen. — Bei der Kreiseintheilung Deutschlands im Jahre 1512 durch Kaiser Maximilian I. wurde Böhmen nicht mit einbezogen, da diese Eintheilung wesentlich zur bessern Ausübung der Gerichtsbarkeit getroffen wurde, Böhmen aber kraft Artikel 8 der goldenen Bulle seine selbständige Gerichtsbarkeit besaß und diese von Friedrich III. bestätiget worden war.

Mit der böhmischen Königswürde war zugleich das Reichserzschenkenamt und *Die böhmische Kurwürde.* die Kurwürde verbunden. Wegen der letzteren kam es unter König Wladislaw zu einem erbitterten Streite zwischen den böhmischen Ständen und den deutschen Kurfürsten. Als nämlich im Jahre 1486 die Fürsten zur Wahl Maximilians zusammentraten, unterließ man es, den böhmischen König Wladislaw dazu einzuladen. Der gute Wladislaw nahm diese Verletzung seiner Gerechtsame gleichgiltig hin, dagegen zeigten sich die böhmischen Stände empfindlich beleidigt, erklärten die Ausschließung ihres Königs von der fraglichen Wahl als die größte Beschimpfung des ganzen Königreiches und drangen in Wladislaw, den gewählten Maximilian nicht anzuerkennen und sich, wenn es sein müßte, selbst mit den Waffen Genugthuung zu verschaffen. Wladislaw erhob auf Drängen der Stände Beschwerde sowohl am kaiserlichen Hofe, als auch bei der päpstlichen Kurie mit Vorweisung seiner urkundlich beglaubigten Rechte; er forderte die Bezahlung eines Reugeldes von 500 Mark Goldes, wie es für einen solchen Fall in der goldenen Bulle Karl's IV. vorgesehen war. Um seinen Vorstellungen den gehörigen Nachdruck zu verleihen, errichtete er mit Mathias von Ungarn in Iglau ein Bündniß, dem auch Kazimir von Polen beigezogen wurde und drohte mit einem Einfalle in Deutschland (Sept. 1486). Allein der ganze Streit wurde in Güte beigelegt. Zwar giengen die Kurfürsten auf die jetzt etwas hochgespannten Forderungen Wladislaw's nicht ein; namentlich befreiten sie ihn nicht, wie er es wünschte, von der persönlichen

Belehnung und der Verpflichtung, am Römerzuge sich zu betheiligen: sie gestanden ihm aber sein Kurrecht bei der deutschen Kaiserwahl zu, bei einer Strafe von 500 Mark für die Unterlassung der Einladung zur Wahl. Wladislaw befriedigte sich damit und stellte einen Gegenschein aus, in welchem er auf die geforderten Strafgelder verzichtete und den Erzherzog Maximilian als römischen König anerkannte (1489). — Als Kaiser Maximilian gestorben war, und eine Neuwahl ausgeschrieben wurde (1519), war der böhmische König Ludwig erst fünf Jahre alt, weswegen Bedenklichkeiten wegen seiner Kurstimme entstanden, weil die goldene Bulle bei den Wählern das Alter von achtzehn Jahren forderte. Da im Falle der Minderjährigkeit eines Kurfürsten nach der goldenen Bulle die Wahlgerrechtigkeit dem Vormunde oder den nächsten Anverwandten zufiel, so erhob Sigmund, der König von Polen, Ansprüche darauf; allein dieselben wurden von den Kurfürsten als nicht berechtigt anerkannt, weil Sigmund nicht zugleich Landesverweser von Böhmen war, wie es der Wortlaut des Gesetzes verlangte. Das Kurfürstenkollegium erklärte sich dagegen einverstanden, daß die Stände Böhmens mit Einwilligung des Königs einen Abgesandten schickten, der im Namen Ludwigs das Wahlgeschäft ausüben sollte. Der oberste Kanzler Ladislaw von Sternberg wurde für diese Würde ausersehen und ihm aufgetragen, die Stimme dem Infanten und Erzherzog Karl zu geben. So geschah es auch ohne weiteres Hinderniß; die polnischen Gesandten aber, welche in Frankfurt erschienen, um mitzuwählen, wurden kurzweg abgewiesen.

Verfassungs=
Zustände.
Die inneren Verfassungszustände Böhmens während des XV. Jahrhunderts nahmen keinesfalls den Gang einer stätigen, ruhigen Fortentwickelung an, sie bewegten sich vielmehr in gewaltsam unterbrochenen Bahnen, deren Richtungen rasch hinter einander von einem Gegensatz in den andern überschlugen. Die kräftige Monarchie Kaiser Karls IV. verblaßte in den letzten Regierungsjahren seines unähnlichen Sohnes zum reinen Scheinkönigthume, das vom feudalen Adel nicht minder, wie von der Partei der nationalreligiösen Eiferer gegängelt wurde. Die Husitenstürme fegten mit allen andern bestehenden historischen Gebilden auch den Namen des Königthums hinweg, erfüllten die Zeit mit republikanischen, demokratisch kommunistischen Ideen, hatten aber bei ihrer lediglich zerstörenden Tendenz nicht die Kraft, eine dauernde Volksherrschaft zu schaffen. Man mußte wieder zum Königthume greifen, das unter dem Podiebrader zwar einen günstigen Anlauf zur Kräftigung nahm, unter den Jagellonen am Ende des Jahrhunderts aber in jene bodenlose Ohnmacht zurücksank, in welcher es am Anfang des Säculums unter Wenzel dem Faulen sich befunden hatte. Und wer pflückte die Früchte des mißglückten Versuches volksherrschaftlicher Pläne, wer allein schöpfte Nutzen aus dem Siechthum der Krone und der zerschlagenen Königsgewalt? Nicht der freie Bürger, an dessen Marke die Schwäche des Königthums sichtlich zehrte, nicht das arme Landvolk, das in die schmachvollsten Fessel der Leibeigenschaft geschlagen wurde!

Ganz allein der Adel triumphierte mit der hochgeschwungenen Fahne des Feuda=
lismus, unter deren eisigem Schatten König, Bürger und Bauer erstarrten.
Noch immer bildeten die Krongüter den Zankapfel zwischen Königthum und
Adel. Der geldbedürftige König Sigmund, welcher am Schlechtesten mit den von
seinen Vorfahren ererbten Staatsdomänen wirthschaftete, verpfändete ein Gut um
das andere an den Adel, der mit großer Bereitwilligkeit verhältnißmäßig kleine
Summen vorstreckte, in der Hoffnung, so auf billige Weise in den dauernden
Besitz der schönsten Herrschaften zu gelangen. Nach den Husitenkriegen befanden
sich die meisten Krongüter in den Händen des Adels; wie einst unter Johann
und Sigmund, war es dem Königthume bei seinen vollkommen zerrütteten Finan=
zen nicht möglich, an eine Auslösung der Pfänder zu schreiten. Georg von Po=
diebrad setzte noch als Gubernator auf dem großen Landtage im Nov. 1453 eine
Revision des Güterbesitzes im ganzen Lande durch. Durch dieselbe sollten nicht
bloß die häufigen Streitigkeiten, die in Bezug auf Privatbesitzthümer herrschten,
geschlichtet, sondern es sollten vor Allem die verschleuderten Krongüter wieder dem
Könige zurückgegeben werden. In dieser Hinsicht wurde die Verordnung erlassen,
daß alle diejenigen, welche königliche Güter oder Verschreibungen darüber in Besitz
hätten, dieselben längstens bis zum 2. Febr. 1454 abtreten sollten; wer dem nicht
Folge leiste, möge an Leben und Gut bestraft und als ein Verbrecher und Störer
des allgemeinen Wohles angesehen werden. Durch die nachdrückliche Ausführung
dieses Befehles gelang es dem Gubernator, viele Herrschaften der königlichen
Kammer zu gewinnen, darunter auch die wichtige Burg und Festung Karlstein sammt
Zugehör. Als Georg von Podiebrad selbst König geworden war, betrieb er die
Kräftigung der Krone mit um so größerem Eifer und erweckte gerade dadurch die
erbitterte Opposition des Adels. Um so schwächer zeigte sich der polnische Wladi=
slaw, unter dem die Zeiten Johanns und Sigmunds wiederkehrten. Mit verschwende=
rischer Hand spendete er die mühsam von Georg errungenen Güter und Rechte an den
Adel, bald an den utraquistischen, bald an den katholischen. Ueber den geringen Rest
des Kronvermögens ließ sich endlich der König auch noch das freie Verfügungsrecht
entwinden, indem im Jahre 1499 ein Gesetz erlassen wurde, dem zu Folge in Zukunft
kein Krongut, weder ganz noch zum Theile veräußert oder verpfändet werden durfte.
Am 10. Januar 1510 machte sich Wladislaw für sich und seine Nachkommen durch
einen Majestätsbrief verbindlich, kein Gebiet oder Schloß vom Lande zu trennen,
alle Fürstenthümer, welche der Krone durch Aussterben zufallen sollten, bei dersel=
ben zu behalten und nicht weiter zu verleihen und in allen Kronländern lediglich
Landeskinder mit der höchsten politischen Amtierung zu betrauen; zugleich erklärte
er alle Bestimmungen und Institutionen, die damit in Widerspruch ständen, in
voraus für ungiltig. Es war dann kein Wunder, wenn dieser König, der Beherr=
scher von Böhmen und Ungarn, manchmal in solche Armuth gerieth, daß er sein
Mittagsfleisch auf's Kerbholz nehmen oder kleinweise Geld borgen mußte. Kein

Wunder, wenn wir ferner lesen, daß Wladislaw eine Kronschuld von vier Mil=
lionen Schock Groschen bei seinem Tode hinterlassen hat. Als vollends mit König
Ludwig ein Kind auf den Thron gelangte, und kein kräftiger, auf das Königthum
spekulierender Gubernator die Zügel der Regierung führte, sondern geld= und länder=
süchtige Adelige, die als Hauptgläubiger der Krone genannt werden, mußte das An=
sehen und die Macht des Königthumes auf Null herabsinken. Ehe noch König
Ludwig, der bei reiferer Einsicht die Schäden seines Königthums wohl erkannte,
alle die nöthigen Schritte zur Aufbesserung seiner Stellung thun konnte, wurde er
vom Tode dahingerafft. — Da die Krongüter einen Hauptbestandtheil der königlichen Einkünfte bildeten, so war deren ungeschmälerter Besitz für den König immer
eine Lebensfrage. Mit ihrem Verluste schwand sein politischer Einfluß und seine
militärische Schlagfertigkeit nicht nur dem Auslande gegenüber, sondern auch im
Inlande. Alle anderen Kronrechte wurden in Folge dessen verringert zu Gunsten
des Adels, der mit der materiellen Macht auch die höchsten Rechte an sich riß.
Die Steuern flossen sehr sparsam, am besten noch Seitens der Städte. Als eine
bis jetzt unerhörte Besteuerung des Landes muß die vom Jahre 1453 angeführt
werden. Die Stände bewilligten nämlich dem Könige die Hälfte der ordentlichen
Jahreseinnahmen von allen Gütern im Lande. Nicht nur die Grundbesitzer, son=
dern auch die Kapitalisten mußten steuern, bei Strafe an Leben und Gut im
Falle eines Unterschleifes.

Aristokratie. Die Stellung des Adels ist theilweise mit dem Gesagten schon gekennzeichnet.
Nachdem derselbe zur Zeit, als die hussitische Bewegung ihren Höhepunkt erreicht
hatte, so ziemlich auf die Seite gedrängt worden war, tritt er gegen Ende der bluti=
gen Kämpfe thatkräftig zur Wiederherstellung des Friedens ein und zieht ganz allein
greifbaren Nutzen aus der Revolution. Abgesehen von der vorübergehenden Tyrannis
des Podiebrader Usurpators, baute er die feudale Aristokratie in der reinsten Form auf.
Es erübrigte ihm nach der Beseitigung der demokratisch gefärbten hussitischen An=
archie, nach der größtmöglichsten Schwächung der königlichen Gewalt nur noch die
Zertrümmerung des autonomen Bürgerstandes. Derselbe war inzwischen zum großen
Theile tschechisiert worden, und der Kampf mit ihm war ein leichter, da sein alter
Bundesgenosse, das Königthum, ihm nicht mehr beistehen konnte.

Die
Wladislawische
Landesordnung. Um den geschaffenen feudalen Verfassungsverhältnissen Dauerhaftigkeit zu ver=
leihen, mußten dieselben durch einen Akt der Gesetzgebung auch für die Zukunft
sanktioniert werden. So entstand die berüchtigte Wladislawische Landesordnung,
das Bollwerk adeliger Alleinherrschaft, aufgerichtet über dem Grabe der gesunkenen
Monarchie und der verfallenen bürgerlichen Freiheit. Schon im Jahre 1487 wurde
der Beschluß gefaßt, alle Urkunden und Privilegien des Königreiches zu durchforschen,
um auf Grundlage derselben ein allgemeines Gesetzbuch abzufassen. Zehn Jahre
darauf wurde auf einem Prager Landtage der Beschluß erneuert und ein hoch=
adeliger Redaktionsausschuß zusammengestellt, welcher besonders durch die fleißige

Arbeit des rechtskundigen Ritters Albrecht Rendel von Anschowa das legislatorische Werk so rasch förderte, daß die in tschechischer Sprache abgefaßte Landesordnung bereits am 18. Juni 1500 in Druck erscheinen konnte. Unter Wenzel II. und Karl IV. war die Abfassung eines allgemeinen Landesgesetzbuches durch die heftigste Opposition des Adels verhindert worden, weil durch dasselbe die Monarchie gekräftigt werden sollte. Jetzt kam das Buch schnell zu Stande, weil es der Adel selbst verfaßte und lediglich seine eigenen Wünsche darin befriedigte. Das Werk krönte die Meister. Bestimmungen staatsrechtlichen Inhaltes kommen nur sehr wenig in der neuen Landesordnung vor; den Herren Feudalen war es ja hauptsächlich nur darum zu thun, ihre gewonnenen Rechte und Privilegien zu sichern. Anfangs vergaß man sogar, den König in die Gesetzgebung aufzunehmen, und erst in den nächsten Ausgaben verbesserte man diese allzugrelle Mißachtung der Krone. Da wurde in den letzten Artikeln bestimmt, daß die direkten und echten Nachkommen Wladislaws zur erblichen Nachfolge auf den Thron berechtigt seien, während im Falle Wladislaw ohne Erben sterbe, der König von den drei Ständen: Herren, Rittern und Städten gewählt werden solle. Auf die Krönung wurde ein großer Werth gelegt. Erst durch dieselbe gelangte der Erwählte zur faktischen Regierungsgewalt und zum Besitz der Krongüter; erst dem gekrönten König sollen die Thore von Karlstein geöffnet werden. Winzig klein dagegen ist der Raum, welchen die Ordnung den Rechten der Krone zutheilte. Als Rechte, die dem König allein vorbehalten waren, werden eigentlich nur die Verleihung von Jahrmärkten und die Erlaubniß zur Erbauung neuer Städte und Burgen, sowie zur Zerstörung derselben erwähnt. Alle anderen Vorrechte des Königthumes waren zu Gunsten des Adels beschränkt, dem König namentlich auch die freie Verfügung über die Krongüter benommen worden.

Dagegen wurde dem Adel alle Gewalt im Lande überliefert. Die Landtage entschieden über sämmtliche Landesangelegenheiten, und auf denselben hatten nur die Herren und Ritter unbedingt Sitz und Stimme. War doch sogar in der Einleitung des reaktionären Gesetzbuches der Grundsatz ausgesprochen, daß es den Herren und Rittern frei stehe, ihre Rechte nach Belieben zu vermehren und zu vermindern. Die Scheidung des Adels in den Herren- und Ritterstand wurde festgehalten und natürlich der Herrenstand in ganz besonderer Weise bevorzugt. Die höchsten Landesämter konnten nur an Adelige verliehen werden. Der Herrenstand erlangte den ausschlüßlichen Besitz des Kämmerer- und Landrichteramtes, die Würde des obersten Burggrafen von Prag, des obersten Hofmeisters, des obersten Marschalls und des obersten Kanzlers; der Ritterstand ward bedacht mit dem Amte des obersten Landschreibers, des Unterkämmerers und des Burggrafen des Königgrätzer Kreises. Von den zwei Burggrafen Karlsteins sollte einer aus dem Herren-, der andere aus dem Ritterstande genommen werden und beide mit einander in der Ausübung ihres Amtes abwechseln; diese zwei Burggrafen waren als Wächter der Krone und der

Königthum.

Adel.

anderen Insignien, sowie der Privilegien des Landes nicht mehr dem Könige allein, sondern auch den Ständen verantwortlich. Nur die freie Besetzung des Münz- meisteramtes blieb dem Könige, und es konnte für dasselbe auch ein Bürgerlicher auserkoren werden. Auch die volle Gerichtsbarkeit, mit Ausnahme der städtischen, gieng in die Hände der Ritter und Herren über, bei abermaliger Bevorzugung des Herrenstandes in Bezug auf die Anzahl der Gerichtsbeisitzer. So hatte der Adel die Gesetzgebung, die Landesverwaltung und Gerichtsbarkeit an sich gerissen und damit zugleich die Möglichkeit sich verschafft, seine Standesgenossen mit den schön- sten Pfründen und dem reichlichsten Einkommen auszustatten. Die Standes- privilegien giengen Hand in Hand mit den materiellen Vortheilen, und auch dafür hatte die Landesordnung gesorgt, dass durch Aeußerlichkeiten schon der gewaltige Unterschied zwischen Adeligen und Nichtadeligen scharf markiert werde. Wurden z. B. Herren oder Ritter in irgend einem Processe als Zeugen vorgeladen, so hatten sie das Privilegium, nicht persönlich erscheinen zu müssen, sondern ihre Aussagen schriftlich abgeben und besiegeln zu können, während der Bürger sich persönlich in Prag einstellen musste, um in der Allerheiligenkapelle mündlich zu schwören. Erschien der Adelige, so schwur er stehend, während der Bürger ge- zwungen war, knieend den Eid abzulegen. Bezeichnend sind die Bestimmungen der Landesordnung über die Jagd, welches adelige Vergnügen zum Jammer des armen Bauers sich laut gewisser Gesetzesparagraphe unbehindert in der üppigsten Weise entfalten konnte.

Bürgerthum. Das Bürgerthum des Landes erlitt in dieser Zeitperiode zwei harte Schläge, welche seine nationale und sociale Stellung wesentlich veränderten. Die Tschechi- sierung vieler Städte, über welche wir später noch ausführlich sprechen werden, entkleidete diesen Stand seines rein deutschen Charakters, der Anbau der absoluten Adelsherrschaft aber raubte ihm nicht nur seinen schwer errungenen Antheil an der allgemeinen Gesetzgebung und Landesverwaltung, sondern schädigte ihn auch in seiner berechtigten Autonomie und verletzte seine materiellen Interessen auf das Empfindlichste. Die Wladislawische Landesverordnung beließ, wie man bereits auf dem Landtage von 1479 angestrebt hatte, dem dritten Stande den unter Ottokar II. bereits zukommenden und unter den Luxemburgern fest eroberten Sitz im Land- tage nur in gewissen Fragen, wie z. B. bei der Wahl des Königs. Im Uebrigen aber bestimmte sie in ihren Schlussparagraphen Folgendes: „Was in diesem Buche oben geschrieben steht, das haben die Herren und Ritter als Recht anerkannt und bestätigt, und damit soll nicht gerührt werden von keinem Menschen ohne die Ein- willigung des Herren- und Ritterstandes. Denn der Herren- und Ritterstand hatte stets das Recht und die Freiheit, seine Rechte zu vermehren und zu verringern. Was aber von dem im Buche oben Geschriebenen den Stand der Städte angeht, so soll, in sofern sie bei irgend einem Artikel mitzuhelfen hätten, auch ohne ihre dritte Stimme nichts hinzugethan oder hinweggenommen werden." Nur dann also hätten die Städte nach diesem Artikel im Landtage mitzurathen und zu stimmen, wenn es sich um ihre eigenen Angelegenheiten handelte. Da der Adel ferner bestrebt war, gewisse alte bürgerliche Vorrechte zu brechen oder an sich zu reißen, wie z. B. das Privilegium zur Betreibung einiger Nahrungszweige, da weiter den Städten der Ankauf von Landgütern und das Eintragen derselben in die Landtafel verwehrt wurde, und da endlich sogar Bürger vor das Landesgericht belangt wurden in Fällen, die vor die städtischen Gerichte gehörten — so erhoben sich die Städte zum langwierigen Kampfe gegen den Adel, der erst im Jahre 1517 durch den Wenzelsvertrag beendet wurde.

Die verderblichsten Folgen der hußitischen Umwälzung und der schwachen Wladislaw'schen Regierung ergaben sich für das eigentliche Volk, dessen vollkommene Leibeigenschaft durch die Jagellonische Landesordnung dekretiert wurde. Durch lange Zeit arbeitete der Feudaladel daran, die Stellung der Landbewohner, die sich in Folge der deutschen Bauernansiedelungen zu einer ziemlich freien gestaltet hatte, zu unterwühlen und den Bauer wieder in die drückenden Fesseln der Unterthänigkeit zu schmieden. Unter Karl IV. war bereits die Patrimonialgerichtsbarkeit in vollster Blüthe, und seither machte sich der Feudalismus mit seinen traurigen Folgen für die unteren Klassen des Volkes immer bemerkbarer im Lande. Der während der Hußitenkriege gänzlich verarmte Bauernstand besaß nur zu wenig innere und äußere Kraft, um den Plänen des Adels mit Erfolg entgegenarbeiten zu können. Da es an Arbeitskräften mangelte, beschränkten die Herren zunächst auf den Landtagen von 1472, 1474 und 1479 die Freizügigkeit der Unterthanen von einer Herrschaft zur andern und setzten am Landtage von 1487 die Strafe von 10 bis 12 Mark für denjenigen fest, der „flüchtig gewordenes Gesinde oder Landvolk" nicht ausliefere oder wo anders hinsende. Zugleich wurde dem Bauer das Recht der Jagd genommen und sogar der Besitz des dazu nothwendigen Geräthes verboten, es sei denn, daß solches zum Vortheile „ihres Herrn" geschehe. Auf dem Landtage im Jahre 1477 wurde neuerdings die Freizügigkeit den Bauern verboten und zugleich den Bäuerinnen, welche unter irgend einem Herrn verwittweten, untersagt, auf einen andern Grund zu heirathen. Die Herren hatten schon früher den Grundsatz aufgestellt, „wer nicht selbst ein Herr wäre, müßte einen Erbherrn haben." Im Jahre 1498 wurde diesem Grundsatze gemäß erklärt, daß jeder Miethsmann und Taglöhner und jeder Lohndiener sich mit einem von seinem Herrn gesiegelten Zeugnisse ausweisen müßte; wer ohne ein solches Zeugniß Jemanden in seinen Dienst nehme, verfalle in eine Strafe von 10 Schock böhmischer Groschen, die der Angeber erhalte; auf die Fälschung derartiger Zeugnisse wurde der Verlust des Lebens und Vermögens als Strafe bestimmt; auch bezüglich der Teicharbeiter, Hirten und des Hausgesindes wurde bestimmt, daß solche stets einen Erbherrn haben müßten, und daß dieses Gesetz allgemein verkündet werden sollte. Diese und ähnliche Bestimmungen enthielt die Wladislawische Landesord-

Des Volkes Leibeigenschaft.

mung, oder wie sie spottweise genannt wurde, das „Reudelrecht" über das Land=
volk. Für dasselbe begann die Zeit der drückendsten Unterthänigkeit, die Zeit der
„Losbriefe", ohne welche es keinem Unterthanen gestattet war, seine Heimath zu
verändern, irgendwo Bürgerrecht zu erwerben oder in den ehelichen Stand zu treten.
Lasten aller Art bürdete man dem Bauer auf, und zeigte er sich etwa ungefügig,
da gab's eine große Auswahl von Strafen, mit denen man ihn mürbe machen
konnte. Zum Hohne aller Gerechtigkeit aber wurde dem Unterthanen endlich auch
das Recht genommen, als Kläger gegen seinen Herrn bei dem Landesgerichte auf=
treten zu können.

Landesgericht. Das oberste Landesgericht, welches während der Husitenkriege geruht hatte,
wurde von Sigmund im Jahre 1437 erneuert und über die Zusammensetzung des=
selben eine genaue Bestimmung getroffen. Demgemäß sollten dem Landesgerichte
beisitzen zwölf aus dem Herren= und acht aus dem Ritterstande, und sollte für
die nächsten zwei Jahre jedesmal in den Quatembertagen das Recht gesprochen
werden; im Verhinderungsfalle der Beisitzer sollen die obersten Landesbeamten
nach den Bestimmungen Karl's IV. das Gericht halten. Die Ritter, unwillig
über die Bevorzugung der Herren in der Betheiligung an dem Landesgerichte,
begannen einen Streit, der erst 1456 von Georg, dem Gubernator, dahin ge=
schlichtet wurde, dass er die nächsten vier Jahre weder Herren noch Ritter zum
Gerichte zuließ, sondern selbst im Namen des Königs die Beschlüsse und Urtheile
des Landesgerichtshofes ausführte. Das Landrecht ruhte später wieder durch mehr
als 20 Jahre und wurde von Wladislaw erst 1485 eröffnet, mit dem alten für
den Herren= und Ritterstand festgestellten Stimmrechte. Die Wladislawische Lan=
desordnung ergeht sich in weitschweifigen Bestimmungen über das Landesgericht bei
stäter Festhaltung des Grundsatzes, dass die Herren in Stimmenzahl, Sitz u. s. w.
vor den Rittern bevorzugt sein sollen. Das Beisitzeramt beim obersten Landes=
gerichte war somit ein Erblandschöffenthum, das zu Folge einer Handschrift von
1410 aus Repräsentanten eines jeden der damaligen zwölf Kreise bestand. Und
zwar 1. Kaurschim: die Herren von Kunstadt, Duba oder Sternberg; 2. Schlan:
Hasenburg; 3. Saatz: Schönburg, Riesenburg; 4. Pilsen: Riesenberg, Schwam=
berg; 5. Prachin: Wilhartitz, Strakonitz, Rožmital; 6. Pisek: Rosenberg, von
Austin; 7. Bechin: Neuhaus, Landstein; 8. Caslau: Wartenberg, von Opotschno;
10. Chrudim: Chlum, Boskowitz; 11. Bunzlau: Michalowitz, Zwirschetitz, Berka,
Waldstein; 12. Leitmeritz: Berka und Skopek von Duba, Dietschinsky von War=
tenberg. In der Zeit der Anarchie schlief natürlich jede Gerichtsbarkeit, die Land=
tafel war geschlossen, ebenso die Tafeln in den einzelnen Kreisen. Streitigkeiten
wurden durch das Schwert gelöst oder durch Schiedsrichter, welche die Parteien
wählten, geschlichtet. Um so größere Achtung genoß das unter Georg von Po=
diebrad mit aller Energie gehandhabte Richteramt. Dass unter den Jagellonen
der Adel fast alle Gerichtsbarkeit im Lande sogar auf Kosten der städtischen Au=

tonomie an sich gerissen hatte, haben wir bereits erwähnt. — Neben dem obersten Landesgerichte gab es nach Vittorin Cornelius von Wschehrd, dem größten tsche= chischen Rechtsgelehrten des XV. Jahrhunderts, noch das „königliche Kammergericht" das „Hof= und Lehnrecht," das Gericht des Burggrafen in Prag und das „kleinere Landrecht" in Prag.

Die Landtafel zerfiel nach demselben Juristen in die größere und kleinere; Die Landtafel. die erstere enthielt die Kauf= und Verschreibungs=Quaternen; in jene wurden nebst gewissen Rechtsgeschäften auch die Erkenntnisse des großen Landrechtes, in diese gewisse große Erb= und Schuldverschreibungen eingetragen. Die kleinere Landtafel bestand vorzüglich aus viererlei Arten von Büchern: Kaufquaternen, Gedenkbüchern (seit 1458), Verschreibungs= oder Obligationsbüchern und Vorladungsbüchern. Ueberdies wurde in der Landtafel noch eine Menge anderer Schriften, Extrakte, Bücher und dergleichen aufbewahrt. Die adelige Reaktion des XV. Jahrhunderts setzte es durch, daß den Bürgern, Bauern, Ausländern, Kirchen und Städten die Landtafelfähigkeit entzogen wurde; eine nationale Errungenschaft war es, daß die Bücher derselben bis auf Ferdinand II. ausschließlich tschechisch geführt wurden. Als König Wladislaw II. an der Ostseite des Prager Schlosses den sogenannten Hul= digungssaal bauen ließ (1502), wies er dem Landrechte und der Landtafel diesen Flügel des Schlosses als Sitz an.

Die kirchlichen Verhältnisse waren während dieser Periode so innigst verwachsen Kirche. mit der politischen Landesgeschichte, daß wir sie bei derselben bereits sattsam be= rücksichtigt haben. Wir werden uns hier mit einigen allgemeinen Bemerkungen bescheiden können. Die mächtige Entfaltung der klerikalen Gewalt, sowie die äußer= liche Blüthe der Kirche im XIV. Jahrhunderte, besonders im Zeitalter Karls IV., wurde gewaltsam durch die Husitenstürme, wenn nicht gänzlich zertrümmert, so doch auf lange Zeit hinaus zum tränkelnden Siechthum verdammt. Die Glaubens= spaltung an und für sich schädigte das Ansehen der Kirche in hohem Maße; die mit dem religiösen Zwiespalte verbundenen blutigen Kriege aber beraubten den Klerus auch seiner materiellen Macht. König Sigmund griff schon im Jahre 1420, als er seine eigenen Finanzmittel erschöpft hatte, zu den Gütern der todten Hand, indem er die Herrschaften des Erzbisthums, der Kapitel, der Klöster und sonstiges Besitzthum der Kirche verpfändete und verschrieb, so daß ein großer Theil dieser Güter in die Hände des Adels gerieth. In den tumultuarischen Jahren der nächsten Zeit verstanden es hauptsächlich manche Städte, durch einge= zogenes Kirchengut sich zu bereichern. Einen Theil erlangte der Klerus wohl wieder zurück, als Georg von Podiebrad im Jahre 1453 die allgemeine Güter= revision anordnete, aber ihre alte imponierende Macht erreichte die Kirche nicht mehr. Es gilt dies nicht allein vom Katholicismus, sondern auch von der utra= quistischen Konfession, welcher von vornherein wenig innere Lebenskraft innewohnte. Mit dem Verluste ihrer materiellen Macht büßte die Geistlichkeit auch ihre politische Stellung im Lande ein. Die Wladislawische Landesordnung kennt den Klerus nicht unter den am Landtage betheiligten Ständen, und erst nach mehr als hundert Jahren kam die Zeit, in welcher die Geistlichkeit als „erster Stand" in das Landhaus einziehen durfte.

Prager Erzbisthum. Die herbsten Verluste hatte das Prager Erzbisthum zu erdulden, das in erster Reihe den Kampf gegen die Husiten führen musste. Die obersten Kirchenfürsten dieser Periode, Wolfram von Stworetz (1396—1402), Nikolaus Puchnik (1402), Zbynko von Hasenburg (1403—1411), Albik von Uniitschow (1412), Konrad von Vechta (1412—1421) trugen durch ihre Schwäche und Talentlosigkeit nicht wenig dazu bei, den Abfall von der Kirche zu befördern. Im Jahre 1421 überlieferte Konrad von Vechta dem husitischen Konsistorium das erzbischöfliche Insiegel und verließ sein Amt. Von dieser Zeit bis 1562 trat eine Sedisvakanz ein, während welcher die Interessen des Erzbisthums immer mehr geschädiget wurden. Wie reich das Prager Erzbisthum bis zum Jahre 1421 war, ergibt sich daraus, dass es nebst vielen kleineren Gütern eine Herrschaft in Mähren (Kojetein), eine in Baiern (Lühn) und 17 in Böhmen besaß (1. Raudnitz, 2. Hradek oder Helfenburg mit dem Städtchen Gastdorf, 3. Geiersberg, 4. Bischofteinitz, 5. Herstein, 6. Rokytzan, 7. Pribram, 8. Rožmital, 9. Moldautein, 10. Cheynow, 11. Pilgram, 12. Reichenau, 13. Poth=Retschitz, 14. Horaletz, 15. Křiwsandow, 16. Stipanow, 17. Böhmischbrod).

Domkapitel. Das Prager Domkapitel verließ im Jahre 1420 die Residenzstadt; einige Domherren verfügten sich nach Zittau, andere nach Olmütz. Als sie im nächsten Jahre von dem Abfalle ihres Erzbischofes Konrad vernahmen, erklärten sie denselben von Zittau und Olmütz aus der bischöflichen Gerichtsbarkeit für verlustig und ernannten den Olmützer Bischof zum Administrator des Erzbisthums. Auch späterhin wählten sie stets Administratoren aus ihrer Mitte. Im Jahre 1436 bemühte sich Sigmund eifrigst um die Rückkehr der Domherren nach Prag und stellte ihnen einen großen Theil ihrer verlorenen Güter zurück. Da sie aber nach Sigmunds Tode in ihrer freien Religionsausübung vielfach gehindert wurden, und sie keinesfalls den Rokytzan als Oberhaupt anerkennen wollten, verließen sie abermals Prag und begaben sich nach Pilsen (1451), von wo sie noch unter dem ihnen gewogenen Könige Ladislaus zurückkehrten, an dessen Krönung sie bereits Antheil genommen hatten.

Leitomischler Bisthum. Während das Prager Erzbisthum seine Existenz mühsam fortfristete, erlag das im Jahre 1344 in's Leben gerufene Bisthum Leitomischel den Stürmen der nationalreligiösen Revolution vollkommen. Zu Beginn des XV. Jahrhunderts verwaltete dieses Bisthum Johann V., früheren Propst von Wyschehrad, der vom Konstanzer Koncile zum Legaten gewählt wurde und mit dem Prager Pfarrer Michael de Causis und dem Magister Stephan von Paletsch zu den eifrigsten Bekämpfern des Magister Hus gehörte. Im Jahre 1416 wurde Johann Bischof von

Olmütz, und im Jahre 1421 administrierte er das Prager Erzbisthum. Inhaber und letzter Bischof von Leitomischel war Alexius von Wrechtow, der eine Zeit lang gegen Johann das Olmützer Bisthum für sich in Anspruch nahm, bis er von Sigmund die Leitomischler Diöcese erhielt (1420). Als im Jahre 1421 die Hu= siten gegen Leitomischel heranstürmten, mußte Alexius ihrem Anführer, dem Di= onys Borschek von Miletin, die Stadt übergeben, und dieser schaltete und waltete da= selbst als unumschränkter Herr. Gleichwohl behauptete sich Alexius noch, bis im Februar 1425 Taboriten und Waisen neuerdings die Stadt eroberten und Kirchen, Kapellen sammt dem Domstifte zerstörten. Alexius mußte mit dem Domkapitel die Flucht nach Zwittau in Mähren ergreifen. Das Bisthum selbst mit dem Domkapitel löste sich allmählich auf. Alexius starb 1438; den Titel eines Leitomischler Bischof's führten nach ihm noch Mathias von Brüx (1443) und Johann Bawor (1474), der Prämonstratenserabt zu Bruck in Mähren.

Gegen Mönche und Nonnen hegten die Husiten den wildesten Haß, und es werden eine Menge grauenerregender Beispiele erzählt, wie unmenschlich die rohen Taboriten gegen die wehrlosen Klosterbewohner verfuhren. Glücklich, wer einen schnellen Tod durch einen gutgezielten Streich des Morgensterns erlitt, dann war er wenigstens nicht langsamen Qualen und schamlosem Gespötte ausgesetzt. Wohl keines der vielen in der Zeit Karls IV. so blühenden Klöster blieb während der Husitenkriege verschont; die meisten lagen in Schutt und Asche, nur wenige waren mit Plünderung davongekommen. Langer Zeit bedurfte es, ehe sich das eine oder das andere Stift von den schweren Schlägen erholte und zu neuem Leben sich em= porraffte; manche blieben für alle Zeiten zertrümmert, und ihre kahlen Ruinen zeigen noch jetzt hie und da den Barbarismus einer entmenschten Zeitperiode. Nach Prag kehrten zuerst auf den Wunsch König Sigmunds die grauen Mönche oder Mino= riten zurück zu ihrer Kirche bei St. Jakob, die bisher als Arsenal gedient hatte (1437). Bald darauf kamen auch andere Orden wieder, so insbesondere die sla= wischen Benediktiner, die Cölestiner, Maltheser und die Nonnen von St. Georg. Als neuer in Böhmen bis jetzt noch nicht vertretener Orden tauchten im Jahre 1460 in Prag die Franziskanermönche von der strengeren Observanz auf. Georg von Podiebrad gab ihnen das leerstehende Kloster bei St. Ambros, und Johann Capi= strans Worte giengen in Erfüllung, daß zwar ihm der Eingang in die Stadt Prag verwehrt würde, seine Brüder aber Aufnahme finden werden.

Die sociale Stellung der Israeliten, welche sich in allen Ländern genau in dem Maße verbesserte, in welchem die allgemeine Bildung vorwärts schritt, mußte diesem Grundsatze zu Folge in Böhmen während des XV. Jahrhunderts eher schlechter als besser werden. Verachtung und Haß der höheren Stände, Aberglaube und Verfolgung Seitens des niederen Volkes ertrug der Jude zu allen Zeiten mit unnachahmlicher Geduld. Diese neuerdings auf die Probe zu stellen, war das XV. Jahrhundert mit seinem entwickelten Feudalismus und seiner Verwilderung der

Klöster.

Observanten.

Die Israeliten.

26*

unteren Volksschichten ganz geeignet. In vieler Beziehung glich das wenig benei-
denswerthe Schicksal der Juden dem der Deutschböhmen. Beide wurden vom
tschechischen Volke auf das Erbittertste angefeindet als „Fremdlinge", welche es
verstanden, durch Intelligenz und Fleiß sich einen gewissen Wohlstand zu erwerben.
Der Deutschböhme hatte indessen vor dem Israeliten das voraus, daß er einen
politisch berechtigten Stand, den Bürgerstand, bildete, während der Jude immer
nur der geduldete Kammerknecht des Königs blieb. Dagegen besaß der deutsche
Bürger einen Feind mehr im Lande, nämlich den feudalen Adel, der nimmermehr
einen autonomen Stand neben sich dulden wollte; während dieser daher den
Deutschböhmen verfolgte, verachtete er zwar den Juden, duldete ihn aber als brauch-
baren Helfershelfer in tausend kleinen Nöthen. Gleicher Gönnerschaft erfreute sich
das Judenthum Seitens der Krone, die reichliche Einkünfte aus ihren Kammer-
knechten zog und bei diesen in jeglicher Finanzangelegenheit Zuflucht suchte. Die
Krone besaß somit ein Interesse an der Existenz der Juden, und suchte sie daher
durch allerlei Schutzbriefe und Privilegien zu schirmen. Vor dem Husitenkriege
hatten die Juden als erklärten Feind nur den religiösen Fanatismus und
den Geldneid zu fürchten, welchen beiden Gefühlen das untere Volk durch die
üblichen Hetzen und Plünderungen Ausdruck verlieh. Dergleichen mögen während
der Umsturzzeit im ersten Drittel des XV. Jahrhunderts öfter vorgekommen sein,
wenn auch die Chronisten es beim allgemeinen Wirrwarr schon für unwesentlich
hielten, Notiz davon zu nehmen, wie etwa im Jahre 1422. Nach dem Husitenkriege erstand aber auch im Bürgerthume den Israeliten ein geschworener Feind.
Dasselbe war nämlich inzwischen zum großen Theile tschechisch geworden und konnte
im Handel und Wandel mit dem findigen Völklein des Orients nicht so gut kon-
kurrieren, wie ehedem der deutsche Städter. Daher bot der tschechische Bürgers-
mann Alles auf, die Juden nicht bloß zu verfolgen und in ihren ohnedies geringen
Rechten zu beschränken, sondern suchte sie gänzlich aus dem Lande zu vertreiben.
Die Prager Städter, die in der Judenfrage den Reigen führten, forderten schon
im Jahre 1420 den Kaiser Sigmund auf, den Juden gewisse Beschränkungen in
Betreff des Leihens auf Pfänder aufzuerlegen. Im Jahre 1494 beschloß der
Landtag, diese Beschränkungen zum Gesetz zu erheben, und benahm dadurch den
Juden ihren in der damaligen Zeit einzig möglichen Erwerbszweig. Sie sollten
nämlich, so bestimmte man, nur auf Pfänder Geld leihen, niemals auf bloße
Schuldscheine; war aber das Pfand gestohlen, so mußten sie es ausliefern, Schadenersatz leisten und den Versetzer nennen bei Todesstrafe. König Wladislaw
mußte vermittelnd einschreiten und gab am 19. Mai 1497 eine eigene Judenordnung heraus, „damit die Juden ohne Schädigung der Unterthanen im Lande verbleiben, ihm ihre Abgaben entrichten, so wie ihren Erwerb suchen können, da sie
ja zur königlichen Kammer gehören und in seinen Nöthen sich stets bereit und
willig erweisen." In dieser Judenordnung wurde der folgenschwere Beschluß von

1494 wieder aufgehoben und den Juden freies Leihrecht ertheilt. Ferner wurde ihnen gestattet, doppelt so viele Zinsen zu nehmen, als die Christen, das war also vom Hundert — Zwanzig. Die Motivierung zu dieser Bestimmung beleuchtet deutlich die damalige Lage der Israeliten. König Wladislaw sagt: „Würde der Jude dieselben Zinsen nehmen, wie der Christ, so könnte er dabei nicht bestehen; denn der Christ nimmt die seinen frei und verwendet sie für sich, nicht so der Jude; denn dieser muß zuerst uns berichtigen, was er schuldig ist, zweitens jenem Herrn, dessen Schutz er genießt, drittens seine Zinsungen, viertens läßt ihn schwerlich ein Amt, dessen er bedarf, ungeschoren, und endlich muß er doch auch selbst etwas haben, wovon er mit Weib und Kind leben kann. Zudem sucht ihn der Christ nur auf, wenn ihn die höchste Noth dazu zwingt, wie etwa, wenn ihm Haft oder sonst ein Schaden droht und er anderswo kein Geld auftreiben kann; und gerade hierin pflegen sich die Christen gegen einander sehr unchristlich zu verhalten, indem sie einander mehr Schaden zufügen, als der Jude durch seinen Wucher."

Dieses Judenedikt erregte im Lande vielen Widerspruch, besonders bei den Städtern, die jetzt entschlossen waren, mit Einem Male die ganze Frage durch Landesverweisung der Orientalen zu erledigen. Im Vereine mit den beiden anderen Ständen bearbeiteten sie den König unter Vorspiegelung beliebter Themata, wie von geraubten und geschlachteten Christenkindern, bis der schwache Wladislaw auf ihre Wünsche einging (1507). Sofort wurde die Prager Gemeinde auf das Rathhaus berufen und daselbst verkündigt, daß künftighin kein Jude mehr in Böhmen, Mähren und Schlesien sich aufhalten dürfte. Binnen Jahresfrist, längstens bis Pfingsten 1508 sollte die Auswanderung des verhaßten Volkes voll= zogen sein; wer dasselbe aber unterstützen oder für dasselbe sprechen würde, der sollte mit ihm das Land verlassen. Der letztere Punkt war gegen den hohen Adel gerichtet, von dem man wußte, daß er die Vertreibung der Juden zu begünstigen keinen triftigen Grund hatte. Die Herren mögen denn auch für die zu Ver= bannenden ihr mächtiges Fürwort eingelegt haben; wenigstens nahmen sie, als die Prager Juden ihren Auszug eröffneten, viele derselben auf ihre Güter und in unterthänige Städte auf und setzten es endlich durch, daß König Wladislaw den Vertreibungsbefehl aufhob und die Verordnung erließ, die Juden abermals auf= zunehmen. Die Prager aber widersetzten sich offen dem königlichen Befehle; es kam zu heftigen Konflikten, bis der Oberstkanzler eine Vermittelung bewerkstelligte, der zu Folge die Auswanderungszeit bis zur Ankunft des Königs in Prag ver= längert werden sollte. Diese Galgenfrist schleppte sich indessen bis in die Zeiten Lud= wigs hinüber. Tumultuarisch verlangten auf dem Prager Rathhause im Jahre 1517 und 1518 die Judenfeinde die Vollstreckung des Wladislawischen Expulsionsediktes, Herr Komendy und ein Kürschner Namens Kardinal am Allereifrigsten. Allein, da sich die königlichen Beamten widersetzten, so verblieb es beim Alten, auch nachdem im Jahre 1521 die Prager neuerdings den Beschluß gefaßt hatten, die Juden, diesmal in Gemeinschaft mit den schlechten Dirnen, zu vertreiben. — Während so die Prager Juden ein kummervolles Dasein fristeten, stäts zwischen Leben und Tod schwebend, mag auf dem Lande in mancher Stadt den Judengemeinden gewaltsam ein Ende gemacht worden sein. Besondere Privilegien erlaubten einigen Landstädten geradezu, die Israeliten zu verjagen; solche Privilegien wurden z. B. von König Wladislaw 1504 den Pilsnern und 1506 den Budweisern verliehen. In Prag mußte man sich mit zeitweiligen Hetzereien begnügen, wozu sich unter Andern bei den Excessen des Jahres 1483 eine sehr günstige Gelegenheit fand.

Wissenschaft. Wenn der wilde Kriegsgott mit lodernder Brandfackel und bluttriefendem Schwerte in ein Land einzieht, entweichen die freundlichen Musen, die sich nur unter friedlichem Dache heimisch fühlen. Die schrecklichen Husitenkriege unterbrachen nicht nur das wissenschaftliche Leben des Landes, das unter Karl IV. einen so schönen Anlauf genommen hatte, sondern sie vertilgten auch die Denkmale künstlerischer Thätigkeit und die Pflanzstätten gelehrter Bildung der früheren Perioden. Verfuhr man doch gerade am Grausamsten gegen die Klöster, welche die abendländische Kultur in Böhmen eingebürgert hatten, und nahm man keinen Anstand, die blühende Prager Hochschule ihres universellen Charakters zu berauben, und in eine untergeordnete, in die engen Fessel Einer Nationalität geschmiedete Landesanstalt zu verwandeln. Die Vertreibung der deutschen Professoren von der Universität und die bald darauf folgenden Razzias gegen sämmtliche „Kulturträger" hatten die traurigsten Folgen, auch für die Literatur der Tschechen. Diese schlossen sich durch ihre einseitig nationale und fanatisch religiöse Bewegung gänzlich ab von dem großen Kulturkreise des abendländischen Christenthums und verharrten in dumpfer Apathie gegen alle Folgen der neuesten Erfindungen und Errungenschaften, wodurch sich andere Völker gerade im XV. Jahrhunderte auf dem Gebiete des geistigen und besonders des wissenschaftlichen Lebens auszeichneten. Wahre Freiheitskriege haben bei andern Völkern immer eine gewisse Blüthe der Kunst und Wissenschaft hervorgerufen; auf die Husitenkriege erfolgte mit kurzer Unterbrechung des Podiebradischen Zeitalters eine geistige Erschlaffung und Verweichlichung der Nation. Während in Italien, Frankreich, England und Deutschland durch die Wiederaufnahme des Studiums der klassischen Werke des Alterthums die neue „Zeit des Wiedererwachens der Wissenschaften" in's Leben gerufen wurde, verschwendeten die tüchtigsten Geister der Tschechen ihre Kraft in religiösen Grübeleien und endlosen theologischen Streitigkeiten. Bezeichnend bleibt es für die wissenschaftliche Unfruchtbarkeit des Ultraquismus, daß die jüngst erfundene Buchdruckerei zuerst in dem katholischen Pilsen gepflegt wurde („Die trojanischen Annalen, gedruckt 1474") und daß die wenigen Humanisten Böhmens, wie Johann Rabstein der Jüngere und Bohuslaw von Lobkowitz auf Hassenstein, wenn nicht der deutschkatholischen, so wenigstens der römischen Partei angehörten.

Unter den theologischen Schriftstellern ist Johann Hus der weitaus bedeu= Theologie.
tendste; durch seine theilweise tschechisch geschriebenen Werke schuf er dauerndere
Reformen in sprachlicher als in religiöser Beziehung; sein Styl gilt als meister=
haft, und die von ihm aufgestellte neue Orthographie wird noch gegenwärtig beo=
bachtet. Neben Hus ragt der Moralprediger Peter Chelčicky (geb. um 1390), „der
geistige Vater der Brüderunität", über die Mittelmäßigkeit empor. Seine trefflichen
Reden tragen den Stempel der ungeschminkten Wahrheit und sind durchdrungen
von der sittlichen Entrüstung über sein verdorbenes Zeitalter. Johann Rokytzan,
Hieronymus von Prag, Johann von Přibram, Martin Lupatsch von Chrudim,
Peter Payne, der Engländer, Niklas von Pilgram, Johann Němec (der Deutsche)
von Saatz u. a. glänzten auf der utraquistischen Seite durch ihre theologische Ge=
lehrsamkeit und Rednerkunst, während sich in dieser Beziehung unter den Katholiken
vorzüglich Simon von Tischnow, der Breslauer Bischof, Jobst von Rosenberg,
Hilarius von Leitmeritz u. a. auszeichneten. — Die einheimische Geschichtschreibung Geschichte.
des XV. Jahrhunderts entbehrt jedes höheren Schwunges und Standpunktes und
bleibt armselige Chronikenarbeit. Magister Laurenz von Březowo behandelt die
Zeit von 1414 bis 1422, Bartoschek von Dráhowitz die wirrvolle Periode von
1419 bis 1443; beide im utraquistischen Sinne lateinisch geschriebene Chroniken,
sowie die „altböhmischen Annalisten", welche sich zumeist über innere Verhältnisse
und Zustände Böhmens im XV. und XVI. Jahrhunderte verbreiten, sind zwar
wichtige Geschichtsquellen, verrathen aber wenig historisches Talent. Ebenso wenig
brachte es der Katholik Paul von Prag, genannt Žídek, zu einer größeren Bedeu
tung; er schrieb um 1471 auf Anregung Georgs von Podiebrad eine „Anweisung
für Könige ….. Chronik" und überdies in lateinischer Sprache eine Art von allgemeiner Encyklopädie. Das lateinisch geschriebene Werk des Italieners Aeneas
Sylvius, des nachmaligen Papstes Pius II., das die böhmische Geschichte bis zum
Jahre 1485 behandelt, ist in seiner zweiten Hälfte von großem Interesse und
wurde bald nach seinem Erscheinen in's Tschechische übertragen. Hieher gehören
wohl auch die in die Zeitgeschichte einschlagenden Briefe des Herrn Alex Holicky
von Sternberg, des Kaspar Schlick, Protop von Rabstein und andere. — Von den
Reisebeschreibungen dieser Periode heben wir als die bekanntesten die von Leo von
Rozmital (1465) und die des Herrn Johann von Lobkowitz (1493) hervor. —
Noch dürftiger sind die anderen Wissenschaften vertreten. Astronomische Schriften
verfaßte Christian von Prachatitz. Als Rechtsgelehrte thaten sich hervor der Ritter Astronomie.
Kendel von Auschowa (†1522), der berüchtigte Verfasser der Wladislawischen Jurisprudenz.
Landesordnung; und Viktorin Kornel von Wšehrd († 1520), welcher ein großes
juridisches Werk unter folgendem Titel schrieb: „Neun Bücher vom Recht und
Gerichte und von der Landtafel in Böhmen." Ctibor Towačowsky von Cim-
burg († 1494) ist aus Mähren gebürtig und gehört eigentlich nicht hieher.

Berühmt war sein Buch: „Von den alten Gewohnheiten, Gebräuchen und Rechten des Markgrafenthums Mähren."

Ueberſetzungen. Den Mangel an guten Originalwerken ſuchte man durch Uebertragungen aus dem Lateiniſchen oder Deutſchen zu erſetzen. Wir nennen von mediciniſchen Schriften nur die Ueberſetzung von Rhazes „Wund-Arzneikunde", dann die „Wund-arzneikunſt von W. Placentins von Sallicetti", angeblich durch Křiſchtan von Pra-chatitz, von Reiſebeſchreibungen die berühmte des Marko Polo, ferner die Ueber-ſetzung „des Lebens Alexanders des Großen", der geiſtlichen Romane „Solfernus" Humaniſten. und „Belial" u. ſ. w. — Als tſchechiſchen Humaniſten erwähnen wir Gregor Hrubý de Gelenio († 1514), der nebſt Anderen einige Schriften Ciceros in's Tſchechiſche übertrug, und dem ſich Wenzel Hladitſch von Piſek und der Rechts-gelehrte Wſcherd anreihen.

Poeſie. Schlimm genug ſah es um den Zuſtand der tſchechiſchen Poeſie in dieſem Zeitraume aus. Der eben erwähnte mähriſche Ctibor Towačowſký von Cimburg iſt der einzige halbwegs gut klingende Name auf dieſem Gebiete der Kunſt. Und ſein Werk „der Streit der Wahrheit und Lüge über die Güter der Geiſtlichkeit und ihrer Herrſchaften," eine allegoriſche Dichtung in Proſa, muß wegen ſeiner Geſchmackloſigkeit und Weitſchweifigkeit als verunglückt bezeichnet werden. — Nur das geiſtliche Lied erlangte durch die „Brüder" eine größere Entwicklung; die erſte Ausgabe des tſchechiſchen Brüdergeſangbuches, welche 87 Lieder von verſchiedenen Verfaſſern zählt, erſchien 1501.

Baukunſt. Erfreulichere Nachrichten können wir von der Architektur des XV. Jahrhun-derts liefern. Nach der vandaliſchen Zerſtörungsepoche der Huſitenkriege trat na-turgemäß eine Periode allgemeiner Bauluſt ein. Aeneas Sylvius, der ſich in der Welt ſo ziemlich ungeſehen hatte, ſchreibt von der Mitte des XV. Jahrhunderts „Ich behaupte, daß zu meiner Zeit in ganz Europa kein Königreich mit mehreren, prächtigeren und beſſer ausgeſchmückten Kirchen verſehen iſt, als Böhmen." Ein-heimiſche Künſtler führten unter Georg von Podiebrad und Wladiſlaw viele und großartige Bauten auf, die in ihren Formen ein eigenthümliches Gepräge beſitzen. Der Styl iſt gothiſch, zwar nicht mehr ſo rein und korrekt wie in der Luxem-burgiſchen Zeit, dagegen origineller und eine ſelbſtändige Richtung verrathend, die man gern die „Wladiſlawiſche Gothik" nennt. Die hervorragenden Meiſter der neuen Schule waren Beneſch von Laun und Mathias Reiſek, ferner die Krum-mauer Künſtler Stanko und Kreſchitz. Beneſch von Laun erbaute um 1493 das Bürglitzer Schloſs mit dem berühmten Saale und zwiſchen 1480 und 1502 den ſogenannten Wladiſlawiſchen Saal im Prager Schloſſe, deſſen vielverſchlungenes Netzwerk von einem guten Kenner zwar „kunſtreich", aber „geſchmacklos" genannt wird. Einen edleren Geſchmack verräth derſelbe Baumeiſter in den Dechantei-kirchen von Brüx und Laun, die um das Jahr 1520 entſtanden, und in dem königlichen Oratorium in der St. Veitskirche in Prag. Beneſch wird entſchieden übertroffen durch Mathias von Prostiejow, den Rektor an der Prager Teinschule, der wegen seiner großen Fertigkeit im Zeichnen den Namen „Reisek" erhalten haben soll. Er vollendete zunächst im Jahre 1477 den von Meister „Wenzel" begonnenen Pulverthurm in Prag und erwarb sich dadurch so großen Ruhm, daß man ihn zum Baumeister der bereits früher in Angriff genommenen Bar=barakirche in Kuttenberg wählte (1483). Reisek führte diesen herrlichen Bau, der leider, wie der Prager Dom, nicht vollendet worden ist, bis zum Jahre 1502 und 1505 fort, und nach ihm werden noch mehrere andere Meister, darunter auch Benesch und als letzter „Niklas" erwähnt, bis 1548 die Arbeiten ganz eingestellt wurden. Als von Reisek herrührend verdienen noch die Pfarrkirche im Städtchen Gang bei Kuttenberg und der steinerne Baldachin über dem Grabe des Bischofs Augustin Lucian in der Teinkirche hervorgehoben zu werden. In die Zeit der späteren Gothik gehören ferner noch die eben erwähnte Teinkirche, die Dechantei=kirche in Melnik und Rakonitz, das Altstädter Rathhaus in Prag, der herrlich ausgeführte Altstädter Brückenthurm (1451 erbaut), der auf alten Grundlagen ruhende Kleinseitner Thurm, der Rathhausthurm in Kaaden und viele ältere Pri=vatgebäude in Krummau, Laun, Klattau, Leitmeritz, Pilsen, insbesondere aber in Kuttenberg. Letztere Stadt verdient mit Recht den Namen des böhmischen Nürn=bergs; es hat sich in reiner Alterthümlichkeit erhalten, und seine vielen Baudenk=male aus dem vorgerückten fünfzehnten Jahrhunderte, hauptsächlich das soge=nannte steinerne Haus, nähern sich oftmals der Nürnbergischen Bauweise. Die Mariä=Himmelfahrtskirche am Tein in Prag, zu deren gegenwärtigen Gestalt der Grund 1407 gelegt worden war, gieng erst unter Podiebrad ihrer Vollendung entgegen, und es lassen sich bei ihr genau die der älteren und die der späteren Gothik angehörigen Theile unterscheiden. — Eine große Kunstthätigkeit herrschte durch Unterstützung der Herren von Neuhaus und Rosenberg in der ersten Hälfte des XV. Jahrhunderts im südlichen Böhmen. Die Meister Stanko (Stanislaus) und Kreschitz bildeten daselbst eine eigene Schule, die ihre charakteristischen Merk=male in der Gothik besitzt, namentlich regelrechter und feiner gegliedert arbeitet, als die innere böhmische Schule. Zu ihren bedeutendsten Werken gehören die Mariä=Himmelfahrtskirche in Krummau, die Dechanteikirchen von Wittingau, So=biesstau, Blatna, die Propsteikirche zu Neuhaus und andere. Eine Eigenthümlich=keit der südböhmischen Bauschule, die sich auch nach Oberösterreich ausbreitete, besteht in den gothischen Wölbungen ohne Gurten, wie sie sich in den Dechantei=kirchen von Prachatitz, Tabor, Sobieslau, Blatna, in der Pfarrkirche von Rosenberg und an anderen Orten vorfinden.

In der Skulptur erfreute sich während dieses Zeitalters einer besonderen Ent=wickelung die Holzschnitzerei. Ausgezeichnete Werke dieser Kunst fanden sich in vielen Kirchen Böhmens, sind aber zumeist im XVII. Jahrhunderte bei der Wiederein=führung des Katholicismus theils aus Unverstand, theils aus Fanatismus vertilgt

Skulptur.

worden. Als berühmter Holzschnitzer wird Meister Jakob aus Kuttenberg erwähnt, der die Barbaratirche (1502) und das Rathhaus daselbst mit kostbaren Schnitzereien versah, von denen sich allerdings nur wenig Reste erhalten haben. — Unter den Erzeugnissen der gleichfalls im spätgothischen Style sich bewegenden Bildhauerkunst dieser Periode zeichnen sich aus die prachtvollen steinernen Tabernakel mancher Kirchen (Dreifaltigkeitskirche in Kuttenberg, Hauptkirche in Königgräz und Kolin), die reichverzierten Kanzeln (Dechanteikirche in Ratonitz) und einige steinerne Röhrkasten. Berühmt ist wegen seiner Schönheit der Brunnen in Kuttenberg, welcher von Vielen dem Reisek zugeschrieben wird; der schöne Georgsbrunnen in Königgräz ist leider auf vandalische Weise zerstört worden.

In der Malerei macht sich nunmehr in durchschlagender Weise der fremde Einfluss, und zwar zumeist der Deutschen und Niederländer und später der Italiener geltend. Bemerkenswerthes leistete nur die Miniaturmalerei, wovon deutliches Zeugnis liefern das Kancionale von Leitmeritz von 1517, das von Jungbunzlau aus derselben Zeit, das lateinische Antiphonarium in Königgräz von 1505 und das lateinische Gesangbuch in Deutschbrod aus demselben Jahre. Das letztere verzierte mit herrlichen Miniaturen Paul von Melnik, der auch das Launer Gesangbuch vom Jahre 1530 illustrierte. Prächtige Miniaturen enthält das in der Universitätsbibliothek aufbewahrte Manuskript „Leben der heiligen Väter in der Wüste", welches 1514 Gregor Hruby de Gelenio für den Herrn Ladislaw von Sternberg schrieb. In der Tepler Stiftsbibliothek wird ein mit Miniaturen geschmücktes Gebetbuch des jungen Königs Ladislaus Posthumus aufbewahrt, das aus der ersten Hälfte des XV. Jahrhunderts stammt.

Die bis jetzt ganz von der römischen Kirchenmusik beeinflusste Tonkunst in Böhmen emancipierte sich zur Zeit der Husitenkriege und nahm einen eigenthümlichen nationalen Charakter an. Die Husitenlieder, sowie die Gesänge der Utraquisten charakterisieren sich durch ihren bald glühend wilden, bald elegisch sanften Rhythmus. Eines der bekanntesten ist das kräftige: „Kdož jste Boží bojovníci...." „Die ihr Krieger Gottes seid...." Einige geistliche Lieder aus dieser Periode giengen mit ihrer Melodie in deutsche protestantische Gesangbücher über. Hus, welcher Kirchenlieder verfasste, mag auch Kompositionen dazu gedichtet haben; von einem Liede wenigstens soll dieses feststehen (Stála matka žalostivá.... Es stand die schmerzhafte Mutter....).

Während die schönen Künste in der ersten Hälfte des XV. Jahrhunderts zur unfreiwilligen Muße verdammt waren, feierte die husitische Kriegskunst ihre traurigen Triumphe. Nicht allein die rohe Kraft, gehoben durch fanatische Begeisterung, verhalf den Husiten zu so vielen Siegen über oftmals an Zahl weit überlegene Heere, sondern auch die bei ihnen in vorzüglicher Weise entwickelte militärische Taktik. Žižka, ein zweifelsohne hochbegabtes strategisches Talent, schuf sich eine vielfach neue Methode der Kriegführung und trug nicht wenig zum vollkommenen

Sturze der mittelalterlichen Taktik und zur Bildung einer neuen europäischen Kampf=
weise bei. Die Wahl und die sorgfältige Benützung des Schlachtfeldes, sowie
die möglichste Schnelligkeit in jeder Bewegung galten als erste und wichtigste
Regeln des Husitenführers. Dieser verlegte ferner nicht mehr in die Reiterei den
Schwerpunkt der Armee, sondern in das Fußvolk und in die Artillerie. Das Heer
war wohl gegliedert, und im Einzelnen und Ganzen so gut einexerciert, daß es
ein einziges Wesen zu bilden schien, das einheitlich und pünktlich auf den Wink
des Befehlshabers die künstlichsten Wendungen und Schwenkungen ausführte. Wenn
auch nicht neu in ihrem Wesen, so doch in ihrer mannigfaltigen Verwendung und
Entwicklung war die Wagenburg. Die Kriegswagen bildeten lange Reihen und
waren mit einander durch Ketten verbunden. In der Regel wurden vier Reihen
gebildet, zwei innere und zwei äußere; die äußeren überragten die inneren an den
beiden Enden um ein so großes Stück, als nothwendig war, um die offenen End=
punkte der Wagenburg im Falle der Nothwendigkeit schließen zu können. Die
Streitwagen waren eigens eingerichtet und mit Sturmdächern und Hakenbüchsen
versehen. Das schwierigste Amt hatte der Wagenlenker, der auf Befehl die ver=
schlungensten Figuren ausführen mußte; sonst deckten den Wagen 13 Schützen,
2 Reiter und 4 Pawesenführer. Fußvolk und Troß befanden sich innerhalb dieser
beweglichen Schanzen; auch die Reiter, welche gewöhnlich außen nebenher flankierten,
konnten sich im Falle der Noth nach Innen zurückziehen. Als regelrechte Verthei=
lung der Armee hielt man das Verhältniß, wenn auf 1000 Krieger 900 Fuß=
gänger, 100 Reiter und 50 Kriegswagen kamen. Als stehendes Heer brachten es
die Taboriten zu einer seltenen Uebung im Manövriren und im Gebrauche der
Waffen; auch Weiber und Kinder wurden zu verschiedenen Hilfsdiensten verwendet
und verstärkten die Schlagfertigkeit des Heeres. Unter Zižkas Leitung bildete sich
eine große Anzahl guter Feldherren heran, die sich nachher als Anführer einzelner
„Rotten" bemerkbar machten. Diese Rotten bildeten gewissermaßen militärische
Vereine, welche nur ihren Hauptleuten Gehorsam leisteten und nach der Versicherung
des ersten tschechischen Historikers der Gegenwart „sich von großen Räuberbanden
nur dadurch unterschieden, daß sie sich nicht zu verbergen brauchten, da sie herrschen
und sich rühmen konnten, Beschützer des göttlichen Gesetzes zu sein." Nach Been=
digung des Husitenkrieges giengen viele der kriegsgewohnten Kämpfer in fremde
Dienste; die gefürchtete „schwarze Rotte" des Mathias Korvinus bestand fast durch=
wegs aus alten Husitenstreitern. Andere aber suchten ihr Waffenwerk in mehr oder
weniger selbständigen Rotten fortzusetzen nach Art der früheren italienischen Kriegs=
kompagnien. Eine solche Vereinigung bildeten die „Brüder", auch „Brüderchen"
oder „Bettler" (Zebraker) und „Buben" genannt, welche in Ungarn, besonders
unter ihrem ersten Anführer Peter Aksamit von Liderschowitz (1453) ein großes
Ansehen erlangten, 1467 aber von Mathias Korvinus bei Tyrnau vernichtet wurden.

Der seit Anfang des XVI. Jahrhunderts bekannte Waffenbund der Kosaken soll eine Nachahmung der bewaffneten Brüderschaft der Zebraken gewesen sein.

Landwirthschaft. Als die tschechischen Bauern im Husitenkriege anfiengen, mit dem Dreschflegel auf die Katholiken und Deutschen loszuschlagen, anstatt denselben in der Scheuer in gleichmäßigem Friedenstakte zu handhaben, schritt die Landwirthschaft ihrem vollkommenen Untergange entgegen. Die Vertreibung der deutschen Bauern, die in ihren emphytentischen Dörfern kleine Musterwirthschaften errichtet hatten, mußte der Blüthe des Ackerbaues gleichen Eintrag thun, wie die Verjagung der deutschen Bürger, welche im Weichbilde der Städte bereits Handelspflanzen mit Vortheil an= gebaut hatten. Wohl erlangte die Bodenwirthschaft unter Georg von Podiebrad wieder einen gewissen Aufschwung; aber ein ewig drückender Hemmschuh für die ge= deihlichere Entwicklung derselben blieb die Leibeigenschaft, unter deren qualvollem Joche seit dem XV. Jahrhunderte der kleine Grundbesitzer seufzte. Eine nicht vortheilhafte Bodenverwerthung muß die Teichwirthschaft genannt werden, welche gerade in dieser Periode ungewöhnlich überhand nahm. Im südlichen Böhmen wurde auf den Herrschaften der mächtigen Rosenberge ein ganzes großes System von Teichen angelegt; fast alle Großgrundbesitzer ließen Teiche graben, in ausge= dehnterer Weise noch die Herren von Neuhaus im Süden und die Herren von Pernstein im Nordosten des Landes. Unter Wladislaws Regierung gab es eine zahl= reiche Klasse der sogenannten Teichgräber, die wegen ihrer Geschicklichkeit sogar in's Ausland verschrieben wurden. Daß die Wladislawischen Jagdgesetze, die nur das Vergnügen des Junkers berücksichtigten und dem Bauer strengstens verboten, auch nur Jagdwerkzeuge zu besitzen, dem Oekonomen außerordentlich schädlich werden mußten, braucht nicht erst gesagt zu werden. Die Landgüter des Adels konnten schon eher gedeihen, erreichten aber erst in späterer Zeit eine gewisse Blüthe. Obst= gärtnerei scheint in dieser Periode beliebt gewesen zu sein, wenigstens besitzen wir eine schriftstellerische Arbeit aus dieser Zeit über Pomologie.

Sittenbilder.

Volk. Interessante Streiflichter auf die socialen Zustände des XV. Jahrhunderts wirft der oben angeführte originelle Sittenprediger Peter Cheléicky. Wir lassen einige drastische Stellen nach Palackys Uebertragung folgen: „In diesen Zeiten erduldeten die Bewohner dieses Landes und der Nachbarländer viel Trübsal, Noth und Elend, da eine Partei gegen die andere des Glaubens wegen aufstand, und die einen die anderen wie Ketzer mit Gewalt bedrängten. Viele von den Bauern und Dienstleuten konnten vor Armuth und Hunger auf ihren Gründen gar nicht bestehen; denn manche mußten an die Burgen und Städte beider Parteien drei= bis vierfache Schatzungen leisten, und die Kriegsrotten preßten ihnen das Uebrige aus . . . Jetzt sehen wir, wie viele Wegelagerer Gott über Böhmen schickte. Alle Burgen und Städte sind von Dieben und Räubern angefüllt, die Andere plagen, schlagen, aus den Hütten schleppen, knebeln, plündern und in's Gefängniß werfen, so dass alle Leute in großen Nöthen sind. Keine Verzeihung wird den Herren und Machtgebern werden, die ihre Bauern schlagen und schmähen, sie Kerle, Tröpfe und Hunde schimpfen und in's Gefängniß werfen, damit sie ihnen nur immerfort den gierigen Rachen vollfüllen möchten!" — Wenn es auch dem armen Landmanne in jener Zeit recht schlecht ergieng, so unterdrückte er den ihm an= geborenen Hang zu sinnlichen Vergnügungen doch nicht ganz, worüber sich Chelčicky bitter beklagt: „Es ist ein abscheuliches Leben, das jetzt die Leute führen. Ohne Scham und Gehorsam treiben sie Buhlerei und heimliche Unzucht, tummeln sich auf Tanzböden, bei Jahrmärkten, auf Kirchweihen in Schänken umher; die Mäd= chen treffen bei unverschämter, die Keuschheit und Sittsamkeit verletzender Unter= haltung ohne den Willen der Starosten Verbindungen mit Jünglingen, und erhal= ten sie nicht schleunigst Erlaubniß von den Starosten, so laufen sie den Burschen wohin immer nach." — Im Jahre 1438 bereits wurde von den Kanzeln aus und in den Rathsversammlungen der Städte mit großer Entrüstung gegen das Sitten= verderbniß geeifert. Unter strenger Strafe wurde verkündigt, Einhalt zu thun dem Tanze, dem Würfelspiele, den Schänken, Liebschaften, Possenreißern und an= dern Unschicklichkeiten. In der Landespolizeiordnung vom Jahre 1494 wurden die strengsten Verordnungen erlassen gegen die in den Withshäusern herumlungernden Strolche, welche in Ermangelung des Kriegsdienstes sich durch Gewalt und Raub zu ernähren suchten. Im Jahre 1511 wurde neuerdings jedes Spiel in Wirths= und Privathäusern streng verboten, und leichte Mädchen wurden aufgegriffen und bestraft. Es war letzteres, wie die „alten böhmischen Annalen" versichern, um so nothwendiger, als sich bereits im Jahre 1509 Spuren einer schmählichen Krankheit zeigten, die man an einer Quelle hinter Stěchowitz bei Busse, deren Wasser auch in Fässern verführt wurde, mit Waschen und Trinken zu heilen vermeinte. Im Jahre 1518 wurden die leichtsinnigen Frauenspersonen durch einen Beschluß der Prager Rathsversammlung aus der Stadt verbannt.

In gänzlicher Weichlichkeit und Ueppigkeit waren der Adel, der reiche Bürger= stand und der Klerus versunken. Von den Wladyken schreibt Chelčicky: „Alles Schlimme scheuen und fliehen sie und streben nur nach Wohlleben. Sie wollen sich keiner schweren Arbeit unterziehen, keinen Tadel, keine gewöhnliche Behandlung ertragen, sich zu Niemandem herablassen, Niemandem Dienste leisten, sondern nur ein freies, müheloses, leichtes, angenehmes Leben führen und nett und zierlich, in schönen, vom Teufel selbst ersonnenen höfischen Trachten, in theuern und pracht= vollen Kleidern gleich Göttern und Göttinnen voll Glanz und Herrlichkeit einher= stolzieren. Sie lieben auch reichbesetzte Tafeln und schmucke, weiche Lager, begehren süß und schmeichlerisch mit dem Titel „Geruhen Euer Gnaden" angesprochen zu werden und möchten nur immer die Zeit in warmen Bädern mit Waschen und Putzen hinbringen zur Last für ihre Diener. Nur durch die Leiden und den Schweiß ihrer Knechte und Tröpfe, wie sie sie heißen, können sie solch' Wohlleben erzielen." — „Es ziemt sich nicht solche Faulheit für Euch", fährt Chelčicky fort,

Adel.

„Ihr Herren, den ganzen Tag Nichts zu thun, zu sitzen, herumzuschlendern, Schach, Dame, Karten zu spielen, lange zu schlafen, Unzucht zu treiben gleich dem Viehe, Euch fortwährend vollzustopfen und Wein und Bier, wie in Fässer, in Euch hinein= zuschütten und niemals nüchtern zu sein. Es ziemt sich auch nicht für Euch, die armen Leute zu schinden, sie mit Frohnden, Jagden, zugemutheten Nachtwachen zu plagen und mit andern Lasten zu drücken." „Sprich nicht von Mitleid mit den Armen," heißt es an einer andern Stelle, „sie haben es mehr mit den Hunden, als mit den Armen. Deren haben sie genug, Windhunde, Spürhunde, Leithunde und füttern sie reichlich mit Brot. Auch haarige Hündchen (Pintsche?) haben sie und legen sie auf Polster neben sich, tragen sie in Bäder, waschen sie, kämmen sie, kaufen und kochen ihnen Fleisch. Der arme Lazarus aber hat keinen Zutritt zu ihrem Tische, denn er könnte übel riechen."

Geiftlichkeit. In nicht minder grellen Farben schildert Chelcicty den wenig erbaulichen Lebenswandel der Geistlichkeit. „Die Priester", sagt er, „lassen sich nur deßwegen weihen, um der Arbeit zu entgehen. Sie rechnen den Fürsten, Herren und reichen Bürgern ihre Vergnügungssucht, Unzüchtigkeit, Arbeitsscheu und Gewaltthätigkeit für keine Sünde an, denn sie sind selbst darin befangen. Wenn auch das ver= blendete Volk an den Priestern Böses sieht, so ist es doch zufrieden, wenn die Priester nur den lieben Gott erschaffen und ihn zeigen. Es beachtet dann nicht, wenn sie die ganze Nacht beim Bier und Wein mit ihnen zechen, die Teufelshör= ner aufsetzend, Würfel und Dame spielen, tanzen, buhlen, Unzucht treiben; Alles das beachtet das Volk nicht." . . . . . „Der Versucher tritt zu den Klerikern, wenn sie sich noch mit dem Schnappsack in der Schule befinden, wo ihnen jedes Stückchen Brot erwünscht ist; er versucht sie, indem er auf die üppigen und lockern Mahle der Priester hinweist, die da gute Speisen haben, ein frohes Leben führen, voll Ueberfluß und ohne Arbeit auf Kosten des schwer und blutig frohndenden Volkes, wie das ihre dicken Bäuche, ihre mit Fett durchwachsenen Hälse und her= abhängenden Wampen und ihre runden rothen Gesichter bezeigen, während sie wie Herren in schmucken Gewändern einherschreiten. Der Teufel tritt also mit diesem genußreichen glückseligen Leben zu den hungrigen, nothleidenden Schülern und redet ihnen zu, daß sie fleißig lernen, um sich dann weihen zu lassen und für Geld sich die Glatze kaufen zu können, damit sie die Messe lesen und andere prie= sterliche Funktionen verrichten und so nach dem Hungern in der Schule zu üppi= gen Tafeln gelangen können." . . . . . „Sie wollen Christo nachfolgen", so ruft der entrüstete Chelcicty an einem andern Orte aus, wo er auf das Fasten zu sprechen kommt, „und essen sich jeden Tag vollauf satt: da gibt es Fische in drei= erlei Zurichtung, mit immer anderen Gewürzen, köstliche Sulzen, Häringe, Hausen, Feigen und Mandeln, griechischen Wein und andere Leckereien; dazu trinken sie gewöhnlich guten Wein und dickes Bier im reichsten Maße, und so gehen sie schlafen. Auf diese Art fasten zuerst die Priester und Magister, dann die Fürsten,

Herren und Bürger. Auch die Bauern machen das nach, insoweit sie es vermö=
gen; können sie keine Leckerbissen haben, so essen sie sich doch an gemeinen Mehl=
speisen an, daß ihnen beinahe der Bauch platzt."

Köstlich sind unseres Moralisten Schilderungen der damaligen Mode und
Putzsucht. Von einer Nationaltracht der Tschechen war ja längst keine Rede mehr
(S. 272); man trug sich eben nach deutschen oder französischen Mustern. Chelčický
schreibt: Viele sind damit nicht zufrieden, wie sie Gott erschaffen, sondern haben
immer etwas an sich zu bessern; um schön zu sein, machen sie sich ein anderes
Antlitz und einen anderen Kopf, legen ihre Haare in Locken und flechten sich Zöpfe,
die ihnen bis an die Fersen hängen. Diesen Hoffärtigen verstand Gott weder
das Antlitz, noch das Haar, noch andere Theile des Körpers recht zu machen.
Weil sie keine Lenden, Schultern und Füße zu haben glauben, so suchen sie das
mit stolzen und theuern Gewändern, goldenen Gürteln, Silber und allerlei Stof=
fen und Farben zu ersetzen, da sie Alles besser verstehen, als Gott, und kleiden
da einen Fuß grün, den andern roth. Und hätte sie Gott so erschaffen, so würden
sie es wieder besser zu machen suchen. Hätte er die Weiber mit diesen breiten
Kummeten und den bis zur Erde hängenden Aermeln erschaffen, so würden sie
sagen: „Gott hat eine schwere Last auf uns gelegt, es ist unmöglich, mit ihr zu
gehen." „Sie tragen jetzt solche Kleider wie der Reiche im Evangelium: Gold
und andere kostbare Stoffe, Kleider mit Perlen und Edelsteinen und was es Theu=
eres auf der Welt gibt; wer könnte die Hoffart schildern, welche die Weiber mit
Kleidern treiben? Ich halte dafür, daß weder „der Reiche" noch seine Ehefrau
solche Hoffart an den Tag legten, als die Weiber jetzt." . . . . . „Der Ueber=
wurf der Männer geht bis auf die Erde, der knappe Rock deckt kaum den Rücken,
und die Kappe, gleich einer Mönchskapuze oder einem Kopftuch, reicht bis zum
Pferdesattel; sie tragen kurze Mäntelchen und Haare bis auf die Schultern, dazu
einen spitzigen haarigen Hut, so daß sie wie aus einem Kamine hervorgucken;
kurz, sie wissen nicht mehr, wie sie sich verunstalten sollen. Auch die Weiber hän=
gen so abscheulich viel Röcke an sich, daß sie sich kaum fortschleppen können, gehen
in allerlei künstlichen Trachten und gar häßlichem Schmucke und tragen einen
breiten, oben wie ein Horn auslaufenden Kopfputz." — (Gegen die übertriebene
Modesucht und den allgemeinen Luxus, den auch die Studenten zur Schau trugen,
glaubte unter Andern auch der Prager Magistrat einschreiten zu müssen. Er for=
derte im Jahre 1447 den Rektor der Universität und die Schulvorsteher auf, den
Studenten alle kostbaren und üppigen Kleidungsstücke, vergoldete oder silberne
Gürtel und Spangen, Kränze von Perlen u. dgl. zu verbieten. Sie sollten ein=
fach in ihrer talarmäßigen oder in bürgerlicher Kleidung von wohlfeilem Tuche
einhergehen und durchaus nicht reiten. Im Jahre 1518 eiferte die Prager Raths=
versammlung unter Androhung polizeilicher Strafen gegen das Tragen der Waf=
fen, mit denen der erste Beste, zumal Bürgersöhne und Wanderleute herumstol=

Mode und Putzsucht.

zierten, ferner gegen die Kleider, die den Aufgeputzten das Aussehen von Ebern und Stieren geben, ja selbst gegen die abenteuerlichen Schnauzbärte „nach Türkenart."

6.
Die Deutschböhmen.
(1400—1526).

Es ist im Verlaufe unserer Erzählung bereits wiederholt darauf hingewiesen worden, dass die große Revolution des XV. Jahrhunderts in Böhmen nicht bloß als eine religiöse Bewegung, sondern auch als eine tschechisch nationale gegen das Deutschthum im Lande gerichtete Reaktion in des Wortes verwegenster Bedeutung aufgefasst werden muss. Die religiösen Eiferer erkannten frühzeitig die nationale Frage als den mächtigsten Hebel, womit die Masse in Bewegung gesetzt werden konnte, und gerade der Umstand, dass die Deutschen dem Katholicismus treu blieben, gab den nationalen Hetzen den Anstrich eines Krieges um des Glaubens willen. Die religiösen Bestrebungen hatten in den vier problematischen Artikeln nur einen ganz kümmerlichen Erfolg aufzuweisen. Dafür wurden die Husiten reichlichst entschädigt in ihren nationalen Tendenzen; denn wenn auch die gänzliche Ausrottung des Deutschthums für alle Zeiten nicht gelang, so konnte man sich doch mit der erreichten vollkommenen Niederwerfung der verhassten Nation zeit= weilig zufrieden stellen. Die Feindseligkeit gegen die Deutschen in Böhmen, welche im Husitenkriege zum vertilgenden Racenkampf emporflammte, hatte sich theilweise schon in der früheren Periode, wenn auch nur sporadisch gezeigt. Dem feudalen Adel war, wie so oft betont worden ist, das deutsche Bürgerthum mit seinen auto= nomen Einrichtungen von vornherein ein Dorn im Auge gewesen. Die Kämpfe unter Heinrich von Kärnthen und Johann von Luxemburg geben hinlänglich Zeug= niß davon. Dem Adel musste viel daran gelegen sein, das tschechische Volk als Bundesgenossen im fortbestehenden Kampfe gegen die „Fremden" zu gewinnen. Er führte einen reinen Ständekampf, auf den das Volk allerdings keine Interessen hatte einzugehen. Dagegen konnte dieses an der nationalen Achillesferse mit Leichtigkeit gefasst werden.

Nationale Nergeleien werden überall vorkommen, wo zwei verschiedenartige Racen neben einander in demselben Lande wohnen. Wir heben unter Andern nur Ein Beispiel kleinlicher Schelsucht der beiden Nationen hervor, das der tschechisch gesinnte Chronist Franziskus erzählt. Am Tage vor dem Feste der Uebertragung des h. Wenzel, im Jahre 1338 unterhielten sich in Prag über die bevorstehende Feierlichkeit einige Bogenschmiede. Ein Deutscher unter ihnen sprach: „Dieses Bauernfest werde ich nicht feiern." Ueber diese Lästerung aber wurde der Unglück= liche sogleich stumm und erlangte erst seine Sprache wieder, als er am Festtage

mit dem Haupte des h. Wenzel berührt worden war. „Seitdem", sagt der Chronist, „halten die Prager Deutschen den heiligen Landespatron, den sie vorher, als
von einer andern Nation stammend, verachtet hatten, in viel größeren Ehren."
Dergleichen Eifersüchteleien oder Sprachzänkereien, wie sie etwa entstanden, als es
sich um den Namen eines neugeborenen Prinzen handelte, können ruhig hingenom-
men werden. Verbindet sich aber mit denselben ein auf materiellen Ursachen be-
gründeter Nationalhaß, so treten bedenklichere Folgen ein. In Böhmen war dies
der Fall. Der deutsche Einwanderer erwarb sich durch seinen Fleiß und seine
Intelligenz bald einen gewissen Wohlstand, er betrieb Handel und Gewerbe mit
mehr Vortheil als der Tscheche, er wurde von der Regierung unterstützt und erlangte von derselben das Recht, unter seinen mitgebrachten Gesetzen und Gewohnheiten zu leben. Es liegt in dem Charakter der menschlichen Natur begründet,
daß der Wohlhabende vom Aermeren beneidet wird; an die Stelle des Neides
tritt sogleich Haß und Verfolgungssucht, wenn dem Reichthum ein Makel einge-
bildeter Ungerechtigkeit anklebt. Woher die vielen Judenverfolgungen, nicht etwa
bloß bei den Tschechen? Dem Ungebildeten galt es als ein Unrecht, daß gerade
der Jude, der Pariah der mittelalterlichen Gesellschaft, sich materielle Güter erwarb, auf die er selbst verzichten mußte. Das blühende Geschäft des deutschböhmischen Kaufmannes aber war eine Versündigung an der gesammten tschechischen
Bevölkerung. Denn jener kam ja aus der Fremde, war ein Ausländer, ein Deutscher
und saugte das Land und dessen altansäßige Nation aus. Ueberdies war er ein
reich Privilegirter, der als freier Bürger unter gewissen Vorrechten lebte, der in den
Städten und namentlich in der Hauptstadt den Magistrat besetzte und am Hofe
hohe Ehrenstellen bekleidete. Mit solchen und ähnlichen Gründen ließ sich das
Volk schon eher gewinnen. Die Verfolgung und Plünderung der deutschen Kaufherren in Prag durch den tschechischen Pöbel unter der Regierung Heinrichs von
Kärnthen waren vereinzelte Vorspiele, auf welche freilich erst nach hundert Jahren
die große Tragödie folgte, in der sich die ganze Nation zur Vertilgung „der Fremden" erhob. Der einmal erweckte Nationalgroll schlief nicht mehr ein. Dafür
sorgten die Herren vom Adel, hauptsächlich auch die nationalen Literaten, welche,
wie in der Reimchronik des Dalimil, in der giftigsten Weise fanatischen Haß
gegen die „Eindringlinge" predigten.

In der erfolgreichsten Weise aber beschäftigte sich mit dem beliebten Thema
der Nationalität Magister Hus und seine Genossen. In Hus fand die nationale
Propaganda, die sich einstens im Hause des tschechischen Pfarrers Protiwa versammelt hatte, einen längst gesuchten Führer, und mit ihm an der Spitze wurde
der erste Hauptsturm gegen die Universität unternommen, die schon durch einige
Zeit den Tummelplatz nationaler Agitationen bildete. Zuerst mußte die Macht
der Deutschen an der großen Weltanstalt, die ja bisher als Schwerpunkt in allen
Fragen des geistigen Lebens angesehen wurde, gebrochen werden, dann konnte man

Die deutsche Universität wird tschechisiert.

einen Schritt weiter gehen und den deutschen Klerus und das deutsche Bürgerthum aus seinen festen Positionen zu verdrängen suchen. Wir haben oben (S. 302) gezeigt, wie die Tschechisirung der Prager Hochschule durch einen Machtspruch des verblendeten Königs Wenzel herbeigeführt worden ist. Der Adel hatte seinen guten Antheil an der Gewaltthat; er hatte mitgeholfen, den König durch allerlei Redekünste zum verhängnißvollen Erlasse zu drängen. Wie sehr hatte man doch den schwachköpfigen Fürsten umstrickt! Im Jahre 1399 sprach er noch urkundlich aus, daß Nichts so sehr seine Seele unablässig beschäftige, „als wie das durch den Ueberfluß von Lebensmitteln so fruchtbare Königreich auch durch den Schmuck weiser Männer glänzen und die übrigen Länder durch wissenschaftliche Bildung und hohe Rathschläge übertreffen könne. Nichts vermöge nämlich seine Ehre mehr zu erhöhen und seinen Namen weiter bei Fremden zu verherrlichen, als wenn durch seine Sorgfalt der Ausländer den süßen Boden der Heimath aufgebe, sich nach Böhmen wende und um Wissenschaft zu erlangen, Aeltern und Freunde zurücklasse. Dadurch entstehe durch eine und dieselbe Person dreifacher Nutzen, ihm (dem Könige) und Böhmen Ehre, den Aeltern Freude, dem Einzelnen Wachsthum in Sitten und Wissenschaft. Und nachdem er bereits einen gewissen Verfall der Dinge seit Karl IV. bemerkte, möge jetzt eine neue Blüthe entstehen." Was Arges alles muß man dem jetzt noch so universitäts- und studentenfreundlichen Wenzel erzählt und vorgespiegelt haben, daß er bald darauf die Studierenden in der grausamsten Weise verfolgte und am 18. Jan. 1409 das Kuttenberger Edikt also einleiten konnte: „Da nun die deutsche Nation, des Rechtes der Einwohnerschaft in Böhmen vollständig untheilhaftig, bei den verschiedenen Geschäftsverhandlungen der Prager Universität, wie eine wahrhaftige Relation an uns brachte, sich drei Stimmen zueignete, die böhmische Nation aber, die rechtmäßige Erbin des Königreiches, nur Einer sich erfreut, wir ferner es für unbillig und höchst ungeziemend erachten, daß Ausländer und Fremdlinge von dem Vermögen der Eingebornen, welchen die rechtmäßige Erbfolge zukommt, schweigen, jene aber Nachtheil, Zurücksetzung und Unterdrückung leiden: so befehlen wir u. s. w." Welche Argumente jene „wahrhaftige Relation", deren Verlust sehr zu bedauern ist, in's Feld führte, kann man beiläufig aus einer von Hus nachher veröffentlichten Vertheidigungsschrift entnehmen, in der es unter Anderen heißt, daß die tschechische Nation an der Universität herrschen müsse, da ja in Wien und Heidelberg die Einge borenen auch herrschen und dgl. Daß die nationalen Eiferer aber bereits weiter, als an die alleinige Tschechisirung der Universität dachten, geht aus folgender in der erwähnten Schrift vorkommenden Stelle hervor: „Gott habe das gelobte Land unter die zwölf Stämme ausgetheilt; jedes Volk solle sich ohne Vermischung erhalten, so auch Böhmen, in welchem einst nur Tschechen gewesen, und so müßten auch die Tschechen ohne Störung durch die Deutschen bleiben." Oder war es nicht deutlich geredet, wenn Magister Jessenitz versicherte, „die heutigen Verschwörer (er meint die Deutschen) seien schlimmer, als die Juden und Pharisäer gewesen, indem sie sich nicht bloß gegen Christus, sondern auch gegen das Königreich Böhmen und gegen die Prager Universität verschworen hätten; mit Recht habe Wenzel diese Verschwörer verwiesen": „aber", meint der Magister, „das sei nicht genug, man müsse auch aus allen Ecken die Küchlein, sowie die Hennen vertreiben und verbannen." Waren nicht folgende Redensarten noch bezeichnender: „Die Tschechen dürften in Böhmen nicht der Schwanz, sondern das Haupt sein, nicht dürfte das Brot den Hunden vorgeworfen werden, das Karl seinen Söhnen gegeben und das denselben gehöre; den Fremden gehören die Brosamen, den Einheimischen die volle Tafel, die tschechische Nation dürfe nicht die Magd der Deutschen sein!"

Nach dem Abzuge der deutschen Professoren und Studenten wurde von den Tschechen, die allein zurückgeblieben waren, Magister Hus zum Rektor der Universität gewählt. Er schrieb den Gewaltspruch vom 18. Januar in das Statutenbuch ein und ließ nach einem vorher gefaßten Beschlusse der Universität alle jene Aktenstücke vernichten, welche sich in den Statutenbüchern vorfanden und der Entscheidung des Königs vom 18. Januar widersprachen. Die neutschechische Hochschule war eine traurige Ruine der glänzenden Weltanstalt Karls IV. Mochten die husitischen Professoren einander noch so sehr mit Weihrauch bestreuen, ja einander sogar zu „Halbgöttern" erhöhen, in wissenschaftlicher Beziehung sank die Bedeutung des Institutes auf Null herab. Selbst frühere Freunde des Magister Hus brachen in laute Klagen aus, als sie den immer tieferen Verfall der Universität erblickten. So weist Andreas von Böhmischbrod in einem Traktat „über den Ursprung der Husiten" auf die einst hochberühmte Universität hin, „die aus den vier Nationen, wie ein Viereck ohne Tadel gegründet war, an welcher die bedeutendsten Männer in aller Demuth und Bescheidenheit gewirkt, die aber der Feind des menschlichen Geschlechtes schändlich zerstörte, auflöste und eine andere schlechte und verderbliche an ihrer Stelle aufführte." Und als die Verwirrung immer größer wurde, wendet sich Simon von Tischnow, 1409 Dekan der Artistenfakultät, an die Prager mit folgenden Worten: „O thörichtes und unkluges Volk, öffne deine Augen, siehe die Verwüstung, die du angerichtet hast, die Zerstörung der Städte und Burgen, der Klöster, den Mord über so viele Tausende; dreifaches Wehe über dich, die du allein dieses Uebel selbst dir angerichtet hast, da, von Wuth erfüllt, die Deinen wider sich selbst die Hand kehrten." — Der Besuch der Universität hörte nach und nach fast ganz auf. Seit dem Jahre 1416 weisen die Matriken der philosophischen Fakultät und der Juristenuniversität, abgesehen von dem Ausfalle des Jahres 1409, eine stäte Abnahme der Mitglieder nach; im Jahre 1419 scheinen die meisten Mitglieder der theologischen, juridischen und medicinischen Fakultät geflohen zu sein. Der Husitenkrieg selbst beraubte die Universität ihrer reichen Güter; der Pöbel vernichtete 1422 die kostbaren Bibliotheken der einzelnen Kollegien, und die stolze Schöpfung Karls fristete auch nach dem Kriege

Verfall der Universität.

27*

ein ganz armseliges Dasein. Sie streifte immer mehr ihren wissenschaftlichen Cha=
rakter ab und verwandelte sich in eine Art oberste Autorität und Behörde des
Utraquismus. Der große Saal des Karlskollegiums bildete durch mehr als ein
Jahrhundert den Versammlungsort der utraquistischen Stände, auch für Berathungen
weltlicher Angelegenheiten. Doch wie der Utraquismus sich selbst niemals recht
befestigen konnte, so erlangte auch die utraquistische Hochschule keine gehörige Lebens=
kraft. Wenn auch in den vierziger Jahren des XV. Jahrhunderts wieder einige
ausländische Professoren und Studierende sich einfanden, so wurde ihnen doch sehr
bald der Aufenthalt in Prag durch allerlei Beleidigungen verbittert; sie wichen
aus der Stadt, als dieselbe von Georg von Podiebrad 1448 überrumpelt worden
war. Unter dem Guberniuin und Königthume des nationalen Georg treffen wir
auch Katholiken an der Anstalt, die jedoch wegen steter Streitigkeiten baldigst
wieder ausschieden. Der schlimme Zustand der wissenschaftlichen Pflege wird deutlich
genug durch den Umstand veranschaulicht, daß man jene Hörsäle niederriß, wo
einst über Plato und Aristoteles gelesen wurde. Dr. Paul Židek, der den
König bestimmte, die Universität wieder aufzurichten, konnte zu diesem Behufe kein
besseres Mittel anrathen, als die Berufung von Ausländern, sei es von Wien, Leipzig
oder Paris, deren Hochschulen eben damals in hoher Blüthe standen (1470).
Allein der Ausführung dieses Planes widerstrebte die tschechisch=utraquistische Partei,
die überhaupt alles daran setzte, den gänzlichen Untergang der Universität herbei=
zuführen. Zu diesem kam es in der That unter König Wladislaw, unter welchem
das eigentliche wissenschaftliche Leben des Instituts vollkommen stockte, und die
Magister fast nur noch bei der Wahl des utraquistischen Konsistoriums ein Lebens=
zeichen von sich gaben. So tief selbst bei aufgeklärten Utraquisten war das An=
sehen der Hochschule gesunken, daß Jakob, der Pfarrer von der Teinkirche, in
öffentlicher Predigt dieselbe ein „verrostetes Kleinod" nannte. Die Gewaltthat
vom Jahre 1409 hatte sich furchtbar gerächt, und die Prophezeiungen der vertrie=
benen deutschen Professoren von der gründlichen Zerstörung des großen Werkes
Kaiser Karls IV. waren pünktlich in Erfüllung gegangen.

Deutscher Humanismus. Das Centralfeuer des wissenschaftlichen Lebens in Böhmen war erloschen,
die erste deutsche Universität in Prag zerschlagen und so der deutschen Wissenschaft
und Gelehrsamkeit im Lande nur ein kümmerlicher Spielraum vergönnt. Deß=
wegen ist es kein Wunder, wenn das in dumpfer Apathie versunkene Böhmen so
geringen Antheil nahm an der eben im Auslande erwachsenden allgemeinen Reg=
samkeit der Geister, an der Erneuerung der klassischen Studien oder dem „Wieder=
erwachen der Wissenschaften." Es war ein seltsames Schauspiel, daß die erste
Hochschule Deutschlands nur noch ein Scheinleben fristete, und an ihr fast nichts
Anderes vorgetragen wurde, als die scholastische Philosophie in ihrer veralteten
Form zur selben Zeit, als gerade das deutsche Volk in heißer Geistesarbeit auf
dem Gebiete der Wissenschaften und des gesammten Kulturlebens mit Riesenschritten

nach vorwärts stürmte. Eiferten doch die Nationalen gegen die humanistischen Studien, weil sie die Vernachlässigung der Volkssprache befürchteten, und als 1512 Vorschläge zur Reform der Universität im Sinne des Fortschrittes der Wissenschaften gemacht wurden, wiedersetzten sich denselben am allermeisten die alten halsstarrigen Magister, so daß auch jede Aenderung zum Bessern unterbleiben mußte. Böhmische Humanisten gehören somit zu den Seltenheiten. Ein einziger Name glänzt am wissenschaftlichen Himmel als Stern erster Größe, und sein Träger ist ein Deutscher, Bohuslaw Lobkowitz von Hassenstein (1162—1510). Dieser vorzügliche Dichter und Gelehrte, ein höchst gründlicher Kenner der griechischen und lateinischen Sprache, legte in Kommotau eine der reichhaltigsten Büchersammlungen Deutschlands an. Ueber seine Nationalität schreibt er an seinen Freund Adelmann: „Ich gebe mich ohne Anstand für einen Deutschen aus, und ich bin stolz darauf, einer zu sein." Der ausgezeichnete Humanist war Mitglied einer deutschen Gesellschaft zu Wittenberg und stand mit den namhaftesten Gelehrten Deutschlands in brieflichem Verkehre, so mit Conrad Celtes, Geiler von Kaisersberg, Mellerstadt u. a. m. Mellerstadt sagt von ihm: „Wir haben gelehrte Vereine, die Donaugesellschaft und die zu Wittenberg; ihre Führer sind Konrad Celtes und jener erlauchte Bohuslaw von Hassenstein, der jüngst, als Matthäus Lupinus leider viel zu früh verblichen ist, durch alle Stimmen berufen, ihre Leitung übernommen hat."

Bohuslaw von Hassenstein.

Eine interessante von einem Deutschböhmen herstammende literarische Erscheinung aus dieser Zeit ist das erste deutsche Rechenbuch, betitelt „behende und hübsche Rechnung auf alle Kaufmannschaft. Leipzig 1189" — von Johannes Widman aus Eger.

Joh. Widman.

Wenn es dem nach hermetischer Absperrung vom Auslande ringenden tschechischen Utraquismus nahezu gelang, dem die ganze civilisirte Welt hell erleuchtenden Humanismus zum Trotze, im dunklen Schatten verrosteter Bildungsformen des Mittelalters trotzig zu verharren, so konnte er sich doch nicht des Einflusses zweier gewaltigen deutschen Schöpfungen erwehren. Es wäre lächerlich gewesen, die Erfindung der Buchdruckerkunst von sich weisen zu wollen, weil die Wiege des genialen Guttenberg nicht in Kuttenberg, wie in der That von nationalen Gelehrten schon behauptet worden ist, sondern im deutschen Mainz stand. Die deutsche Reformation aber fand in Böhmen aus naheliegenden Gründen einen fruchtbaren Boden. Zu zeigen, wie letztere sogar den lebensunfähigen Utraquismus ganz und gar verdrängt und ersetzt hat, gehört in eine spätere Periode. — Um die Ueberbringung der Buchdruckerkunst nach Böhmen erwarb sich in erster Reihe ein Deutschböhme, Namens Johann Sensenschmid aus Eger, die größten Verdienste. Derselb gründete in Nürnberg, wo er sich das Bürgerrecht erworben hatte, die älteste dortige Buchdruckerei, und gab daselbst noch vor 1470 bis 1479 ansehnliche und berühmte Werke heraus; 1479 übersiedelte er nach Bamberg, wo er bis 1490 namentlich theologische Schriften, ausgezeichnet durch ihre schöne Ausstattung, druckte.

Buchdruckerkunst und Reformation.

Der Schöpfer der Nürnberger Buchdruckerei ist auch der Vater der böhmischen geworden. Denn als der Sensenschmid noch im Jahre 1474 in Nürnberg verweilte, zog ein Nürnberger Drucker, wahrscheinlich aus Sensenschmids Werkstätte, über den Böhmerwald nach Pilsen, um daselbst die erste Druckerei Böhmens in's Leben zu rufen. Das erste gedruckte Werk „die trojanische Chronik" (1474) kann, wie man aus den vielen Druckfehlern, namentlich in der specifisch tschechischen Lautgruppe schließen kann, mit Hilfe eines deutschen Setzers zu Stande. Bald nachher fand die neue Erfindung ihren Weg auch nach Prag und Kuttenberg. Im Jahre 1485 und 1488 wird ein Egerer Bürger als Buchdrucker erwähnt; eine ordentliche größere Buchdruckerei scheint in dieser Stadt erst im Jahre 1497 errichtet worden zu sein.

Tschechisierung
der deutschen
Städte. Bei der Tschechisierung der Universität konnte man nicht stehen bleiben; man mußte dem Deutschthume noch mehr zu Leibe rücken und dasselbe in seinen Hauptbollwerken, nämlich in den freien Städten, angreifen und zertrümmern. Es stellten sich hier aber dieselben Schwierigkeiten entgegen, wie bei der Eroberung der Prager Hochschule. Die Städte waren einmal der Zahl und dem Ansehen der Bürger nach deutsch, der gewählte Stadtrath gieng eben nur aus der gehaßten Nation hervor und konnte auf gesetzliche Art nicht beseitigt werden. Besonders blühte in Prag. Prag das Deutschthum in voller Kraft, und es konnte noch 1406, in welchem Jahre es zu blutigen Gassenexcessen zwischen beiden Nationalitäten gekommen war, das Gerücht verbreitet werden, die Deutschen hätten vor, alle Tschechen aus Prag zu vertreiben. Trotz der Auswanderung von so vielen tausend deutschen Studenten blieb Prag noch immer deutsch; das bewies vor Allem der deutsche Stadtrath, an dessen Sturze die nationale Partei zuerst zu arbeiten gedachte. Ueber bestehende Gesetze sich hinwegzusetzen, wenn man es zweckmäßig fand, war man längst gewohnt. Hatte man nicht schon in der Universitätsfrage durch gänzliche Mißachtung der Gründungsurkunde das Recht auf's Gröbste verletzt und sich durch einen Machtspruch des Königs zum Siege verholfen? Letzteres Mittel, das sich so gut bewährt hatte, wurde nun wieder in Anwendung gebracht. Hus und seine Genossen erbettelten vom verblendeten Könige den zweiten Machtspruch, um zunächst den Prager Stadtrath seines rein deutschen Charakters zu berauben. Künftig hin solle man, so verordnete Wenzel am 18. Okt. 1413, bei der Erneuerung des Magistrats ihm 25 Deutsche und 25 Tschechen vorschlagen, und er wolle von jeder Nation 9 herausheben und als Räthe bestätigen. Nach Gleichberechtigung schrie man zuerst in der Stadt, obwohl diese ihrem Bürgerstande nach zum großen Theile deutsch war. Hatte man einmal die unnatürliche Gleichberechtigung, so fand sich das Weitere leicht genug. Zwei deutsche Rathsherren, noch dazu die vornehmsten, wurden bald darauf, man weiß nicht warum, enthauptet. Es folgten im Jahre 1419 die bekannten Pöbelexcesse in Prag, in Folge deren sich die deutschen Kaufleute und Handwerker in die königlichen Burgen am Hradschin und Wyschehrad flüchten mußten, und die Stadt den Tschechen gänzlich überliefert wurde. Die Dinge konnten nicht besser gehen, man mußte nur das Eisen schmieden, so lange es warm war. In demselben Jahre wollte König Sigmund den böhmischen Thron besteigen; man höre, welche Bedingungen die tschechische Agitationspartei dem deutschen Luxemburger vorschlug. Kein Ausländer weltlichen oder geistlichen Standes solle fürderhin ein Amt oder eine Würde des Landes inne haben, ganz besonders aber „sollen in den Städten keine Deutschen in die Aemter eingesetzt werden, wo es möglich sei, daß auch Tschechen dieselben bekleiden könnten." Ferner dürfe Niemand mehr vor ein ausländisches Gericht — man meinte wohl die Apellation an den Magdeburger oder einen andern deutschen Schöffenhof — gefordert werden, und die unter König Wenzel aus dem Lande und aus der Stadt Prag Vertriebenen sollten nicht mehr zurückkehren. Für sich insbesondere wünschte die Prager Gemeinde, daß der König aller der Dinge, die jüngstens in der Stadt vorgefallen seien, nicht im Argen gedenken möge, sondern er solle alle Einrichtungen und Entscheidungen, welche die Stadträthe seit dem Tode Wenzels getroffen hätten, gutheißen und bestätigen, da diese ja zum allgemeinen und besonderen Besten der Stadt und nicht gegen die Ehre und das Recht des Königs geschehen seien.

Noch war das Königthum nicht zu solcher Schwäche gelangt, als daß es die obigen Gesetzentwürfe sanktioniert hätte. Sigmund ließ vielmehr durch Herolde im Namen des Königs und des Stadtrathes verkünden, daß allen Flüchtigen freie Rückkehr nach Prag gestattet sei. Es kehrten auch in Folge dessen zum großen Verdrusse der „Anhänger der Wahrheit" mit der Geistlichkeit viele deutsche Bürger in die Stadt zurück, die ihre Väter gegründet und deren Wohlstand sie mit aufgebaut hatten. Aber wenn die Heimkehrenden in ihrer Freude glaubten, es werde jetzt die gewaltthätige Husitenwirthschaft ein Ende nehmen, so täuschten sie sich gründlich. Als nämlich bald darauf König Sigmund seinen ersten Kreuzzug gegen die inzwischen ausgebrochene Empörung unternahm, mußten die Prager Deutschen von dem fanatisierten Pöbel der Stadt alles Mögliche fürchten. Sie entschlossen sich neuerdings zum Auszuge und flüchteten mit Weib und Kind und den werthvollsten Habseligkeiten in die benachbarten festen Schlösser. Die Festungen am Hradschin und Wyschehrad gewährten allein vierhundert der reichsten deutschen Familien Schutz und Zuflucht. Gerne verpflichteten sich die Flüchtlinge, den königlichen Truppen zur Wiedereroberung der Stadt behilflich zu sein und nicht eher in ihre verlassenen Häuser zurückzukehren, bis die tschechische Revolution vollkommen niedergeworfen sei. Unterdessen hatte sich des Regimentes in der Stadt ein entlaufener Mönch bemächtigt, der Rathsherren und Bürger terrorisierte und eigene ihm ergebene Hauptleute als Stützen seiner Alleinherrschaft einsetzte. Es wurde ein Aufruf an die offenen Gemeinden des Landes erlassen, welcher nur allzu deutlich die geheimen Wünsche der husitisch nationalen Partei verrieth. „Der Tschechen geborene Feinde", heißt es darin, „seien die Deutschen, welche sich ganz ohne Grund gegen die Sprache derselben erhoben. Diese gedenken unsere Städte in Besitz zu nehmen und unsere Sprache zu verdrängen, so wie sie es schon am Rhein (?), in Meißen und Preußen gethan haben. O Bosheit und mehr als Bosheit, wer kann dies ansehen, ohne sich über sie zu erzürnen! Wer sieht dies, ohne zu weinen! Wer ist dem Königreiche treu, der darum nicht trauert, daß die lügenhafte Ungerechtigkeit des Fürsten nicht nur dieses goldene und allerchristlichste Königreich mit Ungeziefer anzufüllen gedenkt, sondern auch die unsterbliche Wahrheit in uns erlöschen will." In diesem gehässigen Tone wurden schlüßlich die Gemeinden aufgefordert, der Hauptstadt zu Hilfe zu eilen, „damit dieses aller christlichste Königreich von solchem Unrechte und solcher Unterdrückung der Sprache befreit werden möge." Treulos benahm sich der Oberstburggraf Cenēk von Wartenberg gegen die Deutschen, welche bei ihm auf dem Schlosse Hradschin Hilfe und Schutz gesucht hatten. Schmachvoller Weise verließ dieser Herr die Partei des Königs und verfuhr rücksichtslos gegen seine königlich gesinnten Schützlinge. Am 7. April 1420 ließ er sämmtliche Priester und mehrere Gewerbsleute gefangen nehmen, den übrigen deutschen Kaufleuten und Handwerkern aber befahl er, mit Weib und Kind das Schloss sofort zu verlassen. Die unglücklichen Bürger suchten in anderen Städten, wie in Kuttenberg und Beraun, Zuflucht; viele Weiber aber sah man vor dem Thore des Schlosses sitzen, weinend und bittend, man möge ihnen ihr Hab und Gut herausgeben. Denn dieses hatte der geldgierige Oberstburggraf zurückbehalten und sich so große Reichthümer gesammelt. Ueber die klagenden Frauen aber, so erzählt der Chronist, „spotteten die Förderer der Wahrheit durch höhnisches Bedauern, lachten und freuten sich über den Raub der Reichthümer." Besser ergieng's den deutschen Bürgern, welche sich auf den Wyschehrad geflüchtet hatten, da sich dieses Kastell gegen die Angriffe der Husiten mit großer Tapferkeit vertheidigte. Um diese Zeit fand auch die deutsche Kleinseite ihren Untergang. Als nämlich Cenēk von Wartenberg in seinem verrätherischen Schwanken im Mai wiederum zur königlichen Partei zurückgegangen war, belagerten die Husiten den Hradschin und zerstörten bei dieser Gelegenheit „die kleine Stadt." Die Deutschen, welche es nicht mit den Tschechen halten wollten, flüchteten sich jetzt wieder auf's Schloss, den unverläßlichen Schutz einem sicheren Untergange vorziehend. Vergeblich hofften sie, sowie die auf den Wyschehrad verbannten Bürger, auf die Hilfe ihres Königs. Nicht dieser, sondern die wilden Scharen der Taboriten kamen nach Prag, um daselbst den letzten Rest des Deutschthums zu vertilgen. Wer jetzt nicht unter beiden Gestalten kommunicieren wollte, mußte den Wanderstab ergreifen, um in's Exil zu ziehen, und auch die zurückgebliebenen Frauen und Kinder der Verbannten wurden aus der Stadt verjagt. Siebenhundert und zwanzig Häuser sollen allein auf der Altstadt herrenlos geworden sein. Mit ihrem Besitze und den darin gefundenen Habseligkeiten, sowie mit den großen Landgütern der vertriebenen Kaufherren bereicherte sich die Prager

Gemeinde, die nunmehr ganz und gar tschechisiert war. Spottbillig erlangten die Anhänger der nationalen Partei damals herrliche Güter, Gärten, Schlösser und Mühlen, einstige Besitzthümer der Deutschen, die selbst in der Ferne darbten. Nach einem Verzeichnisse wurden in Prag 153 Meierhöfe, Schösser, Mühlen und ähnliche Güter, 88 Weinberge und auf der Kleinseite allein 66 Gärten konfisciert, worunter sich allerdings auch das Besitzthum der vertriebenen Geistlichkeit befand. Schlüßlich nützte auch der Uebertritt zum Utraquismus Nichts mehr. Der husi-tisch gesinnte Chronist Přezowa muß selbst gestehen: „Es wurden damals sehr Viele, besonders Deutsche, aus der Stadt gejagt, die längst zur Wahrheit bekehrt waren, und unter beiderlei Gestalten das Abendmahl nahmen, oder es zu thun versprachen, bloß weil einzelne unter ihnen volle Vorrathkammern besaßen!" So hatte man denn die Hauptstadt gewaltsam tschechisiert, jenes herrliche Prag, welches, so lange es als Stadt bestand, nur deutsch gewesen war, das in seiner Bauart den deutschen Charakter nicht verläugnete und noch kurz vorher der Sitz des deutschen Kaisers und der Mittelpunkt des heiligen römischen Reiches zu sein sich rühmte. Mehr als dreihundert Jahre hatte deutscher Fleiß daran gearbeitet, um aus einem armseligen Burgflecken die prachtvolle Hauptstadt zu gestalten; jetzt be durfte es keines Jahrzehntes, um auch den letzten Deutschen aus seinem und seiner Väter mühsam errungenen Wohnsitze zu vertreiben.

Wenn man erwägt, wie mühselig die Kaufleute von der Handelsfaktorei am Porschitsch im Anfange sich behelfen mußten, unter welch' schwierigen Verhältnissen sie die Altstadt Prag in's Leben riefen, der sich dann die Kleinseite und die Neu stadt anschlossen, wenn man bedenkt, daß die Gründer und Besitzer der Stadt jetzt mit einem Schlage aus derselben verjagt, und ihre Weiber und Kinder arm und nackt, verhöhnt und verspottet vor die Thore geführt wurden, dann kann man sich der gerechten Entrüstung über das schreiendste Unrecht nicht entschlagen. Einige Tschechen mögen denn auch empfunden haben, wie gröblich sie sich gegen alles Recht und alle Gerechtigkeit versündigt hatten. Um einigermaßen ihr Gewissen zu beschwichtigen und gegen außenhin die Frevelthat zu beschönigen, schritt man zur Fälschung von Urkunden, einem bereits damals in Böhmen florierenden Geschäfte. Die Fundamental Freiheiten der Deutschböhmen waren schon in dem alten Sobě-slawischen Privilegium enthalten, das bisher fast alle Regierungen bestätigt hatten. Diesen Freiheitsbrief, in welchem bekanntlich die Deutschen als Landesangehörige erklärt wurden, galt es in seinen rechtlichen Wirkungen zu vernichten. Deshalb fabricierte man, wahrscheinlich schon im Jahre 1109, ein neues Privilegium und schrieb es gleichfalls einem Herzoge Soběslaw zu, von dem man behauptete, er habe in seiner Hauptstadt Prag keine Ausländer dulden wollen. Der erste Punkt der berüchtigten Fälschung lautete nun: „Es solle kein Deutscher noch an derer Ausländer in der Stadt Prag, noch im ganzen Fürstenthume, weder im geistlichen noch im weltlichen Regimente ein Amt haben, bei Verlust der Nasen,

Fälschungen zu Ungunsten der Deutschen.

sondern sie sollen nicht anders, als für Gäste gehalten werden." War man nicht etwa milde in der Handhabung dieses Gesetzes, wenn man unter König Wenzel noch zur Hälfte deutsche Schöffen in den Magistrat wählte, anstatt ihnen die Nasen abzuschneiden? Konnte man doch schon im Dalimil lesen, wie Sobeslaw der Andere jenen Unterthanen, welche ihm den Schild voll deutscher Nasen brachten, 100 Mark klaren Silbers als Belohnung reichte! In diese Zeit fällt auch die sogenannte dritte Recension der Majestas Karolina in tschechischer Sprache. Auch diese enthält eine Fälschung, welche den Deutschenhass des Verfassers deutlich beurkundet. Kapitel 19 der Majestas verordnete, dass in der Regel kein Beamter angestellt werden sollte, welcher der tschechischen Sprache unkundig wäre! In der tschechischen Recension wird dieser Paragraph dahin geändert, dass kein Amt einem Ausländer, sondern nur einem sattsam kundbaren Tschechen verliehen werden soll. Das nächstfolgende Kapitel macht die absichtliche Fälschung erst recht bemerkbar. Denn in demselben wird wiederholt, dass die kleineren und größeren Landesschöffen nur Tschechen sein sollen, während das 20. Kapitel des ursprünglichen lateinischen Textes von der Nationalität gar keine Erwähnung thut. Wenn auch diese Fälschung der Majestas nicht so verdeckt gewesen wäre, sie hätte doch ihre gläubigen Verehrer in jener Zeit gefunden. Schwur man doch auf die Echtheit der falschen Sobeslawischen Privilegien, deren plumpe Mache auf den ersten Anblick verdächtig erscheinen musste. Kein Wunder eigentlich, wenn man sich an die berühmte Alexanders-urkunde erinnert, welche der große Makedonierkönig in Alexandria im zwölften Jahre seiner Regierung den Slawen ausstellte, und deren Echtheit noch der gelehrte Balbin am Ende des XVII. Jahrhunderts nur schüchtern zu bezweifeln wagte. Was in die nationale Strömung passte, wurde trotz aller Unwahrschein-lichkeit geglaubt. Und war es nicht herrlich, wenn schon Alexander der Große „den Slawen die ganze Landschaft der Welt von Mitternacht an bis in die wäl-schen Länder frei, erblich und für ewige Zeiten schenkte, auf dass darinnen Niemand anderer wohnen und sich niederlassen dürfe, denn allein die Ihrigen. Wofern sich aber allda Jemand ansiedeln würde, so soll er ihr Knecht und seine Nachkommen ihren Nachkommen dienstbar sein und ewig bleiben."

Tschechisierung der Landstädte. Nach der vollkommen gelungenen Tschechisierung der Hauptstadt Prag konnte die nationale Agitationspartei getrost an die Niederwerfung des Deutschthums in den Landstädten schreiten. Die Prager erließen nach der Wyschehrader Schlacht ein Manifest, das von Sigmund und den Deutschen nur in den gehässigsten Aus-drücken sprach. „Sigmund habe vor, die tschechische Sprache, die er durch die abscheulichste Verachtung und Verketzerung in der ganzen Welt unschuldig beschimpft, zu vertilgen . . . . Die Deutschen und die Ungarn, die grausamsten Feinde unserer Sprache, schont er und bevorzugt sie vor den Tschechen . . . . wie man deutlich aus dem verfluchten Munde dieses Königs vernahm, wie er sich geäußert, dass er ganz Ungarn dafür gäbe, wenn im böhmischen Lande kein Tscheche wäre." Daran reihen sich die Kraft-Proklamationen Zizka's an die Landesbewohner, welche offen und laut den grimmigsten Deutschenhaß verkünden. „Habet Acht", schreibt der Taboritenführer an die Tauser, „auf die, welche an unserem Glauben arbeiten und vorzüglich auf die große Bosheit der Deutschen, deren Verfolgungen ihr schon erfahren habt, wegen des Namens Jesu Christi. Stehet wider sie beständig, wie Euere Vorfahren. Wer ein Schwert führen, wer einen Stein werfen, wer einen Prügel schwingen kann, muß zum Kampf gerüstet sein. Die Zeit ist gekommen, nicht sowohl gegen die Fremden, als vielmehr gegen die Einheimischen zu streiten." Einige Städte, in welchen die nationale Fraktion bereits Wurzel gefaßt hatte, wurden auf ähnliche Weise tschechisiert, wie Prag. Unter dem Drucke der großen nationalreligiösen Bewegung kamen in anderen Orten die tschechischen Parteiführer trotz der überwiegend deutschen Bevölkerung bald zur Regierung, während es wieder in andern nur erst nach heftigen Kämpfen gelang, die Deutschen zu unterdrücken. In Pisek, Klattau, Pilsen, Königgrätz, Saatz, Laun, Taus, Schüttenhofen und Schlan fanden 1419 innere nationale Kämpfe statt, die in der Mehrzahl der genannten Städte zu Gunsten der Tschechen ausfielen; Schlan, Laun und Königgrätz kehrten 1420 zur deutschköniglichen Partei zurück, aber nur zeitweise; zu keinem, auch nur vorübergehenden Siege brachten es die Tschechen in Pilsen. Entschieden deutsch verhielten sich Kuttenberg, Caslau, Kaurschim, Kolin, Leitmeritz, Nimburg, Deutschbrod, Budweis und natürlich alle in den deutschen Gränzgegenden liegenden Städte, wie Brüx, Kommotau, Eger, Elbogen und andere. Immer noch repräsentierten die deutschen Städte eine ansehnliche Macht, die dem Königthum in der Zeit des allgemeinen Abfalles treu ergeben blieb und entschlossen war, mit aller Macht die Religion und die Nationalität der Väter zu vertheidigen. Allein die wackern Bürger, verlassen vom Könige und ohne Hilfe vom Auslande, mußten im verhängnisvollen Jahre 1421 dem stürmischen Angriffe der Husiten elendiglich erliegen. Denn in diesem Jahre zogen die vereinigten Prager und Taboriten aus zum blutigen Vertilgungskampfe alles dessen, was deutsch, königlich und katholisch war. Zweierlei Vorgänge machen sich bei dem Vernichtungskriege gegen die Städte bemerkbar. Entweder schlossen sie mit den gegnerischen Scharen einen Vertrag, um nur das Leben der Bürger zu retten, oder sie wagten den Widerstand bis auf's Aeußerste. Wehe, wenn im letzteren Falle der Sturm den Husiten gelang! Ein allgemeines Blutbad vertilgte dann in der Regel die gesammte deutsche Bürgerschaft. Ergaben sich die Städte freiwillig, so mußten die Bürger entweder Husiten werden oder auswandern; die neugebildete Gemeinde aber mußte die „Große Gemeinde von Prag" als Oberbehörde des Landes anerkennen.

Königgrätz und Prachatitz fielen schon im Jahre 1420 in die Gewalt der Feinde. Aus Königgrätz, welches erstürmt worden war, mußten „die Gegner der Wahrheit" auswandern und ihre Güter und Häuser wurden unter jene vertheilt, „welche sich bereits im Festhalten am Gesetze Christi bewährt hatten". Prachatitz, welches beim Herannahen der Husiten von den meisten Deutschen verlassen worden war, kapitulierte. Als aber die Flüchtlinge zurückgekehrt waren, griff Žižka die Stadt von Neuem an, nahm sie im Sturme, ließ 85 der Bewohner in der Kirche verbrennen und die übrigen mit Dreschflegeln zusammenhauen. Weiber und Kinder wurden verjagt und Prachatitz von den Husiten besetzt. Aehnlich ergieng es den Deutschen in Woднian und Neubistritz. Pilsen widerstand hierauf mit Glück. Nicht so Kommotau, das 1421 zerstört und für einige Zeit gänzlich tschechisiert wurde. Die Bürger erlagen in einer allgemeinen Metzelei, die Frauen und Jungfrauen der Stadt aber wurden von den gräßlichen Taboritenweibern vor die Stadt gelockt, daselbst ihrer Kleider und kleinen Habseligkeiten beraubt, in eine Hutte gesperrt und verbrannt (16. März 1421). Am 4. April erreichte Beraun, wohin sich Prager Bürger, katholische Edelleute, Priester und drei Magister der Universität geflüchtet hatten, das Schicksal. Wirthe und Gäste wurden verbrannt. Am 17. April erlag Böhmischbrod, hierauf Hohenmauth und Politschka. Jaromirsch kapitulierte zwar, aber dessenungeachtet wurden viele Bewohner ertränkt und verbrannt, die anderen Bürger und Bürgerinnen bis auf's Hemd ausgeraubt und in's Exil gejagt (15. Mai). Trautenau und Brannau wurden wohl auch erstürmt, bewahrten aber für die Zukunft ihren deutschen Charakter. Im Juli vertilgte der Morgenstern Bilin und Dux, im Januar 1422 wurde Deutschbrod derart verwüstet, daß es sieben Jahre lang öde lag.

Kolußau, Laun, Schlan, Melnik, Kaurschim, Kolin, Caslan und Nimburg übergaben sich freiwillig dem Husitismus und wurden dauernd tschechifiert. Desgleichen thaten Chrudim, Leitomischl, Königinhof, Bunzlau, Leitmeritz und Raudnitz, welche theilweise oder gänzlich des deutschen Charakters entkleidet wurden. Aussig, Leipa und Tachau, die in späteren Jahren der Verwüstung anheim fielen, erstanden wieder als deutsche Städte. Pilsen, Brüx und Elbogen konnten trotz aller Bemühungen nicht eingenommen werden. Der bedauerlichste Verlust für die Deutschen war nebst Prag die Uebergabe von Kuttenberg (25. April 1421). Die deutschen Bürger erhielten daselbst vollständige Verzeihung ihrer früheren Uebelthaten und ein Vierteljahr Frist urkundlich zugesichert, binnen welcher Zeit sie sich zum Ultraquismus bekennen oder auswandern sollen. Da verließen die meisten Bürger und Bergleute mit ihren Habseligkeiten die Stadt, bauend auf das sichere Geleit, das man ihnen versprochen hatte. Allein sie wurden rein ausgeplündert und konnten froh sein, mit dem blanken Leben davongekommen zu sein. Seit dieser Zeit ist der Glanz des reichen Kuttenberg erloschen; die schönen deutschen Häuser wurden von den Tschechen bezogen, die aber nicht im Stande waren, den Bergbau zu alter Blüthe zu bringen.

Als der unglückliche Krieg ausgerast hatte, trachteten die Tschechen insbesondere ihre nationalen Errungenschaften durch gesetzliche Bestimmungen zu sichern.

Auf dem Landtage von 1435 verlangte der Adel, daß „kein Deutscher oder an=
derer Fremdling Beamte sein, noch irgend ein Schloß oder Gut in Böhmen be=
sitzen dürfe." Die tschechische Bürgerschaft gieng in ihren Forderungen noch einen
Schritt weiter: „Niemand", postulierten sie, „der nicht unter beiden Gestalten
kommuniciere, dürfe in eine Stadt aufgenommen werden, der Unterkämmerer müsse
ein Prager oder Utraquist sein, kein Deutscher aber, wenn er auch utraquistisch
abendmahle, dürfe eine Raths= oder Beamten-Stelle bekleiden, und es sollen über=
haupt Deutsche und Fremdlinge in kein Amt eingesetzt werden." Um sich aber
ihren vielfach unrechtmäßigen Besitz in den Städten zu sichern, verlangten die tsche=
chischen Neubürger, daß diejenigen, welche aus den Städten geflohen seien oder
vertrieben worden waren, nicht wieder in dieselben aufgenommen werden dürften,
„es möchte ihnen denn die Gemeinde der betreffenden Stadt diese Gnade erwei=
sen"; eben so wenig sollten sie wieder in den Besitz ihrer Güter kommen, es
gestattete es ihnen denn die Gemeinde selbst. Auch von den Kirchen sollten die
Deutschen ausgeschlossen sein, da verlangt wurde, daß man in den Kirchen tsche=
chisch, deutsch aber nur außerhalb derselben predigen solle. König Sigmund,
uneingedenk der bewährten Treue der deutschen Städter und im höchsten Grade
undankbar gegen diese zähen Anhänger des Königthums, bewilligte am 20. Juli
1436 die Forderungen der tschechischen Neubürger, unterschrieb somit das Todes
urtheil des Deutschthums in einer Anzahl Städte des Königreiches. — Nur mit
Kuttenberg wurde eine gewisse Ausnahme gestattet. Als es sich nämlich im Land=
tage von 1437 um die Hebung dieses „Kleinodes des Landes" handelte, mußte
Sigmund ganz unumwunden erklären, er sehe kein anderes Mittel, als die Wie=
derkehr der alten sachkundigen Bergleute. In Folge dessen berief er die neuen
Bürger der Stadt, sowie die Vertriebenen, die sich zur Rückkehr entschließen konn
ten, vor sich und forderte sie auf, zusammen einen Vertrag zu schließen, zum
Besten des ganzen Landes, mit der Androhung, im Falle sie sich nicht vereinigten,
er Nichts weiter auf den Bergbau in Kuttenberg auslegen würde. Die Neubür=
ger giengen am 6. Februar auf den Vertrag ein, um nicht gänzlich der Verarmung
Preis gegeben zu werden. Den rückkehrenden Vertriebenen wurde die St. Barbarakirche nach ihrem Wunsche zum katholischen Gottesdienste übergeben; in Betreff
der Häuser aber kam man dahin überein, daß die Deutschen den Werth ihrer
einstigen Gebäude bestimmen sollten, die Tschechen aber die Wahl hätten, die
Hälfte dieses Preises zu zahlen und das Haus zu behalten, oder dasselbe gegen
Zahlung der Hälfte an die Deutschen abzutreten. Daß zum großen Theile die
Neubürger im Besitze der stattlichen Häuser Kuttenbergs blieben, ist schon des=
wegen erklärlich, weil die zurückkehrenden Deutschen nur in seltenen Fällen über
die hinreichenden Geldmittel geboten.

So weit war es gekommen, daß die Deutschböhmen in den Städten, die sie
selbst gegründet hatten, nur noch aus Gnade geduldet wurden, und es ihnen gesetz=

Fernere Agita-
tion gegen die
Deutschen.

lich unmöglich war, in den Rath und in die Leitung der Bürgerschaft zu kommen. Auch die nachmaligen Regierungen mußten den Tschechen die deutschfeindlichen Bestimmungen Sigmund's bestätigen; man machte von dieser Frage gewöhnlich geradezu die Anerkennung des Königs abhängig. Als nach dem Tode Sigmunds die Wahl Albrechts eifrig betrieben wurde, gerieth die ultranationale Partei in große Aufregung, weil der österreichische Herzog ein Stockdeutscher sei und die tschechische Sprache nicht verstehe. Man setzte eine eigene Deutschrift in Umlauf, deren Inhalt uns die damalige nationale Gehässigkeit deutlich vergegenwärtigt. „Die Tschechen", heißt es darin, „sollen sehr auf ihrer Hut sein und mit allem Eifer sorgen, daß sie nicht unter die Herrschaft der Deutschen kommen; denn wie die böhmischen Chroniken darthun, ist jene Nation die furchtbarste Gegnerin der Tschechen und Slawen und trachtet rastlos dahin und bemüht sich auf manigfaltige Art, mit verschiedener List, diese zu vernichten." Hierauf wird ein ganzes Sündenregister der Deutschen in der Tendenzschrift aufgeführt, und selbst Karl IV. als Deutscher und Begünster des Deutschthums in die Hechel genommen. „Wer waren in allen königlichen Städten Böhmens die Bürgermeister und Rathsherren? Deutsche. Wer die Richter? Deutsche. Wo predigte man den Deutschen? In der Hauptkirche. Wo den Tschechen? Auf den Kirchhöfen und in Häusern. Und dies ist ein sicherer Beweis, daß er (Karl) mit den Deutschen, von denen er selbst abstammte, Böhmen besetzen und die Tschechen allmählich ausrotten wollte" u. s. w. Der Verfasser des Promemoria thut Karl IV. wahrlich Unrecht, wenn er ihn als ultradeutschen Fürsten hinstellt: was aber seine eben angeführten Fragen und Antworten anbelangt, so kennzeichnen sie nur den ganz naturgemäßen Sachverhalt der Städteverhältnisse Böhmens im XIV. Jahrhunderte. Anders war's zu Zeiten des Verfassers, wo nur Tschechen in Rathskollegien ursprünglich deutscher Städte saßen und die deutschen Priester vor den Kirchthüren predigen mußten. Historische Entwickelung hatte den ersteren, gewaltsame Machtsprüche den letzteren Zustand herbeigeführt. Daß nicht wieder die alten Verhältnisse durch einen deutschen Fürsten hergestellt würden, beängstigte den nationalen Schriftsteller und seine Partei außerordentlich. „Es sollen die Böhmen", mahnt er, „wenn sie keinen Herrn aus ihrer Nation haben könnten, an einen, von einer anderen slawischen oder von welcher andern Nation immer denken, wenn er auch nicht reich wäre, und ihn auf den Thron setzen, denn mit ihnen und ihren Freiheiten wird es mit jedem anderen Könige besser stehen, als unter einem Deutschen." . . . . „Der deutschen Nation sei die Neigung nicht angeboren, die Tschechen von Beschuldigungen zu reinigen, sondern vielmehr die, sie anzuschwärzen; der Deutsche verpfände lieber die böhmischen Schlösser an Deutsche, damit der Tscheche immer ohnmächtiger werde; es sei somit rathsam, einen Herrscher von slawischer Nation zu wählen und durchaus nicht für einen Deutschen zu stimmen." Wohl konnte die Wahl Albrechts durch dieses Pamphlet nicht gehindert werden, aber die nationale Partei, hauptsächlich die Neubürger, bestanden auf Bestätigung der deutschfeindlichen Gesetze Sigmunds, worein Albrecht nach langen Unterhandlungen auch willigte. In den Artikeln 7, 8, 9 der betreffenden Urkunde untersagte der König den Ausländern den Besitz von Aemtern und Schlössern und versprach nur böhmische Räthe an seinem Hofe zu halten. Auch König Vadislaus musste sich zu diesen Bestimmungen bekennen, ehe er gekrönt wurde. Am 1. Mai 1453 unterschrieb er zwanzig Artikel, unter denen der achtzehnte und zwanzigste die Besetzung der Aemter u. s. w. mit Deutschen ausdrücklich verbot. Dass Georg von Podiebrad der fortdauernden Bestrebung der Nationalen nicht entgegentrat, ist selbstverständlich; konnte Herr Georg doch nur gebrochen deutsch sprechen, und bedurfte er eines Dolmetschers, wenn er mit den deutschen Fürsten persönlich unterhandelte. Die von Georg von Podiebrad im Jahre 1453 vorgenommene Güterrevision betraf am allerwenigsten den Kleingrundbesitz und die Städte, und an eine Zurückgabe der den Deutschen abgenommenen Güter war noch weniger zu denken, als im Jahre 1456 der Beschluss gefasst wurde, dass derjenige, welcher durch drei Jahre achtzehn Wochen unangefochten im ruhigen Besitze eines Gutes sich befinde, es fortgenießen sollte. König Wladislaw, der in seiner Wahlkapitulation die alten Landesordnungen und Privilegien bestätigte, ließ bekanntlich die tschechischen Herren nach Belieben schalten und walten. Diese unterließen denn auch nicht, durch Aufnahme gewisser Punkte in ihre berühmte Wladislawische Landesordnung der Wiederausbreitung des Deutschthums einen schweren Riegel vorzulegen. Die Landesordnung, deren Ursprache die tschechische ist, wiederholt die jeden Ausländer von allen Aemtern ausschließenden Paragraphe, ja sie gestattet zur Würde eines Abtes, Propstes oder Priors den Zutritt nur einem Tschechen (237, 467), Bei Gericht wurde nur tschechisch verhandelt, und selbst Ausländer mussten ihre Procosse tschechisch führen (7). Ebenso mussten in Zukunft alle Einlagen der Landestafel tschechisch abgefasst werden, ja der König durfte nicht einmal einen deutschen Lehensbrief mehr ausstellen. Keinem Stande war es ferner nach der neuen Landesordnung erlaubt (112), irgend ein Gut an einen Ausländer zu verkaufen, zu verpfänden oder zu vertauschen. Wer es thäte, solle seine Ehre verlieren und des Landes verwiesen werden, der Fremde aber um sein Geld kommen und das fragliche Gut an den König fallen. Nur wenn der König und das ganze Land besondere Erlaubniss zu einem solchen Kaufe gäbe, sollte er stattfinden können, dann aber musste sich der Fremde, ehe er in Böhmen Besitz ergreifen durfte, in seiner Heimath auskaufen und durfte nirgends als in Böhmen mehr irgend etwas besitzen. Der Tscheche aber konnte frei, in welchem Lande immer, Besitz erwerben und erhalten.

Man irrt sich, wenn man glaubt, dass die Hussitenkriege irgend eine demokratische Errungenschaft aufzuweisen haben. Das Feudalwesen wucherte in Böhmen nach denselben in einem höheren Grade, als je zuvor. Als sich der allgemeine Sturm gegen die deutschen Städte erhob, da mochte wohl auf deren Vorrechte und

Stadtrecht.

Privilegien, als dem Gemeinwohle schädliche Einrichtungen, hingewiesen worden sein. Als aber die Tschechen die Städte in Besitz genommen hatten, war es ihre erste und eifrigste Sorge, sich die von den Deutschen übernommenen Stadtrechte und Privilegien von den Königen bestätigen zu lassen. Dies geschah auch in ausgiebiger Weise, und eine Menge damaliger Privilegienbestätigungen, sowie auch Ausfertigungen neuer Stadtrechte haben sich aus dieser Periode erhalten. Namentlich war die Kanzlei König Wladislaws in der Ausstellung derartiger Urkunden sehr fleißig, und es wurden den Städten Mauthen, Thorzölle, freies Verfügungsrecht über bewegliches und unbewegliches Gut, das Braurecht, die Gerichtsbarkeit, das Recht ein Wappen führen und mit rothem Wachs siegeln zu dürfen u. dgl. in Menge verliehen. Wie weit die Tschechisierung unter Wladislaw bereits durch gedrungen war, geht unter Andern auch daraus hervor, daß die deutsche Sprache aus den Privilegien gänzlich verbannt zu sein schien. Der Stadt Brüx verlieh dieser König z. B. zwölf Privilegien, worunter zwei in lateinischer, zehn aber in tschechischer Sprache ausgefertigt sind; derselben Stadt hatte Georg von Podiebrad wenigstens Ein Privilegium noch in deutscher Sprache ausgestellt.

Handel.

Böhmens Handel, welcher im XIV. Jahrhunderte einen so erfreulichen Aufschwung genommen hatte, wurde durch die husitischen Unruhen vollkommen vernichtet. Wo einst friedliche Karawanen mit reichen Kaufmannsgütern ihren Weg genommen hatten, übten die wilden Taboritenscharen ihr trauriges Werk der Zerstörung. Im Inlande wurden die Handelsplätze zertrümmert, gegen das Ausland aber sperrte man sich gänzlich ab, wenn man es nicht durch Raub- und Plünderungszüge heimsuchte. Den Nachbarvölkern Böhmens wurde in dieser Zeit streng verboten, mit den Husiten Handelsverkehr zu treiben, und Seitens der Kurie wurden jene mit dem Bannstrahle bedroht, welche den Ketzern nach Böhmen Salz verhandeln würden. Die allen Handel und Wandel lähmenden Folgen des Krieges machten sich noch lange nach Beendigung desselben fühlbar. Wenn auch die Städte sich langsam wieder erhoben, so belebten sich doch ihre Waarenhäuser und Messen nicht mehr in alter Weise, und öde starrten die Hallen und Laubengänge der großen Ringplätze; denn mit der Vertreibung der deutschen Kauf- und Handelsherren war der alte rührige Geschäftsgeist entflohen, und die tschechischen Neubürger konnten, auch wenn sie sich angestrengt hätten, denselben nicht wieder heraufbeschwören. Dazu fehlte es ihnen an der nöthigen Erfahrung, an Kenntniß der Quellen und an guten Beziehungen mit dem mißtrauisch gewordenen Auslande. — Nicht einmal der inländische Handel wollte sich einigermaßen beleben. Dem traten lange Zeit allgemeine Geldnoth, willführliche Mauthen und Zölle, schlechte Münze und die Unsicherheit der Verkehrswege in Folge des Unwesens umherstreifender Räuberbanden entgegen, wider welche Hindernisse auch wiederholte und verschärfte Landtagsbeschlüsse Nichts zu nützen schienen. Gegen den durch die Kapitalsnoth entstandenen Geldwucher wurde durch mehrere Erlässe eingeschritten, so auch unter Wladislaw, der 1485 verbot, dass man nebst den gesetzlichen zehnpercentigen Interessen auch noch besondere Geschenke und Ehrenbezeigungen sich ausbedinge. Den Geschäftsstockungen konnte die große Anzahl von Jahrmarktsprivilegien oder Stapelrechten, die besonders Wladislaw ertheilte, nicht aufhelfen, noch weniger aber die Plackereien, womit man die Israeliten, die besten Handelsleute nach den Deutschen, verfolgte. Unter Georg von Podiebrads kräftiger Regierung besserten sich wenigstens die Verhältnisse in Bezug auf das Münzwesen und die Straßensicherheit; aber ein goldenes Zeitalter des Handels, wie man behaupten will, trat keinesfalls ein. Der König, dem das materielle Wohl des Landes sicherlich sehr am Herzen lag, stellte einst dem an seinem Hofe befindlichen Gelehrten Anton Marini nebst anderen auch die Frage, „wie es möglich wäre, den Handel in Böhmen wieder zur Blüthe zu bringen?" Marini antwortete darauf in einem Aufsatze, der sich uns erhalten hat. Da der König bei seiner Fragestellung zu verstehen gab, es sei ihm daran gelegen, dass die Tschechen, und nicht allein die Deutschen und Italiener den Handel betreiben, so faßte Marini seinen Bescheid in folgenden, die Zeitverhältnisse grell beleuchtenden Worten zusammen: „König, gebet den Tschechen Geld, so viel sie brauchen, verlangt keine Zinsen, verschafft ihnen Kredit, steht für den Schaden und lasst ihnen allen Gewinn." Also Noth an Kapital, hoher Zinsfuß, Kreditlosigkeit, Unsicherheit in Gewinnst — lähmten den „tschechischen" Handel, so musste auch Marini eingestehen.

Die sich wiederholende Unordnung in den Münzverhältnissen musste in den Handelsverkehr vielfach störend eingreifen. Die Hussiten bemächtigten sich gleich zu Anfang der Unruhen des Münzhauses in Prag und der Münzstätte in Kuttenberg. Žižka ließ in Kuttenberg neue Groschen prägen, die übermäßig stark legiert waren, daher sehr bald im Werthe sanken. König Sigmund suchte in den Jahren 1434 und 1437 die alte Ordnung im Münzwesen wieder herzustellen und setzte auf Falschmünzerei die Todesstrafe. In den Jahren 1458 und 1456 wurde das Land mit österreichischen „Schinderlingen" — so nannte man spottweise die ganz entwertheten Münzen Herzog Albrechts und Kaiser Friedrichs — derartig überschwemmt, dass Georg von Podiebrad mit energischen Maßregeln dagegen einschreiten musste. Er verbot durch ein Patent vom 2. Jan. 1460 die Einführung der schlechten Münzsorten, sowie die Ausfuhr des einheimischen guten Geldes unter strenger Strafe und führte so halbwegs erträgliche Verhältnisse wieder herbei. Unter Wladislaw verschlechterte sich neuerdings die einheimische Münze so sehr, dass das Volk die Groschen und Pfennige nicht mehr zum festgesetzten Werthe annehmen wollte. Es lag diesesmal die Schuld nicht an der Regierung, sondern an den unordentlichen Münzmeistern in Kuttenberg, die sich durch die Münzverschlechterung großen Reichthum erwarben. Wladislaw ordnete daher durch den Landtag von 1485 eine Münzreform an, kraft welcher folgende Verhältnisse festgestellt wurden. Auf den ungarischen Gulden (etwa ein kaiserlicher Dukaten) sollten nunmehr 29, auf den rheinischen Gulden

21½ böhmische Groschen geben. Anstatt der bisherigen Pfennige, die man außer Umlauf setzte, wurden Häller geprägt, von denen man 14 auf einen Groschen rechnete; die neugemünzten Pfennige aber sollten den Werth von zwei Hällern besitzen. Da trotz dieses Gesetzes abermals geringhaltige Münzen in Umlauf kamen, so sprach Wladislaw 1502 über den Münzmeister in Kuttenberg und seine Mit=schuldigen nach alten Gesetzen, wie über Falschmünzer, das Todesurtheil aus. — Eigene Münzen prägten unter König Wladislaw die Schlicke in Joachimsthal, daher Thaler (Joachimsthaler) genannt, und die Pilsner, welche das Münzrecht vom König auf 10 Jahre lang erhalten hatten. Eger, das schon in den älteren Zeiten als freie Reichsstadt Münzen geschlagen, hatte bereits von Karl IV. 1349 das Münzrecht wieder erworben; König Sigmund bestätigte dasselbe im Jahre 1420, demgemäß die Egerer Pfennige und Häller (36 auf einen Groschen) ausmünzten; Kaiser Friedrich III. (1444) und König Wladislaw (1506) erneuerten dieses Privi=legium, von dem die Egerer häufig Gebrauch machten.

Industrie.

Daß auch die Industrie des Landes im Beginne dieser Zeitperiode dar=niederlag, ist selbstverständlich; ebenso leuchtet ein, daß mit der Umwandlung des Städtewesens in der zweiten Hälfte des XV. Jahrhunderts Handwerk und gewerb=liches Leben gar sehr der deutschen Arbeitskräfte entbehrten. Die tschechischen Neu=bürger trieben bloß die Kleingewerbe, welche die gewöhnlichen Erfordernisse des Lebens decken, und zwar in zünftiger Weise; denn das Zunft= und Genossenschafts=wesen, obwohl deutschen Ursprungs, hielt man aufrecht und suchte es wo möglich noch strenger zu handhaben, als in den früheren Zeiten. Nur drei Gewerbe wurden in einem etwas großartigeren Maßstabe gepflegt: die Waffenfabrikation, das Bräu=wesen und die Lein= und Tuchweberei. Waffen erforderte der Krieg, sowie die darauf folgende öffentliche Unsicherheit und die allgemeine Sitte des Waffentragens. Schilder=, Büchsenmacher, Büchsenschäfter, Waffenschmiede, Schwertfeger u. s. w. hatten vollauf zu thun. Es gab auch schon Künstler, welche schweres Geschütz verfertigten; daß die Herstellung des hussitischen Streitwagens eine gewisse Ge=schicklichkeit der Arbeiter erforderte, läßt sich nicht bezweifeln. Böhmische Waffen erfreuten sich sogar im Auslande einer großen Beliebtheit, namentlich in Polen und in Ungarn; eigene Waffenbenennungen, wie „Pistole, Haubitze" scheinen in Böhmen zuerst angewendet worden zu sein. Die steinernen Kugeln, welche neben den bleiernen und eisernen im Gebrauch waren, wurden von den Steinmetzern verfertigt; bei der Belagerung Karlsteins nahmen die Prager zur Kugelbereitung den Stein vom Laurenziberge. Das Brauwesen gehörte zu den einträglicheren Ge=werben der Städte; um das Monopol desselben führten die Bürger mit dem Adel den langwierigsten Kampf, der erst durch den St. Wenzelsvertrag beendet wurde. Die Lein= und Tuchweberei blieb auch in dieser Zeit ein vornehmlich deutscher Industriezweig, der vorzüglich in den Gebirgsgegenden des nördlichen Böhmen betrieben wurde. Friedland, Reichenberg, Königinhof und Reichenau bildeten die

Mittelpunkte der Leinwand- und Tuchfabrikation; in Reichenberg, woselbst vor den Husitenkriegen eine förmliche Tuchmacherzunft gegründet worden war, stockte dieses Gewerbe seit 1440 gänzlich und erholte sich erst wieder in der zweiten Hälfte des XVI. Jahrhunderts.

Das Jahrhundert der nationalreligiösen Revolution verlöschte den Glanz, in Bergbau. welchem einst der in ganz Europa gepriesene böhmische Bergbau gestrahlt hatte. Das deutsche Bergvolk, welches mit der größten Zähigkeit an der katholischen Religion festhielt, trat in die königliche Armee oder vertheidigte sich mannhaft in seinen wohlgeschützten Bergstädten. Sein Widerstand reizte die wilden Husiten zu nur noch größerer Wuth, und früher oder später erlagen die zusammenschmelzenden Knappschaften der feindlichen Uebermacht. Deutschbrod wurde 142_ eingenommen und zerstört, das goldreiche Eule gieng in demselben Jahre in Flammen auf, und Kuttenberg, das Kleinod des Landes, das bereits 1421 sattsam gelitten, fand im Jahre 1424 zum großen Theile seinen Untergang. Ein ähnliches Schicksal erfuhren die kleineren Bergorte, welche von den Husiten erreicht werden konnten. Der Bergbau Böhmens erlitt durch den unglückseligen Krieg einen solch' empfindlichen Stoß, daß er sich an einigen Punkten trotz aller Anstrengung nicht mehr erholen konnte. Die Deutschbroder Werke blieben öde und verlassen, Eule konnte, obwohl wiederholt Versuche gemacht wurden, auch nicht im Entferntesten den alten Ruhm wieder erreichen, und war unter Wladislaw noch so herabgesunken, daß es verpachtet wurde (1517). Ebensowenig gelang es König Wladislaw, der sich in dieser Richtung einige Mühe gab, die herabgekommenen Werke im Bergreichensteiner Reviere, sowie die bei Tepel neuerdings zur Blüthe zu bringen. Wie wäre es auch möglich gewesen, den Bergbau des Landes wieder zu heben? Die deutschen Knappen und Bergbeamten waren theilweise in den blutigen Kämpfen untergegangen oder hatten den Stab zur Auswanderung ergriffen. Alles war in Unordnung gerathen. Die Pumpwerke und Wasserkünste waren verfallen, und mächtige Gewässer, die nicht mehr bewältigt werden konnten, überflutheten die Gänge und Zechen. Vor Allem fehlte es sodann an den nothwendigen Kapitalien, und weder Georg von Podiebrad noch die Jagellonen konnten dieselben aufbringen. Die ausländischen Gewerke hatten seit dem Kriege zum Lande und den Unternehmungen in demselben alles Vertrauen verloren; überflüssiger Weise hatte man durch allerhand gesetzliche Bestimmungen die Niederlassung von Ausländern bedeutend erschwert. Wie sehr man aber gerade auf die Deutschen angewiesen war, zeigte sich am deutlichsten in der Geschichte von Kuttenberg. Als auf dem Landtage von 1437 die Wiederaufrichtung dieses Bergwerkes zur Sprache kam, konnte man kein anderes Mittel nennen, als die Zurückberufung der deutschen Bergleute. Wie diese nur sehr mangelhaft bewerkstelligt wurde, haben wir bereits erzählt (S. 429). Dem Bergbau in Kuttenberg wurde somit nicht sonderlich aufgeholfen, auch nicht durch die Priviligiumsbestätigung Ladislaus', Podiebrads und Wladislaws. Es schlichen sich Mißbräuche der verschiedensten Art ein, und man verlegte sich nur mehr auf bloßen Raubbau. Dazu kamen allerhand Streitigkeiten der gemischten Bevölkerung, der Knappen und Münz= beamten und eine so schlechte Verwaltung, daß beispielsweise Wladislaw das heim= liche Silberschmelzen bei Todesstrafe verbieten mußte (1492). — Während die königlichen Bergwerke theilweise ganz eingiengen, theilweise ein krankhaftes Leben fristeten, kamen einige Privatbergwerke rasch zu rühmlichem Ansehen. Die Loblo= witze erlangten von Podiebrad und Wladislaw Bergfreiheiten für die Preßnitzer Gegend; Graupen woselbst die Koldige mit Glück auf Zinn bauten, erhielt 1478 auf's Neue die Bestätigung seiner alten Privilegien. Die Schlicke betrieben um Joachimsthal, das 1516 die erste Ausbeute lieferte, erfreulichen Bau auf Silber. Deutsche Knappen, wahrscheinlich aus dem benachbarten Sachsen, förderten mit großer Sachkunde das neue Werk; der Chronist Mathesius bewahrte die Namen der ersten Bergleute von Joachimsthal „Oser" und „Geier" auf. Bereits 1518 verlieh Stephan Schlick dem Orte die in Leipzig gedruckte, nachher so berühmt gewordene Bergordnung, und 1520 erhielt er von König Ludwig und den Ständen das Münzrecht (Joachimsthaler, Schlickthaler). — Im südlichen Böhmen riefen die reichen Rosenberge auf ihren Besitzungen, hauptsächlich bei Krummau, einen ergiebigen Bergbau in's Leben; schon 1475 erlangten daselbst deutsche Gewerke eine Bergfreiheit auf Gold und Silber. Im Prachiner Kreise entstanden Berg= werke bei Wilhartitz (1511), Elischau und Frauenstadt (1520, 1521), für welche Löw von Rozmital vom Könige Wladislaw Freiheiten erwarb. Im Jahre 1521 ertheilte Peter Eyl von Swoyschitz Gewerken auf seiner Herrschaft die Berechti= gung, die Bergbücher in deutscher Sprache führen und sich sonst nach der Joa= chimsthaler Bergordnung richten zu dürfen.

Schluß. Eine Leidensperiode der traurigsten Erinnerung bleibt für alle Zeiten den Deutschböhmen das XV. Jahrhundert. Als Vorkämpfer christlich germanischer Bildung hatten sie sich in's fremde Land gewagt und da aus Leibeskräften für die Ausbreitung der Kultur gearbeitet. Inmitten ihrer mühsamen Thätigkeit über= raschte sie die blutige Reaktion, und ohne Erbarmen wurden sie dem Moloch des aufgestachelten Nationalhasses geopfert. Die in das Herz slawischer Bevölkerung vorgedrungene Strömung des deutschen Elementes wurde zurückgestaut, die freien Städte, die ummauerten Oasen des Deutschthums, womit das Land übersäet war, wurden hinweggefegt, und es fehlte wenig, daß nicht jener Gränzgürtel, mit welchem der germanische Stamm das Land seit Alters einsäumte, vollkommen zer= rissen und über die Berge gezwängt worden wäre. Hat die Geschichte eine Sühne verlangt für jene grausamen Vorfälle, welche an der Elbe und in Norddeutschland die Entnationalisierung der dortigen Slawen begleiteten, die aus tausend Wunden blutenden Deutschböhmen des XV. Jahrhunderts haben sie in reichlichem Maße geboten. Freilich büßten die allerunschuldigsten Enkel die Thaten der Vorfahren; die Tschechen aber waren am wenigsten berufen, die Rache zu vollziehen. Denn

friedlich waren ihnen die Segnungen des Christenthums von den alten Deutschböhmen gebracht worden, wofür deren Nachkommen von den Husiten unter der
Maske einer verbesserten Messiaslehre mit der Schärfe des Schwertes sammt und
sonders vertilgt werden sollten. Wenn das Deutschthum Böhmens trotz der
gräßlichen Niederlagen in der Husitenzeit und trotz aller Verfolgungen in der
spätern Reaktionsperiode des Utraquismus nicht erstarb, sondern nach zweihundert
Jahren in neuer Lebensfrische emporblühte, so ist dies lediglich der unverwüstlichen
Kraft, welche dem germanischen Volke innewohnt und gewissen äußern Umständen
zu danken. Damit aber möchte ich keineswegs meine Landsleute für alle Zukunft
getröstet wissen. Ich wünschte wohl, daß sie alle von jenem edlen Nationalbewußtsein dauernd erfaßt würden, welches die große deutsche Gesammtnation zu haben
berechtigt ist. Daneben dürfen aber die Deutschböhmen ihrer Stellung im engeren
Vaterlande nicht vergessen; sie müssen sich als deutschböhmischer Stamm an den
Marken des Reiches immer mehr fühlen lernen, sie müssen sich an einheitliches
und selbständiges Handeln gewöhnen und niemals auf jene äußeren Umstände
rechnen. Die Geschichte der Vergangenheit bleibt auch für uns die Lehrmeisterin
der Gegenwart und Zukunft. Die Zerfahrenheit der Deutschböhmen zu jener Zeit,
als sich die Tschechen unter Hus und Žižka wie Ein Mann gegen sie erhoben, ist
auffallend und trug wesentlich mit zu ihrer raschen Niederlage bei. Wie gänzlich
isoliert standen nicht beim Beginne des Kampfes die Prager Deutschen; ohne Halt
und Unterstützung von den übrigen Deutschböhmen mußten sie dem mit aller Wucht
auf sie drückenden Tschechenthume erliegen. Und noch weniger vermochten nachher
die kleineren deutschen Städte zu widerstehen, als sich der Gesammtlandsturm der
Feinde auf sie einzelnweise warf. Warum vereinigte nicht zum einheitlichen und
gemeinschaftlichen Widerstande die deutschen Bürger ein Städtebund, wie er sich
etwa noch unter Heinrich von Kärnthen und Johann von Luxemburg gebildet
hatte? Warum finden wir nicht den deutschen Kaufmann und Handwerker in Verbindung mit dem deutschen Bauer, unter einer einzigen Fahne zusammengeschart,
zur Vertheidigung ihres Eigenthums und ihrer Nationalität? Hätte ein solches
deutschböhmisches Nationalheer nicht verhindern können, daß die deutschen Städte
und Dörfer artischokenartig vom Gegner genommen wurden? Da mangelte es in
der That am Bewußtsein einheitlicher Interessen bei den Deutschböhmen! Auch nicht
eine einzige hervorstehende Persönlichkeit tritt uns entgegen, die etwa die Füh-
rerschaft über die losen Glieder hätte übernehmen können, nicht einmal ein Wolfram
oder Tausendmark, wie im XIV. Jahrhunderte. Erklärlich wohl ist die Zersplitterung der Deutschböhmen, sowie der Mangel an einer strammen, einheitlichen
Leitung derselben aus den damaligen Verhältnissen. Die Deutschböhmen waren aus
den Zeiten der Premysliden gewohnt, den König selbst an ihrer Spitze zu sehen,
und hatten unter den ersten Luxemburgern das regierende Haupt wenigstens nicht
gegen sich. Der Umschwung unter Wenzel kam fast unerwartet, und auf Sigmund

wieder schien man allzu große Stücke zu bauen. Noch mehr aber wohl hoffte man auf die Hilfe des deutschen Reiches, und im Hinblicke auf die glänzenden Reichstage, welche die großen Kreuzzüge gegen die Husiten beschlossen, vergaßen die Deutschböhmen auf das wichtige „Hilf dir selbst". Nachdem die vom heiligen römischen Reiche gehoffte Hilfe aber als ohnmächtig sich erwiesen hatte, war es zu spät, an eine Koncentration der einheimischen Kräfte zu gehen, auch wenn man daran gedacht hätte. Die Regierung Sigmunds selbst aber sanktionierte nach Ablauf der Katastrophe jene oben angeführten deutschfeindlichen Gesetze und Bestimmungen. Die Lehre aus dem Gesagten ist leicht zu ziehen. Wenn der Kampf der beiden Nationalitäten im Lande, wie es leider in der Gegenwart der Fall ist, immer wieder und wieder ausbricht, obwohl mit anderen Waffen geführt, als mit Dreschflegel und Morgenstern, so müssen die Deutschböhmen zuerst selbst in voller Einheit und strenger Disciplin auf der Vertheidigungslinie ihres guten Rechtes stehen; Führer aus der Mitte des Volkes, das Vertrauen desselben genießend, werden sich finden; auf die Regierung, die, wie die Geschichte beweist, allerlei Wandlungen unterliegt, kann nie mit Sicherheit gerechnet werden. Wenn es schon die politische Ehrenhaftigkeit dem Deutschböhmen nicht mehr gestattet, auf die Hilfe der deutschen Brüderstämme zu warten, wie im Husitenkriege, so muß ihn überdies die Geschichte belehren, dass derartige Hoffnungen auf eine solche Hilfe zumeist nur trügerisch sind. Es möge in dieser Beziehung uns nur der Gedanke erstarken, einer der größten Kulturnationen der Erde anzugehören, die als solche niemals untergehen wird; aus dieser Idee werden wir Kraft gewinnen zur Entfaltung unseres eigenartigen Stammes, der auf dem Vorposten gegen die Slawen allerdings eine der schwierigsten, aber auch eine der ehrenhaftesten Stellungen einnimmt.

Sechstes Buch.

Böhmen unter dem Hause Habsburg. Lockerer Verband mit den österreichisch-ungarischen Ländern.

(1526—1620.)

1.
Kaiser Ferdinand I. und Maximilian II.

(1526—1576).

Allgemeines.

Mit dem XVI. Jahrhunderte vollzieht sich in der europäischen Staaten-geschichte ein gewaltiger Umschwung, und nicht mit Unrecht wird seit dem eine besondere Geschichtsperiode „die Neuzeit" gerechnet. Ueberall gehen die großartig-sten Veränderungen vor sich. Die Geister regen sich in fieberhafter Thätigkeit, allenthalben im politischen, socialen und religiösen Leben der Völker beginnt es zu gähren; die unhaltbaren Zustände des Mittelalters sind im Absterben begriffen, und es öffnen sich dem forschenden Blicke die Ausgangspunkte des modernen Kulturstaates. Das Wiedererwachen der Wissenschaften entfesselt mit Hilfe der Buchdruckerkunst die Geister vom Banne mittelalterlichen Formelwesens und be-freundet sie mit dem Kulturleben des Alterthums, aus welchem neue, gesunde und fruchtbringende Ideen emporsprossen. Der starre Feudalstaat erzittert vor den nach freierer Beweglichkeit rufenden Völkerscharen, der Vasall sucht sich vom Lehnsherrn zu emancipieren, das freie Bürgerthum stürzt die Alleinherrschaft des Adels, und das Schießpulver zermalmt die Bedeutung des gepanzerten Ritterthums und des alterthümlichen Heerwesens. Um den allgemeinen geistigen Weltbrand zu vollenden, schreitet man zur Untersuchung der das Mittelalter beherrschenden reli-giösen Ideen, und die deutsche Reformation erschüttert die Autorität des römischen Papstthumes, vorerst im Norden des Welttheiles. Inzwischen haben kühne See-fahrer den Horizont der Weltgeschichte in nicht geahnter Weise vergrößert. Die Entdeckung des großen Columbus und die Auffindung des Seeweges nach Ost-indien machen sich in ihren weittragenden Folgen bereits bemerkbar; der beschränkte Raum des Mittelmeeres sinkt zum Binnensee Europas herab, und das Weltmeer öffnet seine weiten Flächen zum Tummelplatz der seefahrenden Völker. Darum erbleicht das stolze Gestirn der Handelsrepubliken Italiens, und am atlantischen

Ocean, wohin der Schwerpunkt des Welthandels verrückt wird, erblühen neue Merkantilstaaten im vollsten Glanze. Das Staatensystem Europas selbst aber weicht aus seinen alten Fugen und gruppiert sich von Neuem in anderer Ordnung. Frankreich und England haben ihren mehr als hundertjährigen Krieg beendet und suchen neben Deutschland die Stellung einer Großmacht zu erringen; in Spanien wird unter dem Scepter der Habsburger eine Weltmonarchie aufgebaut, während ein anderer Zweig dieser Herrscherfamilie die Länder des zukünftigen österreichischen Kaiserstaates dauernd vereinigt. Das junge Oesterreich aber muß während seines Entwicklungsprocesses die schwersten Kämpfe mit den Erzfeinden des Christenthums bestehen, die erst jüngsthin aus Asien herübergekommen waren und auf den Trümmern des altehrwürdigen Byzanz unter dem Schutze des Halbmondes einen neuen Staat im Südosten des Welttheils errichtet hatten. — Wie nun verhielt sich Böhmen in dieser Zeit der allgemeinen Erregtheit auf geistigem und politischem Gebiete? Sollte man nicht glauben, daß das im Herzen des Welttheils liegende Land von der ringsum brausenden Fluthung der Uebergangszeit mit fortgerissen und gleichfalls zu verjüngtem, thatkräftigen Leben getrieben worden wäre? Im Gegentheile, einförmig und matt zieht sich der träge Gang der böhmischen Geschichte dahin, unbekümmert um das mit Riesenschritten vorwärts eilende Ausland, theilnahmslos an den großen Ereignissen des Tages. Böhmen gleicht dem ausgebrannten Krater, der, nach den furchtbarsten Eruptionen in den Husitenkämpfen erschöpft und entkräftet, auf lange Jahre hinaus im Todesschweigen verharrt. Fast ausschlüsslich auf religiöse Fragen, auf unfruchtbare und unerquickliche theologische Streitigkeiten beschränkt sich das geistige Leben des Landes, und desswegen vermag auch einzig und allein die Reformation Luthers einziges Interesse im Lande zu erregen.

Doch die politische Geschichte reißt auch schlafende Völker wider ihren Willen mit fort im Strome stätiger Entwickelung, und für Böhmen tritt mit dem XVI. Jahrhunderte nothwendiger Weise in Folge des allgemeinen Umschwungs gleichfalls eine entscheidende Wendung in seiner äußeren politischen Lage ein. Der Umstand, daß es dem Hause Habsburg gelingt, Länder, die bisher nur geographisch an einander hiengen, durch ein gemeinsames politisches Band zu verknüpfen und einen großen Staat Oesterreich zu gründen, wirkt verhängnisvoll für die Geschichte Böhmens. Da dieses Land, dem Drucke der Verhältnisse folgend, sich der neuen österreichischen Staatengruppe einreiht, fügt es zu seiner ersten Abhängigkeit von Deutschland eine zweite, Anfangs allerdings kaum merkliche, von Oesterreich hinzu. Die Beherrscher Oesterreichs, welche aus den ungarischen, österreichischen und böhmischen Länderbestandtheilen allmählich ein einheitliches Staatsgebilde zu formen suchen, können der Krone Böhmen nicht mehr jene Selbständigkeit gewähren, wie sie dieselbe noch unter den Jagellonen oder gar unter Georg von Podiebrad besessen. Je näher die österreichischen Länder der Durchführung der einheitlichen Staatsidee rücken, desto mehr muß Böhmen den Charakter einer Provinz dieses Staates annehmen. Es bleibt dessenungeachtet Glied des deutschen Reiches, obwohl dieses Verhältniß ein um so loseres wird, je mehr die Macht des deutschen Reiches sich verringert. Da die Beherrscher Oesterreichs dauernd in den Besitz des deutschen Kaiserthums gelangten, so ließen sie als Könige und Kur= fürsten von Böhmen den Zusammenhang dieses Landes mit dem deutschen Reiche formell bestehen, strebten aber in materieller Beziehung nach einer vollkommenen Trennung desselben von Deutschland, um so den Anschluß an die eigene Erbmo= narchie zu befördern. Böhmen nimmt auf diese Weise in der „Neuzeit" eine eigene Zwitterstellung ein, die auch mit der Auflösung des deutschen Kaiserthums nicht aufhörte, sondern erst durch den Prager Frieden im Jahre 1866 ihr Ende fand. Es wird nothwendig sein, bei der Betrachtung der böhmischen Geschichte in den letzten drei Jahrhunderten auf diese allgemeinen Gesichtspunkte stäts Rück= sicht zu nehmen. Es ist aus demselben Grunde erklärlich, daß die Schicksale dieses Landes sich immer inniger mit denen der neu aufzubauenden österreichischen Monarchie verflechten und von denen Deutschlands abgezogen werd~n, zu welchem es bisher, Anfangs als Herzogthum, später als erstes Kurfürstenthum, in der innigsten Beziehung gestanden.

Als am 29. Aug. 1526 durch den unerwarteten Tod des kinderlosen Jagel= König
Ferdinand I.
(1526—1564). lonen Ludwig der böhmische Thron in Erledigung gekommen war, erhob den wohlbegründetsten Anspruch auf denselben der Habsburger Erzherzog Ferdinand, der Enkel Maximilians und Bruder Kaiser Karls V. Abgesehen von dem seit dem Aussterben der Premysliden festgestellten Anrechte der Habsburger, abgesehen von der Erbverbrüderung Karls IV. und Rudolphs IV., sprachen für den Erz= herzog die unlängst abgeschlossenen Verträge zwischen Kaiser Maximilian und Wladislaw und das von den Böhmen zugestandene Erbrecht der Prinzessin Anna, der gegenwärtigen Gemahlin Ferdinands (S. 383). Alle diese Rechtsforderungen glaubten jedoch die böhmischen Stände nicht berücksichtigen zu müssen, sie meinten vielmehr das vollkommen freie Wahlrecht zu besitzen und beriefen zu diesem Zwecke einen Wahllandtag auf den 24. Okt. 1526 nach Prag. Auf demselben wählten die vereinigten Herren, Ritter und Städte zwar den Habsburger und gaben den andern Kandidaten, Sigmund von Polen und den bairischen Herzogen, auch nicht Eine Stimme, aber sie suchten sich ihre ohnedies bedeutenden Rechte durch eine Ferdinand vorgelegte Kapitulation neuerdings auf Kosten der Krone zu vermehren. Erst nachdem Ferdinand drei diesbezügliche Majestätsbriefe ausgestellt, die Landes= verfassung, die Kompaktaten und die Freiheiten der Stände bestätiget, nachdem er insbesondere noch die Erklärung abgegeben hatte, daß er nur durch die Wahl der Stände zum Königreiche gelangt sei, wurde er nach alter Sitte auf dem Prager Schlosse feierlichst zum Könige gekrönt (24. Febr. 1527). Auf einem hierauf gehaltenen Landtage wußte der Neugekrönte die Stände zu einigen Koncessionen

zu Gunsten der arg beschnittenen Kronrechte, sowie zur Bewilligung einer Geldhilfe für den bevorstehenden Kampf mit Zapolya zu bewegen. Nachdem er noch
die Streitigkeiten der Stände unter einander beschwichtigt und die Huldigung
Schlesiens und Mährens entgegengenommen hatte, zog er nach Ungarn und wurde
in Stuhlweißenburg auch zum Könige dieses Landes gekrönt (3. Nov. 1527).

Landesgebiet. Böhmen stand nunmehr mit einer weit ausgedehnten Ländergruppe in Verbindung, deren einzelne Glieder sofort auf einander die natürliche Wechselwirkung
üben sollten. König Ferdinand herrschte kraft der beiden mit seinem Bruder
Karl V. 1521 und 1522 abgeschlossenen Theilungsverträge über Oesterreich ob
und unter der Enns, Steiermark, Kärnthen, Krain, Vorderösterreich, Elsaß, Görz,
Friaul, Triest und Würtemberg, welch' letzteres jedoch bald wieder an sein früheres
Herrscherhaus zurückfiel. Damit vereinigte er die Königreiche Böhmen und Ungarn mit ihren beiderseitigen Nebenländern. Im Jahre 1530 wurde Ferdinand
auf Betreiben seines Bruders zum römischen Könige gewählt und ihm somit die
Aussicht auf die deutsche Kaiserkrone eröffnet. Es war für Böhmen die Frage,
ob es sich würde zum Mittelpunkt dieses weiten Ländergebietes emporschwingen
können, etwa wie unter Ottokar II. oder Karl IV., oder ob es würde zum bloßen
Nebenlande der entstehenden Monarchie herabsinken.

Am schwierigsten gelangte das Haus Habsburg in den Vollbesitz von Ungarn.
Durch zweihundert Jahre wurden mit den Türken die blutigsten Kämpfe in diesem
Lande geführt, zu denen Böhmen regelmäßig seine Kontingente stellte. König
Ferdinand vertrieb zwar noch im Jahre 1527 seinen Gegenkönig Johann Zapolya;
derselbe kehrte aber mit Hilfe des mächtigen Sultans Soliman zurück und behauptete sich unter dem Schutze desselben als Beherrscher eines Theiles von Ungarn. Vergeblich hatte damals Soliman die Belagerung Wiens (1529) versucht, er mußte unverrichteter Sache abziehen und schloß nach einigen Jahren
Waffenstillstand ('533) und Frieden (1538), demgemäß nur der westliche Theil
von Ungarn dem Könige Ferdinand übergeben wurde, das andere dem Könige
Zapolya blieb.

Sturz Paschels
(1529). In Böhmen verfolgte die Regierung Ferdinands vornehmlich einen doppelten Zweck, einmal die Lösung der so verwickelten religiösen Frage und das andere
Mal die Wiederherstellung der im XV. Jahrhunderte so tief gesunkenen königlichen
Gewalt. Wir erinnern uns, daß unter Ludwigs Regierung sich die Utraquisten
in eine katholisierende und eine lutheranisierende Partei gespalten hatten, die einander auf das Hartnäckigste befehdeten. In Prag herrschte beim Regierungsantritte
Ferdinands jener verwegene Primator Paschek, der Häuptling der zum Katholicismus sich neigenden Fraktion, welcher in seiner unerträglichen Willkührherrschaft
auch nicht durch die Befehle seines Königs Ludwig sich hatte beirren lassen und
zu dessen Lebzeiten wie nach dessen Tode die religiösen Gegner auf das Grausamste verfolgte (Seite 388). Da sich der neue König Ferdinand gleich seinem

Bruder, dem Kaiser, entschieden gegen den Protestantismus aussprach, so glaubte Paschek nur noch rücksichtsloser gegen die Anhänger desselben verfahren zu dürfen. Der Wütherich gieng so weit, daß er einige Personen der Gegenpartei bei lebendigem Leibe verbrennen ließ. Er irrte sich aber, wenn er glaubte, dadurch bei dem Könige sich einschmeicheln zu können. Ferdinand beschloß vielmehr, dem wilden Treiben des Primators Einhalt zu thun und befahl, alle von Paschek vertriebenen Bürger wieder in die Stadt aufzunehmen. Als sich nun der trotzige Bürgermeister in seinem Uebermuthe widersetzte, erschien der König in Prag, löste den Stadtrath auf, trennte die bisher vereinigte Alt- und Neustadt und setzte in jeder Gemeinde einen besonderen Magistrat ein (1528). Paschek, der in seinem Grolle mit dem Administrator Gallus Cahero Unruhen zu stiften suchte, wurde sammt seinem Genossen aus der Stadt verwiesen (1529); die Verjagten von der Partei des Hlawsa aber konnten ungehindert in dieselbe zurückkehren. Um auch für die Zukunft etwaigen Ausschreitungen der Städte vorzubeugen, gebot der König, es sollen fernerhin in Prag und den übrigen königlichen Städten die allgemeinen Bürgerversammlungen (die großen Gemeinden) nur mit seiner Bewilligung einberufen werden.

Wenn König Ferdinand in seinem energischen Auftreten gegen den tyrannischen Paschek nur ganz gerecht handelte, so war er anderseits nicht etwa gesonnen, der Ausbreitung des Protestantismus Vorschub zu leisten. Er duldete nicht, daß in den Kirchen Prags und der andern königlichen Städte die neue Religion eingeführt werde, und suchte auch die Bestrebungen der protestantisch gesinnten Ständepartei, das utraquistische Konsistorium an sich zu reißen, auf jede mögliche Weise zu verhindern. Er verband sich aus diesem Grunde mit den katholisierenden Altutraquisten, berief eine Ständeversammlung nach Prag (1537), befahl aber derselben, noch vor ihrer Eröffnung alle jene auszuscheiden, welche weder Utraquisten noch unter Einer Gestalt Kommunicierende wären. Der König, welcher den Austritt der lutherisch Gesinnten beabsichtigt hatte, erreichte nicht sein Ziel. Denn diese, welche bereits in der Mehrzahl waren, nöthigten bloß einige von der Brüderunion zum Verlassen der Versammlung, verhandelten selbst aber nach ihrem Sinne. Ferdinand schnitt zwar jetzt alle Unterhandlungen ab; als er aber mehrere Jahre darauf (1540) nach dem Tode des Johannes Zapolya wieder in einen Türkenkrieg verwickelt wurde, bot die lutheranische, oder wie sie sich nannte, die „evangelische" Partei, Alles auf, um den Utraquismus vollkommen durch den Protestantismus zu verdrängen. Sie setzten (1541) die Wahl des Johann Mystopol, eines der Ihrigen, zum Administrator durch, erklärten in einer Priesterversammlung die Lehre Luthers als die bessere denn die altutraquistische und verlangten schlüßlich vom Könige Gutheißung ihrer Ansichten und die Erlaubniß, einen Bischof wählen zu dürfen (1543). Obwohl der König „Türkenhilfe" und „Türkensteuer" von Böhmen wünschte, gieng er doch nicht auf das Verlangen der Stände ein, ja er drohte mit strengen

Religiöse Unterhandlungen (1537—43).

Maßregeln, als sich Widersetzlichkeiten zeigten. So fest trat Ferdinand auf, dass er sogar noch seine königliche Gewalt unter den obwaltenden sicherlich nicht günstigen Umständen zu vermehren im Stande war. Als nämlich im Jahre 1545 auf einem Landtage über die Erneuerung der im Jahre 1541 verbrannten Landtafel berathen wurde, forderte Ferdinand die Stände auf, sie möchten im Gegensatz zu dem von ihm vor seiner Krönung ausgestellten Reverse der neuen Landtafel einverleiben lassen, dass er nicht zum Könige von Böhmen „gewählt", sondern „aufgenommen" worden sei. Indem die Stände diesem Wunsche des Königs nachkamen, erkannten sie zugleich die Erblichkeit des böhmischen Thrones in der Habsburgischen Familie an, gegen welche Auffassung sie sich noch vor Kurzem so sehr gesträubt hatten.

Unterdessen war es in Deutschland in Folge der Glaubensspaltung zu einem harten Zusammenstoß der kaiserlichen Gewalt mit einigen der protestantischen Fürsten gekommen. Letztere, insbesondere der Landgraf Philipp von Hessen und der Kurfürst Johann Friedrich von Sachsen, hatten zur Vertheidigung ihrer Interessen 1531 den Schmalkaldischen Bund gestiftet und denselben 1535 auf weitere zehn Jahre erneuert. Der Landgraf von Hessen, gestützt auf seine Bundesgenossen, nöthigte um diese Zeit den König Ferdinand im Frieden zu Kaaden (1534) zur Abtretung von Würtemberg als Afterlehen an den vertriebenen Herzog Ulrich. Eben erneuerte sich das protestantische Fürstenbündniss (1545), als Kaiser Karl V. nach Beendigung seiner französischen Kriege die Auflösung desselben forderte. Da man seinem Befehle nicht nachkam, sprach er über die Häupter des Schmalkaldischen Bundes die Reichsacht aus, verband sich mit dem Herzog Moritz aus der jüngeren Linie des sächsischen Hauses und trug seinem Bruder, dem römischen Könige Ferdinand, auf, Kriegsscharen aus seinen Ländern für den bevorstehenden Kampf in Bereitschaft zu halten. König Ferdinand ließ die Achtserklärung der protestantischen Fürsten in Prag in tschechischer Sprache bekannt geben, berief einen Landtag und erlangte auf demselben von den Ständen die Bewilligung namhafter Geldbeiträge sowie eines Heeres, allerdings nur zum Schutze des Königreiches oder der damit vereinigten Länder (26. Juli 1546). Um dieselbe Zeit wurde mit dem in Prag anwesenden Moritz von Sachsen eine Erbeinigung geschlossen. Das Aufgebot versammelte sich in der Nähe der Stadt Kaaden, da von hier aus Ferdinand der Verabredung mit seinem Bruder gemäß den Kurfürsten von Sachsen beunruhigen sollte. Die Absicht des böhmischen Königs missbilligten die utraquistischen Stände auf das Entschiedenste. Kurfürst Johann Friedrich hatte sich brieflich an sie gewendet, sie an die alten Verträge zwischen Sachsen und Böhmen erinnert und ihnen als seinen Glaubensverwandten erklärt, Kaiser Karl beabsichtige nichts Anderes, als die evangelische Lehre in Deutschland und später auch in Böhmen auszurotten. Als daher Sebastian von Weitmühl, der Oberbefehlshaber der versammelten ständischen Truppen, die Landesgränze überschreiten wollte, weigerten sich die meisten Ultraquisten zu folgen, indem sie sich auf den diesfälligen Beschluß des Landtages beriefen. Vergeblich mahnte Ferdinand zum Gehorsam; nur ein Theil seines Heeres drang nach Meißen vor und operierte hier im Verein mit Moritz von Sachsen nicht ohne Erfolg. Als aber der Kurfürst Johann Friedrich selbst in seine vom Feinde bedrohten Länder eilte, zog sich Sebastian von Weitmül zurück; Moritz von Sachsen wurde in die Enge getrieben, und siegreich marschierte der Kurfürst in die Unterlausitz ein. Nunmehr glaubte König Ferdinand mit allem Ernste einschreiten zu müssen. Nach einem strengen Gerichte über die Rädels= führer der bei Kaaden abtrünnig Gewordenen befahl er ohne einen vorhergehenden Landtagsschluß den Ständen, sich unverweilt mit ihrem Kriegsvolk bei Leitmeritz einzufinden (12. Jan. 1547).

Das bündig stilisierte Mandat rief unter den Ständen die größte Aufregung hervor. Empörung der
Stände (1547). Sie erblickten in demselben die gröblichste Verletzung der Landesverfassung und beschlossen diese Gelegenheit zu benützen, um durch die heftigste Opposition dem Könige in seinen Bestrebungen zur Wiederherstellung der königlichen Macht Stillstand zu gebieten. Am widerspänstigsten benahmen sich die Prager Städte. Sie erklärten, durchaus nicht gegen die Unterthanen des Kurfürsten ziehen zu wol= len, welche wie die Böhmen das Abendmahl unter beiden Gestalten empfängen; sie würden die Landesgränzen nicht überschreiten und daheim die Weiber und Kin= der der Wuth der Türken Preis geben. Die beschwichtigenden Ermahnungen Ferdi= nands hatten keine Wirkung. Er eilte nach Leitmeritz, wo sich inzwischen doch mehrere Herren, Ritter und Abgeordnete der Städte versammelt hatten. Viele waren jedoch nur gekommen, um dem Könige herbe Vorwürfe über das verfassungs= widrige Mandat zu machen. Sie verharrten auch in ihrem Widerstande, als Ferdi= nand sich nachgiebig zeigte und seinen Befehl dahin änderte, „es stände einem Jeden frei, mit dem Könige in's Feld zu ziehen." Nur ein Theil der Versammelten folgte ihm nach Meißen, die Andern aber kehrten heim, um im Vereine mit den Pragern das Feuer der Empörung zu schüren. Schon hatten die Bürger der Prager Städte ein festes Bündniß zu Stande gebracht, angeblich zur Vertheidigung der Freiheiten des Landes. Die Herren und Ritter schlossen sich demselben an, und es wurden in stürmischen Versammlungen gewisse Forderungen aufgestellt, denen der König seine Zustimmung geben sollte. Man beabsichtigte, die Zeit der Ja= gellonen wiederherzustellen, in welcher bekanntlich die absoluteste Aristokratie, mit einem Puppen=Königthume an der Spitze, die Herrschaft geführt hatte. Die utra= quistische oder vielmehr die evangelische Partei wollte ihre besondere Kirchenordnung; Land= und Kreistage sollten auch ohne Befehl des Königs einberufen werden, das Verbot gegen das Eintreten in fremde Dienste möchte fallen, und der Landtags= schluß vom Jahre 1545, in welchem die Erblichkeit der Krone Böhmens anerkannt worden war, müßte aufgehoben werden. Diese und dergleichen andere anmaßende Forderungen sollten auf einem eigenen Landtage behandelt werden; besondere Ge=

sandte verlangten vom Könige die Einberufung dieses Landtages mit der Drohung, die Stände würden, wenn er sich weigere, selbst einen Tag zur Lösung ihrer Wünsche bestimmen. Um der Empörung weiteren Boden zu verschaffen, wurden Proklamationen an die einzelnen Kreise versendet, und an die Stände von Mähren, Schlesien und der Lausitz wurde ein Aufruf zur Betheiligung an der gemeinsamen Vertheidigung der Freiheit in politischen und religiösen Dingen erlassen. Ja man scheute sich nicht, in landesverrätherischer Weise das schon früher eingefädelte Bündniß mit dem Kurfürsten von Sachsen immer enger zu knüpfen und mit dieser über den Kampf gegen Kaiser und König zu verhandeln. Der Pöbel in Prag ließ die Gelegenheit nicht vorüberstreichen, ohne seinem Mißmuthe an den katholischen Ständen und Landesbeamten durch allerlei Beschimpfungen Luft gemacht zu haben. Papst und Kaiser, Koncilium und die eigene König wurden in schamlosen Schmähschriften und unsauberen Gassenhauern dem Gespötte Preis gegeben, Hus aber und Luther ernteten Lob und Preis ohne Ende. Sonderbar für die Nachkommen der Husiten, welche alles Deutsche mit Stumpf und Stiel auszurotten gedacht hatten, war es, wenn sie jetzt den großen deutschen Reformator Luther unter Anderen „die Befestigung der mit den Deutschen vereinigten tschechischen Nation" nannten.

Fortsetzung des Krieges (1547). König Ferdinand befand sich in der peinlichsten Verlegenheit. Den dreisten Forderungen der böhmischen Stände nachzugeben war er nicht im Geringsten Willens; dieselben aber unbedingt abzuweisen, schien gerade im gegenwärtigen Augenblicke gefährlich. Es handelte sich darum, Zeit zu gewinnen, um die Entscheidung im großen deutschen Streite zwischen dem Kaiser und den protestantischen Fürsten abzuwarten. Im Falle eines Sieges der kaiserlichen Partei war auch die böhmische Frage zu Gunsten der Krone entschieden. Seinen Bruder also so nachdrücklich als möglich zu unterstützen, war jetzt für Ferdinand die Hauptsache. Er gieng zwar auf das Verlangen der Stände, einen Landtag zu berufen, ein, nur schob er die Zeit des Zusammentrittes möglichst weit hinaus. Dann eilte er dem Herzoge Moritz von Sachsen zu Hilfe, mußte sich aber bald mit diesem in Folge eines Sieges, den der Kurfürst Johann Friedrich über den Markgrafen Albrecht von Brandenburg-Kulmbach), den Anführer kaiserlicher Truppen, erfochten hatte, an die böhmische Gränze zurückziehen. Er lagerte sich zwischen Brüx und Kommotau und erließ von letzterer Stadt aus abermals den Befehl an die böhmischen Stände, sich zum allgemeinen Aufgebote zu sammeln, da jetzt in der That die Landesgränze bedroht sei. Die Stände aber, die durch ihre eifrige Korrespondenz mit dem Kurfürsten dessen siegreiche Fortschritte erfahren hatten, beschlossen jetzt, ihr tückisches Spiel zu Ende zu führen. Sie rüsteten scheinbar für ihren König ein Heer, stellten aber an die Spitze desselben einen der Ihrigen, den Kaspar Pflug von Rabenstein, und bedeuteten demselben, nur jenen Befehlen Gehorsam zu leisten, welche er von dem ernannten Ständeausschusse erhalten werde. Das Rebellenheer warf sich in die Gegend von Petschau, um die Verbindung Ferdinands mit seinem Bruder Karl V., der von Nürnberg gegen Eger heranzog, zu verhindern. Vielleicht hatte Rabenstein auch die Absicht, den kurfürstlichen Truppen, die bereits in Joachimsthal standen, die Hand zu reichen. Es war ein entscheidender Augenblick. König Ferdinand und Herzog Moritz waren auf dem Marsche von Kommotau über Ludit nach Eger. Vor ihnen aber lag quer im Wege der ständische Feldhauptmann Pflug von Rabenstein, während in der rechten Flanke ein Angriff des kurfürstlichen Feldherrn Thumshirn fortwährend erwartet werden konnte. Aus dieser gefährlichen Lage befreite den König jenes zaghafte Bedenken, das einen jeden Verbrecher kurz vor der That ergreift. Rabenstein wollte nicht losschlagen ohne ausdrücklichen Befehl des Ausschusses in Prag; dieser aber zauderte, die verhängnißvolle Weisung zu erlassen. So konnte Ferdinand seinen Marsch fortsetzen, allerdings unter großen Mühen, gehindert durch die vielen Verhaue, welche das ständische Heer angelegt hatte. Am 6. April langte er in Eger an, woselbst ihn schon sein kaiserlicher Bruder erwartete. Unbekümmert um das ständische Heer und Thumshirn, der bereits bis Elbogen vorgedrungen war, rückte der Kaiser mit seinem Bruder gerade auf den Kurfürsten los verfolgte ihn elbeaufwärts und schlug ihn bei Mühlberg auf's Haupt (24. April 1547). Dieser Tag bildet einen neuen Wendepunkt in der Geschichte Deutschlands und Böhmens insbesondere. Für König Ferdinand handelte es sich um nichts Geringeres, als um die Krone von Böhmen selbst. Daß er mit scharfen Blicken die volle Bedeutung der Sachlage erkannt hatte, geht aus seinen Worten hervor, die er an den in der Schlacht bei Mühlberg gefangen genommenen Kurfürsten Johann Friedrich richtete. Er warf ihm vor, daß er die Stände Böhmens zur Verschwörung wider ihn angestiftet und hiemit ihn, seine Kinder und sein Geschlecht um das Königreich zu bringen getrachtet habe. Wäre die Schlacht, meinte Ferdinand weiter, anders ausgefallen, so hätte der Kurfürst es durchgesetzt, daß er, der König, vom Throne Böhmens ausgeschlossen worden wäre.

Einige Tage vor der Entscheidungsschlacht bei Mühlberg hatten vier königliche Kommissäre den längst angekündigten Landtag in Prag mit der Forderung eröffnet, die Stände sollten ihr Bündniß auflösen und ihr Heer sofort entlassen (18. April). Nur die anwesenden Katholiken erklärten sich dem Willen des Königs zu fügen, die Utraquisten aber weigerten sich entschieden und beschimpften die „Subunaken“ oder „königlichen Fuchsschwänzer“ durch allerhand Reden und Ausschweifungen. An den König beschlossen sie Gesandte abzuschicken, welche ihr Vorgehen demselben als rechtmäßig darstellen sollten. Da traf wie ein Blitz aus heiterem Himmel die Nachricht von der Schlacht bei Mühlberg ein, und mit Einem Schlage änderte sich die ganze Situation. Ein panischer Schrecken ergriff die rebellischen Stände, viele derselben machten sich bei Zeiten auf die Flucht, das ständische Heer löste sich auf, und die noch nicht abgegangenen Gesandten erhielten viel gelindere Instruktionen. Letztere trafen beim Könige im kaiserlichen Lager vor Wittenberg am

Schlacht bei Mühlberg (24. Apr. 1547).

Unterhandlungen der Stände mit Ferdinand (1547).

6. Mai ein, mußten aber acht Tage auf Antwort warten. Während dieser Zeit hatten sie Gelegenheit, von Officieren zu hören, daß der arge Verrath der böhmischen Stände kein Geheimniß sei und man in der kurfürstlichen Kanzlei Briefe der treulosen Stände gefunden habe, die den nunmehr überwundenen Kurfürsten zum Könige von Böhmen hätten erheben wollen. Die Antwort, welche die Botschafter endlich erhielten, war kurz und gemessen. Die Stände sollten das Bündniß auflösen, im Uebrigen würden der Kaiser und der König durch einen besonderen Bot schafter ihre Erklärungen abgeben. Als dieselben eintrafen, wurden sie öffentlich verlesen, und mit schuldbewußter Miene vernahmen die Stände die Rüge über ihr landesverrätherisches Verfahren. Viele sagten sich jetzt vom verfassungswidrigen Bündnisse los, die Rädelsführer aber verharrten in trotzigem Widerstande und ließen sogar die Bundesverschreibung der Landtafel einverleiben. Die Gesandten, welche sie zu ihrer abermaligen Rechtfertigung an den König abschickten, trafen Ferdinand bereits in Pirna auf dem Marsche nach Böhmen. Sie wurden kurzweg abgefertigt mit der Weisung, erst an den Kaiser ihren Bericht zu erstatten.

Bestrafung der Aufständischen (Juli 1547.) Mit Truppen seines Bruders, der ihrer nach Bewältigung der Protestanten nicht mehr bedurfte, rückte König Ferdinand nach Leitmeritz vor, ernstlichen Willens, die Rebellen Böhmens zu bestrafen und seinen Sieg zur Verstärkung der königlichen Gewalt zu benützen. Bei aller Energie, die jetzt Ferdinand entwickelte, läßt sich doch nicht eine gewisse kluge Beherrschung in seinem Vorgehen erkennen. Mit dem Adel glaubte er insbesondere schonend umgehen zu müssen, um dagegen volle Strenge gegen das verhaßte Bürgerthum walten zu lassen. Von Leitmeritz aus erließ er deßwegen eine Kundmachung an den Herren= und Ritterstand und versprach allen Adeligen vollkommene Amnestie, wenn sie sich in Leitmeritz einfänden und sich als bloß zur Empörung „Verführte" ausweisen könnten; den Rädelsführern und Bürgern aber sollte keinerlei Erweckung von Reue und Leid Verzeihung verschaffen. Es war wenig edel und noch weniger ritterlich, wenn jetzt die „verführten" Herren und Ritter treulos den Bürgerstand verließen und nach Leitmeritz strömten, um durch erheuchelte Unschuld der versprochenen Gnade theilhaftig zu werden. Während sich Ferdinand mit dem reumüthigen Adel versöhnte, gab er den nach Leitmeritz gekommenen Gesandten der Prager nicht einmal Gehör. Er zog vielmehr mit großer Kriegsmacht gegen die Hauptstadt, besetzte das Schloß und die Kleinseite und traf kriegerische Maßregeln gegen die Alt= und Neustadt. Es kam wohl zu kleineren Kämpfen, namentlich in der Umgebung der Stadt, aber der größere Theil der Bürgerschaft war eben nicht gesonnen, durch ferneren Widerstand den Zorn des Königs noch mehr zu reizen. Man beschloß vielmehr durch Unterhandlungen einen glimpflichen Frieden zu erreichen. 600 der Vornehmsten, darunter die Gemeindeältesten und Schöffen, folgten der Vorladung, die der König erließ, und stellten sich pünktlich am angesagten Tage (8. Juli) auf dem Schlosse ein. Hier saß der König über sie zu Gerichte, und die Klage gegen die Empörer wurde in ausführlicher Begründung verlesen. Sixt von Ottersdorf, der Kanzler der Altstadt, antwortete im Namen der Beschuldigten: Sie seien nicht gesonnen, sich mit ihrem Herrn und König in einen Streit einzulassen, sie ergeben sich auf Gnade und Ungnade und bitten nur den Erzherzog, wie die übrigen anwesenden Herren, Bischöfe und Räthe um Fürbitte bei dem König. Dann fielen alle Bürger auf die Kniee und flehten, der König möge ihnen ihren Ungehorsam verzeihen und nicht mit der Strenge der Gerechtigkeit verfahren. Ferdinand gebot den Bittenden sich zu erheben, in den Gerichtssaal abzutreten und dort die königliche Entscheidung abzuwarten. Nach einigen Stunden peinlichen Harrens wurde ihnen Verzeihung verkündet, allerdings unter schwerwiegenden Bedingungen: Alle Bündnisse sind aufgehoben und auf dem nächsten Landtage werden die Siegel von den Verschreibungen abgerissen; alle diesbezüglichen Schriften und Briefe, jedweder Kriegsvorrath, Geschütz und Waffen, müssen dem Könige ausgeliefert werden. Die Macht des Bürgerthums wurde vollkommen gebrochen, das Vermögen der Städte konfisciert, die Freiheitsbriefe theilweise vertilgt und die Gemeindeautonomie durch eine strenge Ueberwachung Seitens königlicher Beamten vernichtet. Zuletzt wurden noch jene Adeligen vorgeladen, die in der Widersetzlichkeit verharrten: einunddreißig derselben wurden theils durch Güterkonfiskation, theils durch Geld- und Gefängnißstrafen gezüchtigt, eine freilich geringe Zahl, wenn man bedenkt, daß der gesprengte Rebellenbund 1738 Ritter und Herren als Mitglieder gezählt hatte.

Vier von den Rädelsführern der Empörung, zwei Ritter und zwei Prager Bürger, wurden zum Tode verurtheilt. Ihre Hinrichtung fand am 22. August auf dem Hradschiner Platze statt, und gleich darauf wurde der bereits vorher angesagte Landtag eröffnet, der wegen des traurigen Vorspieles der „blutige Landtag" genannt wird. Der Bund der Stände wurde aufgehoben, die Siegel abgerissen und einhellig verordnet, daß, wer immer zu einem neuen Bündnisse rathe oder Anlaß gebe, seinen Hals verwirke. Der König allein habe das Recht, die hohen Landesämter zu verleihen und Landtage anzuschreiben. Ein Zusatzartikel wurde der Landesordnung eingefügt, daß fortan jede ständische Versammlung (also auch Kreistage) ohne vorhergehende königliche Bewilligung verboten sei. Die Städte hätten wohl verdient, daß sie das Stimmrecht auf den Landtagen verlieren sollten, es möge ihnen dasselbe aber gnädiglich verbleiben. Nur wurde bestimmt, daß die Abgeordneten der getreuen Städte Pilsen, Budweis und Aussig in Zukunft unmittelbar nach den Abgeordneten der Stadt Prag stimmen sollten. Endlich wurde beschlossen, jenen Artikel, welcher verbot, daß des Königs Erbe bei dessen Lebzeiten gekrönt werde, aus der Landtafel zu löschen.

Noch erfolgten nachträgliche Strafen und Verordnungen über die Theilnehmer der Rebellion. Die Stadt Prag mußte eine große Geldbuße zahlen, so daß auf manchen Bürger drei bis vier tausend Schock kamen. Von den vierzig noch ge-

Der blutige Landtag (Aug. 1547.)

Befestigung der königlichen Macht (1547–9.)

29

fangenen Pragern wurden acht an verschiedenen Orten der Stadt mit Ruthen ge=
strichen und aus dem Lande gejagt, acht andere ohne körperliche Züchtigung ver=
bannt, die übrigen vierundzwanzig zu Geldstrafen verurtheilt. Hierauf wurden die
ausgelieferten Privilegien der einzelnen Städte einer genauen Prüfung unterzogen
und alles dasjenige ausgeschieden, was der königlichen Macht in irgend einer
Weise entgegenzustehen schien. Die städtische Autonomie zertrümmerte der König
vollends dadurch, dass er in den Städten eine königliche Ueberwachungsbehörde
einführte. — Die Empörung der Stände hatte so der Krone vortreffliche
Dienste geleistet. Der trotzige Adel beugte sich in aller Demuth vor seinem Kö=
nige, das einst so kräftige Bürgerthum fristete fürderhin nur noch ein Scheinleben;
Adel und Städte sendeten in den Landtag nur mehr Schleppträger der Krone,
diese selbst aber hatte sich an Gütern und Schätzen unendlich bereichert und ihre
Erblichkeit dekretiert. Wie sehr schon hatte Böhmen den provinciellen Charakter
angenommen! Um diesen noch deutlicher auszuprägen, bemühte sich Ferdinand,
die Reichsunmittelbarkeit des Kurfürstenthums immer mehr zu verwischen. Dess=
wegen weigerte er sich auf dem Reichstage von Augsburg, wohin er sich aus
Prag verfügt hatte (1548), die Verpflichtung Böhmens, zu den Reichssteuern
beizutragen, anzuerkennen. Desswegen befahl er von Augsburg aus, ein königli=
ches Appellationsgericht in Prag zu gründen, an welches alle Berufungen in Böh=
men, Mähren und Schlesien gerichtet werden sollten. Damit wurde die Appella=
tion an einen deutschen Gerichtshof, wie Magdeburg, verboten, zugleich aber auch
die Berufungen an inländische Schöffenstühle, wie in Prag und Leitmeritz, unter=
sagt. Als Ferdinand aus Teuschland zurückgekehrt war, erklärte er seinen erstge=
borenen Sohn Maximilian zum erblichen Nachfolger im Königreiche Böhmen, ohne
dass die Stände es gewagt hätten irgend einen Widerspruch zu erheben (14. Fe=
bruar 1549).

Die religiöse
Frage
(1547—64.)
Zur Beruhigung und inneren Ordnung des Landes bedurfte es nach Fer=
dinands Meinung noch der Regelung der religiösen Frage. Nur Katholiken und
Utraquisten sollten nach den Kompaktaten in seinem Königreiche geduldet werden,
daher er gegen die böhmischen Brüder sowohl, als gegen die Lutheraner mit ver=
schiedenartigen Maßregeln kämpfte. Wider die Brüder war schon 1547 das
Mandat Wladislaws vom Jahre 1506 erneuert worden, dem zu Folge alle Ver=
sammlungen der Union verboten sein sollten. Von Augsburg aus erließ Ferdi=
nand eine noch schärfere Verordnung (Jan. 1548), welche die Auswanderung vie=
ler Brüder nach Polen und Preußen herbeiführte. Ihr Bischof Johann Augusta
wurde wegen angeblicher Verschwörungsversuche gefoltert und in ein Gefängniß nach
Bürglitz gebracht, wo er durch sechzehn Jahre verblieb. — Die Lehre Luthers
erklärte Ferdinand im Jahre 1549 als unzulässig; zugleich legte er den Katholi=
ken und Utraquisten eigene Artikel vor, auf Grund deren sie sich vereinigen sollten.
Im Falle der Einigung versprach der König die Einsetzung eines Erzbischofs zu

betreiben, welcher Priester für beide Konfessionen weihen sollte. Allein die Annahme der Artikel scheiterte am heftigen Widerspruche der Universität und der Stände, trotzdem sich der Administrator Mystopol, der seit 1547 ganz auf die Seite Ferdinands übergegangen war, sammt dem Konsistorium dafür einsetzte. Ein neuer Türkenkrieg (1551), so wie der endliche Sieg des Protestantismus in Deutschland unterbrach Ferdinands Bemühungen, die lutherische Partei in Böhmen zu verdrängen. In Deutschland wurde der Kaiser besonders durch die Treulosigkeit des neuen Kurfürsten Moritz von Sachsen Anfangs zum Passauer Vertrag (1552) und schlüßlich zum Augsburger Religionsfrieden (1555) gezwungen, dem zu Folge den Protestanten freie Religionsübung gestattet wurde. Der Religionsfriede erfüllte die Lutheraner Böhmens mit neuen Hoffnungen. Sie hielten eine Zusammenkunft in Prag, entsetzten den Administrator Mystopol seiner Würde und wählten in das Konsistorium meistens Geistliche ihrer Gesinnung. Im Jahre 1557 setzten sie es sogar durch, dass jene geistlichen Güter, welche seit den Zeiten Sigmunds als Pfand im Besitze von Laien sich befanden, von diesen nicht mehr ausgelöst werden sollten. Seitdem gab Ferdinand die Versuche, die Utraquisten mit den Katholiken zu vereinigen, zwar nicht auf, aber er strebte der Ausbreitung des Protestantismus durch andere Maßregeln entgegen. Vor Allem glaubte er, die immer mehr zusammenschmelzende Partei der Katholiken unterstützen und kräftigen zu müssen. Aus diesem Grunde begünstigte er die Ausbreitung des Jesuitenordens im Lande (1556) und stellte endlich im Jahre 1562 das Erzbisthum in Prag wieder her. Um die Utraquisten zur Anerkennung des obersten Kirchenfürsten zu bewegen, verweigerte er die Bestätigung des im Jahre 1562 neugewählten protestantisch gesinnten Konsistoriums und besetzte dieses mit ihm zusagenden Persönlichkeiten. Anderseits bemühte er sich von dem eben tagenden Koncilium zu Trident die Bewilligung der Kommunion unter beiden Gestalten für die Utraquisten zu erhalten. Im Jahre 1564 langte das Zugeständnisß des Kelches für Böhmen und einige Nachbarländer ein; aber es war zu spät. Nicht mehr der Utraquismus, der von vornherein keine Lebenskraft besessen, sondern der Protestantismus bildete jetzt in Böhmen die Glaubensspaltung, und dieser ließ sich durch die Kompaktaten nicht befriedigen. Ziemlich theilnahmlos verhielten sich die Utraquisten bei der feierlichen Verkündigung der römischen Koncession, und den Protestanten schien es verdächtig, dass selbst die Jesuiten bei St. Klemens das Abendmahl unter beiden Gestalten spendeten.

Im Jahre 1556 legte Kaiser Karl V. freiwillig die Regierung über alle seine Länder nieder. Sein Bruder Ferdinand, der die deutschen Reichsgeschäfte als römischer König bereits wiederholt versehen hatte, übernahm dieselben nunmehr als Kaiser und wurde als solcher 1558 in Frankfurt feierlich anerkannt. Seit dieser Zeit verblieb das deutsche Kaiserthum bis zu seinem Untergange durch dritthalb Jahrhunderte bei der österreichischen Linie des Hauses Habsburg, mit einer

Ferdinands Tod (Juli 1564.)

25*

einzigen kurzen Unterbrechung. Wiederum herrschte über Böhmen der deutsche Kaiser, und wie in den Puxemburger Zeiten war die böhmische Krone mit der römischen vereinigt. Daß man in Böhmen nicht wenig darauf stolz war, den höchsten Beherrscher der Christenheit zum König zu haben, beweist der überaus glänzende Empfang, den man Ferdinand nach Erlangung der Kaiserwürde in Prag bereitete (1558). — Als Ferdinand nachher seine Kräfte allmählich abnehmen sah, beschäftigte ihn der Gedanke, seine Kronen auf seine Kinder zu vererben. Noch bei Lebzeiten gelang es ihm, die Krönung des erstgeborenen Maximilian in Böhmen (1562), Ungarn und Deutschland durchzusetzen. Zwei Jahre darauf starb er an der Wassersucht im 62. Lebensjahre nach einer langen und mühevollen Regierung (25. Juli 1564). Auch die Feinde des Kaisers Ferdinand I. erkennen dessen hohe Herrscher tugenden an und loben vor Allem seine große Liebe zur Gerechtigkeit. Ferdinand besaß einen seltenen Fleiß und eine unverwüstliche Arbeitskraft; nüchterner, klarer Verstand und unbeugsame Willensstärke leuchten aus allen seinen Handlungen hervor. Mäßig für sich, war er freigebig gegen Andere; im Uebrigen wird er als Muster eines frommen Katholiken und eines guten Familienvaters gerühmt.

Wenn Ferdinand nach Karl IV. der erste wiederum eine energische und erfolgreiche Regierung aufzuweisen hat, wenn beide Herrscher einander in dem Umstande gleichen, daß sie über weitverzweigte Ländermassen ihr Scepter schwangen, so kann auch beiden ein und derselbe politische Fehler vorgeworfen werden, den sie, der eine wie der andere, am Schlusse ihres Lebens begiengen. Wie der Luxemburger, so verordnete auch der Habsburger in seinem Testamente aus übergroßer Vaterliebe die Theilung seiner Ländereien. Während Maximilian Böhmen, Ungarn und Oesterreich erhielt, gelangte Erzherzog Ferdinand in den Besitz von Tirol, der dritte Sohn Karl aber wurde Beherrscher von Steiermark, Kärnthen, Krain und Görz. Die Länder der österreichischen Monarchie zersplitterten sich so wieder in drei Gruppen, und es dauerte ein volles Jahrhundert, bis sie sich abermals zu einem gemeinschaftlichen Reiche vereinigten.

Der neue König Maximilian war mit glänzenden Regentengaben ausgerüstet, und nicht geringe Hoffnungen hegte man von ihm, als er den Thron bestieg. Er war leutselig und wohlwollend gegen Jedermann, besaß bedeutende Kenntnisse in den Wissenschaften und Staatsgeschäften, redete geläufig in fünf Sprachen und war gewohnt, seine Zeit mit ernster Arbeit zu verbringen. Besonders aber wird Maximilian charakterisiert durch seine religiöse Freimüthigkeit und Toleranz, die in jenen Zeiten fanatischer Glaubensstreitigkeiten wohlthuend gegen die allgemeine Unduldsamkeit abstach. In seiner Jugend neigte er sich augenfällig zum Protestantismus; er stand in regem Verkehre mit protestantischen Gelehrten, vertraute den Unterricht seiner Kinder dem protestantisch gesinnten Schulrektor Muschler in Wien und nahm einen eifrigen Lutheraner, den Prediger Pfauser, in seine Dienste.

Sein gut katholischer Vater Ferdinand war deswegen sehr besorgt, und er in

Gemeinschaft mit Maria, der Tochter Karls V. und Gemahlin Maxmilians, suchten seiner Neigung für den neuen Glauben möglichst entgegen zu wirken. Wenn
in Folge dessen, sowie aus politischen Gründen Maxmilian nach seiner Thronbesteigung nicht, wie die Protestanten es wünschten und hofften, zu ihrer Religion über-
trat, so blieb er doch ihr Gönner, ohne anderseits den Katholiken in irgend einer
Weise nahe zu treten. Er stand erhaben über den Parteien und pflegte zu sagen,
daß diejenigen, welche über das Gewissen der Menschen herrschen wollen, sich ver-
messen, auf Gottes Thron zu steigen. In der Praxis wurde es ihm allerdings
manchmal unmöglich, seine Objektivität in religiösen Dingen strenge durchzuführen,
und er blieb oft nur bei halben Maßregeln stehen; es machten in dieser Beziehung
die Rücksichten auf den Papst, sowie auf den verwandten spanischen Hof ihren
Einfluß auf ihn geltend; daher kommt es auch, daß man ihm vielfach mit dem
Vorwurfe der Zaghaftigkeit und Wankelmüthigkeit entgegentritt.

Zwei Fragen vornehmlich erwarteten von der Regierung Maxmilians ihre Religiöse
Unterhandlungen
(1567—75.)
Lösung, die Schlichtung der religiösen Streitigkeiten und die Beendigung der Türkenkriege. Den Böhmen waren endlich die Kompaktaten bewilligt worden, allein
nur sehr wenige von der utraquistischen Partei hiengen denselben an. Die Brüder
hatten ihre eigene Konfession, während die Mehrheit der Stände dem Protestantismus sich zuneigte. Letztere setzten unter Maxmilian Alles daran, gesetzlich anerkannt zu werden und das Konsistorium in ihre Hände zu bekommen. Auf einem
Landtage im Jahre 1567 erlangten sie bereits das Zugeständniß, fernerhin nicht
mehr nach den Kompaktaten sich richten zu müssen. Auf späteren Landtagen brachten sie wiederholt ihre weitgehenden Wünsche vor, ohne aber zu einem befriedigen-
den Resultate zu gelangen; die eigene Gesinnung, sowie die stäts drohende Türkengefahr machten den Kaiser zur Nachgiebigkeit bereit, wenn nur nicht anderseits die
Mahnungen der päpstlichen Kurie hinderlich in den Weg getreten wären. Die
evangelischen Stände aber gaben die Hoffnung nicht auf, ihr Ziel endlich doch zu
erreichen. Als Maxmilian im Jahre 1575 wieder einen Landtag einberief, weigerten sie sich, die königlichen Vorschläge in Berathung zu ziehen, wenn nicht zuvor
die Religionsangelegenheiten geordnet wären. Der geldbedürftige Kaiser erlaubte
ihnen zu diesem Behufe unter sich Unterhandlungen zu pflegen. Nachdem sie vergeblich mit den Katholiken und den Altutraquisten wegen einer Einigung verhandelt hatten, schlossen sie ein enges Bündniß mit den Anhängern der böhmischen
Brüderunion, die unter Maxmilian, wenn auch nicht erlaubt, so doch geduldet
wurde. Man änderte das Augsburger Glaubensbekenntniß in einigen Punkten
nach den Lehrmeinungen der Brüder und bezeichnete es mit dem Namen der „böh- Böhmische
Konfession
(1575.)
mischen Konfession"; diese zu bewilligen, der neuen Konfession das Konsistorium zu
übergeben und zu dessen Schutze die Einsetzung eigener Defensoren zu gestatten,
wurde nun der Kaiser bestürmt. Die Brüder hielten übrigens noch nebenbei an
ihrer Union fest; sie schlossen sich der gemeinschaftlichen Bitte wohl an, nannten

sich in derselben aber ausdrücklich Anhänger der Brüderunion, die allerdings von der böhmischen Konfession in nichts Wesentlichem abweiche. Nach langem Zögern entschied sich Maximilian am 25. August für eine Antwort, die er den Ständen mündlich ertheilte. Er versprach in derselben, die Religion der Stände künftighin wie bisher, auf keinerlei Weise zu beirren und dafür zu sorgen, daß in diesem Sinne auch sein Sohn und alle seine Nachfolger verfahren werden. Das Konsistorium könne er nicht ändern, dagegen gestatte er den Ständen die Wahl der gewünschten Defensoren, welche unter königlichem Schutze ihr Amt ausüben sollten. Dieser Bescheid befriedigte zum großen Theile die Forderungen der Stände. Die evangelische Geistlichkeit unterordnete sich nicht mehr dem ultraquistischen Konsistorium, sondern den Defensoren, oder den von denselben ernannten Superintendenten in den einzelnen Kreisen. Bei der sofortigen Wahl für fünfzehn Defensoren berücksichtigte man die Herren, Ritter und Städte gleichmäßig, indem man aus jedem Stande je fünf Mitglieder nahm. Vollkommene Religionsfreiheit war jedoch in Böhmen mit diesen Zugeständnissen des Kaisers keineswegs gewonnen. Die päpstliche Partei mußte es durchzusetzen, daß Maximilian nach dem Landtage von 1575 eine Erklärung abgab, der zu Folge die königlichen Städte dem Konsistorium untergeordnet, bezüglich der böhmischen Bruderunion aber die Verordnungen König Wladislaws und Ferdinands in Kraft bleiben sollten.

Friede von Adrianopel (1568.)

Große und wiederholte Geldhilfen mußte Böhmen dem Kaiser zu den nach Ferdinands Tode wieder ausbrechenden Türkenkriegen steuern. Johann Sigmund Zapolya von Siebenbürgen, der 1564 den Kampf begonnen hatte, wurde zwar von dem kaiserlichen Feldherrn Lazarus Schwendi zur Ruhe gezwungen; allein Sultan Soliman II., von Zapolya zu Hilfe gerufen, rückte mit einem großen Heere nach Ungarn und nahm den Krieg von Neuem auf. Als aber der greise Sultan vor dem durch Niklas Zrinyi auf das Heldenmüthigste vertheidigten Szigeth gestorben (1566) und sein Nachfolger Selim II. in Asien beschäftigt war, kam 1568 ein

Polnische Angelegenheiten. Friede in Adrianopel zu Stande. — Nach dem Aussterben des Jagellonischen Königshauses in Polen (1572) bemühte sich Maximilian, dieses Königreich an das Haus Habsburg zu bringen. Der polnische Adel wählte Anfangs den französischen Prinzen Heinrich (1573), zerspaltete sich aber nach der Flucht desselben in zwei Parteien, von denen die eine Maximilian selbst, die andere Stephan Bathory von Siebenbürgen zum Könige ausrief (1575). Es sollte eben zum Kriege kommen, und bereits begann man auch in Böhmen die Rüstungen, als Kaiser Maximilian vom

Maximilians Tod (Oct. 1576.) Tode ereilt wurde (12. Oct. 1576). Die Stände lobten sich die versöhnliche Regierung dieses Kaisers. Sie geriethen mit demselben niemals in so harte Konflikte, wie mit dessen Vater Ferdinand, und arbeiteten ruhig an der Vergrößerung ihrer Sonderrechte. Als sein Sohn Rudolph den Thron bestieg, empfahlen die mährischen Stände demselben eindringlichst, er möge so gut und milde regieren, wie der Vater. Wenn von irgend einem Könige, so konnte man von Maximilian behaupten, dass er mit seinem Volke im Frieden leben wollte. Er hinterließ sechs Söhne: Rudolph, Ernst, Mathias, Maximilian, Albrecht und Wenzel. Der erst= geborene Rudolph war noch zu Lebzeiten seines Vaters zum Könige von Böhmen (21. Sept. 1575), sowie von Deutschland (1. Nov.) gekrönt worden und folgte jetzt auch in der Regierung über Oesterreich und Ungarn.

2.
Rudolph II. und Mathias. Innere Kämpfe.
(1576—1618.)

Kaiser Rudolph war von kleiner und zierlicher Gestalt. Sein blasses Gesicht mit der edelgeformten Stirn und den großen, mildestrahlenden Augen hinterließ einen gewinnenden Eindruck. Bart und Haupthaar waren fein gekraust, die etwas großen Lippen erinnerten an die Habsburgische Abstammung. Rudolph war mit seinem Bruder Ernst in Spanien erzogen worden, was nicht ohne Einfluss auf die Entwickelung seines Charakters blieb. Er nahm daselbst etwas vom Wesen Philipps II. an, war ernst und düster, scheu und den gewöhnlichen Vergnügungen abhold, wie dieser. Im Gegensatze aber zum spanischen Könige war Rudolph in religiösen Dingen nach dem Beispiele seines Vaters tolerant, und wenn es wahr ist, was das Persecutionsbüchlein erzählt, so hatte der Kaiser einmal den Entschluss gefasst, einen „Friedensorden" zum Zwecke der Gewissensfreiheit zu gründen, damit wer Christum anrufe, unverletzlich sei. Er liebte die Ruhe und den Frieden, und wenn er in früheren Jahren dem Reiten, der Jagd oder dem Ballspiele einige Zeit widmete, so geschah es nur wegen der nöthigen körperlichen Bewegung. Die geistigen Fä= higkeiten des Kaisers waren keineswegs unbedeutend. Fremde Gesandte wunderten sich oftmals über den Reichthum seiner Kenntnisse und die Schärfe seines Ur= theils. Er verstand die deutsche, spanische, lateinische, italienische, französische und einigermaßen die tschechische Sprache, bediente sich zumeist aber der deutschen, für die er eine gewisse Vorliebe hegte. Zu den eigentlichen Regierungsgeschäften besaß der Kaiser weder Neigung noch Eifer. Er übertrug dieselben seiner Um= gebung, ohne aber seine Hand etwa ganz aus dem Spiele zu lassen. Die so gewonnene Muße widmete er der Pflege der Künste und Wissenschaften, und seine Residenz, die Prager Burg, wurde der Sammelplatz ausgezeichneter Künstler und Gelehrten. In der Malerei und in Schnitzarbeiten versuchte sich der Kaiser wohl selbst; unter den Wissenschaften beschäftigte er sich am liebsten mit der Astronomie und der Chemie, freilich auch mit deren Ausartungen, der Astrologie, und der Al= chemie. Sterndeuter und Goldmacher waren am Hofe Rudolph's gern gesehene Leute; er selbst stellte bei jeder halbwegs wichtigen Gelegenheit das Horoskop. Der Kaiser verheirathete sich niemals, unterhielt dafür jedoch geheime Liebschaften; unter An-

Kaiser Rudolph II. (1576—1612) Charakter.

dern stand er zur Tochter seines Antiquars Strada in vertrautem Verhältnisse und erhielt von dieser drei Söhne und drei Töchter. Diese Schilderung der Charaktereigenthümlichkeiten des Kaisers hat ihre Richtigkeit bis zum Jahre 1600. Von da an geht die Schwermuth Rudolphs allmählich in eine förmliche Geisteskrankheit über, deren verhängnißvolle Wirkungen uns nachher eingehend beschäftigen werden.

Verfall der böhmischen Konfession.

Ruhig flossen die ersten Regierungsjahre Rudolphs dahin. Mit den Türken wurde ein neuer Waffenstillstand abgeschlossen, und erst im Jahre 1593 brach mit ihnen der Krieg von Neuem aus. Böhmen lieferte zu demselben seine gewohnte Geld- und Blutsteuer, und einzelne Krieger aus diesem Lande zeichneten sich durch besondere Tapferkeit aus. Im Innern Böhmens aber hielt die Frage der religiösen Gleichberechtigung die Gemüther in stäter Aufregung. Maximilian hatte sie nicht gelöst, aber auch Rudolph brachte es nicht zu durchgreifenden Maßregeln, obwohl er durch seine spanische Erziehung in kirchlichen Dingen zu viel strengeren Ansichten gekommen war, als sein Vater. Rudolph ermöglichte weder die feste Organisation der böhmischen Konfession, noch unterstützte er den immer mehr verschwindenden Katholicismus in hinreichender Weise. Nur gegen die Brüderunion verfuhr er so energisch, wie seine Vorgänger, und ließ die Verbotsedikte gegen sie erneuern. Es blieb mit Einem Worte in den ersten Regierungsjahren Kaiser Rudolphs Alles beim Alten, nur daß je länger solche unfertige Zustände dauerten, desto mehr auch die daraus entspringenden Wirren sich häuften. Die evangelischen Stände baten vergeblich um Ueberlassung des Konsistoriums und die Erlaubniß der böhmischen Konfession für die Städte — Wünsche, die Rudolph eben so wenig berücksichtigte, wie Maximilian; desowegen hatten unter letzterem schon die Defensoren ihr Amt niedergelegt, und die Stände schritten nunmehr zu keiner Neuwahl. Alles gerieth in die größte Unordnung; das ultraquistische Konsistorium wurde auch von den Städten nicht mehr beachtet; der Adel setzte seine protestantischen Priester selbst ein und verfügte bei dem Mangel einer geistlichen Oberbehörde ganz willkürlich in religiösen Angelegenheiten.

Vorgehen der Katholiken (1590 fg.).

Während die böhmische Konfession, sowie die wenigen Ultraquisten in Ermangelung einer ordentlichen Verfassung und einer kräftigen Kirchenzucht das Bild kläglicher Zerfahrenheit darboten, begann die an Zahl viel geringere katholische Partei sich zusammenzuraffen und allmählich eine feste Stellung nicht nur der Abwehr, sondern auch des Angriffes einzunehmen. Wie an anderen Orten, so kämpften auch in Böhmen die Jesuiten in erster Reihe und am erfolgreichsten gegen den Protestantismus. Durch ihr Beispiel aufgemuntert schöpfte das Domkapitel und mit ihm der katholische Klerus neuen Muth: ihren Bestrebungen kam der Umstand zu Hilfe, daß Rudolph die hohen Aemter in Böhmen mit Katholiken besetzte; als Erzherzog von Oesterreich aber in diesem Lande gemäß früherer Verordnungen viel schärfer gegen die Protestanten verfuhr, als in Böhmen. Wie bei dem Adel der böhmischen Konfession, fehlte es auch bei den katholischen Herren nicht an Aus-

schreitungen. Der oberste Hofmeister des Königreiches, Georg von Loblowitz, über=
gab in seiner Stadt Kommotau die protestantische Pfarre den Jesuiten und zwang
die Bewohner, den katholischen Gottesdienst zu besuchen (1590). Ja späterhin
gieng Herr Jaroslaw Borschita von Martinitz in seinem Eifer so weit, daß er
seine Bauern auf der Herrschaft Smetschno mit Hunden in die Predigten der
Jesuiten hetzle und den Befehl erließ, den Widerspänstigen die hl. Hostie mit Ge=
walt in den Mund zu stopfen. Die Nachrichten, welche von der gewaltsamen Ge=
genreformation eintrafen, die der streng katholische Erzherzog Ferdinand in Steier=
mark durchführte, stachelten die böhmischen Katholiken zu immer entschiedenerem
Vorgehen auf (1598). Rudolph hielt sich für seine Person fern von der katho=
lischen Propaganda. Sein Phlegma verlangte Aufrechthaltung der bestehenden Ver=
hältnisse, so gut in religiösen, wie in politischen Dingen. Nur wenn man die
königliche Macht selbst verletzen wollte, dann konnte der König in gerechte Auf=
wallung gerathen, wie denn z. B. Georg von Loblowitz, der erwähnte eifrige Ka=
tholik, seine gegen die Krone gerichteten Ränke mit langjähriger Kerkerstrafe und
endlicher Hinrichtung büßen mußte.

Im Jahre 1600 traten zum ersten Male die unverkennbaren Anzeichen der
Geisteskrankheit des Kaisers auf, mit welchem Ereignisse der Einförmigkeit in der
bisherigen Regierung plötzlich ein Ende bereitet wurde. Rudolph faßte die fixe
Idee, man strebe nach seinem Leben, und er werde von einem Mönche ermordet
werden. Deßwegen zog er sich noch mehr als früher in seine Gemächer zurück,
mied jede öffentliche Erscheinung und ließ sich, um auch im Verborgenen seine
Spaziergänge machen zu können, besondere verdeckte Gänge im Burggarten erbauen.
Da er einen Mönch als seinen zukünftigen Mörder voraussah, so faßte er einen
unbezwinglichen Haß gegen die Geistlichkeit und übertrug denselben auch auf alles
kirchliche Leben, so daß er keinen Gottesdienst mehr besuchte. Mit den Qualen
der ewigen Todesangst, die der Kaiser ausstand, vereinigte sich eine fortwährende
Sorge um die Erhaltung seiner Kronen. Daher hegte er gegen Jedermann Miß=
trauen, insbesondere aber gegen seine Umgebung, aus welcher er alle Männer von
einer gewissen Bedeutung entfernte und durch untergeordnete Persönlichkeiten er=
setzte. Letztere mußten sich zu Zeiten auch Mißhandlungen gefallen lassen, namentlich
wenn der Wahnsinn des Kaisers in Tobsucht ausartete, in welchem Zustande der
Unglückliche auf Alles loosschlug, was ihm in den Weg kam. Als die Habsbur=
gischen Verwandten des Kaisers von dessen Krankheit Nachricht erhielten, beeilten
sie sich, denselben zur Annahme eines Mitregenten aus der Familie zu bewegen.
Erzherzog Mathias, der Statthalter in Oesterreich, kam von Wien nach Prag,
um in seinem eigenen Interesse zu arbeiten, König Philipp III. von Spanien ließ
durch seinen Gesandten bei Rudolph für den Erzherzog Albrecht, den Beherrscher
der Niederlande, werben. Allein der Kaiser, den das Herandrängen von Thronkan=
didaten noch mehr in seinem fixen Argwohn bestärkte, wies eine jede Mitregentschaft

Krankheit
des Kaisers
(1600).

zurück, obwohl sich auch der Papst Klemens VIII. und der Kurfürst von Köln durch eigenhändige an ihn gerichtete Schreiben dafür ausgesprochen hatten. Rudolph blieb in dieser Frage unerbittlich; wer immer sie anregte, zog sich seinen Zorn zu. Zwei Geheimräthe wurden deßwegen Knall und Fall entlassen, den spanischen und päpstlichen Gesandten aber die Audienzen verweigert.

Rudolphs
absolutistische
Pläne
(1602—4)

Allein Rudolph stemmte sich auf die Dauer vergeblich gegen jene Maßnahmen, welche die unausweichliche Nothwendigkeit der Verhältnisse erforderte. Vorläufig glaubte er vor aller Welt Zeugniß ablegen zu müssen, daß er allein auch noch fähig sei, die Zügel der Regentschaft mit Kraft und Erfolg zu führen. Er beschloß aus seiner bisherigen Indolenz den Ständen gegenüber sich herauszureißen und sowohl die akatholische, wie die ständische Opposition mit Einem Schlage niederzuschmettern. Der Aufbau einer absoluten Monarchie, wie sie ihm vielleicht seine spanischen Erinnerungen vorspiegelten, sollte den Zeitgenossen den Beweis von seiner eigenen Machtfülle liefern. Plötzlich, zur Ueberraschung Aller, ließ er im Jahre 1602 das von Wladislaw II. (1508) gegen die Brüderunion gerichtete Mandat erneuern und unter feierlichem Trompetenschall in Prag verkünden. Der Schreckschuß war gegen die evangelischen Stände gerichtet, indem der Wortlaut des Ediktes wohl vornehmlich die Brüder berührte, aber auch auf jene leicht ausgedehnt werden konnte; vorläufig litten allerdings nur die Brüder darunter, da namentlich ihre Hauptversammlung in Jungbunzlau trotz aller Proteste gesperrt wurde. In Mähren, wo gesetzliche Religionsfreiheit herrschte, rüttelte Rudolph mit aller Macht an der ständischen Verfassung, und ein Schrei allgemeiner Entrüstung erhob sich in diesem Lande über die vielen Verletzungen der Landesordnung durch die Beamten des Kaisers. Dieser ließ sich aber in seinem kühnen Beginnen nicht stören. Die glücklichen Fortschritte, die er um diese Zeit in den fortdauernden Türkenkriegen aufzuweisen hatte, verblendeten ihn vollends, so daß er sofort auch in Ungarn seinem Plane gemäß dem Absolutismus Bahn zu brechen suchte. Kaum hatte er aber hier begonnen, durch einige Maßregeln den Protestantismus zu beeinträchtigen, da erhob sich plötzlich das ganze Land mit Siebenbürgen zum blutigen Aufstande. Stephan Bocskay, ein vornehmer, von des Kaisers Höflingen persönlich gekränkter Siebenbürger, stellte sich an die Spitze der Empörung und verband sich mit den Türken zur Vernichtung der Habsburgischen Macht in Ungarn (1604). Das kaiserliche Heer, welches von dem geldarmen Rudolph keine Unterstützung erhielt, wurde an allen Punkten zurückgedrängt, und die siegreichen Scharen der Feinde drangen plündernd nach Steiermark, Oesterreich und Mähren vor.

Habsburgische
Familien-
beschlüsse
(1605 ff).

In diesem Augenblicke der großen Gefahr traten in Linz mehrere Habsburgische Prinzen, Mathias, sein Bruder Maximilian und aus der steierischen Linie Ferdinand mit Maximilian Ernst, zusammen zur Berathschlagung über die Mittel zur Wahrung der dynastischen Interessen (1605). Sie setzten ihre Verabredungen im April 1606 in Wien fort und schlossen endgiltig eine urkundlich festgestellte Einigung ab, nach welcher Erzherzog Mathias als Erstgeborener zum Haupte und zur Stütze der Familie erwählt wurde, weil „Se. Majestät aus den ihr zu verschiedenen Zeiten sich erzeugenden Gemüthsblödigkeiten zur Regierung der Königreiche nicht genugsam noch tauglich sich befinden." Mit diesem Instrumente in der Hand glaubte der Erzherzog Mathias sein nunmehriges Vorgehen rechtfertigen zu können. Er meinte in seinem maßlosen Ehrgeize und seiner kalten Herzlosigkeit den unglückseligen Bruder, da es auf gütlichem Wege nicht gehe, auch gewaltsam des Thrones berauben zu dürfen. Die übrigen Habsburgischen Prinzen dachten nicht an diesen äußersten Fall; nur der spanische Hof, der sich jetzt ganz auf die Seite des Mathias neigte, wurde durch die Berichte seines Prager Gesandten für den Entthronungsplan gewonnen.

Inzwischen drängte die ungarische Frage ihrer Lösung entgegen. Rudolph sah sich genöthigt, seinem Bruder Mathias, obwohl er ihm gar nicht mehr traute, die Friedensunterhandlungen zu überlassen. Dieser vereinbarte mit Bocskay den Wiener Frieden (Juni 1606) und schloß hierauf mit den Türken den Frieden von Zsitwa-Torok (Nov. 1606). Beide Verträge aber weigerte sich Rudolph zu bestätigen, weil Mathias in einigen Punkten seine Vollmacht überschritten und größere Zugeständnisse als nothwendig gemacht habe. Die Kluft zwischen den zwei Brüdern erweiterte sich immer mehr; Rudolph nannte den Mathias öffentlich bei der Tafel einen Schelm, und auf den letzteren wirft es in der That kein günstiges Licht, daß die vom Kaiser in einem hellen oder dunklen Augenblicke vollzogene Ratifikation des Zsitwa-Toroker Friedens durch den bestochenen Kammerdiener Philip Lang gestohlen und nach Wien geschickt wurde. Als vollends Rudolph mit einem gewissen Geräusche von Heiratsprojekten sprach, dann wieder den Erzherzog Leopold, den Bruder des steierischen Ferdinand, als seinen Nachfolger bezeichnete und diesen als seinen Principalkommissär zum Regensburger Reichstage nach Deutschland schickte (1607), da lüftete auch Mathias die Maske und holte zum ersten Schlage gegen seinen kaiserlichen Bruder aus. Er suchte sich zunächst des Einverständnisses der Stände in den einzelnen Ländern zu versichern und fand bei diesen ein freundliches Entgegenkommen, da sie ja durch die jüngsthin zu Tage getretenen absolutistischen Gelüste des Kaisers nicht wenig erbittert worden waren. Die mährischen und ungarischen Magnaten hatten sich unter der Führung Karls von Zierotin und des ungarischen Herrn Illeshazy zu Rossitz bereits über die gewaltsame Lösung der endlosen Wirren geeinigt; der Führer der Oesterreicher, Freiherr von Tschernembl, neigte sich zu derselben Ansicht. Ohne Weiteres berief also Mathias jetzt auf seine Faust, trotz des kaiserlichen Gegenbefehls, den ungarischen Landtag und die ständischen Ausschüsse von Ober- und Niederösterreich nach Pressburg und bewerkstelligte daselbst eine Konföderation, welche beschloß, die Friedensschlüsse vom Jahre 1606 gegen Jedermann, namentlich gegen den Kaiser, aufrecht zu erhalten

Berschwörung der Stände mit Mathias (1607 8).

und zu vertheidigen (1. Febr. 1608). Auch Böhmen und Mähren sollte in das revolutionäre Bündniß einbezogen werden; den mährischen Ständen wurde zu diesem Behufe ein Landtag nach Eibenschütz angesagt, während die böhmischen Stände späterhin zu einer Versammlung nach Časlau geladen wurden. Die Mährer traten bereitwilligst zur Konföderation und erklärten auf dem Eibenschützer Tage, nicht bloß für die beiden Friedensbeschlüsse einstehen, sondern auch gegen andere ungerechte Angriffe sich vertheidigen zu wollen (19. April).

Zug Mathias nach Böhmen 1608. Die Empörung der Stände gegen ihren König und Kaiser war im schönsten Flusse. Mathias traf nunmehr auch kriegerische Vorkehrungen und rückte mit einem Heere durch Mähren gegen die böhmische Gränze vor. Für Rudoloh, der in diesem Jahre mehr als sonst an seiner Krankheit litt, wurde die Lage in der That eine kritische. Ringsum mehrten sich seine Feinde, und von keiner Seite erblickte er Hilfe. Spanien, Rom, einige Fürsten Deutschlands selbst begünstigten den Aufstand seines treulosen Bruders, und die Hoffnungen auf den Regensburger Reichstag hatten sich als eitel erwiesen. Deßhalb gab er die bis jetzt festgehaltene Idee einer Fortsetzung des Türkenkrieges auf und ließ seinem Bruder nach Zuaim melden, daß er dem Frieden mit den Türken seine Bestätigung nicht länger versage. Es war ein Irrthum, wenn Rudolph meinte, mit diesem Antrage dem Aufstande die Spitze abzubrechen. Die Stände hatten ja bereits ihr Programm in Eibenschütz erweitert, Erzherzog Mathias aber wurde von seinem Ehrgeize unaufhaltsam auf der abschüssigen Bahn den ihm in nicht so weiter Ferne winkenden Kronen entgegengetrieben; er berücksichtigte den Antrag seines Bruders nicht weiter, erklärte geradezu in einem Manifeste seine Absicht, die verdorbene Regierung aufbessern zu wollen, und forderte die böhmischen Stände zum Erscheinen auf dem Časlauer Landtage auf. Alsdann rückte er mit gezücktem Schwerte nach Böhmen vor, um sein Werk zu beenden. König Rudolph traf jetzt in aller Eile die nothwendigsten Maßregeln zur Abwehr der herannahenden Gefahr. Er concentrierte seine Streitkräfte unter der Anführung des Grafen von Tilly in der Nähe von Prag und berief in diese Stadt die böhmischen Stände zu einem Landtage zusammen. Da aber indessen Mathias bis nach Časlau vorgerückt war (10. Mai), und von Deutschland dem Kaiser in der bedenklichen Lage keine Hilfe kam, so entschloß er sich insbesondere auf den Rath des spanischen Gesandten, zu einem abermaligen Versuche, auf gütlichem Wege mit seinem Bruder einen Vergleich zu bewerkstelligen. Er schickte eine Gesandtschaft nach Časlau, bot als Preis des Friedens die Abtretung von Ungarn und Oesterreich an und versprach überdies seinem Bruder die Anwartschaft auf die böhmische und deutsche Krone. Aber auch dieses genügte den rebellischen Ständen schon nicht mehr. Der von ihnen ganz in's Schlepptau genommene Erzherzog verlangte in seiner unersättlichen Ländergier in seinem und seiner Verbündeten Namen auch die sofortige Uebergabe von Böhmen und die Zurückziehung des Kaisers nach Tirol in den Ruhestand. Unverzüglich

marſchierte der Erzherzog nach Kolin, woſelbſt neue, aber vergebliche Verhandlun=
gen angeknüpft wurden, und traf bereits am 19. Mai in Böhmiſchbrod ein. Rath=
los, wahrhaft erbarmungswürdig war die Lage des unglücklichen Kaiſers. Sein
zuſammengezogenes Heer war ſchlecht discipliniert und keineswegs ſchlagfertig ; er
ſelbſt fühlte ſeine Unfähigkeit zu energiſchen Schritten, in der Nachgiebigkeit aber
hatte er bereits das Aeußerſte geleiſtet. Da tauchte in ihm der Gedanke auf, durch
die Flucht ſich der jämmerlichen Bedrängniſs zu entziehen. Aber er erfuhr das
Aergſte. Mit Thränen in den Augen hörte er die Erklärung der ſächſiſchen Ge=
ſandten an, daſs ihr Herr auf den Empfang eines ſolchen Gaſtes nicht vorbereitet
ſei. Die Kronbeamten aber eilten zu ihm, ſtürmten in ihn, abzulaſſen von der
Idee, zu flüchten, und warfen ihm vor, „daſs ſeine Trägheit und ſeine völlige
Vernachläſſigung des Gemeinwohles die Urſache dieſer Bewegung ſei.“ Als der
Arme, überwältigt von Schmerz und Scham, ſein Antlitz abkehrte, um nicht wei=
tere Schmähungen zu hören, da ergriff ihn der Kanzler beim Kleide und zwang
ihn, noch ferner den Vorwürfen der unedlen Diener ſein Ohr zu leihen. Das
Fluchtprojekt wurde aufgegeben, und neuerdings wurden Unterhandlungen mit Ma=
thias in Bömiſchbrod eröffnet, die jedoch wieder zu keinem Ziele führten.

Unterdeſſen war am 23. Mai der Landtag der böhmiſchen Stände durch
Rudolph ſelbſt in feierlicher Weiſe eröffnet worden. Lange hatte ſich der Kaiſer
dem Volke nicht mehr gezeigt, und die Sage war entſtanden, er ſei geſtorben,
und ein Schuſter habe ſeine Stelle eingenommen. Allgemeine Verwunderung
und tiefes Mitleid ergriff die Verſammelten, als der alte, ſchwache Mann mit
eisgrauen Haaren und gekrümmtem Rücken in unſicherer Haltung in den Landtagſaal
hereinwankte. Doch nur wenige Minuten vertrug der menſchenſcheue Greis den
Anblick ſo vieler Leute. Nach kurzer Begrüßung der Verſammlung übergab er die
Vorlage zur Berathung, entſchuldigte ſich, der Vorleſung derſelben aus Schwäche
nicht mehr beiwohnen zu können, erhob ſich von ſeinem Sitze und zog ſich wieder
in ſeine Gemächer zurück. Der Landtag erfreute ſich eines zahlreichen Beſuches,
was vielfach auffiel, da doch Mathias die Stände mit allen möglichen Mitteln,
nach Caſlau zu locken nicht unterlaſſen hatte. Die böhmiſchen Stände blieben bis
jetzt ihrem Könige treu, aber nicht etwa aus Achtung vor dem Geſetze, ſondern
aus ganz egoiſtiſchen Gründen. Sie glaubten nämlich, von Rudolph in ſeiner
verzweifelten Lage mehr Konceſſionen zu erlangen, als ſelbſt Mathias anbieten
konnte, und hatten auf dieſe Weiſe die Rechtlichkeit der Form und die größere
Sicherheit im Erfolge für ſich. Uebrigens ſtimmte der bedeutendſte Adelige in
Böhmen, Wok von Roſenberg, ein Schleppträger der Politik Chriſtians von
Anhalt, nicht mit dem Vorgehen und den Plänen der Partei Zierotin, Illeshazy
und Tſchernembl überein. Ehe ſomit die Stände auf die königliche Propoſition,
die lediglich die Anerkennung der Anwartſchaft des Erzherzoges Mathias auf die
böhmiſche Krone forderte, eingiengen, beſchloſſen ſie, vom Kaiſer Abhilfe ihrer

Landtag
(23. Mai 1608)

verschiedenen Beschwerden zu verlangen. In fünfundzwanzig Artikeln legten sie die gemeinschaftlichen Wünsche, die sich auf religiöse und politische Freiheit erstreckten, dem Kaiser zur Bestätigung vor. Wenzel von Budow, einer der angesehensten Herren aus der Brüderunion, hatte die Punkte formuliert; 200 Herren, 300 Ritter und alle königlichen Städte, mit Ausnahme von Pilsen, Budweis und Kaaden, waren den Forderungen durch ihre Unterschrift beigetreten. Unbegreiflicher Weise verweigerte der Kaiser seine Zustimmung, namentlich wegen der verlangten Religionsfreiheit, und es bedurfte der seltsamsten Pression, ehe er sich nachgiebig zeigte. Soeben langten nämlich die Gesandten des Mathias in Prag an, und wider alles Herkommen führte man dieselben in den böhmischen Landtag ein. Es waren gerade die Häupter der Revolution, der Vesprimer Bischof Valentin Lepes, Zierotin und Tschernembl. Mit glänzender Beredsamkeit forderte Zierotin die böhmischen Stände zum Beitritte zur Konföderation auf; über eine Stunde sprach er, doch ohne daß dem Schlusse seiner Rede ein Beifall gefolgt wäre. Immer noch hielten die Stände zu Rudolph; dieser mußte aber sofort nachgeben, sonst war der Uebertritt zu seinen Feinden auch Seitens der Böhmen beschlossene Sache. Graf Andreas Schlick stellte dem Kaiser die Dringlichkeit der Situation dar, und Rudolph fügte sich endlich dem Unvermeidlichen. Er bewilligte alle Forderungen, nur die Religionsartikel, bat er, möge man erst auf einem nachfolgenden Landtage, und zwar als ersten Gegenstand, erledigen; er verspreche bis dahin jede Verfolgung zwischen Katholiken und Protestanten strenge zu unterdrücken. Hiemit erklärten sich die Stände einverstanden, die Gesandten des Mathias aber zogen unverrichteter Sache von Prag ab.

Friede zu Lieben (25. Juni 1608). Es ist auffallend, warum Mathias nicht sogleich mit seiner bewaffneten Macht auf Prag losmarschierte, um mit Gewalt die Erfüllung seiner Wünsche zu erzwingen. Wurde er durch den Widerstand der böhmischen Stände, die nunmehr das allgemeine Aufgebot zusammenzogen, von diesem letzten Schritte zurückgeschreckt? Fürchtete er, die Zuverlässigkeit seiner Verbündeten würde im entscheidenden Augenblicke wanken, oder scheute er sich überhaupt im Bewußtsein seiner ungerechten Sache den Ausschlag der Unternehmung von einem Waffengange abhängig zu machen? Es folgten neue Verhandlungen, Anfangs in Dubelsch und später in Lieben, wo der Friede endgiltig abgeschlossen wurde (25. Juni). Nebst Ungarn, Ober und Niederösterreich trat Rudolph seinem Bruder auch Mähren ab, welch' letzteres Land seiner Verpflichtungen der böhmischen Krone gegenüber für die Zeit der Trennung enthoben sein sollte, während in Böhmen vom Kaiser und den Ständen dem Erzherzoge die Nachfolge gesichert wurde. Zwei Tage nachhe empfieng Mathias in Stierbohol, wo er zuletzt sein Lager aufgeschlagen hatte, die ungarische Krone von seinem Bruder. Kurz darauf zog er mit seinem Heere ab zum Jubel aller Böhmen, die bei diesem Einfalle, besonders durch die Ausschweifungen der ungarischen Truppen, viel Ungemach zu erdulden gehabt hatten.

Während Rudolph allerhand Beziehungen mit dem politischen Agitator Christian von Anhalt und anderen früher ihm feindlich gesinnten Männern anknüpfte, um möglicher Weise die verlorenen Länder zurückzugewinnen, verschob er die Ein= berufung des böhmischen Landtages, der über die Religionsfreiheit beschließen sollte, von einer Frist zur anderen. Als endlich im Januar 1609 die Stände zusammen= traten, zeigte sich der Kaiser so halsstörrisch und zäh, wie ehedem, obwohl gerade nichts Neues gefordert wurde. Die evangelischen Stände im Vereine mit den Brüdern verlangten Anerkennung der böhmischen Konfession, Ueberlieferung des Konsistoriums und der Prager Universität. Aber es lag einmal in des Kaisers Charakter, sich zu Allem zwingen zu lassen. Als er nach langen Streitigkeiten den Landtag, ohne nachgegeben zu haben, entlassen hatte, versammelten sich die evan= gelischen Stände eigenmächtig mit bewaffnetem Gefolge im Neustädter Rathause, trotzdem Rudolph wiederholt Verbote gegen diese verfassungswidrige Zusammen= kunft erließ (5. Mai). So befanden sich denn auch die böhmischen Stände auf dem Boden der Revolution, und zu welcher Erregung die Stimmung Einzelner bereits gestiegen war, offenbarte am besten einer von den „Brüdern," Namens Kinsky. Er riß ein kaiserliches Plakat von der Wand, trat es mit Füßen und rief: „Dieser König taugt Nichts, wir müssen einen anderen wählen." Es stand aller= dings jammervoll um den Unglückskönig, dessen Krankheit sich nicht besserte, der jetzt schon zum furchtbarsten Mittel griff und durch übermäßiges Trinken sein Leid zu vergessen suchte. Die tumultuarischen Versammlungen und die unruhige Haltung der Prager schüchterten ihn derart ein, daß er nach kurzer Zeit, wie die Evan= gelischen wünschten, den Landtag von Neuem einberief (24. Mai). Doch anstatt des Ausgleiches brachte der Landtag nur noch heftigere Stürme. Da der Kaiser einen vorgelegten Majestätsbrief, der die religiöse Freiheit verbürgte, nicht unter= zeichnen und nur halbe Freiheit zusagen wollte, entstand ein Höllenlärm im Land= tage; einige schrieen wie Hunde, Katzen oder Wölfe, liefen durcheinander und schreck= ten den König auf's Aeußerste, indem sie bis in seine Vorzimmer eindrangen. Der Landtag löste sich auf, und es erfolgte die noch auf demselben beschlossene „De= fension" oder der bewaffnete Widerstand (26. Juni). Allenthalben begannen die Edelleute zu rüsten, Truppen wurden angeworben, ein gewähltes Direktorium von dreißig Mitgliedern leitete vom Altstädter Rathause die Bewegung und bestellte zum obersten Feldherrn des ständischen Heeres den Grafen Heinrich Mathias Thurn, einen deutschen Edelmann aus kärnthnischem Geschlechte, das seine Abkunft auf die berühmten Mailändischen della Torre zurückführte. Solcher trotzigen Energie gegen= über schwand endlich der letzte Rest des kaiserlichen Widerstrebens. Am Abend des 9. Juli unterschrieb er den Majestätsbrief nach dem von den Ständen festgestellten Wortlaute ohne weitere Bedingungen und Klauseln. Die evangelischen Stände er= langten somit die Bestätigung der „böhmischen Konfession," deren Uebung Jedwedem (ob frei oder unfrei) freigestellt wurde; außerdem erhielten sie das Konsistorium und die Universität, sowie die Bewilligung zur Vertheidigung ihrer Rechte Defensoren aus den drei Ständen wählen zu dürfen. Die durch den Majestätsbrief noch unentschiedenen religiösen Verhältnisse regelte ein „Vergleich", der gleichfalls am 9. Juli im Auftrage des Kaisers zwischen den katholischen und evangelischen Ständen abgeschlossen wurde. In demselben versprachen sich die einzelnen Religionsparteien einander in der Ausübung der Konfession nicht hinderlich sein zu wollen; es sollen die drei höheren Stände auf ihren Besitzungen, Kirchen und Schulen errichten können, nur dürfe er nicht die Unterthanen zu irgend einem Glauben zwingen. Den utraquistischen Ständen sei es erlaubt, Priester nach der alten Ordnung oder aber nach der böhmischen Konfession einzusetzen. In königlichen Städten und auf königlichen Gütern dürfen die Bürger und Einwohner beider Religionsparteien unter Einer oder zwei Gestalten ihre Relegion frei ausüben und Kirchen errichten. Die Koncession an die Bewohner der „königlichen Güter," die nur im „Vergleiche" vorkam, spitzte sich nachmals zur verhängnißvollen Streitfrage zu.

Großer Jubel herrschte in Prag über die Ausfertigung des Majestätsbriefes, der auf dem Altstädter Rathhause vom Volke in Augenschein genommen, wo möglich geküßt und dann mit dem „Vergleiche" verlandtafelt wurde. Indessen grollte Kaiser Rudolph auf der Burg und sann auf Mittel, wie er Alles rückgängig machen und Rache nehmen könnte an seinem Bruder Mathias und den Böhmen, die seine Herrscherwürde so tief gekränkt. Mit Freuden ergriff er die Hand, die der junge Leopold ihm zum Bündnisse darbot. Erzherzog Leopold befand sich im Besitze der Bisthümer von Passau und Straßburg, obwohl er noch nicht zum Priester geweiht war. Der Erzherzog war gränzenlos ehrgeizig, und sein Sinn hieng viel mehr an weltlichen, als an geistlichen Dingen. Er wollte sich eine weltliche Herrschaft begründen, und fand in den österreichischen Wirren, sowie in dem eben entstehenden Jülichschen Erbfolgestreite eine passende Gelegenheit. Im Einverständnisse mit dem Kaiser wollte er erst Jülich sich unterwerfen, hierauf die böhmischen Protestanten besiegen und schlüßlich den Kampf mit Mathias aufnehmen. Zu diesem Endzwecke traf er in seinem Passauer Bisthume die umfassendsten Rüstungen, den nicht Eingeweihten nur die Jülicher Frage als Ursache vorschützend.

In Deutschland hatte bereits im Jahre 1594 ein Theil der protestantischen Reichsstände ein Bündniß zu Heilbronn abgeschlossen, das sich allmählich, namentlich durch den Einfluß Frankreichs und die Bemühungen des in pfälzischen Diensten stehenden Christian von Anhalt zur sogenannten „Union" umgestaltete (1608). Die religiösen Gegensätze Deutschlands erweiterten sich zur unübersteiglichen Kluft. Der evangelischen Union, die als ihr Haupt den Kurfürsten Friedrich von der Pfalz anerkannte, stellte sich unter dem Herzoge Maximilian von Baiern eine katholische Union, späterhin „Liga" genannt, entgegen. Heinrich IV., der König von Frankreich, der Erzfeind des Habsburgischen Hauses, der die Macht dieser Familie in Spanien wie in Oesterreich zu stürzen suchte, unterstützte die protestantische Union und beschloß mit dieser in Verbindung den Jülich'schen Erbfolgestreit zu benützen, um seinen beabsichtigten Vernichtungskampf gegen die Habsburger zu eröffnen. Er schickte den protestantischen Fürsten Hilfstruppen zur Eroberung von Jülich und rüstete aus Leibeskräften, um im Frühjahre 1610 den Hauptschlag zu führen. — Die Krankheit Rudolphs, dessen böses Verhältniß zu seinem Bruder Mathias, die Erhebung der Protestanten in den böhmischen und österreichischen Ländern war lange schon von Heinrich IV. und dessen Helfershelfer Christian von Anhalt mit scharfen Augen beobachtet worden und versprach ihrer Unternehmung den günstigsten Erfolg. Schwere Gefahren thürmten sich somit über das alte erlauchte Kaiserhaus zusammen, und wenn je, so that jetzt ein geeinigtes Vorgehen der Familienglieder Noth. Die katholischen Fürsten boten deßwegen Alles auf, um eine Versöhnung zwischen Rudolph und Mathias herbeizuführen. Auf Rudolphs Anregung wurde ein Fürstenkonvent in Prag abgehalten, auf demselben aber vom Kaiser als Hauptsache die Rückforderung der ihm von Mathias geraubten Länder behandelt (Mai 1610). Mathias mochte auf dieses Verlangen natürlich nicht eingehen, und die Fürsten ersuchten ihn um irgend eine andere Genugthuung. Vier Monate lang wurde deßwegen zwischen Wien und Prag verhandelt, aber Mathias der den Rüstungen Leopolds in Passau nicht recht traute, weigerte sich, persönlich nach Prag zu kommen und wies einen Vorschlag um den anderen, den ihm die deutschen Fürsten vorlegten, zurück. Endlich unterzeichnete er einen Vertrag, nach welchem er nur einige formelle Zugeständnisse zu machen hatte (30. Sept. 1610). Vornehmlich sollte er durch die Erzherzoge Maximilian und Ferdinand, sowie durch den Herzog von Braunschweig dem Kaiser Abbitte leisten und diesen wegen der abgetretenen Länder als seinen Lehensherrn anerkennen.

Die ceremonielle Abbitte, welche die beiden Erzherzoge für Mathias leisteten, war das einzige Resultat des katholischen Fürstenkonventes in Prag. Der Meuchelmörder Ravaillac, welcher am 14. Mai 1610 Heinrich IV. tödtete, hatte unbewußt dem Hause Habsburg ungleich größere Dienste geleistet, als die langwierigen Fürstenberathungen. Der große Krieg mit Frankreich war wohl beseitigt, aber die anderen Verwickelungen dauerten endlos fort. Obwohl Rudolph dem Mathias versprochen hatte, das Passauer Kriegsvolk zu entlassen, so blieb dieses doch beisammen und verlangte vorher die Auszahlung des rückständigen Soldes. Der heißblütige Erzherzog Leopold selbst war übrigens gar nicht geneigt, mit der Entlassung der Passauer seine Pläne, wenigstens die auf Erwerbung Böhmens, gegen die Ansprüche Mathias' aufzugeben, und der Kaiser leistete ihm, da es galt, dem verhaßten Mathias einen Streich zu spielen, keinen Widerstand. Kaiser Rudolph scheint überhaupt in dieser Zeit ganz von Leopold, der sich am Prager Hofe aufhielt, beherrscht und für dessen Absichten mit dem Passauer Kriegsvolk eingenommen worden zu sein. Uebrigens prophezeiten die kaiserlichen Astrologen, daß jetzt der Augenblick zum Sturze des Bruders gekommen sei. Daher brachen im December

Fürstenkonvent in Prag (Mai 1610).

Einfall der Passauer (1611).

noch die 12.000 Paſſauer unter Anführung Ramée's in Oeſterreich ein, in der Hoffnung, es würden ſich ihnen die Bewohner gegen Miathias anſchließen. Da dieſes nicht geſchah, nahm Ramée Ende Januar 1611, reiche Beute mit ſich ſchleppend, ſeinen Weg nach Böhmen und marſchierte trotz aller Proteſte der böhmiſchen Stände über Krummau, Budweis, Tabor nach Beraun und von da gegen Prag, vor welcher Stadt er ſich auf dem weißen Berge lagerte (13. Febr.). In Prag tagten die verſammelten Landtagsſtände, welche Rudolph gleich bei der erſten Nachricht vom Einfalle der Paſſauer berufen hatte. Sie drängten den König, er möge den Be= fehl zum ſofortigen Rückzuge der Truppen erlaſſen. Wohl that es Rudolph, aber die Paſſauer nahmen keine Notiz davon, weil Erzherzog Leopold ihnen ganz andere Weiſungen gab. Sie verſuchten vielmehr noch an demſelben Tage von der Schloſs= ſeite her in die Stadt zu kommen; da es ihnen aber nicht gelang, ſo marſchierten ſie gegen Koſchirſch und erſtürmten von hier aus in der Nacht vom 14. auf den 15. die ſchwach vertheidigte Kleinſeite am Laurenziberge, drangen in die Stadt und warfen unter blutigen Kämpfen das ſtändiſche Heer, welches von Thurn befehligt wurde, bis gegen die Brücke zurück. Die Altſtadt ſofort einzunehmen, was Erzherzog Leopold und Ramée wünſchten, gelang nicht; zwei Fähnlein Paſſauer Reiter, die ſich voreilig in Verfolgung der fliehenden Böhmen über die Brücke gewagt hatten, wurden abgeſchnitten und bis auf den letzten Mann nieder= gemacht. Die Erregung in der Alt= und Neuſtadt war außerordentlich. Das er= grimmte Volk, welches in dem Paſſauer Ueberfall nichts Anderes erblickte, als ei= nen von den Katholiken gegen die Proteſtanten lange vorher verabredeten Hand= ſtreich, beſchloſs furchtbare Rache zu nehmen an den Kloſterbewohnern, welche nach ihrer Meinung mit im Spiele waren. Unter den ſchändlichſten Gräuelſeenen wur= den mehrere Klöſter erſtürmt, die Mönche gemordet und die Kirchen durch frevel= haften Muthwillen, Raub und Mord entweiht. Vergeblich forderte am 16. ein kaiſerlicher Herold die Altſtadt zur Uebergabe auf; vergeblich ſuchte an den fol= genden Tagen Colonna von Fels im Auftrage Leopolds eine Vermittlung herbeizu= führen. Es bildete ſich eine ſtarre Oppoſition gegen Rudolph, und Wenzel Kinſki, der Führer des am Altſtädter Rathauſe verſammelten Rumpflandtages, fand all= ſeitigen Beifall, als er laut und wiederholt die Abſetzung des Kaiſers und die Berufung des Mathias forderte. Vom Lande her zogen die Stände immer mehr bewaffnetes Volk in die Stadt, während ſie zu gleicher Zeit an König Mathias, an einige proteſtantiſche Fürſten Deutſchlands und an die Stände Oeſterreichs, Schleſiens und der Lauſitz Geſandte mit der Bitte um ſchnelle Hilfeleiſtung ab= ſchickten. In Kaiſer Rudolph, wie in Erzherzog Leopold bildete ſich wohl jetzt die Ueberzeugung heraus, daſs das ganze Unternehmen dem Miſslingen nahe ſei, und daſs es nur noch die Abwendung der ungünſtigen Folgen gelte. Daher wurde mit den Ständen wiederholt unterhandelt und ihnen endlich der Abzug der Paſſauer in vier Tagen verſprochen (24., 25. Febr.). Da aber die Stände auch

Erfatz für allen von den Paſſauern angerichteten Schaden verlangten, ſo kam es wieder zu keiner Ausſöhnung. Nachrichten von heranrückenden Truppen Mathias' und neuer Zuzug vom Lande ermuthigten die Stände in ihrer Forderung, während Rudolph und Leopold durch Alles dieſes, ſowie durch Spuren einer ausbrechenden Meuterei unter den Paſſauern in die größte Angſt verſetzt wurden. Um es nicht zum Aergſten kommen zu laſſen, gab der Kaiſer den Truppen einen drei= monatlichen Sold; Leopold ſelbſt aber, der Alles verloren hielt, betrieb den Abzug derſelben. Nachdem Ramée mit der Kavallerie am 8. März bereits vorausgeeilt war, zog Leopold mit dem Reſte der Truppen am 11. zur Nachtszeit heimlich aus der Hauptſtadt gegen Beraun ab. In vier Tagen waren die von den ſtändiſchen Truppen verfolgten Paſſauer in Budweis; neun Offiziere wurden hier wegen angeblichen Einverſtändniſſes mit den Böhmen hingerichtet. Dann nahm Ramée mit Leopold ſeinen Weg auf dem goldenen Steig in die Paſ= ſauer Diöceſe. Die im ſüdlichen Böhmen zurückgelaſſenen Beſatzungen gaben den Widerſtand auf, nachdem ihnen der Kaiſer den rückſtändigen Sold gezahlt hatte. Leopold verſöhnte ſich ſpäterhin mit Mathias durch vollkommene Unter= werfung; Ramée wurde 1613 aus unbekannten Urſachen auf Befehl des Erzherzogs hingerichtet.

Der Paſſauer Einfall war der Sturmwind, welcher die böhmiſche Königs= krone vom Haupte des Kaiſers herabriß und in den Schoß ſeines ſchon längſt darauf lauernden Bruders warf, der Sturmwind, welcher die gebrechliche Hülle des geiſtesſchwachen Rudolph vollends knickte und in die Arme des unerbittlichen Todes ſchleuderte. Der Orakelſpruch der Hofaſtrologen bewährte ſich zu Gunſten des ehrgeizigen Mathias, der keinen Augenblick ſäumte, die günſtigſte aller Ge= legenheiten zu benützen, um den letzten ſeiner Wünſche zu erfüllen. Hatte er doch jetzt, wenn er nach Prag kam, auch den freundlichen Empfang der böhmiſchen Stände zu erwarten, und es erübrigte dann nur noch die leichte Arbeit, einen körperlich und geiſtig gebrochenen, von aller Welt verlaſſenen alten Mann bei Seite zu ſchieben. Machen wir es kurz. Kaiſer Rudolph wurde von ſeinem ſcheinheiligen Bruder, der am 24. März unter großem Prunke in Prag einzog, genöthigt, die Schritte zur eigenen Abſetzung ſelbſt einzuleiten. Er mußte einen Generallandtag einberufen (12. April), die Stände des Eides der Treue entbinden, ſeine Reſignation einreichen und in die Krönung des Mathias zum böhmiſchen Könige einwilligen (22. Mai). Dafür ließ man dem Abgeſetzten die Prager Burg als Wohnung und verſprach ihm einen jährlichen Gnadengehalt ſammt Nutzgenuſs einiger Güter (11. Aug.). Als am 23. Mai Mathias nach altem Ceremoniell in der Domkirche zum Könige von Böhmen feierlichſt gekrönt wurde, zog ſich Rudolph in die entfernteſten Gemächer der Burg zurück, um keinen Laut der Feſtlichkeit zu vernehmen. Er ſollte die tiefe Kränkung, die er in der letzten Zeit erfahren, nicht lange überleben. Bis zum neuen Jahre 1612 brütete er wohl immer noch über

Enthronung des Kaiſers (Mai 1611.)

seltsame Pläne, das Verlorene wieder zu gewinnen; selbst eine Verbindung mit der protestantischen Union wurde in's Auge gefaßt und deßwegen die lebhafteste Verhandlung gepflogen. Von Neujahr ab jedoch war er an das Krankenlager gefesselt.

Die Wassersucht, wozu der kalte Brand trat, machte am 20. Januar 1612 dem Leben des Unglücklichen in seinem 59. Jahre ein Ende. Er war der letzte Habsburger, der in der St. Veitskirche begraben wurde, wie er auch der letzte war, der dauernd seine Residenz am Hradschin aufgeschlagen hatte. Das Urtheil der Geschichtschreiber über ihn schwankt, wie sein eigener Charakter. Rudolph war nicht bösartig, sondern milde und friedfertig, weßwegen man ihn auch den „guten Herrn" zu nennen pflegte. Seine großen politischen Fehler, seine ewige Unentschlossenheit und widerspruchsvolle Handlungsweise fallen auf Rechnung seiner Krankheit und rächten sich zumeist an ihm selbst. Das Volk sandte dem unglücklichen Fürsten keine Verwünschungen in's Grab nach, obwohl der Passauer Einfall mit all' seinen Gräueln noch frisch im Gedächtnisse stand. Man hegte eher Mitleid mit dem Bedauerungswürdigen, der in seinem Leben nur selten gelacht hatte und scheu vor den Menschen geflohen war. Daß Rudolph nicht der aller höheren Ideen bare Menschenfeind und filzige Geizhals war, wie Manche wollen, beweist schon seine Liebe zu den Künsten und Wissenschaften, für deren Entwickelung in Böhmen man dem Kaiser nicht wenig zu Dank verpflichtet ist. In noch weniger grellem Lichte erscheint uns seine politische Unfähigkeit, wenn wir auf die Regierung seines Feindes und Nachfolgers eingehen

Wenn Rudolph in seinen Handlungen vielfach abhängig war von der Laune, dem Wetter, dem zeitweiligen Stadium seiner Krankheit oder dem Klatsche untergeordneter Diener, so wurde König Mathias, der sich als Retter der Habsburgischen Familie geberdete, der vollkommene Sklave der spanischen Politik, welche durch Kardinal Khlesl, den einflußreichen Rathgeber des Königs, für die Wiederherstellung des Katholicismus und der hiezu nothwendigen absoluten Monarchie in Böhmen sich anstrengte. Mathias gerieth dadurch in nicht geringere Verlegenheiten und in eine noch schwankendere Haltung, als sein Bruder Rudolph. Seine Rebellion — so wird vom Standpunkte des Rechts die Entthronung Rudolphs immer genannt werden müssen — hatte ihn ganz und gar den Händen der Mitrebellen überliefert, welche nach vollbrachter That für sich allein die Früchte zu pflücken hofften. Dies zu verhindern, mangelte es dem neuen Herrscher an Allem, an Geschick, an Willenskraft und an Talent; da er es dennoch wagte, nicht auf alle die Wünsche seiner früheren Genossen einzugehen, so erhob sich auch gegen ihn die Rebellion, zu der er selbst das böse Beispiel gegeben hatte. Die Stände beabsichtigten nach dem Sturze Rudolphs nichts Geringeres, als die vollkommene Exekutive in ihre Gewalt zu bekommen, so eine Art adelige Republik zu gründen und dann mit den Oesterreichern und Ungarn, welche bereits ähnliche Verfassungsverhältnisse errungen hatten, in ein gegenseitiges Schutz- und Trutzbündniß zu treten. Noch vor der Krönung des Mathias (1611) sprachen sie sich über ihre Ziele offen aus und verlangten die Bewilligung vier wichtiger Artikel: 1. Ein Bündniß (Konföderation) mit den Ständen aller unter Mathias Regierung stehenden Länder zum wechselseitigen Schutze ihrer Rechte und Freiheiten, abschließen zu dürfen; 2. eine Reform der Wehrkräfte, welche die Militärmacht ganz in die Hände der Stände gelegt hätte (Defensionsordnung); 3. die Freiheit, die seit 1547 verpönten Kreisversammlungen wieder einberufen zu können; 4. Erneuerung der Bündnisse mit Kursachsen, Kurbrandenburg, Polen u. a. — Mathias bebte zurück vor der sofortigen Bewilligung dieser Forderungen, welche die Rechte der Krone in unerhörter Weise schädigen sollten, mußte aber doch das Versprechen geben, die vier Punkte auf dem nächsten Landtage in Verein mit Deputationen aus den übrigen Provinzen zur Berathung zu bringen. Diesen Landtag so weit als möglich hinauszuschieben, hielt Mathias, der inzwischen deutscher Kaiser geworden war, für das Klügste. Das heftigste Andrängen und alle Erinnerungen der böhmischen Stände prallten am Kaiser ab; er entbehrte lieber die ihm so nothwendigen Steuern, als daß er die versprochene Versammlung 1612 oder 1613 ausgeschriebe hätte. Erst im Jahre 1614 berief er einen Landtag nach Budweis, der aber über die vier Punkte nicht weiter verhandelte, da er kein Generallandtag, sondern nur durch die böhmischen Stände und durch diese ziemlich schwach vertreten war.

Die böhmischen Stände merkten übrigens bald, wo hinaus die Politik des Kaisers ziele. Da sie nicht im Stande waren, den spanisch katholischen Einfluß am Hofe zu brechen, so nahmen sie ihre alten, nie ganz fallen gelassenen Verbindungen mit den protestantischen Fürsten des Auslandes und anderweitige Feinden des Habsburgischen Hauses wieder auf und setzten sich in ein inniges Einverständniß mit den Rädelsführern der ständischen Opposition in den übrigen von Mathias beherrschten Ländern. Mit welchem Gedanken sich die böhmischen Herren bereits trugen, ergibt sich aus der Meldung, welche Graf Thurn in Verein mit Andreas Schlick und Wenzel Kinsky durch den Agenten Ähra dem Kurfürsten von Sachsen zukommen ließen, daß die böhmische Opposition zur Absetzung der Habsburger entschlossen sei und ihm (dem Kurfürsten) die Krone antragen wolle. Den Plänen der Stände kam der Wunsch des Kaisers, einen größeren Türkenkrieg zu führen, entgegen. Da Mathias wußte, daß er von den einzelnen Landtagen kaum eine Geldhilfe erlangen werde, so berief er einen „Generalkonvent", eine Versammlung aller österreichischen Länder zur Berathung dieser gemeinschaftlichen Angelegenheit. Die unzufriedenen Herren giengen auf diese an und für sich ganz neue Idee ein, da sie auf dem Kongresse jenes Schutz- und Trutzbündniß der einzelnen Länder zu Stande zu bringen hofften, auf welches in den vier Artikeln ein besonderes Gewicht gelegt worden war. Alle unter der Regierung des Mathias stehenden österreichischen Länder, ja sogar die Steiermärker, diese mit Bewilligung ihres Herzogs Ferdinand, schickten ihre Vertreter zum großen Reichstage nach Linz, der daselbst am 11. August 1614 vom Kaiser selbst eröffnet wurde. Doch weder die Regierung, noch die Stände drangen mit ihren Plänen durch.

Die erstere, welche einen Krieg mit den Türken und Bethlen Gabor von Sieben bürgen ernsthaft wünschte, fand die Vertreter der einzelnen Länder ungewöhnlich friedlich gestimmt und durchaus nicht geneigt, eine größere Geldhilfe zu gewähren, wofür sie, wie sie behaupteten, keine Vollmacht besäßen. Zu Verhandlungen wegen eines Bündnisses der Länder unter einander aber kam es gar nicht, da der Kaiser den Türkenkrieg als alleinigen Gegenstand auf die Tagesordnung des Kongresses gesetzt hatte.

Generallandtag der böhmischen Krone (1615.)

Ein ähnliches klägliches Ende, wie der Reichstag der Monarchie, nahm der nunmehr von der Regierung nach Prag einberufene Generallandtag der böhmischen Krone, der im Monate Juni 1615 zusammentrat. Der Kaiser erlangte wiederum nicht die gewünschte Geldhilfe; die böhmischen Stände aber, welche diesmal über die vier Artikel berathen durften, vereitelten sich einen günstigen Erfolg durch ihre eigene Ungeschicklichkeit und durch eine grell hervortretende Uneinigkeit mit den Ständen der Nebenländer. Das so heiß gewünschte Bündniß mit den Oesterreichern und den Ungarn zerfloß in Nebel, seitdem auf diesem Tage die böhmischen Adeligen die unbegreiflichsten Anmaßungen den fremden Gesandten gegenüber kund gegeben hatten. Um wenigstens mit Einer Errungenschaft den so pomphaft angekündigten Landtag zu beenden, votierten die Stände ein Sprachengesetz, das angeblich die tschechische Sprache beschützen sollte, in Wahrheit aber den Zweck hatte, durch seine beispiellos harten Bestimmungen die deutsche Sprache im Lande mit Stumpf und Stiel auszurotten (S. 520 flg.).

Die Rechtsfrage wegen der Klostergraber und Braunauer Kirche.

Die Resultatlosigkeit der Verhandlungen über die vier Artikel auf dem Prager Generallandtage war für die Regierung ein großer Sieg. Wenn Mathias auch noch im selben Jahre wegen Mangels an Mitteln einen neuen Frieden mit den Türken abschließen mußte, so hatte er doch wenigstens nicht, wie zu fürchten war, alle seine königlichen Rechte in Böhmen verloren. Uebrigens hätte die katholische Regierungspartei nicht vorzeitig frohlocken sollen, denn schon längst wieder war die religiöse Frage als sturmverheißendes Wölklein am Horizonte aufgestiegen, und noch immer lauerten die Feinde des Habsburgischen Hauses auf eine Veranlassung, sich mit aller Macht auf dasselbe loszustürzen. Diese Veranlassung fand sich in einem Streite über die Auslegung des Majestätsbriefes vom Jahre 1609. Gleich nach der Bekanntmachung desselben waren die protestantischen Einwohner der deutschen Städte Klostergrab und Braunau an den Bau von Kirchen für ihren Gottesdienst geschritten. Die geistlichen Obrigkeiten dieser Städte aber, der Erzbischof Lohelius als Nutznießer der Ossegger Klostergüter und der Abt von Brewnow, untersagten die Aufführung der Gotteshäuser, weil nach dem Majestätsbriefe dieselbe nicht erlaubt sei. Nach dem Majestätsbriefe, welcher den freien Kirchenbau bloß den drei Ständen des Landes zusicherte, waren die geistlichen Fürsten allerdings im Rechte; allein diese übersahen ganz und gar den ebenfalls im Jahre 1609 zwischen den Katholiken und Protestanten abgeschlossenen Vergleich, nach welchem sich das gute Recht auf die Seite der beiden Städte stellte. Denn in diesem Vergleiche (S. 464) wurde es auch den Orten „auf königlichen Gütern" freigestellt, protestantische Gotteshäuser und Friedhöfe zu errichten; unter den „königlichen Gütern" verstand man aber in der damaligen Zeit auch die geistlichen, weil diese, sowie die königlichen, unmittelbar unter der Leitung der königlichen Kammer standen. Wenn schon mehrere Paragraphe der zu Recht bestehenden Wladislawischen Landesordnung, sowie der damals allgemein geltende Sprachgebrauch sich für die Klostergraber und Braunauer entschieden, so wird deren Recht unbestreitbar und zweifellos nach dem Zeugnisse des streng katholisch gesinnten Slawata, eines Erzfeindes der Protestanten, welcher berichtet, daß schon im Jahre 1609 beim Abschlusse des Vertrages man unter königlichen Gütern, dem Herkommen gemäß, auch die geistlichen verstanden habe. Die Regierung stellte sich in dem hitzig geführten Streite auf die Seite der Kirchenfürsten, während die Stände das Recht der Städte vertheidigten. Auf dem Generallandtage von 1615 pro estierten die Stände energisch gegen die von dem Prager Erzbischofe und dem Abte von Brewnow befohlene gewaltsame Sperrung der protestantischen Kirchen in den ihnen unterthänigen Städten Klostergrab und Braunau. Der König kümmerte sich wenig um die diesfälligen heftigen Reden der Defensoren. Wohl gab er den Ständen keine sofortige Antwort, zeigte aber in seinem Verfahren den Neustraschitzern gegenüber, wie er in den obschwebenden religiösen Fragen denke. Als nämlich diese dem ihnen aufgezwungenen katholischen Priester allerhand Hindernisse in den Weg legten, verwies er die Rädelsführer aus dem Städtchen und verhängte harte Strafen über die Gemeinde (Febr. 1616). Im nächsten Monate berief er eine Deputation der Defensoren zu sich nach Brandeis und enthüllte dieser in bündiger Weise seine Meinung im Streite. Sie lief den Ansichten der Protestanten schnurstracks entgegen und rief eine allgemeine Aufregung im Lande hervor.

Der Streit um die Auslegung des „Vergleiches" hatte sich durch die Brandeiser Antwort in gefährlicher Weise zugespitzt, und man konnte immerhin das Aergste prophezeien, falls die Regierung dem ungestümen Andringen der Protestanten nicht nachgeben würde. In der Habsburgischen Familie ahnte man wohl den herannahenden Sturm, weswegen man sich beeilte, noch vor Ausbruch desselben die wichtige Frage der Thronfolge zu ordnen. Da Kaiser Mathias keine Söhne besaß, und auch seine zwei noch lebenden Brüder Maxmilian und Albrecht kinderlos waren, so wurde der steierische Erzherzog Ferdinand zum Nachfolger in der Herrschaft von Oesterreich, Böhmen und Ungarn bestimmt. Obwohl die böhmischen Stände den starren katholischen Sinn des Erzherzogs kannten, so nahmen sie ihn doch auf Vorschlag des Kaisers zu ihrem Könige an und krönten ihn in herkömmlicher Weise, nachdem er gelobt hatte, die Rechte und die Verfassung des

Ferdinands II.
Krönung
(29. Juni 1617).

Königreiches niemals anzutasten und sich bei Lebzeiten des Kaisers jeder Einmischung in die Landesregierung zu enthalten (29. Juni 1617). Auch den Majestätsbrief bestätigte Ferdinand, allerdings nicht ohne Vorwissen der Jesuiten, die auf seine heimliche Anfrage antworteten, Ferdinand hätte zwar den Majestätsbrief nicht er= theilen dürfen, aber den ertheilten möge er bestätigen, wenn er nicht anders zur Regierung gelangen könne. — Die oppositionelle Partei welche ursprünglich für die „Wahl" eines Königs stritt, im Gegensatze zur „Annahme" verlor auf dem Landtage allen Muth, und Thurn, der bei seiner gegnerischen Meinung verharrte und derselben in einer langen Rede Ausdruck verlieh, blieb so ziemlich vereinzelt.

Protestantische
Ständerersamm
lungen im
Karlskollegium
(1618.)

Trotz der letzteren Versicherung merkte man doch sehr bald den maßgebenden Einfluß des neuen Königs auf die kaiserlichen Entschließungen. Heinrich von Thurn, der sich gegen die Krönung Ferdinands am meisten ausgesprochen hatte, mußte sein Amt als Burggraf von Karlstein das ihm jährlich 8000 Thaler ein= trug, an Jaroslaw von Martinitz abgeben, wofür ihm die zwar im Range höhere, aber mit einem bloßen Einkommen von 400 Thaler verbundene Würde eines obersten Lehenhofrichters ertheilt wurde. Man verspürte bei der Regierung immer mehr die Neigung, den Protestantismus aus dem Lande und zwar zunächst aus den königlichen Städten zu verdrängen. Den Pragern wurde eine neue Gemeindeord= nung aufgezwungen, die alle Gewalt in die Hände des Königsrichters legte, und ein neues Preßgesetz sollte die Stimmführer der Protestanten mundtodt machen. Gegen die Klostergraber und Braunauer aber, welche den Befehlen der geistlichen Obrigkeiten nicht nachkommen wollten, wurde ernsthaft eingeschritten, und einige der Hauptredner mußten ins Gefängniß wandern. Die Braunauer ließen sich trotz aller Plackereien nicht bestimmen, ihre Kirche zu sperren. Dagegen wurde die Klostergraber Kirche auf Befehl des Erzbischofes ohne weiteres binnen drei Tagen (11.—13. Dec. 1617) niedergerissen. Die flagrante Verletzung der Bestimmungen von 1609 erregte bei den Protestanten des In= und Auslandes die peinlichste Erregung. Die protestantischen Stände ergrimmten gewaltig, und ihre Glaubens= defensoren beriefen eine allgemeine Protestantenversammlung nach Prag zur Ver= theidigung der verletzten Rechte und Privilegien. Anfangs März 1618 begannen die stürmischen Sitzungen im Prager Karlskollegium. Die erhitzten Gemüther er= giengen sich in heftigen Reden über das in der That angreifbare Vorgehen der Regierung und sandten eine ziemlich derb abgefaßte Beschwerdeschrift an den Kaiser. Mathias, der kürzlich nach Wien abgereist war, hatte in Prag zur Führung der Landesregierung sogenannte Statthalter zurückgelassen, unter denen die Grafen Wilhelm Slawata und Jaroslaw Martinitz wegen ihres katholischen Eifers den protestantischen Ständen auf das Gründlichste verhaßt waren. Als jetzt vom Kaiser eine harte abweisende Antwort (vom 21. März) auf die Beschwerdeschrift der Stände einlangte, ja der Kaiser in seinem Briefe den Befehl gab, die Wie= derholung des Protestantentages, der für den Mai wieder einberufen werden sollte,

keineswegs zu dulden, und in Einem den Urhebern der Versammlungen mit empfindlichen
Strafen drohte, beschlossen die Defensoren der kaiserlichen Mahnung nicht nachzukommen, vielmehr die katholischen Statthalter, denen sie die Veranlassung des kaiserlichen Briefes (nach Slawata war Khlesl der Verfasser) zuschrieben, zur strengen Rechenschaft zu ziehen.

Obwohl der Kaiser in einem zweiten, milder stilisierten Briefe die Abhaltung^{Der Kaiserbrief}
des Protestantentages noch einmal verbot, wurde derselbe doch am 21. Mai in
Anwesenheit zahlreicher Deputirter im großen Saale des Karolinums eröffnet.
Die lebhaften Verhandlungen wurden unterbrochen durch eine Einladung der Statthalter, zur Anhörung eines dritten kaiserlichen Abmahnungsbriefes auf dem Schlosse
zu erscheinen. Die Stände fanden sich in der That auf dem Schlosse ein, und
nach schweigsamer Anhörung der kaiserlichen Botschaft vereinbarten sie sich, am
22. ihre Beschlüsse darüber zu fassen. Die Versammlung übertrug an diesem Tage
den Defensoren die Ausarbeitung der Antwort, welche am 23. den Statthaltern
übergeben werden sollte. Zugleich erwirkte sie noch von diesen, in Besorgniß versetzt durch eine wohlberechnete Aeußerung Thurns, die Erlaubniß, bewaffnet auf
dem Schlosse erscheinen zu dürfen. Am selben Tage aber noch beschloß Thurn
mit seinen Vertrauten die lange von ihm im Geiste erwogene furchtbare That des
andern Morgen. Um für ein und allemal mit dem Hause Habsburg zu brechen,
durch einen Akt, der keine Versöhnung gestatte, um der eigenen Partei jedweden
Rückzug abzuschneiden, wurde am 22. Mai in einer Konferenz im Hause des
Albrecht Smiřický (gegenwärtig das Montag'sche Haus) für Mittwoch den 23.
der Fenstersturz verabredet. Früh Morgens an diesem Tage zogen die protestantischen Stände in hellen Haufen mit bewaffnetem Gefolge auf den Hradschin, woselbst sie sich zunächst in den Landtagslokalitäten versammelten und die Vorlesung
der scharfen Antwort der Defensoren mit Beifall anhörten. Die große Verbit-
terung der Menge wurde nur noch erhöht, als plötzlich der Altstädter Bürger
Kutnauer erschien und erzählte, der Altstädter Königsrichter halte die Stadträthe,
die von den Ständen zum Anschluß aufgefordert worden waren, eingeschlossen. Die
Menge stürzte nun in den Sitzungssaal der Statthalter, einen mäßigen Raum mit
drei Fenstern, der gegenwärtig noch die Einrichtung jenes verhängnisvollen Tages
hat. Es waren nur vier Statthalter anwesend, die beiden gehaßten Grafen Martiniz und Slawata, der Oberstburggraf Adam von Sternberg und der Grandprior
des Maltheserordens Diepold von Lobkowitz. Paul von Řičan, der Sprecher der
Stände, interpellirte zunächst wegen der Nachricht, welche Kutnauer gebracht, und
als die Organe der Regierung keine Kenntniß davon zu haben vorgaben, verlas
er die Antwort der Stände auf das kaiserliche Schreiben vom 21. März. Dasselbe verwahrte sich energisch gegen die Untersagung der Protestantentage, sowie
gegen die angedrohte Strafuntersuchung und richtete sich in einer Stelle direkt
an die Statthalter mit der Frage, ob nicht sie die Urheber des kaiserlichen Schrei-

bens gewesen. Es entstand ein wirres Hin- und Her- und Durcheinander-Reden, in welchem dem Slawata und Martiniç ein langes Sündenregister vorgehalten wurde, gegen das sie sich nur mühsam vertheidigen konnten. Colonna von Fels bezeichnete die beiden Grafen geradezu als die Urheber des Briefes, und die Menge stimmte ihm durch lautes Zurufen bei. Immer höher giengen die Wogen, und die Erbitterung wuchs mit jeder Minute; immer neue Anklagen ertönten aus der Menge gegen die beiden Unglücklichen, die wohl schon ahnen mochten, daß die Verhandlungen eine gräßliche Wendung nehmen könnten. Vergeblich versicherte Sternberg, daß der Brief nicht in Prag, sondern in Wien verfaßt worden sei; sofort wurde eine neue Beschuldigung den beiden ins Gesicht geschleudert. Waren es doch sie allein gewesen, welche sich im Jahre 1609 geweigert hatten, das von Rudolph erflossene Amnestiepatent zu unterzeichnen. Budowec hatte damals protestiert; sein Protest, wenn auch verändert, wurde jetzt von Paul von Rican verlesen, und am Schlusse erklärte der Sprecher die zwei Herren als Verletzer des Majestätsbriefes und als Feinde des allgemeinen Wohles. Dann führten die erbitterten protestantischen Edelleute den Oberstburggrafen und den Großprior aus der Stube, Martiniç und Slawata drängten sie aber im Handgemenge und unter tobendem Geschrei vom Ofen bis zu dem gegenüber liegenden Fenster. Thurn und Joachim Andreas Graf Schlick hatten sich des Slawata bemächtigt; Wilhelm von Lobkowiç, Litwin von Rican, Ullrich Kinsky, Albrecht Smiricky und Paul Kaplirsch umzingelten den Martiniç. „Jetzt werden wir uns gegen diese unsere Religionsfeinde ernsthaft verhalten", schrie die Menge. Die Unglücklichen die ihr Schicksal erkannten, baten noch um einen Beichtvater, worauf die Stände höhnisch erwiederten: „Ja, gleich werden wir Euch die schelmischen Jesuiten noch hereinführen." Wenzel von Ruppa aber schrie: „Es ist am besten, man werfe sie nach altböhmischem Brauche über die Fenster." „Und sogleich haben die vorher genannten Herren", wie es im Berichte heißt, den von ihnen erfaßten Martiniç im schwarzen kanavassenen Mantel sammt Rapier und Dolch, aber ohne Hut, bloßen Hauptes voraus zum Fenster hinaus in den bei 30 Ellen tiefen und steinigen Schloßgraben jämmerlich gestürzt und ausgeworfen." Sodann rief Graf Thurn in deutscher Sprache: „Edle Herren, hier habt Ihr den Andern!" und schwang den Slawata in die Höhe. Der aber hatte kaum Zeit, ein kurzes Stoßgebet zu verrichten, und schon flog er durch dasselbe Fenster, ohne Hut, im schwarzsammtenen Mantel in den Graben hinab, wo er acht Ellen weiter als Martiniç, den Kopf im schweren Mantel verwickelt, liegen blieb. Zuletzt wurde noch der Schreiber Philipp Fabricius kopfüber den andern zweien nachgeworfen. Dieser, sowie Martiniç, kamen merkwürdiger Weise mit unbedeutenden Verletzungen davon, während Slawata im Falle an ein steinernes Fenstergesims stieß und bedenklich am Kopfe verwundet wurde. Fabricius, der erste auf den Beinen, flüchtete in die Altstadt und begab sich noch an demselben Tage auf die Reise nach Wien, um dem Kaiser die Nachricht von der Defenestrierung seiner Statthalter zu bringen. Er wurde geadelt mit dem bezeichnenden Prädikate „von Hohenfall" und späterhin zum Unterkämmerer der böhmischen Leibgedingstädte befördert. Die beiden Grafen aber, auf welche von oben und von den Wällen noch geschossen wurde, flüchteten sich in das nahegelegene Haus des Oberstkanzlers Zdeniek von Lobkowitz, wo sie von der wackern Hausfrau Polyxena die nothwendige Hilfe und muthigen Schutz gegen die Stände, welche einzudringen suchten, fanden. Dem Martinitz gelang es, verkleidet nach München zu entkommen, während Slawata im Hause seiner freund= lichen Wirthin, bewacht von den Ständen, seine Heilung erwartete. Ein Kehricht= haufe, gebildet durch Papier und Federabfälle, die man von der königlichen Kanzlei durchs Fenster zu werfen pflegte, hatte nach der Versicherung des Geschichtschreibers Skala, die Fallenden weich gebettet. Slawata will in seinen Memoiren jedoch Nichts von einem solchen Haufen wissen; er und Martinitz glaubten, Gott habe ein Wunder an ihnen gewirkt, während Budowec gelegentlich von Zauberkünsten spricht, die im Spiele gewesen seien.

3.

Die böhmische Ständerevolution. — Der Winterkönig.

(1618—1620.)

Wenn eine oppositionelle Partei sich bis zu einer That, wie die des Fenster= sturzes vom 23. Mai 1618, fortreißen läßt, dann ist an einen friedlichen Aus= gleich nicht mehr zu denken. Die Revolution hatte ihre blutige Einleitung gefunden und mußte nun unaufhaltsam fortgeführt werden. Dessen waren die Stände sich wohl bewußt, und sie arbeiteten sofort mit allem Eifer an der Vollendung ihres Werkes. Sie ernannten eine provisorische Regierung, bestehend aus dreißig Direk= toren, unter dem nachmaligen Präsidium des begabten Wenzel Wilhelm von Ruppa und suchten sich durch Werbungen und nachher durch Aufgebot im ganzen Lande eine militärische Macht zu verschaffen, deren Oberleitung dem „Generallieutenant" Grafen Thurn anvertraut wurde. Der Außenwelt und dem Kaiser gegenüber sollte der Vorgang vom 23. Mai durch eine am zweiten Tage nach dem Fenstersturze erschienene Schrift — der von Milner verfaßten „ersten Apologie" — gerecht= fertigt werden. An die Nebenländer Böhmens, wie nach Ungarn, eilten Gesandte mit der Aufforderung zum Anschlusse an den bewaffneten Widerstand gegen die Regierung. Jetzt hielt man es auch an der Zeit, die schon längst eingefädelten Verbindungen mit den protestantischen Fürsten Deutschlands und den sonstigen Feinden des Habsburgischen Hauses praktisch zu verwerthen, und es wurden diese Bundesgenossen um schleunige Hilfe ersucht. Als erstes Opfer der neuen Aera fielen die Jesuiten, denen bedeutet wurde, binnen vierzehn Tagen das Königreich

Das Direktorium.

zu verlassen, bei Todesstrafe im Falle der Rückkehr. Der Erzbischof Lohelius und der Abt von Brewnow wurden gleichfalls verbannt, und allen jenen wurde mit der Gewalt der Waffen gedroht, welche sich der Direktorialregierung widersetzen würden.

Sturz Khlesls
(Juli 1618). Es war eine thörichte Politik, welche die Wiener Regierung dem böhmischen Aufstande gegenüber im Anfange befolgte. Mathias wählte auf den Rath des Kardinals Khlesl den Weg der Unterhandlungen, um den Frieden wieder herzustellen. Der Kaiser hätte als einstiger Genosse der böhmischen Stände dieselben besser beurtheilen sollen; er hätte voraussehen können, daß diese, wie sie es auch wirklich thaten, die Hand zu Unterhandlungen zwar bieten werden, aber nicht des Friedens Willen, sondern lediglich um Zeit zu weiteren Rüstungen zu gewinnen. Vollkommen richtig dagegen faßte König Ferdinand die Sachlage auf, wenn er sich dahin äußerte, daß das dynastische Interesse nur durch gewaltsame Unterdrückung der böhmischen Rebellen gerettet werden könnte. Da dieser energische Fürst jedes fernere Zögern als den größten Fehler ansah, und in der That, durch das Beispiel der Böhmen verlockt, die Stände Mährens, Oesterreichs und Ungarns eine bedenkliche Haltung annahmen, die Schlesier und Lausitzer aber bereits allerhand Beschwerden erhoben, so verabredete er sich mit dem gleichgesinnten Erzherzoge Maximilian zu einem rettenden Staatsstreiche. Eben lag der Kaiser krank darnieder, und mehr als sonst überließ er sich der Leitung des Kardinals Khlesl, der, sei es aus Abneigung gegen Ferdinand oder aus anderen Gründen, die Politik des Friedens betrieb. Khlesls Einfluß mußte nun um jeden Preis gebrochen werden: auch vor Gewalt durfte man nicht zurückbeben, wenn man es mit der Machtstellung der Habsburgischen Familie redlich meinte. Daher ließen die beiden Erzherzoge den Kardinal plötzlich aufheben und nach Tirol in das Schloß Ambras als Gefangenen abführen (20. Juli 1618). Hierauf verfügten sie sich zu dem an's Krankenbett gefesselten Kaiser, berichteten ihm das Geschehene und beredeten ihn, im Guten oder im Bösen zum Kriege seine Einwilligung zu geben und dem Könige Ferdinand die Leitung desselben zu übertragen. Es wird erzählt, der gichtkranke Kaiser habe schweigend, aber mit erröthetem Antlitze die Mittheilung von der Entfernung seines Günstlings vernommen, die Kaiserin aber habe ihren Unwillen dadurch gezeigt, daß sie zornig ausgerufen: „Ich sehe wohl, daß mein Gemahl zu lange lebt und man seiner bereits überdrüssig ist." Die geschichtliche Rache hatte diesesmal nicht lange auf sich warten lassen. In diesen Augenblicken der traurigen Erniedrigung, herbeigeführt durch seine eigenen Verwandten, büßte der Kaiser nur jene wiederholten Akte der Vergewaltigung, welche er einst gegen seinen eigenen Bruder auszuüben sich nicht gescheut hatte.

Beginn des
dreißigjährigen
Krieges. Somit flogen die Schwerter aus der Scheide zum ernsten Waffengange, der nicht auf Böhmen allein beschränkt blieb, sondern sich über ganz Deutschland ausdehnte und durch dreißig lange Jahre die Eingeweide dieses Landes zerfleischte.

Schon war in Böhmen Thurn, der rührige Feldherr der Insurrektion, bis nach Budweis vorgedrungen, um diese Stadt, in welcher eine kaiserliche Besatzung stand, zu belagern. Sofort schickte die Wiener Regierung 6000 Mann unter der Anführung des Heinrich Dampierre der Stadt zu Hilfe. Dieser brach bei Anstritz in Böhmen ein und drang über Landstein bis Neuhaus vor, ohne aber dieses nehmen zu können. Karl Bonquoi, der jetzt als Oberbefehlshaber der Kaiserlichen nach Böhmen gesendet wurde, wußte Anfangs durch geschickte Kreuz- und Querzüge die Feinde in Schach zu halten, gerieth aber nachher, da die gehofften Unterstützungen von Wien ausblieben, in eine immer mißlichere Lage. Thurn selbst, dies benützend, warf sich auf das Lager Dampierres bei Pilgram und brachte den Kaiserlichen große Verluste bei (3. Nov.). Hierauf eilte er Buquoi entgegen, schlug ihn zwischen Weselý und Lomnitz (9. Nov.) und zwang ihn zum Rückzuge nach Budweis. Dampierre aber, der noch einmal mit Verstärkungen von Oesterreich nach Böhmen vorzudringen suchte, wurde zum zweitenmal bei Neuhof geschlagen und mußte bis nach Krems zurückweichen. Thurn verlegte den Kriegsschauplatz nach Oesterreich, und immer glücklicher gestalteten sich die Aussichten des Aufstandes. Denn mittlerweile hatten auch die evangelische Union und Herzog Karl Emanuel von Savoyen sich in den Kampf gemischt. Sie schickten den Ständen gegen das Versprechen, nie mehr die Habsburgische Herrschaft anerkennen zu wollen, ein Hilfsheer unter Graf Ernst von Mansfeld, und derselbe setzte sich bald in den Besitz des kaiserlich gesinnten Pilsen (21. Nov.). Auch von anderer Seite nahte den Aufständischen Hilfe, da die Schlesier und Lausitzer nunmehr mit den Böhmen ein Bündniß zur Vertheidigung der evangelischen Religion abschlossen. Der Krieg zog sich bis zum Januar 1619 in kleinen Scharmützeln fort. Ein heftig auftretendes Nervenfieber wüthete besonders unter den ständischen Truppen. Am meisten aber litten die Bewohner des südlichen Böhmens, das damals durch die fortgesetzten Plünderungen von Freund und Feind buchstäblich in eine Wüste verwandelt wurde. Während der in Folge des Winters eintretenden Waffenruhe suchten der Kurfürst Johann Georg von Sachsen und der polnische König Sigmund III. zwischen den Ständen und dem Kaiser zu vermitteln. Es wurde ein Tag in Eger zur Eröffnung der Unterhandlungen bestimmt. Allein, ehe es noch zu demselben kam, starb Kaiser Mathias am 20. März 1619 im 63. Lebensjahre. Tod Mathias' (20. März 1619). Hatte dieser Fürst seinem Hause die österreichischen Länder so treu bewahrt, als er es bei der Entthronung seines Bruders von sich rühmend verlauten ließ? In größere Zerrüttung hätte auch die fortdauernde Regierung eines Rudolph die Länder nicht bringen können, als sie während der kurzen Herrschaft des Mathias gerathen waren. Leicht war es für ihn gewesen, die Geister der Revolution heraufzubeschwören, nimmermehr aber hatte er die Kraft besessen, sie wieder in Fessel zu schlagen.

Ferdinand II., bereits gekrönter König von Böhmen und Ungarn, übernahm unter den mißlichsten Verhältnissen die Herrschaft der österreichischen Länder. Die böhmischen Stände waren nicht im Geringsten geneigt, seine Regierung anzuerkennen, obwohl ihnen der Kaiser günstige Friedensanträge gestellt hatte; ihrer Konföderation schlossen sich jetzt die Mährer und bald darauf die Oesterreicher an. Ungarn war zur Hälfte von den Türken besetzt, der siebenbürgische Fürst Bethlen Gabor und die evangelische Union rüsteten zur Eröffnung der Feindseligkeiten; der König selbst war aller Geldmittel entblößt, so daß sogar der Hof an dem Nothwendigsten Mangel litt. Graf Thurn glaubte unter diesen günstigen Verhältnissen durch einen kühnen Streifzug gegen Wien der Herrschaft Ferdinands ein- für allemal ein Ende machen zu können. Schon lagerte er sich vor den Mauern der Residenz, während Thonradel von Ebergassing an der Spitze einer Deputation österreichischer Protestanten dem Könige durch persönliche Bedrohung in den Gemächern der Hofburg die Gewährung der Religionsfreiheit abzwingen wollte. Ferdinand blieb standhaft und hoffte auf sein Glück. Fünfhundert in die Kaiserburg einreitende Küraßire retteten ihn aus der persönlichen Gefahr; die Nachricht von dem durch Buquoi über Mansfeld bei Zablath in Böhmen errungenen Siege aber verscheuchte Thurn aus Oesterreich, der zur Deckung von Prag nach Böhmen abmarschierte.

Mitten in den ihn umwogenden Gefahren behauptete Ferdinand einen nicht geringen Grad von Geistesgegenwart und Energie. Noch war nicht Alles verloren; noch gab's in allen seinen Ländern, wenn auch nur schwache Parteien von Katholiken; in Deutschland selbst aber winkte ihm die Aussicht auf die Kaiserkrone. Diese zu erlangen war sein nächstes Ziel. Wider alles Vermuthen erhielt er alle Stimmen und zwar auch die protestantischen, Sachsen, Brandenburg und Pfalz (28. Aug. 1619).

Der Ausgang der Kaiserwahl findet theilweise seine Erklärung in den böhmischen Angelegenheiten, die inzwischen einen raschen Verlauf genommen hatten. Auf einem einberufenen Generallandtage war das Bündniß mit den Mährern, Schlesiern und Lausitzern, ebenso mit den Ober- und Niederösterreichern, welche Abgeordnete nach Prag geschickt hatten, erneuert worden. Hierauf wurde König Ferdinand seiner Würde entsetzt, seine Krönung zum böhmischen Könige für nichtig erklärt und die Stände des Eides der Treue und des Gehorsames entbunden. An Bewerbern um den erledigten Thron fehlte es nicht. Doch konnte eigentlich die Wahl nur schwanken zwischen dem Kurfürsten von Sachsen und dem jungen Friedrich V. von der Pfalz, der nach dem Tode seines Vaters, des Gründers der Union, die Führung dieses protestantischen Bundes übernommen hatte. Die Kandidatur des Herzogs Emanuel von Savoyen, sowie des Königs von Dänemark fand nur geringen Anklang, und die laut gewordene Stimme für die Errichtung einer Republik blieb vereinzelt. Als der Kurfürst von Sachsen merkte, daß die Mehrheit der Stände sich dem kalvinischen Friedrich von der Pfalz zuneigte, näherte er sich Ferdinand II. und wirkte für dessen Kaiserwahl. Am 26. Aug. entschieden sich die versammelten Herren, Ritter und Städte für die Wahl des Kurfürsten von der Pfalz, der sofort öffentlich zum König von Böhmen ausgerufen wurde. Die Wahl war im Grunde genommen ein Werk der böhmischen Brüder, welche durch die geschickte Taktik ihrer Führer die an Zahl weit überlegenen Lutheraner in's Schlepptau genommen hatten. Nach einigen vielleicht verstellten Bedenken nahm der Pfalzgraf die dargebotene Krone an, eilte mit seiner Gemahlin nach Böhmen und hielt schon am 31. Oktober Nachmittags zwischen drei und fünf Uhr seinen Einzug in Prag. Seltsam mußte den neuen Majestäten eine Schar von 400 Männern erscheinen, die, angethan mit husitischem Gewande, durch Schwingen von Dreschflegeln und Gerassel der Morgensterne das Herrscherpaar begrüßten. Am 4. November wurde dem Könige in der Veitskirche vom Administrator Georg Dikastus die Krone in feierlicher Weise auf das Haupt gesetzt; er hatte sie durch die Bewilligung der vier Artikel theuer erkauft. Die feudale Adelsherrschaft war wieder hergestellt, und zum Scheine stand ein ohnmächtiger König an der Spitze des Reiches.

Die Rebellen, sowie der Kaiser suchten sich für den bevorstehenden Entschei- *Die beiderseitigen Bundesgenossen.* dungskampf auf das Beste zu verstärken. Die Böhmen setzten sich in's Einverständniß mit Bethlen Gabor, dem unruhigen Fürsten von Siebenbürgen, und mit diesem im Vereine bemühte sich Thurn im Herbste des Jahres 1619 zum zweiten Male, wenn auch wieder vergeblich, Wien zu überrumpeln. Mit Bethlen, sowie mit den Ungarn wurde eine Konföderation abgeschlossen, und die Aufständischen scheuten sich nicht, in freundschaftliche Beziehungen sogar mit den Türken zu treten, um diesen zur Unterstützung ihrer Pläne zu gewinnen; auf den Beistand des englischen Königs Jakob I., des Vaters der jungen Landesmutter, war wohl nicht zu rechnen, da Friedrich gegen seinen Willen die Krone Böhmens angenommen hatte. Aber auch Kaiser Ferdinand arbeitete aus Leibeskräften in der Heranziehung mächtiger Bundesgenossen. Er besann sich nicht, selbst schwere Opfer zu bringen. Den siebenbürgischen Fürsten Bethlen suchte er freundlicher zu stimmen, indem er ihm in einem Anfangs 1620 zu Preßburg abgeschlossenen Waffenstillstande einen Theil von Oberungarn überließ. Durch die Verpfändung von Oberösterreich sicherte er sich den Beistand des Herzogs Maximilian von Baiern, des Hauptes der katholischen Liga, und der durch die Wahl Friedrichs von den böhmischen Ständen beleidigte Kurfürst von Sachsen wurde durch das Versprechen einer Verpfändung der beiden Lausitzen auf die kaiserliche Seite gebracht. Ueberdies bewilligte Philipp III. von Spanien Unterstützung in Geld und Mannschaft, und der polnische König Sigmund versprach, allerdings gegen den Willen seines Adels, Hilfe zu leisten.

Immer vortheilhafter gestaltete sich die Lage der kaiserlich katholischen Partei, und immer mehr verfinsterten sich die Aussichten der ständischen Revolution. Auch der Papst versprach dem Kaiser Hilfe: der protestantische Fürstenbund Deutschlands aber, in welchen durch den Abfall des Kurfürsten von Sachsen bereits ein bedeutender Riß gekommen war, verließ die Stände Böhmens auf das Schmachvollste. Als nämlich Maximilian von Baiern seine Rüstungen eröffnete, und die Spanier in den Niederlanden Alles in Kriegsbereitschaft setzten und mit einem Einfalle in Deutschland drohten, ließen sich die Anhänger der Union einschüchtern und schlossen am 3. Juli 1620 zu Ulm wider alles Erwarten mit der Liga einen Vergleich zum größten Verderben der Böhmen. Denn während beide Theile Frieden gelobten und die endliche Erledigung der gegenseitigen Beschwerden auf günstigere Zeiten verschoben, giengen die Häupter der Union in ihrer Nachgiebigkeit so weit, daß sie die Forderung der Gegner, Böhmen und Spanien in den Vergleich nicht einzuziehen, bewilligten, ja sogar den spanischen, sowie den ligistischen Truppen ordnungsmäßige Durchzüge durch die evangelischen Länder zu erlauben versprachen. Somit wurden die Böhmen gerade von jener Seite im Stiche gelassen, woher sie den ausgiebigsten Beistand erwartet hatten. Die Truppen der Liga konnten sich ungehindert auf ihr Land werfen, und ihr König, der Aufführer der Union, konnte aus dieser Stellung nicht nur nicht den geringsten Nutzen ziehen, er war sogar noch genöthigt, seine pfälzischen Länder gegen die etwaigen Einfälle der Spanier in Vertheidigungszustand zu setzen.

Niemand war weniger geeignet, den Ernst der Lage zu erwägen und den herannahenden Gefahren mit selbstbewußter Kraft entgegenzutreten, als der neugewählte Böhmenkönig, Friedrich von der Pfalz. Er war ein lebenslustiger, junger Mann von vierundzwanzig Jahren, der noch wenig Erfahrungen gemacht, und den mehr sein Ehrgeiz und des Lebens Freuden, als die ernsten Sorgen einer Regierung, nach Böhmen gelockt hatten. Mangel an Einsicht kennzeichneten die Pläne des Königs, kindische Willensschwäche die Ausführung derselben. Trotz seiner gewinnenden Leutseligkeit verscherzte sich Friedrich doch sehr bald die Gunst der Böhmen. Die Rädelsführer der Stände, namentlich Thurn und Mansfeld, vermerkten es ihm übel, daß er seinen aus Deutschland mitgebrachten Rathgebern, so dem alten Agitator Christian von Anhalt und dem Grafen Georg Hohenlohe mehr Vertrauen schenkte, als ihnen, den eigentlichen Urhebern der Insurrektion. Die Lutheraner insgesammt waren erbittert, als sie merkten, daß der dem Kalvinismus ergebene König dieser Sekte eine weitere Verbreitung in Böhmen zu verschaffen suchte, und es erregte allgemeinen Unwillen, als in wilder Bilderstürmerei die Domkirche zu St. Veit ihres herrlichsten Schmuckes beraubt und in ein kahles Bethaus nach der Vorschrift Kalvins umgewandelt wurde. Die Zerfahrenheit und Unsicherheit des neuen Regimentes war um so trostloser, als es auch mit den übrigen zur Kriegführung nothwendigen Faktoren kläglich genug ansah.

Die Kassen waren leer, die Stadttruppen schlecht ausgerüstet, nicht discipliniert und mürrisch, die Feldherren aber unter einander eifersüchtig und uneinig. Die mangelhafte Organisierung des ständischen Heeres ergab sich bereits im Frühjahre 1620, als Hohenlohe und Mansfeld bei einem Einfalle in Niederöstereich eine Niederlage bei Langenlois erlitten. Erst als Anhalt mit frischen Truppen herbeigeeilt war, gelang es, den siegreichen Bouquoi gegen die Donau zurückzudrängen. Ein schwacher Trost für die Aufständischen war es, daß Bethlen Gabor trotz des mit dem Kaiser abgeschlossenen Waffenstillstandes in Ungarn von Neuem den Kampf begann, und nur geringe Hoffnungen konnte man an die Ankunft des türkischen Botschafters Mehemed Aga in Prag knüpfen, der den jungen König beglückwünschte und für das künftige Jahr Hilfe versprach. Das künftige Jahr aber erlebte die Herrschaft des pfälzischen Fürsten nicht mehr. Ihn hatte das Schicksal bestimmt, nur Einen Winter in Böhmen das Scepter zu führen; beim Herannahen des zweiten befand sich der „Winterkönig" auf schleunigster Flucht, um jenseits der Berge sein Heil zu suchen.

Inzwischen waren die Verbündeten des Kaisers mit den nothwendigen Rüstungen so weit fertig, daß sie dem vereinbarten Plane gemäß losschlagen konnten. Maximilian von Baiern fiel im Juli in Oberösterreich ein, unterwarf dieses ihm verpfändete Land in Kürze, vereinigte sich bei Zwettl mit Bouquoi und lenkte hierauf seinen Marsch gegen Böhmen. 50.000 Mann stark, überschritt er die Gränzen dieses Landes, während zu derselben Zeit (im September) der Kurfürst von Sachsen die Lausitz mit Krieg überzog, und eine große, vom Polenkönige entsandte Kosakenschar in Schlesien einbrach, von da über Mähren bis nach Niederöstereich vorrückte und die Stände dieses Landes zur Huldigung zwang. Ein weiter Gürtel feindlicher Kriegsvölker umfaßte das Königreich Böhmen; in sein Herz selbst suchte sich der Herzog von Baiern mit dem Grafen Bouquoi den Weg zu bahnen. Krummau, Budweis, Prachatitz ergaben sich ohne bedeutenden Widerstand; Pisek, welches mit Sturm genommen werden mußte, wurde eingeäschert, seine Bewohner aber wurden ohne Gnade und Barmherzigkeit zusammengemetzelt. Es sollte ein abschreckendes Beispiel geliefert werden, und es blieb nicht ohne Wirkung; denn Strakonitz, Winterberg, Schüttenhofen, Klattau und andere Orte öffneten dem Feinde bereitwillig die Thore. Anfangs Oktober standen die Kaiserlichen mit den Baiern bereits vor dem wohlbefestigten und von einer starken Besatzung unter Mansfeld vertheidigten Stadt Pilsen. Jetzt erst brach das ständische Heer, das dem raschen Vordringen der Feinde ruhig, wie verblüfft, im Lager von Březnitz zugesehen hatte, unter der Anführung Anhalts auf und lagerte sich bei Rokytzan. König Friedrich, der aus Prag gekommen war und das Kommando selbst übernommen hatte, folgte dem Rathe des zaghaften älteren Anhalt und ließ sich in keine Schlacht mit dem Feinde ein, sondern trat vielmehr den Rückzug gegen Prag an. Die Kaiserlichen, welche gleichfalls die Hauptstadt zu erreichen suchten, folgten ihm

Der Krieg (1620).

31

auf der Ferse, und in eiligen Wettmärschen bewegten sich die beiden Heere hart neben einander, sich von Zeit zu Zeit in blutigen Scharmützeln berührend. Endlich langten die Böhmen, nachdem sie noch bei Unhoscht gekämpft hatten, am 7. Nov. um

Schlacht auf dem weißen Berge (8. Nov. 1620).

Mitternacht auf dem weißen Berge vor Prag an. Der weiße Berg bildet ein kleines, von mannigfachen Einschnitten gegliedertes Plateau, welches nördlich bei Rusin und südlich bei Motol ziemlich steil abfällt, während es sich im Westen in ein sumpfiges Thal verflacht. Von dieser Verflachung bis gegen den sogenannten Stern oberhalb Rusin spannte Anhalt seine weit ausgedehnte Schlachtlinie, versäumte es aber, die so nothwendigen Verschanzungen in ausgiebiger Weise anzubringen. Ueberhaupt herrschte im böhmischen Lager, trotzdem man nur über 21.000 Mann gebot und wenig Geschütze zur Verfügung hatte, eine unbegreifliche Sorglosigkeit. Viele Vornehme giengen in die Stadt, um ihre Frauen oder Verwandten zu besuchen; König Friedrich selbst kam nicht zum Heere, und die Eifrigen in demselben meinten, Anhalt und Hohenlohe spielen Verrath. Am Fuße des Berges sammelten inzwischen die Kaiserlichen ihre Streitkräfte, und als Bonquoi mit den letzten Scharen eingetroffen war, setzte es Tilly durch, daß man sofort den Sturm auf die Anhöhen eröffnete. So begann am 8. November an einem Sonntage zwischen zwölf und ein Uhr Mittags der kurze, aber verhängnißvolle Kampf. Der erste Angriff der Kaiserlichen, die an 30.000 Mann zählten, mißglückte auf allen Punkten. Der jüngere Anhalt warf die Stürmenden auf dem rechten Flügel zurück; Bornebissa, welcher mit 8000 Ungarn von Bethlen den Böhmen zu Hilfe geschickt worden war, trieb die Reiterei der Kaiserlichen in die Flucht. Da kommandierte Maximilian zum zweiten Angriffe, durch welchen sich das Kriegsglück vollständig wandte. Die siegreichen Scharen des jüngeren Anhalt wurden zum Stehen gebracht und Anhalt selbst verwundet und gefangen genommen. Auf der andern Seite, wo sich die Ungarn allzu früh der Plünderung überlassen hatten, konnte Maximilian die Seinigen unterdessen ordnen, und er begegnete der heranstürmenden Reiterei des Hohenlohe im siegreichen Zusammenstoße. Diese verlor sogleich den Muth, wandte sich in eiliger Flucht in das Thal Motol und riß in wildem Fliehen die Ungarn und einen Theil des Fußvolkes mit sich fort. Die Schlachtlinie der Böhmen war vollständig gesprengt und der Kampf damit entschieden. Wer nicht nach Motol entrinnen konnte, eilte gegen Prag, um durch das Strahower Thor in die Stadt zu gelangen. Nur in der Nähe des Stern kämpfte unter der Anführung des jungen Thurn und Heinrichs von Schlick eine kleine, aber tapfere Schar Mährer bis zum letzten Augenblicke; die meisten von ihnen wurden niedergehauen, wenige gefangen genommen. — Während die Böhmen auf den Höhen des weißen Berges ihr Blut verspritzten, saß der von ihnen gewählte König Friedrich im Prager Schlosse beim festlichen Mahle, im Kreise lieblicher Damen und lustiger Herren. Als ein Bote Anhalts eintraf mit der dringenden Bitte, der König möge auf den Kampfplatz eilen, um den Muth der

Krieger zu erhöhen, meinte der Leichtsinnige, er werde nach der Tafel hinauskom-
men. Wie nun der unfähige Mann in der That erst nach aufgehobenem Gaſt-
mahle gegen das Strahower Thor zuritt, konnte er die zerſprengten Heerhaufen
der Seinigen bemerken, die in ungezügelter Flucht gegen die Stadt ſich wälzten
und ihm das ſchnelle Ende ſeiner Herrlichkeit verkündeten.

Es iſt eine beliebte Redensart geworden, die Schlacht auf dem weißen Folgen.
Berge den Untergang der tſchechiſchen Nation oder das Grab der nationalen Freiheit zu nennen; die ungereimteſten Folgen werden mit dieſer Niederlage des Winterkönigs in Verbindung gebracht. Der Wohlſtand Böhmens ſei zerrüttet und der
Lebensnerv einer gedeihlichen Entwickelung des Landes für alle Zeiten getödtet
worden. Es müßten einſt Rächer aufſtehen, um dieſe Schmach und Schande
der Nation auszutilgen; bis dahin zieme es ſich für den wahren Patrioten, das
Gedächtniſs des Unglückstages nur in tiefer Trauer zu begehen. Wenn die Söhne
und Töchter des tſchechiſchen Volkes, wie es in der That in unſeren Zeiten zu
geſchehen pflegt, am 8. November auf den weißen Berg wallen, um daſelbſt die
Ruheſtätten der gefallenen Brüder zu bekränzen, ſo ſollen wir dieſer Pietät unſere
volle Anerkennung. Will man aber damit ein Trauerfeſt den angeführten Phraſen
gemäß wegen der begrabenen Volksfreiheit u. dgl. begangen wiſſen, ſo befindet
man ſich in einer hiſtoriſchen Täuſchung. Denn die Schlacht auf dem weißen
Berge hat mit der Volksfreiheit eben ſo wenig zu thun, wie Herzog Wenzel der
Heilige mit der St. Wenzelskrone als Symbol einer gewiſſen Ländergruppe. Die
Geſchichte lehrt uns, daſs von den Huſitenkriegen angefangen bis zur Weißenberger
Schlacht das eigentliche Volk in eine immer größere und ſchmachvollere Abhängigkeit gebracht worden iſt, daſs der Adel dagegen in dieſer Zeit der durch ihn her-
beigeführten Volkserniedrigung die unbedingte Ständeherrſchaft durchgeſetzt hat.
Was bezweckte die Wladislawiſche Landesordnung Anderes, als die Knechtſchaft
des Volkes unter der Tyrannis einer egoiſtiſchen Ariſtokratie? Als nach der
ſchwachen Regierung der Jagellonen einige kräftige Habsburgiſche Könige den
Kampf gegen den Adel aufnahmen, ſetzte dieſer Alles daran, dieſe neue Dynaſtie
vom Throne zu verdrängen. Der erſte Verſuch unter Ferdinand I. miſslang und
hatte nur zur Folge, daſs das von den Junkern ſchmählich verlaſſene Bürgerthum
die letzten Reſte ſeiner Selbſtändigkeit verlor. Ein zweiter Verſuch in viel größeren
Dimenſionen wurde gegen Ferdinand II. gewagt. Mit ſeiner Abſetzung und der
Wahl des pfälziſchen Kurfürſten waren die kühnſten Wünſche der feudalen Barone
in Erfüllung gegangen. Denn ſo ſtanden die Sachen: Der Bauer ſchmachtete
in harter Leibeigenſchaft, der ſeiner Autonomie beraubte Bürgerſtand war bedeutungslos, das Königthum ſelbſt, abhängig von der Wahl, nach der Bewilligung
der vier Artikel zum reinen Puppenſpiel herabgewürdigt — einzig und allein der
Adel regierte triumphierend über das Land, über König und Volk. Wer hat nicht
ſchon gehört von dem polniſchen Wahlreiche und ſeiner berüchtigten Adelswirth-

schaft, welche Land und Volk jämmerlich zu Grunde gerichtet? Der böhmische
Adel verpflanzte im Jahre 1619 derartige wüste Zustände auf den böhmischen
Boden, und die unheilvollen Konsequenzen wären nicht ausgeblieben, wenn der
Adel auf Grundlage der Wladislawischen Ordnung mit Winterkönigen an der
Spitze hätte fortwirthschaften können. Desswegen bedeutete die Weißenberger
Schlacht nicht den Tod der Volksfreiheit, da es keine gegeben hatte, sondern sie
bedeutete vor Allem die Niederwerfung einer selbstsüchtigen, gränzenlos übermüthigen Junkerherrschaft, die eben auf dem Höhepunkte ihrer Entwickelung angelangt
war. Dass nebenbei auch dem finstern Treiben einer ultratschechischen Fraktion,
die seit zwei Jahrhunderten das deutsche Element im Lande vergewaltigte, ein
Ende gemacht wurde, kann gleichfalls vom Standpunkte der Freiheit nicht bedauert
werden. Oder erkennen die Tschechen die Freiheit nur darin, wenn die anderssprachigen Landesgenossen von ihnen terrorisiert werden? — Andererseits wollen
wir durchaus nicht behaupten, dass durch die Schlacht auf dem weißen Berge
etwa die Freiheit errungen worden ist. In Folge des Sieges der Kaiserlichen
erhob sich auf den Trümmern der gestürzten Adelsherrschaft die absolute Monarchie,
an die Stelle der allerdings nur den höheren Ständen zukommenden Religionsfreiheit trat der rücksichtslose Zwang zum Katholicismus, und die verdummende
Jesuitenwirthschaft suchte jeden Aufschwung der Geister zu unterdrücken. Es dürfte
schwer werden, Vortheile und Nachtheile der genannten Schlacht genau gegen einander abzuwägen. Durch den Sturz der vielköpfigen Adelstyrannis und die Beseitigung des nationalen Terrorismus gewann die Civilisation entschieden: ob sie
nicht aber wieder durch den starren Absolutismus und die religiöse Knechtung gerade so viel verloren, wer kann es haarscharf bestimmen, wenn er sich nicht auf
einen einseitigen Standpunkt stellen will?

4.

Innere und Kulturverhältnisse.

(1526—1620.)

Gränz-
regulierung. In den äußeren Gränzen Böhmens traten während dieser Zeitperiode nur
geringe dauernde Veränderungen ein. Im Jahre 1546 wurde im Erzgebirge eine
Gränzregulierung wegen der Irrungen über die Berg- und Waldgränze der Herrschaft Schwarzenberg vorgenommen; ein mit Moritz von Sachsen zu Schneeberg
1556 abgeschlossener Vertrag ordnete die Rainung zwischen Böhmen, Meißen und
Thüringen in der Weise, dass die südliche Hälfte der Herrschaft Schwarzenberg
mit Platten und Gottesgab sammt den Wäldern an Böhmen abgetreten wurde,
während der nördliche Theil bei Sachsen verblieb. Im nächsten Jahre wurden
auf dem Landtage Bevollmächtigte ernannt, welche eine Gränzregulierung zwischen
Böhmen und Baiern zu besorgen hatten. 1561 wurden dem Markgrafen von

Kulmbach die Bezirke von Wunsiedel, Hochberg, Thierstein, Weißenstadt, Kirchen-
lamitz und Selb vollends abgetreten und 1589 die Gränzen in diesem Theile des
Egerer Gebietes noch genauer bestimmt. Nur wegen der Oberherrschaft über die
sogenannte „Frais" konnte man sich trotz wiederholter Verhandlungen (1534—37,
1540, 1591) nicht einigen. — Die der Krone Böhmen inkorporierten Länder blieben
Mähren, Schlesien, die Ober- und die Niederlausitz. Die Gebiete von Eger und
Elbogen, sowie die Grafschaft Glatz gehörten zu Böhmen, nur daß sie eine autonome Stellung einnahmen und ihre Angelegenheiten auf eigenen Kreistagen besorgten; lediglich in Steuersachen hatten sie sich seit dem XVI. Jahrhunderte nach
dem ganzen Lande zu richten. Die Scheidung Mährens aus dem Verbande der
böhmischen Länder nach dem Liebner Vertrage dauerte nur wenige Jahre und behob
sich mit der Thronbesteigung des Königs Mathias.

Nicht so geringfügig wie die territorialen Aenderungen der Krone Böhmens
waren die Wandelungen, welche die Stellung dieses Reiches nach Außen hin vollzog, sowie die Umwälzungen, welche in den Beziehungen der Nebenländer, Mähren,
Schlesien und der Lausitzen, zum Hauptlande Böhmen stattfanden. Was zunächst
das letztberührte Verhältniß anbelangt, so entwickelte sich ein hartnäckiger Kampf
zwischen Böhmen und den sogenannten einverleibten Ländern wegen der gegenseitigen Rechte und Verpflichtungen. Während Böhmen seine herrkömmliche Hegemonie
über die Nebenländer wo möglich noch zu verstärken suchte, machte sich bei diesen
das energische Streben geltend, das staatsrechtliche Verhältniß der böhmischen
Länder zur Herstellung der eigenen Autonomie auf alle Art zu lockern. Ihren
Höhepunkt erreichten diese Streitigkeiten unter der Regierung des Königs Mathias,
der selbst den Angriff auf die bestenden Verhältnisse eröffnet hatte. Die Erbitterung der Nebenländer richtete sich insbesondere gegen jene Institutionen, durch
welche über sie Seitens der Böhmen eine bedeutende Oberherrschaft ausgeübt
wurde. Zunächst war man unzufrieden mit den sogenannten Generallandtagen,
in welchen die Böhmen dominierten, und welche schon deßwegen den einverleibten
Ländern keine Gleichberechtigung gewährten, weil die Deputierten derselben keinen
Zutritt zum böhmischen Landtage hatten, sondern nur mit einem Ausschusse desselben verhandeln durften. Die Schlesier gaben ihre Unzufriedenheit mit dieser
Einrichtung im Jahre 1611 und mit den Mährern im Verein im Jahre 1616
zu erkennen. (Die Generallandtage, welche erst unter den Habsburgern zu größerer
Entwicklung kamen, hatten übrigens einen beschränkten Wirkungskreis und erstreckten
sich meist nur auf die Türkenkriege und die hiefür nothwendigen Steuern.) In
weiterer Reihe kämpfte man gegen das von den Böhmen allein in Anspruch genommene Recht der Königswahl und gegen einige Aemter, deren Wirksamkeit sich
über alle Kronländer erstreckte, die aber, wenn nicht ausschlüßlich, so doch der
großen Mehrheit nach, mit Böhmen besetzt wurden.

General-
landtage.

Appellations=
gericht.

Zu den letzteren gehörte zuerst das oberste Appellationsgericht, welches Fer=
dinand I. im Jahre 1548 als höhere Instanz über alle Stadtgerichte sämmtlicher
böhmischer Länder gegründet hatte. Die Präsidenten desselben waren von 1548
bis 1611 durchwegs Böhmen, und unter die Beisitzer wurden nur spärlich Mäh=
rer, Schlesier oder Lausitzer gewählt. Zu dem Range eines Centralamtes der

Kammer.

böhmischen Krone hatte sich ferner unter den Habsburgern die böhmische Kammer
und die böhmische Kanzlei entwickelt. Die Kammer bildete eine Art oberster
Finanzbehörde und übte einen nicht geringen Einfluß aus auf die Verwendung
der einfließenden Steuern, Zölle, Taxen u. dergl., wie natürlich nicht immer zu
Gunsten der mitzahlenden einverleibten Länder. Noch viel gefährlicher für die

Kanzlei.

Autonomie der letzteren erschien die böhmische Kanzlei. Diese bildete das Organ,
durch welches der König mit seinen Unterthanen in die weiteste Berührung trat;
sie verkündete den königlichen Willen und nahm die an die Majestät gerichteten
Eingaben entgegen. Der Vorsteher derselben, der Kanzler, durfte verfassungsmäßig
nur ein Böhme sein, und da dieser sich überdies nur dem Könige und den böh=
mischen Ständen eidlich verpflichtete, so war es ganz natürlich, daß sich seine
Wirksamkeit vorzugsweise den Interessen Böhmens selbst, mit Vernachlässigung der
anderen Länder, zuwandte.

Streitigkeiten
mit den
Nebenländern.

Noch vor der Krönung des Königs Mathias traten die einverleibten Länder
mit ihren Forderungen nach Gleichberechtigung auf. Die Mährer verlangten eine
vollkommene Gleichstellung mit den Böhmen und wollten diesen nur im Punkte
der Königswahl eine Koncession machen; die Schlesier und Lausitzer bestanden
aber auch auf Zulassung zu derselben, wenn auch diese bei den zugestandenen
Erbrechte der Habsburger eine bloße Formsache war. Die Lausitzer sprachen noch
überdies den Wunsch aus, daß die Landvogtei in der Ober= und Niederlausitz nicht
mit eingebornen Böhmen, sondern mit Lausitzern besetzt werde. Die Frage der
Königswahl erledigte sich übrigens dadurch, daß im Principe die Schlesier gegen
die Wahl des Mathias protestierten, faktisch aber dieselbe doch anerkannten. Die
in Folge der anderen Forderungen sich entspinnenden Streitigkeiten nahmen einen
langwierigen Verlauf. Am ehesten wurden die Mährer befriedigt, und zwar durch
einen Vertrag, den die Böhmen am 26. Mai 1611 mit ihnen abschlossen, den
aber König Mathias erst im Jahre 1613 sanktionierte. Durch denselben erlangten
die Mährer eine beinahe vollständige Selbstverwaltung und die Berechtigung, zu
böhmischen Aemtern zu gelangen, wenn sie in Böhmen begütert wären. Nur das
Appellationsgericht sollte auch für ihre Stadtgerichte fernerhin die höhere Instanz
bleiben, bezüglich der Kanzlei aber sollten die mährischen Angelegenheiten einem
Vicekanzler zugewiesen werden, dessen Ernennung von der Zustimmung der mäh=
rischen Stände abhängig sei.

Schlesien und die
Lausitzen.

Einen viel hartnäckigern Widerstand als den Mährern setzten die Böhmen
den Schlesiern und den Lausitzern entgegen; diese mochten sich übrigens auch nicht

so leicht befriedigen laſſen, wie die Mährer, da für ſie die angeſtrebte Antonomie nicht nur eine politiſche, ſondern auch eine nationale Frage bildete. Schleſien und die Lauſitzen, welche Länder die vorherrſchend deutſche Hälfte der böhmiſchen Krone ausmachten, mußten Seitens der großentheils mit tſchechiſchen Elementen beſetzten Prager Centralämter mancherlei Kränkungen erfahren haben. Beim Appellations= gerichte hatte man durch die Aufnahme deutſcher Gelehrter und einiger Schleſier und Lauſitzer der deutſchen Nation und deren Sprache wohl Rechnung getragen; nicht ſo bei der Kanzlei, gegen deren Gemeinſchaftlichkeit ſich denn auch vornehmlich die Deutſchen ſträubten und eine eigenene „deutſche Kanzlei“ verlangten. Da die böhmiſchen Stände, die jetzt eifrigſt von den Mährern unterſtützt wurden, von dieſer Neuerung Nichts wiſſen wollten, ſo wandten ſich die Schleſier unmittelbar an Mathias, als dieſer der Huldigung wegen nach Breslau gekommen war (Sept. 1611). Sie drohten mit Verweigerung der Huldigung und wußten den König wenigſtens dahin zu bringen, daſs er ihnen und den Lauſitzern vorläufig bis zur ſpäteren landtäglichen Regelung der Angelegenheit die verlangte Separatkanzlei bewilligte. Der heftige Unwille der Böhmen und Mährer über ſie ſofort in Thätigkeit geſetzte ſchleſiſch-lauſitziſche Kanzlei äußerte ſich in lauten Proteſten und energiſchen Gegenvorſtellungen beim Könige Mathias. Dieſer verwies die Schlich= tung des Streites auf den Budweiſer Generallandtag vom Jahre 1614. Da ſich aber die Schleſier, Majoriſierung befürchtend, von demſelben fern hielten, veran= ſtaltete Mathias im Jahre 1616 die Zuſammenkunft von Deputationen ſämmt= licher böhmiſchen Länder. Bei derſelben platzten die nationalen Gegenſätze zwiſchen den böhmiſch-mähriſchen und ſchleſiſch-lauſitziſchen Abgeordneten ſchroff aufeinander. Die Schleſier erklärten, „ſie wollten ſich von den Herren Beheimben ferner nicht regieren laſſen“, ſtellten der böhmiſchen Landesordnung ihre eigene, die ſchleſiſche, entgegen und wieſen darauf hin, daſs Schleſien kein böhmiſches, ſondern ein deutſches Reichslehen ſei. Da es nach längeren Unterhandlungen offenbar wurde, daſs die Deputierten zu keinem glücklichen Ausgleiche ſich einigen würden, und die aufge= tauchte Idee, durch ein Gericht die Angelegenheit entſcheiden zu laſſen, ſich bei näherer Betrachtung als unpraktiſch erwies, beſchloſs Mathias auf Zureden Kleſls, den Streit durch einen königlichen Spruch zu beendigen. Er berief den böhmiſchen und ſchleſiſchen Kanzler zu ſich und erklärte ihnen, daſs die beiden Kanzleien ſich zu Einer Körperſchaft einigen ſollten. Alle ſchleſiſchen und lauſitziſchen Angelegen= heiten habe der Kanzler mit dem ſchleſiſchen Vicekanzler in Berathung zu ziehen, und die Entſcheidungen ſeien von beiden zu zeichnen (22. Sept. 1616). Dabei verblieb es auch, bis kurze Zeit darauf die böhmiſche Revolution, wie alle Ver= faſſungsverhältniſſe, ſo auch die Stellung der einverleibten Länder einer völligen Umgeſtaltung entgegenführte.

Es iſt ſchon einmal ſtark betont worden, daſs die Stellung der böhmiſchen Krone in dem Grade an Selbſtändigkeit verlor, in welchem die öſterreichiſche

Böhmen und die öſterreichiſche Geſammtſtaats= idee.

Staatsidee sich ihrer Realisirung näherte. Der Gedanke, die böhmischen, öster=
reichischen und ungarischen Länder in einen Einheitsstaat zu verschmelzen, wurde

Reichs centralstellen. schon von Ferdinand I. ernstlich aufgenommen und mit großer Unverdrossenheit
verfolgt. Die von ihm ausgegangene Gründung dreier Centralstellen, deren Wirk=
samkeit sich auf alle österreichischen Länder erstreckte, gab der Idee des Einheits=
staates zum ersten Male deutlichen Ausdruck. Als Ferdinand noch Statthalter
der österreichischen Erbländer war, schuf er das Geheimraths-Kollegium (Geheim=
rath), das er durch seine ganze Regierungszeit beibehielt und seinen Nachfolgern ver=
machte. Die Mitglieder desselben, welche das unbegränzte Vertrauen des Kaisers
genossen, beriethen über wichtige Angelegenheiten der Länder ohne Unterschied; den
Vortrag leitete der Hofkanzler, der zugleich dem Monarchen die Sitzungsprotokolle
zur Beschlußfassung vorlegte. Die zweite Centralstelle bildete die Hofkanzlei,
welche nach der Hofkanzleiordnung vom Jahr 1528 geregelt wurde und nicht
wenig geeignet war, den großen Einfluß der besondern Länder Kanzleien zu ver=
mindern. Dieselbe leitete nicht bloß die diplomatische Korrespondenz des Reiches
mit dem Auslande, sondern befaßte sich auch mit innern Angelegenheiten. Für
die einzelnen Länder wurden einige Abtheilungen, mit Sekretären an der Spitze,
errichtet. Der Sekretär, welcher der Expedition für die böhmischen Kronländer
vorstand, war nicht nur dem Hofkanzler, sondern auch der böhmischen Kanzlei
Gehorsam schuldig, wurde aber ausdrücklich angewiesen, Alles, was ihm der Hof=
kanzler im Namen des Königs auferlegen und ansagen würde, gutwillig und rasch
zu erledigen. Aus der Hofkanzlei erflossen gewisse Generalmandate (1527, 1548,
1562) oder das an „alle österreichischen Erbkönigreiche und Lande" gerichtete
Kalenderpatent (1583), sowie denn dieses Amt überhaupt auf eine Gleichheit der
Gesetze in den verschiedenen Ländern hinarbeitete. Als dritte Centralstelle des
Reiches, und zwar für die oberste Leitung der Finanzen, erscheint bereits 1527
die allgemeine Hofkammer mit einem Schatzmeister (bis 1568) an der Spitze.
Dieses Reichsfinanzministerium hatte unter Ferdinand I. bloß die einzelnen Landes=
kammern, also auch die ungarische und die böhmische, zu überwachen; die böh=
mische Kammer erhielt 1528 den Auftrag, deutsch zu amtieren, wahrscheinlich wegen
der genauern Kontrole, wodurch es besonders mehreren Tirolern, die der tsche=
chischen Sprache nicht mächtig waren, möglich wurde, Stellen bei diesem Amte zu
versehen. Im Jahre 1571 folgte eine Regelung des Geschäftsverkehrs zwischen
der Hofkammer und den böhmischen Landesstellen zur Herbeiführung einer strafferen
Centralisation. Die fortwährende Türkennoth bewog die einzelnen Länder, gemein=
schaftliche Hilfe zu leisten. Ferdinand selbst aber errichtete 1556 einen „steten
Kriegsrath", der sich nach und nach zu einer militärischen Centralstelle des Reiches
entwickelte. 1565 übertrugen die böhmischen Stände dem Landesfürsten ausdrück=
lich das Recht, die Kriegsräthe beliebig zu wählen.

Es verdient ferner hervorgehoben zu werden, daß bereits Ferdinand 1. sich Verſuche zu einer Geſammt- vertretung. alle Mühe gab, durch allgemeine Zuſammenkünfte die einzelnen Länder in eine engere legislatoriſche Berührung zu bringen, alſo eine Art Reichstag für alle ſeine Länder zu gründen. Am 1. Januar 1528 ſchrieb er nach Brünn einen „Münz- tag" aus und forderte „alle Königreiche, Fürſtenthümer und Länder, welche ſich unter ſeinem Scepter zuſammengefunden hatten", auf, dazu Deputierte zu wählen. Da aber ſowohl in Brünn als auch in Prag, wohin (Juli 1528) ſpäter Ferdi- nand den Münztag berufen hatte, nicht alle Deputierte erſchienen, insbeſondere die böhmiſchen und ungariſchen nicht, verſuchte es der König mit einem anderen Verhandlungsſtoffe. Er berief für den 2. Juli 1529 eine Zuſammenkunft aller ſeiner Königreiche, Fürſtenthümer und Länder nach Linz und zwar zur gemein- ſchaftlichen Rüſtung wider die Türken. Allein auch diesmal und ebenſo im nächſten Jahre erſchienen nicht alle Länder. Die Böhmen, die 1530 eben einen General- landtag in Budweis hielten, erklärten, es wäre wider die verbrieften Freiheiten des Landes, außerhalb desſelben ſich in derlei Verhandlungen einzulaſſen. Nachdem noch einige andere Verſuche geſcheitert waren, gelang es endlich im Jahre 1541, Vertreter der deutſchen Erblande und der böhmiſchen Kronländer, ſowie eine unga- riſche Daputation am königlichen Hoflager zu vereinigen. Es wurde 1542 der Prager Vergleich geſchloſſen, der als Hauptzweck die nachdrückliche Bekämpfung der Türken aufſtellte; 1544 und 1547 traten in Prag abermals Ausſchüſſe der Länder zuſammen, um den Vergleich von 1542 zu vervollſtändigen und zu erneuern. Ein förmlicher Reichstag aber konnte ſich aus dieſen Zuſammenkünften, die ſeit 1547 durch lange Zeit ſtockten, nicht entwickeln. Die Theilung der öſterreichiſchen Länder nach dem Tode Ferdinands I. mußte natürlich der Idee des Geſammtſtaates hin- derlich werden. Doch dauerte das Gefühl der Zuſammengehörigkeit fort und fand immer neue Nahrung in der gemeinſchaftlichen Türkengefahr. 1606 wurde eine Konföderation in Wien, 1608 ein Bund in Preßburg abgeſchloſſen, und im Jahre 1609 tauchte der Plan auf, durch einen Centralausſchuß der Stände der unierten Länder die Verwaltung des geſammten Reiches beſorgen zu laſſen. Karl von Zie- rotin, eines der bedeutendſten ſtaatsmänniſchen Talente ſeiner Zeit, betrieb die Ausführung dieſes Planes mit großer Vorliebe; nach ihm ſollten die Miniſter und oberſten Reichsbeamten dem aus den einzelnen Landtagen zu bildenden Reichs- ſenate verantwortlich ſein. Der Linzer Generalkonvent von 1614, der ſich verhält- nißmäßig am meiſten dem Bilde eines Reichsparlamentes näherte, ſchien Zierotins Hoffnungen erfüllen zu wollen. Alle Länder des deutſchen Zweiges des Habsbur- giſchen Linie waren vertreten, und der Reichsvicekanzler Ulm verſah der Verſamm- lung gegenüber gewiſſermaßen das Amt eines Staatsminiſters. Die Regierung legte dem Kongreſſe ſämmtliche Aktenſtücke und Korreſpondenzen (ein Rothbuch) vor, welche ſich auf die türkiſchen Angelegenheiten bezogen und ließ in ihren weiteren Propoſitionen die Abſicht durchſchimmern, ein neues Organ, einen Reichstag, zu begründen, auf welchen die Steuerbewilligung, das bisherige Recht der Landtage, übertragen werden sollte. Der Plan scheiterte bekanntlich; auch die Böhmen widersetzten sich demselben auf das Hartnäckigste. Ganz fallen aber ließ man die Idee einer Vereinigung der österreichischen Länder durch ihre Vertretungen nicht. Kardinal Khlesl suchte die von den Böhmen seit 1611 verlangte Konföderation und Defension für die Reichseinheit auszubeuten und entwickelte gelegentlich vortreffliche Ideen über ein gemeinschaftliches österreichisches Heer (1615). Später im Jahre 1620 sehen wir wieder einen Ausschuß aller in Linz vertreten gewesenen Länder zuerst in Preßburg und dann in Prag tagen. Es wurden Vereinbarungen über den Münzfuß getroffen und zugleich festgesetzt, daß derlei Kongresse von nun an von fünf zu fünf Jahren abgehalten werden sollten, wobei, wie man bemerkte, sich Gelegenheit finden würde, auch über andere gemeinschaftliche Bedürfnisse Vereinbarungen zu erzielen.

Bei den in dieser Periode sich bildenden Verhältnissen, in welche Böhmen zu der sich entwickelnden österreichischen Monarchie trat, kam es vor Allem darauf an, wie viel Selbständigkeit es mit seinen Nebenländern würde im Laufe der Zeit behaupten können. Daß es einige Beschränkungen seiner Autonomie sich gefallen lassen mußte, war ganz natürlich; es forderten dieses schon die Gemeinsamkeit des Monarchen, die gemeinschaftliche äußere Politik und die andern Gesammtinteressen. Ueber das Maß des unbedingt Nothwendigen hinaus aber mochten die Böhmen in ihren Zugeständnissen an das Reich auf Kosten ihrer Autonomie nicht gehen. Wollten aber die Habsburger den sich bei ihnen immer fester stellenden Plan einer österreichischen Monarchie zur wirklichen Ausführung bringen, so mußten sie von den einzelnen Bestandtheilen des Länderkomplexes mehr fordern, als diese zu geben gesonnen waren. Es entstand daher schon in dieser Periode ein Kampf zwischen der Regierung und den Ständen, der allerdings erst in den nächsten Jahrhunderten zum völligen Ausbruche kommen sollte. Blieb nun Böhmen ein wirklich selbständiges Königreich innerhalb des österreichischen Staates, oder sollte es zu einer bloßen Provinz desselben herabsinken, immerhin mußte es trachten, den Vorrang in der Stellung der einzelnen Länder zu behaupten. Nachdem es in die Verbindung mit den anderen Ländern getreten war und einige Opfer der Gesammtstaatsidee gebracht hatte, mußte es Alles aufbieten, der Mittelpunkt des neuen Staatengebildes zu werden. Und es hatte in dieser Richtung vor andern Ländern einen gewissen Vorsprung. Seine Macht, seine Größe, seine Vergangenheit, die Nähe Deutschlands, der Umstand, daß es unter Přemysl Ottokar II. und den Luxemburgern schon einmal das Centralland eines großen Länderkomplexes und eine Zeit lang zugleich der Mittelpunkt von Deutschland gewesen, waren nicht zu unterschätzende Vortheile. Prag bildete denn auch wiederholt während dieser Periode den Sitz der österreichischen Beherrscher, und unter Rudolph schien es die dauernde Residenz derselben werden zu wollen. Ebenso wurden in Prag mehrere der obenangeführten Länderkongreffe abgehalten, und die inneröſterreichiſchen Länder geſtanden geradezu durch) eine Erklärung der böhmiſchen Krone den Vorrang zu. Sie überreichten am 12. März 1537 dem böhmiſchen Generallandtag eine kläglich lautende Vorſtellung, worin unter Anderm auch geſagt wurde: Sie ſegneten den Tag, an welchem die Böhmen den König Ferdinand auf den Thron erhoben haben, und ſeither betrachteten ſie auch die Länder der böhmiſchen Krone als die „Vorderſten" in der Reihe der Glieder jenes „Einen Leibes", dem zuvor ſchon ſie angehört hätten. — Prag, Wien oder Innsbruck wurden damals als jene Städte bezeichnet, die um den Rang einer Hauptſtadt des Geſammtreiches wetteiferten; Peſt kam noch nicht in Betracht, weil Ungarn zum großen Theile in den Händen der Türken ſich befand. Seit 1620 war die Frage der Reſidenz für die öſterreichiſchen Beherrſcher entſchieden; die böhmiſche Adelsrevolution brachte Böhmen auch um den Rang eines Vorlandes des öſterreichiſchen Staatsgebietes, den es bis jetzt, wenn auch nicht ganz unangeſochten, behauptet hatte.

Die Stellung Böhmens zu Deutſchland ſeit Ferdinand I. glich jener zu Zeiten der Luxemburger inſoferne, als die böhmiſche Krone mit der deutſchen in Einer Perſon vereinigt war. Im Uebrigen hatte ſich die Verbindung im XV. Jahrhunderte vielfach gelockert, und die Habsburger des XVI. Jahrhunderts waren nicht geſonnen, Böhmen feſter an Deutſchland zu knüpfen, weil dies ihren Plänen, eine öſterreichiſche Monarchie aufzubauen, widerſtrebte. Der Form nach wurde allerdings das alte ſtaatsrechtliche Verhältniß aufrecht erhalten, und Böhmen blieb Beſtandtheil des römiſchen Reiches deutſcher Nation. Als Ferdinands Geſandte bei den böhmiſchen Ständen die Wahl ihres Herrn befürworteten (1526), führten ſie zu deſſen Gunſten auch den Umſtand an, daß Böhmen im Lehensverbande mit Deutſchland ſtehe, Ferdinand aber der Bruder des deutſchen Kaiſers ſei. Karl V. beſtätigte im Jahre 1530 alle Privilegien Böhmens, obwohl er Ferdinand noch nicht mit dem Königreiche belehnt hatte. Dies geſchah erſt 1541, nachdem die böhmiſchen Stände ſelbſt (1538) ihren König aufgefordert hatten, endlich die Lehne vom Kaiſer zu nehmen. Maximilian und Rudolph erhielten das Königreich noch bei Lebzeiten von ihren kaiſerlichen Vätern, und als Mathias ſelbſt ſchon König von Böhmen geworden war, unterhandelte er noch eifrigſt mit ſeinem Bruder Rudolph, um von dieſem die Belehnung zu erlangen. Wenn Ferdinand I. der Form nach die ſtaatsrechtliche Verbindung des Königreiches mit Deutſchland aufrecht erhielt, ſo trachtete er doch ſo viel als möglich, dieſes ſein Erbland dem deutſchen Einfluſſe zu entziehen und vor Allem der Reichslaſten zu entledigen. Durch die Errichtung des Appellationsgerichtes (S. 486) hob er den Zuſammenhang vieler böhmiſchen Gerichtshöfe mit deutſchen Schöffenſtühlen auf. (Geſtützt auf die goldene Bulle, das Privilegium Friedrichs III. und den auf dieſen Geſetzen baſirenden Ausſchluß Böhmens von der Kreiseintheilung Maximilians, weigerte er ſich dem 1521 in Worms feſtgeſtellten Reichsanſchlage (Bundesmatrikel), nach welchem

Verhältniß zu Deutſchland.

Böhmen mit 400 Reitern und 600 Fußgängern belegt ward, nachzukommen (1548).
Die Reichsfürsten ließen sich 1562 auf Ferdinands Vorstellungen hin beschwichtigen,
weniger wohl durch die angeführten Rechtsgründe als durch den Hinweis, daß
Böhmen sich nach Kräften an den Türkenkriegen und an der Erhaltung Un=
garns betheilige, wodurch sicherlich auch dem deutschen Reiche ein guter Dienst erwie=
sen werde. Gerade der zuletzt angeführte Umstand macht es zur Genüge klar, daß
Böhmen durch die eingegangene Verbindung mit den österreichischen Ländern den
Interessen Deutschlands ferner gerückt und immer mehr an das Wohl und Wehe
des neuen Reiches gefesselt wurde, das die deutschen Kaiser als fest gefügten Erb=
staat zu gründen übernommen hatten.

Die böhmische Kurwürde. Die Entfremdung Böhmens von Deutschland, die seit den Husitenkriegen begon=
nen und in der Habsburger Periode immer mehr gefördert wurde, brachte es mit sich,
daß die Könige von Böhmen entweder selbst wenig Werth auf die mit ihrer kur=
fürstlichen Würde verbundenen Rechte legten, oder daß die deutschen Fürsten denselben
keine Rechnung tragen wollten. Unter Wladislaw war er deßwegen zu Streitig=
keiten gekommen, die 1489 zu Gunsten Böhmens ihre Begleichung gefunden hat=
ten (S. 394), unter den Habsburgern aber sich wiederholten. Unter letzteren war
es so weit gekommen, daß die Könige Böhmens (Maximilian II., Rudolph,
Mathias) von allen Verhandlungen des kurfürstlichen Kollegiums ausgeschlossen
blieben, ja sich nicht einmal an den Berathungen betheiligen durften, welche
unmittelbar vor der Wahl über die kaiserliche Kapitulation geführt wurden. Auch
König Mathias wurde 1611 und 1612 trotz seiner Berufung auf die goldene
Bulle zu den Berathungen der Kurfürstentage, mit Ausnahme der Wahlfrage,
nicht zugelassen. Als er darüber Klage erhob, machten die deutschen Fürsten als
Gründe ihres Vorgehens unter Andern auch auf den Umstand aufmerksam, daß
sich Böhmen in keinem der zehn Kreise Deutschlands befinde und Nichts zum Reiche
und zur Erhaltung des Reichskammergerichtes beitrage. Wollten vielleicht auf diese
Art die Kurfürsten den böhmischen König zur Leistung der Reichsmatrikel nöthigen,
oder galt ihnen die böhmische Krone wirklich nur als „schirmverwandt?" Die
Stände Böhmens waren tief verletzt durch dieses Benehmen der Kurfürsten. Auf
dem Landtage von 1615 baten sie den Kaiser, er möge dahin wirken, daß auf dem
nächsten Reichstage die kurfürstlichen Rechte des böhmischen Königs geregelt wer=
den; es seien aus diesem Grunde die Oberstlandesoffiziere zur Wahl von stäudi=
schen Abgeordneten zu ermächtigen, welche die durch die goldene Bulle festgesetzten
Rechte des Königs von Böhmen zu wahren hätten. Mathias dankte den Ständen
für ihre Vorsorge und versicherte, daß er, „als durch Gottes Gnade römisch=
deutscher Kaiser und König von Böhmen, zugleich die Rechte des letzteren allein
zu vertreten gedenke". Zu der gewünschten Regelung aber kam es nicht, da noch
Ferdinand II. dieselbe Ausschließung von der Berathung an der Wahlkapitulation
erfuhr, wie seine Vorgänger.

Die Veränderung der innern Verfassung Böhmens während dieses Zeitrau- Innere Ver-
fassungszustände. mes zeigte sich namentlich in der Stellung des Königthumes zum Adel und Bür-gerthume. Daß die Krone Böhmens im Hause Habsburg mit der Thronbesteigung Ferdinands I. erblich geworden ist, unterliegt keinem Zweifel, trotz aller Bedenken, die von gegnerischer Seite erhoben wurden und noch erhoben werden. Für die Königthum. Erblichkeit sprechen die goldene Bulle Karls IV., deſſen Erbvertrag mit dem Habs-burgischen Hause, das Privilegium Wladislaws von 1510, der Brief von 1545 und die Landesordnung Ferdinands I. von 1550. Ohne uns in die ferneren Streitigkeiten einzulassen, weisen wir nur auf die zwei letzten Dokumente als die entscheidenden hin. In der Landesordnung, die doch von den Ständen anerkannt worden war, wurde eine Wahl nur nach dem Aussterben der Dynastie als zulässig erklärt, und in der verlandtafelten Verschreibung von 1545 wurde das Erbrecht der Gemahlin Ferdinands I. festgestellt und die Erbfolgeordnung der Luxemburger auf die Habsburger übertragen. Da diese letzte Urkunde unfehlbar den Ausschlag in der Streitfrage gibt, so erklärten die Anhänger des Wahlrechtes dieselbe für falsch und unterschoben, welche ganz aus der Luft gegriffene Behauptung nur eben das Recht ihrer Gegner erhärtet. Die Frage, ob Erbrecht der Habsburger oder Wahlrecht der böhmischen Stände, wurde endgiltig besprochen, als Mathias um die Annahme seines Vetters Ferdinand zum böhmischen Könige ersuchte. Als die Opposition sich an dem Worte „Annahme" stieß und dafür „Wahl" wünschte, setzte der Kanzler und der Oberstburggraf in der überzeugendsten Weise das Erb-recht der Habsburger auseinander, und der Landtag „wählte" nicht, sondern „nahm" Ferdinand II. zum Könige „an", wie auch schon Maximilian II. und Rudolph II. von den böhmischen Ständen nicht „gewählt" sondern „angenommen" worden waren. Durch die bald darauf erfolgte Absetzung Ferdinands und die Wahl des Winterkönigs konnte, wie natürlich, die eigentliche Rechtsfrage nicht im Geringsten beirrt werden, ebensowenig wie durch die Wahl des Mathias, welche als einzelne Neuerung keine giltigen Rechtsverhältnisse schaffen konnte. Die Macht des Kö-nigthumes wurde durch die Erblichkeit, sowie durch den Anschluß an Oesterreich erhöht. Letzterer Umstand hatte die Einrichtung der Centralämter zur Folge, wo-durch der Einfluß der Stände geschwächt und es ermöglicht wurde, daß der König bei inneren Kämpfen aus seinen übrigen Ländern Hilfe und Beistand her-beiziehen konnte. Ferdinand I. arbeitete mit großem Glücke an der Erweiterung der königlichen Gewalt; namentlich wußte er die Revolution der Stände von 1547 für diese seine Zwecke zu benützen. In erster Reihe trachtete er die Einkünfte der königlichen Kammer zu vermehren. Als er zur Regierung gekommen war, fand er die Krone mit Schulden überladen, die Einkünfte derselben außerordentlich ver-ringert und die ehemals so ausgedehnten Krongüter auf einige wenige, Bürglitz, Kaaden, Kolin, Tachau und Podiebrad, zusammengeschmolzen. Er schrieb in Folge dessen wiederholt zur Bestreitung der nöthigen Auslagen, namentlich zur Führung der Türkenkriege, sogenannte außerordentliche Steuern aus und wußte dieselben allmählich in ordentliche Abgaben, die alljährlich ausgehoben wurden, zu verwandeln. Nach dem Aufstande von 1547 mußten die Städte ihre Güter und Einkünfte an den König abtreten und überdies noch Geldstrafen erlegen; die Herrschaften einiger Adeliger, die sich damals geflüchtet hatten, wurden konfisciert, ein Herr Krajíř verlor Brandeis, ein Herr Kostka Leitomischel, viele andere Herren mußten ihre Güter vom Könige als Lehen annehmen. Durch den genannten Aufstand verloren die Städte überhaupt ihre Selbständigkeit und zwar zu Gunsten der Krone; nur der Sitz im Landtage wurde der Bürgerschaft vom Könige gewährt, da dieser den nunmehr ganz von ihm abhängigen Stand als Werkzeug gegen den Adel zu benützen gedachte. So kräftigte sich das Königthum unter Ferdinand I. immer mehr und mehr und behauptete sich auch unter Maximilian II. und in den ersten Regierungsjahren Rudolphs in voller Würde. Die während dieser Zeit erschienenen neuen Landesordnungen von 1530, 1550 und 1564 beruhten im Allgemeinen auf der Wladislawischen von 1500, nur daß einige Verbesserungen zu Gunsten der königlichen Gewalt aufgenommen wurden und im Ganzen eine logischere Anordnung der Gegenstände Platz griff. Die unmittelbar nach dem Tode Ferdinand's I. veröffentlichte Ausgabe (1564) hat namentlich in der deutschen Uebersetzung vielfältige Verbreitung gefunden. Seit der zweiten Hälfte der Regierungszeit Rudolphs sank die Königsgewalt mit beschleunigter Schnelligkeit, bis sie durch den unheilvollen Bruderzwist und die Adelsrevolution von 1619 vollständig vernichtet wurde. Mit der Absetzung Ferdinands II. wurde das Wahlkönigthum proklamiert; in dem neugewählten Winterkönige aber sahen wir nichts Anderes, als eine in den Königsmantel eingehüllte Puppe, terrorisiert von einer gewaltthätigen Adelsoligarchie, die mit dem Unheile des Landes ihr eigenes Verderben heraufbeschwor.

Landtag.   Die gesetzgebende Gewalt theilte der König mit dem Landtage, der aus den drei Ständen, der Herrn, Ritter und königlichen Städte bestand. Seit der Herrschaft der Habsburger hatte nur der König das Recht, die Versammlung zu berufen. Es geschah in der Regel alljährlich einmal; die Zeit der Berathung war eine verhältnismäßig kurze, durchschnittlich etwa vierzehn Tage. Die Herren und Ritter tagten auf der Burg, die Abgeordneten der Städte auf dem Altstädter Rathhause, jede Kurie gesondert für sich. Bei den Gesammtsitzungen gab jeder Stand sein gemeinsames Votum ab; zur Giltigkeit des Beschlusses war die Uebereinstimmung aller drei Kurien nothwendig. Gegenstand der Berathung bildeten fast ausschließlich die königlichen Propositionen, über welche mit der Regierung schriftlich unterhandelt wurde. Die vereinbarten Beschlüsse wurden in die Landtafel eingetragen.

Adel.   Sobald der böhmische Adel merkte, daß die Habsburger das unter den Jagellonen gänzlich erschütterte monarchische Princip wiederherzustellen suchten, trat er zum Königthume in die gewohnte alte Opposition. Da der größte Theil des widerspänstigen Adels zum Protestantismus hinneigte, so nahm der sich entspin-

nende Kampf zwischen der Krone und den Junkern zugleich einen religiösen Cha
rakter an, aus welchem Grunde zum Theile auch die Bürgerschaft in das königs
feindliche Lager übergieng. Die Stände scheuten kein Mittel, auch nicht den Landes-
verrath, um zum Siege zu gelangen. Zweimal unter den beiden Ferdinanden, den
kräftigsten Habsburgern dieser Periode, erreichte der Kampf seinen Höhepunkt. Die
Revolutionen von 1547 und 1619 waren für die Dynastie mit der größten Ge
fahr verbunden, und nur die zwei siegreichen Schlachten von Mühlberg und auf
dem weißen Berge retteten die Krone, welche in der That beide Male auf dem
Spiele stand. Welche große Macht der Adel selbst nach dem Mißlingen der ersten
Revolution besaß, beweist das Vorgehen Ferdinands I. Dieser sonst so energische
Fürst demüthigte zwar das Bürgerthum, gegen den Adel aber getraute er sich
nicht den Vernichtungskampf aufzunehmen, sondern er zog es vor, denselben durch
eine Amnestie zu gewinnen. Anders verhielt es sich bei dem Aufstande unter
Ferdinand II. Diesesmal gedieh die Revolution viel weiter, als im vorigen Jahrhunderte; diesesmal wurde aber auch die aufrührerische Partei vollkommen ver
nichtet. Mit der Wahl des Winterkönigs hatte der Adel sein Ideal von einer
Verfassung, von dem er schon bei der Krönung des schwachen Königs Mathias
geträumt, glücklich errungen. Denn mit der Bewilligung der vier Punkte, die be
reits Mathias vorgelegt worden waren, verschacherte Friedrich von der Pfalz der Junkerpartei wesentliche Prärogative der Krone und gründete eine Adelsherrschaft, die viel
ärger war, als die in der Jagellonenzeit, und nur wieder ein Seitenstück in der
berüchtigten polnischen Adelsherrschaft findet. Die Weißenberger Schlacht bezeichnet
das Ende dieser unglückseligen Oligarchie. — Was die Anzahl der Adeligen in
Böhmen während dieser Periode anbelangt, so ergaben sich nach einer Zählung aus dem
Jahre 1605 254 Familien des Herrenstandes und 1128 Familien des Ritterstandes,
welche Güter besaßen. Manch' altes Geschlecht, dessen Ruhm im Mittelalter hoch erglänzte, war erloschen, so das der Landsteine, der Ptaček von Pirkstein, der
Krajik von Krajek, der Kostka von Postupic, der Löw von Rožmital. Der letzte
Herr von Neuhaus war 1596 gestorben, der letzte Rosenberger endete 1611 und
der letzte Pernstein, der Sprößling des einst so reichen Geschlechtes, lebte vor Beginn des dreißigjährigen Krieges von einem Gnadengehalte, den er von Spanien
empfieng.

Wenn auch der Adel dieser Periode in seinen außerordentlichen Vorrechten **Bürger.**
einigermaßen beschränkt wurde, so geschah dies ohne jeglichen Vortheil für den
Bürgerstand und das Landvolk. Im Gegentheile. Das Bürgerthum verlor in
diesem Zeitraume die letzten Reste der Autonomie und wurde zum gefügigen Werkzeuge des Königsthums erniedrigt. Freilich waren es nicht mehr die alten deutschen
Bürger, welche die königlichen Städte beherrschten und durch ihren Handel und
ihre Industrie nicht nur allseitige Achtung, sondern auch eine politische Stellung
im Lande errungen hatten. Nur in wenigen der jüngst tschechisierten Städte kam

allmählig) das deutsche Element wieder zur Geltung. Die tschechischen Neubürger aber, denen der ausschlüßliche Betrieb friedlicher Gewerbe nicht genügte, mischten sich gerne in die hohe Politik oder überließen sich in vollkommener Verkennung der Autonomie maßloser Ungebundenheit in Gemeindesachen und religiösen Angelegenheiten. Paschek's Ausschreitungen in Prag mögen als Beispiel genügen (S. 388). König Ferdinand I. nahm von diesem Falle Veranlassung, um zunächst wenigstens in Etwas die Zügellosigkeit der Städter zu bändigen. In Prag hob er die Vereinigung der Alt und Neustadt wieder auf und setzte doppelte Gemeinderäthe ein; für alle königlichen Städte aber erließ er den strengen Befehl, keine „großen Gemeinden", d. h. Versammlungen aller Bürger, fernerhin einzuberufen, außer mit besonderer Bewilligung des Königs (1529). In der Folgezeit näherte sich der oppositionelle Bürgerstand immer mehr dem Adel, und es kam im Jahre 1547 zwischen beiden das unnatürlichste aller Bündnisse, zwischen Schloßherrn und Städtern, gegen das Königthum zu Stande. Die so gänzlich verrückte Parteistellung der Bürger zur Krone hatte ihren Erklärungsgrund nicht nur in der nationalen, sondern auch in der religiösen Gesinnung derselben; es stand der tschechisch protestantische Bürger dem deutsch-katholischen Monarchen gegenüber. Diese Auflehnung hatte aber nichts anderes im Gefolge, als die vollkommene Vernichtung der bürgerlichen Freiheit durch jene Maßregeln, welche König Ferdinand I. nach Besiegung der Revolution von 1547 traf. Während der Adel sich durch verächtliche Demüthigung aus der Schlinge zu ziehen wußte, büßte der Bürger allein für den Hochverrath. Das Gericht war überaus streng. Den Rädelsführern gieng es an Leib und Leben; Geldstrafen, Tortur und Verbannung trafen die minder Gravierten. Den Städten, die sich auf Gnade und Ungnade ergeben mußten, wurden alle Güter und Einkünfte entzogen, und jene Reichthümer der deutschen Gemeinden, in deren Besitz sich einst die tschechischen Neubürger auf leichte Weise gesetzt hatten, wurden nunmehr eine billige Erbschaft der Krone. Der zum Jahre 1529 in die Landtafel eingetragene Besitzstand der Städter betrug 1,800.000 Schock böhmischer Groschen, der der Herren 2,400.000, der Ritter, 2,600.000. Mit dem Verluste des Vermögens wurde die Vernichtung der Privilegien verbunden, jener Sonderrechte, die sich ehedem die Deutschen vom Königthume erobert, und auf Grund deren sie dem Adel zum Trotze einen dritten freien Stand im Lande begründet hatten. Nur jene Privilegien gab der König später zurück, welche die Kronrechte, wie sich nach genauer Prüfung ergab, nicht im Geringsten beeinträchtigen. Auch die den Städtern entzogene Stimme auf dem Landtage wurde „gnädiglich" zurückgestellt (28. Sept. 1547), jedoch nur aus dem Grunde, weil der König durch weitere Maßnahmen sich der vollständigen Abhängigkeit der Städte von seinem Willen versicherte. Er erneuerte nämlich allenthalben die Magistrate und setzte die königlichen, späterhin die kaiserlichen Hauptleute und Richter ein, ohne deren Zustimmung sich weder die Gemeinde noch der Stadtrath versammeln durfte, und welche berech=

tigt waren, alle jene Beschlüsse für ungiltig zu erklären, in denen sie einen Nach=
theil für die Krone erblickten. Dieses Loos der Vernichtung der Selbstständigkeit
traf nebst Prag mehr als zwanzig königliche Städte; Pilsen, Budweis und Auffig
wurden wegen ihrer Treue geschont, und ihren Abgeordneten wurde das Vorrecht
eingeräumt, auf dem Landtage unmittelbar nach den Pragern stimmen zu dürfen.
Ferner mußten sich die Bestraften verpflichten, in der Zukunft von jedem Fasse
Bier und jedem Striche Malz einen weißen Groschen zu erlegen. Einzelne Städte
wurden noch mit ganz besonderen Strafen belegt. In der Alt= und Neustadt Prags
wurden achtzehn, auf der Kleinseite zwölf neue Rathsherren eingesetzt, die unter
den königlichen Hauptleuten standen und dem Könige und seinen Nachfolgern Un=
terthänigkeit und Gehorsam schwören mußten. Den Saatzern, die den König
schwer beleidigt hatten, war eine eigenthümliche Züchtigung zugedacht; Ferdinand
befahl, die Stadt solle fürderhin ein bloßes Dorf sein und keine städtischen
Gewerbe treiben, und ließ sich nur durch vieles Bitten seines Sohnes bewegen,
diesen Befehl zurückzunehmen. Ohne Stadtthore aber blieb Saatz bis 1565, in
welchem Jahre Maximilian II. die Erlaubniß zur Wiederherstellung derselben
verlieh. Eine uns erhaltene Tabelle der Strafgelder, welche die Städte damals
erlegen mußten, gibt uns die Namen der Beschuldigten und wohl weniger einen
Maßstab der Betheiligung an der Revolution, als vielmehr einen Gradmesser
ihres Reichthums. Königgrätz, Leitmeritz, Tabor und Saatz mußten je 8000
Schock Meißnisch entrichten, Klattau 6000, Laun 5000, Nimburg und Pisek je
4000, Kaaden und Tauß je 3000, Caslau und Schlan je 2500, Jaromirsch,
Kaurschim, Böhmischbrod, Aules, Beraun, Melnik und Hohenmauth je 2000, Kö=
niginhof, Kolin, Schüttenhofen je 1500, Chrudim und Politschka je 1000. — So
war die Macht der Städte auf lange Zeit hinaus gelähmt worden, und die nächst=
folgenden Regierungen boten wenig Gelegenheit zur etwaigen Erholung und Stär=
kung. In der Revolution von 1619 treffen wir die Städte wieder in Verbindung
mit dem Adel gegen den Habsburgischen Regenten. Wer weiß, welche Ver=
sprechungen gemacht worden sind; vielleicht eine Wiederherstellung der alten Rechte,
was sich etwa daraus schließen läßt, daß bei der Wahl des Winterkönigs unmit=
telbar nach den Pragern, der früheren Ordnung gemäß, die Kuttenberger und
Saatzer ihre Stimmen abgaben.

 Das Bauernvolk Böhmens schmachtete noch immer in der alten Leibeigen= **Bauernstand.**
schaft, und sein Wohl und Wehe lag in den Händen des ihm gegenüber allmäch=
tigen Adels. Durch die sogenannten „Mandate" erzielten die Herrschaftsbesitzer
das Gerichtswesen auf ihren Gütern und setzten die Pflichten und Rechte ihrer
Unterthanen fest. Ferdinand I. und Maximilian II. führten zwar in Oesterreich
und Tirol eine Erleichterung des Unterthanenverhältnisses ein, nicht aber in
Böhmen. Die nachher so berüchtigten Herrschaftsbeamten treten bereits jetzt als
die gefürchteten Tyrannen der Dörfer und unterthänigen Städte auf. Die Frohn=

dienste wurden immer härter, und die hie und da vorkommenden Verweigerungen derselben wurden auf das Strengste bestraft. Einem Venetianischen Staatsmanne, Geremia Ghisi, machten die böhmischen Bauern der damaligen Zeit den Eindruck von Sklaven, welche von ihren Herren getödtet werden könnten, ohne daß diese darüber Jemanden Rechenschaft zu geben schuldig wären. Diese Aussage bestätigt Slawata, der uns wie von einer gewöhnlichen Sache berichtet, daß die Adeligen bis zum Jahre 1618 bei Mißhandlung und selbst Ermordung von Bürgern (doch wohl nur in unterthänigen Städten) und Unterthanen straflos ausgiengen, und daß erst nach dem Jahre 1620 die Anklageverletzung Adeliger wegen solcher Verbrechen an der Tagesordnung war. Von den häufigen Willkürlichkeiten des Adels gegen seine Unterthanen wollen wir nur Ein Beispiel anführen. Heinrich von Waldstein wurde 1617 von König Mathias zur Verantwortung gezogen wegen eines von ihm selbst verfaßten und in seiner Druckerei zu Daubrawitz erschienenen historischen Werkes, das sich in beschimpfenden Angriffen gegen König Rudolph und Mathias ergieng. Da Waldstein die ganze Schuld auf den Drucker wälzte, so erhielt er den Auftrag, denselben herbeizuschaffen. Anstatt dessen aber fuhr der Herr eiligst nach Daubrawitz, ließ daselbst dem Drucker heimlich den Kopf abschlagen und gab vor, derselbe sei entflohen. Als die Schandthat offenkundig wurde, erlegte Waldstein 50.000 Schock für sein doppeltes Verbrechen, beklagte sich aber noch über das Unrecht, das ihm mit dieser Strafe angethan worden sei. Vereinzelt, aber um so bemerkenswerther bei diesen schlimmen bäuerlichen Verhältnissen bleibt das Vorgehen des edlen Herrn Karl von Zierotin. Dieser beschäftigte sich vielfach mit der Verbesserung der materiellen Lage seiner Unterthanen in Mährisch Rossitz; ein unvergängliches Denkmal seiner Hochherzigkeit aber und seines tiefen Verständnisses der Stellung eines Grundherrn setzte er sich, so behauptet mit Recht sein vorzüglicher Biograph Chlumetzky, durch jene Urkunde, womit er die Bürger von Brandeis aus der Unterthänigkeit entließ. Nach der Zählung von 1605 gab es 150.932 Bauernansässigkeiten und zwar auf den Gütern der Krone 14.375, auf den der Herren 67.125, der Ritter 54.413, auf den Gütern der königlichen Städte 5326, der Geistlichkeit 7339, der Freisassen 72 und der nicht königlichen Städte 2282.

Freisassen.

Die Zahl der Freisassen hatte sich gegen frühere Zeiten wieder etwas gehoben. Vor dem Ausbruche des dreißigjährigen Krieges zählte man beiläufig 450 Freisassengründe, von denen die meisten im Südwesten des Landes lagen. Im Landtage waren die Freibauern als besonderer Stand nicht vertreten.

Gerichtspflege, Verwaltung.

In der Rechtspflege und der Verwaltung des Landes im Allgemeinen trat mit der Habsburgischen Regierung eine Wendung zum Bessern ein. Ferdinand I. hatte sich gewaltig anzustrengen, um nur die öffentliche Ordnung und Sicherheit, die unter seinen Vorgängern ganz verschwunden war, wiederherzustellen. Den Kreishauptleuten wurde auf's Strengste eingeschärft, die Räuber, Mörder, Diebe und Landesschädiger zur Bestrafung einzubringen. Als der König vernahm, daß die Armen von den Reichen und selbst von denen, welche die Gerechtigkeit verwalten sollten, vielfach bedrückt wurden, ließ er verkünden, daß ein Jeder furchtlos klagen könne; er selbst, der König, wolle das Recht handhaben. Und in der That, Ferdinand führte im Winter von 1529 auf 30 durch volle zwei Monate den Vorsitz im Gerichte, und zwar mit solcher Beharrlichkeit, daß die Beisitzer eher ermüdeten, als er. Eine Menge alter Streitsachen kam jetzt zur Entscheidung, und die Unparteilichkeit, welche der König als Richter zeigte, gewann ihm die allgemeine Liebe des Volkes. Als Gesetzbücher galten das Landrecht, das Viktorin von Wšehrd noch unter Wladislaw bearbeitet hatte, und die Stadtrechte, welche jetzt durch die berühmten Rechtsgelehrten Brictius und Koldin herausgegeben wurden (S. 509). Ferdinand I. und Maximilian regten auf mehreren Landtagen Verhandlungen an, um eine gewisse Einheit der geltenden Rechte, namentlich aber um eine Uebereinstimmung zwischen dem Land- und Stadtrechte herbeizuführen. Da verschiedene Städte des Landes bald nach Prag, Leitmeritz, namentlich aber nach Magdeburg in Rechtssachen appellierten, so setzte König Ferdinand, um auch im städtischen Rechtswesen eine Gleichheit zu bewerkstelligen, auf seinem königlichen Schlosse in Prag das Appellationsgericht nieder, welches von nun an allein berechtigt war, Berufungen der Städte Böhmens und seiner Kronländer anzunehmen und zu entscheiden (1548). — Interessant war die Einrichtung der „Bauerngerichte" mit 12 Geschworenen, einem Vorsitzenden, „dem Richter," wie sie der „hospodař" (gedruckt 1587) beschreibt. Freilich lagen diese Bauerngerichte ganz in den Händen der Obrigkeit, welche die Auswahl und Ernennung der Geschworenen besorgte.

Die finanzielle Verwaltung des Landes, die unter den Jagellonen in beispiellose Unordnung gerathen war, besserte sich unter Ferdinand I. und Maximilian II. nur allmählich, sank aber unter Rudolph in die alte Verwirrung zurück. Ferdinand I. drang zum ersten Male auf die Anfertigung einer gründlichen Uebersicht des Einkommens der verpfändeten, sowie der unverpfändeten Kammergüter. Der Ueberschlag vom Jahre 1550 belief sich auf mehr als 76.000 Schock Böhmisch jährlicher Einkünfte, obwohl in der Wirklichkeit sich 10.000 Schock weniger ergaben. Die von Wladislaw hinterlassene Schuldenlast hinderte vielfach das Aufblühen der Finanzen, und es mußte zu den alten mißliebigen Mitteln gegriffen werden, um Geld aufzutreiben. Die außerordentlichen Steuern verwandelten sich in ordentliche. Die Eintreibung beider verursachte allerdings die größte Mühewaltung. Zur Deckung alter Schulden und als Bürgschaft neuer Anlehen (bis zu 10 Percent) wurden den Gläubigern bestimmte Zweige der Landeseinkünfte zugewiesen. Es entstanden daraus mancherlei Unannehmlichkeiten, namentlich wenn böse Gläubiger (Klöster und Juden werden am häufigsten genannt) die Bürgen des Königs einkerkern ließen und mit der Krone einen förmlichen Proceß eröffneten. Daß bei der Vertheilung der Steuern der Bauern-

Finanzen.

32*

stand auch damals ziemlich schlecht weg kam, geht aus einer Nachricht des Venetianischen Gesandten Contarini aus den Zeiten Rudolphs hervor; derselbe schätzte
den Grundbesitz der drei obern Stände Böhmens auf zehn, jenen der Bauern auf
fünf Millionen Thaler, und dessenungeachtet zahlten letztere fast so viel (228,000
Thaler) wie erstere (236,000) an Steuern. Unter Rudolph stand es nicht bloß
mit den Finanzen, sondern überhaupt mit der Verwaltung schlecht; namentlich
wird über Langsamkeit der Expeditionen in den Prager Kanzleien, Bestechlichkeit
der Beamten, Rathlosigkeit der Behörden u. s. w. geklagt. Als eigenthümliches
Finanzprojekt tauchte damals die Gründung einer Art Nationalbank auf, welches
zwei Rechtsgelehrte König Rudolph überreichten, das aber nicht zur Ausführung kam.

Eines der wichtigsten Landesinstitute für die Sicherstellung des öffentlichen
und privaten Rechtes, die böhmische Landtafel, wurde am 2. Juni 1541 von
einem schrecklichen Unglücke heimgesucht. An demselben Tage brach in einem Hause
nicht weit von St. Thomas auf der Kleinseite Feuer aus, das sich mit rasender
Schnelligkeit verbreitete und auch jenen Theil des Schlosses ergriff, in welchem
die Schätze der Landtafel sich befanden. Diese so außerordentlich wichtige Sammlung des urkundlichen Rechtes von Böhmen wurde in wenig Stunden ein Raub
der gierigen Flamme, bis auf einige Bruchstücke, die noch jetzt als kostbare geschichtliche Denkmale aufbewahrt werden. Gegenwärtig wird mit Recht, insbesondere
von den Geschichtschreibern, der Verlust der alten Landtafel beklagt; unter den
Zeitgenossen aber wurde durch die Zerstörung so vieler Rechtsurkunden eine tief
in's praktische Leben eingreifende Verwirrung angerichtet. Inwiefern die laut gewordenen Stimmen von einer beabsichtigten Brandlegung auf Thatsachen beruhten,
wird wohl schwer ergründet werden können. König Ferdinand, der über den unersetzlichen Schaden nicht wenig bestürzt war, gab sofort den Befehl zu einer
Sammlung aller vorhandenen landtäflichen Abschriften, und auf dem noch im
Jahre 1541 einberufenen Landtage wurde eine aus 23 Artikeln bestehende und
nachher gedruckte Verordnung wegen der Wiederherstellung der Landtafel verlesen.
Im Jahre 1543 beschloß der Landtag, die wiederhergestellte auf dem Prager
Schlosse aufbewahrte Landtafel mit eisernen Thüren, Gittern und Fensterläden zu
versehen, zur noch größern Vorsicht aber noch eine zweite Landtafel, bestehend aus
den glaubwürdigen Abschriften der ersten, zu errichten und auf dem Karlsteine
niederzulegen. Ersterem Beschlusse konnte leicht nachkommen werden, die Durchführung des letzteren aber wurde nach einem spärlichen Anfange baldigst wieder
aufgegeben.

Die kirchlichen Verhältnisse des Landes wurden, als innigst mit der politischen Geschichte verwoben, bereits bei Erzählung derselben hinlänglich ausein-
andergesetzt. Der Utraquismus des XV. Jahrhunderts war vollkommen in den
Protestantismus übergegangen, und neben diesem den größten Theil des Landes

beherrschenden Glaubensbekenntnisse bildeten die Brüder und Katholiken nur schwache Parteien. Bei der Wahl des Winterkönigs erlangten durch festes Zusammenhalten und energisches Auftreten im richtigen Augenblicke die Brüder einen glänzenden Sieg über die Lutheraner; die Weißenberger Schlacht dagegen bildete den Ausgangspunkt der Wiedereroberung des Landes für den Katholicismus. Schon vorher hatten die katholischen Habsburger Versuche gemacht, diese Religion wieder zum alten Ansehen zu bringen, oder wenigstens ihre gänzliche Verdrängung zu verhindern. Der nicht zu unterschätzende Einfluß des streng katholischen Spanien machte sich unter allen Regenten dieser Periode auch in Böhmen bemerkbar. Die Zähigkeit der Kämpfe zwischen der Regierung und den Anhängern Luthers, sowie mit den Brüdern, die auch durch den Majestätsbrief Rudolphs kein Ende fanden, haben wir geschildert: wir wollen hier nur noch zweier Mittel gedenken, die schon Ferdinand I. zum Schutze des Katholicismus in Anwendung brachte — die Wiederherstellung des Prager Erzbisthums und die Einführung der Jesuiten.

Nachdem das Prager Erzbisthum durch 140 Jahre nicht mehr besetzt und während dieser Sedisvakanz durch bloße Administratoren verwaltet worden war, erblickte das beginnende Jahr 1562 wiederum einen Erzbischof in der Person des bisherigen Wiener Bischofes und Generalgroßmeisters der Kreuzherren Anton Bruß von Müglitz. Ferdinand I., der am 12. Jan. 1562 diesen Kirchenfürsten verordnete, behielt bei Gelegenheit der Wiederherstellung des Erzbisthums sich und seinen Nachfolgern das Recht vor, die Prager Erzbischöfe zu ernennen. Da die großen erzbischöflichen Herrschaften in andere Hände gekommen waren, und die geistlichen Güter nach einem vom Könige 1557 genehmigten Gesetze von ihren alten Pfandbesitzern nicht mehr ausgelöst werden konnten, so wies der König dem neuen Kirchenfürsten zum Unterhalte jährlich 6000 fl. aus der königlichen Kammer und das Kloster Offegg an. Bruß gieng als Abgesandter Ferdinands zum Tridentinischen Koncil, wo der Genuß des Abendmahles unter beiden Gestalten den Utraquisten bewilligt wurde, welchen Beschluß der Kirchenfürst mittelst Hirtenbriefes vom 21. Juni 1564 in Prag verkündete. Bruß' Nachfolger im Prager Erzbisthume waren Martin Medek (1581—1590), Zbinko Freiherr von Berka (1592—1606), Karl Freiherr von Lamberg (1606—1612) und Johann Lohelius (1612—1622), bisheriger Abt von Strahow. Der letztere, ein Deutschböhme aus dem Dorfe Wogau im Egergebiete, schwang sich vom Stalljungen bis zum ersten kirchlichen Würdenträger des Landes empor und wurde namentlich wegen seines Streites mit den Klostergrabern (S. 470) eine vielgenannte Persönlichkeit. Alle Prager Erzbischöfe dieser Periode waren zugleich Generalgroßmeister des Kreuzherrenordens mit dem rothen Sterne, welche Verbindung beider geistlichen Würden sich fast als Regel bis 1694 behauptete.

Noch bestand der Jesuitenorden nicht viel länger als zehn Jahre, und noch

Erzbischöfe.

lebte fein Begründer, Ignatz von Loyola, als bereits feine Mitglieder, gefordert von Rom und Madrid, den Weg nach Böhmen fanden, um diefes „von der Ketzerei angeftedte Land" in den Schoß der Kirche zurückzuführen. Das Volk erfreute fich der Ankunft der frommen Väter nicht fonderlich, und die Sprößlinge des hl. Ignatz waren in Prag durch längere Zeit ihres Lebens nicht ficher. Um fo mehr unterftützte fie die Regierung, und Ferdinand I. wies ihnen auf dem Land=tage vom 21. April 1556 eine große Baustelle in Prag, fowie die fäkularifierten Kloftergüter von Oybin und 1559 Dobrolut als erfte Dotationen an. Die Jefuiten richteten es fich bei St. Klemens häuslich ein, eröffneten dafelbft eine Schule (Gymnafium) mit einem adeligen Konvikte und einem Seminäre für arme Stu=denten und entwickelten binnen Kurzem auf der Katheder, der Kanzel, im Beicht=ftuhle, im Spitale und im Kerker, fowie mit der Feder eine überrafchende Thätigkeit. Sie hielten den Gottesdienft mit viel größerer Ausdehnung der Ceremonien, als es bisher in Böhmen gebräuchlich war, belebten durch fonderbare Mittel die Wun=derkraft verfchollener Wallfahrtsorte, ftellten alljährlich feierliche Verbrennungen ketzerifcher Bücher an und fuchten insbefondere durch den Einflufs hochgeftellter Damen zu wirken, in deren Gunft fie fich mit vieler Feinheit zu fetzen wufften. 1559 ließen die Väter bei St. Klemens ihr erftes Werk drucken; es war diefes der fo berühmt gewordene Katechismus von Pater Canifius. Durch viele und anfehnliche Schenkungen Seitens des Hofes und reicher Katholiken gelangten die Jefuiten nach und nach zu großen Reichthümern im Lande und gründeten von Prag aus neue Kollegien, und zwar noch im Laufe des XVI. Jahrhunderts zu Olmütz, Neuhaus, Glatz, Krummau und Kommotau. Die Schule der Jefuiten bildete fich zu einer Art Univerfität, der Klementinifchen zum Unterfchiede von der Karolinifchen, aus und wurde im Jahre 1598 bereits von mehr als 700 Schülern befucht; nach dem Stiftungsbriefe Ferdinands I. (1562) hatte der Rek=tor des Kollegiums das Promotionsrecht; nach einer Bulle Gregors XIII. hatten fämmtliche Kollegien diefes Ordens das Recht der Verleihung akademifcher Grade. Die nicht zu beftreitende Gelehrfamkeit und Pünktlichkeit der jefuitifchen Lehrer, ihre eigenthümliche Methode und die in kurzer Zeit erzielten Erfolge lockten viele Schüler, felbft utraquiftifcher Aeltern, an; im Ganzen arbeiteten fie aber doch nur auf den Schein, namentlich durch die Pflege eines blendenden Gedächtniswer=kes mit Unterdrückung jedes felbftändigen Denkens. Trotz aller hohen Protektion konnten die frommen Väter niemals die Sympathien der großen Menge erlangen; diefe ergriff vielmehr mit Begier jedwede Gelegenheit, um dem Orden durch greifbare Beweife darzuthun, wie wenig volksthümlich er fei. Die proteftantifchen Kommotauer erhoben 1591 einen mit Gewaltthätigkeiten verbundenen Aufruhr, der die Patres zur eiligen Flucht aus der Stadt zwang. In der aufgeregten Zeit vor der Bewilligung des Majeftätsbriefes wurden die Jefuiten der Prager Anftalt, wenn fie fich öffentlich blicken ließen, infultiert, und die Gefahr für fie wurde nachgerade so dringend, dafs die Mehrzahl derselben bei guten Freunden auf der Kleinseite Schutz zu suchen genöthigt war (1609). Nach Ertheilung des Majestätsbriefes zeigte sich auch unter den Ständen ein tiefer Widerwillen gegen den Orden, der um so bezeichnender ist, als Bedenklichkeiten erhoben wurden, die später auch in anderen Ländern auftauchten. Die Stände verlangten, und selbst einige Katholiken schlossen sich dem Verlangen an, die Jesuiten sollten ihre Güter dem Fiskus und ihr Prager Kollegium der Stadt überantworten; sie sollten keine Schenkungen und testamentarische Legate annehmen und möchten angehalten werden, ihren Stiftungsbrief, sowie ihre übrigen Privilegien und Statuten dem Landtage vorzulegen, damit dieser untersuche, ob nicht dieselben den Rechten und Statuten des Königreiches zuwider wären. Die Bemühungen des spanischen und römischen Gesandten, sowie der jesuitenfreundlichen Herren Zdenko Lobkowitz, Sla- wata und Martinitz, verhinderten das gewünschte Vorgehen gegen den Orden; König Rudolph bestätigte vielmehr noch in demselben Jahre auf ihren Antrieb durch ein besonderes Diplom die Privilegien desselben. Zur Zeit des Passauer Einfalles drohte den Bewohnern des Klemenskollegiums ein ähnliches Schicksal, wie es die Franziskaner erfuhren. Schon wälzten sich die aufgeregten Volksmen- gen gegen das Ordenshaus, erfüllt von der größten Wuth gegen dasselbe, weil das Gerücht verbreitet war, die Jesuiten hätten große Pulver- und Waffenvor- räthe bei sich verborgen. Ein Glück für die so verhaßten Geistlichen war es, dafs ständische Truppen in der Nähe aufgestellt waren, die, obwohl den Jesuiten selbst nicht freundlich gesinnt, doch auf Zureden Wenzel Kinskys das Kollegium besetzten und einen Angriff des Pöbels verhinderten. Die jesuitenfeindliche Bewegung dauerte jedoch fort, und eine der ersten Amtshandlungen des im Jahre 1618 eingesetzten Direktoriums war die Unterzeichnung eines strengen Vertreibungsbefeh- les gegen die Jesuiten. Diesesmal mußten sie weichen, und am 8. Juni zogen 170 Mitglieder des Ordens aus dem Lande, geschützt gegen etwaige Angriffe des Volkes durch ein sicheres Geleite der Stände. Am anderen Tage veröffentlichte das Direktorium die Gründe seines Vorgehens gegen diesen Orden, gegen den allein es feindlich aufgetreten war. Die „scheinheilige und vergiftete Jesuitensekte", heißt es in dem Schreiben, trachte alle Königreiche und Länder in ihre Macht und Gewalt zu bringen. Die Mitglieder dieser Gesellschaft hätten die Unterthanen gegen die Obrigkeit aufrührerisch gemacht, durch die Beichte alle Geheimnisse erforscht und gleich den Tempelherren große Reichthümer an sich gebracht. In allen Winkeln hätten sie sich in die politische Regierung gemischt und allgemein die Lehre verbreitet, alle Nichtkatholiken als Ketzer anzusehen, denen kein Glaube gehalten werden sollte. Insonderheit, hätten sie die Ausübung des Majestäts- briefes zu verhindern gesucht, die „unter beiden Gestalten" verketzert, den Kaiser wider seine Unterthanen gehetzt, die protestantischen Kirchen gesperrt und geschleift, die Verwaltung des Königreiches an sich gezogen u. s. w. Da die Jesuiten auf diese Angriffe antworteten, so entspann sich ein langwieriger Federkrieg, der auch noch fortdauerte, als die Väter nach kurzem Exile wieder in Böhmen ihren Einzug gehalten hatten.

Die Kapuziner. Mit der Vertreibung der Jesuiten wurde das Land keineswegs arm an Mönchen. Die in der Hussitenzeit arg mitgenommenen Klöster hatten sich theilweise doch wieder gefüllt und konnten sich unter der Habsburgischen Herrschaft zur Genüge erholen. Zu den alten Orden kam übrigens noch ein neuer, der sich rasch im Lande verbreitete und von nicht geringem Einflusse besonders auf die niederen Schichten des Volkes werden sollte. Es waren dies die Kapuziner, deren erste Niederlassung auf dem Hradschin 1599 statt fand. Der fromme Lorenz von Brun dusio zog, als in den nächsten Jahren das Ordenshaus erbaut worden war, mit zwölf Kapuzinern unter großer Feierlichkeit in dasselbe ein.

Die Israeliten. Im Allgemeinen schien sich das Loos der Israeliten unter den Habsburgern nur wenig bessern zu wollen. Ferdinand I., Maximilian II., Rudolph II. und Mathias bestätigten ihnen zwar ihre alten Freiheiten (1527, 1567, 1577, 1611) und bekräftigten insbesondere den Landtagsbeschlusse vom Jahre 1501, nach welchem die Israeliten im Lande geduldet sein und das Verbrechen eines Einzelnen nicht an der ganzen Judenschaft vergolten werden sollte. Aber die königlichen Freibriefe, die mit schwerem Gelde erkauft werden mußten, waren nicht im Stande, den religiösen Fanatismus, den Aberglauben und den gehässigen Neid der Judenfeinde auszurotten. Die grausamen Verfolgungen früherer Zeiten wiederholten sich bereits unter der Regierung Ferdinands I., und zweimal wurde die vollkommene Verjagung des jüdischen Volkes aus dem Königreiche beschlossen. Im Jahre 1541 wurde das Gerücht ausgesprengt, die Juden hätten die vom Kaiser getroffenen Kriegsanstalten an die Türken verrathen und die große Feuersbrunst dieses Jahres durch gedungene Mordbrenner veranlaßt. Die in Folge dessen vom Landtage beschlossene Landesverweisung kam jedoch nur theilweise zur Ausführung und wurde schon im Jahre 1544 auf Verwendung vieler Vornehmen des Reiches widerrufen. Allein schon waren die Juden zu großem Schaden gekommen. Mehrere Prager, die dem Auswanderungsbefehle sich gefügt hatten, wurden bei Brannau überfallen und ausgeplündert; die Juden in einigen Landstädten aber erlitten, sobald der Landtagsschluß verlautbart worden war, die schmählichste Behandlung. Die Leitmeritzer vertrieben die bei ihnen ansässigen Israeliten mit Gewalt, die Saazer aber plünderten die Wohnungen der Unglücklichen und vergnügten sich damit, die bis auf's Hemd Entkleideten aus ihren Häusern zu verjagen. Ferdinand I. erzürnte über diese Uebergriffe derart, daß er die Rädelsführer in beiden Städten mit dem Tode bestrafen ließ (1541, 1542). Ein neuer, höchst gefährlicher Feind erwuchs den Juden in den Jesuiten, die sich bald nach ihrer Einwanderung mit allem Eifer auf die Christianisirung des auserwählten Volkes warfen. Sie scheinen auch den zweiten Ausweisbefehl von 1561 angeregt zu haben, der jedoch, wie

der von 1541, auf Fürbitte der Adeligen, welche die Juden nur gar zu sehr brauch
ten, nicht exequiert wurde. Doch setzten es die glaubenseifrigen Väter durch, daß
ihnen vom Könige eine Art Censur über alle in Prag einlangenden und von der
Judenschaft benützten hebräischen Bücher übertragen, die Juden selbst aber gezwun
gen wurden, jede Woche einmal die Predigten der Jesuiten zu besuchen. Es klingt
komisch, wenn weiter vom Chronisten erzählt wird, daß die zu den Predigten kom
mandierten Juden sich die Ohren verstopften oder mit den Fingern zuhielten, weswegen von diesem „hartnäckigen und verstockten Volke" nur drei bekehrt werden
konnten, welche mit offenen Ohren aufmerksam zugehört hatten (1561). Da die
alten Juden so pfiffig der Missionsthätigkeit der Jesuiten aus dem Wege gien
gen, versuchten es diese mit der israelitischen Jugend und nöthigten die Indetina
ben zu gewissen Zeiten das Jesuitenkollegium zu besuchen. Allein trotz aller
Freundlichkeit der Väter blieben auch die Kleinen widerhaarig, und der Chronist
sieht sich genöthigt, die schlechten Erfolge der Bekehrungsversuche der Gesellschaft Jesu
wiederum der Verstocktheit und Hartnäckigkeit der jüdischen Aeltern zuzuschreiben.

So blieben die Juden auch in dieser Periode die geduldeten Kammerknechte
des Königreiches, die niemals ihres Eigenthums oder auch des Lebens sich so ganz
sicher fühlen konnten. Ihre Ausweisung lag weder im Interesse der Krone, noch der
vornehmen Herren, die in der Geldnoth den jüdischen Mäkler oder Banquier nicht
entbehren mochten. Dagegen mußten sie sich allerlei neue Beschränkungen und Willkürlichkeiten gefallen lassen. Die Städte, in welchen sie laut gewisser Privilegien
gar nicht geduldet wurden, mehrten sich; Leitmeritz trat 1546 in die Reihe derselben, und durch Erzherzog Maximilian wurde ihnen verboten (1561), auch nur in
der Nähe einer Bergstadt sich blicken zu lassen. Seit 1539 durfte kein Israelit
zur Zeit des Landtages den Prager Schloßbezirk betreten; Martinitz duldete nicht,
daß einer aus der verachteten Nation auf seinen Herrschaften übernachtete u. s. w.
Selbst äußerlich sollte der aus der Gesellschaft gestoßene Anhänger Moses' kenntlich
sein, und um 1551 wurde für die Juden ein besonderes Kleidungsgesetz erlassen,
nach welchem der Einzelne strengstens verpflichtet war, auf der Gasse einen Wei
bermantel mit einem auf der linken Seite eingenähten Rädchen aus gelbem Tuche
zu tragen. Bei Allem dem blieben die Juden handelseifrig und unternehmungslustig,
vorsichtlich natürlich bis zum Mißtrauen und, weil es nicht anders gieng, den Ver
hältnissen gegenüber außerordentlich geschmeidig. Ließen sie sich doch sogar, was gerade
ihre Sache nicht war, im Jahre 1611, 500 Mann stark, unter die Kriegsscharen
einreihen, welche die Alt und Neustadt gegen die Passauer vertheidigten. Im
Staate waren die Juden die kräftigsten Steuerzahler: nebst Schutzgeld und anderen
Abgaben entrichteten sie auch ein Kopfgeld. Die Kopfsteuer wechselte in den ver
schiedenen Jahren; von 1567 bis 1569 mußte z. B. jeder Kopf über zehn Jahre
alt in der Hauptstadt 48, unter zehn Jahren 10 Groschen, die Juden auf dem
Lande aber alle Jahre zweimal 7½ Groschen steuern; von 1569 bis 1573 zahlte

jeder Kopf, der über zwanzig Jahre und verheirathet war, zwei Dukaten, unter zwanzig Jahren die Hälfte: von 1580 bis 1583 entrichtete der zwanzigjährige ein Schock böhmischer Groschen u. s. w. Am bequemsten für die Regierung, für die Israeliten aber am bedrückendsten war der Landtagsbeschluß von 1580, nach welchem es dem Könige überlassen wurde, die Juden, weil sie zu seiner Kammer gehörten, nach Wohlgefallen zu taxieren. Die Anzahl der israelitischen Bewohner Böhmens in dieser Zeit war übrigens eine verhältnißmäßig kleine. Zu Beginn des XVII. Jahrhunderts gab es im ganzen Lande, Prag eingeschlossen, nur 382 Judenhäuser, und nach der Kopfsteuer zu schließen, wären damals in Böhmen nach Gindely's Berechnung nur 4000 Juden gewesen.

Wissenschaft.   Die Apathie des XV. Jahrhunderts für Wissenschaft und Kunst wich nunmehr einer erfreulichen Regsamkeit auf diesem Gebiete der menschlichen Thätigkeit. Das Eindringen des Humanismus aus Deutschland konnte nicht länger verhindert werden, und das Studium der Klassiker wurde nun auch in Böhmen im weitesten Umfange betrieben. Die Ausbreitung des Protestantismus begünstigte die Wiedererweckung des geistigen Lebens und regte nicht bloß zu theologischen Untersuchungen, sondern insbesondere zu Uebersetzungen aus allen Zweigen der Wissenschaft an. Der Einfluß der Jesuiten auf die Hebung des wissenschaftlichen Lebens im Lande darf nicht unterschätzt werden. Die frommen Väter besaßen damals in ihrer Mitte ganz tüchtige Köpfe, die ihre glänzende Gelehrsamkeit nicht bloß in der Schule, sondern auch in einer Menge Druckwerken offenbarten. Der mit erbitterter Kampflust geführte Federkrieg zwischen den gelehrten Häuptern der Protestanten und der Jesuiten verfehlte nicht, das Interesse der Literatur zu verallgemeinern und derselben einen höhern Schwung und eine gleichmäßige Frische zu verleihen. Die Theilnahme an dem literarischen Leben artete bei Einzelnen fast in eine übertriebene Sucht aus, um jeden Preis etwas Neues, wenn auch ganz Mittelmäßiges zu publicieren. Sixt von Ottersdorf tadelt dieses lecke Hervordrängen ganz Unberufener mit scharfen Worten in dem Vorworte zu seinem „Leben Christi." „Zu seiner Zeit" (1547), sagte er, „lasse ein Jeder drucken, was ihm in den Sinn komme, und wäre es auch das Erbärmlichste; er bitte daher die Patrioten, daß sie lieber gute alte Bücher nach seinem Vorgange in die Muttersprache übertragen möchten."

Humanisten.   Philologen.   Das Studium der alten klassischen Sprachen und die Uebung in der lateinischen Dichtkunst reizte alle halbwegs fähigen Köpfe, und der Humanismus hielt in Böhmen eine kleine Nachernte. Mit wahrhaft anerkennenswerthem Eifer nahm sich unter Ferdinand I. der Vicelandesrichter Johann Hodiejowský von Hodiejowa († 1566) aller strebsamen Jünger der Wissenschaften an, indem er als der liebenswürdigste Mäcenas allenthalben aufmunterte, anregte, unterstützte, für Bücher, Geld, Aemter und Ehrenstellen oder, wenn es Noth that, wenigstens für Lebensmittel sorgte. Der edle Ritter und Beschützer der Künste und Wissenschaften bildete den

Mittelpunkt eines literarischen Vereins, der sich über ganz Böhmen ausbreitete und nach dem Muster der Gesellschaft des Konrad Celtes in Deutschland eingerichtet war; der vorzügliche Dichter Thomas Mitis († 1591), der Herausgeber der Schriften des Bohuslav von Hassenstein, und der als Grieche ausgezeichnete Rektor Matthäus Collinus, der „Lehrer und Vater der Dichter seines Zeitalters" genannt († 1566), waren die Häupter des gelehrten Kreises. Sie verehrten ihren großmüthigen Protektor so sehr, daß sie sich Namen nach den Besitzungen Hodiejowsky beilegten, so Mitis von Lymuso, Collinus von Choterina, Vabrussius von Lymuso, Trajanus von Choterina u. s. w. Andere zu diesem Zirkel gehörige Dichter waren Johann Orpheus, Simon Ennius, Johann Schentigar, Lorenz Span von Spanow, Johann Balbin, der Vorfahre des berühmten Geschichtsschreibers, Georg Ostracius, Kaspar Kropač u. a. a. Nach Collinus' Tode wurden die klassischen Sprachen an der Universität vorzüglich von dessen Schüler Codicillus von Tulechowa (1562—1589) gepflegt. Der bedeutendste böhmische Philolog dieser Zeit bleibt Sigmund Gelenius († 1554), der von Erasmus von Rotterdam als der größte Gelehrte bezeichnet wird, den Böhmen hervorgebracht hat. Er lebte fern von seiner Heimath in Basel, wo er berühmte Ausgaben griechischer Klassiker oder Uebersetzungen derselben in's Lateinische besorgte. Als Professor der schönen Wissenschaften an der Prager Universität zeichnete sich Aerichaleus aus († 1555), dessen Bearbeitungen lateinischer Komödien in Gegenwart Ferdinands I. mit großem Beifalle aufgeführt wurden. — Die lateinische Dichtkunst erfreute sich auch nachher großer Beliebtheit und wurde insbesondere vom musenfreundlichen Rudolph II. gefördert. David Crinitius wurde unter Maxmilian II. zum Dichter gekrönt; Karolides von Karlsberg, kaiserlicher Hofpoet bei Rudolph II., empfieng gleichfalls die Dichterkrone. Daneben mögen noch erwähnt werden der vielseitig gebildete Dompropst Barthold Pontan von Breitenberg, der als Dichter und Gelehrter berühmte Professor Bydzovinus, die Dichter Chorinus, die drei Rosacini, Pilargus, der Jesuit Salius, die Dichterin Westonia, eine geborene Engländerin u. a.

In der theologischen Literatur tritt die Polemik zwischen den Katholiten, Protestanten und böhmischen Brüdern in den Vordergrund. Die katholische Lehre vertheidigten mit vielem Eifer namentlich die zwei Jesuiten Wenzel Sturm († 1601), das erste böhmische Mitglied des Ordens, und Balthasar Hostounsky, ferner der jesuitenfreundliche Gryllus von Gryllowa († 1600), der eine tschechische Schrift über das Christenthum veröffentlichte. Von unberechenbarer Wirkung war der von Canisius besorgte kleine Katechismus, der 1559 in drei Sprachen erschien. Auf der andern Seite erscheinen namentlich die böhmischen Brüder als wackere Streiter, mit Johann Myskopol († 1568), Johann Augusta († 1575) und Budowec von Budowa († 1621) an der Spitze. Der böhmische Bruder Matthäus Konečny schrieb das „Buch der christlichen Pflichten" mit zu Grundlegung der heiligen Schrift. Berühmte Kanzelredner waren auf Seite der Katholiten Thomas Bawo-

Theologie.

rowsky und S. P. Scipio, auf Seite der Brüder M. Ph. Zaurský. Der letzte
bekannte Professor, der am Karlskollegium außerordentliche Vorlesungen über ultra=
quistische Theologie hielt, hieß Johann Hortensius († 1577). Epochemachend und in
sprachlicher Beziehung mustergiltig ist die sogenannte sechstheilige Kralitzer Bibel,
eine von acht gelehrten Brüdern aus Mähren besorgte tschechische Ueberseßung der
heiligen Schrift.

Geschichte. In der Geschichtschreibung versuchten sich viele, aber meist nur mittelmäßige
Köpfe. Die tschechische Sprache wurde in diesem Zweige der Literatur die herr=
schende: nur selten bediente man sich der lateinischen, wie der Olmüßer Bischof
Dubravius († 1553), der eine Geschichte Böhmens bis zu Ferdinands I. Zeiten
im fließenden Latein schrieb. Der „Schreiber" Bartosch von Prag schilderte die
Zeit der religiösen Unruhen von 1524 bis 1531 von protestantischem Standpunkte;
Georg von Pisek, Dekan der philosophischen Fakultät in Prag, hinterließ historische
Notizen, welche von 1518 bis 1526 reichen, während der husitische Prediger
Bohuslav Bilejowský eine höchst seichte, bis 1542 reichende böhmische Kirchen=
chronik abfaßte. Martin Kuthens von Springsberg († 1564) kurze Chronik von
Böhmen hat ebenso wenig Werth, wie die anderen von ihm verfaßten historischen
Abhandlungen. Der utraquistisch gehaltenen Geschichte Kuthens gegenüber steht die
vom katholischen Standpunkte geschriebene, seiner Zeit so hoch berühmte, aber
äußerst lügenhafte Chronik Böhmens von Hajek von Liboczan (1541 erschienen),
die wegen ihrer anziehenden Schreibweise wiederholt gedruckt und in den weitesten
Kreisen verbreitet wurde, aber auch gerade deswegen eine Menge Geschichtsfabeln
in allgemeinen Umlauf setzte, deren vollkommene Ausrottung jetzt noch nicht als
beendigt betrachtet werden kann. Ungleich bedeutender erscheint in der späteren
Zeit Daniel Adam von Weleslawin († 1599), der, abgesehen von seinen vielen
Bearbeitungen und Uebersetzungen, sich besonders durch „den historischen Kalender",
durch „die historische Politik" und die Ausgabe des Aeneas Sylvius großen
Ruhm verschaffte. An ihn reihen sich Prokop Lupacius (die Ephemeriden, ein
historischer Kalender für Böhmen), Markus Bydžovinus a Florentino (Leben
Kaiser Maximilians II.), Wenzel Brežan (Biographie Rosenbergs), Georg Zawieta
(die Zeit von 1611—1617) und, wenn man sie übrigens herrechnen darf, die
zwei Mährer Johann Blahoslaw (Geschichte der Brüdergemeinde u. a.), Karl von
Zierotin (Memoiren, Briefe) und der Pole Bartholomäus Paprocký von Hogol
(genealogische Werke). — Als Bearbeiter oder bloßen Uebersetzer geschichtlicher Werke
auswärtiger Literatur führen wir noch an Wenzel Placel von Elbing (jüdische Ge=
schichte), Kocin von Kocinet (Uebersetzer von Euf.), Pamphilius Kirchengeschichte und
Löwenkleys türkischer Chronik), P. Worličný (Uebersetzer Jos. Flavius'), J. Miro=
tický (türkische Geschichte), Matthäus Hosius (russische Geschichte), Abraham von
Günderode (Europädie) u. a. Mehr oder weniger interessante Reisebeschreibungen
hinterließen Ulrich Prefat von Wlkanowa, W. Wratislaw von Mitrowic, Christoph

Harant von Polžic und Friedrich von Donin. Eine große toomographische Arbeit lieferte Sigmund von Puchow nach dem Muster des Deutschen S. Münster.

Die Naturwissenschaften fanden am Hofe der Habsburger, besonders Rudolphs II. eine sorgfältige Pflege, wenn auch einzelne Zweige derselben in unwissenschaftliche Spielereien ausarteten. Thaddäus Hajek von Hajek bearbeitete das lateinische Kräuterbuch von Mathiolus (1562), A. Zboržth übersetzte Jordan von Klausenburgs Werk über warme Heilquellen Mährens; Adam Huber von Riesenbach, welcher das Mathiolische Kräuterbuch erweiterte, und A. Zalužansh von Zalužan schrieben medicinische Abhandlungen. Großen Ruf als Aerzte erlangten Schentigar, Spanow, Georg Polenta, Professor der Arzneikunde, Jakob und Johann Codicillus, Georg Handsch von Lymuso und der aus Breslau gekommene Jessenius, welcher der erste in Prag Privatvorträge über Anatomie des menschlichen Körpers hielt und Secierungen vornahm (1601, 1605). Am Hofe Rudolphs trieben sich eine Menge Mineralogen, Alchymisten, Adepten aus aller Herren Länder herum, die nach dem Steine der Weisen oder dem Lebenselixire vergebliche Forschungen anstellten (Typotius, Boodt, Kroll, Ansius). Unter den Einheimischen waren besonders der Botaniker und Chemiker Sinapius (eig. Horczicky, † 1622), der sich wegen seiner „Sinapischen Wässerlein" eines weiten Rufes erfreute, und Rodowsth von Hustiran wegen seiner alchymistischen Schriften beliebt.

Die Mathematik fand tüchtige Vertreter in Petrus Codicillus von Tulechowa, dem Arzte Th. Hajek von Hajek, Basilius von Deutschenberg, Lwowieth von Lwowicz, Cyprianus Leovicius († als Lehrer der Mathematik zu Dillingen 1574) und Bachácek, dem vertrauten Freunde Keplers. Die Mathematik wurde insbesondere als Hilfswissenschaft der Astronomie betrieben, in welcher letzteren die in Böhmen lebenden Ausländer Tycho de Brahe und Johann Kepler bekanntlich einen Weltruf erlangt haben. Codicillus von Tulechowa richtete auf Befehl Rudolphs den böhmischen Kalender nach dem Gregorianischen System von 1582 ein, und zwar derart, daß im Jahre 1584 anstatt des 7. der 17. Januar gezählt werden sollte. Daß im neuen Kalender der Gedächtnistag des Hus weggelassen wurde, erregte bei eifrigen Patrioten nicht geringes Aergerniß.

In der Jurisprudenz zeichneten sich die Professoren Z. Mathias und Simon Proxenus, beide mit den Beinamen a Sudetis und Gabriel Snechim von Paumberg aus. Brictius von Lizko gab der erste die so wichtigen Stadtrechte der Altstadt heraus (1536), während Paul von Koldin die Stadtrechte Böhmens in glücklicher Weise bearbeitete (1539).

Da die Mehrzahl der prosaischen Werke in tschechischer Sprache erschien, und man nach der Mahnung oder dem Beispiele Sixts von Ottersdorf fleißig in das Tschechische übersetzte, entwickelte sich diese Sprache zu größerer Vollkommenheit und es wird häufig die Epoche Rudolphs II. das goldene Zeitalter der böhmischen Literatur genannt. Weleslawin gilt als der vorzüglichste Meister in der Eleganz

(Marginal notes:)
Naturwissenschaften.

Mathematik. Astronomie.

Jurisprudenz.

Tschechische Prosa und Poesie.

und Geschmeidigkeit des Styls; neben ihm schrieben Nil. Konač von Hodiskow und namentlich der mährische Johann Blahoslaw eine sehr gute Prosa. Letzterer erwarb sich besondere Verdienste um die Sprache durch seine „Grammatik," sowie durch die „Musica", in welcher er den Grundstein zur neuen tschechischen Prosodie legte. Die tschechische Poesie selbst litt unter der beliebten Mode lateinisch zu dichten und konnte sich über die Mittelmäßigkeit nicht empor schwingen. Neben geistlichen Liedern, von böhmischen Brüdern verfaßt, (Neue Auflagen des Brüder-gesangbuches erschienen 1541 mit 489 Liedern 1561 und 1576, letztere mit 743 Liedern) dürften noch die metrischen Bearbeitungen der Psalmen zu erwähnen sein, in welch letzterer Beziehung sich Mathäus von Beneschau, der auch eine tschechische Grammatik in lateinischer Sprache schrieb, Georg Strye und Andozersky (Slowake) hervorthaten. Unverdient hohen Ruhm erlangte zu Rudolphs Zeiten der kaiser-liche Hofpoet Simon Lomniczky von Budecz; seine seichten Verse, namentlich aber die zu Zeiten des Winterkönigs gegen Ferdinand II. gerichteten Spottgedichte, fanden viel Anklang, und letztere wurden vom Pöbel auf den Gassen gesungen. Es war dies sein Unglück; denn noch dem Siege Ferdinands wurde er hart ge-züchtiget, verfiel in große Armuth und unterschrieb sich seit dem oft „der Bettler". In der dramatischen Poesie machten sich eben nur Uebersetzungen bemerklich; Ju-dith, übertragen von dem als Uebersetzer überaus fleißigen Nikolaus Konač von Hodiskow, war eines der besten Stücke.

Universität.
Schulen. In Folge der Anlegung der Jesuitenakademie im Klementinum (S. 502) besaß Prag zwei Universitäten, eine katholische und eine utraquistische. Letztere im Karlskollegium befindliche Anstalt war bekanntlich in der vorigen Periode vollkom-men in Verfall gerathen, und es gelang ihr in diesem Zeitalter nicht, sich irgend wie zu kräftigen. Die Konkurrenz mit den Jesuiten erwies sich eben so gefährlich, als die inneren religiösen Streitigkeiten und die durch die Betheiligung am Auf-stande von 1547 zugezogene Ungnade Ferdinands I. Die Anzahl der Studieren-den war schwach, Deutsche bildeten schon eine Ausnahme, und die von König Wenzel ungestossene Wahlordnung der Würdenträger nach Nationen war über-flüssig geworden. Unter den Professoren war, wie aus Allem hervorgeht, eine große Demoralisation eingerissen. Ein Bericht über das Karlskollegium von 1614 klagt besonders über den Uebelstand, daß die Professoren einerseits allzusehr mit Bauerngeschäften überladen seien und anderseits allzuviel Gelegenheit zum Trinken besitzen. 1609 und in den folgenden Jahren wurden verschiedenartige Reformver-suche, jedoch nur mit geringem Erfolge eingeleitet; die an die Vertreibung der Jesuiten 1618 geknüpften Hoffnungen auf die Wiederbelebung der Karolinischen Universität wurden baldigst bitter getäuscht. Nachdem unter Rudolph die Karoli-nische Universität, die eigentlich nur in der philosophischen Fakultät fortbestand, auch den Einfluß auf die Besetzung des Konsistoriums gänzlich verloren hatte, verblieb ihr als wichtigste Wirksamkeit nur noch die Leitung des niederen Schulwesens in einem großen Theile des Landes. Die Universität hatte nämlich seit ihrer Gründung die Oberaufsicht über sämmtliche niedere Schulen des Königreiches besessen. Seit den Husitenstürmen entzogen sich derselben aber die Katholiken und die Brüder, seit der ersten Hälfte des XVI. Jahrhunderts auch die deutschen Gegenden des Landes, welche sich in geistiger Beziehung ganz zu Deutschland hinneigten. So blieben der Prager Universität nur noch untergeordnet die tschechisch-utraquistischen und tschechisch-evangelischen Schulen des Landes, welche allein von ihr mit den nothwendigen Lehrern besetzt wurden. Man zählte in der zweiten Hälfte des XVI. Jahrhunderts solcher „Trivial- oder Partikularschulen" an hundert und theilte sie ab in höhere mit 4 oder 5 und in niedere mit 2 oder 3 Klassen. Höhere Schulen gab es achtzehn, unter denen die bei St. Heinrich in Prag, ferner die Kuttenberger, Königgrätzer, Saatzer, Jungbunzlauer und Leitmeritzer den ersten Ruf besaßen. Letztere erhielt von Ferdinand I. ein besonderes Privilegium mit der Erlaubniß, den Namen eines „Kollegiums" führen zu dürfen. Die von der Universität eingesetzten Lehrer waren Bakkalauren, Magister oder absolvierte Hörer der philosophischen Fakultät; sie bezogen einen wöchentlichen Gehalt und hatten die Kost beim Pfarrer; aus ihnen bildeten sich Universitätsprofessoren, Geistliche, Stadtschreiber u. dgl. An den höheren Klassen wurden nebst den gewöhnlichen Kenntnissen und der lateinischen Sprache auch Dialektik und Rhetorik, dann die Anfangsgründe der Physik, Geometrie und Astronomie gelehrt. Der Religionsunterricht wurde von der Geistlichkeit nicht beeinflusst, sondern von einem gewöhnlichen Lehrer ertheilt; in den höheren Klassen war der protestantische Katechismus von David Chiträus eingeführt. Berühmte Studienordnungen wurden von Petrus Codicillus 1586 und von Bachaček 1598 verfasst; letzterer suchte besonders die in den gelehrten Schulen Deutschlands getroffenen Verbesserungen nach Böhmen zu verpflanzen. Alljährlich lieferten die Landschulen der Universität Schüler zur Immatrikulation. Vor derselben war ein eigenthümliches Studentenfest üblich, die „Ablegung der bäuerlichen Sitten" genannt. Der Einzuschreibende wurde auf einen Bock gesetzt und von den Umstehenden mit allerhand Neckereien und Unbilden gequält, bis er diese seine „Prüfung aus der Geduld" sattsam abgelegt hatte.

Von einer eigentlich böhmischen Kunst mit besonderen scharf hervorstechenden Eigenthümlichkeiten kann wie überhaupt, so namentlich in dieser Periode, nur sehr bedingt gesprochen werden. Während die Poesie, wie wir schon gesehen haben, vornehmlich im Humanismus aufgieng, wurden die bildenden Künste und die Musik nicht nur stark von fremdem Einflusse beherrscht, sondern es stellten auch die ausländischen Künstler, welche vorzugsweise zu Rudolphs Zeiten in Böhmen sich sammelten, die Einheimischen weitaus in's Dunkle. Rudolphs Hof glich einer großen Kunstakademie, an welcher Meister aller Art und Nation die fruchtbarste Thätigkeit entwickelten. Unter diesen friedlichen Männern fühlte sich der sonst so men-

Künste.
König Rudolph
und seine
Sammlungen.

schensehene Kaiser heimisch, und ihre Arbeiten wurden von ihm mit stäts wachsendem Interesse verfolgt. Oftmals zog sich der kunstsinnige Regent in seinen Arbeitssaal zurück, um in Gesellschaft eines Dieners und eines Gehilfen sich selbst in Malerei und Schnitzarbeiten zu versuchen. Personen, welche solche von kaiserlicher Hand verfertigte Kunstgegenstände gesehen haben, behaupten, Rudolph habe eine nicht geringe Geschicklichkeit und Kunstfertigkeit dabei verrathen. Großartig waren die vom Kaiser angelegten Kunstsammlungen. Kostbare Gemälde, Statuen, Juwelen, Schmucksachen, Mosaikarbeiten und allerhand Kuriositäten wurden aus den entferntesten Ländern und um jeden Preis herbeigeschafft, und selbst in den Tagen großer Geldnoth konnte sich der Kaiser nicht enthalten, diese seine Sammlerleidenschaft zu befriedigen. Das Schicksal dieser höchst werthvollen Kunstschätze ist späterhin leider ein sehr bedauerungswürdiges geworden. Ein Theil, welcher nach Wien kam, hat sich erhalten: das in Prag zurückgebliebene aber gelangte in den stürmischen Jahren von 1611 bis 1620 in die Hände Unberufener und Unberechtigter und zerstreute sich weit rascher, als es gesammelt war.

Baukunst.
Skulptur.

Die Baukunst dieser Zeitperiode charakterisiert sich durch die Aufnahme der aus Italien kommenden herrlichen Renaissance, die in Böhmen anfänglich der „lombardische Styl" genannt wurde. Der spätgothische, im Lande so beliebte Styl ließ sich vom neuen italienischen nur schwer verdrängen, konnte sich aber der Einwirtung desselben gleich im Anfange nicht entziehen. Schon bei den Bauten des Beneschi, wie im Wladislawischen Saale, in dem betreffenden Theile des Schlosses, in den Kirchen zu Laun und Brüx sind Spuren der Renaissance vorhanden. Im Kirchenbaue behauptete sich die Gothik auch noch länger hin, allerdings mit vielen italienischen Anklängen, während bei Privatgebäuden die Renaissance rascher zum Siege gelangte. So entstand um die Mitte des XVI. Jahrhunderts eine gemischte Richtung, welche an den gothischen Konstruktionen festhielt, aber immer mehr den dekorativen Theil der Renaissance in sich aufnahm. Die Katharinenkirche in Chrudim aus dem Anfange des XVI. Jahrhunderts, die St. Rochuskirche am Strahow in Prag (1587), die Salvators-, später Paulanerkirche in der Altstadt Prag (1611) sind in der Grundlage gothisch; ja selbst noch im XVIII. Jahrhunderte wird der gothische Styl in großen Kirchenbauten in Böhmen geübt. Der reinen edlen Renaissance gehört in Böhmen nur ein einziges Werk an, das aber in seiner Art das vorzüglichste von ganz Deutschland genannt werden muß. Es ist dieses das berühmte, auf Befehl Ferdinands I. im Jahre 1534 erbaute Lustschloß im Kaisergarten hinter dem Schlosse. Der Baumeister dieses bis in alle Einzelnheiten bewunderungswürdig durchgeführten Prachtwerkes war ein Italiener, Namens Ferabosco de Lagno, der dabei Bramantes Loggien auf das glücklichste nachgeahmt hat. Giovanni Mari betheiligte sich an diesem Baue als Maurermeister, Paul de Stella lieferte die bewunderungswerthen Steinmetzarbeiten. Ein anderer italienischer Baumeister, Namens Vincenz Scamozzi, wurde von Rudolph II. nach

Prag berufen, woselbst er unter Mathias am Hradschiner Bergbaue beschäftigt war. In weniger edlem Renaissancestyle sind im XVI. Jahrhunderte aufgeführt worden: das Schwarzenbergische Haus (ehemals Rosenbergische) auf dem Hradschin, das Thun'sche unter der Schlofsstiege, die Schlösser in Kratochwile, Melnik, Mühl=hausen u. a. — Auch in der Skulptur machte sich die Zeit der Renaissance immer fühlbarer, wie namentlich an vielen Portalen von Kirchen, Schlössern und Privat=häusern zu bemerken ist. Der in diese Zeit fallende große marmorne Röhrbrunnen am Altstädter Ringe in Prag ist leider beseitigt worden; wohl erhalten dagegen hat sich die Bronce=Fontaine im Prager Schlofsgarten, ein zierliches Gufswerk von Thomas Jarosch aus Brünn (1568). Der Glockengufs befand sich in dieser Zeit im hohen Schwunge und wurde mit großer Kunstfertigkeit ausgeübt. Der eben erwähnte Thomas Jarosch, der Prager Briccius, Ptáček und Tapinens aus Kuttenberg ragen über die anderen Meister weit empor.

Eine große Anzahl berühmter Maler des Auslandes befanden sich stäts am Hofe des kunstsinnigen Rudolph. Erster Hofmaler dieses Kaisers war Bartholo=mäus Sprauger aus Antwerpen († 1623), der seit dem Tode Maximilians II. nur für Rudolph malte; ihm ähnlich in der Manier ist der Hofmaler und Kam=merherr Johann von Aachen, ein geborener Kölner († 1615). Andere am Hofe Rudolphs beschäftigte Maler waren die beiden Landschaftler Johann Breughel aus Brüssel († 1642) und Roland Savery aus Contray († 1639), ferner Joseph Heinz aus Basel († 1609), Johann Hofmann aus Nürnberg († 1600, Thier= und Blu=menstücke), Georg Hufnagel aus Antwerpen († 1600) und seine beiden Söhne Johann und Jakob Hufnagel. Einen großen Ruhm erwarb sich der kaiserliche Hof=kupferstecher Aegyd Sadeler aus Antwerpen († 1629), der auch in Oel malte, und allgemein nur der „Kunstphönix" genannt wurde. Die einheimische Kunst leistete nur in der Miniaturmalerei Erwähnenswerthes. Fabian Polivarz von Aussig illu=strierte mit großer Meisterschaft zwei lateinische Gesangbücher für die Prager Dom=kirche, das Luditzer Kancionale und die zwei tschechischen Teplitzer Gesangbücher (1551—1560). Matthäus Ornys von Lindperk versah das Leitomischler und Trebnitzer Kancionale mit Miniaturen (1574), und Matthäus Radouš von Chru=dim, von dem auch Kirchenbilder herrühren, schmückte zwei Königgrätzer Kancionale mit vortrefflichen Malereien (1575—1604). Die Werke des zu Prag 1607 ge=borenen berühmten Kupferstechers Wenzel Hollar von Prachna fallen schon in die nächstfolgende Periode.

Auch berühmte ausländische Musiker wurden an den museufreundlichen Hof Rudolphs II. gelockt und daselbst mit großen Kosten eine ausgezeichnete Hofkapelle unterhalten. Philipp da Monte aus Mecheln (geb. 1521) wirkte als Kapellmeister und Kompositeur; der Vicekapellmeister Jakob Regnard, ein Flanderer († 1600?), komponierte Meissen, deutsche Lieder u. a. Jauchius Liberalis ließ für Rudolph II. solenne Vesperpsalmen drucken (1603). Großen Ruf besaßen die musikalischen

(Randnotiz rechts:) Malerei. Kupferstecherei.

(Randnotiz rechts:) Musik.

Arbeiten des Jakob Händel († 1591), der, von Geburt ein Krainer, erst in Olmütz Kapellmeister war, dann aber an den kaiserlichen Hof berufen wurde. Von deutsch-böhmischen Aeltern stammte Johann Leo Haßler ab, der selbst in Nürnberg geboren (1564), einige Zeit bei Rudolph als Hofmusikus lebte und sich durch seine Kompositionen (Messen, deutsche Lieder u. a.) hervorthat. Am Hofe wirkten noch die beiden Cremoneser Tonkünstler Tiburz Massainius (1592), Johann Morselinus (schon unter Maximilian II.) und Johann B. Baptist Pinelli aus Genua. Die durch glänzende Meister vertretene Hofmusik verdunkelte die einheimische Tonkunst, die meist nur dem Liede und der Kirchenmusik ihre Aufmerksamkeit schenkte. Fabt oder Vitus Zittaviensis aus Zittan († 1551) wirkte als Lehrer und Schulrektor außerordentlich für die Verbreitung der Musik im Volke; der Dichter Mitis behauptet sogar von ihm, er sei der größte Sänger und Tonkünstler der damaligen Zeit gewesen. Aehnliche Verdienste erwarb sich Johann Simonides, Rektor in Kuttenberg († 1587), während David Köler aus Zwickau Psalmen (1554) und Georg Kropač Messen komponierte (1578?). Als vorzügliche Organisten mögen noch erwähnt werden: Karl Lupton am Hofe Rudolphs (1582—1611), W. Richnovius aus Chrudim († 1616) bei St. Heinrich in Prag und Valerius Otto an der lutherischen Kirche in der Altstadt Prag, der 1609 ein musikalisches Werk in Leipzig herausgab.

Der Landbau hob sich in den friedlichen Zeiten dieser Periode besonders auf den größeren Gütern, während der Kleingrundbesitz durch die fortdquernde Leibeigenschaft noch vielfach beengt blieb. Die Obrigkeiten erließen zahlreiche Instruktionen an ihre Beamten und veröffentlichten besondere Bauernordnungen. Die landwirthschaftliche Literatur kennt mehrere Originalschriften aus dieser Zeit; unter Andern schrieb Dubravius über die Teichwirthschaft. Die Herrenhöfe kultivierten die Viehzucht und führten namentlich fremde Geflügelgattungen, Pfauen, Trut- und Perlhühner, ein. Ebenso wurde vom Adel der Obst- und Gartenbau veredelt. Die Zwetschke wurde erst jetzt im Lande heimisch; Papst Klemens VIII. zollte den böhmischen Borsdorfer Aepfeln, die er von Georg von Lobkowitz als Geschenk erhalten hatte, besondere Anerkennung. Den schönsten Ziergarten besaß Rudolph II. im „Kaisergarten", den bereits Ferdinand I. angelegt hatte. Daselbst erblühten die ersten Tulpen in Böhmen, welche der kaiserliche Gesandte Busbek aus Konstantinopel mitgebracht hatte. Den Wein- und Hopfenbau betrieben die Städte, die Forstwirthschaft der Adel, der zugleich die Jagden mit immer größerem Prunke entwickelte und durch die drückendsten Schon- und Wildgesetze dieselben zu schützen wußte.

Ueber den Zustand der damaligen Sitten wissen uns die Zeitgenossen nur wenig Erbauliches zu erzählen. Luxus und Prunk nahmen in den höheren Klassen immer mehr überhand, und auch das niedere Volk ergab sich mehr als sonst der Verschwendung in Gelagen und lärmenden Vergnügungen. Die Gebrechen, gegen welche Chelčicky im XV. Jahrhunderte so eiferte, hatten sich wo möglich noch vergrößert und verallgemeinert. Die Lockerung der religiösen Verhältnisse und die endlosen Streitigkeiten in dieser Richtung beschleunigten den Sittenverfall, gegen welche weder die Polizeiordnungen der Regierung, noch die Reden der Jesuiten oder das Beispiel der Brüder etwas fruchteten, welche letztere fast allein eines sittsamen Lebenswandels sich beflissen. Zwei Laster insbesondere hatten alle Schichten der Gesellschaft ergriffen, die Trunksucht und die Wollust. Gegen das schrankenlose „Saufen" und Spielen der Bauern auf den Kirchweihen eiferte Ferdinand I. auf dem Landtage von 1544; gegen das übermäßige „Zutrinken" wurde auf dem Landtage von 1555 ein scharfer Befehl erlassen. Wer noch ferner sich im „Zutrinken" vergieng, sollte in eine Strafe von 10 Schock böhmischer Groschen verfallen oder mußte drei Wochen im schwarzen Thurme sitzen. Die Handwerker und Unterthanen aber, welche wider dieses Verbot handelten, sollten von ihrer Obrigkeit in Eisen und Bande gelegt werden. Auf demselben Landtage wurde auch strengstens den Handwerkern die Feier des „blauen Montags", die schon in sehr beliebter Uebung gewesen zu sein scheint, verboten. Wie wenig das Trinkverbot nützte, sehen wir aus späteren Berichten. Als im Jahre 1609 die Stände sich zahlreich in Prag versammelt hatten, wurde ein außerordentlich lockeres Leben geführt, und man sah nicht wenige von dem Adel betrunken auf den Straßen herumziehen. Wie leidenschaftlich die Professoren im Karlskollegium dem Trunke sich ergaben, ist bereits angedeutet worden; es klingt fast unglaublich, was der Bericht von 1614 in dieser Hinsicht erzählt. „Das Kontubernium war eher ein Konbibernium zu nennen. Geschenke für das Kollegium, der Eintritt in dasselbe, Geburtstage, Ausfahrten in die Dörfer, welche sehr häufig waren, Alles wurde mit Wein ausgezahlt. Der Wein redete unglimpflich bei den Mahlzeiten, der Wein gab hinwieder unglimpfliche Antworten: von Zänkereien kam es zuweilen zu Raufereien, und die Herren dienten den Knaben, ihren Pedicuten, zum Schauspiele. Manchmal überschritt dieses Laster selbst die Schwellen des Kollegiums; die Taumelnden fielen zur Erde oder wurden von ihren Familien geführt oder getragen. Zur Winterszeit warteten manchmal die Studenten vor der Thüre auf den Anfang der Vorlesung und zitterten vor Kälte. Da sie öfter vergeblich gewartet hatten, folgten sie dem Beispiele der Lehrer und vernachlässigten die nachmittägigen Vorlesungen. Mancher Professor las ein- oder zweimal während des ganzen Semesters, mancher auch kein einziges Mal. Das hätte den Feinden der Akademie zur Belustigung gedient, und von diesen wären die in's Kollegium Berufenen öfter vom Eintritte abgehalten worden, um die Gelegenheit zum Trunke zu meiden, und weil Niemand zu etwas taugen könne, der drei Jahre in dieser Gesellschaft zugebracht habe". Wenn das Laster der Trunksucht in der Elite der Bevölkerung so tief eingerissen war, welche Fortschritte muß es nicht erst bei den niederen Schichten des Volkes gemacht haben? — Gegen die allzu kecken Uebertreter des sechsten Gebotes schritt die Regierung in eigenthümlicher Weise ein. Sie ließ auf dem kleinen Ringe der Altstadt Prag einen Käfig errichten und den Beschuldigten, bis auf den halben Leib entblößt, in demselben einsperren; der erste derart öffentlich Gebrandmarkte war Kunarz von Treskowec (1551). Späterhin wurde dieser Käfig nur zur Bestrafung von Sündern aus dem weiblichen Geschlechte verwendet. Schon früher wurden Edikte zur Bestrafung des Ehebruches veröffentlicht, so im Jahre 1544, nach welchem die Bauern, welche dieses Verbrechens überwiesen würden, am Pranger mit Ruthen gestrichen werden sollten. Allein trotz aller Verordnungen nahm die Ausschweifung immer mehr zu, namentlich unter Rudolph, der als Junggeselle nur allzu gern selbst den verbotenen Genüssen der Liebe sich hingab. Was konnte da seine Polizeiordnung von 1605 nützen, in welcher er den Gastgebern strengstens verbot, solche junge Schänkmädchen zu halten, welche die jungen Burschen an sich locken und verführen?

Tracht. Aufzüge. Am Hofe und in den adeligen Kreisen wurde zu Rudolphs Zeiten allgemein die spanische Tracht angenommen; das Volk selbst überlud sich gerne mit geschmacklosem Putze und eitlem Zierrathe. Die Verschwendung in Kleidern muß so groß genug gewesen sein, wenn unter Ferdinand I. gerügt wird, daß im Volke mit Gold verbrämte Kleider und Straußfedern auf dem Kopfe getragen werden. Codicil von Tulechowa gebot in seiner Studienordnung von 1586 den Lehrern und Studierenden an den Mittelschulen, das gewöhnliche über das Knie fallende Kleid zu tragen. Unschicklich sei es, fügt er hinzu, mit dem französischen oder spanischen Gürtel ohne vorgenommenen Gurt einherzugehen; die bis an den Knöchel reichende deutsche Weiberkleidung anzulegen, sei schändlich und in Böhmen nicht gebräuchlich. Eine eigene Art von Stiefeln ungeheuerer Dimension, die weit über die Schenkel bis an den Unterleib reichten und zuweilen mit Taschen versehen waren, erfreuten sich damals großer Beliebtheit. Rudolph II. verbot in seiner Polizeiordnung von 1605 ausdrücklich den Schustern, für die Bauern derartige Stiefel zu verfertigen, da sie für diesen Stand ohne allen Nutzen wären. — Das Zeitalter liebte den Prunk und Luxus überaus und ergötzte sich am liebsten an glanzvollen Aufzügen und seltenen Schaugepränge. Der Einzug Ferdinands I. in Prag nach seiner Kaiserkrönung bot den neugierigen Schaulust vollkommene Befriedigung. 3000 Reiter sammelten die Stände zum Empfange, ebenso viel die Prager Bürger; daneben wurden 5000 Mann Fußvolk ausgerüstet und andere 3000, welche sich nach Art der Taboriten kleiden mußten. 1500 Knaben wurden ganz weiß angezogen und an ihre Spitze 12 bartgeschmückte Zwerge gestellt; neben ihnen standen 2000 Jungfrauen, von denen eine den Kaiser in lateinischer Sprache zu bewillkommnen hatte. Die beiden Universitäten rückten in corpore aus; die Karolinische machte sich anheischig, neun Scholaren als Musen zu verkleiden, von denen eine jede den Kaiser in einer lateinischen Ode begrüßen sollte. Der Magistrat, die Handwerkerzünfte mit ihren alten Fahnen und selbst die Juden erschienen so zahlreich als möglich) und stellten sich in der bestimmten Ordnung auf. Die Häuser und Thore waren allenthalben mit Teppichen geschmückt, auf den Thürmen und an bestimmten Häusern bemerkte man Pauken und Trompeten. Der Erzherzog Ferdinand, welcher mit den Landesofficieren und dem hohen Adel vor das Wysches hrader Thor geritten war, begrüßte den Kaiser zuerst durch Kniebeugung und Handkuß. Nachdem die Kriegsscharen unter Pauken und Trompetenschall ihre Handgewehre abgebrannt hatten, hielt der oberste Burggraf die Anrede in tschechis scher Sprache, die Sigmund Helt verdolmetschte, worauf der Kaiser deutsch ant wortete. Beim Eintritte in die Stadt baten die Bürgermeister und Rathsher wandten kniefällig, der Kaiser möge ihnen gestatten, den Sonnenschirm während des Zuges über ihm tragen zu dürfen. Endloser Jubel herrschte in der Stadt, überall ertönten die Pauken und Trompeten, und dazwischen krachten die Kanonen. Auf eine jede der vielen Ansprachen antwortete der Kaiser, und der Mittags be gonnene Zug dauerte bis spät in die Nacht. Durch den hohlen Weg gegen Strahow zu geleitete den hohen Herrn die adelige Jugend mit brennenden Fackeln. Am Ende des hohlen Weges war eine Statue aufgerichtet, der Silenus vor stellend, der unter dem linken Arme einen Schlauch trug, aus welchem durch drei Röhrchen rother und weißer Wein floß. Der Zug endigte bei der St. Veits kirche, wo die hohe Klerisei den Kaiser mit feierlichen Ansprachen empfieng, ihn in die Kirche zum Gebete leitete, während die Menge das Te Deum absang. Nach dem Nachtmahle sollte noch ein Schauspiel aufgeführt werden, in welchem der Kampf der Riesen gegen Jupiter behandelt wurde; man zog es vor, diese Fest lichkeit auf den nächsten Tag zu verschieben (Nov. 1558). Der Dichter M. Col linus hat uns diese Feierlichkeit in lateinischen Versen besungen. — Eine andere Festivität aus den Zeiten Maximilians II. schildert Adam Collessius. Der genannte Kaiser bewirthete hohe Gäste, den Erzherzog Ferdinand, den Kurfürsten von Sachsen, den Herzog von Baiern, den Markgraf von Brandenburg und viele andere vornehme Herren in Prag (1570). Um sie nach Gebühr zu unterhalten, hatte er bereits verschiedene Ritterspiele und andere prächtige Feste veranstaltet. Am 26. Hornung fand eine der schönsten Unterhaltungen statt. Nach Beendis gung eines lustigen Spieß- und Wettrennens auf dem Ringe bot sich dem Auge der erstaunten Zuschauer der feuerspeiende Berge Aetna dar. Rauch und Feuer entqualmten dem in voller Thätigkeit befindlichen Krater, und ängstlich flüchteten sich Raben (!) und andere Vögel. Ein künstliches Feuerwerk folgte der ersten Vorstellung. Unter Andern flog ein feuriger Drache durch die Lüfte, und Perseus mit dem Haupte der Medusa tummelte den geflügelten Pegasus. Große Freude erregte ein zahmer Löwe, der vorgeführt wurde, und auf welchem Fama zwei Trompeten erschallen ließ. Alles Geschehene aber überbot an Originalität der zum Schlusse stattfindende Auftritt eines lebendigen Elephanten. König Porus saß im festlichen Schmucke auf dem Rücken desselben, das gelehrige Thier aber begrüßte aus all' den hohen Gästen nur den Kaiser und die Kaiserin und beugte vor ihnen das Knie. Es braucht wohl nicht erst gesagt zu werden, daß alle Versammelten durch das ergötzliche Schauspiel ungemein befriedigt wurden. — Von dem außerordentlichen Aufwande, der vom Adel bei verschiedenen Gelegenheiten gemacht wurde, wollen wir zum Schlusse nur Ein Beispiel anführen. Als am 26. Januar 1578 Wilhelm von Rosenberg und die badische Prinzessin Anna in Krummau ihre Hochzeit feierten, hatte der Wirthschaftsverwalter laut einem erhaltenen Verzeichnisse für die Tafel Folgendes herbeizuschaffen: 40 Hirsche, 50 Rehe, 50 Faßel eingelegtes Wildpret, 20 Wildschweine, 2130 Hasen, 250 Fasanen, 30 Auerhühner, 2050 Rebhühner, 20.688 Krammetsvögel, 150 gemästete Ochsen, 15 gemästete Kühe, 20 einjährige Kälber, 526 fünf= bis sechswöchentliche Kälber, 150 gemästete Schweine, 510 gemeine große Schweine, 1526 Würste, 456 Leberwürste, 326 Bratwürste, 20 geräucherte Ochsen, 40 geräucherte Schöpsen, 350 Pfauen, 3135 gemästete Gänse, 450 „Hühnel" und 2656 Kapauner und gemästete Hühner. Dann folgt noch eine ganze Reihe der verschiedensten Fischgattungen, die Weine, Hafer für die Pferde u. dgl.

5.
Die Deutschböhmen.
(1526—1620.)

Allgemeines. Im Verlaufe des XV. Jahrhunderts hatte die tschechischnationale Partei einen entschiedenen Sieg über die zweite Nation des Landes errungen, und nur mühsam fristeten die Deutschen in Böhmen ihr Dasein fort. Der blutige Morgenstern hatte ihre einst so stattlichen Reihen gewaltig gelichtet, die Schreckensherrschaft der Hussiten hatte die Städte zertrümmert, die Universität zerschlagen und schließlich Geld und Gut, Haus und Hof geraubt, die Sprache der wenigen Uebergebliebenen aber von der königlichen Residenz, aus dem Landtage, dem Landrechte und aus jedem Amte verbannt. Auf keine Schonung durfte das zu Boden geworfene Deutschthum rechnen; denn der stolze Sieger war fest entschlossen, seine Uebermacht bis zu den äußersten Konsequenzen auszubeuten. Wenn es schon nicht möglich war, Böhmen zur Gänze zu tschechisieren, so mußte doch wenigstens der Tscheche den Herrn spielen im Lande, in welchem nebenher auch einige Deutsche ohne sonderliche Rechte geduldet werden konnten. Diese Anschauung übertrug sich aus dem XV. in's XVI. und XVII. Jahrhundert und war die maßgebende bei der herrschenden Partei, bis das Jahr 1620 auch in dieser Beziehung eine gänzliche Umwälzung hervorrief. Die Erbitterung gegen die deutsche Nation und ihre Sprache dauerte fort und setzte sich selbst bei Höhergebildeten fest. Der sonst so wackere Karl von Zierotin bestand leidenschaftlich darauf, daß im mährischen Landrechte nicht deutsch gesprochen werde, und der Olmützer Bischof Kardinal von Dietrichstein, der nicht tschechisch verstand, durfte in der Versammlung kein Wort in der deutschen Sprache reden (1600). Ein anderes Mal nahm es Zierotin dem Olmützer Magistrate über die Maßen übel, als er von demselben ein deutsches Schreiben erhielt; er kanzelte in kategorischer Weise die Rathsherren wegen ihres Vergehens ab und drohte im Wiederholungsfalle keine Antwort mehr zu geben (1610). Von Zierotin können wir vielleicht voraussetzen, daß es sich bei seinem Briefe nur um die Hebung und Anerkennung der Muttersprache handelte. In anderen Fällen aus derselben Zeit aber tritt das Perhorrescieren der deutschen Sprache um jeden Preis entschieden hervor. Der Universitätsrektor schlug im Jahre 1609 einen schrecklichen Lärm, als der Administrator des utraquistischen Unterkonsistoriums zwei Männer in deutscher Sprache ordinierte. Das wäre ein unerhörter Akt, meinte der Rektor; die Deutschen, befürchtete er, könnten dadurch in's Vaterland gelockt werden und wie früher die vornehmsten Stellen in Kirche, Staat und im Privatleben einneh= men; es schmecke ihnen ohnehin das böhmische Brot. Am allerempfindlichsten gegen das Deutsche waren jetzt die Stände geworden, die im Landtage kein deut= sches Wörtlein mehr hören wollten. Als der Graf Dohna im Februar 1611 der Ständeversammlung eine Botschaft des Kaisers in deutscher Sprache zu verkünden beabsichtigte, erhob sich unter allgemeinem Tumulte der Ruf: „Deutsch sei in Deutschland, in Böhmen aber tschechisch zu reden." Im darauffolgenden Monate ertheilten die Stände einer kaiserlichen Zuschrift gar keine Antwort, weil sie deutsch war, die Stände aber nicht alle Deutsch verständen. Wenn man aber nachher erfährt, daß die in Rede stehende Zuschrift nach der Entfernung des kaiserlichen Kommissärs dennoch verlesen wurde, so wird man lebhaft gemahnt an unsere Zeit. läufte, in denen sich Leute geäußert haben sollen, etwas darum zu geben, wenn sie nicht Deutsch gelernt hätten. Erinnert dies nicht noch lebhaft an jenen alten Herrn von Pernstein, der, als ihm zu Ohren kam, einer seiner Söhne habe deutsch ge= sprochen, unumwunden den Wunsch äußerte, „sein Sohn möge lieber bellen wie ein Hund, statt in deutscher Sprache zu reden." So wenigstens erzählte der Obersthofrichter im mährischen Landrechte im Jahre 1600.

Wenn die Deutschböhmen im Jahre 1526 etwa glaubten, daß sie in Folge der Besitznahme des böhmischen Thrones durch das deutsche Kaiserhaus der Habs= burger aus ihrer bedrückenden Lage würden gerettet werden, so gaben sie sich einer argen Täuschung hin. Sie hätten sich nur an die Herrschaft der deutschen Luxem= burger erinnern sollen, um zur Erkenntniß zu kommen, daß die Deutschen von einer deutschen Regierung nicht gerade immer das Beste zu hoffen haben. Die ersten Habsburger meinten, wie einst die Luxemburger, behutsam umgehen zu müssen mit der so leicht erregbaren nationalen Partei, um einen festen Halt im Herzen des Volkes zu gewinnen. Sie vergaßen dabei ganz, daß jetzt der Adel das Ruder in der Hand hatte, und daß dieser die nationale Fahne zumeist nur deshalb aufpflanzte, um seine Kämpfe für Sonder= und Standesinteressen zu

Die Regierung und das Deutschthum.

maskieren. Anstatt also das alte kräftige deutschböhmische Bürgerthum zu neuem Leben wieder zu erwecken und sich auf dieses im Kampfe gegen den Adel zu stützen, ließ das neue Herrscherhaus die dem Deutschthume so gefährlichen Wladi slawischen Satzungen bestehen und verrieth überhaupt nicht das geringste Verständnifs für die deutschböhmische Frage. Ferdinand I., der doch selbst nicht tschechisch verstand, hatte nach seinem Siege über die Revolution von 1547 die beste Gele- genheit, den Deutschböhmen die gebührende Stellung wieder einzuräumen. Allein statt dessen vernichtete er das Bürgerthum überhaupt, und er, sowie Maximilian II., gaben neue Landesordnungen im Sinne der Jagellonischen heraus. Rudolph, der mit Vorliebe deutsch sprach und einen deutschen Hof hielt, besaß nicht die nöthige Energie, als daß von ihm ein deutsch nationaler Schritt in gesetzgeberischer Hin- sicht hätte erwartet werden können. Mathias aber hatte sich, wie einst Wenzel der Faule, der ultratschechischen Partei mit Leib und Seele überliefert. Ein willenloser Sklave der Stände, mußte er ein Sprachengesetz des Landtages bestä- tigen, das in beispielloser Unduldsamkeit auch den letzten deutschen Laut, der im Lande gesprochen wurde, mit wahrhaft drakonischer Härte unterdrücken sollte. Denn also beschlossen unter einem deutschen Kaiser in einem zu Deutschland gehörigen Lande die fanatischen Herren von der tschechisch-nationalen Partei im Jahre 1615: „1. Von der Zeit dieses Landtagsbeschlusses an soll künftig und zu ewigen Zeiten kein Ausländer, welcher der tschechischen Sprache nicht kundig ist und sich in derselben bei Gerichtshöfen nicht gehörig auszudrücken weiß, zu einem Einwohner des Landes und zum Bürger einer Stadt angenommen werden. 2. Ein solcher Ausländer, der nach Erlernung der tschechischen Sprache endlich das Bürgerrecht in irgend einer Stadt erlangt hat, soll, sowie auch seine Kinder, nichtsdestoweniger zu keinem öffentlichen Amte gelangen können; erst seine Kindes- kinder sollen als eingeborene Böhmen betrachtet und der Vorrechte der Landeskin- der theilhaftig werden. 3. Dann soll in den Pfarren, Kirchen, Schulen, wo vor zehn Jahren in tschechischer Sprache gepredigt und gelehrt worden, dieser löbliche Gebrauch fortgesetzt werden; wo aber jetzt ein deutscher Pfarrer oder Schulmeister vorhanden ist, dort soll nach seinem Tode ein tschechischer Pfarrer oder Schulmeister angestellt werden. Die neu errichteten Kirchen und Schulen seien hievon ausgenommen. Wer immer sich unterfangen würde, in einem sol- chen Orte zu predigen oder zu lehren, der soll eine Strafe von 15 Schock böh- mischer Groschen erlegen. 4. Weil man in Erfahrung gebracht, daß einige Personen, sowohl höheren als auch niederen Standes, unter einander bei ihren Zusammenkünften nicht die tschechische, sondern eine fremde Sprache sprechen, wel- ches eine Verachtung ihrer eigenen Muttersprache andeutet und der ganzen Nation zur Schande gereicht, so sollen diese Leute, wenn sie die tschechische Sprache spre- chen können, jedoch in ihrem Vorhaben fortfahren, in der Zeit von einem halben Jahre das Land räumen, bis dahin aber als Störer des allgemeinen Besten betrachtet und keiner Vorrechte und Freiheiten der übrigen Einwohner Böhmens theilhaftig werden. 5. Da ferner einige Einwohner der Stadt eine Gemeinde, die sie die deutsche nennen, unter einander errichtet haben, in diesem Königreiche aber man zu allen Zeiten von keiner andern als von der tschechischen Gemeinde weiß, so sollen alle diejenigen, die sich zu der genannten deutschen Gesellschaft und Gemeinde bekennen und dreist genug sind, in ihrem Vorhaben zu beharren, mit der oben bestimmten Strafe belegt und gezüchtigt werden." Diese Beschlüsse bedürfen wohl keiner weiteren Auseinandersetzung, sie diktirten klar und bündig die Ausrottung des deutschen Elementes mit Stumpf und Stiel. Jeder Einwanderung von Deutschland her glaubte man ein- für allemal einen schweren Riegel vorlegen zu müssen; im Lande selbst aber sollte nicht bloß in Kirche und Schule, ja sogar im engen Familienkreise das verhaßte Idiom bei schwerer Strafe verboten sein. Welch' unglaubliche Ignoranz in der Landesgeschichte verriethen doch die heißspornigen Bannerträger des Tschechismus, wenn sie behaupteten, in diesem Königreiche habe es niemals eine andere, als die tschechische Gemeinde gegeben. Es gab eine Zeit, in welcher die Stadt Prag, in der die Stände den gewaltthätigen Beschluß faßten, und mit Prag die sämmtlichen Städte des Königreiches nur deutsche Gemeinden kannten und die tschechischen Unterthanen froh waren, wenn sie in dieselben aufgenommen wurden. Unter König Wenzel noch hatte man seine Zuflucht zu einem Staatsstreiche nehmen müssen, um der „Gleichberechtigung" wegen den Prager Stadtrath zur Hälfte mit Tschechen besetzen zu können; jetzt war der Fanatismus der nationalen Partei bereits so hoch gestiegen, daß man es eine Dreistigkeit nannte, wenn die Prager Deutschen eine kleine Gemeinde für sich besitzen wollten. Im Uebrigen läßt uns der Terrorismus, mit welchem man im Beginne des XVII. Jahrhunderts gegen das Deutschthum verfuhr, deutlich erkennen, daß dieses trotz der allerungünstigsten Verhältnisse bereits im XVI. Jahrhunderte wieder so sehr an Boden gewonnen hatte, daß den Gegnern nicht geringe Besorgnisse eingeflößt wurden, und man sogar die tschechische Nationalität gefährdet glaubte. — Wenn wir oben behauptet haben, daß die Deutschböhmen durch die Herrschaft der Habsburger Nichts gewonnen haben, so bezieht sich dieser Ausspruch doch nur auf die persönlichen Maßnahmen der Herrscher. Indirekt wurde das deutsche Element in Böhmen durch das deutsche Regentenhaus immerhin etwas gefördert. Schon der Umstand, daß der Hof nicht mehr tschechisch war, fällt mit in's Gewicht. Der Adel, der sich vom Hofe doch nie ganz zurückziehen konnte, mußte sich des ganz vergessenen Deutschen neuerdings bemächtigen, und nicht bloß die Hofsprache, sondern auch die der höheren Aemter wurde allmählich wieder die deutsche. Die gelehrten Beisitzer des von Ferdinand I. errichteten Appellationshofes waren zumeist Deutsche, und die böhmische Kammer, bei der wir wiederholt Tiroler angestellt finden, wurde geradezu angewiesen, deutsch zu amtieren, damit die Hofkammer ihr Gebahren besser überwachen könnte (1528). Ebenso wurden auch die

Regierungserlaſſe mit der Zeit immer häufiger in der deutſchen Sprache ausgeſtellt, und Karl von Zierotin beklagte ſich in bitterer Weiſe darüber. Das muſs wohl auch mit in Betracht gezogen werden, daſs durch die Habsburger Böhmen nicht nur wieder unmittelbar unter die deutſchen Kaiſer geſtellt, ſondern auch mit den deutſch öſterreichiſchen Erbländern in eine engere Verbindung gebracht wurde. Zu den verſchiedenen Einigungsmitteln der ſich aufbauenden öſterreichiſchen Monarchie aber gehörte zweifelsohne die deutſche Sprache.

Der Proteſtantismus fordert das Deutſchthum.

Als die Lehre Luthers von Wittenberg aus immer größere Fortſchritte machte, fand ſie auch mit Leichtigkeit ihren Weg in das nahe Böhmen. Die Deutſch= böhmen an den nördlichen und nordweſtlichen Gränzen des Landes vertauſchten frühzeitig den Katholicismus mit der proteſtantiſchen Religion. 1523 erließ Se= baſtian Schlick für die Pfarrkirche in Elbogen eine ſehr zu lutheriſchen Lehre nei= gende Kirchenordnung; 1524 trat die Stadt Kaaden zum Lutherthume über. Der Reichenberg Friedländer Bezirk nahm unter den Biberſteinern mit der Lauſitz zwiſchen 1520 bis 1555 die neue Lehre an, und in Budweis ſchritt bereits 1539 Ferdinand I. energiſch gegen die Proteſtanten ein. Das Egerländchen wird um 1560 vorzüglich durch die Thätigkeit des Hier. Thileſius ganz proteſtantiſch; in Kommotau führte 1575 den Proteſtantismus Bohuſlaw Felix von Lobkowitz ein. 1579 war Schlackenwerth bereits evangeliſch u. ſ. w. Die deutſchböhmiſchen Pro= teſtanten ſchloſſen ſich ganz dem Kirchenweſen des benachbarten lutheriſchen Deutſch= landes an, und ſchon unter Maximilian II. treffen wir einen häufigen Amtswechſel von Geiſtlichen aus Sachſen nach Böhmen und umgekehrt längs der ganzen Gränze. Aber auch auf die tſchechiſchen Bewohner des Landes erſtreckte die neue Lehre ihren Einfluſs; es iſt bekannt, wie nach und nach der Ultraquismus vollkommen in dem deutſchen Proteſtantismus aufgieng. Daſs mit der Einbürgerung der Lehre Luthers das deutſche Element eine gewiſſe Stärkung erhielt, iſt leicht einzuſehen; nament= lich gelangte dadurch in Prag das Deutſchthum wieder zu einiger Geltung. Schon im Jahre 1519 verkündete ein Eremit, Bruder Mathias, zu Prag, die neuen Grundſätze, und 1521 hielt ein Zwickauer Mönch Thomas, angeblich der nachmals ſo berühmt gewordene Thomas Münzer, lutheriſche Predigten zu Prag und Saatz in deutſcher und lateiniſcher Sprache. Zündend wirkten die proteſtantiſchen Reden in deutſcher Sprache, durch welche zwei junge Auguſtiner in der Kleinſeitner Kirche dieſes Ordens am Pfingſtfeſte 1533 glänzten. Die Verbindung zwiſchen Prag und Wittenberg wurde bald eine außerordentlich lebhafte. Viele Böhmen zogen nach Wittenberg, um die neue Lehre an der Quelle kennen zu lernen; vornehme Ultraquiſten ſtanden mit dem deutſchen Reformator im innigen Verkehre. Luther richtete Sendſchreiben an die böhmiſchen Stände und an den Grafen Stephan Schlick; ſeine Bibelüberſetzung aber, ſowie ſeine übrigen Schriften, wurden im Lande einem eifrigen Studium unterzogen. Der Proteſtantismus kämpfte Anfangs mit vielen Hinderniſſen und Verfolgungen. Schon zum Jahre 1528 wird erzählt, daß zwei deutsche Handwerker, ein Gürtler und ein Flaschenmacher, von den Mönchen als Lutheraner (vielleicht Wiedertäufer) angeklagt und von den Pragern zum Tode verurtheilt worden sind. Unter Maximilians II. milder Regierung entwickelte sich die Protestantisirung des Landes in Ruhe und Frieden, und durch den Majestätsbrief Rudolphs wurde die neue Religion gesetzlich gestattet. In Prag erstarkten die deutschen Protestanten derart, daß sie sich im Jahre 1611 zwei große Gotteshäuser erbauten, die Dreifaltigkeitskirche auf der Kleinseite (jetzt Maria de Vittoria) und die Salvatorskirche in der Altstadt. Unter großer Feierlichkeit fand die Grundsteinlegung zu den beiden Tempeln statt, und es betheiligte sich insbesondere auch der deutsch-protestantische Adel (Thurn, Schlick, Fels, Engelsberg, Hanns und Wilhelm Popel von Lobkowitz u. s. w.) an derselben. Als vorzügliche Prediger der deutsch-protestantischen Gemeinden Prags werden Dr. Hoë von Hoenegg, später sächsischer Oberhofprediger, Pastor Winter und Dr. Helwig Garth gerühmt. Daß die stäte Vermehrung der deutschen Protestanten in Prag von der tschechisch-nationalen Partei mit Mißgunst angesehen wurde, läßt sich denken. Schon im Jahre 1612 und 1613 fanden Reibungen zwischen deutschen und tschechischen Predigern statt, welche zu kleinen Tumulten führten und den Seelsorger Hoë veranlaßten, sich aus Prag zu entfernen. Der Todesstoß aber sollte den Deutschen Prags durch das schon besprochene Gesetz von 1615 gegeben werden. Die Tschechen erreichten zwar nicht ihre Absicht, dagegen wurden unter dem Winterkönige die Lutheraner vielfach beeinträchtigt durch die Kalvinisten, deren Superintendent Abraham Scultetus die bekannte Bilderstürmerei im Dome veranstaltete und allgemeine Entrüstung hervorrief. Daß auch auf dem Lande in den einzelnen Städten protestantische Kirchen gebaut wurden, beweisen unter Andern Braunau und Klostergrab.

Neben den Lutheranern tauchten in Böhmen frühzeitig die Wiedertäufer auf. Sie bildeten trotz aller Gegenverbote unter Ferdinand I., namentlich im südlichen Böhmen, Gemeinden, wandten sich späterhin, die Krummauer allein 80 Mann stark, nach Mähren. 1535 erließ Ferdinand I. einen Befehl gegen die Wiedertäufer in Janowitz und Klattau und gebot strengstens die Einlieferung ihres Hauptes. Die Wiedertäufer in Böhmen und Mähren gehörten fast durchwegs der deutschen Nationalität an; ihre Prediger kamen von Deutschland her, so Thomas Waldhauser und Balthasar Hufmayer, letzterer aus Friedberg in Baiern. Im Uebrigen werden die Wiedertäufer als überaus eifrige, sparsame, nüchterne und sehr geschickte Arbeiter geschildert, weswegen sie vom Adel in besonderen Schutz genommen und zur Ansiedelung auf den großen Gütern gerne zugelassen wurden.

So wie die deutschen Protestanten besondere kirchliche Gemeinden bildeten, ebenso trachteten sie auch selbständige, deutsch-nationale Schulen zu erlangen. Die Kleinseitner und Altstädter deutsch-protestantischen Gemeinden errichteten bei ihren Kirchen deutsche Lehranstalten und besetzten sie mit tüchtigen, zumeist aus Sachsen

Wiedertäufer.

Deutsche Schulen.

berufenen Lehrern. Die Schule bei St. Salvator, welche in 6 Klassen eingetheilt
war, zählte zur Zeit der Eröffnung (1611) 210 Schüler, welche von 8 aus
Leipzig gekommenen Lehrern unterrichtet wurden. Die Eröffnungsfeier selbst war
außerordentlich glänzend und wurde besonders durch die Gegenwart von vielen
Vornehmen und Gelehrten verherrlicht. Der Schulrektor Peter Milber, ein Voigt
länder, hatte das lateinische Programm verfaßt; Dr. Hoë hielt die Festpredigt in
der Kreuzkirche (15. Nov.), weihte am nächsten Tage das Schulgebäude und in-
stallierte die Lehrer. Da die deutsche Salvatorschule ohne vorhergehende Einwilligung des Karlskollegiums, welches die Oberaufsicht über alle Schulen des Königreiches beanspruchte, eröffnet worden war, erhoben die Universitätsprofessoren Beschwerde bei den Defensoren und beklagten sich auch darüber, daß die ohne Bestätigung der Universität eingesetzten deutschen Lehrer eine andere als die vorgeschriebene
Methode im Gebrauche hätten. Es kam zu eingehenden Erörterungen, in welchen
die Deutschen durch Dr. Hoë in ausgezeichneter Weise vertreten wurden. Doch
mußten sich schließlich des Friedens wegen die ersten Lehrer der deutschen Schule
in die philosophische Fakultät aufnehmen lassen und die Beobachtung der von der
Akademie herausgegebenen Studienordnung versprechen (18. Juli 1612). Noch in
demselben Jahre wurde Dr. Michael Gebhardus, der damalige Rektor der „böhmisch-
deutschen" Schule, in den Universitätsrath gewählt. Eine gänzliche Unabhängigkeit von der Prager Universität behaupteten die Schulen in den deutschen Gemeinden des Landes. Diese nahmen sich die Schulordnungen Sachsens zum
Muster, bezogen zumeist aus diesem Lande ihre Lehrer und bildeten die Jugend
auf nationaler Grundlage. Die Stadt Schlaggenwald, welche eine gute Lateinschule besaß, richtete 1554 einen Brief an Philipp Melanchthon in Wittenberg mit
der Bitte, ihr einen tüchtigen Schulmeister und Kantor zu empfehlen. An der
Gränze wechselten, wie die Pfarrer, auch die Schulmeister zwischen Böhmen und
Sachsen, ein Umstand, der die deutsche Gemeinschaftlichkeit so gut, wie die Auto-
nomie der damaligen Gemeinde in Schulsachen illustriert. Eine berühmte Schule
besaß Eger, an welcher noch vor der Reformation lateinische Schullehrer und deutsche
Schulhalter angestellt worden waren. Gelehrte Männer, wie Johann Medler,
Bartholomäus Urerius u. a. wirkten in dieser bis 1565 vom deutschen Orden
unterhaltenen Schule. Gute Schulen besaßen noch Kaaden, Brüx, Friedland u. a.
In Sobieslau im Bechiner Kreise war eine vorzügliche Bildungsanstalt von Peter
Wok von Rosenberg gegründet worden; Rektor Michael Gehler († 1619) von
Görlitz richtete diese Schule (Gymnasium rosarum) ganz nach dem Muster des
Görlitzer Gymnasiums ein, und viele Adelige, selbst aus Oesterreich, studierten da-
selbst. Immer noch beschäftigten sich auch die geistlichen Orden mit dem Jugend-
unterrichte. Die Jesuiten traten in dieser Periode am bedeutendsten hervor; ihre
Kollegien in Prag, Kommotau, Krummau u. s. w. hatten zwar keinen ausgesprochen
deutschen Charakter, aber noch viel weniger einen tschechischen. Das Prager Klemens-

kollegium bildete ein deutsch-katholisches Gegengewicht zu der tschechisch-utraquistischen Karlsakademie. Im Klemenskollegium studierten sogar viele Ausländer, unter Andern die zwei Söhne des Herzogs Ernst von Baiern (1559, 1560). Erwähnt mag noch werden, daß selbst an den tschechischen, dem Karlskollegium untergeordneten Schulen, wie aus der Codicillischen Studienordnung hervorgeht, der deutschen Sprache ein Plätzchen, wenn auch ein sehr bescheidenes, eingeräumt worden ist.

Trotz der extremsten nationalen Bestrebungen der Tschechen konnte sich Böhmen doch niemals in geistiger Beziehung von Deutschland emancipieren. Die Deutsch-böhmen gaben sich alle Mühe, den geistigen Zusammenhang mit dem Mutterlande immer inniger zu knüpfen; die tschechische Enklave aber athmete mit oder wider Willen unter dem Hochdrucke der Kultursphäre des benachbarten reichgebildeten Deutschland. Der Humanismus und die Reformation, die beiden Hebel, wodurch das geistige Leben Deutschlands im XVI. Jahrhunderte in Bewegung gesetzt wurde, rüttelten auch die Böhmen deutscher und slawischer Zunge zu erregterer Thätigkeit auf, und wie immer, so erglänzte auch diesesmal das Land im Wider-scheine jener leuchtenden Strahlen, welche die jenseits des Böhmerwaldes und Riesengebirges hochaufsteigende Sonne nach allen Richtungen versandte. Deutsch-böhmen und Tschechen zogen hinaus ins Reich, um ihre höhere Bildung zu vollenden; deutsche Gelehrte und Künstler kamen ungekehrt in das Land, um daselbst eine gesegnete Thätigkeit zu eröffnen. Deutsche Werke wurden eifrigst in Böhmen gelesen und übersetzt; die meisten Professoren vom Karlskollegium waren an deutschen Universitäten gebildet, und Bachaček z. B. suchte die deutschen Fort-schritte in der Pädagogik in den tschechischen Schulen Böhmens einzubürgern. Bei der Reformbewegung an der Universität im Jahre 1610 wurde die Frage aufgestellt, ob nicht Professoren aus dem Auslande zu berufen seien. So fand das deutsch-böhmische Element in den unabänderlichen Gesetzen der Geschichte Nahrung und Stütze gegen jene heftigen Angriffe der tschechisch nationalen Partei, wodurch es aus dem Lande verdrängt werden sollte. Unter den Deutschen, welche vom Auslande kamen und durch ihre Niederlassung in Böhmen das deutsche Element daselbst ver-stärkten, sind in erster Reihe die Jesuiten, die protestantischen Lehrer, Theologen und Prediger und die am Hofe Rudolphs lebenden Gelehrten und Künstler zu nennen. Das Jesuitenkollegium in Prag gehörte Anfangs zur Provinz Deutschland, dessen Provinzial der berühmte Canisius war; 1563 wurde es zu der neugebildeten österreichischen Provinz mit dem Provinzialsitze Wien geschlagen. Die Mehrzahl der Ordensmitglieder stammten aus der deutschen Nation, und das Tschechische mußte erst von Einzelnen erlernt werden. Dr. Heinrich Blissemius, späterer Rektor und Provinzial, als Professor der Theologie und Prediger am königlichen Hofe die Hauptzierde des Klemenskollegiums im XVI. Jahrhunderte, war aus Bonn (1555 –1564); Latein lehrten um diese Zeit Balthasar Pfarrkircher, ein Baier, und Kaspar Kouger, ein Kärntner, die Poesie Peter Sylvius, ein Flanderer, und die

Auswärtige Deutsche.

Rhetorik Wilhelm von Geldern. Die Annalen des Ordens enthalten noch eine große Anzahl anderer Jesuiten deutscher Nation, deren Namen wir übergehen wollen. Die Verbreitung des Protestantismus führte eine Menge berühmter Prediger, Theologen und Lehrer dieser Religion aus Deutschland nach Böhmen. Neben den bereits erwähnten Münzer, Hoë, Garth, Gebhardus, Alber (S. 523) führen wir noch an: Knorre und Maltbruun, Lehrer bei St. Salvator, Paul Cruppius, Konrektor an der Kleinseitner deutschen Lateinschule, den lausitzer Historiker Manlius, der in einer Neustädter Kirche 1575 begraben wurde, Lauterbach, der bei St. Heinrich predigte, Valerius Otto, Zögling der Schulpforte, ein ausgezeichneter Organist, und eine Menge von Landpastoren. Unter den letzteren wollen wir wenigstens Johannes Mathesius und Michael Weiße hervorheben. Ersterer aus Rochlitz im Meißnischen, ein Freund Luthers, wirkte zu Joachimsthal als Rektor (1532) und Pastor (1545) durch lange Zeit segensreich und erwarb sich durch seine Schriften („Chronik von Jochimsthal", „Sarepta oder Bergpostille" u. a.) einen guten Namen in der Literatur. Michael Weiße, aus Neiße gebürtig, besorgte das Pfarramt der deutschen Gemeinden böhmischer Brüder zu Landskron und Fulnek; sein 1531 zu Jungbunzlau gedrucktes „Ein new Gesang buchlen", das nachher von Joh. Horn neuerdings (1544) herausgeben worden und 1566 und 580 in vermehrter Auflage erschienen ist, enthält zumeist Uebersetzungen aus dem Brüdergesangbuche. Der bedeutendste deutsche Gelehrte, der eine Zeit Böhmen in dieser Periode mit seiner Gegenwart beehrte, war zweifelsohne Joh. Kepler aus Weilerstadt. 1600 wurde der hochberühmte Astronom von Tycho de Brahe in Benatek empfangen; 1609 erschien zu Prag seine „Astronomia nova." Später verließ er zwar Böhmen, kehrte aber 1627 noch einmal zurück. Hier mag auch noch einmal des aus Breslau berufenen Professors Jessenius gedacht werden, des geschickten Arztes und Anatomen, der bekanntlich 1621 sein Leben durch den Henker verlor. Rudolphs Hof war fast ganz deutsch. Wir haben die vorzüglichsten deutschen Künstler schon erwähnt, die sich an demselben aufhielten. Dazu kamem eine Menge untergeordneter Köpfe in Kunst und Wissenschaft, deutsche Gesandte mit ihrem Gefolge, Agenten u. s. w. (S. 513 flg.).

Berühmte Deutschböhmen. Aber auch der deutschböhmische Stamm selbst entsandte aus seiner Mitte manch' wackeren Streiter in die Reihen der Kämpfer für Wissenschaft und Wahrheit. Unter den oben angeführten böhmischen Humanisten und Gelehrten dürfen immerhin einige dem deutschböhmischen Volke zugesprochen werden können (S. 506 flg.). Doch ist es in vielen Fällen ungemein schwierig, mit apodiktischer Gewißheit die Nationalität zu bestimmen, da die Schriften meist in lateinischer Sprache abgefaßt sind, der Geburtsort allein aber nicht entscheidet. Es müssen in diesem Punkte noch genauere Untersuchungen angestellt werden. Ein anderer Umstand überdies hat mit beigetragen, daß manche Namen ganz schätzenswerther Sprößlinge unseres kleinen deutschen Stammes verschollen sind. Je mehr nämlich die tschechischen Bemühungen, das Deutsche im Lande zu unterdrücken, Erfolg hatten, desto mehr neigten sich die Deutschböhmen ihrem großen Mutterlande zu, wohin sie, wenn sich nur irgendwie Gelegenheit bot, zurückwanderten, und wo mancher merkwürdige Mann seine Berühmtheit erlangte, für uns aber in Vergessenheit gerieth. Auch in diesem Punkte ist der Detailforschung noch ein großer Spielraum offen gelassen.

Die Stadt Eger war zu allen Zeiten reich an berühmten Männern. Aus der Mitte ihrer Bürgerschaft wurde häufig der Prälatenstuhl von Waldsassen besetzt, wie denn auch dieser Periode wieder Valentin Fischer († 1573) durch diese Würde ausgezeichnet wurde. Der Egerer Johann Wildenauer (um 1590) wird als tüchtiger Theolog gerühmt; noch bedeutender in dieser Wissenschaft war Johann Habermann (Avenarius), der an den Hochschulen zu Jena und Wittenberg Theologie lehrte, ein hebräisches Lexikon, sowie eine Grammatik verfaßte und als Superintendent in Zeitz starb (1590). Paul Knod aus Eger verließ gleichfalls Böhmen, um sich in Wittenberg niederzulassen (1600), wohin er wegen seiner großen musikalischen Kenntnisse als Kapellmeister berufen worden war. Dagegen wirkte durch sein Leben hindurch der Schulhalter und Chronist Engelhart von Haselbach in seiner Vaterstadt Eger auf das Vortheilhafteste (1560). Als Egerer werden auch häufig der Erzbischof Lohelius, der aus dem Dorfe Wogau stammte (S. 501), und Kaspar Brusch bezeichnet. Letzterer, eigentlich ein geborener Schlaggenwalder († 1559), gehört zu den interessantesten Persönlichkeiten des gelehrten Deutschböhmens. Seine zierlichen lateinischen Gedichte, in denen er sich den bessern Humanisten anreihen läßt, verschafften ihm die Dichterkrone. Als Gelehrter veröffentlichte er mehrere historische Werke über deutsche Klöster und Bisthümer, war Mitarbeiter der Münsterschen Kosmographie und schrieb eine Menge kleinerer Abhandlungen, unter Andern in deutscher Sprache einen geographischen Abriß über das Fichtelgebirge und den Egerfluß. Rasch durchzog Brusch in fortwährender Wanderung begriffen, ganz Deutschland, überall dichtend und forschend, bis er wegen einiger satirischer Verse von mehreren Edelleuten im Schlingenbachischen Walde bei Rotenburg an der Tauber an der bairisch-würtembergischen Gränze überfallen und getödtet wurde. Zwei andere Schlaggenwalder aus dieser Periode, Christophorus Crinesius († 1629) und Zacharias Theobald († 1627), machten ihrer Vaterstadt gleichfalls keine geringe Ehre. Crinesius der als einer der vorzüglichsten Orientalisten seiner Zeit galt, veröffentlichte höchst schätzenswerthe Arbeiten über hebräische, chaldäische und syrische Sprache — unter Andern das erste syrische Lexikon, das in Deutschland erschien — und starb hochberühmt als Professor an der Universität zu Altdorf. Zacharius Theobald wurde nach einem vielbewegten Leben (er war unter andern auch Feldprediger bei Mansfeld) Kollega seines Landsmannes Crinesius an der Altdorfer Universität, und zwar als Professor der Mathematik. Unter seinen Werken nehmen die historischen (die

Fürstenreihe Böhmens, Topographie von Böhmen 1612) und unter diesen wieder seine in deutscher Sprache veröffentlichte Geschichte des Hussitenkrieges den ersten Rang ein. Nach dem lateinischen Namen ihrer Vaterstadt Brüx werden zwei berühmte Gelehrte dieses Zeitalters mit dem Prädikate „Pontanus" bezeichnet. Der Dompropst Georg Barthold Pontanus von Breitenberg († 1616), der geadelte und gekrönte Verfasser von mehr als 70 poetischen Werken — unter diesen eine versificierte Geschichte von Brüx — ist von uns schon einmal genannt worden (S. 507). Der zweite „Pontanus" ist Jakob Spanmüller († 1626), Mitglied der Gesellschaft Jesu, der als Lehrer in Baiern, und noch mehr als tüchtiger Philologe, besonders der griechischen Sprache (Uebersetzungen in's Lateinische) in großem Ansehen bei seinen Zeitgenossen stand. Aus dem wegen seines Deutschthums „verrufenen" Kommotau stammte Mathias Goldhahn (Aurogallus) († 1543), der in Wittenberg seine Studien gemacht und insbesondere im Hebräischen sich auszeichnete. Er bemühte sich vergeblich, an die Prager Universität zu kommen, erlangte dagegen einen Lehrstuhl und bald auch die Rektorswürde in Wittenberg, woselbst er ein Freund Luthers wurde und diesem in der Bibelübersetzung behilflich war. In Kommotau und später in Kaaden lebte als Stadtschreiber Johann Sandel, der die Chronik des Hajek in's Deutsche übersetzte und sie 1596 in Prag drucken ließ. Die beiden Saazer Nikolaus Artemisius und Wenzel Arpinus von Dorndorf waren Schüler des großen Reformators Melanchthon. Wenzel Arpinus wurde Lektor der lateinischen Sprache an der Prager Universität (1542), legte aber diese Stelle aus unbekannten Gründen nieder, verwaltete hierauf mit großem Ruhme die Schule von Saatz, und starb als Senator dieser Stadt (1582). Unter die Deutschböhmen muß der Dichter und Mediciner Georg Handsch von Lymusa († 1595), ein geborner Böhmisch-Leipaer, gerechnet werden. Sein größtes literarisches Verdienst ist die Uebersetzung des lateinischen Kräuterbuches von Mathiolus, das er unter dem Titel „Neu Kräuterbuch mit den allerschönsten und artlichsten Figuren aller Gewächse" u. s. w. 1563 zu Prag herausgab. Eine Menge handschriftlicher Werke poetischer und wissenschaftlicher Natur von Handsch liegen noch begraben in den verschiedenen Bibliotheken, besonders zu Wien. Ein Landsmann des Genannten war Basilius von Deutschenberg († 1628), nicht unbedeutend als Mathematiker und bekannt wegen seines wissenschaftlichen Streites mit dem Arzte Haberbeschel von Habernfeld. Die Musikerfamilie Haßler war eigentlich eine deutschböhmische. Isak Haßler wanderte von Joachimsthal nach Nürnberg aus, wo sein Sohn, der berühmte Johann Leo Haßler, geboren wurde. Dieser lebte eine Zeit lang am Hofe Rudolphs II., dann als Hofmusikus beim Kurfürsten von Sachsen († 1618); er komponierte Lieder, Messen u. a. und gilt als einer der besten Kontrapunktisten. In Joachimsthal lebte und wirkte mit dem alten Haßler Nikolaus Herrmann († 1561), der „fromme Kantor" genannt, gleich ausgezeichnet durch sein poetisches, wie durch sein musikalisches Talent: „Seine

Lieder gehören zu den klarsten des sechszehnten Jahrhunderts und sind voll reiner, kindlicher Innigkeit." Unter allen Joachimsthalern erlangte den berühmtesten Namen Johann Mathesius, den wir bereits als Beförderer des Deutschthums und des Protestantismus in Böhmen hervorgehoben haben (S. 526).

Wenn auch viele von den ehedem deutschen Städten tschechisiert worden waren, so herrschte doch überall das deutsche Recht mit ausschlüßlicher Gewalt. Da durch dasselbe aber ein großer Theil der böhmischen Städte mit den bedeutendsten Gerichtshöfen Deutschlands in fortwährenden Beziehungen stand, so trug das Rechtswesen, gerade so wie der Protestantismus oder Humanismus, zur Verstärkung des Deutschthums in Böhmen in nicht geringem Grade bei. Die Städte an der schlesischen Gränze erhielten ihre Rechtsbelehrungen von Glatz oder Breslau; in der Mitte des Landes galten Prag und Brünn mit ihren deutschen Stadtrechten als Appellationshof, im Norden vorzugsweise Magdeburg durch Leitmeritz und im Nordwesten Nürnberg durch Eger. Obwohl Leitmeritz seit den Husitenkriegen so ziemlich ganz mit tschechischen Neubürgern besetzt worden war, so holte man sich doch unausgesetzt in Magdeburg Rath und Urtheil selbst in unbedeutenden Kleinigkeiten. Anderseits blieb auch in dieser Periode der Leitmeritzer Schöffenhof der Vorort einer Menge böhmischer Ortschaften, welche nach Magdeburger Rechte lebten. Im Jahre 1544 baten folgende Orte die Leitmeritzer Schöffen um schiedsrichterliches Urtheil und Rechtsbelehrung: Aussig, Graupen, Bilin, Teplitz, Kommotau, Trebnitz, Laun, Brüx, Welwarn, Raudnitz (?), Schlan, Elbekosteletz, Brandeis, Nimburg, Podiebrad, Jungbunzlau, Mscheno, Turnau, Münchengrätz, Gitschin, Libeschitz, Gastorf, Zahoran, Trebanitz und Königswald; in anderen Jahren appellierten Melnik, Teschen, Leipa u. a. Ja selbst Adelige, wie Christoph Hassenstein von Lobkowitz, und geistliche Korporationen, wie das Kloster Ossegg und die Leitmeritzer Propstei, nahmen ihren Rechtsweg zum berühmten Schöffenhofe in Leitmeritz. Ein ähnliches Verhältniß, wie zwischen Leitmeritz und Magdeburg, bestand zwischen Eger und Nürnberg. Die Egerer hatten Nürnberger Stadtrecht und wandten sich in zweifelhaften Fällen an diese ihre Mutterstadt in Rechtssachen. Anderseits nahmen eine Reihe böhmischer Städte Egerer Stadtrecht auf und erkannten diese Stadt als ihren gerichtlichen Oberhof an. Der Sprengel des Egerer Stadtrechtes reichte im Norden bis Schlackenwerth, im Osten bis Luditz; zu demselben gehörten nebst den beiden genannten Städten Karlsbad, Elbogen, Falkenau, Schlaggenwald, Schönbach, Buchau, Petschau, Theusing u. a., von denen sich meistentheils noch Berufungen nach Eger aus dem XVI. Jahrhunderte erhalten haben. König Ferdinand I. benützte bekanntlich die Revolution von 1547, um die Autonomie der Städte vollkommen zu vernichten (S. 495). Nachdem er die Privilegien derselben zerrissen und ihr Vermögen in empfindlicher Weise verringert hatte, schnitt er durch die Errichtung des obersten Appellationsgerichtes in Prag jede Rechtsverbindung böhmischer Städte mit ausländischen Ge-

Deutsches Stadtrecht.

richtshöfen ab. Das neue Tribunal, so hieß es in der Instruktion, welche Ferdinand am 20. Januar 1548 in Augsburg erließ, sollte nicht nur als Obergericht in Böhmen, sondern auch für Mähren, Ober- und Niederschlesien und für die Ober- und Niederlausitz gelten, und zwar mit dem ausdrücklichen Befehle, „dass in Zukunft weder von Prag, noch von den eben jetzt genannten Provinzen der Rechtszug nach Magdeburg oder Leipzig, noch an andere Orte außer Landes, noch an eine Universität unter dem Vorwande einer anzusuchenden Rechtsbelehrung gehen sollte." Wenn dieser einzige oberste Appellationshof eine Gleichartigkeit im Rechtswesen der Städte herbeizuführen beabsichtigte, so geschah dies in viel erfolgreicherer Weise durch den von Rudolph II. sanktionierten Landtagsbeschluss vom Jahre 1579. Durch denselben erlangten nämlich. die von Koldin bearbeiteten Stadtrechte Gesetzeskraft für alle Städte Böhmens und Mährens, und dem Prager Rechte wurde so die Alleinherrschaft für die Zukunft gesichert. Deutsch blieben übrigens die Stadtrechte auch fortan; denn die Prager Rechte waren ja deutschen Rechtsquellen entflossen, und die Einführung des Koldin'schen Kodex bedeutete nichts Anderes, als den Sieg des süddeutschen, dem schwäbischen zunächst stehenden Rechtes über die anderen im Lande geltenden, namentlich über das sächsisch-Magdeburgische.

Handel,
Industrie und
Gewerbe.

In Beziehung auf Handel, Gewerbe und Industrie besserten sich die Verhältnisse in diesem Zeitraume wohl einigermaßen, namentlich im Vergleiche zur Husitenperiode, aber lange nicht in dem Grade, als es zu wünschen gewesen wäre. Das Ausland blickte noch immer auf Böhmen mit einem gewissen Misstrauen, das um so tiefere Wurzeln schlug, als in den Landesordnungen und auf den Landtagen die exklusiven Sprachbestimmungen wiederkehrten. Im Inlande aber wurde ein großer Aufschwung des Handels in erster Reihe durch die Vernichtung des städtischen Kapitals in Folge der Revolution von 1547 geradezu verhindert. Böhmen, welches in der Luxemburger Zeit einen so blühenden Großhandel besessen hatte, bildete sich mit seinem gebrochenen Städtewesen, seinen privilegierten Großgrundbesitzern und der vollkommen entwickelten Leibeigenschaft immer mehr zum reinen Agrikulturlande heraus. Die „verfallenen Städte" mit großen, öden Ringplätzen und leeren Laubenhallen mehrten sich; die Bürger trieben armseliges Handwerk und daneben nothdürftigen Ackerbau. Der goldene Steig im südlichen Böhmen, durch Ferdinand I. neuerdings privilegiert und durch die mächtigen Rosenberge geschützt, die in ihrem oberen Laufe (1552) regulierte Moldau und die Elbe bildeten noch die befahrensten Handelsstraßen des Landes; Passau, Krems, Leipzig, Frankfurt am Main waren die besuchtesten Märkte Seitens der Böhmen. Als vorzügliche Handelsartikel werden Salz, Fische, Glas, Holz, Getreide und Südfrüchte erwähnt. Unter den Kaufleuten machten sich mehr als je die Italiener und die Israeliten bemerkbar. Allerhand alte und neue gesetzliche Bestimmungen, Mauthen, Zölle, Privilegien, erschwerten die freie Bewegung im Handel und Verkehre.

Die Getreideausfuhr war durch Verbote beschränkt und durfte nur mit Landtags=
bewilligung stattfinden. Große Klagen erhoben sich gegen den Zoll, der auf die
Ausfuhr von großem und kleinem Vieh gesetzt worden war. Eine unglückliche
Maßregel war es zu nennen, daß Ferdinand I. die alte Bestimmung erneuerte,
daß alle nach Böhmen gebrachten Waaren nach Prag geführt werden mußten,
um dort im Tein Ungeld und Zoll zu bezahlen, worauf sie dann frei im Lande
verkauft werden konnten (1527). Da dagegen allerhand Beschwerden einliefen, so
wurde die Einrichtung getroffen, daß in verschiedenen, den Gränzen nahe liegen=
den Städten Zolleinnehmer bestellt und die Waaren in bestimmten Orten niedergelegt werden sollten. Allein schon in der damaligen Zeit stieß diese Einrichtung
auf allerhand Schwierigkeiten, und da die Kaufleute den gewöhnlichen Straßen und
Märkten auswichen und Nebenwege suchten, „gieng schier mehr auf Unterhaltung
der Zöllner und Ueberreiter auf, als an Zoll einkam", wie ein Bericht vom Jahre
1538 angibt. Man entschloß sich daher, die Verzollung der Waaren in jenen
Städten vornehmen zu lassen, wo die größte Niederlage war; die Einhebung des
Zolles aber sollte durch Personen aus dem Rathe der betreffenden Stadt geschehen.
— Karl von Zierotin, welcher 1590 eine Reise durch Böhmen machte, fällt ein
hartes Urtheil über den Stand der damaligen Industrie daselbst. „Das Volk in
Böhmen", sagt er, „hat keine Industrie; es liebt nur dasjenige, was von selbst
und ohne Mühe produciert wird. Ich glaube, daß, wenn das Land nicht so
fruchtbar wäre, ein großer Theil des Volkes Hungers sterben müßte. Es lebt in
den Tag hinein und kümmert sich nur um die Gegenwart. Die böhmischen Städt:
(Prag ausgenommen) können mit den Städten Deutschlands nicht verglichen wer=
den; nur der Platz wird mit mittelmäßigen Gebäuden geziert, sonst haben sie
nichts Sehenswerthes." Bloß die Klattauer Hopfenkultur lobt Zierotin und be=
richtet, daß das Bier von dieser Stadt in das Ausland exportiert werde. Das
böhmische Bier bewährte überhaupt seinen alten Ruf, obwohl dessen Erzeugung
seit 1517 aufgehört hatte, ein Monopol der Städte zu sein. Paul Stransky
unterscheidet ein bleiches oder Weizenbier zu Prag, Böhmischbrod und Mies, ein
bitteres oder Gerstenbier zu Saatz, Ratoniz, Schlan, Görkau und Kommotau.
Der Egerer Meth behielt gleichfalls seine alte Güte bei; über den Umfang der Egerer
Metherzeugung geben hinreichenden Aufschluß die noch immer aufbewahrten Ungeld=
bücher der einheimischen Methsiederei von 1452—1700. Großentheils deutsche
Gewerbe bleiben die Lein= und Tuchweberei in den gebirgigen Theilen des nörd=
lichen und nordöstlichen Böhmens und die Glasfabrikation im Westen und Süden
des Landes. Das böhmische Glas wetteiferte unter Rudolph II. an Zierlichkeit
der Form und Schönheit des Schliffes mit dem Venetianischen. Einen durchaus
nicht förderlichen, sondern eher hemmenden Einfluß auf die Entwickelung des Ge=
werbewesens nahm die Polizeiordnung Rudolphs II. von 1605, zu deren Abfas=
sung auf dem Landtage 1597 eine eigene Kommission eingesetzt worden war. Man

wollte durch dieses Gesetz, das wesentlich eine Gewerbetaxenordnung genannt wer=
den kann, den auf den Landtagen wiederholt auftauchenden Klagen über Verthene=
rung der verschiedenen Artikel vorbeugen und glaubte durch Einführung von Taxen
beinahe für jedes Handwerk das erwünschte Ziel zu erreichen. Wie kleinlich und
plackend diese Ordnung gewesen sein muß, ersieht man daraus, daß beispielsweise
den Seifensiedern geboten wurde, ihr Insekt nur in der Sommerszeit zu kaufen,
weil es zu dieser Jahreszeit billiger sei, oder daß die Schneider eine Taxenskala
mit 20, die Schuster mit 39 Nummern erhielten, und den Schneidern unter
Andern vorgeschrieben war, „für einen gut gefalteten zeugenen Weibermantel"
nur ein Schock Meißnisch zu verlangen, während die Schuster „das Unter=
sohlen für einen mittelmäßigen Bauernjungen" mit 14 Groschen M. bewerkstelligen
mußten. Die Ueberwachung dieser bis in's Minutiöse durchgearbeiteten Polizeiord=
nung hatten nicht bloß einige Beamte, sondern auch Fachmänner aus dem Gewerbe=
stande zu besorgen, und es war die Einrichtung getroffen, daß die mit einander
in Beziehung stehenden Handwerker sich wechselseitig kontrolierten, so der Bäcker
den Müller, der Schuster den Lohgärber u. s. w. Der Straffällige wurde, wenn
nicht mit der Entziehung des Gewerbes, so mit der sogenannten „Korbwage"
gezüchtigt. Diese Strafmaschine, welche erst 1787 vollständig abgeschafft worden
ist, bestand aus einem an einem Teiche, Flusse oder Röhrkasten aufgebauten gal=
genartigen Gerüste, an welchem mittelst einer Kette ein aus Eisendraht geflochtener
Korb hieng. Der Korb, in welchem der Schuldige Platz nehmen mußte, war
beweglich und wurde nun ein oder mehrere Male, je nach der Größe des Verge=
hens, sammt seinem Inhalte in das Wasser getaucht.

Bergbau. Sämmtliche Fürsten dieser Periode ließen es sich viele Mühe kosten, den so
sehr in Verfall gerathenen Bergbau wieder in Gang zu bringen. Weil nur Deut=
sche im Besitze der nothwendigen Fachkenntnisse sich befanden, und eine Menge
Bergbeamte, Steiger und Knappen aus dem Auslande berufen wurden, so blieb
dieser Erwerbzweig auch im XVI. Jahrhunderte, wie seit Alters, wesentlich deutsch.
Da man von Kuttenberg immer noch die größten Hoffnungen hegte, so wurden
ganz besondere Anstrengungen gemacht, um den dortigen Bergbau wieder in
Schwung zu setzen. Allein das Kleinod des Landes war in seinem Glanze ver=
blichen und konnte in der Folgezeit nicht mehr, auch nicht theilweise, die alte Blüthe
erreichen. Die deutschen Bergknappen hatten sich eben im Hussitenkriege verblutet
und von den ausgewanderten deutschen Bürgern waren in die tschechische Stadt
nur wenige zurückgekehrt. Was nützten alle Kommissionen, welche die Fürsten von
Jahr zu Jahr nach Kuttenberg schickten, um Unterhandlungen einzuleiten und
Verbesserungen zu beantragen. Ein Bericht, wie der andere, stimmte dasselbe
Klagelied an von Mangel an geschickten Beamten und an Arbeitern, von Noth an
Kapital, von gränlichen Unterschleifen, allgemeiner Unordnung und eingerostetem
Schlendrian. Wohl bewilligten die Stände wiederholt beträchtliche Geldmittel

wohl wurden noch unter Ferdinand I. einige deutsche Knappen und Steiger be=
rufen und mehrere Halden Nürnberger Gewerken überlassen; allein diese verein=
zelten Maßregeln konnten keineswegs die gewünschten Folgen erzielen, die nur
durch eine gründliche Reform hätten erreicht werden können. Maximilian II., der
durch Herbeiziehung fremder Gewerke wenigstens zeitweise frisches Leben nach
Kuttenberg brachte, faßte die Idee, eine neue Bergordnung zu erlassen. Es kam
aber weder unter ihm, noch unter Rudolph, der in Bergsachen den kenntnißreichen
Lazarus Erker als Rath besaß, dazu. Rudolph ließ es bei wiederholten Kom=
missionen und sogenannten Reformationen (1585, 1604) oder bei Versuchen zur
Ermittelung vortheilhafter Schmelzmethoden u. dgl. bewenden. Kuttenberg krankte
mit Einem Worte hoffnungslos; es kostete dem Staate schon zu Zeiten mehr,
als es eintrug, und selbst die böhmischen Stände wurden allmählich bedenklich, als
sie immer wieder Zubuße (unter Mathias 1614) bewilligen sollten. Besser als
in Kuttenberg gestalteten sich die Verhältnisse in Eule und Pribram. In ersterem
Orte erscheinen unter Ferdinand I. deutsche Gewerkschaften, die 1536 eine beson=
dere (verloren gegangene) Goldbergordnung erlangten; um 1556 baute der Erz=
herzog Ferdinand, Sohn Ferdinands I., mit Erfolg auf Gold im Rabliker Zuge.
Späterhin klingen die Berichte wieder schlechter, und Lazarus Erker entwickelt 1592
Reformvorschläge. Doch bleibt die Ausbeute immer noch lohnend, und 1596 werden
wiederum Nürnberger Gewerke in Eule bemerklich. Im silberreichen Pribram
kam der Bergbau erst unter Ferdinand I. besonders durch die lebhaften Be=
mühungen des Erzherzogs Ferdinand zur Bedeutung. Das älteste Bergbuch reicht
bis 1527 zurück; die Beamten tragen meist deutsche Namen, so Hans Sutner,
der Bergmeister, Mathias Böhm, der Bergschreiber u. a. Im südlichen Böhmen
begann unter Ferdinand I. eine rege Thätigkeit im Bergwesen. Elischau (1530),
Budweis (1547), der deutsche Vicekanzler des Königs für Karlsberg (Bergreichen=
stein 1538) erhielten königliche Bergfreiheiten, während das mächtige Geschlecht
der Rosenberge an anderen Orten, besonders in Krummau (1530 allgemeine Berg=
freiheit) mit lohnendem Erfolge auf edle Metalle baute. In Budweis, das sich
nach der Joachimsthaler Bergordnung hielt und 1570 ein Münzhaus bekam,
treffen wir unter Anderen auch tiroler Bergleute. Während gegen Ende des XVI.
Jahrhunderts der Bergbau daselbst im Sinken begriffen war, erhob sich in der
Nachbarschaft das nach König Rudolph genannte Rudolphstadt. — Am reichlich=
sten floß in diesem Zeitraume der Bergsegen im Norden des Landes, wo insbe=
sondere das Gebiet des metallreichen Erzgebirges nach allen Richtungen ange=
bohrt und durchgegraben wurde. Das von den Schlicken (1517) begründete und
zu großer Blüthe gediehene Joachimsthal mit seiner Bergordnung bildete daselbst
den Vorort der zahlreichen alten und neuen Bergstädte. Von 1515 bis 1545
lieferten die dortigen Silberadern 3½ Millionen Reinertrag; und die herrlichen
„Joachimsthaler“ oder Schlickthaler erfreuten sich eines europäischen Rufes. Als

aber die Familie Schlick 1546 das Bergwerk an die königliche Kammer abtreten mußte, sant der Ertrag desselben immer mehr, und unter Rudolph (1601 — 1602) übersteigen bereits die Ausgaben die Einnahmen. Außer in Joachimsthal bauten die Schlicke in der ersten Hälfte des XVI. Jahrhunderts mit lohnendem Erfolge auf Silber, Kupfer, auf Zinn oder Blei in Bleistadt, Rendeck, Falkenau, Fribus und Bäringen, sowie sie Bergfreiheiten von Ferdinand I. für den Silberbau in Hauenstein und Himmelstein erwarben. Das Beispiel der im Bergwesen so außer= ordentlich thätigen Herren von Schlick erregte die Baulust anderer reicher Fa= milien und Städte. Die Bitzthume eröffneten unter Ferdinand I. Kupferberg am Gipfel des Gebirges, während die Lobkowitze sich zu derselben Zeit Bergfreiheiten für Niklasberg und Neuschellenberg erwarben, welch' letzteren Ort sie 1554 zum Städtchen erhoben. Ferner entstanden auf dem Kamme des Erzgebirges im Ver= laufe dieses Jahrhunderts die freien Bergstädte Weipert, Wiesenthal, Katharina= berg, Sebastiansberg und Sonnenberg. Schneeberger Bergleute gründeten Platten (1532), und Gottesgab erhielt 1534 eine Bergfreiheit; beide Orte gelangten aber erst 1556 an Böhmen (S. 483). Hengst entstand um 1545, Abertham war am reichsten an Silber in den Jahren von 1531 bis 1558; Klostergrab, wo die Riesenburge sehr alten Bau betrieben, erhielt 1542 eine Bergfreiheit; ebenso ge= diehen Plan und die Bleiwerke von Mies in der Mitte dieses Säkulums. Die vorzüglichsten Zinnbergwerke des Erzgebirges blieben Graupen und Schlaggenwald. Ersteres erlebte im Anfange des XVI. Jahrhunderts eine gewisse Blüthe, sank aber wieder gegen Ende desselben. Schlaggenwald erhob sich in der ersten Hälfte dieses Jahrhunderts unter Johann Pflug von Rabenstein und nachher unter Kaspar Pflug zu großer Bedeutung, und erhielt sich, nachdem es an die Krone gefallen war (1516), auf einer gewissen Höhe bis zum dreißigjährigen Kriege. Das Bergwerk hatte die 1548 gedruckte allgemeine Bergordnung für Zinnberg= werke und eine eigene Berghauptmannschaft; derselben waren untergeordnet Schön= feld und Lauterbach, welche zwei Werke mit Schlaggenwald unter Ferdinand I. mehr als 1000 Menschen beschäftigten. Daß man auch im Auslande großes Vertrauen auf Schlaggenwald setzte, beweist die daselbst mit vielem Glücke ar= beitende Gewerkschaft „Schnöde" aus Nürnberg. Viele von den genannten Berg= orten des Erzgebirges hatten allerdings eine nur ganz kurze Blüthezeit; gegen Ende des XVI. Jahrhunderts finden wir die meisten dem Untergange nahe, und im dreißigjährigen Kriege gehen sie vollkommen zu Grunde. — Im Osten des Landes konnte sich Deutschbrod trotz aller Versuche nicht mehr erholen; im nord= östlichen Gebirgsrevier wurde zwar in Engelsberg und Kratzau auf Kupfer gebaut, und Hohenelbe wurde Bergstadt unter Rudolph, allein eine große Ausbeute ist in diesen Werken niemals erzielt worden.

Noch sei einiger Bergbauunternehmungen dieses Zeitraumes gedacht, die es nicht auf die Gewinnung von Metallen absahen. Christoph von Gendorf entdeckte oder übernahm die Alaunbergwerke von Tschachwitz bei Kaaden und erhielt 1544 vom Könige Ferdinand I. eine ausgedehnte Bergfreiheit. Eine Zeit lang giengen diese Werke an die königliche Kammer selbst über, und diese errichtete in Prag am Tein eine besondere Alaunniederlage. Später treffen wir wieder Gendorf im Besitze von Tschachwitz, und zwar mit besonderen Privilegien ausgerüstet, wie z. B. dem Monopole des Urinsammelns in allen Städten des Königreiches. Vitriol erzeugte mit Bewilligung Ferdinands I. der Adept Essen in Kuttenberg. Zwischen 1540 und 1580 entstanden Alaun und Vitriolwerke bei Görkau, Kommotau, Ossegg, Kupferberg, Elbogen, Bistritz u. a. O., meistentheils von Gewerken aus Deutschland, insbesondere aus Sachsen, betrieben. Interessant ist die Bergfreiheit „auf Steinkohlen" für den Saatzer, Leitmeritzer und Schlaner Kreis, welche Bohuslaw Felix von Lobkowitz 1550 erhielt. Es ist fraglich, ob diese Freiheit auch wirklich benützt worden ist. Fleißig dagegen arbeiteten Prager und Leipziger Gewerke seit 1570 oder 1580 in einem kiesreichen Steinkohlenlager auf der Herrschaft Radnitz im Pilsner Kreise, jedoch nicht der Kohle wegen, sondern um Vitriol zu erzeugen. Braunkohlen wurden bereits im XVI. Jahrhunderte im Elbogener Kreise gefunden und zum Brennen verwendet. Für den Braunkohlenbau im Teplitz-Kommotauer Becken haben wir eine bemerkenswerthe Nachricht aus dem Beginne des XVII. Jahrhunderts. Der Brüxer Bürger Hans Weidlich förderte nämlich auf den Gründen des Stiftes Ossegg und der Stadt Brüx, bei Klostergrab und dem Dorfe Habern Braunkohlen zu Tage und benützte dieselben zum Alaunsieden, Kalkbrennen, aber auch bereits zum Heizen der Zimmer; im Jahre 1613 am 20. November erhielt er ein Privilegium vom Könige, dergleichen Brennereien auch auf den Kammergütern errichten zu dürfen.

Es vollziehen sich die Gesetze der Geschichte unaufhaltsam, und einzelne, Schluß. wenn auch noch so rührige Parteien vermögen dieselben nicht zu unterbrechen. Es geht aus dem Gange der Geschichte der einzelnen Jahrhunderte hervor, daß es für Böhmen trotz der größten Kraftanstrengung nicht möglich war, von der geistigen Oberherrschaft der Deutschen sich zu emancipieren. Der blutige Versuch der Tschechen im XV. Jahrhunderte, eine ewige Scheidewand aufzustellen zwischen Böhmen und Deutschland, zog traurige Folgen genug nach sich, konnte aber das Wiederaufleben der deutschböhmischen Nation im XVI. Jahrhundert nicht verhindern. Arbeiteten doch die Nationalen in vielen Stücken sich selbst entgegen! Dieselben Tschechen, welche noch vor Kurzem allen Deutschen Urfehde geschworen hatten, erhoben das deutsche Kaiserhaus der Habsburger auf ihren Thron, und als sie dasselbe wieder abgesetzt hatten, griffen sie abermals zu einem Fürsten deutscher Nationalität. Böhmen, das auch jetzt noch ein Kurfürstenthum blieb, griff den deutschen Humanismus dennoch auf und empfieng die Reformation Luthers mit offenen Armen. Jenseits der Berge holten sich die tschechischen Universitätsprofessoren und die Söhne des utraquistischen Adels ihre Bildung; in der Heimath aber wurden die deutschen Stadtrechte unificiert, und gewisse Aemter eingeführt, welche das Land fester an die entstehende österreichische Monarchie knüpften. Das aber war verhängnisvoll, daß der Staat, in dessen Glieder Böhmen sich freiwillig einreihte, mit seinem deutschen Kaiserhause an der Spitze, keinen andern als einen deutschen Hintergrund haben konnte. So kam es, daß mehr durch Zuthun der Tschechen, als der Deutschen, zu Beginn des XVII. Jahrhunderts Prag wieder halb deutsch geworden war, und das deutsche Element auf dem Lande ganz glückliche Fortschritte gemacht hatte. Die Klagen über die zunehmende Germanisation häufen sich, und nicht allein Karl von Zierotin gibt zu wiederholten Malen seinen Unwillen nach dieser Richtung kund. Paul Stransky, der Leitmeritzer Stadtschreiber (geb. 1583), der wegen seiner Religion 1626 Böhmen verlassen mußte, gibt uns in seinem „Staat von Böhmen" mehrere Notizen über das Vordringen des Deutschthums in einigen Städten Böhmens. Bei Gelegenheit der Besprechung des erzdeutschen Kommotau bemerkt er ziemlich naiv: „Die meisten Deutschen sind von jeher an das unstete Wandern gewohnt gewesen. Leicht verlassen sie den Ort ihrer Geburt und suchen, wie in verflossenen Zeiten, so itzt noch, auch unter uns neue Sitze, aber zu nicht geringem Nachtheile unserer Sprache. Denn so lieb ihnen der Aufenthalt bei uns ist, für so entbehrlich halten sie es, unsere Sprache zu lernen". Von Brüx, welches noch von Ferdinand I., Maximilian II., Rudolph II. und Mathias Privilegien in tschechischer Sprache erhalten hatte, bedauert derselbe Schriftsteller, daß in der Stadt die tschechische Sprache sich bereits vollständig verloren habe. Daran seien wohl, meint er, die häufigen Heirathen der Stadtmädchen mit den Meißnern Schuld, „aber auch unserer Obrigteit gesetz- und vernunftwidrige Sorglosigkeit um die Ausbildung unserer Sprache". „In Aussig", fährt Stransky fort zu klagen, „kennen nur sehr wenige Bewohner unsere Muttersprache, aus eben den Gründen, aus welchen dieser Mißbrauch in Brüx eingerissen ist".

Das drakonische Sprachenzwangsgesetz, welches der Landtag von 1615 gefaßt hatte, war ganz darauf berechnet, das deutsche Element in Böhmen auszurotten. Allein, was die husitische Revolution nicht vermocht hatte, war ein bloßer Landtagsschluß noch viel weniger im Stande durchzusetzen. So viele Vertreibungs- oder Tschechisierungsedikte in Böhmen auch gegen die Deutschen erlassen wurden, sie hatten zwar eine Menge demüthigender Unannehmlichkeiten und bedrückender Plackereien im Gefolge, aber den angestrebten Zweck erreichten sie für die Dauer nicht. Böhmen kann einmal aus seiner geographischen Lage nicht herausgerissen werden. Die tschechische Sprachinsel hat viel zu wenig materielle und geistige Kraft, um in dem ringsum wogenden deutschen Kulturmeere neues Land anzusetzen; daß das alte aber von den fortwährend anschlagenden Wellen immer mehr zerbröckelt werde, können deutschfeindliche Gesetze auf eine Zeit lang verzögern, dieses Mittel schwächt sich jedoch im Verlaufe der Jahrhunderte ab, und ob man andere Schutzmittel entdecken wird, wollen wir vorläufig bezweifeln. Der zwingenden Macht der Verhältnisse stellt sich vergeblich menschliches Ringen und Mühen entgegen. Es ist in der That bezeichnend genug, daß wenige Jahre nach 1615, als die Sprachenbeschlüsse noch in frischem Angedenken standen, ein deutscher Kurfürst mit deutschem Gefolge in Prag als König von Böhmen einziehen konnte, ja daß in der ersten Sitzung des Landtags von 1618 (25. Juni) die drei versammelten Stände zuerst ein tschechisches, dann aber auch das deutsche Lied „Allein Gott in der Höh' sei Ehr" anstimmten. — Im vorigen Abschnitte hatten wir Veranlassung genommen, auf die nichtige und unberechtigte Hoffnung hinzuweisen, die etwa manche Deutschböhmen auf auswärtige materielle Hilfe setzen möchten. Wir wiederholen Angesichts des Landtagsschlusses von 1615, den ein deutscher Kaiser sanktionieren mußte, nicht nur diese Warnung, sondern auch die vor allzu großer Vertrauensseligkeit in die Regierung, die nicht immer in der Lage ist, auf das nationale Princip das größte Gewicht legen zu können. Ich verbinde bei dieser Gelegenheit noch eine weitere Mahnung an meine deutschen Landesgenossen. Es ist wohl sicher, daß der deutschböhmische Stamm nicht untergehen kann trotz Morgenstern und Landtagsschlüssen, trotz Staatsstreichen und Sprachenzwangsgesetzen. Denn er ist zu innigst verwachsen mit dem großen Baume der Mutternation und wird getragen von den hohen civilisatorischen Ideen und Arbeiten, mit denen sich das deutsche Volk zum Wohle der Menschheit ununterbrochen beschäftigt. Im XVI. Jahrhunderte hatten die Deutschböhmen ihre Existenz zum großen Theile dieser Ursache zu danken. Daran möge man in den Tagen des Jammers Trost, Erhebung und Muth suchen und finden. Aber auf diese geistige und moralische Hilfe sollte niemals gesündigt werden in der Weise, daß man die eigene Uebung der Kraft vernachlässiget und in dumpfes Nichtsthun versinkt. In einem Zweiglein, das vom Wurme der Schlaffheit angefressen wird, dürften auch die reichlichsten Säfte, welche die Wurzeln des Baumes emportreiben, nicht im Stande sein, dauernd die Lebenskraft zu erhalten.

Siebentes Buch.

Böhmen eine Provinz Oesterreichs.

(1620—1848).

I.

Zeit des großen deutschen Krieges von der Weißenberger Schlacht bis zum westphälischen Frieden.

(1620—1648.)

Die Weißenberger Schlacht schneidet wie kein anderes Ereigniß tief in den Gang der böhmischen Geschichte ein. Sie bildet den blutigen Markstein an der Gränze zweier Geschichtsperioden, die sich von einander diametral unterscheiden. Die verderbliche Junkerherrschaft, welche durch zwei Jahrhunderte hindurch das Volk in bedrückender Knechtschaft gehalten hatte, war mit einem Schlage zu Boden geworfen worden; die sterbende Aristokratie aber hatte mit sich im Falle die Blüthe des Protestantismus und die Kraft der tschechisch-nationalen Partei gerissen. In socialer, religiöser und nationaler Beziehung tritt nach dem 8. November 1620 ein totaler Umschwung ein. Es baut sich die festgefügte Monarchie der Habs= burger auf, die katholische Kirche verdrängt die Lehre Luthers aus den entferntesten Winkeln des Landes, und auf die seit den Hussitenkriegen fortwährend genährte Spannung der Geister in nationaler Beziehung folgt eine durch die Ueberreiztheit der Sinne nothwendig gewordene Zeit der Apathie und Erschlaffung. Seit der Lipaner Schlacht bildete die Grundlagen der politischen Entwickelung des Landes die utraquistische, später protestantische Adelsherrschaft, verquickt mit einem unduld= samen Tschechismus. Seit der Schlacht auf dem weißen Berge haben wir es dagegen durch mehr als zweihundert Jahre mit dem katholischen Absolutismus zu thun, der alle Nationalitäten in den Hintergrund drängte. Weder der eine noch der andere politische Verfassungszustand kann uns befriedigen; bei der Wahl zwi= schen beiden Uebeln aber geräth man in's Schwanken, weil beide der Lichtseiten so wenig bieten. — Noch nach einer andern Seite hin wurde durch die Schlacht auf dem weißen Berge die Umgestaltung der Landesgeschichte wesentlich bestimmt. Obwohl Böhmen im Jahre 1526 in die Gruppe der österreichischen Länder ein= gereiht worden war, so hatte es doch in vielen und zwar sehr wichtigen Angele=

genheiten eine gewisse Selbständigkeit bewahrt. Seit 1620 aber verliert das Land immer mehr und mehr den Charakter eines autonomen Königreiches und zwar zu Gunsten der österreichischen Monarchie, deren vorzüglichsten Bestandtheil es neben Ungarn bildet. Je fester sich die einzelnen Länder des Oststaates aneinander-schließen, desto gleichartiger werden ihre geschichtlichen Schicksale; je bedeutender nach Außen der Gesammtstaat sich geltend macht, desto mehr treten seine Bestand-theile in den Hintergrund. So verläuft die Geschichte Böhmens allmählich in die Geschichte des österreichischen Staates; die frühere Eigenartigkeit verwischt sich in der Färbung des Ganzen, innerhalb dessen Rahmen allein dem Einzelnen die Ent-wickelung gestattet ist. Auf diesen wichtigen Umstand werden wir im Verlaufe unserer Darstellung immer zu achten haben. Es wird sich daraus erklären, warum der politische Theil unserer Geschichte zusammenschrumpft und zum Verständnisse die Historie des Gesammtstaates herbeigeholt werden muß, während anderseits die innern und Kulturverhältnisse, je näher wir unserem Jahrhunderte rücken, desto stärker den provinciellen Charakter des Landes verrathen.

Nur wenig Menschen besitzen die Gabe, in den Tagen des gewaltsam herein-brechenden Unglückes die volle Herrschaft des klaren Geistes zu bewahren und in bedachtsamer Ruhe jene Schritte zu erwägen, welche unter den gegebenen Ver-hältnissen als die räthlichsten erscheinen. Der unerfahrene Friedrich von der Pfalz gehörte nicht zu diesen wenigen; sein leichter, übelberathener Sinn warf eben so rasch die böhmische Krone wieder weg, als er nach derselben die Hand ausgestreckt hatte. Trotzdem nach dem Siege der Kaiserlichen für ihn durchaus nicht Alles verloren war, und durch eine leicht mögliche Vertheidigung der Stadt Prag min-destens so viel Zeit gewonnen worden wäre, um die versprengten Truppen zu sammeln, die 8000 von Bethlen Gabor geschickten und bereits in Brandeis ein-getroffenen Ungarn heranzuziehen, sich mit den in Pilsen und anderen Städten verschanzten Truppen Mansfelds, sowie mit den noch in Waffen stehenden Mäh-rern und Schlesiern in Verbindung zu setzen — trotz alledem entschloß sich der lebenslustige Winterkönig in seiner kopflosen Bestürzung zur schleunigsten Flucht. Er wandte sich zunächst nach Breslau; ihn begleiteten der alte Thurn, Christian von Anhalt, Hohenlohe, Berka, Raupowa und andere seiner Anhänger, die von dem katholischen Sieger nichts Gutes hoffen mochten. Den böhmischen Ständen, sowie der Stadt Prag, ihrer vorzüglichsten Spitzen beraubt, blieb nichts Anderes übrig, als die Unterwerfung auf Gnade und Ungnade. Herzog Maximilian von Baiern, der den bezwungenen Rebellen seine Verwendung beim Kaiser versprach, hielt sich nur acht Tage in Prag auf und kehrte dann triumphierend nach Baiern zurück. Den Oberbefehl der in der Stadt einquartierten Truppen übernahm Graf Tilly, während zur obersten Verwaltung des Königreiches der vom Kaiser als außerordentlicher Kommissär bevollmächtigte Fürst Karl von Lichtenstein eintraf. Bouquoi zog mit einem Theile der Truppen nach Mähren, unterdrückte daselbst

Nächste Folgen der Weißenberger Schlacht.

die Empörung noch vor dem Jahresschlusse und wandte sich dann gegen Bethlen Gabor in Ungarn. Die aufständischen Schlesier beschwichtigte der Kurfürst von Sachsen durch den sogenannten sächsischen Akkord (28. Febr. 1621), demgemäß ihnen die Bestätigung ihrer politischen und religiösen Freiheit gewährleistet wurde.

Blutgericht
v .21. Juni 1621.

Inzwischen wurden die Gemüther derjenigen, welche sich an der böhmischen Rebellion betheiligt hatten, von banger Ungewißheit und ängstlichem Zweifel ge= quält, welche Entschlüsse der kaiserliche Hof über ihr Schicksal fassen würde. Ein langes, peinliches Vierteljahr floß dahin, und immer noch verharrte Lichtenstein in unheimlicher Ruhe. Wohl in manchem schuldbewußten Herzen mochte ob der langen Zögerung ein freudiger Hoffnungsstrahl auf allgemeine Amnestie auftauchen; im Gefühle ihrer Sicherheit hörten die Thörichten nicht auf die warnende Stimme des wackern Tilly und verschmähten die von ihm gebotene Gelegenheit zur Flucht. Der Abend des 20. Februar aber sollte ihnen die grausamste Enttäuschung bringen. Denn am genannten Tage und zur selben Stunde ließ Lichtenstein, den von Wien plötzlich eingetroffenen Befehlen gemäß, alle ehemaligen Defensoren, Direktoren und sonstigen am Aufstande Betheiligten, die sich in Prag aufhielten, festnehmen und in's Gefängniß werfen. Die nächsten Tage fanden Verhaftungen auf dem Lande statt, und wurden Vorladungen an jene erlassen, welche ihr Heil in der Flucht gesucht hatten. Hatte Kaiser Ferdinand so lange an sich gehalten, um die Böhmen in Sorg- losigkeit einzuwiegen und die bereits Flüchtigen wieder in die Heimath zu locken? Wollte er vielleicht erst den Erfolg der weiteren Unternehmungen seiner Truppen abwarten, oder trug sich sein Herz wirklich mit dem Gedanken an Verzeihung und hat den Schwankenden erst die Partei der defenestrierten Slawata und Martiniz und die Einflüsterungen seines Beichtvaters, des Jesuiten Lämmermann, (La · mormain) zur Ertheilung des strengen Befehles bewogen? Wer kann dieses jetzt ent= scheiden, wer kann den moralischen Urheber des folgenden Blutgerichtes uns nennen? Ein schauerliches Blutgericht war es in der That, das über die Männer des Aufstandes nach mannigfachen Verhören und Bekehrungsversuchen am 21. Juni 1621 früh um 5 Uhr auf dem Platze vor dem Altstädter Rathhause vorgenommen wurde. Von den 48 Verhafteten waren 27 zum Tode, die übrigen zu qualvollen und schimpflichen Strafen verurtheilt worden. Es waren durchwegs Männer im gereiften Alter, darunter Greise, die bereits mit einem Fuße im Grabe standen; der jüngste war der vierzigjährige Altstädter Bürgermeister Johann Kutnauer, ein Deutscher seiner Nationalität nach. Mitglieder der vornehmsten Familien des Adels, Träger von hohen Aemtern und Würden, Zierden der Wissenschaft und des Bürgerstandes waren in gleicher Weise betheiligt. In der Nacht vorher hatte man sie Alle ins Altstädter Rathhaus gebracht, woselbst sie sich in der erhebendsten Weise auf ihren Tod vorbereiteten. Diese Männer feierten eine wahrhaftige Gi= rondistennacht. Sie wiesen die zudringlichen Jesuiten und Kapuziner, die man zu ihnen schickte, in würdiger Weise von sich, kommunicierten nach ihrem Glauben, beteten und sangen Psalmen und heilige Lieder. Wer die ausführlichen Berichte von Augenzeugen, deren mehrere vorliegen, durchliest, wird diesen Märtyrern für ihre Ueberzeugung die Bewunderung nicht versagen können. Manche hofften noch auf Erlösung, aber nur von Gott, und als am frühen Morgen ein Regenbogen durch die Fenster der Zellen hereinblickte, da glaubten sie das Zeichen der himmlischen Begnadigung zu sehen. Doch dumpfe Kanonenschläge von der Schlofsseite her erinnerten sie sofort an ihr letztes Stündlein. Die Stadtthore waren geschlossen, die nächsten Gassen vom Ringe mit starken Militärhaufen besetzt; auf dem Söller des Altstädter Rathhauses nahmen die Richter mit Karl von Lichtenstein an der Spitze Platz, gegenüber erhob sich das mit schwarzem Tuche bedeckte Blutgerüste. Nach dem Namensaufrufe erschienen die Unglücklichen vor dem Henker. Zuerst Joachim Andreas Schlick, Graf von Passaun und Elbogen, der oberste Landesrichter des Königreiches, der sich zu seiner Schwester nach Friedland geflüchtet hatte, vom Kurfürsten von Sachsen aber aufgehoben und ausgeliefert worden war. Er trug sein schweres Schicksal mit aller Kraft und schritt würdig und gefafst zum Schaffote. Als er die Sonne erblickte, sprach er: „Sonne der Gerechtigkeit Christi, gib, dafs ich durch des Todesdunkel zu deinem Lichte kommen mag." Dann fiel sein Haupt unter dem tödtlichen Schwertstreich; dem Todten aber wurde noch die rechte Hand abgeschlagen, mit der er einst dem Kaiser die Treue geschworen. Als zweites Opfer bestimmten die Richter den Präsidenten des Appellationsgerichtes, den alten Budowec von Budowa; er war der bedeutendste unter den Männern der Bewegung, die er als Haupt der böhmischen Brüder mit stäts beredter Zunge und gewandter Feder gelenkt und vertheidigt hatte. Als er die Blutbühne betrat, strich er in begeistertem Zustande seine weißen Haarlocken und den langen Bart und sagte: „Nun bald, mein graues Haupt, kommst du zu Ehren, denn die Märtyrerkrone wird dich zieren." Er betete dann zu Gott für die Kirche, für das Vaterland und für seine Feinde, und starb „der letzte Böhme", wie Brutus der letzte Römer gewesen. Zum dritten wurde Christoph Harant aufgerufen, der Kammerpräsident, bekannt durch seine Reisebeschreibung, die 1608 erschienen war. Dann schwankte, gestützt von Bedienten, ein Greis von 86 Jahren zum schwarzen Gerüste, der Landschreiber Kaspar Kaplirsch von Sulewitz — ein wahrhaft herzzerreißender Anblick. Vier Kaisern hatte er in Ehren gedient, oftmals hatte er Gott um seine Auflösung gebeten, jetzt mufste er noch so schmachvoll sterben. Auf der Schaffottreppe hielt sich der Gebrechliche fest am geleitenden Priester Rosarius, dafs er nicht falle; den Henker aber ließ der Bejammernswerthe bitten, er möge ja sogleich zuhauen, weil er zu schwach sei, um lange knieen zu können. Es folgten dann Prokop Dworzecky von Olbramowitz, Friedrich von Bila (Weiß), der deutsche Lehenshauptmann, Heinrich Otto von Los, der Unterkämmerer des Reiches, und andere aus dem Adel und Bürgerstande. Der katholische Dionys Czernin von Chudenitz sprach im letzten Augenblicke mit gegen Himmel gerichteten

Blicken: „Den Leib mögen sie nehmen, die Seele können sie nicht;" Bohuslaw von Michalowitz, der schon fürchtete, beim Namensaufrufe vergessen worden zu sein, sprach: „Gott, du weißt ja meine Bereitwilligkeit, eile mich zu erlösen".

Unmenschlich, grausam muß das Verfahren mit Jessenius genannt werden, dem Rektor der Universität, dem berühmten Anatom, einem der gefürchtetsten Redner der Opposition. Noch auf dem Schaffote sprach er in allem Eifer gegen Ferdinand und für Friedrich. Da nahte sich ihm der Scharfrichter, faßte mit einem Zänglein die Zunge und schnitt sie dem Stillhaltenden ohne Erbarmen heraus. Sein letztes Gebet nicht mehr sprechend, sondern nur stammelnd, legte Jessenius das Haupt auf den Block. Johann Kutnauer und Simon von Schüttenhofen wurden an einem Balken aufgehenkt, welcher aus einem Fenster des Altstädter Rathhauses hervorragte; es berührten sich die Lippen der in der Luft schwebenden Opfer. Nathaniel von Wodnian, für den ein besonderer Galgen mitten auf dem Platze errichtet worden war, wandte sich zu den schon todten Freunden, die am Rathhause hiengen und rief: „Ihr lieben Leidensgefährten, wie thut mir es doch leid, von Euch getrennt, an einem unwürdigen Orte dahingeführt zu werden." Sixt von Ottersdorf wurde begnadigt, als er schon am Blutgerüste stand, nicht so sein Vetter Gisbitzky, der vergeblich bis zum letzten Augenblick auf den Gnadenboten harrte. Während der ganzen Exekution, die bis in die elfte Stunde dauerte, wurden Trompeten geblasen und Trommeln gerührt, damit Niemand die muthigen Reden der Verurtheilten vernehmen könnte. Die Leichname der Unglücklichen wurden den angehörigen Familien zum Begräbniß überlassen; sie wurden in Särge gelegt und ohne Glockenton und Grabgesang in die Erde versenkt. Nur Jessenius durfte nicht begraben werden; seine Leiche wurde geviertheilt und auf der Richtstätte an vier Pfählen aufgehängt. Zwölf der abgehauenen Köpfe hatten die Scharfrichter in zwei Butten gelegt, sie dann zum Brückenthurme getragen und daselbst in eisernen Käfigen hoch oben befestigt, sechs an der vordern, sechs an der hintern Seite. Das Haupt des Leander Rüppel sammt seiner rechten Hand ward ans Rathhaus genagelt, die abgeschlagenen Köpfe des Saatzer und des Kuttenberger Bürgermeisters wurden auf Pfählen vor den Mauern der Städte aufgepflanzt, deren Spitzen sie einst gewesen. — Es war ein furchtbares Blutgericht, das der von bösen Geistern umgebene Kaiser über seine Feinde verfügt hatte, und die Gebildeten unseres Zeitalters, welche dem Menschen nicht einmal das Recht zuerkennen, über den gemeinen Verbrecher das Todesurtheil auszusprechen, wenden sich mit tiefem Abscheu von demselben hinweg. Die Idee der Gerechtigkeit mochte allerdings für das Majestätsverbrechen, dessen sich die Aufständischen in der That schuldig gemacht hatten, Genugthuung verlangen. Aber wenn die Slawata und Martinitz für den rohen Gewaltakt des Fenstersturzes schon nach Blut dürsteten, so hätte man sich mit den Köpfen derjenigen befriedigen sollen, die an jenem nicht zu vertheidigenden Mordversuche Antheil genommen hatten. Daß aber die bloß politisch Kompromittierten und namentlich die bürgerlichen Direktoren, die mit

Ausnahme Frühtweins, der sich selbst entleibte, nur geringfügig an der Bewegung betheiligt waren, ihr Leben einbüßen mußten, das kann nimmermehr gebilligt und auch nicht durch die Anschauungen jener Zeit entschuldigt werden.

Am 22. Juni gieng die Bestrafung der nicht zum Tode Verurtheilten vor sich. Mehrere Prager Bürger wurden durch die Stadt gepeitscht und aus dem Lande verwiesen; einige Vornehme, darunter Wilhelm Popel von Lobkowitz, büßten durch ewige oder Jahre lange Kerkerstrafe ihr Vergehen. *Weitere Bestrafungen (Juni 1621).* Diwis, der Stadtschreiber der Altstadt, welcher Friedrich von der Pfalz bei seinem Einzuge in Prag im Namen des Volkes begrüßt hatte, wurde mit seiner Zunge durch einen Pfriemen an den Galgen geheftet und mußte in dieser peinlichen Stellung länger als eine Stunde verharren. Der sechszigjährige Dichter Lomniczky bekam 100 Stockstreiche; es kostete dem armen Manne fast das Leben. Die Namen derjenigen, welche sich geflüchtet hatten, wurden auf schwarze Tafeln geschrieben und durch den Henker an den Galgen geschlagen. Das Vermögen aller Verurtheilten aber wurde zu Gunsten der königlichen Kammer eingezogen und theilweise zur Belohnung geistlicher und weltlicher Wohldiener, deren sich eine Menge gefunden hatte, verwendet. Das Untersuchungsgericht selbst aber tagte unter dem Vorsitze Lichtensteins unausgesetzt fort und spionierte und fahndete allenthalben auf Theilnehmer der Empörung. Da aber die Zahl der Beschuldigten immer mehr anwuchs, fühlte sich die Regierung bewogen, ein summarisches Strafverfahren einzuleiten, das man unter dem ironischen Titel eines „Generalpardons" ins Werk setzte. Ein kaiserliches Mandat vom 3. Febr. *Generalpardon (Febr. 1622).* 1622 nämlich forderte in scharfen Worten alle begüterten Einwohner des Königreiches auf, sich vor das Gericht zu stellen, ihre Schuld zu bekennen und um Vergebung zu bitten. Das Mandat verfehlte seine Wirkung nicht, und namentlich flößte die in demselben enthaltene Androhung der kaiserlichen Ungnade allgemeinen Schrecken ein. Wußte man doch Angesichts der Justizschlächtereien von 1621, was diese zu bedeuten habe. Nicht weniger als 728 Herren und Ritter aus fast allen begüterten Adelsfamilien des Landes bekannten ihre Schuld und baten um Gnade. Hofften die Reuigen auf vollkommene Amnestie und Straflosigkeit, so täuschten sie sich in arger Weise. Denn das Urtheil, das einem Jeden vorgelesen wurde, lautete also: „Zwar hätte er Leib und Leben, Ehre und Gut zu verlieren verdient, doch aus kaiserlicher Milde würde ihm zwar die Ehre und das Leben geschenkt, mit den Gütern aber würde der Kaiser willkürlich verfahren." Die Willkürlichkeit, mit welcher sofort die Gütereinziehungen vorgenommen wurden, muß in der That groß gewesen sein, wenn selbst des Kaisers Kanzler, Wilhelm Slawate, schreibt, daß viele Unschuldige durch die Geldbegierde der Staatsbedienten ihrer Güter beraubt und des Landes verwiesen worden seien. Manche, die nur aus Besorgniß vor weiteren Plackereien ein Bekenntniß abgelegt hatten, büßten ihre vielleicht nur eingebildete Schuld mit dem Bettelstabe. Die gänzliche oder bloß theilweise Konfiskation der Herrschaften der Geständigen führte die Verarmung einer Menge angesehener Familien herbei; der

königlichen Kammer aber brachte sie eine Summe ein, die sich auf mehr als vier=
undzwanzig Millionen Schock belief.

Nachdem Kaiser Ferdinand die Rebellion vollkommen niedergeworfen und mit
rücksichtsloser Strenge geahndet hatte, schritt er zur Durchführung einer längst ge=
hegten Lieblingsidee, nämlich zur Wiedereinführung der katholischen Religion in
Böhmen. Alle Mittel des Staates und der Kirche wurden in Bewegung gesetzt,
um das Land in der kürzesten Frist vom Protestantismus „zu säubern", um das
Werk der „Gegenreformation" zu vollenden. Ferdinand war aus seiner Regie=
rungszeit in Steiermark als energischer Gegenreformator bekannt; in Böhmen
standen ihm die Partei Slawatas und die in der neuen Aera schleunigst zurückge=
kehrten Jesuiten getreulich bei. Anfangs mußten allerdings noch einige Rücksichten
genommen werden wegen des Kurfürsten von Sachsen und des doch nicht ganz
sicheren Erfolges im fortdauernden Kriege. Daher wurden die protestantischen
Pfarrer Prags (1621, 1623) und später die auf dem Lande bloß unter dem Vor=
wande der Betheiligung an der politischen Revolution aus dem Lande verwiesen;
aus demselben Grunde wurden die protestantischen Lehrer der Karlsuniversität ver=
jagt und diese den Jesuiten überliefert, wegen der Religion aber Anfangs nur die
Brüder und die Kalvinisten verfolgt. Als jedoch das Kriegsglück sich immer mehr
auf die Seite der Kaiserlichen neigte und der Kurfürst von Sachsen für seine auf=
gewandten Kriegstosten durch die pfandweise Ueberlassung der Lausitz befriediget
worden war, trat die Regierung mit immer größerer Entschiedenheit auf. Im
Jahre 1624 wurde sämmtlichen nichtkatholischen Predigern und Pfarrern, die sich
etwa noch im Lande befanden, anbefohlen, binnen sechs Wochen dasselbe zu ver=
lassen. In ihre Stellen setzte man katholische Priester ein, und da man deren
nicht genug in Böhmen besaß, so ließ man eine Anzahl Mönche aus Polen
kommen, die jedoch keineswegs durch Bildung und Sittenreinheit hervorragten.
Immer neue Befehle erflossen nun aus der königlichen Kanzlei, welche die katholi=
sche Reformation auch bei der Bevölkerung durchführen sollten. Die Kreishaupt=
leute verkündeten die Artikel dem versammelten Volke bei Androhung der strengsten
Strafen. Die Instruktion, welche die Beamten im Juli 1624 erhielten, war ein
fein ausgeklügeltes Machwerk, das keinen Fall unberücksichtigt ließ, durch welchen
sich der Unterthan gegen den „unabänderlichen Willen Sr. Majestät" versündige.
Wer einen Prädikanten beherberge, so hieß es in derselben, der solle seine Güter,
ja sein Leben verlieren; wer nicht katholisch werde, könne das Bürgerrecht nicht
erlangen, dürfe keine Gewerbe ausüben, dürfe sich nicht verheirathen oder könne
nicht ordentlich begraben werden. Diejenigen, welche die katholischen Feier= und
Fasttage nicht beobachten, seien mit Geldstrafen zu belegen; so oft ein Hausvater
an Sonn= und Feiertagen nicht zur Kirche komme, müsse er der Kirche ein Pfund
Wachslichter geben u. s. w. u. s. w. Die Jesuiten ersannen die raffiniertesten
Mittelchen, um zum Ziele zu gelangen; das Werk selbst aber vollendeten die Lich=

enfteiner Dragoner durch brutal: Gewalt. Zeigte sich irgend eine Stadt oder ein Dorf hartnäckig, so rückten die gefürchteten Reiter heran, quartierten sich ohne weiteres haufenweise bei dem zu Bekehrenden ein und quälten ihn durch die maß-losesten Anforderungen und rohe Gewaltthätigkeiten so lange, bis er entweder die Flucht ergriff oder sich gefügig zeigte. Das nannte man „die Leute katholisch machen." In Leitmeritz wurde 1625 die gesammte protestantische Bürgerschaft durch Militärgewalt gezwungen, an dem Festzuge des Frohnleichnamstages Antheil zu nehmen. In Königgrätz jagten Kroaten mit gezücktem Säbel die Einwohner zu einer Procession. Die Stadt Rokytzan sollte von Graf Zdenko von Kolowrat bekehrt werden. Als dieser Edelmann die Bürger nicht willig fand, prügelte er, wie das Persekutionsbüchlein erzählt, einen in der Kirche, daß das Blut floß, riß einem alten Manne den grauen Bart aus und spie einem dritten ins Ange-sicht. Ganz ähnlich verfuhr derselbe Herr in Riemes. In Bidschow maßregelte der Reformationskommissär Don Martin von Huerda die Lutheraner in unerhörter Weise (1625). Diesem fanatischen Spanier wurde auch die Reformation von Laun und Saatz übertragen; ein Bürger der letzteren Stadt, der es wagte, leise Vorstellungen zu machen, wurde vom Kommissär in öffentlicher Versammlung ge-ohrfeigt und hierauf in den Kerker geworfen. Die übrigen aber „bekehrten sich" oder flohen (1626). Huerda betrieb sein Amt mit frivolem Humor. Als ihm der Unterkämmerer Zeluffet erzählte, die Einwohner von Taus seien um keinen Preis zum Abfalle zu bewegen, lachte er hell auf und bot eine Wette von 500 Goldstücken an, daß er die Reformation in Taus durchführen werde. Er zog mit einigen Fähnlein in die Stadt, legte in die Häuser der Rathsherren je zehn oder zwanzig Mann, gab diesen die Erlaubniß zu jeglicher Unbilde und bewog so in kurzer Zeit die meisten zum Uebertritt. Er hatte die Wette vom Unter-kämmerer gewonnen. Dieser aber legte die verlorene Summe den Bürgern von Taus als Strafe zur Zahlung auf; denn, so meinte er, sie seien nicht zu seinem, sondern zu eines andern Gunsten katholisch geworden. Es würde ermüden, alle die oft haarsträubenden Grausamkeiten aufzuzählen, welche damals an einzelnen Protestanten verübt wurden; die Unglücks- und Verfolgungschroniken der Ausge-wanderten erzählen hievon im Ueberflusse. Wie sehr die Bekehrungssoldaten ge-fürchtet waren, das mag ein einziges Beispiel beleuchten: Als die Einwohner der Stadt Lysa an der Elbe vernahmen, daß die Schreckenstruppen sich ihrer Stadt näherten, da steckten sie die Häuser in Brand und zogen sammt und sonders hin-weg aus ihrem unglücklichen Vaterlande in das benachbarte gastfreundliche Sachsen. Am kürzesten und rücksichtslosesten verfuhren die Reformationskommissionen und die katholischen Obrigkeiten gegen das Landvolk. Mit der Flinte in der Hand, so erzählt beispielsweise das Persekutionsbüchlein, zwang Herr von Kolowrat die Bauern, die sich weigerten, nach katholischer Art zu kommunicieren, den Mund zu öffnen, oder er ließ ihnen auch den Mund mittelst eines Pflockes gewaltsam

35

aufbrechen und die Hostie einschieben. Es entstanden unter dem Volke bald ge=
fährliche Revolten, besonders im Kaurschimer und Königgräter Kreise; allein bald
hatte man den Bauern durch Köpfen, Rädern, Nasen und Ohrenabschneiden,
Brandmarkung der Stirnen u. s. w. den Muth zu weiterer Widerspänstigkeit
benommen. Der letzte und kräftigste Schlag aber gegen den Protestantismus
wurde im Jahre 1627, als der Kaiser nach Prag gekommen war, geführt. Es
wurde am Tage des heiligen Ignatz von Loyola (31. Juli) öffentlich verkündet,
daß Seine Majestät keine andere Unterthanen in Böhmen haben wolle, als katho=
lische: alle diejenigen, welche zur römischen Kirche nicht zurückkehren, mögen inner=
halb sechs Monaten ihre Güter verkaufen und das Königreich verlassen. Es war
dieses Edikt namentlich gegen die Stände, die Herren und Ritter und königlichen
Städte, gerichtet, denen man bis jetzt noch nicht recht hatte beikommen können.
Die strenge Durchführung dieses Erlasses überwachte ein vom Kaiser eingesetztes
Reformationsgericht unter dem Vorsitze des Kardinals Harrach, des Prager Erz=
bischofes. Manche Protestanten ließen sich jetzt allerdings zum Uebertritte bewegen,
die meisten und besonders die reicheren Familien aber entschlossen sich, den Wan=
derstab zu ergreifen, obwohl die Henkerfrist von einem halben Jahre später (6.
December) auf ein ganzes verlängert worden war. Ueber sechsundreißig Tausend
Familien, die in ihrer Religion standhaft verharren wollten, verließen nach dem
Zeugnisse Slawatas die Heimath; darunter befanden sich 185 Geschlechter aus dem
Herren= und Ritterstande, von denen manches allein zwanzig, ja fünfzig männliche
Glieder zählte. Das Land litt durch diese Massenauswanderung in entsetzlicher
Weise. Der Adel konnte wohl durch Emporkömmlinge oder durch fremde Ge=
schlechter ersetzt werden, nicht aber die reichen Kaufleute, die Männer der Wissen=
schaft und Kunst, die betriebsamen Handwerker und Ackersleute, die sich in der
Fremde ansiedelten. Die Exulanten, so nannte man die Fortziehenden, wandten
sich nach Sachsen und der Lausitz, Brandenburg, Preußen oder noch weiter in die
Schweiz und nach Holland. In dem sächsischen Gränzstädtchen Pirna allein ließen
sich an drei Tausend Auswanderer nieder. In Böhmen aber war mancher Ort
entvölkert worden: Häuser und Güter hatten bei dem allseitigen Anbot keinen
Werth, und nur wenige Spekulanten, darunter Graf Albrecht Waldstein und der
Jesuitenorden, welche um einen Spottpreis große Herrschaften an sich brachten,
zogen aus der Verarmung so vieler Tausender reichlichen Nutzen.

Politische Reform
(1627).
Neben der religiösen Reform betrieb König Ferdinand in seiner energischen
Weise auch eine gänzliche Umänderung in der politischen Verfassung des König=
reiches Böhmen. Die Besetzung der obersten Landeswürden mit streng katholisch
Gesinnten, die Ferdinand theilweise schon 1623 bei seiner ersten Anwesenheit in
Prag vorgenommen hatte, konnte nicht genügen; es mußte durch neue Gesetze dafür
gesorgt werden, daß sich eine der Monarchie so gefährliche Bewegung, wie die von
1619, in Zukunft nicht wiederholen könne. Als daher Ferdinand 1627 wieder nach

Prag kam, wurde die Wladislawische Landesordnung, das Palladium der böhmischen Adelsherrschaft, gestürzt, der Majestätsbrief und andere Privilegien vernichtet und die sogenannte „verneuerte" Landesordnung am 10. Mai 1627 erlassen. Dieses Gesetzbuch), auf das wir später noch eingehender werden zu sprechen kommen, bildete durch mehr als zwei hundert Jahre die Grundlage der politischen Landesverfassung Böhmens. Durch sie sprach König Ferdinand die Erblichkeit des Habsburgischen Hauses auf dem böhmischen Throne aus, behielt der Regierung allein die gesetzgebende Gewalt vor, brach die große Macht der Stände und des Landtages zu Gunsten der Krone, erhob die Geistlichkeit zum ersten Stande des Landes, machte aber auch der durch die Wladislawische Ordnung gesetzlich gebotenen Unterdrückung der deutschen Sprache und Nationalität ein Ende.

Ferdinand II. konnte alle diese Neuerungen mit um so größerer Leichtigkeit durchführen, da ja im Lande jede Widerstandskraft erlahmt war, die Abwickelung der auswärtigen politischen und kriegerischen Welthändel aber sich immer günstiger für den Kaiser gestaltete. Zur Zeit, bei welcher wir eben angelangt sind, loderten die Flammen des deutschen oder dreißigjährigen Krieges (1618 — 1648) bereits außerhalb Böhmens empor und züngelten immer weiter und weiter, von einem Gau des alten römischen Reiches zum anderen. Wir können diesen Krieg, der ganz Deutschland bis auf's Mark erschütterte, wie natürlich nur in seinen Hauptmomenten darstellen, um zu sehen, in wie weit Böhmen, das den traurigen Ruhm besitzt der erste und letzte Schauplatz des langen Kampfes gewesen zu sein, in Mitleidenschaft gezogen wurde. Nach der Schlacht auf dem weißen Berge standen dem Kaiser noch zwei bewaffnete Feinde gegenüber, Mansfeld und Bethlen Gabor. Während letzterer sich durch Unterhandlungen zum Nikolsburger Frieden bewegen ließ (31. Dec. 1621), setzte Mansfeld den bewaffneten Widerstand in Pilsen und anderen Städten Böhmens fort. Das Geld, das ihm der Kaiser für die Uebergabe Pilsens anbot, wies er zurück, suchte vielmehr von der Union neue Mittel und Verstärkung seiner Kräfte zu erlangen. Da aber seine diesbezüglichen Unterhandlungen fruchtlos blieben, die Union selbst sich jämmerlich auflöste, war es ihm außerordentlich erwünscht, daß sich die Holländer zur Unterstützung herbeiließen. Dieses reiche Völklein, das mit den Spaniern um die Unabhängigkeit rang, hatte ein großes Interesse an der Verlängerung des Krieges zwischen dem Kaiser und seinen protestantischen Feinden; wurden doch dadurch die Spanier auch beschäftigt, und hatten diese in der Niederpfalz schon festen Fuß gefaßt. Daher nahm Holland den Winterkönig sammt seiner Familie freundlich auf, und unterstützte den von ihm zum obersten Kriegskommandanten ernannten Mansfeld mit hinreichenden Geldmitteln. Dieser besetzte die Oberpfalz, nahm in Böhmen Tepel, Joachimsthal und Schlaggenwald und beunruhigte durch seine Streifzüge das halbe Land bis in die Gegend von Prag. Als aber seine Offiziere, während er in der Oberpfalz weilte, sein stärkstes Bollwerk in Böhmen, die Stadt Pilsen, den Kaiserlichen

Fortsetzung des dreißigjährigen Krieges (1621—24).

35*

überliefert hatten, und die übrigen festen Punkte in diesem Lande nicht mehr zu halten waren, verlegte er den Schauplatz seiner Operationen an den Rhein, um hier mit den feindlichen Spaniern anzubinden. Doch Tilly, der ihm auf dem Fuße folgte, schlug ihn und den mit ihm vereinigten Markgrafen Georg Friedrich von Baden in der entscheidenden Schlacht bei Wimpfen am Neckar (26. April 1622). Eine neue Erhebung des Mansfeld im Verein mit Christian von Braunschweig fiel gleichfalls unglücklich aus, und Friedrich von der Pfalz, der dem Kaiser gegenüber sich nach= giebiger zeigen wollte, entließ den Grafen aus seinen Diensten (1623). Da auch Bethlen Gabor den wiederaufgenommenen Kampf durch einen neuen Friedensvertrag (1624) abbrach, so schien der Krieg auf allen Seiten zum großen Vortheile des Kaisers beendigt zu sein.

Des Kaisers Pläne (1624). Wenn es sich bloß um die vom Kaiser unmittelbar beherrschten Länder ge= handelt hätte, so wären wohl die kriegerischen Angelegenheiten durch die Siege Ferdinands beglichen gewesen. Allein es kamen noch andere höchst wichtige Fragen in's Spiel, die nur durch das Fortrollen der blutigen Würfel gelöst werden konn= ten. Für den unternehmenden Kaiser lag der Gedanke sehr nahe, die für ihn so günstigen Verhältnisse nach doppelter Richtung gründlich auszubeuten. Sein eigener streng katholischer Sinn nahm die Idee einer vollständigen Niederwerfung des Protestantismus und einer Wiederherstellung des Katholicismus in ganz Deutsch= land mit vollem Herzen auf, und seine jesuitische Umgebung, Rom und Madrid befürworteten die Gegenreformation im großartigsten Maßstabe mit allem Eifer. Gelang dieser Plan nur halbwegs, so war damit zugleich einer politischen Reform im römisch=deutschen Reiche vorgearbeitet. Die Beschränkung der territorialen Fürstengewalt und die Restauration der alten deutschen Kaisermacht auf streng katholischer Basis mag dem Kaiser als Ideal seines Lebens vorgeschwebt haben. In Böhmen glückte ihm die Umwandlung der protestantischen Adelsherrschaft in eine absolute katholische Monarchie vollkommen; dasselbe kühn und wohlberechnete Spiel in Deutschland aber, einen so guten Anfang es auch nahm, mißlang doch schlüßlich.

Der norddeutsche Bund (1624). Die Pläne des Kaiser traten zuerst offenkundig hervor, als er auf dem Re= gensburger Reichstage den Katholiken im Kurfürstenkollegium die überwiegende Mehrheit verschaffte, indem er die dem geächteten Friedrich von der Pfalz genom= mene Kurwürde an den bairischen Herzog Maximilian übertrug (1623). Bedenk= lich mußte es ferner den protestantischen Fürsten vorkommen, daß die Truppen der Liga noch immer nicht entwaffneten, obwohl die evangelische Union längst auf= gelöst war. Die Norddeutschen, bei welchen die drohende Haltung des Kaisers immer ernstere Besorgnisse wachrief, beschlossen unter Anführung des dänischen Königs Christian die Gründung eines Bündnisses, um die Reformation vor dem Untergange zu bewahren. Somit trat der Krieg in eine neue Phase. Sollten die kaiserlichen Pläne in Erfüllung gehen, so war es unbedingt nothwendig, daß

Ferdinand II. allmählich aus dem abhängigen Verhältnisse von der Liga sich los= riß und durch Ausrüstung eines selbständigen Heeres sich auf eigene Füße stellte. Mit den Ligisten ließ sich zwar noch recht gut die Katholifierung Deutschlands durchsetzen, nicht aber der Aufbau eines absoluten Kaiserreiches. Da aber des Kaisers Finanzen durchaus nicht glänzend standen, so bereitete ihm die Sorge um die Aufstellung eines eigenen Heeres nicht geringe Verlegenheit.

Aus derselben half ihm der Graf Waldstein, der sich und seinen großen **Waldstein und sein Charakter.** Reichthum dem Kaiser bereitwilligst zur Verfügung stellte. Albrecht Wenzel Euse= bius Waldstein stammte aus einem altböhmischen Geschlechte, das in einem ge= wissen Martwart aus dem XII. Jahrhunderte seinen ältesten Ahnen erblickte. Als Knabe gieng er zu den Jesuiten in die Schule, als Jüngling studierte er auf ver= schiedenen Universitäten und bildete seinen Geist durch weite Reisen. Seine Seele dürstete frühzeitig nach Ruhm und Ehren. Da aber solche nur durch das Kriegs= handwerk zu erobern waren, focht er in kaiserlichen Diensten gegen die Türken und kämpfte mit Auszeichnung gegen die Venetianer, die sich mit Ferdinand als Her= zog von Steiermark in einen Krieg verwickelt hatten. Seinem Kriegsherrn blieb er auch als böhmischen Könige treu und half in der Schlacht auf dem weißen Berge an der Spitze eines mährischen Regiments die Truppen des Winterkönigs schlagen. Waldstein war eine praktische Natur, die bei sonstigen hochfliegenden Plänen das Materielle nicht unterschätzte. Als junger Mann freite er Lukretia Nikesin von Landeck, eine alte, aber steinreiche Wittwe, die bald starb und ihm ein bedeutendes Vermögen hinterließ. Er vermählte sich dann mit der Gräfin Isa= bella Katharina von Harrach und gelangte durch seinen neuen Schwiegervater, eine beim Kaiser einflußreiche Persönlichkeit, in die freundlichsten Beziehungen zum Hofe. Schon früher zum Grafen und Kammerherrn ernannt, erhielt er jetzt zur Belohnung für seine Kriegsdienste nach seiner jüngst erworbenen großen Herrschaft Friedland den Titel eines Herzogs von Friedland (1623). Wie der beste Kauf= mann wirthschaftete Waldstein mit seinem Vermögen und betheiligte sich insbeson= dere beim wohlfeilen Ankauf der konfiscierten Herrschaften der böhmischen Rebellen. Er war rasch der reichste Mann der Monarchie geworden: bald sollte er der mächtigste und gefürchtetste Feldherr des ganzen deutschen Reiches sein. Der Kaiser wurde schnell einig mit dem „Friedländer", der die Aufstellung des nothwendigen Heeres zu besorgen versprach. Nur über die Größe der zu werbenden Armee herrschten Anfangs Bedenken. Der Kaiser, so erzählt man, sprach von 20.000 Mann, Waldstein aber meinte, ein solches Heer könne er nicht erhalten, wohl aber eines von 50.000. Der Krieg müsse sich selbst ernähren, war ein feststehender Grundsatz Waldsteins, der nachher zum allgemeinen Schrecken der Länder und Völker in der schauderhaftesten Weise von ihm durchgeführt wurde. Lustig erklang somit die Werbtrommel des reichen Friedländers, der ein stattliches Handgeld gab und rasche Beförderung, gute Beute, seltenen Ruhm oder mindestens ein fröhliches

Soldatenleben versprach. Bald hatte der vom Kaiser zum „General Obersten-Feldhauptmann" Bestellte mehr als zwanzig Tausend Mann beisammen, darunter allerdings viele Leute höchst verdächtiger Beschaffenheit. Im September 1625 rückte er mit seiner Armee über die Gränzen Böhmens vor nach Franken, um einzugreifen in den Gang der Welthändel, befähigt dazu, wie wenige seiner Zeitgenossen. Der Herzog von Friedland war ein hochbegabter Mann, ausgerüstet mit einem seltenen Organisationstalente und einem scharfen Feldherrnblicke; sein Verstand rechnete nach machiavellistischen Grundsätzen mit mathematischer Genauigkeit; die ihm eigene kalte Herzlosigkeit störte niemals seine starke Willenskraft in der Ausführung der Entwürfe. „Sein Ruf schwankte", wie Ranke, der neueste und bedeutendste Biograph Waldsteins, bemerkt, „zwischen zwei Extremen: daß er das wildeste Unthier sei, welches Böhmen hervorgebracht habe, oder der größte Kriegskapitain, dessen Gleichen die Welt noch nicht gesehen." Den Klerus mochte Waldstein nicht leiden; in religiösen Dingen war er tolerant und man hörte ihn sagen, die Gewissensfreiheit sei das Privilegium der Deutschen. Jesuiten duldete er in seinem Feldlager nicht; Männer wie Slawata und Martinitz erklärte er von allen Kreaturen die es gäbe, zweibeinigen und einbeinigen, für die bösesten. Selbst zum Aberglauben sich hinneigend und fest an seinen Stern glaubend, wußte er sich in einen wunderlichen Nimbus zu hüllen, so daß seine Untergebenen meinten, er sei kugel- und stichfest und vermöge mehr als gewöhnliche Menschen. Vieles besaß der Friedländer, das ihn über die Masse emporhob und der leidenschaftliche Ehrgeiz trieb ihn zum kühnsten Wagnisse; zur wahrhaften Größe aber mangelte ihm Etwas — der sittliche Gehalt des Charakters und ein wahrhaft edles Streben. — Ueber sein Aeußeres erzählt Ranke: „Sein Antlitz erscheint, wie es die bestbeglaubigten Bilder darstellen, zugleich männlich und klug, man könnte nicht sagen groß und imposant. Er war mager, von blasser, ins gelbe fallender Gesichtsfarbe, von kleinen, hellen, schlauen Augen. Auf seiner hohen Stirn bemerkte man die Signatur der Gedanken, nicht der Sorgen; starke Linien, keine Runzeln. früh ward er alt; schon in den vierziger Jahren erbleichte sein Haar. Fast immer litt er an Podagra. In den letzten Jahren konnte er nur mit Mühe an seinem spanischen Rohre einherschreiten: bei jedem Schritte sah er um sich."

Waldsteins erstes Heldenstück war die vollkommene Besiegung des wieder zu Kräften gekommenen Grafen Mansfeld. Er traf ihn bei Dessau (Mai 1626), schlug ihn entscheidend und folgte ihm in fliegenden Märschen bis nach Ungarn, wo er überdies den ewig unruhigen Bethlen Gabor zum Frieden zwang. Mansfeld mußte ohne Heer, nur von wenig Getreuen begleitet, seine Flucht fortsetzen: er wollte nach Venedig, um von dort mit England neue Verbindungen anzuknüpfen. In Dalmatien aber im Dorfe Urakowitz erkrankte der merkwürdige Haudegen: als er die Nähe seines Todes fühlte, ließ er sich nochmals seinen Harnisch anlegen und starb stehend, gehalten von zwei Officieren. Inzwischen hatte sich

Tilly mit dem Heere des norddeutschen Bundes gemessen und mit seinen kampf=
geübten Truppen über Christian von Dänemark bei Lutter am Barenberge einen
glänzenden Sieg erfochten (27. Aug. 1626). Waldstein, der auf Tilly längst
eifersüchtig war, gönnte diesem die Lorbeeren seines neuen Sieges nicht im Ge=
ringsten. Nachdem er den Winter von 1626 auf 1627 in Böhmen und Mähren
zugebracht und im Sommer 1627 Schlesien unterworfen hatte, eilte er nach
Norddeutschland, um die Niederwerfung des Dänenkönigs und seiner Bundes=
genossen zu vollenden. Sein glücklicher Feldzug in Schlesien trug ihm die Beleh=
nung mit dem piastischen Fürstenthume Sagan ein, wodurch er zugleich eine Stelle
im schlesischen Fürstentollegium gewann (1627). Mit Tilly nahm er Holstein,
allein Schleswig und Jütland und überschwemmte mit seinen gefürchteten Truppen
die beiden Mecklenburg und Pommern. Der ehrliche Tilly wurde den kaiserlichen
Plänen gemäß, und weil er dem ehrgeizigen Waldstein im Wege stand, immer
mehr bei Seite geschoben, der Friedländer aber triumphierte allein. Er wurde
zuerst in den pfandweisen und dann in den erblichen Besitz von Mecklenburg ge=
setzt und in den Reichsfürstenstand erhoben. (1628) Großartiger gestalteten sich
die Aussichten Ferdinands. In Erinnerung an die alten Rechte der deutschen Kaiser
auf die das Reich umspülenden Meere verlieh er dem Herzog von Friedland den
Titel eines Generals des baltischen und oceanischen Meeres mit dem Rechte, die
oberste Entscheidung im Seekriege auf beiden Meeren eben so gut zu heben, wie
über die Landarmee. Noch kühner aber waren jene Pläne, welche der träumerische
und doch so scharf berechnende Geist des Friedländers erwog. Dachte er doch
ernstlich daran, wie uns Ranke nachweist, mit 100.000 auf das osmanische Reich
sich zu werfen, Konstantinopel zu erobern, die Macht des Halbmondes in Europa
vollständig zu vernichten und auf den Trümmern des Sultanats Vasallenstaaten
des Kaisers zu gründen.

Immer offenkundiger traten die Absichten des Kaisers hervor, in religiöser
und politischer Beziehung eine Reform im deutschen Reiche durchzusetzen. Um
völlig freie Hand gegen die einzelnen Fürsten zu haben, wurde dem Dänenkönige
ein unerwartet glimpflicher Friede gewährt, der ihm die einzige Bedingung aufer=
legte, sich fürderhin nicht mehr in deutsche Angelegenheiten zu mischen (Lübeck 1629).
Noch in demselben Jahre erließ der Kaiser das sogenannte Restitutionsedikt, durch
welches von den Protestanten alle seit dem Passauer Vertrage eingezogenen Güter
zurückgefordert wurden. Der Erlaß war von unendlicher Tragweite. Nicht nur
dem Katholicismus wurde dadurch ein bedeutender Vorschub geleistet, der Kaiser
gewann auch eine Menge geistlicher Fürsten für seine deutschen Verfassungspläne.
Waldstein, obwohl aus mannigfachen Gründen ein Gegner des Restitutionsediktes,
setzte doch in der Vollstreckung desselben seine gewohnten Kontributionen, Er=
pressungen u. dgl. fort. Der Kaiser befand sich jetzt auf dem Höhepunkte seiner
Macht, aber nur ganz kurze Zeit. Um noch bei Lebzeiten seinen gleichnamigen

Das
Restitutionsedikt
(1629).

Reichstag
von Regensburg
(1630).

Sohn zum Nachfolger wählen zu lassen, berief er einen Reichstag nach Regensburg (1630). Protestanten und Katholiken vereinigten sich hier in Klagen über das zügellose Auftreten der kaiserlichen Truppen und forderten ungestüm die Absetzung des Friedländers. Die Protestanten wurden durch das diplomatisch bereits stark agitierende Frankreich, gegen welches Waldstein gerne den Krieg geführt hätte, unterstützt; Maximilian von Baiern hatte schon längst mit Groll das übermüthige Geberden Waldsteins, der die Liga entbehrlich zu machen suchte, vermerkt; zum Ueberflusse noch war er von französischer Seite auf des Kaisers absolutistische Gelüste aufmerksam gemacht worden. Für Ferdinand II. trat ein verhängnißvoller Moment ein. Wollte er die gefaßten Pläne durchführen, so hätte er sich nicht im Geringsten nachgiebig zeigen dürfen. Waldstein stand mit dem Hauptheere in Schwaben, jeden Augenblick bereit, loszuschlagen. Da trat der merkwürdige Fall ein, daß ein Kapuziner, der heuchlerische Pater Joseph, der bekannte Agent Richelieus, des Kaisers und der Jesuiten Pläne durchkreuzte. Als er dem Kaiser zur Entsetzung Waldsteins rieth, fiel dieser und mit ihm die Gewalt der Habsburger in Deutschland.

Gustav Adolph
in Deutschland
(1630—1632).

Auf letzteres hatte Frankreich es schon lange abgesehen, und der dort an's Ruder gekommene Kardinal Richelieu bot alle seine Verschlagenheit auf, um den Gang der Verhältnisse in Deutschland von Paris aus zu lenken. Auf dem Regensburger Tage war es ihm geglückt, auf der anderen Seite rückte er mit noch viel wirksameren Mitteln ins Feld. Denn bereits am 4. Juli, eben als der Reichstag eröffnet worden, war der junge Schwedenkönig Gustav Adolph in Pommern gelandet, um als Verfechter des Protestantismus in Deutschland die Waffen zu rühren — im Grunde aber ein Werkzeug der Franzosen, die ihn unterstützten, seinen religiösen Eifer und Ehrgeiz stachelten und mißbrauchten zur vollkommenen Zerrüttung des deutschen Reiches. Siegreich stürmte der tapfere Schwedenkönig, nachdem er den Norden Deutschlands, darunter das Waldsteinische Mecklenburg, erobert hatte, gegen Süden, vereinigte sich hier mit dem Kurfürsten von Sachsen und schlug den bis jetzt noch nicht besiegten Tilly bei Leipzig auf dem Breitenfelde (17. Sept. 1631). Des Kaisers noch vor Kurzem allmächtige Gewalt in Deutschland war zertrümmert; nach dem französischen Plane sollten ihm nun auch seine Erbländer entrissen werden. Gerne ließ daneben Kardinal Richelieu den begeisterten Gustav Adolph in dem Gedanken schwelgen, das Rettungswerk der Reformation zu vollbringen und sich selbst in irgend einer Form an die Spitze des protestantischen Deutschland dauernd emporzuschwingen. Während der Schwede nach der Breitenfelder Schlacht West- und Süddeutschland zu durchziehen und die Liga daselbst zu bewältigen gedachte, warf sich der Kurfürst von Sachsen auf Böhmen, um den Kaiser in seinen eigenen Ländern zu bekämpfen. Ohne ernstlichen Widerstand zu finden, überflutheten die sächsischen Truppen unter Anführung des Johann Georg von Arnim Böhmen, und am 15. November 1631 ergab sich ihnen

Die Sachsen
in Böhmen
(1631).

die Hauptstadt Prag durch einen Vertrag. Der Kurfürst schlug daselbst im Lich=
tensteinschen Hause seine Residenz auf; unter seinem Schutze kehrten eine Menge
Exulanten in ihre Heimath zurück und traten den Besitz ihrer konfiscierten Güter
wieder an. Die vor Kurzem so gewaltsam unterdrückte Reformation sollte in
Böhmen wieder hergestellt werden. Den Jesuiten wurde bedeutet, binnen vierund=
zwanzig Stunden bei Todesstrafe Prag zu räumen; eine große Anzahl von pro=
testantischen Geistlichen eilte zur Uebernahme der Kirchen und des Gottesdienstes
herbei, und eine im Karlskollegium abgehaltene Synode erließ einen Aufruf zur
Ernennung des Konsistoriums und der Akademie. Die noch am Brückenthurme
hängenden zwölf Köpfe der 1621 Hingerichteten wurden herabgenommen und in
feierlicher Weise in der Teinkirche beerdigt. Martini der neuernannte Vorsteher
der protestantischen Geistlichkeit, nannte in der von ihm bei dieser Gelegenheit ab=
gehaltenen Leichenpredigt die so schwer Bestraften „Märtyrer der Religion und
des Vaterlandes".

Das Blatt hatte sich ungemein rasch gewendet, und der noch vor einem
Jahre triumphierende Kaiser befand sich jetzt in der höchsten Bedrängniß. In
seiner Zurückgezogenheit aber grollte der schwer beleidigte Waldstein, scheinbar
gleichgiltig die wechselvollen Vorgänge betrachtend, im Innern aber vor Begier
brennend, wieder eingreifen zu können in den Gang der Ereignisse. Knüpfte er
doch mit dem König von Schweden insgeheim Verbindungen an und gedachte
eine Zeit lang in dessen Dienste zu treten. Als sich aber die Verhandlun=
gen darüber zerschlagen hatten, blickte er wieder nach Wien. Sein Stolz sagte
ihm, der Kaiser müsse in der Noth sich wieder an ihn wenden, der Hof=
astrolog verkündete, sein Stern sei noch im Steigen. Und in der That, so sehr
man in Wien berieth und überlegte, man sah keinen andern Ausweg, keine andere
Hilfe, als durch den Herzog von Friedland. Als an diesen aber der unvermeid=
liche Antrag des Kaisers gelangte, wieder ein Heer auszurüsten, that er spröde
und schützte Podagra und allerlei Anderes vor. Wie jedoch der Selbstsüchtige
durch seine wohlberechnete Verstellung den Preis der Annahme sattsam gesteigert
und die unerhörtesten Zugeständnisse errungen hatte, zögerte er auch nicht länger
und ließ von Neuem die bekannte Werbetrommel rühren, alte und neue Scharen
herbeilockend zum frischen Waffentanze. Gerne konnte der Friedländer von seinen
Reichthümern vorschießen: was ihm geboten ward, hatte noch niemals ein Regent
seinen Unterthanen versprochen. Waldstein wurde zum Generalissimus des römi=
schen Reiches, des Hauses Oesterreich und der Krone Spanien ernannt; der Kaiser,
so wurde bestimmt, dürfe sich nicht bei der Armee aufhalten, noch viel weniger sie
kommandieren. Die Konfiskation im römischen Reiche hienge nur von der Ent=
scheidung des Herzogs ab, eben so der „Realpardon", d. h. die Begnadigung in
Beziehung auf Land und Güter. Der Kaiser könnte nur Leben und Ehre par=
donieren, und dazu bedürfte es noch der Bestätigung Waldsteins. Alle Mittel

Waldsteins Wiederberufung (1632).

und Koften zur Führung des Krieges follten ihm gegeben werden, und alle kaiser=
lichen Erbländer ftänden ihm und feiner Armee zum Rückzuge offen. Beim Frie=
densfchluffe aber müßte das Intereffe des Herzogs wegen Mecklenburg gewahrt
werden, ja er follte fogar ein öfterreichifches Erbland (?) mit allen Rechten eines
unmittelbaren Reichsfürften als Belohnung erhalten. Uebrigens wurde zunächft
den Sachfen mündlich die Verficherung gegeben, daß das Reftitutionsedikt, gegen
welches ja Waldftein von vornherein gewefen, aufgehoben werden follte.

Waldftein und Guftav Adolph (1632). Die erften Unternehmungen Waldfteins rechtfertigten glänzend das Vertrauen,
das der Hof auf ihn gefetzt hatte. Mit dem eiligft geworbenen Heere zog er zu
Beginn des Jahres 1632 von Znaim nach Böhmen, nahm den Sachfen die Haupt=
ftadt Prag weg und drückte faft ohne Schwertftreich die kurfürftlichen Truppen aus
dem Lande hinaus (Mai). Nachdem er dem Kaifer gemeldet, daß die Erbftaaten
von den Feinden gefäubert feien, rückte er fchleunigft gegen den Hauptfeind Guftav
Adolph. Diefer hatte inzwifchen dem ligiftifchen Heere in Baiern hart zugefetzt,
und der wackere Tilly, deffen vielgefchmähter Name erft in unferer Zeit mit Recht
zu Ehren gekommen, war einer Wunde erlegen, die er in der hitzigen Kanonade
am Lech erhalten hatte (April). Der Schwedenkönig wandte fich auf die Nachricht
von Waldfteins Marfche felbft gegen Nürnberg, bei welcher Stadt die beiden größ=
ten Feldherren ihrer Zeit fich trafen. Neun Wochen lagen fie hier einander ge=
genüber, der Schwede in der befeftigten Stadt, der Friedländer in einem wohl=
verfchanzten Lager auf den benachbarten Anhöhen. Endlich ftürmten die Schweden;
aber alle ihre Angriffe wurden abgefchlagen, und, wie Schiller treffend bemerkt,
„Guftav Adolph war befiegt, weil er nicht gefiegt." (September) Mißmuthig
wandte fich diefer zurück nach Baiern, in der Hoffnung, der Feind würde ihm
folgen. Waldftein aber rückte unerwarteter Weife nach Sachfen, um den Kurfür=
ften diefes Landes zur Unterwerfung zu nöthigen. Dies zu verhindern, eilte denn
auch Guftav Adolph herbei und überrafchte die Kaiferlichen, die fchon zu über=
wintern gedachten, bei Lützen. Ein gewaltiger Ringkampf, den erft die fpäte Nacht
beendigte, entfpann fich hier am 16. November zwifchen den zwei großen Meiftern
des blutigen Wettfpiels. Guftav Adolph, der Heldenkönig, büßte fein junges
Leben ein, vergleichbar, um ein bekanntes Bild zu gebrauchen, dem Meteor, das
plötzlich am hohen Himmel emporfteigt, feine glänzenden Furchen zieht und blitz=
fchnell wieder verlifcht. Der ihn überlebende Waldftein aber büßte den Ruhm
der Unbefiegbarkeit ein; denn fein am anderen Tage angeordneter Rückzug nach
Leipzig bedeutete das Geftändniß der Niederlage. Auch des Friedlanders Stern
war im Erbleichen.

Waldfteins Pläne (1633 4). Nicht wenig verftimmt über die Lützner Schlappe, marfchierte Waldftein
nach Böhmen und fuchte hier durch ein ftrenges Gericht über feine Untergebenen
die Schuld an jenem Unglücksfalle auf diefe zu wälzen. Während er mehrere
Feldhauptleute königlich belohnte, verurtheilte er achtzehn andere zum Tode, weil

sie ihre Schuldigkeit nicht gethan hätten. Wie vor zwölf Jahren wurde wieder auf dem Altstädter Ringe eine mit schwarzem Tuche bedeckte Bühne errichtet und auf derselben fünfzehn Krieger geköpft, zwei an einem Galgen gehenkt und viele andere, die sich zaghaft in der Schlacht benommen, durch Anheften ihres Namens am Galgen gebrandmarkt (14. Febr 1633). Ein Jahr darauf erreichte „den Tyrannen", wie man seither Waldstein in Soldatenkreisen zu nennen pflegte, sein eigenes blutiges Schicksal. Der Friedländer fürchtete, der Kaiser werde in der Zukunft seine Versprechungen vielleicht nicht halten wollen oder noch eher nicht halten können. Die Lage der Dinge wandte sich eben nicht gerade günstig für die kaiserliche Partei, und Waldstein selbst mochte seit Lützen in dem Glauben an sich einigermaßen wankend geworden sein. Mecklenburg gab er jetzt wohl auf, die Lausitzen, von denen die Rede war, mochten seinem Ehrgeize zu gering erscheinen. Dagegen hegte er feste Absichten auf die Unterpfalz, mit der ja auch die Kurwürde wieder vereinigt werden konnte. Der Gedanke, die Krone Böhmens zu gewinnen, gieng vorzüglich von den Exulanten in Dresden aus, deren Haupt, Graf Wilhelm Kinsky, darüber mit dem französischen Gesandten eifrig verhandelte. Im Laufe des Jahres 1633 scheint Waldstein auf diese Idee in ihrem ganzen Umfange nicht ernstlich eingegangen zu sein. Doch verhielt er sich auch nicht ablehnend, sondern vorsichtig zuwartend, wie es seiner allseitig erwägenden Natur entsprach. Dagegen unterhandelte er mit Oxenstierna (Mai 1633) und sprach diesem die Absicht aus, die Zurückführung der Emigranten und die Wiederherstellung der Freiheiten seines Vaterlandes Böhmen in die Hand zu nehmen. Diese Absicht ließ sich ganz gut vereinigen mit dem Hauptplane, den in dieser Zeit Waldsteins Geist fort und fort erwog. Er dachte nämlich ununterbrochen an die Wiederherstellung des Friedens in Deutschland auf Grundlage des Gleichgewichts der Bekenntnisse mit Ausschluß jeder ferneren Einmischung der Spanier und Franzosen in die Reichsangelegenheiten. Auf die Durchführung dieses nationalen Gedankens zielten seine Unterhandlungen mit Sachsen und Brandenburg ab; deßwegen besprach er sich wiederholt persönlich mit dem sächsischen Freiherrn Arnim. Daß dabei der Friedländer seine eigene Rechnung nicht vergaß, ist wohl selbstverständlich. Er dachte aber wohl mehr an die Pfalz, als an Böhmen.

In die Zeit der andauernden Unterhandlungen Feuquières' und Kinskys, des Vertrauten Waldsteins, fällt dessen Marsch gegen Arnim nach Sachsen, die Gefangennahme Thurns mit 10.000 Mann und der siegreiche Zug nach dem Norden Deutschlands bis Berlin. Wollte Waldstein vielleicht noch einmal seine eigene Kraft erproben, wollte er täuschen, oder wollte er sich so weit als möglich von Baiern entfernen, um nicht dem ihm verhaßten Maximilian gegen die Schweden beistehen zu müssen? Gerade das letztere aber wünschte der Kaiser. und als der Friedländer eben Anstalten traf, Pommern und Mecklenburg zu unterwerfen, langte der kaiserliche Befehl ein, er solle umkehren zum Entsatze von Regensburg, das

Ermordung Waldsteins (25. Febr. 1634)

Bernhard von Weimar belagerte. Zürnend trat Waldstein den Rückmarsch nach Böhmen an, verweilte aber hier in den Quartieren ganz ruhig, indem er die bereits vor sich gegangene Eroberung von Regensburg und den hereinbrechenden Winter vorschützte. Am Wiener Hofe war längst von verschiedenen Seiten Mißtrauen gesäet worden gegen den allmächtigen General, dem sich der Kaiser gänzlich überliefert habe, und dessen Handlungsweise verdächtig genug war. Dem Waldstein selbst war wieder zu Ohren gekommen, dafs man an seinem Sturze arbeite, und er beeilte sich deshalb im Januar 1634 die Unterhandlungen mit Frankreich zum Abschlusse zu bringen. Es entwickelte sich ein labyrinthisches Spiel voll Lug und Trug, Verrath und lauernden Künsten von allen Seiten. Waldstein und die Franzosen wollten sich für alle Fälle doch nicht ganz bloßstellen, der Kaiser aber noch ohne Gewißheit, wagte nicht, offen gegen den General zu verfahren, da dieser mit dem Heere die Gewalt in seiner Hand hatte. Während der Friedländer dem Scheine nach die Treue dem Kaiser bewahrte und sie öffentlich überall betonte, richteten die Franzosen ihre Korrespondenz in höchst vorsichtiger und listiger Weise ein, die Schweden aber verlangten vom General eine That zu sehen. Anfangs Januar 1634 kam Pater Quiroga in's Lager nach Pilsen, um im Auftrage des Kaisers und des spanischen Gesandten Waldstein zu bewegen, dem Kardinalinfanten eine starke Abtheilung Reiterei zum Schutze auf einer Reise nach den Niederlanden zu bewilligen. Waldstein, ohnedies höchlich gereizt gegen den Wiener Hofkriegs= rath und dessen Präsidenten, den Grafen Schlick, wies diese Zumuthung zurück und meinte, man habe etwa nur die Absicht, sein Heer allmählich aufzulösen. Er sprach ganz offen von Abdanken, nur nach langem Zögern sagte er einer Deputa= tion seiner versammelten Obersten zu, ohne ihr Vorwissen von ihnen sich nicht trennen zu wollen. Dagegen verlangte er aber auch von ihnen, bei ihm standhaft auszuhalten, damit ihm nicht etwa ein Schimpf wiederfahre (12. Januar). Die Obersten unterzeichneten daher bei einem Bankette zu Pilsen einen Revers, in welchem sie auf das feierlichste gelobten, sich auf keine Weise von ihrem General zu trennen, noch trennen zu lassen, hierbei mit ihm und für ihn den letzten Bluts= tropfen einzusetzen. Sollte einer von ihnen hiergegen handeln, der solle als ein Mann ohne Ehre betrachtet werden, ein jeder solle einen solchen Abfall selbst an Leib und Leben an ihm rächen. — Der Kaiser konnte immer noch nicht fest an die Untreue des Friedländers glauben, trotzdem von Savoyen, Baiern und andern Seiten her ihm deutliche Beweise gebracht wurden. Erst der spanische Gesandte Oñate überzeugte ihn in einer Audienz vom Verrathe seines Generals. Ferdinand war bestürzt und kam nicht leicht zu einem Entschlusse. Er sagte, die Sache lege sich mit ihm nieder und stehe mit ihm auf, sie lasse ihn nicht schlafen. Anfangs dachte man in Wien, Waldstein durch einen Handstreich in Pilsen gefangen zu nehmen. Nachher unterzeichnete der Kaiser am 24. Januar (wahrscheinlich vor= datiert) ein Patent, in welchem er den bisherigen Generalissimus seines Ober=

Pilsner Verschwörung.

befehles enthob und denselben dem Generallieutenant Grafen Mathias Gallas übertrug. Aber troß alledem verblieb er noch einige Zeit in scheinbar freundlichem Briefwechsel mit Waldstein und ermächtigte ihn sogar, mit Sachsen und Brandenburg des Friedens wegen zu unterhandeln. Da inzwischen die kaiserlich gesinnten Generäle sich bemühten, die Truppen und deren Anführer auf ihre Seite zu bringen, und Gallas mit dem bis jetzt geheim gehaltenen Patente vom 24. Januar an die Oeffentlichkeit trat, indem er befahl, nur ihm, dem Aldringen oder Piccolomini zu gehorchen (18. Febr.), mußte auch Waldstein seine entscheidenden Maßregeln treffen. Nachdem neben andern auch die Prager Garnison abgefallen war, versicherte er sich noch einmal der Treue der anwesenden Obersten durch einen Ergebenheitsrevers (20. Febr.), brach am 22. Februar von Pilsen auf und rückte nicht gegen den weißen Berg, wie es ursprünglich in seinem Plane lag, sondern gegen Eger. Von der andern Seite, von Regensburg her bewegten sich gegen dieselbe Stadt die schwedischen Kolonnen Bernhards von Weimar, mit dem Waldstein nunmehr seine letzte Verständigung getroffen hatte. Auch das Eintreffen des sächsischen Generals Arnim in Eger war verabredet. Der Bruch mit dem Kaiser war somit offen, und bereits kam es zu Scharmützeln zwischen den kaiserlichen Truppen und denen, die an Waldstein festhielten. Auf dem Wege nach Eger traf Waldstein zufällig auf den Obersten Buttler, den er mit nach Eger nahm. Buttler, aus einem vornehmen irischen Geschlechte, streng katholisch und dem Kaiser ergeben, hielt es mit den Generälen, die bereits vom Kaiser abgefallen waren. Ihnen ließ er sagen „wenn eine Gefahr eintrete, sei es sein Vorsatz, gegen den Generalissimus Gewalt zu gebrauchen, ihn gefangen zu nehmen oder zu tödten." Am 24. Februar nachmittags zog er im Gefolge des Friedländers in Eger ein, woselbst zwei schottische Protestanten, der Oberstlieutenant Gordon und der Oberstwachtmeister Leslie das Kommando besaßen. Auch sie sollten mit Waldstein gemeinsame Sache machen, Trčka und Ilow forderten sie dazu auf und wiesen auf das baldige Zusammentreffen mit den Schweden und Sachsen hin. Die Schotten jedoch scheuten den Verrath am Kaiser, sie scheuten aber auch den Zorn Waldsteins. Im Hintergrunde stand Buttler mit verlockenden Vorstellungen. Ein seltsam Gemisch von Treue, Angst und gemeiner Habsucht trieb die zwei Protestanten im Vereine mit den Katholiken zum Meuchelmorde. Am 25. Februar Abends darauf wurden zuerst die Freunde Waldsteins, Wilhelm Kinsky, Ilow, Trčka und Neumann bei einem Abendschmaus auf der Burg, wozu sie Gordon geladen, von Buttlerischen Dragonern überfallen und zusammengemetzelt. Dann eilte der Hauptmann Deveroux mit seinen Mordgesellen in das Haus des Bürgermeisters Bachhübel, wo Waldstein wohnte. Dieser hatte sich schon zur Ruhe begeben, war aber wieder erwacht über das bis in sein Schlafzimmer dringende Wehegeschrei der Gräfinnen Kinsky und Trčka, die soeben die Ermordung ihrer Männer erfahren hatten. Als er aufgestanden war und wahrscheinlich die Wache anrufen wollte, was der Lärm bedeute, da sprengte

Deveroux mit Gewalt die Thüre des Gemaches, drang mit den Bewaffneten ein und rief: „Bist du der Schelm, der den Kaiser um Land und Krone bringen will?" Schweigend breitete der Friedländer die Arme aus, und tief in die dargebotene Brust bohrte sich die spitzige Partisane des Hauptmannes (25. Febr).

Wenn Buttler den schriftlichen Befehl auch nicht in der Hand hatte, das Henkeramt zu vollziehen, so wußte er doch ganz genau, daß er den kaiserlichen Generälen, sowie dem Hofe selbst ein sehr gefälliges Werk vollbrächte. Er kannte sicherlich das Absetzungspatent vom 24. Januar, in welchem vom Kaiser allen Obersten, die sich zu Pilsen „ungebührlich eingelassen", Verzeihung bis auf den General und zwei Personen zugesichert wurde. Bezeichnend ferner in dieser Hinsicht ist der Auftrag, welchen Piccolomini dem Taafe, dem Beichtvater des Buttler, gegeben hatte, er möchte den Buttler verständigen, dieser sollte, wenn er von Seiner Majestät besonders befördert werden wollte, zurückkommen und Waldstein lebendig oder todt mitbringen. Es ändert in der Frage wenig, daß Taafe diese Botschaft erst ausrichten konnte, als bereits der Mord vor sich gegangen war. Die Hofpartei athmete frei auf, als sie von der Katastrophe hörte. Oñate, der Spanier, rief aus: „Eine große Gnade, die Gott dem Hause Oesterreich erwiesen hat." Der Kaiser selbst, der diesen Ausgang der Angelegenheit wohl nicht direkt veranlaßt hatte, nahm ihn nicht nur als „Fügung Gottes" dankbar auf, sondern belohnte sogar die Vollstrecker desselben in glänzender Weise. Oberst Buttler wurde Graf und Kämmerer, empfieng eine goldene Gnadenkette und mehrere Güter des Trčka; Leslie wurde gleichfalls in den Grafenstand erhoben, mit der Herrschaft Neustadt, dem Kammerherrnschlüssel und anderen Auszeichnungen bedacht, während Gordon einige Kinsky'sche Güter als Belohnung erhielt. Ja so weit gieng der Kaiser, daß er die Blutthat auf sich selbst nahm, um die mit derselben befleckten Hände von dem Vorwurfe des gemeinen Meuchelmordes rein zu waschen. Zu diesem Ende gelangte sechs Monate nach der Katastrophe ein vom 18. Februar datiertes Patent von kaiserlicher Seite in die Oeffentlichkeit, wodurch die That Buttlers als über höheren Auftrag vollzogen erscheinen sollte. Mit den eingezogenen Gütern Waldsteins und seiner gefallenen Genossen wurden die dem Kaiser treu gebliebenen Generäle reichlich belohnt. So erhielt Piccolomini Nachod, Gallas Friedland und Reichenberg, Aldringen Teplitz Colloredo Opotschno, Trautmannsdorf Gitschin u. s. w.

Nach dem Tode Waldsteins übernahm der Sohn des Kaisers, der bereits 1628 zum Könige von Böhmen gekrönte Ferdinand, den Oberbefehl über die Armee; als Rathgeber wurde ihm der Graf Gallas an die Seite gestellt. Er rückte im Mai in's Feld und warf sich zunächst auf die eifrige Belagerung von Regensburg. Zur selben Zeit eroberten die Schweden mit ihren Bundesgenossen Brandenburg, die Lausitz, einen Theil von Schlesien und marschierten unter Banér nach Böhmen. Während die Sachsen den Osten des Landes mit Krieg überzogen, verheerten die

Schlacht bei Nördlingen (5., 6. Sep. 1634).

Schweden mit Feuer und Schwert den Leitmeritzer und Saatzer Kreis; Prag selbst hielt sich durch die geschickten Maßregeln des kaiserlichen Anführers Colloredo. Die Entscheidung des Feldzuges aber wurde in Baiern herbeigeführt. Nachdem am 26. Juli Regensburg kapituliert hatte, kam es zur mörderischen zweitägigen Schlacht bei Nördlingen (5. und 6. Sept.), in welcher die Kaiserlichen ihren glänzendsten Sieg des ganzen Krieges erfochten. Die nächste Folge der Nördlinger Schlacht waren die Bemühungen des Kurfürsten von Sachsen, einen Frieden mit dem Kaiser herbeizuführen. Derselbe kam glücklicher Weise im Mai des Jahres 1635 in Prag zu Stande, und nach und nach schlossen sich demselben alle protestantischen Stände in Mittel- und Norddeutschland mit Ausnahme des Landgrafen von Hessen an. Der Streit über die geistlichen Güter wurde auf vierzig Jahre hinaus vertagt und dem Kurfürsten von Sachsen die verpfändete Lausitz erblich überlassen. Um so weniger dachten die Schweden und die Franzosen an einen Frieden. Die letzteren Erzfeinde des Reiches, die bisher durch ihre diplomatischen Künste den traurigen Zwiespalt der Deutschen fortwährend zu schüren verstanden hatten, traten nun offen auf den Kriegsschauplatz und bekämpften die Kaiserlichen im Elsaß. Banér, der Schwedengeneral, aber siegte über die sächsisch-kaiserliche Armee bei Wittstock in Brandenburg (Sept. 1636).

Prager Frieden (Mai 1635).

Indessen suchte Ferdinand II., der seine Kräfte schwinden fühlte, die versöhnlichere Stimmung der deutschen Kurfürsten zu benützen, um die Wahl seines Sohnes zum deutschen Könige durchzusetzen. Es gelang ihm dieses auf dem Regensburger Reichstag, wo die Kurfürsten sich schnell in der Wahl Ferdinands III. einigten (22. Dec. 1636).

Ferdinand III. wird deutscher Kaiser (1636).

Der Kaiser überlebte diese Freude nicht lange, sondern starb schon am 15. Februar 1637 im 59. Jahre seines Lebens. Je nach dem Standpunkte der Geschichtschreiber ist Ferdinand II. bald als Vorkämpfer des Katholicismus und Verfechter der deutschen Einheit verherrlicht, bald als grausamer Unterdrücker der politischen und religiösen Freiheit schonungslos verurtheilt worden. Die Wahrheit liegt vielleicht in der Mitte. Der Kaiser war von Haus aus milde und leutselig, von reinen Sitten, als Vater und Gatte gleich vortrefflich und fromm bis zur Schwärmerei. Da aber Ferdinands geistige Begabung eine bloß mittelmäßige war, so gelang es der durchaus jesuitischen Umgebung nur zu oft, seine seltene Willensenergie zu unedlen Zwecken zu misbrauchen, seine Religiösität zum Fanatismus zu steigern, seine Milde in grausame Rücksichtslosigkeit und seine Offenheit in heuchlerische Verstellung zu verwandeln.

Ferdinands II. Tod (15. Febr. 1637).

Die ersten zwölf Jahre der Regierung Ferdinands III. tobte der wilde Kriegssturm fort; derselbe hatte seinen religiösen Charakter fast ganz verloren, nahm aber eine täglich gräuelvollere Gestalt an. Böhmen, welches bald nach der Eroberung von Regensburg von den Feinden geräumt worden war, genoß bis zum Jahre 1639 der Ruhe. Im Februar dieses Jahres jedoch brach Banér mit 24.000

Die Einfälle Banérs und Torstensons in Böhmen (1629—45).

Mann von Meißen her in's Land herein und verwüstete dasselbe von einem Ende zum anderen unter den unmenschlichsten Grausamkeiten. Viele Städte des König= reiches wurden erstürmt, nur Prag konnte trotz zweimaligen Verjuches nicht ge= nommen werden. Erst nach einem Jahre, im Frühling 1640, als der Erzherzog Leopold nach Böhmen kam, wichen die Schweden, mit kolossaler Beute beladen, aus dem Lande. Die drei letzten von ihnen besetzten Punkte, welche sich den Kai= serlichen ergeben mußten, waren Letschen, Teplitz und Hauenstein. Doch nur eine kurze Pauje war dem unglücklichen Lande zur Erholung gegönnt. 1643 wurde es von Torstenson, der nach dem Tode Baners (1641) den Befehl über die Schweden übernommen hatte, heimgejucht. Er verwüstete die Gegend von der schlesischen Gränze bis gegen Leitmeritz, drang hierauf unerwartet vor die Thore Wiens, kehrte sich aber 1644 plötzlich nach Norden, um die mit den Schweden in Krieg gerathe= nen Dänen zu bekämpfen. Gallas, der während Torstensjons Einfall in Böhmen sich in Königgrätz verschanzt gehalten hatte, eilte ihm auf seinem Zuge nach Nor= den nach, wurde aber mit entsetzlichen Verluften geschlagen. Der Kaiser begab sich auf die Nachricht hievon jelbst nach Böhmen, sammelte im Winter rajch ein neues Heer und übertrug dem Hatzfeld den Oberbefehl. Dieser war nicht glücklicher als Gallas. Der blitzschnelle Torstensjohn stand im Februar 1645 wieder in Böhmen, ereilte die Kaiserlichen bei Jankau unweit Tabor und schlug sie auf's Haupt (6. März). Sein Weg führte ihn neuerdings nach Wien, gegen das er mit dem siebenbürgischen Fürsten Georg Rakoczy, jedoch wiederum vergeblich, einen Angriff unternahm. Als er hierauf über Mähren nach Böhmen zurückgekehrt war, erkrankte er in Brüx so heftig am Podagra, daß er den Oberbefehl in die Hände des Gustav Wrangel niederlegen mußte.

Wrangel
in Böhmen
(1646 7).

Als sich Wrangel mit seinen Truppen in die Winterquartiere nach Thüringen zurückgezogen hatte, reiste der Kaiser mit seinem ältesten Sohne Ferdinand nach Prag und ließ ihn dajelbst feierlichst zum König von Böhmen krönen (5. Aug. 1646). Im Uebrigen gestaltete sich die Lage des Kaisers immer ungünstiger. Der Kurfürst von Sachjen, sowie der Kurfürst von Baiern, waren von den Schweden und Franzojen gezwungen worden, von ihm abzufallen, und bequemer als jemals konnten die Feinde in die österreichischen Länder vordringen. Sobald der Winter vorüber war, brach Wrangel über Baiern nach Böhmen auf und belagerte Eger (1647). Der Kaiser, der sich selbst an die Spitze eines Heeres gestellt hatte, eilte herbei, die Stadt zu entsetzen. Er kam einige Stunden zu spät, da die geängstigten Bürger, alle Hoffnung aufgebend, kapituliert hatten (17. Juli). Bald wäre der Kaiser, als er sich unweit der Stadt lagerte, durch einen kühnen nächtlichen Ueber= fall des „tollen" Helmold Wrangel in die Hände der Feinde gerathen. Verdrieß= lich über die geringen Erfolge seiner Anwesenheit beim Heere, verließ er bald darauf dasselbe und gieng nach Prag. Melander von Holzapfel, der Oberfeldherr, zog sich mit dem kaiserlichen Heere unter beständigen Scharmützeln mit dem nachfolgenden Feinde bis Tepel zurück, ohne dass es zu einer entscheidenden Schlacht gekommen wäre. Wrangel räumte endlich Böhmen freiwillig, da er gehört hatte, dass der Herzog von Baiern wieder die kaiserliche Partei genommen habe.

Königsmark nimmt Prag (Juli 1648).

Es folgte das dreißigste und letzte Jahr des unglückseligen Krieges. Nach dem ungünstigen Kampfe Holzapfels bei Augsburg fiel Baiern wiederum in die Hände der Schweden. Während Wrangel sich nach Oberösterreich wandte, schickte er seinen Unterfeldherrn Königsmark in das von Truppen entblößte Böhmen. Als sich dieser im westlichen Theile des Landes festsetzen wollte, verrieth ihm Ernst Ottowalsky, ein aus den kaiserlichen Diensten entlassener Officier, wie sorglos man in Prag sei und nicht einmal eine schadhaft gewordene Stelle der Stadtmauer zur Nachtzeit bewache. Königsmark ergriff begierig die Gelegenheit, einen kühnen Hand=streich zu wagen. In aller Eile zog er von mehreren Seiten Truppen an sich und näherte sich heimlich mit bewunderungswürdiger Schnelligkeit der Hauptstadt. Um Mitternacht am 25. Juli 1648 bemächtigte er sich der Oeffnung der Mauer auf dem Hradschin, sowie des Strahower Thores, und als die Bewohner der Kleinseite am andern Morgen aus dem Schlafe erwachten, erblickten sie überall die Musketen der Schweden, die dem erlassenen Befehle gemäß auf Jeden feuerten, der sein Haus verlassen wollte oder sich auch nur am Fenster blicken ließ. Auf der Alt= und Neustadt aber rüsteten sich alle waffenfähige Männer, Bürger, Adelige, Studenten, Juden und Mönche, zur tapfern Gegenwehr. Die Angriffe Königsmarks wurden mit großer Tapferkeit zurückgewiesen; mit Heldenmuth insbesondere kämpften die Studenten unter Anführung des Jesuiten Plachy auf der steinernen Brücke. Die Schweden begnügten sich indessen mit der gründlichen Plünderung der Kleinseite und des Schlosses und eröffneten verheerende Streifzüge in das Flachland. Als aber nach zwei Monaten Karl Gustav, der Pfalzgraf am Rhein, mit neuen Truppen eintraf (4. Okt.), Prag von allen Seiten eingesperrt und eine förmliche Belagerung eröffnet wurde, geriethen die tapferen Bewohner in die bedenklichste Lage. Vier Wochen noch wehrten sie sich mit aller Aufopferung, aber die Gränze der Wider=standskraft schien nicht mehr ferne zu sein. Da traf am 3. November die frohe Botschaft ein, dass der langersehnte Friede zwischen dem Kaiser und seinen Fein=den glücklich zu Münster und Osnabrück in Westphalen abgeschlossen worden sei. Die Schweden zogen aus dem Lande; dieses Mal war ihre Rückkehr nicht mehr zu befürchten.

2.

Zweihundert Jahre Absolutismus.

(1648—1848.)

Allgemeines.

Für ein Völkerleben sind dreißig Jahre keine lange Frist. Wenn aber diese erfüllt ist mit unausgesetzten Kämpfen und Verheerungen, mit ewigem Plün=

dern und Morden, dann bedeutet sie einen entschiedenen Wendepunkt in der Geschichte. Böhmen glich nach dem dreißigjährigen Kriege, wie ganz Deutschland, dem armen Manne, dem der Brand zum wiederholten Male Haus und Hof verzehrt, der zu einem Neubau keine Mittel mehr finden kann. Das Land war am materiellen Ruin angelangt. Tausende von Dörfern waren niedergebrannt worden: manche sind nicht wieder erstanden und leben nur noch im Namen fort. Die Städte lagen in Trümmern und trugen auf lange Jahre hinaus die traurigen Spuren der Verwüstung. Die Bevölkerung selbst war zusammengeschmolzen in schreckenerregender Weise: wen das Schwert des Feindes verschont, den hatten die unzertrennlichen Begleiter des Krieges, der Hunger und die Pest, dahin gerafft. Im Lande lebten vor dem unglücklichen Kampfe drei Millionen wohlhabende Einwohner, am Ende desselben nur etwa 800.000 Bettelleute. Von den 151.000 Bauerngründen, welche im Jahre 1605 gezählt wurden, finden wir im Jahre 1650 nur noch '50.000 besetzt. Industrie, Handel und Gewerbe waren gänzlich vernichtet, die betriebsamen Einwohner verjagt, das Kapital verschwunden. Selbst der Ackerbau konnte nicht sofort wieder in Angriff genommen werden. Ganze Wälder überwucherten die Aecker, der Bauer aber hatte kein Wirthschaftsgeräth, kein Saatkorn und keine Bespannung. Man sah damals an vielen Orten den Landmann sich selbst an den Pflug spannen.

Nicht aber die materielle Beschädigung allein war es, welche uns Böhmen vor und nach dem Kriege in ganz anderer Gestalt erscheinen läßt. Noch schärfer tritt die große Umwälzung in religiöser und politischer Beziehung hervor. Das Land, das seit zwei Jahrhunderten in der heftigsten Opposition zur römischen Kirche gestanden, das erst husitisch, dann utraquistisch und endlich protestantisch geworden war, bekannte sich nunmehr wieder zur alten katholischen Lehre. Zwar wurde im westphälischen Frieden das Jahr 1624 als sogenanntes Reformationsjahr festgestellt d. h. die Religion der Bevölkerung in den einzelnen Ländern sollte sich nach der von 1624 richten. Allein dasselbe wurde nicht auf Böhmen ausgedehnt, und vergeblich baten die Protestanten während der Friedensunterhandlungen um die Gestattung der Rückkehr der aus Böhmen Ausgewanderten und um Religionsfreiheit in diesem Lande. — Daß durch die Schlacht auf dem weißen Berge die Adelsherrschaft beseitigt und durch Ferdinand II. die Landesverfassung zu Gunsten der absoluten Monarchie wesentlich abgeändert worden ist, haben wir wiederholt betont. Der dreißigjährige Krieg mit seiner Noth und seinem Jammer trug in vorzüglicher Weise dazu bei, die neuen religiösen und politischen Verhältnisse zu befestigen. Die widerspänstige Partei war theils vernichtet, theils vertrieben worden; die etwa noch vorhandenen Oppositionselemente aber waren gering und in ihrer Widerstandskraft vollkommen erschöpft. Da durch den westphälischen Frieden die deutsche Kaisergewalt fast bis auf Null herabgedrückt worden war, so verlegten die Habsburger den Schwerpunkt ihrer Macht immer mehr in die österreichischen Erbländer und arbeiteten an der gründlichen Durchführung der österreichischen Staatsidee. Böhmen nimmt somit den ausgesprochenen Charakter einer Provinz an, und seine Geschichte wird in politischer Beziehung bedeutungslos. Auf die inhaltsreichen Jahre von 1618 bis 1648 folgten zweihundert Jahre der leeren Eintönigkeit, welche uns die kürzeste Fassung gestattet.

Ferdinand III. suchte nach dem großen Kriege durch eine milde Regierung Ferdinand III. († 1657). das harte Loos seiner vielgeprüften Unterthanen zu erleichtern; allerdings blieb es in vielen Fällen nur bei dem guten Willen. Gegen Ende seiner Regierung kam es zu einer abermaligen ernstlichen Verwicklung mit Schweden, da dessen König Karl X. des polnischen Thrones sich bemächtigt hatte und so die österreichischen Interessen bedrohte. Kaum hatte aber Ferdinand den Krieg erklärt, so starb er plötzlich im April 1657. In Böhmen war Ferdinand III. im Gegensatze zu seinem Vater sehr beliebt: den Tschechen namentlich schmeichelte es, daß er ihre Sprache gut verstand und beim Gottesdienste mit dem Volke das heilige Wenzelslied laut und vernehmbar absang.

Da Ferdinand IV., der schon gekrönte erstgeborene Sohn Ferdinands III., Kaiser Leopold I. (1657—1705). noch vor seinem Vater gestorben war (1654), so folgte in der Regierung der andere Sohn Namens Leopold, der gleichfalls die böhmische Krone bereits empfangen hatte (1656). Ursprünglich zum geistlichen Stande bestimmt, war Leopold I. ein frommer Mann, ohne große Begabung, aber auch ohne große Fehler; er liebte Kunst und Wissenschaft und beschäftigte sich insbesondere gerne mit der Musik, sowie sein Vater Ferdinand III. Er hielt fest an dem Grundsatze seiner Stiefmutter Eleonore Gonzaga „vorsichtig in der Entscheidung zu sein, aber an ihr festzuhalten, wenn man sie gegeben." Obwohl nichts weniger als kriegerisch gestimmt, hatte er als Kaiser von Deutschland, wozu er 1658 erhoben wurde, wie als Beherrscher von Oesterreich, eine Menge Kriege zu bestehen. Er beendigte den von seinem Vater begonnenen Kampf mit Polen (1657—60), führte zwei Reichskriege gegen Frankreich (1674—78, 1688-97), zwei Türkenkriege mit der Pforte (1664, 1683—99) und eröffnete den langwierigen spanischen Erbfolgekrieg (1701—1705). Böhmen blieb diesesmal verschont von feindlichen Einfällen, mußte sich aber an den Kämpfen durch hohe Geld- und Blutsteuern betheiligen. Große Furcht erregte im Lande das Vordringen der Türken bis vor Wien (1683), allgemeine Ent- Französische Mordbrenner (1689). rüstung die schändlichen Mordbrennereien Ludwigs XIV., von den Böhmen nicht unbehelligt blieb. Der genannte Franzosenkönig griff zu den niederträchtigsten Mitteln, seinen Feinden Schaden zuzufügen. Von ihm gedungene Banden von Brandlegern durchstreiften das feindliche Land und steckten die blühendsten Städte in Brand. Dergleichen ruchlose Gesellen fanden ihren Weg auch nach Böhmen, und es gelang ihnen nicht nur Trautenau, Braunau und Klattan einzuäschern, sondern auch einen Theil der Hauptstadt zu vernichten. Die ganze Judenstadt, 407 Häuser in der Alt- und Neustadt giengen in Flammen auf (1689). Fünf

dieſer Mordbrenner, darunter einer Namens Prochaska, wurden gefangen genom=
men, ihnen die Finger mit glühenden Zangen abgezwickt und ſie ſodann dem
Elemente überliefert, durch welches ſie ſo großen Schaden angerichtet.

Peſt (1679). Im Jahre 1679 wüthete eine fürchterliche Peſt in ganz Oeſterreich. Der
Kaiſer floh aus Wien nach Prag. Allein auch hieher verpflanzte ſich die Seuche
und ſoll in der Stadt allein 30.000 Menſchen hingerafft haben. Im Lande blieb
Bauernaufſtand (1680). es ſonſt während der langen Regierungszeit Leopolds ruhig mit Ausnahme des
gefährlichen aber bald bewältigten Bauernaufſtandes vom Jahre 1680. Die Seitens
ihrer Grundherren übermäßig gedrückte Landbevölkerung ſuchte nämlich, nachdem
andere Mittel der Güte Nichts gefruchtet hatten, ſich im Wege der Revolution
Erleichterung zu verſchaffen. Die Bewegung nahm ihren Anfang im Caſlauer
Kreiſe, erſtreckte ſich aber ſpäter auch auf den Bunzlauer, Leitmeritzer, Saatzer und
Elbogner. Zu Tauſenden rotteten ſich die Bauern und Häusler zuſammen, ver=
jagten die Gutsherren und Amtsleute von den Schlöſſern und wollten mit Gewalt
Herabſetzung der Frohndienſte und gelindere Robotordnungen erzwingen. Doch
bald wurden ſie von den regulären Truppen unter Harrant und Piccolomini be=
wältigt, um wieder das alte Joch mit zwar verſprochenen, aber nicht erfüllten
Erleichterungen zu tragen. Die Rädelsführer wurden als Aufrührer ohne Gnade
und Barmherzigkeit gehenkt oder geköpft. Wie weit in deutſchen Bezirken der
Aufſtand Boden gefaſſt hatte, geht aus einem Verzeichniſſe hervor, das folgende
Orte nennt, in welchen Todesurtheile gefällt wurden: Hainspach, Rumburg, Leipa,
Aniſcha, Kammitz, Tetſchen, Saatz, Leitmeritz, Staaden, Buchau, Neudeck, Elbogen
und Petſchau.

Kaiſer Joſeph I. (1705—1711). Nach dem Tode Leopolds I. (5. Mai 1705) folgte ſein erſtgeborener Sohn
Joſeph I., ein kraftvoller und Unger Monarch, deſſen Regierung für Deutſchland
und Oeſterreich nur allzu kurz währte. Nach der langen trägen Herrſchaft Leopolds
begann unter Joſeph I. ein friſches Leben im Innern der Monarchie zu pulſieren.
Der Kaiſer wünſchte allenthalben zum Nutzen ſeiner Unterthanen Verbeſſerungen zu treffen,
ſetzte Kommiſſionen zur Unterſuchung der Gebrechen ein und betrieb die Vorarbeiten
zu den beabſichtigten Reformen mit allem Eifer. Schade, daſs er nur ſechs Jahre
regierte, und dieſe Zeit hindurch ein großer Theil ſeiner Aufmerkſamkeit und ſeiner
Kräfte vom fortdauernden ſpaniſchen Erbfolgekriege in Anſpruch genommen wurde. Er
ſtarb am 17. April 1711 an den Blattern im 33. Lebensjahre, ohne einen Sohn
zu hinterlaſſen. Er war der erſte König von Böhmen, der ſich nicht hatte krönen
laſſen. Böhmens gelockertes Verhältniſs zu Deutſchland ſtellte Joſeph inſoweit
wieder her, als er ſich verpflichtete, für die Länder der böhmiſchen Krone in dem=
ſelben Maße zur Reichsſteuer beizutragen, wie die übrigen Reichsſtände; Böhmen
erlangte dagegen die Zuſicherung des Schutzes des Reiches und der Kriegshilfe
deſſelben in jedem Nothfalle.

Nach dem Tode Joſephs I. war der nächſtberechtigte Thronerbe ſein Bruder

Karl, der sich eben in Spanien aufhielt, als dessen König er von einer großen Partei seit 1704 anerkannt worden war. Er eilte nach dem Ableben seines Bruders nach Deutschland und erhielt als Karl VI. zu Frankfurt die Kaiserkrone; in Böhmen, als dessen König er sich erst 1723 krönen ließ, wurde er Karl II. genannt. Seine Regierung glich in vielen Beziehungen der Leopolds I.; wie dieser hatte er eine Menge Kriege zu führen, im Innern der Monarchie aber stockte das Leben, und die von Joseph I. eingeleiteten Reformen wurden aufgegeben. Der edle Ritter, Prinz Eugen, der seit Leopold I. in glänzender Weise für das Haus Habsburg kämpfte, war auch Karls VI. bester Feldherr. Er vollendete den spanischen Erbfolgekrieg durch den Badner Frieden (1714), in welchem Oesterreich Neapel, Sardinien, die toskanischen Küstenstädte, Mailand und Belgien erhielt; ferner bekämpfte er die Türken und erhielt durch den Passarowitzer Frieden (1718) der Monarchie den Besitz des Temescher Banates, Serbiens und der kleinen Walachei. Minder glücklich endigte der polnische Erbfolgekrieg (1733 -1735), sowie der zweite Türkenkrieg (1737—1739), in Folge deren in den Friedensbeschlüssen zu Wien (1735) und zu Belgrad (1739) die früheren Erwerbungen theilweise wieder abgetreten werden mußten.

In seiner Politik nach Außen ließ sich Kaiser Karl VI. vielfach zur Nachgiebigkeit bewegen, um von den einzelnen Mächten die Zustimmung zu einem Staatsgrundgesetze, das er seiner Monarchie gegeben hatte, der sogenannten pragmatischen Sanktion, zu gewinnen. In diesem Gesetze, das der Kaiser am 19. April 1713 seinen geheimen Räthen und 1719 erst öffentlich bekannt machte, erklärte er feierlich die Monarchie als einheitlich und unzertrennlich und bestimmte genau die Thronfolge, die auch in weiblicher Linie stattfinden sollte. Stürbe er ohne männliche Erben, so hätten das Recht der Erbfolge in seiner ganzen Herrschaft zuerst seine Töchter und ihre Nachkommen nach der Reihe der Erstgeburt, nach ihnen die Töchter seines verstorbenen Bruders Joseph und endlich seine eigenen Schwestern, die Töchter des Kaisers Leopold. Wie die übrigen Erbländer, so gab auch Böhmen seine Zustimmung zur pragmatischen Sanktion, und die Stände erklärten auf einem zahlreich besuchten Landtage (18. Okt. 1720), dieselbe mit Gut und Blut vertheidigen zu wollen, welche Versicherung sie nach der Krönung des Königs in feierlicher Weise wiederholten (1723). — Karl VI. war der einzig lebende männliche Habsburger; ein Söhnlein, Namens Leopold, das ihm 1716 geboren wurde, war schon nach wenigen Monaten gestorben. Gerade aus diesem Grunde erklärt sich die unermüdliche Thätigkeit des Kaisers, die allseitige Anerkennung der pragmatischen Sanktion zu erlangen. Er glaubte alsdann ruhig sterben zu können (20. Okt. 1740), da er die Nachfolge seiner ältesten Tochter, Maria Theresia, für gesichert und unangefochten hielt. Minder vertrauensselige Naturen legten allerdings nur einen geringen Werth auf alle jene papierenen Versicherungen der europäischen Mächte; Prinz Eugen, der große Feldherr und scharfsichtige Politiker, hatte vollkommen

Recht, wenn er meinte, ein wohlgefüllter Staatsschatz und ein schlagfertiges Heer seien besser, als jede pragmatische Sanktion. — Trefflich sind über die Regierung Karls VI. und einiger seiner Vorgänger mit Bezugnahme auf Böhmen die Worte Cl. Th. Perthes: „In Böhmen waren, als Kaiser Karl VI. 1740 starb, Justiz= verwaltung, Landrechte und Landesordnungen, Anstatten und Einrichtungen dieselben, wie zur Zeit des Todes Ferdinands II. Ackerbau, Handwerk und Handel wurden ge= trieben, Steuern wurden erhoben, wie hundert Jahre zuvor; schwerlich ist in diesem Zeitraum auch nur eine neue Straße von Bedeutung durch die Stände angelegt worden. Das aus früherer Zeit Ueberlieferte hielt sich zwar, aber es blieb sich selbst überlassen, und der Gesammtzustand wurde in jedem Erblande mit jedem Jahrzehent nicht nur älter, sondern auch steifer, dürrer und unfruchtbarer".

Kaiserin
Maria Theresia
(1740–80).

Maria Theresia übernahm in ihrem dreiundzwanzigsten Lebensjahre kraft des Erbfolgegesetzes ihres Vaters 1740 die Regierung über die österreichischen Länder. Sie gehört zu den größten Frauen der Geschichte und zu den bedeutendsten Herr= schern, welche der Habsburgischen Familie jemals entsprossen. „Wenn unter allen Frauen der Welt die Wahl frei stünde", so berichtet der Venetianische Gesandte Foscarini, „so würde man sie als Erbin des Hauses Oesterreich berufen." „Der Hauptvorzug dieser Fürstin", fügt er hinzu, „ist die Erhabenheit ihres Geistes, verbunden mit einer gewissen Männlichkeit der Seele." Die junge Königin von Ungarn und Böhmen vereinigte in der That die seltensten Vorzüge in ihrer Person. Schon von Gestalt und Antlitz, heiter, milde und sentselig in ihrem Sinne, war es ihr ein Leichtes, die Herzen der Unterthanen zu gewinnen. Ein scharfer durchdringender Verstand und eine seltene Kraft des Willens befähigten sie zur Ausübung der ernsten Staatsgeschäfte; ihre sittenreine, von tiefem, echt reli= giösen Gefühle durchdrungene Seele, ihr die Leiden Anderer lebhaft mitfühlendes Herz ließen sie die Sorge für das Wohl des Volkes als höchsten Beruf eines ge= wissenhaften Regenten erkennen. Als Lieblingswissenschaft pflegte sie die Geschichte, und die mahnenden Lehren derselben schwebten ihrem klaren Geiste zu allen Zeiten vor. Neben ihrer Muttersprache sprach sie mit voller Gewandtheit lateinisch, fran= zösisch, italienisch und spanisch, und damit auch das minder Wesentliche nicht fehlte, sie tanzte mit Anmuth, sang und musicierte, wie eine Meisterin, und schoß, gleich dem besten Schützen, nach der Scheibe. Maria Theresia hatte das bei Fürstinnen so seltene Glück, den Mann ihres Herzens als Gemahl zu besitzen. Sie lebte mit Franz Stephan, Herzog von Lothringen, dem sie 1736 freudig zum Altare gefolgt war, in der glücklichsten Ehe. Herzog Franz war eine gerade, ehrliche Natur mit hellem Kopfe und tapferem Sinne. Da er ferner sparsam und ein guter Rechner war, so übernahm er die Leitung der Staatsfinanzen und brachte in dieselben baldigst die beste Ordnung.

Der österreichische
Erbfolgestreit
(1740–48).

Prinz Eugen hatte mit seinem oben angeführten Ausspruche Recht; die aller= orts gebilligte pragmatische Sanktion gewährte der jungen Regentin nicht den geringsten Schutz. Kaum hatte Kaiser Karl VI. die Augen geschlossen, als von allen Seiten Ansprüche auf die österreichische Erbschaft erhoben wurden. Zuerst meldete sich Karl Albert, der Kurfürst von Baiern, der sich auf ein Testament Ferdinands I. stützte, von dessen Tochter Anna er abstammte. Seine Rechte waren illusorisch, weil sie auf einem in der betreffenden Urkunde gefälschten Worte beruhten. Neben ihm erhoben Ansprüche der Kurfürst von Sachsen, August III., als Gemahl der ältesten Tochter Josephs, Philipp V. von Spanien und Karl Emanuel III. von Sardinien, die beiden letzteren wegen ihrer Abstammung von Habsburgischen Prinzessinnen. Auch ihre Rechte zeigen sich bei der oberflächlichsten Untersuchung als nichtig. Ebenso wenig stichhaltig ergeben sich bei genauerer Kritik die Ansprüche, welche der junge König Friedrich II. von Preußen auf die schlesischen Herzogthümer Brieg, Liegnitz und Wohlau, sowie auf Jägerndorf geltend machte. Letzteres hatte der Markgraf Johann Georg von Brandenburg-Anspach besessen, es aber verloren, weil er wegen Betheiligung an dem böhmischen Aufstande vom Kaiser geächtet worden war (1621). Brieg, Liegnitz und Wohlau waren nach dem Tode des letzten Piastischen Fürsten (1675) von Kaiser Leopold I. als Lehen der böhmischen Krone in Besitz genommen worden; wohl beanspruchte der damalige Kurfürst von Brandenburg laut einer älteren Erbverbrüderung (1537) die Herzogthümer, verzichtete aber (1686) darauf gegen die Abtretung des Schwiebuser Kreises, den er übrigens auch ('694) gegen eine Geldentschädigung an Leopold zurückgab. Es waren der Feinde genug, welche sich der jungen Herrscherin gleich bei ihrem Regierungsantritte gegenüberstellten, und hinter allen genannten befand sich noch Frankreich, das, getreu seiner alten Politik, die Gelegenheit mit Freuden ergriff, gegen die gehaßten Habsburger neue Schläge führen zu können.

Als gefährlichster aller Gegner Maria Theresias zeigte sich bald der hochbegabte, mit einem seltenen Feldherrntalente ausgerüstete Preußenkönig Friedrich II.   Der erste
schlesische Krieg
(1740—42).
Ohne weitere Kriegserklärung brach derselbe im December 1740 in Schlesien ein, eroberte fast das ganze Land und rückte nach dem Siege bei Mollwitz (10. April 1741) gegen Böhmen. Nachdem er dieses Land am rechten Elbeufer besetzt hatte, marschierte er nach Mähren, wo inzwischen sein Feldherr Schwerin die Festung Olmütz genommen hatte. Da aber der Herzog Karl von Lothringen aus Baiern heranzog, wich Friedrich nach Böhmen zurück und lagerte sich bei Chotusitz unweit Caslau. Karl von Lothringen griff hier die Feinde muthig an, wurde aber geschlagen (17. Mai 1742). In Folge dessen schloß Maria Theresia, um sich wenigstens eines Feindes zu entledigen, mit Preußen den Frieden zu Breslau, in welchem sie die Grafschaft Glatz und ganz Schlesien mit Ausnahme von Teschen, Troppau und Jägerndorf abtrat (Juni 1742). Im Juli erkannte auch der Kurfürst von Sachsen diesen Frieden an.

Unterdessen war nämlich auch an anderen Punkten der Kampf entbrannt. Ein französisches Heer erschien in Baiern, der Kurfürst von Baiern selbst überfiel mit deſſen Hilfe Oeſterreich und empfieng in Linz die Huldigung der Stände (Oft. 1741). Dann wandte er ſich gegen Böhmen, in welches Land von Norden her auch die Sachſen eingefallen waren. Vor Prag vereinigten ſich die feindlichen Truppen, griffen die ſchwachbeſetzte Stadt von vier Seiten an und nahmen ſie mit leichter Mühe. Die Eroberer verfuhren mit ſeltener Milde gegen die erſtürmte Reſidenz; kein Haus wurde geplündert, keinem Bürger ein Leid zugefügt (26. Nov. 1741). Am 7. December ließ ſich der Kurfürſt von Baiern durch einen Herold in den Straßen von Prag zum König von Böhmen ausrufen; am 19. nahm er in der St. Veitskirche die feierliche Huldigung des Adels entgegen. Vier hundert adelige Herren huldigten. Es fehlten ſelbſt nicht die Kolowrat, Kinsky, Gallas, Wrbna, Königsegg, Sternberg, Clary, Waldſtein, Chotek. Der Prager Erzbiſchof Fürſt Moritz von Manderſcheid celebrierte in eigener Perſon das Hochamt. An die Stelle der theilweiſe flüchtig gewordenen Landesbeamten ſetzte der neue König zur Verwaltung des Landes eine ſogenannte Deputation von ſieben Mitgliedern, an der Spitze den Grafen Philipp Krakowsky von Kolowrat, ein. Auf dem Land= tage, der hierauf zuſammentrat, mußten die böhmiſchen Stände eine hohe Geld= ſteuer bewilligen; die eingebrachte Vorlage des Königs war ſeltſamer Weiſe in franzöſiſcher Sprache abgefaſſt. Ganz glücklich über ſeine Errungenſchaften gieng Karl Albert von Prag nach Frankfurt, wo die Kurfürſten zur Wahl des Kaiſers ſich verſammelt hatten. Er vereinigte auf ſich die meiſten Stimmen und wurde ſomit zum Kaiſer des deutſchen Reiches ausgerufen (24. Jan. 1742).

Zur ſelben Zeit rückten die Oeſterreicher, welche zu ſpät gekommen waren, um die Einnahme Prags zu verhindern, durch Oberöſterreich und Tirol in Baiern ein, nahmen die Hauptſtadt München (Febr. 1742) und beſetzten das ganze Land. Nachdem ſie hierauf die Preußen durch den Breslauer Frieden vom Kriege abge= lenkt hatten, wandten ſie ſich unter Karl von Lothringen mit der ganzen Kriegs= macht nach Böhmen, um aus dieſem Lande die Franzoſen und Baiern zu vertreiben. Sie nahmen Frauenberg, Piſek, Pilſen und andere Plätze und lagerten ſich auf dem weißen Berg vor Prag, in welcher Stadt die Franzoſen in beträchtlicher An= zahl unter Belleisle ſich befanden. Am 27. Juni übernahm Franz Stephan den Oberbefehl über die Oeſterreicher, welche die Stadt immer enger einſchloſſen und eine gewaltige Kanonade eröffneten, dergleichen die Franzoſen ſelbſt nach eigenem Geſtändniſſe noch nicht gehört hatten. Anfangs September traf die Botſchaft ein, daß ein franzöſiſches Heer unter Maillebois zum Entſatze von Prag der Landes= gränze ſich näherte. Sofort eilten ihnen die Oeſterreicher entgegen, drängten ſie mit großem Geſchicke von den Gränzen nach Baiern zurück und verfolgten ſie in dieſes Land. Die Belagerung von Prag ſetzte der Fürſt Chriſtian Lobkowitz mit 20,000 Mann fort. Die Franzoſen, die in eine immer gefährlichere Lage geriethen, entſchloſſen ſich zu einem verzweifelten Schritt. Mitten im Winter in der Nacht vom 16. December bei ſchneidender Kälte entſchlüpfte Belleisle mit 14,000 Mann aus Prag und erreichte in zehntägigen Eilmärschen das befestigte Eger. Der Zug war tollkühn und voll unsäglichen Elends; er kostete den Franzosen 6000 Mann, von denen allein 1300 erfroren waren. Es nimmt uns Wunder, daß Voblowitz nicht das ganze Heer aufgerieben hat.

Nach der Befreiung Böhmens von den feindlichen Truppen fürchteten diese- nigen Landesangehörigen, welche sich an den bairischen Kurfürsten angeschlossen hatten, ein strenges Gericht. Allein die Kaiserin begnadigte die Meisten oder ließ es bei bloßen Geldstrafen bewenden; nur ein einziger Herr, Karl David, Kreis- hauptmann unter Karl VII., wurde zum Tode verurtheilt, aber noch auf dem Richtplatze pardoniert. Am 29. April (1743) kam Maria Theresia selbst nach Prag, ließ sich am 12. Mai in feierlicher Weise krönen und hielt sich zur großen Freude der Prager 48 Tage lang in der Stadt auf. Die böhmische Krone befahl die Kaiserin Vorsichts halber nach Wien zu bringen, wo sie jedenfalls in den stür- mischen Zeiten sicherer als in Prag aufgehoben war. *Maria Theresia in Böhmen gekrönt (12. Mai 1743).*

Immer günstiger schien sich die vor Kurzem noch ganz verzweifelte Lage der muthigen Kaiserin gestalten zu wollen. Die Engländer hatten schon im Vorjahre die sogenannte „pragmatische Armee" zu Gunsten Maria Theresias ins Feld ge- stellt und mit derselben die Franzosen bei Dettingen geschlagen (27 Juni 1742). Jetzt schlossen sie mit der Kaiserin und mit Sardinien ein Bündniß, welches der jungen Beherrscherin von Oesterreich ihre sämmtlichen Länder sichern sollte (13. Sept. 1743). Die Oesterreicher selbst waren nach der Eroberung Baierns siegreich bis über den Rhein vorgedrungen und verlegten den Kriegsschauplatz aufs franzö- sische Gebiet. Alles dieses mochte dem König von Preußen bedenklich vorkommen, und er fürchtete für das jüngst gewonnene Schlesien, da in dem von den Oester- reichern abgeschlossenen Bündnisse des Breslauer Friedensvertrages nicht erwähnt worden war. Deshalb schloß er mit Kaiser Karl VII., Frankreich, Pfalz, Schweden und Hessenkassel eine Union zu Frankfurt (22. Mai 1744), um angeb- lich die deutsche Freiheit zu retten und die Verfassung des alten Reiches zu erhalten. In einem besonderen Vertrage wurden Friedrich II. österreichisch Schlesien und Böh- men jenseits der Elbe, dem Kaiser aber der Rest von Böhmen zugesichert. J.1 August 1744 brach der Preußenkönig mit 80.000 Mann „kaiserlicher Hilfstruppen" in Böhmen ein, marschierte gerade auf Prag los und stand vor dieser Stadt bereits am 2. September. Die Stadt, die nur eine ganz kleine Besatzung unter dem Befehle Harsch's besaß, konnte sich nicht lange halten. Am 12. September stürmte Schwerin den Zizkaberg, worauf die Preußen ein heftiges Kanonenfeuer eröffneten. Die Ringmauern wurden theilweise zusammengeschossen, in der Neustadt sanken 150 Häuser in Asche. Am 16. mußte Harsch kapitulieren und sich mit der Besatzung gefangen geben. Am nächsten Tage zog Friedrich II. im Triumphe ein, und er schrieb im Siegesjubel: „Sie ist unser, diese Stadt, von der man so viel Auf- hebens machte und sagte, ich würde sie nicht so geschwind erobern, als ich mir *Der zweite schlesische Krieg (1744 - 45).*

einbilde." Nicht so glücklich waren die weiteren Unternehmungen der Preußen in Böhmen. Sie eroberten zwar Tabor, Budweis und andere feste Plätze, wurden aber durch den über Taus herbeieilenden Karl von Lothringen und durch die geschicktesten Manöver des Grafen Traun aus ganz Böhmen hinausgedrängt und konnten erst wieder in Schlesien festen Fuß fassen (Dec. 1744). Im Sommer 1745 giengen auch die Oesterreicher nach Schlesien; ihre Absicht, dieses Land zurückzuerobern, wurde durch die blutige Niederlage vereitelt, die ihnen Friedrich II. bei Hohenfriedberg beibrachte (3. Juni). Als Karl von Lothringen sich nach Böhmen zurückzog, folgten ihm die Preußen auf dem Fuße; die Oesterreicher bezogen ein verschanztes Lager bei Königgrätz, die Feinde bewegten sich längs der Gränze. Erst am 30. September kam es wieder zum mörderischen Zusammenstoß bei Soor, unweit Trautenau, in welcher Schlacht die Oesterreicher abermals erlagen. Nachdem der preußische Feldherr Leopold von Dessau auch die mit den Oesterreichern verbündeten Sachsen bei Kesselsdorf geschlagen hatte (15. Dec.), wurde der Friede zu Dresden geschlossen (25. Dec.). Maria Theresia verzichtete abermals auf Schlesien, wie im Breslauer Frieden, wogegen Friedrich den inzwischen zum Kaiser gewählten Gemahl Maria Theresias, Franz I., als Oberhaupt des deutschen Reiches anerkannte. Es näherte sich der allgemeine Friede immer mehr. Kaiser Karl VII. war nämlich am 20. Januar 1745 zu München gestorben, und dessen Sohn und Nachfolger Maximilian Joseph hatte im Frieden zu Füßen (April 1745) gegen die Rückgabe Baierns allen Ansprüchen auf Oesterreich entsagt. Nur Spanien und Frankreich setzten den Krieg noch fort, bis auch mit ihnen der Friede zu Aachen abgeschlossen wurde (18. Okt. 1748).

Aachner Friede (1748).

Der siebenjährige Krieg 1756—63. Die eintretende Friedenszeit benützte die Kaiserin zur Hebung der innern Wohlfahrt ihrer Länder durch allerhand heilsame Reformen, die wir später noch erörtern werden. Für kommende Kriegsereignisse aber suchte man sich ausgiebigere Allianzen zu verschaffen, als es in den letzten Kämpfen der Fall gewesen. Fürst Kaunitz, der geschickte Leiter der auswärtigen Angelegenheiten Oesterreichs, schloß mit Frankreich zu Versailles einen Vertrag zur gegenseitigen Hilfeleistung ab (1. Mai 1756) und wußte ferner Rußland und Sachsen auf die Seite Oesterreichs zu bringen. Friedrich II. aber, der nicht ohne Grund befürchtete, daß die Allianzunterhandlungen Oesterreichs vornehmlich gegen ihn gerichtet seien, schloß mit England einen Neutralitätsvertrag zu Westminster (16. Jan. 1756) und glaubte durch sofortiges Losschlagen seinen Gegnern zuvorkommen zu müssen. Ohne weitere Kriegserklärung brach er plötzlich im August 1756 in Sachsen ein, nahm Dresden und umzingelte das sächsische Heer bei Pirna. Dann warf er sich nach Böhmen und vereitelte durch die Schlacht bei Lobositz (1. Okt.) den Plan des österreichischen Feldherrn Browne, die Sachsen zu befreien. Letztere mußten sich samt und sonders kriegsgefangen geben. Wohl gewann Oesterreich jetzt neue Bundesgenossen an dem deutschen Reiche und den Schweden, allein unbekümmert um diese, sowie um die Franzofen, deren Bekämpfung Friedrich den Engländern überließ, wandte sich dieser mit aller Kraft abermals nach Böhmen. Mit vier Heeren brach er im April 1757 in dieses Land ein und lieferte am 6. Mai den Oesterreichern die zehnstündige Schlacht bei Prag. Die Oesterreicher erlagen trotz der größten Tapferkeit; ihr Unglück an diesem Tage ist wohl hauptsächlich dem Umstande zuzuschreiben, daß mitten im Kampfe sowohl Karl von Lothringen wegen eines heftigen Brustkrampfes, als auch Browne wegen einer gefährlichen Verwundung nach Prag gebracht werden mußten, und deswegen den Truppen die einheitliche Leitung mangelte. Die Preußen hatten den Sieg nur mit den schwersten Verlusten erkauft; Friedrich II. schreibt: „Die Schlacht bei Prag war eine der mörderischsten des Jahrhunderts; in ihr stürzten die Säulen der preußischen Armee: eine Zahl alter Officiere und Soldaten, welche zu ersetzen ein blutiger und grausamer Krieg nicht die Gelegenheit gab, gieng zu Grunde. Der Tod des Feldmarschalls Schwerin wog allein 10.000 Mann auf." Die geschlagenen Oesterreicher hatten sich, 40.000 Mann stark, nach Prag geworfen und vertheidigten sich gegen die Preußen, welche sofort die Belagerung dieser Stadt eröffneten, auf das Tapferste. Friedrich II., der Prag um jeden Preis in seine Gewalt bringen wollte, besetzte die Hügel rings- um mit Batterien und begann am 30. Mai ein schonungsloses Bombardement, das ununterbrochen Tag und Nacht mit gleicher Heftigkeit unter betäubendem Krachen und Donnern fortgesetzt wurde. Die preußischen Geschosse richteten ent- setzlichen Schaden an. Ganze Gassen lagen in Trümmerhaufen zerschossen; man zählte bereits über 800 Häuser, die durch die preußischen Bomben entweder zer- stört oder arg zugerichtet worden waren. In der bedauerlichsten Weise wurde der St. Veitsdom beschädigt; das herrliche Gebäude gerieth wiederholt in Brand und verlor durch einschlagende Bomben einige Pfeiler, sowie die schöne von Ferdinand I. gewidmete Orgel. Und immer neue Batterien pflanzten die Preußen auf den Anhöhen auf, und man fürchtete mit Recht, die ganze Stadt werde in einen Schutthaufen verwandelt werden, wenn nicht bald ein Entsatzheer zu Hilfe käme. Da befahl die Kaiserin Maria Theresia, welche über den Zustand der bedrängten Stadt genau unterrichtet wurde, dem Grafen Daun, der schon längere Zeit mit einer kaiserlichen Armee in Böhmen stand, schleunigst gegen Prag zu marschieren. Friedrich II. ließ auf die Nachricht hievon einen Theil des Belagerungsheeres vor Prag, mit dem andern aber eilte er Daun entgegen und traf ihn in der Gegend von Kolin. Die hier am 18. Juni sich entspinnende Schlacht endigte mit der vollkommenen Niederlage der Preußen. Sechsmal hatte Friedrich gegen die An- höhen, welche die Kaiserlichen besetzt hielten, gestürmt, sechsmal wurde er von den kaiserlichen Grenadieren zurückgeworfen. „Eine bewunderungswürdige Truppe, diese kaiserlichen Grenadiere", schreibt der preußische König selbst; „sie vertheidig- ten eine Höhe, welche zu nehmen meine beste Infanterie nicht im Stande war." Die Preußen mußten in Folge des Koliner Kampfes gänzlich aus dem Lande weichen; auch das Prager Belagerungsheer zog eiligst über Leitmeritz nach Sachsen. Maria Theresia würdigte die Bedeutung dieses Sieges in vollem Maße. Sie bezeichnete in einem Dankschreiben an den Feldmarschall Daun den 18. Juni als den „Geburtstag der Monarchie"; zur Erinnerung aber an den Heldenkampf ihrer Truppen stiftete sie den militärischen Maria Theresia Orden, dessen erstes Groß= kreuz Daun erhielt.

Der Huberts-
burger Friede
(1763).
Der Krieg war allerdings nicht beendigt, sondern raste noch durch sechs Jahre fort. Böhmen selbst aber wurde unmittelbar nur noch durch einen kleinen preußischen Streifzug im November 1757 betroffen; sonst verblieb der Schauplatz der blutigen Kämpfe außerhalb seiner Landesgränzen. So empfindliche Schläge die Oesterreicher auch Friedrich II. noch beibrachten, dessen großes Feldherrntalent, sowie die glückliche Konstellation der Verhältnisse, ließen ihn endlich doch als Sie= ger aus dem Kriege hervorgehen. Im Frieden, welcher zu Hubertsburg am 25. Februar 1763 abgeschlossen wurde, behielt Preußen jene Eroberungen, welche ihm bereits im Breslauer und Dresdner Frieden abgetreten worden waren.

Kaiser Joseph
Mitregent
(1765—80).
Maria Theresia setzte auch nach dem siebenjährigen Kriege mit allem Eifer jene Verbesserungen in der Verwaltung, in Kirche und Schule fort, welche sie seit 1748 begonnen hatte. Wir werden noch genügend darauf zurückkommen. Nach dem Tode ihres Gemahls Franz (18. Aug. 1765) nahm sie ihren talentvollen Sohn Joseph, der bereits 1764 zum römischen Kaiser gewählt worden war, zum Mitregenten an. Er stand ihr getreulich zur Seite, obwohl er in seinen weit gehenden Reformideen von der ruhig denkenden und mäßig vorwärts schreitenden Mutter nicht immer unterstützt wurde und namentlich in ihren letzten Regierungs= jahren wiederholt mit ihr in Zerwürfnisse gerieth. In Böhmen gewann Kaiser Joseph rasch eine große Beliebtheit, als er in den Hungerjahren 1771 und 1772 selbst in's Land kam und durch kräftige Maßregeln der allgemeinen Noth zu steuern suchte.

Bairischer
Erbfolgekrieg
(1778 9).
Ein zweites Mal kam Joseph wieder nach Böhmen, um das Land gegen den erwarteten feindlichen Einfall der Preußen zu schützen. Denn es waren aber= mals Streitigkeiten mit Friedrich II. ausgebrochen, die einen neuen Krieg herbei= zuführen drohten. Der preußische König suchte nämlich die Bestrebungen Oester= reichs zu vereiteln, einige Bestandtheile aus der bairischen Erbschaft nach dem Tode Maximilian Josephs, des letzten Sprößlings aus der bairisch Wittelsbachischen Linie, zu erwerben, und erregte den sogenannten bairischen Erbfolgekrieg (1778— 1779). Derselbe verursachte glücklicher Weise wenig Blutvergießen und bestand in bloßen Aufstellungen, Märschen und Gegenmärschen, und wenn es hoch kam, einigen Scharmützeln der Vorposten. Kaiser Joseph hatte bei Königgrätz und Ja= romirsch eine treffliche Stellung genommen und schien sich auf die bloße Verthei= digung beschränken zu wollen. Der alte Fritz von Preußen aber mochte seinen Kriegsruhm auch nicht so leicht in die Schanze schlagen. Da vollends Maria Theresia die Wiederherstellung der Ruhe betrieb, so wurde dieser Krieg — scherz=

weise vom Volke der Buttermilchkrieg genannt — durch den Teschner Frieden beendigt (13. Mai 1779). Oesterreich erhielt das bairische Innviertel, verzichtete aber auf den übrigen Theil der bairischen Erbschaft.

Die Kaiserin wollte ihre letzten Tage in Frieden beschließen; darum be= schleunigte sie die Teschner Uebereinkunft mit ihrem alten Gegner. Im nächsten Jahre schon starb die seltene Frau, tief betrauert von allen ihren Unterthanen, deren pflichtbewußte Landesmutter sie gewesen (29. Nov. 1780). Sie hinterließ ihrem Sohne ein nach Außen neu gekräftigtes und im Innern in gesunder Ent= wickelung begriffenes Reich. Der Verlust von Schlesien war durch die Erwerbung Galiziens und Lodomeriens (1772), der Bukowina (1775) und einiger kleineren Ge= biete in Deutschland erjetzt worden. Um das feindlichen Angriffen so oft ausge= setzte Böhmen einigermaßen zu sichern, hatte die Kaiserin mehrere geeignete Punkte in diesem Lande befestigen lassen. So war schon 1766 Königgrätz verschanzt wor= den: in dem Todesjahre der Kaiserin aber wurde der Bau der nach Mutter und Sohn benannten Festungen Theresienstadt und Josephstadt begonnen (1780).

Es gibt in der ganzen österreichischen Geschichte keine volksthümlichere Gestalt, als die des Kaisers Joseph II. Und mit vollem Rechte hat das Volk diesen gro= ßen Kaiser zu seinem unvergeßlichen Lieblinge erhoben, und mit gerechter Entrü= stung legt es entschiedene Verwahrung ein gegen jene giftigen Schmähreden, welche unlautere Dunkelmänner seit jeher gegen ihn, wie gegen die Besten der Nation, nicht unterdrücken konnten. Josephs Charakter war durch und durch edel; seine Absichten waren so rein, wie die Tugend, und seine kühnen Entwürfe verriethen nur die ideale Natur des freisinnigen Volksmannes auf dem Throne. Nicht durch glänzenden Waffenruhm wollte sich der Kaiser Auszeichnung erringen; sein Streben war ein weit schöneres und erhabeneres. Die schädlichen Fessel der Vorurtheile zu zerschlagen, die veralteten und verrotteten Einrichtungen, die das Volkswohl alpähn= lich beklemmten, zu vernichten, den Aberglauben und die Kastenvorrechte auf allen Punkten zu bekämpfen, mit Einem Worte, sein Volk so glücklich als möglich zu machen, das galt ihm als die würdigste und höchste Pflicht eines Herrschers. Die= sem Ziele strebte der Kaiser mit der innigsten Hingebung nach. Darum wollte er Alles selbst hören und sehen, darum stürzte er sich mit Feuereifer in die schwierig= sten Arbeiten, und darum verzichtete er auf alle Vergnügungen, um nicht eine Minute der Durchführung seines hohen Lebensplanes zu entziehen. Hat der hochherzige Mann im zehnjährigen Mühen und Ringen auch seine Ideale nicht in vollem Umfange erreicht, gescheitert ist sein Lebensberuf deswegen nicht. Haben auch seine vielen Feinde zu verhindern gewußt, daß er nicht Alles, was schief war, gerade richtete, in den Hauptfragen gieng er siegreich hervor und erwarb sich unsterbliche Verdienste für die Menschheit. Von Vielem aber, wozu er bereits die Saat ausgeworfen, sehen wir erst in unserer Zeit die Früchte reifen. — Auch in Böhmen wird des Kaisers Name noch jetzt gesegnet, obwohl er sich nicht zum Könige dieses Landes

[Marginalia rechts:] Tod Maria Theresias (Nov. 1780).

[Marginalia rechts:] Kaiser Joseph II. (1780—1790).

hat krönen lassen. Nicht mit der Krone auf dem Haupte, sondern mit dem Pfluge in der Hand, den er bei Slawitowitz in Mähren führte (29. Aug. 1769) oder mit der Sense, mit welcher er in Kronstadt bei Rokytnitz in Böhmen Haber schnitt (5. Sept. 1779), eroberte er die Herzen seines Volkes. Seine Reformen werden wir noch ausführlich beleuchten und sehen, wie der Kaiser auch in unserem Vaterlande der Befreier des Bauers aus der Leibeigenschaft, der Verfechter der Religionsfreiheit, der Beförderer des Ackerbaues, des Handels und der Industrie, der Vater der Armen, Kranken und Waisen, kurz der Beglücker des Volkes geworden ist.

Zu den bittersten Erfahrungen wahrhaft edler Menschen gehört die Verkennung der dargebotenen Wohlthaten, ja oftmals der Undank derjenigen, denen sie entgegen gebracht worden. Auch Kaiser Joseph sollte in dieser Beziehung die herbsten Enttäuschungen erleben. Den Kampf mit dem Adel und Klerus führte der tapfere Freiheitskämpe mit fröhlicher Begeisterung und echtem Mannesmuthe, aber tief verletzte ihn das Mißverständniß bei einem Theile seiner Völker. Wenn deßwegen der edle Regent viele Stunden der Verstimmung und des innern Schmerzes erlebte, so ist es gar nicht zu verwundern. Da auch seine auswärtigen Bestrebungen nicht immer von dem erwünschten Erfolge begleitet waren, so bleibt seine verhältnißmäßig kurze Regierung zwar die von den höchsten Ideen getragene, aber zugleich eine der dornenvollsten im Hause Oesterreich. In einem Türkenkriege, in welchem sich Joseph selbst an die Spitze seiner Truppen gestellt hatte, holte er sich den Keim zu einer tödtlichen Krankheit, welcher er schon am 20. Februar 1790 zu Wien erlag. Das Volk wollte lange nicht glauben, daß sein Liebling gestorben und meinte, seine Widersacher hielten ihn gewaltsam in Verborgenheit gefangen. Sein Name und sein Geist lebt aber fort und wird fortleben im Munde und im Herzen des Volkes, unter dem er so gerne sich bewegte, um dessen Leiden und Freuden er so sehr sich bekümmerte.

Kaiser Leopold II. (1790—1792). In der Regierung der österreichischen Länder folgte Josephs Bruder Leopold, bisheriger Großherzog von Toskana, der im Oktober 1790 auch die deutsche Kaiserkrone erlangte. Mit Preußen wurde die Konvention von Reichenbach, mit der Pforte der Frieden von Sistowa geschlossen. Die durch die josephinischen Neuerungen unruhig gewordenen Länder, namentlich Belgien und Ungarn, suchte Leopold durch allerhand Zugeständnisse zu gewinnen. Während er in diesen Ländern so ziemlich die alten Zustände wieder herstellte, duldete er die vollkommene Vernichtung der Reformen seines edlen Bruders in andern Theilen seines Reiches nicht. Namentlich gab er den anmaßenden Forderungen des am 22. März 1790 einberufenen böhmischen Landtages in vielen Fragen nicht nach, sondern ließ sich nur zu einigen Koncessionen bewegen. Da der böhmische Adel auf dem Landtage, welcher bis in den Januar 1791 beisammen blieb, auch die heilsamen Verbesserungen der Kaiserin Maria Theresia zu beseitigen, ja sogar zu seinen Gunsten die verneuerte Landesordnung abzuändern wünschte, so erklärte der Kaiser schlüßlich durch ein Patent vom 28. Juni 1791, daß in Bezug auf Abänderung der ständischen Rechte über das Jahr 1764 in keinem Falle hinausgegangen werden dürfte. Bald darauf ließ er die böhmische Krone von Wien wieder nach Prag in ihren alten Aufbewahrungsort bringen (9. Aug.), und kam selbst nach Böhmen, um sich in althergebrachter feierlicher Weise zum Könige krönen zu lassen (6. Sept.). Eine Menge Festlichkeiten wurden zu Ehren der lange nicht gesehenen Feierlichkeit veranstaltet; im Baumgarten stieg unter Andern der berühmte Luftsegler Blanchard mit seinem Ballone zum Staunen aller Anwesenden in die Höhe. Nach einem Aufenthalte von 31 Tagen kehrte der Kaiser von Prag nach Wien zurück, um Vorbereitungen zu einem mit Frankreich nahe bevorstehenden Kriege zu treffen. Noch ehe derselbe zum Ausbruche kam, wurde er von einem hitzigen Fieber überfallen und starb schon am dritten Tage darauf (1. März 1792).

Von den vielen Söhnen Leopolds II. folgte in der Regierung über die österreichischen Länder, sowie auf dem deutschen Kaiserthrone sein Erstgeborener Franz, als Kaiser der zweite dieses Namens; noch im Antrittsjahre seiner Regierung ließ er sich in der herkömmlichen Weise zum böhmischen Könige krönen. Die erste Hälfte der langen Regierungszeit dieses Fürsten durchschlingt eine nur zeitweilig unterbrochene Kette von blutigen Kriegen, die ihren Ausgangspunkt in jenem Ereignisse fanden, welches wir mit dem Namen der großen französischen Revolution bezeichnen. Nach langen Jahren schmachvoller Knechtung und Erniedrigung war im Jahre 1789 das französische Volk zum Bewußtsein der wahren Menschenwürde erwacht. Die Durchführung jener Grundsätze, die der edle Kaiser Joseph vom Throne herab verkündet hatte, nahm die heißblütige Nation der Franzosen in ihre eigene Hand und rief eine der großartigsten Volkserhebungen hervor, welche die Geschichte kennt. Bedauerlich für die verfochtenen höheren Ideen, sowie für die allgemeinen Interessen der Menschheit war es, daß das Volk in seiner ungezügelten Leidenschaft, gleich dem von der Kette losgelassenen Sklaven, mit unbändiger Wildheit Alles vor sich niederwarf und sich zu den beispiellosesten Ausschreitungen verleiten ließ. Als wie zur Strafe dafür gerieth das gewaltsam erschütterte Frankreich, nachdem es im blutigen Wirbel der Revolution seine besten Kräfte erschöpft hatte, unter die unbarmherzige Zuchtruthe des herzlosen Napoleon I., der, als Erbe der Revolution, auf den Trümmern derselben das stramme Regiment des ersten Kaiserreiches aufpflanzte. England und Oesterreich waren die eifrigsten Bekämpfer der Revolution, sowie des neuen Kaisers, der in maßlosem Ehrgeize ganz Europa seinem Scepter unterwerfen wollte. So durchzog die Kriegsfurie den Welttheil von einem Ende zum andern; Ströme von Blut wurden vergossen, wenig Länder blieben verschont vom gräuelvollen Besuche des Schlachtengottes; geschädigt in ihren Interessen wurden alle auf das Empfindlichste. Im Jahre 1810 stand Napoleon I. auf dem Gipfel seiner Macht. Die meisten europäischen Mächte hatten das Uebergewicht seiner Waffen gefühlt, und Kaiser

Kaiser Franz II. (I.) (1792–1835).

Die französische Revolution.

Napoleon I.

Franz selbst war genöthigt worden, dem stolzen Sieger seine Tochter Maria Louise zur Gemahlin zu geben. Allein der Druck, der auf die Völker überhaupt ausgeübt werden kann, hat seine bestimmte Gränze. Die Deutschen, schon längst entrüstet über die schmachvolle Herrschaft der Fremden in ihren Gauen, griffen im Jahre 1813 in echt vaterländischer Weise zu den Waffen und zerbrachen in den glänzenden Freiheitskriegen das Joch des Despoten.

Napoleon in Böhmen 1813). Um diese Zeit, als der Tyrann von Korsika sich vergeblich abmühte, die großartige Erhebung der deutschen Freiheitsscharen niederzuwerfen, wälzte sich das unheilvolle Kriegswetter auf kurze Zeit auch über die Gränzen unseres engeren Vaterlandes Böhmen. Trotz einiger Vortheile, welche Napoleon über die Deutschen im Mai 1813, allerdings mit den schwersten Verlusten errungen hatte, gieng er doch einen Waffenstillstand ein (4. Juni bis 10. August), theils um seine geschwächte Armee zu ergänzen, theils um das noch schwankende Oesterreich auf seine Seite zu bringen. Kaiser Franz hatte nämlich mit Aufbietung seiner letzten Kräfte wiederum ein Heer ausgerüstet und dasselbe in Böhmen unter der Anführung des Fürsten Karl Schwarzenberg zusammengezogen. Franz war selbst nach Böhmen gekommen und hatte in Gitschin seine Residenz aufgeschlagen. Während des Waffenstillstandes unterhandelten seine Bevollmächtigten mit französischen Gesandten auf dem sogenannten Kongresse in Prag (Juli). Da es jedoch auf demselben zu keinem friedlichen Resultate kam, schloß der Kaiser eine feste Allianz mit dem Kaiser von Rußland und dem Könige von Preußen, mit denen er in der Mitte des August in Prag eine Zusammenkunft hatte. Zu derselben Zeit hatte eine französische Heeresabtheilung die Gränzen Böhmens überschritten und unter der Anführung des Generals Freiherrn von Brum den Friedländer Bezirk in Besitz genommen. Damals traf es sich auch, daß der gewaltige Napoleon selbst zum ersten Mal das Land Böhmen betrat, indem er am 19. August in Gabel verweilte. Interessant sind die Nachrichten, welche uns eine Reichenberger Deputation über eine Zusammenkunft mit dem französischen Kaiser hinterlassen hat. Die Reichenberger Abgeordneten waren nach Zittau befohlen worden, mußten aber dem Kaiser über Lauban nach Löwenberg nachreisen, woselbst sie am 23. August empfangen wurden. Napoleon erkundigte sich eingehend nach den Truppenbewegungen der Verbündeten in Böhmen und forschte bis in's kleinste Detail nach den Verhältnissen der Stadt Reichenberg und des Grafen Clam-Gallas. „Niemand", rief er erhitzt aus, „will den Krieg, nur Metternich, Metternich, Metternich, dieser will ihn, und so wird der Kaiser betrogen." „Der Kaiser", fügte er hinzu, „hat ein gutes Herz, aber selbst seine eigene Tochter hat ihm fruchtlose Vorstellungen gemacht. Was will aber Oesterreich? Ich habe geglaubt, der Kaiser wird auf Mittel denken, die zerrütteten Finanzen seines Staates zu verbessern, indessen führt er Krieg! Will der Kaiser nach Paris, wenn ich nach Wien gehen will? Weiß er nicht, daß ich den Weg dahin schon zweimal getroffen habe, er den nach Paris noch nie? Wir wollen sehen, wer eher zum Ziele kommt!" Nachdem er noch über die Bautozettel, den Kours, der damals über 200 stand, über den Reichenberger Schmuggel und Anderes gefragt, sagte er zum Schlusse der Audienz: „Wie lange war in Böhmen kein Krieg?" Ein Deputierter antwortete: „Seit dem letzten Preußenkriege im Jahre 1778 und der jetzigen französischen Invasion hat Böhmen keinen Feind gesehen." „Böhmen ist also ein glückliches Land", rief Napoleon aus und entließ die Abgeordneten in Gnaden.

Unterdessen war die große Armee der Verbündeten unter Schwarzenberg über die böhmische Gränze nach Sachsen vorgerückt, woselbst sie mit den Franzosen bei Dresden zusammenstieß. Die hier am 26. und 27. August unter unaufhörlichen Regengüssen gelieferte blutig heiße Schlacht war der letzte Sieg Napoleons auf deutschem Boden. Seitdem wandte sich das Kriegsglück, und Schlag auf Schlag zertrümmerte die Macht des französischen Tyrannen. Eine bedeutende Schlappe sollten die Franzosen noch in Böhmen erleiden. Die Armee Schwarzenbergs zog sich nach der Schlacht von Dresden in drei Richtungen nach Böhmen zurück; während eine Abtheilung über Saida nach Dux, die andere über Altenberg nach Teplitz marschierte, schlugen die Russen unter Ostermann die Richtung über Peterswalde ein, um den Thalkessel von Kulm zu erreichen. Letzteren auf der Ferse folgte der französische General Vandamme und eröffnete sofort bei Kulm einen erbitterten Kampf gegen die Russen (29. August). Als aber am anderen Tage Colloredo mit Hilfstruppen zu Ostermann stieß, und unerwarteter Weise von Norden her der preußische General Kleist den Franzosen in den Rücken fiel, blieb diesen nichts Anderes übrig, als 10.000 Mann stark, die Waffen zu strecken (30. Aug.). Auf einer Anhöhe beim Dorfe Kninitz, wo es am 17. September zu weiteren Kämpfen kam, stand Napoleon selbst zum zweiten Male auf böhmischem Boden; ihm gegenüber auf einem anderen Hügel jenseits des Dorfes konnte er den österreichischen Generalissimus erblicken. Als Napoleon seinen Standpunkt verließ, bemerkte Schwarzenberg: „Nun hat er den Entschluß, in Böhmen einzufallen, für immer aufgegeben." Bei Leipzig in der blutigen Völkerschlacht am 16. und 18. Oktober hielten sodann die geknechteten Nationen blutige Abrechnung mit dem Despoten. Der geschlagene Napoleon zog sich nach Frankreich zurück, um hier den letzten Verzweiflungskampf zu bestehen. Zweimal mußten die Verbündeten den sich mit Riesenkraft sträubenden Löwen gefangen setzen, zuerst auf Elba, von wo er entsprang, und dann auf die Felseninsel Helena, wo er bis an sein Lebensende in drückender Gefangenschaft schmachtete.

Wenn Böhmen auch nur auf kurze Zeit und in geringer Ausdehnung den eigentlichen Schauplatz des Krieges bildete, so wurde doch das Wohl von vielen tausenden Familien durch die häufigen Durchmärsche, bei denen sich namentlich die Russen ein trauriges Angedenken begründeten, durch die auf's Höchste gespannte Geld- und Blutsteuer und besonders durch das traurige Finanzpatent vom 15.

Folgen des Krieges.

März 1811 vollkommen untergraben. Die in Folge des Krieges sich ergebenden politischen Umwälzungen des österreichischen Staates änderten ferner die staatsrechtliche Stellung Böhmens in wesentlichen Punkten. Nachdem Franz sich am 11. August 1804 zum Erbkaiser von Oesterreich erklärt hatte, legte er am 6. August 1806 die römisch deutsche Kaiserkrone nieder und nannte sich seither Kaiser Franz I. von Oesterreich. Mit der hierdurch ausgesprochenen Auflösung des deutschen Reiches nahm die böhmische Kurwürde ein Ende, und hörten die alten Verpflichtungen Böhmens zu Deutschland auf. Dagegen wurde das Land durch die im Frieden von Wien am 8. Juni 1815 ausgefertigte Bundesakte in den neu begründeten deutschen Bundesstaat aufgenommen und in der Ergänzungsakte vom Jahre 1820 die bestehende ständische Verfassung gesichert. Durch die Napoleonischen Kriege wurde endlich auch die Krone Böhmens in ihrem Umfange abermals geschmälert. Schon im Pressburger Frieden (1805) gab Kaiser Franz die Oberhoheit über die alten böhmischen Lehen in der Oberpfalz und in Baiern zu Gunsten Baierns auf; im Wiener Frieden wurde die Lehenshoheit Böhmens über die Lausitz auf jenen Theil beschränkt, welchen Sachsen behielt, während der übrige Theil an Preußen abgetreten werden mußte.

Kaiser Franz war nicht ohne Talente, dabei milde und leutselig und ungemein thätig in seinen Regierungsgeschäften. Die Erfahrungen der französischen Revolution hatten ihm jede konstitutionelle Regierungsform verhaßt gemacht, weshalb er auch den wieder auftauchenden autonomen Bestrebungen der böhmischen Stände entschieden entgegentrat. Mit Hilfe eines großen Beamtenheeres führte er eine Art patriarchalischen Absolutismus ein, der gleichmäßig die verschiedenen Stände berührte. Freiheitliche Regungen wurden schon im Keime unterdrückt, und der allgewaltige Minister Metternich sorgte mit allem Eifer dafür, daß auch in Deutschland jede politische Reform zu Gunsten des Volkes unterblieb. Die Völker, welche im heiligen Freiheitskampfe zur Abschüttelung der Fremdherrschaft ihr Gut und Blut geopfert, warteten vergeblich auf die Erfüllung jener Versprechungen, welche ihnen die Fürsten in den Tagen der großen Noth gemacht. Die in der Bundesakte versprochenen landständischen Verfassungen wurden nicht überall eingeführt, und auf der Ministerkonferenz in Karlsbad (1819), sowie auf dem Ministerial kongreß in Wien (1820) wurden durchaus reaktionäre Verabredungen getroffen. Der Absolutismus des Kaisers Franz war übrigens noch erträglich, da sein Vollstrecker wenigstens das materielle Wohl der Unterthanen einigermaßen berücksichtigte, der Kaiser Jedem aus dem Volke zugänglich war, und ein gleichmäßiges Verfahren gegen alle Stände walten ließ. Nach 43jähriger Regierung starb Franz I. an demselben Tage, an dem er einst den Thron bestiegen hatte (2. März 1835).

Kaiser Ferdinand I., des Verstorbenen erstgeborener Sohn, übernahm die Leitung der österreichischen Monarchie und führte das Scepter mit seltener Milde. Der Kaiser besaß vortreffliche Anlagen; da er aber stets kränklich war, so konnte

(Marginalie links:) Reaktion

(Marginalie links:) Kaiser Ferdinand I. (1835—48).

er sich nur wenig den Regierungsgeschäften widmen, sondern überließ die Besorgung derselben ganz und gar den von seinem Vater übernommenen Rathgebern und Diplomaten. Deßwegen erscheint seine Regierung lediglich als eine Fortsetzung des früheren Regimentes, mit derselben Abneigung gegen eine Aenderung in den absolutistischen Verfassungsverhältnissen. In Böhmen, wo er am 7. September 1836 in der hergebrachten Weise zum Könige gekrönt worden war, traten die Stände wiederholt mit gewissen Forderungen hervor, ohne aber von der Regierung die gewünschten Zugeständnisse erlangen zu können. Seit dem Jahre 1842 stand an der Spitze der Landesverwaltung Erzherzog Stephan, der wegen seiner ausgezeichneten Eigenschaften noch jetzt im besten Angedenken sich befindet. Der hartnäckige Ständestreit dauerte fort, bis das Revolutionsjahr 1848 auch Böhmen ergriff und die Bewegung in ganz andere Bahnen lenkte. Die immer wilder tobenden Stürme von 1848, welche die gesammte österreichische Monarchie erschütterten, verleideten dem friedliebenden, kranken Kaiser Ferdinand die Regierung so, daß er am 2. December freiwillig dem Throne seiner Väter entsagte. Er zog sich nach Böhmen zurück, um seine Tage in Ruhe zu beschließen. Daselbst lebt der allseitig geliebte Kaiser bis zur Stunde und findet das größte Vergnügen in der Verwendung seiner bedeutenden Mittel, die er für seine Person nur wenig in Anspruch nimmt, zu edlen und wohltthätigen Zwecken. Das Volk nennt ihn deßwegen den „Gütigen" und wohl kein Herrscher hat diesen Beinamen mit solchem Rechte verdient, als Kaiser Ferdinand I. (Die ständischen Streitigkeiten siehe S. 594 flg.).

3.
Innere und Kulturverhältnisse.
(1620—1848).

Die Gränze zwischen Böhmen und Schlesien gerieth während dieses Zeitraumes mehrere Male in Schwankungen. Im Jahre 1710 wurde die bisher bestehende Gränzlinie etwas verrückt, so daß dieselbe seither über die beiden Sturmhauben, den Weißbrunnen und die Schneekoppe führte. In unserem Jahrhunderte fand eine abermalige Verlegung statt, wodurch einige Strecken böhmischen Landes auf dem Riesengebirgsstamm, unter Andern auch die Kapelle auf der Schneekoppe an Preußen gelangte; auch das sogenannte „Zankstück" an den Quellen der großen Iser fiel der Krone Preußen zu (1815). Durch einen Staatsvertrag vom 9. Februar 1869 zwischen Preußen und Oesterreich wurde der Gränzzug zwischen preußisch Schlesien und Böhmen neuerdings geregelt. Gegen Baiern rückten im Jahre 1764 durch einen Vertrag die Marken Böhmens vor, indem das Gut Grasenried und die Dörfer Vollmau, Heuhof und Sternhof zu Böhmen geschlagen wurden; dagegen wurden die seit Alters geführten Streitigkeiten im Fraisge-

Gränzen.

biete durch eine Kommission 1846 dahin geordnet, daß Böhmen nur vier Dörfer behielt (Alt Albenreuth, Mosel, Neumugel und Schönlind), der übrige Theil aber an Baiern gelangte. Gegen Sachsen fanden 1845 Gränzregulierungen statt, in welchen Böhmen das Gut Schirgiswalde, eine böhmische Exklave, und einen Theil des Dorfes Ullersdorf bei Grottau verlor. Ungleich bedeutender waren die Verluste, die die Krone Böhmen in ihren sogenannten Nebenländern erfuhr. Die Ober- und Niederlausitz giengen gänzlich verloren. 1620 wurden sie an Sachsen als Pfand, im Prager Frieden 1635 als erbliches böhmisches Lehen überlassen. Als auf dem Wiener Kongresse 1815 die Nieder- und ein Theil der Oberlausitz von Sachsen an Preußen abgetreten werden mußte, gieng für Böhmen die Lehenshoheit in Bezug auf diese preußischen Erwerbungen verloren, und es wurde nur das Heimfallsrecht nach dem Aussterben des preußischen Königshauses ausbedungen. Noch größer war die Schmälerung, welche die böhmische Krone in Folge der schlesischen Kriege durch die Abtretung der Grafschaft Glatz und des größten Theiles von Schlesien erlitt. Die Oberherrlichkeit Böhmens über die Lehen in Baiern und Sachsen wurde theils im Teschner Frieden (1779), theils durch ein Patent vom 28. Februar 1808 aufgehoben.

Mit der zweiten Hälfte des XV. Jahrhunderts theilte man das Land in folgende vierzehn Kreise ein: in den Bechiner, Bunzlauer, Caslauer, Chrudimer, Maurschimer, Königgräter, Leitmeritzer, Moldauer, Pilsner, Podbrder, Prachiner, Rakoniter, Saazer und Schlaner. Im Jahre 1714 wurde der Schlauer Kreis zum Rakoniter geschlagen und der Podbrder mit dem Moldauer zum Berauner vereinigt, so daß es seitdem zwölf Kreise gab. Im Jahre 1751 erfolgte die Eintheilung in sechszehn Kreise, welche bis 1849 dauerte; es wurde damals vom Königgräter der Bidschower, vom Pilsner der Klattauer und vom Saazer der Elbogner Kreis losgetrennt, während man den Bechiner in den Budweiser und Taborer theilte. Der Vollständigkeit wegen führen wir noch an, daß 1849 eine Eintheilung in sieben (Prag, Böhmischleipa, Budweis, Eger, Gitschin, Pardubitz Pilsen) und 1855 eine Scheidung in dreizehn Kreise (Prag, Budweis, Bunzlau, Caslau, Chrudim, Eger, Gitschin, Königgrätz, Leitmeritz, Pilsen, Pisek, Saaz und Tabor) vorgenommen wurde.

Die Einwohnerzahl Böhmens vor dem dreißigjährigen Kriege wird gewöhnlich auf 3 Millionen Seelen geschätzt, von denen nach dem blutigen Kampfe nur 800.000 übrig blieben. Erst die große Kaiserin Maria Theresia führte regelmäßige Volkszählungen in ihren Erbländern ein, und nach der ersten auf ihren Befehl im Jahre 1754 vorgenommenen Zählung rechnete man in Böhmen 1,941.284 Einwohner. Durch ein kaiserliches Patent vom 9. April 1770 wurde die Numerierung aller Gebäude und eine politisch-militärische Konskription sämmtlicher Bewohner und des Zugviehes angeordnet. Nach diesem im Jahre 1780 zum ersten Male vorgenommenen verbesserten Zählungsverfahren ergaben sich 2,563.527 „einheimische

Bewohner; diese Zahl stieg 1806 auf 3,169.795, im Jahre 1826 auf 3,686.363, im Jahre 1846 auf 4,347.962 und nach der am 31. Oktober 1857 neuerdings angeordneten Zählung auf 4,705.525. Aus diesen Angaben ergibt sich für den Zeitraum von 103 Jahren als Ziffer des mittleren Zuwachses 0.807. Nach den Ausweisen der statistischen Centralkommission belief sich die effektive Bevölkerung Böhmens für Ende 1865 auf 5,153.602 Seelen. — Statistische Notizen über die Wohnorte Böhmens besitzen wir zwar aus älterer Zeit, doch erscheinen die=   *Wohnorte.* selben als sehr unzuverlässig. In einer Wittingauer Handschrift von 1410 ist die Anzahl der Dörfer in Böhmen mit 33.320 angegeben; nach dem Berichte des unglaubwürdigen Hajek hatte das Land im XVI. Jahrhunderte 102 Städte, (darunter 41 königliche), 308 Marktflecken, 30.363 Dörfer, 276 feste Schlösser, 20 Kollegiatkirchen und 3063 Pfarreien. Der gelehrte, aber nicht immer genaue Balbin versichert, er habe in der Landtafel gefunden, daß Böhmen unter Rudolph II. 34.700 Dörfer gezählt habe, welche eigene Hirten hielten, und nach einer glaubwürdigen Angabe von 1582 gab es 36.364 „Dörfer und Höfe.“ Es wurden eben einzelne Gehöfte, Meierhöfe mit unter die Dörfer gezählt, deren eigentliche Zahl vielleicht den dritten oder gar nur den vierten Theil betragen haben mag. Obwohl im dreißigjährigen Kriege eine große Menge Dörfer zu Grunde gieng, so sind doch späterhin wieder neue aufgebaut worden und zwar mehr, als zu Grunde gegangen waren. Denn nach der ziemlich sicheren Konstrip= tion von 1780 ergaben sich im ganzen Lande 11.347 Dörfer, 307 Marktflecken und 243 Städte. Gegenwärtig zählt Böhmen 12.274 Dörfer, 223 Märkte und 355 Städte. Der Flächeninhalt beträgt 902.85 öster. Quadrat-Meilen.

Die Wladislawische Landesordnung, welche seit 1500 die Grundlage der in=   *Verfassung.* neren Verfassung Böhmens gebildet hatte, wurde durch Kaiser Ferdinand II. auf= gehoben und an ihre Stelle die sogenannte „verneuerte Landesordnung“ gesetzt. Der Kaiser machte in diesem neuen, am 10. Mai 1627 publicierten Gesetzbuche   *Ferdinandes.* des Landes ausgiebig Gebrauch von seinem Rechte als Eroberer, vernichtete durch dasselbe so ziemlich die alte Ständemacht und führte den durch einige Formen verblümten Absolutismus ein. Die Erblichkeit des Königreiches Böhmen im Hause Habsburg wurde neuerdings ausgesprochen, und zwar sollte dieselbe in der männ= lichen und weiblichen Linie gelten. Dem Krönungsakt, welchen der Prager oder der Olmützer Kirchenfürst zu vollziehen habe, wurde weiter keine staatsrechtliche Bedeutung beigelegt, derselbe vielmehr bloß als eine alte, ehrwürdige Sitte beibe= halten. Im Krönungseide versprach der Fürst fest an der katholischen Religion zu halten, männiglich die Justiz zu üben, die Privilegien der Stände zu bewahren und Nichts vom Königreiche zu „veralieniren“, sondern vielmehr dasselbe nach Kräften zu vermehren und zu erweitern. Auch dieser Eid war mehr eine Form= sache, da die erwähnten Privilegien durch die Ferdinandeische Landesordnung be= stimmt waren, und die Abänderung derselben in des Königs vollem Belieben stand.

Uebrigens war der König gar nicht gebunden, sich krönen zu lassen, sowie denn Joseph I. und Joseph II. die volle Königsgewalt ausübten, ohne sich der Krönung unterzogen zu haben. Nach der neuen Landesordnung gab es von nun an in Böhmen vier Stände, und zwar den geistlichen Stand, die Herren, die Ritter und die königlichen Städte. Die Geistlichkeit erlangte zum ersten Male die Würde eines eigenen Standes, und zwar „des ersten und fürnembsten." Sie wurde repräsentiert durch den Prager Erzbischof und durch jene Geistliche, welche eine Inful oder einen Bischofshut zu tragen durch Privilegien oder altes Herkommen berechtigt waren und in der Landtafel eingeschriebene Güter besaßen. Zum Herrenstande gehörten die Herzoge, Fürsten, Grafen und Freiherren, welche im Lande das Infolat hatten und im Landtage eingeführt waren. Nur an Mitglieder dieses Standes durfte der König acht von den obersten Landesämtern verleihen und zwar das Amt des Oberstburggrafen, Oberstlandhofmeisters, Oberstlandmarschalls, Oberstlandkämmerers, Oberstlandrichters, Oberstkanzlers, Oberstlehenrichters und die Würde des Apellationspräsidenten. Der dritte oder Ritterstand bestand aus jenen Rittern, welche das Infolat besaßen und eingeführt waren; ihm gehörte ausschließlich das Amt des Oberstlandschreibers, des Unterkämmerers, des Burggrafen des Königgrätzer Kreises und die Würde der beiden Kronhüter; auch der Kammerpräsident konnte dem Ritterstande entnommen werden. Als vierter und letzter Stand galten die königlichen Städte mit Prag, Kuttenberg, Pilsen und Budweis an der Spitze. Den Münzmeister konnte der König auch aus den Städtern ernennen; ebenso konnte ein „Wappenmäßiger" aus der Altstadt Prag zum Amte des Unterkämmerers gelangen. Von der Vertretung des eigentlichen Volkes oder des Bauernstandes war natürlich keine Rede. Welch' absolutistischer Geist das neue Grundgesetz durchwehte, geht insbesondere aus jenen Artikeln hervor, welche den Landtag und dessen spärliche Rechte betrafen. Der König nahm das Recht, Gesetze zu geben, für sich allein in Anspruch, und kein Ständemitglied durfte sich unterstehen, ohne königlichen Befehl irgend einen Antrag mündlich oder schriftlich einzubringen, wenn es nicht wie ein Verbrecher gestraft werden wollte. Somit sank der Landtag zu einer rein berathenden Gesellschaft herab, welche bloß ihre Meinung über jene Vorlagen abzugeben hatte, die der königliche Kommissär einbrachte. Dabei wußte ein anderer Paragraph jede etwaige Vorbesprechung der Stände und somit jedes geeinigte und geschlossene Vorgehen derselben zu verhindern. Die Hauptaufgabe des Landtages bestand demnach in der Bewilligung der königlichen Postulate und in der Umlegung der Kontributionen. Ferdinand III. gab durch das Deklaratorium vom 1. Februar 1640 der Kompetenz des Landtages eine etwas größere Ausdehnung, indem er bestimmte, daß neben der königlichen Proposition auch noch andere Angelegenheiten berathen werden könnten, wobei jedoch wohlweislich hinzugefügt wurde, dass man nicht in die Rechte des Königs eingreifen dürfte. Das alte Recht des böhmischen Landtages, die Steuern zu bewilligen, wurde dem Wortlaute nach zwar belassen, allein durch eine hinzugefügte Klausel in seiner praktischen Bedeutung gänzlich aufgehoben. Denn es wurde den Ständen geradezu untersagt, an die Bewilligung der Kontribution etwaige Einwände, Bedingungen oder gar Forderungen zu knüpfen, und der Gedanke einer Steuerverweigerung konnte gar nicht aufkommen. Den Ständen verblieb nur die Vertheilung der Kontributionen, die sich übrigens auch kaum auf eine andere Art vornehmen ließ, da in den Händen der Grundobrigkeiten sich noch die Jurisdiktion befand. Die ohnedies geringen Befugnisse der Stände wurden zum Ueberflusse noch mehr eingeschnürt oder eigentlich geradezu illusorisch gemacht durch eine weitere Bestimmung der verneuerten Landesordnung, welche den nackten Absolutismus proklamierte. Der König behielt sich nämlich ganz ausdrücklich das Recht vor, „die Landesordnung zu mehren, zu ändern, zu bessern und was sonst das Recht der Gesetzgebung mit sich bringt." Man sieht, das Blatt hatte sich vollkommen gewendet; denn in der Wladislawischen Landesordnung hatte der Adel das ausschlüsliche Recht, seine Privilegien und Freiheiten zu mehren, ein Recht, das nunmehr vollständig an den König gelangte. Da das Ferdinandeische Staatsgrundgesetz vom 10. Mai 1627 so wenig Rechte bot, so hat man sich späterhin auf die sogenannte Privilegiumsbestätigung vom 29. Mai 1627 stützen wollen. Allein dieser Majestätsbrief bestätiget zwar alle Privilegien und Freiheiten der Stände, aber nur insofern, als sie mit der verneuerten Landesordnung nicht im Widerspruche stehen; derselbe bietet daher nicht den geringsten Anhaltspunkt zur Forderung des unbedingten Steuerbewilligungs- oder auch nur des theilweisen Gesetzgebungsrechtes. Ein ständischer oder Landesausschuss, welcher auf die Dauer von zwei Jahren die laufenden Geschäfte besorgte, wurde erst im Jahre 1714 gebildet. Durch die Ferdinandea wurde insgleichen die bisherige Gerichtsordnung dahin geändert, daß sich die Gerichte nach den bestehenden Gesetzen halten, und daß bei denselben, so wie bei der Landtafel, auch die deutsche Sprache zulässig sei und das bisherige öffentliche und mündliche Verfahren in ein geheimes, schriftliches verwandelt werde. An der Spitze der einzelnen Kreise des Landes standen die den obersten Landesämtern untergeordneten Kreishauptleute, welche über die öffentliche Sicherheit zu wachen, die Verfolgung und Einziehung der Verbrecher, sowie die Einhebung der Steuern zu besorgen hatten. In den Bestimmungen über privatrechtliche Verhältnisse suchte die „Ferdinandea" so viel als möglich an das Herkömmliche anzuknüpfen; namentlich blieben die Vorrechte des Adels bestehen, und wurden die Patrimonialgerichtsbarkeit und die Leibeigenschaft des Bauernstandes aufrecht erhalten.

Die verneuerte Landesordnung blieb giltiges Staatsgrundgesetz für Böhmen bis zum Jahre 1848. Doch mußte sie sich immer mehr den Verhältnissen des österreichischen Gesammtstaates anpassen, und einzelne Bestimmungen derselben, insbesondere aus dem privat und strafrechtlichen Theile, verloren ihre Gesetzkraft durch Erlässe und Patente, welche die österreichische Regierung im Verlaufe der

Böhmen und die österreichische Monarchie.

Zeiten publicierte. — Einst hatten es die unbeugsamen Gesetze der Geschichte verlangt, daß Böhmen in eine untergeordnete Stellung zum römisch deutschen Reiche
treten müßte. Mit dem Sinken der deutschen Kaisermacht gelangte die böhmische Krone zwar zu einer größeren Selbständigkeit, verlor dieselbe aber wieder
durch ihre Einverleibung in die österreichischen Erbländer. Je mehr die österreichische
Staatsidee zum Durchbruche kam, desto weniger konnte an ein selbständiges Königreich Böhmen gedacht werden. Kaiser Ferdinand II. huldigte der Anschauung,
daß die böhmischen und ungarischen Kronländer nur als ein Zuwachs zum Stammlande der Monarchie zu betrachten wären, und er sprach wiederholt den Wunsch
aus, es möchten alle von ihm besessenen österreichischen Besitzungen fürderhin Eine
untheilbare Monarchie bilden. Böhmens Autonomie wurde so ziemlich vernichtet
durch die unglückliche Revolution von 1620, und der Kaiser erklärte, als er die
Landesordnung „verneuerte", im Kundmachungspatente vom 10. Mai 1627, er
habe die Verfassung Böhmens „auch etlicher Maßen nach Unseren Kaiserlichen und
andern im h. römischen Reiche und nach unserer Königreiche und Länder gewöhnlichen Satzungen korrigieret." Das beste Mittel, die einzelnen Bestandtheile der
Monarchie dem Ganzen unterzuordnen, war die Kräftigung und Vermehrung der
Wiener Centralstellen. Wien galt jetzt unwiderruflich als Haupt- und Residenzstadt
des Reiches, und Prags frühere Hoffnungen in dieser Hinsicht waren mit der
Weißenberger Schlacht vollständig aussichtslos geworden. In Wien tagte für die
Dauer der Abwesenheit des Kaisers ein „deputiertes" Geheimrathskollegium, welches
nicht nur die Regierung von Niederösterreich, sondern auch der böhmischen und ungarischen Kronländer einstweilen fortführte. Es ist dieser nur von Fall zu Fall
eingesetzte Rath wohl zu unterscheiden von dem ständischen Geheimrathskollegium,
das bereits seit Ferdinand I. bestand (S. 488). Seit Ferdinand II. wurden die
Geschäfte der österreichischen Hofkanzlei aus der deutschen Reichserzkanzlei geschieden, so daß die erstere ihre Thätigkeit in toncentrierterer Weise auf die österreichische Monarchie erstrecken konnte. Eine andere von dem genannten Kaiser geschaffene Centralisation betraf das Postwesen, indem der Freiherr von Paar zum Ge-
neralpostmeister von ganz Oesterreich mit Ausnahme Tirols und der Vorlande
ernannt wurde. Als Finanzcentralorgane sind auch aufzufassen die „Wiener
Stadtbank" und die „Universalbankalität", welche einen Anfang für die einheitliche
Verwaltung des indirekten Steuerwesens bildeten.

Ferdinand III. suchte den von seinen Vorgängern aufgebauten absoluten
Staat immer weiter auszubilden. Er duldete keinerlei autonome Bestrebungen in
den einzelnen Ländern, die nichts Anderes, als Provinzen der Monarchie werden
sollten. So beschränkte er die Selbständigkeit einzelner Städte und Korporationen,
beförderte die Entwickelung eines stehenden Heeres und wurde nur durch seine fortwährenden Kriege in der Ausführung des Planes gehindert, „das Justiz-, Kame-
ral- und Militärwesen der einzelnen Länder auf eine gleiche Verfassung und Ein-

richtung zu bringen." — Kaiser Leopold I. wurde durch seine vielen Kriege gedrängt, in der Militärverpflegung einige Reformen einzuführen, wodurch die Einheit des österreichischen Heerwesens schärfer als bisher betont wurde. Eine eigene Deputation arbeitete 1697 ein Militärverpflegungsreglement aus, nach welchem die Kriegs=steuer gleichmäßig auf alle Länder vertheilt werden sollte. Bei einem Gesammter=forderniß von 12 Millionen mußte Böhmen einen Antheil von 2,284.722 Gulden entrichten. Organe der Centralregierung, ein General-Kriegs-Kaffier mit einem Kriegs=kontrolor besorgten die Einhebung der Kriegssteuer. Ferner wurde unter Leopold die Finanzgesetzgebung überhaupt immer mehr centralisiert und für die volkswirthschaftli=chen Interessen Oesterreichs eine Zeit lang ein besonderes Kollegium eingesetzt; allent=halben drang das Tabakmonopol und die erbländische Salinennutzung durch. Diese und ähnliche auf die Durchführung der Gesammtstaatsidee abzielenden Bestre gen Leopolds litten leider durch die kriegerischen Zeiten, namentlich aber durch den hartnäckigen Widerstand der Ungarn. — Kaiser Josephs I. Reformen, welche gleich=falls die festere Einigung der österreichischen Monarchie nicht außer Acht ließen, konnten wegen der Kürze seiner Regierung zu keinen erheblichen Resultaten führen. Daß Joseph an eine Wiederherstellung der Autonomie Böhmens nicht dachte, geht daraus hervor, daß er sich nicht zum Könige dieses Landes krönen ließ und ohne Anfrage bei den böhmischen Ständen im Namen des Königreiches einen wichtigen Vertrag mit Deutschland abschloß. Für Böhmen, Mähren und Schlesien wurde unter ihm eine neue, allen Volksklassen gemeinsame peinliche Halsgerichtsordnung erlassen. — Durch die pragmatische Sanktion vom 19. April 1713 erklärte Kaiser Karl VI., daß alle seine Reiche ungetrennt beisammen und auch in weiblicher Linie vererbt werden sollten. Die böhmischen Stände versprachen auf dem Landtage von 1720, das neue Staatsgrundgesetz mit Gut und Blut vertheidigen zu wollen, und verpflichteten sich am 8. September 1723 noch einmal feierlichst zur unverbrüch=lichen Annahme und ewigen Befolgung der Sanktion. Unter Kaiser Karl VI. erhielt der von Ferdinand I. gegründete Hoftkriegsrath auch die Leitung der Militär=angelegenheiten Ungarns. Doch die glorreiche Kriegsgeschichte unter dem Prinzen Eugen war weitaus einigender, als diese Behörde. Durch jene vorzugsweise wurde die Verbindung der Landeskontigente eine einheitliche österreichische Armee. Durch den Prinzen Eugen bewahrheitete sich zum erstenmal die Apostrophe an die Armee: „In deinem Lager ist Oesterreich."

Weitaus entschiedener als ihre Vorgänger, trat die Kaiserin Maria Theresia Reformen Maria Theresias fur die Centralisation der österreichischen Monarchie ein. Die vortrefflichen Reformen, welche diese große Fürstin während ihrer Regierungszeit zur Durch=führung brachte, riefen eine vollkommene Umgestaltung der Verfassungsverhältnisse der Länder herbei, und grobe Reste aus dem feudalen Staate des Mittelalters wurden erst jetzt beseitigt. Die Autonomie der einzelnen Bestandtheile der Mon=archie, die doch nur den bevorzugten Ständen zu Gute kam, wurde vielfach be-

Bereinigte
Hofkanzlei.

schränkt und der Einfluß der Regierung auf Kirche und Schule und andere sonst
eigenberechtigte Körperschaften erweitert. Entscheidend in dieser Hinsicht war
zunächst das Patent vom 14. Mai 1749, durch welches die Trennung der Justiz
von der Administration und die Vereinigung der böhmischen und österreichischen
Hofkanzlei in eine oberste Behörde, seit 1762 die „k. k. vereinigte Hofkanzlei"
angeordnet wurde. Als durch diese Maßregel eine einzige politisch administrative
Centralleitung für Böhmen und die deutschen Erbländer geschaffen worden war,
schritt die Kaiserin zur Gründung eines weiteren Organs, in welchem sich das
gesammte Regierungswesen vereinigen sollte. Es war dieses der am 11. December 1760 in's Leben gerufene Staatsrath, der wenigstens in der ersten Hälfte
seines einhundertjährigen Bestandes einen höchst gewichtigen Faktor in der österreichischen Staatsmaschine bildete und auf die inneren Angelegenheiten der Monarchie gewaltigen Einfluß übte. In Bezug auf eine gemeinsame und geregelte
Rechtspflege entwickelte die Kaiserin eine außerordentliche Thätigkeit. In Folge
des Patentes vom 14. Mai 1749 wurde eine oberste Justizstelle für alle deutsch-
österreichischen Erbländer gegründet. Die Trennung der Justiz von der Administration sollte auch in den Landesstellen durchgeführt werden. Daher wurde die
alte böhmische Statthalterei in zwei Behörden gesondert, in das aus den obersten
Landesbeamten bestehende Landrecht für die Gerichtspflege und in die sogenannte
Repräsentation und Kammer für die politischen und Finanzangelegenheiten. Letzteren stand zwar der Oberstburggraf vor, allein es wurden ihm gewisse vom
Monarchen ernannte Räthe und Beamte beigegeben. 1762 wurde durch Einrichtung eines besonderen Landeskameralamtes, dessen vorgesetzte Behörde die
oberste Hofkammer in Wien war, die Finanzverwaltung von der Repräsentation
getrennt. In das Finanzwesen Oesterreichs selbst wurde durch die Bemühungen des Kaisers Franz I., sowie des Grafen Rudolph Chotek eine immer größere
Einheit der Verwaltung gebracht. Das Steuersystem wurde regulirt, die privi-
legirten Stände, der Adel wurden zur Besteuerung herangezogen und die Staats-
lasten überhaupt entsprechender vertheilt. Durch ein Hofdekret vom 19. Februar
1751 wurde mit wenigen Ausnahmen die Steuerfreiheit der Klöster, aller geistlichen
und weltlichen Gebäulichkeiten und des gesammten Domestikalbesitzes aufgehoben,
obschon die Besteuerung der genannten Objekte immer noch eine verhältnißmäßig
niedrige blieb. Eine Rektifikationshofkommission leitete Rektifikationskommissionen
in den einzelnen Erbländern, welche eine allgemeine Abschätzung des Grund und
Bodens besorgten. Recesse mit den Ständen setzten in allen Erbländern die rektifika-
torischen Anschläge fest, auf deren Grund der Theresianische Kataster ausgearbeitet
ward. Nebenbei erwähnen wir, daß in die Regierung der Kaiserin Maria Theresia
die Einführung der genuesischen Zahlenlotterie (1751), sowie die erste Herausgabe eines österreichischen Papiergeldes fällt. Durch das Patent vom 15. Juni 1762
wurden 12 Millionen Bankozettel, das erste unverzinsliche Papiergeld Oesterreichs

in Umlauf gesetzt: 1763 wurden beinahe 22 Millionen 5% ständige Ausschnittsobli= gationen ausgegeben. — Die Repräsentation, lediglich für politische Angelegenheiten tompetent, erhielt den Namen Landesgubernium. Ihm unterstanden die Kreis= ämter, deren es seit 1751 sechzehn gab. Ein bedeutender Fortschritt muß es genannt werden, daß die Kreishauptleute, die ihren Sitz in einzelnen Städten aufschlugen, nicht mehr ständisch, sondern kaiserlich waren; diese Institution er freute sich besonders der Vorliebe des Landvolkes, das in derselben einen Schutz gegen ihre Grundobrigkeit gefunden hatte. Da die einzelnen Städte und Städtchen Böhmens bis jetzt die Kriminalgerichtsbarkeit selbst ausübten, kamen eine Menge Unregelmäßigkeiten und wohl auch Ungerechtigkeiten vor. Die Kaiserin entzog deßwegen den meisten der Städte die Strafgewalt in Kriminalsachen und gründete vierundzwanzig Kriminalgerichte, welche mit ordentlichen rechtskundigen Richtern besetzt wurden (22. Juli 1765).

Der Kaiserin Maria Theresia gebührt ferner das Verdienst, die Anregung zur Abfassung eines allgemeinen bürgerlichen Gesetzbuches gegeben zu haben (1753), wodurch ein „sicheres und gleiches Recht und eine gleichförmige Verfahrungsart" für die deutschen Erbländer bestimmt werden sollte. Die vollständige Ausarbeitung und Einführung dieses Kodex, an welchem zuerst der Prager Professor Azzoni arbeitete, kam erst nach dem Tode der Kaiserin zu Stande. Dagegen wurde noch unter ihrer Regierung eine Waldordnung (1754), eine neue Wechselordnung (1763) und ein neues Strafgesetzbuch, die „Theresianische Halsgerichtsordnung" (1768) veröffentlicht. — Die Reformen der Kaiserin Maria Theresia im Militärwesen werden heute noch als höchst vortrefflich anerkannt. Im österreichischen Heere kam seit den ersten Jahren der Vereinigung der einzelnen Länder der Gedanke des Gesammtstaates am deutlichsten zum Ausdrucke. Maria Theresia suchte auf jede mögliche Art den einheitlichen Charakter und das Bewußtsein der Zusammen= gehörigkeit der Truppen zu befördern. Seit 1718 nahm die Regierung die Stellung, Organisierung und Verpflegung des Heeres in ihre Hand; nicht mehr die Stände der einzelnen Provinzen, wie es bis jetzt Uebung war, sondern die Regierung selbst besorgte die Aushebung der Rekruten und Remonten, und namentlich wurde den Kreisämtern die Leitung der Konskription und Rekrutierung zugewiesen. Der unter Ferdinand I. gegründete Hofkriegsrath, welcher seit 1715 seinen Wirkungs= kreis über die ganze Monarchie erstreckte, wurde 1753 vollständig reorganisiert und in drei Departemente, für das Militärgerichtswesen, für das Oekonomische und für die militärisch-politischen Angelegenheiten, abgetheilt. Diese drei Gruppen er hielten sich bis zum Jahre 1803. — Unter Maria Theresia wurden die sogenann= ten Decennalrecesse durchgesetzt, vermöge welcher die Stände statt der bisher gelei steten Soldzulage, Servisgelder der Regierung ein Tauschquantum bewilli= gen sollten.

Kaiser Joseph II. arbeitete mit unerschöpflicher Kraft an der strammen Cen=

(Randglossen:)
Gubernium.
Kreisämter.
Kriminalgerichte.
Gesetzbücher.
Militär.
Josephs II. Gesetze.

tralisation der Monarchie. Wie der edle Fürst keinen Ständenunterschied anerkannte, so wollte er auch keine Verschiedenartigkeit der einzelnen Provinzen in Recht und Gesetz gelten lassen. Ein Gesetz sollte für Alle gelten, und die provinciellen Abweichungen und Eigenthümlichkeiten sollten verschwinden. „Alle Provinzen der Monarchie sollen nur ein Ganzes ausmachen, und alle die Kräfte des Volkes auf ein gemeinsames Ziel — Oesterreichs Macht, gerichtet sein", lauten des Kaisers eigene Worte. 1781 und 1782 erließ er für die deutschslawischen Länder neue Gerichtsordnungen für Civil- und Strafsachen, und am 1. Mai 1787 wurde der erste Theil des bürgerlichen Gesetzbuches, das Personenrecht enthaltend, in Kraft gesetzt. Bald nach dem bürgerlichen Gesetzbuche, das als Grundlage unseres heutigen mit Recht gepriesenen bürgerlichen Gesetzbuches angesehen werden kann, erschien das „Gesetzbuch über Verbrechen und deren Bestrafung" (1787), an welches sich im nächsten Jahre eine neue verbesserte Kriminalgerichtsordnung reihte. Alle diese Gesetze durchwehte der milde und humane Geist des Kaisers; in allen wurde ferner den Forderungen der Gleichberechtigung sämmtlicher Staatsangehörigen, sowie der gesunden Aufklärung des fortgeschrittenen Zeitalters gewissenhaft Rechnung getragen. Erwähnt mag nur werden, daß, nachdem bereits 1776 die Tortur abgeschafft worden war, mit 1787 die Todesstrafe in Oesterreich aufgehoben wurde. In Böhmen brauchte es Niemand zu beklagen, daß gewisse Abschnitte der verrotteten Landesordnung Ferdinands II. oder die immer noch stark mittelalterlich gefärbte peinliche Gerichtsordnung Maria Theresias aufgehoben wurden. Als nothwendige Folge der neuen Gesetze ergaben sich manigfaltige Veränderungen in der Einrichtung und Kompetenz der einzelnen Behörden. Die abgeschlossene Selbständigkeit der Länder, so viel noch vorhanden war, erlag der von Joseph II. mit eiserner Strenge verfolgten Gesammtstaatsidee. Der Krönung zum böhmischen Könige wich der Kaiser absichtlich aus, weil er Alles vermeiden wollte, was etwa seinen Centralisierungsplänen entgegenstrebte. Der böhmische Landtag wurde faktisch ein bloßer Steuerbewilligungsapparat, wie es übrigens schon im Sinne der Ferdinandea gelegen war. Die neuen Gesetze erließ der Kaiser, ohne mit den Ständen darüber eine Berathung gepflogen zu haben. Die Stände selbst wurden noch weiter in ihrer Autonomie beschränkt, indem sie über den sogenannten „Domestikalfond" nur mit Bewilligung der obersten Hofkammer in Wien verfügen durften (1782), und indem ferner der „ständische Ausschuß" aufgehoben und dessen Geschäfte dem kaiserlichen Landesgubernium zugewiesen wurden. Seit 1785 fielen auch die Postulate weg, und die Steuern wurden allein von der Regierung festgestellt, vertheilt und erhoben. 1788 wurde verfügt, daß der Landtag sich künftig nur versammeln werde, wenn der Landesfürst es für nothwendig erachte, Gegenstände zur Berathung vorzulegen. In der Beschwerdeschrift vom Jahre 1791 wurden Kaiser Leopold II. von den treugehorsamsten Ständen des Königreiches Böhmen jene Verfügungen mitgetheilt, durch welche von Kaiser Joseph die Uebertra

(margin: Beschränkung der ständischen Rechte.)

gung der ständischen Rechte auf den Landesfürsten Schritt für Schritt bewerkstelligt wurde. „Es würde eine monströse Verfassung sein" schrieb Kaiser Josef einmal „wenn man alle Theile als besondere Ganze betrachten wollte, und wenn über die von der allgemeinen Gesetzgebung herrührenden Befehle noch Gutachten, Ueberlegungen, Repräsentationen und Sistierungen gestattet werden sollten, während doch nur Gehorsam und Vollziehung zulässig sei". Das unter Ferdinand I. gegründete Appellationsgericht, das einst seinen Wirkungskreis über die Länder der böhmischen Krone erstreckt hatte, wurde jetzt auf Böhmen beschränkt; das alte Landesgericht aber, sowie die Landtafel wurde den obersten Landesbeamten entzogen und ein neues Gericht, das „Landrecht" begründet. Dasselbe erstreckte seine Kom-

Landrecht.

petenz über die landtäflichen Güter und deren Besitzer, wurde mit geprüften Richtern, sogenannten „Landräthen" besetzt und war selbst wieder dem Appellationsgerichte untergeordnet (1783). — Konsequenter Weise sorgte Kaiser Josef auch für eine verbesserte Gerichtspflege und Verwaltung in den Städten und Landgütern. In den königlichen Städten wurden kaiserliche geprüfte Magistrate eingesetzt, welche

Städt. Verfassung.

die Gewalt des früheren autonomen Stadtrathes erlangten und auch über die Verwaltung des Gemeindevermögens zu wachen hatten. Die alte Kommunalverfassung der Städte hörte mit dieser Umgestaltung vollständig auf; seitdem entschwand bei den Bürgern die Theilnahme an den öffentlichen Gemeindeangelegenheiten, welche der „fremde Juristenmagistrat" besorgte. Wenn auch der Bürgermeister und einige Räthe noch aus der Bürgerschaft gewählt wurden, so blieb deren Einfluss doch nur ein ganz geringer. Die Patrimonialämter, die Herde obrigkeitlicher Willkür gegen die Unterthanen, unterlagen einer heilsamen Reform. Die Gerichtsbarkeit sollte fürderhin nur von „Justiziären", welche bei dem Prager Appellationsgerichte die Richteramtsprüfung abgelegt hatten, ausgeübt werden, während die politische Verwaltung an Beamte übertragen wurde, welche beim Kreisamte oder Gubernium geprüft worden waren (1784). Die Kreisämter erlangten

Kreisämter

durch Kaiser Josef eine immer größere Erweiterung ihrer Befugnisse. Sie waren den städtischen und obrigkeitlichen Aemtern in politischer Beziehung übergeordnet und übten auf alle Verhältnisse des öffentlichen Lebens ein weitgehendes Recht der Aufsicht, welches namentlich das Verhältniß der Unterthanen ihren Obrigkeiten gegenüber günstiger gestaltete (1784). Durch die neue Kriminalgesetzgebung

Kriminalgerichte.

wurde auch eine neue Organisierung der Kriminalgerichte nothwendig. In Böhmen wurden die früher bestandenen auf fünfzehn vermindert und unter das Appellationsgericht in Prag gestellt. Von letzterem gieng die Berufung an die oberste „Justizstelle" in Wien, deren Geschäfte Kaiser Josef in drei Senate abtheilte — den österreichischen, polnischen und böhmischen (Böhmen, Mähren, Schlesien). —

Steuerwesen.

Auch in dem bis jetzt höchst unzweckmäßig eingerichteten Steuerwesen sollten Reformen im einheitlichen Geiste getroffen werden. Es wurde eine besondere Steuer-Regulierungs-Hof-Kommission errichtet (1785), welche das Steuer-Regutierungspatent auszuarbeiten hatte. Nur Grund und Boden und Realitäten soll ten besteuert werden, weswegen eine allgemeine Vermessung und die Feststellung des Erträgnisses der einzelnen Wirthschaften durch Geständnisse der Besitzer an befohlen wurde. Von 100 Gulden Bruttoertrag brauche der Bauer, so wurde angenommen, für sich 70 fl.; von den übrigen 30 fl. aber müsse er dem Staate 12 fl. 14 kr. und dem Grundherrn 17 fl. 46 kr. entrichten. Auf Grundlage dieser Rechnung wurde das neue Steuersystem mit dem berühmten Patente von 1789 eingeführt. Schon vorher gab der Kaiser den böhmischen Ständen kund, dass sie künftighin über nichts anderes zu verhandeln hätten, als was ihnen von der Regierung vorgelegt würde, und dass die Landtage nicht alljährlich, sondern nur so oft, als es der Kaiser für angemessen hielt, einberufen werden sollten. Auf die Gegenvorstellungen der Stände nahm Joseph wenig Rücksicht und ließ es auch geschehen, dass Graf Rudolph Chotek, der damalige böhmisch-österreichische Hofkanzler, der die Unterschrift zum Steuerpatente von 1789 verweigerte, sein Amt niederlegte.

Armee.

In Bezug auf das Heer war Joseph unablässig bemüht, dessen Einheits charakter zu erhalten und zu verstärken. Er selbst stellte sich an die Spitze des Heeres nicht allein bei den Uebungen, sondern auch im Kriege. Die militärischen Anstalten wurden vermehrt oder weiter ausgebildet, Invalidenhäuser neu gegründet oder vergrößert, allgemeine Anordnungen zur Besorgung der Soldatenweiber und Erziehung der Soldatenkinder getroffen. 1769 erschien ein gemeinsames Exercier reglement für die gesammte Infanterie, und die Regimenter erhielten durch alle Erblande hindurch fortlaufende Nummern. Seit 1773 wurden die Truppen nach einem neuen System ausgehoben und 1786 erschienen das Konscriptions= und Werbebezirksystem, welches die bezüglichen Verhältnisse bis in die kleinste Einzel heit ordnete. (Ueber Josephs Reformen in Kirche, Schule und Unterthänigkeits verhältniss — siehe später).

Leopold und die Stände.

Als Kaiser Leopold II. zur Regierung gelangt war, glaubten die böhmischen Stände durch eine der Regierung überreichte Beschwerdeschrift alle Reformen Maria Theresias und Kaiser Josephs II. beseitigen und die Autonomie des Königreiches wieder herstellen zu können (Landtag v. 20. März 1790 bis 29. Januar 1791). Durch das Robotpatent, so klagten die Stände, sei ihr Wirthschaftsbetrieb und ihre Steuerfähigkeit in eine gefährliche Stockung gerathen, indem die Unterthanen frech und ungestraft, sowohl die Naturalfrohnen wie die Reduktion in Geld ver weigern. In dem Auftreten der Kreisämter liege geradezu eine Aufforderung an die Bauern zur Widerspänstigkeit. Der Bauer müsse von der Regierung, wie von der Kanzel belehrt werden, dass der Frohndienst für ihn Pflicht sei. Ja es möge die Regierung eine größere Truppenmasse ins Land ziehen, um die Frohndienste mit Militärgewalt zu erzwingen. — Ferner forderten die Stände die Wiederher stellung der Zünfte, des Bier= und Mühlenzwanges, die Unterdrückung kirchenfeindlicher Schriften, die Wiederbelebung der geistlichen Censur, die Anstellung gut-katholischer Universitätslehrer und die Wiederherstellung der aufgehobenen Klöster. Vieles im Toleranzpatente erschien ihnen geradezu schimpflich und die katholische Kirche beleidigend. Nur Adelige sollten, so wünschte der Adel weiter, Räthe der Landesregierung oder Kreishauptleute werden können. Der Wiederaufbau vor-josephinischer Zeiten allein genügte aber den Herren, die einmal im Fordern waren, nicht. Sie giengen kühn noch über die Ferdinandea hinaus und hatten nicht übel Lust, die Zeit der Jagellonen mit der Wladislawea heraufzuzaubern. Sie ver-langten Mittheilung aller Gesetzentwürfe zur Prüfung, sie nahmen das Recht der Steuerbewilligung in Anspruch und maßten sich an, den Landtag selbst oder durch ihren Ausschuss einberufen zu lassen. Ja sogar die Forderung wurde am 30. August ausgesprochen, es mögen die ständischen Angelegenheiten durch einen förmlichen ständischen Gesandten in Wien vertreten werden. Leopold zeigte sich zwar in einigen Punkten nachgiebig und hob namentlich die neue Steuerregulierung auf, aber im Allgemeinen suchte auch er den einheitlichen Charakter der Monarchie zu wahren. Weil die Stände selbst den Boden der verneuerten Landesordnung ver-ließen und Theilnahme an der Gesetzgebung verlangten, so erneuerte zwar der Kaiser durch das Patent vom 28. Juni 1791 die ständischen Ausschüsse, freilich mit geringen Befugnissen, und hielt in Bezug auf die Steuerbewilligung den be-treffenden Artikel der Ferdinandea aufrecht: erklärte aber, in Weiterem jene For-derungen nicht zu berücksichtigen, welche über den Stand der Verhältnisse vor dem Jahre 1764 hinausgiengen. Die kaiserliche Antwort auf die Beschwerdeschrift der Stände rief im Ganzen durchaus keine Befriedigung hervor. Besonders kränkte die Herren, welche am 9. Juli 1792 wieder zum Landtage einberufen worden waren, der abgewiesene Antrag, „daß das Landesgericht lediglich mit Adeligen besetzt werden möge." Die übermüthigen Junker ereiferten sich nicht wenig darüber, dass der Adel dem Volke vor Gericht gleichgestellt werde: sie verlangten nicht nur eine adelige Richterbank, sondern auch eine besondere nur für den Adel giltige Prozeß-ordnung. Für den gemeinen Haufen verlautete eine Stimme in der Sitzung am 24. Februar passe der gewöhnliche inquisitorische Prozeß ganz wohl, für Adelige aber und für die Bürger der Hauptstadt, die eine zartere Ehre besitzen, tauge nur der Anklageprozeß. Doch während noch die Stände auf dem Landtage sich in weiteren Klagen über die Widerhaarigkeit der Bauern ergiengen, starb Kaiser Leopold.

Kaiser Franz suchte dem Gedanken einer einheitlichen österreichischen Monarchie nicht nur durch fortwährende Centralisierung Rechnung zu tragen, sondern fügte auch die nothwendige äußere Form und den Namen hinzu. Durch das Patent vom 11. August 1804 wurde „dem Hause Oesterreich in Rücksicht auf dessen unabhängige Staaten der erbliche Kaisertitel beigelegt" und somit die pragmatische Sanktion Kaiser Karls VI. auch äußerlich ergänzt. Seither gewöhnte man sich, in Wort und

(Randnotiz:) Das Erbkaiserthum Oesterreich.

Schrift die Bezeichnung eines Gesammtstaates Oesterreich, eines österreichischen Volkes und Kaisers zu gebrauchen. Wien erhielt durch die Erklärung von 1805 (13. April) den Namen einer römisch-deutschen und österreichischen Haupt- und Residenzstadt; die Krönung des erblichen Kaisers selbst wurde in Aussicht genommen. Das neue österreichische Erbkaiserthum war bis zum Jahre 1848 absolut, anerkannte nur den Staat, nicht aber dessen besondere Länder, die als einzelne Provinzen galten. Wenn im Patente vom 11. August 1804 ausgesprochen wurde, „es sollen die sämmtlichen Königreiche, Fürstenthümer und Provinzen ihre bisherigen Titel, Verfassungen und Vorrechte fernerhin unverändert beibehalten", so konnte dieser Satz allenfalls auf die Josephinischen Zeiten bezogen werden, wie es denn wenigstens für Böhmen auch theilweise so der Fall war. Noch vor seiner Erhebung zum Kaiser gab Franz I. den böhmischen Ständen zu verstehen, dass er nicht im Geringsten gesonnen sei, ihren andauernden Bestrebungen, gewisse Josephinische Reformen zu vernichten, nachzugeben. Die fortwährenden Kriege gaben dem Kaiser einen günstigen Anlass, diese ihm unangenehmen Unterhandlungen gänzlich abzubrechen (1795), und der strenge Absolutismus erschien in den blutigen Kämpfen als ein Gebot der Nothwendigkeit. Am 8. Juni 1795 erklärte die Regierung: „Es haben in den gegenwärtigen Zeiten alle Veränderungen in ständischen Angelegenheiten zu unterbleiben." Fast wie Spott sah es dann im Jahre 1808 aus, dass als Lohn für den Eifer der Bewohner Böhmens und als Dank für die zur Ausrüstung der Landwehr angebotene 1½ Million und für die aus dem Domestikalvermögen zur Kriegssteuer bewilligten 4 Millionen den böhmischen Ständen das Tragen einer rothen Uniform gnädigst gestattet wurde (4. Nov. 1800). Ohne Befragung der Stände wurden Steuern ausgeschrieben und allerhand andere, sämmtliche Staatsangehörige belastende Finanzoperationen vorgenommen. Die unersättliche Kriegscassa verschlang alle Einkünfte des Staates, und alles Mögliche musste versucht werden, um immer neues baares Geld herzuschaffen. Staatsschuldscheine wurden verkauft, Kriegsdarlehen kontrahiert, Zwangs- und Lotterie-Anlehen aufgenommen; die Regierung erhöhte die Steuern und Gefälle, stellte einige Male die Interessenzahlungen ein und griff sogar das Stammvermögen des Volkes an. Nachdem bereits 1806 alles Gold und Silber gegen den Erlag einer Taxe repunciert worden war, erschien am 19. December 1809 das sogenannte Auslieferungspatent, durch welches anbefohlen wurde, alles Gold und Silber bis zum 1. Mai 1810 abzuführen. Dazu kam noch eine fortwährende Vermehrung des Papiergeldes, dessen Kurs, wie natürlich, mit jedem Tage fiel, so dass das Agio vom Oktober bis December 1809 von 320 auf 463 stieg. Ein Patent vom 26. Februar 1810 verkündete die Einlösung der Bankozettel und die Gründung eines Fondes zur Tilgung der übermäßig großen Staatsschuld; zu letzterem Zwecke sollte ein Zehntel alles Eigenthums und die liegenden Gründe der Geistlichkeit in Anspruch genommen werden. Das Patent kam nicht ganz, namentlich nicht in Bezug auf die Güter der todten Hand, zur Ausführung; die zehnpercentige Vermögenssteuer aber ruinierte den Grundbesitz, vornehmlich die Kleinwirthe, vollkommen. Der Werth der Realitäten sank um ein Drittel, aller Kredit war geschwunden, und das Agio stand am 4. December 1810 auf 1240. Der Regierung schien Nichts übrig zu bleiben, als zu einem verzweifelten Mittel zu greifen — den offenen Bankerott auszusprechen. Dieses geschah durch das verhängnißvolle Finanzpatent vom 20. Februar 1811, welches versiegelt in alle Provinzen versendet und am 15. März, an demselben Tage, zu derselben Stunde in allen Stadt- und Dorfgemeinden kund gemacht wurde. Die Bankozettel, welche in einem Betrage von 1060,798.753 Gulden umliefen, wurden auf ein Fünftel ihres Nennwerthes herabgesetzt und gegen sogenannte Einlösungsscheine — die nunmehrige Wiener Währung — umgewechselt. Auch die Kupfermünzen galten jetzt nur den fünften Theil ihres früheren Werthes, während die Interessen aller öffentlichen Schuldscheine auf die Hälfte vermindert wurden. Verpflichtungen, welche vor dem Jahre 1799 eingegangen worden waren, sollten im vollen Betrage erfüllt, spätere aber nach dem betreffenden Tageskourse berechnet werden. Ob nothwendig oder nicht nothwendig, dieses Finanzpatent vom 20. Februar war ein überaus trauriges Ereigniß für alle Kronländer, und die Aufhebung der Vermögenssteuer konnte keinen Ersatz bieten. Tausende von Familien wurden an den Bettelstab gebracht, der Kredit auf lange Zeit hinaus untergraben, eine allgemeine Verwirrung in Soll und Haben hervorgerufen: und doch wurde der Theuerung, dem Geldmangel, der Papierwirthschaft, dem Deficit nicht abgeholfen und die große Staatsschuld nicht vermindert. Neue Finanzreformen eröffnete man im Jahre 1816 und begründete damals auch die Nationalbank. Alte Staatsschulden wurden zwar theilweise bezahlt, aber dafür neue gemacht; in den dreißiger Jahren wuchs das Deficit schon wieder bedenklich an, so 1831 auf 64½ Million, und immer frische Anlehen mußten aufgenommen werden.

So bedauerlich auch die Maßregeln des Kaiser Franz auf dem Gebiete der Finanzwirthschaft genannt werden müssen, theilweise können sie immerhin durch die furchtbaren Kriegsstürme entschuldigt werden. Diesen Kämpfen sind übrigens auch einige praktische Reformen im österreichischen Heereswesen zu danken, deren Durchführung wesentlich das Verdienst des vortrefflichen Erzherzoges Karl war. Dieser hochbegabte Prinz, seit 1801 Feldmarschall und Präsident des Hofkriegsrathes, zeigte sich unermüdlich in der Beseitigung alter Uebelstände und veralteter Mißbräuche. Das alte Militärsystem Lascy's wurde aufgegeben, der Hofkriegsrath 1803 neu eingerichtet, der Zopf abgeschafft, die Verpflichtung zum lebenslänglichen Soldatendienst aufgehoben und die Dienstzeit auf vierzehn Jahre beschränkt. Späterhin schuf Erzherzog Karl zur Vertheidigung des vaterländischen Bodens die „Landwehr" (1808), welche „Nationalbewaffnung" von dem Volke mit großer Begeisterung und Opferwilligkeit aufgenommen wurde.

In die Zeit der Kriegsnoth fallen fernerhin die Gründung des Staats- und

Finanzpatent von 1811.

Militärische Reformen.

Konferenz-
ministerium. Konferenzministeriums, sowie tief eingreifende Reformen auf dem Gebiete des Rechtswesens. Das Staats= und Konferenzministerium wurde am 31. August 1801 errichtet, um neben dem Staatsrathe einen Vereinigungspunkt der gesammten Staatsverwaltung, einen Ministerrath für die wichtigsten Fragen der innern und äußeren Politik zu bilden. Es erreichte diesen seinen Zweck aber aus verschiedenen Gründen bei Weitem nicht: Ungleich nützlicher als das neue Ministerium wirkten die mit allseitiger Anerkennung aufgenommenen beiden Gesetzbücher, das Strafge sez vom 3. September 1803 und das allgemeine bürgerliche Gesetzbuch vom 1. Juni 1811. Ersteres gieng aus dem Josephinischen Strafgesetze von 1787 hervor, führte die schon seit 1795 auf Hochverrath gesetzte Todesstrafe wieder für mehrere Verbrechen ein, bekundete aber nach manchen anderen Richtungen hin einen merk= lichen Fortschritt: dieses Strafgesetz, welches mit 1. Jänner 1804 für alle deutsche Erbländer in Wirksamkeit trat, blieb der Hauptsache nach in voller Geltung bis zum Jahre 1852, in welchem Jahre die bis jetzt giltige Straf-Proceß Ordnung erschien. Das seit dem 1. Jänner 1812 für alle Provinzen Oesterreich's, mit Aus nahme von Ungarn und Siebenbürgen, in Wirksamkeit gesetzte bürgerliche Gesetzbuch, zu welchem die ersten Arbeiten bereits unter Maria Theresia geliefert worden waren, gehört zu den besten Produkten der österreichischen Gesetzgebung. Es steht auf der Basis der allgemeinen Rechtsgleichheit, duldet keine Sklaverei und Leibei genschaft und erklärt die allgemeine Fähigkeit zum Genusse der Privatrechte als Regel. Der einfache und klare Grundtext des Gesetzbuches ist in deutscher Sprache abgefaßt, und alle Uebersetzungen sind nach dem deutschen Texte zu beurtheilen. Das Volk nahm es freudig auf, und so viele Nachtragsverordnungen auch erschienen, im Kerne bildet es noch jetzt das Grundstatut unseres bürgerlichen Privatrechtes. Durch das bürgerliche Gesetzbuch wurde fernerhin eine gewisse Rechtseinheit in den deutschslawischen Ländern geschaffen und somit die Gesammtstaatsidee wenigstens für diese Länder aufs Neue gehoben und gekräftigt.

Gesetzbücher.

Ständestreit
unter
Ferdinand I. Das absolute Regierungssystem dauerte unter Kaiser Ferdinand fort, und die sogenannte Staatskonferenz (Fürst Metternich, Graf Kolowrat und Erzherzog Ludwig) bildete das Haupt einer gewaltigen Beamtenphalanx, die in den einzelnen Ländern vertheilt, jedwede autonome Regung zu unterdrücken wußte. Gegen die Allgewalt der starren Bureaukraten, der getreuen Vollstrecker des Absolutismus, entstand unter den böhmischen Ständen eine nicht unbedeutende Bewegung, und zwar zunächst gegen den eigenen Landesausschuß, weil derselbe sich fast ganz wie eine kaiserliche Behörde geberdete. Der Streit begann bei den Berathungen über das Kaiser Franz-Denkmal, dessen Errichtung der Landtag 1835 beschlossen hatte, erstreckte sich aber bald auch auf andere Gegenstände, namentlich auf die Verwal tung des Domestikalfondes. Der damalige Oberstburggraf, Graf Rudolph Chotek, der um das Land und besonders um die Hauptstadt sich manigfache Verdienste er= worben hatte, wurde von der ihm feindlichen Partei des Landtages gedrängt, seine

Demission einzureichen, die in Wien auf Betreiben des Grafen Kolowrat ange=
nommen wurde, obwohl die Regierung im Grunde genommen mit seinem Vor=
gehen ganz einverstanden war (1842). Der Kampf der Stände gegen ihren Aus=
schus erhielt neue Nahrung, als letzterer im nächsten Jahre ohne Bewilligung der
Stände einen Steuerzuschlag ausschrieb, um das Deficit des Domestikalfondes zu
decken (1843). Da die Regierung den ständischen Ausschus in Schutz nahm,
versuchten es die Stände mit einer Vorstellung beim Kaiser, die jedoch bündig
zurückgewiesen wurde (1844). Ueberdies ernannte die Regierung keinen neuen
Oberstburggrafen, sondern sandte den Erzherzog Stephan als Landeschef nach
Böhmen und setzte diesem zur Seite den Altgrafen Robert Salm als Amts=
verweser und Ständepräsidenten. Die adeligen Herren wurden aber gerade dadurch
immer oppositionslustiger gemacht, und Graf Joseph Mathias Thun erklärte es
namentlich mit der Landesordnung unvereinbar, das der Oberstburggraf zugleich
Gubernialpräsident und vier von den Landesofficieren nicht im Lande ansässig wären.
Man beschlos endlich durch einen hervorragenden Schritt den Kampf zu entscheiden.
Eine von J. M. Thun geführte Deputation, die im Frühjahre 1845 nach
Wien abgieng, um den Kaiser zur Feier der Eisenbahneröffnung zwischen Prag
und Olmütz einzuladen, sollte zugleich die ständischen Beschwerden in Wien zur
Sprache bringen und die Erledigung aller schwebenden Streitfragen betreiben. Die
Hoffnungen, welche man auf diese Deputation gesetzt hatte, giengen nicht in Erfüllung.
Thun hielt zwar einen langen historisch=politischen Vortrag, der sich in dem An=
trage zuspitzte, die Regierung möge die verneuerte Landesordnung v. J. 1627 als
die Normalbestimmung für die ständischen Rechte anerkennen und die Giltigkeit aller
Freiheiten und Privilegien, insoweit sie nicht der Landesordnung zuwider sind, aus=
sprechen. Die Wiener Hofkanzlei aber, besonders Pillersdorf, verstand es, die
böhmischen Herren in der höflichsten Form abzuweisen, und ein Hofdekret vom
23. Juli erklärte zwar die Bereitwilligkeit, die Privilegien der Stände anzuerken=
nen, erinnerte aber auch die Stände an jenen fatalen Passus der verneuerten
Landesordnung, nach welchem es dem Kaiser vorbehalten war, die Landesordnung
zu mehren, zu ändern, zu bessern u. s. w. Gerade dieser Hinweis auf den „Vor=
behalt“, gegen welchen man bereits 1792 (23. Januar) Verwahrung eingelegt hatte,
erregte unter dem Adel eine große Aufregung, und im Landtage wurde ein Mino=
ritätsantrag des Landesausschusses angenommen, welcher die Abfassung einer Be=
gründung der ständischen Rechte, die nicht einseitig aufgehoben werden könnten,
bezweckte. Die lange und scharfe Rede des Grafen F. Deym, der namentlich auf
die Privilegiumsbestätigung vom 29. Mai 1627 als weiterer Quelle der ständi=
schen Rechte hinwies, hatte den Ausschlag gegeben (9. December 1845). Ein Co=
mité „zur Wahrung der ständischen Rechte“ wurde eingesetzt und dieses entledigte
sich seiner Aufgaben in der sogenannten „Deduktion über die Rechtsbeständigkeit
der landesverfassungsmäßigen Gerechtsame und Freiheiten der böhmischen Stände.“

38*

(18. Febr 1847). Diese „Deduktion", Anfangs sehr scharf gehalten, wurde später viel zahmer stilisiert und in ehrerbietiger Adresse dem Kaiser zur Kenntnis gebracht. Gleichzeitig stritten sich die Stände mit der Regierung über den Zuschuß, welchen das Land zum Kriminalfonde zu leisten hatte. Die Stände weigerten sich einen Beitrag zu zahlen und verboten dem Landesausschusse die diesbezügliche Ausschreibung vorzunehmen. Die Regierung aber, die sich nicht im Geringsten einschüchtern ließ, schrieb mit Umgehung der Stände durch das Gubernerinm die Grundsteuer sammt Zuschuß aus und schärfte den Steuerkassen die Eintreibung der ganzen Summe hinlänglich ein. Es kam im Lande keine einzige Steuerverweigerung vor. Die Regierung hatte über die Stände einen glänzenden Sieg erlangt, und die Bestrebungen derselben hatten sich als eine dem Volke ganz fremde Angelegenheit ergeben. Der Adel sah wohl ein, daß er, um erfolgreicher gegen die Regierung kämpfen zu können, das Volk mehr für seine bis jetzt in weiteren Kreisen gar nicht beachteten Verhandlungen interessieren müßte. Er gedachte daher im nächsten Jahre gewisse Anträge einzubringen, die das Volk auf den Landtag aufmerksam machen sollten, so einen Antrag auf Vermehrung der bürgerlichen Abgeordneten, einen anderen auf Regulierung der Beitragsleistung zu Straßenbauten und auf Gründung von Lehrstellen der tschechischen Sprache. Das Jahr 1848 trat aber mit ganz anderen Forderungen auf.

Verhältniß zu
Deutschland. Je inniger Böhmen mit der österreichischen Monarchie verwuchs, desto mehr wandte es sich von Deutschland ab. Es konnte dieses um so leichter geschehen, als der König von Böhmen stets deutscher Kaiser war, und die Habsburger die seit dem westphälischen Frieden auf Null gesunkene Kaisermacht durch den Aufbau der österreichischen Monarchie zu ersetzen gedachten. In der Form aber blieb Böhmen immerhin deutsches Reichsland, ja es wurde in gewisser Beziehung diese Eigenschaft Böhmens in dieser Periode noch schärfer betont, als in der vorhergehenden. Als Kaiser Ferdinand II. durch die Schlacht auf dem weißen Berge der kurzen Regierung des Winterkönigs ein Ende gemacht hatte, erklärte er denselben in die Reichsacht. Der Kaiser ließ die Einwendung des Kurfürsten von der Pfalz, als ob der Kampf um den Thron von Böhmen lediglich eine innere Angelegenheit des Hauses Oesterreich gewesen wäre, nicht gelten, sondern hob in voller Deutlichkeit den Umstand hervor, daß Böhmen ein deutsches Reichslehen sei, und der Kurfürst durch die Aneignung des Reichslehens nicht bloß die Rechte Oesterreichs angetastet, sondern sich auch gegen das deutsche Reich empört habe. Die Vertheidiger der Unabhängigkeit Böhmens von Deutschland führen bei dieser Gelegenheit wiederum die Ansicht in's Feld, daß nur die Kurfürstenwürde und das Schenkenamt, nicht aber das Königreich als deutsches Lehen aufzufassen sei. Diese lediglich durch Trugschlüsse zu erhaschende und allen thatsächlichen Verhältnissen widersprechende Behauptung findet auch keine weitere Erhärtung durch die sogenannte Deklaration Leopolds I. Denn dieselbe bestätigt nur die in der That privilegierte und von

Niemanden bestrittene selbständige Jurisdiktion des Königreiches. Kaiser Joseph I., welcher sich der Deklaration Leopolds anschloß, stellte in einer anderen Beziehung das Verhältniß Böhmens zu Deutschland durch die sogenannte „Readmission" wieder her (1708). Er versprach nämlich den von Ferdinand I. verweigerten Reichsanschlag für das Königreich Böhmen und die dazu gehörigen Länder fürder= hin zu entrichten, zu allen Reichs- und Kreislasten zu steuern und wie alle übri= gen Kurfürsten 300 Gulden für das kaiserliche Kammergericht zu zahlen. Dafür sollte das Reich seinen Schutz und seine Protektion dem Königreiche zusichern; im Uebrigen aber sollte den Rechten, Privilegien und Freiheiten Böhmens aus der „Readmission" durchaus kein Nachtheil erwachsen. Bemerkenswerth ist noch, daß in der ausgestellten Urkunde ausdrücklich betont wurde, „daß die Kurfürsten, Fürsten und Stände Ihr. kaif. Majestät als König von Böhmen und des heil. römischen Reiches Kurfürsten zustehende undisputierliche Recht und Befugniß den böhmischen Sitz und Stimme in allen deliberationibus bei ordinarii und extraordinarii Zusammenkünften, Reichs=, Deputations-, Kollegial und anderen Tagen zu bekleiden und zu führen einhellig erkennen."

Als das zur böhmischen Kurwürde gehörige Erzschenkenamt durch den Tod des Grafen Vollrath, des letzten Schenken von Limburg, erledigt worden war (1713), verlieh Kaiser Karl VI. dieses Amt dem Grafen Michael von Althann, dessen Nach= kommen es bis 1806 besaßen. Unter demselben Kaiser wurde der Schutz und Schirm, welcher Böhmen in der Readmission versprochen worden war, im Reichs= tagsbeschlusse vom 11. Januar 1732 neuerdings versichert. Unter Maria Theresia blieb die Kürfürstenwürde Böhmens erledigt, da eine Frau dieselbe nicht bekleiden konnte, die Kaiserin aber sich vergeblich bemühte, die Kur an ihren Gemahl zu bringen. Dagegen wurde der Kaiserin kein Hinderniß in den Weg gelegt, als sie nach dem Tode Karls VII. an der Kaiserwahl sich betheiligen wollte und zu der= selben Gesandte als Königin von Böhmen abschickte. Mit der Auflösung des deutschen Kaiserreiches (1806) löste sich wie natürlich das uralte Verhältniß Böhmens zu Deutschland gleichfalls auf. Bald traten aber beide Länder wieder in nähere Beziehung. Denn als auf dem Wiener Kongresse 1815 die Fürsten den deutschen Bundesstaat begründeten, erklärten sie, daß zu demselben alle jene Länder gerechnet werden sollten, welche früher zum deutschen Reiche gehört hatten. Deßwegen trat der Kaiser von Oesterreich auch mit den Ländern der böhmischen Krone, die seit Alters mit Deutschland vereinigt waren, in den neuen deutschen Bund. Die Stände, welche dieses neue Verhältniß zu Deutschland in vollem Umfange aner= kannten, beriefen sich in ihrem Streite mit der Regierung in den vierziger Jahren wiederholt auf die deutsche Bundesakte. Namentlich verwiesen sie öfter auf den Artikel 13, dem gemäß in allen Bundesstaaten eine landständische Verfassung statt= finden sollte, und auf den Artikel 56 der Wiener Schlußakte von 1820, welcher

Abänderungen der landſtändiſchen Verfaſſung nur im verfaſſungsgemäßigen Wege geſtattete.

Adel. Die hochmüthige Adelsherrſchaft des Jagelloniſchen Zeitalters war durch die Weißenberger Schlacht vollkommen vernichtet worden, und nur geringfügige Rechte in politiſcher Beziehung beließ die Ferdinandeiſche Landesordnung den Ständen. Dagegen verblieben dem nach alter Sitte in Herren und Ritter getheilten Adel, welchen die Ferdinandea als zweiten und dritten Stand bezeichnete, noch manigfache Privilegien, die allmählich beſeitigt werden konnten. Er hatte ausſchlüſslich faſt die hohen Landesämter inne, dominierte im wenn auch ziemlich machtloſen Land-tage und herrſchte über die hörigen Unterthanen, welche unter ſeiner Gerichtsbarkeit ſtanden. Erſt unſerem Zeitalter blieb es vorbehalten, dieſen in den zwei letzten Jahrhunderten noch vielfach bevorzugten Stand den übrigen Staatsangehörigen in Rechten und Pflichten gleichzuſtellen, nachdem namentlich die Kaiſerin Maria Thereſia und Kaiſer Joſeph in löblicher Weiſe vorgearbeitet hatten. Der Adel Böhmens vor und nach dem dreißigjährigen Kriege unterſcheidet ſich auch noch durch ein an-deres Merkmal, als durch die geänderte politiſche Machtſtellung. Von den einheimi-ſchen Familien waren nämlich eine Menge bereits in Folge der Revolution von 1620 ganz oder theilweiſe verarmt; 728 Herren und Ritter wurden durch den ſogenannten Generalpardon (1622) an ihrem Vermögen beſtraft, und manche Familie gelangte an den Bettelſtab. In Folge des Religionsediktes von 1627 giengen neuerdings eine Menge alter adeliger Geſchlechter zu Grunde oder wurden wenigſtens zur Auswanderung gezwungen. 185 adelige Familien allein verließen, um nicht katho-liſch zu werden, das Land und ſuchten in der Fremde Zufluchtsſtätten. Rechnet man zu dieſen auch jene in Folge des langen Krieges überhaupt zu Grunde ge-gangenen Geſchlechter, ſo blieben von dem altböhmiſchen Adel nur geringe Ueberreſte. Die großen Lücken wurden erſetzt durch Einſchiebung ausländiſcher Elemente, na-mentlich aus der Reihe der Feldhauptleute, die ſich im Kriege auf kaiſerlicher Seite ausgezeichnet hatten. Daher finden ſich ſeither unter den böhmiſchen Adelsgeſchlech-tern eine Menge italieniſcher, walloniſcher, ſchottiſcher und anderer fremdländiſcher Namen, und es kann gegenwärtig von einem tſchechiſchen Adel der Abſtammung nach nur mit Bezugnahme auf einige wenige Familien geſprochen werden. Dieſer aus den verſchiedenſten Elementen zuſammengeſetzte neubößmiſche Adel hatte einen gewiſſen kosmopolitiſchen Anſtrich; er ſprach alle möglichen Sprachen, vorzüglich franzöſiſch, italieniſch und deutſch, am allerwenigſten tſchechiſch. In ſeinen Sitten ließ er ſich vom Auslande beſtimmen, wie er denn überhaupt ſpecifiſch Böhmiſches gar Nichts an ſich hatte. Die Kämpfe gegen die Regierung im Landtage führt der Adel nicht etwa um des Vaterlandes willen, ſondern ganz und gar nur ſeiner Standesintereſſen wegen. — Die adeligen Güter Böhmens werden in dieſem Zeitraume abgetheilt in Allodial-, Fideikommiſs- und Lehengüter. Die beiden erſten Gruppen ſind in der Landtafel verzeichnet, und die Realgerichtsbarkeit über dieselbe übte das l. f. Landrecht aus. Landtäfliche Güter zu besitzen waren übrigens noch berechtigt einige höhere Würdenträger der Geistlichkeit, einige geistliche Korporationen, die Universität, der Rektor und die Professoren der beiden weltlichen Fakultäten, mehrere privilegierte Städte und einzelne Bürger privilegierter Städte.

Die Lehengüter theilten sich in eigentlich böhmische, welche in der Realgerichtsbarkeit unter dem Obersthoflehenrichteramt, im Uebrigen unter dem Landrechte standen, und in deutschböhmische, welche in die Kompetenz des böhmischen Appellationsgerichtes als deutscher Lehensschrane oder Lehenshauptmannschaft fielen. Die deutschböhmischen Lehen liegen im Ascher und Egerer Gebiete, und die öffentlichen Bücher über dieselben werden von der deutschen Lehenstafel geführt.

Eine eigene Klasse der Landesbewohner bildeten die sogenannten Freisassen, Freisassen. welche nach der verneuerten Landesordnung solche sind, „welche unter keinem Stande begriffen, doch eigene, unmittelbar unter dem König liegende Höfe, Gründe und Feldgebäude haben." Dergleichen Freisassen, welche auf ihren Gründen die gewöhnlichen Dominikalrechte ausübten und selbst unter dem Landrechte standen, gab es insbesondere im Caslauer, Taborer, Raurschimer, Berauner, Pre.chiner, Klattauer und Pilsner, weniger in den übrigen Kreisen. Sie bildeten in den Gegenden, wo sie häufiger vorkamen, eigene Viertel mit Viertelältesten, die das Landrecht bestätigte, an der Spitze. Die Freisassen als Nachkommen der alten freien Bevölkerung des Landes darzustellen, bietet unüberwindliche Hindernisse. Dagegen dürfte die Ansicht Twrdy's die richtige sein, dass die Freisassen nichts Anderes als von ihrer Obrigkeit der Leibeigenschaft entbundene Unterthanen gewesen seien, bald im Wege der Belohnung für geleistete Dienste, bald gegen Bezahlung.

Den vierten Stand des Königreiches bildeten nach der verneuerten Landesord Städte. nung die königlichen Städte. Diese wurden gewöhnlich eingetheilt in privilegierte und nicht privilegierte, erstere wieder in landtafelsfähige und landtagsmäßige. Landtafelsfähige Städte sind solche, welche entweder als Stadt oder deren einzelne daselbst ansässige Bürger landtäfliche Güter besitzen dürfen. Zu diesen gehören die vier Prager Städte, Pilsen, Budweis, Saatz, Kommotau, Kuttenberg und Kaaden mit individueller Landtafelsfähigkeit für ihre Bürger und Brüx, welche Stadt durch ein Privilegium der Kaiserin Maria Theresia 1749 die Landtafelsfähigkeit in corpore erlangte. Die übrigen Städte konnten nur mit landesfürstlicher Bewilligung neue landtäfliche Güter erwerben. Landtagsmäßig, d. h. mit Sitz und Stimme im Landtage berechtigt, waren nur die vier Prager Städte, Kuttenberg, Pilsen und Budweis; sie hatten keineswegs nur eine Kollektivstimme, sondern eine jede landtagsmäßige Stadt repräsentierte einen Landstand und besaß für sich eine Stimme. Die übrigen königlichen Städte konnten zwar Abgeordnete in den Landtag entsenden, hatten aber weder Sitz noch Stimme in demselben. Diese Abgeordneten nahmen herkömmlich ihre Plätze außerhalb der Bänke, auf einer für sie besonders bestehenden Tribune. Somit war der Bürgerstand im Landtage eigentlich nur dem Namen nach vertreten; denn die sieben Stimmen, über die er verfügte, konnten nur in den seltensten Fällen den Ausschlag geben und hatten demnach nicht die geringste Bedeutung. Die nicht landtagsmäßigen königlichen Städte wurden noch abgetheilt in königliche geradeweg und in königliche landesunterkammeramtliche; erstere standen in Bezug ihres Oekonomiewesens unter dem Landesgubernium, und zu ihnen wurden auch die königlichen Bergstädte gerechnet, die ehedem einen eigenen Berg- und Münzmeister zum unmittelbaren Vorsteher hatten. Die königlichen unterkammeramtlichen Städte schieden sich wieder in freie landesunterkammeramtliche, welche dem Landesunterkammeramte untergeordnet waren und in unterkammeramtliche Leibgedingstädte, deren Erträgniß jeder königlichen Wittwe zum Leibgedinge überlassen wurde, und die unter einem eigenen Unterkammeramte der Königin standen. — Die nicht königlichen Städte hießen herrschaftliche oder Municipalstädte, und in ihre Kategorie gehörten auch die verschiedenen Märkte und Marktflecken. Sie sonderten sich zuvörderst in kameralherrschaftliche, welche in Hinsicht ihres Oekonomiewesens unter der Staatsgüteradministration standen, und in privatherrschaftliche. Die privatherrschaftlichen wurden wieder abgetheilt in Schutz und in unterthänige Städte. Erstere waren von den gewöhnlichen unterthänigen Leistungen an die Grundherrschaft befreit und entrichteten nur ein gewisses Schutzgeld; die unterthänigen Städte (Märkte) dagegen waren zu den Verbindlichkeiten der grundherrlichen Unterthanen verpflichtet. Daß die Städte ihre Selbstverwaltung eingebüßt hatten und die autonome Kommunalverfassung abgeschafft worden war, wurde bereits erwähnt. In Bezug auf die Magistrate, welche seither an der Spitze der Gemeinde standen, unterschied man theils organisierte, theils nicht organisirte. Die organisierten theilten sich nach vier Klassen ab, so zwar, daß die ersten drei einen geprüften Bürgermeister und mehrere geprüfte Räthe, die letzte Klasse aber einen ungeprüften Bürgermeister und nur Einen geprüften Rath besaß. Die nicht organisierten Magistrate, welche auch die „ruhenden" hießen, hatten, so lange die Gemeinde nicht ein hinreichendes Einkommen zur Erhaltung des erforderlichen Gerichtspersonals ausweisen konnte, bloß einen ungeprüften Bürgermeister oder Stadtrichter.

Unterthänig-keitsverhältnisse.

Das durch das Wladislawische Gesetzbuch sanktionierte traurige Unterthänigkeitsverhältniß des böhmischen Landvolkes wurde auch in der verneuerten Landesordnung aufrecht erhalten. Der Bauer war rechts- und schutzlos, er hatte kein gesichertes Besitzthum, noch vielweniger die persönliche Freiheit, sondern er war der verachtete Leibeigene seines stolzen Grundherrn. Er durfte seinen Wohnort nicht ändern, ohne durch einen sogenannten „Weglaßzettel" die Erlaubniß des gnädigen Herrn eingeholt zu haben; er durfte nicht heirathen ohne Bewilligung desselben, er erblickte in diesem nicht nur den Grundherrn, von dessen Gnade es abhieng, daß er noch fürderhin in seiner elenden Hütte fortvegetieren durfte, sondern auch den gefürchteten Richter, der ihn nach Willkür strafen, in einen dumpfen Kerker stecken oder zum Krüppel, wenn nicht todt prügeln konnte. Jahr aus Jahr ein arbeitete der arme Landmann mehr als zur Hälfte seiner Zeit auf den Feldern seines Machthabers, ja es kam auf manchen Herrschaften vor, dass der Bauer fünf Tage in der Woche zur Robot auf den gutsherrlichen Acker befohlen wurde, und erst der sechste Tag, oftmals absichtlich derjenige, den das Wetter zur Feldarbeit unbrauchbar gemacht, ihm für seine eigene Wirthschaft übrig blieb. War es ein Wunder, wenn sich im geknechteten Bauer, der für den prassenden Gutsherrn frohndete und selbst nur ganz kümmerlich lebte, ein tiefer Groll festsetzte, wenn sich sein Hass besonders gegen die Amtsleute und Schreiber richtete, die in Erfindung neuer Robotarten unerschöpflich schienen? Nicht einmal den Schauplatz seiner ewigen Plackereien zu verlassen, war dem Landmanne erlaubt; lief er, Alles im Stiche lassend, davon — Fälle, die oft vorkamen — so musste er gesetzmäßig wieder ausgeliefert werden, und schwere körperliche Züchtigungen warteten alsdann seiner. Die Verzweiflung führte schlüsslich zum Aufruhre, so zur Bauernrevolution von 1680 unter Kaiser Leopold I. (S. 564). Dieselbe wurde gewaltsam niedergeworfen, die Rädelsführer wurden hingerichtet und die Bauern und Häusler wiederum für lange abgeschreckt, zur Selbsthilfe zu schreiten. Wohl fühlte schon Leopold I., dass das Loos des gedrückten Landvolkes erleichtert werden müsste, und er gebot, dass der Bauer zu nicht mehr als zu dreitägiger Robot in der Woche verhalten werden sollte. Allein dieser blieb wie vordem der Sklave seines Grundherrn; das Edikt Kaiser Leopolds wurde nicht weiter berücksichtigt, und bald waren die Roboten wieder „ungemessene" und erstreckten sich zur Zeit der Ernte auf die ganze Woche. Erst unter den Regierungen der milden Kaiserin Maria Theresia und ihres freisinnigen Sohnes, des Kaisers Joseph, sollte das unglückliche Schicksal des Landvolkes wesentlich erleichtert werden. Maria Theresia setzte eine eigene Kommission zur genauen Untersuchung des Unterthänigkeitsverhältnisses ein, um zunächst in Fällen besonders schreiender Ueberbürdung Abhilfe zu gewähren. (4. Oktober 1771 die Urbarialhofkommission — 7. September 1774 Urbarialkommissionen für jedes eigene Erbland). Da aber die Kommission die allgemeine Reform als dringend nothwendig erkannte, so bestimmte die Kaiserin durch eigene Robot- und Urbarial-Patente für die Frohnden ein Maximum von drei Tagen und erklärte zugleich mit Angabe der Preise, dass eine „Ablösung" der Roboten stattfinden könnte. Der böhmische Adel sträubte sich mit aller Gewalt gegen die neuen Gesetze; er glaubte, seinen Nachkommen „uralte" Gerechtsame nicht entziehen lassen zu dürfen, erinnerte die Kaiserin an ihren Krönungseid und suchte zu beweisen, dass die fragliche Neuerung dem Lande mehr schaden, als nützen werde. Ein Theil der Landbevölkerung selbst dagegen fasste das Robotpatent ganz falsch auf und erhob, in der Meinung, die vollkommene Freiheit erlangt zu haben, einen Aufruhr, der sich vom Riesengebirge bis gegen Prag erstreckte, und der nur durch Waffengewalt unterdrückt werden konnte (1775). Die Kaiserin aber ließ sich nicht im Geringsten durch diese bedauerlichen Ereignisse, sowie durch die realtionären Vorstellungen des Adels in ihrer einmal betretenen Bahn beirren. Sie gestattete noch in demselben Jahre nicht nur auf allen Domainen die völlige Ab= lösung der Frohndienste mittelst einer sehr mäßigen Geldsteuer, sondern schaffte auch eine merkliche Anzahl von Leistungen ab, die auf reiner, wenn auch verjährter Usurpation beruhten. — Kaiser Joseph II. rüttelte noch mächtiger, als seine Mutter, an den Fesseln, welche den Bauernstand in unwürdige Knechtschaft zwäng= ten. Schon in seinem ersten Regierungsjahre erschien für die österreichisch böhmi= schen Provinzen das wichtige Unterthanspatent (1. Sept. 1781), wodurch die Unterthanen gegen den willkürlichen Druck ihrer Herrschaften in Schutz genommen und den Bauern namentlich das Recht der Beschwerdeführung eingeräumt wurde. Ein gleichzeitig herausgegebenes Strafpatent beschränkte das Strafrecht der Herr schaftsbesitzer in Bezug auf die Feudalverpflichtungen der Unterthanen und verwies den Bauer mit seinen etwaigen Beschwerden an die Kreisämter, deren Kompetenz

Aufhebung der Leibeigenschaft. in dieser Richtung bereits von Maria Theresia erweitert worden war. Am 15. Januar 1782 hob der edle Monarch die Leibeigenschaft in Böhmen vollkommen auf und setzte an die Stelle derselben eine gemäßigte Unterthänigkeit; „die Ver= besserung der Landeskultur und Industrie" nicht allein, sondern auch „Vernunft und Menschenliebe" sprechen für diese Aenderung, so erklärte der große Kaiser in dem betreffenden Patente. Demgemäß stand es dem früheren Leibeigenen nunmehr frei, Heirathen nach Belieben einzugehen, von der Herrschaft wegzuziehen und anderswo sich niederzulassen ohne Los= oder Weglasezettel, seinen Beruf nach eigenem Erachten zu wählen, Handwerke und Künste zu erlernen und den gelehrten Studien sich zu widmen. Ferner sollte der Unterthan, sobald er seine Güter gegen ein angemessenes Entgelt an die Herrschaft eigenthümlich erworben hatte, dieselben versetzen, verpfänden, verkaufen, überhaupt mit denselben frei verfügen können, jedoch ohne Nachtheil der grundherrlichen Gerechtsame. Mit wahrhaftigem Enthu= siasmus wurde von der Landbevölkerung das kaiserliche Geschenk der Freiheit auf= genommen und Jubel und Dankesfeste an allen Enden verkündeten das Glück der aus der Knechtschaft Erlösten. „Jahrhunderte", so hörte man in allen Kreisen der Glücklichen ausrufen, „harrten wir auf die Geburt eines Messias, der uns, wie die Israeliten, aus der Knechtschaft befreite, vergebens. Auf einmal löst Joseph die Fesseln, wir fangen an, neu zu leben." Es waren nur natürliche Fol= gen der Aufhebung der Leibeigenschaft, daß die Kreisämter unter Kaiser Joseph eine noch größere Machterweiterung erlangten und die Patrimonialgerichtsbarkeit dadurch immer mehr überwacht und eingeschränkt wurde, daß fortan nur wissen= schaftlich gebildete und geprüfte Juristen die Justiz auf den Herrschaften ausüben durften. Der Instiziär aber war nicht mehr dem Gutsherrn, sondern dem Appel= lationsgerichte verantwortlich, so daß der bis jetzt der Herrschaft beigelegte Titel „Obrigkeit" eine immer geringere Berechtigung hatte. Endlich erklärte Kaiser Joseph bei Gelegenheit der Einführung des neuen Grundsteuersystems durch das

Gesetz vom 10. Februar 1789, daß alle Frohndienste, Abgaben und sonstige Leistungen der Landleute an ihre Gutsherren mittelst einer Geldrente abgelöst werden könnten. Die Ablösung, deren Ausführung nach einem andern Erlasse längstens bis zum 31. October des nächsten Jahres (1790) ausgeführt sein müßte, sollte so vorgenommen werden, daß dem Bauer mindestens siebzig Procent des bei der neuen Steuerregulierung ermittelten Grundertrages für sich frei verbliebe.

Leider lebte der große Kaiser Joseph II. zu kurze Zeit, um seine wohlthätigen Reformen selbst in's praktische Leben einführen zu können. Sein Nachfolger Leopold II. aber glaubte, viele von den Neuerungen seines Bruders wieder abschaffen zu müssen, sowie er denn schon am 6. April 1790 das Steuersystem Josephs für den ganzen Umfang seiner Länder aufhob. Der Bauer kehrte zwar nicht mehr in die alte Leibeigenschaft zurück, aber die vollständige Ablösung seiner Güter unterblieb, sowie denn auch das Frohnden und Roboten der Unterthanen bis zum Jahre 1848 fortdauerte. Im genannten Revolutionsjahre gieng der Wiener Reichstag an die endgiltige Abschaffung der Erbunterthänigkeit des Landvolkes und erklärte die seitherige Gebundenheit des Grund und Bodens in den deutschslawischen Provinzen des Kaiserstaates für aufgehoben (7. Sept. 1848). Diese Anordnung erlangte am 4. März 1849 die kaiserliche Sanktion, und so rasch gieng die Durchführung der Grundentlastung vor sich, daß die amtliche Wiener Zeitung am 30. November 1859 verkünden konnte, daß die Ausfertigung der Grundentlastungsobligationen bis auf einen sehr kleinen Theil vollendet wäre.

Wir haben schon oben gesehen, wie Böhmen nach der Niederwerfung der Rebellion von 1620 durch Kaiser Ferdinand II. gewaltsam zum Katholicismus zurückgeführt worden ist. Durch den dreiundzwanzigsten Artikel der verneuerten Landesordnung wurde die katholische Religion als die allein im Lande berechtigte erklärt, alle früheren Toleranz- und Majestätsbriefe, Privilegien und Landtagsschlüsse über religiöse Angelegenheiten aufgehoben und am Schlusse dieses Artikels ausdrücklich erklärt, „daß hinfüro keiner in das Land oder in die Städte solle aufgenommen werden, er sei denn Unserer hl. katholischen Religion zugethan". Durch die Prager Konvention vom 1. August 1634 wurde die Ausübung des Protestantismus in Böhmen abermals untersagt und die im westphälischen Frieden ausgesprochene Religionsfreiheit keineswegs auf dieses Land ausgedehnt. Mehremale wurden die intoleranten Edikte erneuert. So wurde 1650 auf den Besitz eines protestantischen Buches, oder auf die Uebertretung des Fastengebotes die Strafe der Güterkonfiskation und Landesverweisung gesetzt. Ohne besondere Erlaubniß der Regierung durfte Niemand in ein protestantisches Land reisen. Kein Protestant wurde in die Regierung oder den Hofdienst aufgenommen. Heirathen zwischen Katholiken und Protestanten kamen selten vor und wurden nur geduldet. Der katholische Klerus erlangte dagegen ein um so größeres Ansehen, als er durch den Artikel 24 der verneuerten Landesordnung zur Würde eines Landstandes und

Religiöse
Verhältnisse.

zwar des ersten und vornehmsten erhoben worden war. Nach diesem Artikel hatte alsdann der Erzbischof und derjenige Geistliche, welcher eine Inful oder einen Bischofshut zu tragen durch Privilegien und altes Herkommen berechtigt war und daneben
in der Landtafel eingeschriebene Güter besaß, das Recht, auf den Landtagen zu
erscheinen und mitzurathen und den Herzogen und Fürsten voranzugehen. Seitdem
herrschte in Böhmen in religiösen Dingen drückender Gewissenszwang und finstere
Unduldsamkeit, bis der freisinnige Kaiser Josef auch diese der Menschheit unwürdigen Fesseln zu sprengen wußte. Der edle Monarch sprach die schönen Worte:
„Niemand soll mehr seines Glaubens wegen Drangsalen ausgesetzt, und kein
Mensch soll künftig genöthigt sein, das Evangelium des Staates anzunehmen,
wenn es wider seine Ueberzeugung sei, und wenn er andere Begriffe der Glück-
seligkeit habe." Diesem ganz entsprechend, erschien nach einzelnen vorangehenden
Verordnungen im Oktober 1781 das Toleranzpatent, wodurch die „Akatholischen"
den Katholiken mit Ausnahme der öffentlichen Ausübung des Gottesdienstes gesetzlich gleichgestellt und ihnen die Zulassung zum Häuser- und Güterankaufe, zum
Bürger- und Meisterrechte, zu akademischen Würden und Staatsbedienstungen gewährt wurde. Bald nach Bekanntmachung des Toleranzbriefes entstanden in Böhmen protestantische Gemeinden und Gotteshäuser, denen allerdings die Thürme
und Glocken nicht gestattet wurden. Die erste Gemeinde bildete sich in Kreuzberg
im Časlauer Kreise; einige Wochen darauf entstanden die beiden Prager protestantischen Gemeinden Augsburgischer Konfession, die deutsche und die tschechische (1782).
Die Zahl der protestantischen Gemeinden mehrte sich noch zu Zeiten Kaiser Josephs
auf zwölf Augsburger und sechsunddreißig helvetischer Konfession, mit etwa 45.000
Glaubensgenossen. Zum Protestantismus wandten sich zumeist auch jene Ueberreste der böhmischen Brüder, die sich seit Ferdinand II. heimlich erhalten hatten
und die insgemein Husiten genannt wurden. Es kann nicht geläugnet werden,
daß in der Toleranzgesetzgebung Josephs II. sich mancherlei Unfertigkeiten und
Widersprüche zeigen. So mußten beispielsweise die Protestanten sich vorher an-
melden und eine Dispens ansuchen, um zu ländlichen oder städtischen Besitz, zu
Aemtern oder Würden gelangen zu können. Seit 1783 aber mußten sie sich sogar erst einem sechswöchentlichen katholischen Unterricht unterziehen, um als Protestanten anerkannt zu werden. Noch eine Menge anderer Beschränkungen wurden
dem Toleranzpatente angefügt. Es kämpften in Kaiser Joseph eben zwei nicht zu
vereinbarende Forderungen. Sein Freisinn gebot die ausgedehnteste Toleranz, die
Tradition seiner Dynastie aber hatte auch bei ihm die Ueberzeugung festgesetzt, daß
die katholische Kirche als die allein herrschende im Reiche festzuhalten sei als mächtiges
Einheitsband des ohnedies in den verschiedenen Nationalitäten auseinanderstreben-
den Staates.

Im Chrudimer Kreise, namentlich in den zur Pardubitzer Herrschaft gehörigen Dörfern Rokitno und Chwojnetz, sowie in Zizelitz auf der Chlumetzer

Toleranzpatent
(Oct. 1781).
Protestanten.

Trißtu.

Herrschaft tauchte in dieser Zeit eine Anzahl Familien auf, die sich durchaus nicht zum Protestantismus bekennen mochten, sondern ihre eigene „Gottesreligion" für sich haben wollten. Das Glaubensbekenntniß dieser Leute, meist verwahrloster Individuen, war ein höchst verworrenes und mag dem der Pikarditen des XV. Jahrhunderts entnommen oder nachgebildet worden sein. Sie selbst nannten sich Abrahamiten oder auch Israeliten; in der gebildeten Welt aber liebte man es, sie mit dem Namen „Deisten" zu bezeichnen. Kaiser Joseph beschloß, die neue Winkelsecte im Keime zu ersticken. Diejenigen von den Erwachsenen, welche nicht zu einem der gebildeten Glaubensbekenntnisse übertreten wollten, wurden nach Ungarn und Siebenbürgen transportiert, die Kinder aber katholisch erzogen (1782).

Bisthümer. Prager Erzbischöfe.

Das Prager Erzbisthum erlangte nach der rücksichtslos, aber erfolgreich durchgeführten Gegenreformation wieder das alte Ansehen und wurde auch in materieller Beziehung gehoben und besonders durch konfiscierte Güter reichlich dotiert. Der Vollständigkeit wegen führen wir die Erzbischöfe dieser Periode an. Auf Lohelius (siehe S. 501) folgten: Ernst Albert Graf von Harrach (1622—1667), Johannes Wilhelm Graf von Kolowrat-Libsteinsky (1667—1668), Mathäus Ferdinand Zoubek von Bilenberg [seit 1660 B. v. Königgrätz] (1668—1675), Johannes Friedrich Graf v. Waldstein [seit 1668 B. v. Königgrätz] (1675—1694), Johannes Joseph Graf von Breuner (1694—1710), Ferdinand Karl Graf von Küenburg [seit 1701 B. v. Laibach] (1711—1731), Daniel Joseph Mayer von Mayern (1731—1733), Johannes Adam Graf Wratislaw zu Mitrowitz [seit 1711 B. v. Königgrätz, seit 1722 B. v. Leitmeritz] (1733), Moritz Gustav Graf von Manderscheid-Blankenheim (1733—1763), Anton Petrus Graf von Přichowsky [seit 1754 B. v. Königgrätz] (1763—1793), Wilhelm Florentin Fürst Salm (1793—1810), Wenzel Leopold Chlumčansky von Přestavk [seit 1801 B. v. Leitmeritz] (1815—1830), Alois Joseph Graf von Kolowrat (1830—1833), Andreas Alois Graf Ankwicz von Posławice-Skarbek (1834—1838), Alois Joseph Freiherr von Schrenk auf Notzing und Emaning (1838—1849), Friedrich Joseph Cölestin Fürst von Schwarzenberg und Herzog von Krummau [seit 1835 Erzb. v. Salzburg] (seit 1850).

Um die wieder eingeführte katholische Lehre im Lande immer mehr zu befestigen, hatte schon Kaiser Ferdinand II. im Einverständnisse mit dem Papste die Absicht, in Böhmen vier neue Diöcesen zu gründen, und zwar mit den Bischofssitzen in Leitmeritz, Königgrätz, Budweis und Pilsen (1630). Die kriegerischen Zeiten traten der Ausführung dieses Planes hindernd in den Weg, und erst nach dem westphälischen Frieden konnte Ferdinand III. denselben wieder aufnehmen. Er gründete 1656 das Leitmeritzer, und sein Nachfolger Kaiser Leopold I. errichtete 1664 das Königgrätzer Bisthum. Unter der Regierung der Kaiserin Maria Theresia wurde das Bisthum Olmütz der höheren Gewalt des Prager Erzbischofes entzogen und zu einem selbstständigen Erzbisthume erhoben (1777). Die Budweiser

Leitmeritz. Königgrätz. Budweis.

Diöcese entstand unter Kaiser Joseph II. (1784); sie wurde aus den Mitteln des Religionsfondes dotiert und umfaßt den Budweiser, Taborer, Pifeker und Klattauer Kreis. Joseph erweiterte zugleich den Wirkungskreis der Leitmeritzer und Königgrätzer Diöcese, die ursprünglich nur auf die gleichnamigen Kreise sich erstreckten, dahin, daß der ersteren ungefähr der Leitmeritzer, Saatzer und Bunzlauer, der letzteren der Königgrätzer, Bidschower, Chrudimer und Castauer Kreis unterstehen.

Emancipation von Rom.

Wenn schon frühere Kaiser, so namentlich Ferdinand III., die unbedingte Oberherrschaft der päpstlichen Kurie über die österreichischen Bischöfe nicht gestatten wollten, so brach Kaiser Joseph II. dieselbe durch eine Reihe von Verordnungen in radikaler Weise. Schon 1767 war das placetum regium eingeführt worden. Durch einen Erlaß vom 26. März 1781 wurde dasselbe verschärft; es wurde allen Erzbischöfen, Bischöfen und geistlichen Orden der österreichischen Erbländer verboten, päpstliche Bullen, Breven oder Erlässe und Verordnungen von anderen ausländischen geistlichen Vorgesetzten, weß Inhaltes sie sein mochten, anzunehmen, ohne sie vorher der weltlichen Landesstelle vorgelegt und das landesfürstliche Placet erhalten zu haben; Bullen und Breven mußten von der Hofkanzlei der allerhöchsten Entschließung unterbreitet werden. Wie die päpstlichen Bullen u. dgl. ihre Billigung erst von der weltlichen Macht erlangt haben mußten, ehe sie Geltung besaßen, so wurden auch die bischöflichen Anordnungen und Hirtenbriefe erst der Prüfung der Landesstelle unterzogen, bevor sie veröffentlicht werden durften. Mit dem Dekrete vom 14. April 1781 übertrug der Kaiser das Dispensationsrecht, das bisher der Papst inne hatte, den Bischöfen selbst und ertheilte diesen am 14. October 1781 den Auftrag, in Ehesachen von kanonischen Hindernissen, wenn ein triftiger Grund dazu vorhanden, kraft landesfürstlicher Ermächtigung gegen eine mäßige Taxe zu dispensieren. Durch eine Verordnung vom 1. Oktober 1781 wurde dafür Sorge getragen, daß der von den Bischöfen dem Papste zu leistende Eid den Rechten des Kaisers und den Pflichten eines Unterthans nicht widerstreite. Ferner wurde die Annahme päpstlicher Ehrentitel, Aemter oder Würden ohne landesfürstliche Genehmigung untersagt (21. Aug.), das päpstliche Notariat aufgehoben (25. Okt.) und den österreichischen Unterthanen ohne Ausnahme der Besuch des Kollegium Germanicum in Rom verboten (12. Okt. 1781); den weltlichen Behörden selbst aber ließ Kaiser Joseph Anfangs 1782 eine Instruktion zukommen, welche ihnen bei Behandlung von Kirchensachen zur Richtschnur dienen sollte. Die sogenannten päpstlichen Monate bei Besetzung von Kapitelstellen hörten in diesem Jahre auf; Niemand sollte zum Domherrn gewählt werden dürfen, der nicht durch zehn Jahre die Seelsorge geübt. Um die Erziehung des katholischen Klerus in die Gewalt des Staates zu bringen, hob Kaiser Joseph das seit 1631 bestehende erzbischöfliche Seminar, sowie die Seminarien auf dem Lande auf und errichtete für das ganze Land ein einziges kaiserliches Generalseminarium

(13. Sept. 1783). Die auf diese Art herbeigeführte Emancipation des österrei
chischen Klerus von Rom verschaffte demselben eine vielfach größere Selbstständigkeit
allerdings unter strenger Ueberwachung des Staates. Die Kirche sollte keinen
Staat im Staate bilden, war die Absicht dieser Josephinischen Reformen; die Ge
genpartei entsetzte sich aber gerade durch diese Loslösung von Rom am allermeisten
und ruhte nicht, bis sie nach und nach die Verbindung mit Rom und die Unab=
hängigkeit vom Staate wieder hergestellt hatte. Unter der Regierung des unbeug
samen Kaisers Joseph gelang es nicht, die kirchlichen Reformen in irgend einer
Weise rückgängig zu machen, obwohl Papst Pius VI. selbst im Frühjahre 1782
nach Wien kam und sich daselbst durch längere Zeit aufhielt. Der Kaiser blieb
unerschütterlich und sprach in einer Staatskonferenz zum Papste die bezeichnenden
Worte: „Alles, was ich bis jetzt gethan, Alles, was noch künftig geschehen wird,
beabsichtigt das Wohl meiner Unterthanen. Unumgänglich nothwendig waren die
beschlossenen Einrichtungen; mit desto mehr Standhaftigkeit werde ich sie aufrecht
halten, da keine derselben die „kirchliche Lehre" auch nur im Geringsten beeinträch
tigt." „Noch die Enkel werden uns segnen", lautet eine Stelle in einem seiner
Briefe, „daß wir sie von dem übermächtigen Rom befreit, die Priester in die
Gränzen ihrer Pflicht zurückgewiesen und allein dem Vaterlande unterworfen haben;
aber in Rom wird man erbost sein, weil ich das Alles unternehme, ohne die
Gutheißung des „Knechtes der Knechte Gottes" zu haben." — Schon Josephs
Nachfolger aber, der Kaiser Leopold, verminderte die Ueberwachung der Kirche
durch den Staat, hob das Generalseminarium auf, stellte die bischöflichen Semi
narien wieder her und ließ sich zu allerlei Konzessionen herbei. In der glänzend
sten Weise aber triumphierte Rom über die Josephinischen Bestrebungen doch erst
in unserer Zeit durch das Konkordat vom 18 Aug. 1855.

Wohlthätig, wenn auch manchmal bis in's Kleinliche gehend, waren die An- **Aeußerer Klerus.**
Aberglaube.
ordnungen, die Kaiser Joseph in Bezug auf den äußern Kultus traf. Die Ver
minderung der Feier-, Fest- und insbesondere der Kirchweihtage, die Entfernung
des übertriebenen Schmuckes der Altäre und Kirchen, das Verbot der häufigen
Processionen und Wallfahrten, der Erlaß, daß Ablässe nur mit landesfürstlicher
Genehmigung verkündet, daß Reliquien zum Küssen nicht dargereicht werden
sollten und ähnliche andere Verordnungen hatten ihre volle Berechtigung, wurden
aber gerade von einem großen Theile des ungebildeten Volkes, das so gerne am
Alten haftet, mit vieler Erbitterung aufgenommen. Besonders erhitzten sich die
Landbewohner über die Einführung der Leinwandsäcke anstatt der Särge bei Be
gräbnissen und über die gegen den verrotteten Aberglauben erschienenen Anordnun·
gen. In letzterer Beziehung wurden die Erlässe Maria Theresias von 1755 er
neuert, der Glaube an Geistererscheinungen, Zauberei, Schatzgraben, Teufelsbe
schwörungen, des Handels mit Amuletten und geweihten Rosenkränzen, der Sta
puliere, Teufelsaustreibungen und Gespenstererscheinungen u. dgl. verpönt, der

Verkauf abgeschmackter Erzählungen von geschehenen Wunderwerken und Gnaden-
bildern, abergläubischer Gebete und Gesänge, das Wetterläuten, die Segnungen
von Brot, Wasser u. s. w. verboten. — Trotz alldem war der Kaiser ein guter
Katholik und suchte das strengkirchliche Leben auf jede Art zu fördern. Er duldete
nicht, daß religionswidrige und sittenverderbende Bücher im Reiche verbreitet werden und mitten im heftigsten Kampfe gegen die Hierarchie verbot er z. B. Vol-
tair's Uebersetzung (1784, 1789). Der Kaiser konnte mit vollem Rechte schreiben:
„Die unermüdete Sorgfalt, welche ich seit meiner Thronbesteigung, vorzüglich auf
Verbreitung des Unterrichtes in den echten Grundsätzen der Glaubenslehren, auf
die Herstellung der Reinigkeit und erhabenen Würde der Religion und auf die
Verbesserung der Sitten gehabt, sind Beweise von dem Eifer, den ich für das
Beste der Religion empfand. Von ähnlichen Absichten habe ich im Verlaufe
weniger Jahre verschiedene Bisthümer und Domkapitel neu gegründet, andere gehörig dotiert, in allen Provinzen meiner Reiche die Anzahl der Pfarren und Lokal-
kaplaneien nach den Bedürfnissen beträchtlich vermehrt, vielfältig Kirchen, Pfarr-
häuser und Schulen, theils ganz neu erbaut, theils in besseren Stand gesetzt, in
jedem Lande zur Bildung guter Seelenhirten Generalseminarien und Priesterhäuser
errichtet und endlich um das Betteln der Mönchsorden, welches für die Religion
eine Herabwürdigung, für die Ordensleute eine erniedrigende Beschäftigung und
für den Landmann eine nicht geringe Bedrückung war, nach und nach abzustellen,
denselben schon in mehreren Ländern zureichende Einkünfte anweisen lassen."

Klöster. Mit dem Siege der katholischen Religion über den Protestantismus durch
die Gegenreformation entwickelte sich für die Klöster und Orden eine neue Zeit
der Blüthe. Die schon früher im Lande angesiedelten Korporationen wurden erneuert und vermehrt und überdies neue Orden eingeführt. So erschienen 1626
die Paulaner, 1640 die Piaristen, 1655 die Ursulinerinnen, 1666 die Theatiner,
1704 die Trinitarier, später die barmherzigen Brüder u. a. In der Mitte des
vorigen Jahrhunderts zählte das Land nebst den Jesuitenkollegien nicht weniger
als 179 Klöster. Erst Kaiser Joseph, der bei seinem Regierungsantritte im Reiche
2165 Abteien und Klöster mit 64.000 Mönchen und Nonnen vorfand, reducierte
die Anzahl derselben um ein Bedeutendes durch die Dekrete vom 30. Oktober und
20. December 1781. „Alle jene Orden beiderlei Geschlechts", erklärte ein kaiserliches Handschreiben, „welche ein bloß beschauliches Leben führen, d. i. welche
weder Schulen halten, noch Kranke bedienen, noch predigen, noch den Beichtstuhl
versehen, noch Sterbenden beistehen, noch sonst in Studien sich hervorthun, als
Karthäuser, Kamaldnenser, Eremiten und alle weibliche Orden der Karmeliterinnen,
Klarissinen, Kapuzinerinnen u. dgl., alle diese sollen von nun an in allen meinen
Staaten aufgehoben sein." Den in dem Auflösungsdekrete nicht bezeichneten
Klöstern wurde angedeutet, sich für das allgemeine Wohl so nützlich als möglich
zu machen, namentlich durch Uebernahme oder Errichtung von Schulen in den

einzelnen Ortschaften. In Böhmen wurden von 1782 bis 1788 achtundfünfzig Klöster aufgehoben; aus dem Vermögen derselben wurde der sogenannte Religions-fond gegründet. Durch ein Decret vom 28. Februar 1782 wurde bestimmt, daß aus diesem Fonde zunächst die Exmönche und Exnonnen erhalten, nach ihrem Tode aber Nichts davon zu weltlichen Zwecken, sondern Alles, Güter wie Stiftungen, nur zur Beförderung der Religion, zur Errichtung und Dotierung neuer Seel-sorgstationen, Schulen und Armenversorgungsanstalten verwendet werden sollte. So wurden die großen Reichthümer der Klöster weit edleren Zwecken zugeführt und insbesondere viele Pfarreien, Schulen und Wohlthätigkeitsanstalten noch von Kaiser Joseph errichtet. Auch die Brüderschaften und Kongregationen, die mit religiösen Orden in Verbindung standen, wurden nachher aufgelöst und ihr Ver-mögen zum Religionsfonde geschlagen. Ebenso wurden die Einsiedler oder Wald-brüder nicht mehr geduldet und deren im Jahre 1782 in Böhmen 83 (darunter 17 mit Stiftungen) beseitigt. Nur eine einzige Bruderschaft sollte fürderhin auf kirchlicher Grundlage bestehen, „die Bruderschaft der thätigen Nächstenliebe in Be-zug auf die hilflosen Armen." Diese Bruderschaft sollte sich über ganz Oester-reich ausbreiten, nach Pfarreien in Abtheilungen gegliedert werden und zum ober-sten Vorsteher den Kardinalerzbischof von Wien haben. — Die noch fortbestehen-den Klöster verloren ihre Unabhängigkeit von der bischöflichen Gewalt, durften nur Inländer zu Ordensobersten haben und mit ihren Generälen, wenn diese im Aus-lande ihren Sitz hatten, nicht weiter unterhandeln.

Unter allen Orden der neuen Zeit haben die Jesuiten auf das sociale und politische Leben den größten Einfluß auszuüben verstanden. Aus Böhmen waren die frommen Väter durch die Revolution von 1618 allerdings verscheucht worden; allein kaum war die Weißenberger Schlacht geschlagen, so kehrten sie eiligst in's Land zurück und wurden von ihrem Zöglinge und Protektor, dem Kaiser Ferdi-nand II., mit offenen Armen aufgenommen. Die Gegenreformation brachte die Jesuiten in ihr eigenstes Fahrwasser, und sie entwickelten in derselben thatsächlich eine fieberhafte Missionsthätigkeit. Sie kamen den verborgensten Resten des Pro-testantismus alsbald auf die Spur und arbeiteten an der Ausrottung desselben und an der Wiederherstellung der katholischen Lehre mit allen nur erdenklichen Mitteln. Sie durchzogen das Land von einem Ende zum andern und wirkten bald als Prediger, bald als Beichtväter, hier in der Schule und dort im engen Familienkreise, theils mit bezaubernder Liebenswürdigkeit, theils mit raffinierter List, nur ihr Ziel in's Auge fassend. Sie verbreiteten eine Menge nichts weniger als aufklärender Bücher unter das Volk und verwandten die Stiftung der „St. Wen-zelserbschaft" (seit 1671) ausschließlich zur Herstellung und unentgeltlichen Ver-breitung von Legenden, Gebet-, Gesangbüchern u. dgl. Ferner kultivierten die Jesuiten gerade jene religiösen Uebungen mit Vorliebe, welche dem Protestan-tismus am schroffsten gegenüberstanden. Von großem Erfolge gekrönt waren

Jesuiten.

39

namentlich ihre Bemühungen, die Anziehungskraft alter Wunder- und Wallfahrtsorte wieder zu beleben oder aber neue Gegenstände abgöttischer Verehrung zu entdecken. Merkwürdiger Weise tauchten bald da, bald dort, gerade in der Nähe der frommen Väter bis jetzt unbekannte Gnadenbilder, insbesondere der Muttergottes, auf, und es kamen die „Marianischen" Wallfahrten in den höchsten Schwung. Den Jesuiten ist es ferner zu danken, daß der Kultus des heiligen Johann von Nepomuk, des Landespatrons, zur allseitigen Aufnahme gelangte, daß bald ein jedes Brückchen des Landes mit einer Johannes-Statue geziert war und alljährlich massenhafte Pilgerzüge zur Verehrung des Heiligen nach Prag sich wandten. Die Heiligsprechung Johanns, die bereits seit 1675 mit großem Eifer betrieben worden war, erfolgte im Jahre 1729. Der neue Kirchenheilige sollte nach der Meinung der Jesuiten insbesondere das immer noch hoch in Ehren gehaltene Angedenken seines Namensvetters, des Magister Johann Hus, verwischen. Es muß dabei der Wahrheit zu Liebe bemerkt werden, daß die Legende des heiligen Johann, falls sie den bekannten Generalvikar des Erzbischofes Jenstein meint (S. 226), mit der historischen Kritik in großen Widerspruch geräth. Bei all' ihrem Eifer für die katholische Religion vergaßen die klugen Mitglieder der Gesellschaft Jesu nicht, ihr eigenes Interesse in's Auge zu fassen. Zu den schweren Zeiten der Güterkonfiskationen nach der Weißenberger Schlacht brachten sie für wenig Geld schöne Besitzungen an sich, die sie fortwährend zu vermehren verstanden. Da sie seit 1622 die Prager Universität ganz übernommen hatten, beherrschten sie so ziemlich das Schulwesen des Landes, auch nachdem ihnen 1638 die Fakultät der Mediciner und Juristen wieder entzogen worden war. Sie besetzten namentlich die städtischen Schulen (Gymnasien) mit ihren Gliedern und besaßen selbst dreizehn Kollegien und neun kleinere Sitze oder Residenzen (Profeßhaus in der kleinern Stadt Prag, St. Klemens in der Altstadt, St. Ignatz in der Neustadt, Breznitz, Eger, Gitschin, Klattau, Kommotau, Königgrätz, Krummau, Kuttenberg, Leitmeritz, Neuhaus - Altbunzlau, Duppau, Heiliger Berg, Jenikau, Koschumberg, Libschitz, Tuchomierschitz, Maria Schein [Maria Scheune], Woporzan). So erlebte der Orden der Jesuiten vom dreißigjährigen Kriege bis zum Jahre 1773 in Böhmen seine Blüthezeit. Sie mischten sich hier, wie anderwärts, auch in Dinge, die sie Nichts angiengen, trieben Politik, stemmten sich gegen jedweden Fortschritt und erregten selbst im Punkte der Moral durch ihre Scheinheiligkeit und Gleißnerei allgemeine Mißliebigkeit. Ihrem in ganz Europa als gemeinschädlich anerkannten Treiben machte der freisinnige, wissenschaftlich gebildete Papst Klemens XIV. ein Ende, indem er durch eine Bulle vom 21. Juli 1773 den Orden der Gesellschaft Jesu für aufgehoben erklärte. In Folge dessen mußten auch in Böhmen die Jesuiten ihre Kollegien und Residenzen räumen; ihr Vermögen, das man auf 15 Millionen Gulden schätzte, wurde vom Staate eingezogen und nachher dem böhmischen Studienfonde zugewendet. Die Jesuiten gaben die Hoffnung auf Wiederherstellung ihres Ordens nicht auf, und in der That wurde ihre Gesellschaft, durch Papst Pius VII. im Jahre 1814 wieder aufgerichtet. Sie faßten seither auch festen Fuß in Oesterreich und suchen in der allerneuesten Zeit wieder in unserem Vaterlande, gerade nicht zur sonderlichen Freude des Volkes, Boden zu gewinnen. Uebrigens sind die Jesuiten unserer Tage im Vergleiche zu den Patres der vorigen Jahrhunderte ziemlich ohnmächtig; es fehlt ihnen vor Allem die materielle Macht und die geistige Durchbildung ihrer Vorfahren. Das Volk selbst aber hat viele alte Vorurtheile abgelegt und neigt sich der freisinnigen Strömung unseres Jahrhunderts zu; es dürften die Jesuiten nur in den allertief-sten Schichten der Bevölkerung und in einigen exquisiten Cirkeln des Feudaladels ihre Anhänger finden.

Die Schlacht auf dem weißen Berge, welche für alle Nichtkatholiken so ver- Israeliten. derbliche Folgen hatte, verschlimmerte das Schicksal der Israeliten nicht so sehr, als man glauben sollte. Kaiser Ferdinand II. suchte in seinem Bekehrungseifer zwar auch sie für den katholischen Glauben zu gewinnen, wandte aber in dieser Hinsicht durchaus nicht jene Zwangsmaßregeln an, wie gegen die Protestanten. Die Juden wurden einfach, so befahl der Kaiser von Regensburg aus (1630), jeden Samstag in eine christliche Kirche getrieben, um daselbst die Predigt anzuhören, und schwere Strafen wurden auf das Ausbleiben von den geistlichen Reden und auf das Schwätzen und Schlafen bei denselben gesetzt. Obwohl man auf diese Weise nur wenig Prose-lyten machte, ließ man es doch dabei bewenden und griff zu keinerlei strengeren Mitteln. Im Uebrigen erneuerte Ferdinand II. den Israeliten die ihnen von seinen Vorfahren verliehenen Rechte und fügte noch manche neue Freiheiten hinzu; namentlich bestätigte er ihnen den Besitz der 1623 erkauften Häuser in der Judenstadt (1627). Nur in Bezug auf das Ankaufen gestohlener Sachen und das Geldleihen, welches den Juden nur auf Pfänder gestattet sein sollte, wur-den in der Ferdinandischen Landesordnung strenge Bestimmungen getroffen. Ferdinand III. erneuerte und vergrößerte zwar auch die Rechte der Israeliten, suchte aber ihrer immer größeren Ausbreitung dadurch entgegenzutreten, daß er auf dem Landtage 1650 bestimmte, es dürften die Juden an keinem anderen Orte sich aufhalten, als an demjenigen, wo sie am 1. Januar 1618 ihren Wohnort gehabt hatten, oder wo ihnen von jener Zeit an der Aufenthalt durch ausdrückliche landes-fürstliche Bewilligung gestattet worden war. Mit Teplitz wurde eine Ausnahme ge-macht, und es wurden hier auch solche Israeliten geduldet, welche vor 1618 daselbst an-sässig waren. Um so besser gediehen die einzelnen Judengemeinden in den ihnen zuge-wiesenen Städten. So zählte die Judenstadt in Prag im Jahre 1680 318 Gebäude, und als dieselben im Jahre 1689 durch die französischen Mordbrenner einge-äschert worden waren (S. 563), entstanden bis zum Jahre 1708 über 300 neue Häuser, die von mehr als 12000 Juden bewohnt wurden. Diese auch auf dem Lande merkliche rasche Vermehrung der Israeliten schien der Regierung Bedenken einzuflößen. Es wurde durch ein Patent von 1708 das Einwandern fremder

Juden außerordentlich erschwert und durch ein anderes von 1727 bestimmt, daß ein verehelichter Jude das Inkolat nur an einen einzigen Sohn übertragen und nur dieser sich verehelichen dürfte, die anderen aber aus dem Lande abziehen sollten.

Die Juden galten immer noch als Parias der Gesellschaft, und daß ihre Existenz auch nachher noch an Einem Haare hieng, sollten sie selbst unter der Regierung der Kaiserin Maria Theresia erfahren. Aus mancherlei höchst triftigen Ursachen, so ließ genannte Regentin am 18. December 1744 verkünden, habe sie den Entschluß gefaßt, künftighin keinen Juden mehr in dem Erbkönigreiche Böhmen zu dulden, und bis zum letzten Tage des Juli 1745 solle sich keiner von dieser Nation im Lande mehr antreffen lassen. Es war ein harter Schlag, der auf ein Mal die seit Jahrhunderten so schwer Verfolgten traf; die Landesverrätherei, deren unter Anderen sie damals beschuldigt wurden, gehört in das Bereich jener vielen Mährlein, die man im Verlaufe der Zeiten den Juden angedichtet hat. Die Kaiserin kam übrigens selbst bald zur besseren Einsicht, nahm ihren Vertreibungsbefehl zurück und gestattete den Juden, die sich theilweise schon zur Auswanderung bereit hielten, den weiteren Aufenthalt. Allerdings mußten dieselben eine erhöhtere Geldsteuer (die Judensteuer) zahlen und sich verpflichten, durch äußere Abzeichen, wie schon unter Ferdinand I. (lange Bärte und gelbe Tuchläppchen), sich erkennbar zu machen.

Wahrhaft edel und freisinnig, wie alle andere Angelegenheiten, behandelte Kaiser Joseph II. auch die Judenfrage. Er bot Alles auf, um die Israeliten aus ihrer drückenden Ausnahmsstellung zu befreien. Das demüthigende Gesetz über die Kleidungsart wurde abgeschafft, die allgemeine Gerichtsnorm auch für ihre bürgerlichen Streitigkeiten giltig erklärt, die deutsche Sprache in den Beschneidungs- und Geburtsbüchern, so wie in allen Rechtsurkunden, eingeführt und die Annahme gewisser Geschlechtsnamen statt der bisherigen verwirrenden jüdischen Benennungen geboten. Ein besonderes Augenmerk widmete der Kaiser den jüdischen Schulen, die er nach dem Muster der deutschen Normalschule einrichtete, und von deren Lehrern eine bessere Bildung als bisher beansprucht wurde; übrigens sollte es den jüdischen Kindern auch gestattet sein, die allgemeinen öffentlichen Schulen zu besuchen. Von noch größerer Wichtigkeit war es, daß bestimmte Berufsgeschäfte jetzt auch den bisher fast nur auf den Handel beschränkten Israeliten erlaubt wurden. Sie durften nunmehr auch Ackerbau treiben, Gebäude und Kaufgewölbe auch außerhalb der Judenstadt erwerben und wurden sogar zum Kriegsdienste, allerdings vorläufig nur als Stück- und Fuhrknechte, zugelassen. Schlüßlich ordnete und vereinfachte der Kaiser das Besteuerungswesen der Israeliten und gestattete die Erhöhung des Bevölkerungsstandes derselben bis auf 8600 Familien. Auch unter Kaiser Leopold erlangten die Juden einige Vergünstigungen; so wurde ihnen die Erlangung der Doktorswürde und des Sachwalteramtes bei allen Glaubensgenossen zugestanden, und in Bezug auf die Ehesachen der Israeliten wurden bestimmte Verordnungen getroffen. Die spätere österreichische Gesetzgebung bestrebte sich die Gleichstellung der Israeliten mit den anderen Staatsangehörigen immer mehr durchzuführen. Das Judensystem vom 3. August 1797 knüpfte an die freiheitlichen Einrichtungen Kaiser Josephs II. an und hob wiederum einige von den noch bestehenden Ausnahmssatzungen in Bezug auf Gemeindeverfassung, Nahrungszweige u. s. w. auf. Durch die Hofdekrete von 1827 und 1835 wurde den Israeliten der Erwerb von Realitäten immer noch sehr erschwert; dagegen wurden 1841 einige erleichternde Verordnungen getroffen und 1845 das Eheschließungsrecht erweitert. Durch das Hofdekret vom 22. September 1846 sprach die Regierung die sukcessive Auflassung der Judensteuer aus und gestattete jedem Kontribuenten und ganzen Gemeinden, die in sieben Jahresraten getheilte Ablösungssumme auch mit Einem Male zu entrichten. Das Jahr 1848 räumte alle beschränkenden Bestimmungen in Bezug auf die Israeliten hinweg, hob namentlich die Maximalzahl der erlaubten Familien, das Schutzgeld u. a. auf. Wohl wurden späterhin in den Zeiten der Reaktion neue Beschränkungen des Besitzrechtes der Juden angeordnet, bis 1860 eine kaiserliche Verordnung die allgemeine Güterbesitzfähigkeit der Israeliten aussprach, ohne dieselbe an weitere lästige Bedingungen zu knüpfen.

In Folge des vollkommenen Sieges der katholischen Lehre nach der Schlacht auf dem weißen Berge verlor auch die Karolinische Universität ihren bisherigen protestantischen Charakter. Dieselbe wurde auf Befehl des Statthalters Lichtenstein (10. Nov. 1622) den Vätern der Gesellschaft Jesu ausgeliefert und diesen namentlich die Verwaltung der Güter und Besitzthümer übertragen. Die Karl Ferdinands Universität, so nannte man die vereinigte Klementinische und Karolinische Akademie, war eine rein jesuitische Anstalt, und der Jesuitenrektor bei St. Klemens herrschte mit absolutistischer Gewalt über Professoren und Studenten. Bei der philosophischen und theologischen Fakultät lehrten nur Jesuiten, an der medicinischen und juridischen weltliche Professoren, die von Jesuiten angestellt und besoldet wurden, freilich aber erst dann, wenn sie das katholische Glaubensbekenntniß abgelegt hatten. Doch schon im Jahre 1638 nahm Kaiser Ferdinand III. die Karolinische Akademie den Jesuiten wieder ab und stellte sie unter einen eigenen kaiserlichen Prorektor. Da im selben Jahre der Erzbischof Harrach, der sich lange mit den Jesuiten und auch mit dem Kaiser wegen seines Kanzlerrechtes herumstritt, für sein jüngsthin errichtetes Seminar nebst andern Freiheiten auch das Recht erlangte, in der Theologie und Philosophie akademische Grade zu ertheilen, so gab es nunmehr drei Universitäten. Nach der heldenmüthigen Betheiligung der Studenten und Professoren am Kampfe gegen die Schweden im Jahre 1648 suchte der Kaiser durch manigfache Belohnungen sich erkenntlich zu zeigen. 1653 führte er durch das sogenannte Unions Dekret wiederum eine Vereinigung der Karolinischen und Klementinischen Universität herbei, stellte sie unter Einen Rektor, der nach der Reihe aus den vier Fakultäten gewählt werden sollte, und bewog den Erzbischof, das Kanzleramt wieder zu übernehmen. Allerdings war die Vereinigung eine sehr lose, da

Universität.

die Jesuiten ihre besonderen Vorrechte durch ein geheim zu haltendes Privilegium erlangten und gegen alle Verordnungen sich wehrten, welche sich nicht mit ihren Ordensstatuten in Uebereinstimmung bringen ließen. Die Autonomie der Anstalt litt übrigens durch die Einsetzung eines kaiserlichen Superintendenten, welcher den Sitzungen des neugebildeten akademischen Senates beizuwohnen und darüber zu wachen hatte, daß nichts Verfassungswidriges beschlossen würde. In wissenschaftlicher Beziehung leisteten die einzelnen Fakultäten nur sehr wenig, und wiederholt wurden Stimmen nach Reformen laut. Am schärfsten tadelte der Superintendent Birelli die Einrichtungen und Leistungen der Universität zu Beginn des XVIII. Jahrhunderts in einem ausführlichen Berichte. Allein es geschah Nichts, als daß 1718 das baufällige Karolinum auf Staatskosten wieder hergestellt wurde, und eine Kommission über Reformen ohne Resultate tagte. Die Jesuiten wußten durch Spitzfindigkeiten aller Art ihre vorzügliche Methode und erzielten Erfolge darzulegen und verhinderten jedweden gedeihlichen Fortschritt. Erst durch die Kaiserin Maria Theresia wurden nennenswerthe Umänderungen im Universitätswesen vorgenommen. Da man ihre Anordnungen von 1747 nicht genau befolgte, so drückte sie 1751 den Professoren ihre Unzufriedenheit in ungnädigen Worten aus und traf 1752 in den philosophischen und theologischen Studien, 1754 in der juridischen Fakultät gründliche Reformen. Es wurden in den einzelnen Fakultäten besondere Examinatoren und je ein Direktor bestellt, welch' letzterer die Professoren in ihrer Pflichterfüllung zu überwachen hatte und im Range und Einflusse vor den Dekanen stand. Vergeblich sträubten sich die Jesuiten gegen diese Neuerungen; die Kaiserin ließ sich nicht abhalten, noch weitere Reformen anzubahnen, die insbesondere den fortschrittsfeindlichen Orden betrafen. 1760 wurde einer eigenen Hofkommission die Leitung des gesammten Schulwesens der Monarchie übergeben; in den einzelnen Erbländern wurden Provincialstudienkommissionen eingeführt, von denen die in Böhmen aus den Direktoren der Fakultäten zusammengesetzt war. Ein Haupthinderniß aller Reformen im Studienwesen fiel mit der Auflösung des Jesuitenordens im Jahre 1773. Die theologische und philosophische Fakultät hoben sich merklich, und in letztere wurden auch tüchtige weltliche Professoren berufen. Ein freisinniger Geist durchwehte die alte Universität mit der Regierung des aufgeklärten Kaisers Joseph II. Der Eid auf die unbefleckte Empfängniß, den alljährlich die Professoren schwören mußten, die Ablegung des katholischen Glaubensbekenntnisses, die Ausschließung der Juden von der Universität fielen mit dem Toleranzpatente. Entschieden zu weiteren Fortschritten drängte die Studieneinrichtung des Kaisers Joseph von 1784. Durch dieselbe wurden neue Professuren an den einzelnen Fakultäten geschaffen, ein besserer Lehrplan eingeführt und an die Stelle der lateinischen die deutsche Sprache für alle Vorlesungen angeordnet. Uebrigens betrachtete Kaiser Joseph die Universitäten nicht als lediglich wissenschaftliche Anstalten, sondern vielmehr als Institute, durch welche in den gebildeten Kreisen seine eigenen Ansichten zur Geltung gebracht oder aber Staatsbeamte nach seinem Sinne herangebildet werden sollten. Ferner wurde unter demselben Kaiser die Verwaltung des Universitätsvermögens der Staatsgüteradministration übergeben, der Judicialsenat aufgelöst und die Gerichtsbarkeit über die Mitglieder der Universität dem Prager Magistrate zugewiesen (1784). Die Provincialstudienkommission wurde aufgehoben, die Direktoren der Fakultäten selbst aber bestanden fort, bis Kaiser Leopold die sogenannten Lehrerversammlungen und an deren Spitze den Studienconseß einsetzte, durch welche Einrichtung die Leitung der Studienangelegenheiten fast ganz den Professoren und Lehrern überlassen wurde (1791). Unter Kaiser Franz I. hörte diese vorzügliche Institution wieder auf, und es wurden abermals Studiendirektoren eingesetzt (1802). Unter dem genannten Kaiser, wie unter Kaiser Ferdinand verschwindet allmählich das frische, gesunde Leben, das gegen Ende des vorigen Jahrhunderts sich in erfreulicher Weise an der Universität gezeigt hatte. Nur die medicinische Fakultät, welcher große Mittel, namentlich bedeutende Krankenanstalten, zu Gebote standen, errang sich einen Ruf, der auch über die Gränzen der Monarchie hinausreichte. In Folge der Revolution vom Jahre 1848 wurde die Prager Universität vollkommen reorganisiert und wesentlich nach dem Muster der übrigen deutschen Hochschulen eingerichtet.

Die Mittel und Volksschulen kamen nach der Weißenberger Schlacht fast durchwegs in die Hände der Jesuiten. Da diesen die Schule bloß als Magd der Religion galt, so wurden die eigentlichen Wissenschaften nur in geringem Maße gelehrt oder wenigstens ganz einseitig betrieben. Die Lateinschulen oder Gymnasien besetzte der Orden mit seinen eigenen Gliedern, mochte aber in der Methode und in den Lehrbüchern nicht eine Linie vom Herkömmlichen abweichen. Daher wurden die Jesuitenschulen, die in der älteren Zeit zweifelsohne Einiges geleistet hatten, immer schlechter, und das ganze Schulwesen krankte an schwer zu bewältigenden Uebeln. Die Bemühungen Einzelner, wie des hochachtbaren Schulmannes F. Kindermann, des Pfarrers von Kaplitz (geboren zu Königswalde 1742) oder die Bestrebungen der Friedländer Schule, wohin der strebsame Seubdner noch vor Selbiger die Saganische Methode verpflanzte, konnten doch nur in engen Kreisen Erfolge haben. Es war die höchste Zeit, daß endlich der Staat dem Schulwesen eine größere Aufmerksamkeit schenkte. Maria Theresia schritt mit löblichem Beispiele voran. 1751 wurde ein Direktor über alle Gymnasien des Landes gesetzt, 1760 die Studienhofkommission in Wien und die ihr untergeordnete Studienkommission in Böhmen eingeführt. Die neuen Schulbehörden säumten nicht, durch einzelne Verordnungen das Gymnasialwesen zu verbessern und dem verrotteten Systeme der Jesuiten entgegen zu treten. Allein erst nach der Auflösung dieses Ordens (1773), der in scheinheiliger Weise höchstens die Formen, niemals das Wesen seiner Schulen änderte, konnten die Unterrichtsanstalten einen gesunden Aufschwung nehmen. Die Gymnasien der vertriebenen Jesuiten übernahmen theils die Piaristen und

Mittel und Volksschulen.

andere Orden, theils weltliche Lehrer. Von den Piaristen muß rühmlichst erwähnt werden, daß sie seit ihrer Einführung in Oesterreich (1640 Kollegium in Leitomischel, 1658 in Schlan) sich als vorzügliche Schulmänner auszeichnen, daß sie namentlich im Gegensatze zu den Jesuiten den Anforderungen der Zeit, so wie den örtlichen Bedürfnissen in verständiger Weise Rechnung zu tragen suchen. Von Entscheidung für den weiteren Fortschritt des Unterrichtswesens war die Berufung des Augustinerabtes Felbiger aus Sagan zum Generaldirektor des Schulwesens von Oesterreich; mit ihm erfolgten die Verordnungen der Studienhofkommission vom Jahre 1774, durch welche sowohl die Gymnasien verbessert, als auch die niederen Schulen in ihrer Verfassung wesentlich umgestaltet wurden. Letztere wurden nach der „Allgemeinen Schulordnung" für die l. k. Erbländer" vom 6. December 1774 in „Normal, Haupt und Trivialschulen" eingetheilt; Normalschulen sollten wenigstens Eine in jeder Provinz am Orte der Schulkommission, Hauptschulen in größeren Städten, in jedem Kreise wenigstens Eine und Trivialschulen in allen kleineren Städten und Märkten und auf dem Lande wenigstens an allen Orten, wo sich Pfarrkirchen oder davon entfernte Filialkirchen befinden, errichtet werden. Hiedurch war außerordentlich viel gewonnen und das österreichische Volksschulwesen eigentlich erst begründet. Kaiser Joseph wandte mit großer Vorliebe seine Aufmerksamkeit der Volksschule zu. Die Klöster, welchen er den Fortbestand erlaubte, mußten in den ihrer Herrschaft unterworfenen Dörfern neue Schulen begründen oder die bestehenden verbessern; ebenso wurde keine neue Seelsorge-Station errichtet, ohne nicht eine Schule damit in Verbindung zu bringen. Mit Josephs Regierungsantritte wich Felbiger, der immer noch zu sehr den Katechismus als Mittelpunkt des Volksunterrichtes hinstellte, aus seinem hohen Amte und Gottfried van Swieten, ein begeisterter Anhänger Josephinischer Ideen wurde der oberste Leiter des österreichischen Schulwesens. 1781 erfolgte ein eigenes organisatorisches Gesetz über die Verbreitung der Landschulen, deren Zahl in der That in höchst erfreulicher Weise stieg. Im Jahre 1775 gab es in Böhmen kaum 1000 ordentliche Schulen mit etwa 30,000 schulbesuchenden Kindern; im Jahre 1789 zählte man bereits 2294 Schulen, die im Winterkurse dieses Jahres von 172,877 Kindern-benützt wurden. Wie sich der edle Kaiser auch für Industrieschulen verwandte, geht daraus hervor, daß 1789 solche bereits in einer Zahl von 232 vorhanden waren, während man sie vor zwölf Jahren noch kaum gekannt hatte. Um die Durchführung der neuen Volksschulorganisation, sowohl unter Maria Theresia, als auch unter Kaiser Joseph erwarb sich der schon genannte, zum Ritter von Schulstein erhobene Ferdinand Kindermann, als oberster Schulaufseher (seit 1775) und nachmaliger Bischof von Leitmeritz (1790), († 1801) wie dessen Sekretär Franz Scholz (geb. zu Heinersdorf 1742), bedeutende Verdienste. In Bezug auf die Gymnasien suchte Kaiser Joseph alle jene Einrichtungen zu beseitigen, welche denselben einen mittelalterlich mönchischen Charakter verliehen. Er hob deswegen die „Marianische Kongregation", die beiden Seminarien-Konvikte u. s. w. auf und verwandelte die bestehenden Fonds in Handstipendien. Kaiser Leopolds Studienkonsess sowie die Lehrerversammlungen wurden, wie schon bemerkt worden, von Kaiser Franz aufgehoben (1803). Letztgenannter Monarch verschaffte übrigens der Geistlichkeit einen größeren Einfluss auf die niederen Schulen, allerdings unter der Oberleitung der kaiserlichen Behörden. Unter ihm forderten denn auch die „realen Wissenschaften" eine immer größere Berücksichtigung. Im Jahre 1802 gründeten die böhmischen Stände auf Landeskosten eine technische Lehranstalt, und 1833 wurde der Grund zur ersten Realschule des Landes (die gegenwärtige deutsche Oberrealschule in Prag) gelegt. Im Jahre 1849 erfuhren die Gymnasien eine eingehende Reform nach preußischem Muster, sowie überhaupt seit dieser Zeit ein reges Leben im Schulwesen entstand, und namentlich viele Realschulen Seitens der einzelnen Kommunen errichtet wurden. Große Verdienste hat sich in dieser Hinsicht der Landesschulinspektor J. Maresch (geb. zu Leitmeritz 1808) durch seine organisatorische Thätigkeit und unermüdliche Anregung erworben. Als hervorragende Schulfreunde mögen noch genannt werden W. Leopold Chlumczansky († als Fürsterzbischof v. Prag S. 605) welcher 9 Volks- und 2 Realschulen gründete und Anton Krombholz k. k. Hofrath (aus Politz bei Landau † 1869) der sich in freisinniger Weise des Volksschulwesens annahm. Wenn das Konkordat vom Jahre 1855 ganz geeignet war, die Schule, namentlich die Volksschule durch Ueberlieferung an die Geistlichkeit ihrem eigentlichen Zwecke vollkommen zu entfremden, so ist durch die freisinnigen Schulgesetze vom 25. Mai 1868 und vom 14. Mai 1869 die Basis eines gesunden Unterrichtswesens geschaffen worden, das hoffentlich zu immer gedeihlicherer Entwickelung gelangen wird.

Es ist ganz natürlich, dass so lange die Jesuiten die Schule, sowie die Presse *Wissenschaft.* beherrschten, ja dieser Orden sogar eine Art Censur über alle erscheinenden Druckwerke ausübte, die Entwicklung eines freien wissenschaftlichen Lebens zu den Dingen der Unmöglichkeit gehörte. Die Katastrophe von 1620 fegte mit Einem Schlage alle protestantische Gelehrsamkeit aus dem Lande. Harant, Budowec, Jessenius verbluteten auf dem Schaffote, eine Menge anderer Gelehrte sahen sich genöthigt, in Folge der Gegenreformation in die Fremde zu wandern. Diese Flüchtlinge bethätigten sich in literarischer Weise nach Möglichkeit und riefen die sogenannte „Exulantenliteratur" hervor. Die bedeutendsten unter den gelehrten Exulanten sind: Joh. Amos Comenius, Karl von Zierotin, beide allerdings Mährer, Paul Stala von Zhor, von welchem sich eine höchst werthvolle Kirchengeschichte (Mspt. in Dux) erhalten hat, Paul Stransky, durch seinen „Staat von Böhmen" berühmt, der kaiserliche Leibarzt Math. Borbonius, Georg Holyk („Blutige Thränen des Böhmerlandes"), W. Rosydlo, Nic. Troilus u. s. w. In Böhmen selbst verfiel im XVII. und XVIII. Jahrhundert der Sinn für Wissenschaft immer mehr und mehr, und insbesondere entstand in der eigentlichen tschechischen Literatur eine lange düstere Pause. Die Finsterlinge des Jesuitenordens verbrannten die älteren Werke und ließen keine neuen auffommen; die von ihnen selbst verfaßten Wunder, Gnaden- und Gebetbüchlein suchten nur den Aberglauben und die geistige Beschränktheit des Volkes zu nähren. Selbst der gelehrteste unter den böhmischen Jesuiten, Bohuslaus Balbi nus aus Königgrätz († 1688), der sich um die vaterländische Geschichte trotz seiner Leichtgläubigkeit mancherlei Verdienste erworben hat, ist nicht ganz frei zu sprechen von den ungünstigen Eigenschaften seiner Ordensbrüder. Nur mühsam konnten sich einzelne Universitätsprofessoren auch als Schriftsteller zur Geltung bringen, so die Rechtsgelehrten Christoph Kublin von Waffenburg (1654–1679), Johann Christ. Schambogen (1668–1696) und Wenzel Xaver Neumann von Puchholz, die Mediciner Marcus Marci von Kronland (1625–1667), Jakob Dobřenský a Nigroponte (–668–1697) und Johann Löw von Erlsfeld (1682–1725). — Erst in der zweiten Hälfte des XVIII. Jahrhunderts wurde hauptsächlich unter der Kaiserin Maria Theresia und ihrem Sohne Kaiser Joseph das Studium der Wissenschaften mit größerem Eifer und freierem Sinne betrieben. Die Reform des Schulwesens, die Vertreibung der Jesuiten, die Berufung guter Lehrkräfte aus Deutschland, das milde Censurgesetz Kaiser Josephs (1781), die Vereinigung der Klementinischen mit der Karolinischen Bibliothek (1771), die Herbeischaffung besserer Bildungselemente überhaupt und der von Deutschland denn doch hereinwirkende Geist des Fortschrittes hiengen damit zusammen. Von bedeutendem Einflusse war die Anstellung des Professors Karl Heinrich Seibt, eines gebornen Schlesiers (1763), der durch 23 Jahre an der Universität die schönen Wissenschaften lehrte. Neben ihm wirkte späterhin mit ausgezeichnetem Erfolge der von Dresden durch Kaiser Joseph (1785) berufene August Meißner als Professor der Aesthetik und der klassischen Literatur. Andere anregende Lehrer waren der Exjesuit Ignaz Cornova, der seit 1784 Weltgeschichte vortrug, Joseph Ignaz Butschek, Professor der politischen Wissenschaften, ein Schüler des berühmten Sonnenfels, Joseph Stepling († 1778), Stanislaw Wydra für Mathematik und Physik, Kaspar Royko (seit 1783) für Kirchengeschichte u. a. Im Jahre 1784 erhob Kaiser Joseph den seit 1769 bestehenden, von Ignaz Ritter von Born begründeten Privatverein gelehrter Männer zu einem öffentlichen unter dem Namen der „königlichen böhmischen Gesellschaft der Wissenschaften" und gründete hiemit einen neuen Sammelpunkt wissenschaftlichen Lebens und Strebens. In erfreulicher Weise erhob sich namentlich das Studium der vaterländischen Geschichte, und es zeichnete sich insbesondere aus: Gelasius Dobner aus Prag († 1790), Franz Martin Pelzel aus Reichenau († 1801), der Abbé Joseph Dobrowsky in Ungarn geboren († 1829), der Piarist Adauktus Voigt aus Oberleutensdorf († 1787), der Jesuit Franz Pubitschka aus Kommotau († 1807), der Piarist Jaroslaw Schaller aus Konopischt († 1809), der Paulaner Franz Faustin Prochaska aus Neupaka († 1809), Gottfried Johann Dlabacž, Prämonstratenser aus Cerhenitz († 1820) u. a.

In dieser Zeit bewegteren wissenschaftlichen Lebens zeigte sich neuerdings die große Abhängigkeit, in welcher Böhmen in geistiger Beziehung seit jeher vom deutschen Reiche stand. Das stürmische Erwachen der Geister in Deutschland übte den Rückschlag auf Böhmen aus. Deutsche Professoren, wie Seibt und Meißner, mußten die erwachte Literatur des Nachbarlandes importieren, die deutsche Sprache bildete das Medium der Verständigung in Schrift und Wort auch bei den Tschechen. Die tschechische Sprache und Literatur war seit 1620 einem raschen Verfalle entgegen geeilt, und am Ende des XVIII. Jahrhunderts zweifelten selbst Patrioten an ihrer ferneren Lebensfähigkeit. Dobrowský, angeregt durch seine historischen Studien, gab den Impuls zur Weckung und Hebung der nationalen Sprache und Literatur durch seine Forschungen in den verschiedenen slawischen Sprachzweigen. Ihm reihten sich an Fr. Pelzel, F. Procháska, J. Rulik, K. Tomsa, J. Puchmayer, u. a. Epochemachend war für die tschechische Literatur ferner die im Beginne des XIX. Jahrhunderts fallende Auffindung alttschechischer Gedichte, namentlich der von W. Hanka 1817 entdeckten sogenannten Königinhofer Handschrift. Wohl ergaben sich die meisten dieser vermeintlichen alten Sprachdenkmale als Fälschungen, allein sie spornten immerhin zu erhöhterer literarischer Thätigkeit an. Das durch den durchaus deutsch gesinnten Grafen Kaspar von Sternberg, die Seele der deutschen Naturforscherversammlungen, gegründete böhmische Museum (1818) erleichterte durch Errichtung einer eigenen Abtheilung (Matice česká) die Herausgabe tschechischer Bücher. Mit deren Hilfe konnte Josef Jungmann aus Hudlitz († 1847) sein großes Wörterbuch, ein Werk von seltenem Fleiße und ungewöhnlicher Gelehrsamkeit, herausgeben. Die tschechische Prosa kam zu größerer Entwickelung und wurde nun auch wieder in gelehrten Werken angewendet. So schrieben die Historiker: Paul Josef Šafařik aus Kobeljarowo in Ungarn († 1861), Franz Palacky aus Hodslawitz in Mähren (geb. 1798) der seine glänzenden Verdienste um die vaterländische Geschichte nicht selten durch Parteileidenschaft trübt, der überaus gründliche W. W. Tomek aus Königgrätz (geb. 1818), der Archivar K. Jaromir Erben aus Miletin (geb. 1811), der Rechtshistoriker Hermenegild Jireček (geb. 1827), dessen Bruder Joseph, Literarhistoriker (geb. 1825) beide aus Hohenmauth, der vielseitige Philosoph und Kulturhistoriker J. J. Hanusch aus Prag (geb. 1812, † 1869), die Archäologen J. E. Wocel aus Kutten berg (geb. 1803) und Mikowetz aus Bürgstein († 1861), die Naturforscher J. Presl aus Prag († 1849), J. Purkyně aus Libochowitz († 1869), Johann Krejči aus Klattau (geb. 1825), K. F. J. Kořistka aus Brüsau in Mähren (geb. 1825), der Mediciner Joseph Hamernik u. a. tschechisch, obwohl dieselben sich immer auch noch in gleicher Weise der deutschen Sprache bedienten. Von den tschechischen Dichtern dieser Periode heben wir hervor Johann Kollar, F. L. Čelatowský, Zdirad M. Polák, K. Chmelenský K. J. Erben, K. H. Macha, W. Kliepera, K. Tyl. K. Hawliček (wichtiger noch als politischer Schriftsteller), B. Jablonský, W. Hanka, J. Kamaryt, J. Langer, J. P. Koubek, F. J. Rubeš, J. E. Wocel, K. Winařický u. a.

Wenn schon früher die Entwickelung der Künste in Böhmen keine speciell national tschechische Richtung angenommen hatte, so war dies noch weniger der Fall seit der Schlacht auf dem weißen Berge. In der Baukunst zeigte sich zunächst eine vollkommene Abhängigkeit von den Italienern. Die bessere italienische Schule vertrat der Mailänder Joh. Bapt. Marini (1621—30), welcher den Waldsteinischen Palast auf der Kleinseite mit der in der That schönen Loggia erbaute. Bald verlor sich die edle Renaissance, und es gelangten das Rokokko und darauf der Zopf und Pe rückenstyl zur Herrschaft. Nur wenige Werke ragen über die Fluth der allgemeinen Geschmacklosigkeit empor. Dahin gehören die Kirche der Kreuzherren bei der Prager Brücke, ein von Luragho a Fermo ausgeführter Kuppelbau (1688), mehrere Je suitenkirchen, so die Salvatorskirche beim Klementinum, die St. Ignatiuskirche auf der Neustadt, die Nillaskirche auf der Kleinseite und die Nillaskirche in der Altstadt. Die letzteren beiden Kunstwerke errichtete der einheimische, aus Prag ge= bürtige Baumeister Kilian Dienzenhofer († 1752), dem nebst mehreren Werken auf dem Lande noch das Nostitzische Palais am Graben und das Kinskysche auf dem Altstädter Ringe, das Invalidenhaus u. a. ihren Ursprung verdanken. Im Palast= bau der späteren Renaissance weist Prag überhaupt manches Gelungene auf. Das gräflich Clam-Gallas'sche Palais, von Fischer von Erlach aus Prag († 1724) im Jahre 1712 ausgeführt, welches wie Gruber bemerkt, „mit einer noblen Anordnung eine treffliche Detaillierung" verbindet, bleibt das weitaus schönste; ihm reihen sich an das Thun'sche in der Spornergasse (von Luragho), das Nostitz'sche am Maltheserplatze, das Lobkowitzische unterhalb des Laurenziberges u. s. w. Unter den einheimischen Baumeistern des XVIII. Jahrhunderts erwähnen wir noch E. J. H. Tyttl, Abt von Plaß († 1738, das Stiftsgebäude, die Kirche in Teinitz u. a.), A. Haffenecker (Ausbau der Prager Burg 1769—1775), Fr. M. Kanka (die Salvatorskirche in Prag, Černin'sche Schloß Winař u. a.) und den Prager Baumeister Paul Ignaz Bayer. Der letztere stellte die in den Hussitenkriegen zerstörte Sedletzer Klosterkirche wieder her (1699—1709) und lieferte, da er der vorhandenen gothi= schen Grundlage nicht die richtigen übereinstimmenden Details anzuschließen verstand, ein seltsames Bauwerk. Immerhin erregt diese Kirche, welche die größte Böhmens ist, großes Interesse. Aehnlich wie Bayer beim Sedletzer Bau, ergieng es dem Italiener Giovanni Santini bei der Wiederherstellung der Seelauer (1719) und Kladrauer Klosterkirche (1726). Die Josephinische Zeit brach mit dem überlade= nen Zopfstyle vollkommen und verfiel so ziemlich ins Gegentheil, indem sie nur dem praktischen und nicht auch dem ästhetischen Standpunkte gerecht werden wollte. Das Streben nach der Antike fand nur in Einem Bauwerke, nämlich in dem Neuhofer Schlosse Ausdruck. Im zweiten Viertel des XIX. Jahrhunderts besserte sich allmählich wieder der Geschmack in der Baukunst, und man schritt zum ernsten Studium des gothischen und romanischen Styles. So wurden die Marienkirche in Turnau, die Pfarrkirche zu Lubenz, Podhrad und Politschka im gothischen, die

Karolinenthaler Kirche im romanischen Style durchgeführt (1855—18..0). Als Architekten der Neuzeit treten Joseph Kranner (Kaiser Franz-Denkmal, Raphaels-kirche auf der Kleinseite), der aus Baiern stammende B. Grueber, H. Bergmann, Ullmann, Barvitius sen., Turba und Zitek hervor.

Wie in der Baukunst, so herrschten auch in der Plastik eine Zeit lang fast ausschlüßlich die Italiener im Lande; im Style lehnten sich die Bildhauerarbeiten dem der Architektur an. Als charakteristisch muß das Aufkommen der Bildsäulen auf öffentlichen Plätzen (Marien-, Johannes-, Dreifaltigkeits-Statuen) im XVII. Jahrhunderte erwähnt werden. Unter den einheimischen Künstlern führen wir an: Johann Brokoff und seinen weitaus bedeutenderen Sohn Johann Ferdinand Brokoff aus Prag († 1731), Lazar Widmann aus Pilsen († 1756), Andreas Quitainer aus Friedland (Anfangs des XVIII. Jahrh.), Ernst Heidelberger, der sich 1655 bemühte, die Bildhauersocietät unabhängig zu machen, Joh. Georg Bendell in Prag (1650), die beiden Ignatz Platzer (Vater aus Pilsen † 1787 und Sohn), Jak. Eberle, genannt il Romano, aus Maschau (geb. 1720), Joh. Christ. Mader aus Ullersdorf († 1761), Peter Prachner († 1807), desse. Sohn Wenzel Prachner, J. Chladek aus Schlan u. a. Als Bildhauer der neuesten Zeit sind vor allen Anderen die beiden Gebrüder Joseph († 1854) und Emanuel Max (geb. 1810), aus Bürgstein, Wenzel Lewy, Ed. Wessely (Holz), B. Pilz und J. Meixner zu nennen. *Sculptur.*

Die Malerei dieser Periode theilt das Schicksal der andern Künste; sie findet zwar einige nicht unbedeutende Vertreter in Böhmen, ist aber nicht im Stande, eine besondere selbständige Schule in's Leben zu rufen. Karl Screta aus Prag († 1674), der seine künstlerische Ausbildung in Italien genoß und die Italiener sehr geschickt nachzunahmen verstand, erlangte den Beinamen eines böhmischen Apelles. Durch seltene Originalität zeichnete sich Peter Brandel aus Prag († 1739) aus, und seine Bilder werden noch jetzt als größte Zierden vieler Kirchen angesehen. Von böhmischen Aeltern stammte der in Ungarn geborene Johann Kupecky († 1740 in Nürnberg) ab, dessen Künstlerthätigkeit durchwegs in's Ausland fällt. Wenzel Lorenz Reiner aus Prag († 1743) verschaffte sich namentlich durch seine großen Freskomalereien einen vorzüglichen Ruf und Dominik Kindermann aus Schluckenau (geb. 1746) erlangte durch seine Studien in Italien eine große Kunstfertigkeit. Andere, wenn auch minder berühmte einheimische Künstler waren die Gebrüder Kramolin, Joseph und Wenzel (1799) aus Nimburg, der Prager Prämonstratenser Siard Nosecky (1753), der Jesuit Jg. Raab aus Rechanitz († 1787), A. Kern aus Tetschen († 1747), Joseph Hager aus Presnitz († 1780), Norbert Grund aus Prag († 1767), J. Ceregetti aus Chrudim († 1799), Elias Dollhopf aus Tachau (um 1756), Ludwig Kohl aus Prag (geb. 1746), J. Quirin Jahn aus Prag († 1802) M. B. Ambrozi aus Kuttenberg († 1806), F. X. Prochaska aus Prag († 1815) u. a. Durch einen Zufall wurde Aussig in Böhmen der Geburtsort eines der größten Maler des *Malerei. Kupferstecherei.*

XVIII. Jahrhunderts; es kam nämlich hier der berühmte Raphael Mengs während einer Reise seiner in Dresden ansässigen Aeltern zur Welt (geb. 1728, † 1779). In Böhmen vorzugsweise entfalteten ihre Thätigkeit die Maler Frz. X. Balko aus Breslau († 1767), J. Ch. Lischka, ein Freund Reiners, aus derselben Stadt, der Schlesier Joh. Georg Heintsch, der sich 1768 in Prag niederließ, der Oesterreicher Halwachs, der Schweizer Bnß u. a. — Der berühmteste böhmische Kupferstecher war Wenzel Hollar von Prachna, in Prag geboren, der als Exulant in London 1677 starb; vor einigen Jahren wurde eine kostbare Sammlung der Werte dieses böhmischen Künstlers von seinem Vaterlande erworben. In Böhmen selbst verbreiteten die Kunst des Kupferstiches insbesondere der Nürnberger Michael Renz († 1758), der in Kutus arbeitete, und der Augsburger Anton Birkhard († 1748) der mit seinem Sohne Karl Birkhard in Prag wirkte. Schöne Stiche lieferten ferner Johann Balzer der Aeltere aus der Kukuser Schule († 1799), sein Bruder Gregor Balzer und sein Sohn Karl Balzer, ferner Samuel Dworzak († 1689), mehrere Mansfelde (Johann, Gerhard, Johann Ernst und Martin), Ignaz Salzer aus Presnitz, die Gebrüder Heger, Augustin Neuränter, Johann Berka, Kaspar, Daniel und Johann Franz Wussin, Klemens Kohl u. a.

Für die Hebung der bildenden Künste in Böhmen entwickelte die im Jahre 1796 von einigen Adeligen gestiftete Gesellschaft patriotischer Kunstfreunde eine ersprießliche Thätigkeit. Dieselbe gründete zunächst eine öffentliche Gemäldesammlung auf dem Hradschin in Prag und errichtete sodann im Jahre 1800 die „Akademie bildender Künste", zu deren Leitung Joseph Bergler († 1829) von Salzburg berufen wurde. Aus seiner Schule giengen hervor Franz Kadlik († 1840), J. Führich, Franz Horička († 1856), A. Machel († 1844), die Brüder Johann und Anton Gruß (aus Leitmeritz), J. Hellich, K. Würbs, E. Rom, Nadorp, Palme, Friese, A. Fortner, die Kupferstecher Orda und Gottf. Döbler u. a. Berglers Nachfolger waren der Oesterreicher Franz Waldherr und nach längerer provisorischer Leitung durch W. Manes, Franz Kadlit (geb. 1786 in Prag). Kadlik, im Gegensatze zu Bergler, welcher die seiner Zeit herrschende eklektische Richtung vertrat, verpflanzte die durch P. Kornelius und F. Overbeck in Schwung gebrachte Neuromantik an die Prager Schule. Frischer Geist, sowie frische Kräfte, die sich alsbald um den neuen regen Organisator scharten, brachten in die Akademie eine erhöhtere künstlerische Thätigkeit. Die ersten, die sich dem Meister als Schüler anschlossen, waren die Maler Ant. Lhota (aus Kuttenberg) Rud. Müller (aus Reichenberg), Adolf Weidlich (aus Elbogen), Gustav Watzek (aus Kostelez), Fr. Manes (aus Prag), die Bildhauer Jos. Max, Jul. Melzer, Ed. Wessely (sämmtlich aus Bürgstein), Jos. Paris (aus Prag) und der Kupferstecher Konrad Wiesner (aus Hohenelbe † 18.7 in Rom). Diese bildeten später auch den Kern der durch Direktor Christ. Ruben und Prof. Haushofer (aus München) zu weiterem Gedeihen gebrachten Schule. Hervorragende Schüler dieser beiden waren die Historienmaler Jof. Trenkwald, Karl Swoboda und G. Poppe, denen sich vorübergehend Wilh. Kandler (aus Kratzau) und J. Manes anschlossen, die Genremaler Guido Manes und die Landschafter F. Hawranek und Liehm. — Inzwischen wurde der unter Kadlik bereits bestandene „Kunstverein", der sich innerhalb der Gesellschaft patriotischer Kunstfreunde gebildet hatte, reorganisiert, und es erhielten die alljährlich um Ostern veranstalteten Kunstausstellungen durch Beiziehung ausländischer Werke ersprießliche Erweiterung. Was übrigens von der Gesellschaft patriotischer Kunstfreunde seither unberücksichtigt geblieben war, nämlich für weitere Ausbildung bedürftige, talentierte Schüler Reisestipendien zu stiften, — dessen wurde der wackere Universitätsprofessor Alois Klar (aus Anscha † 1833) eingedenk. Das von ihm gestiftete Künstlerreisestipendium konnte im Jahre 1834 das erstemal verliehen werden; durch dasselbe erhielten zunächst Emanuel Max, später noch die Bildhauer Jul. Melzer, Wenzel Lewy, Ludw. Schimek, die Maler Kandler, Sequenz u. s. w. Gelegenheit, ihre Studien in Italien fortsetzen zu können. Nach Berufung des Direktor Ruben nach Wien wirkten als Akademiedirektoren noch Ed. Engerth und gegenwärtig Jof. Trenkwald. Unter der Leitung des tüchtigen Engerth, mit dem noch Haushofer wirkte, bildeten sich heran: P. Meixner, Viktor Barvitius, J. Krause, B. Melka, J. Sauer und J. Zwěřina; an Haushofer lehnten sich an: A. Kosfarek, A. Bubak, A. Wolf, und Brechler. — Unter den noch lebenden Malern ist der weitaus bedeutendste der schon oben genannte Joseph Führich (geboren 1800 in Kratzau) dermalen Profesor an der k. k. Kunstakademie in Wien. Wie viel er auch angefochten wurde von den Vertretern des Realismus in Bezug auf Kolorit und streng kirchliche Richtung, so überragt er dennoch alle derzeit in Oesterreich lebenden Maler an Produktivität, wie an Tiefe und Schwung in der Komposition. Seine fast wie Volksbücher populär gewordenen Illustrationen zum „Vater unser" und zu Tieck's „Genoveja" aus erster Periode bis auf das aus letzter Zeit stammende „Schutzmantelbild" bilden einen wahren Hort zu später Weckung der künstlerischen Talente. Führich nächst bedeutend in tiefempfundener Darstellung ist Kadlik; seine Hauptwerke der „Krieg", „Besuch der Engel bei Abraham", „Pieta" 2c. zeichnen sich überdieß noch durch wirksames Kolorit aus. Geistig beeinflusst von beiden blieben denn auch die meisten der jetzt älteren Künstler wie Lhota, K. Müller, Kandler, Watzek u. a., während Gustav Kindermann, der seine Kunstbildung in Dresden erhielt, sich mehr oder weniger in altitalischer Richtung hielt, welche in Jof. Trenkwald und Sequenz zu noch prägnanterem Ausdruck gelangte. Zwei der jüngeren böhmischen Künstler, Jaroslaw Čermak (geb. 1831 zu Prag) und der hochbegabte Gabriel Max (geb. 1840 zu Prag) vertreten dafür in geistreichster Weise die moderne belgisch-französische Schule. Jof. Hellich, Em. Rom (aus Prag), K. Müller leisteten namentlich in der Historien- und Kirchenbildmalerei Erwähnenswerthes. Im Genre dagegen zeichnen sich aus die Brüder Jof. und Guido Manes, Laufberger und Dworak, in der Landschaft A. Manes, Piepenhagen, Nawratil, Würbs, im Porträt Joh. Brandeis, A. Hölperl (auch in Genre beliebt), in der Marine Püttner, in der Glasmalerei Joh. Quast.

Durch Kadlik's Bemühungen wurde auch die reproducierende Kunst, Kupferstich, Holzschnitt, Lithographie von Künstlern selbst wieder mit Vorliebe betrieben. Einige der rührigen Talente, vordem schon der Fährte Führichs folgend der mit Meisterhaftigkeit auch die Radiernadel führte und in Ferd. Klimsch und Ant. Gareis verständige Schüler gefunden hatte, — schwangen sich in Kürze zu höchst beachtenswerthen Leistungen auf (namentlich Diplome). Der Kupferstecherei aber eine gesicherte Schulung zu verschaffen, wurde Gottfr. Döbler (aus Neuhaus) zum Lehrer an der Akademie bestellt und ihm nebst Konrad Wiesner noch J. Schmidt, Lechleitner, Ribička u. a. zur Leitung übergeben. Unter diesen ragte der früh verstorbene Wiesner als eminentes Talent hervor; seine Stiche, wie Radierungen, gelten entschieden als die besten unter allen in neuerer Zeit von heimischen Künstlern ausgeführten. — Der Steindruck wurde durch einen Böhmen, Alois Senefelder (aus Prag), der frühzeitig sein Vaterland verließ und 1834 in München starb, erfunden. Als gute Vorschulen für Lithographen bestanden zur Zeit die Ateliere von Karl Hennig und Anton Machek. Im ersterem bildete sich der vielbegabte Klimsch und der strebsame Jos. Habel; in letzterem leistete außer Machek noch der jugendliche Schier, namentlich im Portait, ganz Beachtenswerthes. Später concentrierten sich die vervielfältigenden Künste mehr in dem Atelier der Firma „Gottl. Haase Söhne", allerdings der Zeitströmung entsprechend, mit vorwiegender Neigung zu industrieller und merkantiler Bethätigung. Wesentlichen Eintrag erlitten die vervielfältigenden Künste in neuester Zeit durch die ziemlich allgemein in Schwung gekommene, billige und sichere Reproduktion durch die Photographie, und es dürfte eben nur deswegen zu erklären sein, daß, wie vielfach anderswo, auch bei uns in Böhmen jetzt kein bedeutender Mann, weder im Fache des Kupferstiches, noch der Lithographie zu nennen ist. — Gelegentlich sei hier noch bemerkt, daß Böhmen in Wenzel Saidan einen vorzüglichen Medailleur und in Franz Zapp einen sehr tüchtigen Steingraveur besitzt.

Musik.   Die Pflege der Musik breitete sich in Böhmen nach dem dreißigjährigen Kriege in die weitesten Kreise aus. Es wirkten nicht nur die Literatenchöre, sondern insbesondere die Jesuiten, die ihre Zöglinge mit Vorliebe in der Tonkunst unterrichteten und auf eine gute Kirchenmusik bedacht waren. Als höchst förderlich zeigte sich ferner die Sitte des Adels, Kapellen zu halten und zur Herstellung derselben fremde Meister zu berufen oder einheimische Talente in der Fremde ausbilden zu lassen. Zwar glückte es Böhmen trotz der reichen musikalischen Begabung seiner Bevölkerung nicht, einen Tonmeister ersten Ranges hervorzubringen, doch bietet es einen Ersatz dafür in seinen herrlichen Volksliedern, sowie wie in den vielen

Virtuosen und der großen Anzahl von Musikanten gewöhnlichen Schlages, womit es den Weltmarkt versieht. Unter den Musikern des XVII. Jahrhunderts heben wir hervor den aus Brüx gebürtigen Kompositeur Andreas Hammerschmied, der 1675 zu Zittau sein Leben beschloß und den Strahower Prämonstratenser Georg Mielzel aus Tein († 1693). Nicht ohne Bedeutung ist Wenzel Karl Holan aus Rowno, der namentlich durch sein großes tschechisches Gesangbuch vom Jahre 1693 sich ein Verdienst erwarb. Unter den Tonkünstlern des XVIII. Jahrhunderts haben den weitaus besten Klang die Namen Joh. Dismas Zelenka († 1745) Franz Xav. Brixi († 1771) Georg Benda († 1795) und der noch heute, zumal in England, geschätzte Joh. L. Dussik († 1812). Von diesen wirkte nur Brixi in Böhmen, dessen zahlreiche aber leider durch den Druck nicht veröffentlichten Kirchenkompositionen durch Reichthum in der Erfindung und durch glückliche Verschmelzung des strengen kontrapunktischen Styles mit der Anmuth des weltlichen sich auszeichnen. Zelenka gelangt erst jetzt zur verdienten Anerkennung, seit seine meist in der Privatbibliothek des Königs von Sachsen verwahrten Kompositionen nach und nach an das Tageslicht kommen. Georg Benda, der Erfinder des Melodrama, gehört zu jenen Tondichtern, welche im XVIII Jahrhundert vor dem Aufgehen des Alles beherrschenden musikalischen Dreigestirns den größten Einfluß auf das Musikleben in Deutschland ausübten. Bohuslaw Černohorsky, des in Italien gebildeten Minoriten († 1740) Bedeutung als Komponist läßt sich weniger würdigen, da seine Werke zum größten Theil bei einem Brande vernichtet wurden. Aber als Lehrer genoß er einen großen Ruf. Tartini und Gluck zählten zu seinen Schülern: unter seinen einheimischen Schülern steht Allen voran Josef Seger aus Repin bei Melnik († 1782). Dieser war einer der vorzüglichsten Organisten seiner Zeit und der kräftigste Reformator des Orgelspieles in Böhmen. Segers Persönlichkeit, sowie seine Kompositionen erfreuten sich einer großen Volksthümlichkeit. Aus seiner Schule giengen Jos. Mysliweček, J. A. Kozeluch und L. B. Kucharz hervor. Mit Auszeichnung sind unter den Musikern des vorigen Jahrhunderts noch zu nennen: Joh. Zach aus Miechotup († 1773) Florian Leop. Gaßmann aus Brüx († 1774) Fr. Tuma aus Kosteletz († 1774), Fr. Joh. Habermann aus Königswarth († 1783), sowie seine Brüder Anton und Karl, J. Lohelius Oelschlägel aus Loschau († 1788) Franz Dussek aus Chotebor († 1799), Joh. Jos. Dussik aus Caslau, Wenzel Praupner aus Leitmeritz († 1807) Joh. B. Wanhal aus Nechanitz († 1823), A. Kammel († um 1788). — Eine neue Epoche begann mit der Gründung des Prager Konservatoriums durch den böhmischen Adel im Jahre 1810, das ein großes Kontigent von künstlerisch geschulten Musikern stellt, während die später gegründete Orgelschule vornehmlich den Zweck hat, tüchtige Chorregenten und Organisten heranzuziehen. Die beiden ersten Direktoren des Konservatoriums waren Dionys Weber († 1842)und J. F. Kittl, († 1868), letzterer ein selten begabter, feinfühlender Komponist. Hervorragende einheimische Tonsetzer dieser Zeit nennen wir: Anton Reicha aus Prag († 1836

zu Paris). J. Witojef aus Horzin († 1838), A. Chrowetz aus Budweis († 1850)
W. Tomajchel aus Stutjch († 1850), F. Gläser aus Obergeorgenthal († 1861),
H. W. Veit aus Rzepnitz († 1864), Jof. Krejči (geb. 1821) und Joh. Jof.
Albert aus Gajtorf (geb. 1832); diesen reihen sich an J. M. Wolfram († 1839
als Bürgermeister von Teplitz), W. Kalliwoda († 1867), A. Führer, Franz und
Joh. A. Straup, Al. Jelen, J. Horak, Friedr. Smetana, dann die Theoretiker
und Lehrer F. Pitjch, Jojef Proljch aus Reichenberg († 1864), Simon Sechter
aus Friedberg († 1868). — Unter den zahlreichen Virtuosen Böhmens führen
wir nur an aus dem vorigen Jahrhunderte Franz Benda, den Konzertmeister
Friedrich des Großen, dann Joh. Karl Stamitz und J. W. Stich genannt Punto,
in diesem Jahrhunderte J. Mojcheles aus Prag (geb. 1794), J. Dessauer aus
Prag (geb. 1798), J. Schulhoff, A. Drenjchock († 1869), Jof. Slawik († 1833)
F. Laub, Wilhelmine Claus-Szarvady, dann die Opernjänger J. A. Tichatjchel,
A. Ander, J. B. Pijchek, sowie die Damen Jenny Lutzer und Pauline Lucca.

In der Reihe des vorigen und im Anfange des jetzigen Jahrhunderts stand
der musikalische Ruf Prags und Böhmens am Höchsten. Mozart hatte Recht, wenn
er sagte, seine Prager verstänben ihn bejjer, als die Wiener. Auch andere große
Meister, wie Gluck und Weber, die im Lande gewirkt, mögen zu diesem Rufe bei
getragen haben. Nicht vergessen darf es übrigens werden, daß damals auch die
Aristokratie an dem Mufilleben den regsten Antheil nahm. Mozart, Beethoven und
Weber zählten unter den böhmischen Kavalieren ihre eifrigsten Gönner und Freunde.
Die Mufikgeschichte bewahrt die Namen derselben, und einzelnen unter ihnen, wie
dem Grafen Em. Philipp Waldstein, den Fürsten Ferdinand Lobkowitz und Ferd.
Kinsky bleibt die Unsterblichkeit gesichert gleich den Werken, die ihnen der Genius
zueignete, dessen Geburtsjubiläum in diesem Jahre von der ganzen civilisierten Welt
gefeiert werden wird.

Landbau.

Im dreißigjährigen Kriege traf bekanntlich Böhmen von einem Ende zum
andern gräuliche Verwüstung, und es ist klar, daß dadurch der Landbau auf das
Empfindlichste geschädigt wurde. Auch nach dem Kriege dauerte es eine lange Reihe
von Jahren, ehe sich das Land einigermaßen erholt hatte. Die zusammengeschmol-
zene Bevölkerung, der Mangel an Vieh — Bauern spannten sich vor den Pflug —
und hauptsächlich die drückenden Fesseln der Leibeigenschaft erschwerten ungemein
einen gedeihlichen Fortschritt in der Hebung der Bodenwirthschaft. Ein entschie=
dener Umschwung zum Bessern ist erst durch die Kaiserin Maria Theresia und
ihren großen Sohn, den Kaiser Joseph, herbeigeführt worden. Die unwürdige
Sklaverei des Kleingrundbesitzes wurde beseitigt und der von der Leibeigenschaft
befreite Bauer in die Möglichkeit versetzt, auf eigenem Grund und Boden seiner
Hände Kraft und Mühe zu erproben. Auf Anordnung der Kaiserin Maria The=
resia trat im Jahre 1770 „die Gesellschaft zur Hebung der Landwirthschaft u. s. w.
im Königreiche Böhmen" in's Leben. Dieselbe suchte besonders für die Hebung

des Flachs-, Kartoffel- und Kleebaues, der Bienen- und Schafzucht zu wirken. Die Kaiserin selbst sorgte dafür, dass Paduaner und spanische Schafe in Böhmen zur Vertheilung kamen, befahl 1773 die Trockenlegung von Sümpfen und Gräben und setzte besondere Belohnungen aus für die Emsigkeit in der Ausführung ihrer Verordnungen. Kaiser Joseph erweiterte den Wirkungskreis des von seiner Mutter begründeten landwirthschaftlichen Vereins, und derselbe entwickelte seit 1789 unter dem Namen: „K. k. patriotisch-ökonomische Gesellschaft" eine erhöhtere Thätigkeit. Der Anbau der Kartoffeln, welche in Böhmen zuerst die im dreißigjährigen Kriege in's Land gekommenen irländischen Franziskaner (Hiberner) in ihrem Garten gepflanzt hatten, wurde jetzt im Großen getrieben; aus der Schweiz wurde der Luzernerklee und die Esparsette eingeführt und im Allgemeinen das System der Dreifelderwirthschaft mit dem der Wechselwirthschaft vertauscht. Zu großer Entfaltung kommt die Landwirthschaft Böhmens in unserem Jahrhunderte, besonders nachdem durch das Jahr 1848 der Bauer vollkommen freier Staatsbürger geworden ist. Allenthalben werden die Errungenschaften der Wissenschaft, namentlich der Chemie und Mechanik, benützt, und die wahrhaft rationelle Oekonomie verbreitet sich in immer weiteren Kreisen. Unter den Handelspflanzen werden hauptsächlich Raps und die Zuckerrübe in täglich sich mehrendem Umfange gebaut.

.

4.

Die Deutschböhmen.

(1620—1848.)

Am 8. November 1620 wurden auf den von Nebel umgezogenen Höhen des weißen Berges gewichtige Tagesfragen mit der blutigen Schärfe des Schwertes in entscheidender Weise gelöst. Dass im heißen Waffengange der Habsburger dem Kurfürsten von der Pfalz gegenüber die angestammten Rechte seines Geschlechtes auf den böhmischen Thron behauptete, konnte dem Volke, als reine Dynastienfrage betrachtet, so ziemlich gleichgiltig sein. Ungleich wichtiger war es, dass mit der Regierung Ferdinands II. in jedweder Beziehung ein totaler Wechsel des Systems eintrat, ein Systemwechsel, der auch in den nationalen Verhältnissen einen gewaltigen Umschwung herbeiführen musste. Der tschechische Uebermuth und die Terrorisierung der Deutschböhmen war durch den berüchtigten Landtagsbeschluss von 1615 bis auf die Spitze getrieben worden; es war von der neuen Aera nur zu erwarten, dass sie der unerhörten Vergewaltigung der deutschen Landesbewohner und ihrer Sprache durch gesetzliche Bestimmungen ein Ende machen werde. Der siegende Habsburger glaubte denn auch mit allem Herkömmlichen brechen zu müssen. An die Stelle der Adelsherrschaft trat die absolute Monarchie, der vogelfrei erklärte Protestantismus wich der katholischen Lehre, und in nationaler Beziehung sollte an die

Folgen der
Weißenberger
Schlacht.

40*

Stelle der Beschlüsse von 1615 eine Art Gleichberechtigung zwischen den Deutschen und Tschechen angebahnt werden. In der Ferdinandischen Landesordnung von 1627 wurde die Gleichberechtigung der deutschen Sprache mit der tschechischen bei der Land-tafel gesetzlich ausgesprochen und der Gebrauch derselben bei allen Amtshandlungen freigestellt. In dem Kundmachungspatente vom 10. Mai wurde ausdrücklich bemerkt, daß die Privatrechte zwar so viel als möglich bei dem alten Herkommen belassen würden, daß man sie aber doch „theils nach jetzigem des Königreichs Zustand, als welches von verschiedenen Völkern und Zungen bewohnt wird, auch etlicher maßen nach Unsern kaiserlichen und andern im h. Römischen Reich und Unsern Königreichen und Ländern gewöhnlichen Satzungen korrigiert." Der Artikel, der sich auf die Landtafel bezieht, hebt besonders hervor, daß nach gedämpfter Rebel-lion der größere Theil der Landgüter mit Ausländischen, insonderheit Deutschen besetzt worden, „weswegen es einem jeden freistehe, sein Kontrakt, Testament und anderes, in was Sprachen unter diesen beiden, als der Deutschen und Böhaimischen, es ihm gefällig, einverleiben zu lassen."

Erlangte auf diese Weise die deutsche Nation wiederum eine gesetzliche Duldung im Lande, so geschah dieses doch nur unter der Bedingung, daß sie sich ausschlüßlich der katholischen Religion zuwandte. Diese Bedingung, welche bekanntlich in der Gegenreformation zur rücksichtslosen Durchführung kam, berührte die Deutschböhmen in ihrer Nationalität viel empfindlicher, als die Tschechen. Denn der Protestantismus, dem sich die Deutschböhmen fast ohne Ausnahme an-geschlossen hatten, war eine Stütze der deutschen Nation im Lande geworden. Von Deutschland her, namentlich vom Sitze des großen Reformators waren eine Menge deutscher Prediger und Lehrer nach Böhmen gezogen und hatten daselbst von der Kanzel und in der Schule, durch Wort und Schrift den Anhang der neuen Lehre und mit derselben das Deutschthum verstärkt. Diese mußten jetzt in Folge der Gewaltmaßregeln Ferdinands II. aus dem Lande weichen. Aus Prag wurden wohl zuerst die protestantischen Geistlichen tschechischer Zunge verbannt, den Deutschen aber noch, wie es hieß, aus Rücksicht auf den sächsischen Hof, der Aufenthalt gestattet (1621). Allein schon in den nächsten Jahren traf auch die deutschen protestanti-schen Priester in Prag und auf dem Lande das Loos des Exiles. In zahlreichen Schaaren mit Weib und Kind, oftmals begleitet von einer großen Anzahl anhäng-licher Bürger, sah man die Prädikanten aus dem Lande ziehen, in welchem es nicht mehr gestattet war, nach seinem Glauben zu leben. Der Kaiser schritt hierauf zur Bekehrung der protestantischen Laien, denen nach den strengen Maßregeln nur die Wahl zwischen Übertritt zur katholischen Religion oder Auswanderung übrig blieb (S. 544). Unter den 36000 Familien, welche in die Verbannung zogen, war das deutschböhmische Element sehr stark vertreten; es fiel dem Deutschen die Auswanderung, die meistens nach Deutschland zielte, schon deßwegen leichter, weil er eben in sein Mutterland, dessen Sprache und Sitten ihm bekannt waren, ziehen

konnte, weil er ferner mit den Gewerben und der Industrie besser vertraut war
und sich somit auch anderwärts besser ernähren konnte, als der mehr an den Grund
und Boden gebundene tschechische Landmann. Aus Kuttenberg z. B. zogen die
letzten deutschen Bergleute ab, und diese Stadt war seitdem für das Deutschthum
verloren. Die Zahl der aus Friedland Ausgewanderten wird auf 839 angegeben,
noch mehr werden aus Reichenberg erwähnt. Aus Eger zogen 300 hinweg und
so mehr oder weniger aus einer jeden Stadt des Landes.

Somit muß die Behauptung der tschechischen Historiker, als ob die Weißen- Der dreißigjäh-
rige Krieg.
berger Schlacht in ihren Folgen nur die Tschechen schwer betroffen hätte, als un-
richtig bezeichnet werden. Daran muß die Berichtigung einer andern Ansicht geknüpft werden, die von den Tschechen mit großer Hartnäckigkeit festgehalten wird.
Die Deutschen, die gegenwärtig im Flachlande Böhmens wohnen, so meinen sie,
wären insgesammt erst nach dem dreißigjährigen Kriege in's Land gekommen und
hätten sich auf vordem von Tschechen bewohnten Plätzen niedergelassen. Der
dreißigjährige Krig hat Böhmen in seltener Weise entvölkert, aber eben so gut
Deutschböhmen, wie den tschechischen Theil des Landes. Uebriges muß immerhin angenommen werden, daß unter den nach dem unglücklichen Kriege in Böhmen
zurückgebliebenen 800.000 Einwohnern eine verhältnißmäßig große Anzahl von
Deutschböhmen sich befunden hat. In den Gebirgsgegenden, welche die Deutschen
seit Alters bewohnten, konnten sie sich wohl viel besser erhalten, als im Flachlande,
und es mögen wohl häufig nach dem Kriege die Gebirgsbewohner in das fruchtbare Land hinabgestiegen sein, um sich hier in verlassenen Ortschaften dauernd niederzulassen. Andere Lücken in Deutschböhmen mögen denn auch durch Einwanderung aus den benachbarten Theilen Deutschlands ausgefüllt worden sein. Es werden
am meisten Oesterreicher, Passauer, Tyroler, Baiern und Pfälzer genannt. Wohl
kam es auch vor, daß jetzt mehrere vordem ganz tschechische Ortschaften von
Deutschen in Besitz genommen wurden: es dürfte dies hauptsächlich von der Gegend an der Saazer und Leitmeritzer Kreisgränze angenommen werden. Durchaus
aber nicht gilt dies von allen gegenwärtigen deutschen Theilen des Saazer und
Pilsner Kreises, wie man anzunehmen beliebt: denn in vielen Dörfern daselbst
war schon lange vor 1620 das Deutschthum heimisch, wie aus den bereits in der
Mitte des XVI. Jahrhunderts deutsch geführten Kirchen- und Gemeindebüchern
derselben hervorgeht. Daß sich Deutschlands Bevölkerung unmittelbar nach dem
großen Kriege nicht in erheblicher Weise verschieben konnte, ist natürlich: denn das
Reich blutete ja selbst noch aus Tausend Wunden, und seine Bewohner hatten
wohl wenig Gründe, aus dem gleichfalls entvölkerten Vaterlande auszuwandern.

Wenn durch die neue Habsburgische Regierung nach der Schlacht auf dem
weißen Berge das Deutschthum in Böhmen wenigstens wieder gesetzliche Duldung
fand und in Folge dessen sich neuerdings auszubreiten begann, so steht doch fest,
daß die Neugestaltung der Dinge nicht im Entferntesten im Stande war, jenes

mächtige deutschböhmische Bürgerthum wieder herzustellen, wie es vor den Hussiten-
stürmen bestanden hatte. Kaiser Ferdinand II. löste die Verfassungs- und die
religiöse Frage auf radikale Weise, in der nationalen aber blieb er auf halbem
Wege stehen. Daß er den Gebrauch seiner eigenen Muttersprache in einem Lande, wo
diese seit Alters einheimisch war, wieder gestattete, bedeutete im Grunde genommen
sehr wenig. Ferdinand begriff nicht, daß die Politik der Premysliden in Böhmen
die einzig vernünftige gewesen, daß diese die Interessen der Dynastie ebenso gut
gewahrt hatte, wie das Wohl des Volkes. Die Wiederbelebung eines gesunden
deutschen bürgerlichen Lebens wäre für alle Zukunft der Dynastie zuträglicher gewesen,
als die mit so vielem Kraftaufwand erzwungene Gegenreformation. Es dürfte keine
zu kühne Behauptung sein, daß es das neue System in seiner Gewalt hatte, einen
beschleunigten Germanisierungsproceß des ganzen Landes und zwar auf ziemlich
ruhigem Wege durchzuführen. Allerdings hätte man müssen die Religionsfreiheit
gewähren, man hätte die Landesordnung in einer ganz andern Weise „verneuern“
müssen, als die Feudalen und die Jesuiten es durchsetzten. Daß das Bürgerthum, der einzig sichere Bundesgenosse der Krone, zum Aschenbrödel der Verfassung herabgewürdigt wurde, sollten die spätern Regierungen vielfach büßen:
die zum ersten Stande erhobene Geistlichkeit und der noch immer höchst bevorzugte Adel aber giengen nur so lange mit der Regierung, als sie ihre eigenen
Interessen gefördert sahen.

Klerus.   Wenn somit das alte deutsche Bürgerthum nach dem dreißigjährigen Kriege
nicht wieder hergestellt wurde, so gewann das Deutschthum oder wenigstens die
Ausbreitung der deutschen Sprache in Böhmen vielfach durch den wieder eingeführten katholischen Klerus und durch den neuböhmischen Adel, der sich während
des Krieges und nach demselben im Lande niedergelassen hatte. Die Gegenreformation brachte die Wiederherstellung der von den Hussiten zerstörten Klöster und
die Rückgabe der denselben geraubten Güter mit sich. Es gab viel zu wenig einheimische Mönche, als daß diese die wieder erstehenden Klöster hätten bevölkern
können: daher berief man solche aus dem benachbarten Deutschland, namentlich
aus Baiern und Oesterreich. Zahlreich kamen aus diesen Ländern deutsche Kar-
meliter, Trinitarier, Paulaner, Cajetaner, Kapuziner, Franziskaner u. a. herbei,
die durch ihre deutschen Predigten zwar zunächst für den Katholicismus, indirekt
aber auch für die deutsche Sprache Propaganda machten. Die eifrigsten Handlan-
ger der Gegenreformation, die Jesuiten, glaubten die Wiedereinführung des Katholicismus besonders durch Vertilgung tschechischer Bücher befördern zu können.
Was tschechisch geschrieben war, galt als hussitisch oder ketzerisch, und noch unter
der Regierung der Kaiserin Maria Theresia soll ein Jesuit, Namens Anton Koniaß,
allein 60.000 tschechische Bücher verbrannt haben. Es waren dies zwar nicht
unersetzliche Verluste der Literatur, aber immerhin wurde die Lektüre des Tschechischen erschwert und diese mehr auf das Deutsche gelenkt.

Die Besiegung der ständischen Revolution des XVII. Jahrhunderts lichtete Adel.
die Reihen des altböhmischen Adels in unerhörter Weise. Nur wenige ältere Fa=
milien konnten ihren Reichthum und Glanz bewahren; die meisten verarmten oder
wanderten aus. Die gewaltigen Lücken, die auf diese Art in der böhmischen
Aristokratie entstanden, füllten fremdländische, meist deutsche Geschlechter aus, die
auf billige Weise in den Besitz der konfiscierten Güter gelangten. Die böhmischen
Herren und Ritter wurden ersetzt durch deutsche Fürsten, Grafen, Barone und
Edle. Die tschechischen Namen verschwanden immer mehr und mehr, und deutsche
traten an ihre Stelle. So tauchen auf die Aldringen, Althan, Auersperg, Bar=
tenstein, Blümeg, Dietrichstein, Fürstenberg, Hartig, Hatzfeld, Herberstein, Khoven=
hüller, Klebelsberg, Königsfeld, Künigl, Kuenburg, Lamberg, Mansfeld Paar,
Palm, Pötting, Rogendorf, Rummerskirch, Schaffgotsch, Schwarzenberg, Sinzen=
dorf, Sport, Thun, Trautmannsdorf, Unwirth, Walderode u. a. Wohl brachte
dieser Reuadel seine Beamten und Diener mit und zog wohl auch deutsches Volk
in seine verödeten Herrschaften zur Kolonisation, so dass das Deutschthum im
Lande immerhin gewinnen musste. Doch darf man den Werth dieses böhmischen
Reuadels für die Deutschböhmen selbst nicht etwa überschätzen. Die kleineren Ko=
lonien, welche er im Innern des Landes ansiedelte, wurden früher oder später tsche=
chisiert, weil man weder durch die Schule noch durch andere Mittel für die Erhaltung
der Muttersprache sorgte. Der Adel selbst nämlich stellte, wie immer und überall,
seine Standesinteressen weit höher, als die Nationalität. Dieser böhmische Reuadel
kann mit wenig allerdings rühmlichen Ausnahmen geradezu nationalitätslos genannt
werden. Denn obwohl zumeist deutscher Abkunft, hat er nie einen Sinn für die
Idee des Deutschthums gezeigt; er hat dasselbe oft genug verleugnet und sogar die
Muttersprache nothdürftiger gepflegt, als etwa die französische oder italienische. Von
einem deutschböhmischen Adel kann somit keine Rede sein. Im Gegentheile! Da
die Deutschböhmen ihre vorzüglichste Kraft im freien Bürgerthume suchen, der Adel
aber die Aufrechterhaltung feudaler Verhältnisse in seinem Interesse erblickt, so
müssen beide Elemente sich oft genug feindselig berühren. Es wäre dies nichts Un=
gewöhnliches, da es in andern Ländern gerade so der Fall und der Kampf zwischen
Adel und Bürgerthum unter den verschiedensten Schlagwörtern ein europäischer ist.
Nur das ist nicht gewöhnlich, dass die deutschen Fürstenberg, Schönborn u. s. w.
in Fragen der Nationalität mit den Tschechen gehen und getreulich mithelfen
wenn es gilt, die Deutschböhmen sprachlich zu tyrannisieren. Der erlauchte
deutsche Reichsgraf und der fanatische Tscheche reichen einander die Hände in Be=
kämpfung der Deutschen in Böhmen. Der Graf hasst den Bürger, der Tscheche
den Deutschen; so beschließen sie zusammen Sprachenzwangs= und mittelalterliche
Jagdgesetze. Die deutsche Nation kann mit Vergnügen jene feudalen Junker von
sich abstoßen; das tschechische Volk aber hat keinen Grund an seinen Führern sich

zu freuen, deren einige sich zwar Demokraten nennen, in der That aber sich als unterthänige Schleppträger den Aristokratie geberden.

Ohne Zweifel gewann nach dem dreißigjährigen Kriege, wenn auch nicht das deutsche Bewußtsein, so doch der Gebrauch der deutschen Sprache immer mehr in Böhmen. Bereits machte sich auch die Thatsache bemerkbar, daß an der Sprach= gränze die Bewohner tschechischer Ortschaften die deutsche Sprache annahmen und somit Anfangs gemischte Bezirke entstanden, die jedoch nachher ganz für das Deutschthum erobert wurden. Bedauerlich bleibt es, daß die böhmischen Geschicht= schreiber der früheren Jahrhunderte es unterlassen haben, wenn auch nur annähe= rungsweise, uns Angaben über die Ausbreitung der beiden Nationalitäten im Lande zu überliefern. Um so dankbarer nehmen wir die Notizen des Anton Phrosinus, eines reichen Bürgers aus Pilsen, an, der in den Jahren 1699 bis 1701 ganz Böhmen bereiste und die Gränzen beider Nationalitäten folgendermaßen bestimmte: Der Bechiner Kreis ist zu guten drei Theilen nur von Tschechen bewohnt, ein Theil von Budweis bis Kaplitz und zur Moldau hat eine gemischte deutsche Be= völkerung. Auch der Prachiner Theil hat drei Theile Tschechen; im vierten, um Bergreichenstein, dann auf einem Streifen Landes gegen Chrobold, Wallern und Krummau wohnen bloß Deutsche. Der Pilsner Kreis ist halb deutsch, halb tschechisch. Die Deutschen wohnen in der Richtung gegen Tepel und Bischofteinitz, die Tschechen gegen Klattan, Nepomuk und Rokytzan. Im Königgrätzer Kreise befinden sich bloß Tschechen, nur daß auf einigen kleinen Gütern von auswärts angesiedelte deutsche Kolonisten wohnen. Am Riesengebirge befinden sich in der Gegend zwischen Trautenau und Braunau etwa fünf deutsche Städte. Vom Bunzlauer Kreise sind drei Theile tschechisch, ein vierter kleiner, aber stark bevöl= kerter (so daß man ihn fast als ein Drittel des Kreises ansehen kann) ist ganz deutsch. Der Caslauer Kreis ist mit Ausnahme von etwa fünf kleinen Gemeinden ganz tschechisch. Der Leitmeritzer ist in einem Theile, der sich von Aussig er= streckt, deutsch, in einem gleich großen gegen Melnik zu, tschechisch. Im Saatzer Kreise ist Alles deutsch, etwa vier Orte um Laun und Kaaden ausgenommen: Der Chrudimer Kreis ist ganz tschechisch bis auf einige Dörfer, wo die Herren deutsche Unterthanen eingeführt haben. Im Elbogner Kreise sind lauter Deutsche, nur etwa in zwei Ortschaften sind die Einwohner gemischt. Im Kaurschimer Kreise ist Alles tschechisch. Im Schlaner Kreise gibt es nur Tschechen, einige Deutsche ausgenommen, die vor Kurzem aus dem Reiche und andern Gegenden herein versetzt wurden. Der Podèbrader Kreis ist ganz tschechisch, ebenso der Rako= niger, mit Ausnahme einer einzigen paritätischen Ortschaft. Der Moldauer Kreis ist mit Ausnahme einer einzigen Ortschaft, wo die Bergleute deutsch sind, ganz tschechisch.

Die Sprachgränze der Gegenwart führen wir nach den gründlichen For= schungen Adolf Fickers mit dessen Worten an: „In Böhmen läuft die Völker=

scheide über Leinbaums, Kaltenbrunn und eine Anzahl Orte, deren mit der Endsilbe „schlag" zusammengesetzte Namen auf den Zusammenhang ihrer Gründung
mit neueren Rodungen hinweisen, nach Rendeck an der Gränze des Budweiser
Kreises gegen den Taborer, bleibt an derselben aber nur eine Strecke lang, um
sodann rasch über Diebling (Jebolin), Motten, Buchen, Mühl, Schlagles, Waisen-
bach, Schammers (Einei̋), Bernschlag an die böhmisch-österreichische Gränze zurückzukehren, so daß dieses Eindringen des deutschen Hauptgebietes in Süd-
Böhmen nur die Natur einer breiten, spitz auslaufenden Zunge an sich trägt.
Doch umschließt es auch hier die Stadt Neuhaus, welche sammt der nächsten Umgegend in ihrer Bevölkerung fast ganz tschechisch ist, und das gemischte Heimroth. —
Die ethnographische Gränze fällt nun eine Strecke lang mit der geographischen
zusammen, sie greift selbst in das Erzherzogthum hinüber, indem acht Orte an
und zunächst der zur Moldau fließenden Lainsitz (Finsternau, Brand, Gundschachen,
Rothschachen, Schwarzbach, Beinhöfen, Witschtoberg und Tannenbruck) nationell
gemischte Bevölkerung in sich schließen. — Das gemischte Julienheim nächst Tannenbruck bildet den Punkt, bei welchem neuerdings das deutsche Hauptgebiet in
Süd-Böhmen beginnt. Häusles, Mairitz, Groß-Gallein, Pflanzen, Kaplitz, Planles,
Füsselhof sind die marticenden Gränzorte bis zur Moldau, welche bei dem vorwiegend deutschen Krummau übersetzt wird. Von Krummau erhebt sich die ethnogra-
phische Scheidelinie über den Weichsler und Schöninger Berg nach Mehlhütten,
Jankau und Roschowitz, überschreitet die Gränze des Piseker Kreises mit dem gemischten Gebiete von Netolitz und Elhenitz (Lhenice) und kehrt nochmals für kurze
Zeit an die Kreisgränze zurück. Neuerdings über eine Anzahl Orte, deren
Namen auf „schlag" endigen, nähert sie sich am Libin Berge dem gemischten Prachatitz, und kömmt über Solletin und Repešin zum Kubany-Berge, von wo Wessele,
Scheiben, Gansau, Winterberg (das aber gemischt ist) den weiteren Verlauf bezeichnen. Die tschechischen Orte Zdikau und Pasety (Passeken) umgehend schlingt
sich die tief in das Waldplateau von Außergefild eingreifende Scheidelinie um die
gemischten Orte Kaltenbach und Stachau, gelangt am Fuße des Bergreichensteiner
Höhenzuges über Ritzau, Jettenitz, Rindlau, Albrechtsried bis in die Nähe des
tschechischen Städchens Schüttenhofen, und erreicht jenseits der Wattawa über Lukau
und die gemischten Orte Tieschau und Anvona den Pilsener Kreis, innerhalb
dessen sie über Gesen, Krotiw, Starlitz nach Petrowitz an der Angel läuft. Das
Waldplateau von der Außergefilder Wildniß bis über den Oser hinans wird nach
den ehemaligen künischen (königlichen) Freibauern benannt, führt wohl auch den
halb deutschen, halb tschechischen Namen der Waldhwozd. — Wenn sich das deutsche
Element schon von dem Quellengebiete der Moldau an fast nur auf die Gneiß-
plateaux des Böhmerwaldes und den höheren Theil seiner Ausläufer beschränkte,
so tritt es nun noch stärker zurück, so daß seine Gränze nach Ueberschreitung
der Angel von Friedrichsthal (Chalupi) bis Donau (Hájek) der Reichsgränze auf

beiläufig eine Meile nahe kömmt und nochmals, nach der Ausbuchtung in der
Nähe des tschechischen Neugedein von Stallung (Mleinecel) bis Kubitzen am Passe
zwischen dem künischen Walde und dem Cerchow, endlich wieder jenseits des Cerchow
von Heinrichsberg bis Wasserjuppen hart an der Reichsgränze hinläuft und nur
ein Saum von einer halben Wegstunde das tschechische Gebiet von Bayern trennt.
Indem sie aber nächst Althütten und Neuhütten ihre bisherige Richtung auf
gibt und nach Nord-Osten umbiegt, beginnt jene Linie, längs deren das deutsche
Element am weitesten, bis auf 10 bis 15 Meilen, in das Innere Böhmen's selbst
eintritt. Parisau, Tannawa, Wostirschen, Wayrowa (abgesehen von dem vorliegenden
gemischten Bezirke von Třebnitz, Nahoschitz, Blisow und Přivositen) Krenowa, jen
seits der gemischten Orte Staukau, Schelarzen und Honosit endlich Holleischen,
Lischin, Dobřan, Littitz bezeichnen jenen Zug bis Pilsen, dessen Bevölkerung wieder
stark gemischt ist. Nach einer Rückbengung bis Nürschau und zu den gemischten
Orten Malesitz und Kottiken läuft die Sprachgränze fast gerade nordwärts, jenseits Wscheran und Kuniowitz vorüber, nach Neustadtl und dem gemischten Orte
Manetin, dessen Gemeindegebiet die Gränze des ganz deutschen Egerer Kreises
berührt. Sofort wieder nordöstlich verlaufend, erreicht sie bei Boilles die Gränze
des Saatzer Kreises. — Die gegenwärtige Gränze dieses Kreises gegen den Pilsener
und Prager trennt in ihrem Verlaufe über Přehorsch, Hoch-Libin, Deslawen, Pscho-
blik, Kotleschowitz, Horosedl, Groß Tschernitz auch Deutsche und Tschechen: Waclaw
ist gemischt, wogegen die gemischten Orte Křekowitz in den Pilsener, Johannesthal,
Kaunowa und Welhoten an den Abhängen des Sandberges in den Prager Kreis
hinüberreichen. Nur ein kleiner Theil des Saatzer Kreises gehört ganz dem
tschechischen Gebiete zu und wird durch die Linie über Netschenitz, Tuchorschitz, Lippen
nach Priesen zur Eger, jenseits derselben über die gemischten Orte Leneschitz und
Rannay, dann über Minichhof, Schiedowitz und Schellowitz abgeschnitten. — Hieran
stößt der tschechische Theil des Leitmeritzer Kreises, dessen Gränze über die gemischten Orte Dlaschkowitz und Wrbitschan an den Rand des Hügelzuges über der
Theresienstädter Fläche gelangt, oberhalb Leitmeritz die Elbe überschreitet und nunmehr die rechte Thalseite des Flusses theils unmittelbar, theils durch schmale tschechische Landstrecken, (wie die Ausbuchtung von Lannten und Branken, den Streifen
von Gastdorf, endlich Wegstädtl) von derselben getrennt, begleitet. — Von Liboch
bis Woleschno wird die administrative Gränze des Leitmeritzer und Bunzlauer
Kreises gegen den Prager auch zur ethnographischen. Die letztere tritt dann in
den Bunzlauer Kreis ein, erreicht Wisko, stützt sich sofort auf die Bösig Berge
und den Radieschow und schreitet nordwärts in mehrfachen Schlingungen über
Nieder Gruppei, Prositschka, Gablonz, Halbehaupt, Nahlau, Johannesthal bis Drau-
sendorf vor, von wo sie entlang des Plateaus, welches das Lausitzer Gebirge mit
dem Iser-Gebirge verbindet, dann über Hlubokey und Jabrlich nach Liebenau
wieder südwärts geht, um sodann neuerdings in eine nordöstliche Richtung ein-

zulenken und über Zisten, Labau, Pichowitz an dem Knotenpunkte des Jser= und und Riesen-Gebirges zum zweiten Male sehr nahe an die Reichsgränze zu kommen. Nun bietet das Riesengebirge einen mächtigen Hintergrund für das weit in den Gitschiner und Königgrätzer Kreis hinreichende deutsche Element. Rochlitz, Wittowitz, Hohenelbe, Hüttendorf (Zalesny) Lhota) und nach einer starken Rückbengung über Mönchsdorf, Dels und Borowitz weitere Nedarsch, Stikow, Bilai (gemischt) Prausnitz, Emaus (gemischt), Rowoles (gemischt), Silberlein, Dubenetz (gemischt), bezeichnen den südöstlich niedersteigenden, Salnen, Herschmanitz, Grabschitz, Kladern, Wyhnan, Nimmersatt, Raalsch, Rognitz, Alt=S:dlowitz den nordöstlich wieder aufsteigenden Zug der ethnographischen Gränze. Endlich scheiden die Ausläufer des böhmischen Sandsteingebirges das deutsche Gebiet in Nordosten des Königgrätzer Kreises längs der Linie über Radowenz, Chliwitz, Ober Drewitz, Matha, Hutberg, Weckersdorf, Märzdorf, Barzdorf, Kaltwasser von dem tschechischen ab. — Der Zusammen= hang des deutschen Hauptgebietes wird an dieser Stelle nur dadurch aufrecht erhalten, daß es sich in der Grafschaft Glatz ununterbrochen fortsetzt, in welche das tschechische mit zehn kleinen, seit Jahrhunderten als slawisch erscheinenden Orten hinüberreicht. Erst bei Gießhübel wird wieder böhmischer Boden betre= ten, und die böhmischen Kämme bieten sofort dem deutschen Elemente einen festen Haltpunkt. Die Binnengränze desselben aber läuft über Polom, Aurschim, Bilaj, Rotitnitz, Wöllsdorf, Linsdorf, endlich im Chrudimer Kreise über Worlitschka, Tschenkowitz und Nendorf, und kehrt endlich bei (dem gemischten) Niedersdorf nach Mähren zurück".

Deutsche Sprachinseln.

„Außerhalb des deutschen Hauptgebietes in Böhmen und Mähren befinden sich zwei größere Sprachinseln, welche beiden Ländern gemeinschaftlich angehören und mehrere kleinere nebst vielen Orten gemischter Bevölkerung. Die größte dieser Sprachinseln ist jene der nach ihrem Wohnen um den Bergrücken des Schönhengst sogenannten Schönhengstler, welche dem deutschen Hauptgebiete im Chrudimer und Olmützer Kreise so nahe liegt, daß sie von demselben durch das slawische Element nur wie durch eine Meerenge abgetrennt erscheint. Ihre Umfangslinie beginnt bei Ober=Lichwe nördlich von Wildenschwert in Böhmen, zieht dann über Landskron gegen Hochstein, läuft längst des Olmütz=Trübauer Flügels der nördlichen Staats= bahn, nach Müglitz und (dem gemischten) Loschitz herab, wendet sich hier südwest= lich nach (dem gleichfalls gemischten) Gewitsch, überschreitet bei Brünnlitz die Brünn=Prager Bahn und kehrt über Schönbrunn, Riegersdorf, Hopfendorf, Lauter= bach zu ihrem Ausgangspunkte zurück. — Die zweite größere deutsche Sprachinsel im tschechoslawischen Gebiete scheint sich von Iglau aus gebildet zu haben, hat eine schmale von Nord nach Süd gestreckte Gestalt und reicht aus der Nähe von Deutschbrod bis nach Stannern, während die größte Breite von Irschings und Alt=Steindorf im Caslauer bis nach Mischling und (dem gemischten) Groß=Bera= nau im Iglauer Kreise sich erstreckt. — Ein kleineres Eiland liegt um Budweis

und reicht in der nordsüdlichen Richtung von Böhmisch-Fellern längst der Pilsen-
zinzer Strasse bis Bayreischau und von den Teichen nächst Hackelhof im Westen
bis Wes am Berge, Pfaffendorf und Strups im Osten. Aus dem Ende des
vorigen Jahrhunderts stammen die deutschen Kolonien Deutsch-Nepomut und Neudorf im Piseter, Schönwillkomm (nächst Klattau) im Pilsner, Kowansto (bei
Nimburg) im Bunzlauer Kreise, die Orte der ehemaligen Kameralherrschaft Pardubitz im Chrudimer Kreise (Teichdorf, Kleindorf, Sehudorf, Dreidorf, Wesla,
Spojil, Gunstdorf, Trauendorf, Maidorf, Streitdorf) Libinsdorf im Caslauer
Kreise. Endlich befindet sich in unmittelbarer Nachbarschaft des deutschen Hauptgebiete nächst Nenpata im Witschiner Kreise die deutsche Insel von Brdo bis Wüst —
Proschwitz. — Ausserdem lebt die deutsche Sprache als Muttersprache eines nam-
haften Theils der Bevölkerung in Prag, Smichow und Karolinenthal, in Klattan,
Laun, Böhmisch-Aicha, Josephstadt, Königgrätz, Kuttenberg, Deutschbrod u. a."

Wenn die Sprachgränze von 1700 von der heutigen gerade nicht bedeutend
abwich, so machte sich auch schon damals für den auf Bildung Anspruch erhebenden Tschechen die Kenntnis der deutschen Sprache als nothwendiges Erforderniss
geltend. Es befand sich diese Erscheinung im innigsten Zusammenhange mit dem
immer grösseren Verfalle, welchem die tschechische Sprache und Literatur nach dem
dreissigjährigen Kriege entgegeneilte. Das Ansehen dieser Sprache war so tief gesunken, dass man es in den höheren Kreisen der Gesellschaft für ungebildet hielt,
sich derselben zu bedienen. Der Geschichtschreiber Balbin schrieb noch im XVII.
Jahrhunderte eine Schutzschrift für die tschechische Sprache, den Verfall derselben
mit blutendem Herzen beklagend. Die tschechische Sprache, sagt er, werde so verachtet und gehasst, dass man sie in Gesellschaften nicht sprechen dürfe, ja dass
man förmlich Anstalten treffe, sie gänzlich auszurotten. Tschechische Bücher wurden nur wenige gedruckt, desto mehr aber erschienen solche in deutscher Sprache.
Prag wetteiferte seither mit andern ansehnlichen Orten Deutschlands als Verlags-
und Absatzort deutscher literarischer Produkte. Wir heben hier wenigstens einige
Werke aus der ersten Hälfte des XVIII. Jahrhunderts hervor. 1705 gab Franz
Woraczicky eine grosse genealogische Beschreibung des gräflichen Geschlechtes der
Woraczicky heraus; von 1709 bis 1725 liess der Jesuit Kraus über fünfzig
deutsche Werke auflegen, 1718 erschien Mathias Kramers deutsche Sprachlehre,
in lateinischer Sprache von dem Jesuiten Freyberger bearbeitet, und 1749 wurde
sogar die poetische Literatur der Deutschen bereichert durch das vom gelehrten Jesuiten Oppelt in Prag herausgegebene Werk: „Sammlung geistlicher und sinnreicher
Gedanken über verschiedene aus der Natur u. s. w. vorgestellte Sinnbilder durch
alle Gattungen der hochdeutschen Reimkunst." Eine bedeutende Anzahl deutscher
Bücher brachte zu Beginn des XVIII. Jahrhunderts unter das grössere Publikum
der rühmlichst bekannte Beschützer der Künste und Wissenschaften, Franz Anton
Graf von Sport, der eine eigene Druckerei in Kutus besass und viele aus dersel-

ben hervorgehende Werke unentgeltlich vertheilen ließ. Die feingebildeten Töchter des edlen Grafen, Maria Eleonora und Anna Katharina, übersetzten eine Menge französischer Werke, meist geistlichen Inhalts, in ein verhältnismäßig gutes Deutsch und ließen dieselben oft in einer Auflage von 10.000 Exemplaren erscheinen. — Wenn auch im XVIII. Jahrhunderte die deutsche Sprache in Böhmen in Wort und Schrift immer mehr Ausbreitung fand, so kann doch nicht behauptet werden, daß etwa eine erhöhte deutsch nationale Strömung sich bemerkbar gemacht hätte. Denn der deutschsprechende Adel und die deutschsprechenden Jesuiten konnten und mochten eine solche nicht hervorrufen, das deutschböhmische Volk selbst aber theilte die geistige Lethargie, in welche das ganze Land nach dem dreißigjährigen Kriege gebracht worden war. Um so frischer und kräftiger begann im XVIII. Jahrhunderte das nationale Leben im benachbarten protestantischen Deutschland zu pulsieren, wo man sich von den beklemmenden Fesseln der kirchlichen Bevormundung befreit hatte. Unsere deutsche Nationalliteratur eröffnete ihre Periode des höchsten Glanzes, und eine lange Reihe hochbegabter Dichter verkündete den seltenen Schwung, den der Geist der Nation genommen. Nach allen Richtungen hin wirkte das erneute literarische Leben Deutschlands in befruchtender Weise, und auch Böhmen erfreute sich diesmal, wie schon so oft in früheren Jahrhunderten, des Umstandes, daß es in der Kultursphäre des großen deutschen Reiches sich befand. Im Jahre 1763 stellte Karl Heinrich Seibt, ein geborener Schlesier (S. 620), an die Kaiserin Maria Theresia die Bitte, an der philosophischen Fakultät der Prager Universität als außerordentlicher Professor der schönen Wissenschaften Vorträge eröffnen zu dürfen. Seine Bitte wurde gewährt, und noch in demselben Jahre begann Seibt in deutscher Sprache seine Vorlesungen, die bald zu den besuchtesten der Universität gehörten. Es ist ein großes Zugeständniß für den deutschen Professor, wenn Tomek, der tschechische Historiograph der Prager Universität, von seinem Auftreten behauptet, „daß es in gewisser Hinsicht als eine neue Epoche in Böhmens Kulturgeschichte angesehen werden konnte." Seibt war es, der vor Allem die Aufmerksamkeit auf die neuaufblühende deutsche Literatur lenkte, so daß deren Produkte bald auch in Böhmen heimisch wurden. Ein Zeitgenosse, der Geschichtschreiber Pelzel, sagt: „Es vergiengen kaum ein paar Jahre, so waren die vortrefflichen Schriften der deutschen schönen Geister in Jedermanns Händen. Sogar Damen, die bisher bloß französische Literatur kannten, lasen itzt einen Gellert, Hagedorn, Rabener, Gleim, Geßner, Kleist u. a. Die jungen Leute beiden Geschlechtes lasen diese Schriften mit so viel Begierde, daß sie sie nicht so bald aus den Händen ließen. In Gärten, auf Spaziergängen und sogar auf öffentlichen Gassen traf man sie an mit einem Wieland oder Klopstock in der Hand. Hiedurch wurde nun nicht nur diese Sprache, sondern auch der deutsche Geist, der Geschmack und die Literatur unter den Böhmen immer mehr und mehr ausgebreitet."

Man hat der Habsburgischen Regierung nicht ohne Ursache den Vorwurf gemacht, daß sie ihre deutsche Mission sowohl in Deutschland als auch in Oester= reich außer Acht gelassen habe. Traurige Folgen begleiteten diese Vernachlässigung der nationalen Aufgabe, und es dürfte nicht schwer sein, mit derselben die Ver drängung Oesterreichs aus Deutschland, sowie die gegenwärtigen innern Verfas sungskämpfe, welche zumeist durch die Ueberhebung der nicht deutschen Nationen hervorgerufen worden, in innigen Zusammenhang zu bringen. Wir wollen hier nicht auf die näheren Umstände eingehen, welche die Position der Habsburger in Deutschland gänzlich gelockert haben. Es berührt uns angelegentlicher die Auffas sung der Nationalitätenfrage Seitens der Regierung in Oesterreich. Dieselbe hielt die Ansicht fest, daß gerade in der Verschiedenartigkeit der Völker die Stärke der Monarchie beruhe, und es wurde traditionelle Politik, eine Nation durch die andere in Schach zu halten. Die Ueberzeugung der Gegner dieser Politik, welche mein ten, Oesterreich könnte nur dann stark und kräftig werden, wenn allmählich eine einheitliche homogene Bevölkerung im Staate geschaffen würde, verlangte unablässig die Germanisierung des ganzen Staates oder wenigstens einzelner Theile dersel= ben. Unter den Habsburgern war es der einzige Kaiser Joseph II., der sich zu diesem Plane neigte und denselben mit all dem Ungestüm seines Charakters durch= zuführen suchte. Daß er nicht zum Ziele gelangte, lag nicht bloß in seiner kurzen Regierungszeit, sondern auch in andern Umständen. Kaiser Joseph zog seinen Wirkungskreis, wie in so vielen Dingen, auch hier zu weit. Das deutsche Element war in Oesterreich nicht in jener großen Masse vertreten, als daß es hätte durch sich selbst ohne Zuhilfenahme anderer Kräfte die übrigen Nationalitäten dem Deutschthum völlig gewinnen können. Jene Kräfte aber hätte Joseph nur aus dem deutschen Kaiserthume schöpfen müssen; allein dasselbe hatte ja schon längst seine hohe politische Bedeutung verloren und besaß in den Händen der Habsburger keine nationale Mission mehr. Kaiser Joseph würde einen größeren Erfolg in seinen Germanisationsbemühungen gehabt haben, wenn er sich in denselben auf einen Theil der Monarchie, etwa bloß auf Böhmen, beschränkt hätte. In diesem Lande lag der nationale Geist der Tschechen ganz darnieder, die Deutschböhmen umsäumten dieselben in kompakter Masse, und das benachbarte, zu höherm geisti= gen Leben sich eben ermannende Deutschland mußte zunächst seine erobernde Macht auf Böhmen erstrecken. In der That wurde auch zu Zeiten der Kaiserin Maria Theresia und ihres Sohnes Joseph II. das deutsche Element in Böhmen in erkleck= licher Weise gestärkt und gefördert. Zum ersten Male seit den Zeiten der Pře= mysliden erfreuten sich die Deutschböhmen wiederum einer Unterstützung ihrer Na= tionalität durch Anordnungen und Gesetze der Regierung; namentlich sollte ihre Sprache durchwegs in Schule und Amt eingeführt werden. Schon 1770 wurde durch ein Hofdekret befohlen, daß alle Schullehrer in Böhmen deutsch können müßten, widrigenfalls sie nicht angestellt werden dürften. 1774 erschien eine Ver-

ordnung der Kaiserin, welche die Errichtung von deutschen Schulen in den Erb
landen gebot. In Folge dessen wurde im nächsten Jahre 1775 in Prag eine
deutsche Normalschule errichtet, und nach ihrem Muster traten bald im ganzen
Lande deutsche Haupt- und Trivialschulen ins Leben. Auch da, wo bloß tschechisch
gesprochen wurde, sollte nach einer Verordnung von 1776 von den Lehrern den
Schülern die deutsche Sprache beigebracht werden. Als Hilfsmittel zu diesem
Unterrichte empfahl die Regierung 1777 einen von den Vorstehern der Prager
Normalschule abgefaßten Plan, der unter dem Titel: „Hülfsmittel, durch deren
Gebrauch und Anwendung die Erlernung der deutschen Sprache sowohl in ursprünglich tschechischen Schulen als auch beim Privatunterrichte erleichtert und befördert
wird" in Druck erschienen war. Inzwischen brach sich auch an der Universität das
Deutsche als Unterrichtssprache immer mehr Bahn. Professor Butschek hielt seit
1768 deutsche Vorträge über „politische Wissenschaften"; seit 1774 lehrte in der
selben Sprache Johann von Meyern die „Kreisämtlichen Wissenschaften" und Professor Mader die Statistik. Als Professor Ritter von Riegger im Jahre 1780
das deutsche Staatsrecht in deutscher Sprache vorzutragen begann, wurde ihm dies
auf eine anonyme Anzeige hin von Seiten der Regierung untersagt. Kaiser Joseph
hob nicht nur dieses Verbot auf, sondern er befahl sogar durch ein Hofdekret vom
29. Juli 1784, für alle Vorlesungen an der Universität statt der bisherigen lateinischen die deutsche Sprache einzuführen. Nur die Pastoraltheologie und die Ge-
burtshilfe sollte in beiden Landessprachen vorgetragen werden. Genannter Kaiser
verordnete ferner, daß nur solche Zöglinge in die lateinischen Schulen aufgenommen werden sollten, welche der deutschen Sprache mächtig wären (1785), daß zur
Erlangung einer Stiftung die Kenntniß dieser Sprache nachgewiesen werden müßte,
ja daß zu Handwerken die Landeskinder nicht eher aufgedungen werden sollten,
bis sie sich mit dem Zeugnisse der Normalschule, also der Kenntniß der deutschen
Sprache, ausgewiesen hätten.

Kaiser Joseph hat sich durch seine Gesetze, wodurch er der Germanisierung Tschechische
Vorschub leisten wollte, den erbitterten Haß der Tschechen zugezogen. Obwohl Opposition.
wir in der Gegenwart uns gegen einen jeden Sprachenzwang erklären und also
auch den Verordnungen Josephs in dieser Beziehung nicht unbedingt beistimmen
können, so dürfen doch die Maßregeln dieses Kaisers durchaus nicht dem Sprachen-
gesetze von 1615 oder ähnlichen andern an die Seite gestellt werden. Denn es
bleibt doch ein für alle Mal ein gewaltiger Unterschied, ob man die Erlernung
einer großen Welt- und Kultursprache oder die eines slawischen Idioms, das nur
eine geringfügige Literatur aufzuweisen hat und nur von wenig Millionen Menschen gesprochen wird, gesetzlich anbefiehlt. Ferner muß beachtet werden, daß
gerade zu Kaiser Josephs Zeiten die deutsche Literatur einen neuen Aufschwung genommen, während das Tschechische selbst von guten Patrioten so viel wie zu den
todten Sprachen bereits gerechnet wurde. Es ist die Frage, ob nicht ohne die

Germanisierungsgesetze Josephs die deutsche Sprache in Böhmen im XVIII. Jahr=
hunderte eben so verbreitet worden wäre, wie es der Fall war; denn die Ger=
manisirung beruhte auf der geistigen Macht der Ideen, deren erobernde Kraft viel
eindringlicher wirkt, als Gesetzparagraphe. Das aber ist gewiß, daß durch die
Josephinischen Verordnungen eine tschechisch nationale Opposition hervorgerufen
wurde, die seit dieser Zeit nicht mehr eingeschlafen ist, sondern sich immer mehr
und mehr verstärkte und ein neues nationales Leben der Tschechen erweckte. Wäh
rend nämlich einige, wie Pelzel, die feste Ueberzeugung hegten, daß die tschechische
Sprache allmählich ganz aus dem Lande schwinden und daß Böhmen „das Schicksal
von Meißen, Brandenburg oder Schlesien theilen und von der tschechischen Sprache
Nichts als die Namen der Städte, Dörfer, Flüsse übrig bleiben werde", boten
Andere Alles auf, um den Untergang ihrer Muttersprache zu verhindern. K. B.
Tham und A. Haule von Hankenstein schrieben Bücher über die Nützlichkeit und
Schönheit der tschechischen Sprache, Kramerius gab eine tschechische Zeitung heraus,
man verfaßte und übersetzte Volksbücher, es wurde eine tschechische Schauspielerge=
sellschaft errichtet u. dgl. Wie weit übrigens schon damals in gewissen Kreisen
die nationalen Gegensätze gepflegt wurden, geht aus einer Denkschrift hervor
(2. Oct. 1793), welche dreiunddreißig „Originalböhmen" — so seltsam nannten sich
damals dreiunddreißig selbstbewußte Tschechen, dem Landtage überreichten. In der=
selben klagten sie über gewaltsame Germanisirung ihrer Nationalität, sie drohten
mit der Rache der Unterdrückten und setzten auseinander, wie alles Unglück des
Landes von den Deutschen herrühre, Macht, Größe und Heil aber nur in jenen
Zeiten für Böhmen erstand, wo König und Stände tschechisch sprachen. — Noch
aber hatten damals die Stände keinen rechten Sinn für dergleichen Lamentationen,
weit wichtiger erschien ihnen die Verschärfung der Robotpatente. Sie erwirkten
zwar die Errichtung einer tschechischen Lehrkanzel an der Universität, sonst
aber legten sie die Petition der „Originalböhmen" bei Seite. Uebrigens wurde
der von Kaiser Joseph angeregte Germanisirungsproceß durch seinen frühzeitigen
Tod und die bald darauf folgenden französischen Kriege unterbrochen. Die Nach=
folger Josephs aber verhielten sich, wie die früheren Habsburger, in nationaler
Beziehung mehr oder weniger passiv und suchten ihre Länder strenger als je von
Deutschland abzusperren. Obwohl der gebildete Tscheche, der Forderung des
Zeitgeistes nachgebend, auch freiwillig die deutsche Sprache erlernte, so verfolgte
er doch dieselbe mit unversöhnlichem Hasse und konnte diesen auch in größeren
Kreisen des Volkes erwecken, wenn er mit Hinweis auf die Josephinischen Ver=
ordnungen behauptete, „man wolle alle Tschechen zu Deutschen machen von Ge=
setzes wegen." — Während auf diese Weise die tschechische Opposition allmählich
erstarkte, lag bei den Deutschböhmen das Nationalbewußtsein noch in tiefen
Schlummer. Der langjährige Absolutismus, die Jesuitenwirthschaft, nachher die
maßlose Bevormundung von Seiten der Beamten und die hermetische Verschlie=

fung gegen das deutsche Ausland ließen es so weit kommen, daß, wie unser leider zu früh verstorbene Landsmann Schmalfuß ganz richtig bemerkte, „der Deutschböhme weder einen nationalen, noch einen österreichischen Patriotismus kannte." „Daraus und aus dem ganzen politischen Zustande", fährt Schmalfuß in seinem Büchlein über die Deutschböhmen fort, „ist auch nur erklärbar, wie in Deutschböhmen und in Böhmen überhaupt — als in Deutschland Alles schon längst der Napoleonischen Knechtschaft müde, wie Ein Mann aufstand und zu den Waffen eilte, dem Vaterlande gern und freudig jedes Opfer brachte, um den Feind vernichten zu helfen — Alles so ruhig blieb und zusah, und man nur eben gab und that, was man eben nur geben und thun mußte, und warum die begei= sterten patriotischen Lieder von Körner, Arndt, Schenkendorf u. s. w. so wenig Widerhall hier fanden." — Als die Kriege gegen den französischen Imperator glück= lich durchgefochten waren, erlebte das deutsche Volk an seinen Fürsten den schwär= zesten Undank. Die freiheitlichen Versprechungen, die man gemacht hatte, als man die Nation zu den Waffen rief, blieben unerfüllt; ja man gieng so weit, jenen edlen Volksgeist, mit dessen Hilfe man soeben die Freiheit des Vaterlandes erkämpft hatte, in schmählicher Weise mit Gefängniß, Verbannung u. dgl. zu verfolgen. Doch es gelang trotz aller Anstrengung nicht, das einmal erwachte Nationalbe wußtsein zu unterdrücken, und in erhöhter Begeisterung zehrte das Volk an den Erinnerungen der großen Freiheitskriege. Auch die Deutschösterreicher nahmen Antheil an dem Wiedererwachen der deutsch=nationalen Strömung, obwohl gerade jetzt die österreichische Regierung ihre Länder strenger als je gegen das Ausland abschloß. Unter den Deutschböhmen regte sich nunmehr auch der nationale Geist, und namentlich war es die junge Generation, welche ihre Sympathien dem großen deutschen Muttervolke wieder zuwandte und die Zusammengehörigkeit der Deutsch= böhmen mit demselben betonte. Wenn auch damit für die Deutschböhmen Manches gewonnen war, so kann doch nicht behauptet werden, daß dieselben aus ihrer lang= jährigen Apathie gänzlich herausgerissen worden wären. Während der tschechische Volksstamm im Lande sich immer mehr organisierte und unter einheitlicher Leitung zu einer Aktion vorbereitete, nahmen die Deutschböhmen die immer feindseliger auftretende tschechische Opposition ziemlich gleichgiltig hin und dachten am aller= wenigsten an eine feste Konsolidierung und innere Erstarkung ihres Stammes. Daher wurden sie in ihrer sorglosen Zerfahrenheit von den Ereignissen des Jahres 1848 vollständig überrascht und erst durch dieses verhängnißvolle Jahr zu richtiger Erkenntniß der Sachlage gebracht. Seither, namentlich aber seit den Tagen der kon= stitutionellen Aera in Oesterreich, ist ein heilsamer Umschwung in dem politischen Auf= treten der Deutschböhmen vor sich gegangen. Sie haben durch die gemeinsame Gefahr das Bewußtsein der Zusammengehörigkeit mit dem Mutterlande vollständig gewon= nen, sie haben sich in ihrer sichtlich bedrohten Lage unter einander als ein homogener deutscher Stamm fühlen gelernt. Sie führen deswegen den ihnen aufgezwungenen

Kampf in geschlossenen Reihen und verhalten sich dabei, wie es ihrem Charakter entspricht, in strenger Defensive. Mögen sie die Stellung der kräftigen Abwehr nicht überschreiten, mögen sie aber auch keinen Augenblick ihre weite Vertheidigungslinie unbewacht lassen und sich, dem Beispiele der Gegner folgend, immer zweckmäßiger koncentrieren und strammer disciplinieren.

Teutschböhmische Literatur. Die gründliche Würdigung des Antheils, den die Deutschböhmen an der Gesammtliteratur ihres Volkes genommen, ist bis jetzt ein Gegenstand vergeblicher Hoffnung geblieben. Möchte sich doch bald eine kundige Feder dieses interessanten Stoffes bemächtigen; wir für unseren Theil müssen uns auch für diese Periode fast nur auf die Anführung von bloßen Namen beschränken. Der traurige Zustand der deutschen Geschichte im XVII. Jahrhunderte hatte naturgemäß den Verfall der vaterländischen Literatur im Gefolge. Eine nüchterne Kunstpoesie trat an die Stelle der volksmäßigen Dichtung, und selbst das Kirchenlied verlor seinen innigen Charakter und gieng in die trockenste Lehrhaftigkeit über. Für die Kunstpoesie, sowie für das geistliche Lied besitzen wir je einen, wenigstens der Geburt nach, den Deutschböhmen angehörigen Vertreter. Der gefeierte Pegnitzschäfer Sigmund Betu-lius von Birken wurde zu Wildstein bei Eger geboren, machte seine Studien in Jena, wanderte sodann in ganz Deutschland herum, war Mitglied des Blumen-ordens und der fruchtbringenden Gesellschaft und starb 1681 zu Nürnberg. Seine zahlreichen poetischen (z. B. „Norischer Parnaß", „Pegnitzschäferei", „deutscher Olivenberg") und historischen Schriften (z. B. Oesterreichischer Ehrenspiegel) verrathen nur ein schwaches Talent; die Verse sind breit und öde, die Prosa dunkel und verwirrend. Der Repräsentant der geistlichen Richtung ist Christian Keymann aus Pankraz im Bunzlauer Kreise († 1662 als Rektor in Zittau); er schrieb nebst mehreren religiösen Schriften achtzig geistliche Lieder, von denen einige in die Ge-sangbücher übergegangen sind.

Seit den zwei genannten Dichtern stockt die literarische Thätigkeit in Deutsch-böhmen, und über ein Jahrhundert lang dringt aus demselben mit Ausnahme der Versuche des Jesuiten Oppelt kein Lebenszeichen poetischer Produktion. Selbst als in Deutschland durch Klopstock, Herder, Lessing und Wieland vollständig neue Bahnen in der Dichtkunst gebrochen worden waren und alle edleren Geister der Poesie sich zuwandten, als hart an der Gränze jenseits des Erzgebirges eine säch-sische Dichterschule sich bildete, blieb diesseits des Gebirges noch auf längere Zeit Alles in tiefem Schlummer. Erst nachdem die deutsche Literatur den Höhepunkt ihres Glanzes und Ruhmes erreicht hatte, begann es in Böhmen allmählich zu dämmern, und Tschechen wie Deutsche fühlten sich durch die gewaltigen Schöpfungen der großen deutschen Meister in befruchtender Weise angeregt. Die schon erwähnten Professoren Seibt und Meißner, ferner J. H. M. Dambeck aus Brünn († 1820), J. G. Meinert aus Leitmeritz († 1824), C. A. Schneider aus Königgrätz († 1835) verbreiteten durch ihre literarisch-ästhetischen Vorträge an der Prager Universität das Interesse an den schönen Wissenschaften. Während Puchmayer und Genossen den Grund zu einer neutschechischen Literatur legten, versuchten sich Meinert, Dambeck, Schneider, S. W. Schießler aus Prag (geb. 1791), A. W. Griesel (geb. 1783) u. a. in ziemlich mittelmäßiger Weise in der deutschen Poesie. Die Namen dieser Dichter drangen wohl über die Gränzen der Monarchie nicht hinaus und blieben zumeist nur den Lesern des „Hyllos", einer von ihnen mit vielen kleinen Arbeiten bedachten Zeitschrift, bekannt. Ungleich bessere Vertreter der deutsch-böhmischen Literatur folgten jedoch bald nachher. W. A. Gerle (G. Erle, K. Spät) aus Prag († 1846) gab, aufgemuntert von Tieck, die „Volksmährchen von Böhmen" heraus und versuchte sich mit gleicher Fruchtbarkeit in der Novelle, wie im Lust- und Trauerspiele. Anton Simon aus Reichenberg († 1809), Miterzieher Kaiser Ferdinands I., verfaßte nicht bloß Erziehungsschriften, sondern auch dichterische Arbeiten. Den Roman kultivierte mit großer Tüchtigkeit der beliebte C. G. R. Herloßjohn aus Prag († 1849), der sich jedoch bald in's Ausland wandte, während Professor Müller, dessen „Horimir" Göthe erwähnt, und der spätere Feldmarschalllieutenant Wilhelm von Marsano (geb. zu Prag 1797) in Prag vorübergehend als die gefeiertesten Dichter gepriesen wurden. Bereits tritt auch der Altmeister der deutsch-böhmischen Dichter, Karl Egon Ebert (geb. zu Prag 1801), mit seinen Erstlingsversuchen (Lyrische Gedichte, 1824—1828) in die Oeffentlichkeit und erringt durch sein Heldengedicht Wlasta (1829) die volle Anerkennung Göthes. Viele Beiträge von deutschböhmischen Literaten erschienen damals in dem von Karoline Woltmann herausgegebenen „Kranz". Es betheiligten sich an demselben Ebert, Herloßjohn, Marsano, Griesel, St. Zauper, Hanslick sen., Johann Ritter von Rittersberg und Rudolph Glaser. Es begann nunmehr ein reges Leben auf dem Felde der Poesie, und eine Menge deutschböhmischer Dichter wetteiferten um den Preis des Ruhmes. Joh. Eman. Hilscher aus Leitmeritz († 1837), der tieffühlende Lyriker und geniale Uebersetzer des Byron, starb leider allzu früh, während der träumerische Friedrich Bach (geb. zu Königgrätz 1817, † 1865), der Dichter der „Sensitiven" (1839), sich bald mehr dem praktischen Leben zuwandte. Es eröffneten ferner ihre literarische Laufbahn L. A. Frankl (geb. zu Chrast 1810), Uffo Horn, geb. zu Trautenau († 1861), Moritz Hartmann (geb. zu Duschnik 1821) und Alfred Meißner (geb. zu Teplitz 1822). An diese reihten sich Siegfried Kapper (geb. in Smichow 1821), Braun von Braunthal (Jean Charles) geb. zu Eger († 1866), L. von Löhner (Rehland, Morajn), geb. zu Rostok († 1852), Hugo Rösler, (Karl Hugo, Karl Rain), geb. zu Postupitz († 1866), Julius Seidlitz, geb. zu Prag († 1855), F. Stamm aus Orpus und der geistvolle Isidor Heller (geb. in Jungbunzlau 1816). Wiesner, Schuselka, Kuranda, Kaufmann, A. Renstadt, D. Kuh wandten sich nachher mit mehr oder weniger Glück der Publicistik zu.

Die dreißiger Jahre zeitigten eine gewisse Blüthe der Romantik in Böhmen. Einen Sammelpunkt der geistigen Bewegung bildete die von dem gemüthvollen und gelehrten Rudolph Glaser aus Prag († 1868) im Jahre 1837 begründete Zeitschrift „Ost und West", an welcher sich nebst den genannten Deutschböhmen auch Rückert, Halm, Wil. Alexis, Freiligrath, Gutzkow, Laube u. a. betheiligten. Die romantische Richtung der dreißiger Jahre wich im nächsten Jahrzehnt unter dem Einflusse Byron's, Heine's und Lenau's der beliebten „Zerrissenheitspoesie" und der politischen Dichtung. Charakteristisch bleibt bei den Dichtern des „Ost und West" der vollständige Mangel eines deutschböhmischen Nationalbewusstseins, ja noch mehr eine gewisse Vorliebe für tschechische Stoffe, die nicht selten geradezu in eine begeisterte Verherrlichung des Slaventhums sich verirrte. Es kann nicht so sehr befremden, wenn Ebert harmlose Stoffe, wie „Wlasta", „Dalibor", „Bretislaw und Jutta", zu schönen poetischen Werken verarbeitete, wenn Uffo Horn den deutschfreundlichen König Ottokar II. dramatisch verherrlichte oder Robert Zimmermann die sagenreiche Liebe König Wenzels zur schönen Susanna besang; aber auffallend erscheint es den Deutschböhmen der Gegenwart, daß gerade die zwei begabtesten unserer Dichter, Meißner und Hartmann, in „Žižka" und „Kelch und Schwert" für eine Zeit sich begeisterten, in welcher das Deutschthum in Böhmen nahe daran war, bis auf den letzten Mann ausgerottet zu werden, oder wenn diese in ergreifender Weise das Unglück beklagten, das die Herrschaft der „Fremden" über das böhmische Volk gebracht. Das Auffällige dieser Erscheinung läßt sich allerdings erklären. Die Neuheit, sowie das Fremdartige der Objekte und die in ihnen liegende Idee der religiösen Freiheit reizte die Dichter; der damals unter den Deutschböhmen so ziemlich allgemein verbreitete nationale Indifferentismus aber ließ sie das den Deutschen Gehässige ihrer Stoffe leicht übersehen. Als durch das Jahr 1848 das Nationalbewusstsein der Deutschböhmen in kräftiger Weise geweckt worden war, hörte auch diese slawisierende Richtung unserer Dichter auf, und ein kerndeutscher Zug durchbringt seither alle ihre Werke. Hartmann, dessen lange Dulderzeit für seine höchst ehrenwerthe politische Ueberzeugung nunmehr ein Ende hat, und Meißner haben sich seither durch ihre künstlerischen Leistungen in den vordersten Reihen des deutschen Dichterparnasses anerkannte Ehrenplätze erobert. Mit ihnen verherrlichte in den letzten zwanzig Jahren den deutschböhmischen Namen Adalbert Stifter (geb. 1806 zu Oberplan, † 1868), der mit tiefer, echtdeutscher Empfindung das Stillleben der Natur wie die Geheimnisse des menschlichen Gemüthes erfasste und in bezaubernder Weise zu schildern verstand.

Als beliebte Romanschriftsteller und Novellisten erwähnen wir aus dieser Zeit noch Joseph Rank (geb. 1815 zu Friedrichsthal), der mit großem Talente seine Landsleute im Böhmerwalde zeichnete, Isidor Proschko (geb. zu Hohenfurth 1816), ein reizender Erzähler, und L. Kompert (geb. 1822 zu Münchengrätz) dessen Schilderungen aus dem jüdischen Volksleben eine glänzende Aufnahme und die weiteste Verbreitung gefunden haben. Diesen lassen sich anreihen der fruchtbare und scharf beobachtende J. Gundling (Lucian Herbert) (geb. zu Prag 1828), der urwüchsige Franz Hedrich (aus Podsťal), der tüchtige Joseph Meßner (geb. 1824 in Prachatitz, † 1862), M. Klapp (geb. zu Prag 1835), der unglückliche Novellendichter M. Reich († 1857), der Humorist Eduard Pokorny († 1855), der gemüthliche W. Ernst, Dr. Goldberg u. a. — Im dramatischen Fache ragten hervor der Lustspieldichter Joachim Lederer (geb zu Prag 1808), Vincenz Weber (geb. 1809 zu Trautenau, † 1859), Arnold Hirsch (geb. zu Horschitz 1815), Joseph Weil (geb. zu Prag 1828), F. X. Fritsch (Franz von Braunau) (geb. zu Braunau 1779) und Julius Rosen (Nik. Duffek) (geb. zu Prag 1833). Als Epiker zeichnet sich durch seine großartige Weltanschauung Sel. Heller (geb. zu Naudnitz 1831) aus; als weltlicher Liederdichter ist Karl Vittor Hansgirg (geb. zu Pilsen 1823) vortheilhaft bekannt, während das geistliche Lied unter Andern F. Effenberger (geb. zu Graupen 1795), das Sonnet Wenzel Weuhart (aus Althütten bei Oberplan) pflegte. Durch seine Bekanntschaft mit Göthe wurde auch weiteren Kreisen der Name des Naturdichters Anton Fürnstein aus Falkenau († 1841) geläufig. Deutschböhmische Dichterinnen besitzen wir in Katharina Klauczek (geb. zu Prag, † 1858) und Juliane Glaser, der Schwester K. E. Eberts (geb. zu Prag 1806).

Daß aus der Mitte der Deutschböhmen auch die andern Künste ihre würdigen Vertreter gefunden haben, haben wir bereits berührt (S. 620—626). Wir *Künstler.* erinnern nur an die Namen Dienzenhofer, Fischer von Erlach, Kranner, Tyttl, Haisenecker u. a. unter den Architekten — Eberle, Quitainer, Heidelberger, Mader, Platzer, Prachner, Pilz und Gebrüder Max unter den Bildhauern — Kern, Hager, Dollhopf, Kindermann, Müller, Hölperl, Gruß, Würbs, Rom, Lausberger, Püttner, Kandler, Max, Führich u. a. unter den Malern — Hammerschmied, Gaßmann, Oelschlegel, Habermann, Abert, Veit, Gläser, Kalliwoda, Dessauer, Moscheles, Gyrowetz, Proksch, Wolfram, Führer, Sechter, Ander, Tichatschek u. a. unter den Musikern.

Auch in der Pflege der Wissenschaften blieben die Deutschböhmen nicht zu- *Wissenschaft.* rück, sondern schritten rüstig vorwärts, und weisen fast in allen Fächern glänzende Vertreter auf. Die ehemalige Blüthe der königl. böhmischen Gesellschaft der Wissenschaften, sowie des böhmischen Museums war zum großen Theile Verdienst deutscher Gelehrten; der Glanz dieser Institute schwand, als die Deutschen des leidigen Nationalitätenzwistes wegen sich zum Rückzuge genöthigt sahen. Das Studium der Theologie betrieben mit Erfolg J. Grün (aus Flöhau † 1816), Jakob Frint (aus Böhm. Kamnitz † 1834), J. N. Ehrlich aus Prag († 1864), Mich. Jos. Feßl aus Prag († 1864), Gabr. Joh. Günner (aus Neulojimthal 1804), Jos. Aug. Ginzel (geb. in Reichenberg 1804), Sal. Mayer (geb. zu Röhrsdorf 1816). Die Philosophie fand hervorragende Vertreter in Bernhard Bolzano, geb. zu Prag († 1848), Ant. Günther (geb. zu Lindenau im Leitmeritzer Kreise 1783), Jos. Em. Veith (geb. zu Kuttenplan 1788), Joh. Heinr. Löwe (geb. zu Prag 1808), W. Volkmann (geb zu Prag 1822), Rob. Zimmermann (geb. zu Prag 1824), Gustav Biedermann (geb. zu Böhmischaicha 1815) — Die Historiker dieser Periode bedienten sich fast durchweg der deutschen Sprache. Joh. Fl. Hammerschmied aus Staab, der lateinisch schrieb, Pubitschka aus Kommotau, A. Voigt aus Oberleutensdorf waren der Geburt nach Deutschböhmen (S. 618). Neben ihnen nennen wir R. X. Ungar aus Saatz († 1807), Ign. Cornova, geb. zu Prag († 1823), die beiden Bergwerkshistoriker J. Th. Peithner Ritter von Lichtenfels (aus Gottesgab † 1792) und den schon genannten Graf Kaspar von Sternberg, den Cistercienser M. Millauer (aus Budweis † 1840) den gründlichen, formgewandten Adam Wolf (geb. in Eger 1822) den Bibliographen J. A. Hanslik aus Lischau († 1859) J. A. Helfert, J. Mehler, Gust. Legis Glückselig, L. Ch. Pirogner, A. Mußil, M. Kalina Ritter von Jäthenstein, J. Nessel, Ant. Frind, A. Kohl, M. Pangerl, J. Kiedler u. a. Ant. Heinr. Springer (geb. zu Prag 1825), der bedeutende Kunsthistoriker, gehört dem deutschböhmischen Stamme an; A. Gindely (geb. zu Prag 1829), läßt wenig= stens seine gründlichen Forschungen in deutscher Sprache erscheinen. — Die Ge= schichte des deutschböhmischen Stammes als solche blieb durch längere Zeit gänzlich unerforscht. F. Pelzel schrieb zum erstenmale einen kurzen Abriß derselben (1787); ungleich bedeutender waren die Forschungen des zu Brüx geborenen Emil Rößler († 1863), dessen Werk über die deutschen Rechtsdenkmäler in Böhmen und Mähren von unschätzbarem Werthe ist und leider durch die Ungunst der Verhältnisse des begabten Verfassers abgebrochen wurde. Diese Arbeiten ergänzte Franz Pelzel aus Prag († 1866), der tüchtige Rechtsgelehrte und hochgeachtete Landesadvokat; seine noch unedierten Werke befinden sich in der Bibliothek des Vereins für Ge= schichte der Deutschen in Böhmen, dessen würdiger Präsident seit der Gründung (1861) der Verstorbene gewesen. Mit warmer Liebe und unermüdlicher Sorgfalt widmete sich der biedere F. A. Schmalfuß aus Wedruschitz bei Saatz († 1865), der Pflege der deutschböhmischen Geschichte; durch sein Büchlein „Die Deutschen in Böhmen" und durch seine Thätigkeit als Redakteur der „Mittheilungen des Ver= eins für Geschichte der Deutschen in Böhmen" erwarb er sich den achtungsvollsten Dank seiner deutschen Landesgenossen. Daß mit der Gründung des genannten Vereines nicht nur in der Historiographie der Deutschböhmen, sondern des ganzen Landes, eine bedeutungsvolle Wendung eingetreten ist, zeigt sich mit jedem Tage entschiedener. Besonders erfährt die so wichtige Städtegeschichte eingehende Unter= suchungen, wie sich namentlich in den Arbeiten von J. Lippert (Trautenau, Leitmeritz) und Hermann Hallwich (Türmitz, Graupen, Reichenberg) darthun. — Anschlie= ßend sei hier noch der Numismatiker F. B. Eitl, O. Mildner und F. Neumann und der Geo= und Topographen Franz Jakob Heinrich Kreibich (aus Steinschönau † 1833), J. G. Sommer (von Geburt ein Sachse), J. K. E. Hoser, F. A. Heber, F. Klutschak (gediegener Journalist) Erwähnung gethan. — Bedeutende Statistiker der Deutschböhmen sind Jos. Hain aus Brunnersdorf bei Kaaden († 1852), Karl Freiherr von Czörnig (geb. zu Czernhausen bei Friedland 1804) und Siegfried Becher (geb. zu

Plan 1806); als Nationalökonomen ragen hervor Franz Matowiczka (geb. zu Hagens-dorf 1811) und Karl Freiherr von Hock (geb. zu Prag 1808 † 1869). Auf den ver-schiedenen Gebieten der Handelspolitik, Industriegeschichte und drgl. verdienen als Schriftsteller noch genannt zu werden: K. J. Kreuzberg, Th. Pißling und der un-ermüdliche Handelskammersekretär Dr. Edmund Schebek. — In der Aesthetik und Literaturgeschichte bethätigten sich außer den schon erwähnten Ausländern Seibt, Meißner, Dambeck, Franz Ficker (geb. in Nockowitz 1782), Alois Klar aus Aujscha († 1833), und der durch seine freundlichen Beziehungen zu Göthe wohlbekannte Jos. Stan. Zauper (geb. zu Dux 1784). Ihren Platz nehmen hier mit Recht noch ein der aus Potsdam stammende, zu Prag 1849 verstorbene Kunstkritiker Bernhard Gut, Ignatz Zeitteles (aus Prag † 1843), der Aesthetiker Jos. Bayer (geb. zu Prag 1827), der Musikkritiker Eduard Hanslik (geb. zu Prag 1825) und der Musikschriftsteller A. W. Ambros (geb. zu Mauth 1816). — Als Sprach-forscher (besonders als Orientalisten) zeichnen sich aus die Brüder Friedrich Mül-ler (geb. 1834 in Jemnik) und Alois Müller (geb. 1835 in Rabenstein). Im Fache der Germanistik ragte unter den Aelteren bloß Wilhelm Gärtner (gel. zu Reichenberg 1811), hervor; dagegen wandten sich mehrere jüngere tüchtige Kräfte dieser Wissen-schaft zu, so J. B. Grohmann, Franz Stark, J. Peters, A. Zeidler und der auffixe-bende H. Gradl. — Die juridischen Wissenschaften fanden glänzende Vertreter unter den Deutschböhmen, so Joh. Jak. Weingarten (geb. zu Kommotau 1701), Jos. Helfert (geb. zu Plan 1790), M. A. Kopetz (geb. zu Kuttenplan 1764), dessen Bruder W. G. Edler von Kopetz (geb. zu Kuttenplan 1781), Joh. N. Zizius (geb. zu Herschmannmiestetz 1772), J. G. Schnabel (geb. zu Weseritz 1791), Mich. Schuster (geb. zu Prag † 1834), Franz Xaver Haimerl (geb. zu Gröna † 1867), J. Kulf (geb. zu Prag 1820), W. E. Wahlberg (geb. zu Prag 1827), der zugleich als tiefdenkender Philosoph hervorragende Leopold Hasner Ritter von Artha (geb. zu Prag 1818), Aug. Geyer (geb. zu Asch 1831), Jul. Glaser (geb. zu Postelberg 1831), Dom. Ullmann, K. Czyhlarz u. a. — In der Naturforschung nimmt Graf Kaspar von Sternberg nicht bloß in Böhmen einen der ersten Plätze ein (S. 619). Außer ihm verdienen hervorgehoben zu werden Fr. Ambros Reuß (geb. zu Prag 1761), der berühmte Reisende und Botaniker Thaddäus Hänke (geb. zu Kreibitz 1761, † 1817 in Amerika), Joh. Gottfr. Mikan (geb. zu Böhm.-Leipa 1743), dessen durch seine brasilianische Reise bekannter Sohn Joh. Christ. Mikan (geb. zu Teplitz 1764), der Mineralog Franz Xaver Zippe (geb. in Fallenau 1791, † 1863), der Mineralog Jos. Grüner (Freund Göthes) (geb. 1779 in Eger), der berühmte Aug. Em. Reuß (geb. 1811 in Bilin), der Physiolog Joh. Ezermak (geb. 1828 zu Prag) die Botaniker Jos. Aug. Corda (geb. 1811 in Reichenberg, † 1849), (Gustav Lorinser (geb. in Niemes, † 1863), Franz X. Fieber (geb. 1807 in Prag), der Mineralog K. Peters (geb. 1825 zu Liebshausen), J. E. Pohl (aus Kamnitz † 1834), die Chemiker Karl Balling (geb. 1805 in Gabrietshütte, † 1868), Heinrich Klasinetz (geb. 1825 in Reichenberg), L. Krieg (aus Tachau † 1864). Von berühmten naturforschenden Reisenden führen wir noch an P. Bojer (aus Prag, † 1856 auf der Insel Mauritius), J. W. Helfer (getödtet von den Wilden des Andauen Archipels 1840) und die beiden auf der heurigen deutschen Nordpolexpedition befindlichen G. Laube und J. Payer (beide zu Teplitz geboren). Als Schriftsteller über Landwirthschaft notieren wir K. J. Ebert, A. E. Komers, F. Horsky, G. Liebich. Die mathematisch physikalischen Wissenschaften fanden ausgezeichnete Vertreter in Franz Josef Ritter von Gerstner (geb. zu Kommotau, † 1832), dem Mitbegründer (1801) und ersten Leiter der technischen Lehranstalt in Prag, F. Schmirch aus Patek († 1868), F. K. Bartl (aus Weipert † 1813) Erfinder der Tasteuharmonika, ferner in den Astronomen Adam Bittner († 1844), Josef Joh. Littrow (geb. zu Bischof Teinitz 1781, † 1840), Alois Martin David (aus Dřewohryz, † 1836) und Jos. Böhm (aus Rožďalo= witz, † 1868). Als Physiker ragen hervor Andreas Freiherr von Baumgartner (geb. zu Friedberg, † 1865), der Meteorolog K. Fritsch (geb. zu Prag 1812), als Lehrer der Mathematik J. L. Jandera (aus Horschitz, † 1857), Jak. Ph. Kulik aus Prag († 1863), Phil Koralek (geb. zu Kolin 1819), Lehrer des fran= zösischen Kronprinzen, J. W. Gintel (geb. zu Prag 1804). Joseph Ressel, der Erfinder der Dampfschraube, obwohl in Chrudim geboren (1793 † 1857) stammte von deutschen Aeltern. - Medicinische Celebritäten zählen wir Deutschböhmen nicht wenige; manche von ihnen haben sich einen wahren Weltruf erworben. Marius Marci aus Landskron († 1667) erhielt am Ende seines Lebens einen Ruf nach Oxford, Joh. Löw von Erlsfeld aus Plan († 1725) war Leibarzt Leopolds I., Abraham Kisch aus Prag († 1763), Jonas Jeiteles aus Prag († 1808) und Vincenz Joh. Edler von Krombholz (geb. 1782 in Oberpolitz, † 1843), Joh. Fischer (geb. zu Rumburg 1777) der Vater der Blinden Böhmens, erwarben sich durch ihre Schriften, sowie als ausübende Aerzte die Achtung ihrer Mitwelt. Unter den Zeitgenossen nennen wir Ferdinand Arlt (geb. zu Graupen 1812), Joseph Halla (geb. zu Prag 1814), Jof. Hasner Ritter von Artha, (geb. zu Prag 1819), Karl Heidler von Heilborn (geb. zu Falkenau, † 1866), Anton Jaksch (geb. 1810 in Wartenberg), Isak Jeiteles (geb. zu Prag, † 1852), Emil Kratzmann (geb. in Kratzau, † 1867), Jof. Löschner (geb. 1809 in Kaaden), die Brüder K. Ignaz († 1855) und Fried. Wilh. Lorinser (geb. 1817) (beide aus Niemes), Johann Oppolzer (geb. zu Gra= zen 1809), Karl Rokitansky (geb. zu Königgrätz 1804), Friedr. Wilh. Scanzoni von Lichtenfels (geb. 1821 in Prag), Jof. Škoda (geb 1805 in Pilsen), Bernh. Seyfert u. a.

Handel.
Industrie.

Durch den dreißigjährigen Krieg wurden Handel und Wandel, Industrie und Gewerbe vollkommen lahm gelegt, und auf lange Zeit hinaus waren die traurigen Folgen des unglückseligen Kampfes zu verspüren. Es fehlte vor Allem an Kapital und an befähigten Arbeitskräften; die unternehmendsten Kaufleute und die geschick=

testen Handwerker waren durch die Gegenreformation vertrieben worden, und durch lange Zeit war in Folge der Aufrechthaltung des Religionszwanges jede Einwanderung vom protestantischen Auslaade verhindert. Das siebzehnte und die erste Hälfte des achtzehnten Jahrhunderts bildeten eine todte Zeit für den Handels- und Gewerbsmann, und selbst die bis dahin belebteste Verkehrsader des Landes, der goldene Steig, verödete, seitdem Leopold I. die Einfuhr des Salzes aus Baiern nur gegen Anmeldung und Verzollung gestattete (1692). Erst durch die Kaiserin Maria Theresia und Kaiser Joseph II. wurde, wie in so vielen Dingen, so auch im Handel und in der Industrie eine neue Periode der Blüthe hervorgerufen. Seit dieser Zeit schwang sich Böhmen zum ersten Industrielande der Monarchie empor. Und wie die Deutschböhmen es gewesen, welche im Mittelalter den Handel und die Industrie mit der Begründung des Städtewesens in diesem Lande erst hervorgerufen haben, so sind dieselben auf diesem Boden auch in unserer Zeit die tüchtigsten Unternehmer und die fleißigsten Arbeiter geblieben. Die Glasfabrikation Böhmens, die schon in den frühesten Zeiten betrieben wurde, erlangte in dieser Periode einen wahren Weltruhm. Die Raffinerie und den Handel kultivierten fast ausschließlich Deutschböhmen; Plottendorf, Haida, Langenau, Parchen, Steinschönau und Gablonz sind die Hauptsitze. Nur die Rohglaserzeugung wird zum Theil auch von tschechischen zumeist im Caslauer und Taborer Kreise etablierten Glasmeistern betrieben. Die bedeutendsten mit eigenen Raffinerien verbundenen Glashütten befinden sich in den Gegenden von Winterberg, Eisenstein und zu Renwelt. Als Gründer des böhmischen Glashandels wird Kaspar Kittel in der zweiten Hälfte des XVII. Jahrhunderts bezeichnet; ein interessantes Beispiel der in alle Länder Europas ziehenden Glashändler Böhmens des vorigen Jahrhunderts bildet, J. G. Kreybich aus Steinschönau († 1735), der uns seine vieljährigen Handelszüge in einer gewissenhaften Beschreibung hinterlassen hat. Merkwürdig waren die Verhältnisse der im vorigen Jahrhunderte gegründeten Kolonien böhmischer Glashändler in Spanien (von Haida) und in der Türkei (von Steinschönau und Parchen), die in ihrer strammen, an das Mysteriöse streifenden Organisation leicht an die in jener Zeit so häufigen geheimen Orden erinnern. Der Gattung, aber nicht der Zeit ihres Ursprunges nach steht die Porzellanfabrikation dem Glase am nächsten. Die Gründung der beiden ersten Fabriken zu Schlaggenwald und Klösterle fällt in die Wende dieses Jahrhunderts. Heute nimmt dieser fast ausschließlich in der Gegend von Karlsbad koncentrierte Industriezweig einen ansehnlichen Rang ein. Gleichzeitig mit dem Glashandel breitete sich im nördlichen Böhmen der Leinwandhandel aus, namentlich als nach dem Verluste Schlesiens Maria Theresia und Joseph II. der Linnenindustrie auf jede Art unter die Arme griffen. Maria Theresia sorgte für die Herbeischaffung des besten Leinsamens, und Kaiser Joseph ertheilte den Webern im Riesengebirge Vorschüsse aus der Staatskasse. Die vorzüglich zu Schluckenau, Rumburg, Schönlinde, Warnsdorf, Reichenberg, Starken bach, Hohenelbe, Arnau, Trautenau, Nachod u. a. blühende Linnenindustrie sank seit dem Jahre 1814, bedrängt durch die englische Konkurrenz und die überhand nehmende Verarbeitung der Baumwolle, bis sie gestützt auf die zumal in Trau= tenau mächtig emporgediehene mechanische Flachsspinnerei in neuester Zeit sich wieder hob. Auch die Wollindustrie schlug ihren Hauptsitz im deutschen Norden auf, indem aus der hier von Alters her heimischen Tuchmacherei eine bedeutende Fabrils= industrie hervorgieng, an welche sich dann andere Zweige der Wollverarbeitung anschlossen. Die erste Tuchfabrik Böhmens entstand im Jahre 1715 zu Oberleu= tensdorf und behauptete lange einen fast europäischen Ruf: zum eigentlichen Cen= tralpunkt dieser Industrie aber erhob sich Reichenberg, nachdem hier im Anfange des XIX. Jahrhunderts „vier privilegierte" Tuchfabriken errichtet worden waren. Eine Specialität der Wollindustrie bildet die ausschließlich auf den Absatz im Oriente angewiesene Fesfabrikation in Strakonitz. Die erste Anregung zur Kat= tundruckerei war zwar in Prag schon 1743 durch Herrgott gegeben; von Bedeu= tung jedoch wurden erst die Fabriken zu Bürgstein, gegründet 1763 vom Grafen Kinsky und zu Josephsthal, gegründet 1764 vom Grafen Bolza. Als erster bürgerlicher Fabrikant schloß sich diesen Joseph Leitenberger in Wernstadt an, welcher auch die erste Baumwollspinnerei auf Maschinen einführte (1799). Im Jahre 1793 hatte er die Josephsthaler Fabrik vom Grafen Bolza angekauft und dieses Etablissement, heute im Besitze seines Urenkels, ist nicht nur das erste seiner Art in der Monarchie, sondern zählt zu den bedeutendsten des Kontinentes. Wäh= rend aber die in Reichstadt, Niemes, Hirschberg, Jungbunzlau, Leipa, Wernstadt, Warnsdorf, Georgenthal, Lichtenstadt errichteten Druckereien fast sämmtlich wieder eingiengen und der Schafwollindustrie Platz machten, blüht die Kattundruckerei in Prag, wo sie seit dem Beginne des Jahrhunderts immer mehr Verbreitung gefunden, noch in einigen großen Fabriken, deren Firmen in der Mehrzahl noch die Namen ihrer Gründer A. B. Przibram, Brüder Porges, L. Dormitzer tragen. Die me= chanische Spinnerei dehnte sich allenthalben im Riesen und Erzgebirge aus und ließ sich zum Theil auch in der Mitte des Landes nieder. Seit den fünfziger Jahren gesellte sich auch die mechanische Weberei dazu. In gemischten Stoffen ragen das Ascher Gebiet, Warnsdorf, Aussig und Neugedein hervor. Die Spitzen= industrie sehen wir bereits um die Mitte des vorigen Jahrhunderts im Erzgebirge sehr verbreitet, wohin sie wahrscheinlich von Annaberg aus verpflanzt worden ist. Nach längerem Siechthum wird sie gegenwärtig durch die vom Staate subventionierten und unter der Aegide des „Centralkomités zur Beförderung der Erwerbsthätigkeit der böhmischen Erz= und Riesengebirgsbewohner in Prag" stehenden Musterwerk= stätten des Spitzenfabrikanten Joh. Jak. Wechselmann einer neuen Epoche ent= gegengeführt. Um das Emporkommen der neuen Fabrikation nach Brüsseler und französischer Art erwarb sich der energische Förderer aller deutschen Volksinteressen Richard Ritter von Dotzauer als Generalbevollmächtigter des Centralcomités große

Verdienſte. Andere wichtige Zweige der Erzgebirgsinduſtrie ſind die Spielwaaren=
fabrikation in dem von C. A. Müller gegründeten Etabliſſement zu Oberleutens=
dorf, die Strohflechterei um Zinnwald, die Wirkwaaren= und Gewehrfabrikation
um Weipert, die Sammt= und Seidenweberei um Schmiedeberg und Peterswalde,
die Handſchuhnäherei um Abertham und Neudeck, die Blechwaarenerzeugung um
Platten, die Stickerei um Hirſchenſtand und Graslitz und die Erzeugung muſikali=
ſcher Inſtrumente um Graslitz und Schönbach. — Der König der Webwaareninduſ=
ſtrie, ja der geſammten Induſtrie Böhmens iſt der Freiherr Johann von Liebig (geb.
zu Braunau 1802). Nächſt der Webwaaren= und Glasinduſtrie iſt gegenwärtig die
Zuckerfabrikation, welche zwar ſchon im Kleinen zur Zeit der Kontinentalſperre
betrieben wurde, zur Großinduſtrie aber erſt 1830 (Königſaal, Daubrawitz) ſich
aufſchwang, am meiſten verbreitet. Böhmen zählt gegenwärtig 103 Zuckerfabriken
im Betriebe und 11 im Baue. Das zum größten Theil ſchon nach amerikani=
ſchem Syſteme umgeſtaltete Müllergewerbe hat ſeinen Hauptvertreter in Franz
Hyra in Pilſen. In der Bierbrauerei ſtehen in dieſer Periode die Pilſner und
Prager obenan; in der neueſten Zeit wetteifern mit ihnen Leitmeritz, Miechołup,
Münchengrätz, Bodenbach u. a. Die Spiritusinduſtrie kann wegen ſchwankender
und irrationeller Beſteuerung zu keinem rechten Gedeihen kommen. In Maſchinen
nimmt Prag, in chemiſchen Produkten Auſſig und Prag, in Steingut und Blei=
ſtiften Budweis den erſten Platz ein. Die Holzwaareninduſtrie hat ihren Sitz im
Böhmerwalde, wo Franz Bienert aus Kreibitz († 1866) die Reſonanzbodenerzeu
gung ins Leben rief. Hier zählt auch die Zündhölzchenerzeugung ihre namhafteſten
Vertreter. Die Papierfabrikation blüht vorzugsweiſe im Rieſengebirge. Die Gold
waareninduſtrie in Prag wurde durch Michael Goldſchmidt (Joſ. Singer) zu einem
Weltgeſchäft gebracht; die Goldſchlägerei in Prag hob neueſtens Veit Wollrab.
Eine berühmte Schriftgießerei und die größte Buchdruckerei des Landes iſt im Be=
ſitze der Firma Gottlieb Haaſe Söhne; Begründer des großartigen Geſchäftes
war Gottlieb Haaſe aus Halberſtadt († 1824). Weit über die Gränzen des
Reiches hinaus ſind ferner bekannt: J. S. Goldſchmidt (Leder), Sellier und
Bellot (Zündhütchen), Gebrüder Krach (Bekleidung), Anton Freſe (Handſchuhe),
A. B. Lebeda (Waffen), Anton Sitt (Geigen), F. Rebiček (Spielwerke) in Prag,
B. J. Červeny (Metallblasinſtrumente) in Königgrätz. — Außer dem Glas=, Lein
wand=, Flachs= und Tuchhandel iſt der Handel des Landes zumeiſt in Prag kon=
centriert. Namentlich gilt dies vom Handel in Landesprodukten, in welchem ſich
in einzelnen Gegenden (Zucker, Bettfedern, Kleeſaamen, Spiritus u. a.) ein ſtarkes
Exportgeſchäft heranbildete. Nicht zu vergeſſen iſt der Handel mit Mineral
wäſſern, welche von den böhmiſchen Geſundbrunnen aus in alle Welt verſchickt
werden. - Wohlthätig auf die Hebung der Gewerbe wirkte durch lange Zeit der
1829 begründete, aber erſt 1833 ins Leben getretene Verein zur Ermunterung des
Gewerbsgeiſtes in Böhmen." Leider ſahen ſich die Deutſchen genöthigt, auch dieſen

Verein, zu dessen Gedeihen sie so viel beigetragen, in der neuesten Zeit den Tschechen zu überlassen. Dagegen erschlossen sich den Deutschen in den 1850 durch Baron Bruck geschaffenen Handels- und Gewerbekammern Stätten, wo sie die Interessen des Handels und der Industrie geltend machen konnten.

Daß auf Verkehr und Produktion die Eisenbahnen den günstigsten Einfluß übten, bedarf kaum der Erwähnung. Die erste Eisenbahn des Landes, die Pferdebahn von Budweis nach Linz, auf Anregung des Professor Gerstner 1825 begonnen und unter seiner Oberleitung 1832 vollendet, war zugleich eine der ersten des Kontinentes. Eine zweite Pferdebahn von Prag nach Schloß Lana wurde 1836 eröffnet. Die erste Lokomotivbahn von Olmütz nach Prag wurde am 20. August 1845 dem Verkehre übergeben. Seitdem gewann das Land noch mehrere Bahnen, die sich mit den zahlreichen neuentstehenden Linien schon in nächster Zeit zu einem vielverzweigten Schienennetze vervollständigen werden. Der thätigste und unternehmendste Eisenbahnbauer war Adalbert Lanna (geb. zu Budweis 1805, † 1866). Derselbe hat sich aber auch um die böhmische Schifffahrt, um den Holzhandel, den Graphitbergbau, den Aufschwung des Steinkohlenbergbaues bei Kladno, die Begründung der auf Steinkohlenfeuerung eingerichteten Hochöfen unvergängliche Verdienste erworben. Mit ihm hatten sich in mehreren Unternehmungen die von Wiesenberg in Mähren stammenden Brüder Klein associirt. — Nicht bloß als Kuriosum, sondern als Beweis, wie man noch vor zwanzig Jahren über Eisenbahnen dachte, führen wir die Worte an, welche Fürst Hugo Salm am 6. April 1845 im Landtage sprach, um seine Abwesenheit von der Feier der Eisenbahneröffnung zu begründen: „Es handelt sich um ein Opfer am Altare des Mammon; eine Thatsache soll gefeiert werden, von der es sehr zweifelhaft ist, ob sie nicht mehr des Beklagenswerthen, als des Erfreulichen bieten werde, ein Ereigniß, das einem Gewitter gleicht, dessen Nachtheile für die Gegenwart gewiß, die Früchte für die Zukunft problematisch sind. Zu freuen ist da nichts, sondern abzuwarten, ob Gutes oder Böses aus den Eisenbahnen fließen werde."

Der Bergbau des Landes verödete während des dreißigjährigen Krieges vollkommen. Die Gegenreformation, Theuerung, Noth und Krankheiten vertrieben die Bergleute von ihren Werken, und der in Böhmen eingeführte Religionszwang verhinderte fürderhin jedwede Einwanderung. Z. B. Wohnsiedler, der Bergmeister und Münzzahlmann zu Kuttenberg, wollte 1715 sämmtliche königliche Bergwerke Böhmens pachten, bot aber nicht mehr als 20.000 fl. jährlich an. Kuttenberg, das Kleinod des Landes, sank in dieser Periode immer tiefer und trug zu Beginn des XVIII. Jahrhunderts nicht mehr als 3000 fl. ein. Alle Versuche, dieses einst so ergiebige Silberwerk zu heben, sind bis jetzt fruchtlos gewesen. Die katholische Gegenreformation vernichtete insbesondere den Bergbau im Erzgebirge. Joachimsthal, welches im Jahre 1544 915 Berggebäude mit 9000 Bergarbeitern belegt hatte, zählte im Jahre 1615 nicht viel mehr als 30 Arbeiter, die nur noch an sechs Orten auf Rechnung der Stadtgemeinde bauten. Wohl hob sich der Bau dieses Werkes, und 1714 lieferte es 1800 Mark, 1857 3000 Mark in die Münze. Zum ergiebigsten Silberwerke Böhmens schwang sich jedoch Pribram empor, welches 1857 40.000 Mark Ausbeute besaß. Katharinaberg, Sebastiansberg, Sonnenberg, Kupferberg, Presnitz und andere Werke auf dem Erzgebirge konnten zu keiner Bedeutung mehr gelangen. Presnitz lieferte 1687 noch 91 Mark Silber, verfiel aber nachher, wie die übrigen Bergwerke in der Nachbarschaft, vollkommen. Unter den Zinnbergwerken im Erzgebirgsreviere erhielten sich nur Schlaggenwald, Zinnwald und Graupen aktiv. Schlaggenwald lieferte 1711 300 Centner Zinn und brachte es späterhin zu keiner höheren Produktion. Graupen baute zu Anfang des XIX. Jahrhunderts mehr als 1000 Centner, von 1795 bis 1856 aber durchschnittlich nur 300 Centner. Aus Eule, das noch unter Kaiser Rudolf reiche Ausbeute geliefert hatte, wanderten in Folge der Religionsunruhen und Kriege die Bergleute aus, und das Werk gerieth allmählich in Stillstand. 1816 lieferte Eule, aus dessen Gruben zu Zeiten Karls IV. Rothlöw in einem einzigen Quartale 600.000 Dukaten gehoben hatte, 4 Loth Gold. An Blei sind ergiebig bis jetzt die alten Werke von Mies, Bleistadt und Pribram. Kupfer wird nur in geringen Quantitäten gefunden. Dagegen hat sich in dieser Periode die Eisenproduktion zu ansehnlicher Bedeutung aufgeschwungen, indem jährlich mehr als eine Million Centner erzeugt und verarbeitet werden. An dieser Produktion nehmen die auf Lannas Anregung gegründeten Werke zu Kladno, die auf Steinkohlenfeuerung eingerichtet sind, einen hervorragenden Antheil. Der wichtigste Bergbau in der Gegenwart ist der auf die Kohle, deren mächtige Ausbeute erst in die neueste Zeit fällt. An Stein- und Braunkohlen werden in diesem Jahre wohl an 70 Millionen Centner gewonnen, während noch im Jahre 1819 die Ausbeute nicht einmal eine Million Centner erreichte. Einen ansehnlichen Exportartikel bildet der Graphit, auf welchen im südlichen Böhmen (Schwarzbach und Mugrau) gebaut wird. — Nicht zu unterschätzen ist ferner der Einfluß, welchen die Mineralwerkproduktion auf Industrie und Handel ausübt. Auf der fürstl. Auersperg'schen Herrschaft Naßaberg wurde sie schon vor Hundert Jahren begonnen; ihre heutige Bedeutung erlangte sie aber erst durch die Firma Joh. David Starck, welche im Egerer und Pilsner Kreise die Produktion in ausgedehntem Maßstab unternahm und durch ein organisiertes Handelsgeschäft zu beleben wußte. — Endlich muß auch jenes Artikels gedacht werden, welcher nebst dem Glase und in neuerer Zeit den Zündhölzchen am meisten dazu beigetragen hat, die böhmische Industrie in der ganzen Welt bekannt zu machen: Es sind dies durch ihr Feuer ausgezeichneten Granaten, die zumeist in der Gegend von Bilin gewonnen, in Turnau und Swětla geschliffen werden.

Die Darstellung der böhmischen Geschichte in den letzten zwanzig Jahren bleibt vorläufig auf einige allgemeine Andeutungen beschränkt. Die Wichtigkeit

Schluß.

dieſer ereignißvollen Periode erfordert eine eingehendere Würdigung, als wir ſie gegenwärtig aus manigfachen Gründen zu geben im Stande ſind. Haben wir doch überdies den uns zugewieſenen Raum bereits um Vieles überſchritten. Die Geſchichte Böhmens nimmt ſeit dem Jahr 1848 eine weſentlich neue Geſtalt an.

Der Staat, deſſen Leid und Freud Böhmen ſeit mehr als 300 Jahren theilt, wurde von den heftigſten Schickſalsſchlägen erſchüttert und gerieth nicht nur in ſeiner Machtſtellung nach außen, ſondern auch in Bezug auf die innern Verhältniſſe wiederholt in verhängnißvolle Kriſen. Nach zwei Seiten hin wird der Gang der böhmiſchen Geſchichte dieſer Zeit in's Auge gefaßt werden müſſen, in Bezug auf die Verfaſſungsfrage und in Bezug auf die Stellung der beiden Nationalitäten zu einander. Was die Verfaſſung anbelangt, ſo mußte ſich das Land dem Staate unterordnen, mit dem es ſeit vielen Jahren enge verwachſen, zu deſſen Provinz es in der That längſtens herabgeſunken war. Doch auch das formelle Recht wurde von der Dynaſtie nicht im Geringſten verletzt, wenn dieſelbe in Böhmen einen Verfaſſungswechſel vornahm; denn kraft des Artikels 8 der Ferdinandiſchen Landesordnung hatte der König ſich und ſeinen Erben ausdrücklich vorbehalten, „in dieſem unſern Königreich Geſetz und Recht zu machen und alles dasjenige, was das jus legis ferendae, ſo Uns als dem Könige allein zuſtehet, mit ſich bringt." Von dieſem Rechte wurde innerhalb der letzten zwanzig Jahre allerdings ausgiebiger Gebrauch gemacht. Das Revolutionsjahr 1848 brachte zunächſt die Konſtitution vom 25. April, die jedoch ſchon am 15. Mai widerrufen wurde. Die Berathungen des Kremſierer Reichstages, welche folgten, wurden durch die octroyierte Verfaſſung vom 4. März 1849 abgeſchnitten. Doch auch dieſe Konſtitution blieb nur bis zum 31. Dezember 1851 in Wirkſamkeit, mit welchem Tage wiederum der Abſolutismus ſeinen Einzug hielt. Derſelbe währte neun Jahre, bis durch das Diplom vom 20. Oktober 1860 und durch das Patent vom 26. Februar 1861 abermals die conſtitutionelle Regierungsform zur Geltung kam. Die neue Verfaſſung wurde ſodann am 20. September 1865 ſiſtiert, durch allerhöchſte Entſchließung vom 4. Februar 1867 aber wieder hergeſtellt. Der mittlerweile in der Monarchie zum Siege gelangte Dualismus machte Abänderungen der Februarverfaſſung nothwendig. Die revidierte Verfaſſung, ſo wie die vom Reichsrathe beſchloſſenen Staatsgrundgeſetze erhielten am 21. Dec. 1867 Geſetzeskraft. Selbſtverſtändlich verlor ſchon durch die Konſtitution von 1848 die Ferdinandiſche Landesordnung ihre Giltigkeit, und es beſteht gegenwärtig auf Grundlage des Diploms vom 20. Okt. 1860 und des Patentes vom 26 Febr. 1861 für Böhmen eine beſondere Landesordnung zu Recht.

Mit der Entwickelung der Verfaſſung ſteht in innigſter Beziehung die Nationalitätenfrage Böhmens. Diametral verſchieden iſt das Verhalten der deutſchen und tſchechiſchen Bevölkerung gegenüber den einzelnen Phaſen des Verfaſſungslebens. Die Tſchechen ſtreben nach der möglichſten Autonomie des Königreiches, nach) der vollständigen Suprematie über die Deutschböhmen und träumen nebenbei von der Wiederherstellung der Krone Böhmens mit den Nebenländern. Sie wünschen die föderative Gestaltung der Monarchie mit einem Generallandtage der böhmischen Krone und suchen an die praktisch unhaltbare und legal beseitigte Ferdinandea oder gar an niemals bestandene Institutionen anzuknüpfen. Ihnen sind somit vorzüglich zwei Dinge der Februarverfassung anstössig: die gemeinsame Reichsvertretung und die Wahlordnung nach dem Prinzipe der Interessen. In der Hoffnung, durch die Bundesgenossenschaft mit den andern slawischen Völkern Oesterreichs das Uebergewicht in der Monarchie erlangen zu können, erkannten sie Anfangs durch Beschickung des Reichs- und Landtages die Verfassung an. Als sie aber in ihren diessälligen Hoffnungen sich getäuscht sahen, als in der Zeit der Sistierung der Verfassung ihre Pläne sich als undurchführbar zeigten und endlich durch den Dualismus vollends ihnen die Möglichkeit entzogen wurde, in der Monarchie das slawische Uebergewicht zur Geltung zu bringen, zogen sie sich aus Land- und Reichstag grollend zurück und verharren bis jetzt in der heftigsten Opposition. — Ganz anders sehen die Deutschböhmen die Dinge an. Sie halten fest an der Monarchie und wünschen die kräftige Entwickelung derselben. Nur insoweit diese nicht gefährdet wird, treten sie für die Autonomie des Landes ein, dessen provinciellen Charakter sie nicht verkennen. Sie können sich für die Wiederher=stellung der Krone Böhmens nicht begeistern, da sie dieselbe mit dem Bestande des Staates als nicht vereinbar und für ihre Nationalität höchst gefährlich halten. Ein kräftiges Centralparlament entspricht ihren Wünschen am meisten; den in Folge des Dualismus auf die eine Reichshälfte beschränkten Vertretungskörper nahmen sie zwar ungern an, zogen ihn aber bei weitem einem Generallandtage der böhmischen Länder vor. Zur Wahrung ihrer Nationalität kämpfen die Deutsch-böhmen für die Interessenvertretung, da erst durch dieselbe das Bürgerthum, der Handel, die Industrie, das Kapital, welche Faktoren sie im Lande seit Alters be=beherrschen, das richtige Stimmenverhältniss erlangen.

Durch die gegentheiligen Ansichten über die Verfassungszustände hat sich das Verhältniss der beiden Nationalitäten zu einander zu einem höchst gespannten zu=gespitzt. Hiebei tritt aber noch ein sehr bemerkenswerther Unterschied zu Tage. Obwohl die Deutschböhmen darauf bedacht sind, alle Gefahren, die ihrer Nationa=lität drohen, abzuwehren, stehen sie doch nicht ausschlüsslich auf dem Standpunkte der Nationalität. Von echt konstitutionellem Geiste durchdrungen, halten sie vor Allem das Banner der Freiheit hoch und suchen die in der Verfassung gelegenen freisinnigen Keime zur Entwickelung zu bringen. Nicht so die Tschechen. Sie kämpfen nur für Eine, nur für die nationale Idee und opfern derselben sogar die Freiheit des Volkes. Es erinnert dieser Unterschied nur zu lebhaft an den Gang der böhmischen Geschichte überhaupt. Die Deutschböhmen haben im Lande den dritten Stand gegründet und demselben im Mittelalter neben dem Feudaladel eine politische Stellung erobert. Sie haben den Kampf mit den Baronen, welche keinen freien Stand neben sich dulden wollten, zu Zeiten der Premhsliden und Luxemburger mit aller Tapferkeit geführt, sie haben in der neuen Zeit, als die Verfassung es ermöglichte, ihren Gesinnungen Ausdruck zu verleihen, abermals Stellung genommen gegen die feudalen Bestrebungen der zeitgenössischen Junkerpartei. In diesem zu allen Zeiten mit großer Hartnäckigkeit geführten Kampfe zwischen dem freien deutschen Bürgerthume und dem reaktionären Feudaladel haben weise Regierungen sich immer mit dem Bürgerthume vereinigt; denn die Gelüste des Adels richteten sich gerade so gut gegen die Macht der Krone, wie gegen die Autonomie des Städters. Andererseits suchte der Adel seine Macht zu verstärken durch Weckung und Ausbeutung der nationalen Idee des tschechischen Volkes. So kam es, daß vom Racenkampfe des Jahres 1279 angefangen bis auf die Gegenwart die Tschechen nur zu oft im Dienste des rückschrittsfreundlichen Adels arbeiteten und die goldene Freiheit des Volkes gegen einige deutschfeindliche Gesetze einhandelten. Was hat die Wladislawische Landesordnung, der höchste Sieg des Feudaladels, dem Lande gebracht? Allerdings die Perhorrescierung der Deutschböhmen und ihrer Sprache, dafür aber auch die schmachvollste Leibeigenschaft des gesammten Volkes. Möchte doch in diesem Punkte von den Tschechen die Geschichte als Lehrmeisterin des Lebens anerkannt werden. Sie würden alsdann ein für allemal jenem unheilvollen Bunde entsagen, sie würden nicht ferner mehr an politischen Problemen arbeiten, die sich nicht verwirklichen lassen, sondern der freiheitlichen Verfassung der Gegenwart, die auch ihren nationalen Wünschen Rechnung trägt, sich zuwenden. Die Deutschböhmen aber mögen, wie auch immer die Verhältnisse sich gestalten, ihrem Jahrhunderte lang festgehaltenen Programme, die Freiheit des Bürgerthums zu entwickeln, treu bleiben! Für die Erhaltung ihrer Nationalität bürgt diese politische Konsequenz eben so sehr, wie der geistige und geographische Zusammenhang mit der großen Mutternation!

Register.

42*

43

Sinnstörende Druckfehler.

Seite 196 Zeile 12 von unten statt Unterhanblungen lies Unterhaltungen.
„ 310 in marg. statt (1422) lies (1432).
„ 370 Zeile 17 von oben statt Fantinus lies Fantinus.
„ 402 „ 16 „ „ „ Lühn lies Lühe.
„ 402 „ 19 „ „ „ Poth=Retschitz lies Roth=Retschitz.
„ 411 „ 3 „ unten „ Zebrater lies Zebraten.
„ 443 „ 11 „ oben „ Gahero lies Gahera.
„ 449 „ 17 „ unten „ Hrabschiner lies Hrabschaner.
„ 481 „ 1 „ oben „ Stabttruppen lies Soldtruppen.
„ 513 „ 1 „ „ „ Berghaue lies Burghaue.
„ 551 „ 18 „ unten „ 100.000 lies 100.000 Mann.
„ 623 „ 8 „ „ „ Gustav Kindermann lies Gustav Kratzmann.